DELIUS KLASING

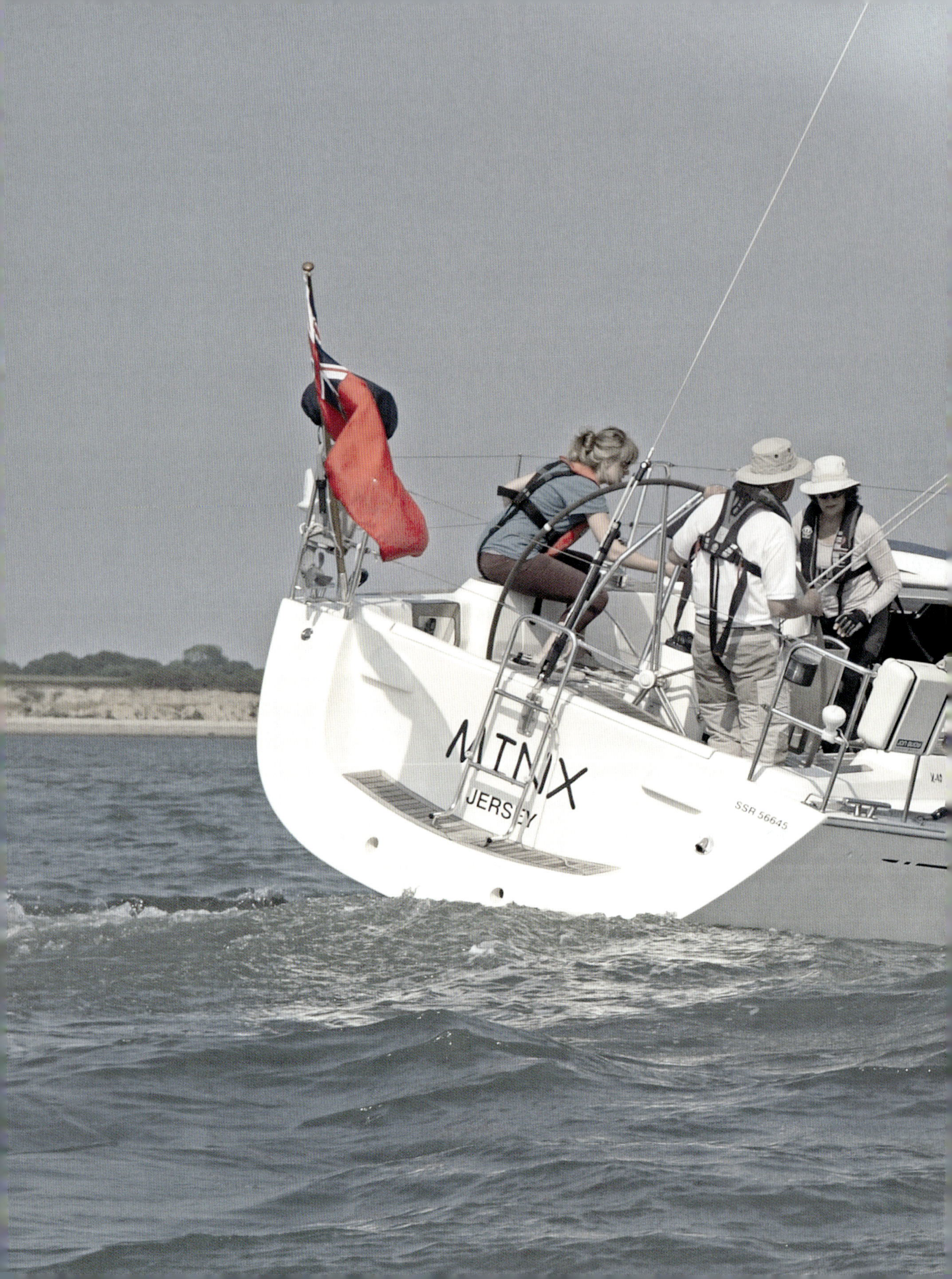
MINX
JERSEY
SSR 56645

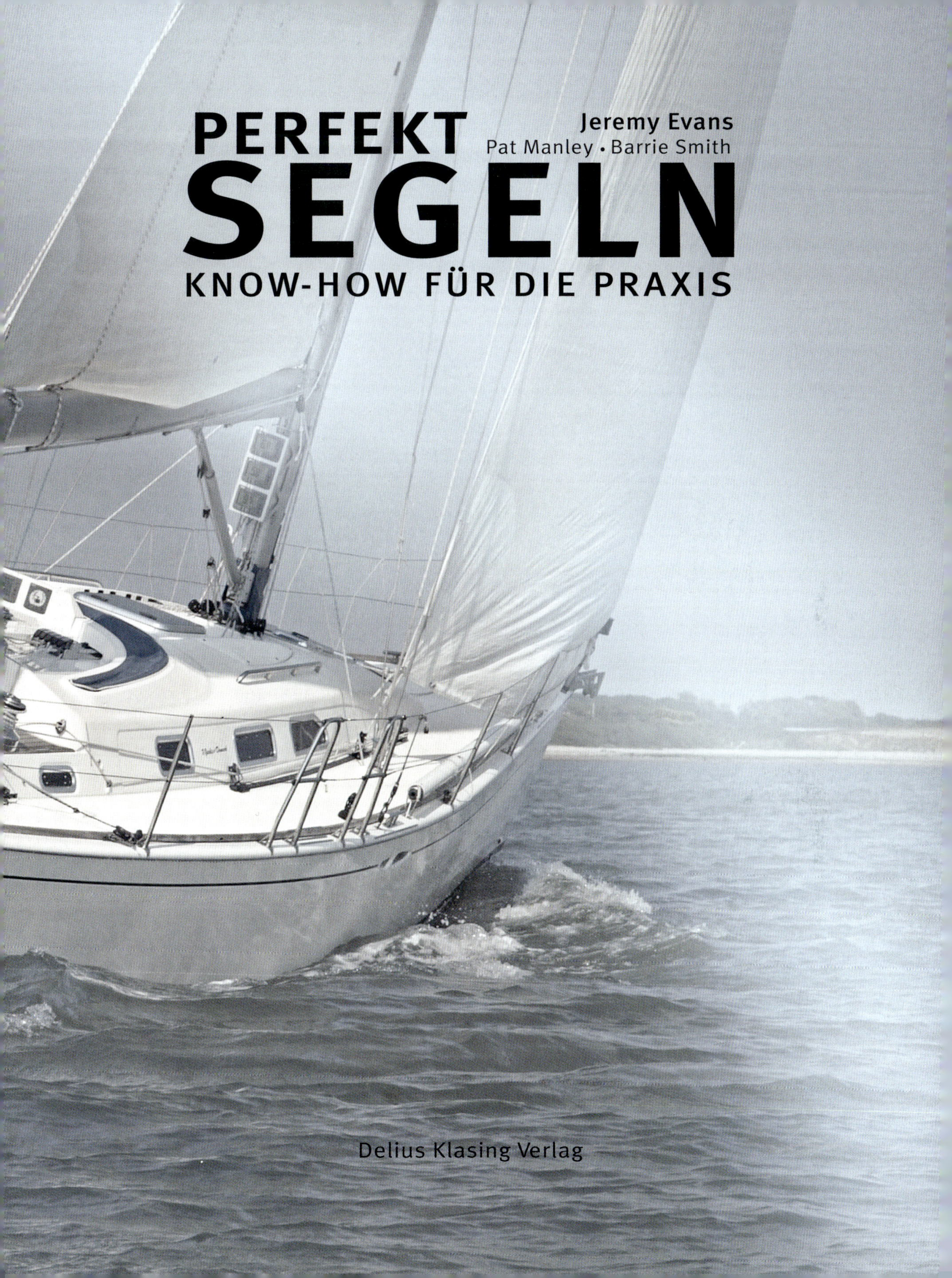

PERFEKT SEGELN

Jeremy Evans
Pat Manley • Barrie Smith

KNOW-HOW FÜR DIE PRAXIS

Delius Klasing Verlag

Copyright © Adlard Coles Nautical 2009
Die englische Originalausgabe mit dem Titel »The Sailing Bible« erschien bei Adlard Coles Nautical, an imprint of A & C Black Publishers Ltd., London.

Bibliografische Information der Deutschen Nationalbibliothek
Die Deutsche Nationalbibliothek verzeichnet diese Publikation in der Deutschen Nationalbibliografie; detaillierte bibliografische Daten sind im Internet über http://dnb.d-nb.de abrufbar.

4. Auflage
ISBN 978-3-667-11173-9
Die Rechte für die deutsche Ausgabe liegen beim Verlag Delius Klasing & Co. KG, Bielefeld

Aus dem Englischen von:
Kirsten Panzer-Gunkel: Kapitel »Los geht's!«, »Segeln lernen«
Matthias Beilken, Fridtjof Gunkel: Kapitel »Jollensegeln«
Mareike Guhr: Kapitel »Fahrtensegeln«
Dr. Martin Friederichs: Kapitel »Navigation«
Dr. Michael Sachweh: Kapitel »Wetter«
Aloys von Hammel: Kapitel »Wartung an Land«, »Sicherheit auf See«
Layout: Steve Knowlden, James Lawrence
Einbandgestaltung: Gabriele Engel
Satz: H & P Verlag und Marketing, Bielefeld
Printed in India 2020

Delius Klasing Verlag, Siekerwall 21, D - 33602 Bielefeld
Tel.: 0521/559-0, Fax: 0521/559-115
E-Mail: info@delius-klasing.de
www.delius-klasing.de

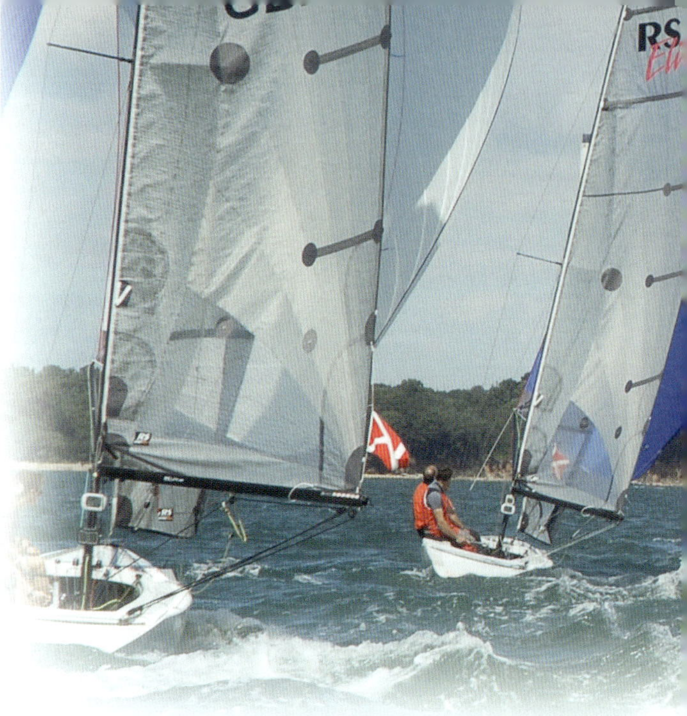

Inhalt

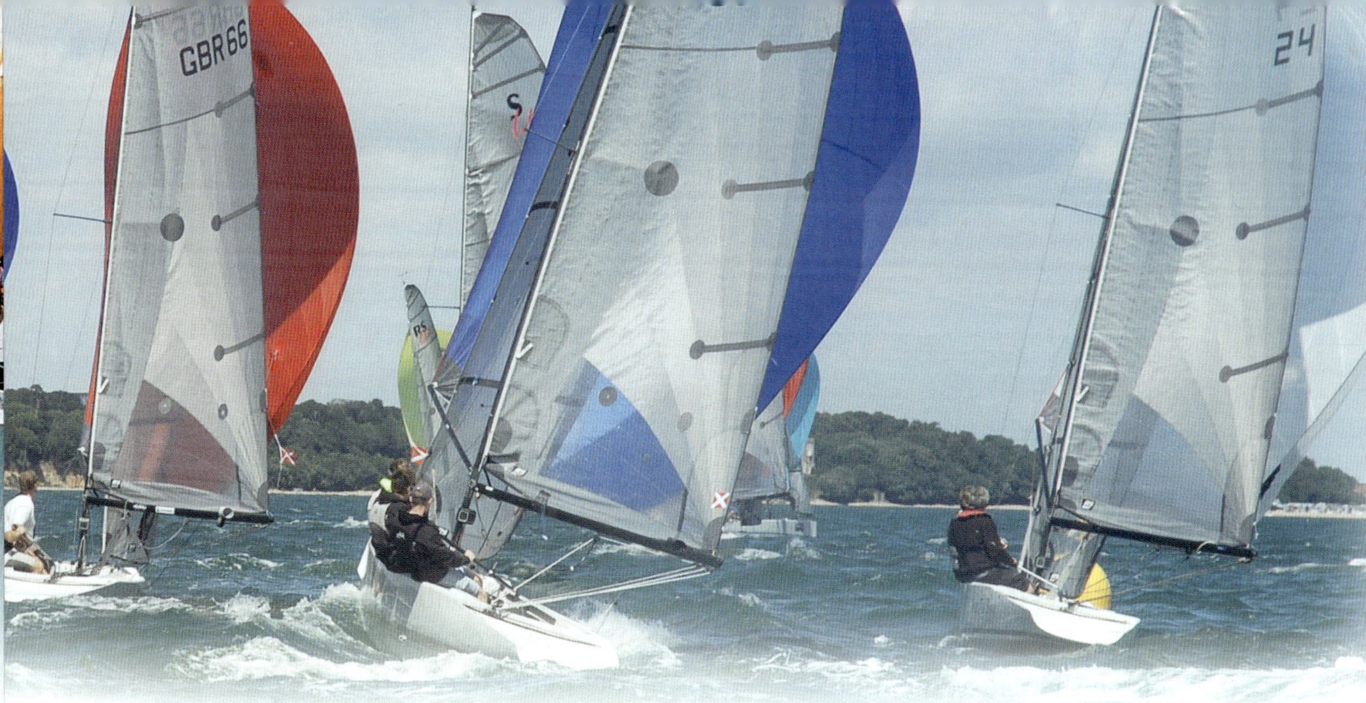
GBR66
24

1

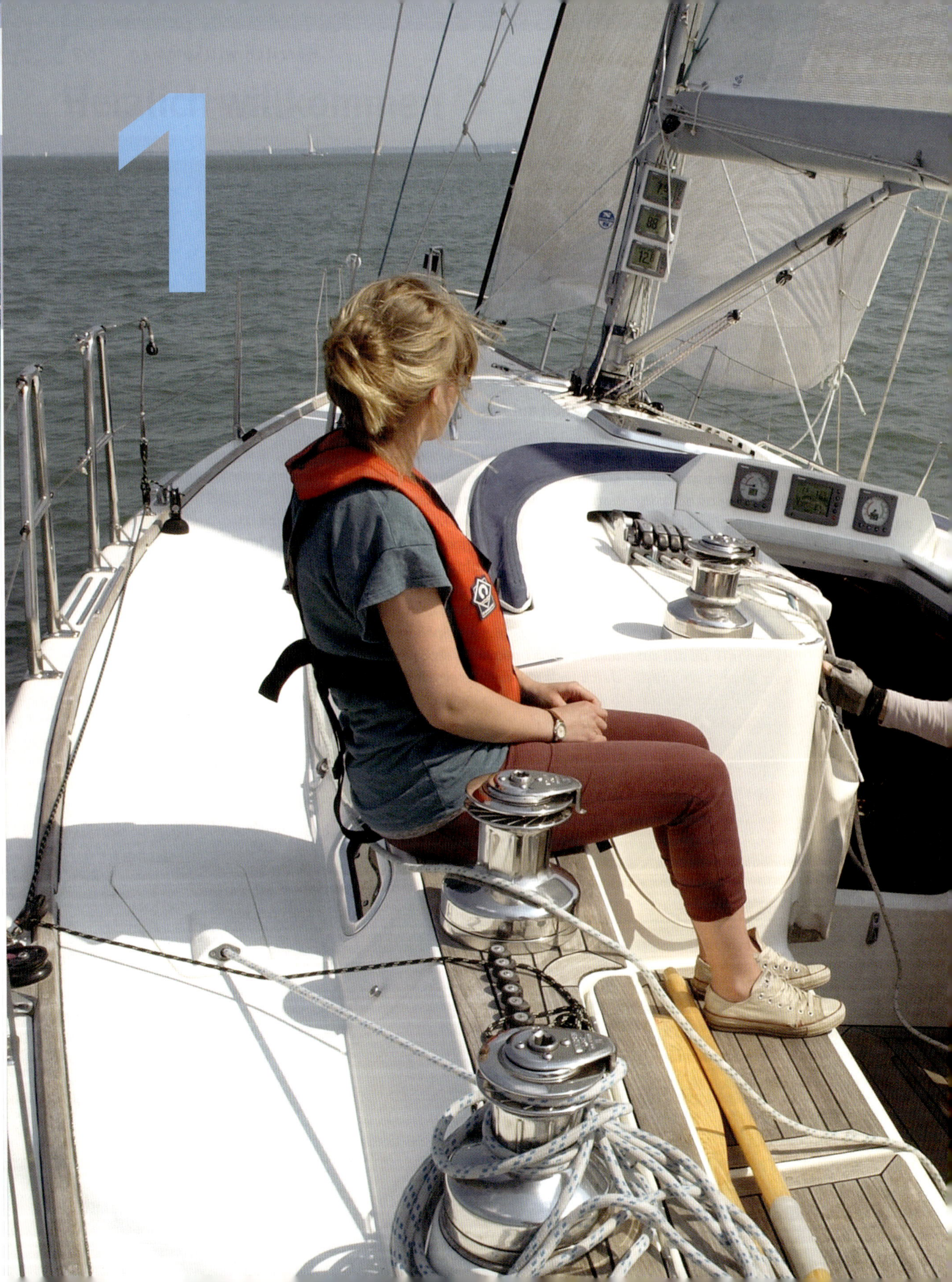

Los geht's!

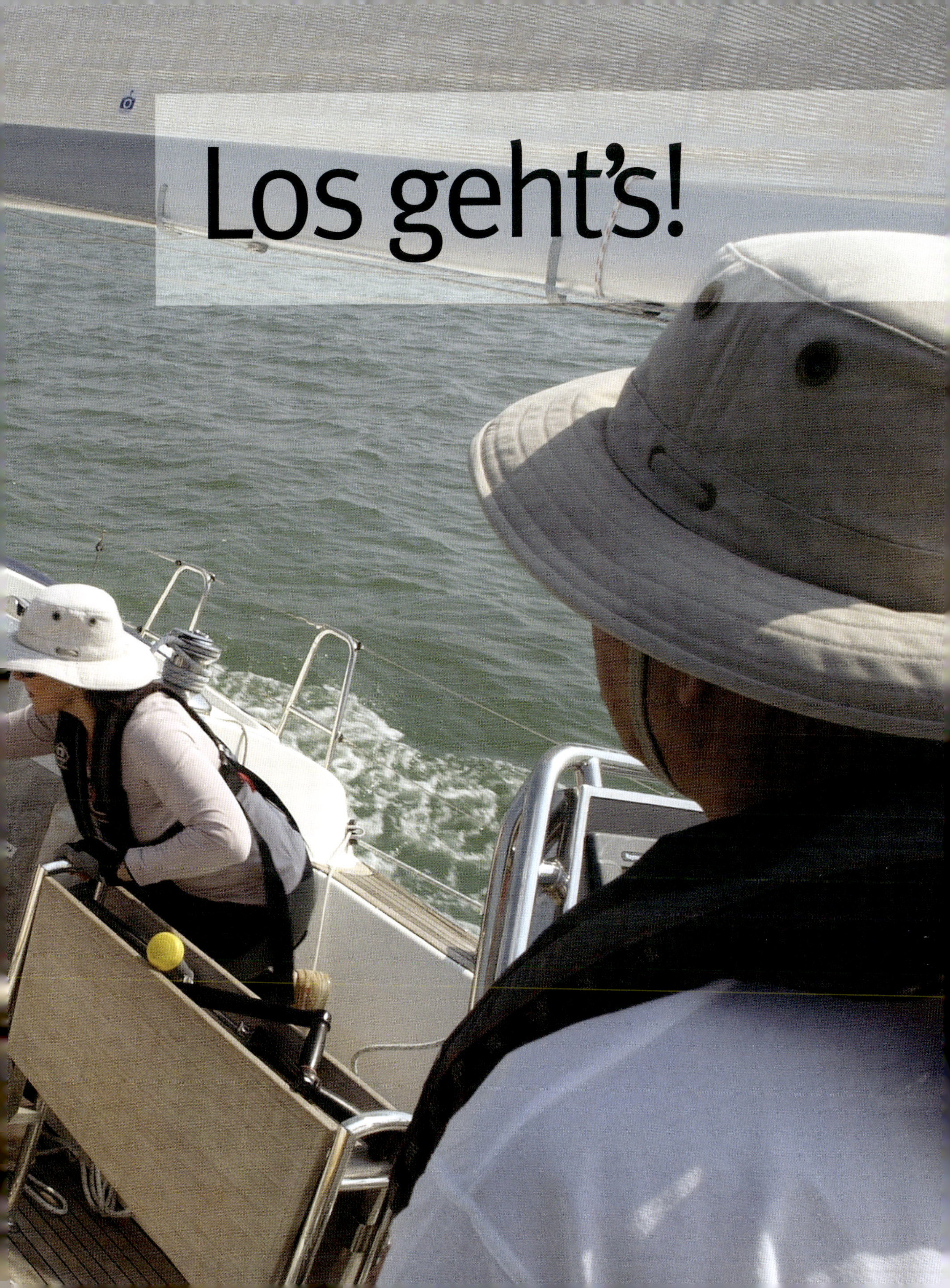

Segeln für jedermann

Noch nie war es so leicht, Spaß am Segeln zu haben, den Sport zu erlernen und ihn auszuüben. Heute gibt es zahlreiche und unterschiedlichste Möglichkeiten zu segeln. Sei es als Hobby oder im Wettkampf – Segeln heißt, die Freiheit auf dem Wasser genießen zu können.

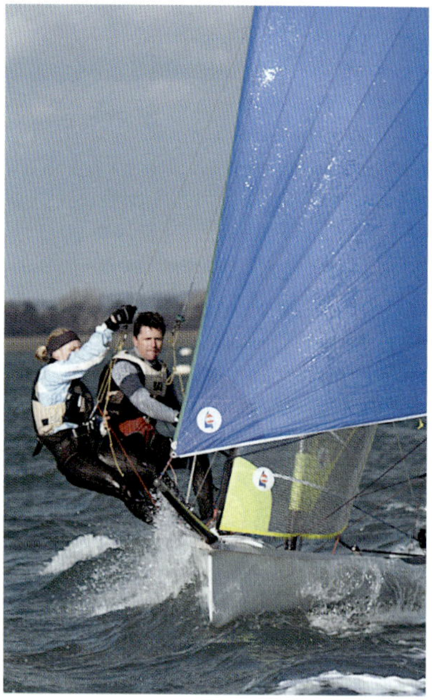

Die modernen Skiff-Jollen versprechen ein optimales Verhältnis zwischen Gewicht und Geschwindigkeit und somit ein vollendetes Segelerlebnis.

Vorbei sind die Zeiten, als Segeln noch ein Elitesport war. Inzwischen kann jeder überall segeln lernen, wo Wasser und Wind aufeinandertreffen. Als Voraussetzung für den Spaß am Segeln sollte man lediglich seine eigenen Fähigkeiten und das Revier gut einschätzen können.

Früher wurden Segelschiffe für Handel oder Expeditionsreisen eingesetzt. Unsere Vorfahren würden sich über unsere Vorstellung vom Freizeitsegeln als Alternative zum Rudern oder Paddeln sehr wundern. Die Wikinger beispielsweise verwandten quer zum Wind gesetzte Segel, um die Schiffe vor dem Wind zu fahren.

Im Laufe der Zeit haben Menschen immer wieder nach neuen Wegen gesucht, Schiffe zu segeln. In den Niederlanden wurde ein Boot namens »jaghen« hin und wieder nur zum Spaß gesegelt. Von dort aus gelangte das Wort »yacht« im 17. Jahrhundert in die englischsprachige Welt.

Segeln als Freizeitvergnügen etablierte sich erst während des 19. Jahrhunderts. Das frühe 20. Jahrhundert wurde dann zum Goldenen Zeitalter des Yachtsports. Auf den schlanken, schnellen und teuren Regattayachten der J-Klasse kämpften professionelle Crews um den Sieg. Kurz nach dem Zweiten

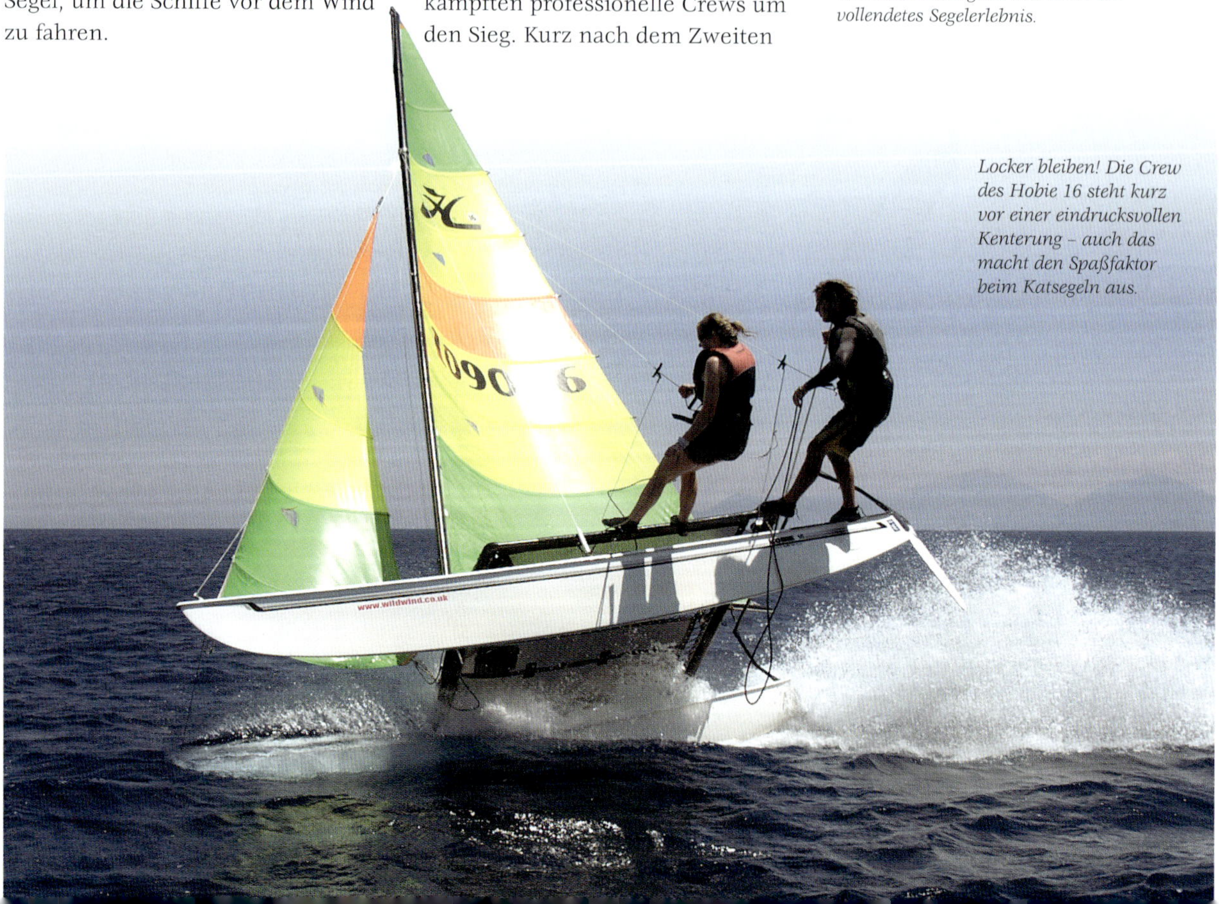

Locker bleiben! Die Crew des Hobie 16 steht kurz vor einer eindrucksvollen Kenterung – auch das macht den Spaßfaktor beim Katsegeln aus.

Weltkrieg entwickelte sich schließlich der Segelsport zu dem, was er heute ist.

Die Jolle

Die Entwicklung des Sperrholzbaus machte das Segeln nach dem Weltkrieg populär und erschwinglich. Sperrholz war das ideale Material, um auf einfache Weise stabile, leichte und schnelle Boote zu bauen. Vor allem für den Eigenbau war Sperrholz optimal. Ab 1960 kam schließlich eine Vielzahl von neuen Konstruktionen auf den Markt. Kleine Bootswerften sorgten für eine steigende Nachfrage im Bereich des Segelsports. Es tat sich eine günstige und realisierbare Möglichkeit zu segeln auf – zum Spaß, als Wettkampfsport in den Segelvereinen bis hin zu den großen, olympischen Regatten.

Glasfaserverstärkter Kunststoff (GFK) etablierte sich in den 1960er-Jahren als Alternative. Auch heute werden ständig neue Materialien entwickelt, die die Boote immer leichter und stabiler werden lassen.

Fahrtensegeln

Anfang des 20. Jahrhunderts war Yachtsegeln für die meisten unerschwinglich. Doch aus dem Regattasport entwickelte sich das Freizeit-Yachtsegeln, das durch den Bau günstigerer und kleinerer Yachten immer mehr Menschen die Möglichkeit des Segelns eröffnete.

Zunehmender Wohlstand und eine wachsende Anzahl von Liegeplätzen haben die Zahl der Yachteigner immer weiter wachsen lassen. Aber selbst wer keine Yacht besitzt, kann beispielsweise auf Charteryachten Törns segeln.

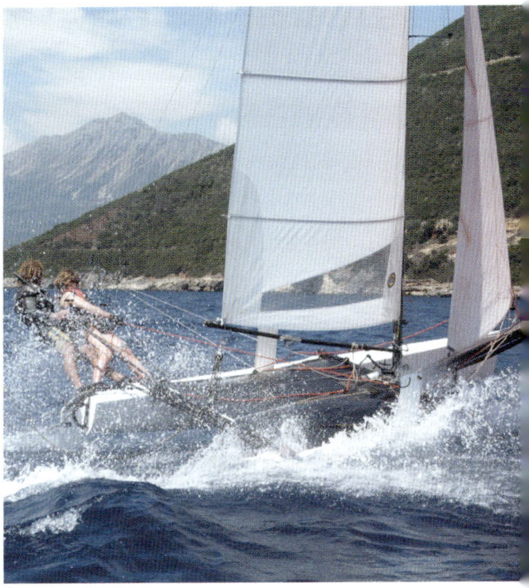

Segeln kann man überall, wo es genügend Wind und Wasser gibt. Doch wenn es warm ist, kommt noch mehr Freude auf, wie auf diesem Katamaran, der vor der griechischen Insel Levkas segelt.

Regattasegeln auf Yachten bietet viel Spaß und Stimmung für die ganze Crew – auf jedem Boot werden dabei ein Dutzend Hände gebraucht, mindestens (unten).

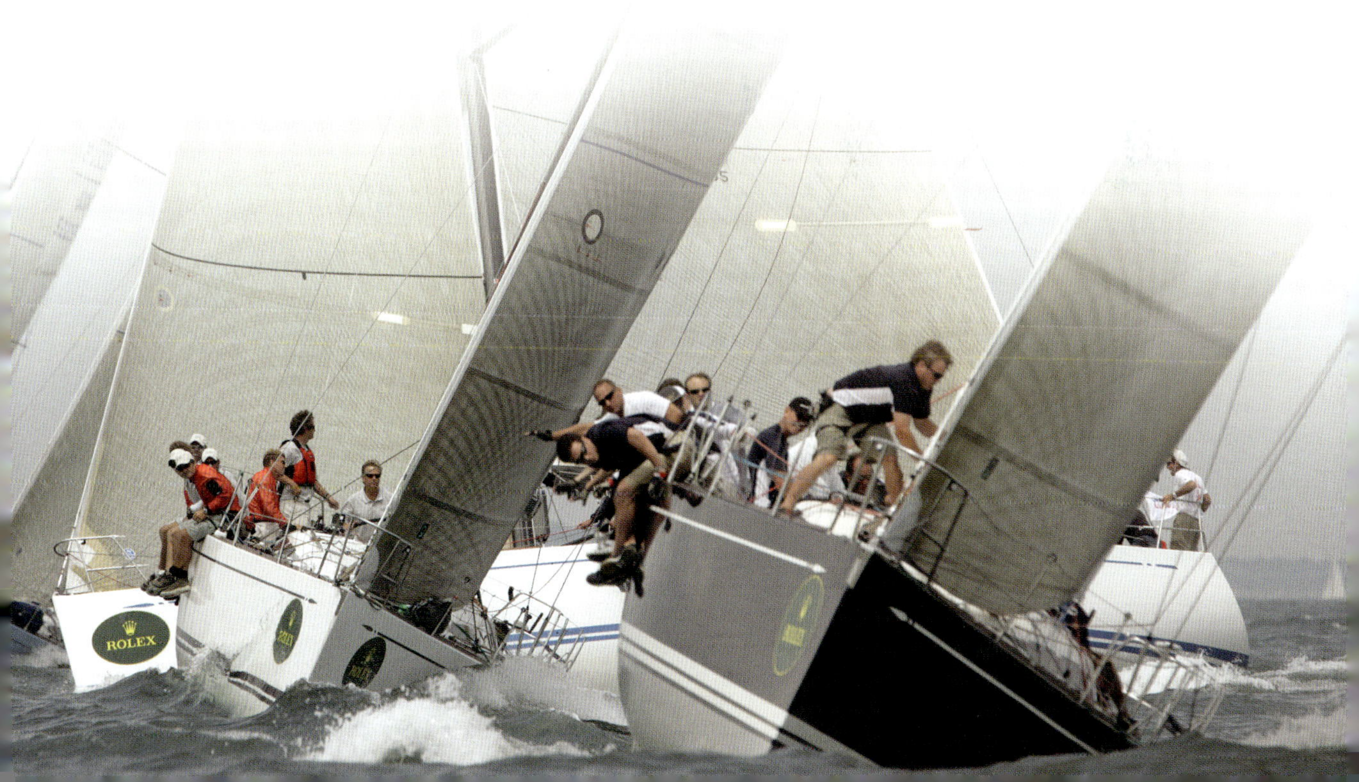

Wo kann ich segeln lernen?

Es gibt so viele Möglichkeiten, segeln zu lernen, dass die Wahl schwerfallen kann. Wer in Wassernähe wohnt oder Freunde hat, die bereits segeln, dem wird der Einstieg leichter fallen als jenen, die keine Verbindung zum Segelsport haben. Wir zeigen Ihnen hier einige Möglichkeiten, wie und wo Sie es trotzdem lernen können.

Die erste Frage ist: Welche Art des Segelsports wollen Sie zukünftig ausüben? Vielleicht möchten Sie mit einer Jolle in einer Bucht oder auf einem See segeln oder lieber auf einer Yacht längere Zeit auf dem Meer unterwegs sein. Welche Pläne Sie auch immer haben, mit der Jolle anzufangen ist auf alle Fälle empfehlenswert. Auf ein größeres Schiff können Sie dann immer noch wechseln.

Der Start in der Jolle

Auf kleinen Jollen segelt immer nur einer, während auf größeren zwei und mehr Personen an Bord sein können. Die meisten Jollen, auf denen unterrichtet wird, sind sehr stabil und liegen ruhig im Wasser. Auf ihnen lernen Sie zu steuern und die Segel richtig zu führen. Da die Jollen leicht sind, reagieren sie zügig auf Ruderbewegungen oder das Ändern der Segelstellung. Das bedeutet aber auch, dass man schnell reagieren und sich bewegen muss, damit das Gewicht immer gut an Bord verteilt ist. Auf einer Jolle ist es zudem meist nasser als auf einer Yacht, und eine Kenterung ist schnell passiert.

Die Jollen gehören meist zu Segelschulen oder Clubs, die Unterricht anbieten. Am Anfang wird hier

Perfekter Segeltag auf dem Gardasee in Norditalien. Die RS Quba Club ist eine vielseitige kleine Jolle für Segelanfänger sowie Fortgeschrittene nahezu jeden Alters.

Tipp

Probieren Sie verschiedene Bootstypen aus, um festzustellen, worin die Unterschiede bestehen und welcher Typ Ihnen liegt. Achten Sie auf gutes Segelverhalten und Sicherheit. Beim Jollensegeln spüren Sie am direktesten die Kräfte von Wind und Wasser. Es ist die beste Art, segeln zu lernen.

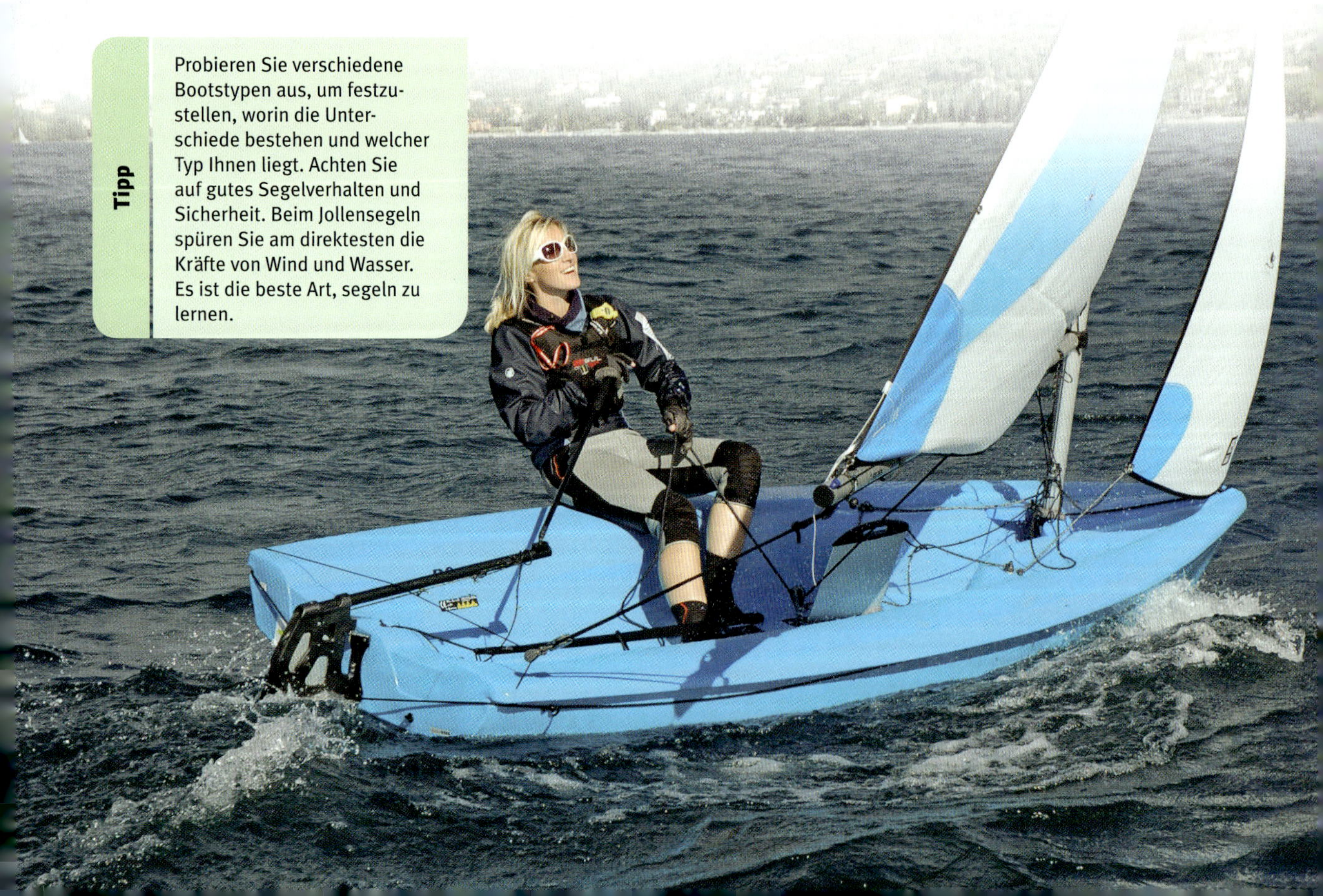

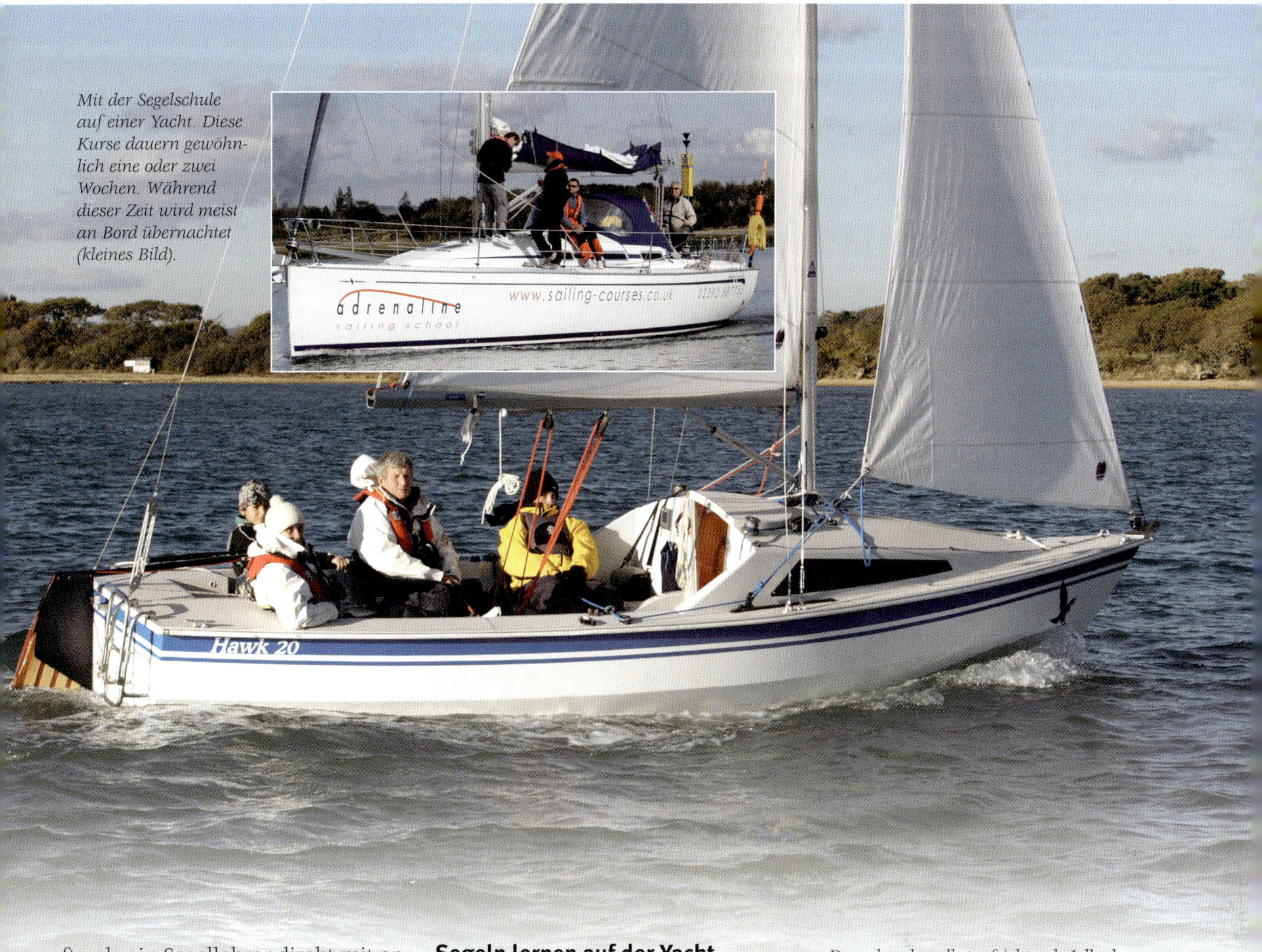

Mit der Segelschule auf einer Yacht. Diese Kurse dauern gewöhnlich eine oder zwei Wochen. Während dieser Zeit wird meist an Bord übernachtet (kleines Bild).

oftmals ein Segellehrer direkt mit an Bord sein, bevor Sie es dann allein probieren können.

Der Einstieg im Kielboot

Manche Segelschulen unterrichten ihre Segelanfänger in einem offenen, für Tagestörns konzipierten Kielboot. Diese haben anstelle eines Schwertes einen festen Kiel unter dem Rumpf. Dadurch sind diese Boote stabiler, schwerer und weniger wendig. Auch ist die Gewichtsverteilung an Bord beim Segeln auf Kielbooten nicht ganz so wichtig, denn normalerweise bringt man sie nicht so leicht zum Kentern wie die viel wackeligeren Jollen.

Segeln lernen auf der Yacht

Eine andere Möglichkeit, segeln zu lernen, bieten die Yachten, die größer als Jollen oder offene Kielboote sind und auf denen man bei längeren Törns übernachten kann. Alle Manöver und Handgriffe lassen sich hier sehr gut vermitteln und erlernen. Auch empfindet ein Segelanfänger sie als wesentlich unempfindlicher, denn sie verzeihen Fehler eher als die anderen, leichteren Bootstypen. Segelschulen, die meist einem Segelverband angehören, bieten dank geschulter Lehrkräfte sehr gute Kurse auf Yachten an, sowohl für Anfänger als auch für bereits erfahrene Skipper.

Der schmale, selbstaufrichtende Jollenkreuzer Hawk 20 bietet einen guten Kompromiss zwischen Jollen- und Yachtsegeln.

In Kürze

Wo kann man segeln lernen?

- Im örtlichen Segelverein
- Während eines Segelurlaubs
- In einer Segelschule
- Während eines Törns mit Skipper

Viele Zeitschriften, Bücher und Websites helfen Einsteigern weiter. Man sollte darauf achten, dass z. B. die Segelschule einem Segelverband angeschlossen ist.

Was ist eine Jolle?

Jollen sind kleine Segelboote, die in der Regel zwischen 2 und 5 m lang sind. Gesegelt werden sie meistens von ein oder zwei Personen, wobei es auch ein paar größere Jollen gibt, auf denen mehrere Segler Platz haben.

Die meisten Jollen, die einhand gesegelt werden, haben nur ein Großsegel. Das Rigg der Zweimannboote besteht hingegen aus einem Großsegel, das vom Steuermann bedient wird, und einer Fock, um die sich der Vorschoter kümmert. Als drittes Segel kann auf Vorwind- oder Raumschotskursen oft noch ein Spinnaker oder Gennaker gesetzt werden.

Aufrecht segeln

Im Gegensatz zu den Yachten haben Jollen keinen festen Kiel, der sich der seitlichen Abdrift durch den Wind entgegenstellt. Jollensegler nutzen ihr eigenes Körpergewicht und trimmen ihre Segel so, dass ihr Boot möglichst aufrecht und geradeaus segelt. Einige Jollen sind sehr stabil und benötigen nur ein geringes Maß an Körpereinsatz und seglerischem Können. Andere hingegen sind äußerst empfindlich und setzen ein hohes seglerisches Können voraus. Achten Sie auf die richtige Bootswahl für Ihr Leistungsniveau.

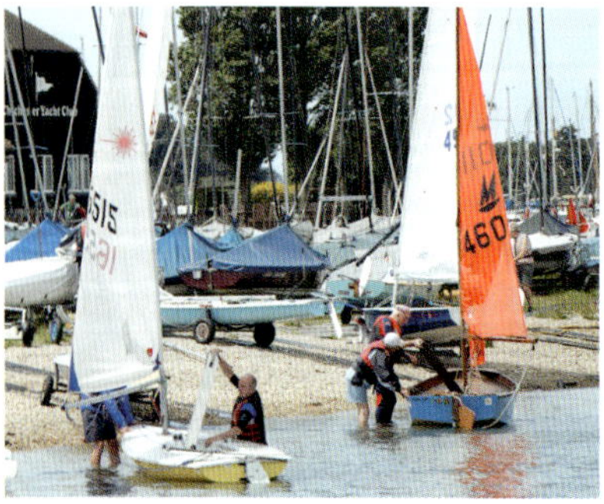

Zwei Jollen werden vor einem Segelclub an Land gebracht – der einhand gesegelte Laser (links) und die Zweimannjolle Mirror.

Unter dem Rumpf

Jollen verfügen über ein absenkbares Schwert, das ganz aus dem Rumpf heraus- bzw. hochgezogen werden kann, oder ein Kielschwert, bei dem das Gewicht am Schwert angeflanscht ist und das dadurch nur bis zu einem gewissen Punkt hochgeholt werden kann. Beide Schwertarten verhindern eine seitliche Abdrift und sorgen für Kursstabilität. Mithilfe der Pinne wird das Ruderblatt am Heck bewegt und so das Boot gesteuert.

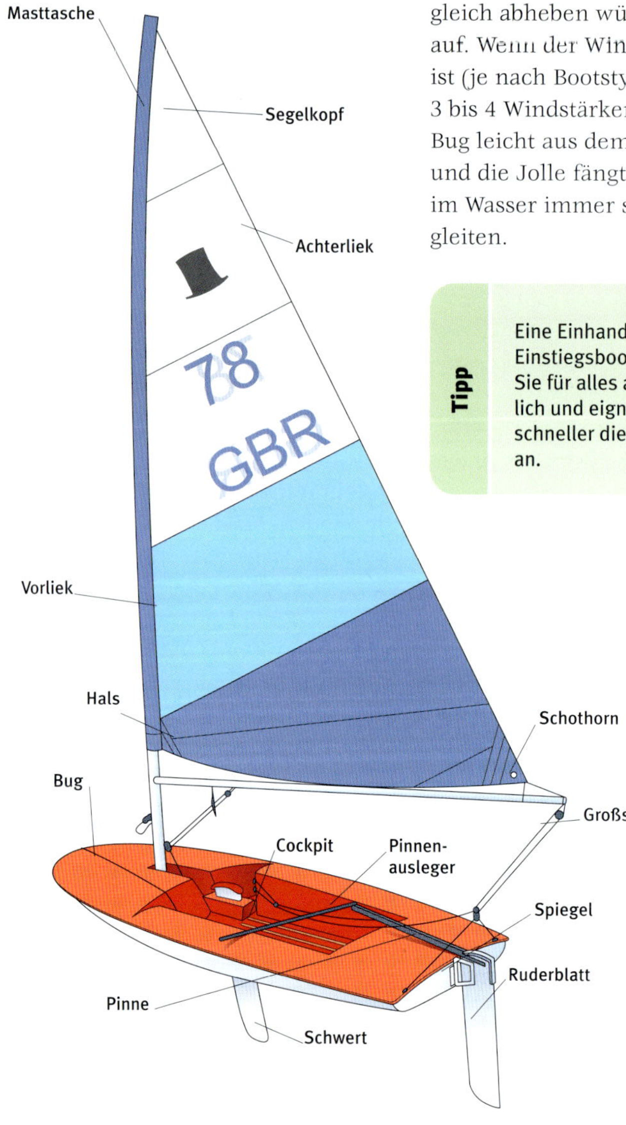

Eine Jolle des Typs Topper ist leicht aufzuriggen und zu segeln. Als stabiles, sicheres und gut zu steuerndes Boot eignet sie sich gut für Segelanfänger.

Übers Wasser gleiten

Ohne schweren Kiel, der durchs Wasser zieht, sind Jollen ganz besonders gut für eine rasante Gleitfahrt auf dem Wasser geeignet. Ein wunderbares Gefühl, als ob man gleich abheben würde, kommt dabei auf. Wenn der Wind stark genug ist (je nach Bootstyp mindestens 3 bis 4 Windstärken), kann sich der Bug leicht aus dem Wasser heben, und die Jolle fängt mit dem Heck im Wasser immer schneller an zu gleiten.

Tipp

Eine Einhandjolle ist das beste Einstiegsboot. Denn in ihr sind Sie für alles allein verantwortlich und eignen sich so umso schneller die nötigen Kenntnisse an.

Leichtgewichte

Um aber ins Gleiten zu kommen, muss ein Jollenrumpf möglichst leicht sein. Früher wurde deshalb oft leichtes Bootsbausperrholz für den Rumpfbau verwendet. Inzwischen sind aber Kunststoffrümpfe aus GFK, Polyethylen oder modernen Sandwichlaminaten gängiger.

Masten und Segel

Die einfachsten einhand gesegelten Jollen haben einen unverstagten Mast, der in einem Loch im Deck steckt und keinen weiteren Halt benötigt. Auf den größeren Jollen muss der Mast allerdings extra mit Drähten befestigt werden. Man unterscheidet dabei das Vorstag, das zum Bug führt, und die beiden Wanten an Backbord und Steuerbord. Mast und Baum sind meist konisch oder gerade verlaufende Aluminiumröhren. Auf besonders leichten und schnellen Regattajollen wird allerdings auch Carbonfaser verwendet. Die Segel sind meist aus Polyestergewebe. Laminate wie Mylar und Kevlar werden von der Regattaszene bevorzugt.

Transport an Land

Jollen werden meist an Land gelagert. Auf einem einfachen Slipwagen mit zwei Rädern werden sie dann ins Wasser gezogen. Für den Autotransport benötigt man einen straßentauglichen Trailer.

Diese schöne Einhandjolle aus Holz, eine Solo, fängt bei optimalen Windverhältnissen an zu gleiten – hinten eine flache Welle, vorn der Bug auf der Bugwelle (oben).

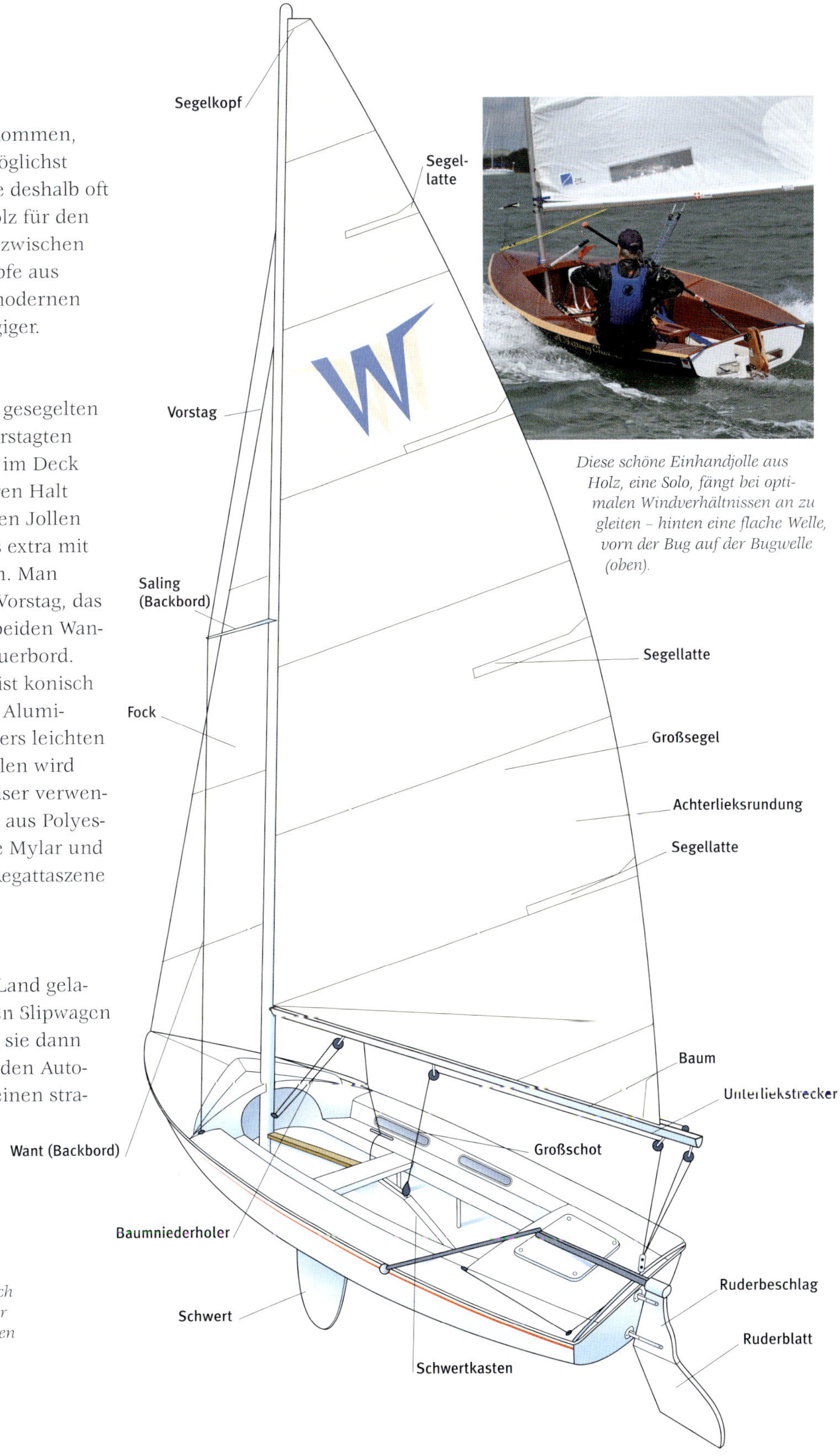

Die Wayfarer-Jolle ist alles in einem: robust, seetüchtig, einfach zu segeln, stabil und nur schwer zu kentern. Bis zu sechs Personen haben auf ihr Platz (rechts).

Was sind Mehrrumpfboote?

Mehrrumpfboote wie Katamarane oder Trimarane haben – wie der Name schon sagt – mehr als nur einen Rumpf. Katamarane bestehen aus zwei Rümpfen, die durch zwei Querholme (Querträger, Beams) und ein Trampolin oder ein festes Deck miteinander verbunden sind. Trimarane haben einen Hauptrumpf in der Mitte und einen weiteren Rumpf, Schwimmer genannt, an jeder Seite. Beide Bootstypen stammen von den polynesischen Proas ab. Das sind Einrumpfboote mit ein oder zwei für Stabilität sorgenden Auslegern.

Rumpfarten

Einrumpfboote nehmen am wenigsten Platz im Hafen ein, während der Trimaran der breiteste von allen ist. Bei kleineren Trimaranen können deshalb oft die Schwimmer eingeklappt werden. Dann ist er kaum noch breiter als ein Monohull (Einrumpfboot).

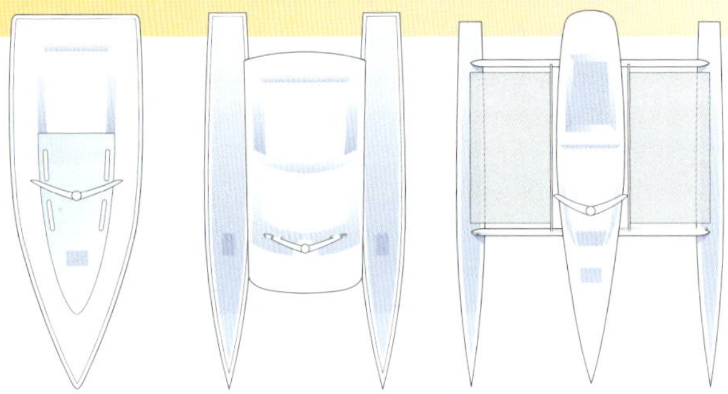

Vorteile der Mehrrumpfboote

Mehrrumpfboote, sogenannte Multihulls, sind wesentlich stabiler als Monohulls, da eine größere, breitere Fläche vorhanden ist, um das Rigg zu tragen. Durch die zwei Schwimmer bzw. zwei Rümpfe wird eine stärkere Krängung verhindert.

Kleinere Strandkatamarane können mit mehr Segelfläche als gleich große Monohulls gesegelt werden, da die Crew eine größere Hebelkraft hat, um das Boot aufrecht zu halten. Auch sind die Rümpfe schmaler als bei einer vergleichbaren Jolle. Mehr Segelfläche kombiniert mit weniger Fläche im Wasser sorgt bei Mehrrumpfbooten für weniger Wasserwiderstand,wodurch sie eine höhere Geschwindigkeit erreichen können.

Die riesigen Trimarane der Ultime-Klasse sind die schnellsten Hochseeyachten. Sie jagen mit Crew oder einhand übers Wasser. Mit der 31,5 Meter langen IDEC SPORT hat Francis Joyon, zusammen mit einer 5-Mann-Crew, im Jahr 2017 eine neue Bestmarke von 40 Tagen für die schnellste Weltumsegelung aufgestellt und die Jules-Verne-Trophy gewonnen.

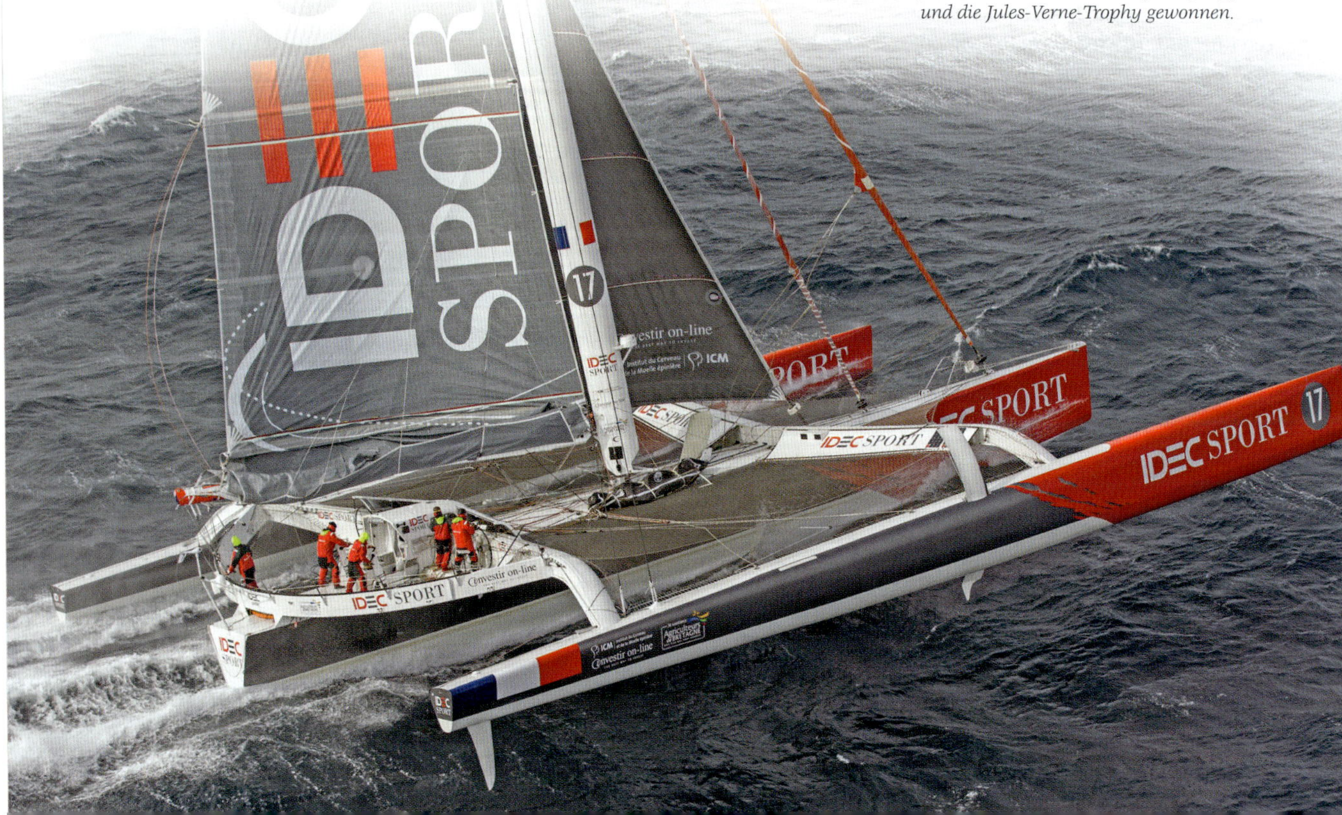

Im Gegensatz zu Yachten benötigen größere Multihulls keinen Ballastkiel. Dadurch können sie auch in flacheren Gewässern segeln und je nach Größe und Gewicht sogar auf den Strand fahren.

Fahrtenkatamarane sind nicht nur lang, sondern auch sehr breit. Dadurch bieten sie wesentlich mehr Platz und Komfort als vergleichbare Yachten. Kleinere Katamarane und Trimarane wurden extra so entworfen, dass auch noch nicht so versierte Segler den Rausch der Geschwindigkeit erleben können, ohne gleich zu kentern.

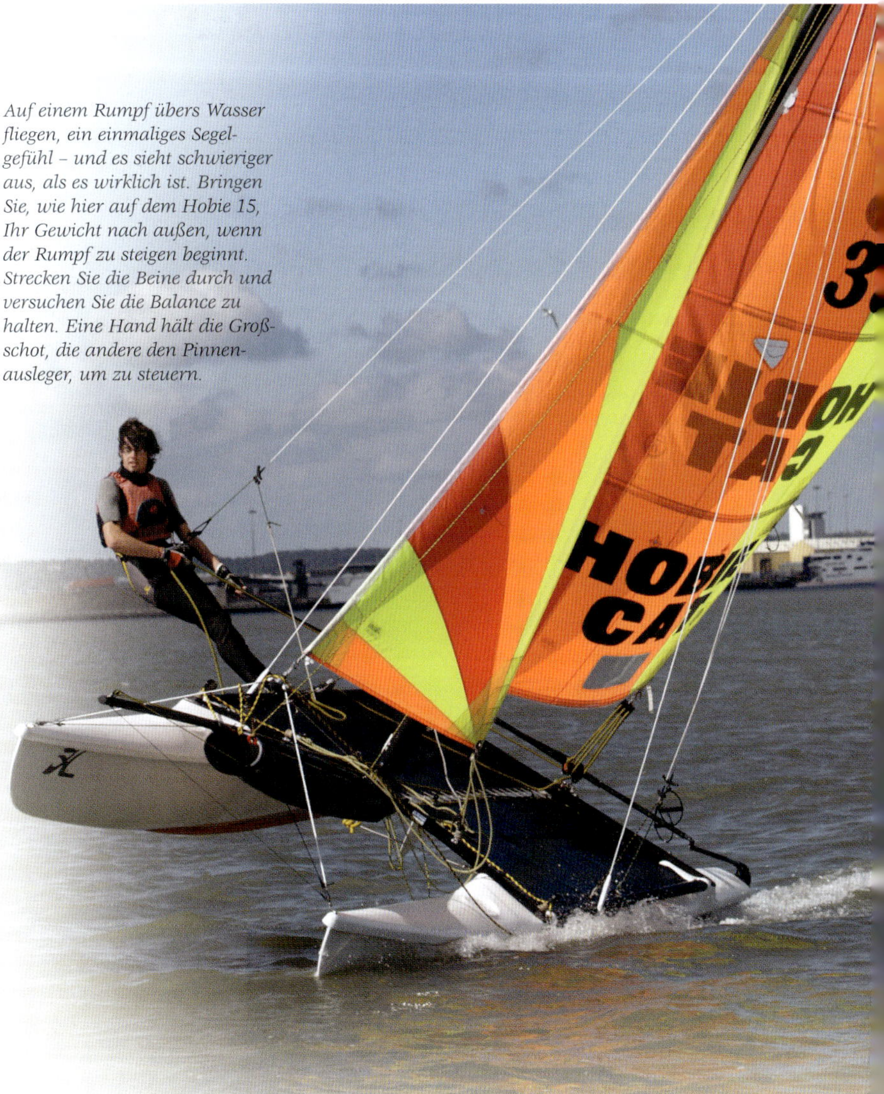

Auf einem Rumpf übers Wasser fliegen, ein einmaliges Segelgefühl – und es sieht schwieriger aus, als es wirklich ist. Bringen Sie, wie hier auf dem Hobie 15, Ihr Gewicht nach außen, wenn der Rumpf zu steigen beginnt. Strecken Sie die Beine durch und versuchen Sie die Balance zu halten. Eine Hand hält die Großschot, die andere den Pinnenausleger, um zu steuern.

Nachteile des Multihulls

Durch den Bau gleich mehrerer Rümpfe werden Multihulls schon in der Produktion teurer als entsprechende Jollen oder Yachten. Auch dürfen sie nicht zu schwer sein, um noch gut segeln zu können. Gewichtsreduktion im Bau und in der Ausstattung treibt die Preise hoch.

Strandkatamarane können genauso wie Jollen kentern. Sie wieder aufzurichten, kann schwieriger sein und dauert meist länger als bei Jollen. Hightech-Regattakatamarane oder -trimarane kentern leicht durch, wenn sie zu hart gesegelt werden. Bei der Konstruktion von großen Multihulls fürs Fahrtensegeln wird darauf geachtet, dass sie dies nicht tun.

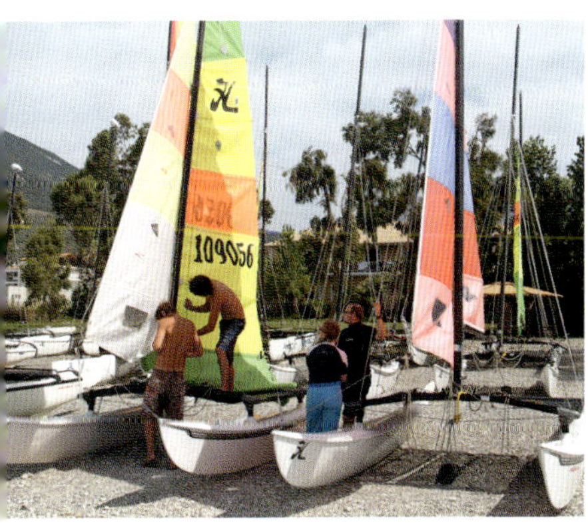

Den Hobie 16 gibt es bereits seit 1970. Er ist der am weitesten verbreitete Strandkatamaran. Mit seinen bananenförmigen Rümpfen kann er leicht auf den Strand gezogen werden.

Strandkatamarane

Strandkatamarane sind zwischen 4 und 6 m lang (13 bis 20 Fuß), mit einem Netztrampolin, das zwischen den Rümpfen und den Querholmen gespannt ist und ein Art Deck bildet. Wie der Name schon sagt, eignen sie sich sehr gut zum Segeln vom Strand aus. Sie lassen sich leicht ins und aus dem Wasser ziehen bzw. am Strand aufbauen. Genau wie Jollen werden sie entweder ein- oder zweihand gesegelt.

Einfachere Katamarane haben einen Skeg unter jedem Rumpf (Kielhacken), der wie ein kleiner Kiel der seitlichen Abdrift entgegenwirken soll. Empfindlichere Regattakatamarane werden hingegen mit einem schmalen Steckschwert in jedem Rumpf gesegelt. Der Nacra 17 wurde für die Olympiade 2020 sogar mit gebogenen Schwertern, sogenannten Foils, ausgestattet.

Wie sieht eine Yacht aus?

Die wichtigsten Ausrüstungsgegenstände, die wir bereits von den Jollen her kennen, begegnen uns auch auf Fahrtenyachten wieder. Es gibt jedoch viele verschiedene Bootstypen, die sich in Ausstattung an und unter Deck, in Bauweise und Platzangebot unterscheiden.

Das Rigg

Die meisten Yachten werden heutzutage als Slup (einfachste Riggform) konstruiert. Typisch hierfür ist ein Mast, der von dem stehenden Gut gehalten wird. Dieses besteht aus einem Vorstag, das den Mast zum Bug hin abstützt, und mehreren Wanten, die seitlichen Halt geben. Sie führen von den paarweise am Mast angebrachten Salingen an Deck. Zum Heck hin wird der Mast mithilfe von Achterstag bzw. Backstagen abgestützt.

Die Segel

Zum Segelsatz einer Slup gehören normalerweise ein Großsegel sowie verschiedene Vorsegel. Das Großsegel wird, wenn es nicht gebraucht wird, auf dem Baum zusammengebunden und mit einer Baumpersenning geschützt. Je nach Windstärke werden unterschiedliche Vorsegel gesetzt. Befestigt werden diese am Vorstag; nach dem Segeln werden sie meist abgeschlagen und verstaut. Viele moderne Yachten haben aber inzwischen bequeme Rollvorsegel, die direkt am Vorstag aufgerollt werden. Eine Genua für leichten Wind, eine Arbeitsfock für stärkeren Wind und eine Sturmfock, die bei Starkwind gesegelt wird, sind die gängigen Vorsegel.

Tipp

Sie können viel übers Segeln lernen, wenn Sie erst einmal bei jemandem mitsegeln. Die meisten Yachten sind für eine vierköpfige Crew geeignet, wobei längere Törns doch einige Segelerfahrung voraussetzen.

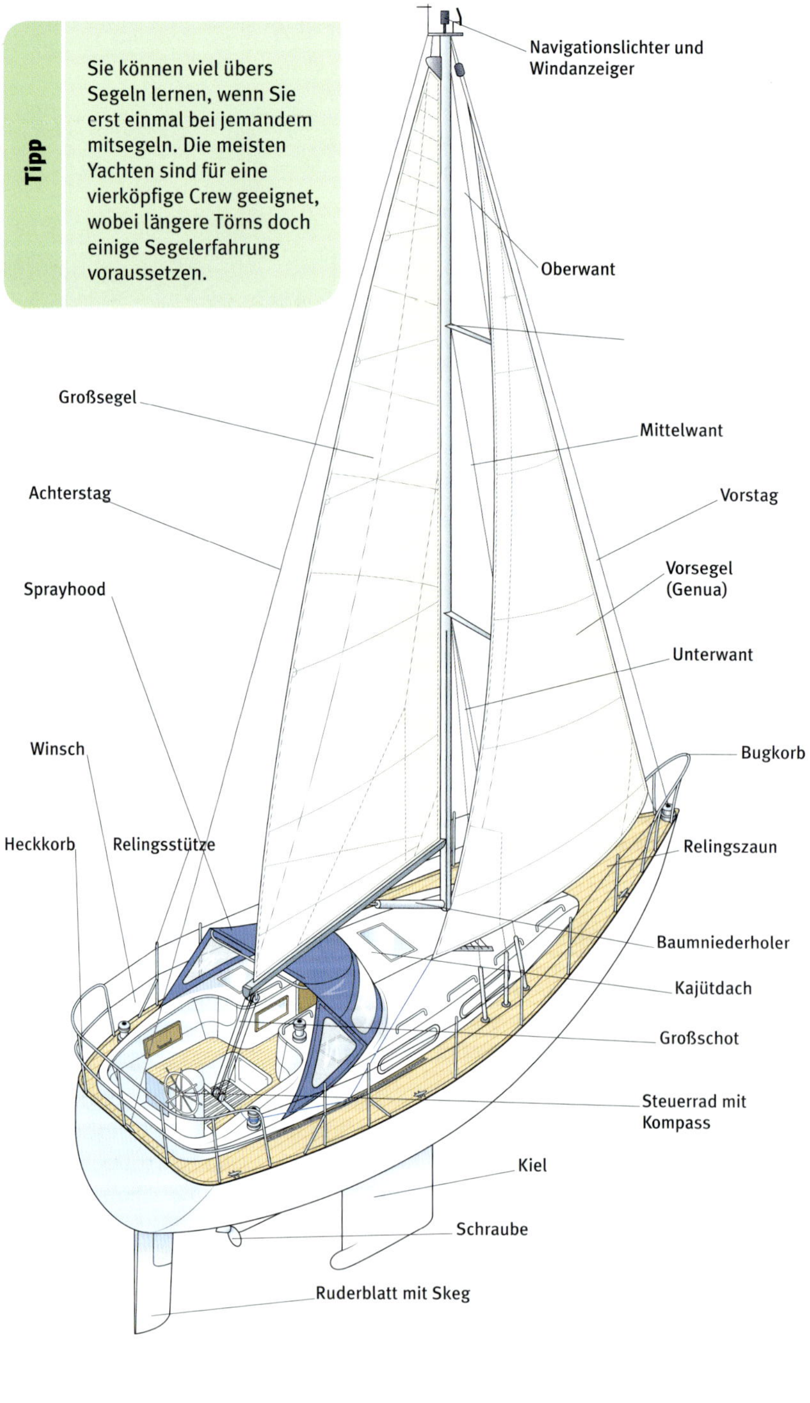

Moderne Fahrtenyachten kombinieren ein leicht bedienbares Rigg mit hoher Segelleistung und viel Komfort an und unter Deck.

Verschiedene Kielformen

Traditionelle Yachten haben einen länglichen, integrierten Kiel mit innenliegendem Ballast. Moderne Yachten dagegen werden mit einem Kurzkiel konstruiert, der abhängig von Gewicht, Größe und Einsatzbereich der Yacht unterschiedlich ausfällt. Eine Regattayacht hat beispielsweise einen schmalen, tiefgehenden Kiel, dessen Ballast sich am unteren Teil in einer sogenannten Bombe befindet. So wird ein maximal aufrichtendes Moment mit minimalem Widerstand im Wasser verbunden. Mit dieser Art Kiel braucht man allerdings eine ausreichende Wassertiefe. Die Kiele von Fahrtenyachten sind deshalb meist etwas länger und nicht ganz so tief, sodass auch in flacheren Gewässern gesegelt oder geankert werden kann. Auch diese Kielform verleiht den Yachten Stabilität und wirkt der seitlichen Abdrift entgegen.

Es gibt aber auch Fahrtenyachten mit zwei kurzen Flossenkielen, die man zusammen als Kimmkiel bezeichnet. Dieser ist in Gewässern mit großem Tidenhub von Vorteil, da er das Trockenfallen vereinfacht. Die Yacht bleibt dann einfach auf ihren Kielen stehen.

Kielarten

Der klassische Langkiel wird mit einem fließenden Übergang als Teil des Rumpfes gebaut. Moderne Yachten haben einen am Rumpf befestigten Flossenkiel. Der Kimmkiel, der für Tidengewässer sehr geeignet ist, ist kürzer, und seine beiden Kiele sind seitlich befestigt.

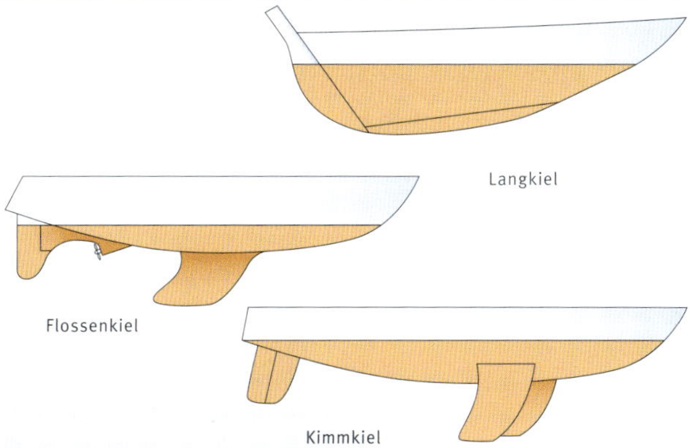

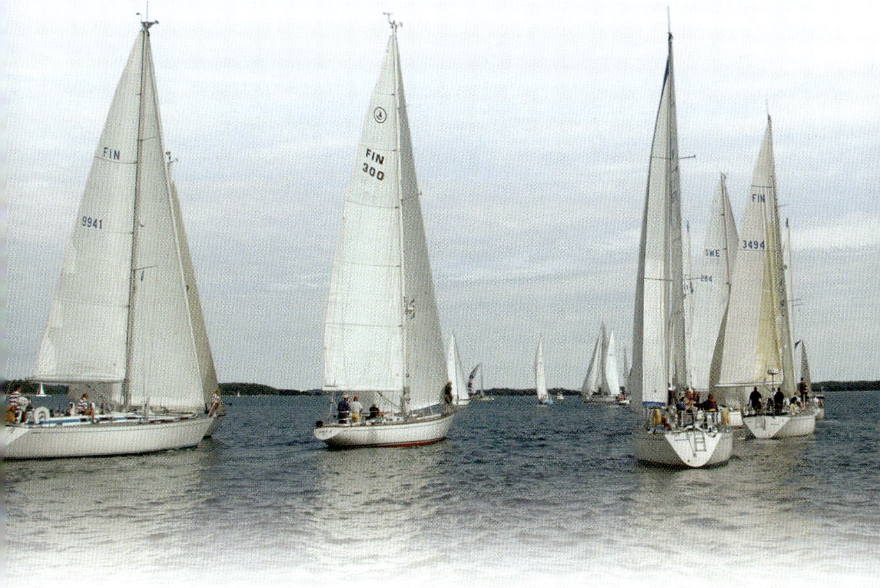

Eine Gruppe von Yachten bei leichtem Wind und ruhigem Wasser (links).

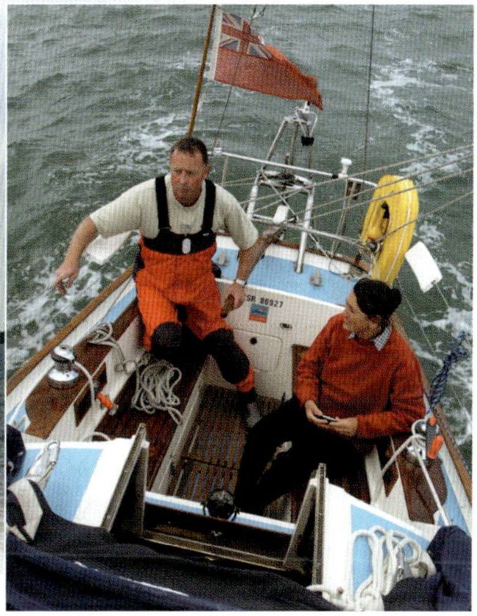

An Deck verbringt die Crew die meiste Zeit im sicheren und geschützten Cockpit.

Das Deck

Das Cockpit ist die Arbeitsfläche der Yachten. Hier wird gesteuert, und mit den Schoten werden die Segel bedient. Das Seiten- oder Laufdeck führt seitlich um das Boot herum mit Relingsstützen und einer Seereling am äußeren Rand. Klüsen und Klampen zum Befestigen oder Führen von Leinen befinden sich meist im Bug- und Heckbereich des Decks. Außerdem sind noch Winschen, Blöcke und Leitschienen sowie Teile der Sicherheitsausrüstung an verschiedenen Stellen an Deck befestigt.

Die verschiedenen Bootstypen

Es gibt eine ganze Anzahl unterschiedlicher Bootstypen. Die hier aufgeführten sind jedoch die gängigsten, auf die man immer wieder im Hafen, am Strand oder auf dem Wasser trifft. Sicher werden auch Sie auf einem dieser Boote segeln.

	Jolle	Strandkatamaran	Kielboot
	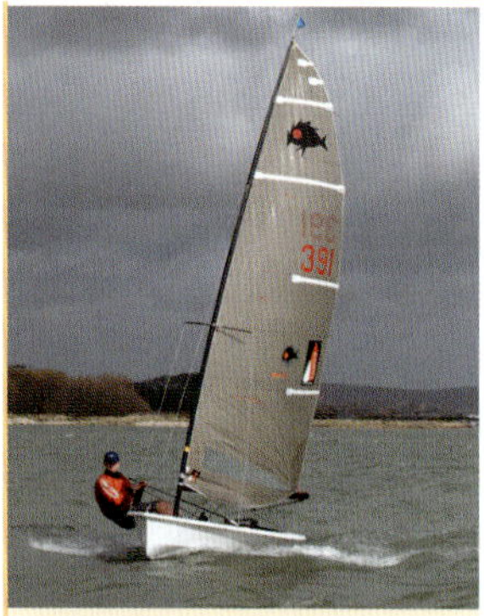	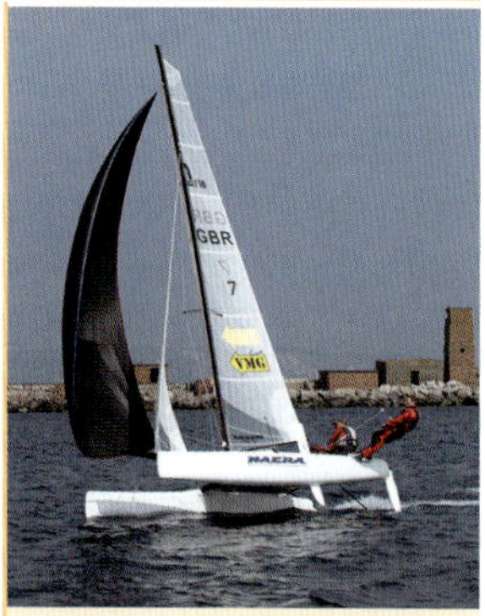	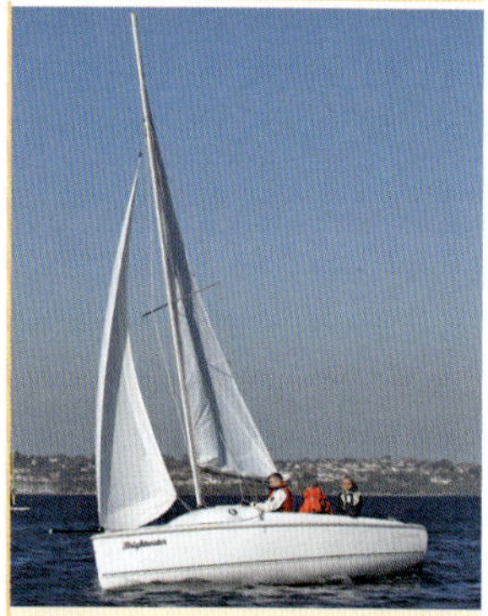
	Gesegelt werden diese kleinen Boote von einer oder mehreren Personen. Ihr seglerisches Können sowie eine exakte Gewichtsverteilung halten die Jolle aufrecht. Ein aufholbares Schwert verhindert die seitliche Abdrift.	Die kleinen Katamarane sind im Prinzip eine Alternative zur Jolle, nur eben mit zwei Rümpfen, zwischen denen ein Netztrampolin gespannt ist.	Kleinere Yachten für Tagestörns sind stabiler als Jollen und kentern so gut wie nie. Auf ihnen wird die Art des Jollensegelns mit dem Handling einer größeren Yacht kombiniert. Bis zu fünf Personen haben an Bord Platz.
Kurzbeschreibung	Die meisten Jollen sind für ein bis zwei Personen konzipiert. Gesegelt werden sie nur mit einem Großsegel oder mit Großsegel und Fock und auf manchen Kursen zusätzlich mit Spinnaker bzw. Gennaker. Die Crew kann sich für besseren Trimm außenbords hängen oder ins Trapez stellen.	Strandkatamarane bieten Hochgeschwindigkeitssegeln kombiniert mit Stabilität: Sie vereinen eine enorm große Segelfläche mit einer breiten Plattform, die nur mit schmalen Rümpfen ins Wasser ragt.	Kielboote gibt es in unterschiedlichen Größen und Ausstattungen, manche haben ein offenes Cockpit und werden von ein bis zwei Personen auf Tagestörns oder Regatten gesegelt, andere wiederum bieten mehr Komfort und Platz durch beispielsweise eine kleine Kajüte.
Vorteile	Jollensegeln ist relativ kostengünstig. Die Boote sind leicht zu handhaben und einfach zu lagern. Sie reagieren direkt auf Wind und Wetter. Der Pflegeaufwand ist gering. Die meisten modernen Jollen sind unsinkbar.	Gesegelt werden sie ein- oder zweihand, bieten aber oft genug Platz, um eine weitere Person mitnehmen zu können. Die meisten sind mit Steuermann- und Vorschoter-Trapez ausgestattet und bieten viel Spaß beim Segeln.	Diese kleinen Yachten sind stabil und sicher. Sie bieten ein zuverlässiges und solides Segelerlebnis und kentern unter normalen Bedingungen nicht.
Nachteile	Jollen liegen sehr flach im Wasser, sodass die Crew beim Segeln meist nass wird. Kenterungen sind nichts Ungewöhnliches.	Handhabung, Start und Wende sind bei einem Strandkat oft mühsamer als bei einer Jolle, da er nicht so unmittelbar und direkt reagiert.	In der Anschaffung sind sie teurer als eine Jolle, in der Pflege aufwendiger. Sie reagieren schwerfälliger, und falls sie kentern, sinken sie.
Segler	Wer sich fit fühlt, sportlich segeln und den Elementen ganz nah sein möchte, wählt die Jolle, ob Familie oder Regattasegler.	Für alle, die ins Trapezsegeln einsteigen möchten, sind die Strandkatamarane besonders gut geeignet.	Für alle, die gern mit mehreren Personen und nah an den Elementen segeln, ohne das Risiko des Kenterns.

Fahrtenyacht	Mehrrumpfboote	Ocean-Racer	Traditionelle Yachten
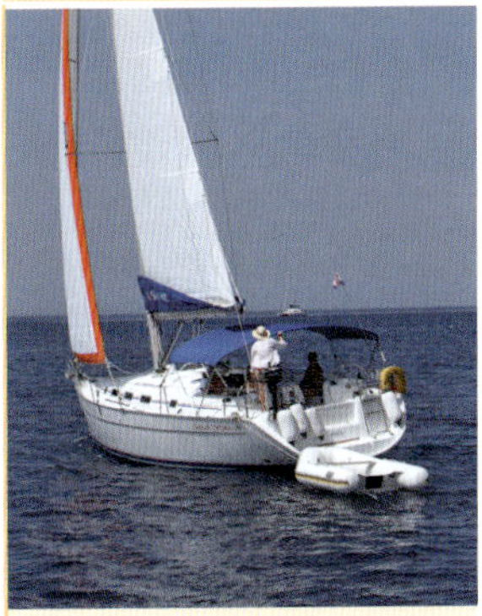	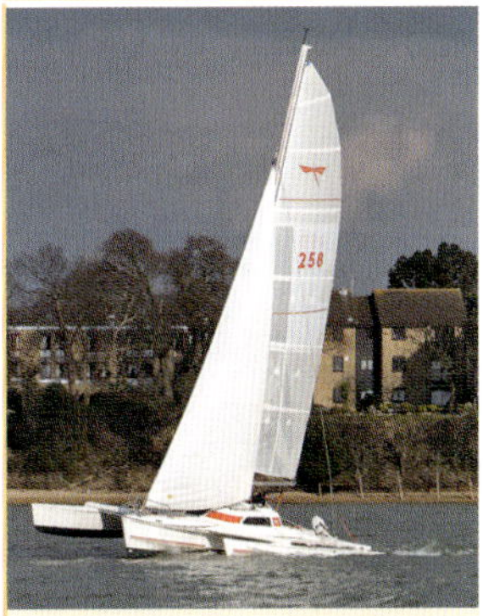	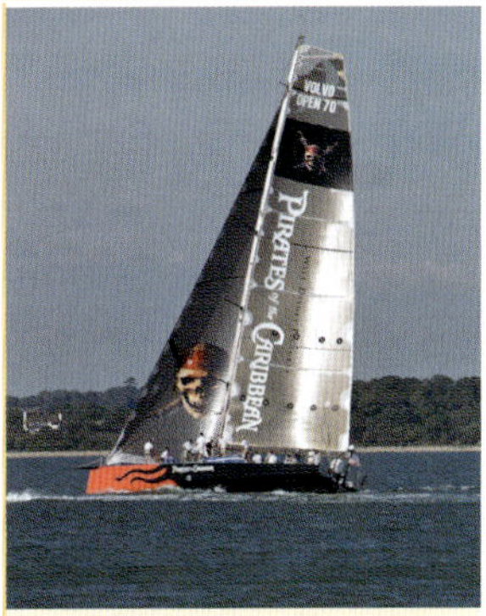	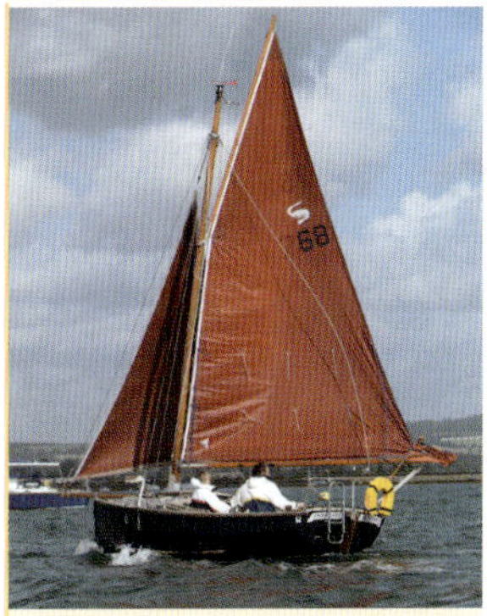
Yachten, die alle Annehmlichkeiten des Bordlebens bieten und durch einen Kiel oder einen beweglichen Hubkiel stabilisiert werden. Bei einer Bootslänge von 8 bis 10 m haben bis zu 6 Personen an Bord Platz.	Katamarane (zwei Rümpfe) und Trimarane (drei Rümpfe) mit Platz unter Deck. Ihre Stabilität basiert auf ihrer Breite. Ohne Kiel können sie in flacheren Gewässern segeln, der geringere Widerstand unter Wasser macht sie schneller.	Diese Yachten sind speziell für große Offshore-Regatten entwickelt und verbinden ein ideales Gewichts-Leistungs-Verhältnis mit minimalem Komfort. Ihre modernen großen Segel generieren eine große Vortriebskraft.	Traditionelle Yachten sind entweder alte, originale Holzboote, die restauriert wurden, oder Nachbauten aus Kunststoff. Diese bieten ein nostalgisches Segelerlebnis kombiniert mit modernem Komfort.
Viele Fahrtenyachten haben ein Rollvorsegel, was die Arbeit an Bord erleichtert. Außerdem sind sie mit einem Dieselmotor ausgerüstet. Die Segelgeschwindigkeit für eine durchschnittlich große Yacht liegt bei ca. 5 kn.	Fahrtenkatamarane bieten durch mehrere Kabinen in jedem Rumpf und ein geräumiges Deckshaus zwischen den Rümpfen viel Komfort. Trimarane haben nicht ganz so viel Platz, da die seitlichen Rümpfe nur Stauraum bieten und sich das Leben unter Deck im mittleren Rumpf abspielt.	Fahrtenyachten, mit denen auch Regatten gesegelt werden, bezeichnet man oft als Cruiser-Racer. Sie verfügen über ausreichende Fahrtensegeleigenschaften und gute Regattatauglichkeit. Die Spitze der Regattayachten bilden aber die eindrucksvollen Rennmaschinen, die Ocean-Racer.	Viele traditionelle Yachten sind leicht an ihrem meist braunen Gaffelsegel zu erkennen. Einige von ihnen sind als Ketsch oder Yawl mit einem zweiten, kleineren Mast weiter achtern geriggt oder als Schoner mit einem zweiten, etwa gleich großen Mast vor dem Hauptmast ausgerüstet.
Durch die Möglichkeit, an Bord zu übernachten, lassen sich mit der Familie oder mit Freunden auch längere Törns über größere Distanzen segeln. Das Manövrieren der Yachten unter Segeln ist relativ einfach.	Kein Kiel bedeutet weniger Wasserwiderstand, Gewicht und Tiefgang. Viele sind wesentlich schneller als vergleichbare Fahrtenyachten. Fahrtenkatamarane können äußerst komfortabel ausgerüstet sein.	Das Segeln auf den hochsensiblen Regattayachten wirkt wie Jollensegeln, genauso nass und unmittelbar, aber mit größerem, stärkerem Material und entsprechend höherer Geschwindigkeit, und bietet ein tolles Teamgefühl.	Viele macht es stolz, eine klassische, zuverlässige Traditionsyacht zu segeln und die oft bewundernden Blicke anderer Segler auf sich zu ziehen.
Die Kosten für Anschaffung, Liegeplatz und Wartung sind sehr hoch. Das Segeln selbst ist nicht so unmittelbar wie auf den kleineren Booten.	Fahrtenkatamarane benötigen viel Platz im Hafen, sind in Unterhalt und Anschaffung teurer als Einrumpfboote und lassen sich schlechter »gegen den Wind« segeln.	Diese Art des Regattasegelns ist extrem bis unvorstellbar teuer und außerdem je nach Revier äußerst kalt, nass und unkomfortabel.	Sie segeln langsamer als moderne Yachten. Außerdem beansprucht eine traditionelle Holzyacht wesentlich zeitintensivere und kostspieligere Pflege.
Ideal sind sie für Leute, die verschiedene Häfen oder Buchten anlaufen möchten – bei gutem Wetter ein wunderbares Erlebnis für die ganze Crew.	Sie bieten ein gutes Verhältnis zwischen Geschwindigkeit und Stabilität sowie die Möglichkeit, in flachen Gewässern zu segeln oder zu ankern.	Für Regattasegler, die die große Herausforderung suchen und dafür jede Unbequemlichkeit in Kauf nehmen. Meist für Proficrews.	Für all jene, die besonders stolz auf das sein möchten, was sie segeln, und die bereit sind, sich weniger hektisch auf dem Wasser fortzubewegen.

Segeln lernen

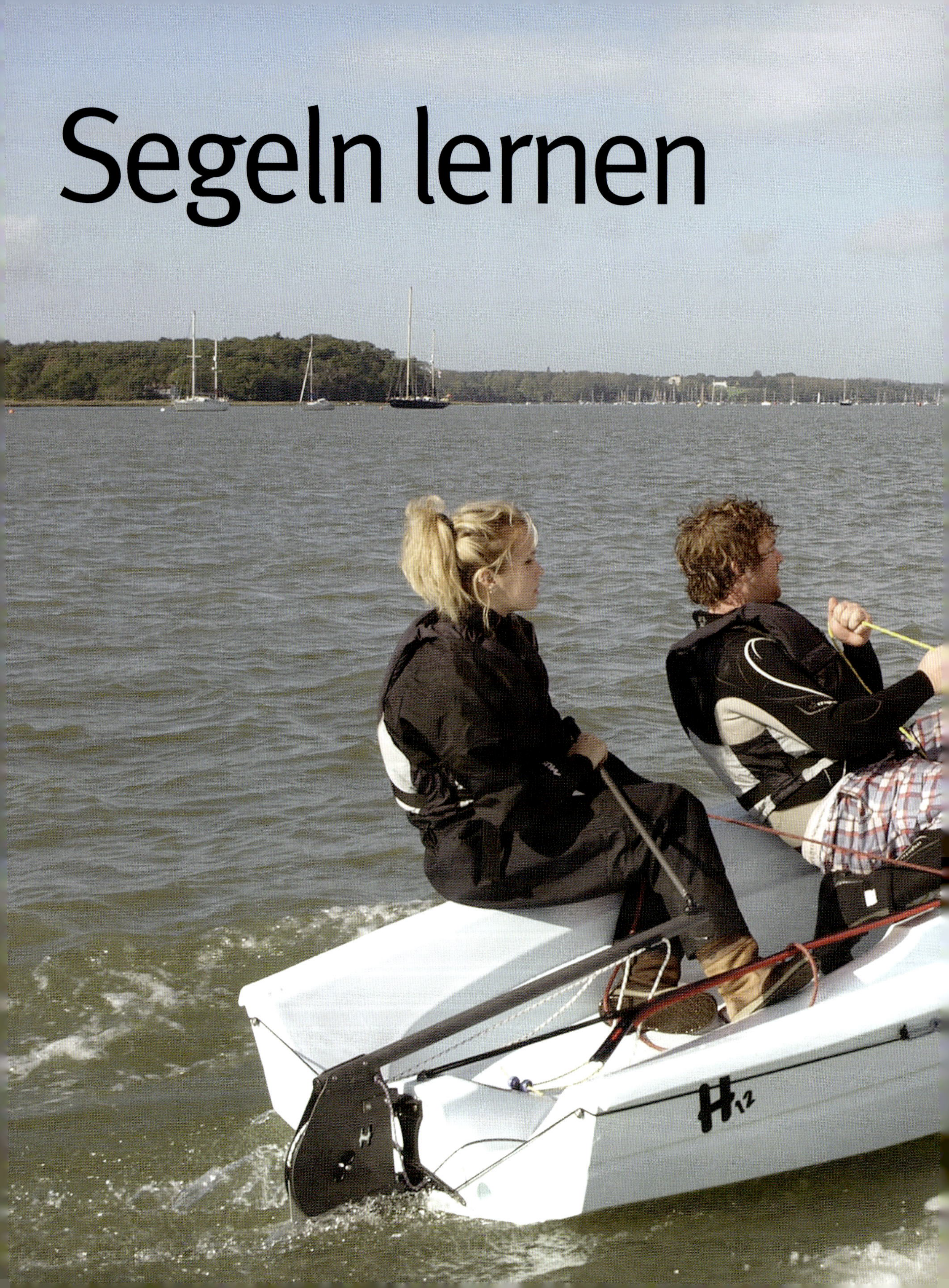

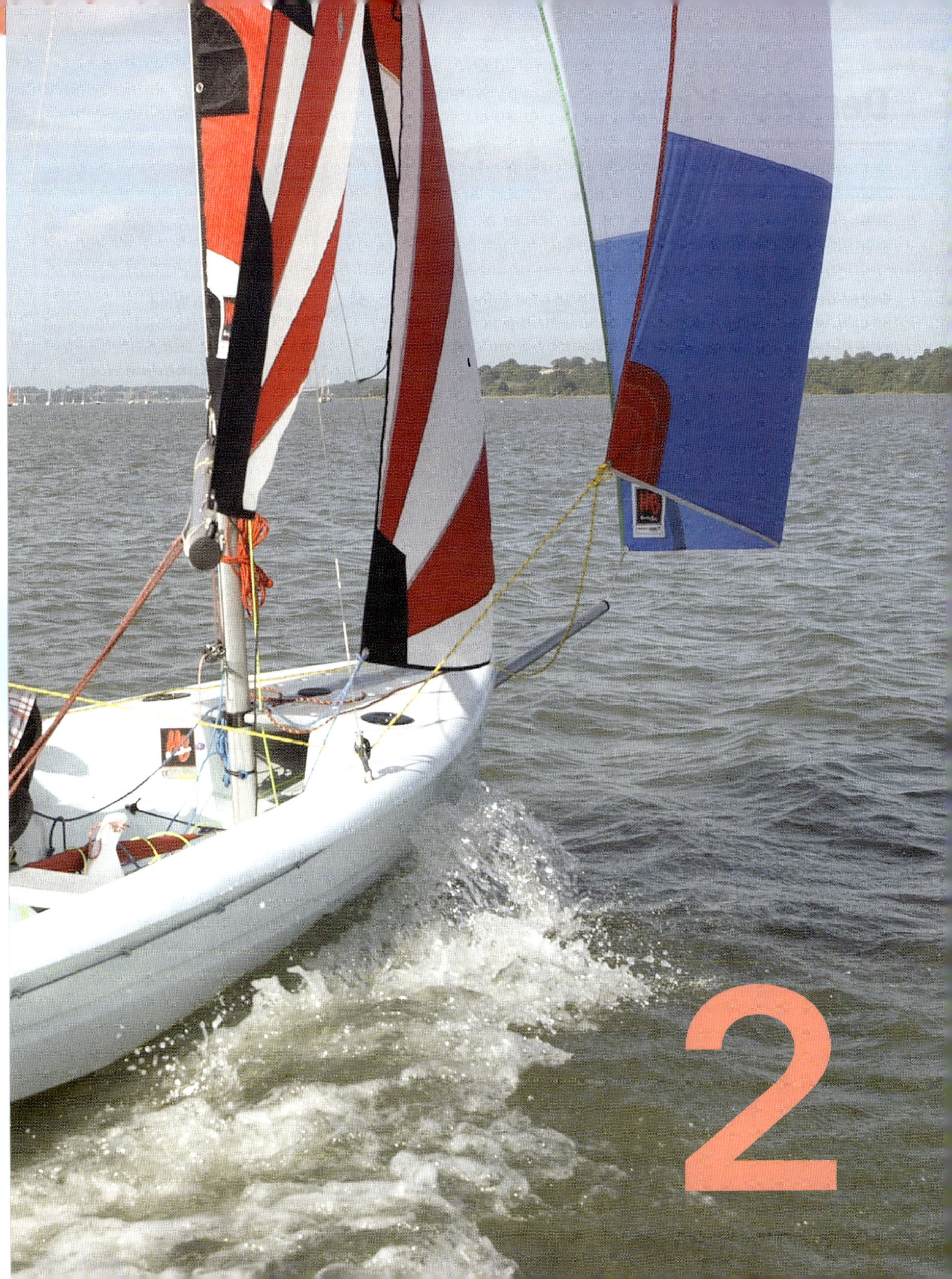

2

Vortrieb durch die Segel

Der Wind in den Segeln veranlasst das Boot, sich vorwärtszubewegen. Die Segel müssen allerdings im korrekten Winkel stehen, damit die Luftströmung auf beiden Seiten entlangfließen kann. Ein Schwert oder Kiel wirkt der seitlichen Abdrift entgegen und unterstützt so die Vorwärtsfahrt.

Der Druck im Segel

Die Riggs moderner Yachten sind so gebaut, dass – außer auf Vorwindkursen – der Wind an beiden Seiten der Segel entlangstreicht. Er teilt sich, sobald er auf das Vorsegel, den Mast bzw. das Großsegel trifft, und beschleunigt an den beiden gebogenen Segelflächen. Auf der Luvseite der Segel (der dem Wind zugewandten Seite) wird so ein höherer Luftdruck, auf der Leeseite (der dem Wind abgewandten Seite) dagegen ein negativer Druck (Sog) aufgebaut.

Abdrift

Mit loser Großschot wird das Groß ohne Widerstand in die Richtung, in die der Wind weht, gedrückt. Wird die Schot dichter geholt, kommt es zur Windströmung auf beiden Seiten des Segels. Schwert oder Kiel vermindern dann die seitliche Abdrift.

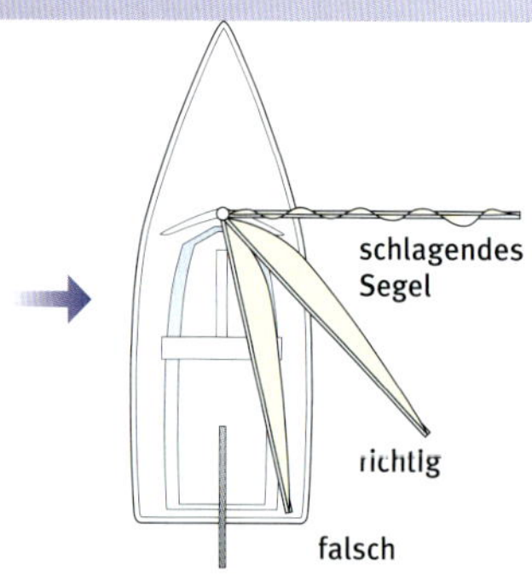

DER RICHTIGE TRIMM

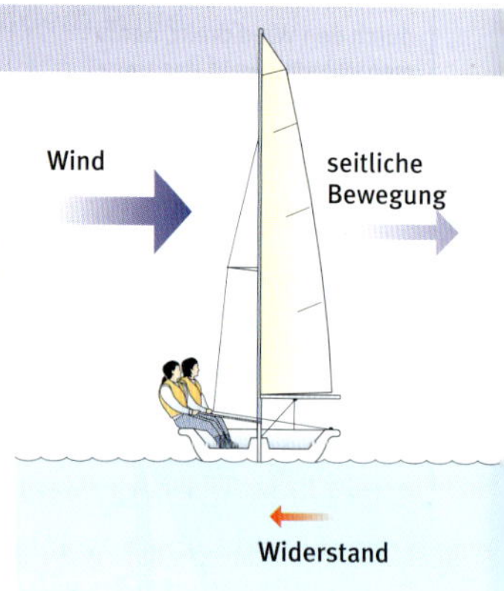

SEITLICHE ABDRIFT

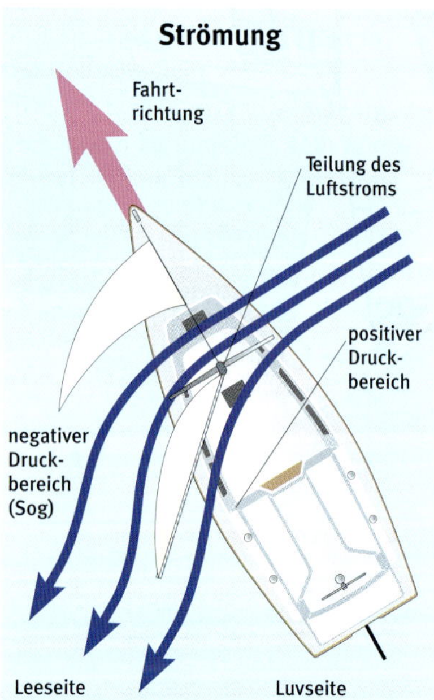

Der einfallende Windstrom trennt sich und fließt an beiden Seiten des Segels vorbei. Der Druckunterschied sorgt für Vorwärtskraft. Durch den Abstand zwischen Vor- und Großsegel kann die Windströmung auf die Leeseite des Großsegels gelangen.

Durch diesen Druckunterschied entsteht eine starke Windkraft, die das Segel nach Lee drücken möchte und durch die Segeleinstellung für Vortrieb sorgt und das Boot in Fahrtrichtung drückt.

Segelführung

Über die Schoten, mit denen die Segel dichtgeholt und aufgefiert (gelockert) werden, verändert man ihren Winkel zum Windeinfall.

Auf Booten mit zwei Segeln gibt es einen Abstand zwischen Vor- und Großsegel. Die Einstellung dieses Abstandes entscheidet, wie effektiv der Luftfluss an der Leeseite des Großsegels wirkt.

Vorwärts, nicht seitwärts

Das Segelprofil, die Wölbung des Segels, bestimmt den lee- und luvseitigen Luftstrom. Solange der Wind nicht direkt von achtern kommt, wird auch immer ein Druck auf das Segel wirken, der es seitlich nach Lee verschieben möchte. Diese Kraft wird immer größer, je langsamer das Boot »gegen den Wind segelt«. Auf modernen Booten ist es aber dank des Unterwasserschiffes möglich, die Abdrift recht gering zu halten. Durch die Anhänge unterhalb der Wasserlinie wie Schwert, Kiel oder Ruderblätter sowie schmalere Rumpfformen kann man der seitlichen Versetzung entgegenwirken. Außerdem erhält das Boot durch sie ein aufrichtendes Moment.

Krängung

Wirklich effektiv wirkt die Unterwasserkonstruktion einer Jolle, wenn diese aufrecht segelt und das Schwert senkrecht im Wasser steht. So lässt sich auch bei schnellem Segeln mehr Höhe laufen. Besondere Segeltechniken machen es vor allem bei stärkerem Wind möglich, dass das Rigg aufrecht steht, während die Jolle flach auf dem Wasser liegt.

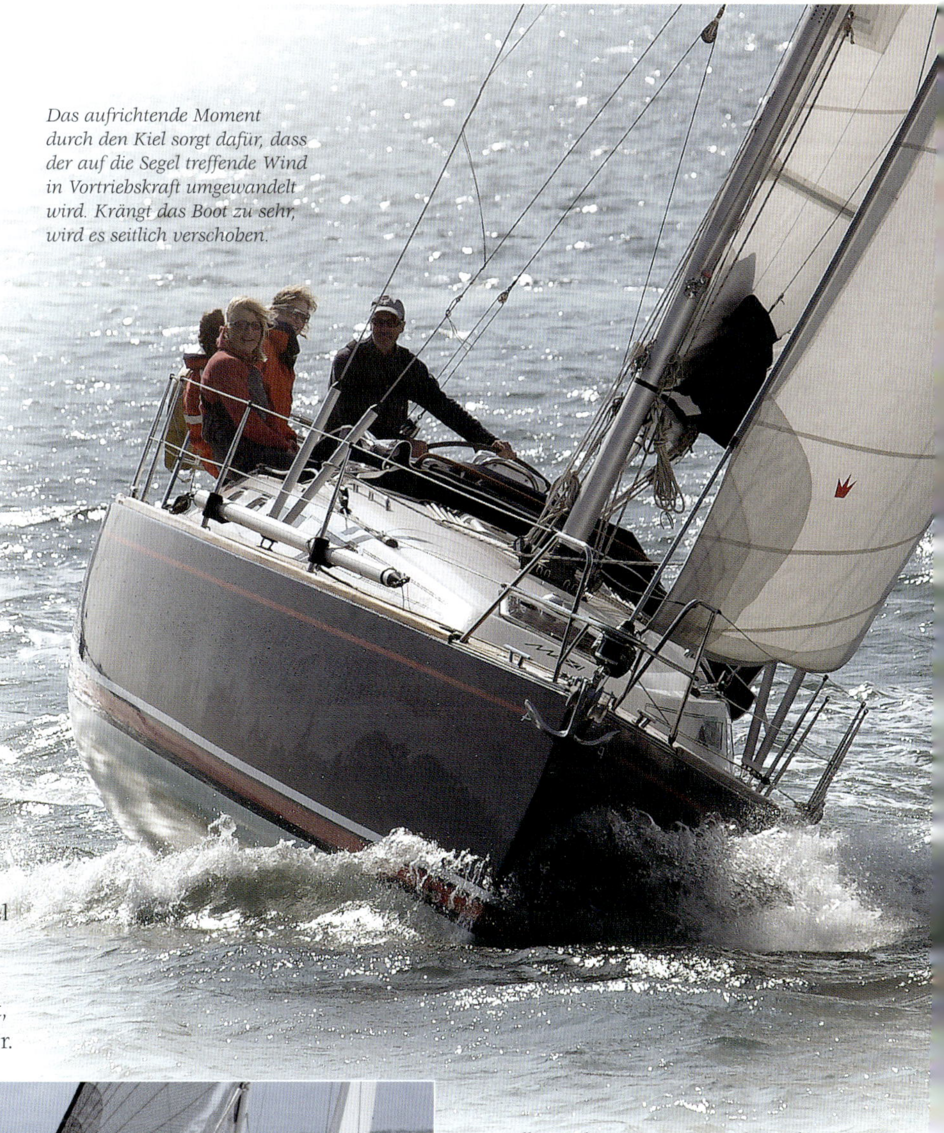

Das aufrichtende Moment durch den Kiel sorgt dafür, dass der auf die Segel treffende Wind in Vortriebskraft umgewandelt wird. Krängt das Boot zu sehr, wird es seitlich verschoben.

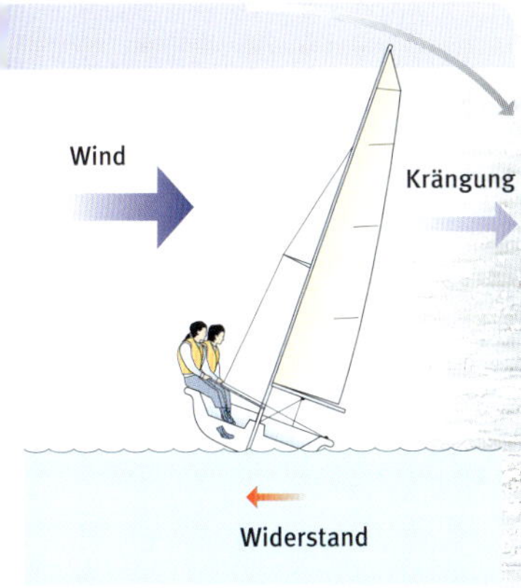

KRÄNGUNG

Kann eine Yacht allein durch das Gewicht der Crew nicht aufrecht gesegelt werden, wird sie bei einer Bö seitlich nach Lee versetzt. Mehr als 30 Grad sollte eine Yacht nicht krängen. Liegt der Krängungswinkel höher, wird die Abdrift nach Lee immer größer. Wenn dann auch noch die Bootswand im Wasser liegt, wird die Yacht wesentlich langsamer.

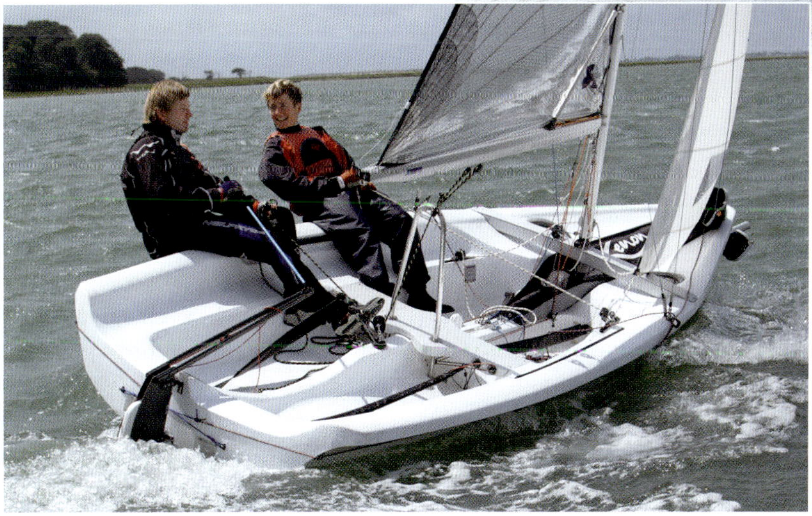

Eine Jolle wie diese Xenon ist so gebaut, dass sie aufrecht gesegelt werden kann und nicht zu sehr krängt (links).

Tipp

Je höher Sie am Wind segeln, desto größer wird die seitliche Abdrift (auch Versetzung durch Wind genannt). Kann das Schwert ganz heruntergelassen werden, wirkt es dieser Abdrift entgegen. Wenn Sie vom Wind wegdrehen (abfallen), kann das Schwert langsam heraufgeholt und die Segel können aufgefiert werden.

Der Wind

Während eines Segeltages werden sich oft die Windrichtung und die Windstärke ändern. Um die Auswirkungen des Windes auf ein Segelboot zu verstehen, muss man den Unterschied zwischen wahrem und scheinbarem Wind kennen.

Wissenswertes über den Wind

- Die Richtung und Stärke des wahren Windes spüren wir, wenn wir uns nicht bewegen.
- Die Richtung und Stärke des scheinbaren Windes ist zu spüren, wenn wir uns bewegen.

Weht der wahre Wind mit 10 Knoten (kn) und Sie bewegen sich direkt in seine Richtung mit einer Geschwindigkeit von 5 kn, so beträgt die Windgeschwindigkeit des scheinbaren Windes 15 kn. Weht der wahre Wind mit 10 kn und Sie segeln direkt vor ihm her mit 5 kn, so beträgt der scheinbare Wind 5 kn.

Wahrer und scheinbarer Wind (1)

Der scheinbare Wind ist das Resultat aus dem wahren Wind und dem eigenen Fahrtwind. Könnte man direkt gegen den Wind segeln, wäre dieser wesentlich stärker als der wirkliche Wind. Segelt man vor dem Wind, erscheint er dagegen schwächer.

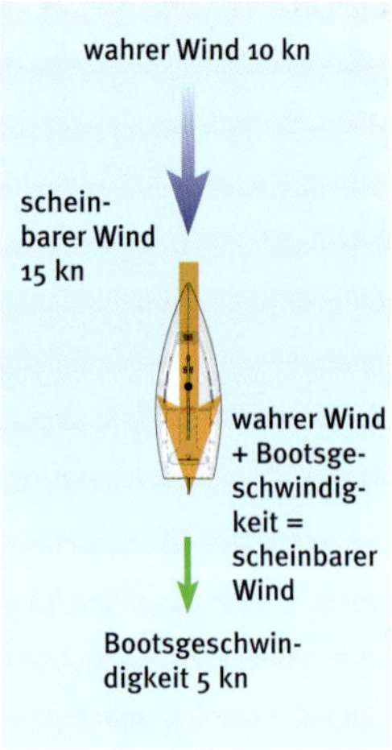

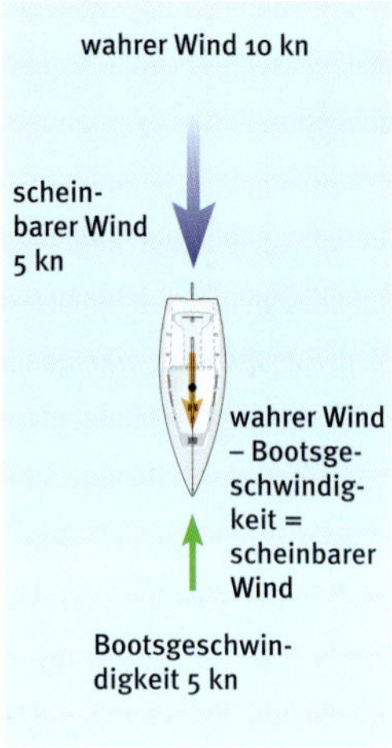

Tipp

Der Wind erscheint schwächer, wenn Sie vor dem Wind segeln. Wenn Sie umdrehen, kann er stärker sein, als Sie erwartet hätten.

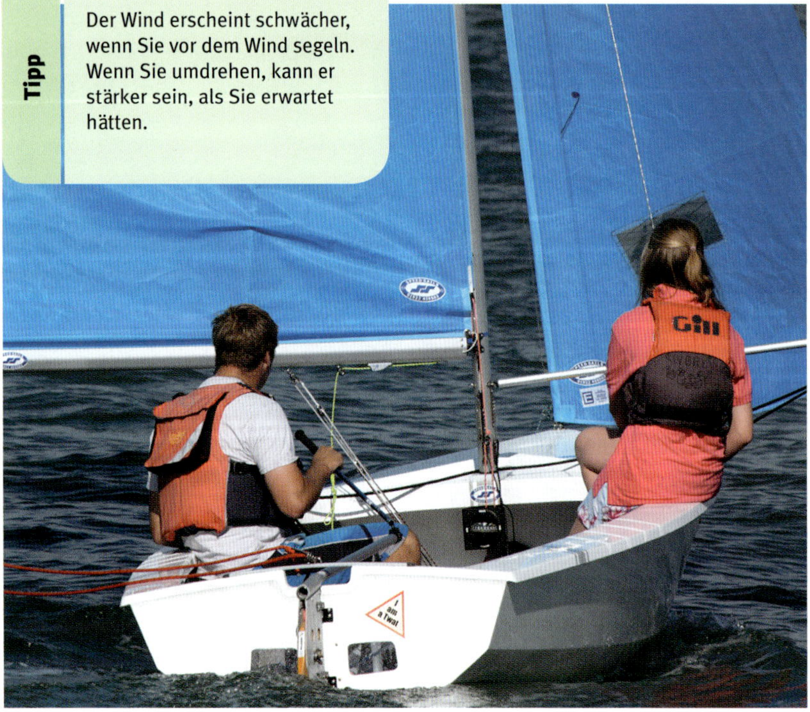

Der scheinbare Wind ist am stärksten, wenn Sie gegen den Wind kreuzen, und am schwächsten, wenn der Wind von achtern kommt. Auch erscheint der Wind auf Vorwindkurs wärmer und wesentlich harmloser. Luvt man dann allerdings an, um auf Amwindkurs zu gehen, sieht es ganz anders aus.

Scheinbarer Wind

Die Richtungen von wahrem und scheinbarem Wind stimmen nur dann überein, wenn man direkt vor dem Wind, also mit Wind von hinten segelt. Steuert man einen anderen Kurs zum Wind, beeinflusst der Fahrtwind die Richtung, aus der

Segelt man direkt vor dem Wind, verringert sich der scheinbare Wind. Um das auszunutzen, kann man die Fock nach Luv ausbaumen.

der scheinbare Wind kommt. Je schneller ein Boot segelt, desto mehr Fahrtwind entsteht, und der scheinbare Wind kommt immer weiter von vorn. Das erklärt auch, warum es vor allem bei besonders schnellen Jollen, Katamaranen oder Windsurfern oft so aussieht, als ob sie ihre Segel zu dicht fahren würden. Besonders auffällig ist das auf Raumwindkursen, wenn der wahre Wind von seitlich achtern einfällt. Je schneller man segelt, desto vorlicher fällt der Wind ein.

Der Rumpfwiderstand

Allein die Vortriebskraft, die durch die Segel generiert wird, muss den Widerstand des Bootes bei der Fahrt durchs Wasser überwinden. Dem Wind entgegen setzen sich Boot und Rigg, Rumpf und natürlich auch die Crew. Auch das Unterwasserschiff mit Kiel und Schwert bieten einen großen Widerstand, wenn sie durchs Wasser bewegt werden sollen.

Bei einer Jolle fällt der Wasserwiderstand am geringsten aus, wenn sie aufrecht gesegelt wird. Je mehr eine Jolle krängt, desto größer wird die Reibung und die Jolle wird langsamer und schwerer zu handhaben.

Wird zu viel Rumpffläche durchs Wasser gezogen, vermindert sich die Geschwindigkeit, bei weniger Reibung hingegen ist ein optimaler Trimm möglich, und das Boot kann wieder schneller segeln. Bei leichtem Wind sollte deshalb die Crew auch eher vorn sitzen, um das Heck zu entlasten und so die benässte Fläche zu verringern.

Wahrer und scheinbarer Wind (2)

Der scheinbare Wind unterscheidet sich nur wenig vom wahren Wind, wenn man langsam segelt, wirkt sich aber wesentlich stärker bei höherer Geschwindigkeit aus. Alle Skiff-Jollen, wie die 49er und 29er, sind dafür ausgelegt, den scheinbaren Wind optimal zu nutzen.
Auf Amwindkursen wirkt sich der scheinbare Wind stark aus.

Wenn ein Boot einen Kurs mit 45 Grad zum Wind segelt, wird der Windmesser 30 Grad scheinbaren Wind anzeigen, und die Windgeschwindigkeit wird sich von 10 kn auf 14 kn erhöhen. Fällt man dann auf einen Raumschotskurs ab, wird der scheinbare Wind vorlicher eintreffen, wenn man an Geschwindigkeit zunimmt.

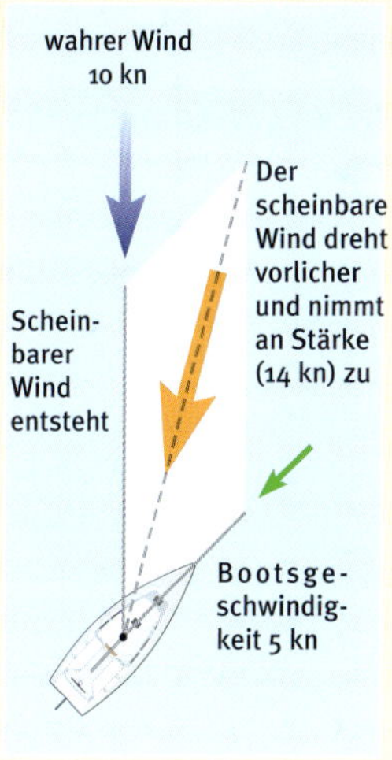

Hart am Wind: Der scheinbare Wind nimmt zu und der Windwinkel wird kleiner, da die Geschwindigkeit zunimmt.

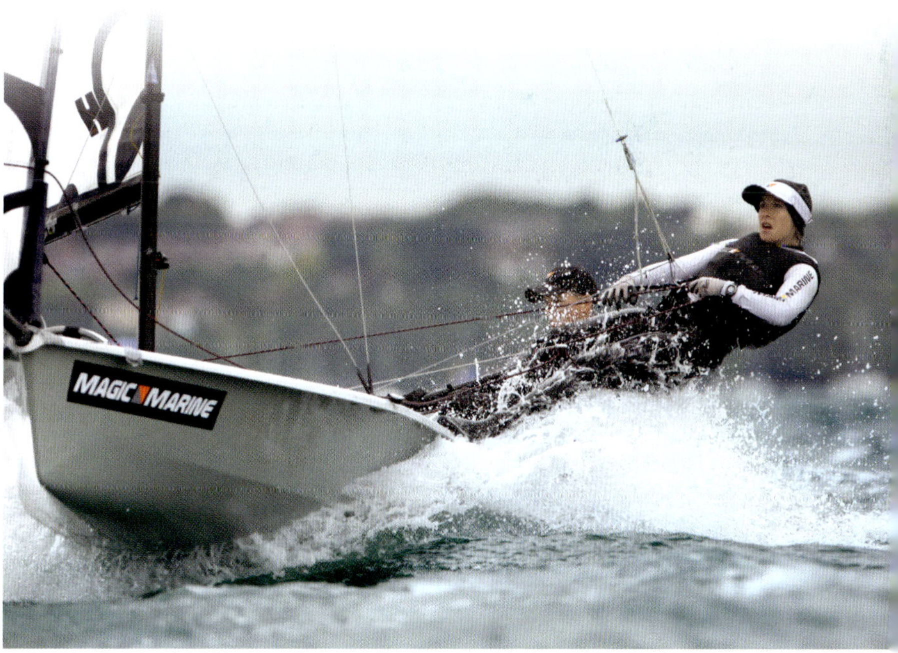

Die Geschwindigkeit dieses RS 500 durch das Wasser lässt den scheinbaren Wind drehen, sodass die Schoten auf Raumschotkursen dichter geholt werden müssen, obwohl der wahre Wind von achtern kommt.

Wind in den Segeln

Der Segelspaß wird von mehreren Faktoren beeinflusst. Einen erheblichen Einfluss auf das Segelvergnügen haben beispielsweise die Windstärke, der Seegang und bezogen darauf der Kurs, den man segeln möchte.

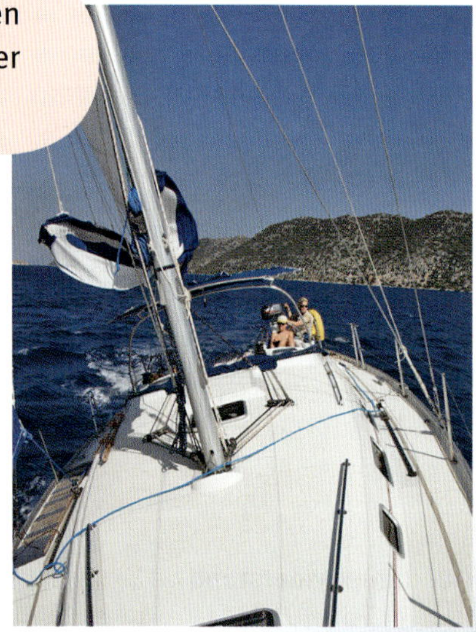

3–4 Beaufort sind ideal zum Fahrtensegeln. Krängt die Yacht noch stärker, sollte man das Großsegel reffen.

Wie viel Wind muss sein?

Für einen guten Segeltag braucht man die richtige Windstärke, nicht zu viel und nicht zu wenig, einfach perfekten Wind. Generell wird die Windgeschwindigkeit bei Seglern in Knoten (Seemeilen pro Stunde) gemessen und die Stärke in Einheiten der Beaufortskala angegeben (siehe S. 336).

- Stärke 0, *Windstille*, und Stärke 1, ein *leichter Windhauch*, reichen noch nicht zum Segeln aus.
- Stärke 2 ist eine *leichte Brise* und die geringste Windstärke, bei der man mit dem Segeln beginnen kann. Für Einsteiger ist die geringe Windstärke gut geeignet, da sich das Boot nur langsam bewegt und Zeit für die Manöver bleibt.
- Stärke 3, eine *schwache Brise*: Nun beginnt das Segeln Spaß zu machen. Das Boot wird schneller, bleibt aber weiterhin leicht zu kontrollieren. Ein guter Wind für Anfänger, wobei man jetzt aber besser aufpassen muss, denn Jollen können nun schon kentern.
- Stärke 4 nennt man *mäßige Brise*. Die Wellen werden länger und tragen Schaumkronen. Ein guter Wind für geübte Segler, für Anfänger wird es jetzt ohne Hilfe schwieriger. Jollen werden schneller und kentern leichter, Yachten krängen stärker. Eventuell müssen jetzt die Segel gerefft (verkleinert) werden, um aufrechter zu segeln.
- Stärke 5 ist eine *frische Brise*, die Wellen tragen Schaumkronen, und vereinzelt tritt schon Gischt auf. Jetzt wird es richtig windig. Für Könner der perfekte Wind.
- Stärke 6 bezeichnet man auch als *starken Wind*. Wer das Segeln bei solchen Windverhältnissen einmal erleben möchte, sollte dies wirklich nur zusammen mit guten und erfahrenen Seglern tun.
- Stärke 7 ist *steifer Wind* und fast schon Sturm, mit Jollen kann man jetzt nicht mehr aufs Wasser. Auf Yachten sind die Segel nun stark gerefft, und es ist besser, einen sicheren Hafen anzulaufen.

Volle Fahrt bei 5 Beaufort. Perfekte Bedingungen für eine erfahrene Crew auf einem Hobie-16-Katamaran, wie hier vor Vassiliki in Griechenland (rechts).

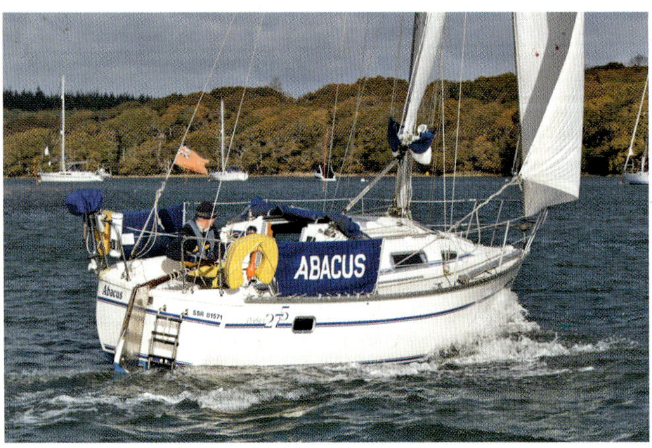

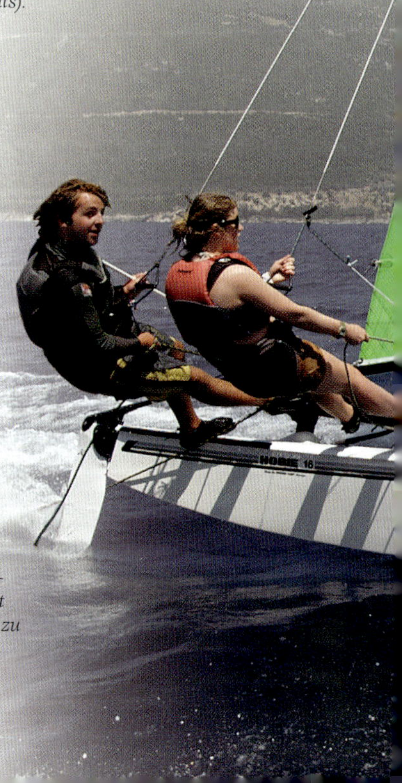

Bei stürmischem Wetter braucht man leicht bedienbare Segel. Diese Yacht hat eine kleine Fock, die leicht zu trimmen ist (links).

Diese Yacht segelt bei 7 Beaufort mit stark verkleinerter Segelfläche bestehend aus einem kleinen Trysegel und einer zum Teil eingerollten Fock (rechts).

Wie sieht es mit dem Seegang aus?

Die Höhe und Form der Wellen beeinflussen das Segelerlebnis ebenfalls sehr stark. Bei glattem Wasser gibt es nichts, was das Boot stoppen oder vom Kurs abbringen könnte. Bei Wellengang dagegen kann das Boot rollen, stampfen oder hin und her geworfen werden, was für die Crew äußerst unangenehm ist. Auch ist es unter diesen Umständen schwieriger, das Boot unter Kontrolle zu halten. Verschiedene Wellen wirken sich dabei unterschiedlich auf das Segelverhalten aus. Kurze, steile Wellen können gefährlicher werden als lange, rollende Wellen, vor allem, wenn Sie in flachem Wasser segeln.

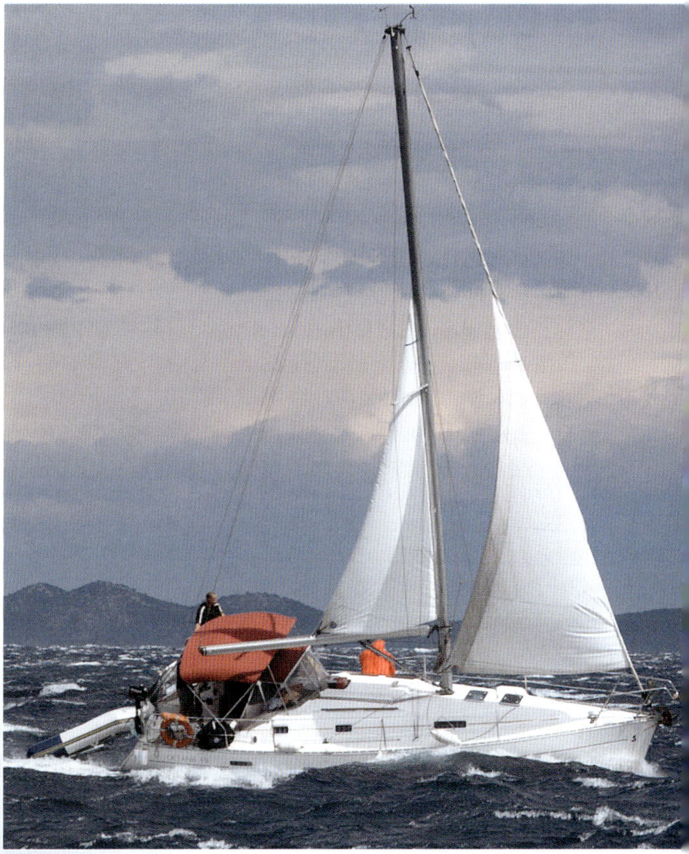

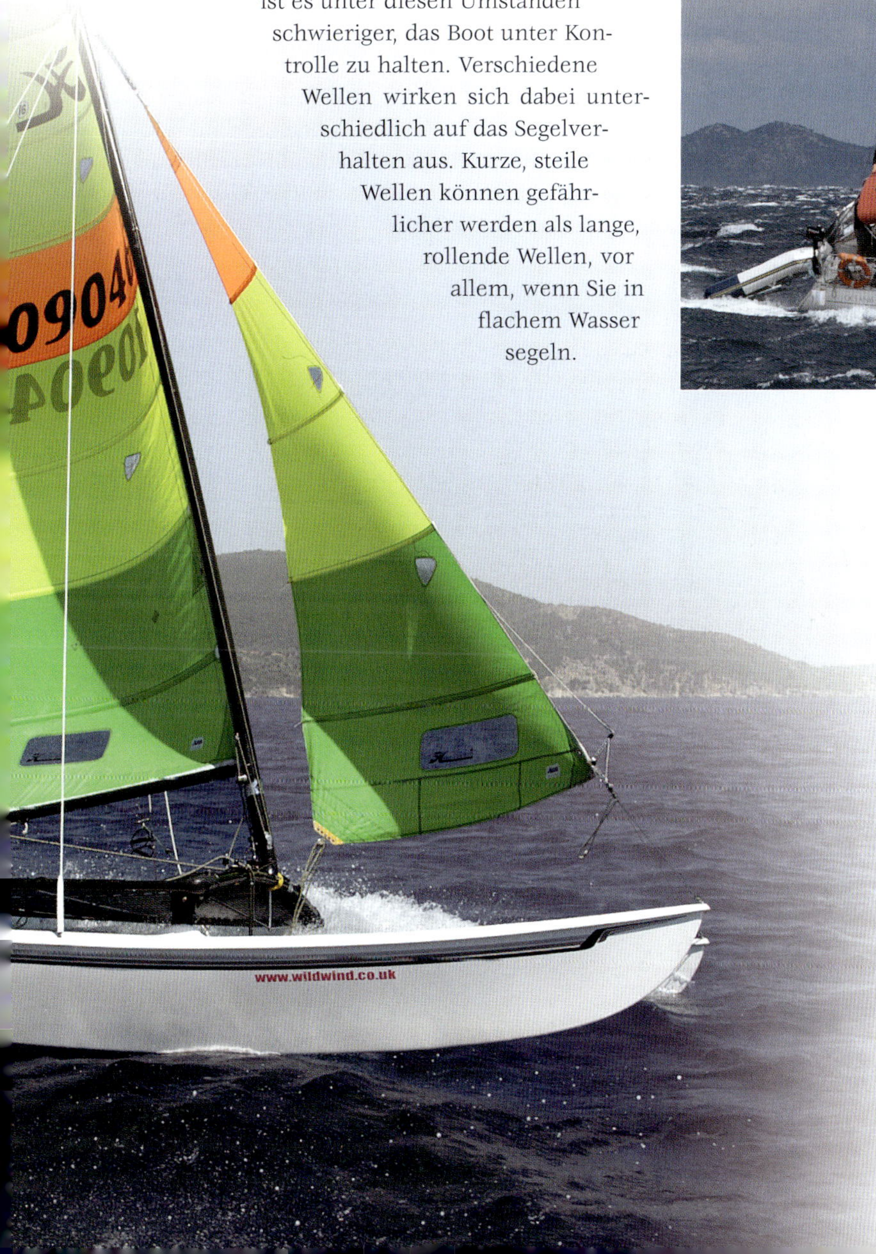

Welcher Kurs ist der beste?

Es macht einen großen Unterschied, ob man gegen den Wind (am Wind) oder mit dem Wind (vor dem Wind) segelt. Auf Vorwindkurs reduziert sich der scheinbare Wind (vgl. S. 33), sodass es den Anschein hat, dass der Wind schwächer und das Boot leichter zu kontrollieren sei. Allerdings kann das Schiff ins Rollen geraten. Dann ist es besser, vor dem Wind zu kreuzen, also jeweils von Halse zu Halse raumschots zu segeln.

Auf Amwindkursen verstärkt sich der scheinbare Wind. Das Segeln wird nasser, der Wind wird als wesentlich kälter empfunden. Wellen kommen über, das Boot krängt stärker und ist schwerer zu kontrollieren. Um aufrechter zu segeln, sollte man die Segelfläche verkleinern.

Steuern mit dem Ruder

Das Ruder ist dazu da, die Richtung zu ändern, in die gesegelt wird. Mit dem Steuerrad oder der Pinne bewegen wir das Ruder von der einen auf die andere Seite. Durch den Pinnenausleger wiederum ist auch das Steuern aus seitlichen Positionen oder sogar aus dem Trapez möglich.

So steuert man eine Jolle

Jollen haben ein bewegliches Ruder, das am Spiegel, dem Heck, aufgehängt ist. Die Ruderblätter können, wenn man ins Flache bzw. ans Ufer segelt, vertikal bis zu einem Winkel von 120 Grad angehoben werden. Um sie fürs Segeln herunterzulassen, nutzt man eine Kontrollleine oder einen Gummizug, womit das Ruderblatt unten gehalten wird.

Der Steuermann steuert, indem er die Pinne oder den Pinnenausleger zu sich heranzieht bzw. wegdrückt und so während der Fahrt den Anstellwinkel des Ruderblattes verändert. Dank des langen Auslegers kann der Steuermann sich auch am Gewichtstrimm beteiligen.

Das Steuern eines Katamarans

Ein Katamaran hat zwei Ruder, eines an jedem Rumpf. Jedes Ruderblatt hat eine kurze Pinne; beide sind durch eine Anlenkstange miteinander verbunden. An dieser Stange befindet sich mittig der Pinnenausleger, sodass der Steuermann von beiden Bootsseiten aus steuern kann. Ein ausziehbarer und stufenlos verstellbarer Pinnenausleger ermöglicht außerdem das Steuern aus dem Trapez.

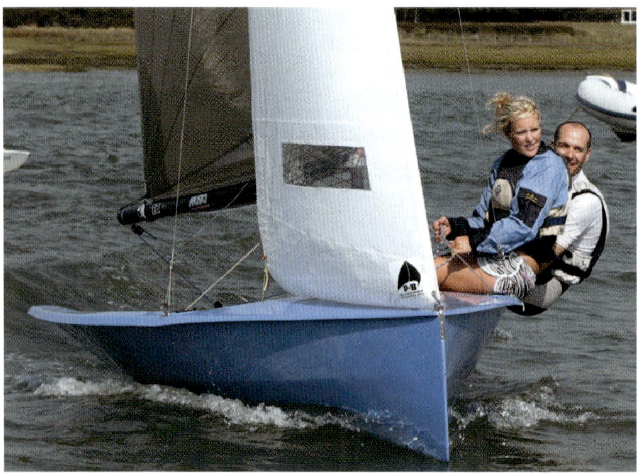

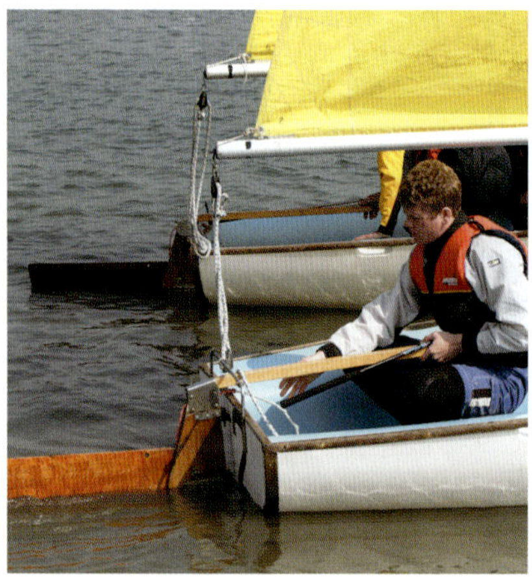

Balance ist wichtig, um eine Hochleistungsjolle, wie die hauptsächlich in England bekannte National 14, optimal zu steuern.

Das Ruderblatt muss zum Segeln nach unten gedrückt werden. Wenn es nicht vollständig unten ist, wird das Boot luvgierig, und auf dem Ruder lastet großer Druck.

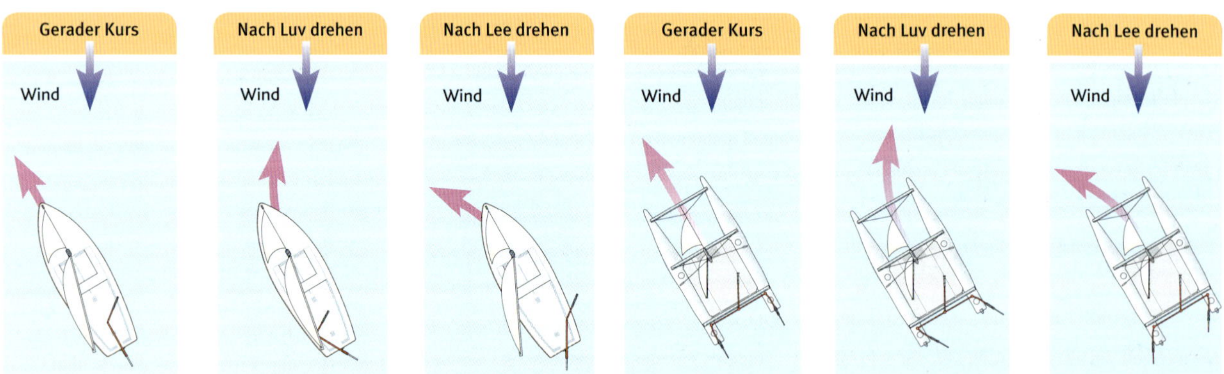

Pinne gerade | Pinne wegdrücken | Pinne heranziehen | Pinne gerade | Pinne wegdrücken | Pinne heranziehen

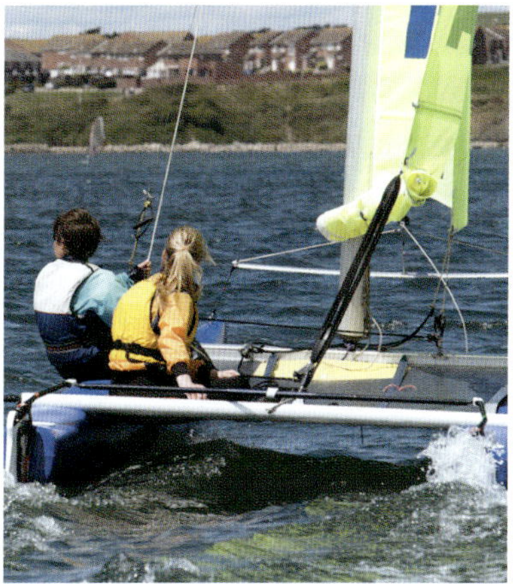

Ein Katamaran reagiert zuweil weniger empfindlich als eine Jolle. Die Segel müssen korrekt getrimmt sein, um das Steuern mit den doppelten Rudern zu erleichtern.

Steuern einer Fahrtenyacht

Bei den meisten modernen Fahrtenyachten befindet sich das Ruder hinter dem Kiel unterhalb des Bootes. Ein Schaft verbindet die Pinne oder das Rad mit dem vorderen Teil des Ruders.

Kleinere Yachten werden, genau wie die Jollen, mit einer Pinne gesteuert, die meistens auch einen Pinnenausleger hat. Dadurch kann der Steuermann von der Seite des Cockpits aus steuern. Ein Nachteil der Pinnensteuerung ist allerdings, dass die Pinne während einer Wende oder Halse durch das Cockpit geführt wird, die Crew also Platz machen muss. Im Hafen oder vor Anker kann sie jedoch aufrecht justiert werden, sodass das Cockpit wieder frei ist.

Pinnensteuerung

Anfänger finden das Steuern mit einer Pinne oft erst einmal verwirrend: die Pinne wegdrücken, um anzuluven; die Pinne zu sich heranziehen, um abzufallen. Nach ein paar Versuchen wird es aber das Natürlichste der Welt sein, auf diese Art und Weise zu steuern.

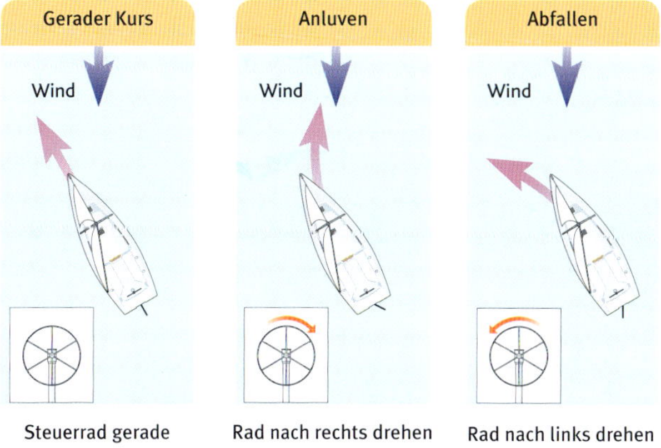

Radsteuerung

Yachten mit einer Länge von mehr als 8 m werden oft mit einem Rad gesteuert, das an einer Steuersäule mit Kompass befestigt und über Steuerseile mit dem Ruder verbunden ist. Das Rad kann leichter bewegt werden als die Pinne, weshalb vielen damit das genaue Steuern leichter fällt. Die Yacht reagiert jedoch lang samer als bei der Pinnensteuerung, und es wird mehr Platz im Cockpit benötigt. Je größer das Steuerrad ist, umso präziser wird die Steuerung. Einige Yachten sind mit zwei Rädern ausgerüstet, sodass der Steuermann von beiden Seiten des Cockpits aus steuern kann.

Gesteuert wird ähnlich wie in einem Auto, mit dem Unterschied, dass es sich anfühlt, als würde man mit Vierradantrieb über ein holpriges Feld fahren. Durch Windböen, Wellen und die Krängung des Bootes muss das Steuerrad ständig neu eingestellt werden.

Steuerung durch die Segel und das Boot

Ein Boot zu steuern ist aber mehr, als nur den Einstellwinkel des Ruders zu ändern. Bei stärkerem Wind wird man auch mithilfe des Segeldrucks das Boot lenken. Wenn man vom Wind wegdreht, muss das Großsegel aufgefiert werden, um den Druck aus dem Segel zu nehmen. Umgekehrt wird beim Anluven das Segel dichter geholt und der Segeldruck dadurch erhöht. Das Boot wendet leichter. Segeln Sie das Boot während einer Wende so aufrecht wie möglich, damit der Rudereffekt optimal genutzt werden kann. Krängt das Boot zu stark, wird ein Teil des Ruders aus dem Wasser gehoben und so die Ruderleistung reduziert.

Diese Fahrtenyacht hat zwei Steuerräder, sodass der Rudergänger von beiden Seiten aus steuern kann.

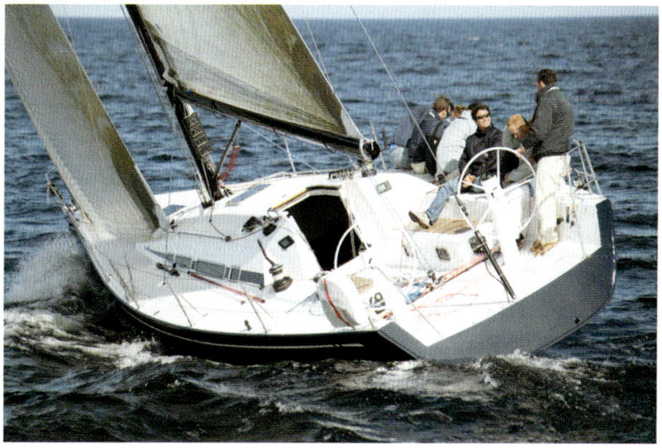

Segeltrimm

Eine Grundlage für optimales Segeln ist der richtige Anstellwinkel des Segels im Verhältnis zum Wind. Mit ein bisschen Erfahrung spürt man die Reaktion des Bootes auf unterschiedliche Wetterverhältnisse.

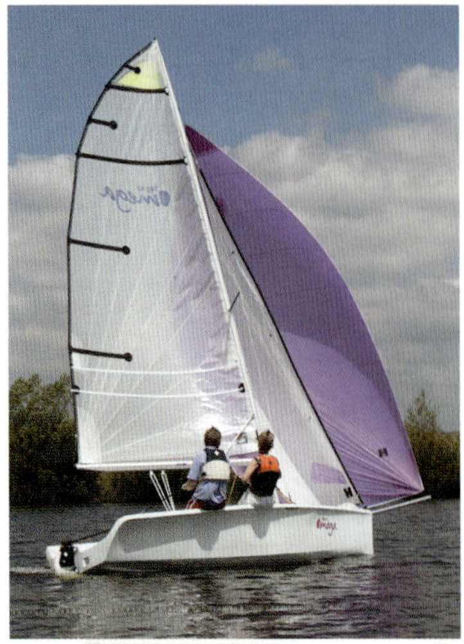

Großsegel, Fock und der asymmetrische Spinnaker (Gennaker) sind auf dieser Omega gerade so weit dichtgeholt, dass sie nicht anfangen zu killen.

Die Schoten sind das Gaspedal

Die Schoten, mit denen die Segel bedient werden, arbeiten im Prinzip wie Gaspedale. Zieht man die Schoten dicht, sodass die Segel gut unter Zug stehen, beschleunigt man; fiert man sie auf und fangen die Segel an zu killen, verliert man Fahrt.

Groß und Fock sollten jedoch im richtigen Winkel zum Wind stehen. Wird ein Segel nicht ausreichend dichtgeholt, fällt es ein oder fängt sogar an zu schlagen; das Boot wird langsamer. Steht ein Segel zu dicht, kommt es zu Windverwirbelungen, und das Boot wird ebenfalls langsamer. Das heißt, um ein Boot schnell zu segeln, muss man die Segel nicht einfach nur ganz dichtziehen.

Der richtige Schotwinkel

Segel sind nicht platt. Schaut man vom Vorliek nach hinten zum Achterliek, wird ihre kurvige Form deutlich, der Bauch, der dazu dient, dass das Segel die optimale Vortriebskraft generieren kann. Auch das Achterliek verläuft in einer Kurve, die zum Mast hin abnimmt. Dadurch entsteht, von hinten gesehen, eine leicht verdrehte Kontur.

Die perfekte Einstellung für jeden Teil des Segels lässt sich kaum erreichen, aber man kann versuchen, ihr so nahe wie möglich zu kommen. Strömungsfäden (kleine Woll- oder Tuchfäden, die auf beiden Seiten der Segel kurz hinter dem Vorliek angebracht sind) helfen dabei, die best-

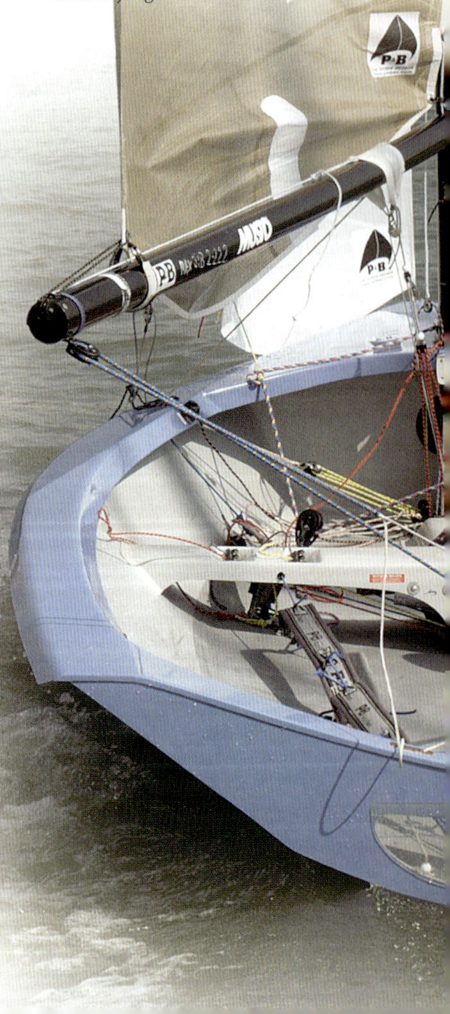

Die Trimmfäden

Segelstellung	So sieht es aus
Korrekter Trimm 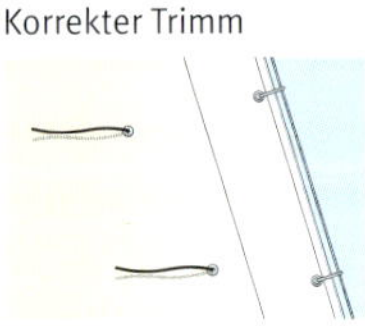	Die Trimmfäden wehen auf beiden Seiten parallel nach hinten aus.
Segel zu offen 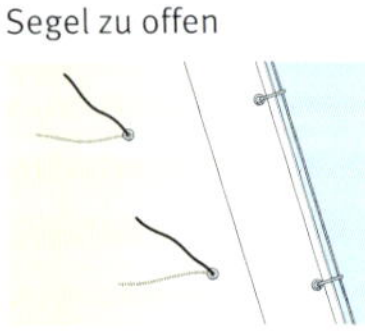	Der Luvfaden weht nach oben, das Segel muss dichter geholt werden.
Segel zu dicht 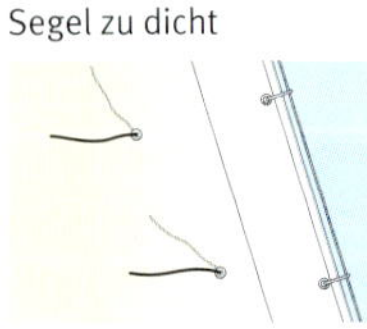	Der Leefaden weht nach oben, das Segel muss etwas aufgefiert werden.

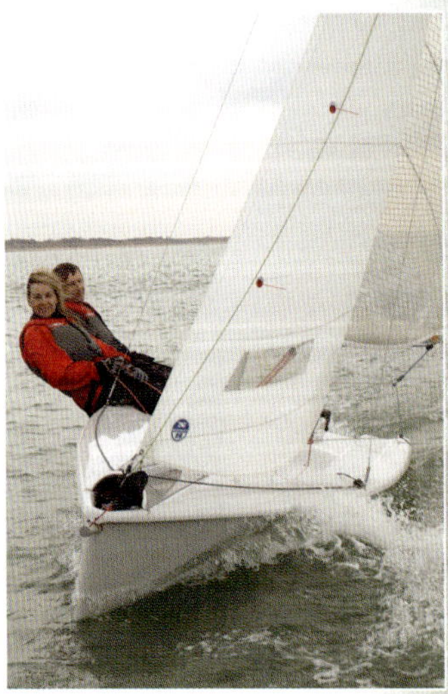

Die Segel sind perfekt getrimmt, und die untersten Stömungsfäden wehen nach achtern.

mögliche Segelstellung zu finden. Wenn die Segelstellung in Ordnung ist, wehen die Fäden sowohl auf der Luv- als auch auf der Leeseite des Segels horizontal nach hinten. Wenn der Luvfaden nach oben steigt, muss das Segel dichter geholt werden. Wenn der Leefaden nach oben weht, fiert man das Segel auf.

Der Start

Wenn Sie in einer Jolle sitzen und alle Schoten loslassen, wird sich das Boot so drehen, dass der Wind von seitlich vorn einfällt. In dieser Position wird das Boot seitlich vom Wind vertrieben und durch den Widerstand des Schwertes zusätzlich etwas vorwärtsgedrückt.

Um jetzt Fahrt aufzunehmen, setzen Sie sich auf die Seite, sodass das Boot relativ ausbalanciert ist, nehmen die Pinne in die hintere Hand und bewegen das Ruderblatt in seine zukünftige Geradeausposition. Dann nehmen Sie die Großschot in die vordere Hand und ziehen sie langsam dichter, bis das Segel zu schlagen aufhört und die Strömungsfäden (falls vorhanden) zu beiden Seiten horizontal nach hinten auswehen. So wird das Boot langsam an Fahrt gewinnen.

Segeln Sie anfangs einen Halbwindkurs mit dem Wind von der Seite. Nehmen Sie dann die Segel dichter, um zu beschleunigen, und lassen Sie sie etwas lose, um wieder langsamer zu werden.

Luvgierigkeit

Unter Segel haben viele Boote die Tendenz, leicht in Richtung des Windes drehen zu wollen. Das bedeutet, dass, wenn man die Pinne oder das Rad loslässt, sich das Boot automatisch zum Wind hindreht. Eine leichte Luvgierigkeit ist absolut normal und hat den Vorteil, dass sie ein besseres Gefühl für das Steuern des Bootes hervorruft. Erkennbar ist die Luvgierigkeit an dem schwachen Zug auf der Pinne.

Das Gegenteil der Luvgierigkeit ist die Leegierigkeit, bei der sich das Boot selbständig vom Wind wegdrehen möchte. Das ist auf keinen Fall wünschenswert und grundsätzlich zu vermeiden, denn leegierige Boote sind viel schwerer zu steuern.

Aufrecht segeln

Alle modernen Jollen sind so konstruiert, dass sie aufrecht bzw. mit minimaler Krängung gesegelt werden sollten. Segeln Sie Ihr Boot zu stark gekrängt, wird es zur Seite nach Lee vertrieben, da das Schwert unter Wasser nur noch wenig Widerstand entgegensetzen kann. Wenn man nicht mehr aufrecht genug segeln kann, sollte man deshalb die Segel etwas auffieren.

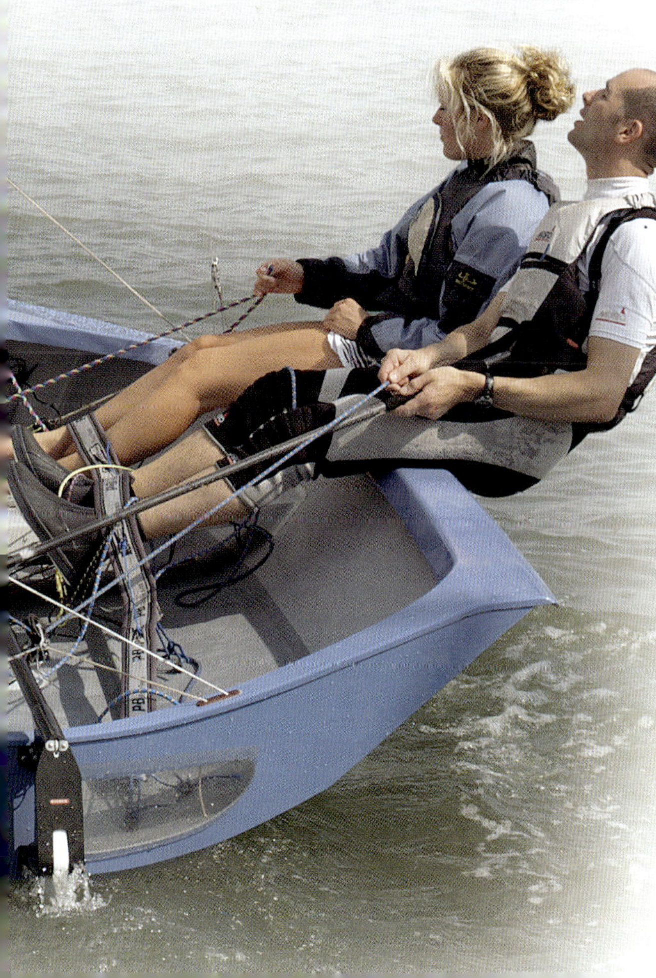

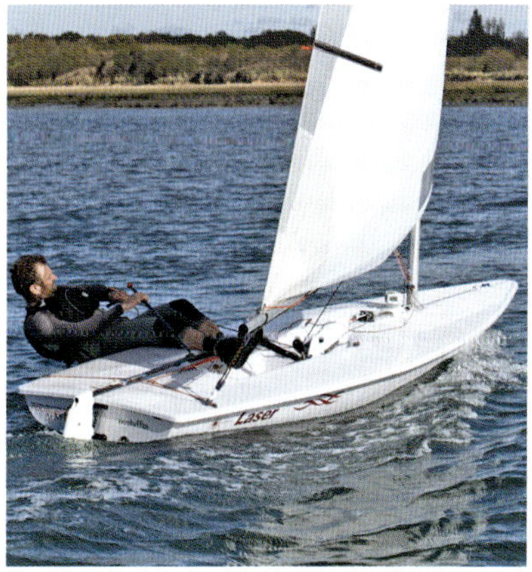

Die Crew des National 12 zeigt einen perfekten Trimm bei Wind von Steuerbord. Sie hält ihre Jolle aufrecht, wobei das Heck durch den Gewichtstrimm leicht angehoben wird (links).

Am Wind auf einem Laser. Das Segel ist gerade so weit dichtgeholt, dass es nicht einfällt (rechts).

Segelmanöver

Um die Grundmanöver – wie Aufstoppen, Drehen des Bootes, Änderung der Fahrtrichtung – zu erlernen, braucht man unbedingt stabile Wetterverhältnisse. Der Wind sollte nicht zu stark sein, damit Sie ein Gefühl für das Boot und seine Reaktion bekommen.

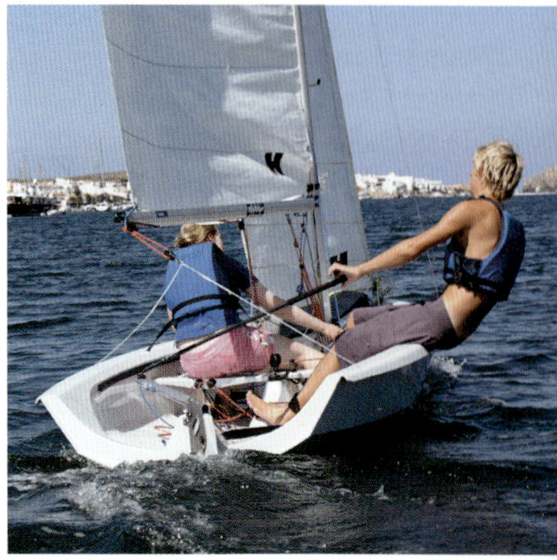

Während einer Wende drückt man die Pinne weg, und der Bug dreht durch den Wind.

Anluven

Auf Amwindkursen segelt man so weit es geht in die Richtung, aus der der Wind kommt. Segelt man zuvor auf einem Halbwindkurs, so drückt man die Pinne langsam von sich weg. Das Boot wird sich nun zum Wind hindrehen. Da sich dabei der Winkel zum Wind verändert, müssen die Segel dichter geholt werden. Lassen Sie Ihr Boot langsam bis zu einem Winkel von etwa 45 Grad nach Luv drehen und stabilisieren Sie dann Ihren Kurs, indem Sie das Ruderblatt gerade stellen. Dann achten Sie noch einmal auf die Segelstellung, bis beide Strömungsfäden gerade nach achtern auswehen. Wenn Sie nun höher an den Wind gehen möchten, luven Sie an, bis der Luvfaden bei dichten Segen sich leicht nach oben bewegt. Höher können Sie nicht am Wind segeln. Luven Sie nun noch weiter an, wird das Boot stehen bleiben. In diesem Fall ziehen Sie die Pinne leicht zu sich heran, bis die Fäden wieder horizontal wehen und Fahrt ins Schiff kommt.

Hart am Wind und perfekt ausbalanciert. Noch dichter kann man nicht am Wind segeln (unten).

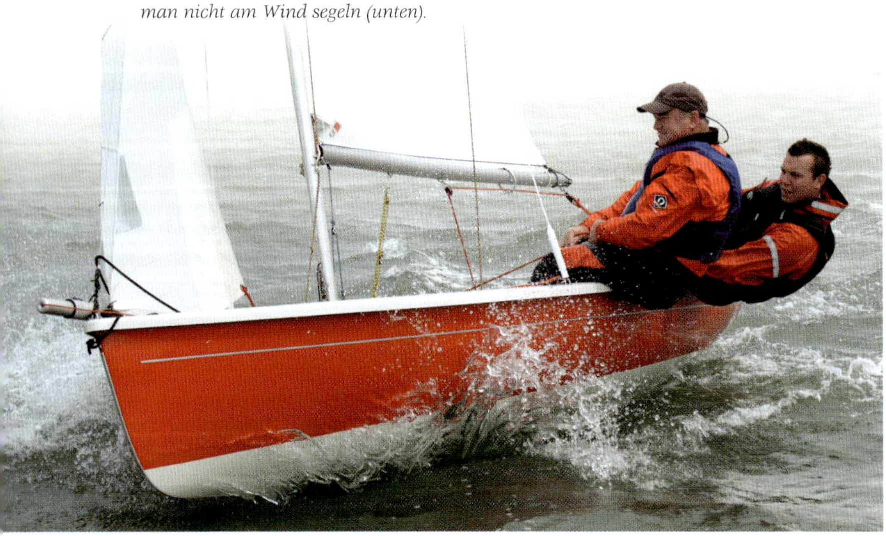

Wenden

Während einer Wende wird der Bug des Bootes durch den Wind gedreht, also genau durch die Richtung, aus der der Wind kommt. Das Boot muss dabei gut in Fahrt sein; sollte das nicht der Fall sein, wird es »verhungern« und rückwärtstreiben.

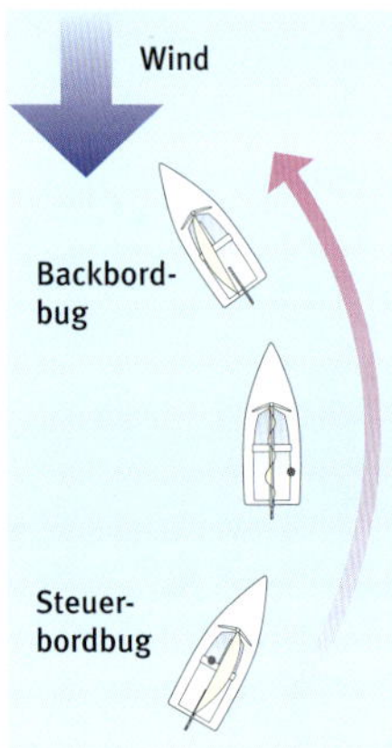

Während einer Wende dreht das Boot mit dem Bug durch den Wind, dann fällt es wieder ab, um Fahrt aufzunehmen. Hier hat das Boot von Steuerbordbug auf Backbordbug gedreht (links).

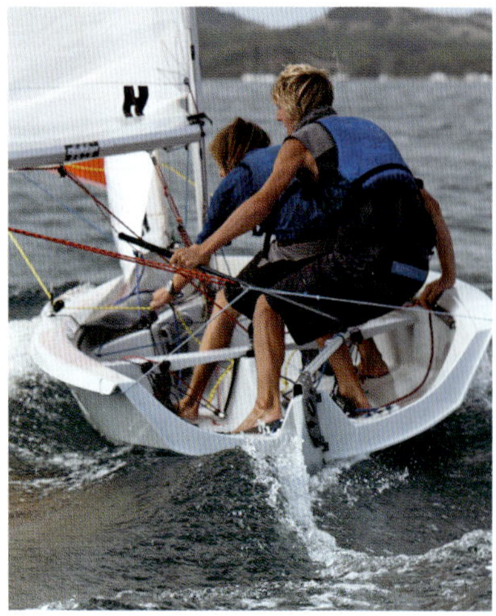

Bei einer Halse zieht der Steuermann die Pinne zu sich und fällt ab. Wichtig ist, das Boot gerade zu halten.

Halsen

Beim Halsen dreht das Boot mit dem Heck durch den Wind, sodass der Wind zwischendurch direkt von hinten kommt. Im Gegensatz zur

Wende steht die ganze Zeit Druck auf den Segeln, sodass die Halse bei starkem Wind ein anspruchsvolles Manöver sein kann.

Abfallen

Abfallen bedeutet, das Boot vom Wind wegzudrehen. Wenn Sie auf Halbwindkurs segeln, ziehen Sie die Pinne zu sich, und das Boot wird sich vom Wind abwenden. Das Großsegel muss dabei aufgefiert werden. Bleiben die Segel dichtgeholt, kann das Boot eventuell kentern. Lassen Sie das Boot langsam bis zu einem Winkel von 135 Grad zum Wind abfallen, sodass Sie einen komfortablen Raumschotskurs segeln. Dann halten Sie Kurs.

Sie können auch noch weiter abfallen, bis der Wind direkt von hinten kommt und das Boot einen Vorwindkurs segelt. Dann sind die Segel maximal aufgefiert. Um eine Patenthalse (eine unbeabsichtigte Halse) zu verhindern, luven Sie ein klein wenig an, sodass der Wind leicht seitlich auf das Heck trifft.

Der Steuermann steuert mit der Pinne und führt die Großschot, während der Vorschoter sich um die Fock kummert.

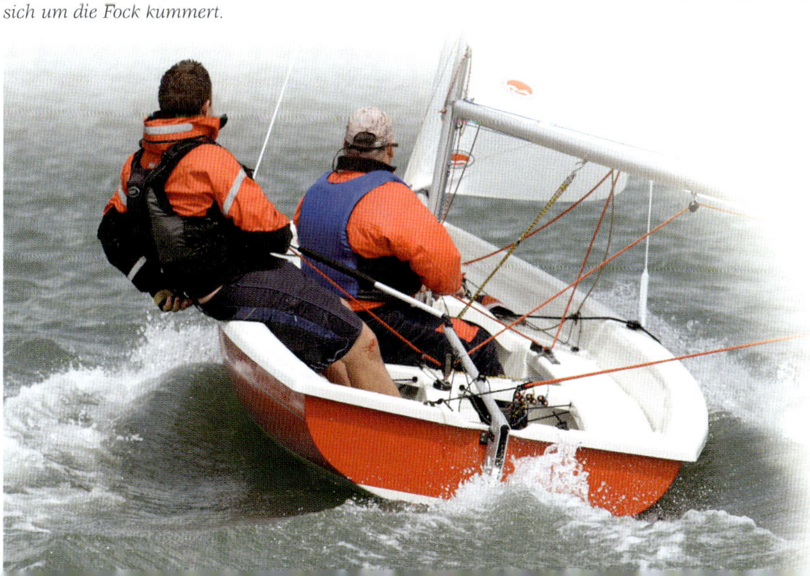

Am Anfang: Jolle oder Yacht?

Wenn Sie auf einer Jolle segeln lernen, werden Sie die unmittelbaren Auswirkungen von Wasser und Wind sehr direkt zu spüren bekommen. Lernerfolge, aber auch Fehler machen sich sofort bemerkbar, und man kann schnell und leicht aus ihnen lernen. Segeln lernen ist ein ewiges praktisches Ausprobieren und Testen mit der einzigen Gefahr, dass man hin und wieder kentert.

Auf einer Yacht mit dem Segelsport zu beginnen, wird eine ganz andere Erfahrung sein. Auf einer Yacht werden Sie sich wesentlich sicherer und stabiler fühlen; dazu kommt noch, dass Sie zur Sicherheit auf den Motor zurückgreifen können. Sie werden nicht dasselbe intensive Erlebnis von Wind und Wellen haben wie auf einer Jolle, dafür aber das weite Feld der Seemannschaft kennenlernen.

Versuchen Sie am besten, zu allererst auf einer Jolle zu segeln, und wechseln Sie dann mit all Ihren gemachten Erfahrungen auf die Yacht.

Abfallen vor dem Wind. Der Baum schwingt auf die andere Seite (Halse), wenn das Heck durch den Wind dreht (rechts).

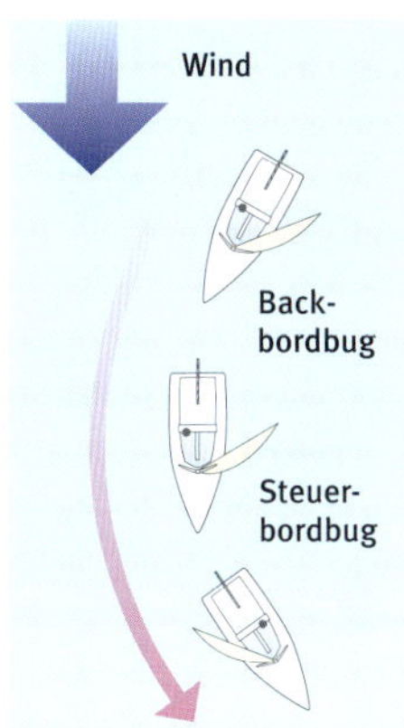

Perfekter Trimm

Mit perfekt aufeinander abgestimmten Segeln wird das Boot ohne viele Kurskorrekturen geradeausfahren. Ist allerdings zu viel Druck auf dem Großsegel, so wird sich das Boot zum Wind hindrehen; es ist luvgierig. Ist dagegen mehr Druck auf der Fock, wird sich das Boot vom Wind wegbewegen; es ist leegierig.

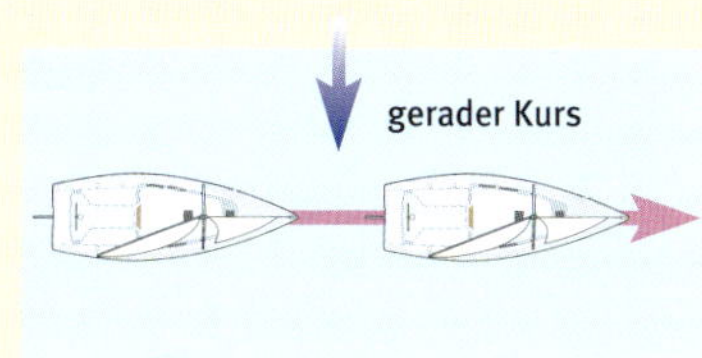

Die Segel stehen korrekt

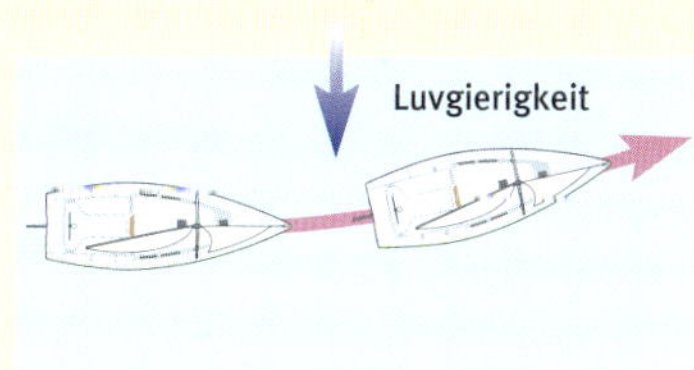

Das Großsegel ist zu dicht

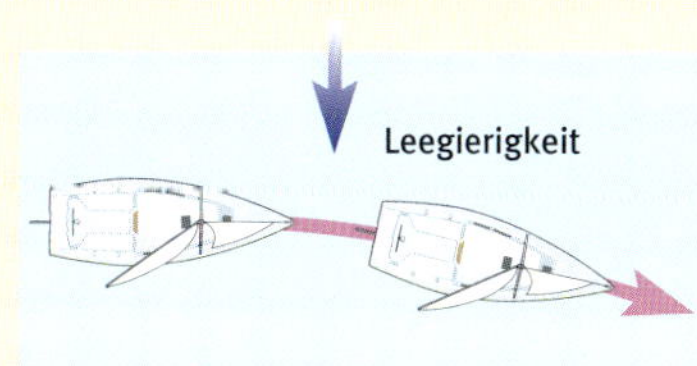

Das Großsegel ist zu offen

Wer muss ausweichen?

Es ist sehr wichtig, sich mit den Verkehrsregeln binnen und buten auszukennen und zu wissen, wer wem ausweichen muss. Man sollte sich an diese Vorschriften halten, um gefährlichen und teuren Kollisionen vorzubeugen.

Alle Schiffe müssen einen zuverlässigen Ausguck haben

- Halten Sie jederzeit Ausschau und seien Sie immer in der Lage, anderen Booten auszuweichen.
- Beobachten Sie auch die Leeseite. Das ist manchmal etwas schwierig, da oft die Fock (auf der Jolle) oder die Genua (das überlappende Vorsegel auf einer Yacht) die Sicht versperren.
- Wenn Sie den Kurs ändern möchten, achten Sie darauf, ob Sie auf andere Boote Rücksicht nehmen müssen, denen gegenüber Sie ausweichpflichtig sind. Ändern Sie Ihren Kurs deutlich, sodass der andere Skipper Ihre Absicht erkennen kann.

Auf welchem Bug?

Boote, die auf Steuerbordbug segeln, deren Großsegel also auf der Steuerbordseite steht, müssen Segelbooten ausweichen, die auf Backbordbug segeln.

Um einem Boot, das auf Backbordbug segelt, auszuweichen, kann man langsamer werden und dann am Heck vorbeifahren. Reagiert der ausweichpflichtige Segler nicht, muss der Kurshalter trotzdem ausweichen und eine Kollision vermeiden. Setzen Sie

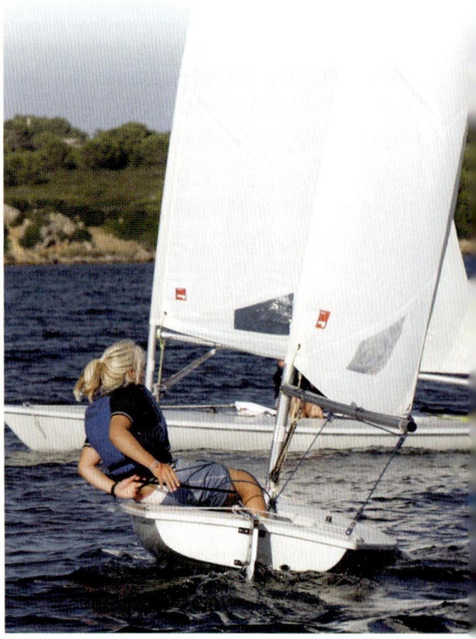

Die Jolle im Vordergrund segelt auf Steuerbordbug und muss der anderen Jolle auf Backbordbug ausweichen. Das Boot auf Steuerbordbug fällt ab, um am Heck des anderen vorbeizusegeln (oben).

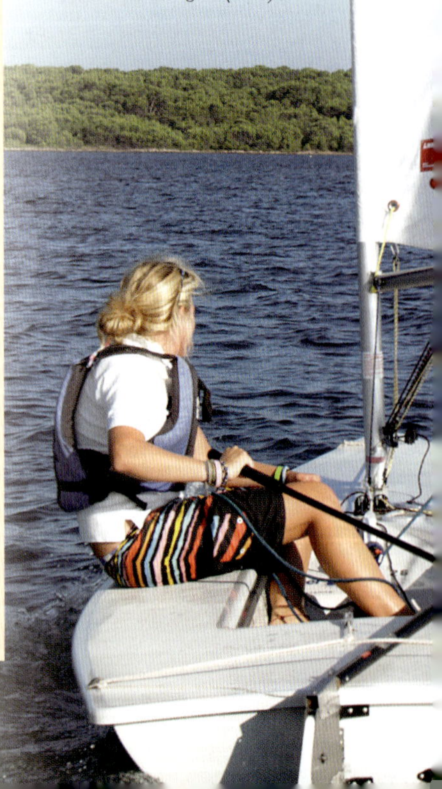

Ausweichpflicht

A) Segeln Sie auf gleichem Bug, muss das Boot in Luv sich freihalten. Das Boot, das in Lee segelt, behält seinen Kurs bei. (»Lee vor Luv«)
B) Wer auf Steuerbordbug segelt und einem Segler auf Backbordbug begegnet, muss diesem ausweichen. (»Backbordbug vor Steuerbordbug«)
C) Überholende Boote müssen genügend Abstand halten. Das gilt auch, wenn ein Segelboot ein Motorboot überholt.
D) Weichen Sie beim Entgegenkommen nach Steuerbord aus und machen Sie dabei dem Entgegenkommenden Ihre Absicht deutlich.

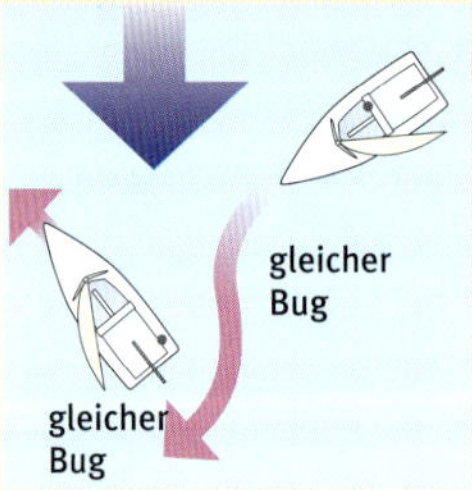

A) Das Boot in Luv muss ausweichen

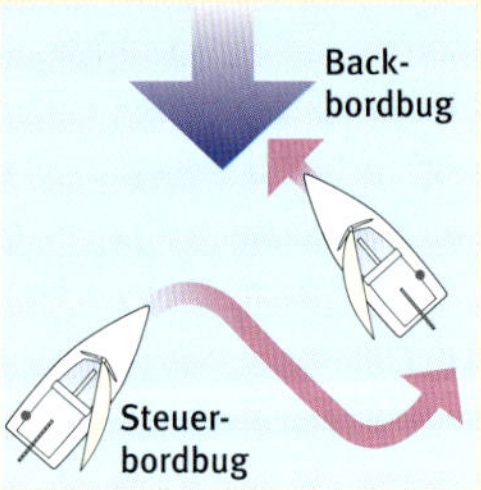

B) Steuerbordbug muss ausweichen

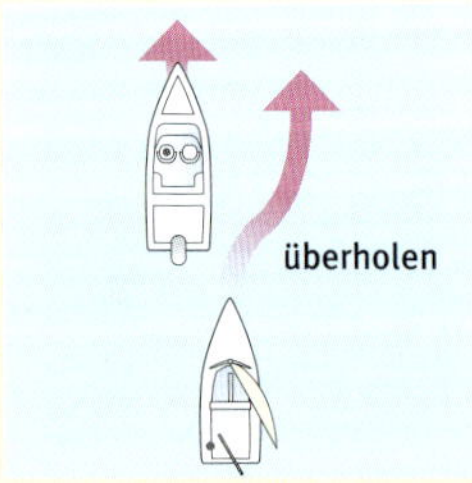

C) Überholende Boote halten sich frei

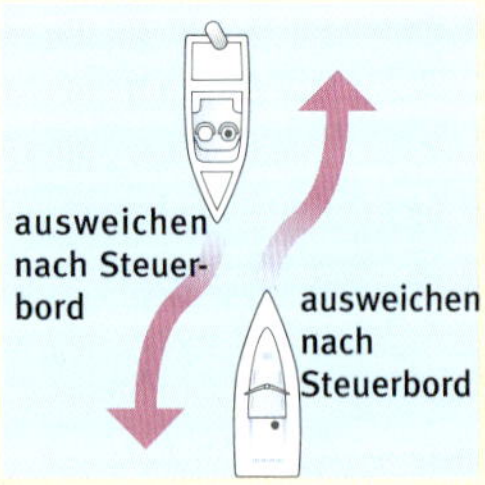

D) Fahrzeuge unter Motor weichen nach Steuerbord aus

niemals voraus, dass der Segler auf Kollisionskurs Sie sieht oder die Ausweichregeln kennt.

Gleicher Bug

Segeln zwei Boote auf dem gleichen Bug (einerlei auf welchem), muss sich das überholende Boot freihalten.

Kreuzen sich die Kurse zweier Boote auf gleichem Bug, so muss das Boot, das sich in Luv befindet, ausweichen.

Segelboot trifft auf Motorboot

Ein Motorboot muss einem Segler ausweichen. Doch denken Sie nicht, dass ein Segelboot immer Vorfahrt hat. Alle Segelboote sind der Berufsschifffahrt gegenüber ausweichpflichtig. Auch jeder große Frachter, der durch seine schwere Ladung beim Manövrieren beeinträchtigt ist, wird von einem wendigen, kleinen Segelboot verlangen, dass es ausweicht.

Die Fahrer kleinerer Motorboote oder Jetskis werden vielleicht die Ausweichregeln gar nicht kennen oder wollen sich nicht daran halten. Der Skipper eines Segelbootes hat auf alle Fälle die Pflicht, eine Kollision zu vermeiden. Auch wenn ein Segelboot ein Motorboot überholt, muss er sich als Überholer frei halten.

Das überholende Boot muss sich von dem Boot vor ihm freihalten. Die Seglerin dreht nach Backbord, um das Heck des Vordermannes nicht zu treffen (unten).

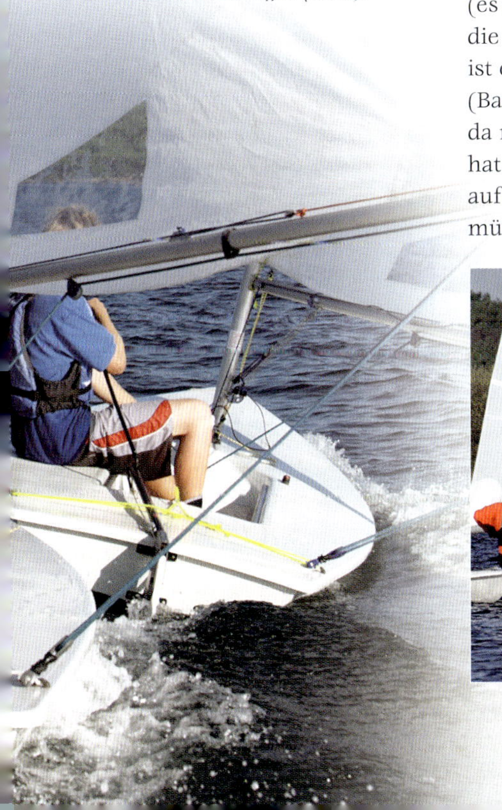

Unter Motor

Fährt eine Yacht unter Maschine oder nutzt eine Jolle den Außenbordmotor, gelten sie als Maschinenfahrzeuge.

Kommen sich zwei Motorboote entgegen, müssen sie jeweils nach Steuerbord ausweichen. Kreuzen sich ihre Kurse, muss das Boot, das von Backbord kommt, ausweichen (es gilt »rechts vor links«). Wenn Sie die Navigationslichter betrachten, ist es ganz einfach. Sieht man Grün (Backbord), kann man Kurs halten, da man das andere Boot an Backbord hat. Wenn Sie Rot sehen, ist das Boot auf Ihrer Steuerbordseite, und Sie müssen ausweichen.

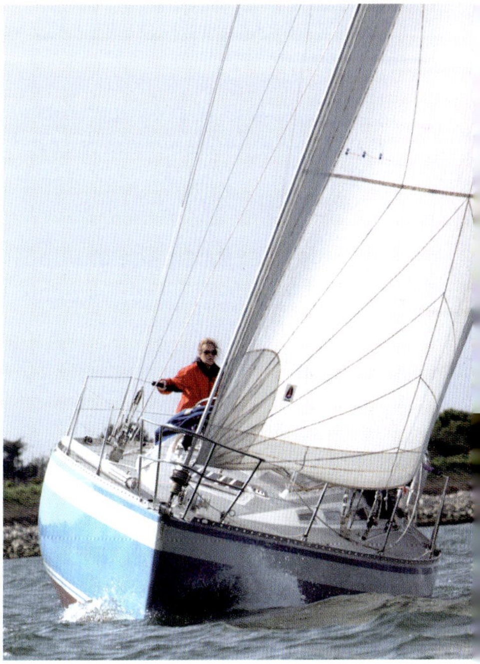

Diese Yacht segelt auf Backbordbug; andere Segelboote auf Steuerbordbug müssen ihr ausweichen. Trotzdem muss sie für größere Schiffe, die die Wassertiefe benötigen, Platz machen.

Regattaregeln

Das oberste Gebot während einer Regatta ist es ebenfalls, eine Kollision zu vermeiden. Doch für die Menge der Boote, die alle das gleiche Ziel haben, gibt es gesonderte Wettfahrtregeln, die auf den Seiten 162 und 163 zusammengefasst sind.

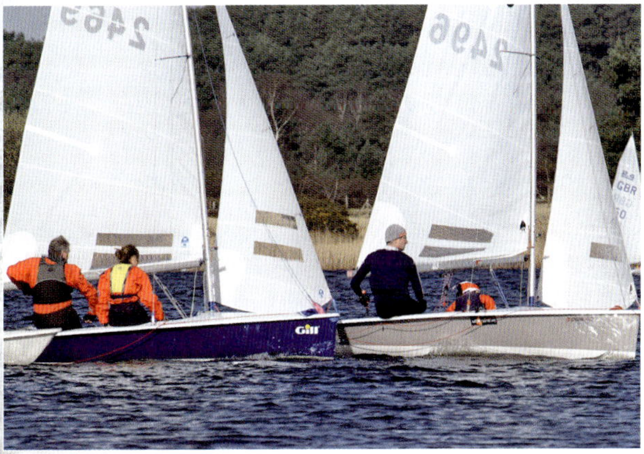

Durch die Regattaregeln sollen Kollisionen vermieden werden. Hier muss die blaue Jolle sich von der grauen freihalten und kann deshalb ihren Kurs nicht beibehalten.

Knotenkunde

Sie benötigen nur wenige Knoten zum Segeln, aber diese sollten Ihnen leicht von der Hand gehen. Üben Sie die Knoten so oft, bis sie Ihnen immer und überall perfekt und schnell gelingen.

Warum braucht man Knoten?

Auf Segelbooten wird eine ganze Anzahl von Leinen benötigt, als Schoten, Fallen oder Festmacher. Um sicher segeln zu können, müssen Sie deshalb ein paar Knoten beherrschen. Sie müssen in der Lage sein, diese schnell und wie automatisch zu knoten, sodass sie auch halten werden. Üben Sie alle Knoten mit dicken und auch dünnen Leinen. Üben Sie so lange, bis die Knoten immer perfekt gelingen. Üben Sie die Knoten zwischendurch immer mal wieder, um sicherzugehen, dass Sie keinen vergessen.

Übung macht den Meister. Es ist nie zu früh, die Knoten zu lernen, denn wenn man sie einmal kann, wird man sie sein Leben lang nicht vergessen.

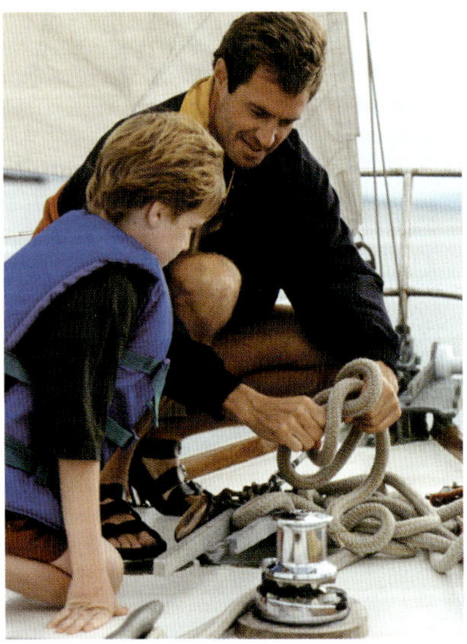

Der Achtknoten

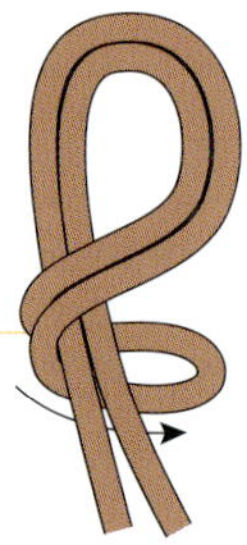

1 Legen Sie ein Auge, bei dem das lose Ende (Part) erst über das feste geführt wird.

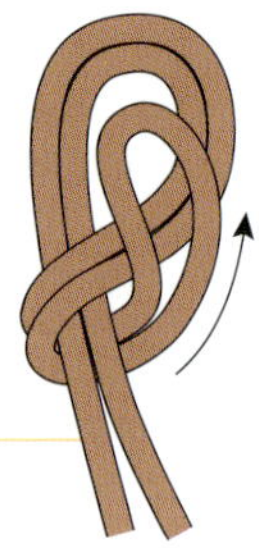

2 Bringen Sie das lose Ende von hinten um das feste Ende nach vorn.

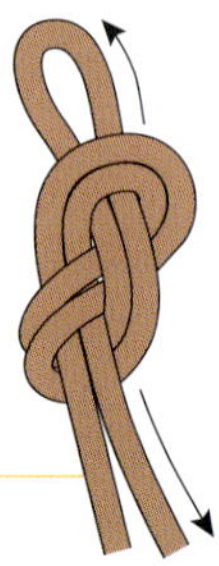

3 Dann führen Sie das Ende von vorn nach hinten durch das Auge.

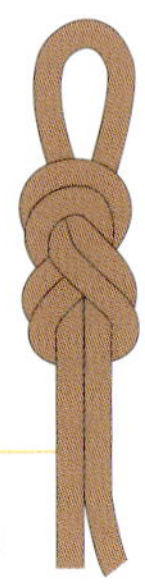

4 Ziehen Sie an beiden Enden, damit der Knoten fest sitzt.

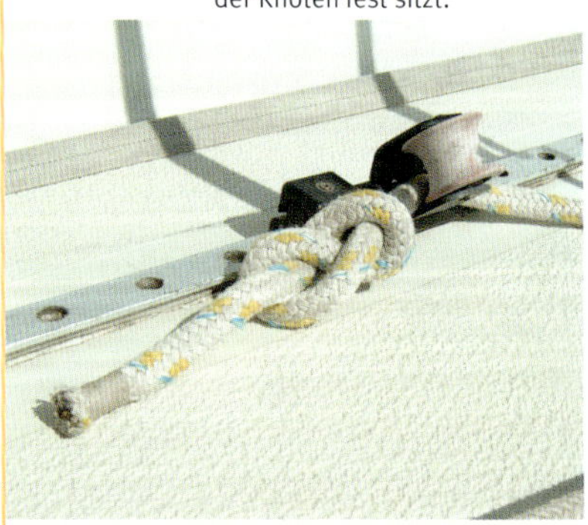

Ein einfacher und nützlicher Knoten, den man mit einer einfachen oder doppelten Leine machen kann. Er verhindert z. B. das Ausrauschen der Schoten und Fallen und lässt sich leicht lösen.

Der Palstek

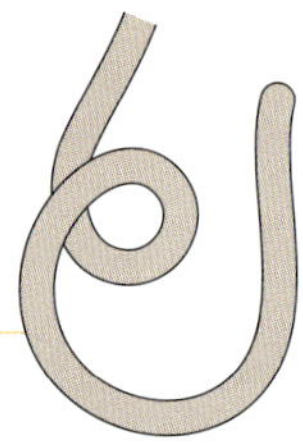

1 Legen Sie mit dem losen Ende in der rechten Hand eine größere Bucht und in das feste Ende ein kleines Auge.

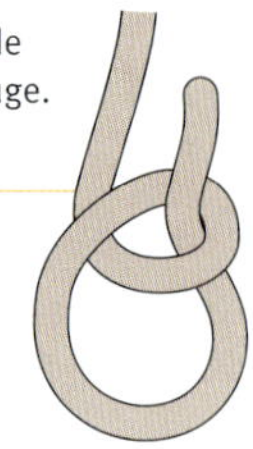

2 Ziehen Sie das lose Ende von unten durch das Auge.

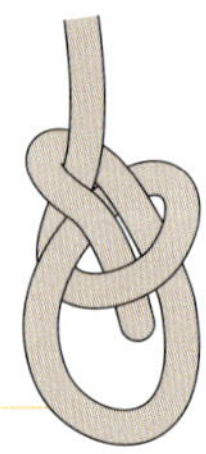

3 Ziehen Sie das lose Ende unter dem festen durch und führen Sie es wieder in das kleine Auge.

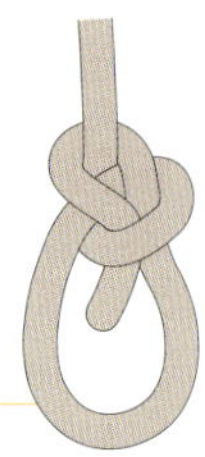

4 Die Enden festziehen. Durch den Knoten ist eine große Schlinge entstanden.

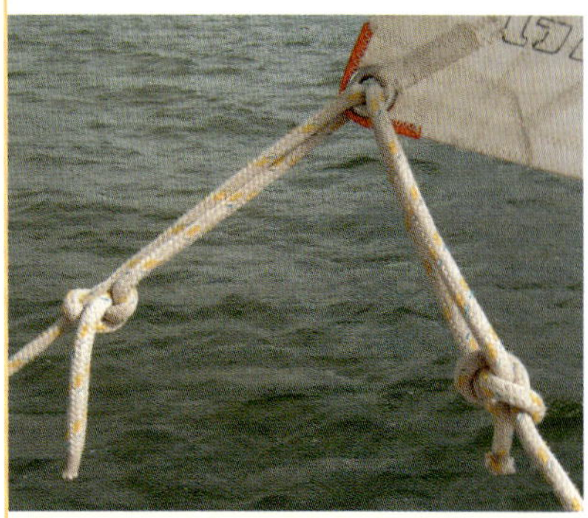

Der Palstek ist wahrscheinlich der wichtigste und hilfreichste Knoten. Die feste Schlinge am Ende zieht sich nicht zu und verschiebt sich nicht. Ohne Zug auf dem Knoten lässt sie sich leicht lösen.

Webeleinstek

1 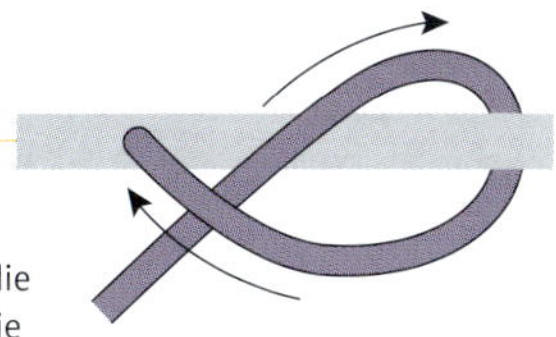
Legen Sie die Leine um die Stange.

2 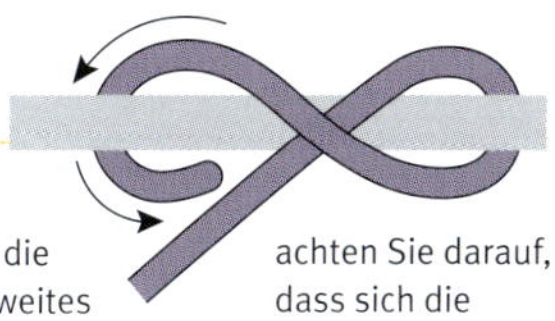
Führen Sie die Leine ein zweites Mal um die Stange und wieder nach vorn; achten Sie darauf, dass sich die Leine dabei vorne kreuzt.

3 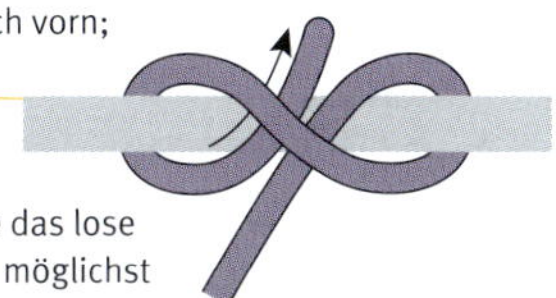
Ziehen Sie das lose Ende vorn möglichst eng unter der Leine durch.

4 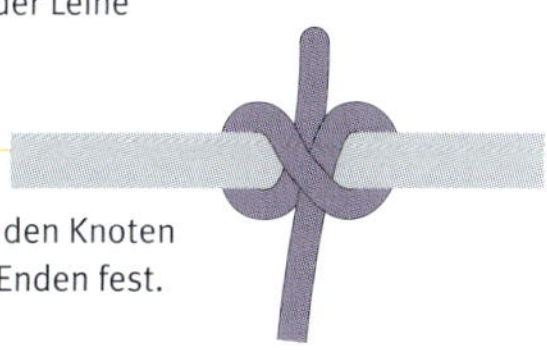
Ziehen Sie den Knoten an beiden Enden fest.

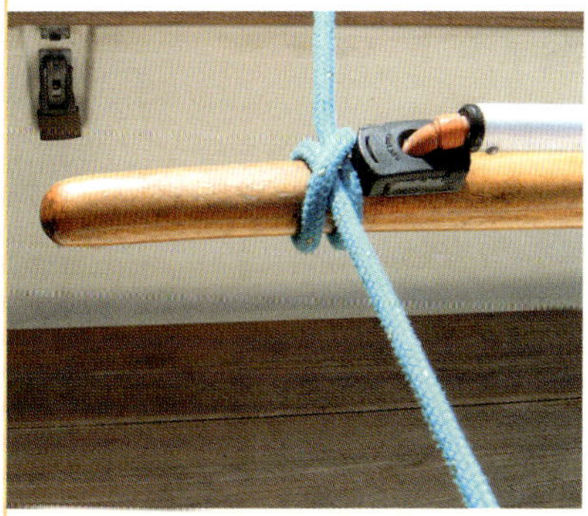

Mit diesem Knoten kann man leicht und schnell eine Leine an einem Rundholz befestigen. Er lässt sich schnell und leicht öffnen. Sehr sicher ist er nicht, da er sich auch von allein lösen kann.

Rundtörn mit zwei halben Schlägen

1 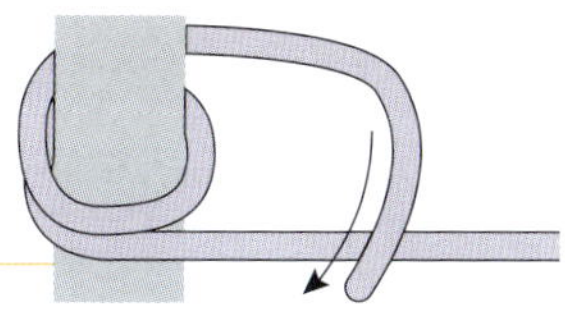
Legen Sie die Leine zweimal ganz um den Pfahl.

2 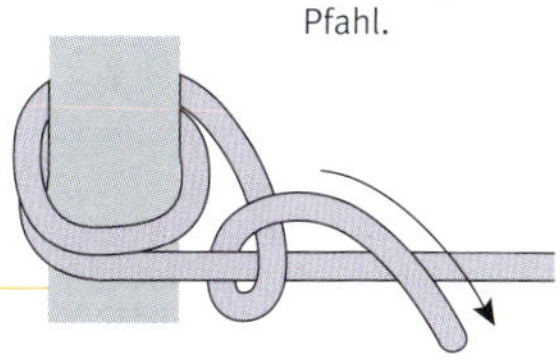
Drehen Sie das lose Ende von oben nach unten zweimal über das feste.

3 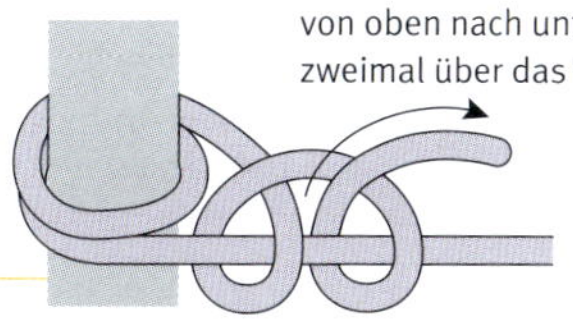
Ziehen Sie am losen Ende den Knoten fest, sodass er hält.

4 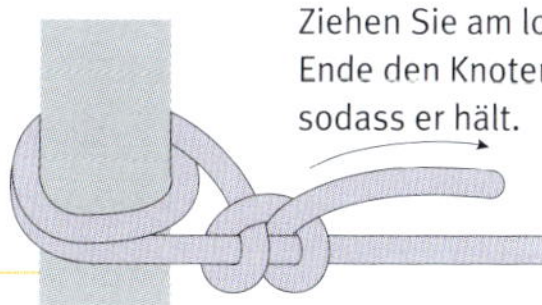

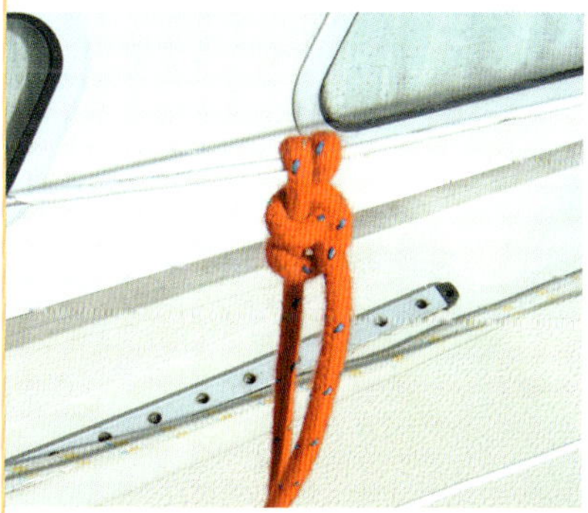

Mit diesem Knoten kann man leicht eine Leine an einer anderen, an einem Poller oder einem Pfahl befestigen. Die Rundtörns halten das Gewicht, während die halben Schläge ihn am Platz fixieren.

Einfacher Schotstek

1 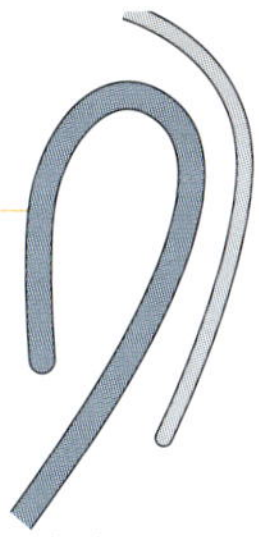
Beginnen Sie mit der dickeren Leine, legen Sie eine Bucht mit dem Ende nach links.

2 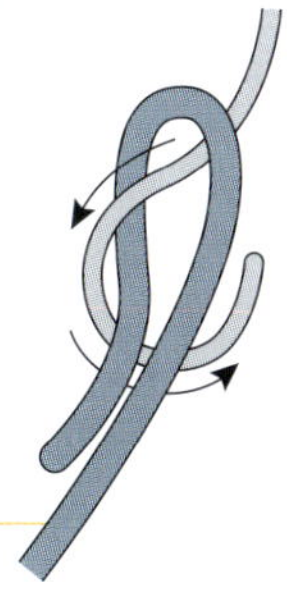
Das lose Ende der dünnen Leine führen Sie von unten durch die Bucht und dann um die dicke Leine.

3 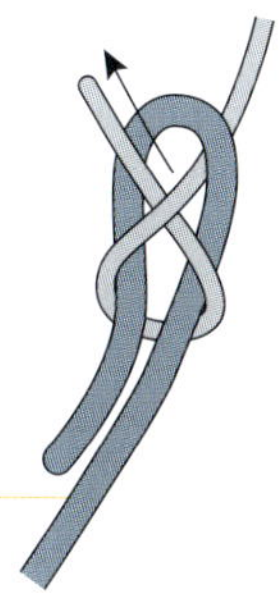
Festgezogen wird der Knoten an den dicken Enden und dem losen dünnen Ende.

4 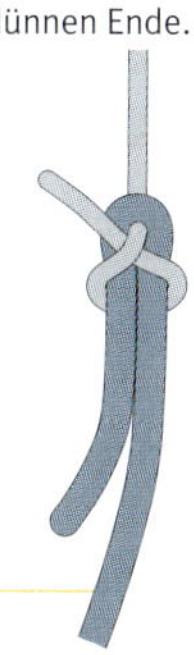
Achten Sie darauf, dass beide Leinen gespannt sind.

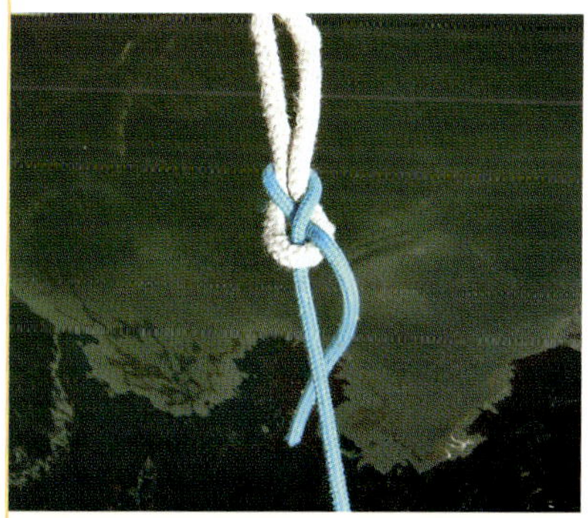

Zwei unterschiedlich dicke Leinen werden verbunden. Sind sie extrem verschieden, können sie sich lösen. Führt man die dünne Leine zweimal um die Bucht, ist es ein doppelter Schotstek.

Der Umgang mit dem Tauwerk

Tauwerk wird an Bord ganz unterschiedlich verwendet und unterscheidet sich deshalb in Größe und Qualität. Die Stärke der Leinen ist abhängig von ihrer Machart, ihrem Durchmesser und dem jeweiligen Material.

Verschiedenes Tauwerk

Tauwerk, einerlei ob aus Naturmaterialien oder Synthetik, wird aus mehreren Garnsträngen (Kardeelen) entweder geschlagen oder geflochten.

1. Geflochtenes Tauwerk hat einen zentralen Strang, die Seele, der von einer Hülle umgeben ist. Dadurch entsteht eine ideale Kombination von Festigkeit und Steifigkeit mit einem geringen Gewicht. Geflochtenes Tauwerk wird hauptsächlich für Schoten und Fallen verwendet.
2. Geschlagenes Tauwerk besteht aus drei oder vier ineinandergedrehten Strängen aus Polyester. Vorgereckte geschlagene Leinen sind eine preiswerte Alternative zu dem geflochtenen Tauwerk für Schoten und Fallen und werden oft auch für Festmacher verwendet.

Leinen sichern

Mithilfe von Belegklampen kann man Leinen am einfachsten auf Spannung halten.

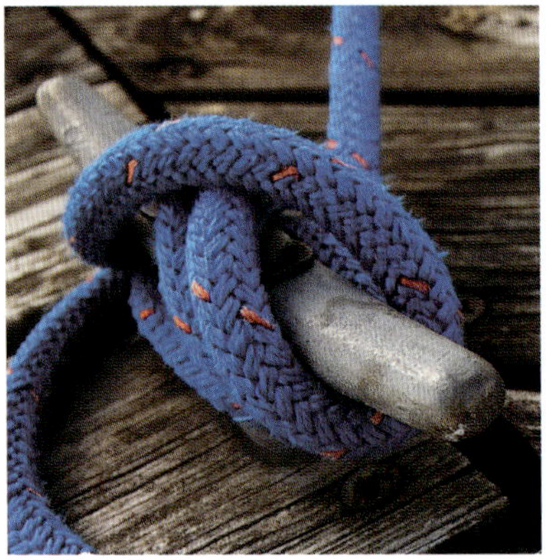

Hier wurde ein Tampen aus geflochtenem Tauwerk auf einer Belegklampe gesichert und dabei erst einmal unten um die Klampe geführt und dann belegt.

Zur Sicherheit legen Sie die Leine einmal unten um die Klampe herum, danach legen Sie eine oder mehrere Achten obendrauf und beenden das Ganze mit einem verdrehten Auge, dem sogenannten Kopfschlag. Belegen Sie niemals eine Klampe, wenn Sie die Leine schnell wieder lösen müssen.

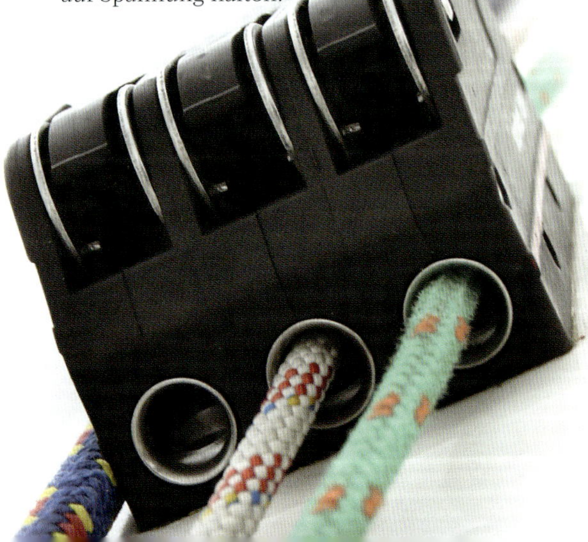

Solche Klemmen, die auf dem Dach des Deckshauses befestigt sind, halten Fallen und Reffleinen, die vom Mast nach achtern geführt werden, und werden deshalb »Fallenstopper« genannt.

Leine aufschießen

1. Legen Sie gleich lange Buchten übereinander. Drehen Sie nötigenfalls mit Zeigefinger und Daumen die Leine am oberen Ende, bis sie gerade herunterhängt. 2. Lassen Sie genug Leine übrig, um sie mehrmals um die Buchten zu wickeln. 3. Ziehen Sie eine Schlaufe durch das obere Ende der Buchten. 4. Ziehen Sie die Schlaufe über das obere Ende der Buchten. 5. Ziehen Sie am losen Ende. Jetzt ist die Leine aufgeschossen und kann verstaut werden.

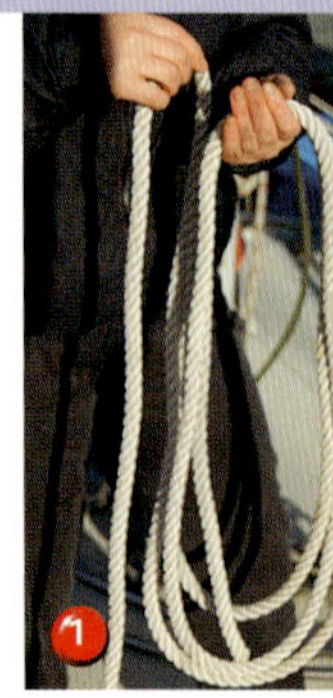

Curryklemme

Ziehen Sie die Leine zwischen die Klemmbacken, um sie festzuklemmen. Ziehen Sie sie hoch, um sie wieder zu lösen.

Fallenstopper

Auf Yachten gibt es Klemmen, um Fallen und Schoten belegen zu können. Ziehen Sie die Leine in den Fallenstopper und drücken Sie den Hebel nach unten, um die Klemme zu schließen. Achten Sie darauf, dass die Leine auf der Winsch liegt, wenn Sie die Klemme wieder öffnen wollen, während sie unter Spannung steht. Ziehen Sie dann den Klemmhebel nach oben und entsichern sie die Leine vorsichtig.

Winschen

Legen Sie den Tampen immer im Uhrzeigersinn um die Winschtrommel, und zwar in mehreren Törns, um die Haltekraft der Leine auf der Trommel zu erhöhen. Achten Sie auf Ihre Finger, sie dürfen niemals zwischen Trommel und Leine kommen. Ziehen Sie immer waagerecht an der Leine und nicht nach oben, denn

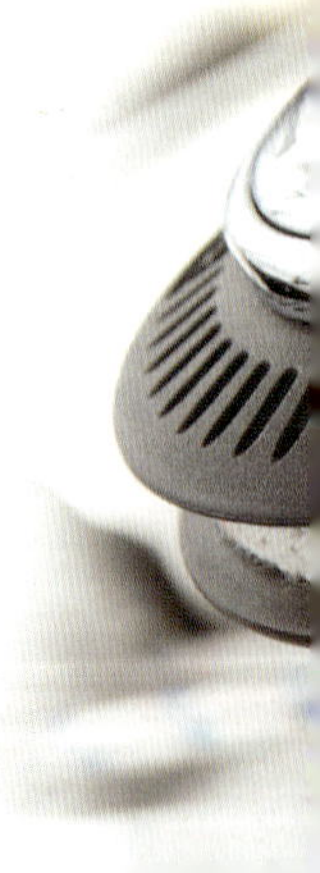

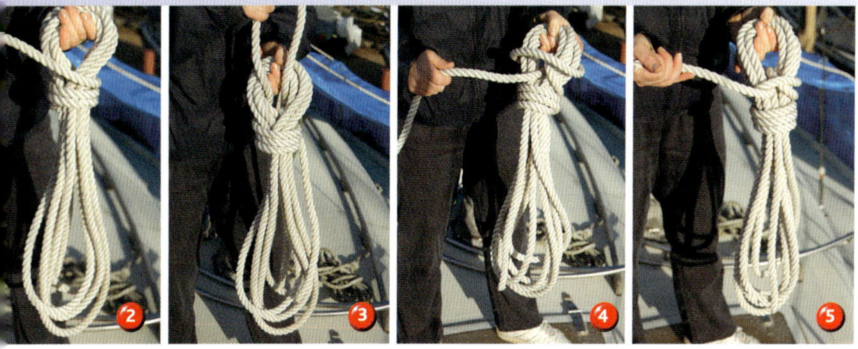

Nicht gebrauchtes Tauwerk sollte am besten ordentlich aufgeschossen und dann verstaut werden. Wichtig ist es, die Schlingen gut zu sichern, damit es auch aufgeschossen bleibt und bei Bedarf leicht zu lösen ist, ohne zu vertörnen.

sonst kommt es zu »Überläufern«, bei denen die Leinen übereinanderlaufen und sich dann beklemmen.

Aufschießen der Leinen

Achten Sie auf all Ihre Leinen. Sie sollten immer ordentlich in Buchten aufgeschossen werden, sodass sie innerhalb von Sekunden gelöst und einsatzbereit sind. Lassen Sie lose Leinen einfach nur im Bündel liegen, werden sie sich mit höchster Wahrscheinlichkeit verheddern und verknoten.

Um eine Leine ordentlich aufzuschießen, legen Sie mehrere Buchten, die Sie in einer Hand halten. Achten Sie darauf, dass jede Schlinge gleich lang ist. Aufgrund seiner Machart wird sich das Tauwerk immer wieder verdrehen. Das können Sie verhindern, indem Sie die Leine zwischen Zeigefinger und Daumen hin und her drehen.

Wenn Sie eine sehr lange Leine aufschießen möchten, ist es manchmal gar nicht möglich, die Schlingen in einer Hand zu halten, dann können Sie die Buchten auch an Deck legen. Sichern Sie die Schlingen, indem Sie das lose Ende dreimal um das obere Ende wickeln. Zum Schluss ziehen Sie eine kleine Schlaufe durch und anschließend über den Kopf der Buchten; dann ziehen Sie am freien Ende.

Die Handhabung

Steht eine Leine unter Spannung, muss sie unbedingt gesichert sein. Versuchen Sie nie eine Leine mit der Hand zu greifen, die frei ausrauscht. Fassen Sie die Leine dann an, wird eine extreme Reibung entstehen, die Ihre Handfläche »verbrennt«.

Dadurch, dass die Leinen ständig durch Klüsen oder Blöcke gezogen werden, scheuern sie mit der Zeit durch, die äußere Hülle franst aus oder ein innerer Strang löst sich auf. Sämtliche Leinen an Bord müssen deshalb regelmäßig kontrolliert und gegebenenfalls ersetzt werden. Synthetisches Tauwerk wird an den Enden zusammengeschmolzen, damit es sich nicht auflöst.

Die Genua- oder Fockschot wird um die Winsch gelegt. Bei einer selbstholenden Winsch sichern Sie die Schot oben in den Klemmbacken (»Selftailer«).

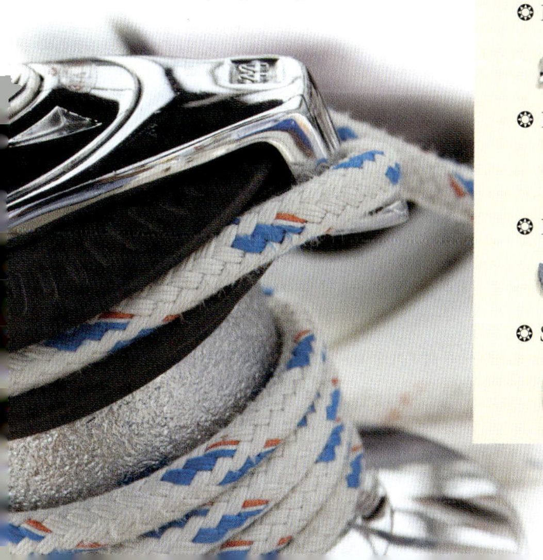

Welches Tauwerk wofür?

- Nylon (Polyamid) – Ankerleine, Festmacher, Muringleine und Schleppleine

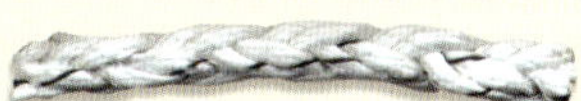

- Polyester – Leine für kleine Anker, Verholleine

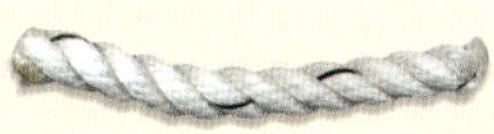

- Polyprophylen – Festmacher (längsseits), schwimmende Sicherheitsleine und allgemeiner Gebrauch

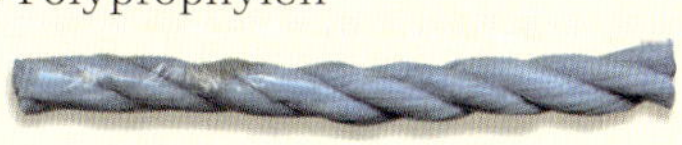

- Spectra, Dyneema, Kevlar – Fallen, Schoten, Ankerleine und Kontrollleine auf Regattayachten und Jollen

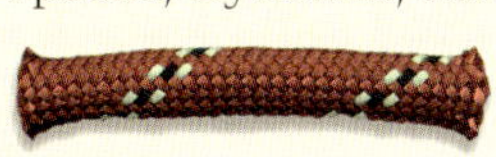

Die passende Kleidung

Zu einer guten und umfassenden Segelausrüstung gehört eine komfortable, sichere und wetterfeste Kleidung. Auch Kopf, Füße, Hände und Augen müssen sowohl vor dem Wetter als auch vor eventuellen Gefahren geschützt werden.

Wind, Wasser und Sonne

An einem perfekten Segeltag weht eine konstante Brise, und die Sonne sorgt für angenehme Temperaturen. Vielleicht können Sie das »Schönwetter-Segeln« auf einer Jolle oder Yacht sogar nur in T-Shirt und Shorts genießen. Aber solche Segeltage sind die Ausnahme und nicht die Regel. Denn Segeln ist eher ein nasskalter Sport, bei dem man unbedingt die entsprechende wetterfeste Kleidung tragen sollte.

Da Segelbekleidung inzwischen so hochentwickelt ist, können in den meisten Regionen Segler das ganze Jahr über ihrem Sport nachgehen.

Wind-Chill-Effekt

Den Wind-Chill-Effekt, die Abkühlung durch den Wind, wird man an einem schönen, sonnigen Tag an Land erst draußen auf dem Wasser spüren. Am stärksten macht sich dann der Unterschied zwischen gefühlter und wahrer Temperatur auf dem Amwindkurs bemerkbar, während man auf Vorwindkursen kaum eine Temperaturveränderung fühlt. Ist man dann auch noch nass geworden, wird man noch extremer auskühlen.

Viel Komfort

Moderne Segelkleidung ist warm und wasserdicht und schränkt Sie nicht oder nur wenig in Ihren Bewegungen ein. Spezialisierte Bekleidungshersteller gehen davon aus, dass Wärme etwa 30-mal schneller durch Wasser als durch Luft geleitet wird, das bedeutet, dass nasse Haut 30-mal schneller auskühlt als trockene. Man muss also dafür sorgen, dass die Haut beim Segeln trocken bleibt. Deshalb sollte Ihre Kleidung atmungsaktiv sein, also Schweiß nach außen abtransportieren und kein Wasser hindurchlassen.

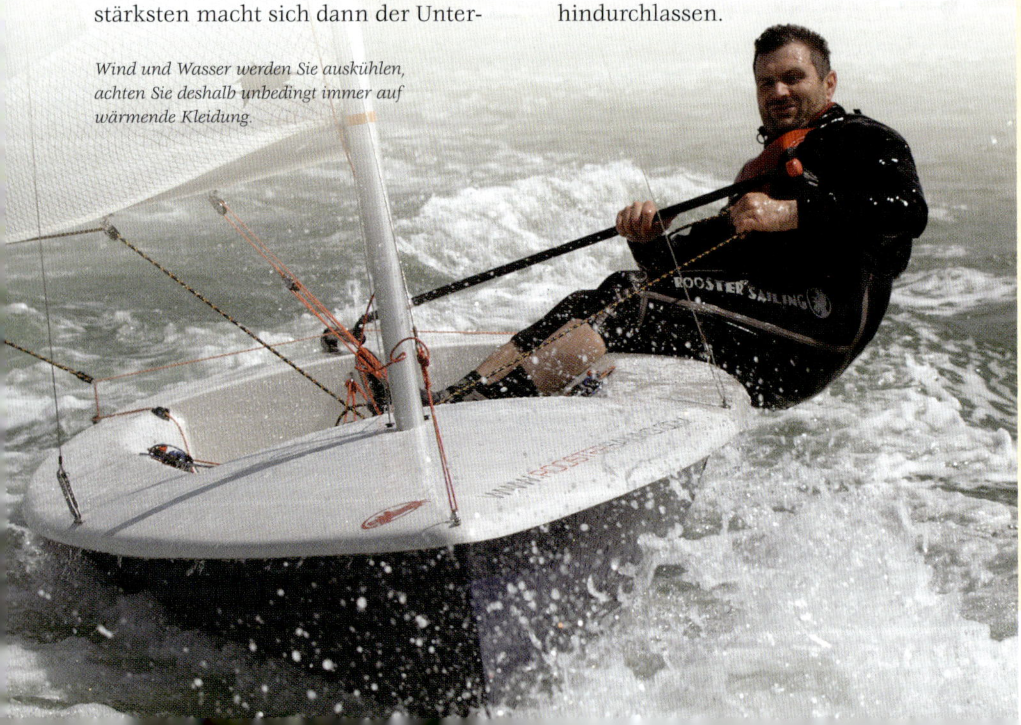

Wind und Wasser werden Sie auskühlen, achten Sie deshalb unbedingt immer auf wärmende Kleidung.

Für Yachtsegler

Ein Drei-Lagen-System ist für das Yachtsegeln optimal.

- Die erste Schicht direkt auf der Haut transportiert den Schweiß ab, damit die Haut trocken bleibt. Am besten sind dafür synthetische Fasern geeignet, wie Polypropylen und Polyester. Naturfasern dagegen saugen Schweiß nur auf, ohne ihn wieder abzugeben.
- Die mittlere Schicht sorgt für ausreichende

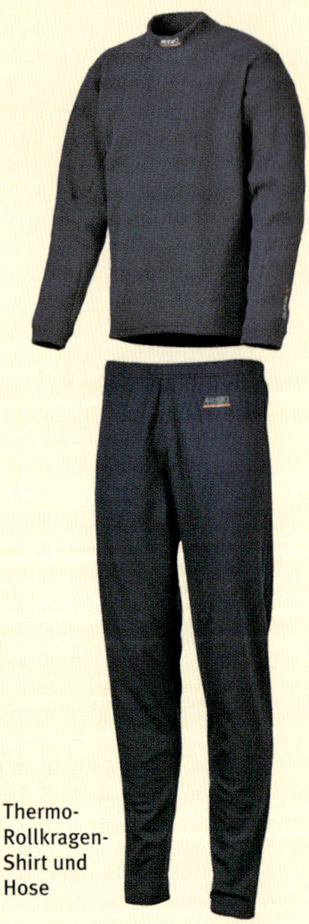

Thermo-Rollkragen-Shirt und Hose

untere Schicht

Eine Auswahl an Segelkleidung

Isolation, wobei warme Luft am Körper gehalten und die Feuchtigkeit weiter nach außen transportiert wird. Spezielle Materialien wie Gore-Tex sind genau für diesen Zweck entwickelt worden.

- Die letzte Schicht sollte zwar absolut wasser- und winddicht sein, muss aber auch noch den weiteren Abtransport des Schweißes vom Körper unterstützen und deshalb atmungsaktiv sein.

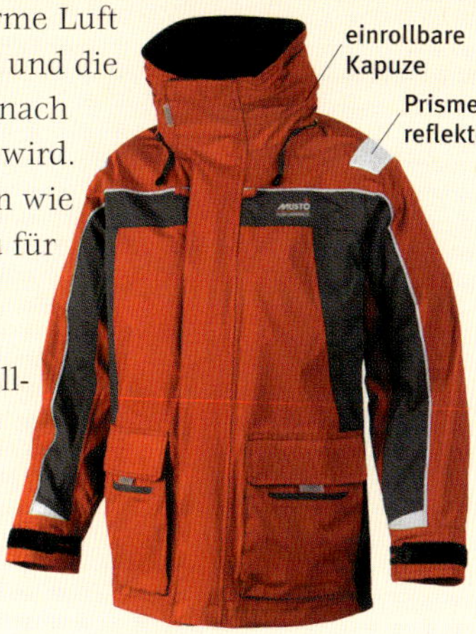

Segeljacke

Für Jollensegler

Jollensegler sind wesentlich dichter am Wasser als Yachtsegler, und wenn sie kentern, erleben sie wahren »Wassersport«. Höchste Priorität ist also, in der Kleidung warm zu bleiben und sich trotzdem schnell bewegen zu können.

- Neoprenanzüge sind für die meisten Bedingungen am besten geeignet. Bei ihnen dringt nur ein Teil des Wassers ein, und sie halten die Wärme am Körper. Ein lockeres, atmungsaktives und wasserdichtes Spraytop hält zusätzlich kaltes Wasser ab.
- Trockenanzüge sind absolut wasserdicht und für niedrige Temperaturen geeignet.
- Eine wasserdichte kurze Jacke und eine Hose sind ebenfalls eine gute Alternative fürs Jollensegeln, doch bei einer Kenterung werden die darunterliegenden Kleidungsstücke ebenfalls nass.

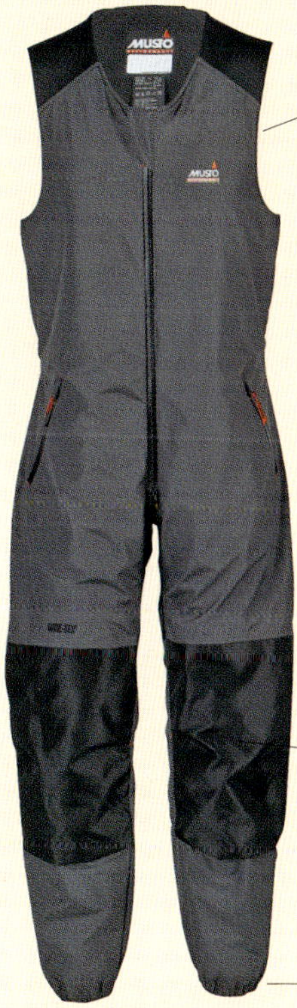

Mittelschicht

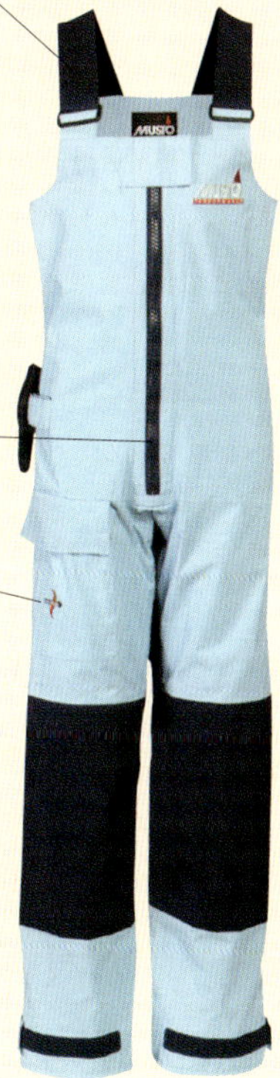

Hose

Außenschicht

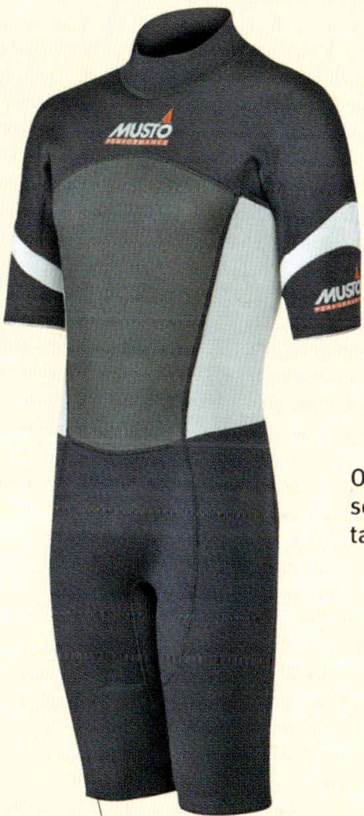

Neoprenanzug

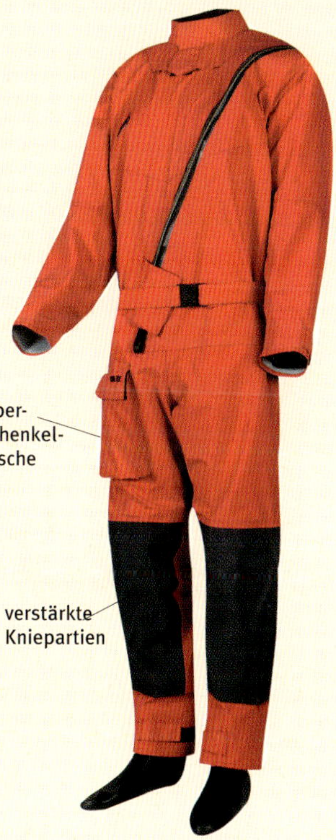

Trockenanzug

Umfassender Schutz

Füße und Hände müssen beim Segeln warm gehalten werden. Es ist wichtig, gutes Schuhwerk, Handschuhe und an kälteren Tagen eine Mütze zu tragen. Die Haut und die Augen müssen ausreichend vor Sonne geschützt werden.

Für den Kopf

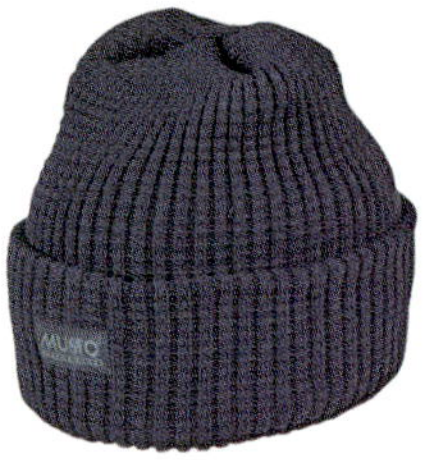

wärmende Mütze

Über den Kopf kann bei kaltem Wetter der größte Wärmeverlust stattfinden. Eine synthetische Fleecemütze hält den Kopf warm und trocknet auch schnell, falls sie nass wird. Selbst wenn Sie sie über die Ohren ziehen, können Sie noch alles hören.

Bei Sonnenschein sollte man vor allem in südlichen Regionen unbedingt einen Sonnenschutz tragen. Besonders Kinder sollten bei Sonne breitkrempige Hüte aufsetzen, die mit einem Band unter dem Kinn festgebunden werden, damit sie nicht über Bord wehen.

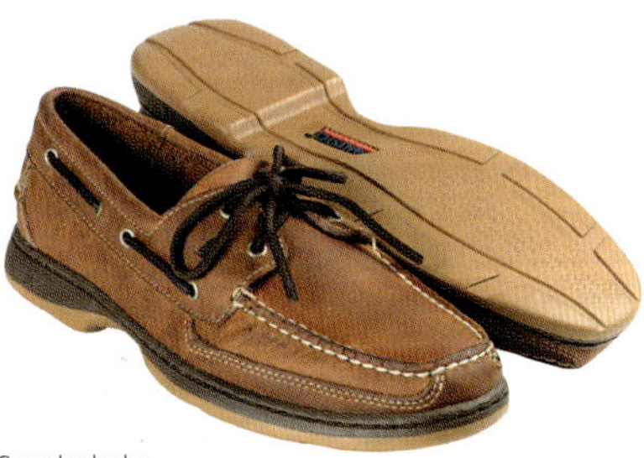

Segelschuhe

Für die Füße

Barfuß zu segeln ist zwar eine schöne Idee, in den meisten Fällen aber nicht zu empfehlen. Wenn Sie sich auf einer Jolle oder Yacht bewegen, können Sie sich leicht Ihre Füße an scharfen oder harten Gegenständen verletzen. Auch muss man an Land vielleicht über Steine klettern, um zum Boot zu kommen. Dann sollte man lieber Schuhe tragen.

Beim Segeln brauchen Sie den bestmöglichen Halt, vor allem auf einer nassen Oberfläche. Barfuß kann man zwar auch stabil stehen, doch dünne, extra zum Segeln entwickelte Sohlen geben noch mehr Halt.

Bei kaltem, nassem Wetter sind auf Yachten auch Segelstiefel sehr von Vorteil. Normale Gummistiefel ohne spezielle Antirutschsohlen sind nicht empfehlenswert.

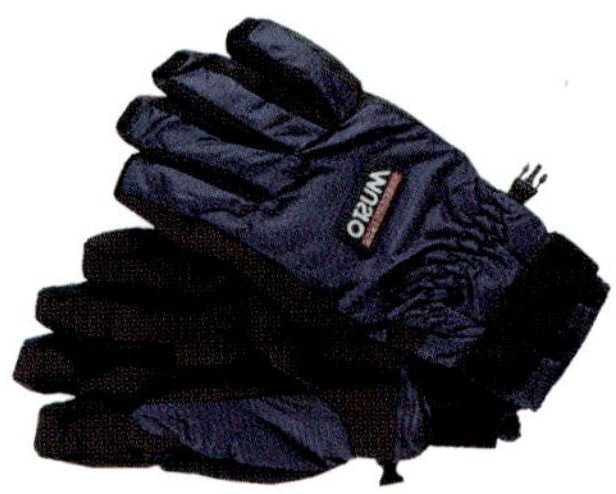

warme Segelhandschuhe

Für die Hände

Auf vielen Yachten oder Jollen gibt es aus synthetischen Fasern hergestellte Leinen. Diese scheuern leicht in den Händen und können die Haut sogar verbrennen, wenn sie einmal schnell durch die Handflächen rauschen sollten. Dünne Leinen lassen sich außerdem nur schwer mit bloßen Händen festhalten.

Deshalb sind Segelhandschuhe, am besten mit einer verstärkten Innenfläche, sehr zu empfehlen. Kalte Hände werden erst bei wirklich niedrigen Temperaturen zum Problem.

Jollensegler müssen abwägen zwischen Kälte- und Feuchtigkeitsschutz und dem Fingergefühl, um das Boot zu kontrollieren. Oft verwenden sie Handschuhe, bei denen die Fingerkuppen freibleiben.

Gegen die Sonne

Wenn Sie keine Sonnencreme verwenden, werden Sie beim Segeln schnell einen Sonnenbrand bekommen. Der Wind sorgt dafür, dass wir die Kraft der Sonne, die vom Wasser reflektiert und dadurch noch verstärkt wird, gar nicht richtig realisieren. Und ehe Sie sich versehen, haben Sie einen heftigen Sonnenbrand. Schützen Sie immer Ihren Kopf und Ihren Körper ausreichend vor der Sonne und trinken Sie genug, wenn Sie bei großer Hitze segeln.

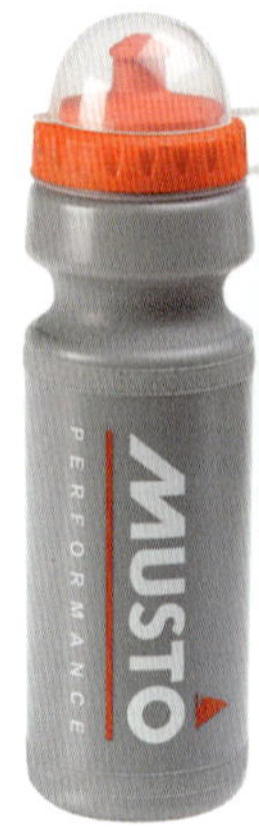

Wasserflasche

Für die Augen

Sonnenreflexion auf dem Wasser gepaart mit den weißen Segeln und dem hellen Deck sorgt für grelles und blendendes Licht. Tragen Sie deshalb unbedingt eine Sonnenbrille mit UV-Schutz. Sie werden damit nicht nur besser sehen können, sondern auch Ihre Augen schützen.

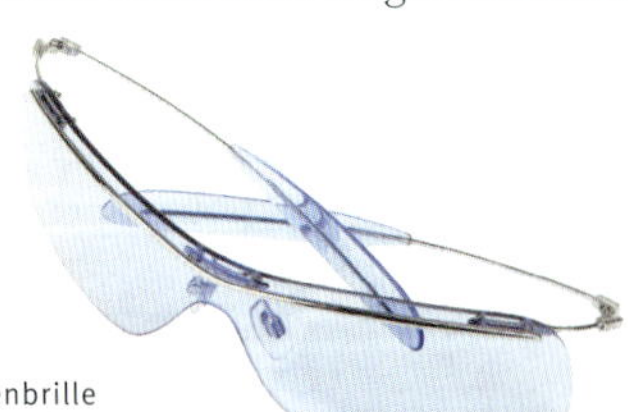

Sonnenbrille mit UV-Schutz

Sicherheitsausrüstung

Obwohl Segeln ja nun wirklich ein Wassersport ist, kommt es nur äußerst selten dazu, dass jemand ertrinkt. Jollensegler sollten immer eine Schwimmweste tragen, die in manchen Ländern und vor allem bei Regatten sogar Pflicht ist. Feststoffschwimmwesten sind der Körperform angepasst und geben Ihrem Körper im Wasser Auftrieb. Auf Yachten müssen in den meisten Ländern ebenfalls Schwimm- bzw. Rettungswesten für jedes Crewmitglied an Bord mitgeführt werden. Der Skipper entscheidet dann, wann die Westen getragen werden müssen. Ohnmachtsichere Rettungswesten halten auch bei Bewusstlosigkeit den Kopf über Wasser, während kragenlose Schwimmwesten nur Auftrieb geben.

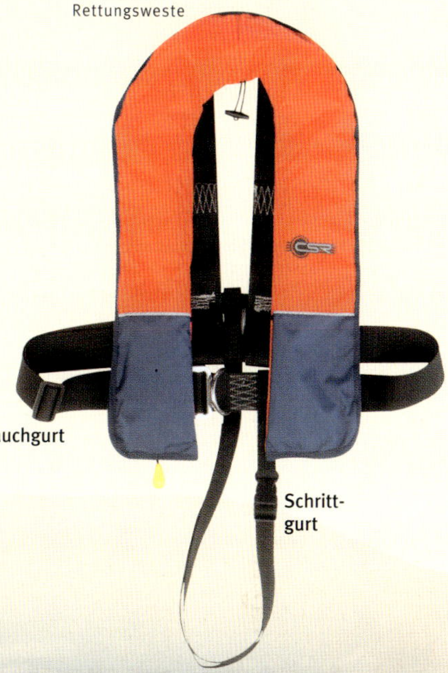

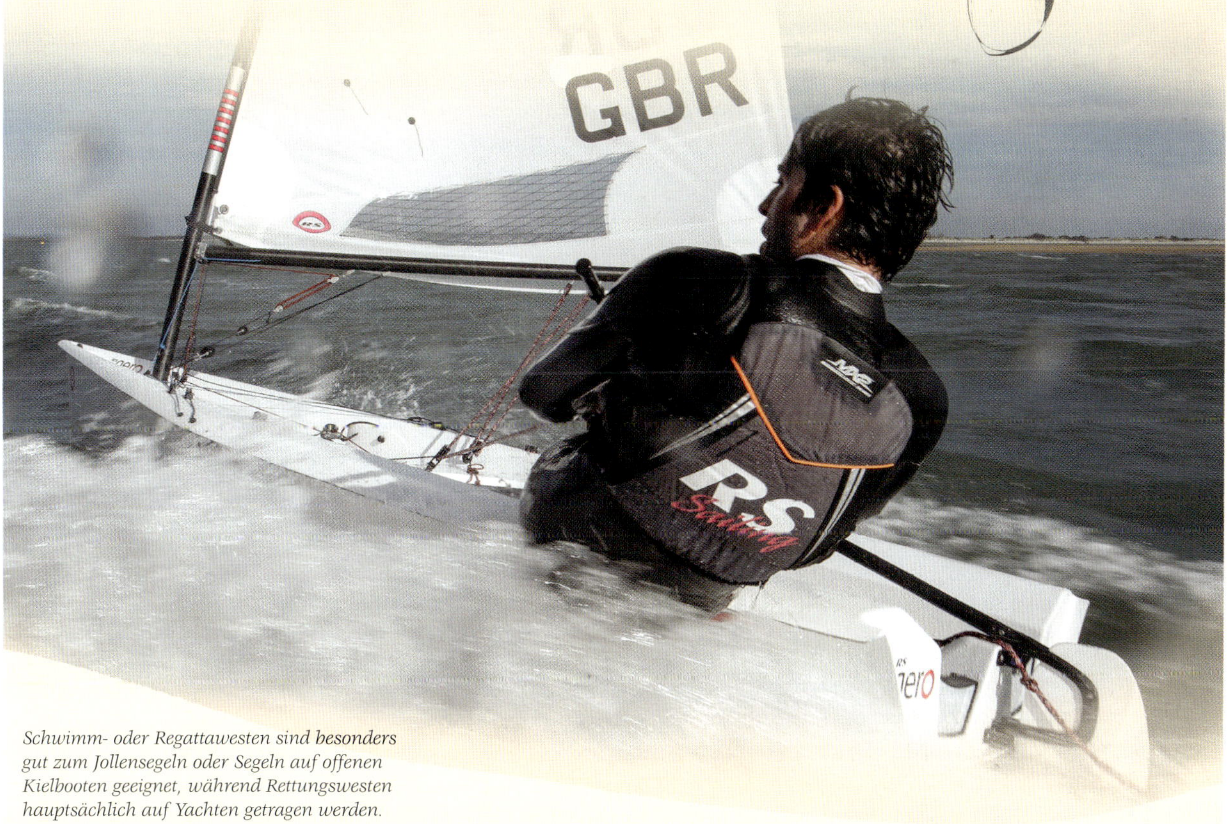

Schwimm- oder Regattawesten sind besonders gut zum Jollensegeln oder Segeln auf offenen Kielbooten geeignet, während Rettungswesten hauptsächlich auf Yachten getragen werden.

Jollensegeln

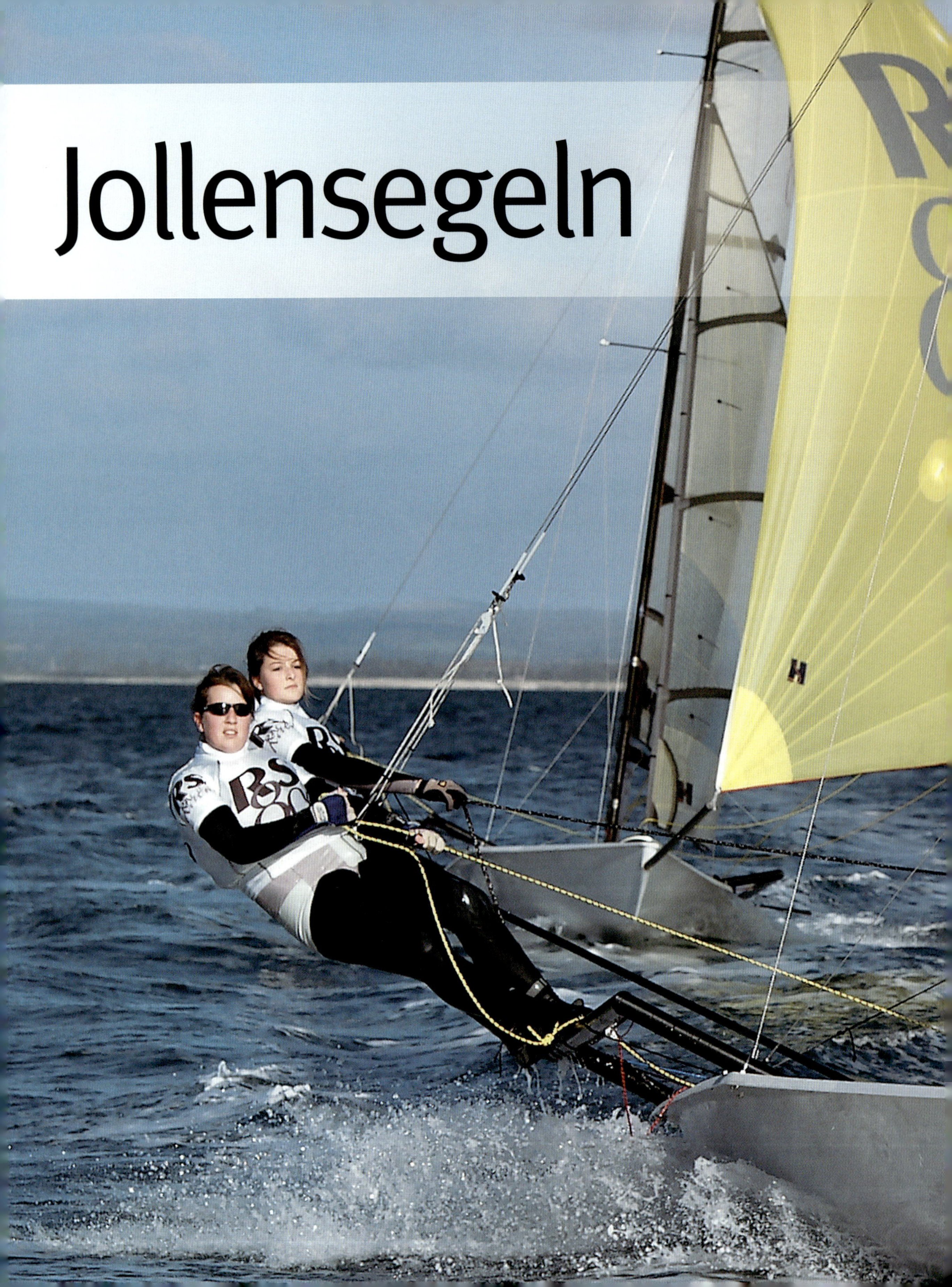

3

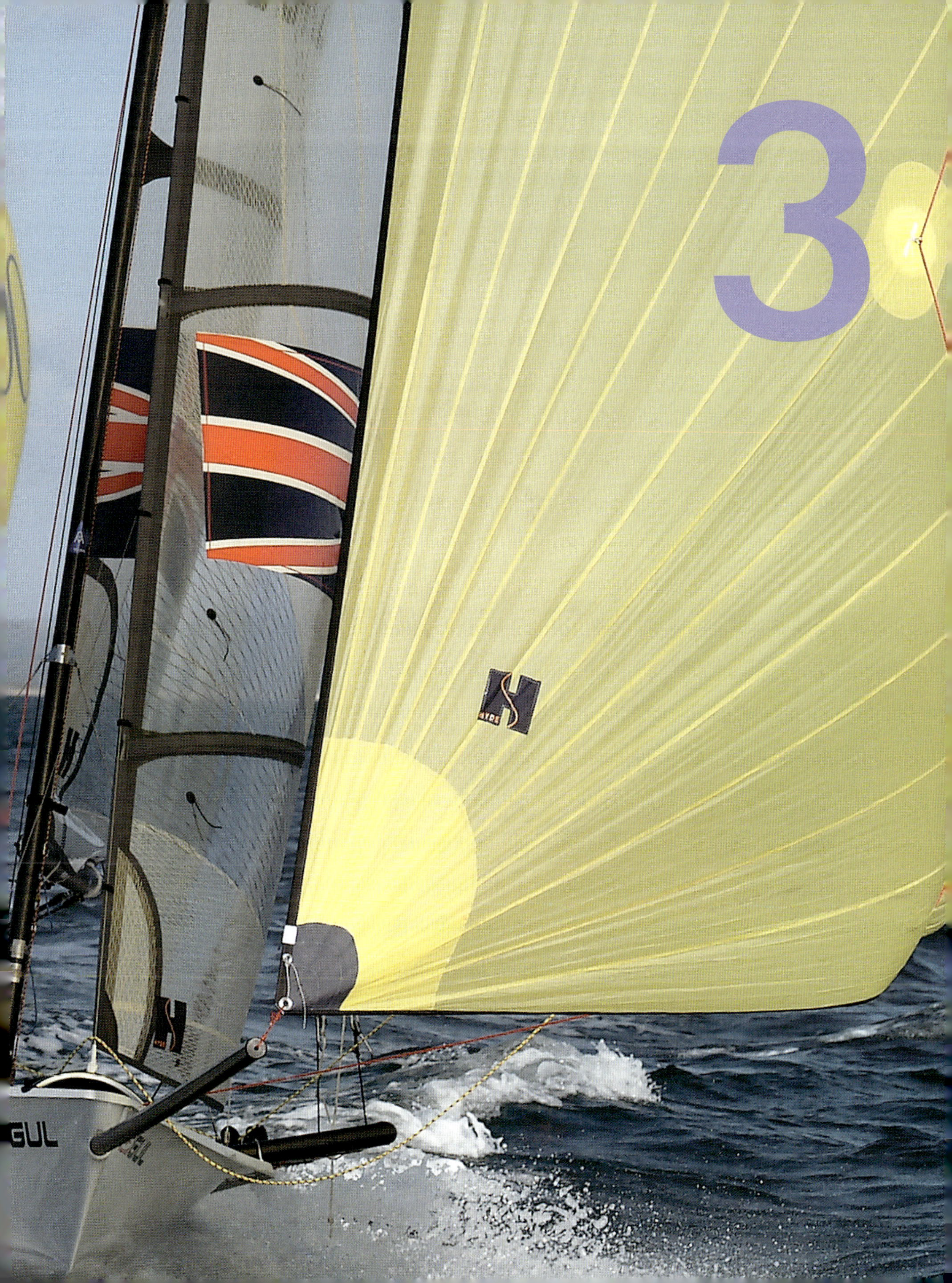

Genieße die Fahrt!

Jollensegeln kann als Steuermann oder als Vorschoter vergnüglich sein. So verschieden die Positionen sind, so wichtig ist jede von ihnen. Jeder kommt große Verantwortung zu. Auf manchen Jollen wird sie halbe-halbe aufgeteilt, auf anderen liegt viel Kontrolle beim Steuermann. Welche Rollenverteilung am besten ist, entscheiden die Segler also selbst.

Der Steuermann/die Steuerfrau

Hat Verantwortung für die Hauptkontrollen Ruder und Großschot, über die hauptsächlich der Vortrieb geregelt wird. Er/sie bestimmt also, wohin das Boot fährt und wie schnell.

Auf einem Einhandboot wie dem Laser oder dem Topper macht der Skipper alles:

- Mit dem Pinnenausleger steuern.
- Großschot fieren oder dichtholen, um den korrekten Krängungswinkel zu kontrollieren sowie das Kurs verhalten; außerdem um zu verhindern, dass das Boot nicht kentert – nach Lee oder nach Luv (auf den Segler).
- Großsegel flach oder bauchig trimmen, um so auf stärkeren oder schwächeren Wind zu reagieren.
- Schwert vor dem Wind hochziehen und es herunterlassen/-schieben, wenn es wieder an den Wind geht. Das Schwert verhindert Abdrift und mehrt Vortrieb.
- Ausreiten oder das Boot balancieren. Jolle immer so aufrecht wie möglich segeln.
- Boot längsschiffs korrekt trimmen. Am Wind oder bei Flaute sollte das Heck durch eine vorliche (weit vorn liegende) Sitzposition entlastet sein. Raumschots den Bug entlasten!
- Wenden und halsen.
- Aufrichten des Bootes nach dem Kentern.
- Jolle ab- und aufslippen an der Rampe oder am Strand. Womöglich ohne fremde Hilfe.
- Allein auf- und abtakeln.
- Sich ums Boot »kümmern«: Persenning(e) festzurren, Boot immer richtig abstellen und es pflegen.

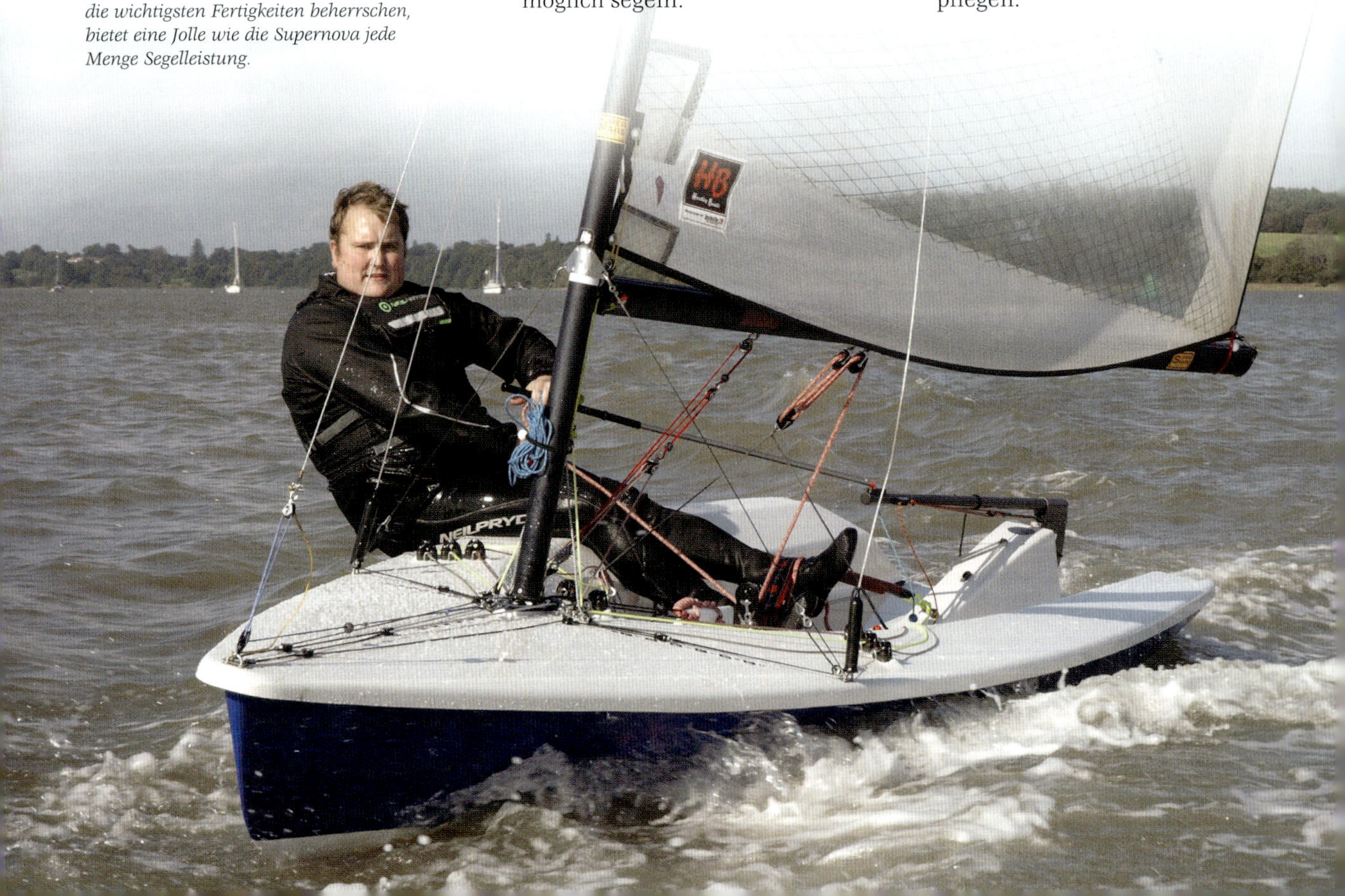

Als Einhandsegler sind Sie grundsätzlich für alles allein verantwortlich. Sobald Sie die wichtigsten Fertigkeiten beherrschen, bietet eine Jolle wie die Supernova jede Menge Segelleistung.

Tipp

Versuchen Sie, Erfahrungen an allen Positionen an Bord zu sammeln. Die Erfahrung eines Steuermanns auf einem Einhandboot kann von der eines Vorschoters auf einer Zweimannjolle beträchtlich abweichen. Segeln Sie in einer Klasse, wo Sie glauben, schnell Freunde zu finden.

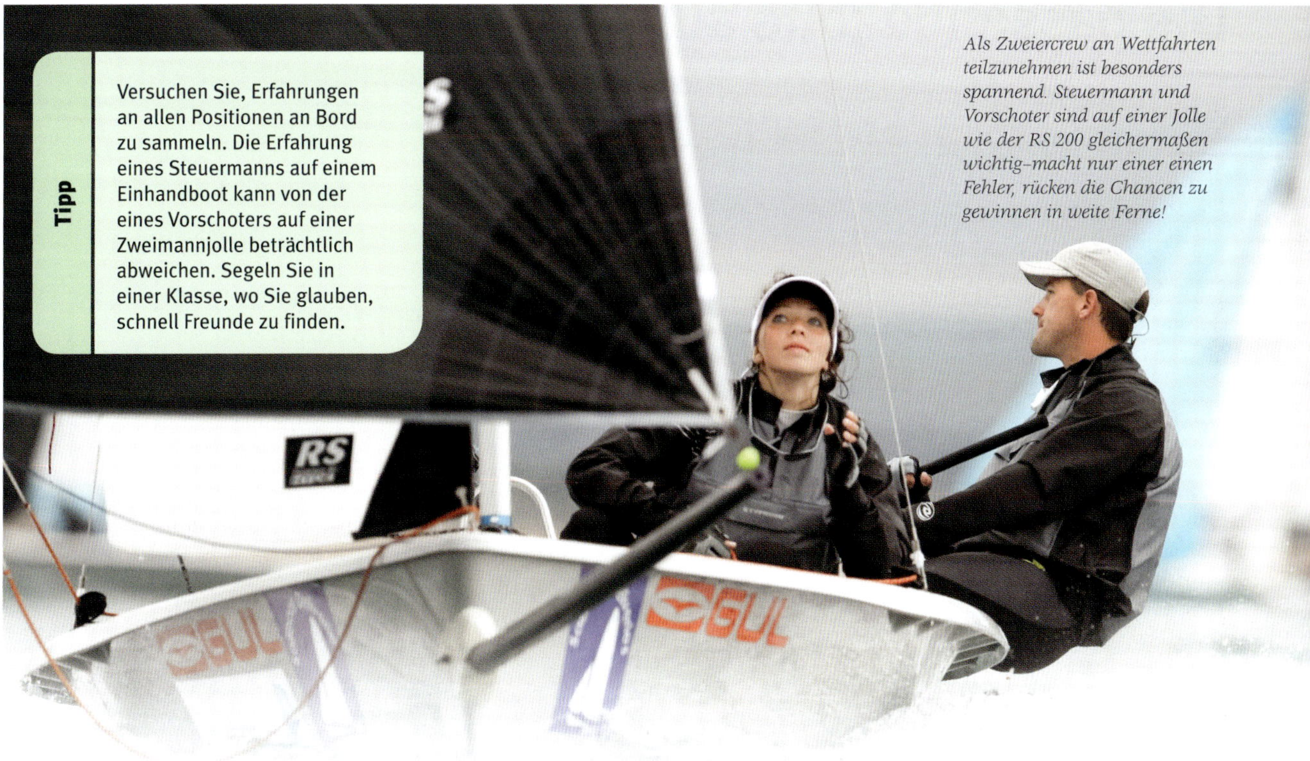

Als Zweiercrew an Wettfahrten teilzunehmen ist besonders spannend. Steuermann und Vorschoter sind auf einer Jolle wie der RS 200 gleichermaßen wichtig–macht nur einer einen Fehler, rücken die Chancen zu gewinnen in weite Ferne!

Der Vorschoter/die Vorschoterin

Zweihandsegeln bedeutet Zusammenarbeit, sowohl beim Auf- und Abtakeln als auch beim Zuwasserbringen. Natürlich haben Vorschoter vor allem beim Segeln selbst spezifische Aufgaben. Manchmal decken die sich mit denen des Steuermanns.

- Fockschot holen oder fieren, Vorsegel synchron zum Großsegel trimmen. Auf Skiffs oder Kats fährt der Vorschoter anstelle der Fock- oft die Großschot, das garantiert bessere Balance.
- Totale Kontrolle über den Spinnaker, der raumwinds eine entscheidende Rolle spielt. Der Vorschoter ist zuständig für das Setzen, Trimmen, Halsen und Bergen. Oft bedient der Steuermann das Fall – das ist dann aber auch schon alles.
- Einstellen der Haupt-Trimmleinen für das Großsegel, sie sind für den Vorschoter wie für den Steuermann erreichbar.
- Bedienen des Schwertes.
- Stark ausreiten oder auf dem Seitendeck sitzen. Denn der Vorschoter kann seine Sitzposition schneller verändern als der Steuermann.
- Körpergewicht nach vorn oder achtern bewegen, möglichst im Einklang mit dem Steuermann.
- Nach vorn schauen und den Steuermann mit Windinformationen versorgen. Er kann vorn besser Böen und Veränderungen der Windrichtung sehen.
- Während einer Wettfahrt entscheidet der Vorschoter aus demselben Grund oft über die Taktik: Er schaut herum, während sich der Steuermann aufs Schnellfahren konzentriert.

Was ist besser?

Einhandsegeln ist toll, wenn man gern allein segelt. Dann herrscht nie Vorschotermangel – aber es gibt auch niemandem, dem man die Schuld geben kann, wenn Dinge schieflaufen. Als Steuermann auf einem Zweimannboot zu segeln ist prima, wenn man gerne die Verantwortung dafür trägt, wie und wohin ein Boot segelt. Vor allem das Segeln auf Skiffs oder Booten mit Spinnaker stellt hohe Ansprüche an den Vorschoter. Denn er ist für fast alles Mechanische verantwortlich.

Segeln macht Spaß

Immer daran denken: Segeln ist ein Sport. Wir treiben ihn, um zu entspannen. Nicht, um gereizt oder genervt zu werden. Vorschoter und Steuermann dürfen sich nie anschreien! Immer ruhig bleiben.

Die passende Jolle auswählen

Sich auf dem vielfältigen Markt heute das richtige Boot auszuwählen, ist schwierig. Trick: Machen Sie sich eine Liste mit Prioritäten, von der Ihre Bootswahl abhängt.

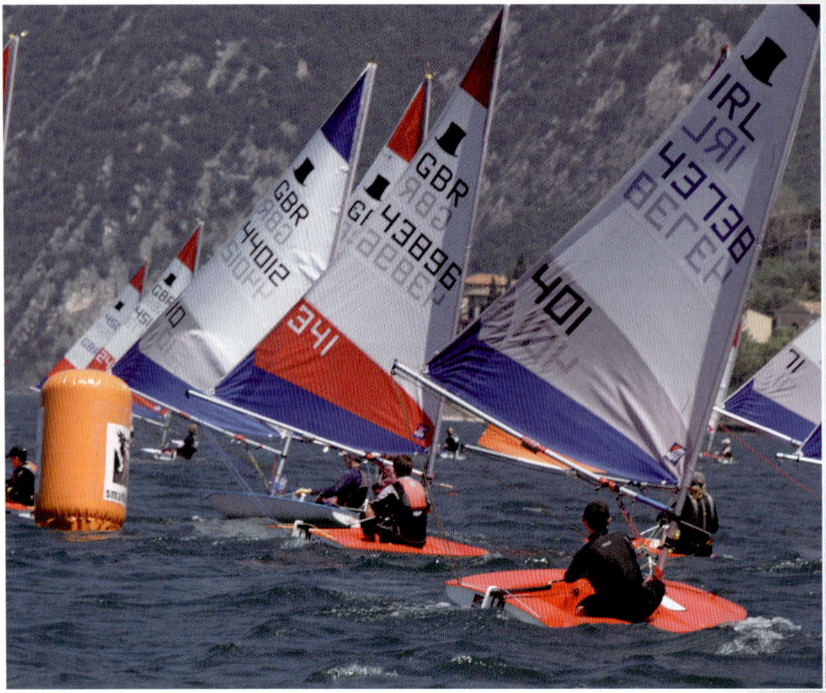

Der Topper ist ein in England sehr beliebtes Einsteiger- und Jugendboot, das auch von leichteren Erwachsenen gesegelt werden kann (links).

Wollen Sie Regatta segeln?

Eine Methode führt sicher zu besserer Beherrschung des Bootes: Regatten in der betreffenden Klasse zu segeln. Das zwingt einen nicht nur, zu lernen, das Boot besser im Griff zu haben, sondern auch, regelmäßig zu segeln. In einem Segelclub finden Sie Gleichgesinnte und gewinnen neue Freunde. Außerdem organisiert der Club für seine Mitglieder Regatten und Abendveranstaltungen. Ein Club ist darüber hinaus meistens einem Sicherungsdienst mit Motorbooten angeschlossen. Das ist ein nicht zu verachtender Aspekt, wenn Jollen unterwegs sind.

Und: Jede Jolle ist regattafähig. Man muss nur ein zweites Boot finden, und los geht's. Gerade Segler von exotischen Booten finden jedoch oft keinen zweiten. Sie sind dann auf eine starke Klassenvereinigung angewiesen, die landesweit Events oder Regatten wie Welt- oder Europameisterschaften organisiert.

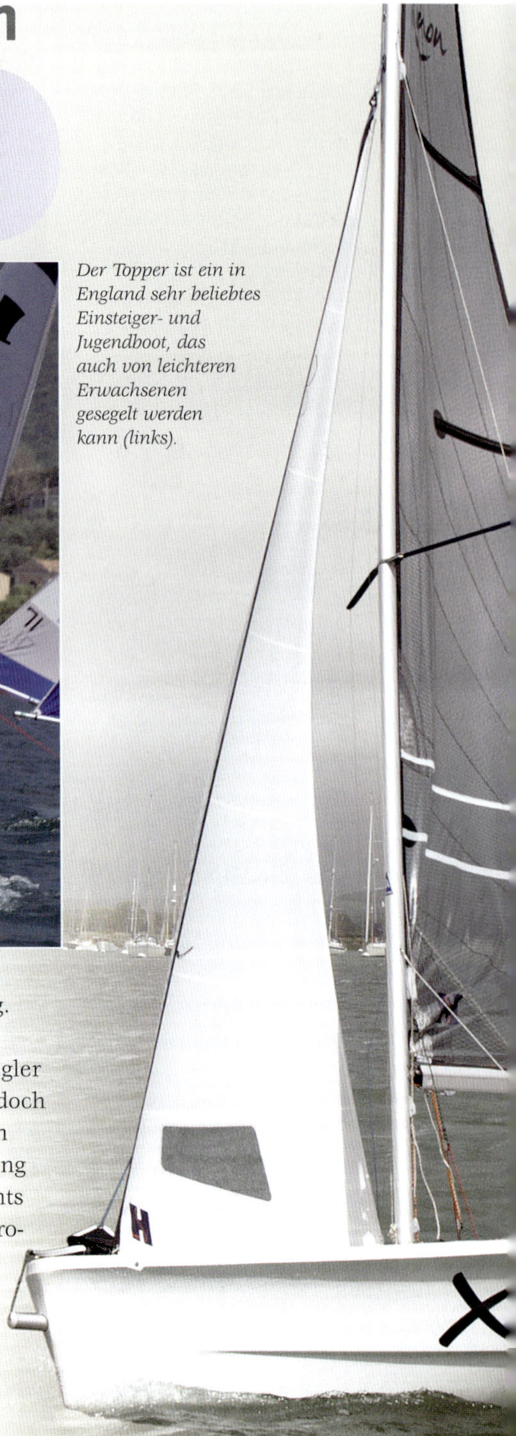

Die Xenon-Jolle kombiniert modernes Rigg und moderne Rumpfform mit einer neuartigen »gegossenen«, wartungsarmen Bauweise (rechts).

Die Wahl der richtigen Bootsklasse hängt also auch vom Segelclub ab. Oft fördern Clubs bestimmte Klassen, um größere Regattafelder zu generieren. Manchmal segeln so viele Boote einer Klasse gleichzeitig, dass nicht vergütet werden muss. Sind es zu wenige, kann sich der Club nach einem Handicapsystem (wie z. B. Yardstick) richten, um mehr Boote auf die Bahn zu bekommen.

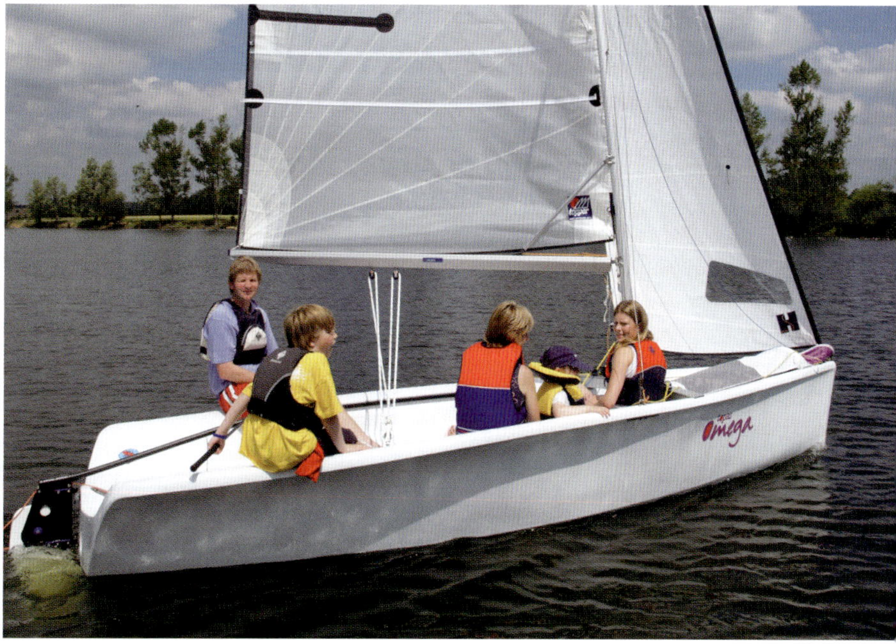

Familiensegler benötigen ein stabiles Boot, wie den Topper Omega, und viel Platz, damit eine Horde Leute an Bord passt.

Einheitsklassen

Eine Vielzahl moderner Jollen und Kats sind baugleich – sie segeln in Klassen für sich, in Einheitsklassen. Da alle Boote gleich sind, erlauben die Regeln nur minimale Änderungen am Boot. Beispiele: der Laser, die RS-Boote und die 29er/49er.

Ältere Klassen wurden oft modernisiert, um mit neuen Entwicklungen Schritt halten zu können. Moderne Materialien und Riggs sind erlaubt, um die Boote konkurrenzfähig zu halten. Das gilt vor allem für bereits lange bestehende Klassen. Beispiele dafür sind das Finn und der Optimist. Früher ausschließlich in Holz gebaut, weisen die Rumpfformen heute oft Variationen auf.

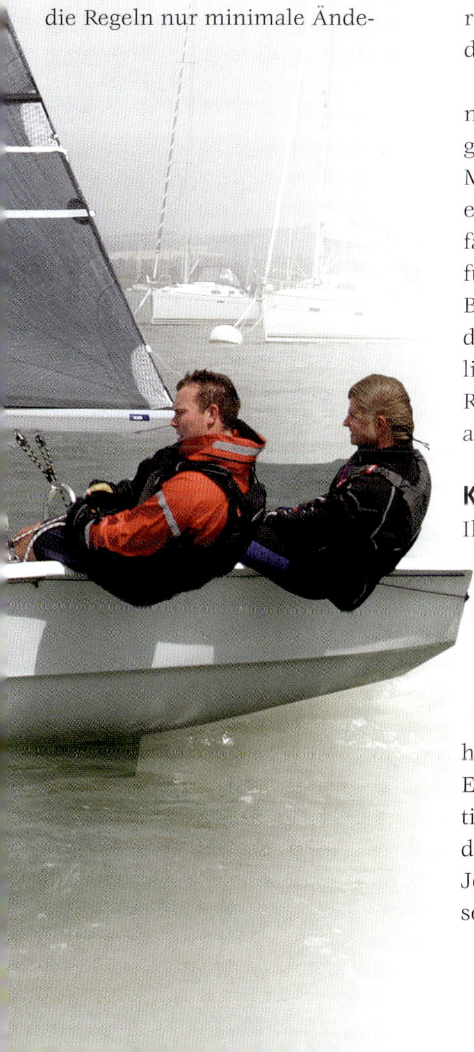

Konstruktionsklassen

Ihr Bau folgt nur wenigen Regeln, wie etwa einer vorgegebenen Länge oder Breite. Dagegen gibt es kaum Beschränkungen bei Gewicht oder Segelfläche.

Früher waren Konstruktionsklassen sehr beliebt, aber wegen hoher Entwicklungskosten mussten Einheitsregeln her. Die Konstruktionsklassenboote International 14, die International Moth oder die Jollenkreuzer sind brillante, aber sehr spezielle Rennmaschinen.

Wollen Sie längere Touren unternehmen?

Wenn kein Interesse am Regattasegeln besteht, ändern sich natürlich die Anforderungen ans Boot: Etwas Stabiles, Einfach-zu-Segelndes muss her. Die Anzahl der Mitsegler entscheidet jetzt über die Bootsgröße. Eine Einmannjolle wie der Laser mag ausreichen. Oder es muss ein großes Boot wie der Zugvogel oder ein Topper Omega sein, in dem viele Leute Platz finden. Boote alteingesessener Klassen segeln oft stabiler als moderne Jollen. Außerdem sind sie auf dem Gebrauchtmarkt günstig zu haben. Denken Sie nur daran, dass alte Klassenboote oft schwerfälliger zu manöverieren sind und mehr wiegen: Eine Jolle nach dem Segeln an Land zu ziehen, gehört zwar dazu – kann einem aber den Spaß vermasseln.

Eine Jolle auswählen (2)

Neu oder gebraucht?

Viele günstige Angebote drehen sich um den Kauf eines brandneuen Bootes. Sie sollten jedoch darauf achten, dass die »All inclusive«-Pakete wirklich alles enthalten, was Sie neben Rumpf und Segeln als Zubehör fürs Boot brauchen. Mindestens brauchen Sie einen Slipwagen und eine Oberpersenning für die Jolle. Außerdem vielleicht einen Straßentrailer und eine Unterpersenning, um das Boot beim Transport zu schützen. Nützliche Extras könnten auch spezielle wattierte Taschen für Schwert und Ruder sein – es ist nämlich erstaunlich, wie empfindlich diese Flossen bei modernen Booten sind.

Auf dem Gebrauchtmarkt wimmelt es nur so von Schnäppchenangeboten. Jollen gibt es gebraucht in allen Preiskategorien. Es kann nützlich sein, einen Experten zurate zu ziehen, denn ärgerliche Details stecken oft im Verborgenen. Überprüfen Sie also alles, was mit dem Boot verkauft wird. Wichtig sind vor allem Zustand von Segeln, Rigg, Trimmeinrichtungen und Ausrüs-

Die aufwendige Bauweise mit Epoxidharz und Schaumkern macht diesen Skiffrumpf vom Typ RS 800 leicht und fest. Eine solche Segelmaschine erfordert Könner-Handhabung, garantiert jedoch jahrelang Spitzenleistungen.

Wie alle Jollen aus Polyethylen ist der Laser Vago fast wartungsfrei. Alles, worauf man achten muss, sind Kratzer in der Außenhaut.

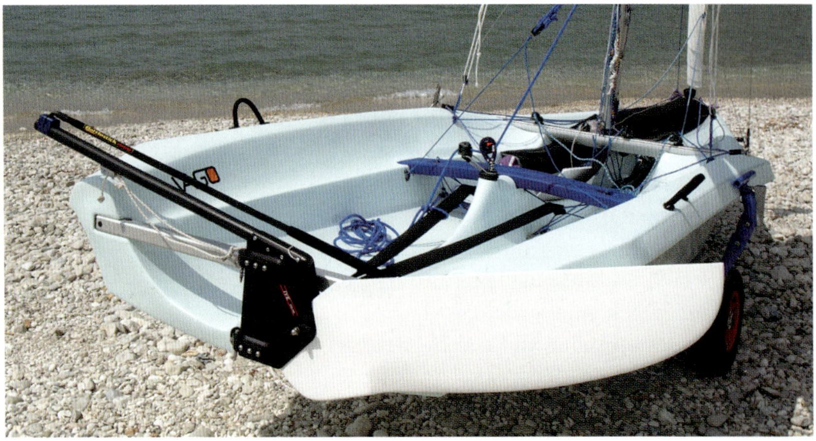

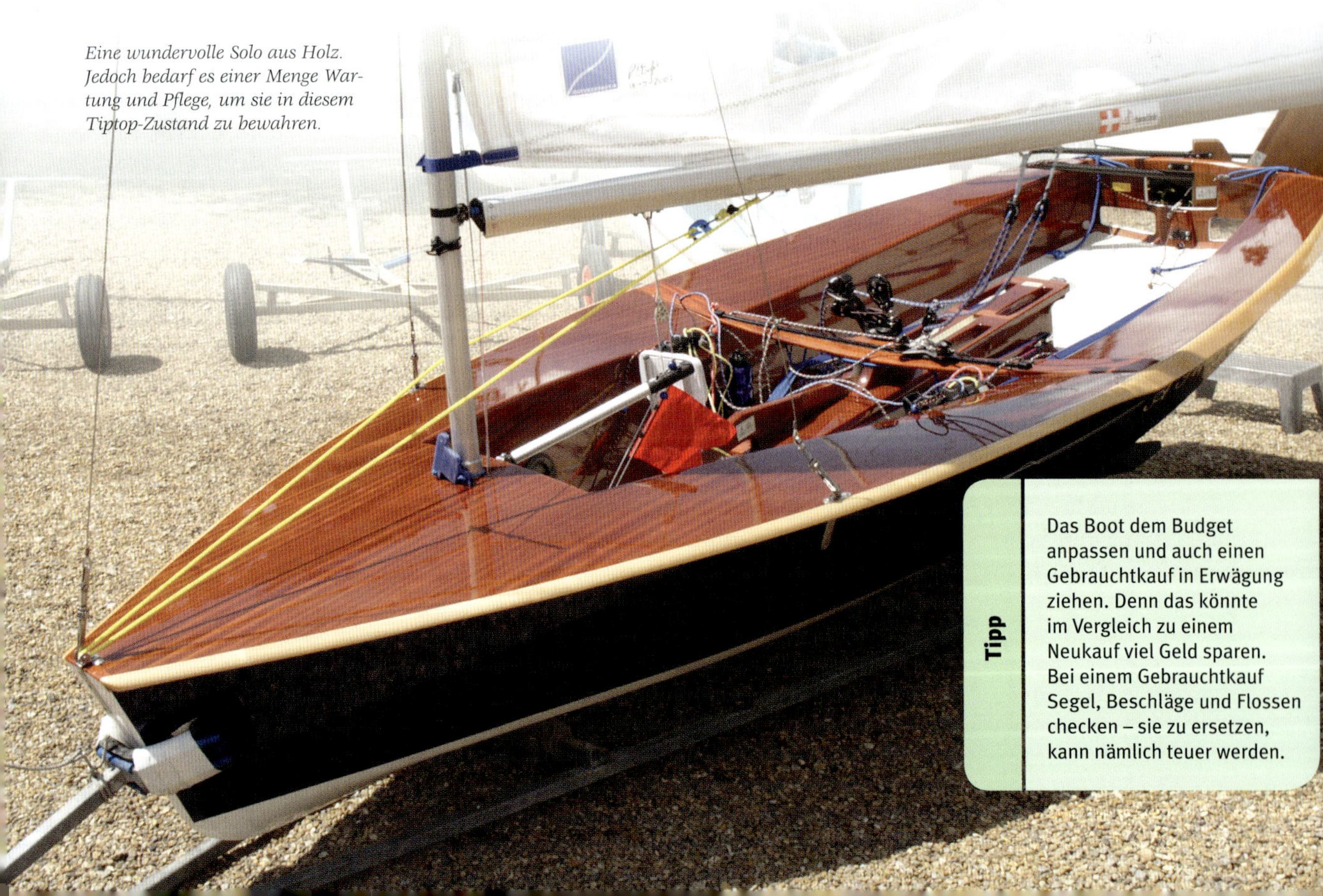

Eine wundervolle Solo aus Holz. Jedoch bedarf es einer Menge Wartung und Pflege, um sie in diesem Tiptop-Zustand zu bewahren.

Tipp

Das Boot dem Budget anpassen und auch einen Gebrauchtkauf in Erwägung ziehen. Denn das könnte im Vergleich zu einem Neukauf viel Geld sparen. Bei einem Gebrauchtkauf Segel, Beschläge und Flossen checken – sie zu ersetzen, kann nämlich teuer werden.

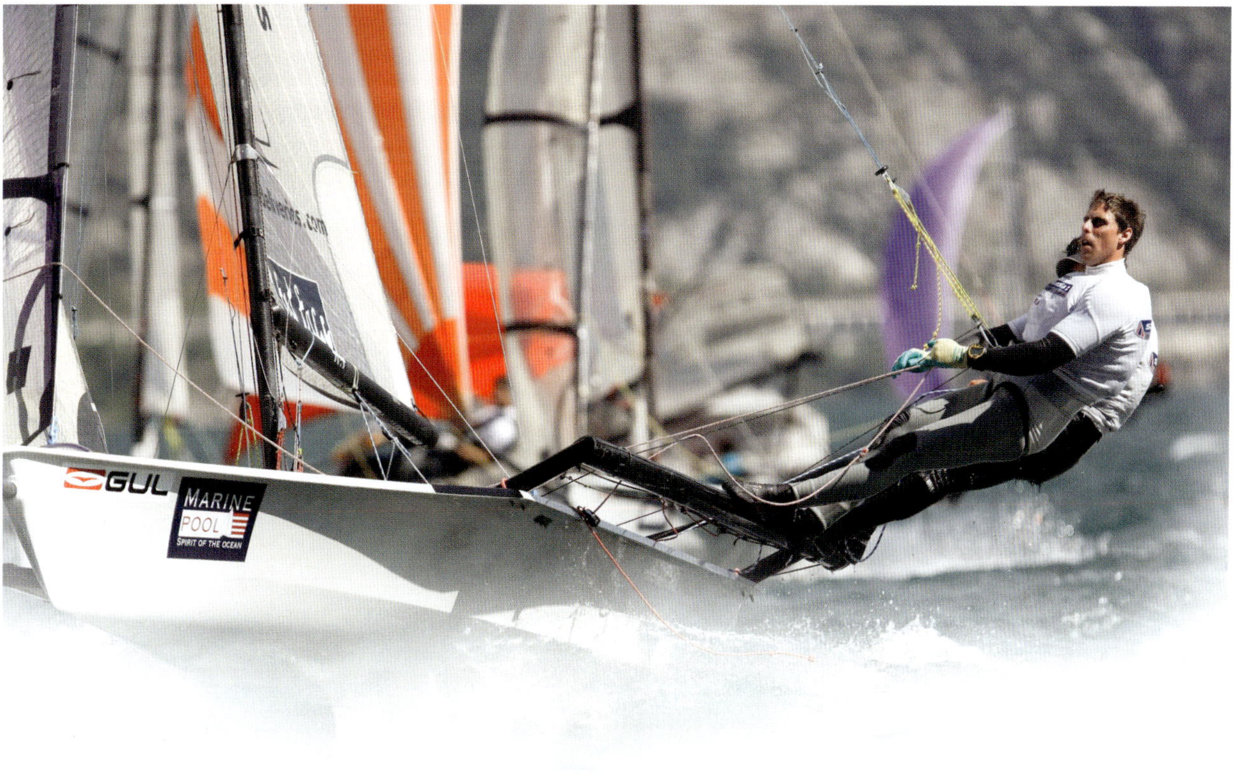

tung: Schwert und Ruder haben oft Macken, denn Reparaturen an Kleinteilen können bei Jollen teuer sein. Checken Sie auch die Radlager des Straßentrailers auf Rostspuren. Ältere Holzjollen rotten manchmal, können aber normalerweise repariert werden. Sie müssen auf jeden Fall regelmäßig mit Lack und Farbe behandelt werden.

Ältere Boote aus GFK leiden oft an ausgeblichenem Gelcoat oder an Haarrissen in der Außenhaut. Das ist entweder reine Kosmetik oder deutet auf erste Schäden in der Struktur des Bootes hin: Mastfuß, Ruderaufhängung und Schwertkasten sind kritische Bereiche. GFK kann delaminieren, d.h., die äußeren Schichten lösen sich vom inneren Schaumkern. Wasser kann dann eindringen. Ein vollgesogenes Boot wird natürlich mit der Zeit schwerer. Wenn möglich, also das Rumpfgewicht überprüfen.

Budgetfragen

Wenn es mit dem Geld kneift, kann es auf folgende Alternativen hinauslaufen: Gebrauchtkauf oder Polyethylen. Je mehr Sie für ein Boot zahlen, desto raffinierter und ausgefeilter sollte es in puncto Bau, Ausrüstung und Leistung sein. Am oberen Ende der Skala befinden sich die leichten, aus Kohlefaser laminierten Rümpfe. Reckarme Foliensegel an superleichten Masten aus Kohlefaser, beste Trimmeinrichtungen und handgemachte Schwerter oder Ruder sind ihre Markenzeichen. Im mittleren Bereich tummeln sich gewöhnlichere Jollen aus Schaum-Sandwich-Laminat. Diese Bauweise stellt einen guten Kompromiss zwischen Gewicht und Festigkeit dar. Ein modernes Aluminiumrigg zählt ebenfalls zum Standard.

Welche Bauweise?

Das relativ neue Polyethylen ist robust, aber schwierig zu reparieren und schwerer als GFK. Die Boote verlieren mit der Zeit ihren Glanz aufgrund der UV-Strahlung – und Aufpolieren ist schwierig.

GFK dagegen ist empfindlich, wenn es um kleine Macken im Gelcoat geht. Kollisionen beschädigen bei Sandwich-Konstruktion oft den Schaum- oder Balsakern. Schäden sind jedoch relativ einfach zu reparieren, und es kann sogar auch später noch völlige Farbgleichheit mit der übrigen Außenhaut erzielt werden. Auch GFK-Boote verlieren aufgrund von UV-Einfluss langsam Glanz. Sie können jedoch poliert oder lackiert werden.

Holzjollen können unschlagbar schön aussehen. Ihre Nachteile bestehen jedoch in erheblichem Wartungsaufwand und meist in hohem Preis. Alle Schäden können grundsätzlich repariert werden. Ausbesserungen sind jedoch teuer.

Eine Jolle auswählen (3)

Wie viele Menschen passen an Bord?

Viele Jollen sind explizit fürs Allein- oder Zu-zweit-Segeln gebaut. Moderne Einhandjollen wie der Pico verkraften jedoch mehr als eine Person an Bord, moderne große Zweihandjollen wie der RS Vision oder der Topaz Omega können mehr als die Zweiercrew tragen. Wie viele Menschen das Boot maximal transportieren kann, muss laut EU-Bestimmung auf dem CE-Typenschild vermerkt sein.

Wollen Sie an die Vorschot oder an die Pinne?

Bedarf für gute Vorschoter ist immer gegeben, vor allem auf Rennbooten. Ein großer Vorteil des »Schottens« ist, dass man kein eigenes Boot braucht, aber dauernd reinen Segelspaß erlebt. Außerdem kann man von einem erfahrenen Steuermann lernen und das Wissen auf vielen aufregenden Booten umsetzen.

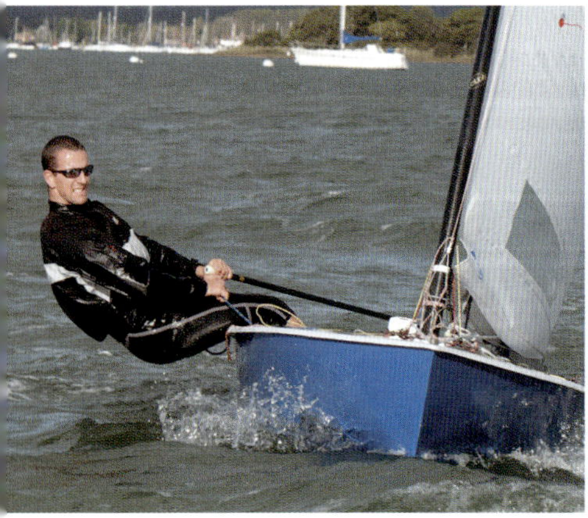

Die OK-Jolle ist ein klassisches Einmannboot. Früher wurde der Knickspanter aus Sperrholz gebaut, heute aus modernem GFK-Sandwich. Diese Jollen tragen Kohlefasermasten.

Ein- oder zweihand?

Auf beide Weisen macht Segeln Spaß. Es gibt jedoch einige markante Unterschiede.

Vorteile des Alleinsegelns

- Einhandjollen sind oft günstiger, da sie meist kleiner und simpler sind sowie ein einfacheres Rigg tragen.
- Mann muss keinen Vorschoter organisieren. Niemand kann einen hängen lassen – und niemand kann angeschrien werden, wenn's schiefläuft.
- Bei Regatten liegt die gesamte Verantwortung bei einem selbst, auch fürs Nicht-vorn-Segeln.
- Es gibt ganz schön viele Einhandklassen! Oft bringen sie große Felder auf die Bahn.
- Die komplette Leistungspalette wird durch Einhandjollen abgedeckt: von Einsteigerbooten wie dem Tera bis zu Hochleistungsskiffs wie dem RS 700.

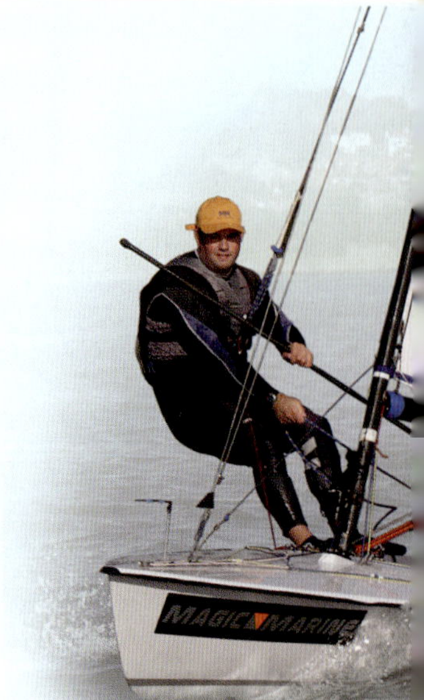

Der Contender gehört zu den wenigen Einmann-Trapezjollen. Es ist ein grandioses Regattaboot – wenn man gern allein segelt (oben).

Vorteile des Zweihandsegelns

- Sie vereinsamen nicht beim Segeln. Es macht Spaß, den Sport mit jemandem zu teilen und als Team zu arbeiten.
- Zweihandboote sind oft bei Weitem aufregender. Gennaker oder Trapez sind normalerweise nur ihnen vorbehalten. Auf Einhandbooten verursachen sie zu viel Stress (Ausnahmen sind High-Performance-Jollen wie der erwähnte RS 700).
- Crews teilen sich die Zeit, die Auf- und Abtakeln und das Zuwasserlassen erfordert.
- Manchmal teilen sich Crews sogar die Kosten, die ein komplexeres Zweihandboot verursacht.

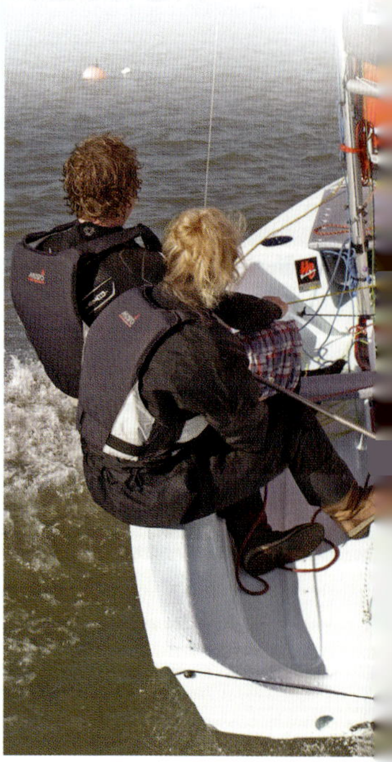

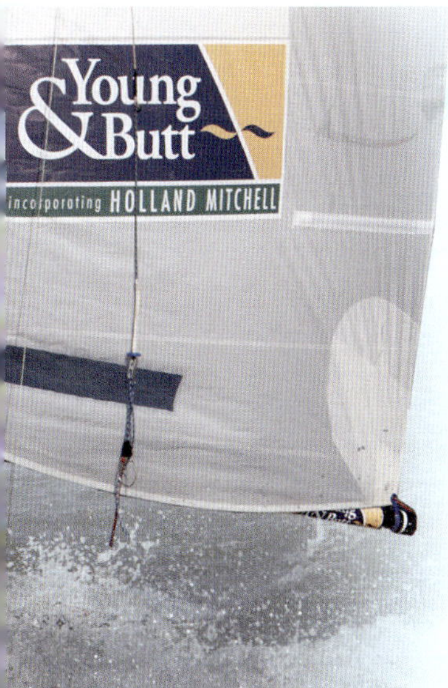

Die preisgünstige, im Rotationsverfahren hergestellte Jolle vom Typ Hartley 12.2 hält viel Segelspaß für zwei bereit – mit Großsegel, Fock und asymmetrischem Spinnaker (unten).

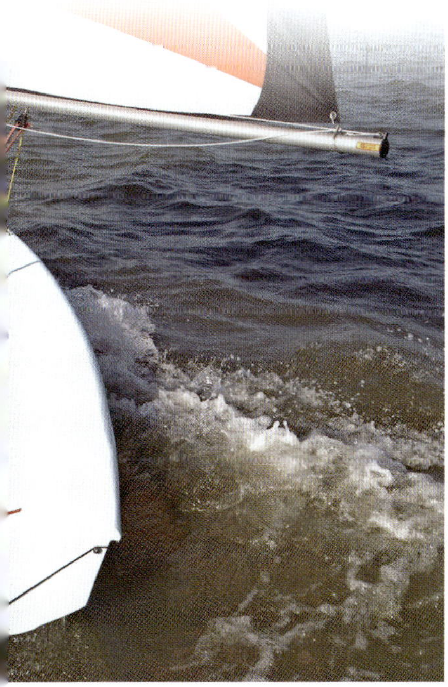

Aufgaben des Vorschoters

Die Rolle des Vorschoters sollte nie unterschätzt werden, sie ist immens wichtig. Sie hat vor allem mit dem Übernehmen von Verantwortung zu tun.

1. Seien Sie als Vorschoter so zuverlässig wie möglich. Lassen Sie nie Ihr »Team« hängen, indem Sie etwa sagen: »Ach nee, ich gehe lieber ins Kino.«
2. Beim Auf- und Abtakeln und bei der Pflege des Bootes helfen.
3. Lernen Sie, im Team zu arbeiten. Je leistungsorientierter das Projekt, desto stärker verteilt sich die Verantwortung auf vier Schultern. Gute Aufgabenteilung verhindert außerdem Kenterungen!
4. Bei Regaattateams geht die Aufgabenteilung oft sogar noch weiter: Gute Vorschoter helfen oft bei Organisation und Transport.

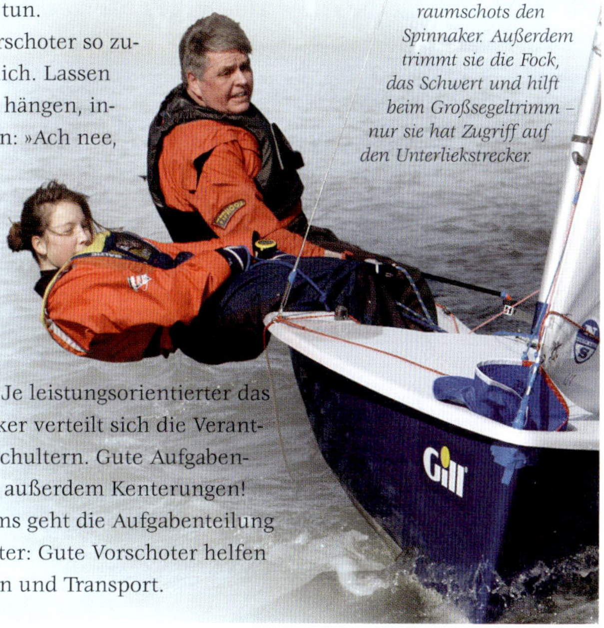

Die Vorschoterin hält diese Lark am Wind aufrecht und trimmt raumschots den Spinnaker. Außerdem trimmt sie die Fock, das Schwert und hilft beim Großsegeltrimm – nur sie hat Zugriff auf den Unterliekstrecker.

Das eigene Niveau bestimmen

Eine große Kluft besteht zwischen den Einsteigerfähigkeiten, die beispielsweise ein Laser Pico erfordert, und solchen, wie sie auf einem Hochleistungsskiff wie dem 49er gefragt sind. Erfahrung lehrt, das eigene Niveau einzuschätzen.

Ein Neuling sollte anfangs ein einfaches und stabiles Boot segeln, dessen Geschwindigkeit und Kraft leicht zu kontrollieren sind.

Bei vier Windstärken im Warmen zu segeln ist weniger herausfordernd als bei vier Windstärken bei Tide, wenn es außerdem kalt und die Luftdichte größer ist.

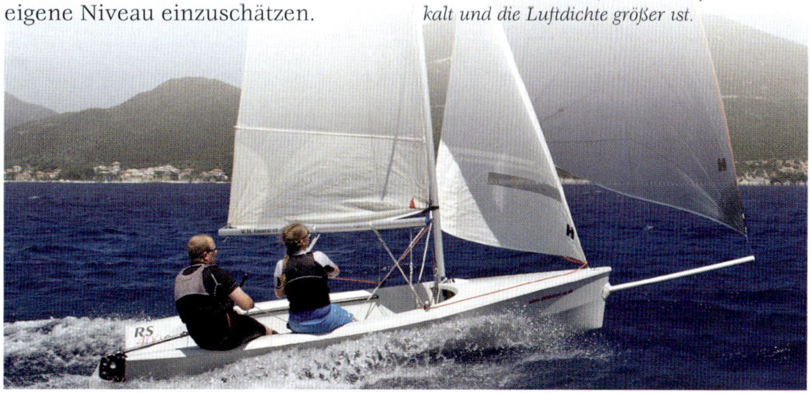

Die Vorteile von Katamaranen

Einfach ausgedrückt: Katamarane sind einfach schneller als Jollen. Zwei schmale Rümpfe sind eben leichter durchs Wasser zu bugsieren als ein breiter. Durch zwei Beams aus Aluminium verbunden, bilden sie eine breite Plattform, die ein großes Rigg tragen kann. Denn ihre Hebelkraft ist gewaltig – vor allem, wenn der Vorschoter auch noch von dieser Plattform aus trapezt. Wenn der Luvrumpf des Kats knapp über dem Wasser fliegt, wird die benetzte Fläche des Fahrzeugs minimiert, und die Segelleistung wird maximiert – sowohl nach Luv als auch nach Lee.

Baumaterialien von Katamaranen

Die meisten Rennkatamarane haben in Sandwich gebaute GFK-Rümpfe. Diese Bauweise bietet einen guten Kompromiss zwischen Gewicht und Festigkeit.

Jeder Rumpf besteht aus zwei Hälften, sodass Schotten eingebaut werden können. Diese leichten und stabilen Sandwich-Halbschalen werden dann zusammengeklebt. Dann müssen nur noch die Beschläge angeschraubt werden. Einige Rümpfe werden aus Polyethylen hergestellt: So entstehen durable Rümpfe zu niedrigsten Preisen. Beliebte Kats in dieser Bauart sind der Dart 16, der Hobie Twixxy und der Topaz 16CX.

Wie viel Wind?

Die Windstärke, bei der man mit dem Katsegeln beginnen sollte, hängt von verschiedenen Faktoren ab.

- »Segel-PS« des Kats. Wird von Segelfläche, Höhe und Effektivität des Riggs bestimmt.
- Breite und Gewicht der Plattform des Kats.
- Gewicht und Hebelkraft der Mannschaft.

Die meisten Kats beginnen ab drei Windstärken schnell zu segeln und erreichen bei vier Windstärken ihr volles Potenzial. Bei fünf Windstärken sind sie meistens hoffnungslos übertakelt. Dann muss die Mannschaft ihr Können im Druck-aus-dem-Rigg-Lassen beweisen.

Die stabilste Plattform unter Segeln

Ein Katamaran ist letzten Endes ein sehr gutes Einsteigerboot. Denn durch die sogar bei hohen Geschwindigkeiten stabile Plattform ist es viel einfacher, die Schönheit

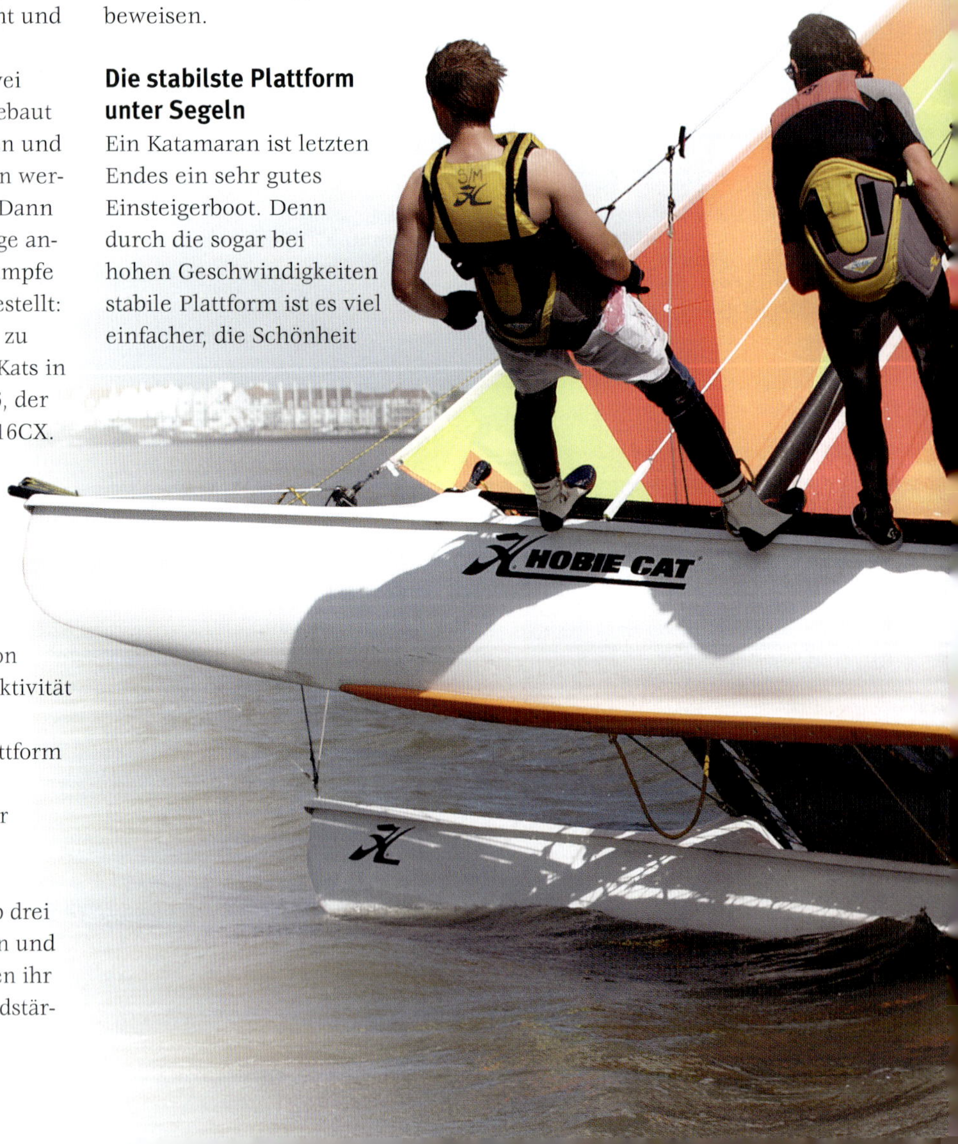

Wow! Das sieht schwierig aus. Dabei ist es stabil und sogar einfach, einen Katamaran wie diesen Hobie 15 mit 45 Grad Krängung zu segeln – jedoch ist es nicht besonders schnell!

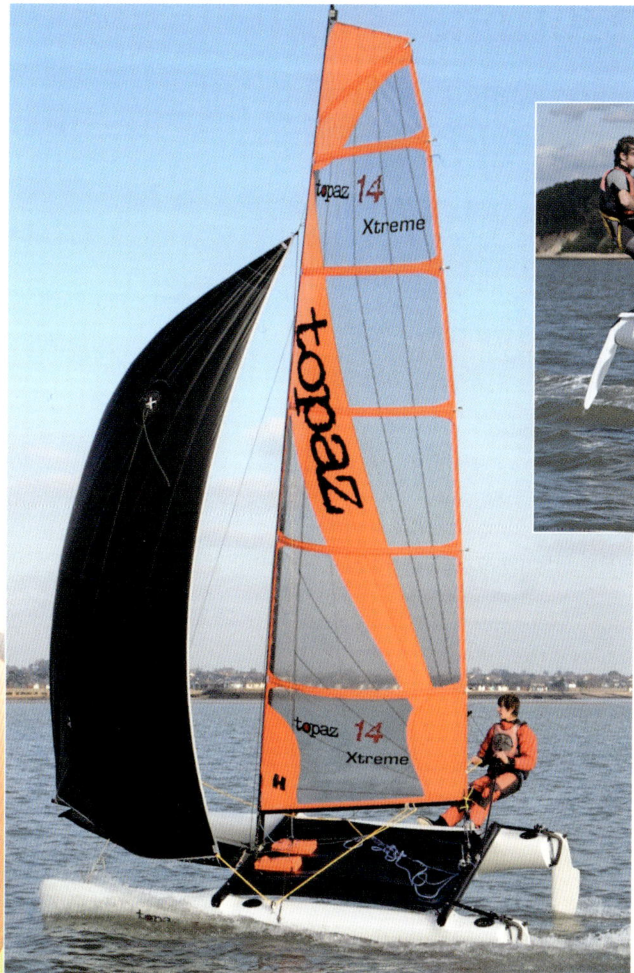

Der Topaz 14 Extreme vereint Rümpfe aus »Plastik« mit hoch gestrecktem Rigg, das reichlich Power für den Einhand-segler im Trapez bereithält (rechts).

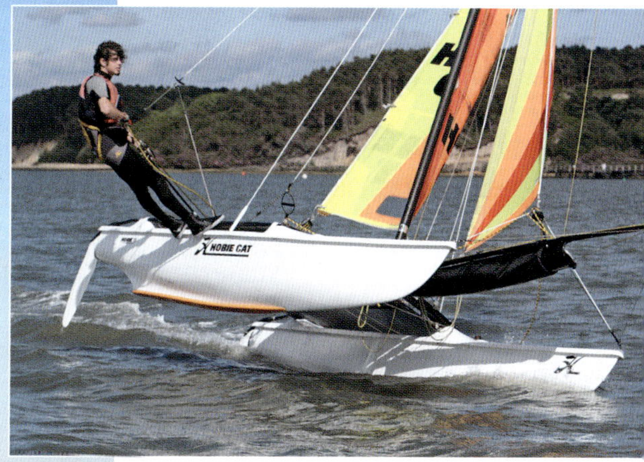

Viele Freizeitkats besitzen Kielhacken, um Abdrift zu verhindern. Effektiver sind jedoch Steckschwerter auf Rennkatamaranen.

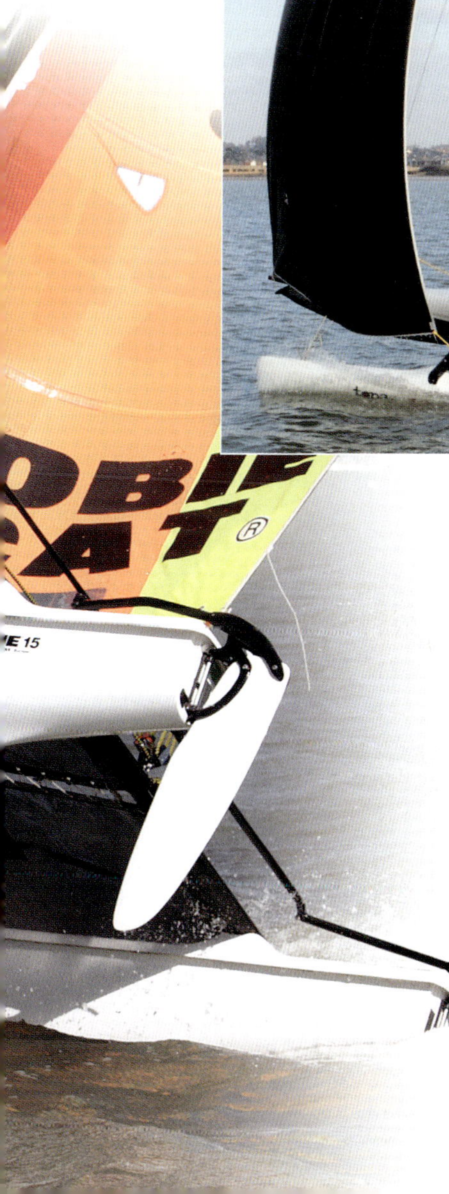

des Trapezens von einem Kat aus zu entdecken als von einer Jolle. Außerdem ist das Beherrschen der Trapeztechnik viel freudvoller als bloßes Ausreiten an der Kante.

Die stabile Plattform eines Katamarans ist wirklich eine tolle Sache, wenn der Vorschoter den Gennaker halst oder die Schot aus dem Trapez fährt. Außerdem zieht der Gennaker den Bug leicht an, wenn er steht. So verhindert das Segel oft brenzlige Situationen wie Überkopfgehen.

Interessanterweise trägt der Gennaker nicht viel zur Endgeschwindigkeit des Kats bei. Am Wind bremst die ganze für ihn erforderliche Ausrüstung (Baum, Trompete) sogar. Als Haupteffekt kann das Boot jedoch durch die zusätzlichen Gennaker-PS weiter abfallen als nur mit Groß- und Vorsegel und damit die zu segelnde Distanz beträchtlich verkürzen. Unterm Strich: Trapezen und Segeln mit Gennaker bringen Katseglern massig Extraspaß.

Katsegeln beinhaltet auch die Möglichkeit, das Handeln eines Gennakers gut lernen zu können. Denn der Gennakerbaum mündet auf Kats meistens vor dem Vorstag und den seitlichen Abspannungen des Baumes. Das bedeutet, dass sich das Segel beim Setz- und Bergemanöver selten verhakt.

Tipp

Kats fühlen sich auf weiten, offenen Wasserflächen wohl. Also auf reichlich Platz zum Segeln achten. Manche Vereine fördern Kats, andere sind der Ansicht, sie segeln zu schnell und benötigen zu viel Platz.

Die Kleidung von Jollenseglern

Bei den meisten Bedingungen ist ein Neoprenanzug erste Wahl zum Jollensegeln. Oft wird jedoch zusätzlich zum Neoprenanzug noch ein Spraytop (Trockentop) über dem Anzug getragen. Zur Grundausrüstung zählen außerdem in der Regel Jollenstiefel, Handschuhe, Ausreithosen und gegebenenfalls Trapezweste. Eine Regattaweste gehört natürlich auch getragen.

Sicherheitsausrüstung

Rettungs- und Regattawesten

Rettungswesten haben einen Kragen, sie drehen die Person im Wasser auf den Rücken und halten den Kopf über Wasser. Beim Jollensegeln, besonders auf Gleitjollen, werden meist Regattawesten getragen – sie sind einfache Schwimmhilfen, die einen beim Kentern an der Wasseroberfläche halten. Es gibt verschiedene Auftriebsklassen für unterschiedlich schwere Segler. Die Weste sollte eng anliegen und beim Segeln nicht stören.Wichtig ist, dass sie sich beim Schwimmen nicht über den Kopf zieht.

Trapezweste

Hat das Boot ein Trapez, gehört eine Trapezweste oder Trapezhose zur Ausrüstung. Sie wird unter der Schwimmweste getragen, besteht aus Gurten und Polstern und besitzt einen kräftigen Haken, mit dem man sich am Trapezhaken einhakt. Alles muss über Schnallen so dicht wie möglich an den Körper gezurrt werden.

Die Trapezweste wird normalerweise unter der Schwimmweste getragen. Gute Segelschuhe garantieren Halt an der Kante.

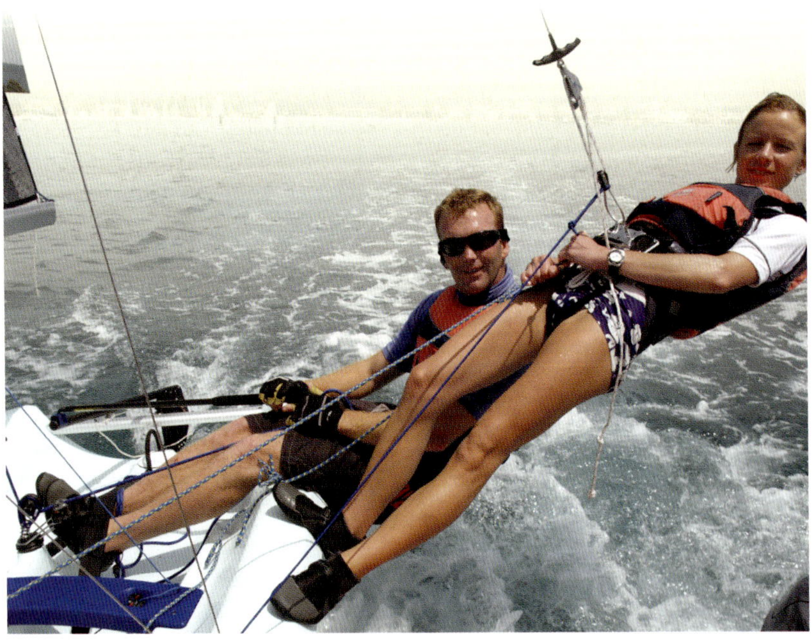

Wie gut ein Neoprenanzug warm hält,hängt von vielen Faktoren ab.

- Die Passform. Der Neoprenanzug sollte eng anliegen und in alle Richtungen dehnbar sowie speziell für Männer- oder Frauenfiguren geschnitten sein. Wer einen Anzug anprobiert, sollte auf Dehnbarkeit in alle Richtungen achten, auch darauf, dass die Halsmanschette komfortabel sitzt.
- Die Dicke. Je dicker das Neopren, desto wärmer der Anzug. Dicke schränkt jedoch auch die Bewegungsfreiheit ein. Deswegen kombinieren Jollenanzüge häufig dickes Material an bestimmten Körperpartien mit leichterem Material an Armen und Beinen. Typische Stärken: 5 mm am Körper und 3 mm an Armen und Beinen.
- Die Wasserdichtigkeit. Neopren ist ein wasserdichtes Material. Dennoch sind die Anzüge nicht ganz dicht, da die Schutzfunktion auf der Wirkung eines isolierenden Wasserfilms zwischen Haut und Anzug beruht. Je weniger kaltes Wasser jedoch am Körper entlangfließen kann, desto mehr wärmt der Neopren. Um Bibberpartien zu vermeiden, sollte der Anzug dennoch versiegelte Nähte sowie gut modellierte Verschlüsse an Hand- und Fußgelenken haben (oder an den Schenkeln, wenn es sich um einen »Shortie« handelt). Der Reißverschluss lässt auf jeden Fall Wasser in den Anzug, deshalb sind hier Extra-Dichtstreifen aus Neopren nützlich.

Kleidung fürs Jollensegeln

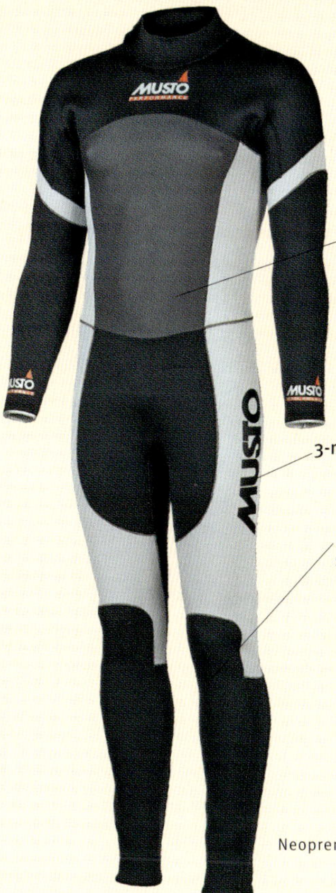

Neoprenanzug

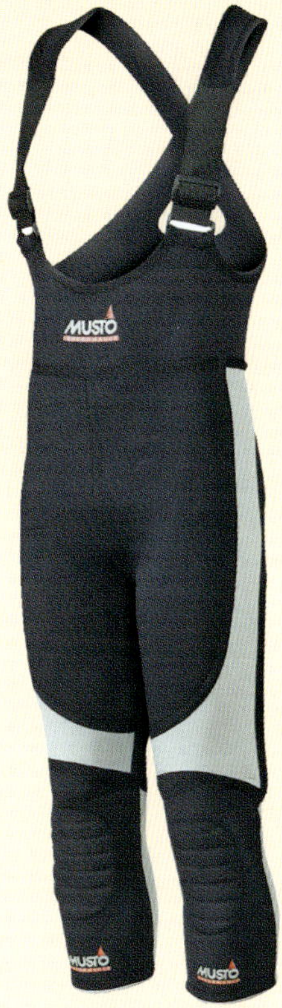

Ausreithose

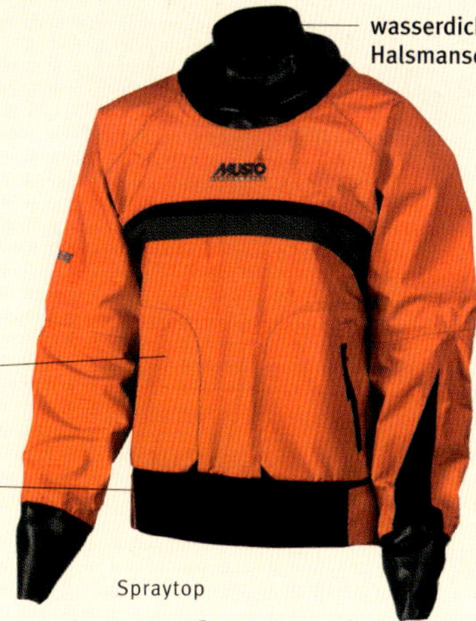

Spraytop

Arten von Neoprenanzügen

Ein Anzug mit langen Beinen und Reißverschluss am Rücken ist ein guter Kompromiss fürs Jollensegeln. Bei »Hybridanzügen« können die Ärmel angefügt und abgenommen werden. Ein »Shorty« (an Armen und Beinen kurz) wärmt nur den Körper und ist zum Segeln in warmen Gewässern geeignet. Bei diesen Anzügen bleiben die Knie jedoch ungeschützt.

Stiefel oder Schuhe

Schuhe oder Stiefel aus Neopren sind beim Jollensegeln in der Regel unumgänglich. Sie sollten eine grobe oder geriffelte Sohle aufweisen, die sicheren Stand an der Kante garantiert. Gut

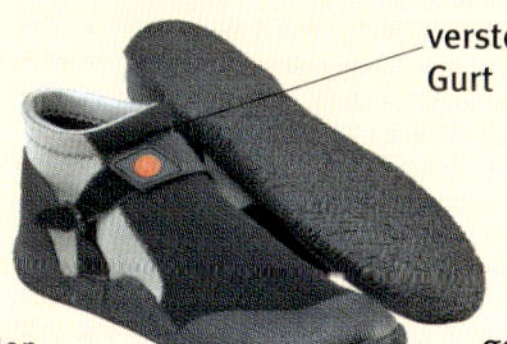

Jollen-schuhe

ist, wenn sie Neoprenlagen enthalten, die die Fesseln schützen. Seitliche Reißverschlüsse erleichtern das Herein- und Herauskommen. Im Sommer sind Halbschuhe aus Neopren angenehmer zu tragen. Jedoch schützen sie die Fesseln dann nicht.

Ausreithosen

Um effektiv ausreiten zu können, braucht man spezielle »Hängehosen« mit Aussteifungen an den Hinterseiten der Oberschenkel. Ausreithosen werden über dem Anzug getragen.

Spraytop

Ein wind- und wasserdichtes Trockenoberteil schützt bei kälterem Wetter zusätzlich. Weit geschnitten, darf es die Bewegungen beim Segeln nicht stören.

Der Trockenanzug

Ein Trockenanzug ist ein weit geschnittener, absolut wasserdichter, einteiliger Anzug. Wasserdichtigkeit erreicht er durch dünne Latex-Manschetten an Hals, Hand- und Fußgelenken. Unter Trockenanzügen kann wärmende Thermalkleidung getragen werden. Die bleibt dann ebenfalls komplett trocken. Fürs Wintersegeln ist er erste Wahl.

Handschuhe

Typische Jollenhandschuhe sind an den Fingerspitzen offen und haben eine Verstärkung im Handballenbereich. Sie garantieren größere Beweglichkeit der Finger als geschlossene Handschuhe.

Was man noch so braucht

An Land muss das Boot viel herumrangiert werden. Deswegen ist ein Slipwagen unabdingbar. Für Reisen ist eine Trailer/Slipwagen-Kombination nützlich. Außerdem muss irgendetwas die Jolle vor Witterungseinflüsssen schützen. Eine Werkzeugpalette und diverse Accessoires, die man zum Segeln braucht, kommen außerdem zur Grundausstattung hinzu.

Slipwagen

Jollen benötigen grundsätzlich einen Slipwagen. Denn an Land ist viel Rangieren angesagt. Der Slipwagen sollte verzinkt oder anderweitig gegen Rost geschützt sein und gute Rumpfauflagen aufweisen. Außerdem erleichtern große aufblasbare Räder das Herumfahren am Strand.

Slipwagen oder Trailer/Slipwagen-Kombination

Manchmal muss das Boot auf der Straße transportiert werden. Ein stabiles, straßenzugelassenes Untergestell für den Slipwagen ist dann unumgänglich. Der Trailer muss nicht nur eine stabile Maststütze aufweisen, sondern alles, was einen Anhänger ausmacht: starke Deichsel und Achsen, TÜV-geprüfte Reifen und Räder sowie eine elektrische Anlage, die meist vollständig als »Lichtleiste« abnehmbar ist.

Das Untergestell nie ins Wasser fahren, sondern dafür nur den Slipwagen benutzen, auf dem immer (auch beim Trailern) das Boot liegt. Denn die Radlager sind extrem wasseranfällig und können durch Salzablagerungen zerstört werden. Meist werden Slipwagen und Gestell ineinander geschoben oder -gehakt und verbolzt. Reichlich Zurrzeug für den Transport des Bootes sowie eine Hängerkupplung am Auto sind natürlich Voraussetzung.

Persenninge

Ein Boot muss an Land vor Wind und Wetter geschützt werden. Deswegen gehört eine wasserdichte Persenning unbedingt dazu. Persenninge können über dem Lümmelbeschlag angreifen oder darunter, der Großbaum muss dann ins Boot. Eine Unterpersenning schützt den Rumpf beim Trailern vor Straßenschmutz.

Enden und Kanten von Schwertern und Rudern sind gerade bei Hochleistungsjollen derart empfindlich, dass sie in gepolsterten Taschen gelagert werden sollten.

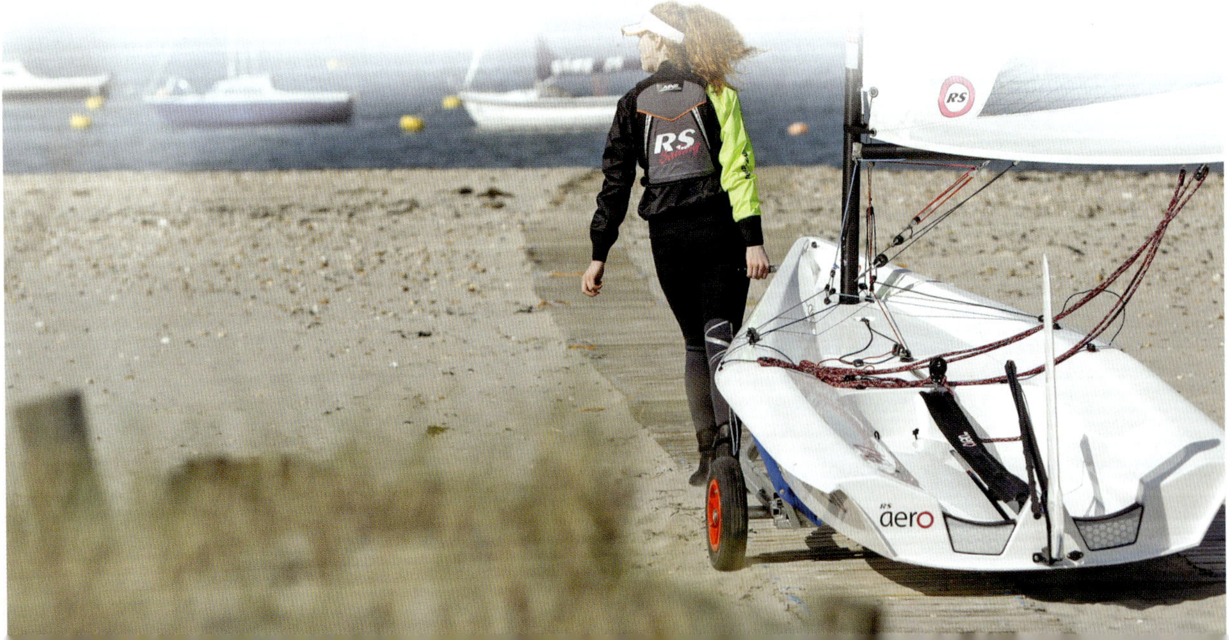

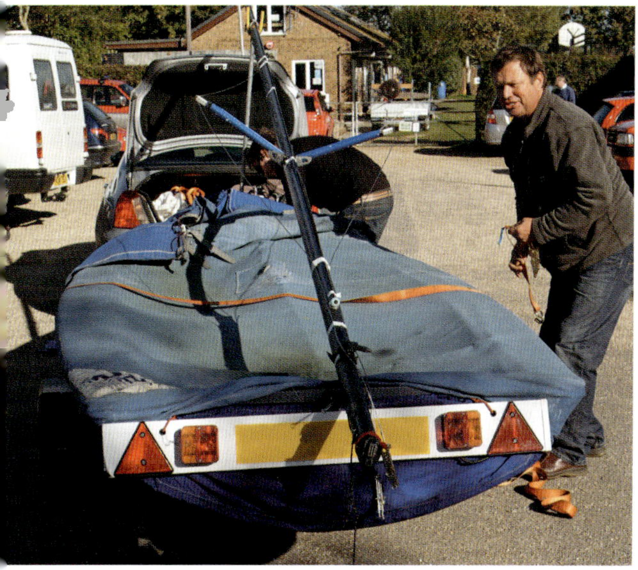

Während des Straßentransportes wird das Boot durch Ober- und Unterpersenning geschützt. Im Straßenverkehr ist zwingend eine Lichtleiste mit Nummernschild nötig. Wichtig ist außerdem, das Boot sicher auf dem Trailer zu befestigen, da die Fracht sonst auf der Unterlage herumrutschen kann.

Die Rumpfauflagen des Slipwagens sollten genau zum Boot passen. Manche Slipwagen halten das Boot auch dann, wenn die Jolle bereits halb aufgeschwommen ist. Bei modernen Trailer- und Slipwagenkonstruktionen können die Wagen direkt auf den Straßentrailer gezogen und dort gleich für den Transport gesichert werden (links).

Auch Masten aus Kohlefaser verlieren langsam Glanz, wenn sie dauernd UV-Strahlen ausgesetzt sind. Deswegen ist eine Mastspersenning ebenfalls wünschenswert.

Versicherung

Eine Haftpflichtversicherung ist auf Regatten Vorschrift. Empfohlen wird sie immer – eine schnelle Jolle ist ein Geschoss, das viel Schaden anrichten kann. Zusatzprämien gegen Diebstahl, Verlust oder Schaden sind oft ihr Geld wert. Außerdem können Reparaturen an Jollen teuer sein.

Extras

Wird eine Jolle neu gekauft, kann sich der Käufer vor Extras, die angeboten werden, kaum retten. Hierbei kann es um eine besondere Rumpffarbe gehen, um ein besonders leichtes, aber festes Ruder und Schwert oder um besonders raffinierte Trimmeinrichtungen. Außerdem stehen oft Kohlefaserteile (Rigg etc.) zur Debatte.

Zubehör

- Ein Windrichtungsanzeiger, beispielsweise der höchst sensible »Windex«, ist für präzises Anzeigen des scheinbaren Windes unerlässlich. Er wird entweder auf der Mastspitze oder (bei Jollen ohne Fock) vorm Mast montiert.
- Eine wasserdichte Uhr verhindert, dass Sie beim Segeln die Zeit vergessen. Wenn eine Wettfahrt auf dem Programm steht, ist eine Uhr mit Countdownfunktion unumgänglich.
- Ein auf Deck montierter oder hinter den Mast geklemmter Kompass ist nützlich, um Winddrehern auf die Spur zu kommen. Außerdem kann er helfen, einen Kurs zu steuern. Kompasse gibt es in mechanischen oder digitalen Ausführungen.
- Ein Taschen-GPS beantwortet sämtliche Fragen, die sich beim Segeln bezüglich Geschwindigkeit oder Position stellen können. Es gibt neue kleine Empfänger, die ans Handgelenk oder in die Tasche der Schwimmweste passen. Außerdem können sie hinterm Mast auf Deckslevel angebracht werden.
- Es ist ratsam, ein spezielles Sicherheitsmesser beim Segeln an Bord zu nehmen. Ein Klappmesser passt wunderbar in die Tasche der Schwimmweste – ein Multitool tut's übrigens auch. Das hat den zusätzlichen Vorteil, Abhilfe zu schaffen, wenn klamme Finger nach dem Segeln den einen oder anderen Schäkel möglicherweise nicht mehr aufbekommen.

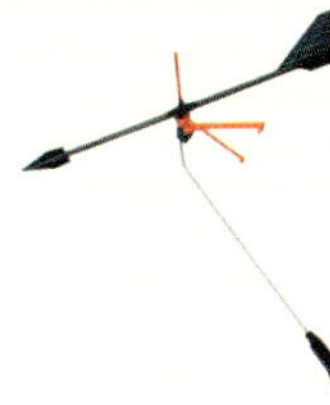

Windanzeiger

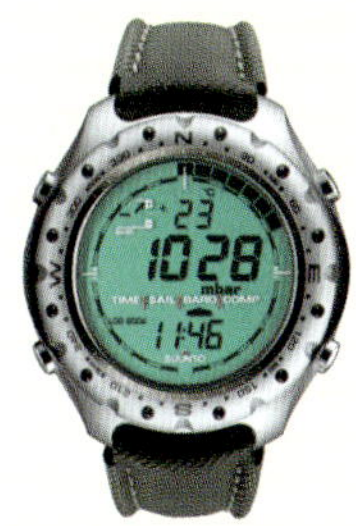

Segeluhr

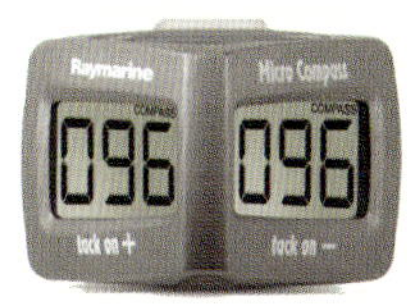

Kompass

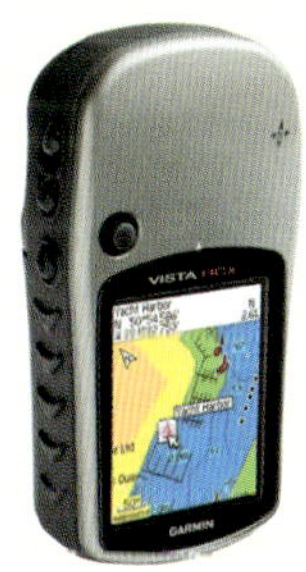

GPS

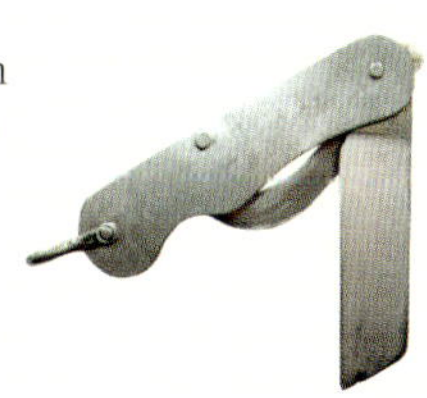

Segelmesser

Konstruktion und Bau von Jollen

Der erste Jollenbau-Boom fand nach dem Ende des Zweiten Weltkriegs statt. Viele der heute noch beliebten Klassen stammen aus den 1940er- oder 1950er-Jahren.

Etablierte Klassen

Früher wurden sämtliche Jollen aus Holz gefertigt. Lediglich die Baumethoden unterschieden sich:
Geklinkerte Rümpfe: Die Planken überlappen sich, während sie horizontal ein Spantengerüst umfassen. Typisches Beispiel hierfür: das Folkeboot. »Klinkern« stellte eine typische Werftarbeit dar.
Formverleimte Rümpfe: Beim Formverleimen werden dünne Holzfurniere über eine Form lamelliert und geklebt. Der Rumpf wird sehr leicht und fest. Diese Methode war Spezialisten vorbehalten. Beispiele: das Finn-Dinghy oder der Flying Dutchman.
Rümpfe aus Sperrholz: Die Entwicklung guten Bootsbausperrholzes hat den Bau einfacher Knickspantrümpfe stark beschleunigt. Denn Sperrholz kann sogar zu einem gewissen Grad gebogen oder gedämpft werden. Für Werften war diese einfache und günstige Bauweise ebenso attraktiv wie für Selbstbauer, da man kein umfangreiches Wissen über Holzbau besitzen musste. Viele heute noch präsente Jollen sind aus Sperrholz gebaut. Die nebenstehenden Jollenbeispiele können ergänzt werden durch folgende in Deutschland verbreitete Klassen: den Pirat, den Flying Dutchman, den Contender, die OK-Jolle und den Schwertzugvogel. Heute werden diese Boote alle auch aus Kunststoff gebaut.

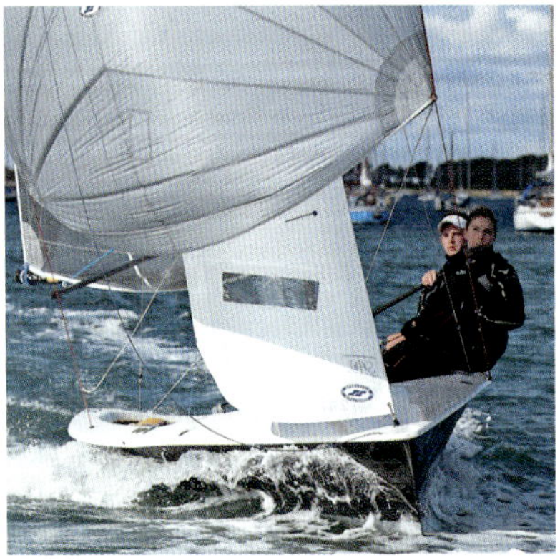

Die Merlin Rocket ist eine der großen klassischen Jollenklassen in England. Früher wurden alle Boote mit überlappenden Planken geklinkert. Später wurde die Anzahl der Planken reduziert und so das Bauen mit Marinesperrholz oder Kunstharz ermöglicht. Der Klinkerlook ist jedoch erhalten geblieben.

FIREFLY

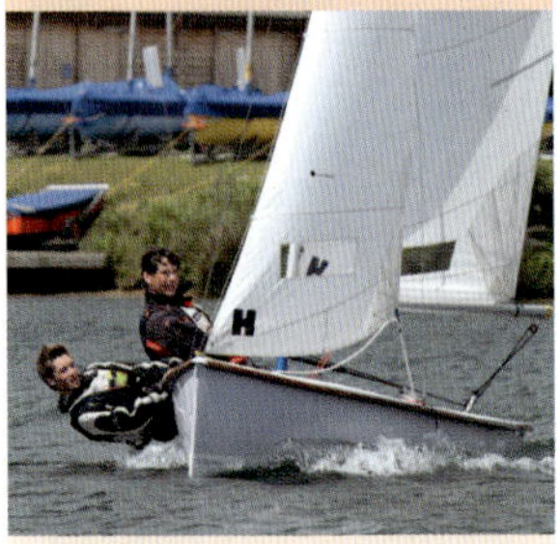

CREWSTÄRKE: **2**
LÄNGE: **3,65 m**, BREITE: **1,4 m**
MINIMALES RUMPFGEWICHT: **74 kg**
GROẞSEGEL UND FOCK: **10,88 m²**
IDEALES CREWGEWICHT: **110–145 kg**

Der legendäre Uffa Fox hat 1946 die Firefly gezeichnet. Früher wurden die Rümpfe noch aufgeplankt, mittlerweile wird die Firefly natürlich aus GFK gebaut. Ältere Holzboote können jedoch noch häufig gebraucht gekauft werden. In der Klasse werden viele Regatten gesegelt, auch Welt- und Europameisterschaften finden statt.

MERLIN ROCKET

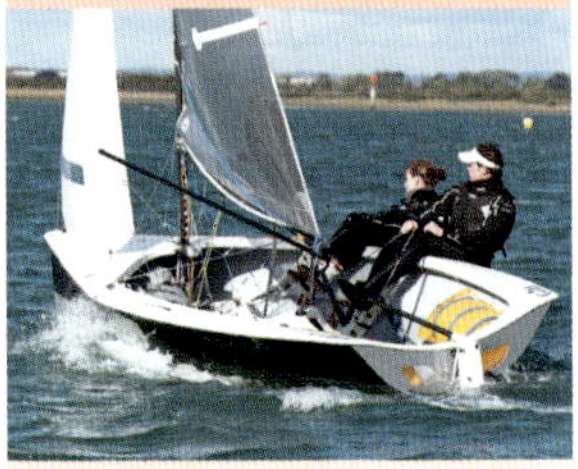

CREWSTÄRKE: **2**
LÄNGE: **4,27 m**, BREITE: **2,2 m**
MINIMALES RUMPFGEWICHT: **98 kg**
GROẞSEGEL UND FOCK: **9,96 m²**
SPINNAKER: **10 m²**
IDEALES CREWGEWICHT: **140–170 kg**

Anders als die meisten aktuellen Jollen segelt die Merlin Rocket als Konstruktionsklasse, und zwar seit 1946: Jedes Design, das dem (recht losen) Regelwerk entspricht, darf in der Klasse segeln. Die Klassenregeln sind immer wieder der Zeit angepasst worden, und Hunderte verschiedener Konstruktionen sind seitdem gebaut worden. Moderne Merlin Rockets sind sehr komplizierte, in moderner Sandwich-Bauweise entstandene Segelmaschinen. Nur ganz wenige Boote werden noch aus Holz gebaut – und die sind extrem teuer.

OPTIMIST

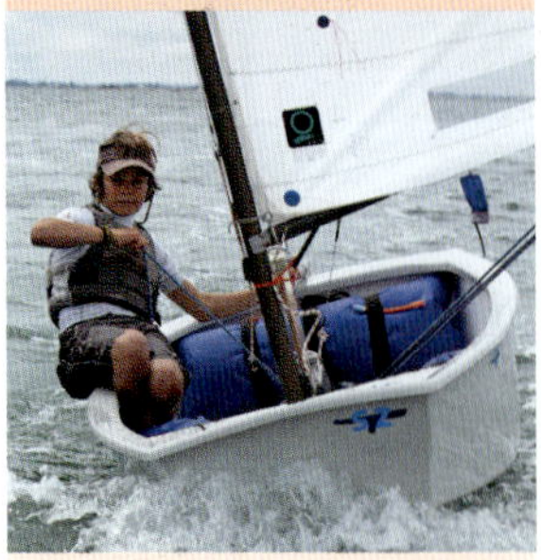

CREWSTÄRKE: **1**
LÄNGE: **2,3 m**, BREITE: **1,13 m**
MINIMALES RUMPFGEWICHT: **35 kg**
GROẞSEGEL: **3,59 m²**
IDEALES CREWGEWICHT: **40–50 kg**

Ursprünglich als Beiboot von Clark Mills (USA) gezeichnet, hat sich der »Opti« als weltweit beliebtes Boot für Kinder durchgesetzt. Durch seine kastenförmige Konstruktion und das Spritrigg kann der Opti gut gestaut werden – die Spieren passen ins Boot. Mittlerweile ist der Opti eine der größten Klassen überhaupt und wird weltweit von Unter-16-Jährigen gesegelt. Längst werden die meisten Boote aus besonders leichtem GFK gebaut, das Rigg besteht aus Aluminium. Jedoch gibt es immer noch Boote, die aus Sperrholz, Stahl oder Aluminium bestehen.

GP14

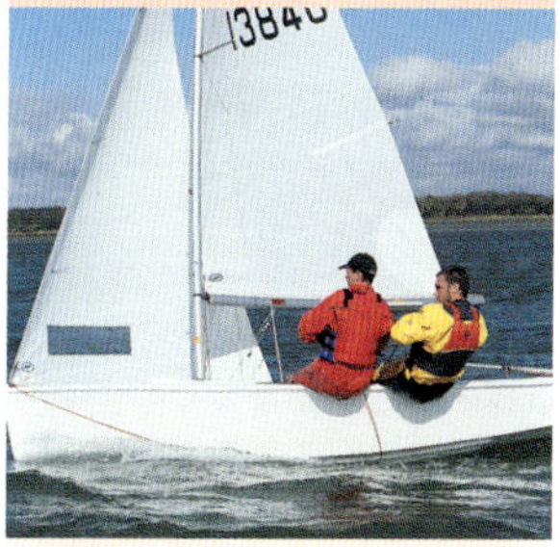

CREWSTÄRKE: **2**

LÄNGE: **4,27 m**, BREITE: **1,54 m**

MINIMALES RUMPFGEWICHT: **133 kg**

GROẞSEGEL: **12,85 m²**

SPINNAKER: **8,4 m²**

IDEALES CREWGEWICHT: **120–150 kg**

Jack Holt hat 1949 das bekannte 14-Fuß-Dinghy entworfen. Die ersten Boote entstanden in Klinkerbauweise aus Sperrholz. Dank der robusten und nachgiebigen Rumpfform eignet sich das Boot gut zum Jollen-Fahrtensegeln oder Regattasegeln. Moderne Boote sind aus GFK gebaut, Holzboote werden von Werften aber immer noch hergestellt. Der GP14 hat einen symmetrischen Spinnaker.

FINN

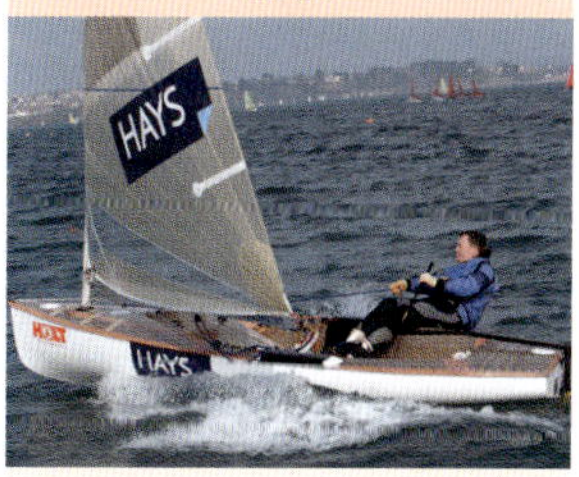

CREWSTÄRKE: **1**

LÄNGE: **4,5 m**, BREITE: **1,5 m**

MINIMALES RUMPFGEWICHT: **120 kg**

GROẞSEGEL: **10 m²**

IDEALES CREWGEWICHT: **80–110 kg**

Richard Sarby hat das Finn-Dinghy 1949 als neue olympische Klasse entworfen. Früher wurden die Rümpfe aus Furnieren formverleimt. Wegen seines unverstagten Mastes ist das Finn bis heute unverkennbar. Moderne Finn-Dinghys haben Glasfaserrümpfe, Kohlefasermasten und Laminatsegel.

ENTERPRISE

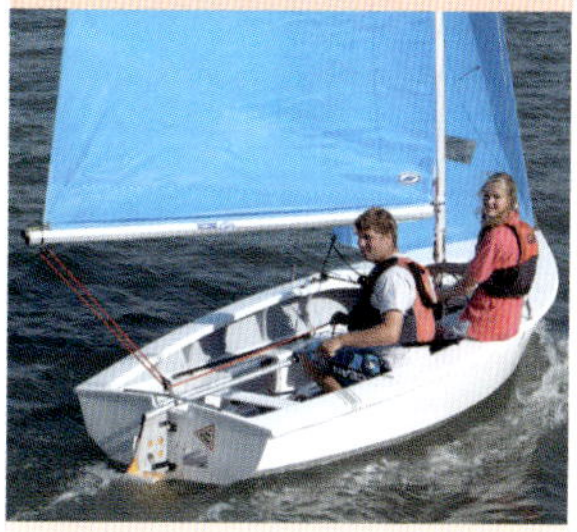

CREWSTÄRKE: **2**

LÄNGE: **4,04 m**, BREITE: **1,6 m**

MINIMALES RUMPFGEWICHT: **94 kg**

GROẞSEGEL UND FOCK: **10,7 m²** IDEALES CREWGEWICHT: **120–150 kg**

Die in England beliebte Enterprise wurde 1956 von Jack Holt entworfen – blaue Segel sind ihr Markenzeichen. Früher ausschließlich aus Sperrholz, werden Boote heute in Sandwich gebaut. Manche Bootsbauer kombinieren sogar Holz und GFK.

SOLO

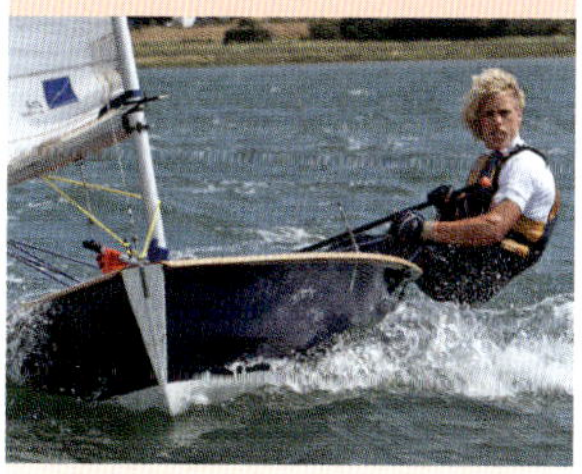

CREWSTÄRKE: **1**

LÄNGE: **3,78 m**, BREITE: **1,55 m**

MINIMALES RUMPFGEWICHT: **70 kg**

GROẞSEGEL: **8,36 m²**

IDEALES CREWGEWICHT: **65–100 kg**

Jack Holt zeichnete 1956 für die Solo verantwortlich. Die schönen Boote wurden früher ausschließlich aus Sperrholz gebaut. Aber GFK- und Sandwich-Kompositboote haben heute längst Einzug gehalten. Oft wird ein Rumpf aus GFK mit einem Holzdeck kombiniert, was herrlich aussieht. In England ist die Solo eine sehr beliebte Regattaklasse. Jedes Jahr kommen zu den nationalen Meisterschaften große Felder zusammen. Solo-Schmuckstücke ähneln deutschen O-Jollen. Zwar sind die Boote eine Einheitsklasse; jedoch können Ruder, Schwert oder Segel von verschiedenen Werften oder Segelmachereien bezogen werden.

FIREBALL

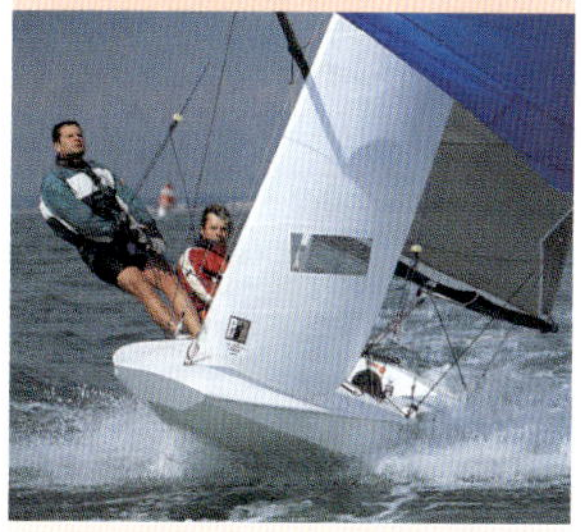

CREWSTÄRKE: **2**

LÄNGE: **4,94 m**, BREITE: **1,37 m**

MINIMALES RUMPFGEWICHT: **79,4 kg**

GROẞSEGEL UND FOCK: **11,43 m²**

SPINNAKER: **13 m²**

IDEALES CREWGEWICHT: **127–158 kg**

Ein weiteres Boot, das seine Existenz dem Jollenboom nach dem Krieg verdankt, ist die 1962 von Peter Milne entworfene Fireball. Wegen ihres radikal niedrigen Profils optisch einer »Segelrakete« ähnlicher als einem Boot, richtete sich das Multi-Knickspant-Design vor allem an Selbstbauer. Die Fireball gilt als eine Vorstufe der Skiffs und wird weltweit noch viel gesegelt – auch, wenn Sandwichboote aus Kohlefaser heute die Meisterschaften dominieren.

MIRROR

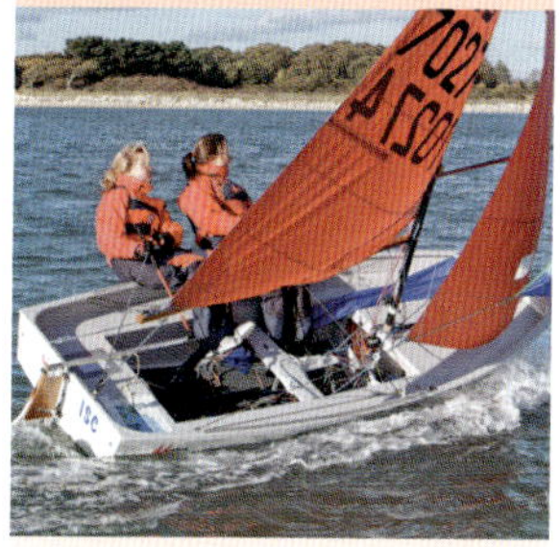

CREWSTÄRKE: **2**

LÄNGE: **3,33 m**, BREITE: **1,4 m**

MINIMALES RUMPFGEWICHT: **45 kg**

GROẞSEGEL UND FOCK: **5,4 m²**

SPINNAKER: **6,5 m²**

IDEALES CREWGEWICHT: **80–100 kg**

Der letzte Entwurf des berühmten Jollenkonstrukteurs Jack Holt war 1963 das Mirror-Dinghy. Seine Bauweise: aneinandergenähte und mit Epoxid fixierte Sperrholzplatten – wie der deutsche Seggerling. Von Barry Bucknell konzipiert, erfreut sich die »Nähen-und-kleben«-Methode vieler Anhänger – Holzplatten stecken und sie mit Leim fixieren kann jeder. Die Methode hat die Verbreitung des Volksbootes Mirror beflügelt, mehr als 70 000 Boote wurden bisher gebaut, vor allem von Selbstbauern. Außerdem verleiht das unverkennbare Steilgaffelrigg dem Mirror sein einzigartiges Aussehen: Es besteht aus relativ kurzen Spieren, die allesamt im Boot verstaut werden können. Generationen von Seglern haben auf dem Mirror segeln gelernt, und es ist kein Wunder, dass das Boot in der modernen Version aus GFK vor allem bei Jugendlichen sehr beliebt ist. 2006 wurde das Design radikal geändert: Das Cockpit wurde neu gestaltet und sogar ein modernes Hochrigg zugelassen.

Jollen aus GFK

Ab den 1960er-Jahren entstanden viele Jollen aus glasfaserverstärktem Kunststoff (GFK). Neben niedrigeren Produktionskosten konnten auch stark gebogene Formen gebaut werden, was mit dem Material Holz schwierig war. Außerdem sollte GFK wartungsfrei sein.

»Glasfaserverstärkter Kunststoff« (GFK) beschreibt einen Mix aus Materialien, für deren Handhabung Experten viel Erfahrung benötigen: In einer Negativform wird Glasgewebe mit Polyester-Kunstharz verstärkt und für die äußere Schicht (die man am Ende von außen sieht) sogar noch eine rustikale und glänzende Spezialfarbe in die Form gegeben (Gelcoat).

GFK-Laminat entsteht während des Baus, wie Holz beim Wachstum eines Baumes entsteht: Zu viel Harz, und das Werkstück ist zu schwer und spröde – zu wenig, und das Laminat ist zu fragil.

Sandwichbauweise

Rümpfe, die auf ausgefeiltere Art laminiert sind, bestehen aus drei Lagen – wie ein Sandwich.

1. Die Innenlage wird aus dünnem, harzverstärktem Gewebe laminiert.
2. Die mittlere Schicht des Sandwiches besteht aus dicken, passgenau zugeschnittenen Lagen aus Schaum (oder Balsaholz). Schaumverstärkung erlaubt leichtere und festere Rümpfe.
3. Harz, Gewebe und Gelcoat werden wieder zu einer leichten äußeren Lage kombiniert.

Laminate aus Epoxidharz

Anstelle von schlichtem Polyesterharz wird in hochwertigen Laminaten Kunstharz auf Epoxidbasis benutzt. Im Bootsbau garantiert das leichtere und steifere Rümpfe – die dann entsprechend mehr kosten. Boote in Epoxid zu bauen verlangt größere Fertigkeiten und mehr Wissen im Kompositbau. Beispiel: den ganzen Rumpf unter Vakuum setzen, um überflüssiges Harz aus dem Laminat zu saugen. Hochleistungsboote werden eigentlich immer in Epoxidsandwich gebaut. Als Innen- oder Außenlage werden oft Aramid-(»Kevlar«-) oder Kohlefasergewebe verwendet.

Achtung! Schwachstellen bei GFK-Jollen

Es ist zwar wesentlich einfacher, eine GFK-Jolle anstelle einer Holzjolle zu pflegen. Keinesfalls jedoch ist ein Kunststoffboot »wartungsfrei«. Regelmäßig muss es mit klarem Wasser gespült und mit Aceton von Salz- und Dreckablagerungen befreit werden. Außerdem muss es vor UV-Strahlung geschützt und manchmal poliert oder sogar lackiert werden, und ein Rumpf aus Polyesterlaminat wird mit den Jahren schwerer.

Ein Großteil der bei uns gesegelten Jollen sind aus GFK. Beliebt sind neben den unten dargestellten Klassen u.a. der 505er (die größere Schwester des 470er), der Laser II und die Europe. Alte 505er und Europes gibt es auch noch aus Holz.

Typische GFK-Jollen

420er

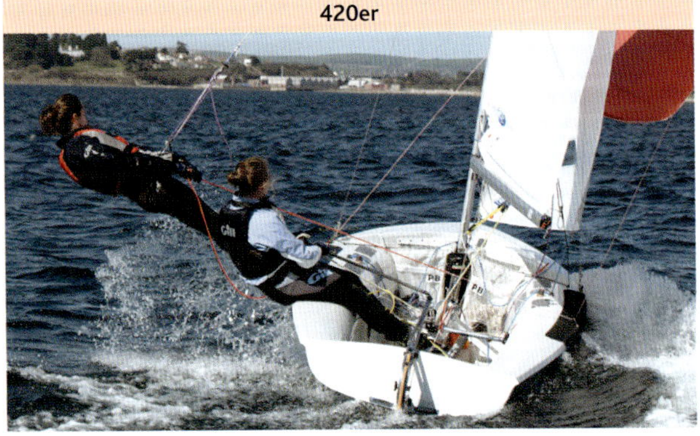

CREWSTÄRKE: **2**
LÄNGE: **4,2 m**, BREITE: **1,63 m**
MINIMALES RUMPFGEWICHT: **80 kg**
GROSSSEGEL UND FOCK: **13,05 m²**
SPINNAKER: **9 m²**
IDEALES CREWGEWICHT: **110–145 kg**

1960 von Christian Maury entworfen, stellt der 420er eine Jolle dar, die ausschließlich aus GFK gebaut wurde. Längst ist der 420er eine große internationale Klasse, die vor allem von Teenagern gesegelt wird. Sie hat einen symmetrischen Spinnaker, ein einfaches Trapez, und sie bereitet Steuermann und Crew hervorragend auf den olympischen 470er vor.

470er

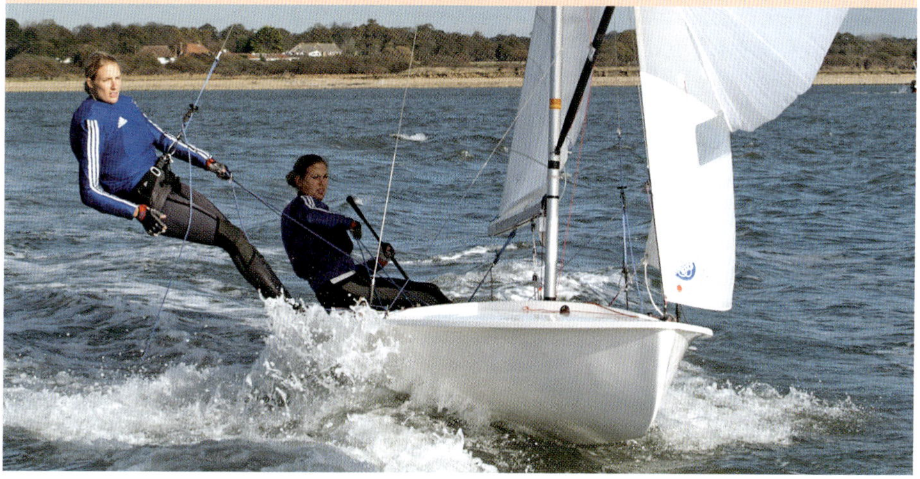

CREWSTÄRKE: **2**	
LÄNGE: **4,7 m**, BREITE: **1,68 m**	
MINIMALES RUMPFGEWICHT: **120 kg**	
GROßSEGEL UND FOCK: **12,7 m²**	
SPINNAKER: **14,3 m²**	
IDEALES CREWGEWICHT: **110–145 kg**	

Der Franzose André Cornu hat den 470er 1963 konstruiert; es gibt ausschließlich Boote aus GFK. Der 470er sieht aus wie ein großer 420er, seit 1976 ist er olympische Klasse mit klassischem, symmetrischem Spinnaker.

LASER

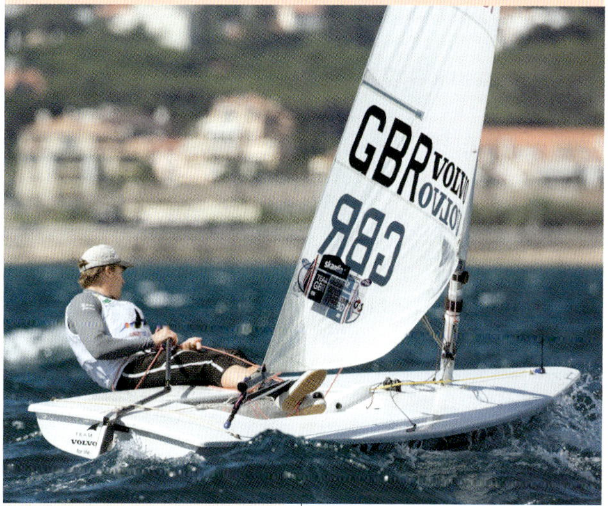

CREWSTÄRKE: **1**

LÄNGE: **4,23 m**, BREITE: **1,42 m**

MINIMALES RUMPFGEWICHT: **59 kg**

GROßSEGEL: **7,06 m²**

IDEALES CREWGEWICHT: **65–85 kg**

Der Laser ist das Einrumpfboot, das weltweit am häufigsten verkauft wird, und zudem olympische Klasse. Der Kanadier Bruce Kirby hat sich 1971 mit dem Design ein Denkmal gesetzt. Das Geheimnis des Lasers liegt in der Einfachheit und Robustheit von Rumpf und Rigg. Sie dürfen nicht verändert werden – alle Laser sind exakt identisch –, obwohl in den vergangenen Jahren die Klassenregeln etwas verändert worden sind. Rumpf und Deck bestehen aus Polyester und das Rigg aus einem zusammensteckbaren Alurohr, das nicht verstagt wird. Das Boot mit dem kleinen Cockpit segelt spritzig und schnell. Und: Er ist nicht einmal besonders teuer.

LASER RADIAL UND LASER 4.7

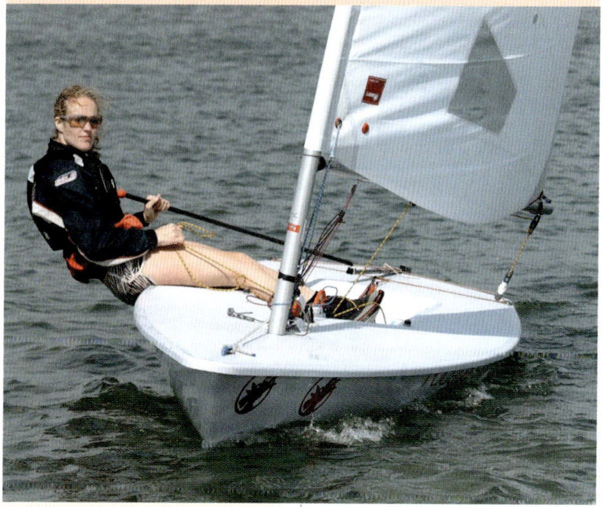

CREWSTÄRKE: **1**

LÄNGE: **4,23 m**, BREITE: **1,42 m**

MINIMALES RUMPFGEWICHT: **59 kg**

GROßSEGEL: **5,7 bzw. 4,7 m²** IDEALES CREWGEWICHT: **65–75 kg**

Es gibt zwei weitere Versionen des Lasers, sie haben exakt den gleichen Rumpf und nutzen die gleichen Beschläge. Der Laser Radial verfügt über ein kleineres Segel im Radialschnitt und ist deswegen von leichten Seglern einfacher zu handhaben; er ist zudem olympisches Frauenboot. Der Laser 4.7 hat ein noch kleineres Segel und richtet sich vor allem an Jugendliche.

Moderne Jollen aus Polyethylen

Im Rotationsverfahren hergestellte Boote tauchten erstmals in den 1990er-Jahren auf. Sie bieten aufgrund ihrer Wartungsfreundlichkeit die günstigste Art zu segeln.

Normalerweise wird ausschließlich das Thermoplast Polyethylen als Material für das neuartige Gieß- bzw. »Schleuderverfahren« verwendet. So industriell in hohem Tempo Boote zu produzieren, setzt eine große Investition in aufwendige Aluminiumformen voraus, welche in einem riesigen Industrieofen herumgedreht werden. Das Polyethylen wird als rohes Granulat in die Form geschüttet und erhitzt, während die ganze Form rotiert. So wird sichergestellt, dass das noch flüssige Plastik die Oberfläche der Form komplett bedeckt. Die Konstruktionen für die meisten Jollen sehen vor, dass eine Schaumkernschicht als Nächstes in die Form gegeben wird. Als Abschluss wird das Granulat für die Innenlage des Sandwichs in der Form verteilt – Schotten in die Rümpfe einzusetzen, um sie steifer zu machen, ist bei diesem Verfahren nicht möglich. Auf diese Weise Rümpfe herzustellen, weicht entscheidend von der klassischen Methode ab und verlangt viel technische Expertise, ermöglicht jedoch viel schnellere Fertigung. Polyethylenrümpfe sind nicht nur wesentlich günstiger als herkömmliche, sondern auch deutlich robuster und nahezu wartungsfrei. Jedoch sind sie auch schwerer und segeln weniger sensibel. Ein Anfänger kann den Unterschied zu klassischen GFK-Jollen jedoch meist nicht spüren. In Deutschland sind Polyethylen-Boote noch nicht so sehr verbreitet.

Jollen als Spritzgussprodukte

TOPPER

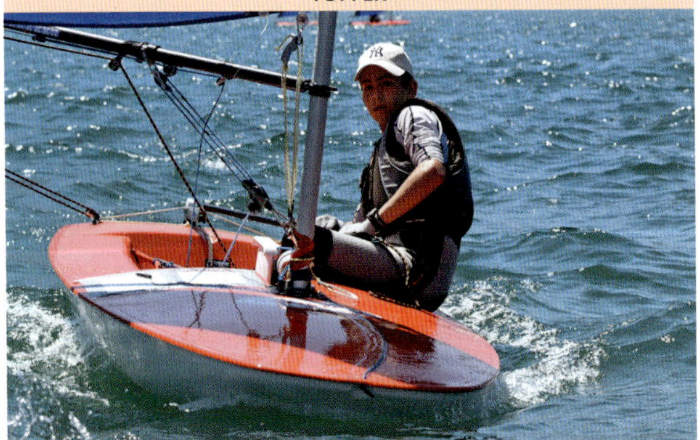

CREWSTÄRKE: **1**

LÄNGE: **3,4 m**, BREITE: **1,2 m**

MINIMALES RUMPFGEWICHT: **43**

kg GROSSSEGEL: **5,2 m²**

IDEALES CREWGEWICHT: **32+ kg**

Der Topper, den Ian Proctor 1976 entworfen hat, ist einzigartig. Denn von allen Jollen wird nur er im Spritzgussverfahren aus Polypropylen hergestellt (nahe Berlin). Mit unverstagtem und teilbarem Mast war er als einfaches Boot für den Autodachtransport gedacht – daher der Name. Drei Jahrzehnte später ist er zu einem vor allem in England beliebten Jugendboot geworden, mit jährlich auf dem Gardasee und anderen Revieren ausgetragenen Meister- und Weltmeisterschaften. Früher mit Heckschotführung ausgerüstet, gilt der Topper als nahezu wartungsfrei.

LASER PICO

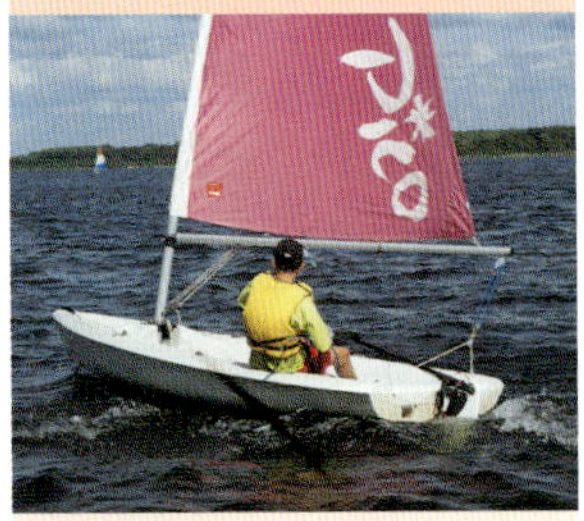

CREWSTÄRKE: **1**

LÄNGE: **3,5 m**, BREITE: **1,37 m**

MINIMALES RUMPFGEWICHT: **60 kg**

GROSSSEGEL: **5,1 oder 6,4 m²**

FOCK (OPTIONAL): **1,09 m²**

IDEALES CREWGEWICHT: **32+ kg**

Der Engländer Jo Richards hat 1995 den Laser Pico entworfen – speziell, um ihn im ökonomischen »Schleuderverfahren« herzustellen. Und um die Laser-Familie um ein Einsteigerboot für alle Altersklassen zu bereichern. Einige Segelschulen nutzen den Laser Pico.

LASER FUNBOAT

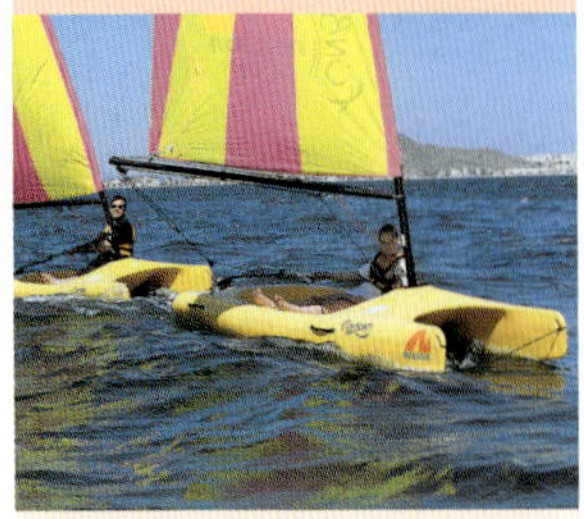

CREWSTÄRKE: **1–2**

LÄNGE: **3,9 m**, BREITE: **1,25 m**

MINIMALES RUMPFGEWICHT: **70 kg**

GROSSSEGEL: **4,8 m²**

IDEALES CREWGEWICHT: **35+ kg**

Ein ungewöhnliches Konzept einer »Jolle« hat Yves Loday im Jahr 2000 umgesetzt. Das Laser Funboat sieht eher aus wie ein Schlitten. Bei Segelschulen und Strandclubs findet das Boot, das extrem schwer zu kentern ist und zum Teil einem Katamaran ähnelt, reißenden Absatz.

RS FEVA

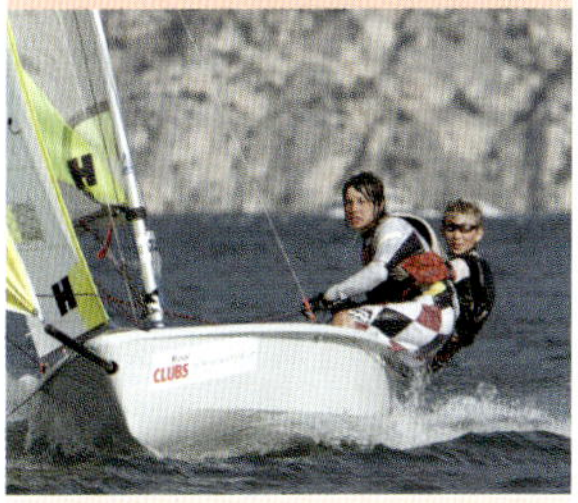

CREWSTÄRKE: **2**

LÄNGE: **3,64 m**, BREITE: **1,42 m**

MINIMALES RUMPFGEWICHT: **63 kg**

GROßSEGEL: **5,5 oder 6,5 m²**

FOCK: **2,1 m²**

GENNAKER: **7 m²**

IDEALES CREWGEWICHT: **80–150 kg**

Als ein modernes Nachfolgeboot für den beliebten Mirror gedacht, wurde der Feva 2002 von Paul Handley und der Firma RS entworfen. Er soll jungen Seglern die Handhabung moderner Jollen mit Gennakern vermitteln – und die Erfahrung, wie aufregend dies ist. Mittlerweile ist der Feva eine beliebte Regattaklasse.

RS VISION

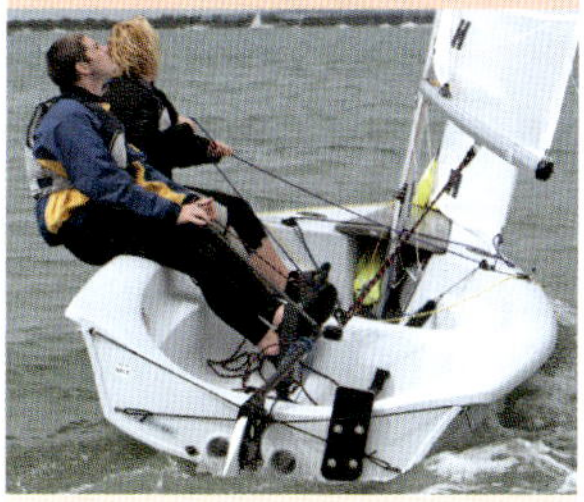

CREWSTÄRKE: **2+**

LÄNGE: **4,6 m**, BREITE: **1,75 m**

MINIMALES RUMPFGEWICHT: **125 kg**

GROßSEGEL: **9 m²**

FOCK: **3,2 m²**

GENNAKER: **8,4 m²**

IDEALES CREWGEWICHT: **+/–140 kg**

Der RS Vision wurde als moderne Familienjolle mit optionalem Trapez entwickelt, und zwar vom bekannten Konstrukteur Phil Morrison. Der Vision bietet Platz für zwei Erwachsene und zwei Kinder.

RS TERA

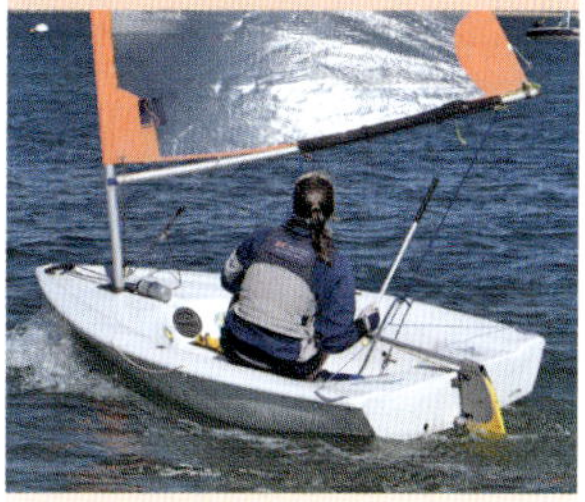

CREWSTÄRKE: **1**

LÄNGE: **2,87 m**, BREITE: **1,23 m**

MINIMALES RUMPFGEWICHT: **35 kg**

GROßSEGEL: **4,8 oder 3,7 m²**

IDEALES CREWGEWICHT: **bis 140 kg**

Den RS Tera gibt es in drei verschiedenen Versionen: zwei unterschiedlich große Riggs und eine Ausstattung, mit der man rudern kann. Dieses vielseitige Jugendboot aus Polyethylen wurde 2005 von Paul Handley entwickelt.

LASER VAGO

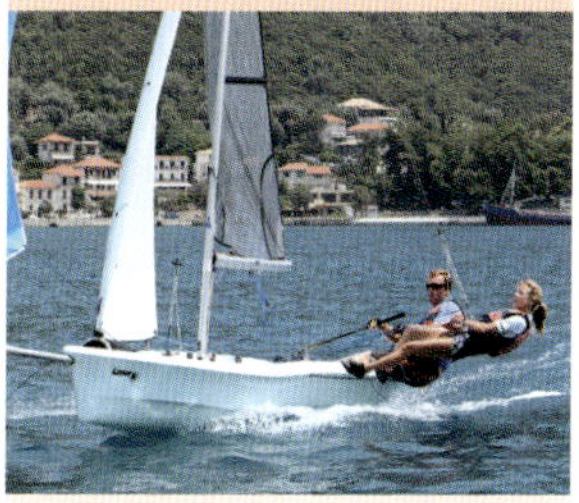

CREWSTÄRKE: **1–2**

LÄNGE: **4,2 m**, BREITE: **1,56 m**

MINIMALES RUMPFGEWICHT: **68 kg**

GROßSEGEL: **8 oder 9,32 m²**

FOCK: **2,66 m²**

GENNAKER: **11,83 oder 13 m²**

IDEALES CREWGEWICHT: **75–150 kg**

Der Engländer Jo Richards hat 2005 den Laser Vago als vielseitige Jolle mit Gennaker und Trapez speziell für den Bau in Polyethylen entworfen.

TAZ

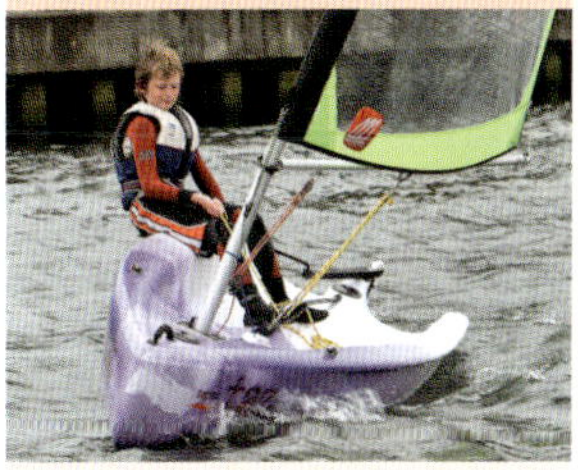

CREWSTÄRKE: **1–2**

LÄNGE: **2,95 m**, BREITE: **1,2 m**

MINIMALES RUMPFGEWICHT: **35 kg**

GROßSEGEL: **3,98 m²**

IDEALES CREWGEWICHT: **40–50 kg**

Von Ian Howlett und Rob White stammen die Ideen, die dem Taz zugrunde liegen. Es ist ein kleines simples Kinderboot, das aufs Autodach passt und auch mit kleiner Fock gesegelt werden kann.

TOPAZ OMEGA

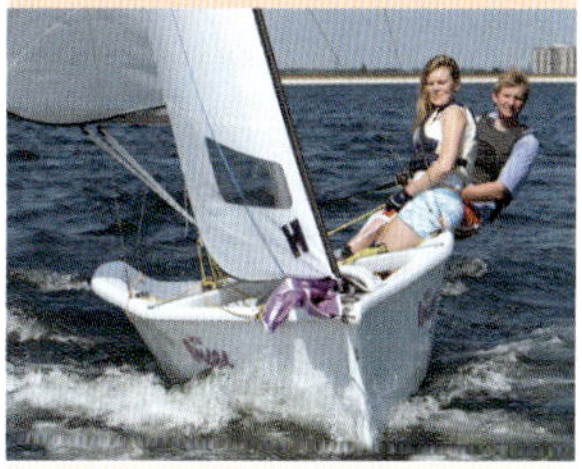

CREWSTÄRKE: **2+**

LÄNGE: **4,64 m**, BREITE: **1,98 m**

MINIMALES RUMPFGEWICHT: **140 kg**

GROßSEGEL: **11,5 m²**

FOCK: **3,5 m²**

GENNAKER: **12,75 m²**

IDEALES CREWGEWICHT: **120+ kg**

Als große Jolle aus Polyethylen hat Ian Howlett 2004 den Omega entworfen. Er bietet einer ganzen Familie Platz.

TOPAZ VIBE

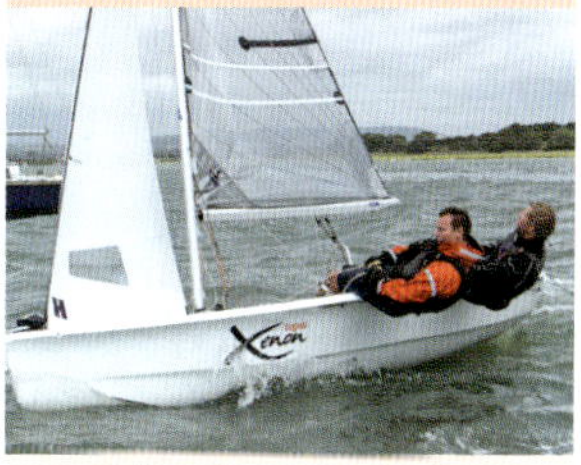

CREWSTÄRKE: **2**

LÄNGE: **4,5 m**, BREITE: **2 m** MINIMALES RUMPFGEWICHT: **118 kg** GROßSEGEL: **12 m²**

FOCK: **3,5 m²**

GENNAKER: **12,75 m²**

IDEALES CREWGEWICHT: **100–140 kg**

Der Topaz Xenon, der 2005 von Ian Howlett entworfen wurde, hat viele Merkmale einer Leistungsjolle. Kein Wunder, dass er für die jährlich stattfindende Meister-der-Meister-Serie in England eingesetzt wird.

TOPAZ XENON

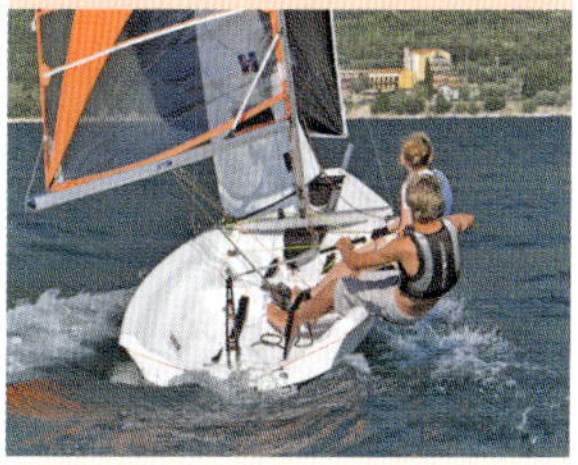

CREWSTÄRKE: **2**

LÄNGE: **3,67 m**, BREITE: **1,6 m**

MINIMALES RUMPFGEWICHT: **70 kg**

GROßSEGEL: **6,85 m²**

FOCK: **2,21 m²**

GENNAKER: **8,41 m²**

IDEALES CREWGEWICHT: **75–150 kg**

Der Topaz Vibe wurde von Rob White und Ian Howlett 2006 als kleine Schwester zum Topper Xenon entworfen.

Skiffs mit Gennakern

Der Einführung der asymmetrischen Spinnaker (»Gennaker«) in den frühen 1990er-Jahren ist es zu verdanken, dass Jollensegeln aufregender und attraktiver ist denn je. Vor allem die Entwicklungen der Skiffs aus Australien haben dazu beigetragen.

Gennaker

Das Besondere dieser asymmetrischen Segel ist die simple Handhabung, die sie erfordern, und der Spaß, den sie gleichzeitig vermitteln. Anders als der kompliziertere symmetrische Spinnaker wird das Segel einfach aus einer Röhre bzw. einem Sack vorm Rigg gezogen. Für Jollen mit Gennakern gibt es im Englischen bereits einen eigenen Begriff: »asymmetric dingies«.

Den Gennaker zu halsen, ist relativ einfach – der Vorschoter muss das Segel lediglich auf die andere Seite ziehen –, und halbwinds, wenn der Wind quer übers Boot bläst, gibt es auf mit Gennakern ausgerüsteten Booten kein Halten mehr. Das Segel funktioniert dann im Prinzip wie eine riesige Fock, die an einem Bugspriet (Gennakerbaum) gesetzt wird. Jedoch bringt der Gennaker das Boot nicht so direkt vor den Wind wie ein klassischer Spi. Anstatt eines Vorwindkurses müssen die Mannschaften mehrere Raumschotsgänge fahren.

Skiffs

Das Skiff-Konzept stammt ursprünglich aus Australien. Denn dort entwickelte sich eine rasante, 18 Fuß große Art »Jolle«, die Sydney Harbour 18s, und kombinierte flache, leichtgewichtige Rümpfe mit übergroßen, kraftvollen Riggs. Die Crews halten sie mithilfe von leiterartigen Auslegern aufrecht. Die Boote gleiten sowohl am Wind als auch raumschots, wenn sie von Halse zu Halse rasen. Die Größe des Riggs verdeutlicht das Potenzial des Bootes – und das der Crew, die dieses Segel-PS-Monster von drei Trapezen aus beherrschen muss.

Skiffs und Jollen mit Gennakern

B14

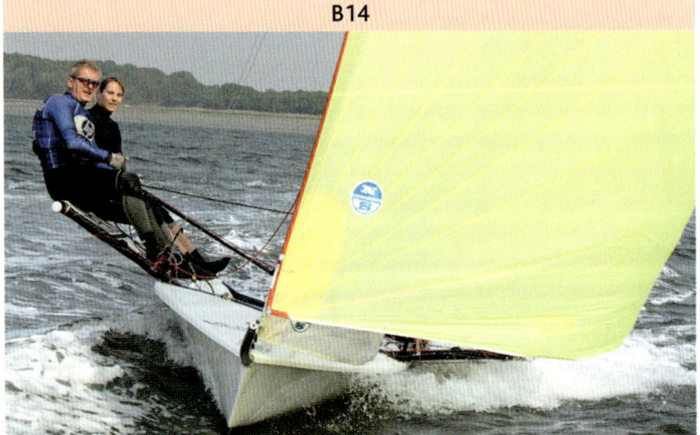

- CREWSTÄRKE: **2**
- LÄNGE: **4,5 m**, BREITE: **3,05 m**
- MINIMALES RUMPFGEWICHT: **62 kg**
- GROSSSEGEL UND FOCK: **17,5 m²**
- GENNAKER: **29,2 m²**
- IDEALES CREWGEWICHT: **135–165 kg**

Der B14 wurde 1984 von Julian Bethwaite in Australien entworfen und galt weltweit als die schnellste Zweimannjolle ohne Trapez. Seine Segelleistung schuldet der B14 der Kombination von leichtem Rumpf, wenig benetzter Fläche und großem Rigg, das jede Menge Segel-PS generiert. Das Boot hat außerdem einen riesigen Gennaker.

49er

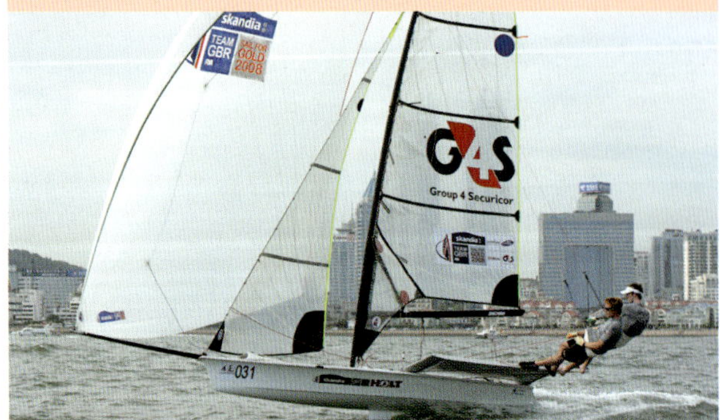

- CREWSTÄRKE: **2**
- LÄNGE: **4,995 m**, BREITE: **2,9 m**
- MINIMALES RUMPFGEWICHT: **70 kg**
- GROSSSEGEL UND FOCK: **21,2 m²**
- GENNAKER: **38 m²**
- IDEALES CREWGEWICHT: **145–165 kg**

Julian Bethwaite hat den 49er 1995 als olympische Klasse entworfen. Der Rumpf besteht aus Epoxidharz und Schaum, das Rigg aus Kohlefaser. Ausreitflügel, von denen die Crew trapezt, sorgen für optimale Gewichtsverteilung. Die Segelfläche wurde 2008 vergrößert. Der 49er FX kam erstmals bei der Olympiade 2016 als Skiff-Klasse für Frauen zum Einsatz. Der Rumpf ist identisch, Groß und Fock haben 19,6 m², der Gennaker 25,1 m², womit das ideale Crewgewicht bei 120 kg liegt.

RS 200

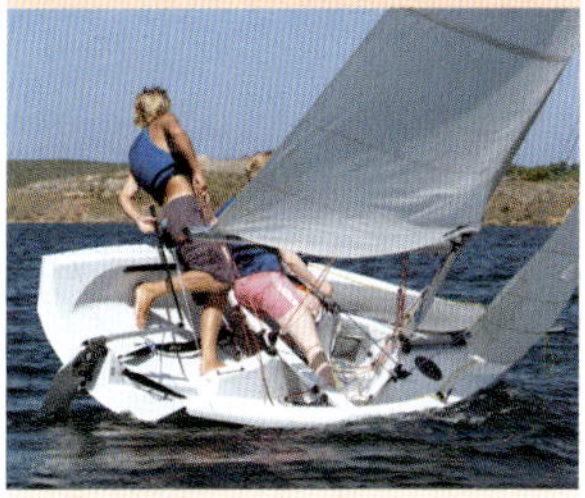

CREWSTÄRKE: **2**
LÄNGE: **4 m**, BREITE: **1,83 m**
MINIMALES RUMPFGEWICHT: **78 kg**
GROSSSEGEL UND FOCK: **11,52 m^2**
GENNAKER: **8,29 m^2**
IDEALES CREWGEWICHT: **115–145 kg**

1995 hat der Engländer Phil Morrison das »Hängeskiff« RS 200 entworfen, indem er einem konservativen Boot einen Gennaker hinzugefügt hat.

29er

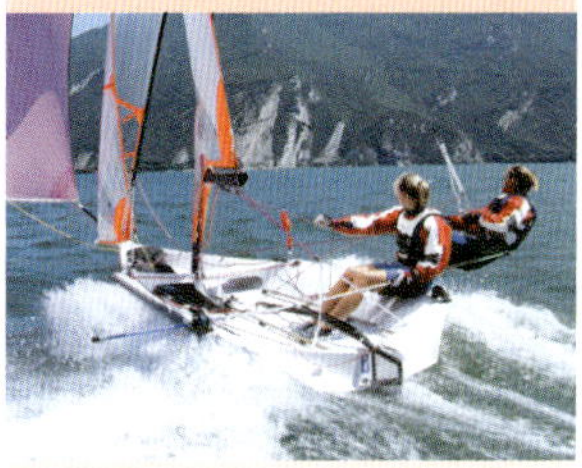

CREWSTÄRKE: **2**
LÄNGE: **4,4 m**, BREITE: **1,7 m**
MINIMALES RUMPFGEWICHT: **70 kg**
GROSSSEGEL UND FOCK: **12 m^2**
GENNAKER: **16 m^2**
IDEALES CREWGEWICHT: **105–140 kg**
29ER XX GROSSSEGEL UND FOCK: **15 m^2**
GENNAKER: **19 m^2**

Der berühmte Australier Julian Bethwaite hat 1997 den 29er als kleinere und günstigere Alternative zum olympischen 49er gezeichnet. Er besteht nur aus einfachem GFK-Sandwich mit einem einzelnen Trapez. Dennoch macht ihn sein hoher seglerischer Anspruch zu einem weltweit beliebten Boot für Jugendliche. Mit Doppeltrapez und größerem Rigg wäre der 29er XX fast zu einem Olympiaskiff für Frauen geworden.

LASER 2000

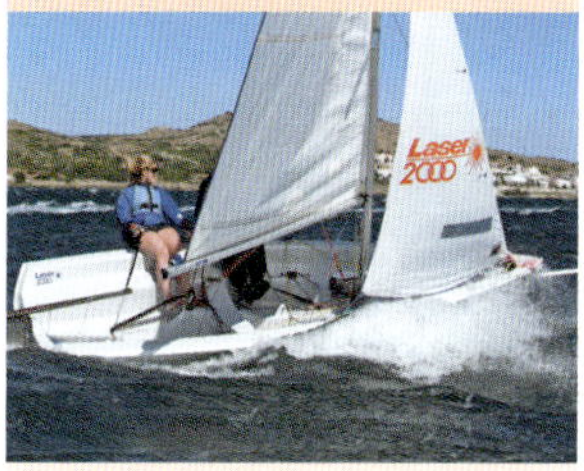

CREWSTÄRKE: **2**
LÄNGE: **4,44 m**, BREITE: **1,85 m**
MINIMALES RUMPFGEWICHT: **100 kg**
GROSSSEGEL UND FOCK: **11,78 m^2**
GENNAKER: **9,66 m^2**
IDEALES CREWGEWICHT: **120–180 kg**

Der RS 200 ist die konzeptgleiche kleine Schwester der RS 400. Der Laser 2000 erblickte das Licht der Welt, als Phil Morrison ihn 1998 entwarf. Das stabile Boot besteht aus Glasfaser und kann bequem von Einsteigern gesegelt werden. An windigen Tagen kann der Laser mit einem großen Gennaker bestückt werden – dann ist er ein auch für Fortgeschrittene schwierigeres Boot.

RS 800

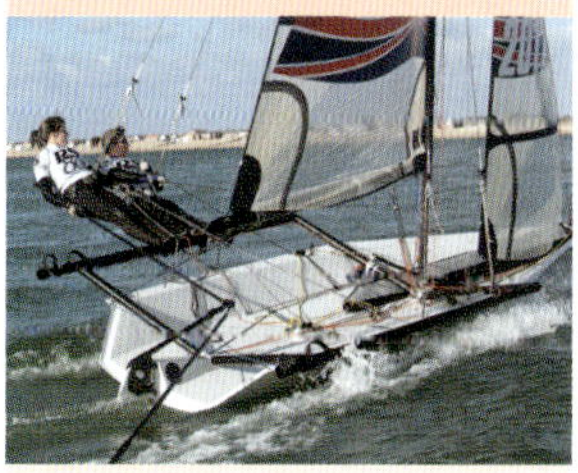

CREWSTÄRKE: **2**
LÄNGE: **4,8 m**, BREITE: **1,88–2,89 m**
MINIMALES RUMPFGEWICHT: **62 kg**
GROSSSEGEL UND FOCK: **16,5 m^2**
GENNAKER: **21 m^2**
IDEALES CREWGEWICHT: **125–160 kg**

1999 hat Phil Morrison dieses anspruchsvolle Skiff mit Doppeltrapez, Auslegern und Gennaker entworfen. Die Konstruktion wurde 2007 für harten Regattaeinsatz und Frauenwettfahrten modifiziert.

RS 700

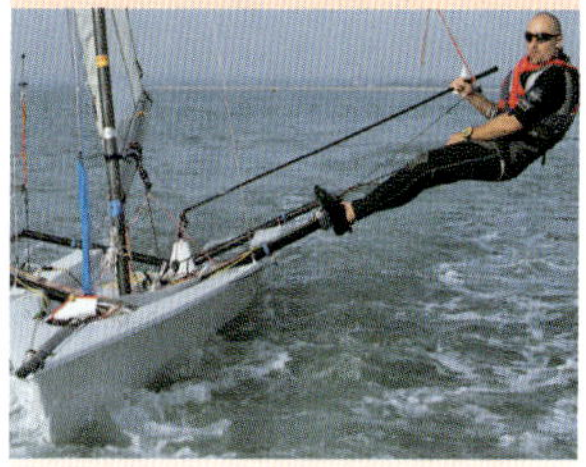

CREWSTÄRKE: **1**
LÄNGE: **4,68 m**, BREITE: **1,92–2,33 m**
MINIMALES RUMPFGEWICHT: **56 kg**
GROSSSEGEL UND FOCK: **12,8 m^2**
GENNAKER: **16 m^2**
IDEALES CREWGEWICHT: **66–100 kg**

Als eins der wenigen Einhandskiffs mit Trapez und Gennaker auf dem Markt haben Nick Peters und Alex Newton im Jahr 2000 den radikalen RS 700 entworfen. Sie haben ihm verstellbare Ausleger aus Aluminium verpasst, damit der Trapezsteher weit draußen einen besseren Hebel hat.

INTERNATIONAL CANOE

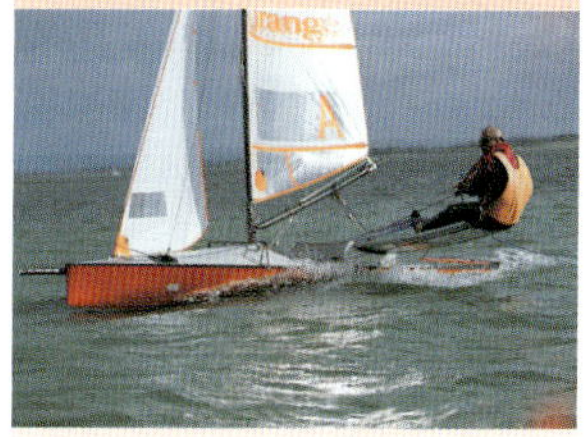

CREWSTÄRKE: **1**
LÄNGE: **5,18 m**, BREITE: **1,01 m**
MINIMALES RUMPFGEWICHT: **50 kg**
GROSSSEGEL UND FOCK: **10 m^2**
GENNAKER: **unbegrenzte Fläche**
IDEALES CREWGEWICHT: **60–85 kg**

Obwohl die Idee zum radikalen International Canoe bereits aus dem Jahr 1948 stammt, zählt das Boot zum aufregendsten, was die Kleinboot-Welt zu bieten hat: Der Einhandsegler kauert auf dem Ende einer langen Ausreitplanke, die bei jeder Wende oder Halse verschoben werden muss. Der Rumpf ist nadelfein und aus Kohlefaser. Gennakerfläche: unbegrenzt.

RS 500

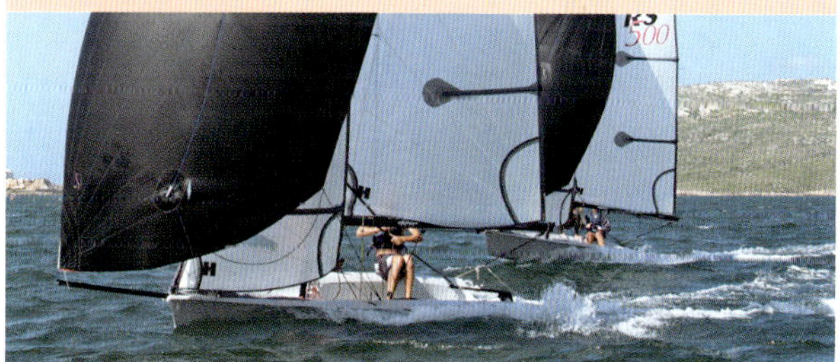

CREWSTÄRKE: **2**
LÄNGE: **4,34 m**, BREITE: **1,58 m**
MINIMALES RUMPFGEWICHT: **77 kg**
GROSSSEGEL UND FOCK: **9,5 m^2**
GENNAKER: **14 m^2**
IDEALES CREWGEWICHT: **120–150 kg**

Der recht neue RS 500 (Designjahr 2006) vereint Charakteristika von »heißen« Skiffs und stabileren Jollen. Mit seinem einfachen Trapez ist das »Halbskiff« von Designer Phil Morrison bei Jugendlichen und Erwachsenen beliebt.

Auftakeln einer einfachen Jolle

Kleine Jollen wie Topper, Pico oder Laser verfügen über das einfachstmögliche Rigg. Es ist sehr schnell zusammengesteckt. Letzten Endes sind sich die Riggs aller Einhandjollen sehr ähnlich.

Auftakeln einer einfachen Jolle

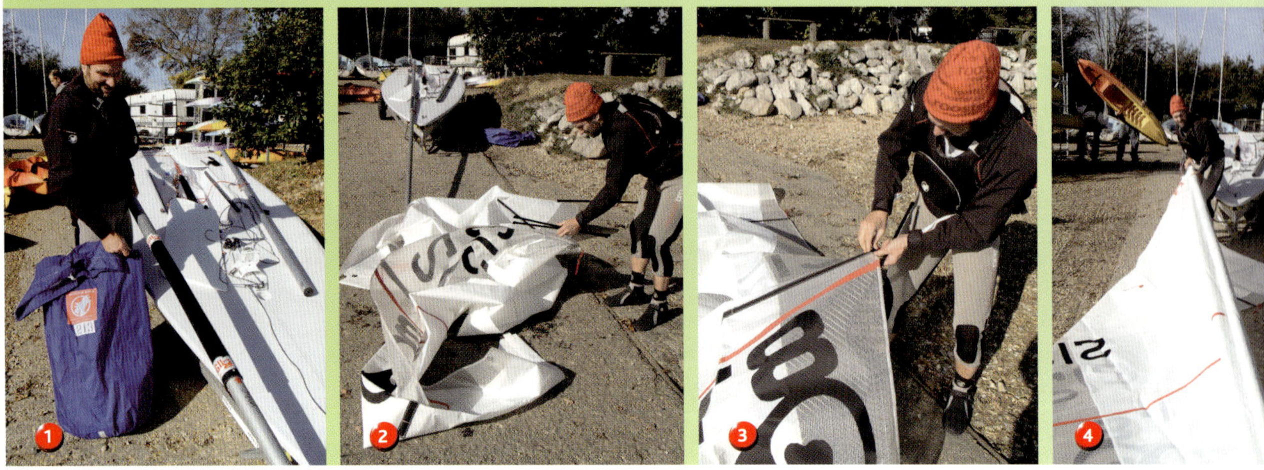

Die Komponenten auspacken

- Zweigeteilter Mast mit Schäftung aus Aluminium oder GFK.
- Großbaum aus Aluminium.
- Segel aus Polyester (»Dacron«) mit optionalem Satz Segellatten aus GFK.
- Schwert, Ruder, Pinne und Pinnenausleger.
- Vorbereiteter Leinensatz einschließlich Vor- und Unterliekstrecker, Baumniederholer und Travellerschot; Großschot mit Blöcken.

Mast und Segel zusammenbauen

- Das Boot auf dem Traveller so an Land stellen, dass der Bug exakt in den Wind zeigt.
- Die beiden Hälften des Mastes zusammenschieben. Dabei darauf achten, dass kein Sand oder Dreck in die Schäftung gelangt – das Zerlegen wird dann schwieriger.
- Das Segel auf dem Boden ausrollen. Die Tülle für den Mast am Vorliek knickfrei legen. Darauf achten, dass der Wind das Segel »herunterbläst«, also der Segelkopf am weitesten vom Wind weg, in Lee, liegt.
- Ein Jollensegel wie das eines Lasers benötigt drei Segellatten, die die Achterlieksrundung aussteifen (s. S. 16/17). Die Latten so ins Segel schieben, dass die Enden ordentlich in den Lattentaschen einhaken.
- Das Segel mit seiner Tülle über den Mast stülpen und herunterziehen. Anders als viele andere Jollen, die mit einer Masttülle ausgerüstet sind, weist der Topper noch ein Großfall auf.

Den Mast ins Boot stellen

- Wenn es keine Latten hat, das Segel stramm um den Mast legen.
- Den Mast in die Vertikale stemmen. Dann den Mastfuß langsam in die Aufnahme an Deck senken. Auf Laser und Topper finden sich dort spezielle Masthaltevorrichtungen.

Letzte Vorbereitungen

- Großbaum am Mast anschlagen. Manche Boote haben unterhalb des Großsegelhalses lediglich eine Plastikklaue, die um den Mast greift. Der Laser beispielsweise hat einen konventionellen Lümmelbeschlag mit einem mastseitigen Metallbolzen.
- Die Travellerschot am Heck anschlagen (bei Heckschotführung).
- Ein Ende der Großschot am Großbaum anknoten. Das andere durch die Blöcke am Traveller, auf dem Cockpitboden und am Baum scheren. Das lose Ende zum Schluss mit einem Achtknoten sichern – die Schot kann dann nicht ausrauschen.
- Wenn das Boot genau im Wind steht, das Großsegel ausrollen und die Leine des Unterliekstreckers am Schothorn des Segels anschla-

1. Alle Komponenten des Bootes klarlegen, bevor es ans Zusammenbauen geht. 2. Die meisten Großsegel benötigen Latten. 3. Sichergehen, dass die Latten in den Taschen einrasten. 4. Die Vorliekstasche des Segels über den Mast stülpen. 5. Mast in die Senkrechte stemmen. Vorsicht – wenn es windig ist, sind Helfer vonnöten. 6. Mastfuß in die Spur setzen. 7. Die Travellerschot wird am Heck mit der Großschot verbunden.

Tipp

Aufpassen, dass das Großsegel nicht eigenmächtig Kraft entwickelt, wenn der Mast ins Boot gestellt wird. Wenn das Segel keine Latten hat, kann es eng um den Mast gewickelt werden – es weht sonst womöglich wie eine Flagge aus. Ablassstöpsel am Heck nicht vergessen oder Schwert sichern.

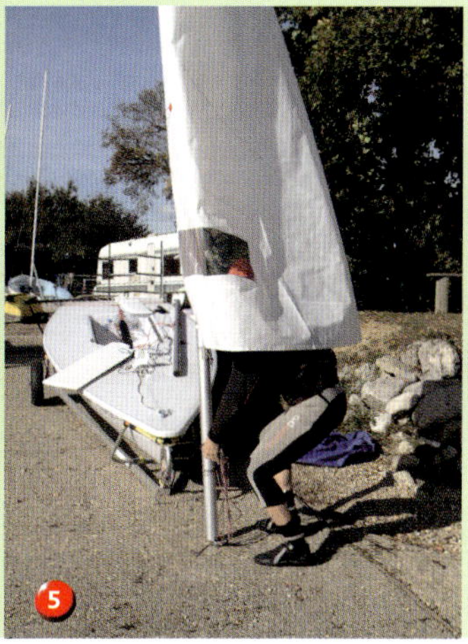

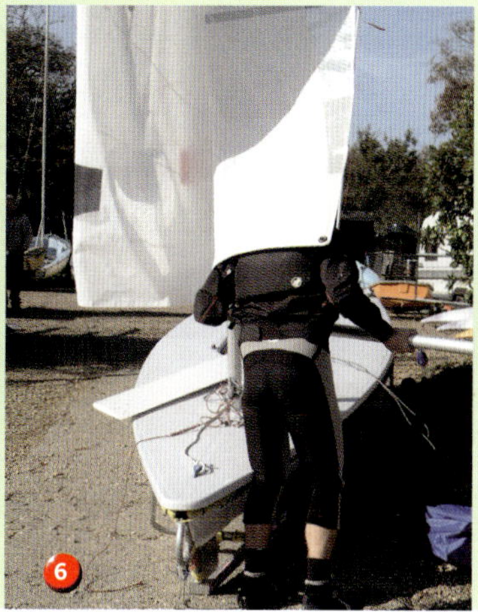

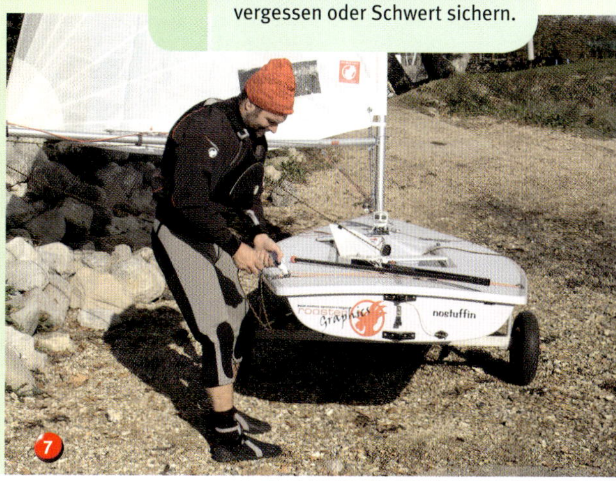

gen. Die Spannung auf dem Liek hält den Baum jetzt bereits waagerecht.

- Den Vorliekstrecker anschlagen und unter Spannung setzen (der Strecker wird auch Cunningham genannt).
- Zu guter Letzt den Baumniederholer zwischen Mast und Baum einhängen.

Startklar

- Das Schwert ins Boot legen. Sicherstellen, dass es auch gesichert ist (etwa durch ein Gummi oder einen Aufholer), damit es beim Abslippen nicht über Bord fällt.
- Am Heck der Jolle befinden sich stabile Ruderbeschläge – die ergänzenden Teile der Scharniere befinden sich an der Ruderanlage. Diese Teile einrasten lassen und sicherstellen, dass das Ruder nicht herausfallen kann.
- Die Pinne in den Ruderkopf stecken und darauf achten, dass sie sich unter Großschot oder Traveller frei bewegt. Den Pinnenausleger befestigen.
- Sichergehen, dass Lenzschraube oder Luken gesichert sind.
- Unterliek- und Vorliekstrecker sowie den Baumniederholer dichtholen und so Falten aus dem Segel ziehen.

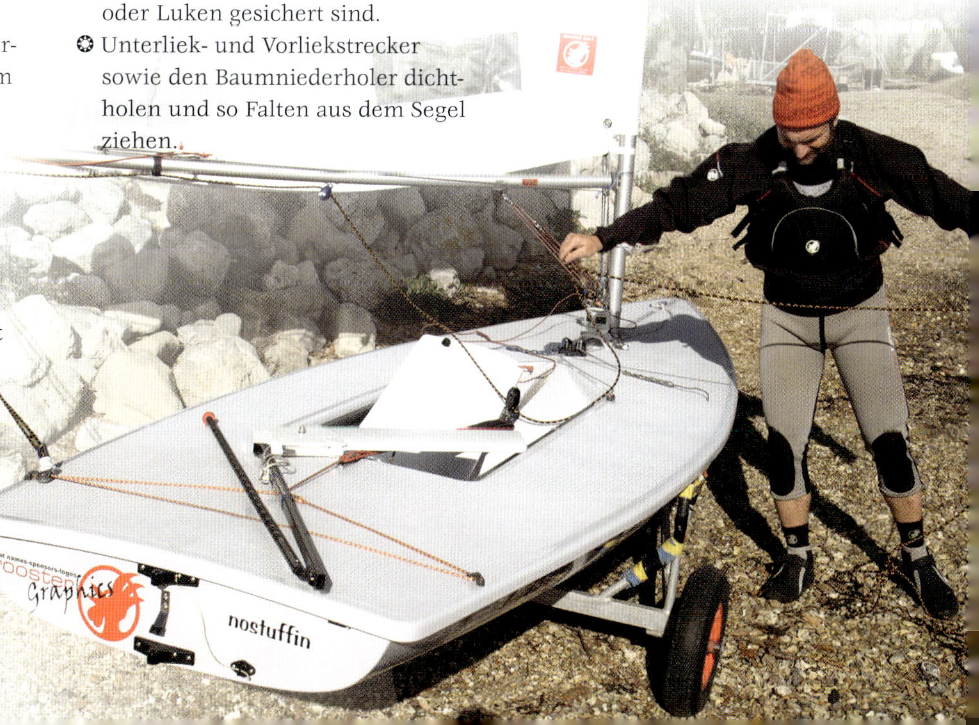

Vor- und Unterliekstrecker sowie Baumniederholer anschlagen. Sie helfen, das Profil im Segel zu kontrollieren (unten).

Auftakeln einer Zweimannjolle

Auf das Zweipersonensegeln ausgelegte Jollen verfügen oft über komplexere Riggs, sie werden von Wanten und Stagen gehalten. Zwar ähneln sich die Auftakel-Methoden für solche Boote – es gibt aber viele spezifische Variationen.

Auftakeln zu zweit

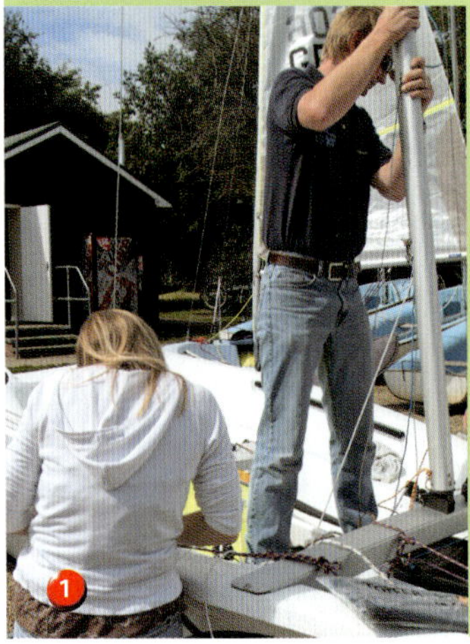
1

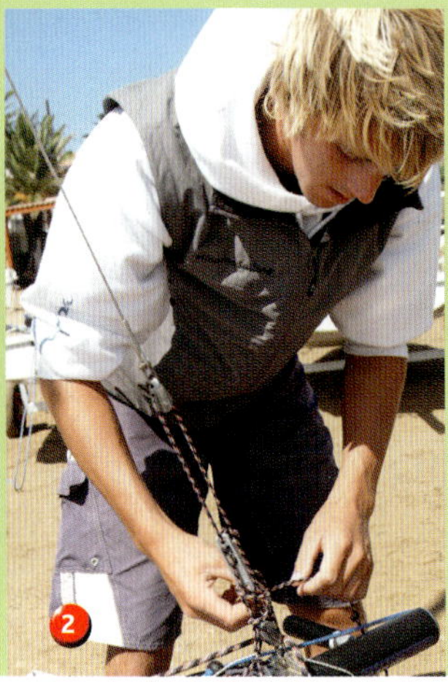
2

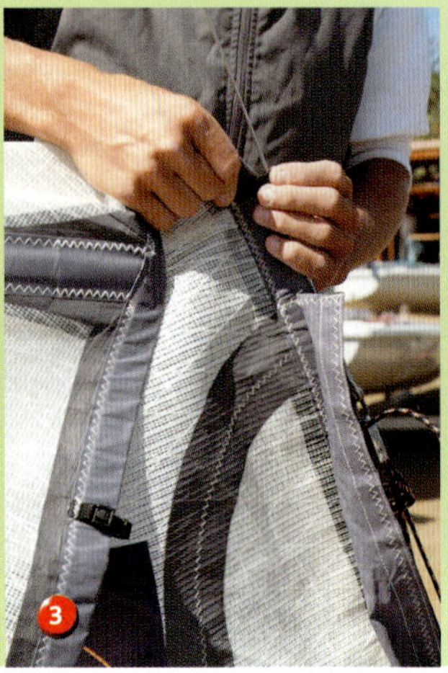
3

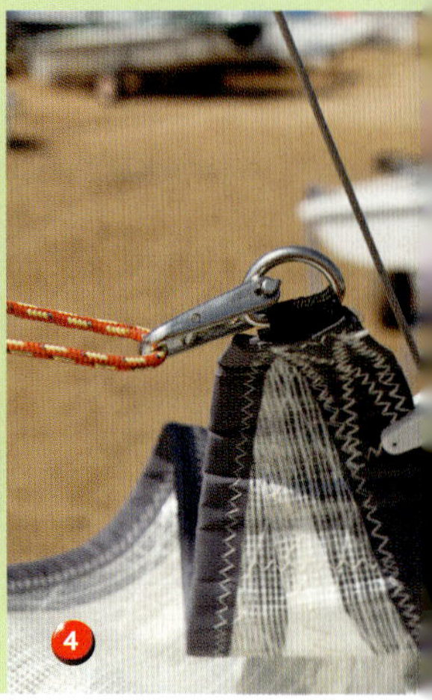
4

Den Mast stellen

Wenn das Boot nicht gerade auf der Straße getrailert werden soll, kann der Mast getrost bis zum Saisonende im Boot bleiben, vorausgesetzt, es ist groß genug. Fürs Maststellen benötigt man in der Regel zwei Leute, auch wenn der Mast oft extrem wenig wiegt (Kohlefaser). Er kann aber auch sehr schwer sein. Darauf achten, dass Wanten, Trapeze und Vorstag nicht vertörnt sind.

- Den Mast senkrecht anheben und den Mastfuß auf der Mastspur niederlassen. Die befindet sich entweder auf dem Deck der Jolle oder im Cockpit. Manche Boote verfügen zudem über einen geschlossenen Durchlass im Deck, der den Mast während der Befestigung von Wanten und Vorstag hält.
- Gibt es keinen Decksdurchlass, muss eine Person den Mast gerade halten, bis die zweite die Wanten in die Püttings eingeschäkelt hat.
- Das Vorstag befestigen. Weil der Vorlieksdraht moderner Vorsegel aber oft stärker ist als das Vorstag selbst, besitzen einige Jollen kein konventionelles Vorstag mehr, das an einem stabilen Bugbeschlag endet. Während die Fock noch nicht angeschlagen ist, kann der Mast also umfallen. Das kann jedoch ein normales Tau mit Mastlänge verhindern helfen.
- Bei vielen Jollen kann die Fock aufgerollt werden. Der Hals des Segels (die vordere untere Ecke) wird dann an eine Trommel am Bug angeschäkelt.
- Der Kopf eines Rollsegels wird an einen Wirbel angeschlagen, der am Fall in den Mast gezogen wird. Auf diese Weise an Hals und Kopf drehbar, kann das Segel bei Nichtgebrauch eingerollt werden.
- Das Fockfall wirklich stramm durchsetzen! Durch diese Maßnahme wird das ganze Rigg unter Spannung gesetzt und das Vorliek daran gehindert, nach Lee zu »sicheln«. Hebel- und Taljensysteme sorgen für Vorstagspannung.

Großsegel anschlagen und setzen

Das Boot sollte sicher auf dem Slipwagen stehen, sein Steven sollte in den Wind zeigen.

- Großsegel als Rolle mit dem Vorliek vorn (erkennbar am dicken Vorliekstau) im Cockpit plazieren.
- Das Segel ausrollen, die Segellatten einstecken und das Tuch gegen Wegwehen sichern.
- Großfall am Segelkopf anschlagen und Anfang des Vorliekstaus in die Einführung der Mastnut über dem Großbaumansatz fädeln.
- Beim Setzen sollte eine Person am Fall ziehen, während eine zweite das Vorliek so in die Masteinführung leitet, dass es nicht klemmt.
- Das Großsegel bis in den Masttopp ziehen und das Fall sichern.

1. Den Mast stellen und Wanten sowie Vorstag anschlagen. 2. Der RS 500 hat ein verstellbares Vorstag. 3. Das Vorliek der Fock ans Vorstag anschlagen. 4. Das Fockfall an das Vorsegel anschlagen. 5. Segel mit dem Fockfall setzen, bis das Fall stramm ist. 6. Großsegel ausrollen. 7. Das Fall anschlagen, daran ziehen und Vorliekstau gleichzeitig in den Mast einfädeln. 8. Das Fall einklemmen, wenn das Segel bis zum Anschlag hochgezogen ist.

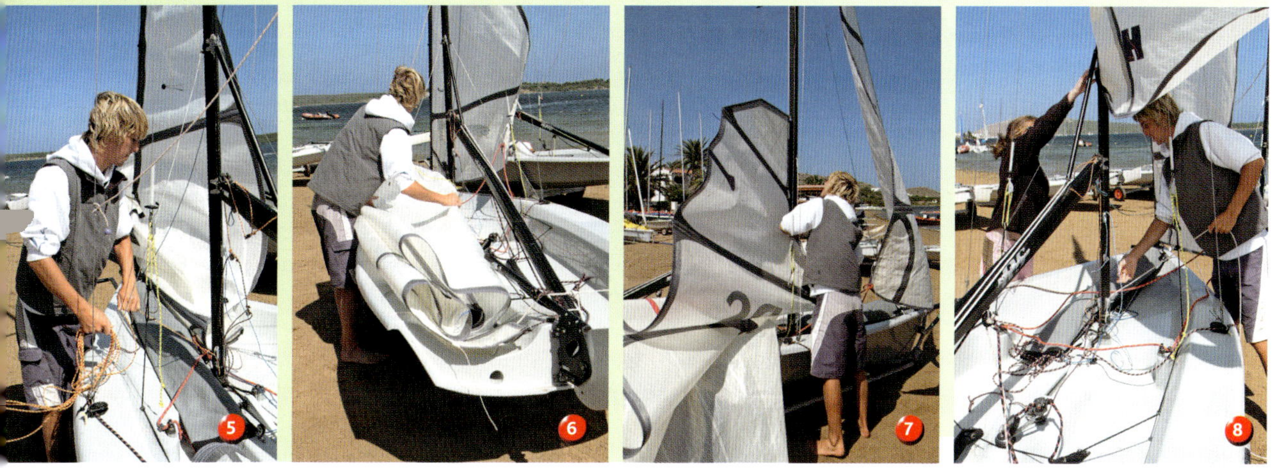

Anschlagen des Großbaums

- Großbaum und Mast sind mittels eines Lümmellagers verbunden. Er hält den Großbaum waagerecht, wenn das Segel gesetzt ist. Der Winkel des Baums wird kontrolliert durch den Baumniederholer (engl. vang), der ihn nach unten zieht, oder den sogenannten Gnav (vang rückwärts), der als Strebe von oben auf den Baum drückt.
- Bei einer Mittelgroßschot läuft die Leine durch zwei Blöcke am Baum und durch einen Knarrblock im Cockpit. Hinter dem Block ist normalerweise eine Klemme, die dem Steuermann ein Belegen der Schot erlaubt.

Anbringen von Ruder und Schwert

- Die Beschläge am Ruder umfassen am Heckspiegel montierte Stehbolzen. Die Verbindung sollte gesichert sein.
- Die Pinne wird in den Ruderkopf gesteckt, wo sie manchmal durch Bolzen oder Splint gesichert wird.
- Das Schwert so im Cockpit des Bootes zurechtlegen, dass es sofort benutzt werden kann. Ist es fest im Boot aufholbar montiert, muss es ganz eingezogen und belegt sein.

Letzte Schritte beim Auftakeln

- Die Fockschoten am Segel an-schlagen. Anschließend müssen sie durch Blöcke oder Holepunkte gefädelt werden.
- Vor- und Unterliekstrecker sowie Baumniederholer genügend anziehen.

Tipp

Sich fürs Auftakeln Zeit lassen! Denn man will ja nicht, dass auf dem Wasser etwas hakt, nur weil an Land keine Ruhe dafür war. Der Vorsteven des Bootes muss beim Auftakeln wirklich genau in Windrichtung zeigen.

Der Vorliekstrecker wird gebraucht, um die vordere Kante des Segels bei Bedarf zu trimmen. Er kann während des Segelns verstellt werden (unten).

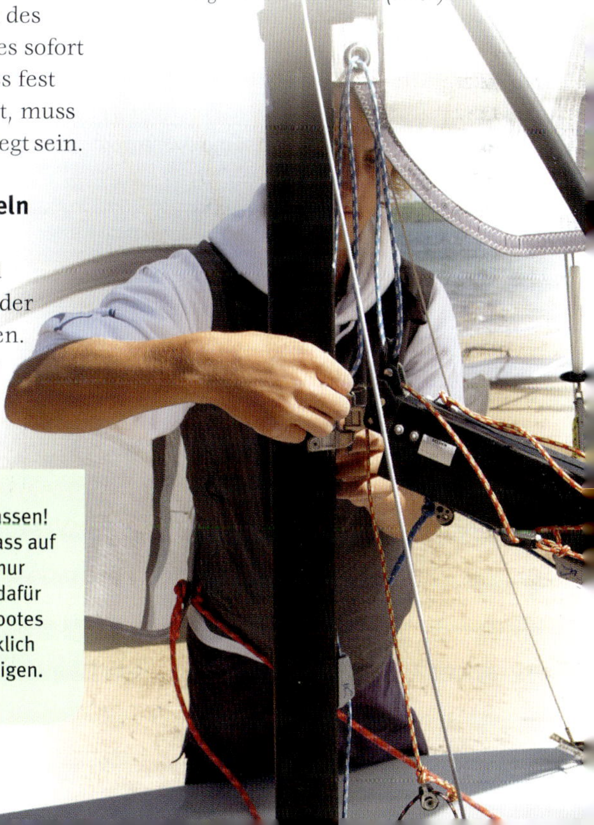

Auftakeln eines Katamarans

Die »Plattform« eines Katamarans, bestehend aus Rümpfen, Beams und Trampolin, wird normalerweise nie auseinandergenommen; sie bleibt, wie sie ist. Maststellen und -legen ist einfach, erfordert jedoch zwei Personen, die den Mast stützen und in die Senkrechte drücken.

Den Mast stellen

Der Katamaran muss – entweder auf dem Trailer oder auf dem Boden – gerade und fest stehen. Zwei Leute müssen den Mast stellen. Denn aufgrund seiner elliptischen Form und der Tatsache, dass er sich nicht verjüngt, ist er schwerer, als man denkt. Darauf achten, dass Wanten, Trapezdrähte und Vorstag nicht vertörnt sind.

- Mast quer über beide Beams legen, der Mastfuß muss dabei nach vorn zeigen.
- Wanten an den Püttings seitlich der beiden Rümpfe anschlagen.
- Sicherheitsbolzen aus der Drehkugel, auf der später der Mast steht, ziehen. Mastfuß auf den Beschlag auf vorderem Beam schieben und wieder sichern.
- Jetzt muss eine Person den Mast Hand über Hand nach oben drücken. Die andere Person zieht zur Unterstützung und um den Mast während des Hochklappens zu stabilisieren, kräftig am Vorstag.
- Wenn der Mast steht, das Vorstag mit den Vorstagspüttings oder einer Rolltrommel verbinden. Oft gibt es auch eine Hahnepot, die die Rümpfe verbindet.

Spannung aufs Rigg bringen

Die meisten Katamarane sind mit einem oder zwei Trapezen je Seite ausgerüstet. Jeder Trapezdraht hat am Ende einen an ein Gummi befestigten Ring. Durch das Gummi wird der Draht auch stramm gezogen, wenn er nicht benutzt wird. Kats fahren am besten, wenn der Mast etwa zehn Grad nach achtern zeigt. Mithilfe der Trapezdrähte lässt sich das Rigg an Land spannen.

- Eine Person zieht die Trapezdrähte heftig nach achtern und unten. Eine zweite Person verstellt währenddessen die Wantlänge am Lochblech.

Ruder und Pinnen ansetzen

Katamarane haben pro Rumpf eine komplette Ruderanlage. Weil es viel Zeit kostet, die Ruder an- oder abzubauen, bleiben sie üblicherweise die Saison über montiert. Verbunden werden die Pinnen durch eine Spur- oder Anlenkstange.

- Die Ruder werden entweder von Standard-Jollenbeschlägen oder von speziell entworfenen Stangen gehalten, die mehr Last abkönnen als herkömmliche Bolzen.
- Ein Stellmechanismus an der Spurstange erlaubt ein Parallelstellen der Ruder. Es ist wichtig, die Ruder exakt einzustellen. Die Parallelität kann grob per Auge kontrolliert werden, oder man misst die Querdistanz zwischen Vor- und Achterkanten der Ruder.

Auftakeln eines Katamarans

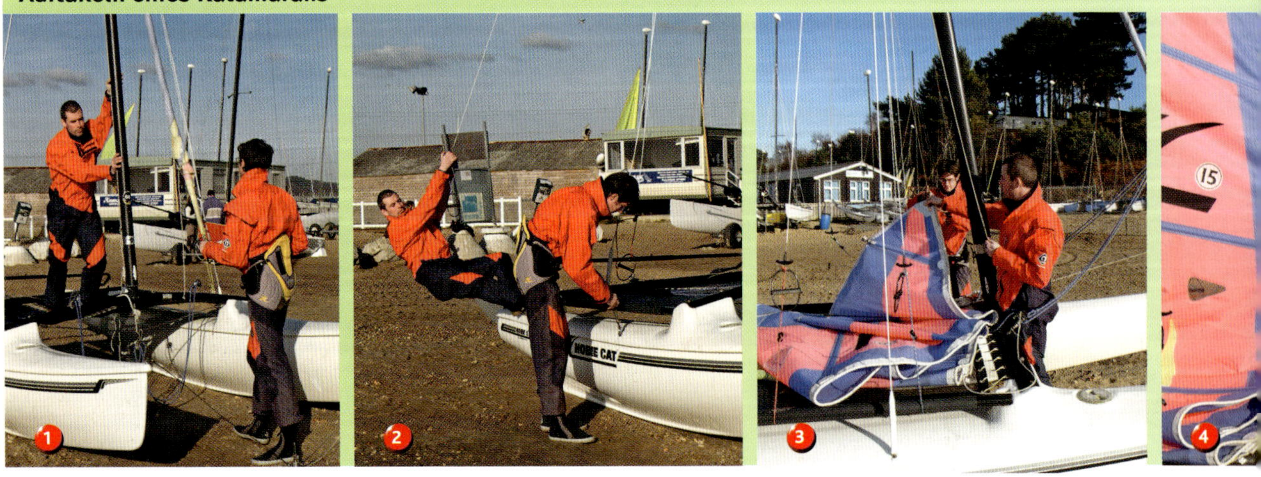

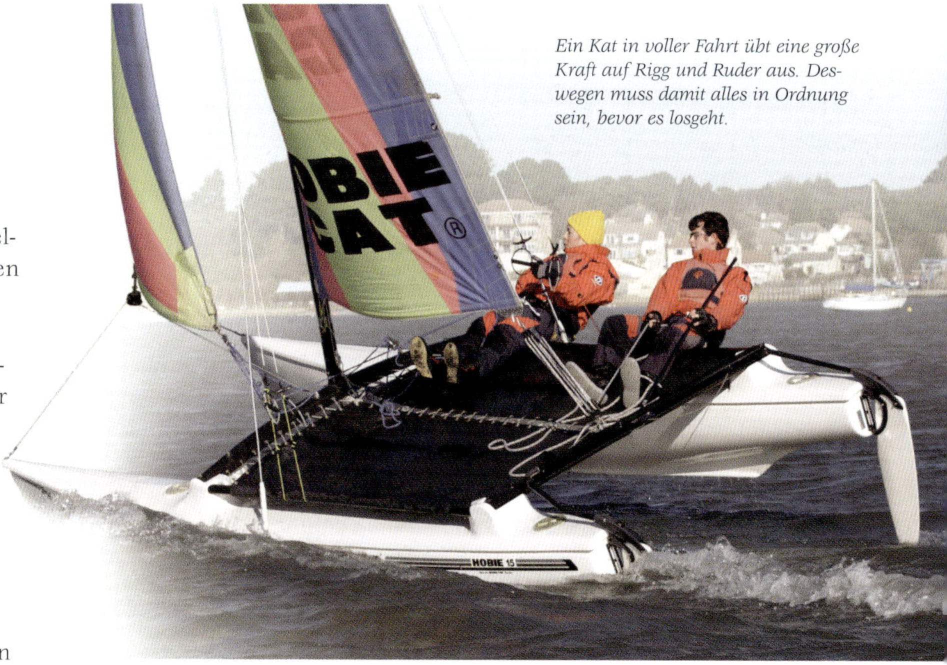

Ein Kat in voller Fahrt übt eine große Kraft auf Rigg und Ruder aus. Deswegen muss damit alles in Ordnung sein, bevor es losgeht.

Setzen des Großsegels

Katamaran-Großsegel besitzen durchgehende Latten, damit das Segel bei hoher Last seine Form behält.

- Das Segel ausrollen und die Segellatten einzeln spannen, um Falten zu entfernen.
- Den Kopf des Segels an das Fall anschlagen und das massive Vorliekstau in die Einführung an der Achterkante des Mastes fädeln. Eine Person muss dann das Tau nachschieben, während die andere das Segel am Fall in den Topp zieht. Das kann eine schweißtreibende Sache sein, denn das Segel wirkt oft schwer.
- Häufig befindet sich am Topp von Katmasten eine Vorrichtung, in die das Segel fest eingeklinkt wird, um das Fall zu entlasten. Ein Ring am Fall oder ein Bolzen-und-Klaue-Mechanismus garantiert das Einklinken. Beim Segelsetzen muss man das Tuch also erst maximal hochziehen und danach wieder sacken lassen (oft muss dabei der Mast gedreht werden). Jetzt den Vorliekstrecker anbauen – er ist auf Kats sehr kräftig und von zentraler Bedeutung für den Trimm.

Anbauen der Großschot

- Als Letztes die kräftige Talje der Großschot am achteren Beam anschlagen und das lose Ende durch die Öse für den Traveller führen. So hat man eine einzige Leine, die Schot und Traveller kontrolliert.

1. Mast mit befestigten Wanten hochstemmen. 2. Trapezdrähte nutzen, um Spannung aufs Rigg zu bringen. 3. Segel ausrollen und Fall anbringen. 4. Ein Segler zieht das Segel hoch, während der andere das Vorliek in den Mast führt. 5. Aufpassen, dass die Großschot frei ist. 6. Immer die Lenzschrauben überprüfen! 7. Ein Splint hält den Pinnenausleger auf der Spurstange – checken!

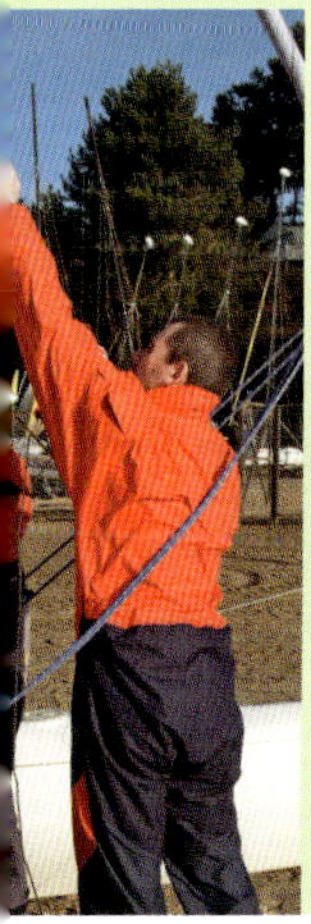

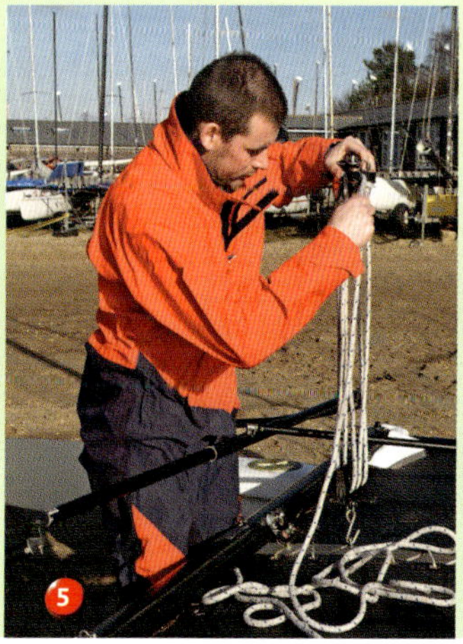

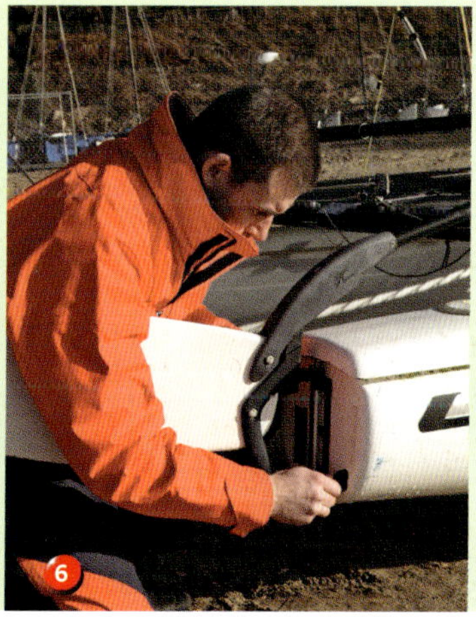

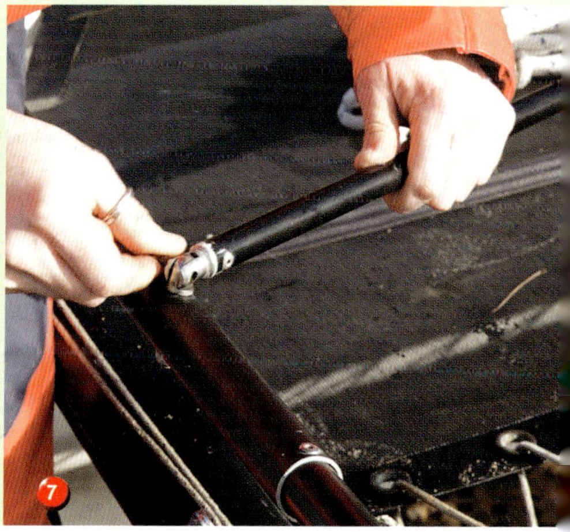

Trimmeinrichtungen am Rigg

Jollensegeln erfordert weitaus mehr, als einfach nur das Boot zu steuern. Es gilt nämlich auch, die Segel sensibel zu trimmen. Die meisten Trimmeinstellungen werden mit Leinen vorgenommen, von denen die Großschot die wichtigste ist; sie reguliert den Anstellwinkel des Segels. Weitere wichtige Trimmleinen wie Cunningham oder Baumniederholer verändern die Segelform.

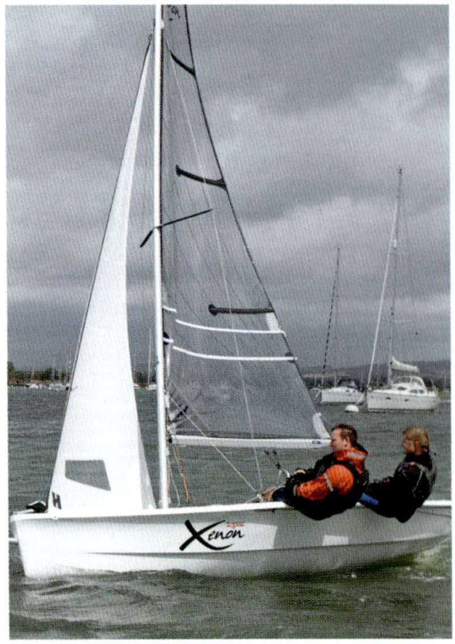

Der Mast dieser Xenon-Jolle biegt sich so, dass er das Großsegel flacher zieht, was Druck aus dem Segel nimmt. Das hilft bei mehr Wind.

Die Segel in Form bringen

Ein Großsegel ist nicht einfach nur ein Dreieck mit drei geraden Kanten. Um die beste Leistung zu bringen, muss es eine aerodynamisch profilierte Form haben. Die einzelnen Tuchbahnen, die zu einem Segel zusammengenäht werden, sind mit leichten Rundungen zugeschnitten, um das Segel richtig auszuformen.

- Das Achterliek weist eine Überrundung auf (der Bereich außerhalb der direkten Linie zwischen Schothorn und Kopf), was die Größe und den Vortrieb erhöht. Latten müssen diesen Bereich stützen.
- Das Unterliek eines modernen Jollengroßsegels ist nur am Hals und am Schothorn befestigt, was eine sanfte Rundung ermöglicht, die den Windfluss im unteren Teil des Segels begünstigt. Auf älteren Jollen gibt es oft ein gerades Unterliek, das in einer Nut am Baum geführt wird.
- Das Vorliek ist gewölbt geschnitten, damit es zur Mastbiegung beim Segeln passt.

Die Segelform beeinflussen

Sobald Sie die Großschot dichtnehmen, wird der Mast beginnen, sich nach achtern und zur Seite zu biegen. Die Geometrie des Mastes und seiner Bedienmöglichkeiten legt fest, welche Kontrolle Sie über das Biegeverhalten und die Ausformung der Segel haben. Ein unverstagter Mast aus Aluminium oder ein Glasfaserrohr liefert da wenig Mittel. Ein voll verstagter und verjüngter Alumast oder einer aus Kohlefaser mit verschiedenen Wandstärken dagegen bietet diverse Möglichkeiten, die Segelform zu beeinflussen. Mit Salingen sowie Ober- und Unterwanten lässt sich die Mastbiegung in Stärke und Richtung bestimmen.

Wozu Trimmeinrichtungen dienen

Sie wollen nicht mit demselben Antrieb bei wenig, mittlerem oder

Das Jollenrigg

Auf Jollen gibt es diverse unterschiedliche Großschotsysteme, das Prinzip ist aber immer dasselbe. Das Großsegel hat die meiste Fläche und kann somit einen recht hohen Zug an der Schot aufbringen, die normalerweise durch ein Taljensystem läuft.

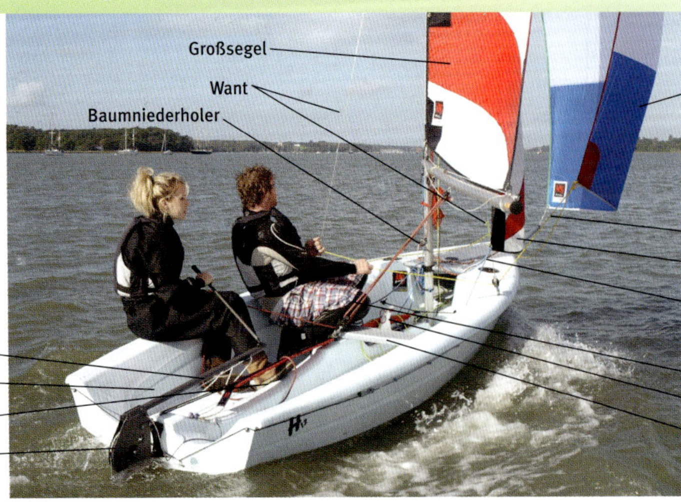

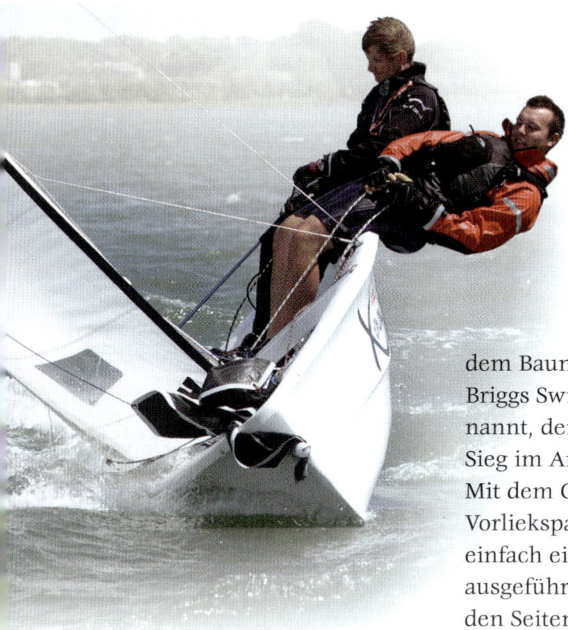

Zu viel Druck! Als Sofortmaßnahme muss der Steuermann die Großschot fieren. Um sauber weitersegeln zu können, sollte das Cunningham gezogen werden, um das Segel flach zu trimmen und das Achterliek zu öffnen (links).

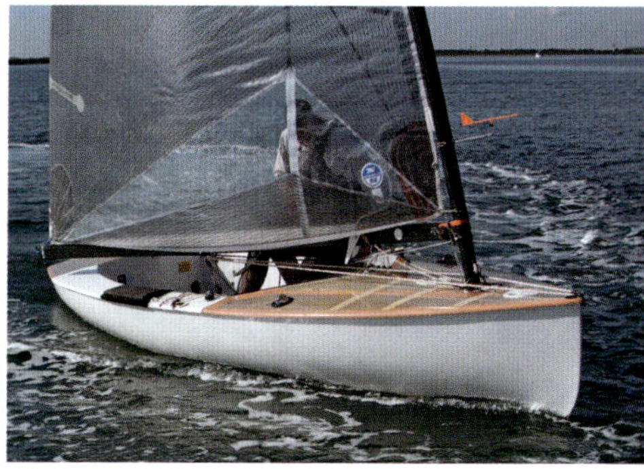

Ein modernes Finn-Dinghy hat ein ausgetüfteltes Rigg mit einem Carbonmast. Das Segelprofil lässt sich schnell von flach auf tief mit einem offenen oder geschlossenen Achterliek trimmen.

starkem Wind segeln. Bei wenig Wind müssen die Segel mehr Kraft liefern, um das Boot zu bewegen. Bei mehr Wind brauchen Sie weniger Dampf, um das Boot aufrecht und kontrolliert segeln zu können. Das ist besonders wichtig, wenn Sie gegen den scheinbaren Wind kreuzen oder auf einem spitzen Raumschotskurs segeln. Vor dem Wind funktioniert voller Druck in den Segeln meistens.

Die Trimmelemente erlauben Ihnen, die Fülle (Tiefe) des Segels zu vergrößern oder zu verkleinern, es also flacher oder runder zu trimmen.

Groß- und Fockschoten

Mit den Schoten wird der Winkel eines Segels zum Wind eingestellt. Wenn Sie die Großschot maximal dichtholen, wird außerdem das Achterliek gestrafft, was das Boot bei leichten bis mittleren Bedingungen höher am Wind segeln lässt.

Vorliekstrecker

Der Vorliekstrecker, auch Cunningham genannt, ist eine nach unten ziehende Kontrollleine, die im Vorliek des Großsegels etwa 30 cm über dem Baum ansetzt. Es wurde nach Briggs Swift Cunningham II. benannt, der 1958 die »Columbia« zum Sieg im America's Cup skipperte. Mit dem Cunningham lässt sich die Vorliekspannung des Großsegels einfach einstellen. Es kann doppelt ausgeführt sein, sodass es von beiden Seiten des Bootes bedienbar ist. Das Ziehen des Streckers biegt den Mast, verlagert den Bauch des Segels nach vorn und öffnet das Achterliek. Diese Maßnahmen vereinfachen das Segeln bei mehr Wind.

Auf Katamaranen ist das Cunningham als Mehrfachtalje ausgeführt, die den Mast biegt und das Segel abflacht.

Baumniederholer

Der Großbaumniederholer ist eine Bedienleine zwischen Mast und Großbaum. Ursprünglich sollte er nur den Baum in der Horizontalen halten, wenn man die Großschot weit auffiert, wie beispielsweise vor dem Wind. Als Trimmelement spielt er eine wichtige Rolle; mit dem Baumniederholer lässt sich die vertikale Verwindung (der Twist) des Segels justieren sowie die Mastbiegung und die Achterliekspannung.

Doppelte Bedienleinen können auf beide Bootsseiten geführt wer-

Tipp

Wenn Sie das Großsegel setzen, müssen Sie ein gewölbtes Liek an einem geraden Mast hochziehen. Das erklärt, warum die sperrige Leine im Vorliek nicht so leicht läuft wie erwartet.

Perfekter Trimm. Steuermann und Vorschoter segeln diese Merlin Rocket sehr schön an der Kreuz. Sie trimmen die Segelformen so, dass sie zu Wind und Wellen passen.

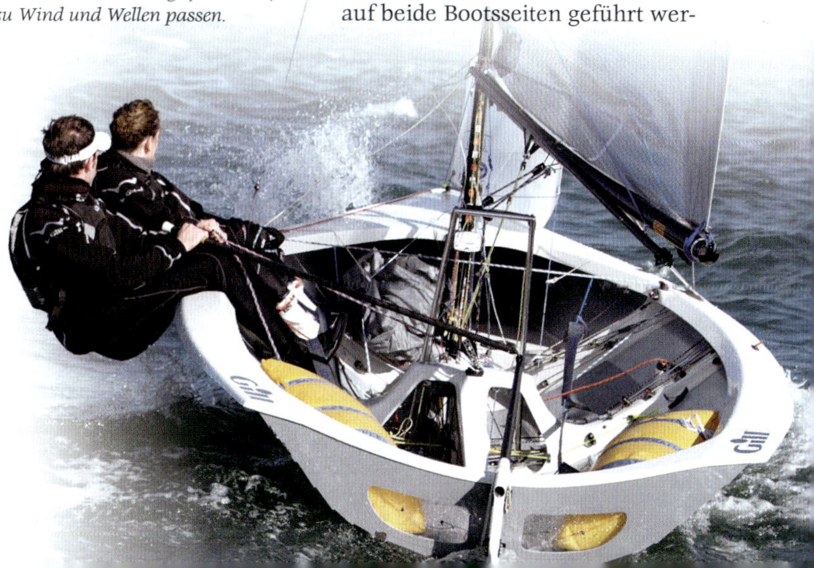

Trimmeinrichtungen (2)

den, damit sie beim Segeln einfacher benutzbar sind. Auf einem Katamaran wird der Baum durch die Spannung der Großschot achtern heruntergehalten. Ein Baumniederholer ist nicht erforderlich.

Was ist ein »Gnav«?

Ein »Gnav« ist ein »Vang«, nur andersherum geschrieben. »Vang« bedeutet im Englischen Großbaumniederholer oder Kicker. Der Gnav hat dieselbe Funktion wie ein Niederholer und ist ein Rohr zwischen Baum und Mast. Jedoch sitzt der Gnav oberhalb des Baumes und drückt. Der Hauptvorteil: Der vordere Teil des Cockpits ist unverbaut. Der Winkel des Gnavs wird mit einer Leine bestimmt.

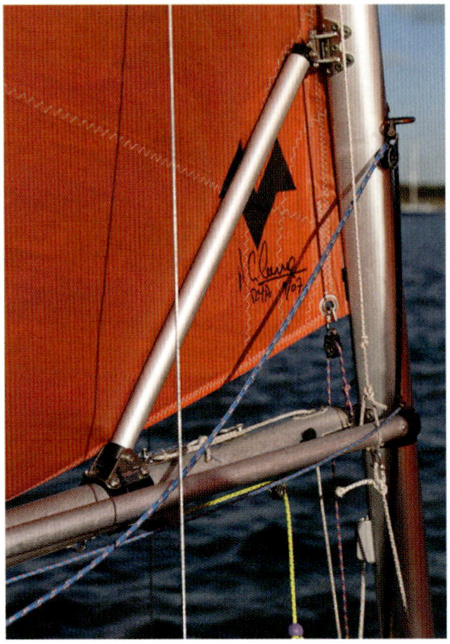

Der Gnav ist ein umgedrehter Baumniederholer, der Platz im vorderen Teil des Cockpits schafft.

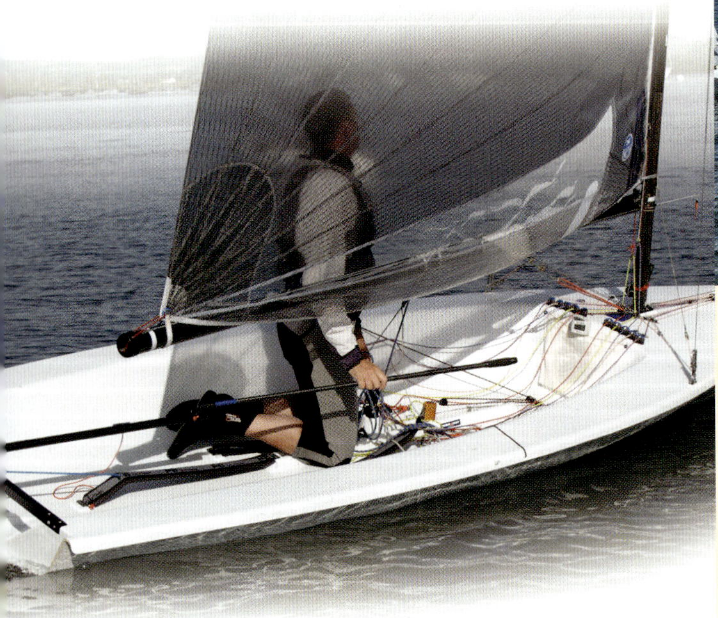

Das Segel dieser Phantom-Jolle liefert mit wenig Spannung auf Cunningham und Niederholer ein schönes Profil für leichten Wind.

Unterliekstrecker

Der Unterliekstrecker ist am Schothorn des Großsegels befestigt und im oder am Baum weitergeführt. Dichtgezogen flacht der Strecker den unteren Teil des Großsegels ab und verlagert die größte Profiltiefe (Wölbung) des Segels nach achtern. Der Unterliekstrecker ist beim Segeln meist schlecht bedienbar und spielt für den Segeltrimm oft eine untergeordnete Rolle.

Was bedeutet Twist?

Das Achterliek eines Segels verdreht sich von unten nach oben, das nennt man Twist. Wenn Sie von hinten auf ein Segel gucken, sehen Sie, dass der

Wann und wie man Trimmeinrichtungen nutzt

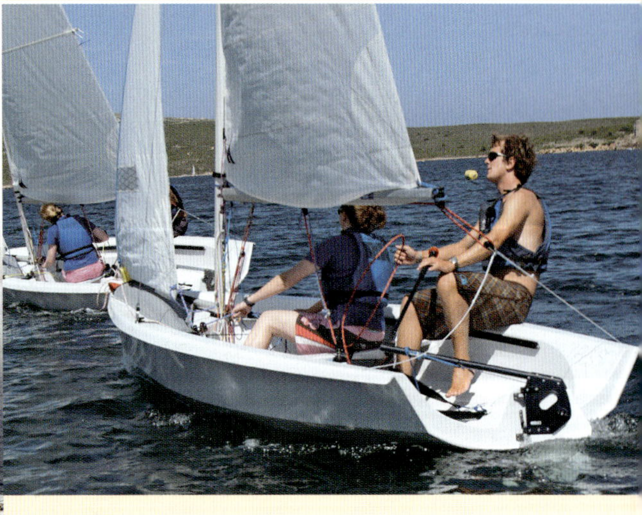

Bei leichtem Wind bis Stärke 2:

- Zug auf Cunningham oder Niederholer sind nicht nötig.
- Der Unterliekstrecker kann leicht angezogen werden, um den Luftfluss im flacheren unteren Teil des Segels zu erleichtern.

untere Teil einen kleineren Winkel zum Wind zeigt als der obere. Mit dem Twist des Großsegels lässt sich die Kontrolle über das Boot erhalten. Der obere Teil des Segels wird in eine flache Fläche verwandelt, die keinen Druck erzeugt und die Krängung des Bootes bei viel Wind reduziert.

Die Größe des Twists wird mit der Großschot und dem Baumniederholer justiert. Mehr Zug auf der Großschot zieht das Segel unten nach innen und oben nach unten. Der nach unten gerichtete Zug des Niederholers erlaubt eine präzise Einstellung des Twists.

Der Spalt zwischen Fock und Großsegel generiert Luftfluss. Ein größerer Spalt erlaubt eine bessere Beherrschbarkeit des Riggs bei mehr Wind.

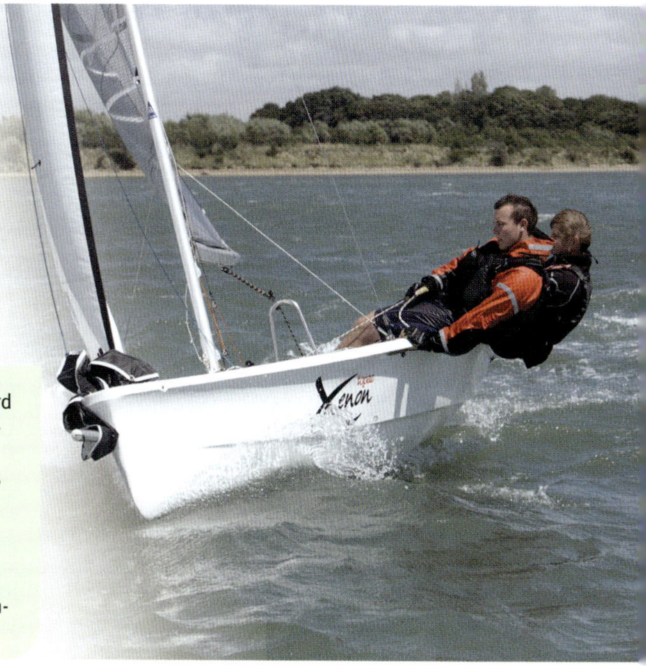

Tipp

Auf einem Katamaran wird der Twist durch die Großschot und verschiedene Stellungen des Travellers auf dem achteren Beam (Querträger) eingestellt. Das System erlaubt viel Zug auf der Schot bei jedem Winkel zum scheinbaren Wind.

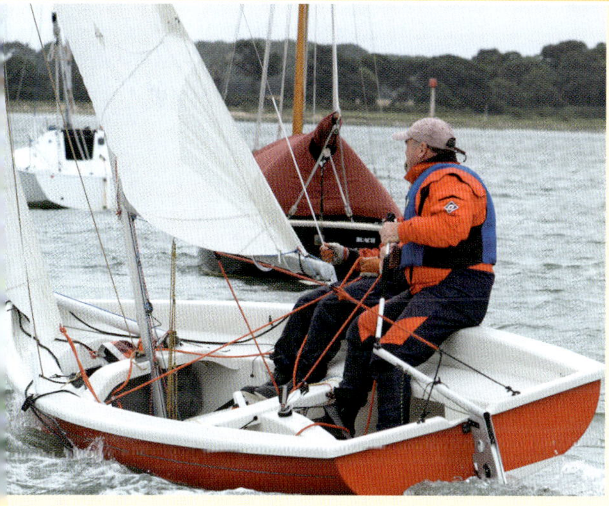

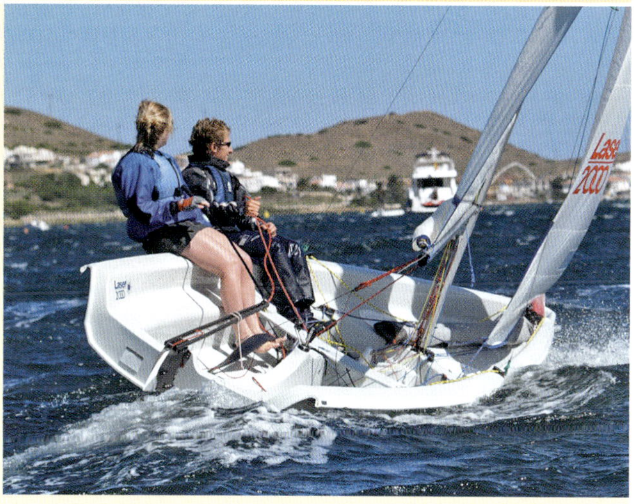

Mittlerer Wind bis Stärke 3:

- Nur wenig Zug auf dem Baumniederholer lässt das Großsegel twisten, wodurch der Druck im oberen Teil des Segels abnimmt und sich das Boot einfacher aufrecht segeln lässt.
- Auf dem Cunningham ist kein Zug nötig.
- Der Unterliekstrecker kann etwas gefiert werden, um maximale Kraft aus dem unteren Teil des Großsegels zu schöpfen.

Bei starkem Wind über 4 Beaufort:

- Das Ziel: An der Kreuz wird der Druck komplett aus dem oberen Teil des Segels genommen.
- Mit maximaler Spannung auf Niederholer, Cunningham und Unterliek wird der Mast gebogen. Das streckt das Segel, flacht es ab und verlagert den Druck nach vorn. Die obere Hälfte des Segels öffnet sich und wird eine flache, drucklose Fläche im Wind.

Segelreviere

Von einem schönen Strand unter sonnigem Himmel aufs glatte Wasser bei moderatem Wind – das hört sich nach perfektem Segeln an. Aber es ist nicht immer alles, wie es scheint: Der Sand kann zu weich für die Räder des Slipwagens sein oder der Grund fällt am Ufer steil ab, Steine können sich im Matsch verstecken oder niemand ist in Sicht, der im Notfall hilft.

Segeln mit Schutz

Segeln Sie als Anfänger generell nur dort, wo es Rettungsboote gibt, und tun Sie dies möglichst auch, wenn Sie schon gut segeln können. Sicherheit ist gegeben, wenn die Crew auf dem Rettungsboot erfahren ist und weiß, wie man sich einer gekenterten Jolle mit Seglern im Wasser nähert. Passen Sie selbst auf: Ein Retter, der es gut meint, aber keine Erfahrung hat, kann Schäden oder Verletzungen durch den Propeller oder das Rettungsboot hervorrufen.

Die goldenen Regeln für Fahrer von Rettungsbooten lauten:

- Der Rudergänger trägt immer eine Abreißleine für den Notstoppschalter. Die stoppt den Motor, sobald er sich zu sehr von ihm entfernt, also auch, wenn er selbst ins Wasser fällt.
- Die Schaltung muss auf neutral gestellt werden, sobald Personen im Wasser in der Nähe sind. Besser noch ist es, den Motor zu stoppen.

Segelvereine

Treten Sie in einen Club ein und genießen Sie folgende Vorteile:

- Der Verein wird an einem guten Segelrevier liegen. Wenn Sie Probleme beim Aufriggen, Wassern oder Anlanden haben oder nicht wissen, ob das Segeln sicher ist, können andere Mitglieder helfen.
- Der Club stellt Platz für Ihr Boot und Umkleideräume zur Verfügung. Die meisten Vereine bieten zudem eine Form der Bewirtung, und sie organisieren Veranstaltungen an Land.
- Vereine organisieren Regatten und Ausbildung für ihre Mitglieder. Durch beides lernen Sie hinzu und neue Leute kennen.
- Der Verein wird zuverlässige Sicherheitsmaßnahmen gewährleisten.

Segeln im Urlaub lernen

Strandclub-Urlaube mit organisiertem Jollensegeln sind ideale Gelegenheiten. Sie lernen in warmen Revieren segeln und werden von Profis geschult. Sie können verschiedene Jollen oder Kats ausprobieren, und Rettungsboote gibt es auch. Natürlich ist die Qualität der Angebote sehr unterschiedlich. Auf Segeln spezialisierte Anbieter wie

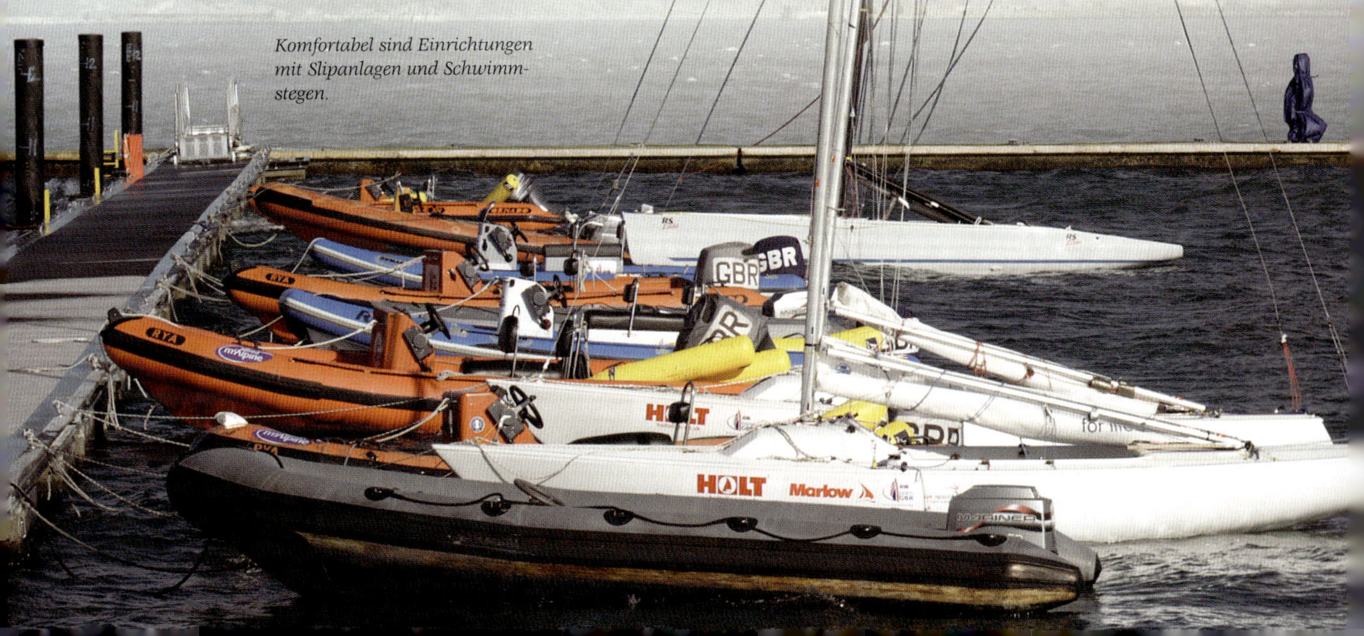

Komfortabel sind Einrichtungen mit Slipanlagen und Schwimmstegen.

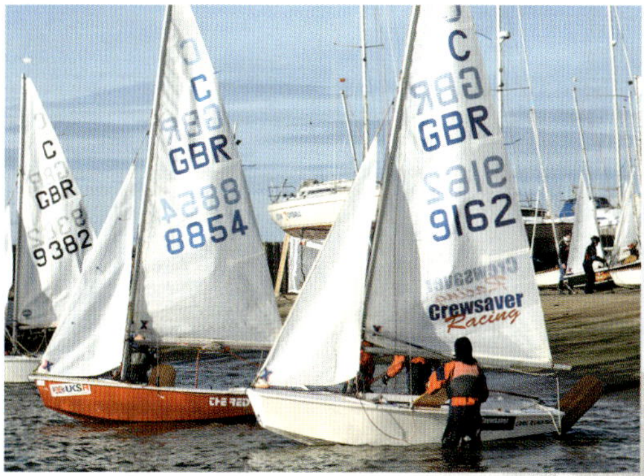

Eine flache Sliprampe mit einer weichen Oberfläche ohne Algen und Bewuchs ist ideal, um eine Jolle zu slippen (oben).

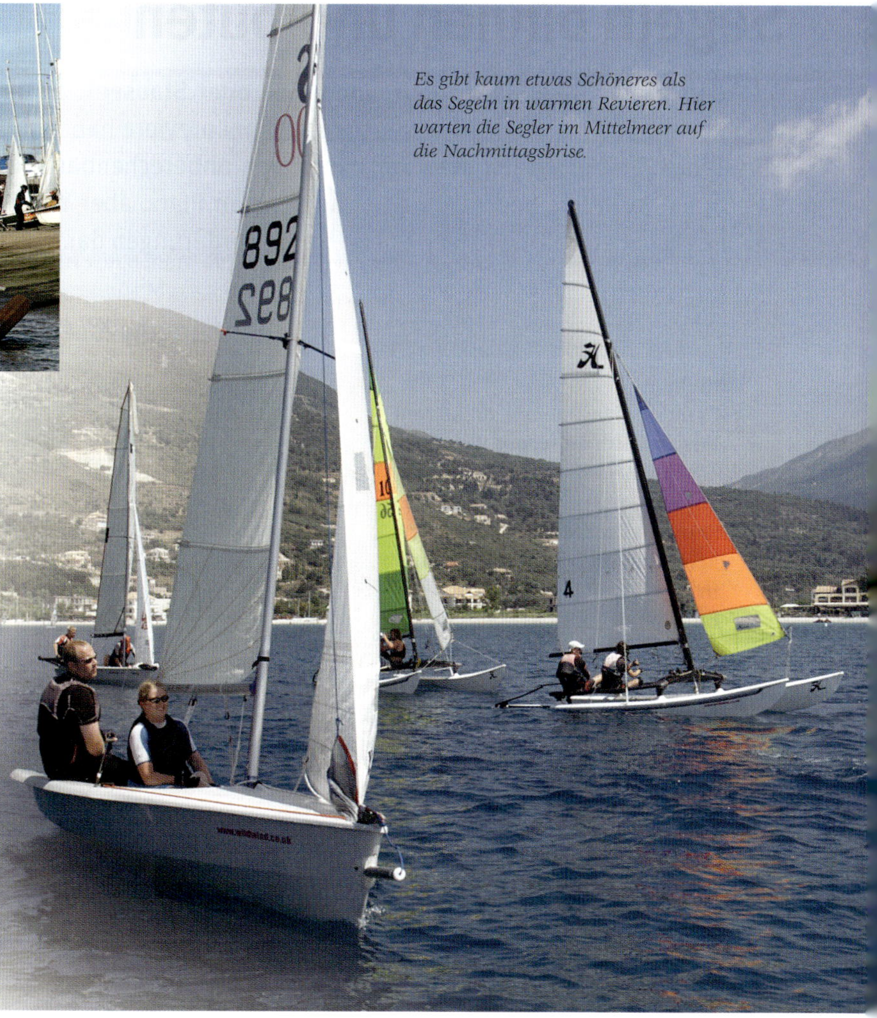

Es gibt kaum etwas Schöneres als das Segeln in warmen Revieren. Hier warten die Segler im Mittelmeer auf die Nachmittagsbrise.

beispielsweise Sail & Surf in Pollensa auf Mallorca oder Wildwind in Griechenland bieten hervorragendes Material und passende Unterweisung für unterschiedliches Können. Anbieter von Strandurlauben mit Bootspark richten sich an ein breiteres Publikum und können oft nicht dieselbe hohe Qualität an Booten und Ausrüstung sicherstellen wie die Spezialisten.

Das Jollensegeln daheim mag anders sein, kälter, vielleicht mit Strömung und schwierigem Wetter. Aber seien Sie sicher: Auch das macht viel Freude.

Sicherheit durch Rettungsboote

Gute Rettungseinrichtungen finden Sie.

- Bei Anbietern von Segelurlauben mit Strandclubs und ähnlichen Einrichtungen.
- Bei Segelkursen, die von Segelschulen oder Vereinen veranstaltet werden.
- Während organisierten Aktivitäten auf dem Wasser.
- Bei Regatten, die von einem Club ausgerichtet werden.

Segeln Sie nur dort, wo es Rettungsboote gibt. Sie wissen nie, ob die mal nötig werden!

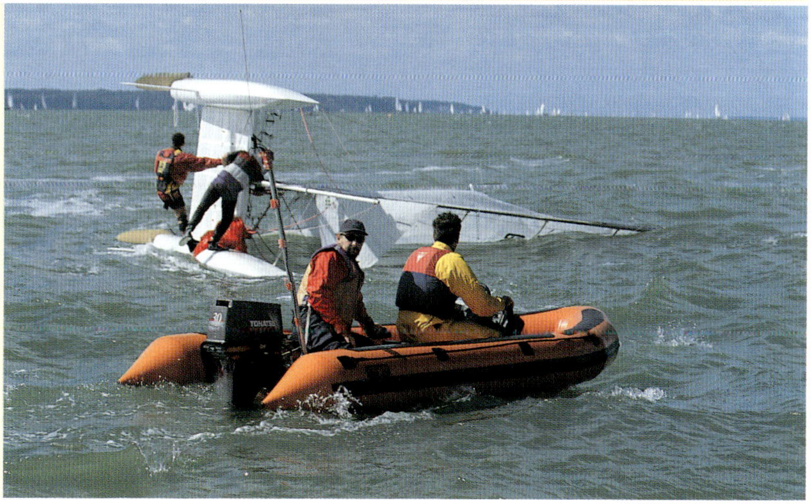

Das Wassern des Bootes

Wer eine Jolle ins Wasser bringt, sollte sich vorher einige Fragen stellen. Passt die Windrichtung? Müssen Strom und Gezeiten berücksichtigt werden? Wie ist der Untergrund beschaffen? Können andere Probleme auftauchen?

Ablandiger Wind

Der Wind bläst von der Küste weg. Das bedeutet glatteres Wasser und vermittelt den Eindruck von einfachen Bedingungen. Dicht an der Küste mag der Wind auch leichter und unbeständiger sein, weil er durch Bäume, Gebäude oder andere Hindernisse abgeschwächt wird. Je weiter Sie sich aber von der Küste entfernen, desto stärker kann der Wind wehen. Das kann Gefahr bedeuten, wenn Sie kentern und das Boot nicht mehr unter Kontrolle haben. Dann werden Sie von der Küste weg in noch rauere Bedingungen getrieben, und es wird immer schwieriger, sicher zurückzukommen.

Auflandiger Wind

Der Wind weht auf die Küste. Das erzeugt Wellen, die sich im Flachen brechen. Das Wassern wird dadurch erschwert, und Sie müssen sich freikreuzen, obwohl die Wellen Sie wieder zurückwerfen. Auch das Anlanden kann durch brechende Wellen erschwert sein.

Wind quer zum Ufer

Perfekt für das Wassern oder Anlanden. Der Wind weht von der Seite, Sie können also raumschots oder halbwinds das flache Gebiet verlassen und wieder erreichen.

Effekte durch Tiden

Der Wasserstand kann zum Zeitpunkt des Losfahrens deutlich höher oder niedriger sein als bei der Rückkehr. Bei niedrigem Wasserstand müssen Sie eventuell eine große Strecke über Sand oder Schlamm zurücklegen. Bei Hochwasser kann

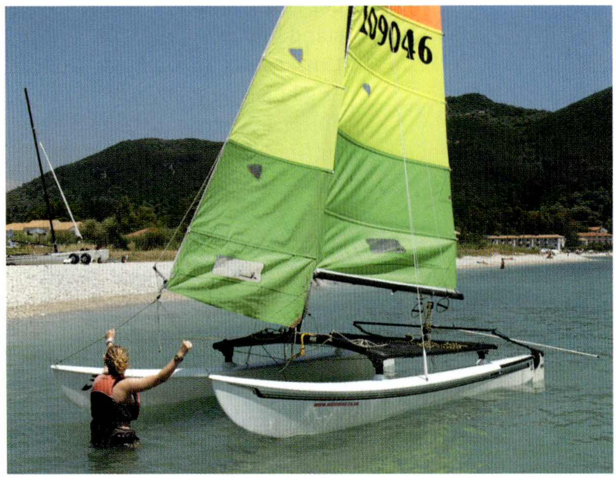

Wind parallel zur Küste ist perfekt für das Wassern und Anlanden. Aber zu tiefes Wasser macht es unmöglich, das Boot festzuhalten, wie hier den Hobie 16.

Tipp

Seien Sie rücksichtsvoll zu den Menschen am Strand oder im Wasser. Die werden nicht im Blick haben, dass Sie vielleicht mit Ihrem Boot kämpfen.

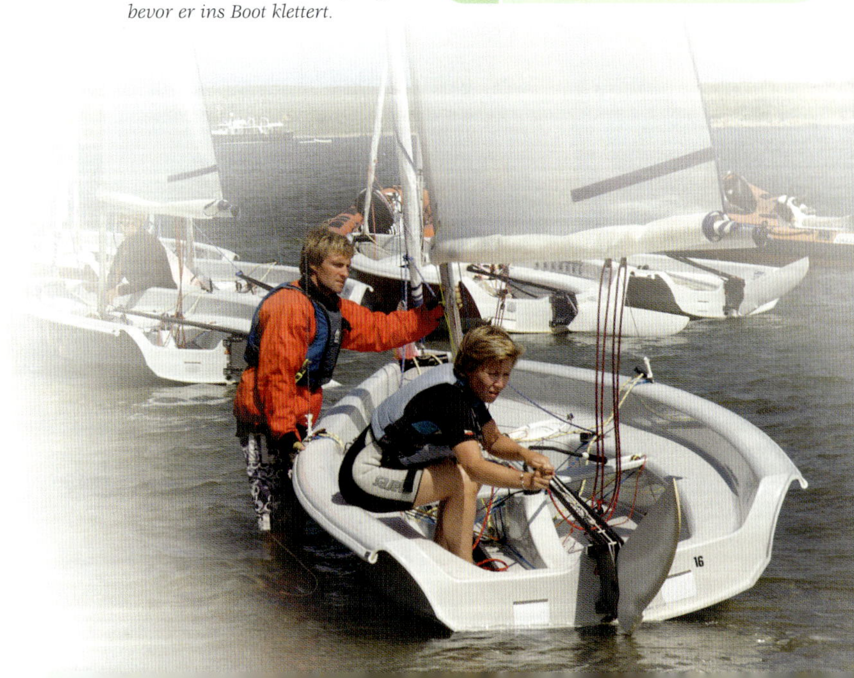

Der Wind weht auf die Küste. Der Vorschoter schiebt den Bug weg, bevor er ins Boot klettert.

das Wasser eine steil abfallende Stelle erreicht haben, wo Sie nicht mehr stehen können, um das Boot aus dem Wasser zu schieben.

Wenn Sie das Wassern vorbereiten, achten Sie auf die Flussrichtung des Stromes und wann sich dieser ändert. Wenn Strom und Wind aus derselben Richtung kommen, wird das Wasser relativ glatt sein. Wenn der Strom gegen den Wind steht, führt das dagegen zu kurzen, unangenehmen Wellen.

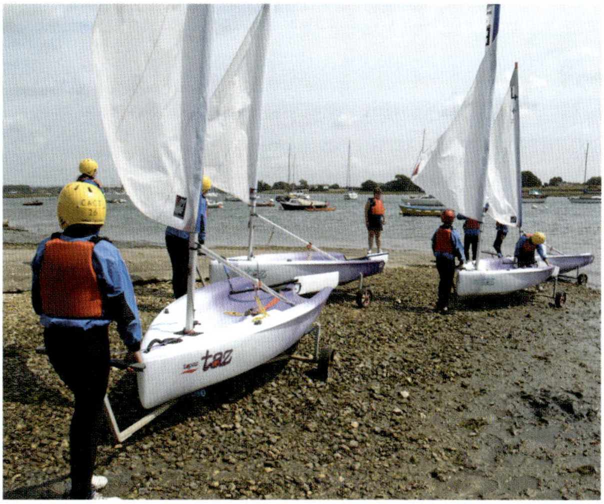

Wenn sich das Wasser zurückzieht, lässt es viel Land zurück. Planen Sie die längeren Wege ein. Diese Taz-Segler haben einen guten Untergrund, um ihre Boote auf den Slipwagen zum Wasser zu bringen.

Eine Jolle über den Strand ziehen

Ein leichtes Boot über harten Strand zu ziehen, ist einfach. Ein schweres Boot und weicher Sand bedeuten Probleme. Wenn die Räder des Slipwagens einsinken, brauchen Sie Hilfe. Das Boot muss gut auf dem Wagen gesichert sein. Manche Clubs legen Gummimatten oder Metallbahnen aus. Beton ist ein perfekter Untergrund, wird aber sehr rutschig. Tragen Sie Gummistiefel oder andere rutschfeste Schuhe.

Hindernisse und Gefahren

Auf Folgendes müssen Jollensegler in der Uferzone achten:

- Schwimmer und Taucher.
- Boote vor Anker.
- Jet-Skis – die Fahrer achten oft nicht auf Vorfahrtsregeln.
- Größere Steine, diese können bei sinkendem Wasser zum Problem werden. Auskunft geben die ortsansässigen Segler.

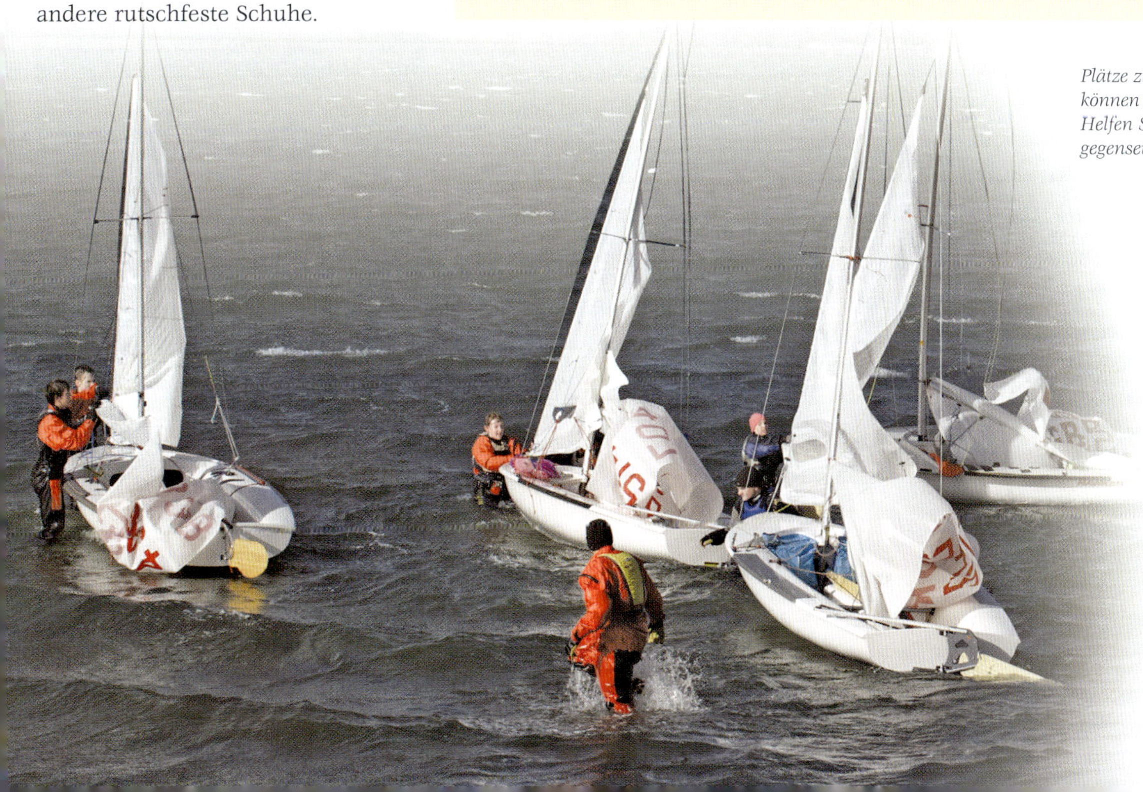

Plätze zum Anlanden können voll sein. Helfen Sie sich gegenseitig.

Starten von der Küste

Bereit loszulegen? Wenn Sie zu zweit segeln, kann einer das Boot im Wasser festhalten, und der andere bringt den Slipwagen ins Trockene. Wenn Sie allein sind, suchen Sie sich einen Helfer, dem nasse Füße nichts ausmachen.

Die Vorbereitung

Stellen Sie das Boot mit dem Bug im Wind dicht ans Wasser und machen Sie die Segel klar. Bei Schwachwind sollte es möglich sein, die Jolle mit gesetztem Großsegel bis zur Wasserkante zu schieben. Achten Sie darauf, dass das Boot nicht vom Slipwagen kippt; der Bug sollte also auf dem Weg zum Wasser ebenfalls in den Wind zeigen, und Sie müssen die Luvseite gegebenenfalls nach unten drücken. Die Großschot muss vollends gelöst sein. Bevor Sie das Boot ins Wasser schieben, sollte es segelfertig und alles gesichert sein. Schließen Sie die Lenzöffnungen und auch den Pfropfen für den Doppelboden, der sich am Heckspiegel befindet. Das Ruder sollte schon montiert und in der höchsten Position arretiert sein.

Slippen zu zweit

- Schieben Sie die Jolle mit dem Slipwagen in ausreichend tiefes Wasser, wo das Boot frei schwimmen kann. Normalerweise reicht knietiefes Wasser aus.
- Einer von Ihnen bringt den Slipwagen wieder an Land und stellt ihn oberhalb der Hochwasserlinie so ab, dass er niemanden behindert.
- Der andere hält das Boot am Bug fest. Falls es sehr unruhig schwimmt, kann es nötig sein, das Boot an den Wanten in einem kleinen Winkel zum Wind zu halten.
- Der Vorschoter klettert zuerst an Bord, entweder auf der Luvseite oder über das Heck, wenn es offen ist.
- Stehend, sitzend oder kniend senkt der Vorschoter das Schwert teilweise ab, um die Abdrift beim Lossegeln klein zu halten.
- Abhängig von der Wassertiefe senken Sie das Ruder nun teilweise ab.
- Wenn der Vorschoter fertig ist, schiebt der noch im Wasser stehende Steuermann das Schiff in eine Position quer zum Wind,

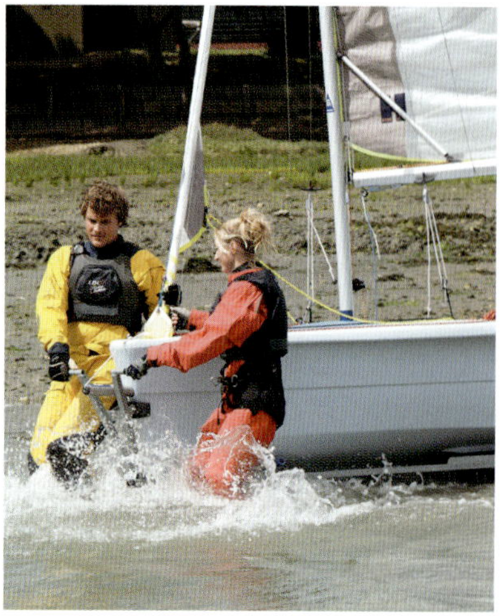

Bei auflandigem Wind schieben Steuermann und Vorschoter das Boot mit dem Bug zuerst ins Wasser, bis es tief genug ist und der Slipwagen entfernt werden kann.

Probleme an einer steilen Slipbahn

An einer steilen Slipbahn sollte man das Boot nicht mit dem Bug voraus wassern. Besonders bei rutschigem Untergrund verliert man allzu leicht die Kontrolle über den Slipwagen, der dann bis in tiefes Wasser rollt. Nur bei auflandigem Wind, wenn das Großsegel bereits gesetzt ist, sollte mit dem Bug voraus geslippt werden, wie im Foto rechts gezeigt. Lässt man an einer steil abfallenden Slipbahn das Boot mit dem Bug voraus zu Wasser, gerät man leicht in größere Wassertiefe, bevor man den Slipwagen entfernen kann. Je tiefer das Wasser, umso schwieriger ist es, Boot und Slipwagen unter Kontrolle zu halten.

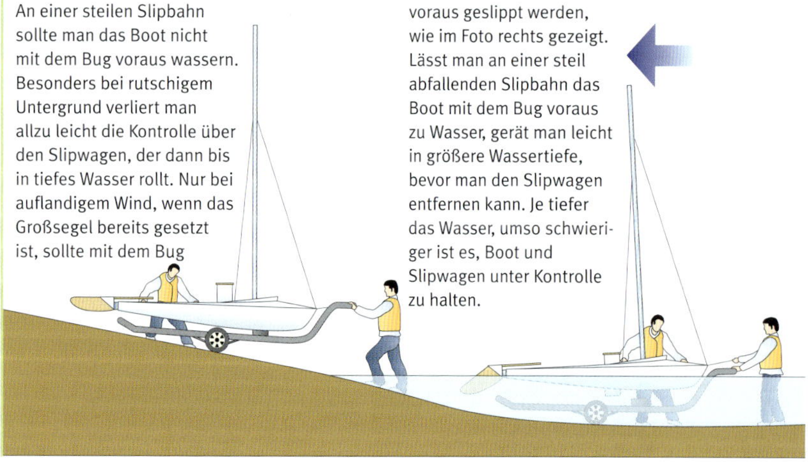

Tipp

Wenn Sie einen weit verbreiteten Bootstyp segeln, sehen die Slipwagen meist alle gleich aus. Markieren Sie Ihren Wagen mit Klebeband oder Filzstift an einer schnell auffindbaren Stelle.

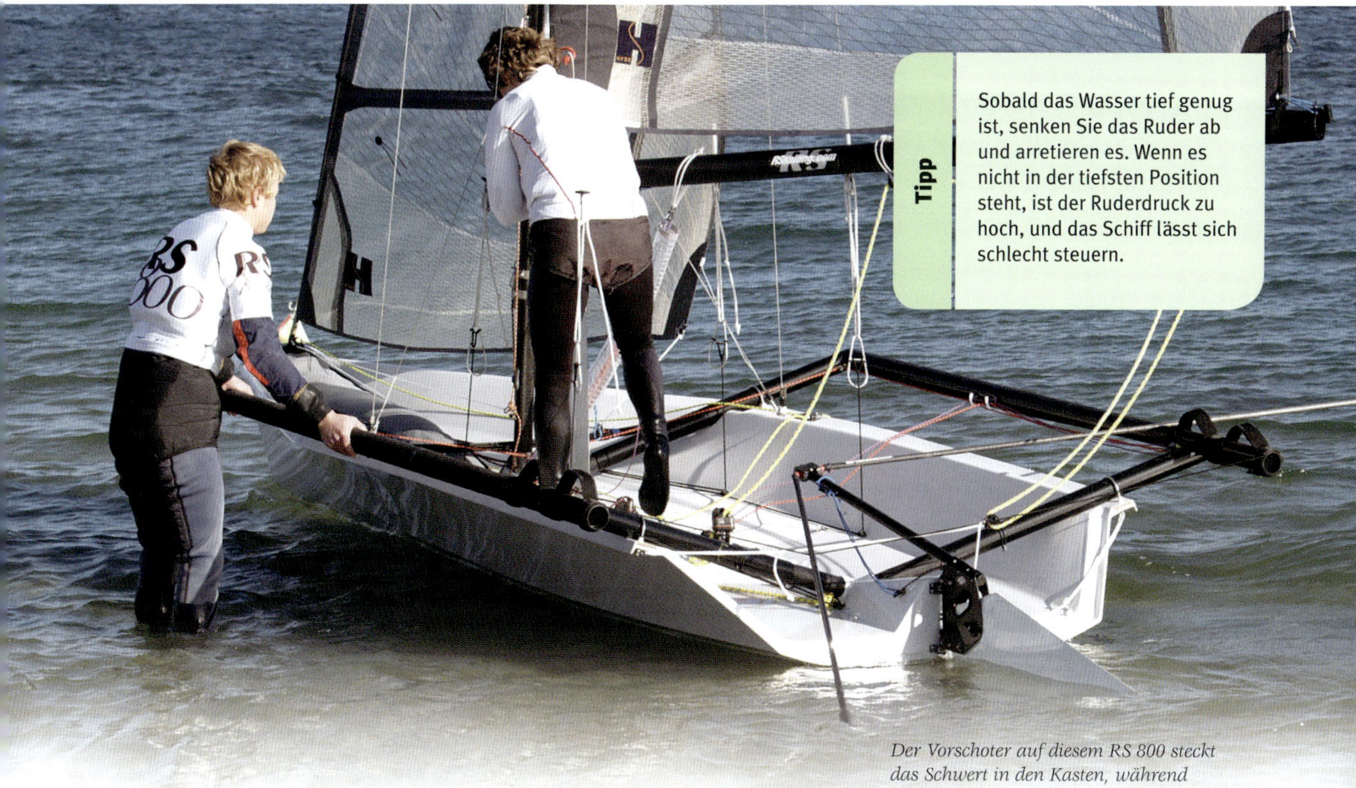

Tipp

Sobald das Wasser tief genug ist, senken Sie das Ruder ab und arretieren es. Wenn es nicht in der tiefsten Position steht, ist der Ruderdruck zu hoch, und das Schiff lässt sich schlecht steuern.

Der Vorschoter auf diesem RS 800 steckt das Schwert in den Kasten, während der Steuermann das Schiff an seinem Ausleger im Wind hält.

nimmt den Pinnenausleger und klettert in Luv aufs Boot. Gleichzeitig balanciert der Vorschoter das Boot, rollt die Fock aus und nimmt die Schot dicht, damit das Boot abfallen und Fahrt aufnehmen kann.

- Sobald das Wasser tief genug ist, muss der Steuermann das Ruderblatt vollständig absenken und arretieren. Es ist nicht möglich, das Boot sauber zu steuern, wenn das Ruderblatt noch etwas aufgeholt ist. Das erzeugt zu viel Ruderdruck und bremst. Der Vorschoter muss nun das Schwert ebenfalls maximal absenken, um die Abdrift weiter zu reduzieren.

Allein slippen

Suchen Sie sich einen Helfer, der den Wagen zurückbringt.

- Schieben Sie das Boot in ausreichend tiefes Wasser und halten Sie den Bug in den Wind. Wenn Sie bereit sind, senken Sie das Ruder und das Schwert so weit wie möglich ab.
- Drücken Sie das Boot auf einen Kurs mit halbem Wind.
- Klettern Sie ins Schiff und stoßen Sie sich dabei ab.
- Nehmen Sie die Großschot etwas dicht, um vom Ufer wegzusegeln. Wenn das Wasser tief genug ist, lassen Sie die Großschot etwas gehen und das Segel flattern; nun werden Schwert und Ruder maximal abgesenkt und arretiert.

Wenn Sie die Flachwasserzone schnell verlassen wollen, muss das Ruder einwandfrei funktionieren. Hier prüft der Steuermann noch mal die Funktionen (unten).

Tipp

Wenn das Schwert ganz oben steht, werden Sie das Boot nicht steuern können, es gleitet einfach seitlich weg. Nur ein wenig Schwert im Wasser schafft schon Abhilfe.

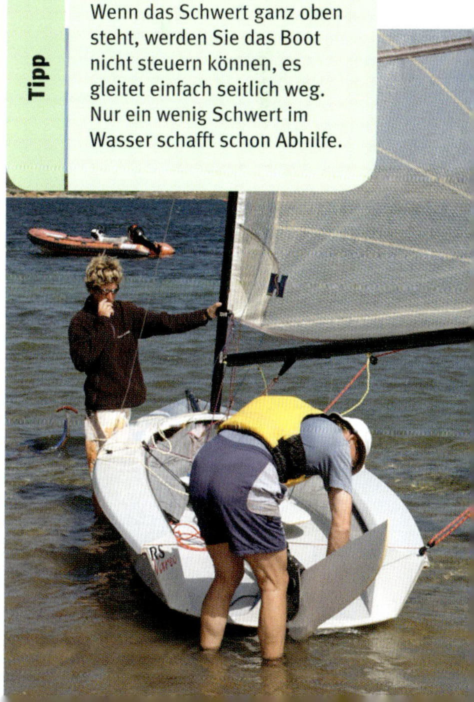

Vom Ufer wegsegeln

Wenn der Wind quer zum Strand weht, segeln Sie einfach mit halbem Wind los. Falls der Wind aber mehr vom Wasser oder vom Land her kommt, bedarf es anderer Techniken.

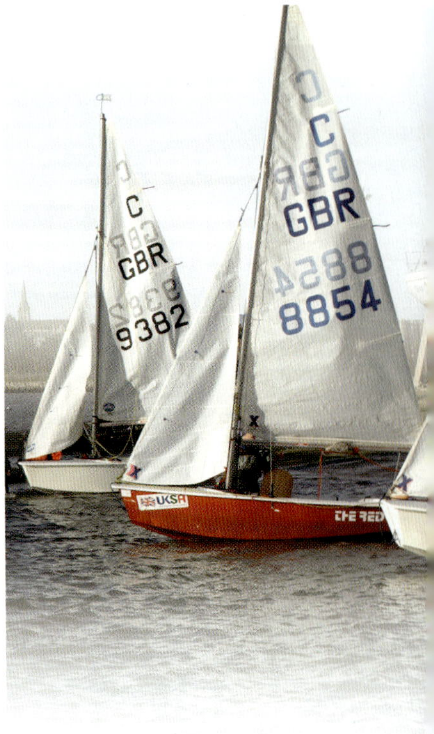

Ablandiger Wind

Das Hauptproblem: Das Boot zeigt beim Start zur Küste. Sie brauchen Platz zum Beschleunigen und Drehen, ohne dabei wieder den Strand zu berühren. Stellen Sie sicher, dass Sie genug Raum nach Lee haben, damit das Boot in einem Bogen abfallen kann. Ermitteln Sie, ob der Weg nach Backbord oder der nach Steuerbord der schnellste ist, um das flache Wasser zu verlassen.

- Setzen Sie das Großsegel auf dem Strand. Mit dem Wind in Ihrem Rücken schieben Sie die Jolle mit dem Heck voraus ins Wasser. Das Ruderblatt muss ganz oben sein.
- Schieben Sie den Slipwagen so weit ins Wasser, dass das Boot aufschwimmt. Der Vorschoter hält den Bug fest, Sie bringen den Wagen zurück. Dann klettern Sie ins Boot und senken das Ruder komplett ab.
- Das Schwert wird so weit wie möglich abgesenkt, damit das Boot manövrierbar ist und nicht nur seitlich abdriftet.
- Der Vorschoter schiebt den Bug so weit wie möglich nach Lee (vom Wind weg) und springt an Bord, sobald das Schiff beschleunigt. Um das Abfallen der Jolle zu erleichtern, wird das Vorsegel ausgerollt oder gesetzt und an der Luvschot (windseitig) gezogen. Dieses Backhalten der Fock unterstützt die Drehung nach Lee; der Bug entfernt sich vom Strand.
- Sobald das Boot von der Küste fortzeigt, lässt der Vorschoter die Luvschot los, der Rudergänger steuert den gewünschten Kurs und die leeseitige, dem Wind abgewandte Schot der Fock wird gezogen, bis das Segel steht.

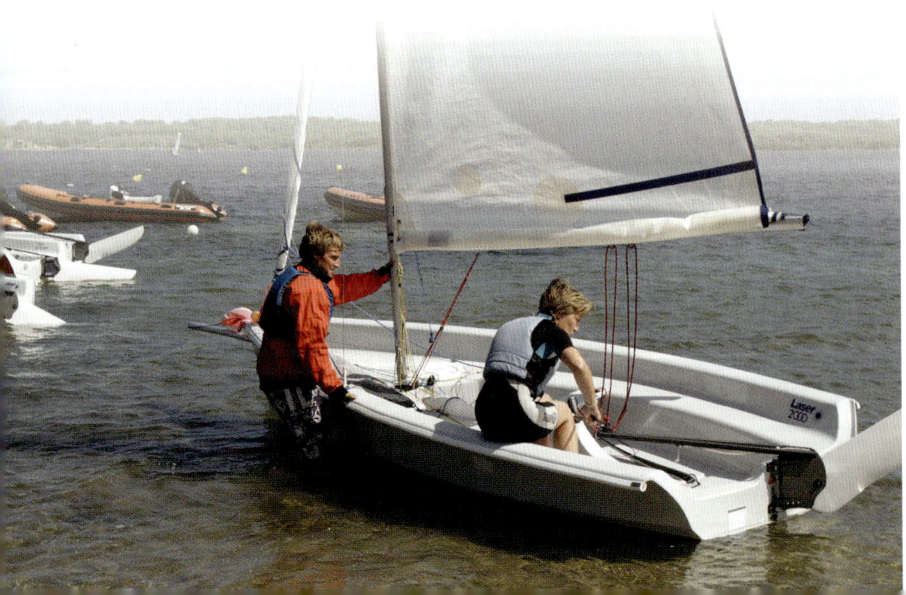

Stellen Sie sicher, dass alles segelklar und gesichert ist. Haben Sie genug Abstand zu den anderen Booten?

Auflandiger Wind

Der Start gegen den Wind kann trickreich sein, besonders wenn Wellen das Boot wieder an den Strand zurückschieben wollen. Prüfen Sie die Windrichtung und wählen Sie den Bug, auf dem Sie sich am schnellsten vom Strand fortbewegen.

- Wenn möglich, schieben Sie das Boot mit gesetzten Segeln und dem Bug zuerst ins Wasser.
- Die Alternative: mit dem Heck voran und den Segeln unten. Der Vorschoter schiebt den Slipwagen bis in ausreichend tiefes Wasser. Sobald das Boot aufschwimmt, hält er es mit dem Bug zum Wind fest, während der Steuermann an Bord das Großsegel setzt.
- Schwert und Ruder möglichst weit absenken.
- Nehmen Sie viel Geschwindigkeit auf, um den Wellen begegnen zu können. Dabei ist nicht optimale Höhe zum Wind gefragt, sondern

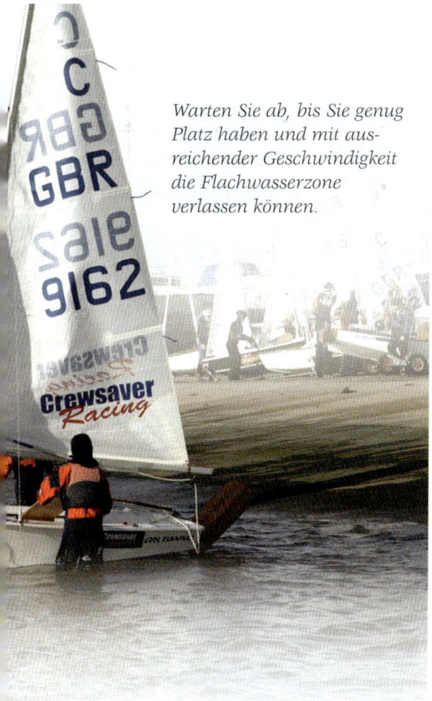

Warten Sie ab, bis Sie genug Platz haben und mit ausreichender Geschwindigkeit die Flachwasserzone verlassen können.

Power. Segeln Sie auf dem Weg zum Wellenkamm etwas höher am Wind, und fallen Sie danach ins Tal etwas ab. Das bringt Beschleunigung, und das Boot knallt weniger auf.

Einen Kat slippen

Es kann schwierig sein, den Zweirümpfer zu drehen, ohne zum Strand zurückzusegeln. Um das zu unterbinden, kann man sich zuerst etwas vom Strand wegtreiben lassen.

- Katamarane haben Slipwagen mit einer Achse und zwei großen Rädern. Schieben Sie den Wagen so weit unter die Rümpfe, dass der Kat ausbalanciert ist. Das ist meist der Fall, wenn die Achse in Höhe der Wanten liegt.
- Wassern Sie den Kat mit den Hecks zuerst. Je ein Segler setzt sich dann auf jeden Bug, um die Hecks anzuheben. Sie lassen das Boot vom Strand wegtreiben. Dann können Sie auf das Trampolin klettern und mit backgehaltener Fock die Drehung ausführen.

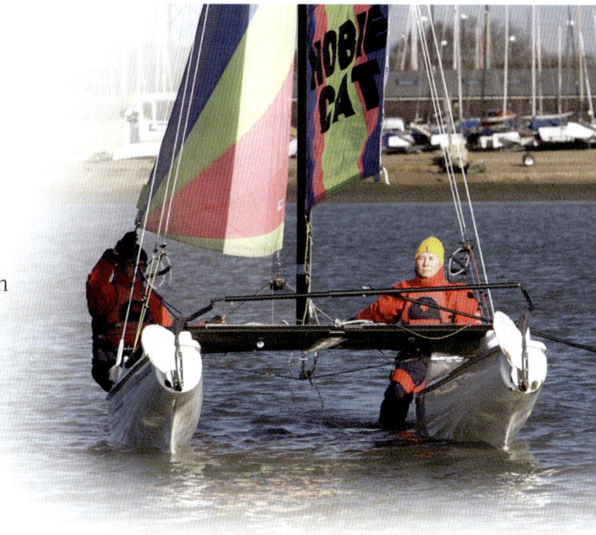

Katsegler haben eine spezielle Methode, bei ablandigem Wind ins freie Wasser zu kommen – sie lassen sich einfach treiben und sitzen dabei auf den Bugspitzen.

Weg vom Ufer

Lossegeln bei ablandigem Wind: Schieben Sie das Boot so weit ins tiefere Wasser, dass sich für optimale Manövrierbarkeit Schwert und Ruderblatt voll absenken lassen.

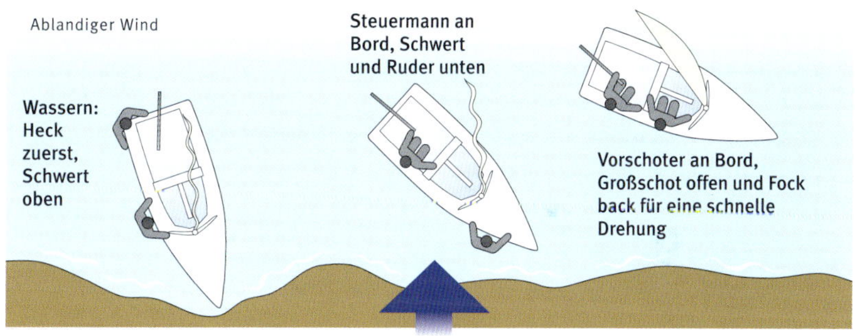

Lossegeln bei auflandigem Wind: Wenn die Brise von See kommt, müssen Sie die Uferzone schnell verlassen. Wenn Sie manövrieren können, drehen Sie das Boot und nehmen Fahrt auf.

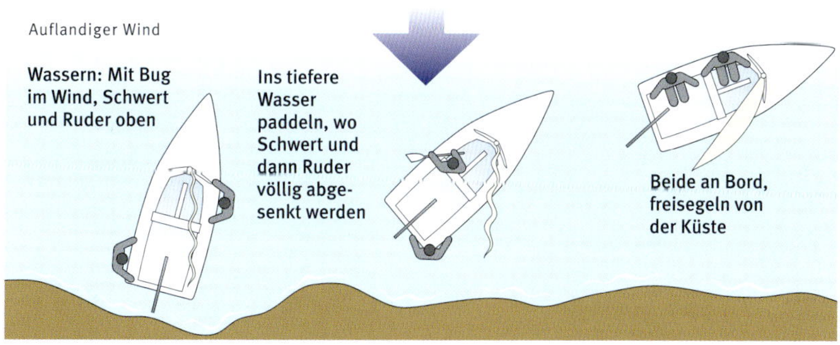

Wenn es keine Fock gibt

Eine Einhandjolle hat kein Vorsegel, das bei der Drehung weg vom ablandigen Wind helfen kann. Schieben Sie den Bug weit genug herum (vom Wind fort), um dann weiter abfallen zu können.

Halbwindkurs

Einsteiger beginnen am besten bei wenig Wind, maximal 3 Beaufort, und in einem kippsicheren, einfach bedienbaren Boot. Beginnen Sie halbwinds: Der Wind weht dabei quer zum Schiff.

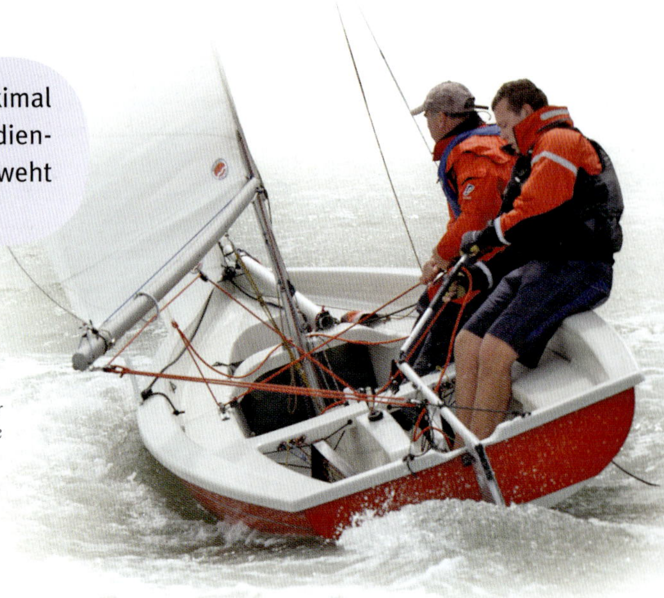

Segeln Sie das Boot auch bei halbem Wind aufrecht. So ist es schneller und durch weniger Ruderdruck einfacher zu steuern. Reiten Sie bei zu viel Lage aus, oder fieren Sie die Großschot etwas.

Wind kommt quer

Beim Halbwindkurs weht der Wind etwa 90 Grad zur Schiffsmittellinie und ermöglicht schnelles und einfaches Segeln. Der Wind produziert den maximalen Luftfluss auf beiden Seiten des Segels; ihm wird das Crewgewicht in Luv entgegengesetzt. Die Antriebskraft aus dem Segel in Kombination mit dem Auftrieb durch das Schwert schiebt das Boot vorwärts, anstatt es seitlich wegrutschen zu lassen. Das verringert wiederum die Krängung und ermöglicht eine bessere Geschwindigkeit in die richtige Richtung.

Segeltrimm

Ziehen Sie die Großschot und die Fockschot gerade so dicht, dass die Segel nicht mehr flattern. Nehmen Sie die Schoten zu dicht, wird der Luftfluss in den Segeln abreißen und die Vortriebskraft reduzieren.

Die Windfäden auf beiden Seiten der Segel sollten nun nach achtern zeigen. Falls Sie eine Fock benutzen, kann der untere und dicht am Mast liegende Teil des Großsegels einen leichten Gegenbauch aufweisen. Das ist normal und wird verursacht durch den Schlitz zwischen Fock und Großsegel, die sogenannte Düse; den Speed beeinträchtigt dies nicht.

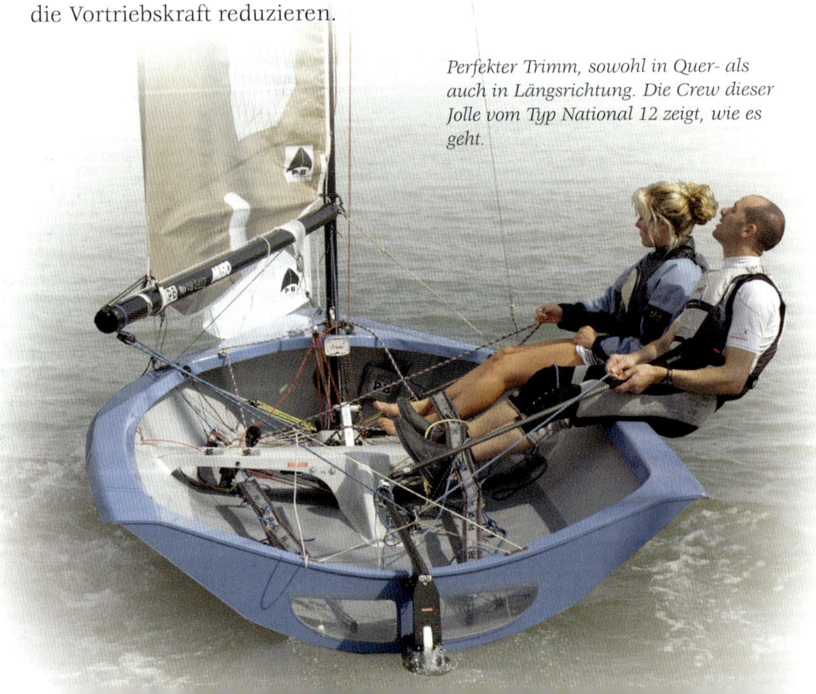

Perfekter Trimm, sowohl in Quer- als auch in Längsrichtung. Die Crew dieser Jolle vom Typ National 12 zeigt, wie es geht.

Bootstrimm

Ein Boot sollte nicht nur möglichst aufrecht segeln, sondern auch in der Längsrichtung richtig schwimmen. Verlagern Sie bei leichtem Wind das Gewicht nach vorn, um das Heck zu heben, das sonst zu viel Widerstand erzeugt. Wenn der Wind zunimmt und das Boot beschleunigt, bringen Sie das Gewicht nach hinten. Mit zwei Personen an Bord sollten diese dicht nebeneinander sitzen.

Gleiten

Bei 3 bis 4 Windstärken sollte eine moderne Jolle anfangen zu gleiten. Dabei surft das Boot über das Wasser, anstatt sich mühsam seinen Weg hindurchzubahnen. Gleitfahrt wird erreicht, wenn der Rumpf seine eigene Heckwelle gut hinter sich lässt und sozusagen auf seiner eigenen Bugwelle reitet. Das Mehr an Geschwindigkeit ist enorm, und die Welle hinter dem Heck wird flach. Die Crew muss nach achtern rutschen, um den Bug zu heben. Wenn das Boot wieder langsamer wird, sollte sie sich wieder nach vorn bewegen.

Aufrecht segeln

Versuchen Sie, möglichst aufrecht zu segeln. Wenn eine Bö einfällt, fieren Sie die Schoten ein wenig oder hängen sich weiter raus. Falls das Boot zu sehr krängt (schief segelt):

- wird es langsamer, weil der Rumpf mehr Widerstand erzeugt.
- wird es seitlich stärker abtreiben, weil das schräger stehende Schwert weniger effektiv ist.
- wächst der Ruderdruck (die Pinne will von Ihnen weg), weil das Ruderblatt weniger Kontakt zum Wasser hat.
- muss die Crew auf der Kante mit der Krängung kämpfen.

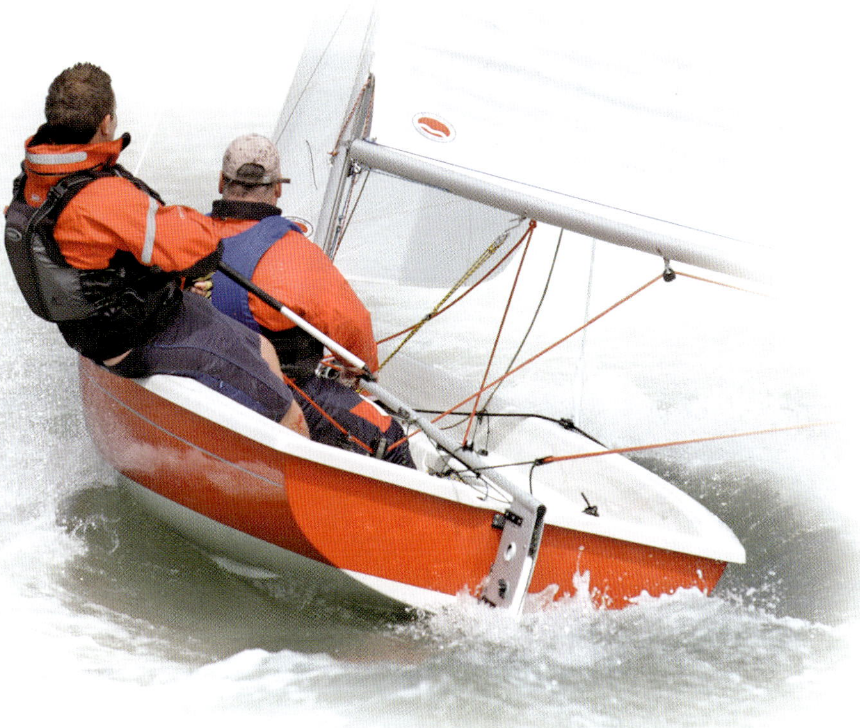

Sehen Sie in die Segel und achten Sie auf den Kurs. Falls die Pinne zu sehr zieht, fieren Sie die Großschot. Die Crew dieser Comet Trio genießt einen entspannten Ritt auf Halbwindkurs.

Ausreiten

Das hat nichts mit Pferden zu tun. Ausreiten gehört zum Jollensegeln. Ihr Gewicht dient dazu, der Kraft in den Segeln etwas entgegenzusetzen; sonst kippt das Boot um. Setzen Sie sich auf das Seitendeck und stecken Sie Ihre Füße unter die Gurte im Cockpit. Moderne Jollen haben gut geformte Seitendecks, die das Rein- und Rausrutschen erleichtern. Wenn das Boot zu krängen beginnt, hangen Sie sich raus. Die Fußgurte verhindern, dass Sie von Bord fallen. Wie komfortabel das Ausreiten ist, hängt von Ihrer Kraft und Ihrer Beinlänge ab. Falls Sie auch Regatten segeln wollen, müssen Sie das Ausreiten ernsthaft üben. Je weiter Sie bei mehr Wind ausreiten können, desto schneller segelt das Boot. Spezielle Hosen aus dem Fachhandel machen das Herauslehnen komfortabler.

Segeln bei mehr Wind ist anstrengend. Gute Segler bewegen dabei dauernd ihr Gewicht rein und raus, nach vorn und nach achtern (unten).

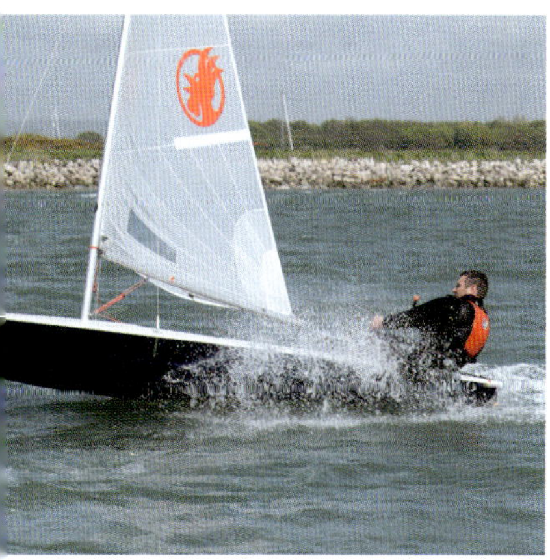

Bug fliegt, Segler ackert, Boot gleitet. Dieser Streaker segelt auf einem schnellen Halbwindkurs (links).

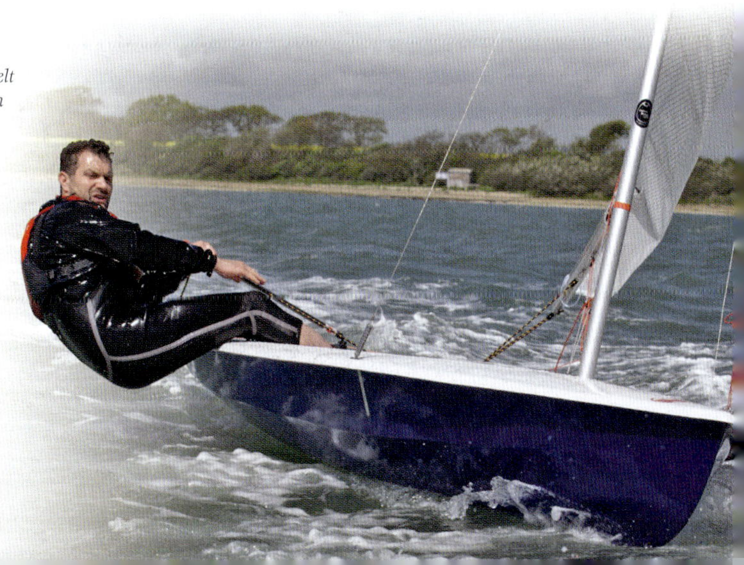

Kreuzen

Falls Sie in die Richtung segeln wollen, aus der der Wind kommt, müssen Sie so dicht an den wahren Wind gehen wie möglich. Für Anfänger ist dieser Kreuzkurs die größte Herausforderung.

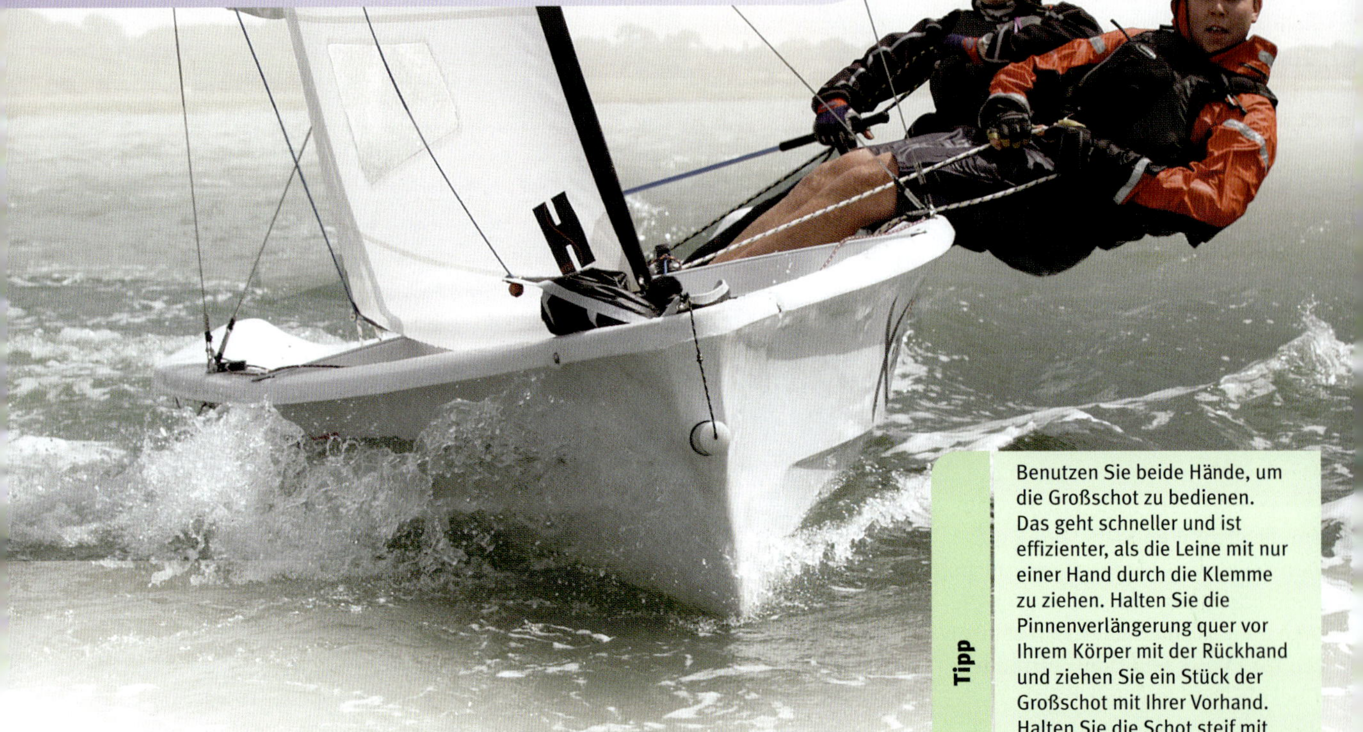

Moderne Jollen wie diese Xenon wollen aufrecht und schnell gesegelt werden, ohne zu hoch an den Wind zu gehen.

Tipp

Benutzen Sie beide Hände, um die Großschot zu bedienen. Das geht schneller und ist effizienter, als die Leine mit nur einer Hand durch die Klemme zu ziehen. Halten Sie die Pinnenverlängerung quer vor Ihrem Körper mit der Rückhand und ziehen Sie ein Stück der Großschot mit Ihrer Vorhand. Halten Sie die Schot steif mit Ihrer Rückhand, mit der Sie auch den Pinnenausleger bedienen, und benutzen Sie wieder Ihre Vorhand, um ein weiteres Mal an der Schot zu ziehen.

Wind von vorn

Sie können nicht direkt in die Richtung segeln, aus der der Wind kommt (dieses ist die »No-Go-Zone«). Aber Sie können gegen den Wind »kreuzen«. Abhängig von der Konstruktion des Bootes, den Fähigkeiten der Crew, dem Wellenbild und der Windstärke ist es möglich, einen Winkel von 30–45 Grad zum scheinbaren Wind zu segeln. Je kleiner dieser Winkel ist, desto direkter fährt das Boot auf das Ziel zu. Wind von vorn bedeutet Luftfluss über beide Seiten des Segels, was eine Vortriebskraft erzeugt. Das wird unterstützt vom dynamischen Auftrieb und vom Querwiderstand des Schwertes. Jedoch wird der Wind das Boot zurück und zur Seite schieben wollen. Wind in den Segeln und der Widerstand des Schwertes führen zur Krängung. Neutralisieren Sie dies durch Ausreiten und leichtes Fieren der Großschot.

Segeltrimm

Bei sehr leichtem Wind sollten Groß- und Fockschot dichtgeholt werden. Wenn der Wind zunimmt, können beide Schoten noch dichter sein. Für beste Performance wird empfohlen, die Schoten in der Hand zu halten, aber beim Lernen oder Fahrtensegeln ist es viel weniger ermüdend, die Schoten in ihren Klemmen zu belegen. Die Fockschot kann im Allgemeinen belegt bleiben, wenn eine Bö einfällt, aber der Steuermann muss in der Lage sein, die Großschot mit einem Ruck zu lösen. Üben Sie das! Ziehen Sie die Großschot in die Klemme und versuchen Sie, diese ruckartig zu lösen.

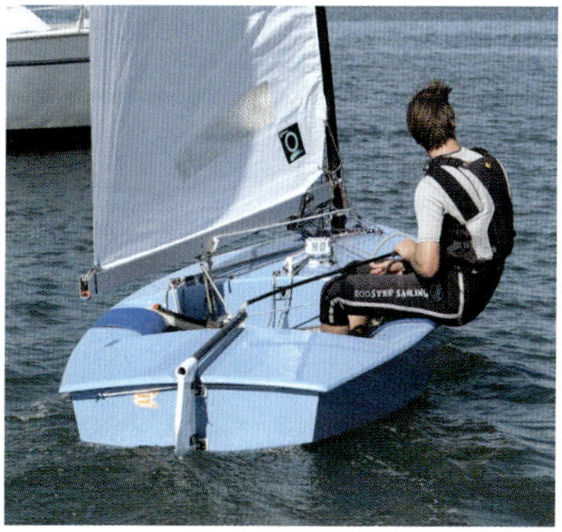

Bleiben Sie bei leichtem Wind still sitzen und konzentrieren Sie sich auf den Kurs.

Gewichtstrimm

Halten Sie das Gewicht gut vorn, wodurch der Bug heruntergedrückt und das Heck angehoben wird.

Aufrecht segeln

Wenn eine Bö einfällt, haben Sie zwei Möglichkeiten: entweder die Großschot lösen, um Kraft aus dem Großsegel zu nehmen, sodass sich das Boot aufrichtet, oder durch Steuern anluven. Je höher Sie am Wind segeln, desto weniger wird der Wind das Boot krängen. Jedoch wird es auch wegen geringerer Antriebskraft langsamer werden.

Winkel zum Wind

Ein sehr spitzer Kurs zum Wind wird die Segel an deren Luvlieken einfallen lassen; das kann gut funktionieren mit traditionellen Jollen, die schmale Rümpfe haben, und auch sinnvoll sein, wenn man eine Regattatonne umrunden will. Ein Steuern sehr hoch am Wind funktioniert nicht auf modernen Skiff-Jollen mit flachen Rümpfen, die mit großer Geschwindigkeit in einem größeren Winkel zum Wind gesegelt werden müssen. Wenn Sie solch eine Jolle sehr hoch am Wind segeln, wird sie dramatisch langsamer. Was zählt, ist die beste Kombination aus Geschwindigkeit und Höhe (VMG, s. o.).

Zielgeschwindigkeit (velocity made good, VMG)

Zwei Boote wollen zu einem Punkt, der genau in der Richtung liegt, aus der der Wind kommt. Sie müssen in einem Zickzackkurs aufkreuzen, um diesen zu erreichen. Boot A segelt mit 30Grad zum Wind und mit einer Durchschnittsgeschwindigkeit von 4 kn. Boot B segelt mit 40 Grad zum Wind und mit einer Durchschnittsgeschwindigkeit von 7 kn. Boot A schafft ein VMG von 3,5 kn, Boot B jedoch 5,6 kn bis zum Ziel im Wind. Boot B wird dank eines besseren VMG das Ziel eher erreichen. Es dauert in diesem Beispiel für das Boot A etwa eine Stunde länger, bis es ankommt. Die Anzahl und das Timing der Wenden, die jede Crew wählt, ist der Schlüssel für eine schnelle Kreuz. Jedes Boot hat einen optimalen Segelwinkel zum Wind. Finden Sie diesen für Ihr Boot durch Training. Der optimale Winkel hängt außerdem stark von der Windgeschwindigkeit und anderen Faktoren wie dem Strom ab.

Geschätzte Zeit
Boot A 3,1 Std.
Boot B 2 Std.

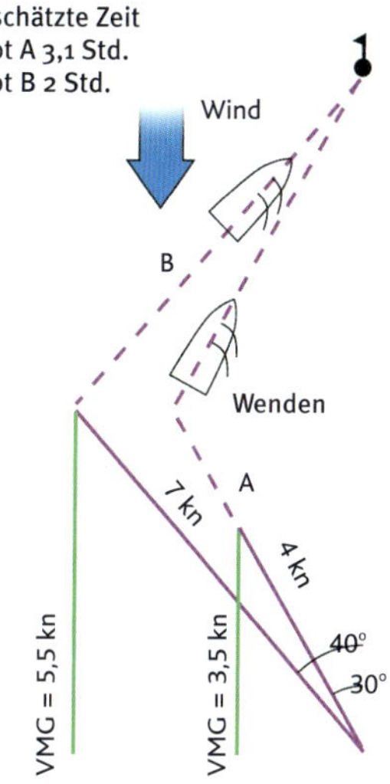

Tipp

Eine Jolle steuert man fast ausnahmslos mit der Pinnenverlängerung. Halten Sie diese wie einen Dolch. Das ermöglicht es Ihnen, die Pinnenverlängerung quer vor dem Körper zu halten.

Lassen Sie das Boot nicht zu stark krängen, sonst wird die Abdrift zu groß sein und einen schnellen Weg nach Luv verhindern. Bei stärkerem Wind kann es auf einigen Jollen helfen, das Großsegel zu reffen.

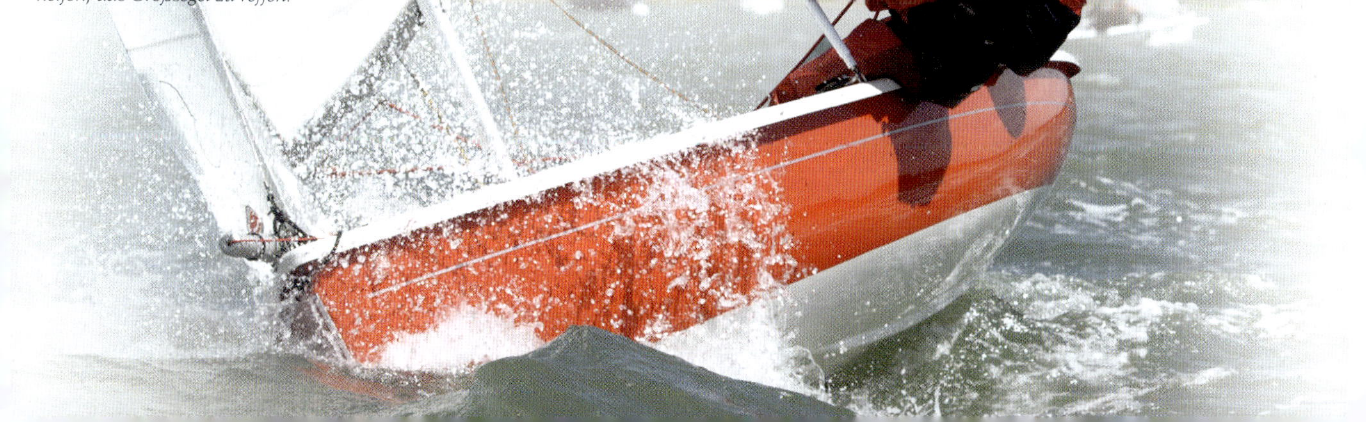

Raumschotskurs

Wenn Sie in die Richtung segeln wollen, in die der Wind weht, segeln Sie mit dem Wind von hinten. Es hört sich einfach an, diesen Kurs zu steuern, aber es gibt gute Gründe für Kurse mit spitzeren Winkeln.

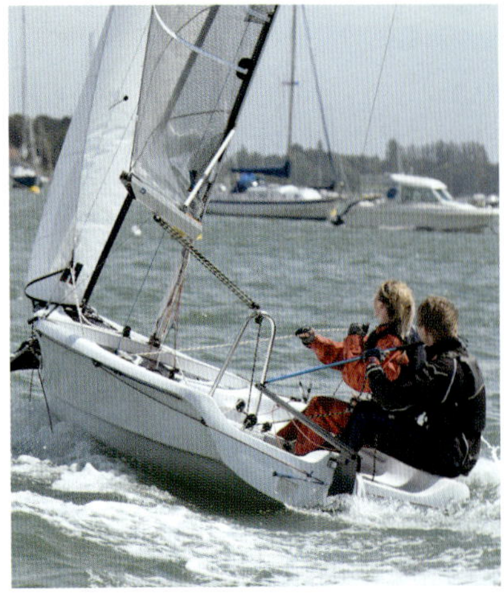

Achten Sie darauf, dass das Boot nicht zu sehr nach Luv rollt, wenn Sie tiefe raume Kurse fahren. Ziehen Sie die Großschot oder drücken Sie die Pinne weg, um dem entgegenzuwirken.

Auf diesem tiefen raumen Kurs wird die Fock schon beinahe vom Großsegel abgedeckt. Nur wenige Grad tiefer gesteuert, lässt sich die Fock auf der anderen Seite fahren, das nennt man dann »Schmetterling«.

Platt vor dem Wind

Das Segeln mit dem Wind direkt von hinten kann Probleme bereiten:

- Der Wind kann nicht über beide Seiten des Segels fließen; er schiebt das Boot lediglich, die Segel arbeiten nicht effektiv.
- Es gibt keine seitliche Stabilität, bei Welle kann das Boot rollen. Die Crew einer Zweimannjolle kann das Rollen durch richtige Gewichtsverteilung reduzieren, indem sie auf beiden Seiten des Bootes sitzt. Der Einhandsegler wird dafür in der Mitte des Cockpits sitzen müssen.
- Auf einer Zweimannjolle wird das Großsegel die Fock abdecken. Dem kann man abhelfen, indem sie auf der anderen Seite geschotet wird; das nennt sich »Schmetterling-Segeln«.
- Schmetterling-Segeln ist recht effektiv, weil die gesamte Segelfläche genutzt wird, aber es funktioniert nur gut, wenn Sie nach Lee steuern. Dies bedeutet, Sie müssen etwas abfallen (die Pinne zu sich hinziehen), sodass der Wind über die Leeseite des Spiegels weht und nicht genau von achtern.
- Wenn Sie unter Schmetterling nicht sehr exakt steuern, besteht die Gefahr einer ungewollten Halse: Der Wind erwischt das Großsegel von der falschen Seite, und der Baum kracht über das Schiff. Dies kann eine Kenterung verursachen.

Segeltrimm

Auf einer Zweimannjolle wird die Großschot so weit gefiert, dass der

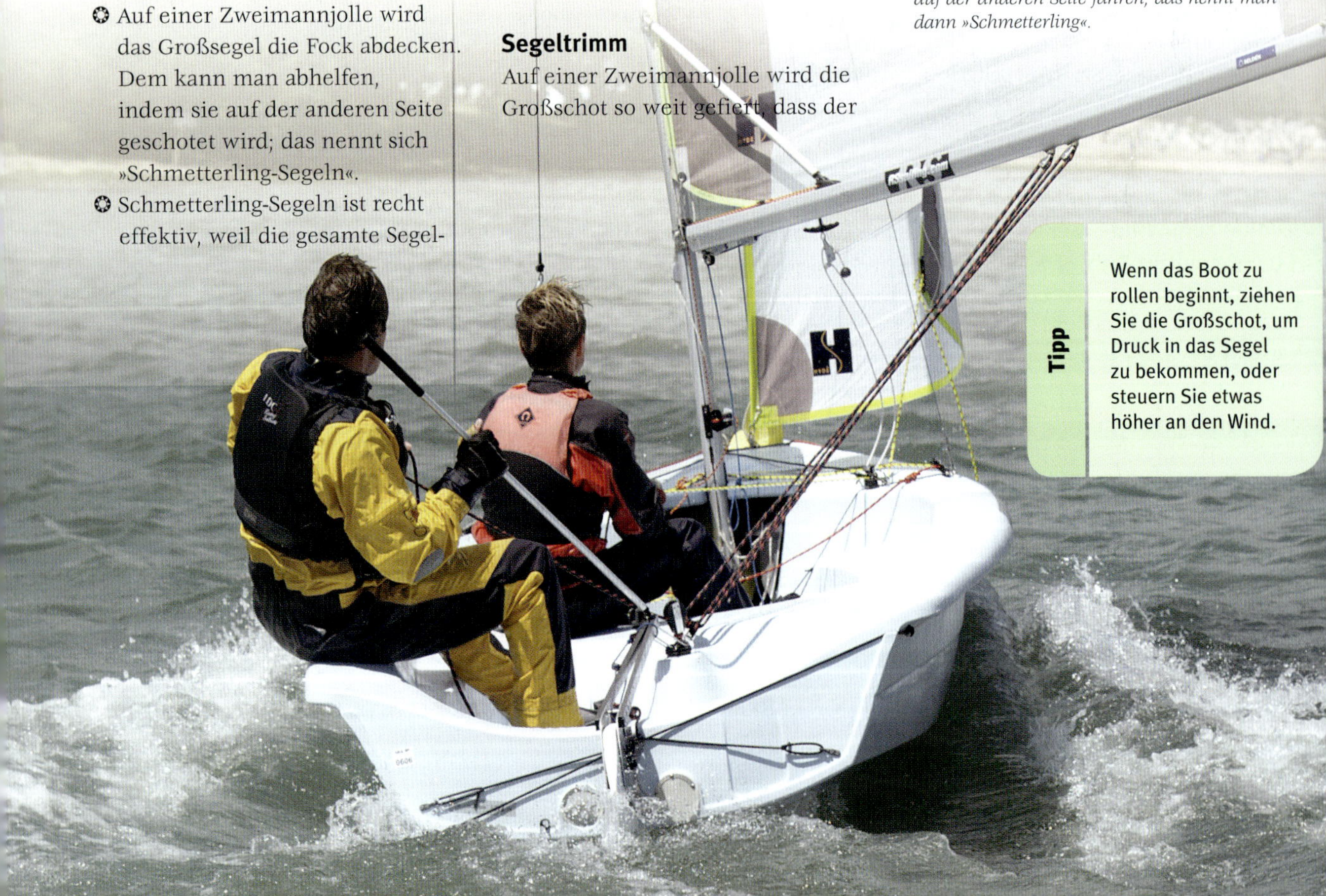

Tipp

Wenn das Boot zu rollen beginnt, ziehen Sie die Großschot, um Druck in das Segel zu bekommen, oder steuern Sie etwas höher an den Wind.

Baum fast an den leeseitigen Wanten anliegt. Der Baum auf einer wantenlosen Einhandjolle sollte bis auf einen ähnlichen Winkel gefiert werden; das sind etwa 80 Grad zur Mittschiffslinie. Wenn Sie den Baum bis zu 90 Grad fieren, kann das bei mehr Wind das Boot destabilisieren.

Gewichtstrimm

- Halten Sie das Gewicht vorn, um sicherzustellen, dass das Heck wenig Widerstand hat. Verlagern Sie das Gewicht wieder nach achtern, wenn das Boot schnell segelt.
- Seien Sie darauf vorbereitet, Ihr Gewicht schnell zu jeder Seite des Bootes zu bewegen, um das Rollen in Wellen zu reduzieren.

Raumschots

Falls Sie das Rollen vor dem Wind oder eine ungeplante Halse vermeiden wollen, gibt es eine einfache Lösung: Luven Sie etwas an. Steuern Sie einen raumen Kurs. Der Wind weht dabei über die Luvseite des Hecks. So kommt Druck in die Fock auf der Leeseite, was dem Boot seitliche Stabilität liefert und das Rollen verhindert. Der Kurs ist schneller und sicherer für die Crew, die komplett auf der Luvseite sitzen kann. Der Nachteil ist, dass Sie nicht direkt vor dem Wind zu dem Punkt fahren, den Sie ansteuern wollen. Sie müssen also vor dem Wind kreuzen und mehrere Halsen fahren. Moderne Jollen mit Gennakern haben ein viel besseres VMG, wenn sie vor dem Wind kreuzen. Der Weg ist länger als der direkte, aber die gesegelte Zeit ist insgesamt kürzer durch die viel höhere Geschwindigkeit. Trimmen Sie die Segel so, dass die Windfäden horizontal wehen. Eine Jolle sollte auf raumen Kursen schnell ins Gleiten kommen. Seien Sie darauf vorbereitet, das Crewgewicht nach achtern zu verlagern, damit sich der Bug heben kann. Segeln auf einem tiefen Raumschotskurs erzeugt nicht viel seitliche Stabilität. Seien Sie darauf vorbereitet, dass das Boot nach Luv rollen kann.

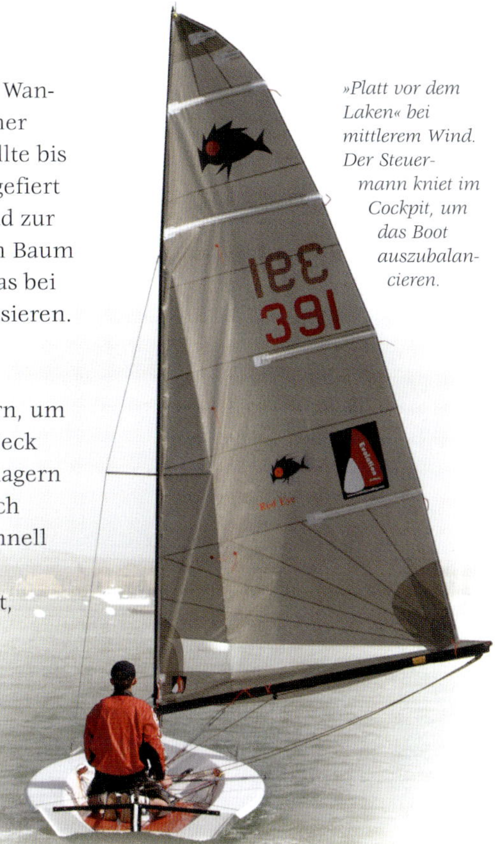

»Platt vor dem Laken« bei mittlerem Wind. Der Steuermann kniet im Cockpit, um das Boot auszubalancieren.

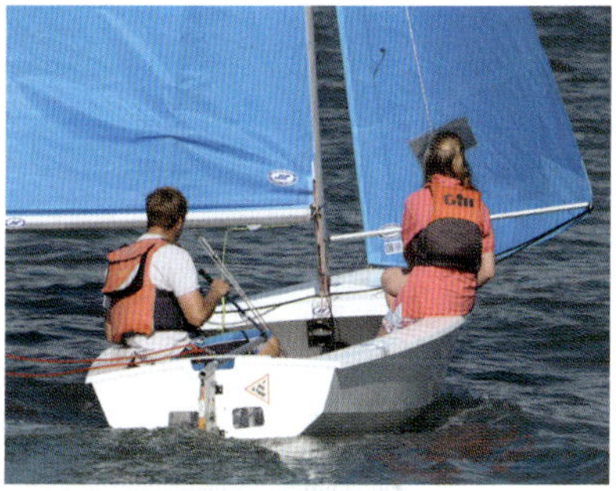

Genau vor dem Wind können Sie die Fock auf der anderen Seite schoten. Dies ist der effektivste Weg, um nur mit Großsegel und Fock genau vor dem Wind zu segeln (unten).

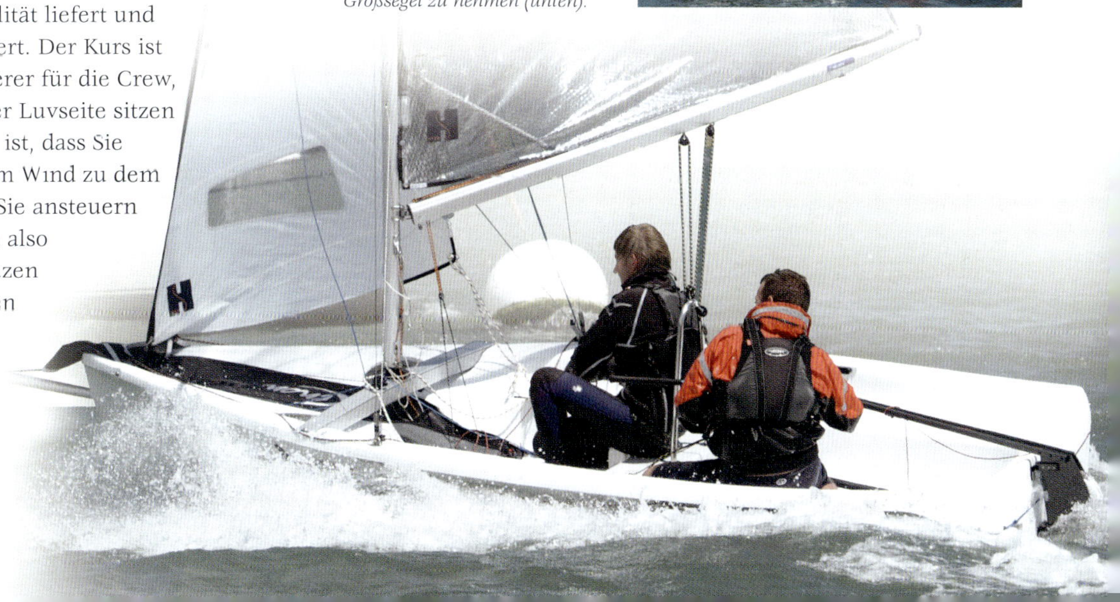

Der Baumniederholer (hier der Gnav) hält den Baum unten, wenn die Großschot gefiert wird. Bei viel Wind wird der Baum etwas nach oben gelassen, um Druck aus dem Großsegel zu nehmen (unten).

Was unterscheidet Jolle und Kat?

Katamarane werden etwas anders als Jollen gesegelt. Das breite Boot mit den beiden Rümpfen und dem Trampolin dazwischen erschwert das Manövrieren an Land etwas. Ein Kat segelt jedoch deutlich stabiler und bietet der Crew mehr Bewegungsfreiraum.

Segeln gegen den Wind

- Segeln Sie nicht zu hoch am Wind mit einem Kat, sondern eher tiefer und schneller für optimales VMG (s. S. 99).
- Großschot dicht, Traveller fast in der Schiffsmitte.
- Bei leichtem Wind setzen Sie sich etwas nach vorn, um die Hecks zu heben.
- Ab etwa 2 bis 3 Windstärken wird der Luvrumpf beginnen, sich aus dem Wasser zu heben. Am schnellsten ist es, wenn der Luvrumpf das Wasser nur »küsst«. Mehr Lage mag cool

Slippen eines Kats

Katamarane haben Slipwagen mit einer Achse, zwei Auflagen und zwei großen Rädern. Hervorragend geeignet sind Slipwagen mit voluminösen Reifen, womit sich der Wagen einfach über Sand schieben lässt.

- Heben Sie einen Bug, um das ganze Boot so weit hochzuheben, dass der Wagen darunterpasst. Die Auflagen sollten ungefähr in Höhe der Wanten sein, um das Boot richtig auszubalancieren.
- Schieben Sie den Kat auf dem Slipwagen mit den Händen am Draht zwischen den Rümpfen oder an den Bugspitzen bis ins Wasser.
- Ziehen Sie den Slipwagen unter dem Kat hervor. Einer hält das Boot, der andere bringt den Wagen an Land zurück.

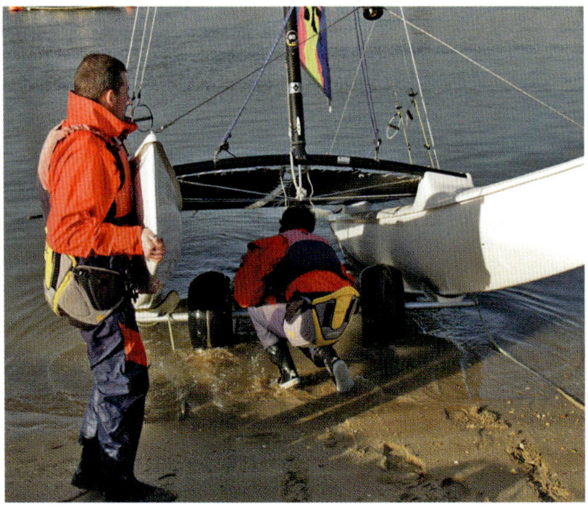

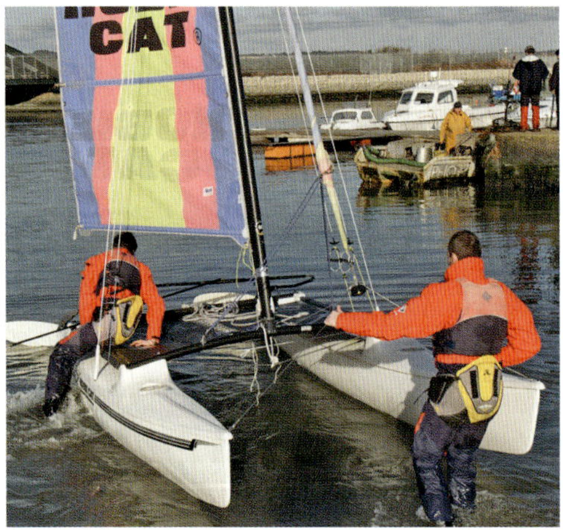

Ein Segler schiebt den Slipwagen unter den Kat, der andere hebt einen Bug, was ausreicht, um das gesamte Boot aufzurichten (ganz links).

Ein Kat liegt beim Wassern recht stabil. Ein Segler drückt die Ruder ins Wasser und befestigt die Großschot, der andere hält das Boot fest (links).

Vom Land wegsegeln

Das Verlassen der Uferzone ist denkbar einfach. Das Boot liegt stabil, und das Hinaufklettern ist simpel. Die meisten Einsteiger-Kats haben keine Schwerter, mit denen Sie wie auf einer Jolle herumfummeln müssen, sondern kurze angeformte Hacken. Kats beschleunigen außerdem gut, wodurch Sie den Uferbereich schnell verlassen können. Das hilft bei auflandigem Wind. Bei ablandigem Wind kann es aber problematisch werden, da ein Kat einen größeren Drehkreis benötigt. Das mag das Verlassen der Uferzone erschweren.

Ein idealer Weg, dies zu umgehen: Sie wassern das Boot mit gesetzten Segeln und den Hecks zuerst. Stellen Sie sicher, dass die Hecks in die Richtung zeigen, in die der Wind weht, also dorthin, wohin Sie segeln wollen. Jeder Segler setzt sich auf einen Bug und tritt mit den Beinen Wasser, um das Boot zu bewegen. Ihr Gewicht wird die Hecks anheben, und das Boot wird vom Ufer wegtreiben. Bremsen Sie den Kat mit den Beinen im Wasser ab, klettern Sie nach achtern auf das Trampolin. Übernehmen Sie Schoten und Ruder und segeln Sie ins freie Wasser.

oder spektakulär wirken, ist aber langsamer.

- Setzen Sie Ihr Körpergewicht auf dem Rumpf oder im Trapez (auf vielen Kats Standard) ein, um den Luvrumpf gerade eben fliegen zu lassen. Falls der Rumpf zu sehr steigt, fieren Sie den Traveller etwas auf, um das Großsegel zu entlasten.

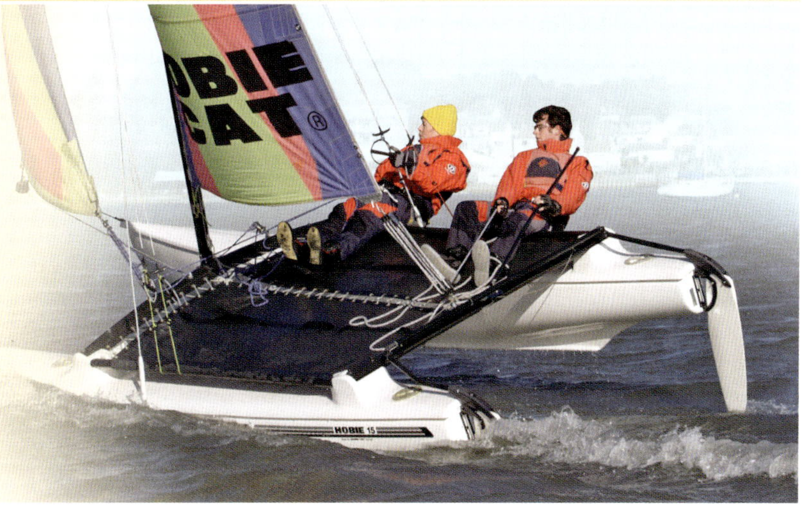

Auf Kursen hoch am Wind sollte der Luvrumpf gerade eben über dem Wasser schweben. »Knüppeln«Sie nicht – d. h., gehen Sie nicht zu hoch an den Wind!

Segeln raumschots

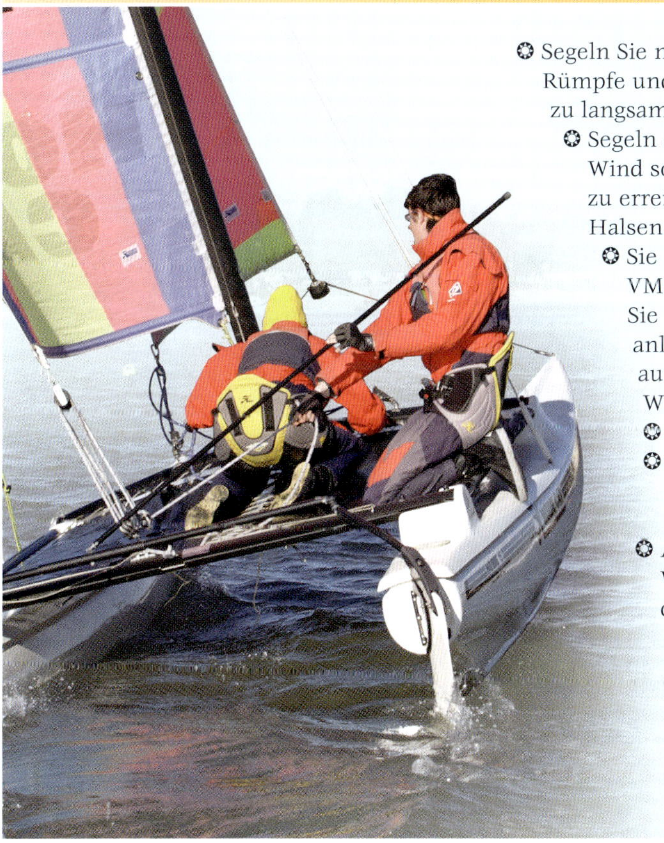

- Segeln Sie nie genau vor dem Wind. Der Widerstand der beiden Rümpfe und der geringe Luftfluss in den Segeln lassen den Kat zu langsam werden.
- Segeln Sie für maximalen Vortrieb raumschots, sodass der Wind schräg über das Boot weht. Um ein Ziel weit in Lee zu erreichen, segeln Sie einen Zickzackkurs mit mehreren Halsen.
- Sie segeln mit viel scheinbarem Wind und maximalem VMG (s. S. 99). Ab Windstärke 3 und darüber »gasen« Sie an. Die Technik: auf einem raumen Kurs etwas anluven, um den Luvrumpf zu heben und Speed aufzubauen. Wenn das Boot beschleunigt, wird der Winkel des scheinbaren Windes spitzer.
- Fallen Sie wieder ab, um Tiefe zu gewinnen.
- Wenn der Kat raumschots beschleunigt, muss die Crew ihr Körpergewicht nach achtern verlagern, bis hin zum hinteren Beam (Querträger).
- Achten Sie darauf, dass der Leebug nicht unter Wasser gerät. Wenn der Bug unterschneidet, stoppt das Boot ab und kann kopfüber kentern.

Um ein Ziel in Lee zu erreichen, luven Sie etwas an, nehmen Fahrt auf und fallen, wenn der scheinbare Wind im spitzeren Winkel einfällt, wieder ab.

Wenden

Falls Sie ein Ziel erreichen möchten, das in der Windrichtung liegt, müssen Sie öfters wenden. Eine flüssige und schnelle Wende ist zentrales Element des Jollensegelns. Das Manöver ist relativ einfach, aber eine perfekte Wende bedingt saubere Handarbeit und erfordert Übung.

Drehen des Bootes

Das Verfahren ist eigentlich einfach: Das Boot segelt hoch am Wind, wird um etwa 60 bis 70 Grad durch den Wind gedreht und segelt auf dem neuen Bug.

- Segeln Sie hoch am Wind mit dichtgeschoteten Segeln.
- Drücken Sie die Pinne weg und lassen Sie das Boot um sein Schwert drehen.
- Wenn der Bug durch den Wind geht, bewegt sich die Crew auf die neue Luvseite. Die Fockschot wird losgelassen und muss frei laufen können. Die Großschot wird aus der Klemme genommen und etwas gefiert.
- Der Steuermann legt die Pinne wieder gerade, während das Boot auf den neuen Bug abfällt, und nimmt gleichzeitig die Großschot wieder dichter.
- Der Vorschoter nimmt die Vorschot in Lee dicht, und beide Segler lehnen sich nach Luv, um der Krängung entgegenzuwirken.
- Halten Sie den Pinnenausleger wie einen Dolch mit der hinteren Hand (in Fahrtrichtung) vor dem Körper.
- Lösen Sie die Großschot, während Sie die Pinne von sich wegschieben und so die Wende einleiten.
- Drehen Sie Ihren Körper um 180 Grad mit dem Blick nach vorn und wechseln Sie die Seite. Dabei halten Sie weiterhin die Großschot mit der vorderen Hand und steuern das Boot weiter mit der hinteren.
- Lassen Sie Ihren Dolchgriff um den Ausleger rotieren, während Sie auf die neue Seite wechseln, und kippen Sie den Ausleger nach vorn. Er sollte nicht den Baum berühren, der sich in der Mitte des Bootes befinden wird.
- Drehen Sie Ihren Körper und setzen Sie sich auf das neue Seitendeck, während Sie immer noch den Ausleger hinter Ihrem Rücken bedienen. Die andere Hand hält immer noch die Großschot.

Pinne und Großschot

Die meisten Jollen haben eine zentrale Großschot. Die Talje ist in der Mitte des Bootes angeschlagen. Dort liegt sie nahe an der vorderen Hand des Steuermanns. Es ist eine gute Technik erforderlich, um die Hände während der Wende zu tauschen, weil Pinne und Schot im Manöver bedient werden müssen. Die Länge des Pinnenauslegers spielt auch eine Rolle – und viel Übung.

Die perfekte Wende

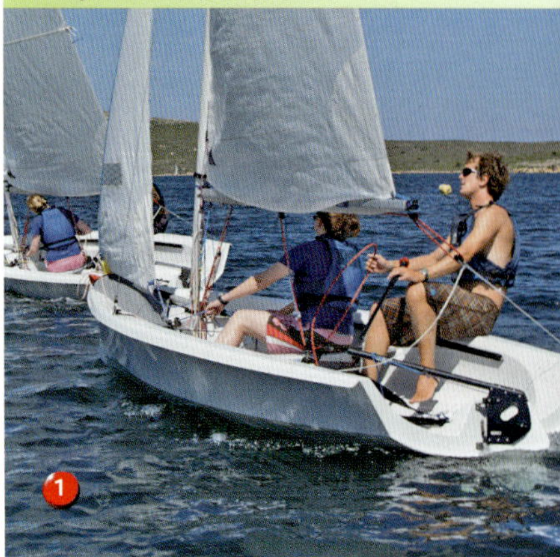

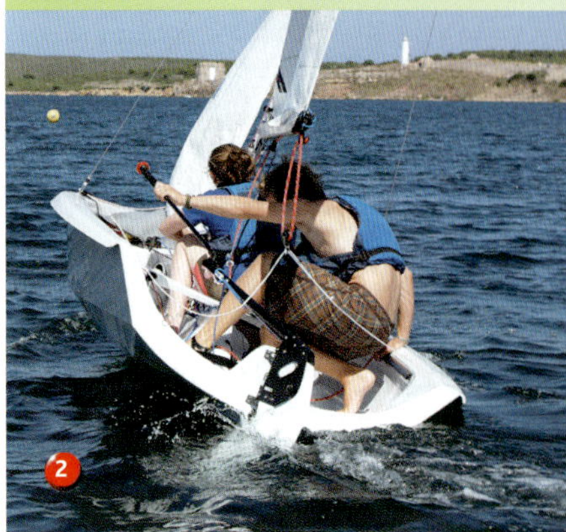

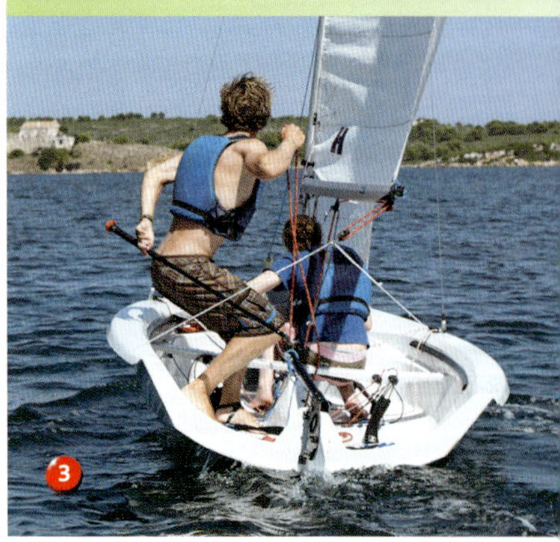

1. Um die Wende zu starten, steuern Sie das Boot in den Wind. 2. Bei wenig Wind rollen Sie die Jolle nach Luv: Das macht die Wende dynamischer, weil das Boot schneller dreht und besser Power ins Großsegel auf dem neuen Bug gelangt. Sehen Sie hin: Der Steuermann steckt den Pinnenausleger unter den Großbaum, gerade eben, bevor der die Seite wechseln will. Der Vorschoter hält die Fock etwas back, um den Bug herumzudrücken.
3. Der Steuermann dreht sich um, während er die Seite wechselt, setzt sich hin und hält dabei den Ausleger hinter dem Rücken. Wenn das Boot auf Kurs liegt, wechselt er die Hände, die Ausleger und Schot halten.

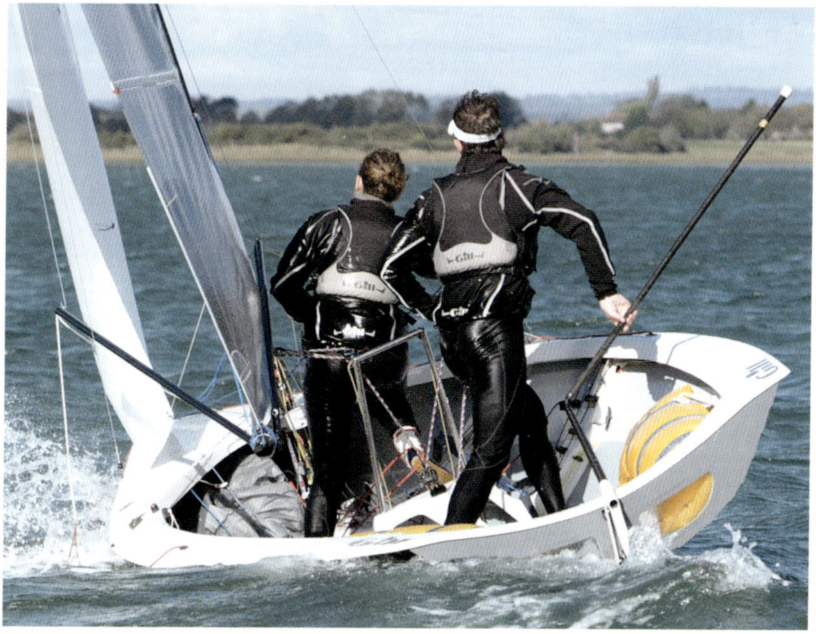

- Bewegen Sie die Großschothand über Ihren Körper, sodass Sie die untere Hälfte des Auslegers zu fassen bekommen. Diese Hand wird nun die hintere und übernimmt den Ausleger. Für einen Moment halten Sie Ausleger und Schot mit derselben Hand, bevor Sie den Ausleger an Ihrer hinteren Schulter vorbeiwerfen und die Großschot mit der vorderen Hand greifen. Hört sich kompliziert an, aber lässt sich einfach üben!

Der Ausleger ist perfekt unter Kontrolle, während der Steuermann dieser Merlin Rocket durch die Wende geht.

Heck-Großschot

Auf vielen traditionellen Jollen wird die Großschot am Heck geführt. Mit so einem Arrangement drehen Sie Ihren Körper im Manöver mit Blick nach achtern. Der offensichtliche Nachteil: Sie können in der Wende nicht nach vorn sehen.

Wende mit Großschot achtern

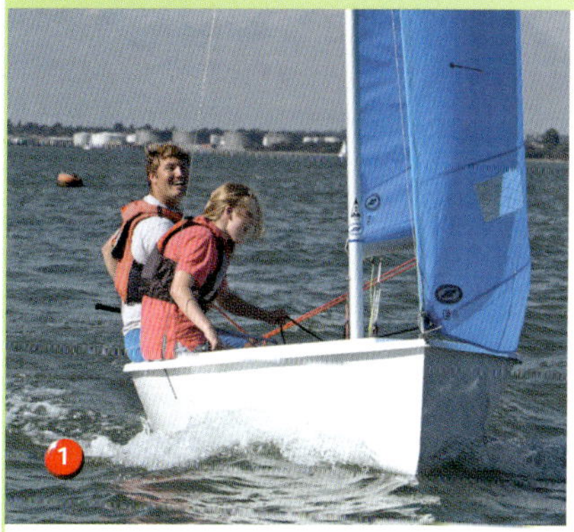

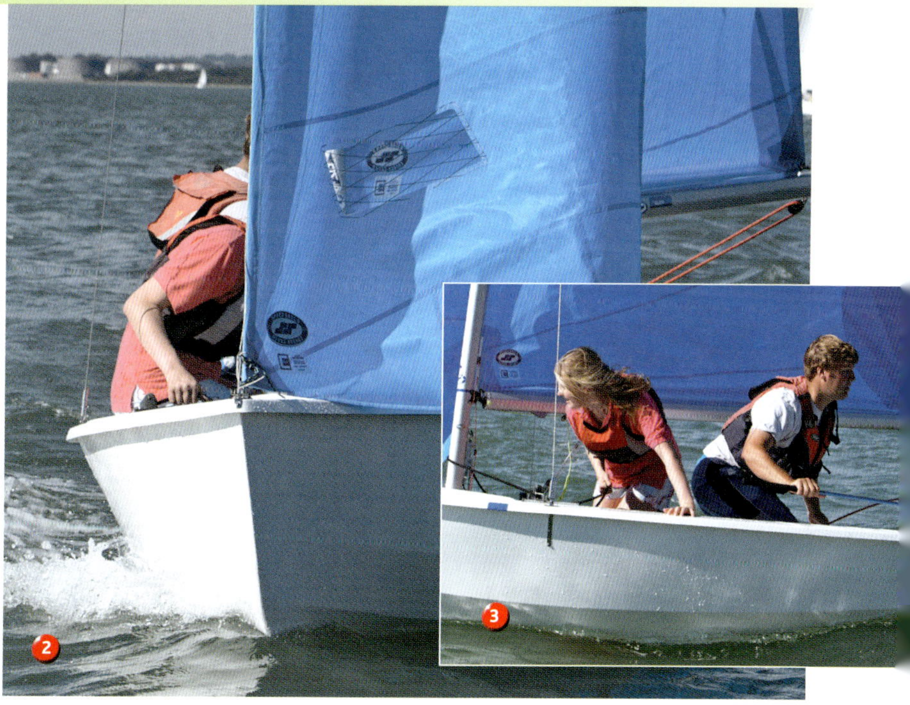

1. Die Crew dieser Enterprise-Jolle geht mit guter Geschwindigkeit in die Wende. 2. Der Steuermann dreht in den Wind, während der Vorschoter die Fockschot noch festhält, um den Bug herumzudrücken. 3. Der Steuermann dreht sich mit Blick nach achtern, während er die Seite wechselt. Der Vorschoter nimmt die Fockschot auf der neuen Seite dicht.

Wenden (2)

Was soll man tun, wenn das Boot, während der Bug in den Wind dreht, aufstoppt und nicht auf den neuen Bug abfällt? Wenn Sie viel üben, wird Ihnen das nicht mehr passieren, sondern Sie werden schon nach kurzer Zeit perfekte Rollwenden beherrschen.

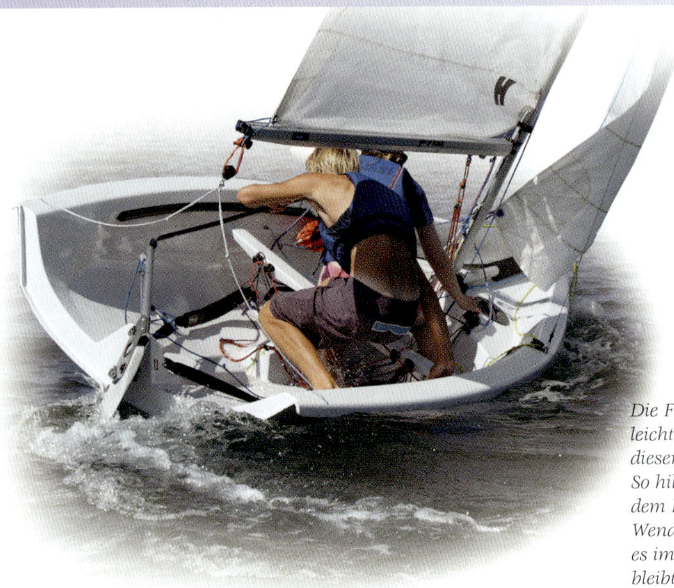

Die Fock steht noch leicht back, während dieser RS 200 wendet. So hilft das Vorsegel dem Boot durch die Wende, ohne dass es im Wind stehen bleibt.

Im Wind stehen – mit Fock

Wenn Sie das Boot in eine Wende steuern und es stoppt mit dem Bug im Wind ab, »stehen« Sie im Wind. Es wird kurz verharren und dann rückwärts treiben. Damit dies gar nicht erst passiert, halten Sie die Fockschot so lange fest, bis der Bug durch den Wind ist. Erst dann lösen Sie die Schot. Falls Sie die Fock schon gefiert haben und das Boot bleibt stehen, halten Sie das Segel back. Dazu ziehen Sie einfach wieder an der alten Fockschot; der Wind drückt auf die »falsche« Seite des Segels und der Bug wird herumgeschoben. Eine Jolle ohne Vorsegel neigt eher dazu, im Wind stehen zu bleiben. Stellen Sie sicher, dass Sie genug Platz haben und nicht zu hoch am Wind segeln. So kommen Sie mit Schwung durch die Wende.

Ohne Vorsegel

Wenn Sie mit einer Einmannjolle wie einem Laser oder einem Pico im Wind stehen:

- Drücken Sie den Großbaum und die Pinne von sich weg. Das Großsegel steht dann back, die andere Seite füllt sich mit Wind und das Boot segelt rückwärts. Durch die weggedrückte Pinne dreht sich der Bug aus dem Wind.
- Ziehen Sie nun wieder an der Pinne und an der Schot. Das Ziehen an der Pinne erleichtert dem Boot das Abfallen auf den neuen Bug. Das Ziehen an der Schot gibt Druck ins Segel und damit wieder Vortrieb für das Boot.

Rollwenden

Für leichteren Wind gibt es eine Technik, die Rollwende heißt und schnellere, dynamische Drehungen produziert. Anstelle nur das Ruder zu legen, wird das Boot durch eine aggressive Gewichtsverlagerung in der Drehung unterstützt. Die Rollbewegung bringt Druck in die Segel und führt zu einer schnellen Beschleunigung auf dem neuen Bug.

- Steuern Sie behutsam in die Wende mit starker Krängung nach Lee (vom Wind weg), was das Boot zum Anluven animiert.
- Bleiben Sie auf der Luvseite sitzen und rollen Sie das Boot in die Drehung, während der Großbaum die Mittschiffslinie überquert.
- Lösen Sie die Großschot und bewegen Sie sich schnell auf die neue Luvseite, während das Boot stark zur neuen Leeseite krängt und das Boot auf dem neuen Kurs segelt.
- Lehnen Sie sich stark raus und schoten Sie die Segel im selben Moment dicht. Das richtet das Boot auf und beschleunigt es.

Die Rollwende ist eine sehr dynamische Bewegung, die das Boot durch die Wende zwingt. Sehen Sie hier, wie der Steuermann den Ausleger mit seiner neuen Vorhand hält und sich hinsetzt, bereit dazu, die Hände, die Ausleger und Schot halten, zu tauschen.

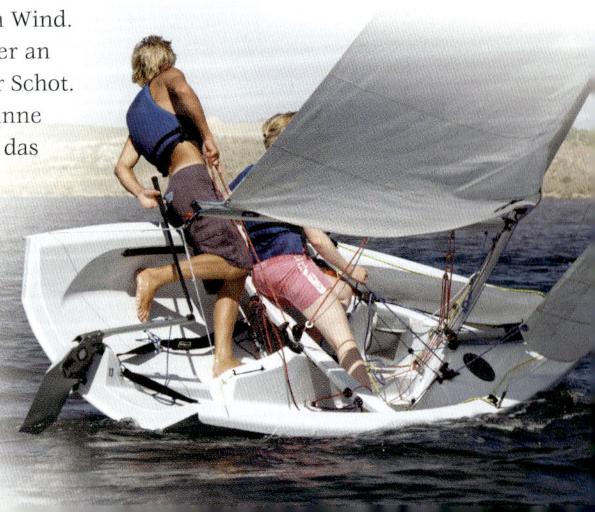

Wie ein Kat gewendet wird

Katamarane tendieren zu langsamen Wenden. Das liegt am Widerstand des kurvenäußeren Rumpfes und dessen langem Weg in der Kurve. Hochleistungskats mit Schwertern wenden relativ einfach, Freizeitboote mit Rumpfhacken oder asymmetrischen Rümpfen bleiben leicht im Wind stehen, wenn man nicht die richtige Wendetechnik anwendet.

- Der Kat sollte eine große Geschwindigkeit haben, bevor das Boot in die Wende gesteuert wird. Die Großschot bleibt noch dicht.
- Steuern Sie behutsam. Die beiden Ruderblätter wirken wie Bremsen, wenn Sie die zu sehr anstellen.
- Lassen Sie die Fockschot dicht.
- Bleiben Sie auf der Luvseite, bis die Fock backsteht. Der Wind bläst von der neuen Seite ins Segel und drückt so die Bugspitzen herum.
- Halten Sie die Fockschot auf der alten Seite fest, bis der Kat auf dem neuen Bug einen Winkel von rund 40 Grad zum Wind segelt.
- Der Rudergänger muss konzentriert durch die Wende steuern und sich mit Blick nach achtern auf die neue Seite bewegen.
- Während Sie sich über das Boot bewegen, lösen Sie die Großschot um etwa 30 Zentimeter und ermöglichen so den durchgehenden Latten umzuklappen.
- Der Steuermann muss behutsam abfallen, während der Vorschoter auf dem neuen Bug die Fockschot dichtholt, und während das Boot beschleunigt, zieht er selbst die Großschot wieder dichter.

Das Manöver mit einem Kat

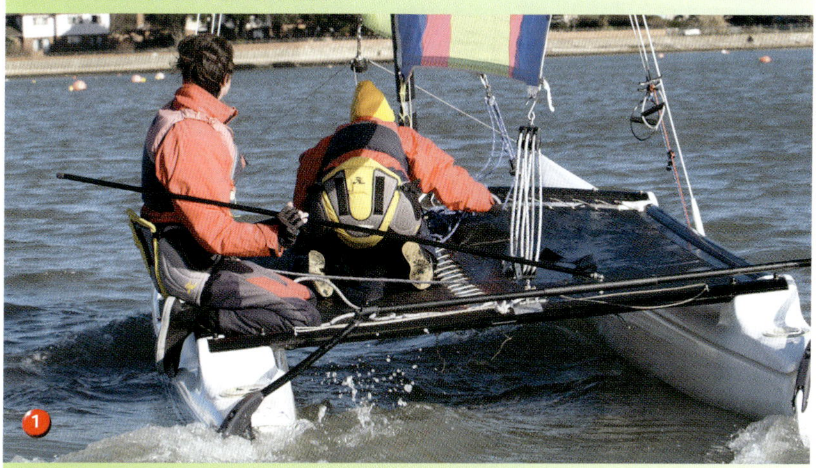

1. Der Steuermann kniet in Luv und ist klar für die Wende. Dies ist eine gute Position, um auf einem Kat den Ausleger wegzuschieben.

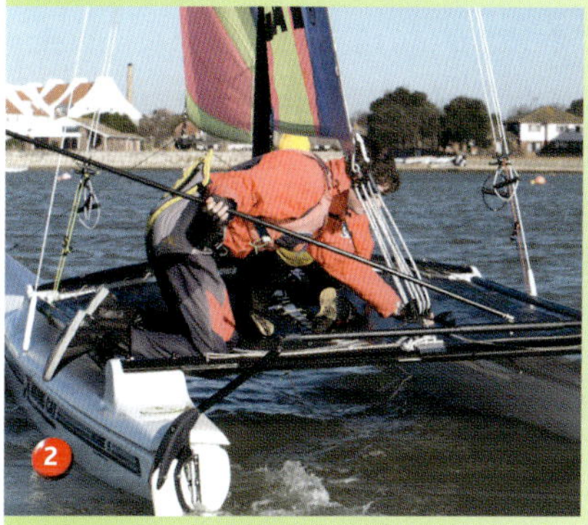

2. Fieren Sie auf einem Kat während der Wende immer die Großschot, sonst kann das Boot im Wind stehen bleiben.

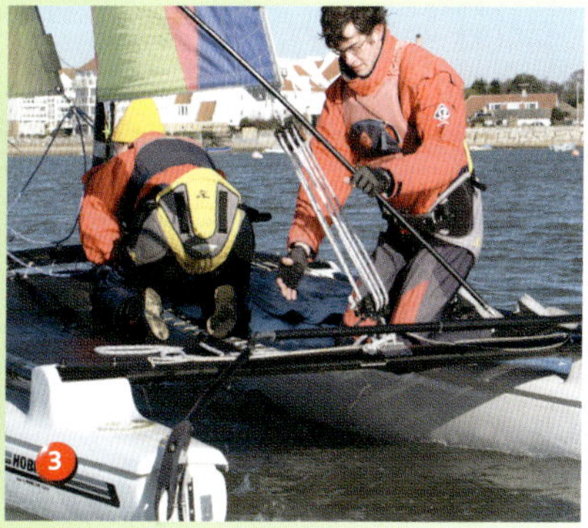

3. Der Rudergänger dreht sich mit Blick nach achtern um, klettert auf die neue Seite und fällt ab.

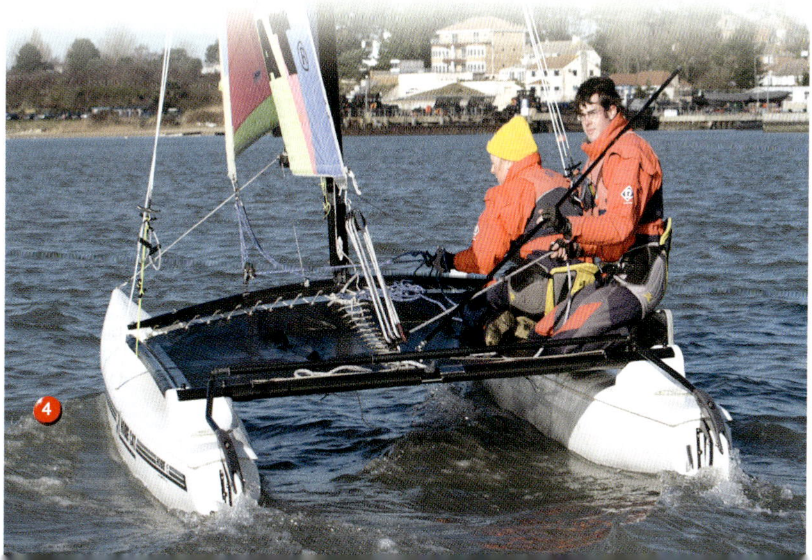

4. Gehen Sie auf Kurs und nehmen Sie die Großschot vorsichtig dicht, damit der Kat auf dem neuen Bug beschleunigen kann.

Halsen

Zu halsen bedeutet eine Kursänderung, bei der das Heck anstelle des Bugs durch den Wind dreht. Das Großsegel erzeugt während der Drehung viel Druck und macht volle Kontrolle erforderlich. Bei starkem Wind kann ein Fehler zur Kenterung führen.

Angst vor der Halse?

Viele Menschen haben vor einer Halse Angst. Während einer Wende verliert das Boot alle Kraft aus den Segeln und ist einfach zu kontrollieren. In einer Halse fällt man dagegen immer weiter ab, und die ganze Zeit übt der Wind Druck auf die Segel aus. Halsen bei Leichtwind ist einfach, aber bei mehr Wind wird eine Halse zu einem sehr dynamischen Manöver. Während der Kursänderung hat das Boot eine große Geschwindigkeit, und wenn es halst, fegt der Großbaum über das Cockpit wie eine Sichel. Schnell kann man die Kontrolle verlieren und kentern.

Die Drehung

Sie segeln vor dem Wind oder raumschots. Beachten Sie folgende Punkte:

- Während der Drehung präzise steuern.
- Wenn der Wind nicht mehr genau von achtern, sondern schon von der neuen Seite weht, helfen Sie dem Großsegel zu halsen, indem Sie an der Schot ziehen.
- Klarieren Sie die Schoten, solange das Boot noch auf einem Vorwindkurs segelt.

Halsen

- Bereiten Sie sich vor. Wenn Sie zu zweit sind, informieren Sie den Mitsegler über die einzelnen Schritte im anstehenden Manöver.
- Ziehen Sie mit gelöster Großschot an der Pinne, um die Halse einzuleiten. Bei Leichtwind krängen Sie das Boot nach Luv, was die Drehung unterstützt.
- Der Rudergänger dreht sich mit Blick nach vorn im Cockpit um und legt die Pinne so, dass der Kurs eine harmonische Kurve beschreibt.
- Wenn der Wind genau von achtern weht, greift der Rudergänger in die vom Großbaum fallende Schot.
- In dem Moment, in dem der Wind von der neuen Luvseite weht, zieht der Steuermann kräftig an allen Parten der Großschot gleichzeitig. Das sollte genügen, um Baum und Segel auf die neue Seite schlagen zu lassen. Beide Segler ducken sich unter den Baum, der mit großer Geschwindigkeit über das Cockpit geht.

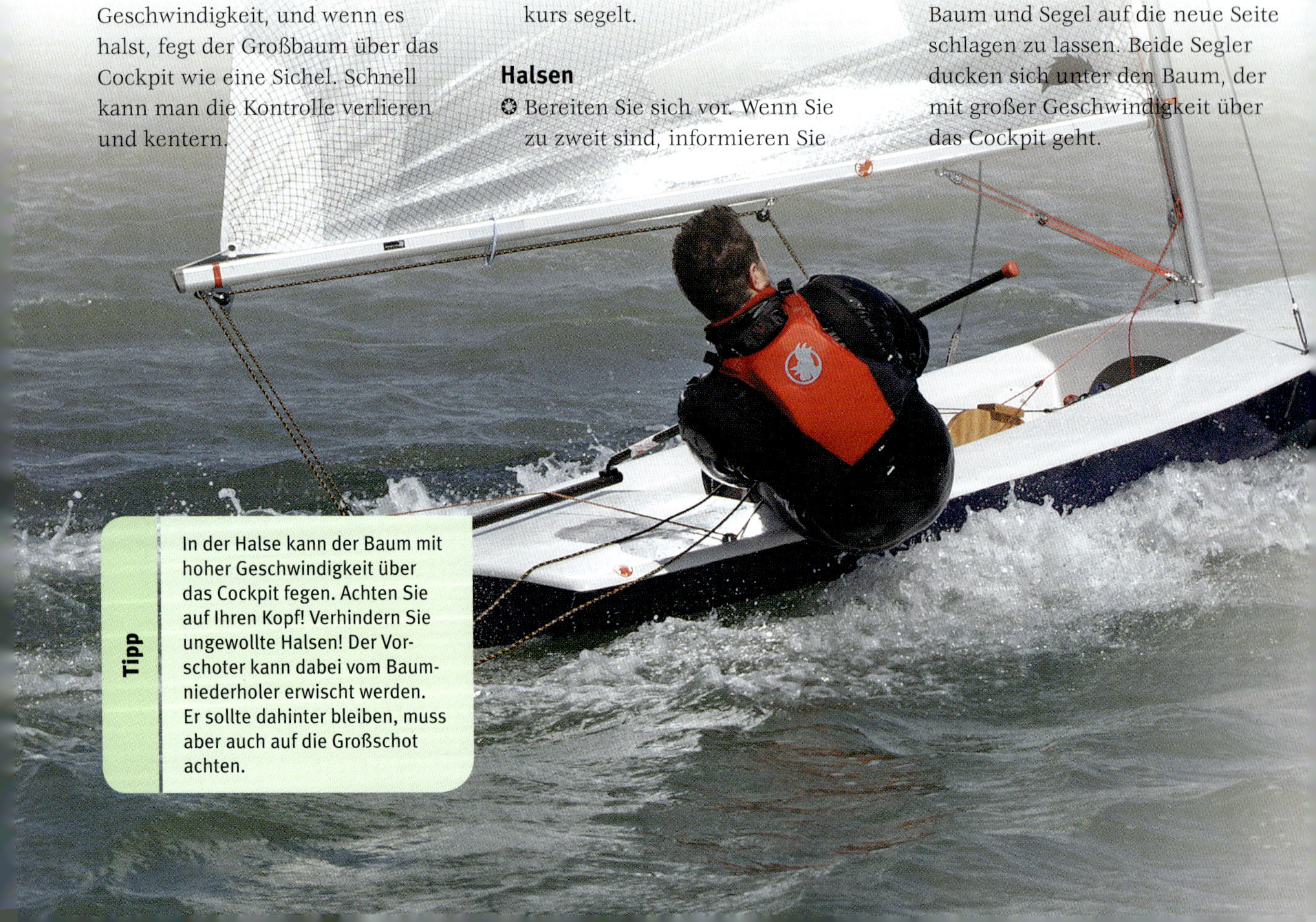

Tipp

In der Halse kann der Baum mit hoher Geschwindigkeit über das Cockpit fegen. Achten Sie auf Ihren Kopf! Verhindern Sie ungewollte Halsen! Der Vorschoter kann dabei vom Baumniederholer erwischt werden. Er sollte dahinter bleiben, muss aber auch auf die Großschot achten.

- Während der Baum hinüberschwingt, wechselt der Steuermann die Seite und bewegt den Ausleger so, dass das Boot eine sanfte Kurve beschreibt. Die Großschot hält er mit der vorderen Hand.
- Der Steuermann dreht sich, um auf die neue Seite zu wechseln. Die Hände arbeiten wie in einer Wende. Er sitzt weit vorn und hat den Ausleger im Rücken, greift mit der vorderen Hand die untere Hälfte des Auslegers und schubst die Verlängerung vor den Körper. Dann nimmt er mit der neuen vorderen Hand die Großschot.
- Wenn Sie zu zweit sind, sollte der Vorschoter während der Halse im Cockpit sein. Er lässt die Fock auf der einen Seite gehen und holt sie gleichzeitig auf der anderen dicht, während der Baum über das Cockpit rauscht. Balancieren Sie mit Ihrem Körpergewicht das Boot aus und setzen Sie es dem Druck entgegen, den das Segel auf dem neuen Bug entwickelt.

Halsen mit dem Kat

Es ist einfacher, einen Katamaran zu halsen als eine Jolle, denn die Plattform mit zwei Rümpfen segelt viel steifer und stabiler. Der Ablauf ist ähnlich; Unterschiede ergeben sich nur aus der achtern angeschlagenen Großschot.

- Der Rudergänger steuert in eine Halse.
- Während der Wind achterlicher einfällt, dreht sich der Steuermann nach hinten und kniet in der Mitte am achteren Beam.
- Der Steuermann greift in alle Parten der Großschot und schwenkt das Großsegel auf die neue Seite.
- Konzentriert steuert der Rudergänger durch den Kursbogen und muss eventuell etwas Gegenruder legen, sobald das Großsegel Druck bekommt.

Wenn die Halse erfolgreich beendet ist, nehmen Sie die Großschot wieder etwas dichter und gehen auf einen raumen Kurs.

Die Jollenhalse

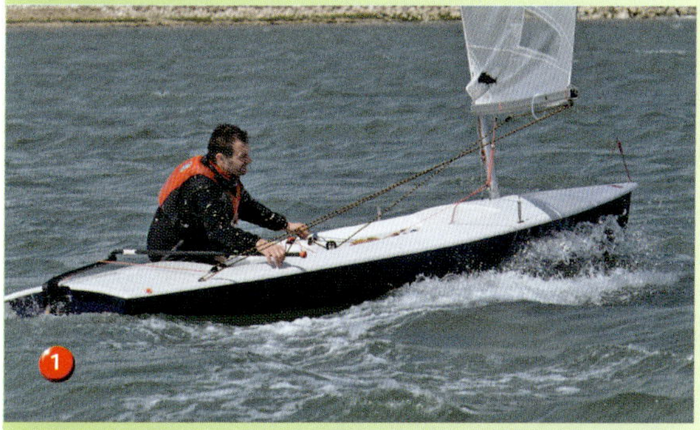

1. Sie können die Halse einleiten, indem Sie das Boot leicht nach Luv krängen. Das unterstützt die Drehung.

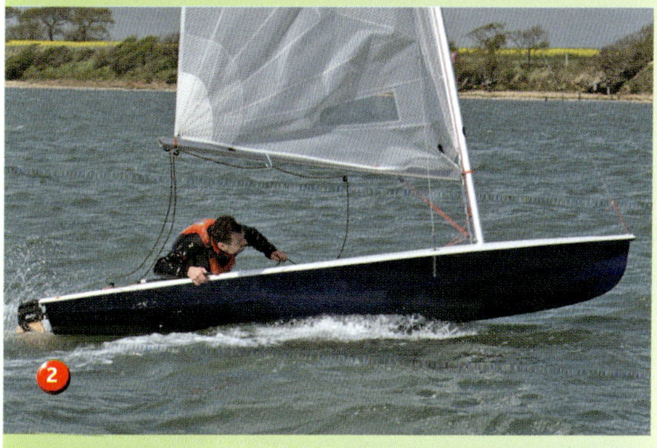

2. Ducken Sie sich, wenn der Baum überkommt, richten Sie den Kurs neu aus und halten Sie das Boot gerade.

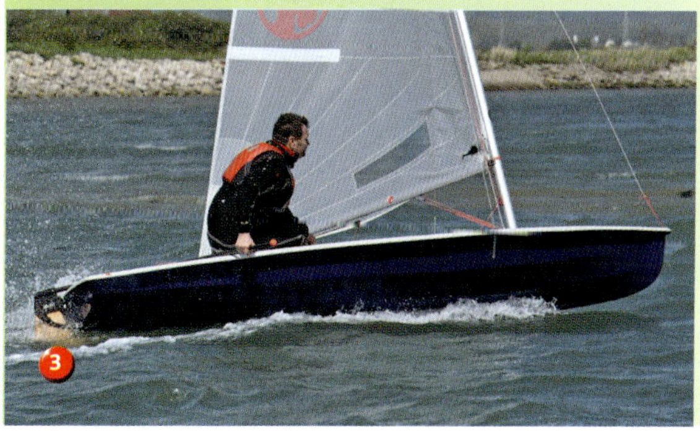

3. Lassen Sie das Boot nicht zu sehr anluven oder krängen. Das führt oft zu Kenterungen.

Halsen (2)

Warum kentern Jollensegler beim Halsen? Normalerweise liegt das an einem Kontrollverlust. Analysieren Sie, was genau die Gefahren beim Halsen sind, und Sie werden Kenterungen umgehen können.

Bedienen Sie den Baum

Entscheiden Sie, wann der richtige Moment ist, in die Parten der Großschot zu greifen. Dann ziehen Sie kräftig und schicken den Baum über das Cockpit. Falls Sie den Baum sich selbst überlassen, wartet der, bis sich das Boot so weit gedreht hat, dass der Wind von der neuen Seite ins Segel greift. Das Ergebnis: Der Baum schlägt brutal über das Boot.

Dies kann gefährlich für beide Segler sein und schwere Kopfverletzungen nach sich ziehen. Außerdem kann der auf die andere Seite krachende Baum eine Kenterung verursachen. Wenn der Steuermann die Kontrolle über das Boot verliert, kann das Boot auch ungewollt bis auf Halbwindkurs drehen, wo es dann durch den Winddruck kentert.

Drehen Sie nicht zu stark

Halsen Sie durch einen möglichst kleinen Winkel. Es reicht eine Kursänderung, die das Großsegel auf die neue Seite und so das Boot auf einen neuen Bug bringt. Danach können Sie entscheiden, ob Sie weiter vor dem Wind fahren oder weiter anluven.

Bei leichtem Wind können Sie problemlos von einem Halbwindkurs auf den nächsten halsen (Kursänderung 180 Grad). Wenn der Wind aber stärker wird, fordert so eine starke Drehung die Kenterung heraus. Das typische Problem ist dann der Verlust an Steuerbarkeit. Der Steuermann müht sich in der Halse mit dem Großsegel ab, der Baum kracht über das Cockpit, und der Segler bemerkt dabei oft nicht, wie schnell das Schiff dreht und zu sehr anluvt – bis es kentert.

Nicht stolpern

Einige Jollen tendieren dazu, in der Halse über ihr eigenes Schwert quasi zu stolpern, sodass sie stark krängen. Auf älteren Jollen ist es daher üblich, bei mehr Wind mit teilweise oder vollständig aufgeholtem Schwert zu halsen. Einmannjollen wie den Laser halst man mit halb aufgeholtem Schwert. Stellen Sie dabei sicher, dass der Kopf des Schwertes nicht den Niederholer oder gar den Baum selbst in der Halse behindert. Auf modernen Jollen mit Gennaker dagegen bleibt das Schwert komplett unten.

Tipp

Greifen Sie in der Halse immer alle Parten der Schot. Das sind die einzelnen Stränge der Leine, die aus dem oberen Block am Baum laufen. Halten Sie die Parten zusammen, sodass Sie mit nur einem Zug den Baum viel schneller bewegen können, als wenn Sie nur am Ende der Schot ziehen.

Der Nachteil einer am Heck angeschlagenen Großschot ist offensichtlich – der Steuermann muss beim Halsen nach achtern gucken und sieht in den wenigen Sekunden des Manövers nicht, wohin er fährt (unten links).

Halsen einer Enterprise-Jolle mit Großschot am Heck. Der Steuermann muss die Schot bedienen, während der Vorschoter den Baum an seinem Niederholer auf die neue Seite zieht (unten).

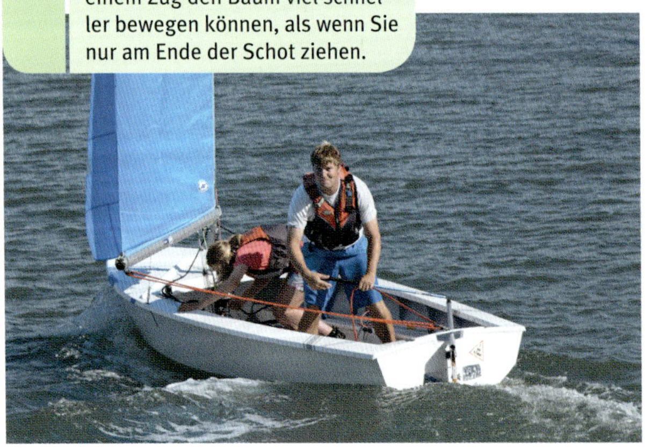

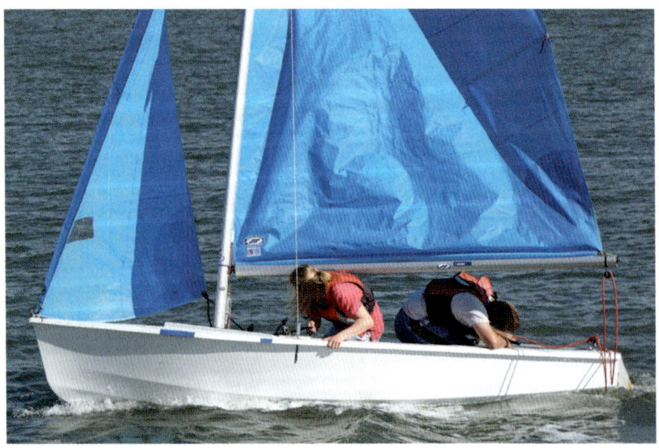

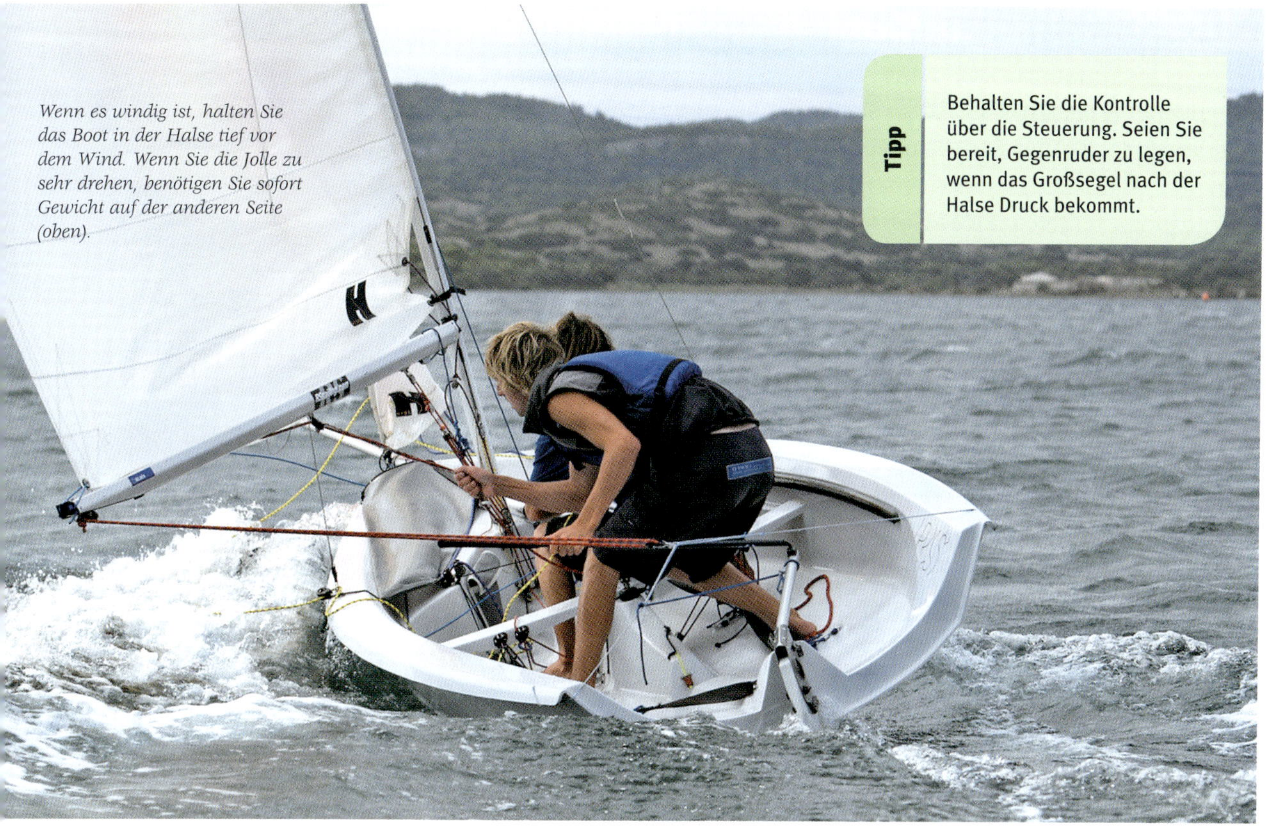

Wenn es windig ist, halten Sie das Boot in der Halse tief vor dem Wind. Wenn Sie die Jolle zu sehr drehen, benötigen Sie sofort Gewicht auf der anderen Seite (oben).

Tipp

Behalten Sie die Kontrolle über die Steuerung. Seien Sie bereit, Gegenruder zu legen, wenn das Großsegel nach der Halse Druck bekommt.

Schnell bleiben

Wenn Sie bei viel Wind schnell unterwegs sind, bleiben Sie es auch in der Halse. Je schneller Sie durch die Halse segeln, desto schwächer ist der scheinbare Wind. Das nimmt Druck aus dem Rigg und vereinfacht das Manöver.

Tipp

Steuern Sie von einem tiefen Vorwindkurs auf den nächsten. Halten Sie den Halsewinkel klein, und gehen Sie erst danach auf den neuen gewünschten Kurs.

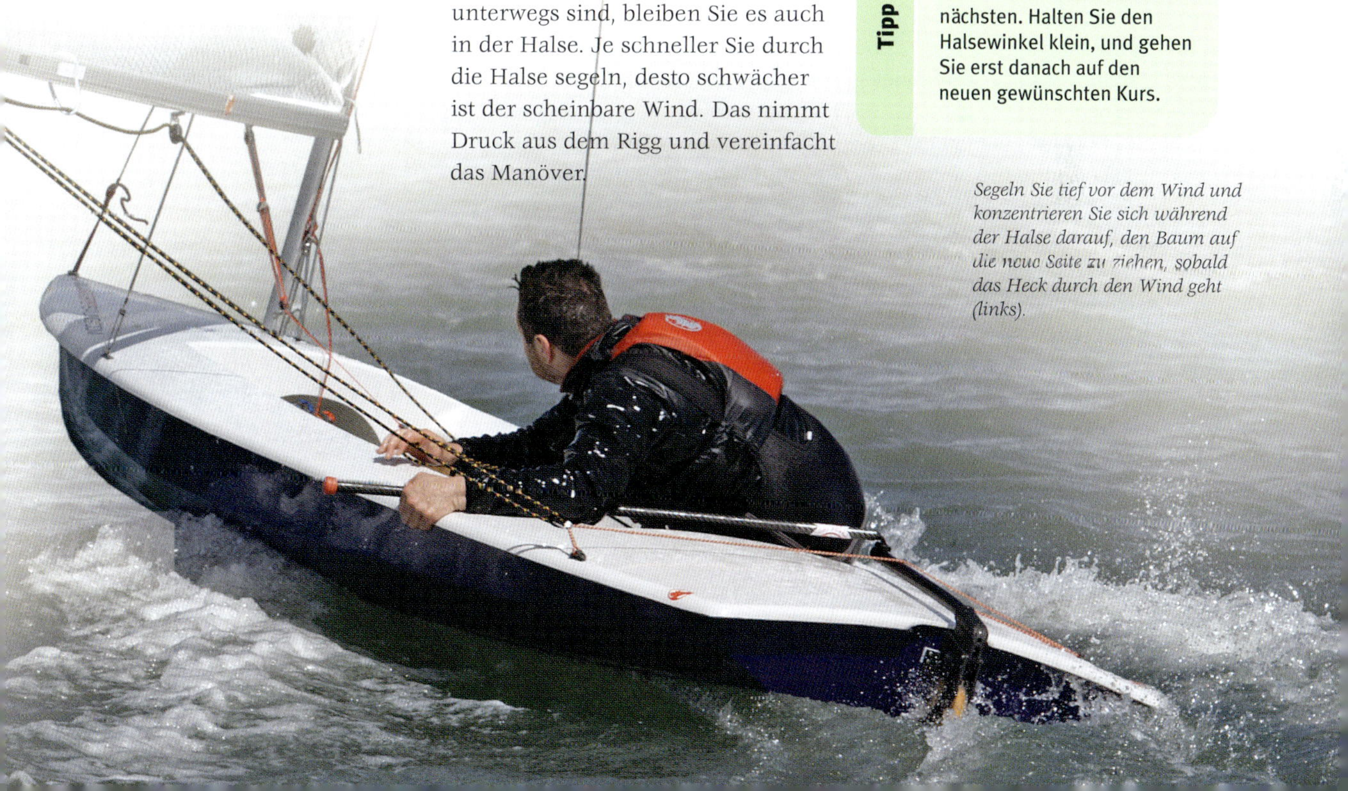

Segeln Sie tief vor dem Wind und konzentrieren Sie sich während der Halse darauf, den Baum auf die neue Seite zu ziehen, sobald das Heck durch den Wind geht (links).

Rückkehr an Land

Irgendwann geht auch der schönste Segeltag zu Ende. Dann wird es Zeit, wieder zum Ufer zurückzukehren und das Boot aus dem Wasser zu ziehen. Dabei müssen Sie vorausdenken: Strom oder Wind könnten sich geändert haben, oder es sind vielleicht mehr Menschen am Strand.

Das Anlanden

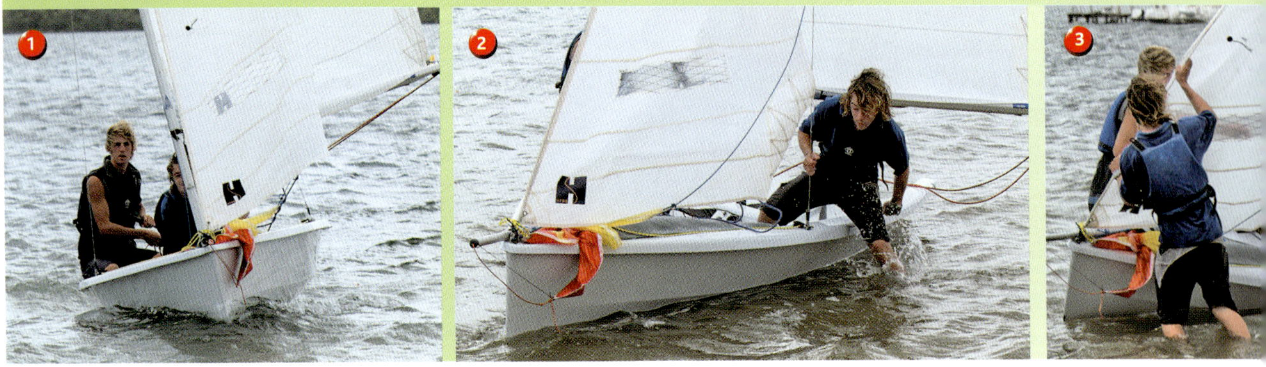

Hat sich etwas verändert?

Strom:
Wenn Sie in einem Tidengewässer segeln, kann der Wasserstand bei der Rückkehr viel höher oder niedriger als bei der Abfahrt sein. Wenn das Wasser um einiges höher steht, kann die Uferform steiler sein. Dann ist es kurz vor dem Strand viel tiefer, was zu beachten ist, wenn Sie aus dem Boot springen. Steht das Wasser viel niedriger, können in der Uferzone Steine oder andere Hindernisse liegen. Des Weiteren müssen Sie einen viel längeren Weg durch Matsch oder weichen Sand zurücklegen, um den Slipwagen zu holen und um das Boot wieder auf seinen Platz zu schieben. Beides kann mühsam sein, besonders wenn Sie alleine sind.

Wind:
Hat sich die Windrichtung geändert? Ein ablandiger Wind am Morgen kann abends eine auflandige Richtung bekommen haben. Anstelle von glattem Wasser können sich am Ufer brechende Wellen zeigen, was das Anlanden erschwert.

Menschen und Boote:
Sind Sie früh am Tag gestartet? Bei gutem Wetter rechnen Sie bei der Rückkehr damit, dass Sie um schwimmende Menschen manövrieren müssen oder andere Boote, die ebenfalls an den Strand zurückkehren.

Anlanden bei Seitenwind

Wie auch beim Start ist Seitenwind ideal.

- Segeln Sie in Richtung Ufer mit halbem Wind. Gucken Sie sich einen freien Bereich zum Anlanden aus. Achten Sie auf andere Boote oder Menschen, sowohl im Wasser als auch an Land. Ist es zu voll, suchen Sie sich einen anderen Platz oder warten Sie.
- Wenn Sie eine Rollfock haben, rollen Sie diese ein, um das Boot zu verlangsamen. Denken Sie daran, dass Sie das Boot auf Halbwindkurs nur bremsen können, indem Sie anluven, und das bedingt Platz.
- Lassen Sie das Ruderblatt unten, bis Sie das Boot verlassen können. Ein optimaler Platz dafür ist dort, wo das Wasser etwa hüfttief ist. Das partiell aufgeholte Ruder würde sich schlecht und nur mit viel Kraft steuern lassen.
- Das Schwert braucht mehr Wassertiefe als das Ruder. Lassen Sie es dennoch so lange wie möglich unten, damit das Schiff nicht zu sehr abtreibt. Aber auch mit teilweise hochgeholtem Schwert lässt sich das Boot manövrieren.
- Wenn Sie flaches Wasser erreichen, stoppen Sie das Boot durch behutsames Anluven (Bug in den Wind drehen).
- Stoppen Sie das Boot vollständig ab, bevor das Ruder den Meeresboden berührt!
- Der Vorschoter springt über die Seite und hält das Boot an den Wanten oder dem Vorstag fest.

1. Nähern Sie sich dem Ufer mit halb aufgeholtem Schwert und stoppen Sie das Boot ab. 2. Drehen Sie das Boot in den Wind, der Vorschoter steigt von Bord. 3. Das Boot wird mit dem Bug im Wind festgehalten. 4. Schieben Sie den Slipwagen unter die Jolle und richten Sie sie aus. 5. Sichern Sie das Boot bei Bedarf mit einer Leine am Handgriff.

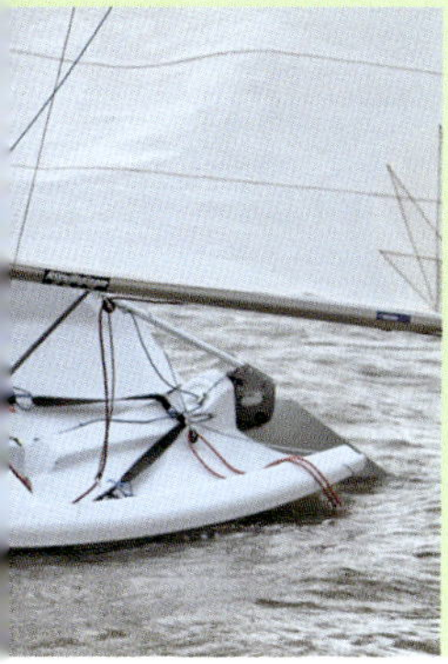

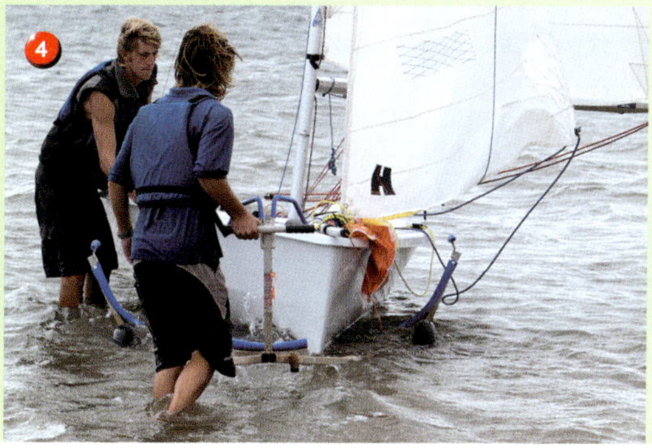

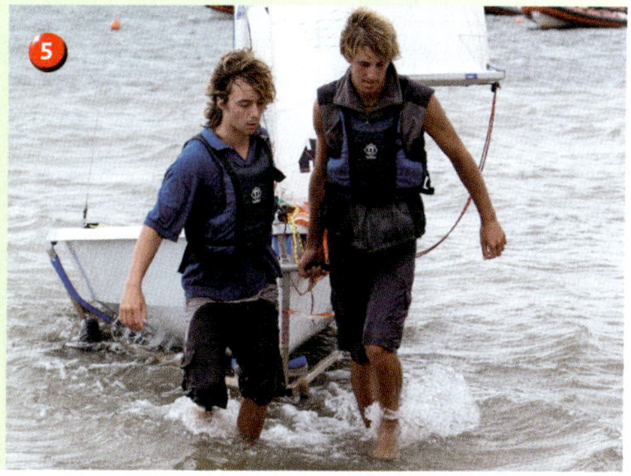

Der Steuermann hebt das Ruder an und arretiert es, bevor er das Schwert hochholt.

- Der Steuermann holt den Slipwagen und schiebt ihn ins Wasser. Es sollte so tief sein, dass sich die Jolle einfach auf den Wagen schieben lässt. Der Wagen sollte beim Slippen in die Windrichtung zeigen.
- Bei mehr Wind mag es erforderlich sein, das Großsegel zu bergen, bevor das Boot über den Strand gezogen wird. Dabei sollte der Bug ebenfalls in die Windrichtung zeigen.

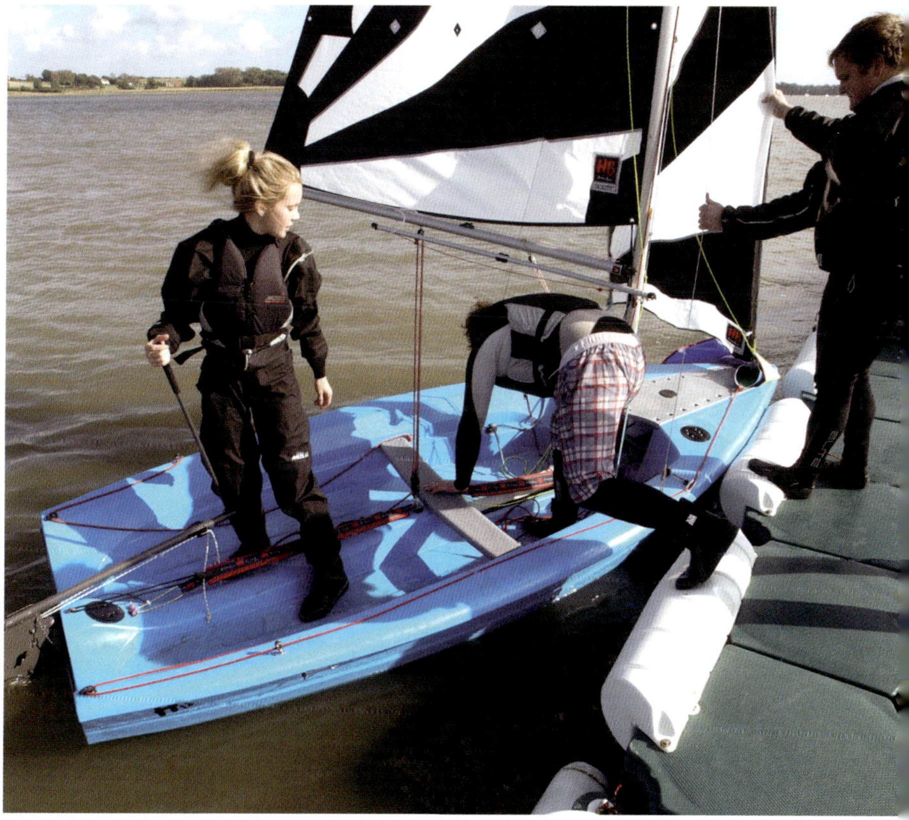

Wie steigt man an und von Bord? Beim An- und Ablegen von einem Steg stellen sich wieder ganz andere Herausforderungen als beim Slippen am Strand.

Tipp

Wenn das Großsegel beim Aufslippen gesetzt bleiben soll, lösen Sie den Vorliekstrecker und den Baumniederholer, um dem Wind die Angriffsfläche zu nehmen. Stellen Sie sicher, dass die Großschot frei läuft.

Rückkehr an Land (2)

Ablandiger Wind

Der Wind weht von der Küste weg, das Wasser ist dann glatter und macht das Anlanden leichter. Andererseits können Sie das Ufer nicht auf direktem Weg erreichen, sondern müssen kreuzen. Suchen Sie sich einen Punkt, der ein Stück von Ihrem Zielort an Land entfernt ist, bis zu dem Sie kreuzen, sodass Sie mit halbem Wind zum Ziel segeln können und noch die Möglichkeit zum Abfallen oder Anluven haben.

- Planen Sie hohe Abdrift mit ein, also seitliches Vertreiben. Denn es kann sein, dass Sie frühzeitig das Schwert teilweise anheben müssen, wenn das Wasser zu flach wird.
- Wenn Sie schon dicht am Ufer sind und nicht mehr hoch am Wind segeln müssen, rollen Sie die Fock ein, um das Boot abzubremsen. Um noch mehr Fahrt zu verlieren, lösen Sie die Großschot, bis das Großsegel zu flattern beginnt.
- Ziehen Sie das Schwert vollständig nach oben, bevor das Ruder den Boden berührt. Der Vorschoter springt im hüfttiefen Wasser in Luv über Bord und hält das Boot an den Wanten oder dem Vorstag fest.

Auflandiger Wind

Wenn der Wind in Richtung Ufer weht, können Wellen das Anlanden erschweren, und es ist schwieriger, das Boot abzubremsen. Die Lösung ist, die Geschwindigkeit so gering wie möglich zu halten.

- Bei leichtem Wind segeln Sie in flaches Wasser und drehen das Boot um 180 Grad in die Windrichtung. Es stoppt, wenn der Bug auf das offene Wasser zeigt. Denken Sie daran: Die Wassertiefe

Tipp

Wenn Sie in klarem Wasser segeln, ist es einfach, die Wassertiefe und den Zeitpunkt für das Abstoppen und Über-Bord-Springen festzulegen. In trübem Wasser dagegen können Sie die Tiefe nur einschätzen oder andere Segler beobachten, die anlanden.

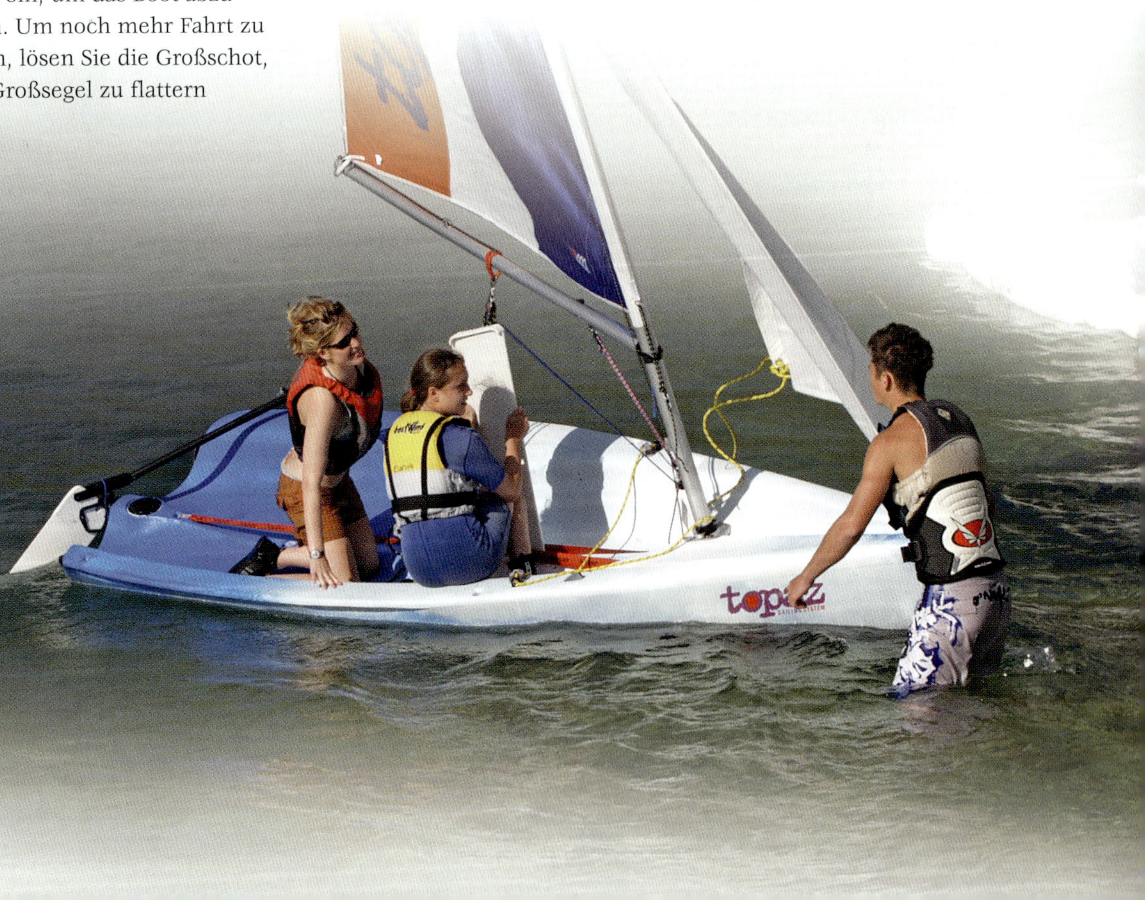

Wenn Sie den Bug einer Jolle fassen wollen, machen Sie dies nur, wenn sie langsam ist. Passen Sie besonders bei Wellen auf, dass Sie nicht den Halt verlieren.

am Bug kann viel größer als am Heck sein. Dies macht es für den Vorschoter schwieriger, im Wasser stehend das Boot festzuhalten, besonders wenn es Wellen gibt.

- Wenn Sie bei stärkerem auflandigen Wind in Richtung Strand segeln, können Sie zum Abbremsen zwar die Fock wegrollen oder bergen, aber Sie können das Großsegel nicht weiter auffieren. Anluven nimmt zwar den Druck aus dem Segel, aber dann liegt das Boot quer zu den Wellen und ist instabil. Außerdem fahren Sie dann nicht mehr auf das Ufer zu.
- Die seemännische Lösung ist, das Großsegel rechtzeitig zu bergen. Das funktioniert aber nur zu zweit und mit einem konventionellen Großfall.
- Drehen Sie vor der Brecherzone das Boot mit dem Bug in den Wind. Bergen Sie das Großsegel und bändseln Sie es am Baum fest.
- Holen Sie das Schwert hoch und nehmen Sie die Fock back, wodurch das Boot abfällt, und segeln Sie zum Ufer. Kurz bevor es flach wird, rollen Sie zum Abbremsen die Fock ein oder lassen Sie die Schot fliegen.
- Der Vorschoter springt in Luv über die Kante, hält das Boot fest und dreht es in den Wind, während der Steuermann das Ruder anhebt.

Tipp

Das Ziel ist klar: Das Boot soll genau dort gestoppt werden, wo das Wasser weder zu tief noch zu flach ist. Wenn es zu flach ist, können Ruder oder Schwert Schaden nehmen beziehungsweise sich nur noch schlecht vollständig aufholen lassen. In zu tiefem Wasser finden Sie keinen oder schlechten Halt, um das Boot festhalten zu können. In der Regel ist hüfttiefes Wasser ideal.

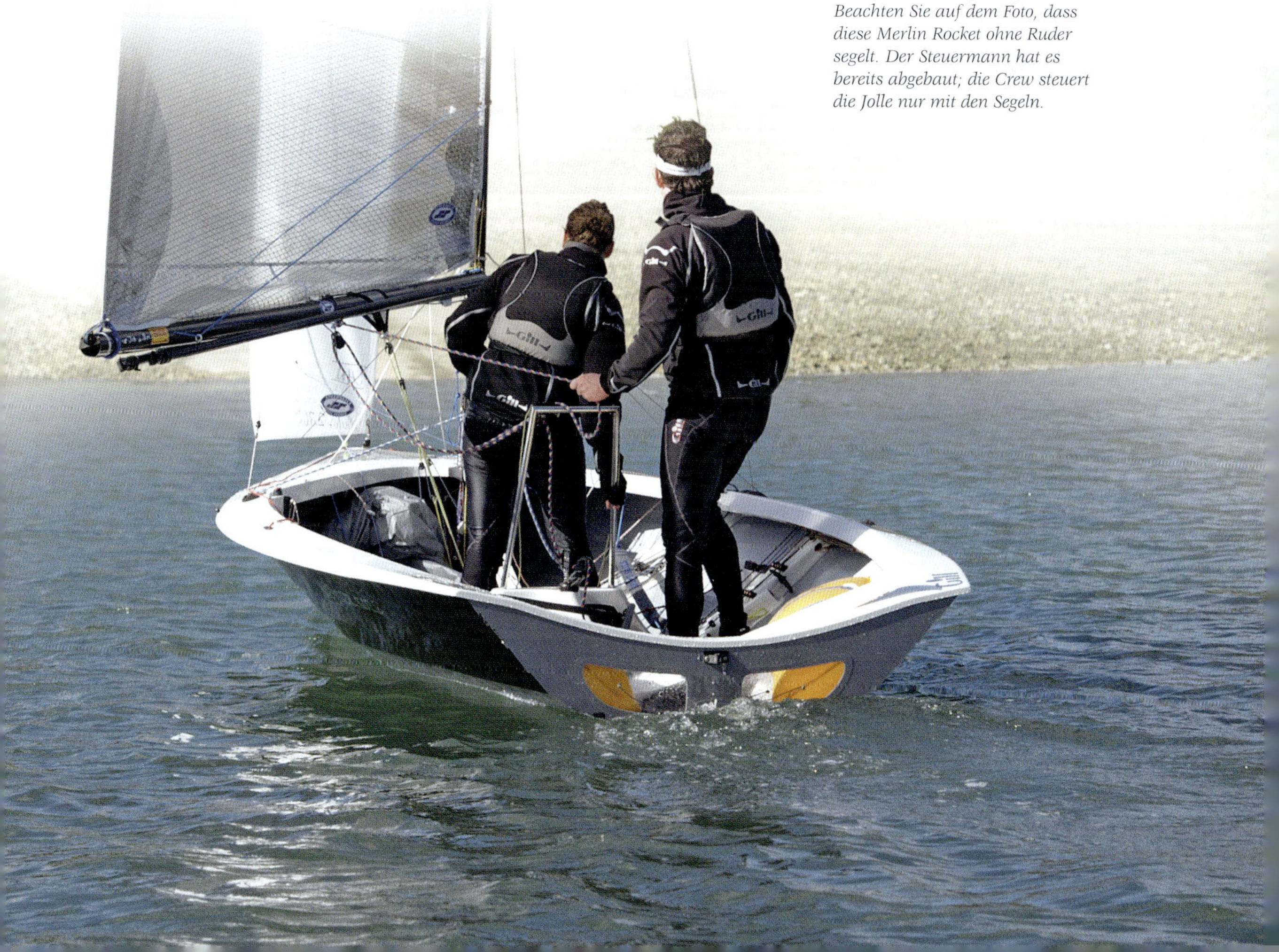

Die Rückkehr zum Strand ist bei auflandigem und leichtem Wind kein Problem. Bei viel Wind mag es nötig sein, das Großsegel zu bergen und am Baum zu sichern, bevor man zum Ufer segelt. Beachten Sie auf dem Foto, dass diese Merlin Rocket ohne Ruder segelt. Der Steuermann hat es bereits abgebaut; die Crew steuert die Jolle nur mit den Segeln.

Rückkehr an Land (3)

Einhand anlanden

Wenn Sie allein unterwegs sind, haben Sie niemanden, der das Schwert hochholt oder das Boot festhält. Dies erfordert eine gute Planung.

- Wenn der Wind quer zur Küste oder ablandig weht, fieren Sie die Großschot zum Abstoppen, aber behalten Sie genug Fahrt zum Steuern der Jolle.
- Ziehen Sie das Schwert kurz vor dem Strand halb hoch, heben Sie auch das Ruderblatt an.
- Wenn das Wasser noch flacher wird, nehmen Sie das Schwert so weit hoch, dass es den Grund nicht berührt.
- Steuern Sie das Boot in den Wind und steigen Sie in Luv aus dem Boot. Dann nehmen Sie Schwert und Ruderblatt komplett nach oben.
- Bei leichter Brise können Sie das Boot im flachen Wasser liegen lassen und selbst schnell den Slipwagen holen, bei mehr Wind brauchen Sie Hilfe.

Anlanden mit Wellen

Wenn der Wind auflandig weht, müssen Sie auf Halbwindkurs gehen, um Druck aus dem Segel zu nehmen und abzustoppen. Dann springen Sie aus dem Schiff und drehen es in den Wind. Wenn es viel Wind und Welle gibt, nehmen Sie Schwert und Ruder etwas hoch und halten Ihr Gewicht weit hinten im Boot, um den Bug nicht in die Wellen zu drücken. Klettern Sie am besten dort ins Wasser, wo die Wellen gerade flach sind, und halten Sie das Boot fest. Wenn die Wellen brechen, kann das den Gebrauch des Slipwagens unmöglich machen; das Boot muss dann so schnell wie möglich an Land gezogen werden.

So geht es mit dem Kat

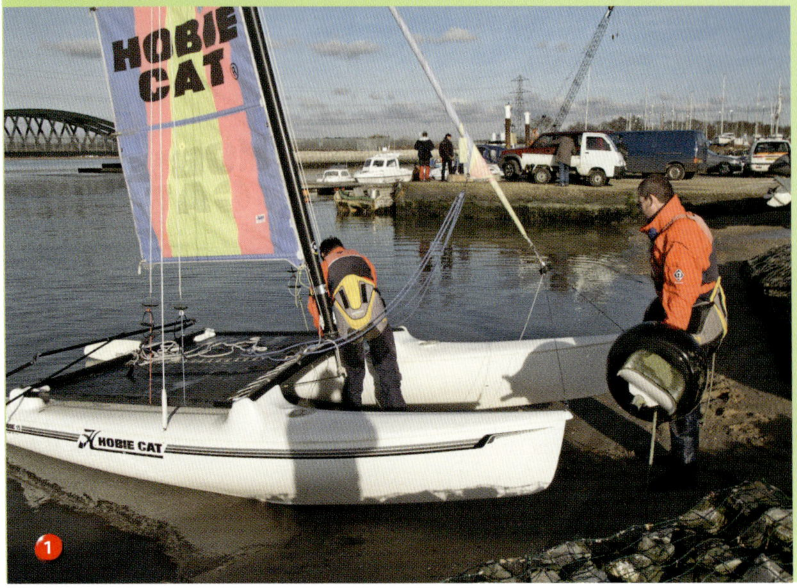

1. Der Rudergänger wartet am Kat, bis der Vorschoter den Slipwagen geholt hat.

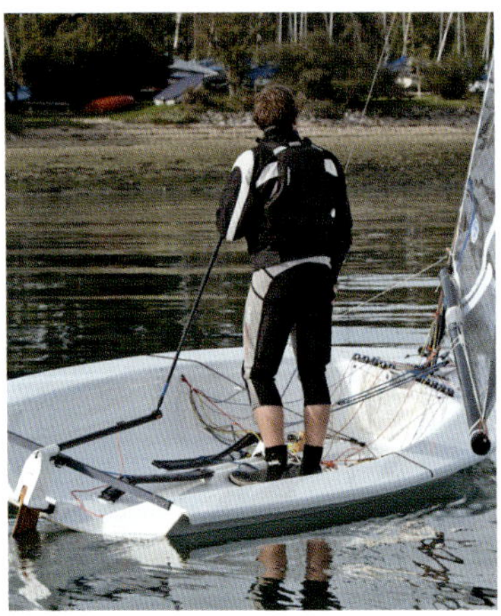

Haben Sie Hilfe, wenn Sie wieder am Strand angekommen sind (oben)?

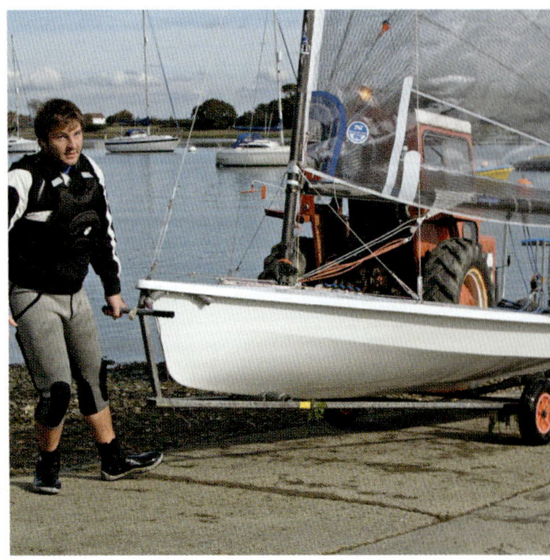

Die meisten Einmannjollen sind so leicht, das sie sich von einer Person ziehen lassen, wie diese Phantom beispielsweise (oben rechts).

Anlanden mit dem Kat

- Rollen Sie die Fock ein, um Geschwindigkeit aus dem Boot zu nehmen.
- Der Kat steuert sich mit angehobenen Ruderblättern schlecht, also lassen Sie die unten, bis der Vorschoter in Luv aus dem Boot

Tipp

Stehen Sie niemals zwischen dem Boot und dem Land, wenn sich die Wellen brechen. Selbst kleinere Wellen haben viel Kraft – passen Sie auf, dass Sie nicht unter das Boot geraten!

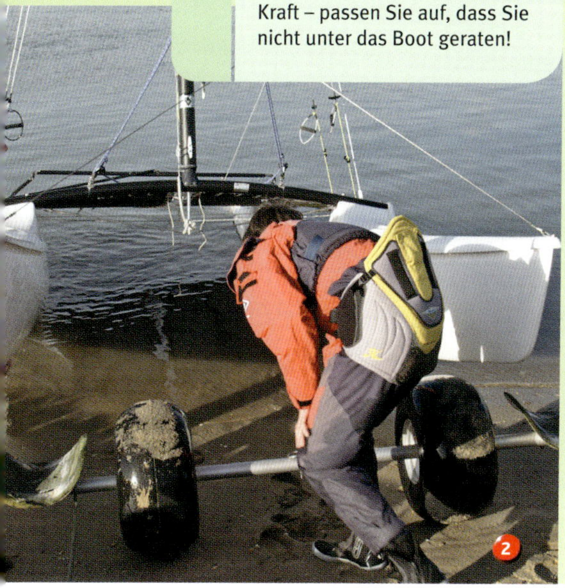

2. Das An-Land-Bringen läuft wie das Wassern ab: Heben Sie einen Bug an und schieben Sie den Wagen unter die Rümpfe.

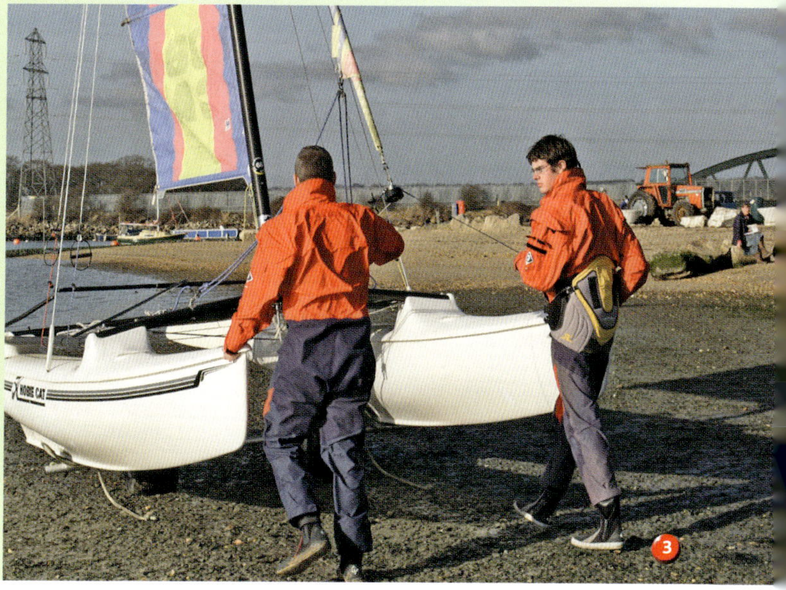

3. Ein Kat ist an Land erstaunlich einfach zu schieben oder zu ziehen, wenn der Untergrund nicht zu weich ist.

gestiegen ist. Die Ruderblätter auf einem Kat sind so konstruiert, dass sie bei einer Grundberührung von selbst nach oben kommen.

- Während der Vorschoter den Kat hält, holt der Steuermann die Ruder komplett hoch, löst die Großschot vom Segel und fiert Baumniederholer und Vorliekstrecker, um Druck aus dem Rigg zu nehmen.
- Bei auflandigem Wind nehmen Sie das Groß schon weiter draußen herunter und landen nur unter Fock an.
- Schieben Sie den Slipwagen im Wasser unter die Rümpfe und sichern Sie ihn an den Wanten. Bei brechenden Wellen benötigen Sie eventuell Hilfe.

Aufräumarbeiten

Wenn Sie in Salzwasser segeln, spülen Sie das Schiff am Ende des Tages gründlich mit Frischwasser ab. Salz führt zu Korrosion und Schwergängigkeit der Beschläge.

- Öffnen Sie die Lenzpfropfen am Spiegel und heben Sie das Boot an, um Wasser aus den Rümpfen fließen zu lassen.
- Lassen Sie die Segel trocknen. Sie werden aufgerollt oder zusammengelegt und in einem Beutel gelagert.
- Lagern Sie Ruder und Schwert am besten in gepolsterten Taschen.
- Decken Sie das Boot mit einem Tuch ab, um es vor UV-Licht zu schützen. Stellen Sie dabei sicher, dass Regenwasser ablaufen kann.
- Jollen können bei Starkwind auch an Land umkippen. Fixieren Sie das Boot mit Leinen an Bodenankern.

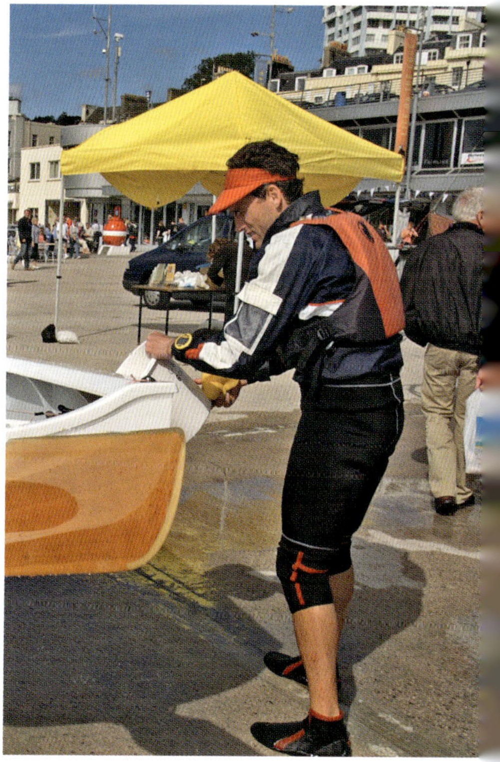

Wenn Sie auf dem Meer segeln, spülen Sie Ihr Boot nach dem Segeln ab, um schädliche Salzrückstände zu beseitigen.

Kentern

Es wird kaum Jollensegler geben, die nicht schon mal gekentert sind. Es ist Teil des Lernprozesses. Sobald Sie eine eher steife Jolle beherrschen, werden Kenterungen selten. Mit allen anderen lässt es sich zuweilen nicht vermeiden.

Kenterung zu zweit

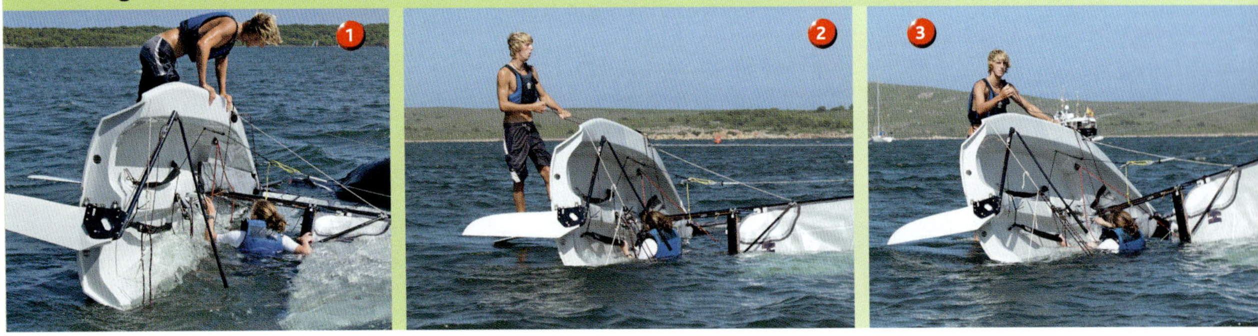

Eine Kenterung bringt drei Nachteile mit sich:

- Möglicherweise werden Sie sehr nass!
- Vielleicht wird Ihnen sehr kalt (nicht, wenn Sie die richtige Bekleidung tragen).
- Sie könnten schnell erschöpfen, besonders wenn Sie mehrfach kentern. Wenn das passiert, sollten Sie rechtzeitig Hilfe anfordern.

Gewusst wie

Sie werden spüren, wenn sich eine Kenterung nicht mehr verhindern lässt. Wenn es kein Zurück mehr gibt, ist die eigentliche Kenterung langsam genug, um sich die nächsten Schritte überlegen zu können. Ein erfahrener Segler wird versuchen, ein Bein über die Seite des Bootes zu strecken, während es umkippt, und sich dann mit beiden

Kenterung einhand

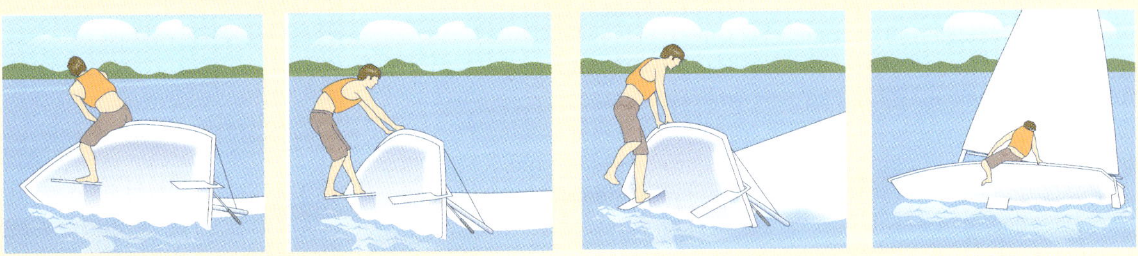

Wenn sich die Kenterung nicht mehr vermeiden lässt und das Rigg das Wasser berührt, klettern Sie über die Kante des Bootes aufs Schwert. Halten Sie sich fest und finden Sie die Balance. Prüfen Sie die Situation und stellen Sie sicher, dass die Großschot gelöst und nicht in der Klemme belegt ist. Halten Sie sich am Boot fest und lehnen Sie sich zurück. Eine kleine Einmannjolle wird sich jetzt aufrichten. Falls das Rigg so noch nicht aus dem Wasser auftaucht, lehnen Sie sich noch weiter zurück, um den Hebelarm zu vergrößern. Sobald der Mast aus dem Wasser kommt, wird das Boot beginnen, sich schnell aufzurichten. Wenn die Schräglage nur noch 45 Grad beträgt, strecken Sie ein Bein ins Boot. Klettern Sie schnell hinein, sobald es sich weiter aufrichtet. Falls nötig, bewegen Sie sich schnell auf die andere Seite des Bootes, um es zu stabilisieren. Prüfen Sie, ob alles in Ordnung ist.

1. Der Vorschoter schwimmt im Wasser, der Steuermann prüft, dass er nicht verletzt ist. 2. Der Steuermann steht auf dem Schwert und zieht an einer Kenterleine. 3. Steuermann und Vorschoter lösen bei Bedarf die Schoten von Großsegel und Fock. 4. Der Steuermann drückt das Boot weiter herunter, der Vorschoter wartet darauf, ins Cockpit gehievt zu werden. 5. Wenn das Rigg aus dem Wasser kommt, klettert der Steuermann über die Kante, und zwar gleichzeitig mit dem sich ins Boot rollenden Vorschoter. 6. Das Boot liegt wieder stabil und ist segelklar.

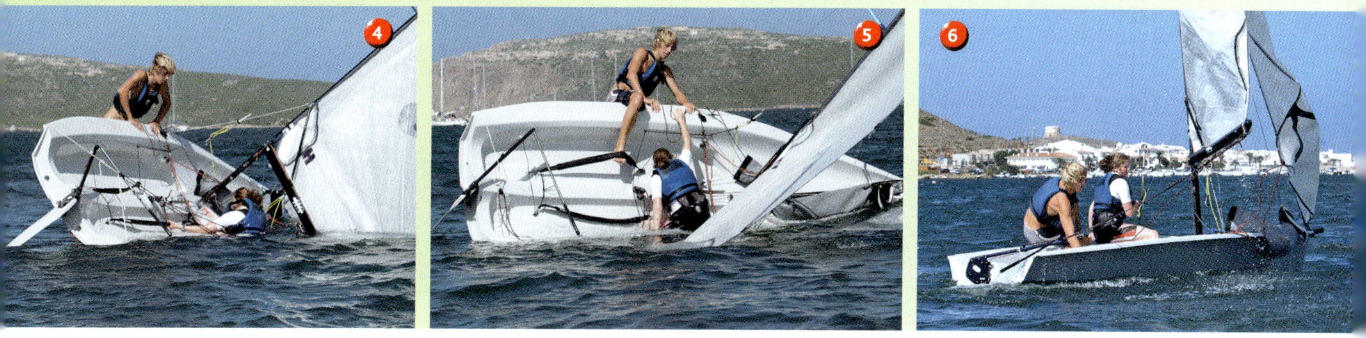

Beinen auf das Schwert stellen. Das ist dann eine trockene Kenterung. Auf einer Zweimannjolle dagegen kann nur einer diesen Luxus genießen. Das ist üblicherweise der Steuermann.

Die perfekte Kenterung mit einer Einmannjolle

- Sie sehen das Unausweichliche kommen, wenn der Mast ins Wasser fällt, und klettern über die Seite auf das Schwert.
- Halten Sie sich fest und balancieren Sie das Boot aus.
- Lösen Sie die Großschot, falls sie noch belegt ist.
- Halten Sie sich an der Bootskante fest und lehnen Sie sich zurück. Eine kleine Jolle wie der Pico oder der Laser richtet sich sofort wieder auf. Wenn das Segel unter Wasser geraten ist, benötigen Sie einen größeren Hebelarm: Lehnen Sie sich weiter zurück.
- Sobald sich das Rigg aus dem Wasser hebt, richtet sich das Boot ruckartig weiter auf. Seien Sie ab etwa 45 Grad Lage bereit, wieder ein Bein ins Boot zu heben.
- Klettern Sie vollends ins Boot, sobald sich das Boot weiter aufrichtet. Antizipieren Sie dessen Bewegungen: Es kann nun nötig sein, sich schnell auf die andere Seite zu bewegen, um eine erneute Kenterung zu vermeiden.
- Machen Sie die Schoten klar, und weiter geht's.

Die perfekte Kenterung mit einer Zweimannjolle

- Für den Steuermann läuft das wie mit einer Einmannjolle ab: einfach während der Kenterung aufs Schwert klettern.
- Der Vorschoter rutscht elegant zwischen Baum und Boot ins Wasser. Fallen Sie nicht ins Segel, Sie könnten es oder die Latten beschädigen oder eine Durchkenterung verursachen. Das kann auch passieren, wenn man sich an die Kante hängt.
- Wenn das Boot gekentert ist, prüft jeder, ob der andere okay ist.
- Beide sehen nach, ob Groß- und Fockschot gelöst sind und frei laufen.
- Falls ein Spinnaker oder Gennaker gesetzt ist, muss er geborgen und gesichert werden.
- Ein größeres und schwereres Zweimannboot ist schwieriger aufzurichten. Der Steuermann muss sich auf dem Schwert weiter nach draußen lehnen, wozu er eine Kenterleine benutzt. Auf einigen Booten ist diese unter der Deckskante angebracht, oder Sie verwenden dafür die Fockschot.
- Der Vorschoter wartet dicht am Rumpf, ohne diesen herunterzudrücken, bis er beim Aufrichten vom Boot »aufgesammelt« wird.
- Sobald sich das Rigg aus dem Wasser hebt, kurz bevor der Steuermann vom Schwert ins Cockpit klettert, rollt sich der Vorschoter ins Cockpit.
- Beide Segler befinden sich nun gegenüber. So ist das Boot gut ausbalanciert. Und weiter geht es.

Kentern (2)

Probleme lösen

Das Aufrichten der Jolle läuft nicht immer rund. Es kann schwierig sein, z.B. wenn sie weiter durchkentert. Diese Dinge lassen sich durch Übung und klares Vorausdenken beheben. Und: Kentern hat durchaus auch etwas Positives. Sie können sich für das Aufrichten Zeit lassen, die Situation überdenken und sich ausruhen.

Kontakt behalten

Lassen Sie niemals das Boot los, wenn Sie kentern. Weil moderne Jollen umgekippt hoch aufschwimmen, vertreiben sie auch überraschend schnell mit dem Wind. Wenn Sie ins Wasser fallen, halten Sie sich an irgendetwas fest, sei es an einer Schot oder dem Pinnenausleger. Am Rumpf werden Sie sich kaum festhalten können, der ist zu glatt.

Falls Sie bei der Kenterung doch den Kontakt verlieren, schwimmen Sie zum Boot, bevor es anfängt zu vertreiben. Wenn Sie einhand segeln und das Boot nicht erreichen können, kreuzen Sie die Arme winkend über dem Kopf als Notsignal. Wenn Sie zu zweit sind und einer verliert den Kontakt, richten Sie das Boot auf und sammeln Sie den Mitsegler wieder ein. Falls dies nicht klappt, geben Sie sofort das Notsignal.

Kenter-Check

- Jeder Segler prüft, ob der andere okay ist.
- Groß- und Fockschot müssen gelöst sein und frei laufen können.
- Das Schwert sollte ganz unten sein. Eine lose Flosse kann herausfallen oder ins Schiff klappen.

Das Schwert erreichen

Moderne Jollen haben viel Auftrieb. Das liegt am Doppelboden, der wiederum ein selbstlenzendes Cockpit schafft. Und sie sind meist etwas breiter als ältere Typen. Dies hat viele Vorteile, aber wenn ein modernes Dinghy kentert, bleibt es meist hoch aufschwimmend auf der Seite liegen.

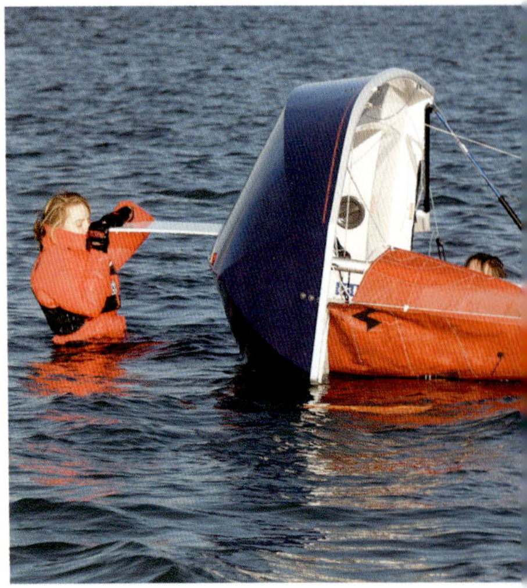

Das Schwert ist schwerer erreichbar, wenn das Boot hoch aufschwimmt, wie diese Mirror.

Verlieren Sie nicht den Kontakt zum Boot! Halten Sie sich immer fest, dann können Sie beim Aufrichten sofort wieder hineinklettern.

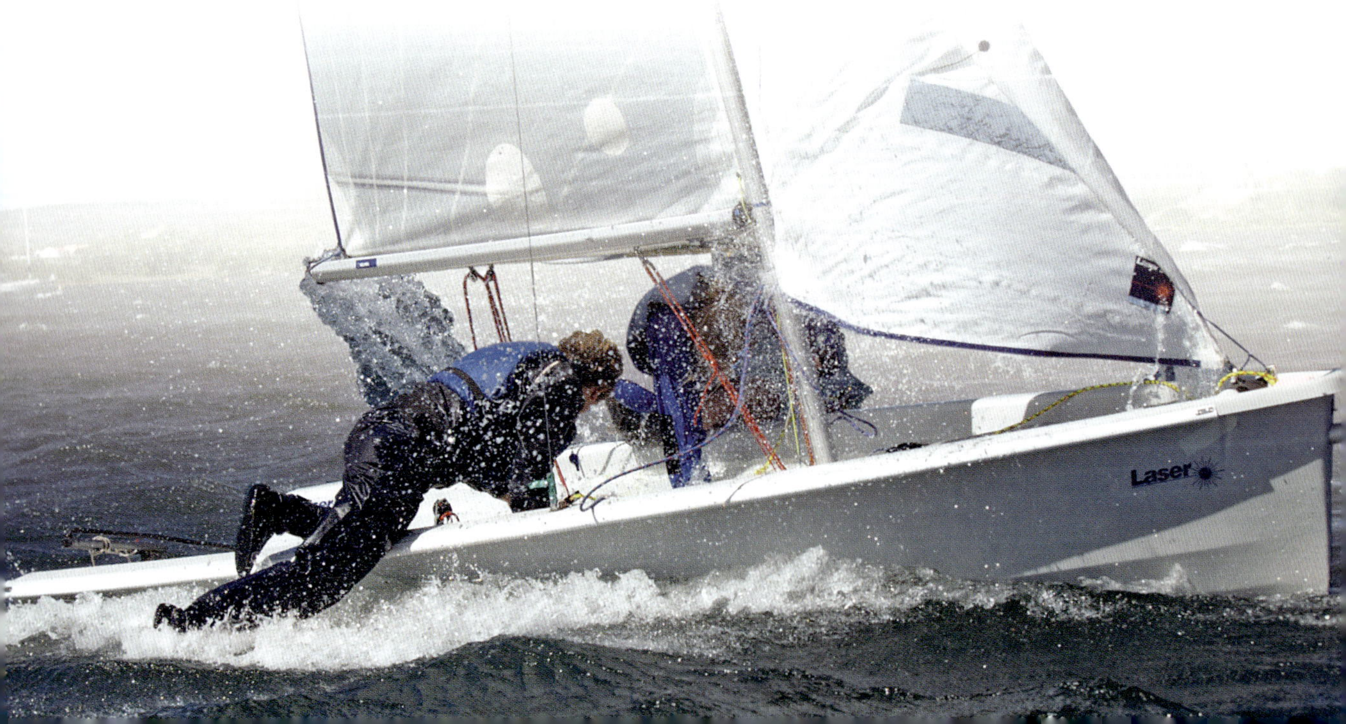

Das heißt: Wenn Sie es nicht schaffen, vom Boot aus aufs Schwert zu kommen, müssen Sie hinschwimmen und das Schwert zu fassen bekommen, das sich weit oben in der Luft befindet. Auf einer kleinen Einhandjolle ist das unproblematisch, ein Zug am Schwert kann zum Aufrichten schon genügen. Auf größeren Jollen ist es dagegen nötig, aufs Schwert zu klettern, um sie aufzurichten. Das kostet Kraft, besonders wenn das Schwert rutschig ist, und es ist auch verletzungsträchtig, wenn Sie keinen Neopren tragen. Falls Sie einen Trapezgurt nutzen, sollten Sie aufpassen, dass der Haken nicht das Schwert beschädigt.

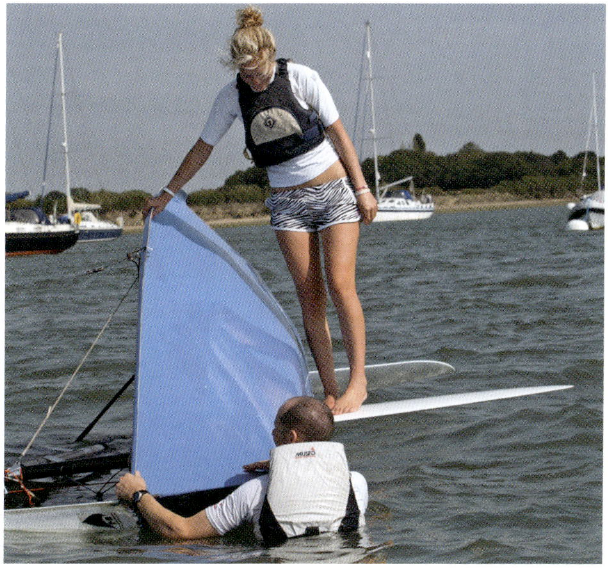

Wenn Sie den Bug in den Wind drehen, wird das Aufrichten einfacher; der Wind hilft dabei.

Den Wind nutzen

Die gekenterte Jolle wird mit dem Wind vertreiben, das Rigg wird dabei wie ein Schleppanker wirken. Wenn es schwierig wird, das Boot aufzurichten, drehen Sie es im Wasser so, dass der Bug in Windrichtung zeigt. Der Wind kann dann unter das Großsegel wehen und so beim Anheben helfen. Während sich die Jolle aufrichtet, sollte sie langsam weiter in den Wind drehen, wodurch die Gefahr einer erneuten Kenterung verringert wird.

Den Spinnaker wegstauen

Wenn Sie mit gesetztem Spinnaker gekentert sind, müssen Sie ihn bergen und in Schlauch oder Sack wegpacken. Mit gesetztem Spi werden Sie das Boot nicht aufrichten können.

Wenn das Boot mit Spi kentert, muss der vor dem Aufrichten geborgen und weggestaut werden. Sonst klappt es nicht.

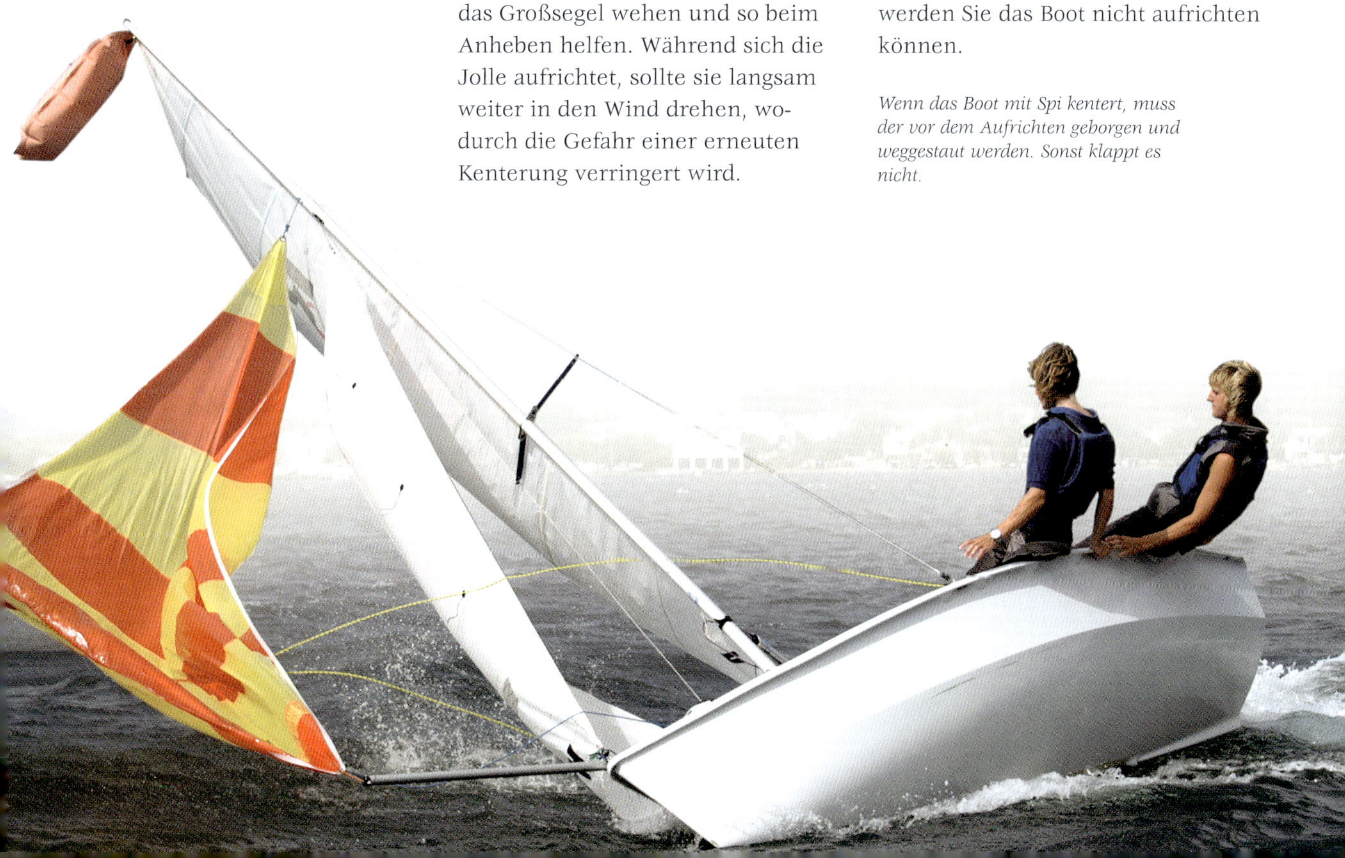

Kentern (3)

Den Wind einschätzen

Der Wind sollte beim Aufrichten nicht auf die vorhergehende Leeseite der Segel treffen – es sei denn, Sie brauchen diese Unterstützung. Drehen Sie den Bug so in den Wind, dass er quer über die Luvseite weht, während Sie das Boot aufrichten. Wenn Sie zu zweit segeln, platziert sich eine Person auf jeder Seite. Einhandsegler müssen beim Aufrichten schnell die Seite wechseln, um eine neue Kenterung zu vermeiden.

Die Rolle

Die Kenterung nach der Kenterung kann bei Starkwind zu Frust und Erschöpfung führen. Mühevoll richten Sie das Boot auf, aber der Schwung im Rigg führt dazu, dass das Boot Ihnen entgegenkippt und erneut kentert. Das lässt sich vermeiden.

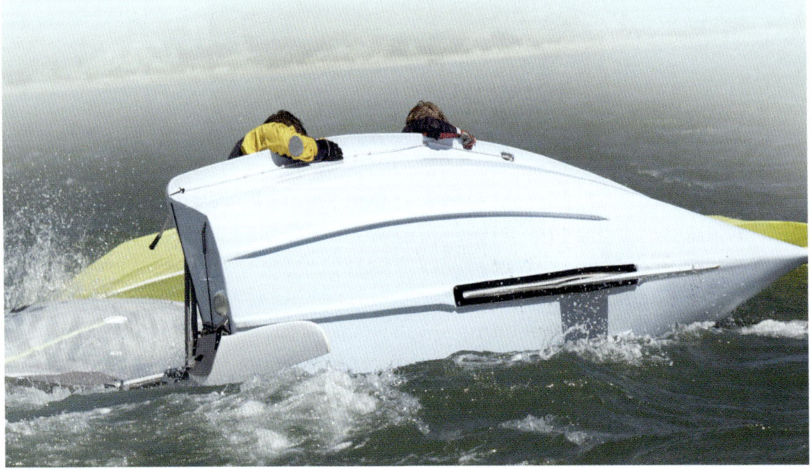

Durchkenterung

Weil moderne Jollen so hoch aufschwimmen, können sie auch leichter durchkentern. Das passiert, wenn ein Segler auf dem Mast steht oder versucht, auf die Kante des kenternden Bootes zu klettern. Idealerweise sind Masten versiegelt, so dass sie Auftrieb liefern, aber oft lecken sie an den Beschlägen und laufen voll. Wenn das Boot durchkentert, schwimmen Sie etwas zur Seite. Falls Sie unter die Jolle geraten sollten, bleiben Sie cool und tauchen Sie sich frei (was sich üben lässt). Sobald das Schiff durchgekentert ist, können Sie relativ einfach über die Deckskante klettern und das Schwert greifen. Sie lehnen sich vor und zurück, das Heckt hebt sich dabei etwas und das Boot dreht sich langsam in den Wind, während das Rigg höher kommt. Liegt das Boot auf der Seite, geht es weiter wie vorher beschrieben.

Aufrichten der Jolle

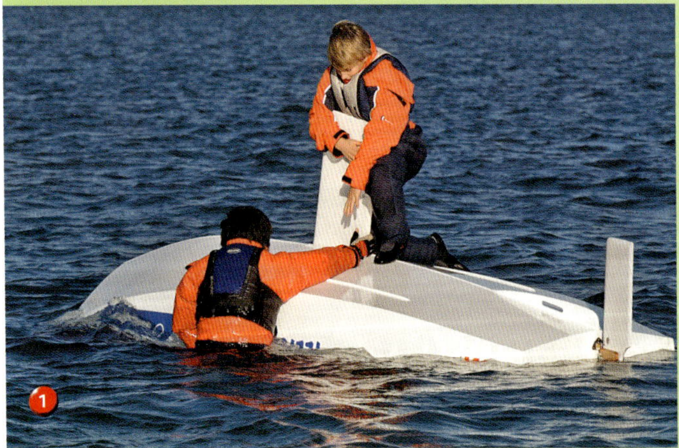

1. Wenn das Boot durchgekentert ist, stellen Sie sicher, dass das Schwert völlig ausgefahren bleibt.

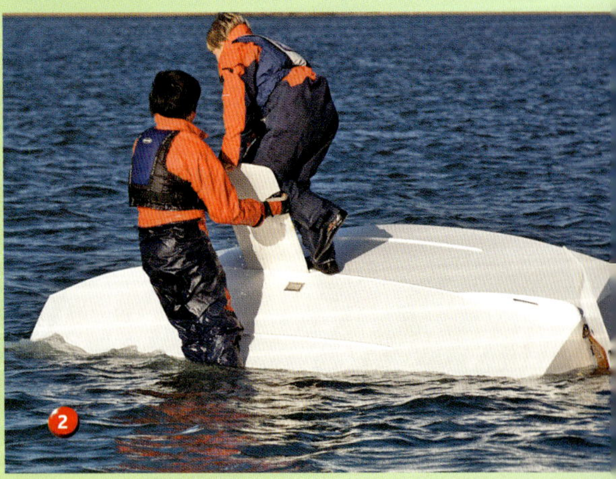

2. Ein Segler steht auf der Deckskante und zieht am Schwert – so kommt das Rigg schon an die Wasseroberfläche.

In der Falle

Schwere Unfälle sind sehr selten, kommen aber vor, wenn sich Segler unter dem Boot oder dem Rigg nicht mehr befreien können. Falls Sie ein Trapez tragen, achten Sie darauf, dass es sich nicht in eine Leine, ein Gummi oder Draht einhakt. Wenn es passiert: ruhig bleiben, Problem ermitteln und den Haken lösen. Es gibt spezielle (empfohlene) Trapezhaken mit Schnellauslöser. Bei konventionellen sollte man wissen, wie sich die Weste oder der Haken schnell öffnen lässt. Und Vorsicht ist besser als Nachsicht: Stellen Sie sicher, dass alle Leinen und Gummis stramm sind und dass keine überschüssigen Leinen Sie behindern können. Vermeiden Sie sperrige Kleidung, die irgendwo hängen bleiben kann oder beim Schwimmen stört. Eine eng anliegende Schwimmhilfe ist ideal und erleichtert die Bewegungen im Wasser. Tragen Sie ein Messer bei sich, das scharf genug zum Durchtrennen von Leinen ist.

In der Falle?

Man kann unter das Großsegel geraten oder unter das Boot. Wenn das Segel aus Dacron besteht, lässt es sich einfach nach oben drücken, um an Atemluft zu kommen. Foliensegel sind da weniger nachgiebig. Immer mit der Ruhe: Schwimmen Sie einfach unter dem Segel hervor oder drücken Sie sich ab.

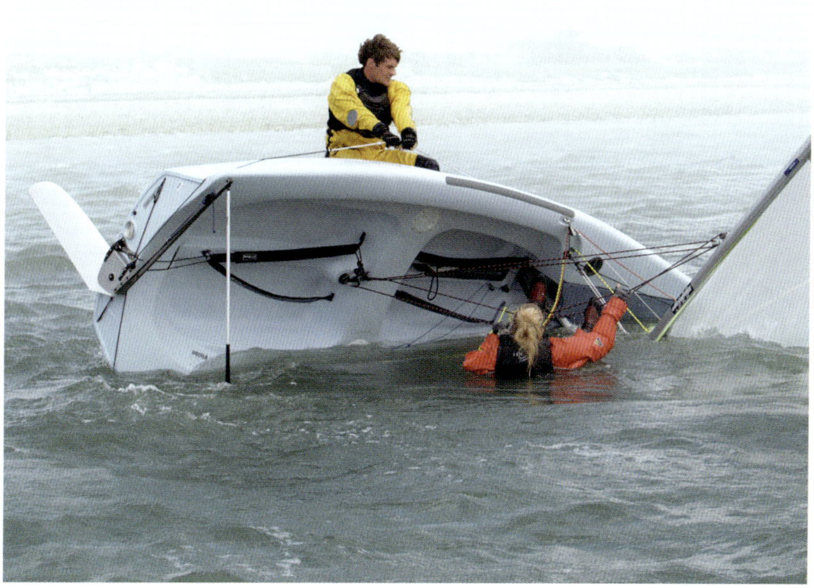

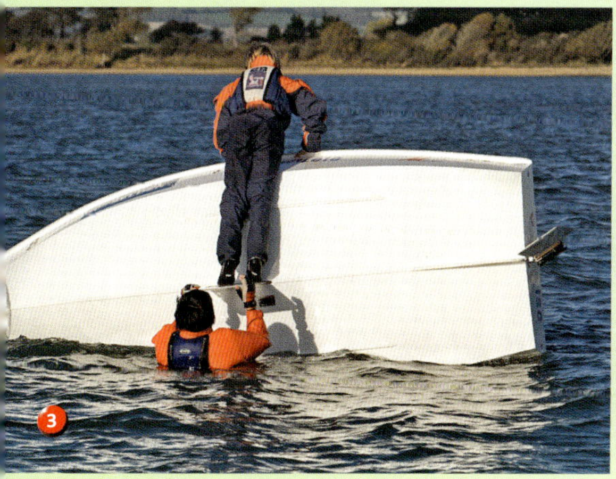

3. *Ein Segler steht auf dem Schwert in der üblichen Kenter-Position, der andere wartet im Wasser.*

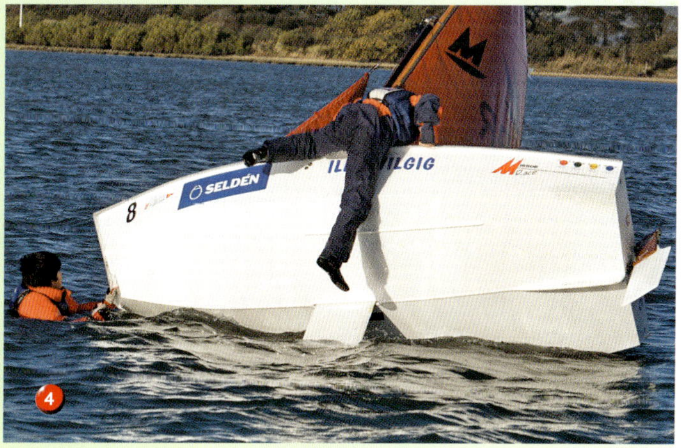

4. *Der Segler auf dem Schwert richtet das Boot auf und klettert hinein, der andere wartet im Wasser am Bug.*

Kentern (4)

Nach Luv kentern

Achten Sie auf Windschatten, beispielsweise hinter einem Motorboot vor Anker oder hinter einer Mole. Plötzlich ist kein Druck mehr in den Segeln.

Wenn die Jolle nach Luv umkippt, keine Panik. Rutschen Sie einfach zwischen Boot und Großbaum rückwärts ins Wasser, sodass Sie nicht unter das Großsegel geraten.

Wasser marsch!

Wenn Wasser im Boot steht, ist es bei den meisten Jollen möglich, einen schnellen Raumschotskurs zu segeln, bis die Selbstlenzer das Cockpit geleert haben. Das geht in Kombination mit Lenzklappen am Heck noch schneller. Einige Jollen sind jedoch nach einer Kenterung für die Selbstlenzer zu langsam, weil insgesamt zu schwer. Dann müssen Sie das Wasser per Hand ausschöpfen. Denken Sie daran: Ein passendes Ösfass oder ein Schöpfeimer, gut

Voll Wasser

Einige Jollen, besonders ältere, haben nur einfache Böden, die das Wasser nicht aus dem Cockpit abfließen lassen. Ein Vorteil: Gekentert schwimmt das Schiff schön niedrig im Wasser. Nachteilig ist das halb mit Wasser gefüllte Cockpit nach dem Aufrichten.

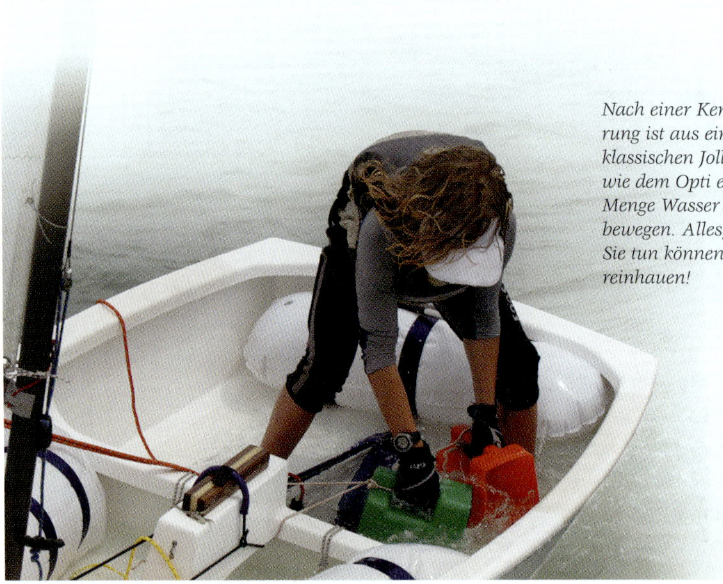

Nach einer Kenterung ist aus einer klassischen Jolle wie dem Opti eine Menge Wasser zu bewegen. Alles, was Sie tun können, ist: reinhauen!

Nach Luv kentern

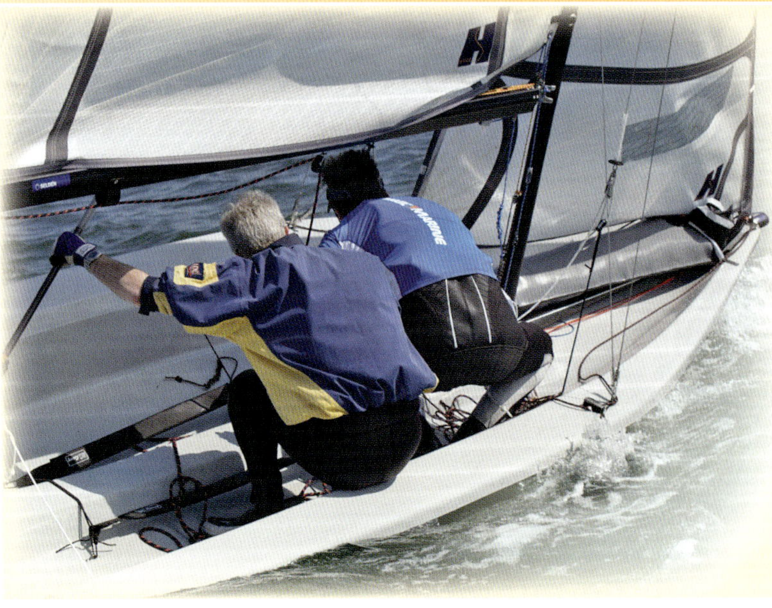

Wenn Sie ausreiten oder im Trapez stehen und die Segel plötzlich den Druck verlieren, rollt sich das Boot schnell nach Luv, und Sie können kentern. Die Lösung: Versuchen Sie vorherzusehen, was passieren wird. Dann können Sie rechtzeitig den Kurs ändern oder Ihr Gewicht in die Schiffsmitte bewegen.

Uumpf! Eine Kenterung nach Luv macht eher wenig Spaß; das Boot fällt schließlich auf einen zu. Locker bleiben und zwischen Baum und Rumpf ins Wasser gleiten.

mit einer Leine gesichert, gehört immer zur Standardausrüstung an Bord.

Wenn Sie ein älteres Boot segeln, prüfen Sie vor jeder Ausfahrt die Auftriebskörper. Wenn diese leck sind, kann die Jolle sinken. Auf selbstgebauten Holzbooten beispielsweise können Lecks ein Problem sein, das sich aber mit Glasfasern und Harz lösen lässt.

Viele Jollen haben ein oder zwei Entwässerungsschrauben am Heck. Es gibt auch welche im Cockpitboden oder an den Lufttanks. Stellen Sie sicher, dass alle geschlossen sind, bevor es ins Wasser geht. Nach dem Segeln sollten Sie die Schrauben öffnen und das Boot vorn anheben, um möglicherweise ins Innere gelangtes Wasser abfließen zu lassen. Noch ein Tipp: Außenliegende Schrauben oder Pfropfen nimmt man besser mit nach Hause. Dann kann sie niemand »ausleihen«, was zuweilen vorkommt. Und: Wasser in den Lufttanks muss nicht automatisch ein Leck bedeuten, es kann sich auch um Kondensat handeln.

Kentern ist anstrengend

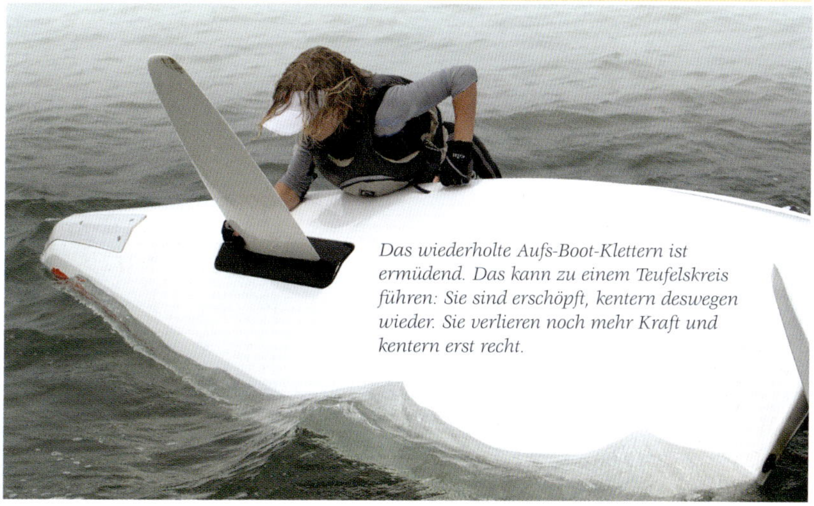

Das wiederholte Aufs-Boot-Klettern ist ermüdend. Das kann zu einem Teufelskreis führen: Sie sind erschöpft, kentern deswegen wieder. Sie verlieren noch mehr Kraft und kentern erst recht.

Erschöpfung

Nach einer Kenterung segelt man normalerweise weiter. Doch es ist auch ein guter Zeitpunkt, um die eigene Physis zu checken. Bei geringsten Anzeichen von Erschöpfung sollte man zurücksegeln, bevor man weitere Male umkippt. Falls dies nicht möglich ist, rufen Sie rechtzeitig Hilfe.

Weitere Gefahren

Wenn Sie in einem strömenden Gewässer segeln, prüfen Sie, in welche Richtung das Boot abtreibt. Es kann Situationen geben, in denen Sie das Boot schnellstens aufrichten und wegsegeln müssen, beispielsweise wenn Sie in ein Fahrwasser oder in eine noch stärkere, ungünstige Strömung treiben. Nass geworden, sinken die gefühlten Temperaturen (Wind-Chill-Effekt). Sobald man friert, wird es Zeit für den Nachhauseweg. Seien Sie vorsichtig, wenn der Fahrer eines Motorbootes oder Schlauchbootes Hilfe anbietet. Der mag hilfsbereit, aber unerfahren sein. Es kann recht schwierig werden, ein Motorboot dicht an eine Jolle oder einen Kat zu manovrieren, besonders bei Welle. Hüten Sie sich vor den Propellern, die können todlich sein. Stellen Sie sicher, dass der Fahrer sein Getriebe auskuppelt, sobald er dicht an die Segler, das Boot oder das Rigg kommt.

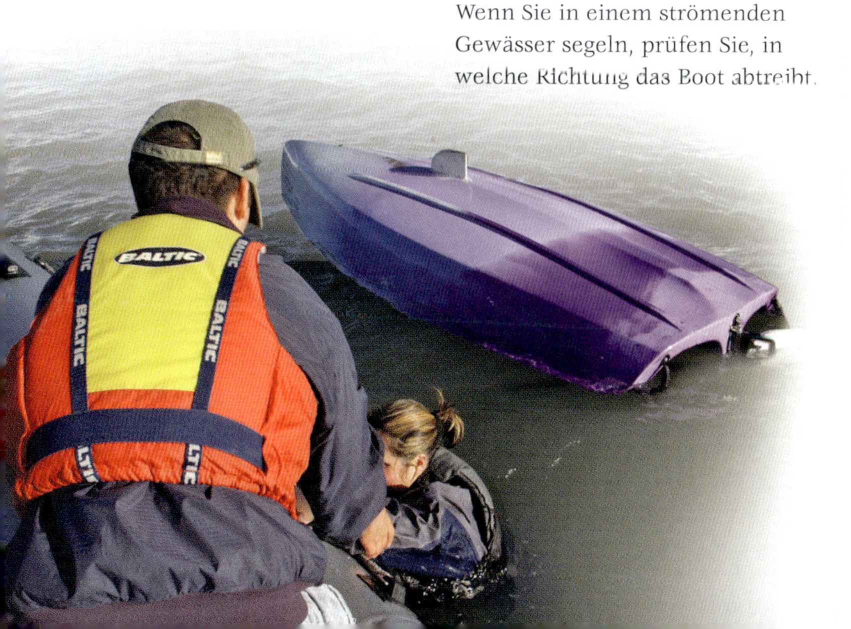

Seien Sie vorsichtig, wenn ein Motorboot zu Hilfe kommt. Der Fahrer muss auskuppeln, damit sich die Schrauben nicht mehr drehen.

Kentern mit dem Kat

Die breite Basis macht einen Katamaran deutlich steifer als eine Jolle, aber dennoch kann er kentern, insbesondere wenn er schnell und hart gesegelt wird.

Wie der Kat kippt

Es gibt zwei Möglichkeiten. Zum einen kann der Katamaran wie eine Jolle seitlich umgeweht werden. Da das Crewgewicht auf einem Kat aber an einem deutlich längeren Hebelarm wirkt, ist diese Art des Kenterns durch das rechtzeitige Fieren von Großschot oder Traveller zu verhindern. Zum anderen kann der Kat über die Bugspitzen kentern, ein typisches Problem bei hoher Geschwindigkeit. Raumschots segelt so ein Boot sehr schnell. Wenn der Leebug unterschneidet, nicht rechtzeitig auftaucht und so das Boot stark bremst, behält das Rigg immer noch viel Schwung. Der scheinbare Wind fällt mit dem Abbremsen raumer ein und wird größer. Das drückt den Leebug noch tiefer ins Wasser, bis sich der Kat überschlägt.

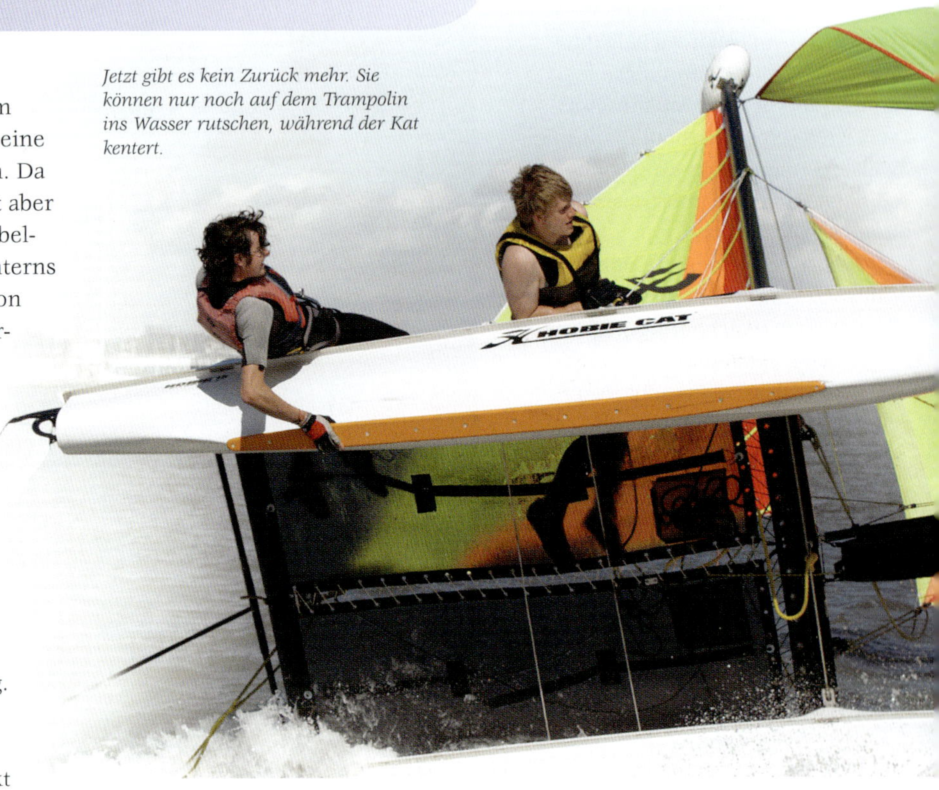

Jetzt gibt es kein Zurück mehr. Sie können nur noch auf dem Trampolin ins Wasser rutschen, während der Kat kentert.

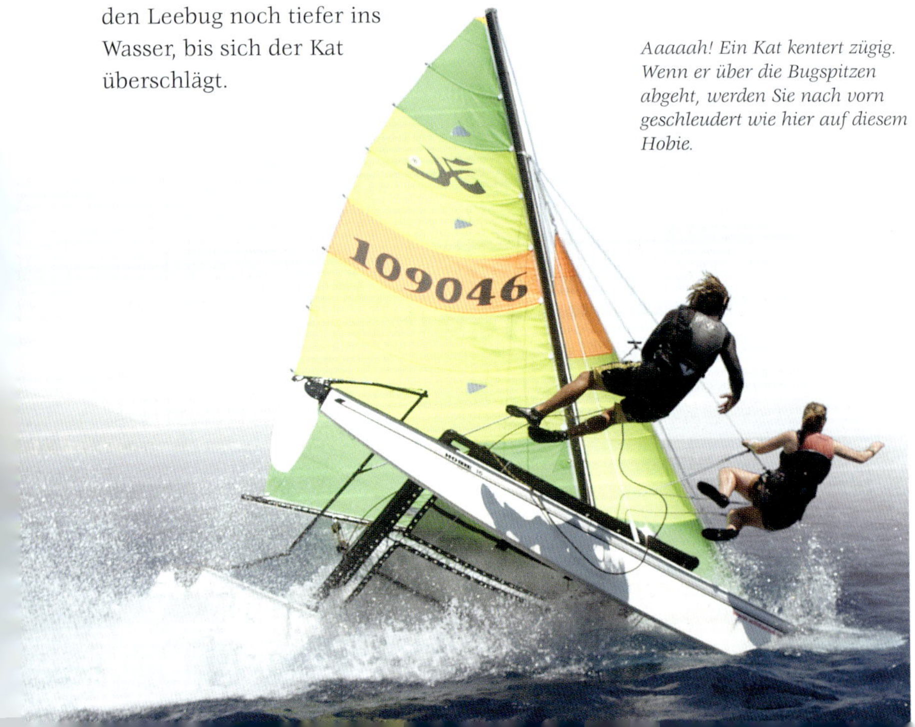

Aaaaah! Ein Kat kentert zügig. Wenn er über die Bugspitzen abgeht, werden Sie nach vorn geschleudert wie hier auf diesem Hobie.

Überschlag

Auf einem Kat ist der Weg bis ins Wasser weit. Beide Segler sollten auf dem Trampolin nach unten rutschen und möglichst nicht ins durchgelattete Segel fallen. Wenn der Kat unterschneidet (mit den Bugspitzen unter Wasser gerät) und über die Bugspitzen kentert, geschieht das schnell. Beide Segler werden nach vorn katapultiert. Wenn sich der Trapezhaken nicht löst, schwingen sie vorn um das Boot. Passen Sie auf den Gennakerbaum auf – Sie könnten ihn beschädigen oder er Sie! Um diesen Dingen entgegenzuwirken, stützen Sie sich gut ab und halten Sie sich irgendwo fest.

Gekentert

Beachten Sie Folgendes:

- Versichern Sie sich gegenseitig, dass beide okay sind.
- Behalten Sie den Kontakt zum Boot, das halb gekentert schnell abtreiben wird. Halten Sie sich an irgendeiner Leine fest.
- Wenn der Mast gut versiegelt ist, bleibt der Kat auf der Seite liegen. Stehen Sie nicht auf dem Rigg, dies würde das Boot durchkentern lassen.
- Schwimmen Sie ums Boot und klettern Sie auf den Leerumpf.
- Beide Segler können hier eine Pause einlegen.

Das Aufrichten

Die große Breite kann das Aufrichten verkomplizieren. Der elliptische Mast ist schwer, und dann müssen Sie auch noch einen Rumpf bewegen. Das Boot wird durch die große Angriffsfläche des Trampolins schnell mit dem Wind vertreiben. Am leichtesten lässt es sich mit den Bugspitzen im Wind wieder aufrichten. Dann kann der Wind unter die Segel wehen und dabei helfen. Verlagern Sie Ihr Gewicht weit nach vorn, dann heben sich die Hecks, und der Kat dreht mit den Nasen in den Wind.

Der große Zug

- Bevor Sie das Boot aufrichten, stellen Sie sicher, dass die Schoten gelöst sind und frei laufen können. Wenn der Gennaker gesetzt ist, muss er geborgen und gesichert werden.
- Katamarane sollten generell mit einer Aufrichtleine ausgestattet sein, die sich einfach erreichen lässt. Diese Leine wird in einer speziellen Tasche am Trampolin gestaut und ist in der Nähe des Mastes am vorderen Beam fixiert.
- Ziehen Sie die Aufrichtleine aus dem Beutel und werfen Sie sie über den oberen Rumpf auf die andere Seite. Greifen Sie die Leine und ziehen Sie daran. Sie sollte mehrere Knoten haben, damit sie guten Halt bietet und sich auch am Trapezhaken befestigen lässt.
- In den meisten Fällen müssen sich beide Segler in die Leine hängen, damit die Hebelwirkung für das Aufrichten des Kats groß genug ist.

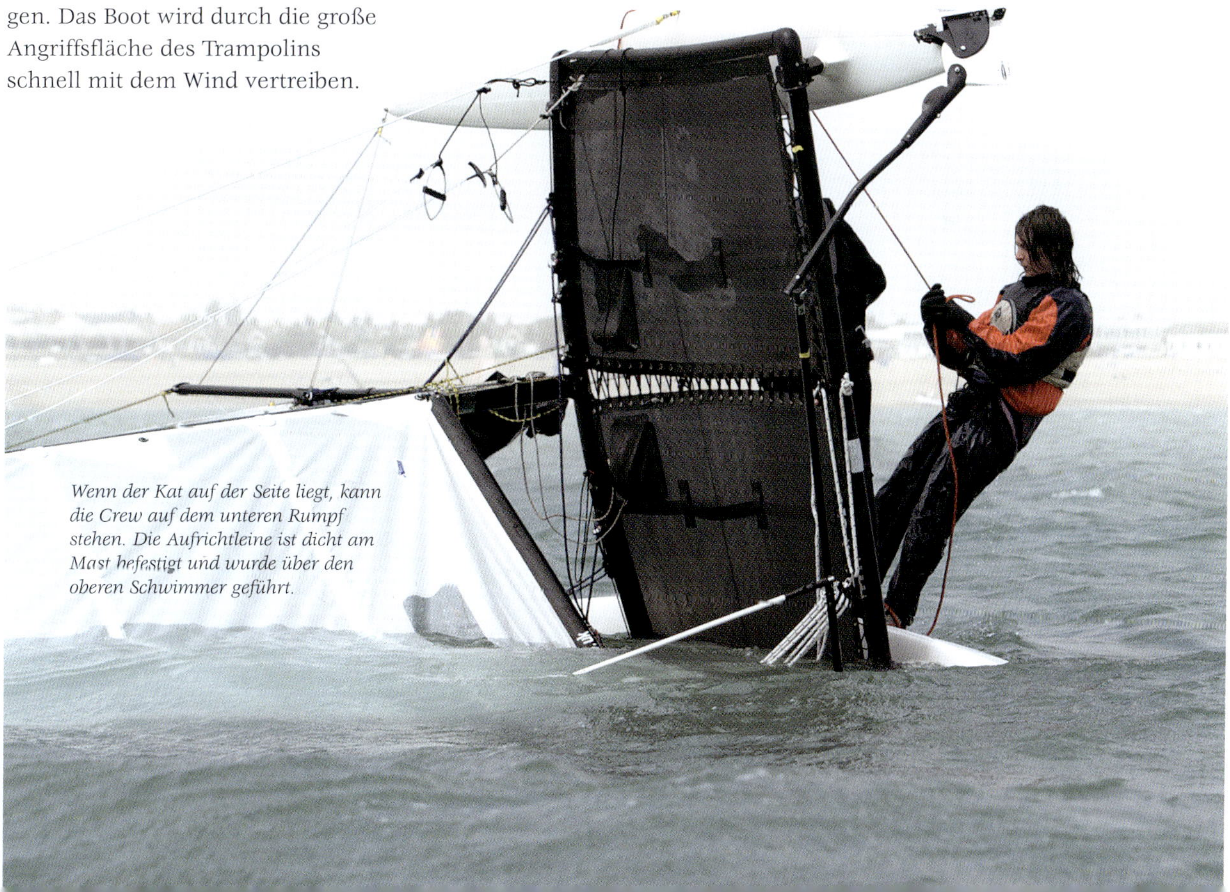

Wenn der Kat auf der Seite liegt, kann die Crew auf dem unteren Rumpf stehen. Die Aufrichtleine ist dicht am Mast befestigt und wurde über den oberen Schwimmer geführt.

Kentern mit dem Kat (2)

Ein durchgekenterter Kat

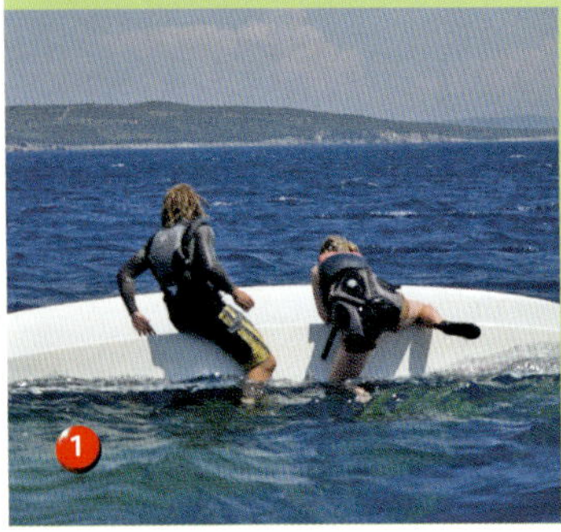

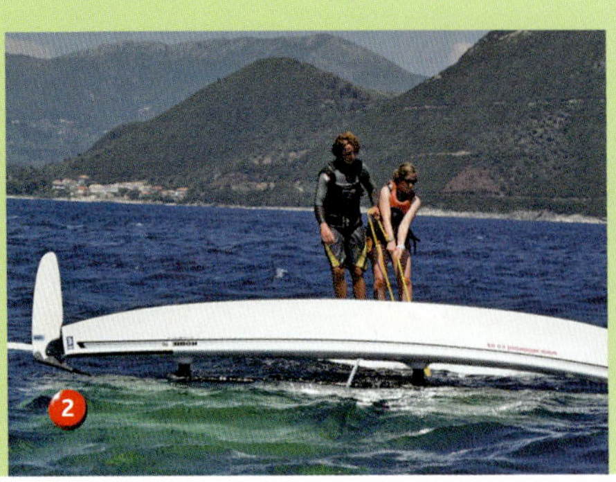

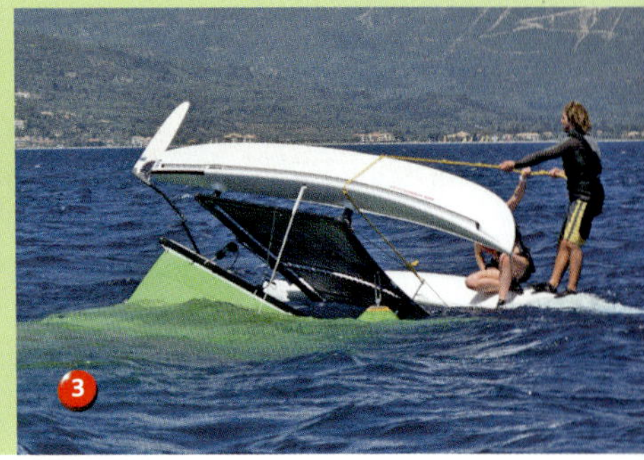

In die Senkrechte

Sobald das Rigg aus dem Wasser befreit ist, wird der gekenterte Kat um 90 Grad in die Senkrechte kippen. Achten Sie auf den Luvschwimmer, der von oben ins Wasser knallt. Geraten Sie nicht darunter, aber das lässt sich einfach verhindern: Sobald sich der Kat aufrichtet, halten ihn beide Segler am vorderen Querträger (Beam) oder an dem darunterliegenden Stützgestänge (»dolphin striker«) fest, das leichter zu greifen ist.

Zurück an Bord

Die meisten Kats haben mindestens einen Trapezdraht mit Griff und Bügel pro Seite. Nutzen Sie den, um sich wieder auf das Trampolin zu ziehen. Schwimmen Sie um das Schiff zum Luvrumpf. Greifen Sie den Bügel, lehnen Sie sich im Wasser zurück, heben Sie die Beine aufs Boot und ziehen Sie sich selbst nach oben. Das ist einfacher, als es sich anhört. Alternativ können Sie über den achteren Beam klettern, jedoch stört hier die Spurstange zwischen den beiden Pinnen. Am vorderen Beam geht es auch, wo sich der »dolphin striker« als Trittstufe nutzen lässt. Das kann aber schwierig wer-

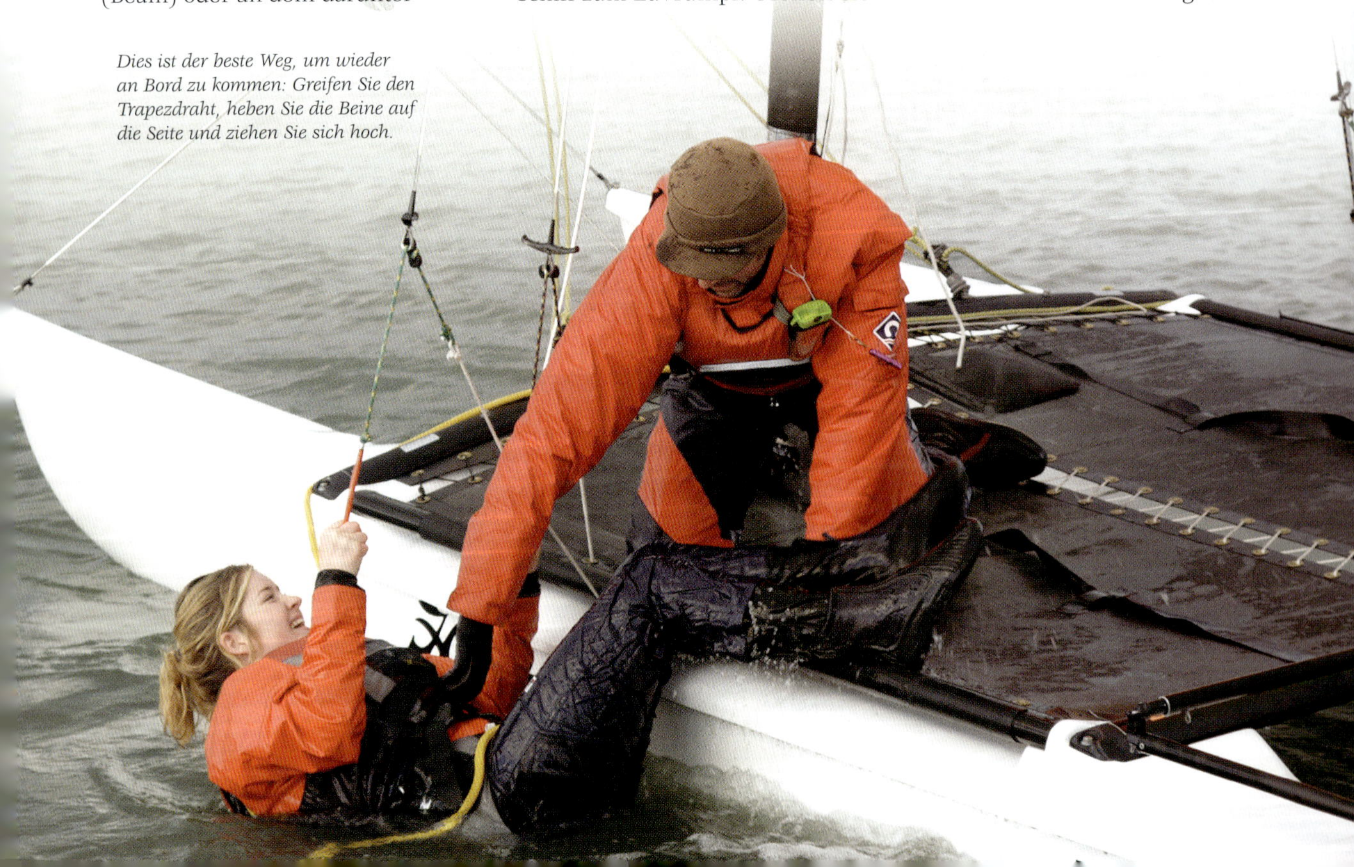

Dies ist der beste Weg, um wieder an Bord zu kommen: Greifen Sie den Trapezdraht, heben Sie die Beine auf die Seite und ziehen Sie sich hoch.

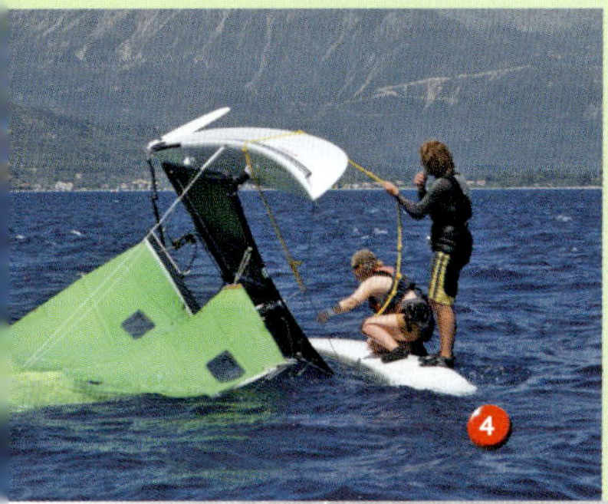

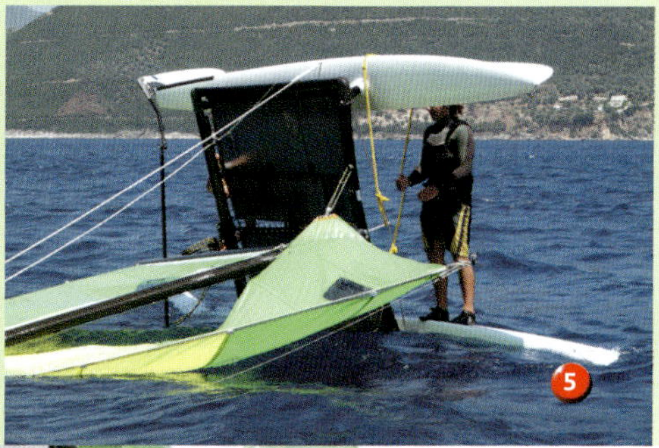

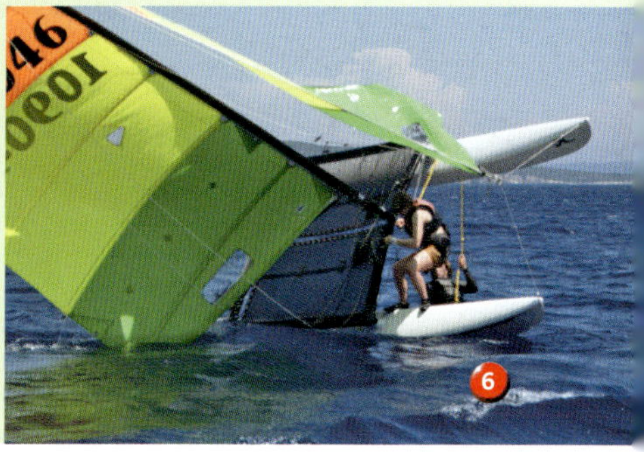

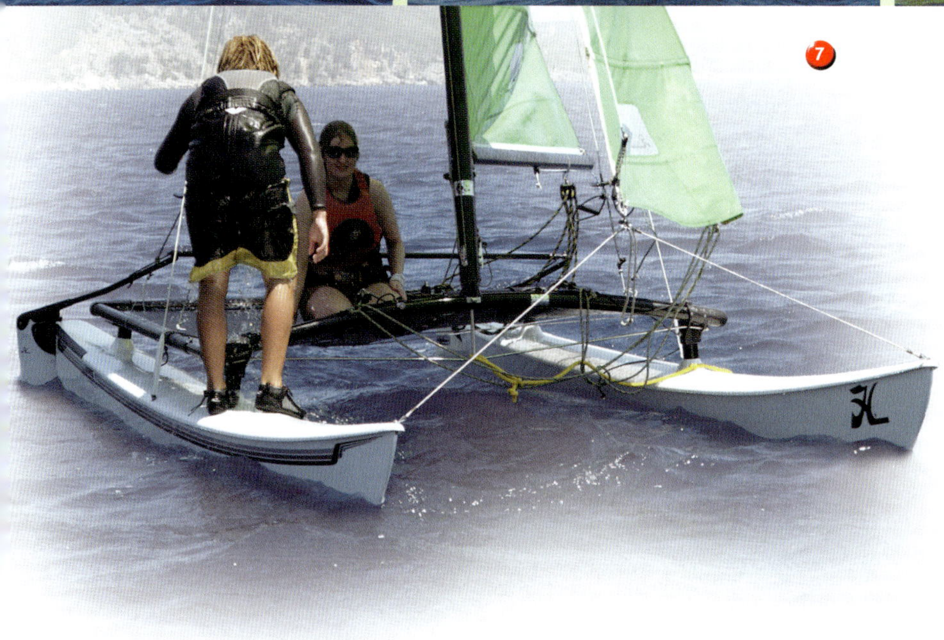

1. Klettern Sie auf das Trampolin des umgedrehten Bootes. 2. Führen Sie die Aufrichtleine über einen Rumpf. 3. Ziehen Sie vom Bug aus, das dreht den Kat und hebt das Rigg. 4. Lassen Sie das Boot weiter in den Wind drehen. 5. Atmen Sie tief durch und ziehen Sie das Rigg aus dem Wasser. 6. Wenn sich das Boot weiter aufrichtet, greifen Sie das Gestänge (»dolphin striker«) unter dem vorderen Beam. 7. Klettern Sie wieder an Bord. Gut gemacht!

den, wenn sich der Kat schon wieder bewegt.

Durchgekentert

Der Vorteil einer Durchkenterung ist das langsamere Abgetriebenwerden vom Wind. Ein weiterer Pluspunkt: Sie können komfortabel sitzend auf dem umgedrehten Boot Pause machen und sich erholen. Um das Boot wieder aufzurichten, müssen Sie es erst in die normale Kenterstellung bewegen. So geht es:

- Führen Sie die Aufrichtleine unterhalb des Decks des luvseitigen (dem Wind zugewandten) Bugs und über den Rumpfboden.
- Nehmen Sie die Aufrichtleine mit zum Bug des Leeschwimmers (des Schwimmers, der vom Wind weiter entfernt ist) und ziehen Sie sie diagonal über den Boden des umgedrehten Bootes.
- Durch den herunter gedrückten Leebug hebt sich das Luvheck, und das Rigg bewegt sich in Richtung Wasseroberfläche. Sobald der Kat um 90 Grad auf der Seite liegt, richten Sie ihn wie beschrieben weiter auf. Falls sich das Boot aus seiner durchgekenterten Lage nicht befreien lässt, kann der Mast im Grund stecken oder mit Wasser gefüllt sein. Möglicherweise brauchen Sie dann externe Hilfe beim Aufrichten.

Tipp

Wenn der Kat durchkentert, halten Sie sich möglichst vom Trampolin fern. Wenn Sie darunter geraten (was kaum vorkommt), bleiben Sie ruhig und stoßen Sie sich einfach nach außen ab.

Seemannschaft für Jollensegler

Seien Sie aufmerksam: Prüfen Sie den Wetterbericht vorm Lossegeln; achten Sie darauf, wohin Sie segeln; und denken Sie an Sicherheitsregeln auf dem Wasser!

Thermik liefert nachmittags perfekte Bedingungen für Kats und Skiffs, die am besten bei frischen Winden laufen.

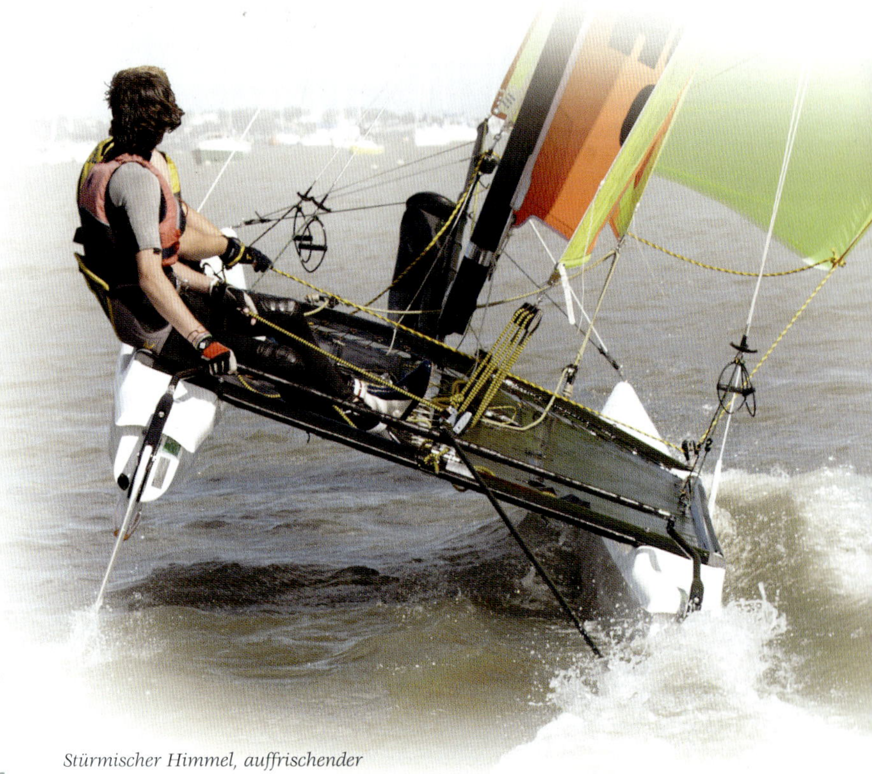

Wetterbeobachtung

Wettervorhersagen gibt es reichlich in Zeitungen, im Internet, im Fernsehen, Radio oder übers Handy. Sie sind oft überraschend exakt. Nutzen Sie das Angebot. Auf Wassersport-Wetter spezialisierte Dienste sind meist besser geeignet als allgemeine Vorhersagen. Prüfen Sie aber auch jedes Mal selbst Windrichtung und -geschwindigkeit, bevor Sie lossegeln. Und denken Sie daran: Auf dem offenen Wasser bläst der Wind meist stärker als an Land.

Turbo für den Wind

Eine Seebrise kann perfekte Segelbedingungen liefern. Diese sogenannte Thermik entsteht durch eine deutliche Differenz der Temperaturen von Land und Wasser. Die Sonne erwärmt das Land, warme Luft steigt auf und die kalte Luft vom Wasser wird angesogen. Es entsteht auflandiger Wind.

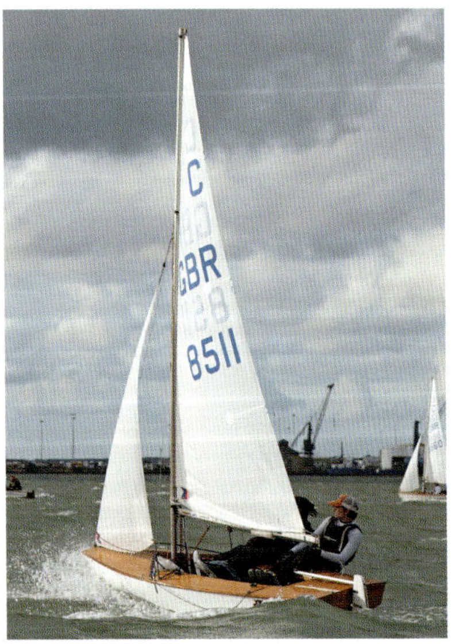

Stürmischer Himmel, auffrischender Wind. Kein Problem, wenn schützendes Land nah ist (links).

- Wenn der Seewind aus derselben Richtung kommt wie der atmosphärische Wind, der aus den Druckdifferenzen zwischen Hoch- und Tiefdruckgebieten entsteht, wird er verstärkt. Wehen beide Windsysteme gegeneinander, heben sie sich auf und können sogar Flaute produzieren.
- Die Seebrise wird normalerweise gegen Mittag starten und langsam über den Nachmittag bis auf 4 bis 6 Beaufort zunehmen, je nach Temperaturen und Bedingungen. Gegen Abend schlafft der Wind dann ab und dreht schließlich auf eine ablandige Richtung, da das Land nun kälter als das Wasser ist.
- Die Richtung des thermischen Windes wird sich über den Nachmittag verändern. Erst weht er auflandig, später am Tag quer zur Küste.
- Durch Küsteneinschnitte oder Berge kann sich die Seebrise beschleunigen und so besonders starke Winde mit sich bringen.

Regeln auf dem Wasser

Denken Sie an die Ausweichregeln:

- Das Boot mit dem Wind von Backbord (Steuerbordbug) weicht dem Boot mit dem Wind von Steuerbord (Backbordbug) aus.
- Lassen Sie beim Passieren eines anderen Bootes genug Platz.
- Wenn sich zwei Boote auf demselben Bug annähern, weicht das Boot in Luv aus.
- Gegenüber Booten in einer Regatta ist man nicht automatisch ausweichpflichtig, sie können es je nach Situation auch sein.
- Motorboote müssen Segelbooten ausweichen. Dies gilt jedoch nicht in einem Fahrwasser oder bei einer Tiefgangsbehinderung.
- Machen Sie Ihre Intentionen klar.
- Es liegt in Ihrer Verantwortung, eine Kollision zu verhindern.

Fahrwassertonnen

- Die Fahrwasserbetonnung wird unterschiedlich gekennzeichnet. In Europa lässt man einlaufend die roten stumpfen Tonnen (Backbord) auf der linken Seite und die grünen spitzen (Steuerbord) rechts. In den USA ist das umgekehrt.
- Halten Sie sich auf der rechten Seite des Fahrwassers, egal ob Sie ein- oder auslaufen.
- Mit einer Jolle macht es Sinn, sich nur außerhalb des Hauptfahrwassers zu bewegen. So vermeiden Sie auch Windabdeckungen durch einen Frachter.
- Wenn ein Gewässer strömt, ist der Strom in tiefem Wasser ausgeprägter als in flachem.

Halten Sie sich mit der Jolle möglichst außerhalb des Fahrwassers auf. So vermeiden Sie Stress mit größeren Schiffen.

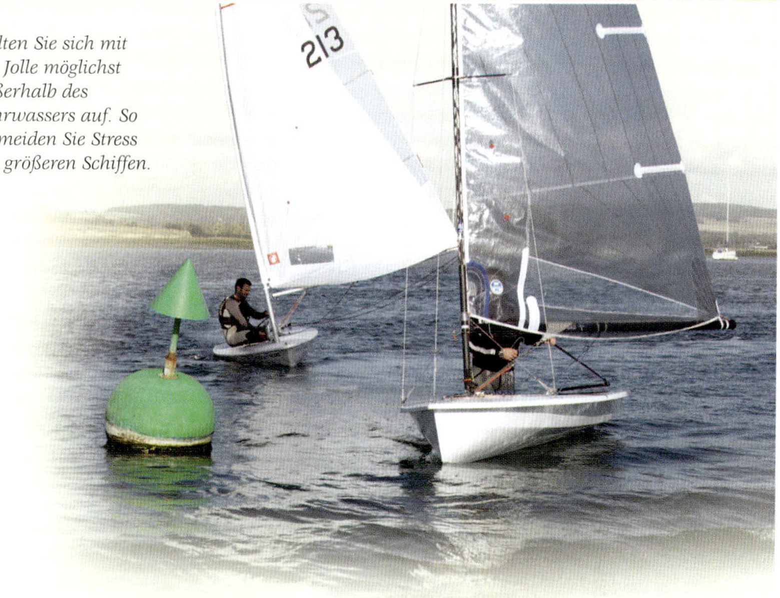

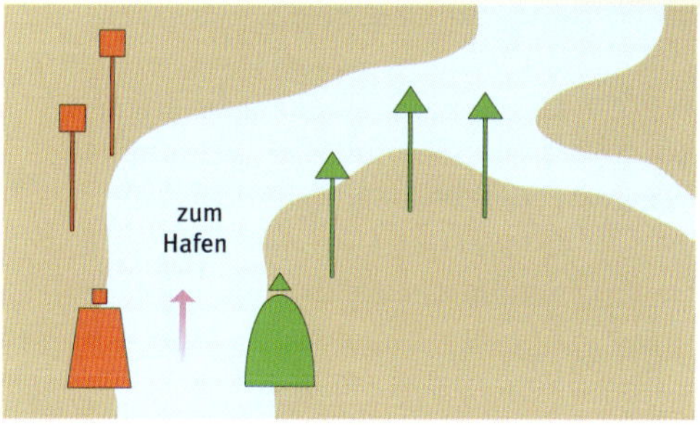

Betonnungssystem A: Beim Einlaufen lässt man die Backbordtonnen (rot) links und die Steuerbordtonnen (grün) rechts liegen.

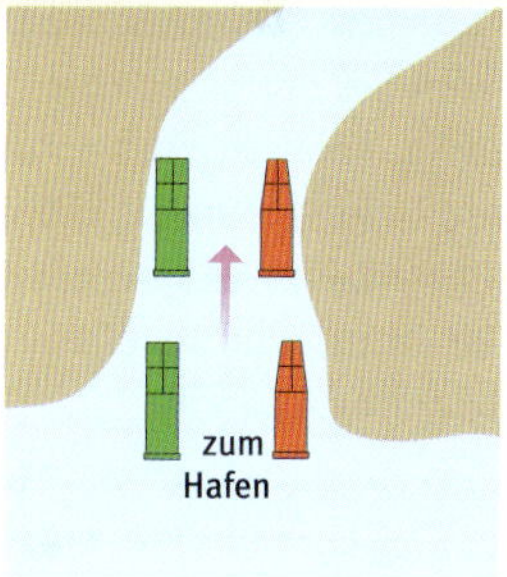

In den USA unterscheidet sich die Betonnung (System B): Die Backbordtonnen sind grün und die an Steuerbord rot (einlaufend).

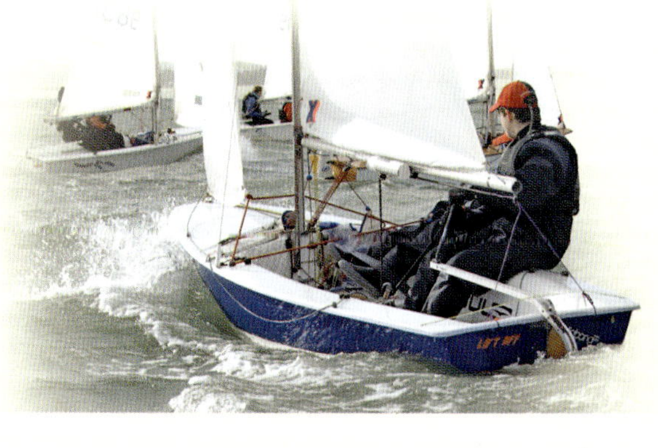

Die Boote auf Steuerbordbug im Hintergrund sind gegenüber dem Boot auf Backbordbug (vorn) ausweichpflichtig. Die Ausweichregeln müssen Sie beherrschen!

Zu viel Wind

Wenn der Wind stärker wird, können Jollensegler die Segelfläche verkleinern oder Druck herausnehmen. So behalten sie die Kontrolle und verhindern Kenterungen.

Reffen mit der Jolle

Auf vielen Schulungs- und Einsteigerjollen lässt sich die Segelfläche verkleinern (»reffen«).

Einhandjollen

Jollen ohne Wanten mit schlauchförmigem Vorliek wie Laser oder Topper lassen sich folgendermaßen reffen, wenn man die Latten weglässt:

- Setzen Sie das Segel und spannen Sie den Vorliekstrecker.
- Drehen Sie den Mast oder wickeln Sie das Segel um ihn.
- Wenn die Segelfläche um das gewünschte Maß reduziert ist, bringen Sie den Niederholer und den Unterliekstrecker an und setzen beide so durch, dass das Segel so flach wie möglich ist. Das funktioniert, das Segel ist aber nicht sehr effizient.

Zweihandjollen

Jollen mit Wanten können mit einem aufwendigen Leinen-Reffsystem ausgestattet sein. Das ist beispielsweise auf modernen Freizeitjollen wie der RS Vision, dem Laser Vago oder dem Topaz Omega der Fall. Dabei wird ein Teil des Großsegels zum Baum heruntergezogen. Das Profil bleibt gut, während der Druck, der die Schräglage verursacht, durch das kleinere und tiefer ansetzende Segel reduziert wird.

An Land ist Reffen einfach, während der Fahrt auf dem Wasser jedoch deutlich schwieriger. Es ist viel einfacher, auszureffen, wenn weniger Wind als erwartet vorherrscht, als bei mehr Wind einzureffen.

- Die Jolle muss mit dem Bug in den Wind gesteuert werden.
- Das Großsegel hat meist zwei Reffleinen: Mit einer wird das Achterliek nach unten verkürzt, mit der anderen das Vorliek. Es gibt weiterentwickelte Systeme, die mit einer durchlaufenden Leine beide Jobs erledigen. Der Baum wird dann von einem in der Länge verstellbaren Rohr als Niederholer (oder -drücker) in der Waagerechten gehalten.
- Sie lassen die Großschot fliegen, fieren das Fall und ziehen erst die vordere, dann die achtere Reffleine, bis die Reffkauschen, in denen die Leinen ansetzen, in Höhe des Baumes liegen. Fieren Sie den Baumniederholer und setzen Sie das Fall wieder durch.
- Der weggereffte Teil des Segels kann am Großbaum festgebändselt werden. Das Segel ist dafür mit Ösen (Kauschen) ausgestattet.

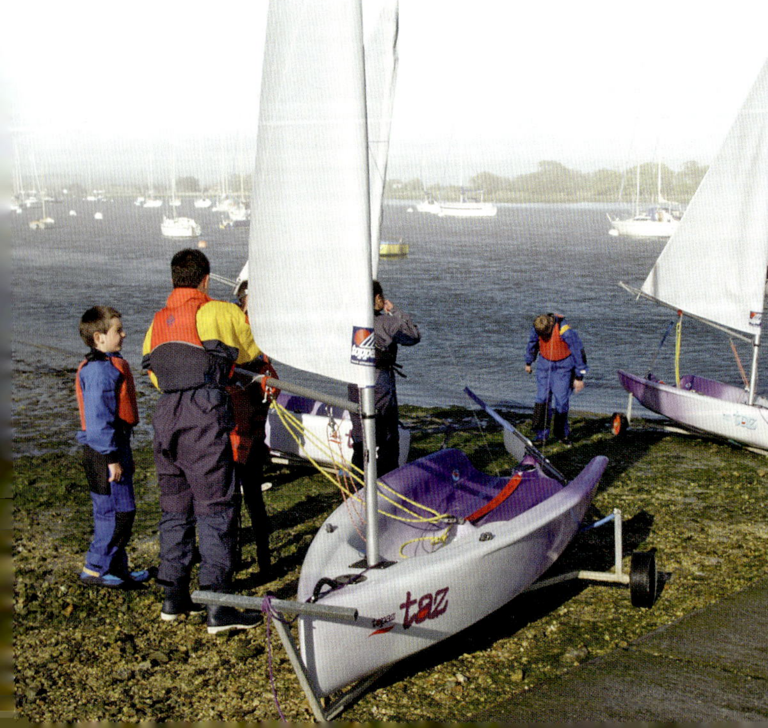

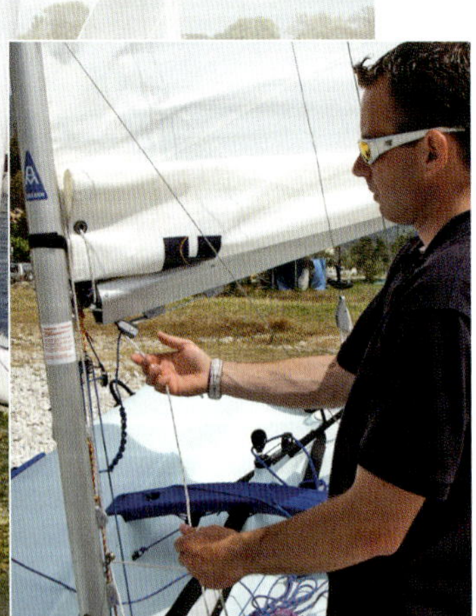

Um es zu verkleinern, kann das Segel dieses Taz um den Mast gerollt und mit dem Vorliekstrecker gesichert werden (ganz links).

Beim Laser Vago wird ein Teil des Großsegels mit Leinen nach unten gezogen. Es ähnelt dem Reffsystem größerer Boote und Yachten (kleines Bild).

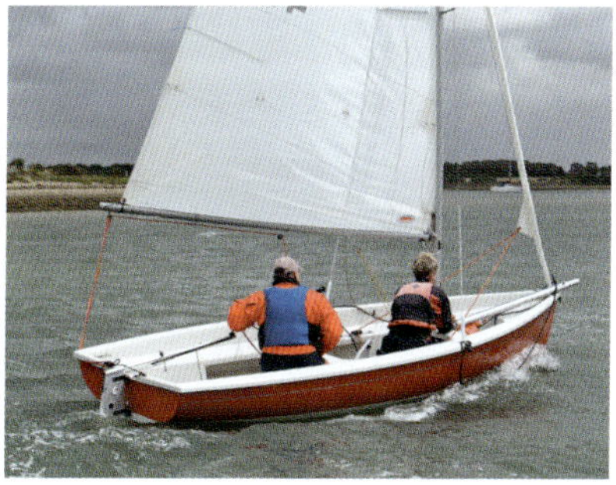

Viele Jollen lassen sich auch mit eingerollter Fock gut bei viel Wind segeln. Diese Comet Trio bietet obendrein ein reffbares Großsegel.

Druck aus dem Groß nehmen

Die meisten Hochleistungs- und Regattajollen haben keine Reffmöglichkeit. Stattdessen brauchen Sie vollen Zug auf den Streckern von Vor- und Unterliek sowie auf dem Baumniederholer. Diese Maßnahmen ziehen das Großsegel flach, und das Achterliek kann oben öffnen. Das nimmt viel Druck aus dem Segel und verlagert den restlichen Druck nach vorn, wo er besser unter Kontrolle zu halten ist.

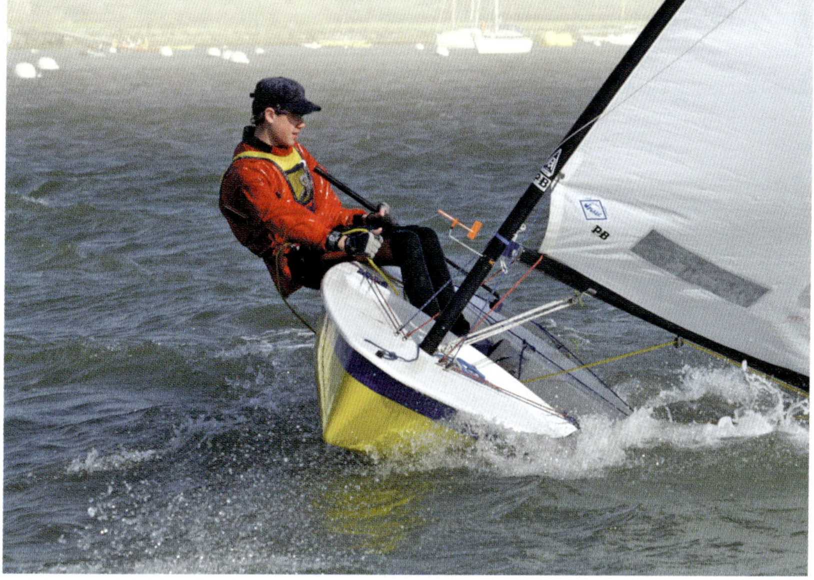

Die Crew hat sich weit nach achtern gesetzt, um den Bug aus dem Wasser zu heben. Achtung: Wenn das Boot jetzt langsamer wird, erzeugt das Heck zu viel Widerstand (unten).

Rollfock

Die meisten Jollen lassen sich auch ohne Fock segeln. Mit eingerolltem oder nicht gesetztem Vorsegel entsteht weniger Druck, und das Boot ist einfacher bedienbar. Die Jolle wird jedoch nicht so hoch und insgesamt langsamer segeln, und in der Wende kann das Segel als Unterstützung fehlen.

Balancieren Sie das Boot aus!

Wenn der Bug zu sehr ins Wasser drückt, verlagern Sie Ihr Gewicht nach achtern. Nehmen Sie das Schwert etwas hoch, das reduziert die Krängung; allerdings hat das Boot nun eine größere Abdrift.

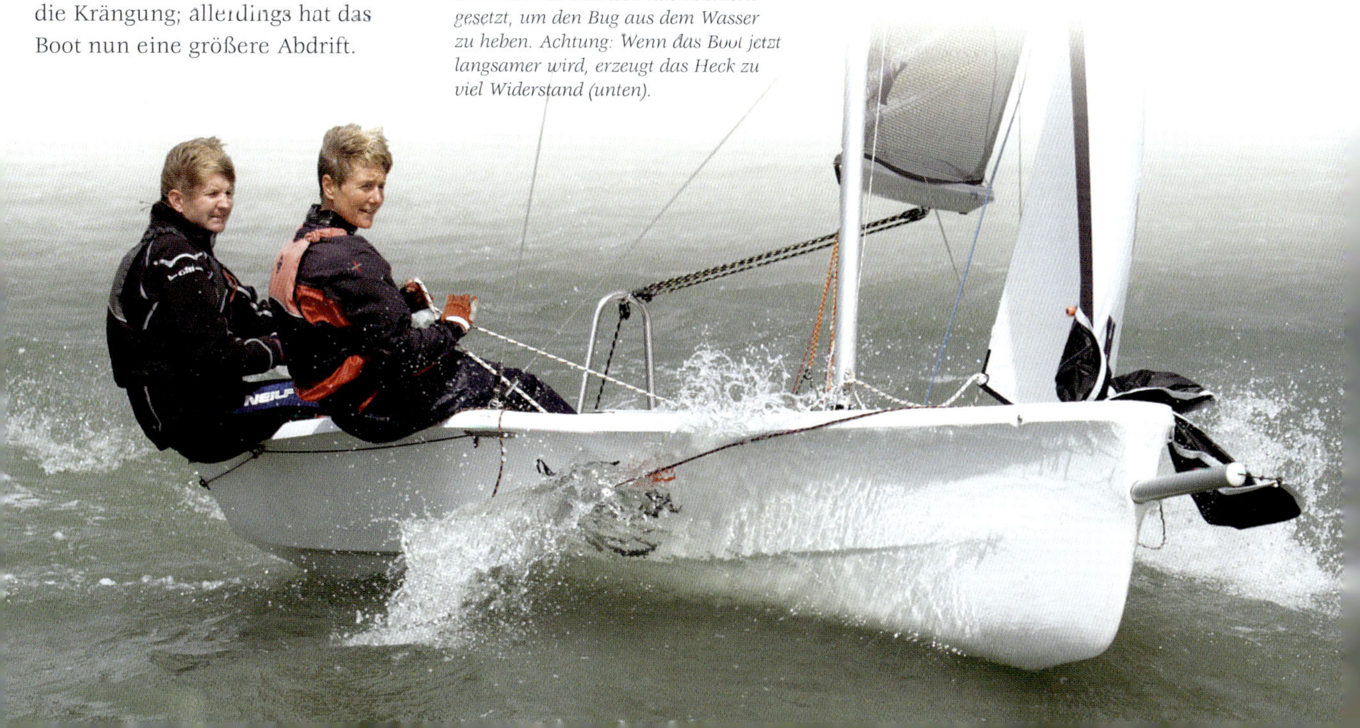

Über die Kante

»Mensch über Bord« (MOB) ist eine gefährliche Situation, selbst wenn man dicht unter der Küste segelt. Die über Bord gegangene Person so schnell wie möglich wieder aufzunehmen, erfordert gute Bootsbeherrschung und einen kühlen Kopf.

Mensch über Bord!

Segler können aus verschiedenen Gründen von der Jolle fallen. Ein Fußgurt kann versagen, ein Trapez ebenso, man verliert einfach die Balance oder wird von einer Welle aus dem Boot gewaschen. In jedem Fall ist schnelles Handeln gefragt.

- Man sollte immer eine Schwimmhilfe tragen sowie zur Wassertemperatur passende Bekleidung. Bei Wellen besteht die große Gefahr, die Person von der Jolle aus nicht mehr sehen zu können. Es ist aber erforderlich, dass der Rudergänger den Sichtkontakt behält, um das richtige Manöver ausführen zu können.
- Lassen Sie die Schoten fliegen, sobald jemand ins Wasser fällt.
- Steuern Sie das Schiff auf Amwindkurs und wenden Sie, um zum MOB zu segeln.
- Rollen Sie die Fock ein und kontrollieren Sie den Speed mit dem Großsegel. Segeln Sie so zum MOB, dass Sie mit spitzem Raumschotskurs dort eintreffen und noch genug Platz für einen Aufschießer haben.
- Stoppen Sie das Boot komplett ab und platzieren Sie es dabei so, dass sich die Person in Höhe der Luvwanten befindet.
- Die Person im Wasser sollte auf der Luvseite ins Boot klettern können. Eine Alternative wäre das Heck.

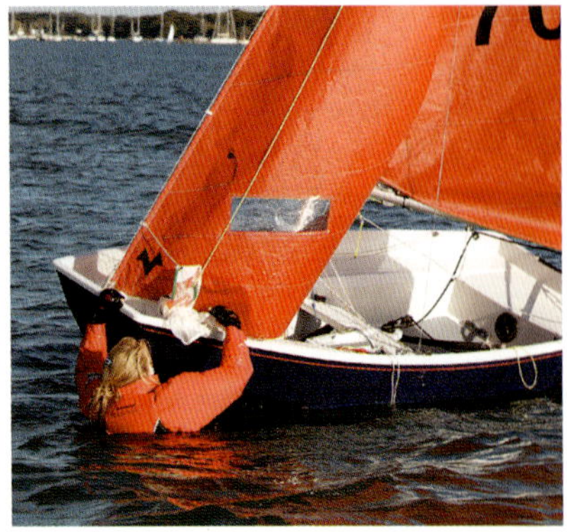

Die Person im Wasser muss erst wieder zu Atem kommen, bevor sie versucht, zurück ins Boot zu klettern. Sie hält sich am Boot fest und ist durch die Schwimmhilfe sicher.

Allein und über Bord

Klar: Wenn Sie allein segeln und ins Wasser fallen, wird niemand Ihr Boot zu Ihnen segeln und Sie einsammeln. Behalten Sie Kontakt zum Schiff, halten Sie die Großschot fest! Das Boot wird ohne Sie nicht weit kommen und bald kentern. Dann haben Sie alle Zeit, sich zu sammeln und das Boot wieder aufzurichten.

Das Manöver

Versuchen Sie, den Sichtkontakt zur Person im Wasser zu halten, wenn Sie wenden, abfallen und vor dem Wind zum Unglücksort zurückkehren. Wichtig: Jetzt nicht kentern! Versuchen Sie, das Boot durch einen Aufschießer mit dem Bug im Wind so neben der Person abzustoppen, dass sie Kontakt zum Boot bekommen kann. Je nach Bootsbeherrschung mag es nötig sein, das Vorsegel einzurollen oder in der Schlussphase einfach schlagen zu lassen.

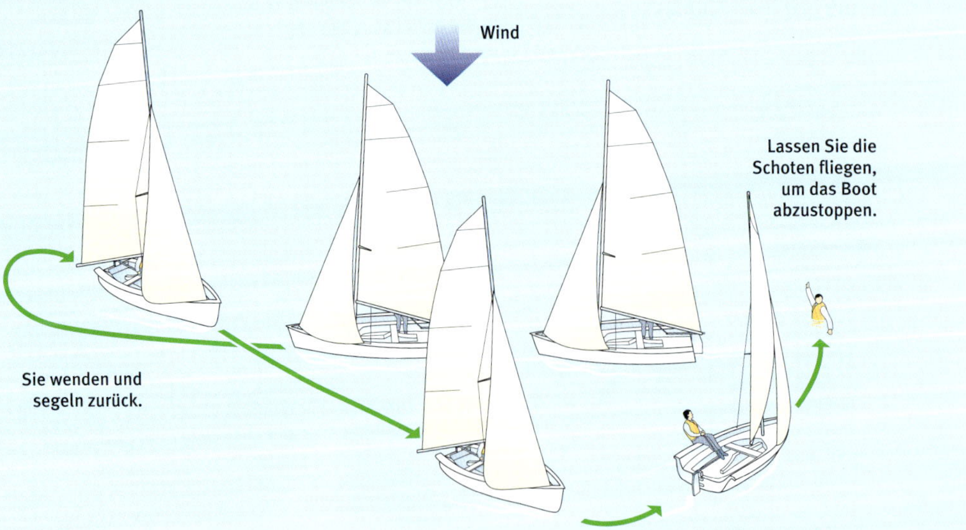

Empfohlene Sicherheitsausrüstung

- Mobiltelefon in einer wasserdichten Hülle. Falls es in dem Revier schlechten Empfang gibt, ist ein tragbares UKW-Handsprechfunkgerät die bessere Alternative.
- Tragbares, wasserdichtes GPS für Informationen über Position und Geschwindigkeit.
- Ein Sicherheitsmesser schneidet bei Bedarf durch Leinen, Gummistropps und das Trampolinnetz. Jeder Segler sollte ein faltbares Messer am Körper tragen.
- Reservebekleidung inklusive Jacken, Segelhandschuhen und Fleecemützen, gestaut in wasserdichten Behältern.
- Wasser, um der Dehydration entgegenzuwirken. Eine Wasserflasche lässt sich gut am unteren Mastende oder in einem Flaschenhalter im Cockpit sichern.
- Müsliriegel für schnelle Energiegewinnung.
- Eine kleine Packung Leuchtraketen.
- Ein bis zwei Paddel für Flaute.
- Eine Schleppleine, mindestens 10 Meter lang.
- Etwas Werkzeug; ein Multitool kann sehr sinnvoll sein, und es lässt sich am Schiff sichern.

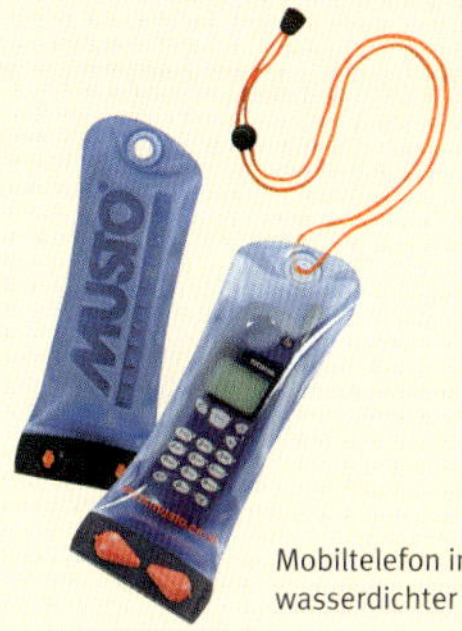

Mobiltelefon in wasserdichter Hülle

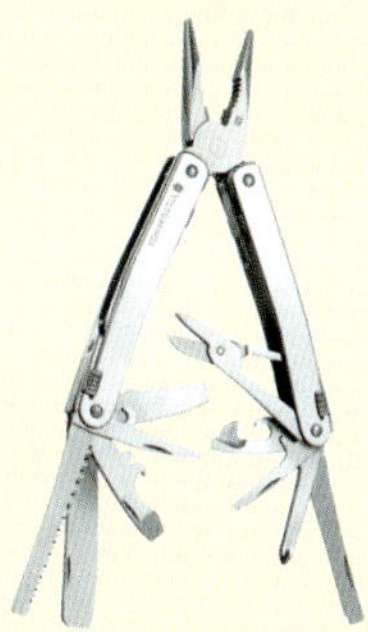
Multitool

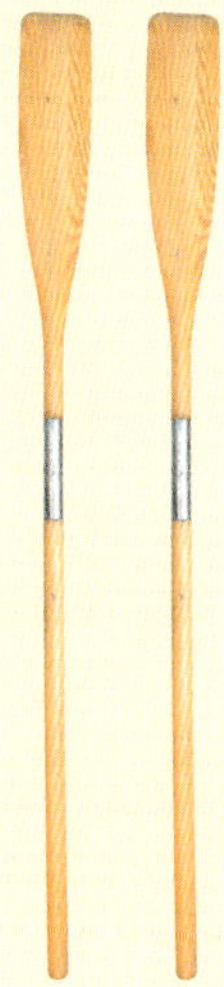
Paddel oder Riemen

Über Bord vom Katamaran

Kats segeln meist schneller als Jollen. Das bedeutet, sie legen eine größere Distanz zurück, bevor sie gewendet und zum MOB zurückgesegelt werden können.

- Segeln Sie mit wenig Krängung und vermeiden Sie auf jeden Fall eine Kenterung. Allein ist das Boot vielleicht nicht aufzurichten, und dann treibt es auch noch schnell ab, vom MOB weg.
- Beobachten Sie die Person im Wasser permanent.
- Nicht wenden, sondern halsen: Das geht mit dem Kat schneller und zuverlässiger.
- Die Person über Bord klettert am Luvwant aufs Boot, nicht am vorderen Beam. Sie greift das Trapez, lehnt sich im Wasser zurück, schiebt mindestens einen Fuß an Deck und zieht sich aufs Boot.

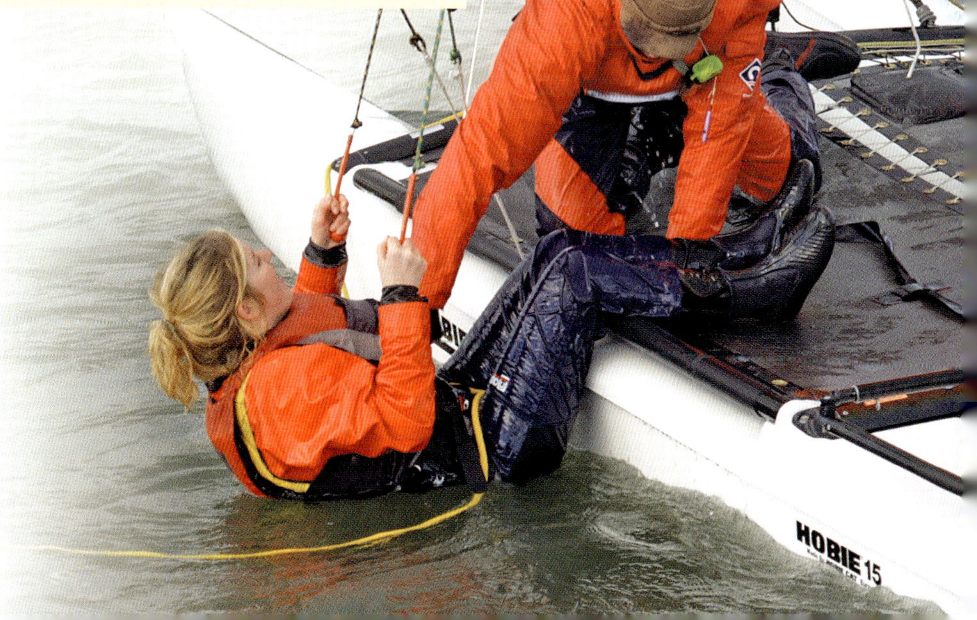

So geht es zurück auf den Kat. Die Person auf dem Boot muss sicherstellen, dass es nicht kentert, bevor das Mensch-über-Bord-Manöver abgeschlossen ist.

Manöver

Das Anlegen an einem Steg, einem Rettungsboot oder einer Muringboje sind notwendige Fähigkeiten für Jollensegler. Sie müssen das Boot unter Kontrolle haben und genau im richtigen Moment an der richtigen Stelle zum Stoppen bringen können.

Längsseits anlegen

In vielen Segelrevieren gibt es einen Schwimmponton in der Nähe der Sliprampe. Das ist sehr komfortabel, wenn Sie warten müssen oder nur einmal kurz an Land wollen.

- Auf einer Jolle haben Sie oft keine Fender dabei; prüfen Sie, ob der Ponton abgepolstert ist und das Boot schadenfrei liegen kann.
- Segeln Sie so auf den Ponton zu, dass noch genug Platz für einen Aufschießer in den Wind ist, und stoppen Sie das Boot längsseits neben dem Ponton völlig ab.
- Wenn Sie nur vor dem Wind zum Ponton kommen können, bergen Sie rechtzeitig das Großsegel und rollen Sie dann die Fock ein, um das Boot abzubremsen, während Sie sich dem Liegeplatz nähern.

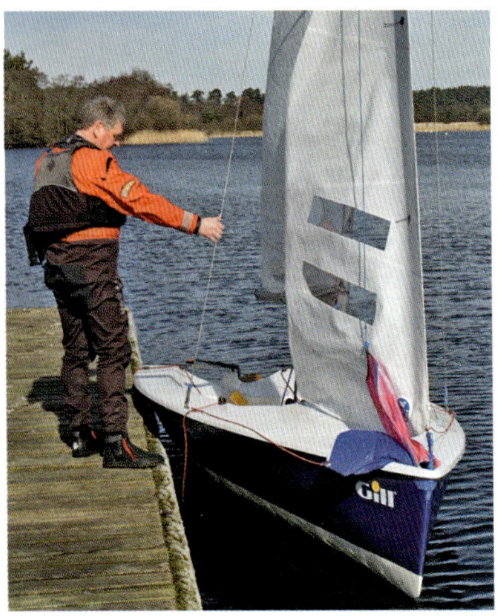

Der Wind weht den Ponton oder Steg entlang, sodass diese Lark-Jolle mit gesetzten Segeln ruhig liegt und sich einfach halten lässt. Wenn der Wind quer weht, müssen Großsegel und Fock geborgen werden.

Steg und Boje

Sie sollten immer gegen den Wind anlegen, es sei denn, es herrscht eine kräftige Strömung. Wenn der Strom stärker als der Wind ist, müssen Sie die Segel bergen und den Bug in die Stromrichtung drehen, um das Boot aufzustoppen.

Segeln Sie einen weiten Bogen und drehen Sie den Bug zum Aufstoppen rechtzeitig in den Wind. Wenn vorhanden, greift der Vorschoter die Boje mit einem Bootshaken. Manchmal sind an den Bojen auch schon Leinen befestigt, die das Festhalten einfacher machen.

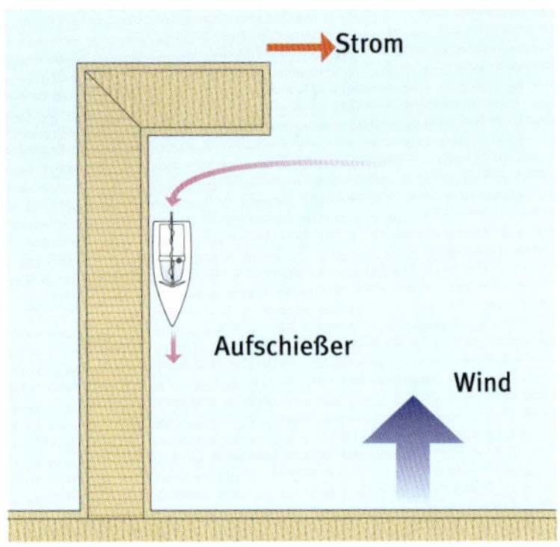

LÄNGSSEITS AM STEG

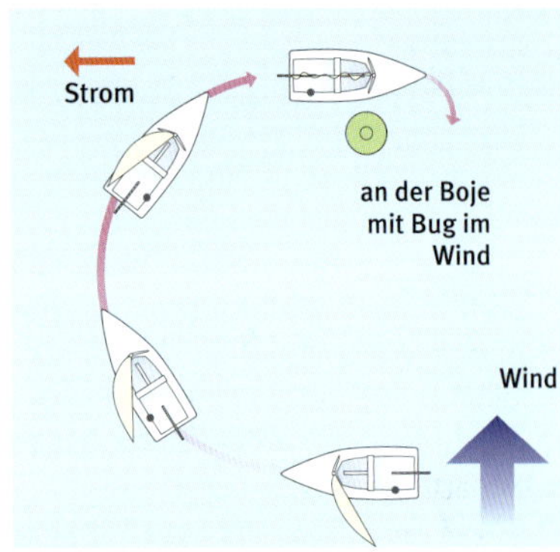

STOPPEN AN EINER BOJE

- Wenn der Wind quer weht, nehmen Sie die Leeseite des Pontons zum Anlegen. Oder Sie bergen das Großsegel, um zu verhindern, dass das Boot mit zu viel Kraft auf den Ponton zugetrieben wird.
- Prüfen Sie auch den Strom, besonders in Flussrevieren. Wenn die Strömung stark ist, drehen Sie das Boot zum Stoppen in Gegenrichtung. Bergen Sie das Großsegel, wenn der Wind von achtern weht. Falls der Strom quer zum Ponton fließt, wählen Sie die ihm abgewandte Seite.
- Während sich die Jolle dem Ponton nähert, hält sich der Vorschoter zum An-Land-Gehen bereit. Für einen kurzen Stopp hält er die Jolle an den Wanten fest.

Wenn das Anlegen länger dauern soll, sichern Sie sie mit Vor- und Achterleine. Nehmen Sie die Segel herunter und das Schwert hoch, wenn Sie das Boot liegen lassen.

Längsseits neben einem Boot

Vielleicht müssen Sie mal neben einem Rettungs- oder Trainerboot anlegen. Schlauchboote sind da ideal, sie können die Jolle kaum beschädigen. Wenn Sie neben einem Boot mit festem Rumpf anlegen wollen, müssen dort die Fender schön tief hängen.

- Nähern Sie sich langsam auf einem Amwindkurs. Dann können Sie die Jolle gut abstoppen, wenn das Motorboot längsseits ist.

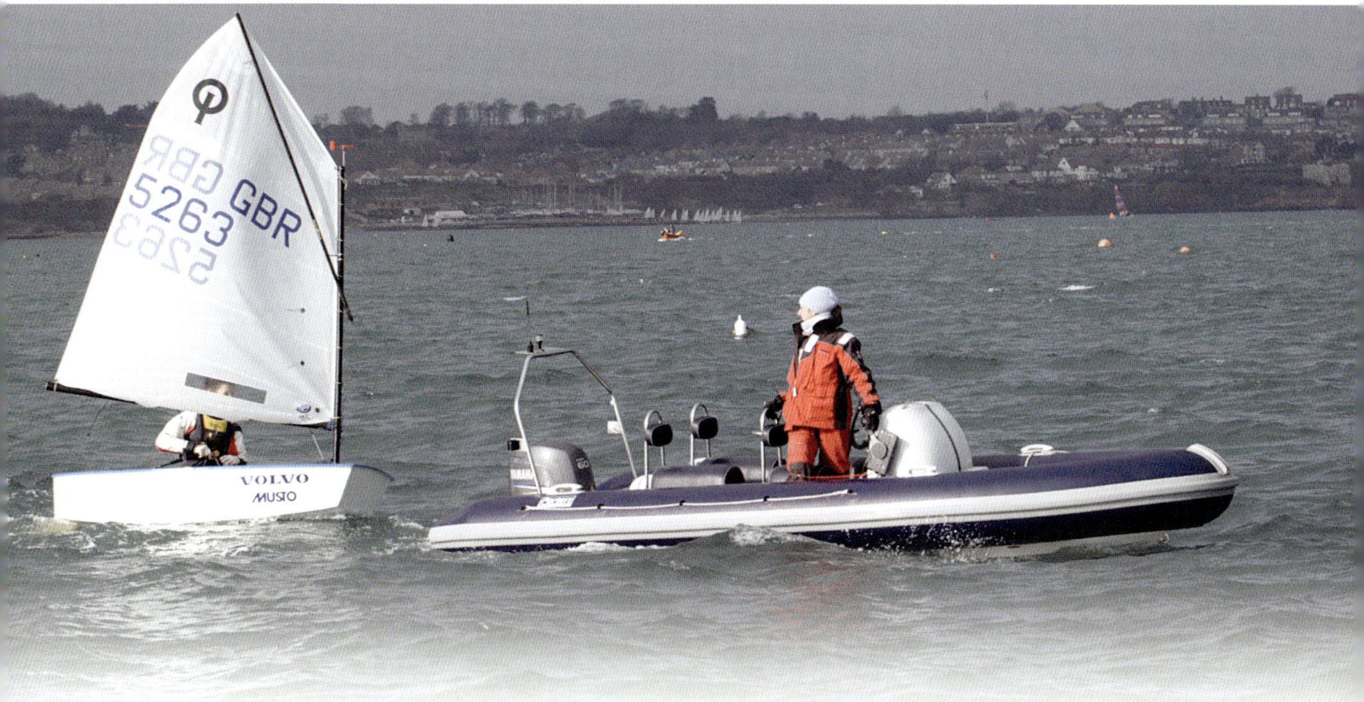

Die meisten Schlauchboote haben Greifleinen an den Seiten.

- Nähern Sie sich einem Motorboot immer von Lee, damit Großsegel und Baum genug Raum haben. Wenn Sie von Luv kommen, kann die Jolle zu sehr auf oder gar über das Boot gedrückt werden.
- Der Vorschoter befestigt das Boot mit einem Palstek oder führt die Leine zurück zum Boot und belegt sie dort.
- Nehmen Sie das Schwert hoch und bergen Sie Großsegel und Fock, damit die Jolle ruhig liegt.

Das Längsseitsgehen am Schlauchboot ist simpel, weil dessen Seiten wie Fender wirken.

An der Boje

Wenn Sie an einer Boje anlegen, machen Sie die Jolle mit der Bugleine am oben liegenden Ring, Griff oder an der Bojenleine selbst fest.

- Die finale Annäherung sollte langsam und auf einem raumen Kurs erfolgen. Dann stoppen Sie die Jolle komplett ab, mit dem Bug im Wind und so, dass die Boje auf der Luvseite ungefähr in Höhe des Schwertkastens liegt. Wenn sich die Jolle dabei noch bewegt, können Sie sich kaum festhalten. Dann kann ein zweiter Anlauf erforderlich werden. Dieses Manöver ist ein gutes Training – und kaputtgehen kann dabei nichts.

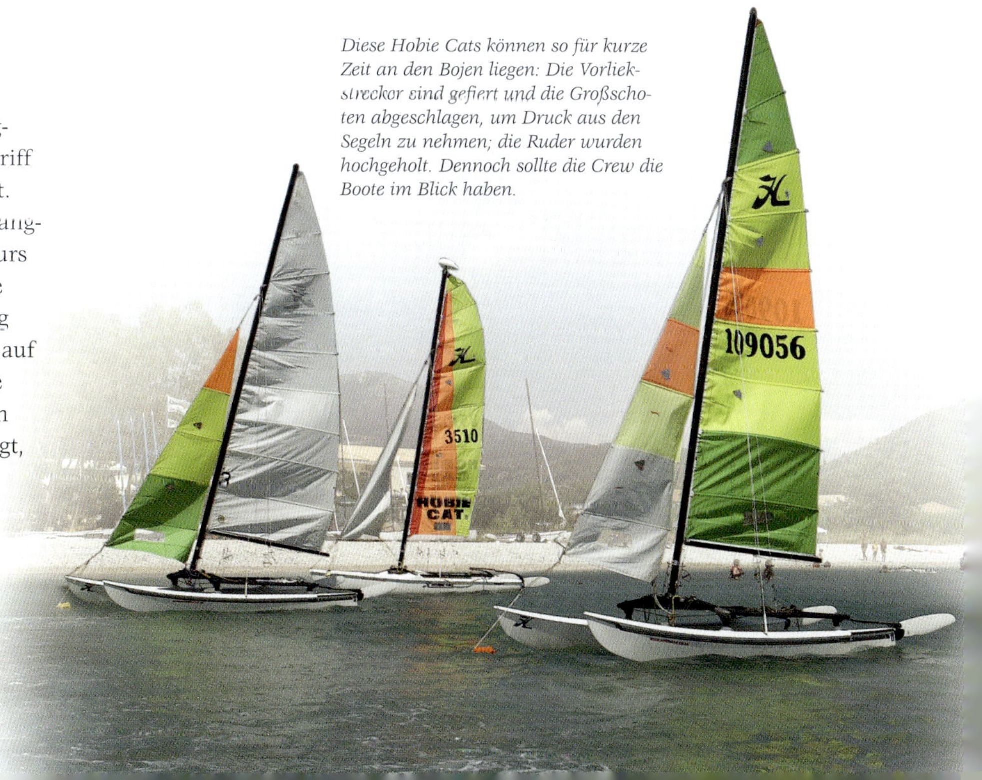

Diese Hobie Cats können so für kurze Zeit an den Bojen liegen: Die Vorliekstrecker sind gefiert und die Großschoten abgeschlagen, um Druck aus den Segeln zu nehmen; die Ruder wurden hochgeholt. Dennoch sollte die Crew die Boote im Blick haben.

Manöver (2)

Das Segeln ohne Ruder oder rückwärts zeigt eindrucksvoll eine vollendete Bootsbeherrschung. Üben Sie das – eines Tages könnten Sie diese Dinge brauchen!

Segeln ohne Ruder

Es könnte einmal nötig werden, das Boot ohne Ruder zu steuern. Die Gründe können folgende sein:

- Ihre Jolle ist mit einem sogenannten festen Ruderblatt ausgestattet. Das bedeutet, dass sich das Blatt nicht einfach anheben lässt, sondern es mit dem Ruderkopf eine feste Einheit bildet. Der Vorteil ist, dass sich das Blatt nicht im Kopf bewegen kann. Die Anlage ist sehr steif und viel leichter als ein aufholbares Ruder. Der Nachteil: Sie können flache Regionen nicht befahren und müssen kurz vor dem Strand ohne Ruder steuern und manövrieren.
- Sie sind gekentert, das Ruder hat sich von seinen Bolzen gelöst und Sie haben es verloren. (Dies lässt sich verhindern, indem Sie vorher sicherstellen, dass das Ruderblatt richtig eingerastet ist und der Sicherungsclip korrekt sitzt.)
- Das Ruder ist beschädigt worden, beispielsweise durch Auflaufen bei hoher Geschwindigkeit. Dabei kann der Ruderniederhalter zerstört worden oder das Blatt gebrochen sein.

Wie Sie steuern

Ohne Ruder zu steuern ist einfach, wenn wenig Wind weht, glattes Wasser vorherrscht und die Jolle über Großsegel und Fock verfügt. Mehr Wind führt hingegen zu erheblichen Schwierigkeiten, und viel Welle kann das Steuern ohne Ruder unmöglich machen. Es gibt zwei Methoden des ruderlosen Steuerns: mit Segeltrimm oder mit Gewichtstrimm. Ziehen Sie an der Großschot – dadurch geben Sie mehr Druck in den hinteren Teil des Riggs, das Boot luvt an. Fieren Sie die Großschot etwas und ziehen Sie an der Fock – so erhält der vordere Teil der Segel mehr Druck und das Boot fällt ab. Krängen Sie das Boot stärker nach Lee – dadurch verändert sich der

Tipp

Auch eine nur mit Großsegel ausgestattete Jolle lässt sich ruderlos in den Wind steuern, wenn auch nicht so einfach. Heben Sie das Schwert etwas an, um die Drehung zu erleichtern, und benutzen Sie den Gewichtstrimm als primäres Steuermittel. Unterstützen Sie dies mit Fieren und Dichtholen der Großschot.

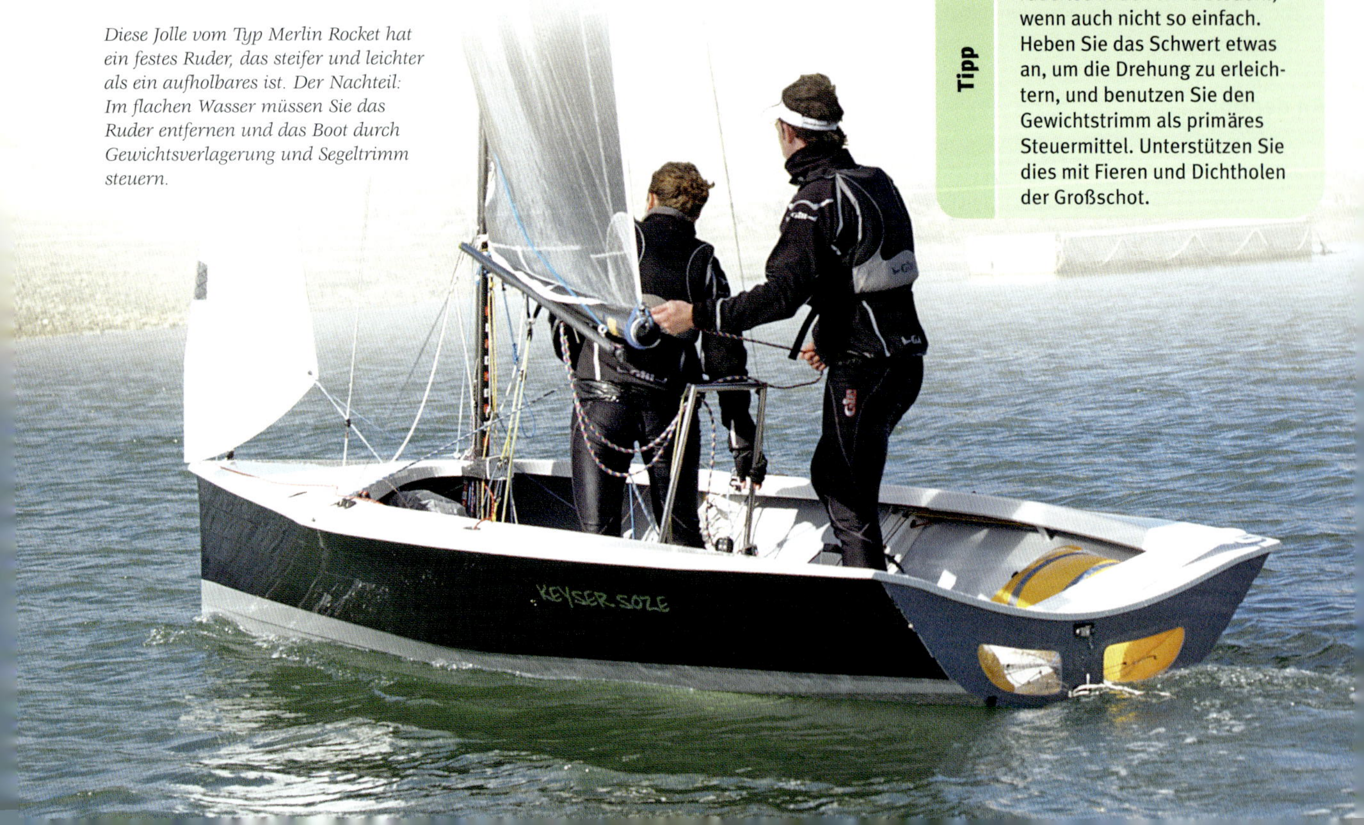

Diese Jolle vom Typ Merlin Rocket hat ein festes Ruder, das steifer und leichter als ein aufholbares ist. Der Nachteil: Im flachen Wasser müssen Sie das Ruder entfernen und das Boot durch Gewichtsverlagerung und Segeltrimm steuern.

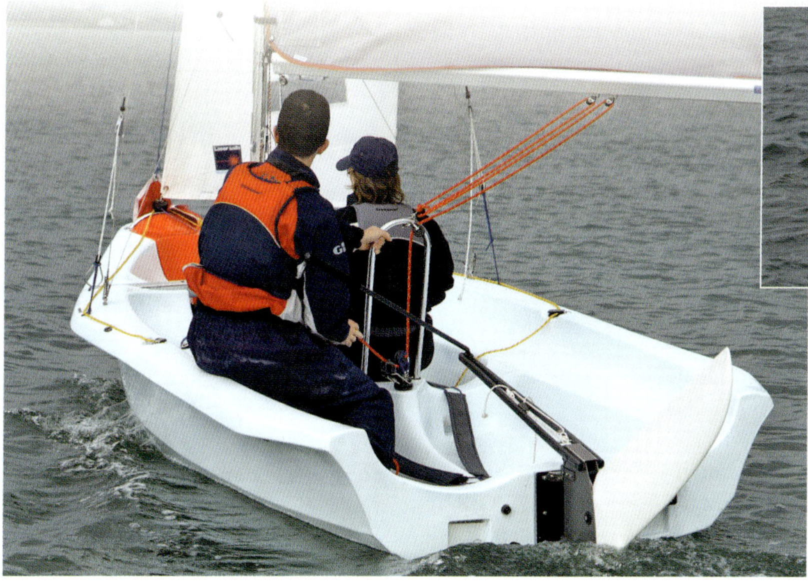

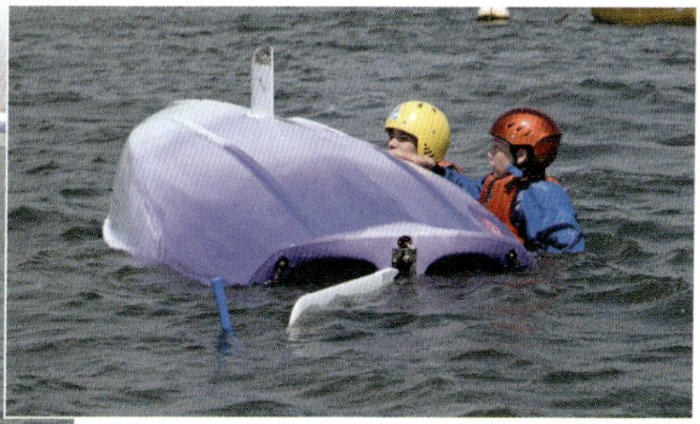

Gekentert. Wenn sich jetzt auch das Schwert verabschiedet, gibt es ein Folgeproblem. Sichern Sie daher das Schwert vor dem Segeln mit einem Bändsel am Boot (oben).

Gewichtsverlagerung und Segeltrimm ist alles, was die Crew zum Steuern dieses Laser Bahia auf geradem Kurs einsetzt. Mit Übung können Sie ohne Ruder sogar wenden und halsen.

Teil des Rumpfes, der sich unter Wasser befindet, und die Jolle wird anluven. Krängen Sie das Boot nach Luv – es fällt ab.

Wenn das Schwert versagt

Es ist unwahrscheinlich, aber das Schwert kann brechen oder blockieren, wenn es angehoben ist. Sie könnten es außerdem durch eine Kenterung verlieren, wenn es nicht gesichert ist. Wenn sich das Schwert also durch Verlust oder Bruch nicht mehr einsetzen lässt, können Sie keinen Weg mehr nach Luv machen. Der Bug wird immer wieder abfallen und das Boot nach Lee treiben. Alles, was Sie tun können, ist, das Gewicht nach vorn zu verlagern. Das drückt den meist V-förmigen Rumpfboden tiefer ins Wasser, was der Abdrift entgegenwirkt.

Der Vorschoter drückt den Baum nach vorn, der Steuermann legt die Pinne. Dies jedoch umgekehrt zur Vorausfahrt: Das Boot segelt in die Richtung, in die das Ruderblatt zeigt.

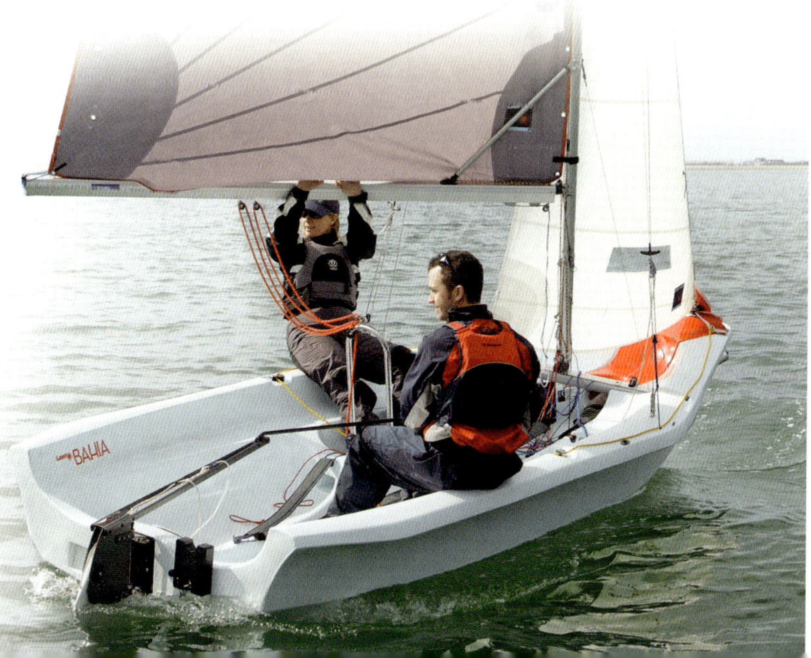

Rückwärts segeln

Sie können eine Jolle auch rückwärts segeln, jedoch nur bei weniger Wind. Das lässt sich gut nutzen, wenn beispielsweise die Uferzone überfüllt ist und ablandiger Wind vorherrscht. Um das Schiff rückwärts segeln zu lassen, drehen Sie den Bug in den Wind. Dann drücken Sie den Baum bis zu den Wanten nach vorn oder bis zu einem rechten Winkel zur Schiffslängsachse, wenn Sie – wie bei einem Laser – ein unverstagtes Rigg haben. Das Segel wird dann nach achtern gewölbt. Setzen Sie sich weit nach vorn, um das Heck zu heben, das nun zum Bug wird. Wenn das Großsegel nach Steuerbord herausgedrückt ist, will das Boot ebenfalls nach Steuerbord segeln. Korrigieren Sie dies, indem Sie mit der Pinne ein wenig gegensteuern.

Trapezsegeln

Das Jollensegeln mit Trapez ist klasse! Sie stehen ganz weit draußen, werden dabei von einem Draht gehalten und erzeugen mit Ihrem Körper die maximale Hebelwirkung; das Boot segelt so aufrecht wie möglich. Und das Ganze ist viel einfacher, als es aussieht!

Die Trapezhose

Sie muss komfortabel sein und locker über den Neopren oder den Trockenanzug passen. Die Schwimm- bzw. Regattaweste muss über dem Trapez noch bequem getragen werden können und so hoch geschnitten sein, dass genug Platz für den Hakenbeschlag zur Verfügung steht. Die meisten Trapezhosen sind mit Distanzstangen aus Aluminium oder Kunststoff ausgestattet, die den Zug des Trapezdrahtes auf den Hüften verteilen. Die Stange wird mit Gurten an der Hose befestigt, welche verstellbar sind und Schnellverschlüsse haben. Dies ist wichtig, falls sich der Haken irgendwo eingepickt hat und man sich schnell wieder befreien muss. Einige ältere Trapezhosen haben nur kleine Hakenplatten, die durch Bändsel befestigt sind. Diese Modelle sind schwieriger anzuziehen und einzustellen. Wenn Sie maximal waagerecht stehen wollen, benötigen Sie eine Trapezhose mit vollem Rückenhalt. Für einen komfortableren, eher sitzenden Trapez-Stil ist das nicht nötig.

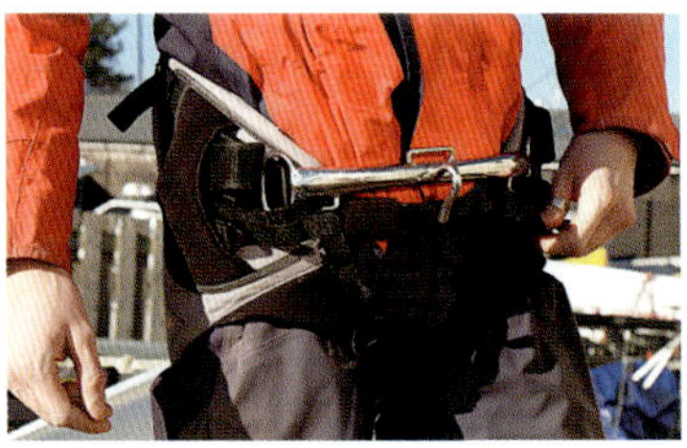

Die Trapezhose wird über der Bekleidung und unter der Schwimmweste getragen. In der Mitte liegt der Trapezhaken, hier an einer Distanzstange.

Safety first!

Es gibt spezielle Trapezhaken, die sich durch Knopfdruck oder Zug an einer kurzen Leine von der Hose lösen lassen. Das kann lebenswichtig sein, falls sich der Haken beim Kentern verfangen hat.

Wie die Drähte funktionieren

Die Trapezdrähte sind oben am Mast auf beiden Seiten befestigt, meist in Höhe des Vorstags. Jeder Draht ist unten mit einem Ring oder »Knochen« verbunden, in den der Haken eingehängt wird. Bei Nichtgebrauch werden die Trapezdrähte und -ringe von Gummibändern automatisch dicht ans Schiff gezogen.

Trapezhöhe

Die Trapezringe sind üblicherweise über eine verstellbare Leine mit dem Draht verbunden, somit ist ihre Höhe variabel. Der Hebelarm wirkt am effektivsten, wenn der gestreckte Körper einen rechten Winkel zum Mast bildet. Ein höher eingestellter Ring ist aber zum Üben einfacher. Die Verstellleine lässt sich auch beim Segeln justieren. Um den Körper aus dem Wasser zu halten, wählt man bei viel Welle eine höhere Position. Auf raumen Kursen sollte man weiter achtern stehen, so wird eine geringere Höhe benötigt.

Das Heraussteigen

Beste Bedingungen zum Üben sind beständige 3 Windstärken und glattes Wasser. Weniger oder sehr böiger Wind ist ungünstig. Sie brauchen genug Druck in den Segeln, um am Draht hängend nach draußen zu klettern, ohne eine Luvkenterung befürchten zu müssen, bei der das Boot auf Ihnen landet.

- Sitzen Sie in Luv auf der Kante mit den Füßen unter den Fußgurten.
- Nehmen Sie den Griff über dem Trapezring mit der hinteren (zum Heck zeigenden) Hand und haken Sie sich mit der anderen Hand ein.
- Lehnen Sie sich in halb ausreitender Position zurück, um die Lose aus dem Draht zu ziehen. Wenn der jetzt immer noch locker hängt, ziehen Sie so an der Ver-

Trockenübung

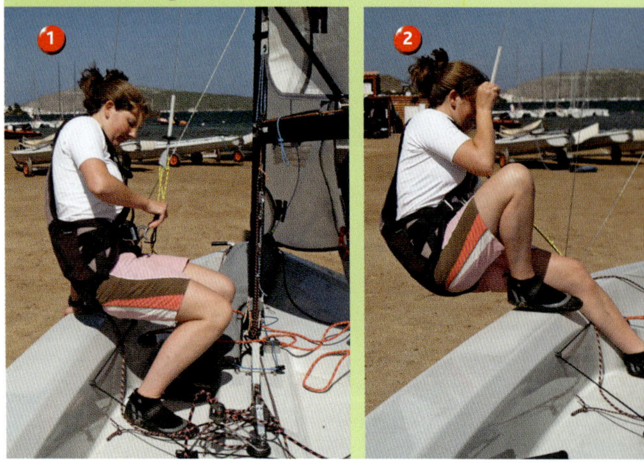

1. Sie sitzen auf der Seite und ziehen den Trapezring zum Haken. 2. Halten Sie den Trapezgriff mit der hinteren Hand, verlagern Sie Gewicht auf den Draht und den hinteren Fuß nach draußen. 3. Der vordere Fuß folgt, bleiben Sie dabei entspannt. 4. Strecken Sie beide Beine etwas, um das Körpergewicht weiter weg vom Boot zu bekommen, und lassen Sie den Griff los. 5. Lassen Sie die Füße etwas auseinander stehen und die Beine leicht angewinkelt.

6. Halten Sie eine Fock- oder Gennakerschot für bessere Balance fest. 7. Gehen Sie in die Hocke, um wieder ins Boot zu klettern. 8. Nehmen Sie beide Füße ins Cockpit. 9. Haken Sie den Trapezring aus.

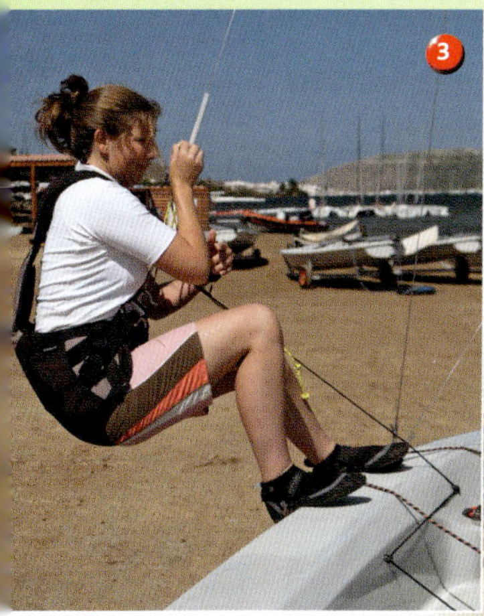

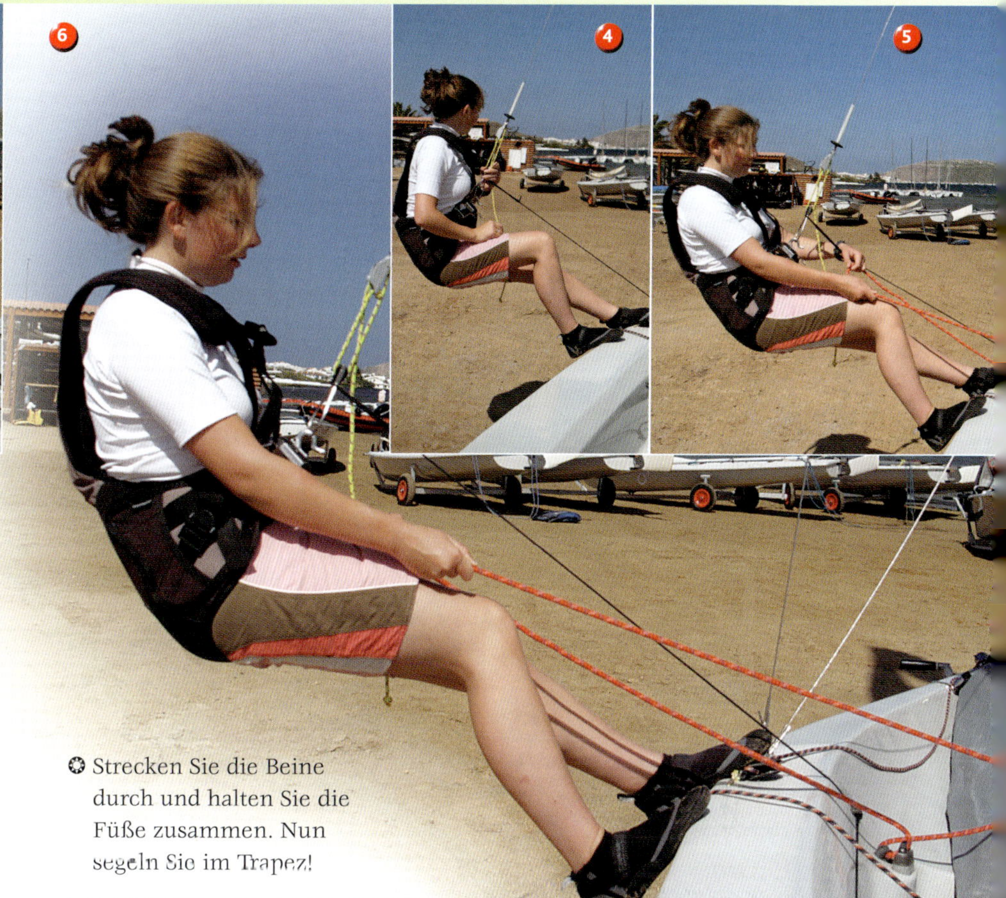

stellleine, dass der Ring nicht mehr herunterfällt.

- Stellen Sie sicher, dass der Rudergänger für genug Druck in den Segeln sorgt und Ihr Gewicht am Draht benötigt wird, sodass das Boot nicht nach Luv kentert.
- Halten Sie die Fockschot mit der vorderen Hand und bewegen Sie Ihren Körper nach draußen. Der Trapezdraht trägt Sie, während Sie das hintere Bein auf die Bootskante stellen.
- Nun ziehen Sie das vordere Bein hinterher nach draußen und drücken sich mit beiden Füßen ab, sodass Sie eine hockende Haltung einnehmen. Beide Füße stehen außen auf der Kante.
- Strecken Sie die Beine durch und halten Sie die Füße zusammen. Nun segeln Sie im Trapez!

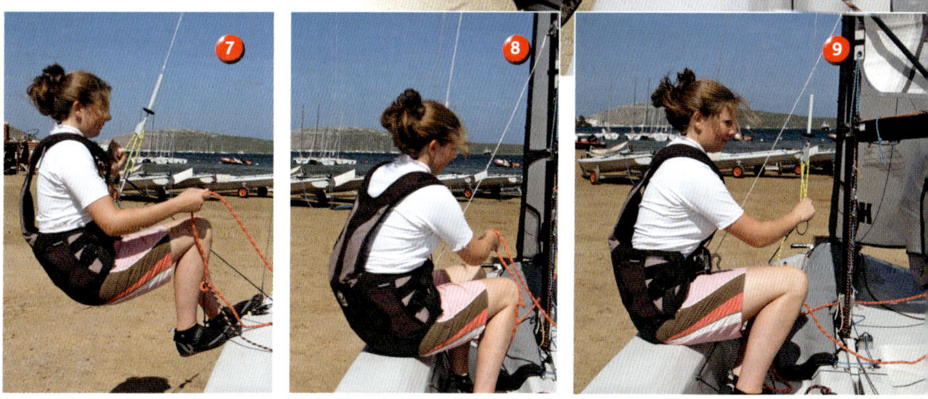

Trapeztechniken

Lernen Sie, sich im Trapez stehend zu entspannen und die Balance zu halten. Und keine Angst vor dem Kentern: einfach aushaken und zur Seite schwimmen.

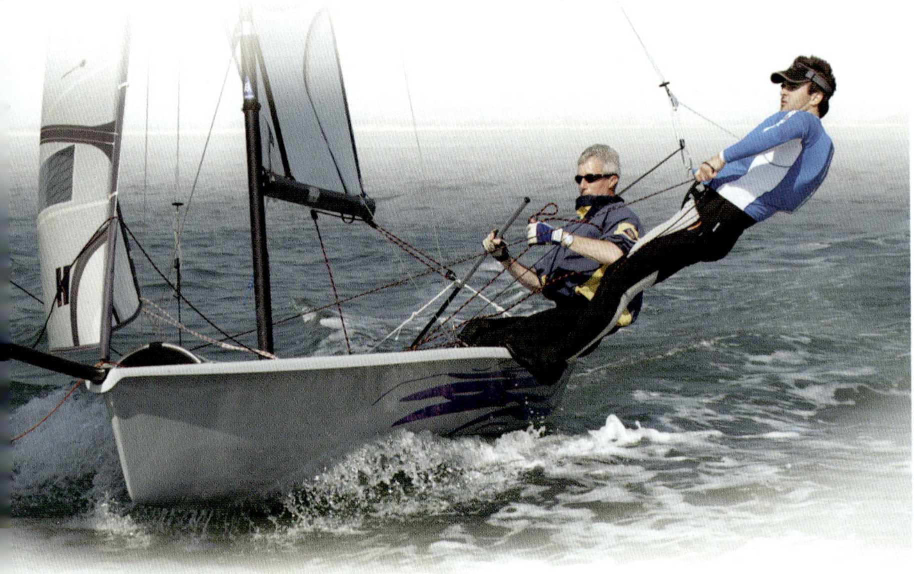

Wieder rein ins Boot

- Winkeln Sie die Beine an, gehen Sie in die Hocke und greifen Sie gleichzeitig den Trapezgriff mit der vorderen Hand.
- Nehmen Sie den hinteren Fuß von der Deckskante und das Bein ins Cockpit. Ihren Körper stützen Sie dabei mit der hinteren Hand am Boot.
- Sofort danach bewegen Sie Ihr vorderes Bein ins Boot. Sie sitzen dann fast wie beim Ausreiten im Boot.
- Haken Sie mit der hinteren Hand den Ring oder Knochen aus dem Trapezhaken. Lassen Sie mit der vorderen den Griff los.

Sie brauchen eine gute Balance, um in der Wende das Trapez zu wechseln. Aufstehen, aushaken, Seite wechseln und wieder einhaken (unten).

So ist es perfekt

- Sie stehen mit den Fußballen auf der Deckskante, gucken nach vorn und halten die Füße zusammen.
- Der Trapezdraht will Sie nach vorn ziehen, besonders auf einem raumen Kurs. Benutzen Sie Ihr vorderes Bein als Stütze und winkeln Sie das hintere zum Ausbalancieren leicht an.
- Sobald Sie draußen am Draht hängen, lassen Sie den Griff los. Der Trapezdraht und die Hose halten Ihr Gewicht – keine Sorge.
- Halten Sie die Fockschot mit einer oder beiden Händen. Die stramme Leine hilft Ihnen, das Gleichgewicht zu bewahren.
- Falls Sie das Gleichgewicht zu verlieren drohen, halten Sie sich am Steuermann fest. So verhindern Sie, nach vorn geschwungen zu werden.

Trapezsegeln auf Gennakerkurs bei Windstärke 3. Der Vorschoter hält die Füße zusammen, lehnt sich zurück und sieht nach vorn (oben).

- Stehen Sie auf der Kreuz ungefähr an den Wanten. Bewegen Sie sich weiter nach hinten, wenn der Kurs raumer wird. Sie gehen einfach nach achtern und stützen sich mit dem vorderen Bein gegen den größer werdenden Zug des Drahtes ab.
- Verheddern Sie sich nicht im Gummiband, das den Trapezdraht strammhält. Es sollte in den meisten Fällen hinter den Wanten sein.
- Falls Sie regelmäßig von Wellen getroffen werden, stellen Sie Ihre Position höher ein. Eine Welle kann Sie von der Bootskante reißen, was zu einer Kenterung führen kann.

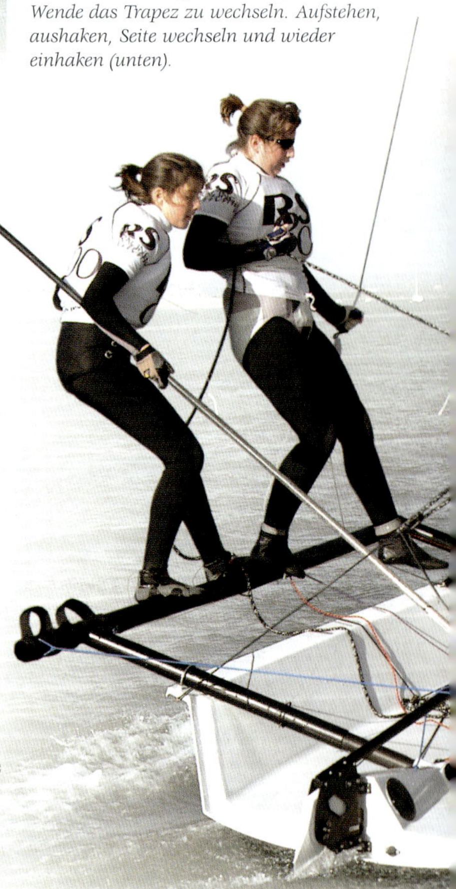

Nach Luv kippen

Ein Segler am Draht wirkt als Hebelarm. Je größer und schwerer der Vorschoter ist, desto mehr. Wenn der Wind plötzlich nachlässt, wird das Boot nach Luv kippen. Der Vorschoter muss das vorhersehen und entweder schnell in die Hocke gehen oder komplett ins Boot klettern. Bei weniger Wind ist das recht einfach. Der Vorschoter bewegt sich herein und heraus, während der Steuermann im Boot bleibt und sich auf seinen Job und das Großsegel konzentriert. Mit beiden Seglern im Trapez ist es wiederum einfacher, den Steuermann draußen stehen zu lassen. Er konzentriert sich auf den Kurs, während der Vorschoter das Boot ausbalanciert.

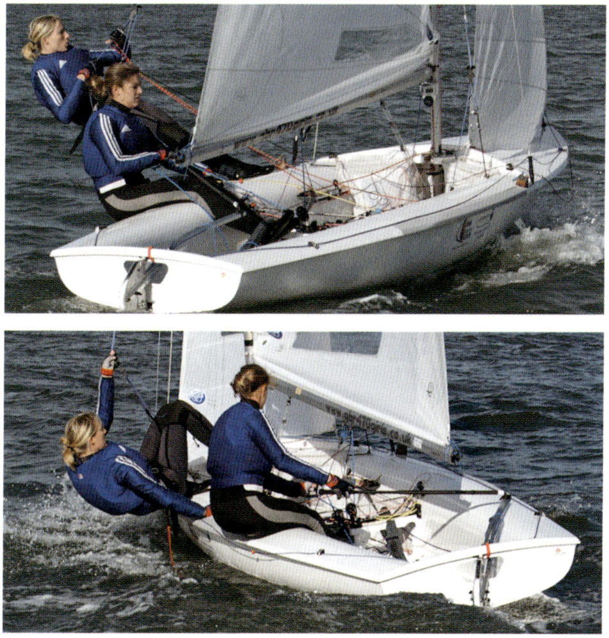

Wenn der Steuermann in die Wende dreht, sind beide bereit, die Seite zu wechseln. Die Crew dieses olympischen 470ers wartet bis zur letzten Sekunde.

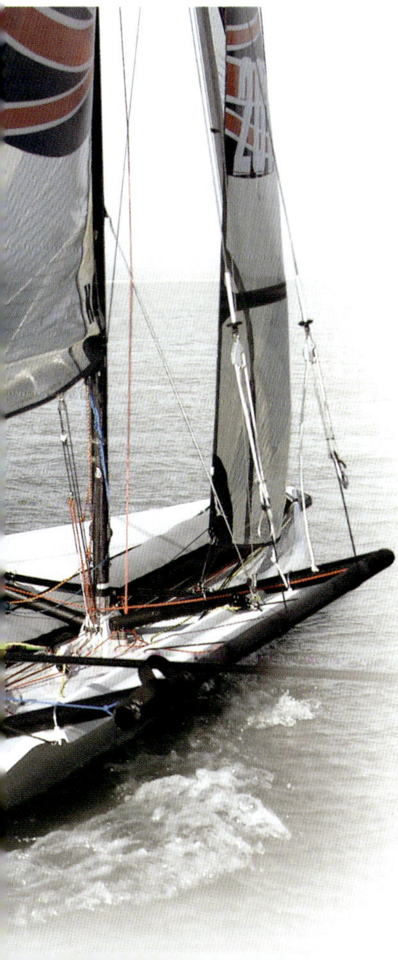

Was tun bei einer Kenterung im Trapez?

Wichtig: Schnell den Ring oder Knochen aushaken, bevor die Jolle weiter kippt! Ansonsten können Sie nur ruhig bleiben, während das Boot weiter kentert.

1. Keine Panik.
2. Gehen Sie in die Hocke, während das Boot kentert, haken Sie sich aus und rutschen Sie über den Bootsboden nach unten. Klettern Sie wieder an Bord, sobald es möglich ist.
3. Versuchen Sie, nicht in die Segel zu fallen, vielleicht rauschen Sie direkt hindurch.
4. Nehmen Sie so schnell wie möglich Ihr Gewicht von der oberen Bootsseite, um eine Durchkenterung zu verhindern.
5. Falls das Boot nach Luv kentert (also auf Sie), konzentrieren Sie sich aufs Aushaken. Falls Sie unter das Großsegel geraten sind, schwimmen Sie Richtung Heck, um freizukommen.

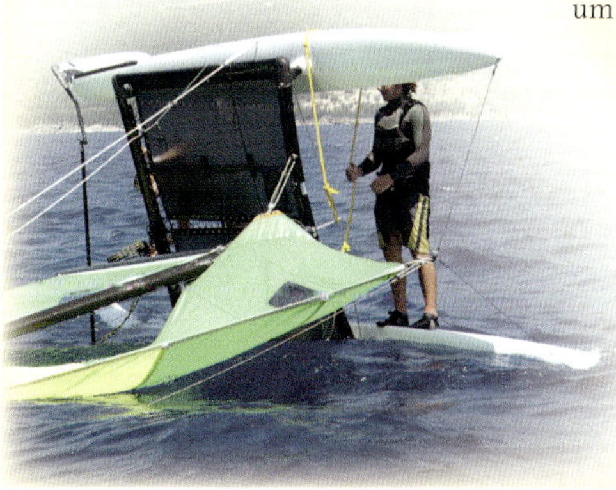

Die Trapezhose lässt sich auch nach einer Kenterung nutzen. Sie haken den Beschlag in die Aufrichtleine ein, wenn diese mit Knoten versehen ist, oder schlingen sie mehrfach um den Haken und halten sie fest.

Trapezsegeln mit Speed

Kats und Skiffs erzielen mit dem Trapez die höchste Leistung. Sowohl Vorschoter als auch Steuermann stehen im Trapez – Segeln mit größtem Fun-Faktor!

Auf dem Kat

Zweirumpfboote sind viel steifer (weniger kippelig) als Jollen, wodurch sie ideal zum Üben mit dem Trapez sind. Selbst bei leichtem Wind können Sie das tun – ohne Angst vor einer Luvkenterung wie mit einer Jolle haben zu müssen. Die meisten Kats haben zumindest ein Trapez pro Seite, viele zwei. Auf einer Jolle können Sie sich gut mit den Füßen abdrücken, um ins Trapez zu gehen. Auf dem Trampolin des Kats gibt es aber nichts, wo der hintere Fuß Halt findet. Sie müssen sich also stark mit der hinteren Hand abdrücken.

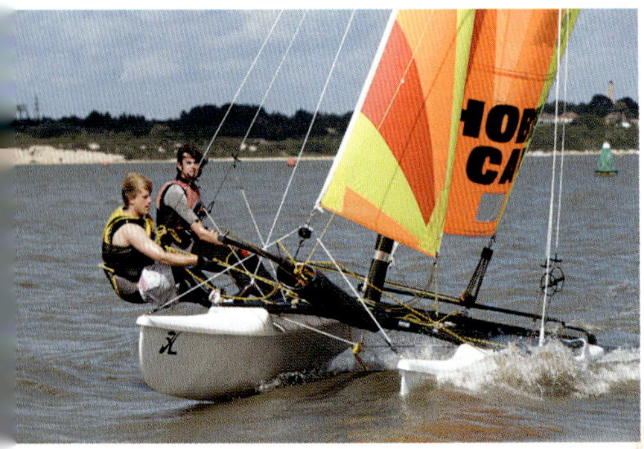

Platzieren Sie Ihr Körpergewicht so, dass der Luvschwimmer an der Wasseroberfläche kratzt. Es ist einfacher für den Vorschoter, rein- und rauszuklettern; der Steuermann bleibt besser draußen am Draht (links).

Spüre die Kraft!

Ein Kat kann sehr schnell beschleunigen, stützen Sie Ihr vorderes Bein dagegen ab. Plötzliches Abbremsen kann zu Problemen führen, wenn die Crew am Draht hängt. Das Boot hämmert mit Speed dahin, der Leebug bohrt sich in eine Welle, bremst den Kat plötzlich ab und der Vorschoter wird gewaltsam nach vorn geworfen. Im schlimmsten Fall schleudert der Vorschoter vorn um das Schiff, bringt es so zum Kentern und verletzt sich! Dieser Schleudereffekt tritt meistens auf raumen Kursen auf, wenn der Vorschoter fast am Heck auf dem Luvschwimmer steht, um den Leebug aus dem Wasser zu heben. Stehen Sie flexibel, gucken Sie nach vorn und halten Sie das vordere Bein durchgedrückt, während das hintere gut angewinkelt ist.

Wenn Sie nach vorn zu fliegen drohen, zögern Sie nicht und halten Sie sich am Steuermann fest. Einige Kats haben im hinteren Bereich auch Fußschlaufen, um Sie am Platz zu halten. Andere Konstruktionen verfügen dafür über kurze Halteleinen, die aus dem achteren Beam gezogen werden und am Trapez zu befestigen sind.

Achtung Kenterung

Wenn der Kat kentert, während Sie im Trapez stehen, fallen Sie sehr tief. Aushaken, auf die Seite hocken und über das Trampolin ins Wasser rutschen ist die Lösung. Bleiben Sie nicht auf dem Luvrumpf sitzen, das würde zum Durchkentern führen. Fallen Sie auch nicht ins Großsegel; dabei könnten Sie Latten brechen, das Tuch einreißen oder sich verletzen. Achten Sie auf das Trampolin. Falls Sie darunter geraten, schwimmen Sie sich so schnell wie möglich frei.

Doppelter Draht

Viele Kats und einige Hochleistungsjollen haben zwei Trapeze pro Seite. Der Vorschoter sollte seines tiefer einstellen, so hat der Steuermann freien Blick nach vorn. An der Kreuz steigen beide ins Trapez und stehen dicht beieinander.

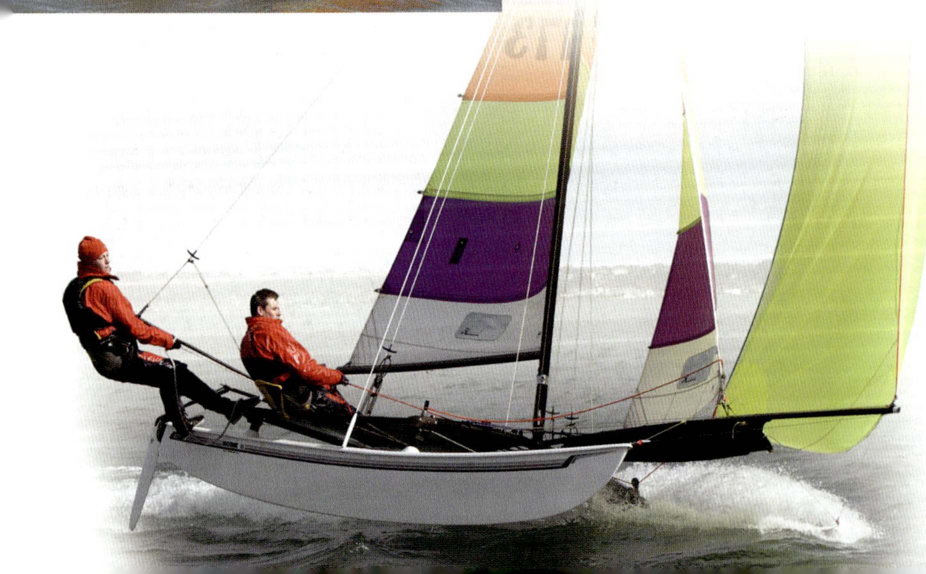

Auf raumen Kursen unter Gennaker produzieren Kats wie dieser Hobie 16 meist die beste Zielgeschwindigkeit (VMG), wenn einer im Trapez steht und einer auf dem Trampolin sitzt. Hier steht der Steuermann draußen.

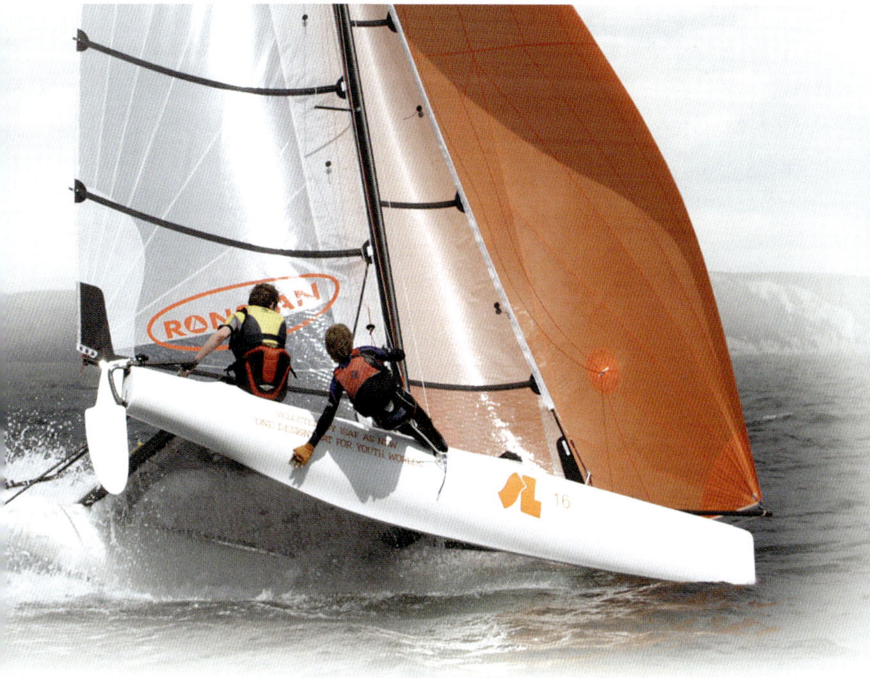

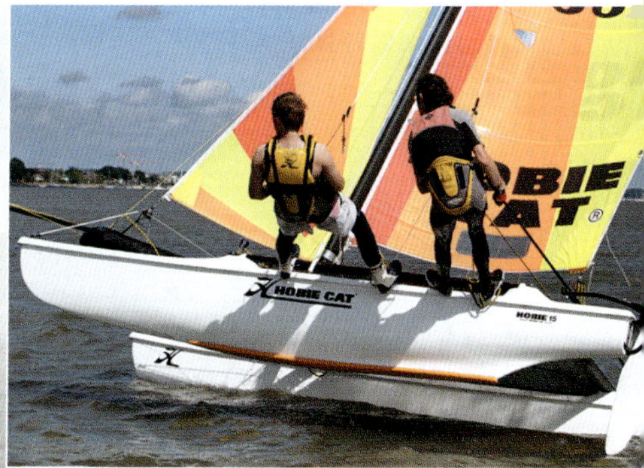

Versuchen Sie, nicht nach vorn zu fallen, auch wenn der Leebug auf raumen Kursen unterschneidet. Auch wenn's hier kritisch aussieht: Dieser SL16 kam wieder hoch und segelte weiter (links).

Die Füße sollten so zusammenstehen wie hier beim Steuermann des Hobie 15 und nicht wie beim Vorschoter, der noch etwas ängstlich zu sein scheint (oben).

Auf raumen Kursen lässt sich die Zielgeschwindigkeit (VMG = velocity made good, »gutgemachte Geschwindigkeit«, vgl. S. 99) erhöhen, wenn einer oder beide im Trapez stehen. Auf Kats ist es normalerweise besser, wenn der Steuermann sitzt und so die bessere Kontrolle hat und das Boot tiefer fahren kann. Auf Skiffs ist es oft sinnvoll, wenn beide Segler am Draht hängen.

Steuern im Trapez

Die Ein- und Ausstiegstechnik ist für den Steuermann dieselbe wie für den Vorschoter: mit dem hinteren Fuß zuerst raus, dann mit dem vorderen. Jedoch muss der Steuermann währenddessen auch noch die volle Kontrolle über das Ruder behalten.

Wenn Sie ins Trapez steigen, »klemmen« Sie das Ruder in Geradeausfahrt fest. Dazu drücken Sie den Pinnenausleger mit der hinteren Hand nach unten auf das Boot. Bei einem Kat wird er zwischen Hand und Rumpf, auf einem Skiff zwischen Hand und Ausleger (seitlich parallel zur Längsschiffsachse angebrachte Stangen oder angeformte Flächen, auf denen man im Trapez steht) fixiert. Wenn beide draußen stehen, ist es eine große Hilfe, wenn der Vorschoter die Großschot übernimmt. Er kann beide Hände benutzen und so viel effektiver die Segel trimmen, um den Rumpf für mehr Speed möglichst gerade zu halten. Der Vorschoter gibt die Großschot vor der Wende an den Steuermann zurück.

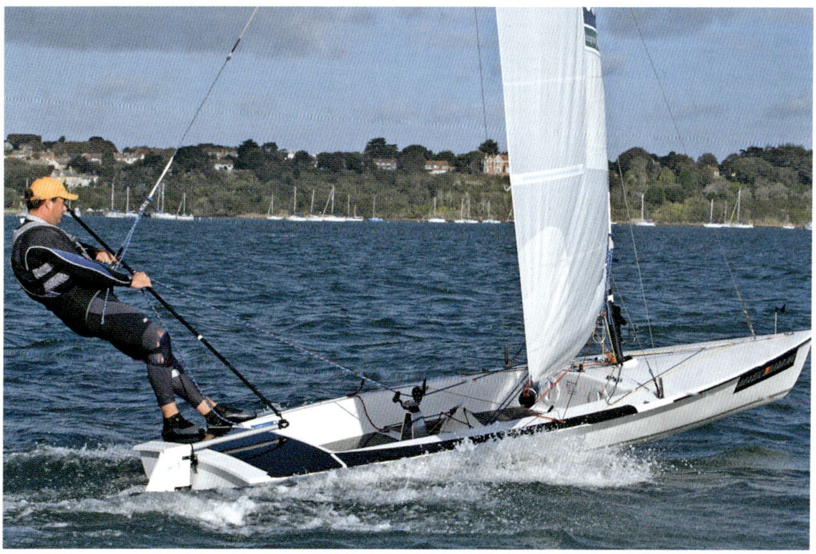

Eine Jolle aus dem Trapez zu steuern, ist ein Balanceakt, besonders auf raumen Kursen. Hier steht der Contender-Segler am Heck und hebt so den Bug aus dem Wasser, während das Boot gleitet.

Spinnaker- und Gennakersegeln

Sie haben die Wahl zwischen einem symmetrischen Spinnaker und einem asymmetrischen Gennaker. Beide haben ihre Vorteile, aber der Gennaker ist einfacher zu bedienen.

Pro und kontra

Nahezu alle Jollenspinnaker hatten eine symmetrische Form, bis in den frühen 1980er-Jahren der asymmetrische Schnitt entwickelt wurde. Seitdem wurden alle neuen Jollen und Kats mit dem simpleren Segel ausgerüstet.

Was für symmetrische spricht

- Der symmetrische Spinnaker sieht aus wie ein aufgeblasenes Dreieck und hat Lieken (Seiten) gleicher Länge. Er ist in erster Linie für tiefe Raumschotskurse konstruiert und wird an einem schwenkbaren Baum gefahren. Der lässt sich bis zu den Wanten nach achtern holen oder bis zum Vorstag nach vorn ziehen.
- Der Spinnaker ist etwas komplizierter zu beherrschen. Eine untere Ecke ist an der Schot befestigt, die andere an einer identischen Leine, die dann Achterholer genannt wird. Diese wird in Luv durch das vordere Ende des Spibaumes geführt, der am Mast befestigt ist. Der Baum lässt sich von oben gesehen um 90 Grad schwenken und in der Höhe einstellen. Das Segeln mit Spi und Baum bringt viel, wenn man alles richtig macht. Fehler können aber schnell zum Chaos führen.

Was für asymmetrische spricht

- Der asymmetrische Gennaker sieht wie ein aufgeblasenes Dreieck mit drei unterschiedlich langen Seiten (Lieken) aus. Er erinnert an eine übergroße Genua, die an einer Stange gefahren wird, welche aus dem Bug herausragt. Im Gegensatz zum Spinnaker gibt es ein definiertes Schothorn (hintere Ecke) mit zwei Schoten und ein definiertes Vorliek.

Der 420er hat einen symmetrischen Spinnaker. Der mag veraltet sein, bringt's bei viel Wind mit dem Vorschoter im Trapez aber durchaus noch. Hier stehen die beiden Schothörner fast auf einem Niveau, der Baum ist auf der richtigen Höhe und leicht vom Vorstag nach achtern geholt.

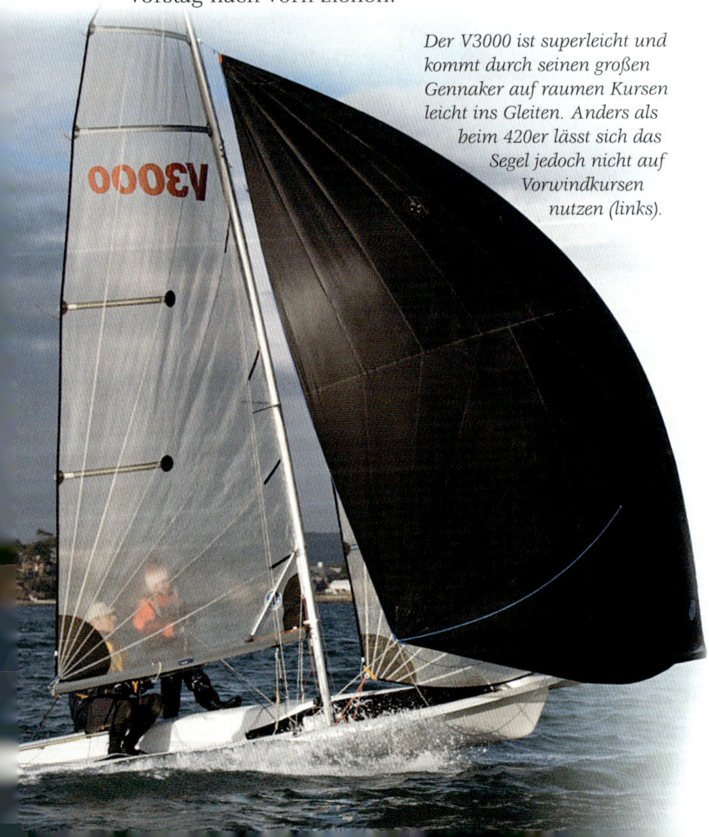

Der V3000 ist superleicht und kommt durch seinen großen Gennaker auf raumen Kursen leicht ins Gleiten. Anders als beim 420er lässt sich das Segel jedoch nicht auf Vorwindkursen nutzen (links).

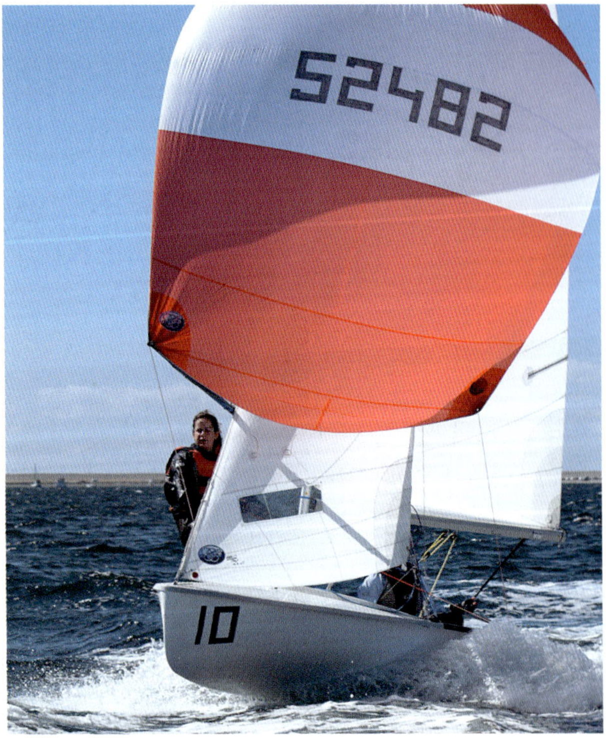

- Der Gennaker ist für schnelle raume Kurse konstruiert. Die Geschwindigkeit generiert dabei spitze scheinbare Windeinfallswinkel, welche wiederum tiefe Kurse zum wahren Wind erlauben. Man segelt auf Zickzackkurs mit mehreren Halsen zu einem Ziel vor dem Wind. Das Segel ist nicht dafür gebaut, vor dem Wind zu fahren – wobei es einige Jollen gibt, auf denen sich der Baum nach achtern holen lässt, um tiefer fahren zu können. Gennaker sind auch auf sehr spitzen Kursen nicht gut. Dann steht zu viel Druck im Segel, die Krängung wird zu groß und das Boot hat zu viel Abdrift.
- Der Gennaker ist schnell zu beherrschen, wenn man mit einem kleineren Modell übt. Der verzeiht Fehler, bereitet keine Probleme und lässt sich viel einfacher halsen als ein symmetrischer Spinnaker.

Spinnakerpflege

- Raumwindsegel bestehen aus leichtem Ripstop-Nylon. Das ist insgesamt recht widerstandsfähig, aber empfindlich gegen Schnitte. Entschärfen Sie gefährliche Stellen wie Splinte, Ringe oder Schäkelbolzen, indem Sie sie mit Tape abkleben.
- Die meisten modernen Jollen und Kats haben anstelle des traditionellen Sacks im Cockpit oder auf dem Trampolin einen Tuchschlauch oder Kunststofftrichter, aus dem der Spi gesetzt und in den er geborgen wird. Achten Sie beim Bergen darauf, dass das Segel nirgendwo beschädigt werden kann. Wenn das Bergen viel Kraft erfordert, ziehen Sie nicht noch stärker. Sehen Sie nach, wo es klemmt, um Schäden zu vermeiden. Der Klassiker: Sie stehen selbst auf dem Fall.
- Benutzen Sie spezielles Spinnaker-Klebeband, um kleine Risse und Löcher abzudecken. Das Tape gibt es im Fachhandel. Spülen Sie das Tuch vorher mit Frischwasser und lassen Sie es trocknen.

Sicheres Setzen und Bergen

Wenn die Jolle vor dem Wind segelt, herrscht im Spinnaker weniger Druck. Sobald sie dichter an den Wind gesteuert wird, ändert sich das. Der Windeinfallswinkel wird spitzer, das Boot schneller, der scheinbare Wind nimmt zu. Vermeiden Sie es möglichst, in diesem Bereich den Spinnaker zu setzen oder zu bergen.

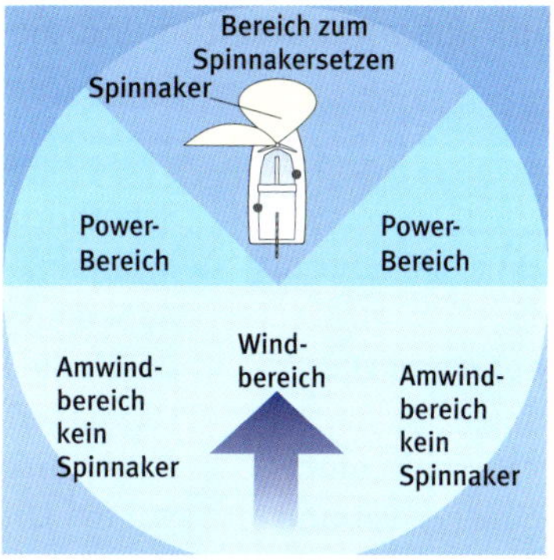

Wenn Fall, Halsleine und Schoten befestigt sind, ziehen Sie das Segel ins Boot und setzen es zur Probe an Land. So stellen Sie sicher, dass es unterwegs keine Probleme gibt (unten).

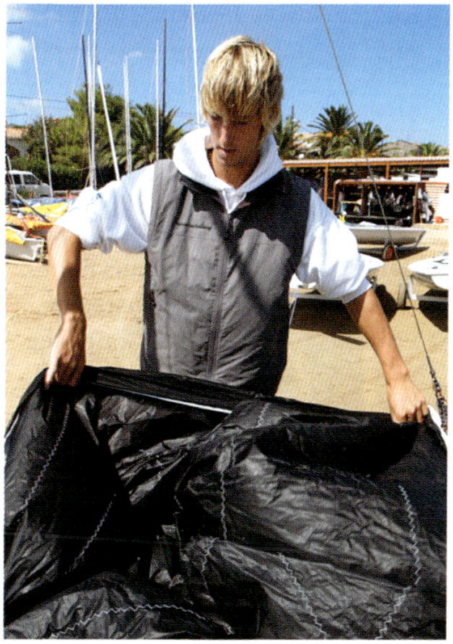

Tuchen Sie den Spi sorgfältig auf, sortieren Sie jedes Liek. Stellen Sie sicher, dass sich das Segel richtig entfalten kann.

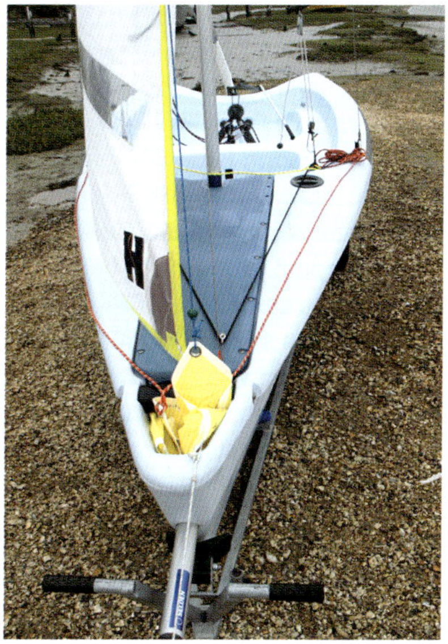

Tipp

Der Spinnaker ist perfekt für kleinräumige Reviere wie Seen und Flüsse, weil Sie mehr Kursoptionen haben und nicht immer wieder halsen müssen. Sie können sowohl spitze als auch tiefe raume Kurse bis vor dem Wind segeln. Der Gennaker ist ideal, wenn Sie volles Rohr dahinpreschen können und Platz haben, ohne sich um die Halsen einen Kopf machen zu müssen.

Mit Gennaker segeln

Lernen Sie, den Gennaker zu setzen und den scheinbaren Wind voll zu nutzen – und wie Sie dabei alles unter Kontrolle behalten.

Das Segel setzen

Der Steuermann fällt zum Setzen des Gennakers vor den Wind ab, es sei denn, der Wind weht sehr schwach. Beim Setzen deckt das Großsegel den Gennaker ab. So besteht keine Gefahr: Das halb gesetzte Segel kann keinen Druck bekommen und das Boot zur Seite kippen.

- Fallen Sie auf Vorwindkurs ab, dann segeln Sie einen sauberen Kurs mit aufrechtem Boot.
- Der Vorschoter setzt den Gennaker mit dem Fall, je nach System wird dabei automatisch auch der Gennakerbaum ausgefahren. Die Schoten müssen klar laufen. Im Cockpit stehend zieht der Vorschoter Hand über Hand das Fall, wenn der Rudergänger so weit ist. Setzen Sie das Segel so schnell wie möglich, damit es nicht ins Wasser fallen oder sich frühzeitig mit Wind füllen kann.
- Das Fall ist durch eine Klemme geführt, die es automatisch belegt. Sie sollten, ohne nach oben sehen zu müssen, erkennen können, wann der Gennaker komplett gesetzt ist. Markieren Sie dazu das Fall an der Stelle, die, wenn das Segel ganz oben ist, in der Klemme liegt. Dies lässt sich an Land vorab erledigen.
- Der Vorschoter greift die leeseitige Gennakerschot, während der Steuermann auf einen spitzeren Kurs anluvt, damit Druck ins Segel kommt. Falls das Segel verdreht ist, kann eine Halse Abhilfe schaffen.

Den scheinbaren Wind nutzen

- Der Gennaker ist ein sehr kraftvolles Segel. Sie müssen den besten Kompromiss zwischen Geschwindigkeit und Kontrolle finden. Dies produziert die beste Zielgeschwindigkeit (VMG). Wenn das Boot beschleunigt, kann es mit raumem Wind sehr schnell und tief zum wahren Wind segeln.

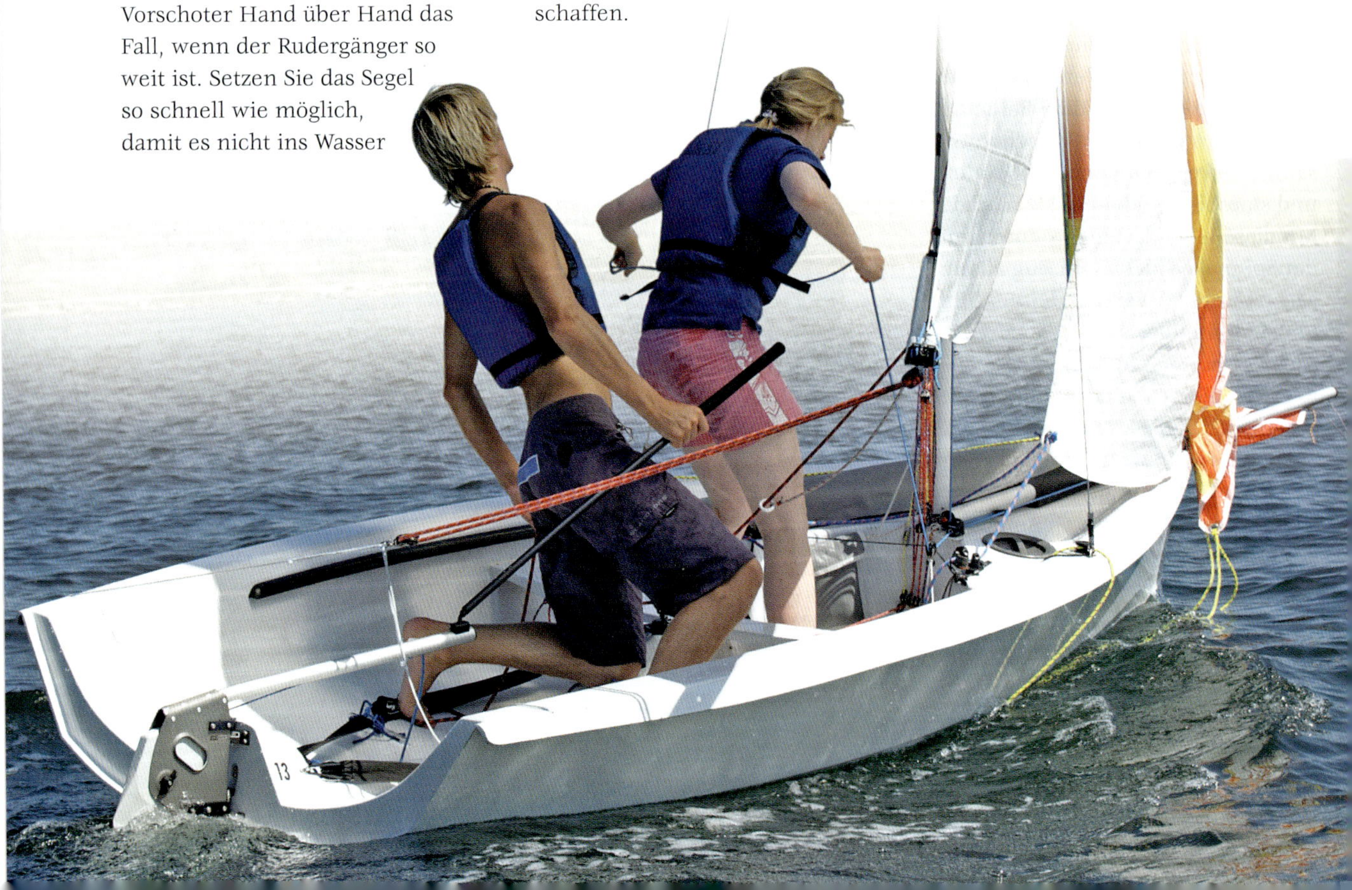

Der Steuermann segelt diesen RS 200 auf einem tiefen raumen Kurs. So deckt das Großsegel den Gennaker ab, der hier gerade vom Vorschoter gesetzt wird.

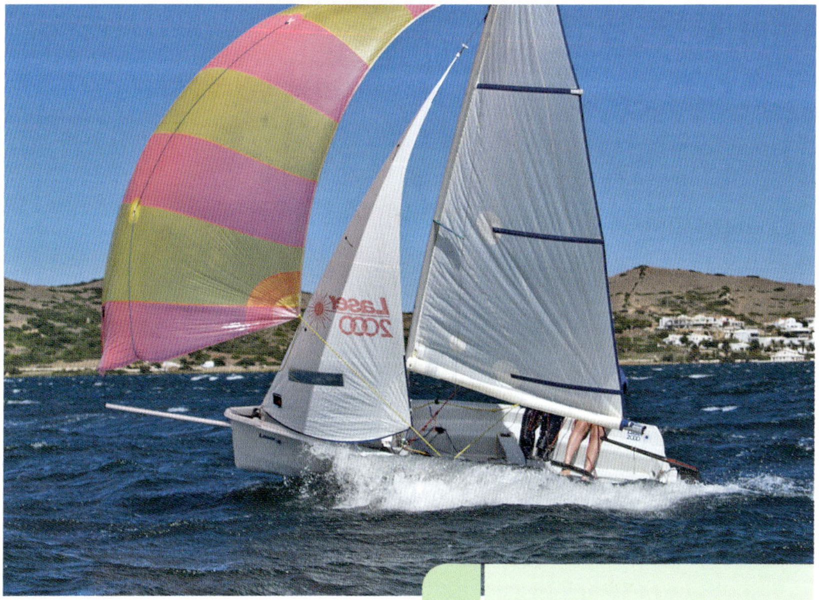

Druck, Speed und Spaß bei 5 Bft mit dem Laser 2000. Sie sehen, wie der Steuermann abfällt, um das Boot aufrechter segeln zu lassen und den Druck in mehr Geschwindigkeit umzusetzen. Wenn das Boot jetzt noch mehr krängt, wird es weiter anluven und vielleicht sogar in den Wind schießen.

- Drücken Sie die Pinne leicht von sich weg, um anzuluven. Das bringt Druck ins Segel, das Boot wird schneller, der scheinbare Wind wächst.
- Mit gesetztem Gennaker lässt sich nur das aufrecht segelnde Boot gut steuern. Wenn es krängt, wird es zu langsam und kann unkontrolliert in den Wind drehen. Wenn eine Bö einfällt und das Boot krängt, fallen Sie sofort ab und halten so das Boot aufrecht. Wenn der Wind nachlässt und das Boot abbremst, luven Sie an, um wieder Druck aufzubauen. Der Wind ist niemals konstant, Geschwindigkeit und Richtung variieren. Dem müssen Sie sich anpassen, der Kurs ist also eine Schlangenlinie: Sie luven an für mehr Druck, bauen Speed auf und fallen wieder ab, um das Boot im Griff zu behalten.

Tipp

Wenn Sie unter Gennaker oder Spinnaker kentern, bergen Sie das Segel in den Schlauch oder Sack, bevor Sie das Boot wieder aufrichten. Sonst wird das nix.

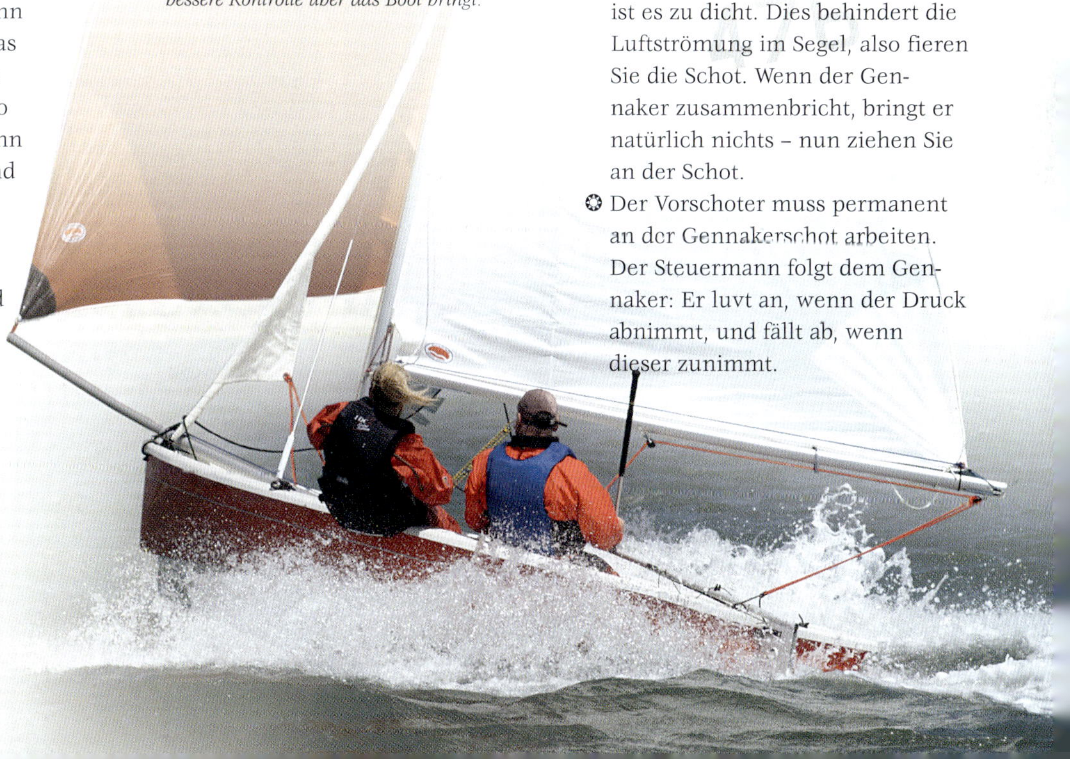

Auf dieser Comet Trio hebt der Gennaker bei viel Wind raumschots den Bug an. Die eingerollte Fock reduziert die Segelfläche und erlaubt eine ungestörte Luftzufuhr für den Gennaker. Der Steuermann sitzt im Cockpit, was ihm eine bessere Kontrolle über das Boot bringt.

Perfekter Trimm

- Auf raumen Kursen, besonders mit Gennaker, rutscht der Vorschoter ausreitend oder im Trapez stehend weit nach achtern, um den Bug zu entlasten. Er hält die Gennakerschot mit beiden Händen und beobachtet aufmerksam das Vorliek (die vordere Kante) des Segels. Er zieht die Schot so dicht, dass der Gennaker nicht flattert oder schlägt, und fiert sie wieder so weit, dass das Vorliek beginnt, sich einzurollen. Das schafft den maximalen Vortrieb. Wenn es sich noch nicht einrollt, ist es zu dicht. Dies behindert die Luftströmung im Segel, also fieren Sie die Schot. Wenn der Gennaker zusammenbricht, bringt er natürlich nichts – nun ziehen Sie an der Schot.
- Der Vorschoter muss permanent an der Gennakerschot arbeiten. Der Steuermann folgt dem Gennaker: Er luvt an, wenn der Druck abnimmt, und fällt ab, wenn dieser zunimmt.

Halsen und Bergen des Gennakers

Üben Sie, den Gennaker voll kontrolliert zu halsen und zu bergen. Um die üblichen Fehler zu vermeiden, müssen Sie klar vorausdenken, sorgfältig steuern, auf einem Vorwindkurs bleiben und das Boot nach der Drehung aufrecht halten. Dann sind Halsen und Bergen einfach.

Die Gennakerhalse

Einer der großen Vorzüge der Gennaker ist, dass sie sehr einfach zu halsen sind, und dies auch bei voller Geschwindigkeit.

Das tut der Steuermann

- Der Steuermann muss das Boot während der Halse so aufrecht wie möglich halten und konzentriert einen gleichmäßigen Kreisbogen segeln.
- Behalten Sie Geschwindigkeit, dadurch bleibt der scheinbare Wind gering, was Druck aus den Segeln hält. Wenn Sie beispielsweise bei 20 Knoten wahrem Wind in der Halse noch 10 Knoten schnell segeln, beträgt der scheinbare Wind ebenfalls nur 10 Knoten. Wenn Sie aber auf 5 Knoten abbremsen, wirkt der scheinbare Wind mit 15 Knoten auf die Segel, was das Halsen des Großsegels deutlich erschwert.
- Achtung: Segeln Sie auf dem neuen Bug, nachdem das Großsegel gehalst wurde, nicht zu hoch. Seien Sie bereit, wieder auf Vorwindkurs abzufallen, bevor Sie kontrolliert anluven, um Druck im Gennaker aufzubauen.

Das tut der Vorschoter

- Der Gennaker bleibt in der Halse unter Kontrolle, wenn er zurück gegen die Fock gezogen wird.
- Wenn der Steuermann die Halse einleitet, ziehen Sie die Lose aus der neuen, luvseitigen Schot. Halten Sie die alte, leeseitige Schot, während Sie sich auf die andere Seite bewegen, damit das Boot aufrecht bleibt. Das hilft auch dem Gennaker beim Halsen, während das Heck durch den Wind geht.
- Lassen Sie die alte Schot gehen und ziehen Sie schnell an der neuen. Sie müssen jetzt auf der neuen Luvseite angekommen und bereit für das Anluven sein.
- Trimmen Sie die Gennakerschot, bis sich das Luvliek leicht einrollt. Konzentrieren Sie sich auf das Segel.

Bergen des Gennakers

- Der Rudergänger muss abfallen und vor dem Wind segeln. So

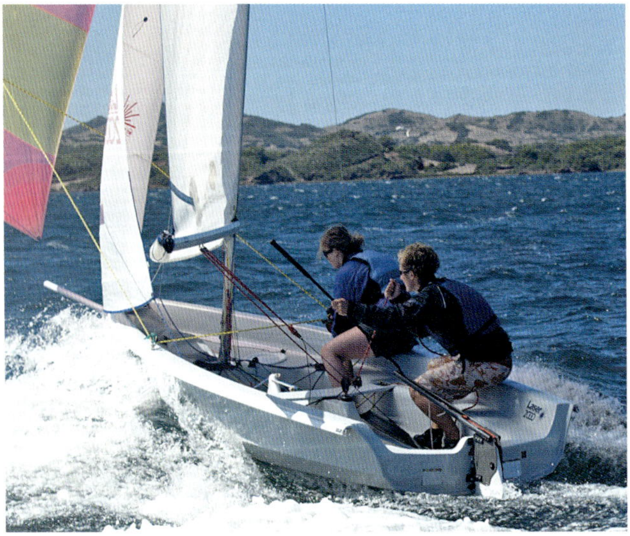

Dieser Laser 2000 segelt aufrecht, während der Steuermann auf Vorwindkurs abzufallen beginnt. Der Vorschoter zieht für die Halse die Lose aus der Luvschot.

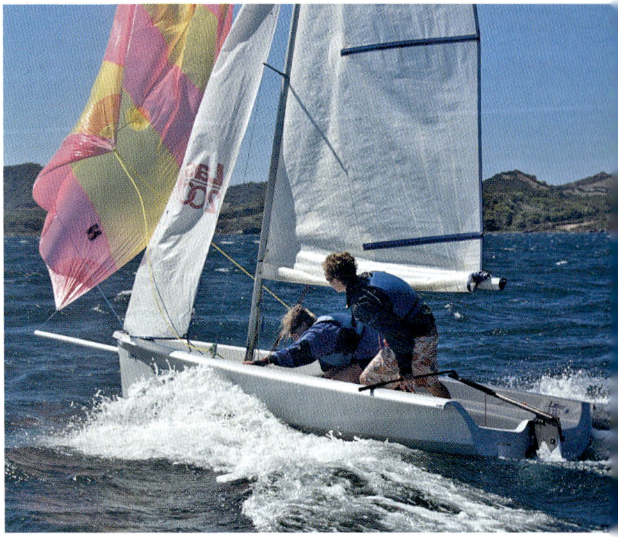

Das Boot beginnt mit dem Heck durch den Wind zu gehen. Als Nächstes wirft der Steuermann mit einem kräftigen Zug an der Großschottalje den Baum auf die neue Seite.

kann der Vorschoter in der Cockpitmitte arbeiten. Er löst das Fall und zieht die Bergeleine, während das Großsegel den Gennaker abdeckt und so den Druck aus dem Segel nimmt.

- Der Vorschoter kann die Schot dem Steuermann geben oder sich einfach draufstellen. Es ist vor dem Wind nicht viel Zug darauf.
- Ziehen Sie alle Lose aus der Bergeleine, bevor Sie das Fall fieren. Das ist für eine kontrollierte Bergung wichtig.
- Nehmen Sie das Fall aus seiner Klemme und lassen Sie es los. Ziehen Sie so schnell wie möglich Hand über Hand an der Bergeleine. Hören Sie erst damit auf, wenn vom Gennaker nur noch die Enden zu sehen sind.

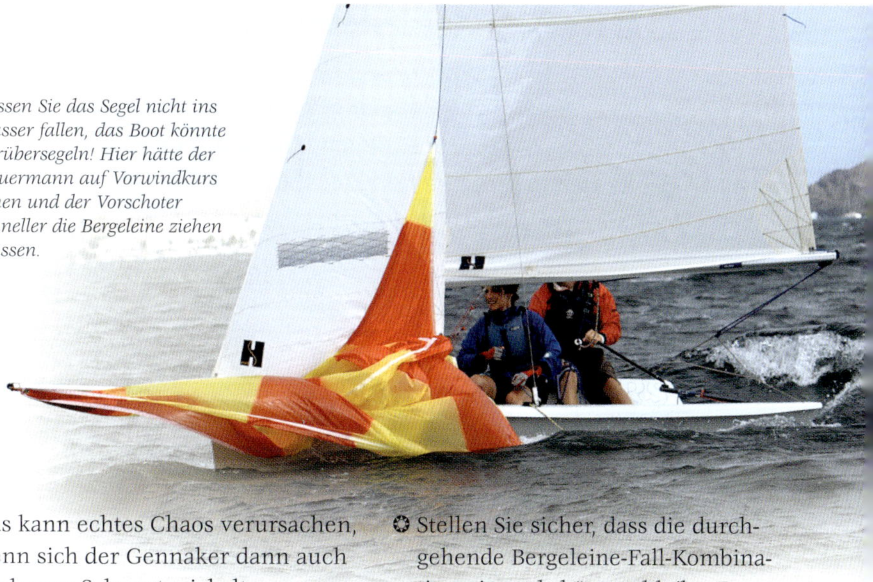

Lassen Sie das Segel nicht ins Wasser fallen, das Boot könnte darübersegeln! Hier hätte der Steuermann auf Vorwindkurs gehen und der Vorschoter schneller die Bergeleine ziehen müssen.

Probleme beim Bergen

Es kommt vor: Das Segel lässt sich nicht komplett in Schlauch oder Trichter bergen, oder es fällt ins Wasser und das Boot segelt darüber. Das kann echtes Chaos verursachen, wenn sich der Gennaker dann auch noch ums Schwert wickelt.

- Bringen Sie vor dem Manöver Zug auf die Bergeleine. Das rafft das Segel zusammen und stellt sicher, dass es an Bord gezogen wird und nicht im Wasser landet.
- Je schneller Sie an der Bergeleine ziehen, umso geringer die Gefahr, dass der Gennaker unter seinen Schlauch oder Trichter fällt. Ziehen Sie die Hände für mehr Hub an Ihrem Körper vorbei.
- Stellen Sie sicher, dass die durchgehende Bergeleine-Fall-Kombination nirgends hängen bleibt. Es dürfen sich keine Knoten bilden.
- Sie dürfen nicht auf der Leine stehen, und sie darf sich nicht von selbst wieder in der Klemme belegen – zwei klassische Fehler.
- Falls sich das Segel nicht einfach bergen lässt und Sie zu stark an der Leine ziehen, kann dies zu Schäden führen. Besser schnell wieder komplett setzen und noch mal bergen.

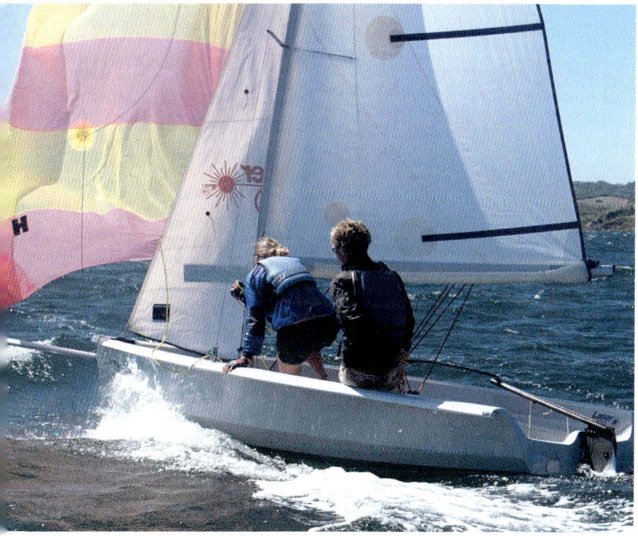

Perfekt! Steuern Sie weiter auf Vorwindkurs, das Boot segelt aufrecht. So kann der Vorschoter auf der neuen Seite die Gennakerschot weiter durchholen, bevor wieder angeluvt wird.

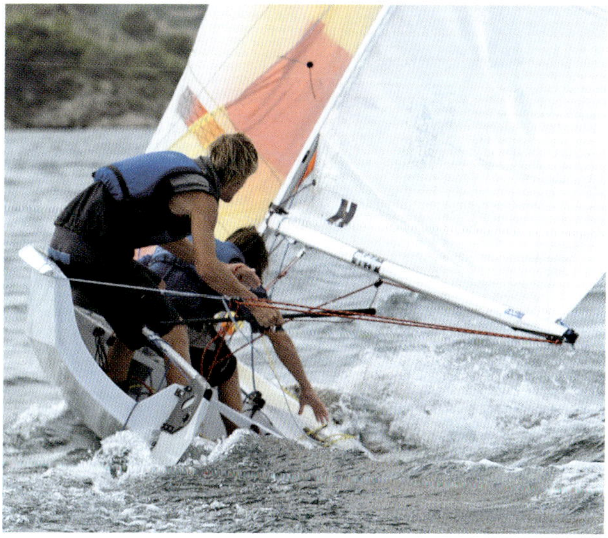

Nein! Die Jungs hier wollen das Großsegel zu früh auf die andere Seite bringen, haben keine Kontrolle mehr über das Ruder und drohen zu kentern.

Mit Spinnaker segeln

Der klassische symmetrische Spinnaker ist komplizierter zu bedienen als der moderne Gennaker. Sie brauchen viel Praxis, um ihn immer unter Kontrolle zu haben, besonders bei starkem Wind.

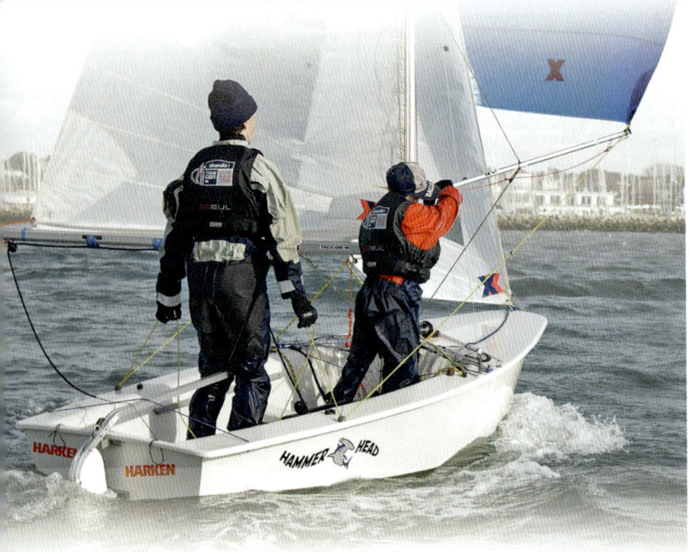

Der Vorschoter auf dieser Cadet-Jolle befestigt den Spibaum am Mast. Der Steuermann steht mit der Pinne zwischen den Beinen, so hat er die Hände zum Helfen frei und kann das Boot ausbalancieren (links).

Der Spinnaker ist komplizierter, weil er mit einem abnehmbaren Baum und Schoten in Luv und Lee gefahren wird. Die Luvschot ist dann jeweils der Achterholer (unten).

- Ziehen Sie den Spibaum aus seinem Lager am Großbaum und haken Sie die vordere Nock in die Luv-Spischot. Falls nötig, bringen Sie Toppnanten und Niederholer an. Dann haken Sie die achtere Nock in den Ring am Mast.
- Ein Spi ist kleiner als ein Gennaker, also geht das Setzen schneller. Aber jetzt bräuchten Sie vier Hände: Sie müssen beim Setzen das Fall ziehen und dabei Spischot und Achterholer halten. Eine Methode: Der Steuermann klemmt die Pinne zwischen die Beine und setzt den Spi, der Vorschoter hält Achterholer und Schot und ist zum Ziehen bereit.

Umgang mit dem Spibaum

Der Spinnakerbaum wird beim Setzen, Halsen und Bergen vom Vorschoter bedient. Dies ist anders als bei Gennaker-Systemen, wo der Baum automatisch aus- und eingefahren wird. Beim Gennaker muss der Baum in der Halse auch nicht bedient werden. Der Spibaum ist an drei Punkten befestigt.

- Das vordere Ende (Nock) ist in die Luvschot eingehakt, die dann auf der Luvseite als Achterholer dient.
- Die andere, hintere Nock ist am Mast in einen Ring gehakt.
- Die Mitte wird an einem Toppnanten/Niederholer befestigt. Mit diesen Leinen wird der senkrechte Winkel des Baumes eingestellt, also die Höhe des äußeren Endes. Diese Leinen können dauerhaft am Spibaum befestigt sein.

Das Setzen

Wenn der Spi in einem Schlauch oder Trichter gefahren wird, der vor der Fock liegt, kann er auf jedem Bug gesetzt werden. Wenn das Segel in einem Sack im Cockpit lagert, geht das nur gut, wenn sich dieser in Lee befindet. Der Spi wird dann vom Großsegel abgedeckt.

Das Trimmen

- Auf tiefen Kursen, beispielsweise vor dem Wind, sollte der Baum ungefähr im rechten Winkel zum Wind stehen. Das wird mit der Luvschot eingestellt. Der Baum drückt gegen das luvseitige Schothorn.

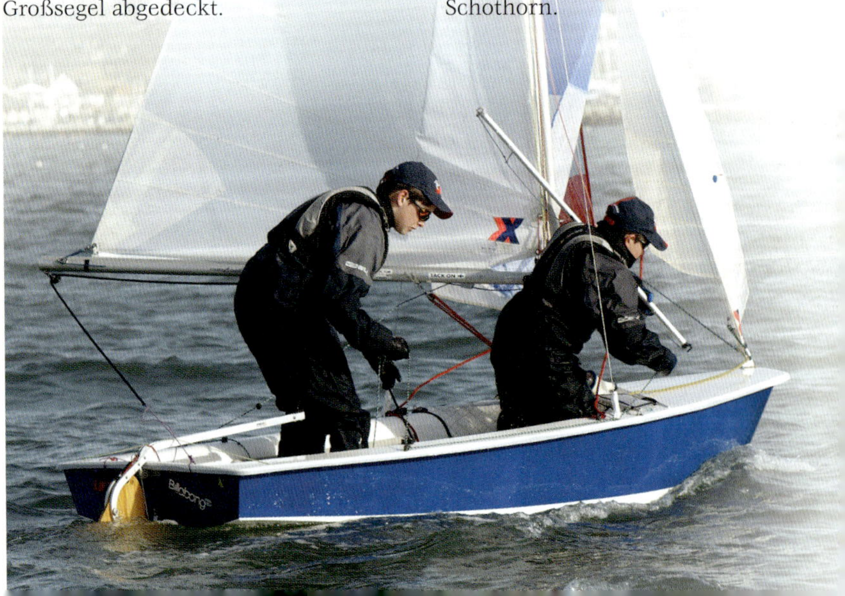

Die Spinnakerhalse

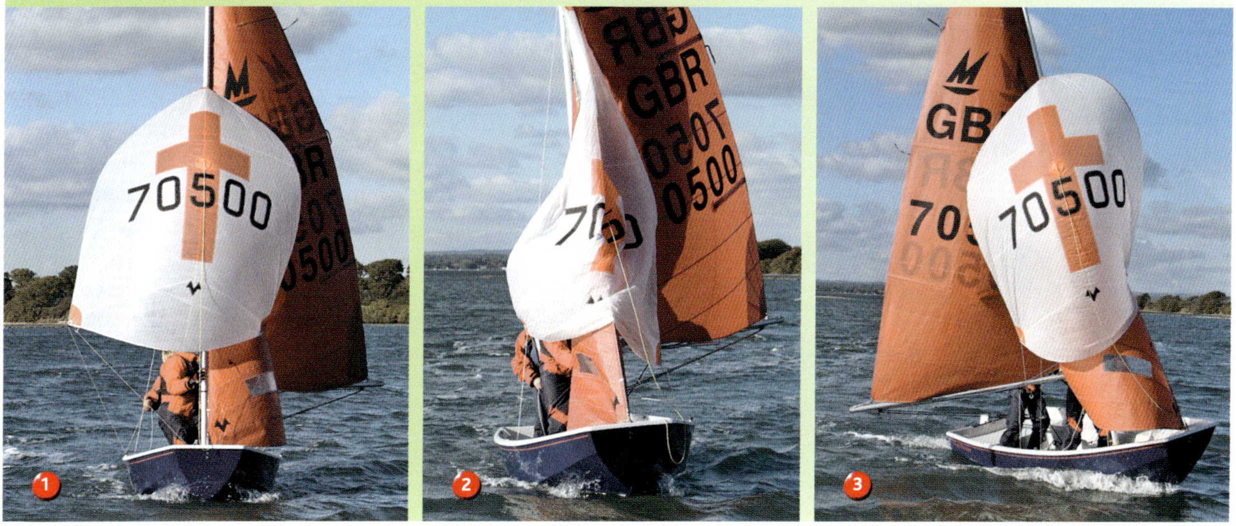

1. Der Vorschoter löst den Spibaum am Mast und hakt das frei gewordene Ende in die Leeschot. 2. Der Vorschoter löst den Spibaum an der alten Luvschot (Achterholer) und hakt dieses Ende am Mast ein. 3. Wenn der Wind von der neuen Seite kommt, zieht der Steuermann den Großbaum auf die neue Seite. Der Vorschoter stellt den neuen Achterholer (die alte Leeschot) sowie Toppnant und Niederholer passend zum Wind ein und trimmt die Schot.

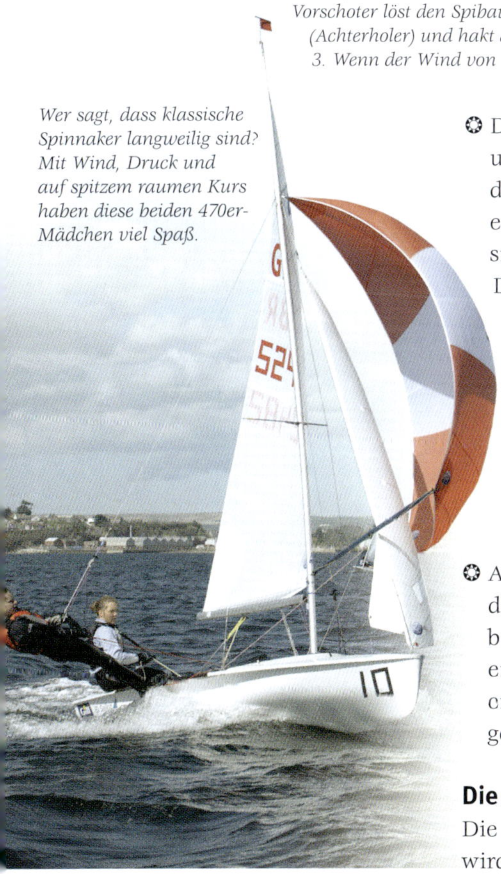

Wer sagt, dass klassische Spinnaker langweilig sind? Mit Wind, Druck und auf spitzem raumen Kurs haben diese beiden 470er-Mädchen viel Spaß.

- Der Spibaum wird mit Toppnant und Niederholer so eingestellt, dass sich beide Schothörner auf einer Höhe befinden. Das ändert sich mit dem Windeinfallswinkel. Das Baumende wird für einen raumen Kurs angehoben und für einen Vorwindkurs abgesenkt.
- Sie trimmen die Spischot und belegen den Achterholer in seiner Klemme. Stellen Sie die Schot so ein, dass sich das Luvliek leicht eindreht.
- Auf einem spitzeren Kurs wird die Luvschot den Vorschoter behindern. Sie wird dann mit einem Haken an den Wanten oder einer Leine (Barberholer) an Deck gezogen.

Die Spinnakerhalse

Die Standardmethode: Der Spibaum wird von einer auf die andere Seite umgehakt, während man das Boot vor dem Wind segelt.

- Lösen Sie den Spibaum vom Mast.
- Haken Sie dieses Ende in die Leeschot ein, die zum Achterholer wird.
- Haken Sie den Baum am Achterholer in Luv aus. Diese Leine wird zur neuen Leeschot.
- Haken Sie das so freigewordene Baumende am Mast ein.

Das Bergen

Segeln Sie tief, damit das Groß den Spi abdeckt. Wenn es einen Schlauch oder Trichter gibt, lassen Sie das Fall los und ziehen schnell an der Bergeleine. Dann haken Sie den Baum am Mast aus und stauen ihn weg. Wenn der Spi in einen Beutel im Cockpit muss, bergen Sie ihn am besten in Luv. Sie nehmen den Baum weg, bergen den Spi an seinem Luvliek und stopfen ihn in den Sack.

Bootspflege

Kümmern Sie sich um Ihr Boot; es ist Ihr Begleiter. Wenn Sie es vernach lässigen, verliert es an Wert, und es kann Sie im Stich lassen.

Kein Salz!

Wenn Sie an der Küste segeln, sollten Sie das Boot danach vom Salzwasser befreien. Sonst greift das Salz die Beschläge, den Kunststoff und die Segel an, und das Boot altert schneller. Spülen Sie alles mit Frischwasser gut ab. Dann lassen Sie es an der Luft trocknen – die Segel sollten allerdings nicht schlagen.

Pflege der Bekleidung

Spülen Sie auch Ihr Ölzeug, den Neopren, Schuhe und Schwimm- bzw. Regattaweste – einfach alles. Sonst trocknet die Bekleidung nicht richtig, Reißverschlüsse korrodieren, das Zeug fühlt sich klebrig an und es bleicht aus. Hängen Sie Ölzeug oder Neoprenanzug auf in einem kühlen, dunklen Schrank. Prüfen Sie die Manschetten von Trockenanzügen und tauschen Sie sie rechtzeitig aus, wenn sich Risse ankündigen. Fetten Sie Reißverschlüsse ein.

Besonders Neoprenstiefel riechen schnell – spülen reicht da nicht, benutzen Sie Waschmittel, um die Bakterien abzutöten.

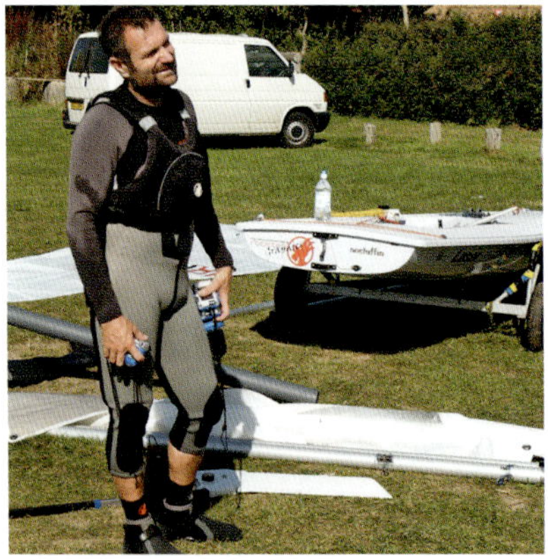

Suchen Sie einen sauberen Platz für die Bootspflege und prüfen Sie, dass alles für den nächsten Segeltag in Ordnung ist. Achten Sie auf Teer am Strand und Dreck auf Rasenflächen (oben).

Bootsreinigung

Wenn Sie keinen Schlauch benutzen können, nehmen Sie einen Schwamm, ein nasses Tuch und einen Eimer mit Wasser. Das sollte genügen, um Rumpf und Deck zu säubern. Etwas Aceton vorsichtig mit einem Stück Tuch aufgetragen, hilft gegen gröbere Verschmutzungen. Benutzen Sie keine Haushaltsreiniger – sie machen den Kunststoff rutschig. Spezielle Bootsreiniger bieten einen Rutschschutz.

Segelpflege

Säubern Sie schmutzige Segel mit warmem Wasser und Waschmittel, danach spülen Sie mit kaltem Was-

Ein Dacron-Segel kann gerollt oder gefaltet werden. Vermeiden Sie Knicke! Ein Foliensegel muss gerollt werden, Falten führen zu Bruch.

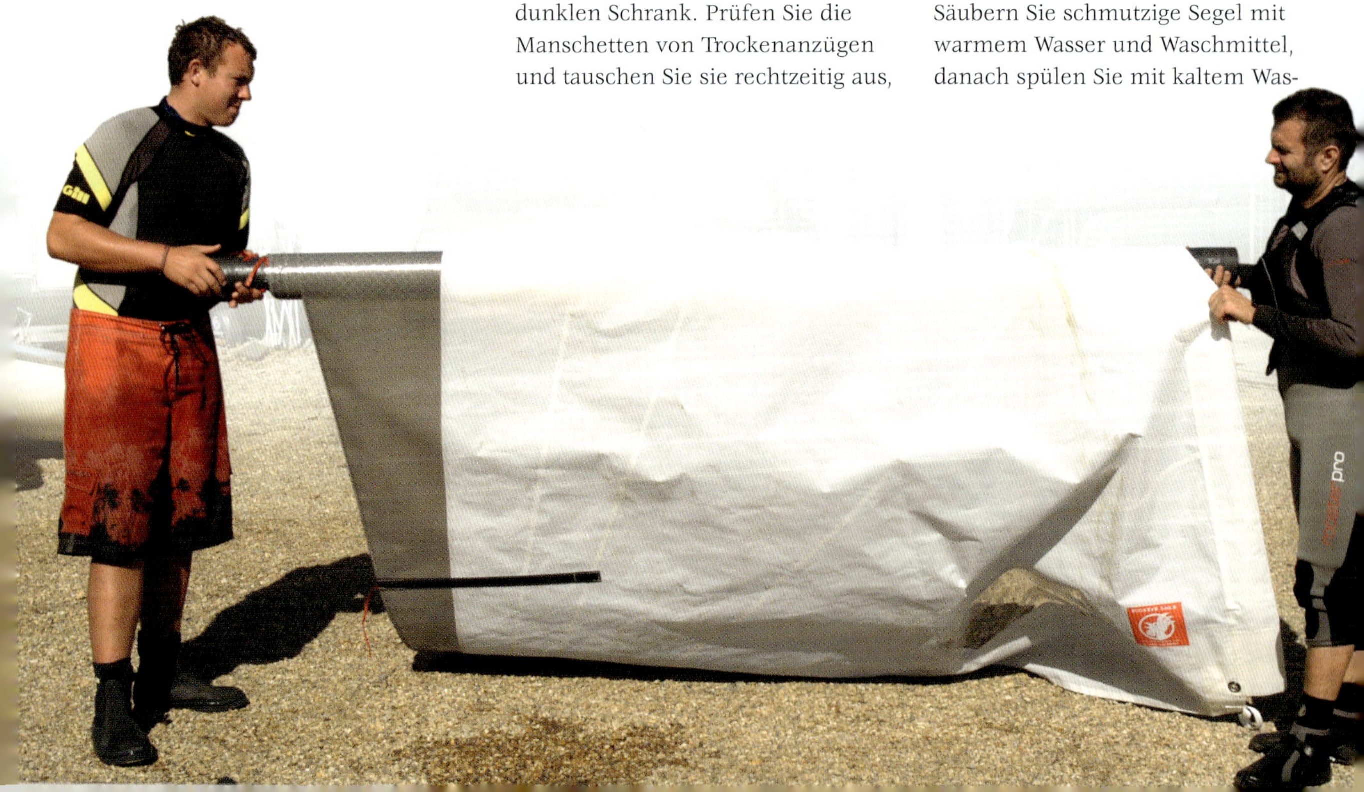

ser. Attackieren Sie das Tuch nicht mit einer harten Bürse, aggressiven Reinigern oder Bleichmitteln.

Wenn Sie ein Segel stark im Wind flattern (»schlagen«) lassen, kann die Beschichtung eines Dacron-Segels beschädigt werden, ein Foliensegel kann delaminieren. Ein Großsegel schlägt weniger, es wird von Mast, Baum und Latten gehalten. Eine Fock aber sollte immer eingerollt oder geborgen werden. Segel leiden auch in starkem Sonnenlicht. Aufgerollte Vorsegel sollten daher mit einer Persenning vor den Strahlen geschützt werden. Rollen Sie laminierte Segel vom Kopf bis zum Unterliek auf. Falten Sie Dacron-Tuch. Nehmen Sie auch die Spannung aus dem Segel; Strecker sollten gelöst, Latten entspannt werden.

Vermeiden Sie das Wegstauen nasser Segel. Besonders Gennaker oder Spinnaker sind sehr anfällig gegen Schimmel, der sich zudem schlecht wieder entfernen lasst.

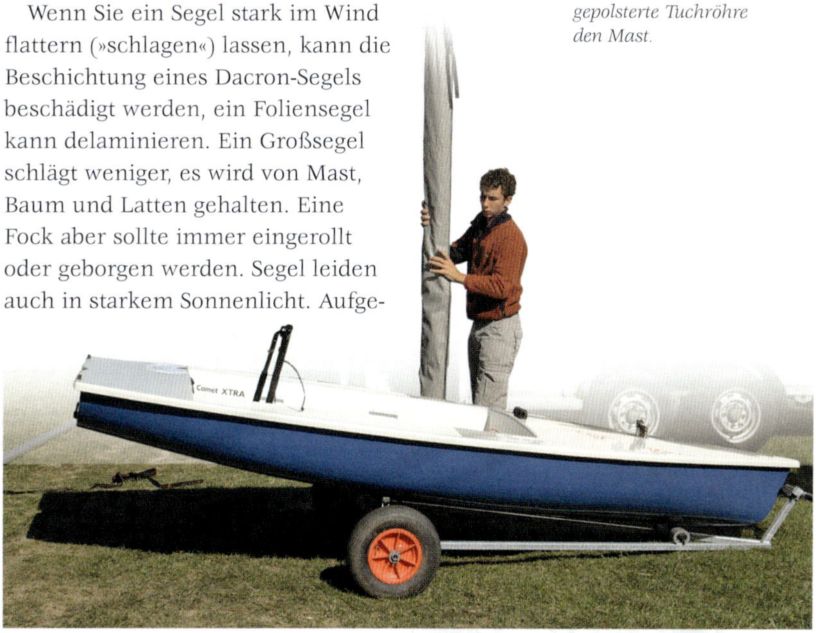

Schonen Sie Ihre Ausrüstung. Eine gepolsterte Tasche schützt Ruder und Schwert, eine gepolsterte Tuchröhre den Mast.

Auf dem Jollenliegeplatz

Beseitigen Sie jegliches Wasser aus dem Boot. Öffnen Sie Inspektionsdeckel und trocknen Sie die Innenräume mit einem Schwamm. Entfernen Sie auch die kleinen Pfropfen am Heckspiegel und lassen Sie eventuell im Jollenboden befindliches Wasser abfließen. Lassen Sie sie geöffnet, damit die Luft zirkulieren kann. Achtung: Vor dem nächsten Segeln wieder einsetzen!

Spannen Sie zum Abschluss Ihrer Reinigungsarbeiten die Persenning über das Schiff und sichern Sie sie mit Leinen unter dem Rumpf. Stellen Sie sicher, dass kein Wasser in den Rumpf lecken kann. Stellen Sie die Jolle schräg mit dem Bug nach oben auf und lassen Sie die Cockpitlenzer offen; dann läuft das Wasser wieder heraus. Sichern Sie das Boot mit Leinen an Bodenankern. Wenn es umkippt, gibt es Bruch – auch an anderen Schiffen. Im Winter sollten Sie daher sicherheitshalber den Mast legen.

Im Winterlager

Das Boot muss gut abgestützt sein und darf nicht durchhängen. Dies ist bei Jollen aus Polypropylen oder Polyethylen besonders wichtig; sie könnten sich verformen. Auch der Mast sollte absolut gerade gelagert werden.

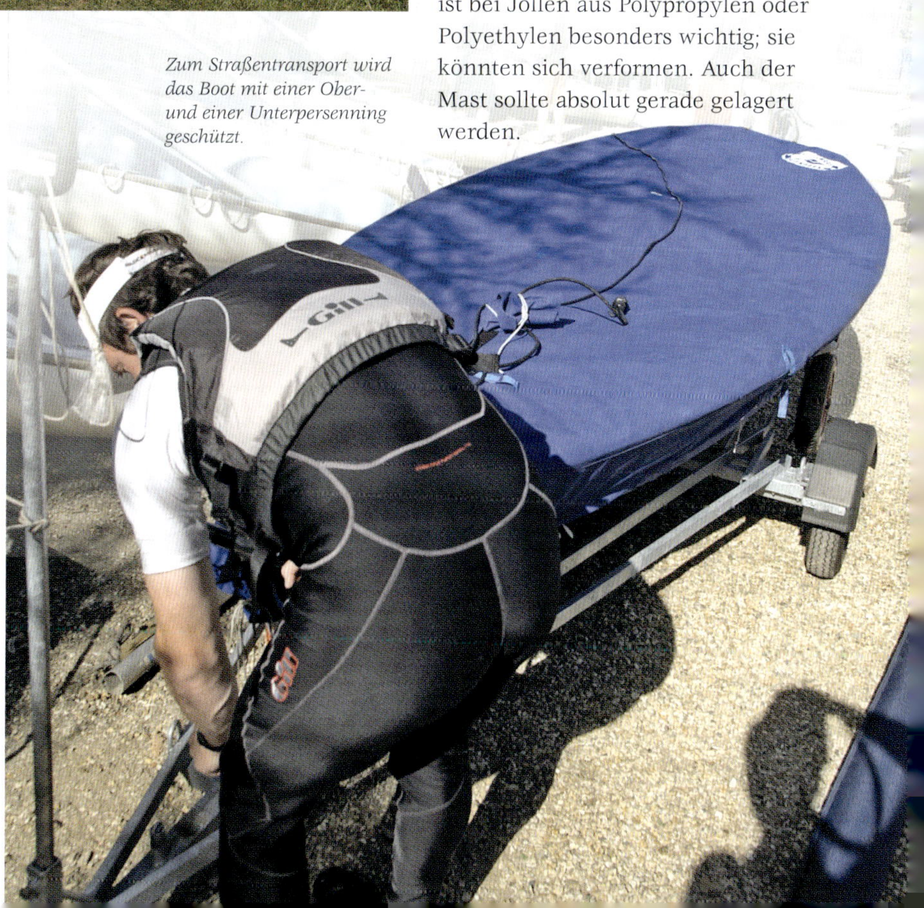

Zum Straßentransport wird das Boot mit einer Ober- und einer Unterpersenning geschützt.

Schäden

Überprüfen Sie regelmäßig Ihre Ausrüstung. Nur wenn alles gut in Schuss bleibt, ist das Segeln sicher, und Sie sparen Geld, weil es keine teuren Folgeschäden gibt.

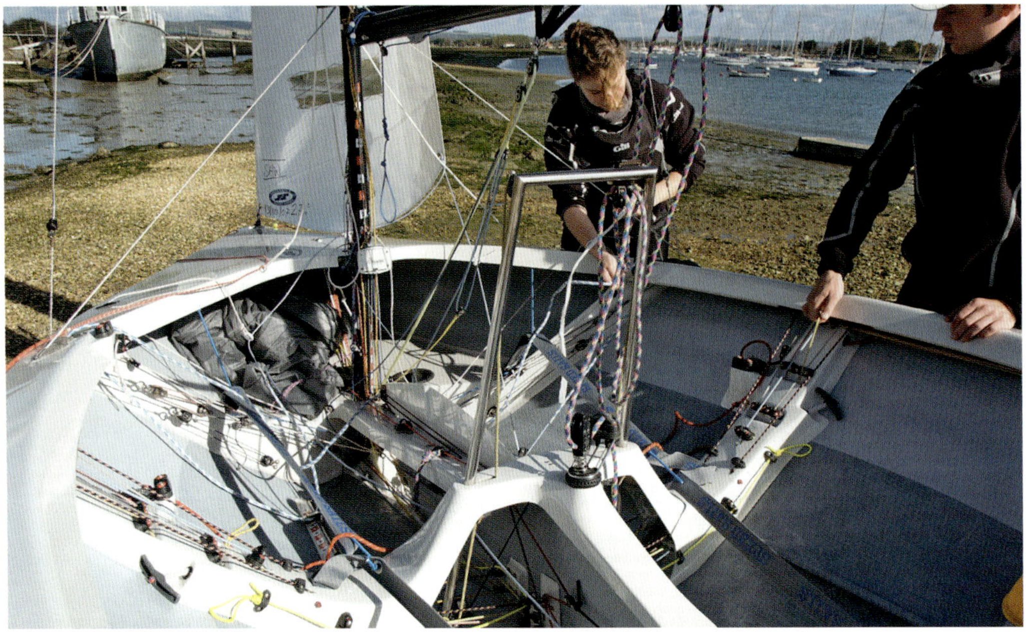

Unzählige Leinen! Die Merlin Rocket hat ein aufwendiges System für Trimm und Bedienung des Riggs. Sie brauchen Ihre Aufmerksamkeit und müssen regelmäßig ausgetauscht werden.

Was wird kaputtgehen?

- Überprüfen Sie das Boot gründlich und tauschen Sie aus, was nicht perfekt funktioniert.
- Schoten, Strecker und Fallen leiden, wenn immer derselbe Bereich in einem Knarrblock, einer Leitöse oder Klemme belastet wird. Die Leine wird schwergängig, wenn Sie an ihr ziehen, und irgendwann kann sie reißen. Tauschen Sie die Leine rechtzeitig aus oder drehen Sie sie um.
- Gummibänder halten Dinge unter Spannung, wie beispielsweise Trapezdrähte, Ausreitgurte oder die Endlosleine für den Gennaker. Schwert und Ruder lassen sich mit Gummis in Position halten. Mit der Zeit verlieren Gummibänder ihre Zugkraft.
- Federn in Klemmen sind Verschleiß ausgesetzt. Spülen Sie immer gut mit Frischwasser, um Korrosion zu verhindern, und sprühen Sie die Teile mit Schutzmittel ein. Wenn die Federn versagen, muss die Klemme ausgetauscht werden.
- Drähte sind kräftig, aber die einzelnen Stränge können brechen. Ein typisches Problem taucht am rollbaren Vorstag auf: Oft dreht der obere Wirbel nicht so frei wie die Rolle, was den Draht strapaziert. Wenn er Schaden nimmt, kann das zu Mastbruch führen.
- Prüfen Sie auch immer den Vorstagsbeschlag am Mast und am Bug sowie die Püttinge am Rumpf auf Korrosion und Bruch.

Schwert und Ruder

- Schwerter und Ruderblätter nehmen typischerweise bei Grundberührung Schaden. Je filigraner das Teil ist, desto problematischer wird der Schaden. Ein tiefgezogenes Kunststoffschwert können Sie in den Grund rammen, und es bekommt nur ein paar Kratzer. Ein leichtes Hochleistungslaminat wird brechen.
- Nehmen Sie den Schaden ernst, ansonsten wird er immer größer. Kleine Kratzer lassen sich mit Gelcoat abdecken, welches dann mit Trocken- und Nassschleifpapier glatt geschliffen wird. Falls es sich um eine größere Delle handelt, wird sie mit Epoxidspachtelmasse geschlossen, das man in Form schleift.

So ein mit einer dünnen Lage Glasfaser überlaminiertes Holzruderblatt erfordert Vorsicht. Wenn Sie damit auf Grund laufen, wird die Vorderkante beschädigt (rechts).

Mit der Zeit lockern sich die Beschläge. Prüfen Sie, ob das Ruderblatt spielfrei in seinem Kopf steckt und ob die Beschläge am Spiegel nicht wackeln (ganz rechts).

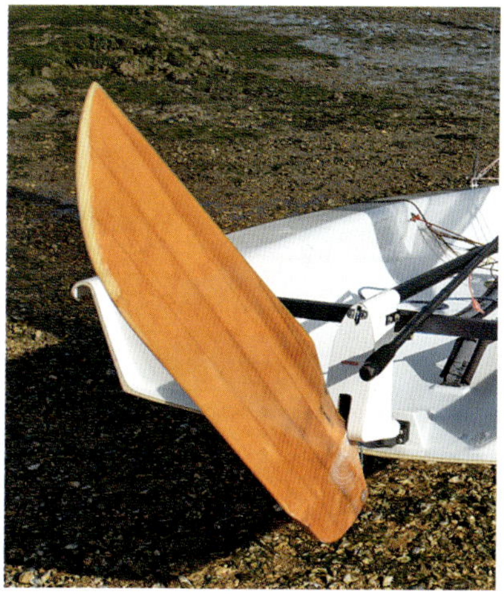

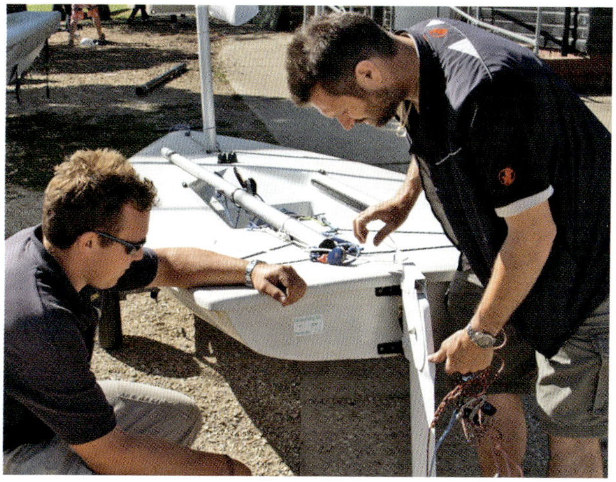

Gebrauchtbootkauf

Falls Sie eine gebrauchte Jolle kaufen wollen, achten Sie auf die typischen Schadensbereiche. Die Problemzonen:

- Ein lockerer Ruderbeschlag lässt sich auf vielen Booten schwer beheben, je nachdem, ob er von innen gut erreichbar ist.
- Eine Grundberührung mit vollem Speed kann besonders den hinteren Teil des Schwertkastens beschädigt haben. Sehen Sie nach.
- Der Mastbereich steht unter viel Druck, besonders auf unverstagten Jollen. Das gilt umso mehr für Boote wie den Laser, wo der Mast einfach in eine Röhre im Schiff gesteckt wird. Dieser Bereich lässt sich schwer reparieren.
- Wenn die äußere Schicht eines Sandwichlaminats beschädigt ist, zieht der Schaum im Inneren Wasser und wird sich auflösen. Das ist in jedem Fall ein ernsthaftes Problem.
- Achten Sie auf die Auftriebstanks, die an den Kanten lecken könnten. Das Wasser ist möglicherweise schwer wieder zu entfernen.
- Segellatten können sich am vorderen Ende durch die Taschen gearbeitet haben und unter Last herausragen. Ein klarer Reparaturfall.
- Straßentrailer werden auch mal zum Slippen benutzt. Salzwasser kann die Radlager beschädigen und festsetzen. Das passiert wahrscheinlich gerade dann, wenn Sie weit weg von zu Hause sind.

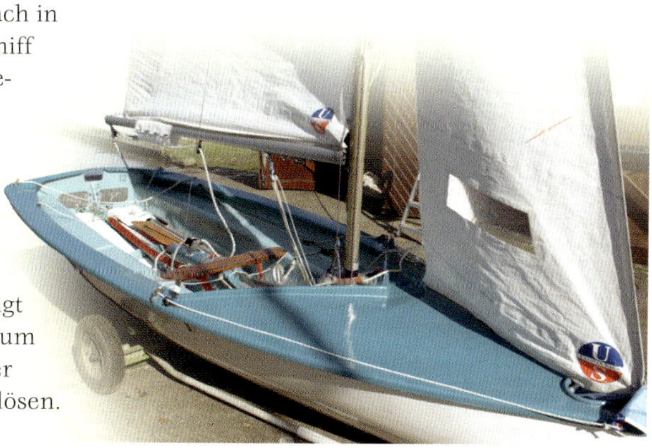

Rumpf

- Boote aus Polyethylen oder Polypropylen lassen sich vom Amateur nicht reparieren. Sie sind zwar unverwüstlich, aber können stark zerkratzen.
- Boote aus GFK sind zwar empfindlicher für kleinere Schäden, aber dafür recht einfach zu reparieren. Kunststoffarbeiten sollten in trockener und staubfreier Umgebung und bei warmen Temperaturen durchgeführt werden.
- Schäden an der äußeren Gelcoatschicht werden mit einem farblich passenden Zweikomponenten-Gelcoat behoben. Der betroffene Bereich wird vorher angeschliffen.
- Größere Schäden, die Reparaturen des Laminats erfordern, sollten nur Profis angehen. Dies gilt umso mehr, wenn es sich um ein empfindliches Sandwichlaminat handelt. Hier ist es wichtig, keine Fehler zu machen, die zu größeren Folgeproblemen führen können.

Regattasegeln mit Kat und Jolle

Regattasegeln macht Spaß. Und es ist der beste Weg, um gleichzeitig ein besserer Segler zu werden und Freunde zu finden. Sie können auf jedem Level segeln: vom Einsteiger bis zum Vollzeitprofi.

Wo kann ich segeln?

Regatten werden von Vereinen und Klassenvereinigungen organisiert. Clubs veranstalten lokale Regattaserien, meist an Wochenenden und mittwochs abends. Klassenvereinigungen organisieren regionale und nationale Veranstaltungen und Meisterschaften an verschiedenen Orten.

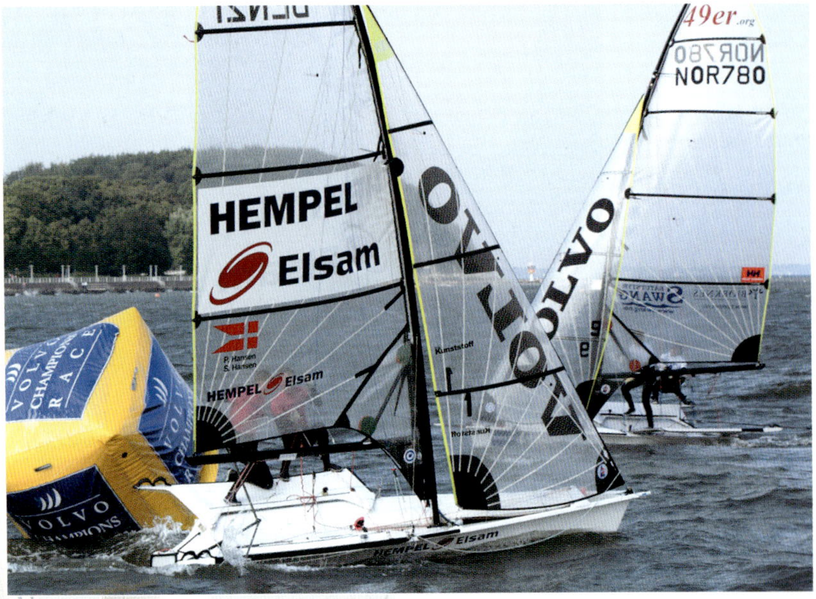

Runden einer Leetonne auf einem Up-and-down-Kurs (s. Zeichnung Seite 161). Der führende 49er hat um die Marke gehalst und geht auf den neuen Amwindkurs. Auf dem verfolgenden Boot hat die Crew den Gennaker geborgen und macht sich zur Halse bereit (rechts).

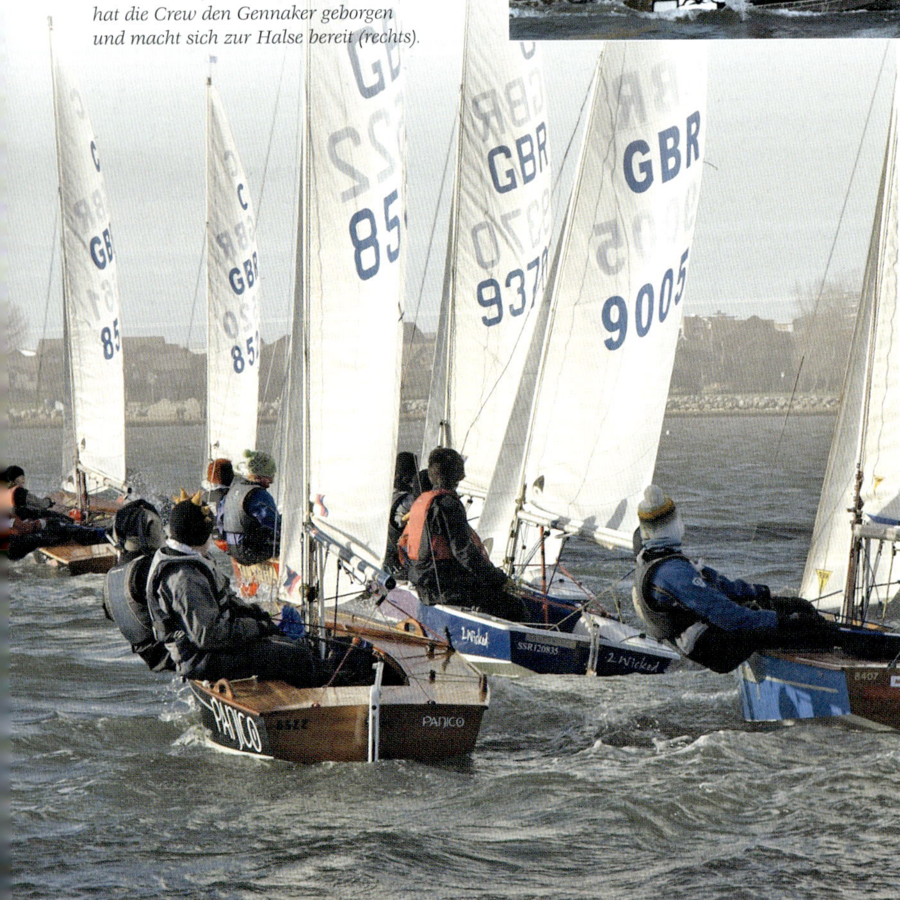

Wie wird gewertet?

Identische Jollen segeln als Klasse, dann ist das erste Boot im Ziel der Sieger. Wenn verschiedene Bootstypen gegeneinander segeln, wird nach einem Handicap-System gewertet. Weit verbreitet ist das sogenannte Yardstick-System. Ein empirisch ermittelter Rennwert des jeweiligen Bootstyps wird mit der gesegelten Zeit verrechnet. Die berechnete Zeit ist dann entscheidend für das Ranking. Aufwendigere Systeme, die für Yachten Anwendung finden, nutzen komplizierte Messverfahren an den Booten, um einen Rennwert zu ermitteln.

Beim Regattasegeln wird es oft voll. Diese dicht zusammen segelnden Cadets zeigen, warum freier Wind wichtig ist.

Welche Boote eignen sich?

- Einmannjollen ohne Trapez benötigen wenig Platz und sind ideal für Reviere mit variablen Winden. Schnelle Wenden und große Manövrierbarkeit machen sie perfekt für taktisches Segeln nach Winddrehungen.
- Mit Trapezjollen braucht man mehr Raum, damit es Spaß bringt. Größere Seen oder die Küste sind daher ideal.
- Moderne Skiffs brauchen ebenfalls viel Platz. Dann kann die Crew schnelle Kurse unter Gennaker voll auskosten und vor dem Wind mit einer Serie von Halsen kreuzen.

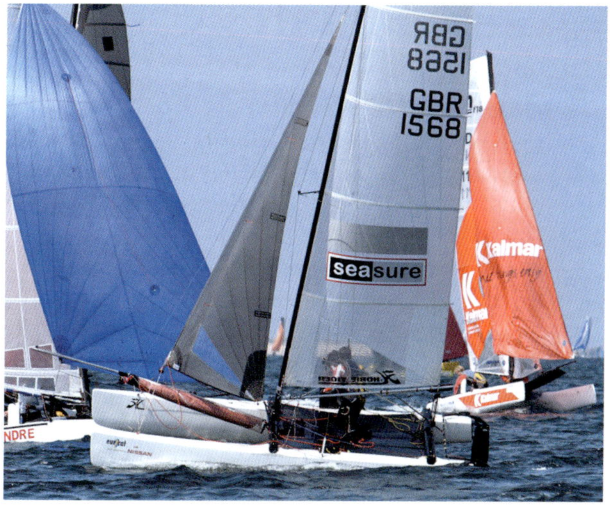

Viel Speed, dasselbe Ziel – da kann es schon mal krachen. Versicherungsschutz ist erforderlich; Verletzungen sind jedoch selten.

- Katamarane brauchen wegen ihres hohen Geschwindigkeitspotenzials den meisten Raum. Auch mit dem Kat kreuzt man auf einem Vorwindkurs und macht dabei viele Halsen. Kats sind langsam in der Wende. Dadurch ist das Segeln weniger taktisch.

Der Regattakurs

Eine gute Regatta stellt die Segler auf verschiedenen Kursen auf die Probe: hoch am Wind, vor dem Wind und raumschots. Hinzu kommen der Start, Tonnenrundungen, Manöver und der Zieleinlauf. Zur kleineren Vereinsregatta wird die Wettfahrtleitung überwiegend vorhandene Fahrwassertonnen und andere Objekte nutzen. Für eine Meisterschaft oder andere höherwertige Regatten dagegen wird die Bahn mit eigenen Tonnen nach einem bestimmten Layout ausgelegt. Die Tonnen oder Bojen (Bahnmarken) müssen in einer bestimmten Reihenfolge und auf einer definierten Seite gerundet werden.

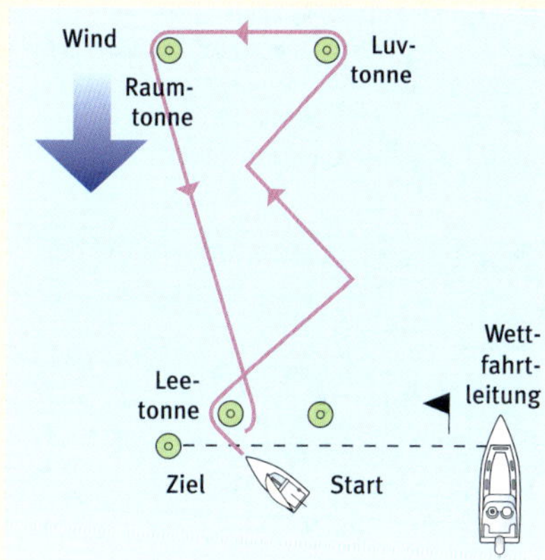

Up-and-down-Kurs

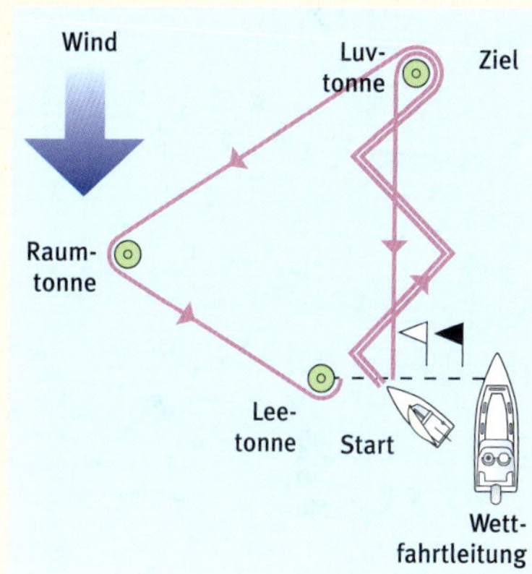

Klassischer Dreieckskurs

Up-and-down-Kurs

Es ist im Grunde einfach: Eine Tonne liegt in Luv, eine davon genau in Lee. Die Crews müssen gegen den Wind zur einen Tonne kreuzen und vor dem Wind zur anderen zurücksegeln. Die Startlinie liegt an der Leetonne und wird auch als Ziel genutzt. Nahe der Bahnmarke in Luv wird oft noch eine sogenannte Ablauftonne gelegt, um Kollisionen zu vermeiden.

Der klassische Dreieckskurs

Der traditionelle olympische Kurs bestand aus einem »Dreieck« und einer »Wurst«. Es gab also eine Kreuz zur Luvtonne, einen raumen Kurs zur Raumtonne, einen raumen Kurs zur Leetonne, wieder eine Kreuz zur Luvtonne, einen Vorwindkurs zur Leetonne und eine Kreuz ins Ziel an der Luvtonne. Der Dreieckskurs wird noch oft gesegelt, allerdings nicht mehr olympisch. Die Anzahl der Runden kann variieren. Vom Dreieck gibt es moderne Varianten wie den Trapezkurs, der für die jeweiligen Klassen geeigneter sein kann.

Regattasegeln mit Kat und Jolle (2)

Um Kollisionen auf dem Wasser zu vermeiden, ist in den Wettfahrtregeln festgelegt, wer Vorfahrt hat (im Regattajargon: Wegerecht).

Aufgepasst!

Das Kollisionsrisiko ist in bestimmten Situationen besonders hoch:

- Direkt vor und nach dem Start liegt das Feld sehr eng zusammen. Dann versucht jede Crew, freien Wind zu bekommen.
- Die Boote kreuzen teilweise auf unterschiedlichem Bug auf dem Weg zur Luv- oder Leetonne.
- An den Tonnen wird es eng, wenn viele Boote gleichzeitig runden wollen.
- Auf den raumen Kursen versuchen sich die Crews zu überholen.

Regeln beim Segeln

Die Wettfahrtregeln werden vom Weltseglerverband WS alle vier Jahre überarbeitet. Wenn Sie eine Regel verletzen, beispielsweise keinen Raum geben, obwohl Sie mit dem Wind von Backbord segeln, müssen Sie so schnell wie möglich einen Strafkringel drehen. Der Strafkringel ist eine Drehung des Bootes um 360 Grad, Sie müssen also einmal wenden und einmal halsen. Einige Organisatoren fordern auch zwei Kringel, also 720 Grad (Zwei-Drehungen-Strafe). Wenn Sie eine Regel brechen und ohne Strafkringel weitersegeln, können andere Segler protestieren. Ein Protestkomittee wird eine Entscheidung fällen; dies könnte eine Disqualifikation sein.

Das Boot im Vordergrund auf Backbord bug (Wind von Steuerbord) hat Wegerecht. Die Cadets im Hintergrund sind jedoch klar voraus (unten).

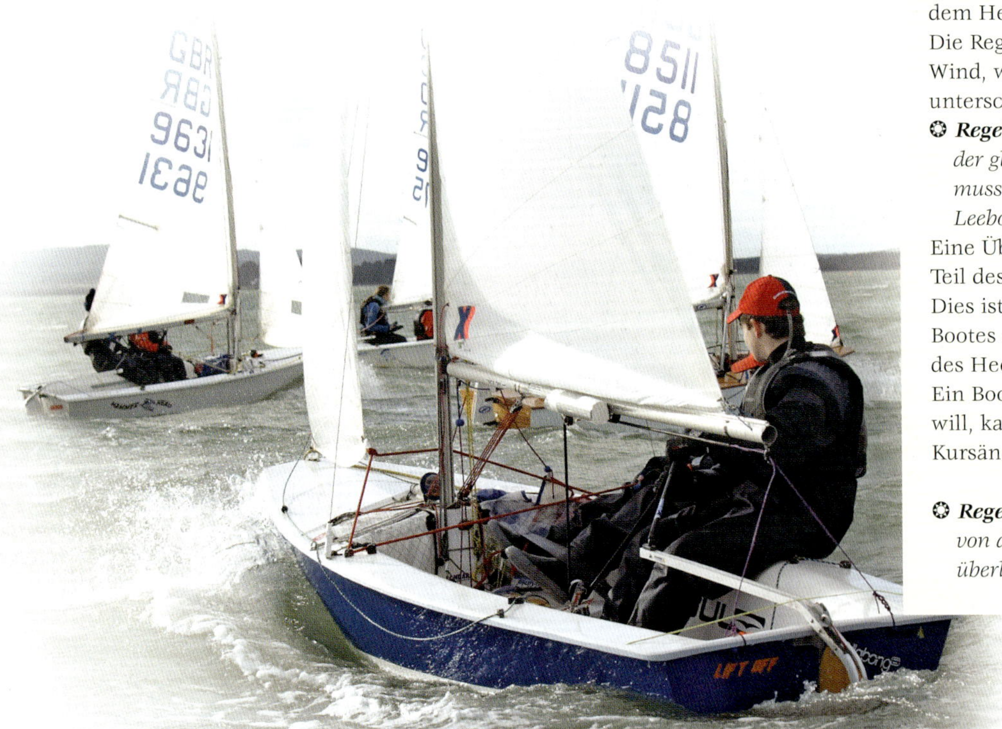

Die wichtigsten Wettfahrtregeln

Wegerecht

- **Regel 10:** *Bei Booten mit Wind von entgegengesetzter Seite muss sich ein Boot mit Wind von Backbord von einem Boot mit Wind von Steuerbord freihalten.*

Einprägsamer ist die alte Bezeichnung: Backbordbug vor Steuerbordbug. Das ausweichpflichtige Steuerbordbug-Boot kann entweder wenden, abbremsen oder abfallen und hinter

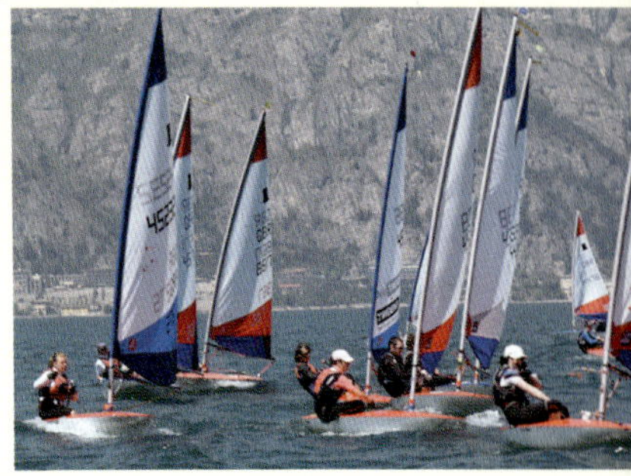

Boote in Luv, die andere überlappen, müssen sich freihalten. Der Topper mit dem blau-weißen Segel darf nicht auf die anderen in Lee abfallen (oben).

dem Heck des anderen durchsegeln. Die Regel greift auch vor dem Wind, wenn sich zwei Boote auf unterschiedlichem Bug begegnen.

- **Regel 11:** *Bei Booten mit Wind von der gleichen Seite, die überlappen, muss sich ein Luvboot von einem Leeboot freihalten.*

Eine Überlappung besteht, wenn ein Teil des Bootes das andere »überragt«: Dies ist der Fall, wenn der Bug eines Bootes die gedachte Linie querab des Hecks eines anderen berührt. Ein Boot, das in Luv überholen will, kann das in Lee nicht zu einer Kursänderung forcieren.

- **Regel 12:** *Bei Booten mit Wind von der gleichen Seite, die nicht überlappen, muss sich ein Boot klar* *achteraus von einem Boot klar voraus freihalten.*

Klar achteraus und klar voraus bedeutet, dass es keine Überlappung gibt.

Wenden

✪ ***Regel 13:*** *Nachdem ein Boot durch den Wind gegangen ist, muss es sich von anderen Booten freihalten, bis es auf einen Amwindkurs abgefallen ist. Während dieser Zeit gelten die Regeln 10, 11 und 12 nicht. Fallen zur gleichen Zeit zwei Boote unter diese Regel, muss sich das auf der Backbordseite des anderen oder das klar achteraus befindliche Boot freihalten.*

Diese Regel bezieht sich auf ein Boot mit Wind von Backbord, das im letzten Moment wendet oder halst, um sich von einem Boot mit Wind von Steuerbord freizuhalten. Das Boot mit Wind von Backbord muss die Wen de beenden und das Großsegel auf der neuen Seite haben.

Berührung vermeiden

✪ ***Regel 14:*** *Wenn es vernünftigerweise möglich ist, muss ein Boot eine Berührung mit einem anderen Boot vermeiden.*

Auch wenn Sie Wegerecht haben – verhindern Sie immer Kollisionen!

Bahnmarken

✪ ***Regel 18:*** *Überlappen Boote, muss das außen liegende dem innen liegenden Boot Bahnmarken-Raum (Raum zum Runden oder Passieren der Bahnmarke oder des Hindernisses) geben (…).*

Diese Regel soll Kollisionen beim Runden von Bahnmarken verhindern. Die Überlappung muss hergestellt sein, bevor die Boote eine Zone von drei Bootslängen um die Marke herum erreicht haben (es können auch zwei oder vier sein, je nach Segelanweisung). Sie können sich nicht im letzten Moment hineindrängeln, sie müssen sich einreihen. Wenn aber ein innen liegendes Boot rechtzeitig eine Überlappung herstellt, muss ihm ein äußeres genug Platz lassen.

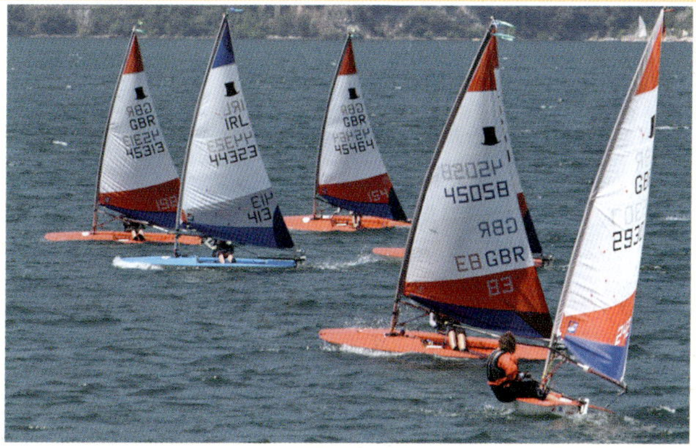

Wenden oder abfallen? In einer Backbord-Steuerbord-Situation müssen Sie als Boot mit dem Wind von Backbord entscheiden, ob es besser ist, zu wenden oder hinter dem Heck des anderen Bootes durchzusegeln.

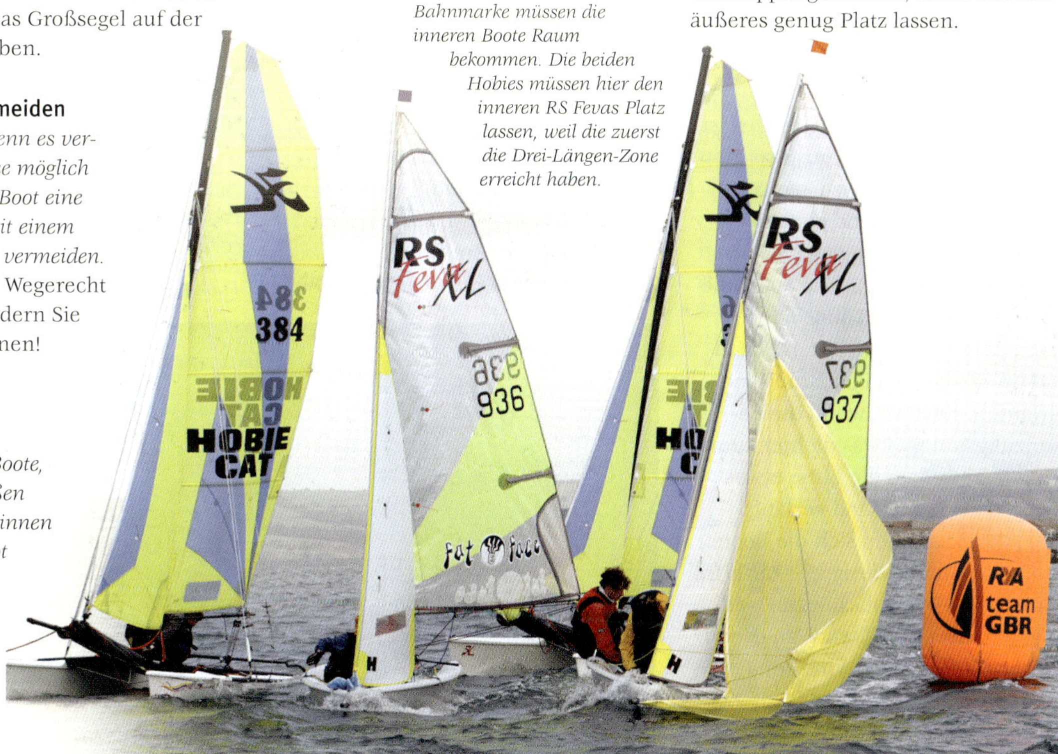

Beim Runden einer Bahnmarke müssen die inneren Boote Raum bekommen. Die beiden Hobies müssen hier den inneren RS Fevas Platz lassen, weil die zuerst die Drei-Längen-Zone erreicht haben.

Auf der Regattabahn

Der Regattakurs setzt sich aus verschiedenen Abschnitten zusammen: Kreuz, raumschots, vor dem Wind – und dazwischen liegen die Bahnmarken in Luv und Lee.

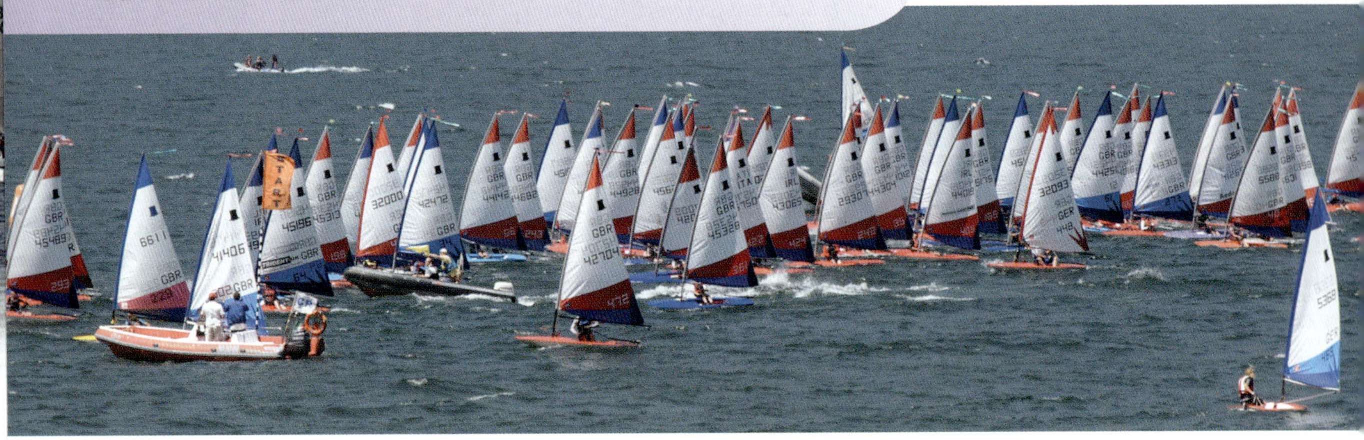

Topper-Jollen passieren die Startlinie und beginnen mit der ersten Kreuz. Viele werden jetzt schnell auf den Steuerbordbug wenden, um mit freiem Wind segeln zu können.

Der Kreuzkurs

Das erste Teilstück einer Wettfahrt ist normalerweise eine Kreuz zur Luvtonne. Das Ziel ist, sie als Erster zu runden. Um das zu schaffen, müssen Sie schnell ohne Abdeckung von anderen Booten segeln und die richtige Seite des Kurses gewählt haben.

Wenn Sie hinter oder in Lee von einem anderen Boot liegen, segeln Sie im Abwind, was Sie abbremst. Wenden Sie dann so schnell wie möglich, um wieder freien Wind zu haben. Dann wenden Sie falls nötig zurück.

Das Abdecken ist auch ein taktisches Mittel, um einen Gegner im Windschatten segeln zu lassen. Der wird sich dann freiwenden, kann aber wieder abgedeckt werden. So bleibt das Boot in Luv in Führung.

Sie können kreuzen, indem Sie gleichmäßig in der Mitte des Kurses segeln, oder Sie können auf einer Seite der Bahn segeln, um dort von besseren Bedingungen zu profitieren. Das kann konstanterer Wind, glatteres Wasser oder weniger Gegenstrom sein. Der Wind kann natürlich drehen und die Boote auf einer Seite der Bahn einen kürzeren Weg zur Luvtonne segeln lassen und auf der anderen einen längeren.

Runden der Luvtonne

Es ist sinnvoll, die Luvtonne generell auf Backbordbug (mit Wind von Steuerbord) anzusteuern. Mit Wind von Backbord laufen Sie Gefahr, durch eine Reihe von wegberechtigten Booten abgeschnitten zu werden. Falls Sie eine Lücke finden und auf Steuerbordbug um die Tonne wenden können, kann das jedoch ein siegreiches Manöver sein. Jedenfalls treffen sich an der Tonne viele Boote, was für gestörten Wind sorgen kann.

Abfallen an der Luvtonne auf einen raumen Kurs. Der Vorschoter bereitet den Spinnakerbaum vor.

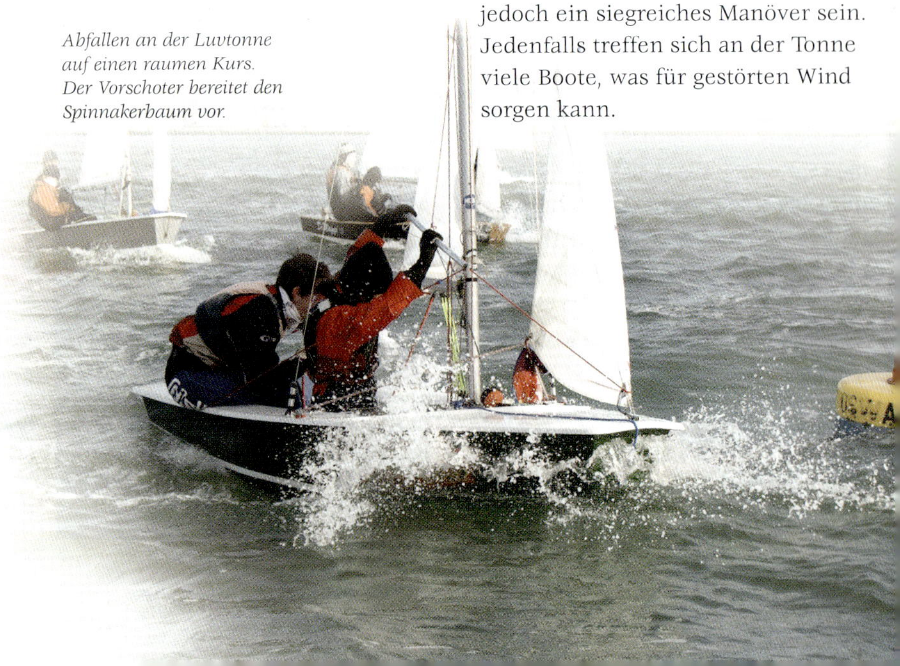

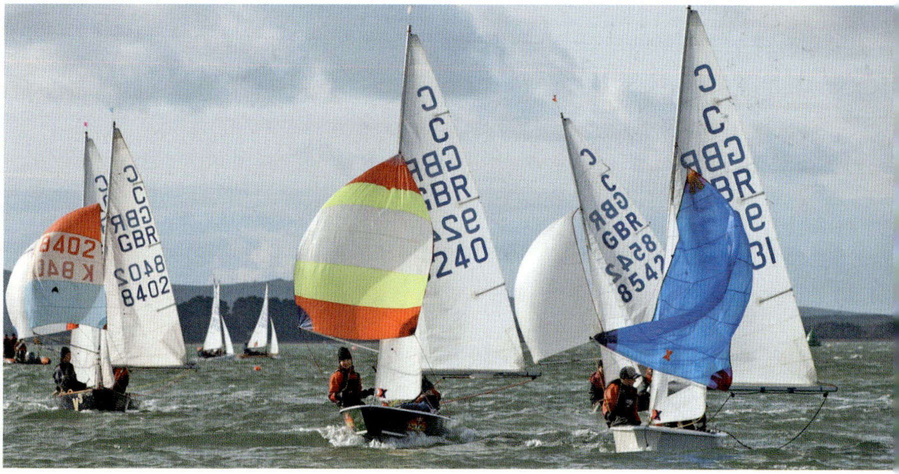

Wenn es an der Tonne voll ist, versuchen Sie nicht, durch »Höhe-Kneifen« dicht an der Marke vorbeizurasieren. Fahren Sie die Wende lieber etwas später, dann haben Sie Platz nach Lee und können besser mit dem gestörten Wind umgehen. Nichts ist schlimmer, als die Tonne zu berühren und sie noch mal runden zu müssen.

An der Tonne müssen Sie auf einen raumen oder Vorwindkurs abfallen. Segeln Sie das Boot aufrecht, so fällt das Abfallen leichter. Verlagern Sie Ihr Gewicht nach achtern, wenn das Boot zu beschleunigen beginnt. Auch der Baum darf nicht die Tonne berühren – sonst müssen Sie noch mal runden.

Der Vorwindkurs

Wenn Sie eine Jolle mit Gennaker oder einen Kat segeln, ist es schneller, vor dem Wind zu kreuzen. Mit einem symmetrischen Spinnaker oder mit einer Einhandjolle wie dem Laser ist oft der direkte Weg vor dem Wind der schnellere.

Achten Sie auch auf Vorwindkursen auf Boote mit Wegerecht; eine Kollision kann teuer werden und zur Disqualifikation führen.

Auch raumschots gibt es gestörten Wind und Abdeckungen. Ein aufkommendes Boot kann ein vor ihm segelndes abdecken und dann überholen.

Achten Sie auf anluvende Boote. Es ist einem Boot erlaubt, über den sogenannten »richtigen Kurs« (den direkten Weg zur Tonne) anzuluven. Dadurch kann sich eine Crew gegen das Überholtwerden wehren. Es ist erlaubt, bis in den Wind zu luven, aber nicht darüber hinaus, und dem ausweichpflichtigen Boot muss genügend Zeit zum Ausweichen gegeben werden.

Auf tiefen Vorwindkursen lässt es sich oft nicht vermeiden, von aufkommenden Booten abgedeckt zu werden. Die Cadet mit dem blauen Spi läuft Gefahr, überholt zu werden.

Am Ende des Vorwindkurses luven Sie auf Amwindkurs an. Steuern Sie die Tonne mit abgesenktem Schwert in einem weiten Bogen so an, dass Sie eng an ihr auf Amwindkurs vorbeisegeln – und nicht umgekehrt, also nicht eng ansteuern und weit verlassen.

Der Zieldurchgang

Das Ziel liegt entweder oben an der Luvtonne am Ende einer Kreuz oder an der Leetonne am Ende eines Vorwindkurses. Auch auf der Ziellinie gibt es eine dichter liegende, bevorteilte Seite.

Rückkehr in den Hafen. Analysieren Sie jetzt schon, warum Sie gut oder schlecht waren, und nutzen Sie dieses Wissen beim nächsten Mal.

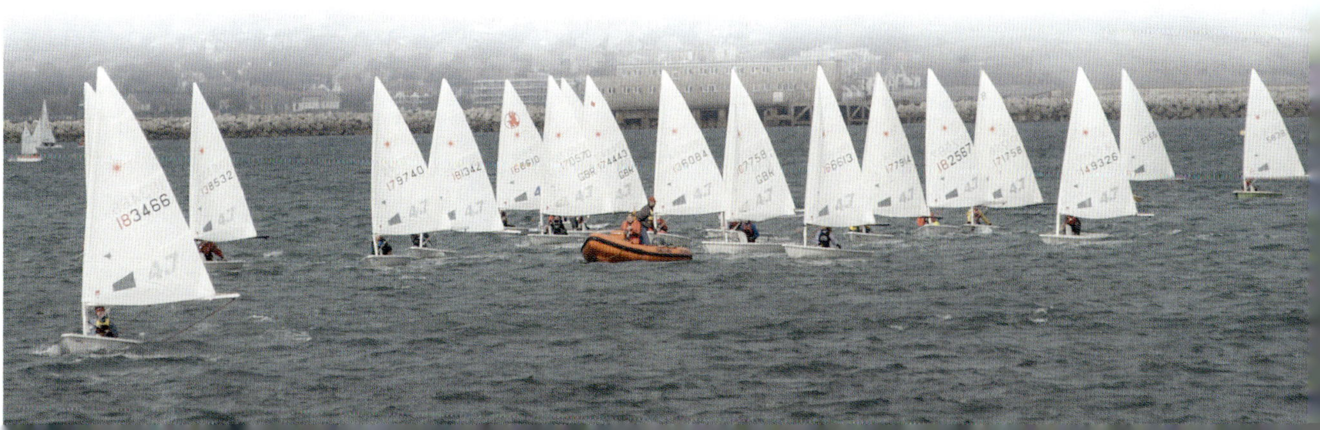

Fahrtensegeln

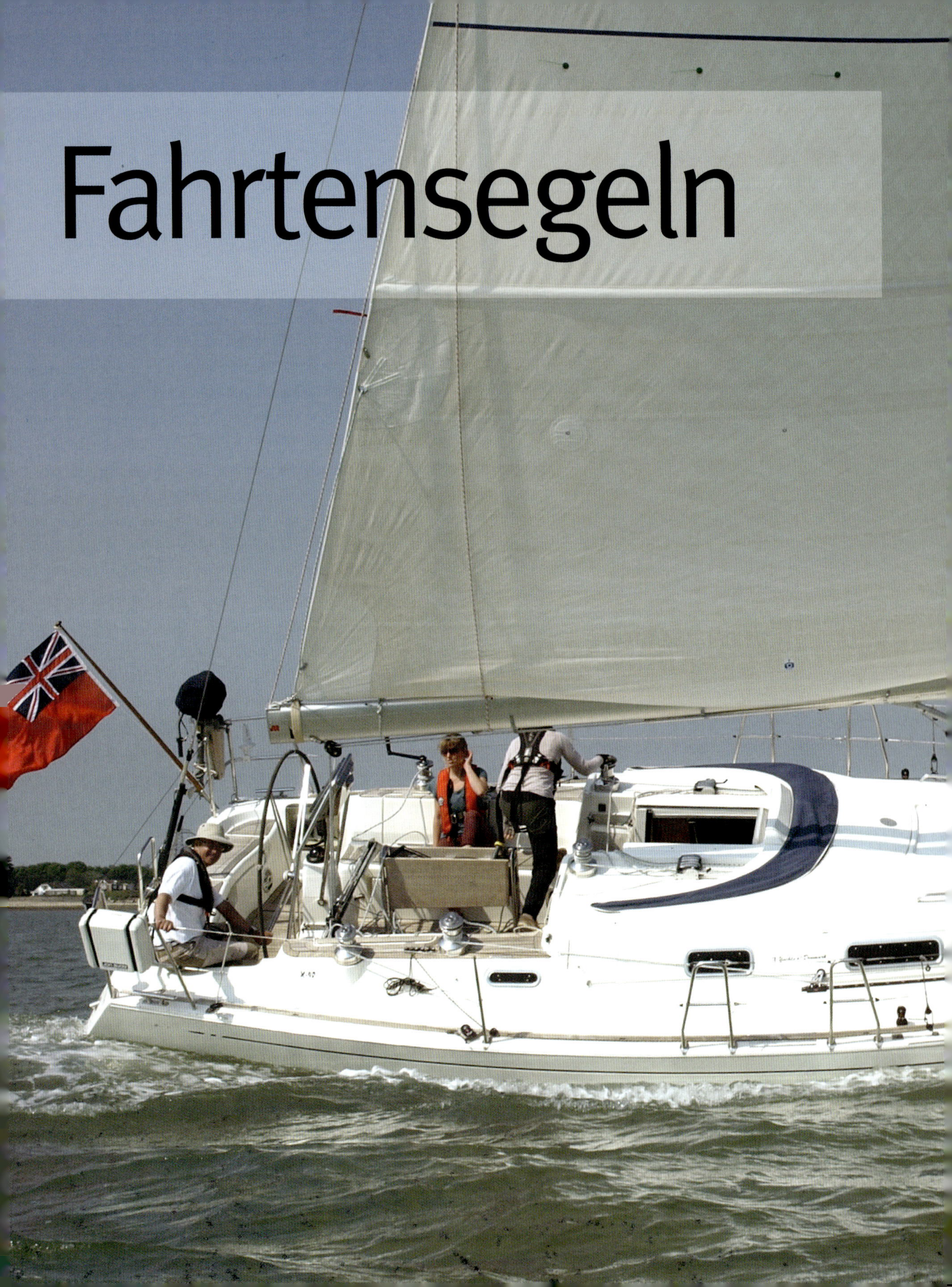

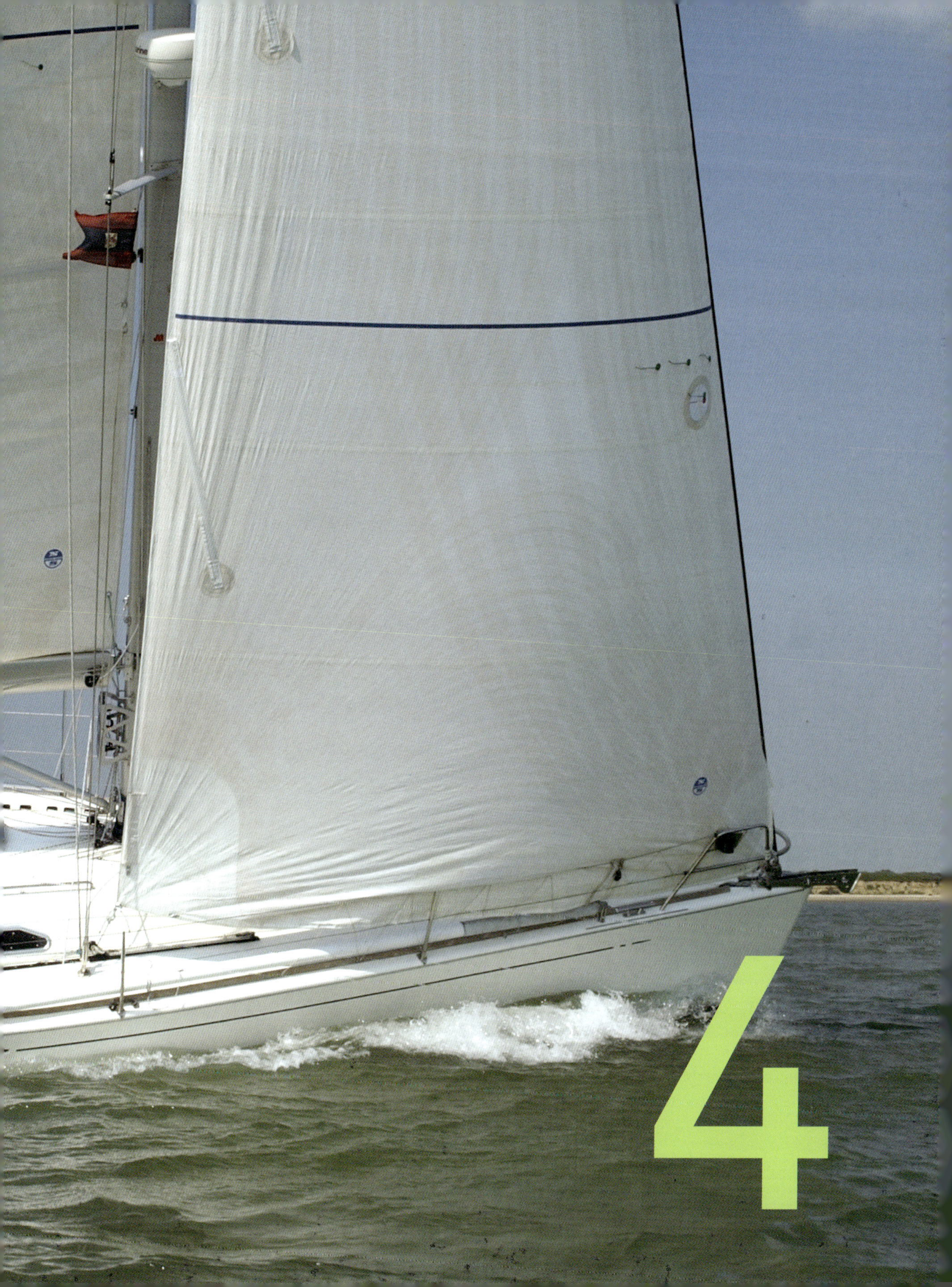

4

Wahl einer Yacht

Beim Besuch einer Marina oder beim Durchblättern einer Segelzeitschrift kann die Auswahl an Yachten überwältigend sein. Viele ähneln sich, aber bei genauerer Betrachtung sind die Unterschiede in Form, Größe und Zustand beträchtlich, und die Materialien variieren von GFK (Kunststoff), Holz, Aluminium bis hin zu Beton!

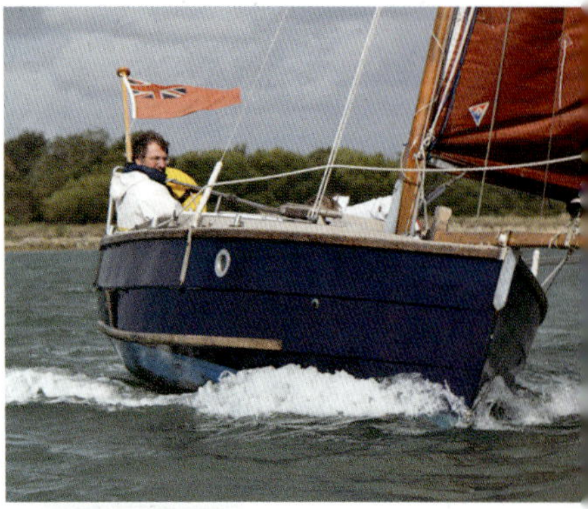

Der Cornish Shrimper ist eine wunderbare, moderne, kleine Fahrtenyacht in traditionellem Stil mit getönten Segeln und einem Gaffelrigg (rechts).

Die richtige Größe

In den 1970er-Jahren galt eine 8-Meter-Yacht (27 Fuß) noch als gute Größe für das Fahrtensegeln mit Familie und Freunden. Seitdem sind die Boote mit den Ansprüchen gewachsen. Mittlerweile zählen 11-Meter-Yachten (37 Fuß) als normale Familienyachten, und 15 Meter (50 Fuß) sind ebenfalls ein gewohnter Anblick. Die meisten Boote finden sich zwischen 8,5 und 12 Meter Länge (28 bis 40 Fuß) und sind aus Kunststoff als Slup (mit einem Mast) gebaut.

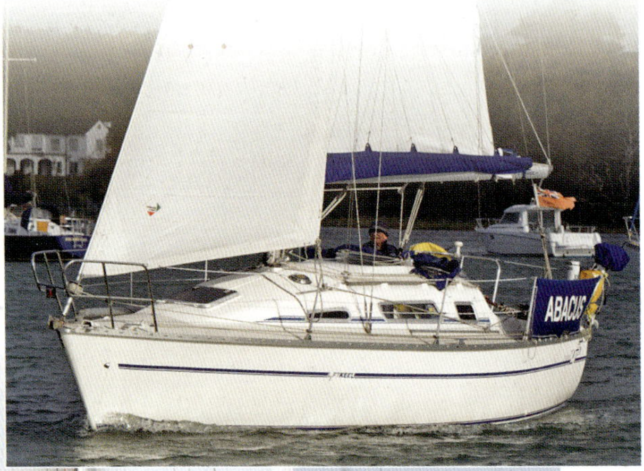

Die Parker 275 ist eine kleine Yacht mit Hubkiel und aufholbarem Ruder, die es ermöglicht, in flachem Wasser zu ankern, und die getrailert werden kann (links).

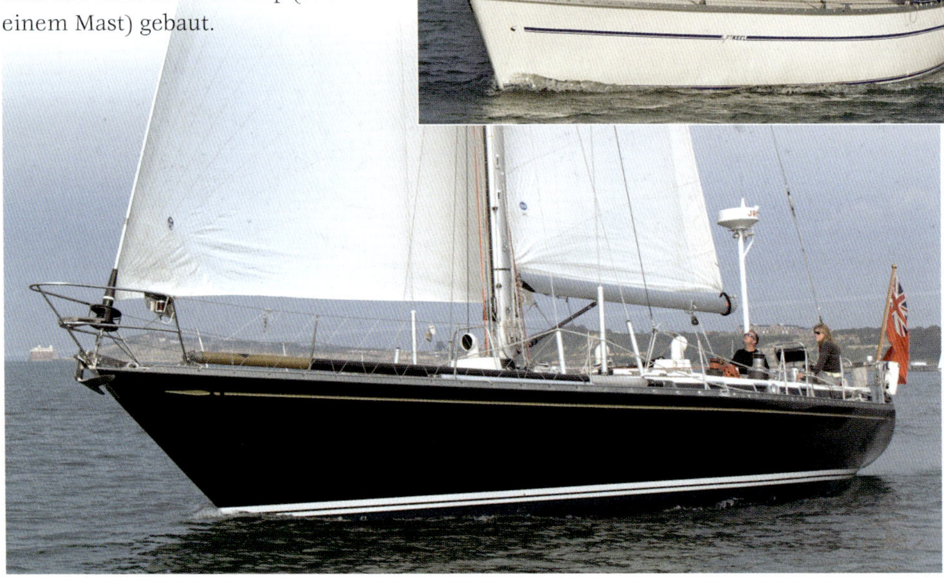

Der Traum vieler Segler. Swan-Yachten sind legendär. Diese Swan 48 (14,6 Meter) wurde in klassischem Stil speziell für die Mitglieder des New York Yacht Club konstruiert, die in englischen Gewässern unterwegs sind.

Warum eine Fahrtenyacht?

- Eine größere Yacht ist in der Regel schneller unter Segeln und unter Motor, da sie eine längere Wasserlinie hat. Einige Knoten mehr Fahrt machen bereits einen großen Unterschied aus in Bezug auf Ankunftszeiten.
- Eine größere Yacht ist komfortabler in rauer See. Je größer das Boot, umso weniger wird es durch Wellen beeinflusst. Anfänger werden sich von den Bootsbewegungen weniger abschrecken lassen und hoffentlich seltener seekrank.
- Eine größere Yacht hat mehr Platz im Cockpit sowie unter Deck und

ermöglicht der Crew ein komfortableres Leben an Bord. Dies wird vor allem bei schlechtem Wetter wichtig. Wenn Sie kalt und nass sind, möchten Sie sich nicht auch noch unter Deck eingeengt fühlen. Ein größeres Schiff ermöglicht mehr Komfort, wie beispielsweise Stehhöhe in den Doppelkabinen, eine größere Sitzecke, mehr Platz in der Pantry, eine eigene Dusche und Toilette. Zudem hat es navigatorische Vorteile, da ein größeres Fahrtgebiet ersegelt werden kann.

Was muss bedacht werden?

- Mit der Größe der Yacht wachsen auch die Nebenkosten. Größere Segel brauchen beispielsweise mehr Material, größere Winschen und stärkere, längere Fallen, Schoten und Leinen. Mehr Platz an Bord bringt auch höhere Kosten für teure, komplexe Geräte und Bordsysteme mit sich.
- Die jährlichen Kosten einer Yacht steigen proportional zu ihrer Größe. Die meisten Häfen berechnen Liegeplätze per Fuß oder Meter. Mehr Antifouling wird nötig, um das Unterwasserschiff zu schützen, und wenn etwas kaputtgeht, können Reparaturen teuer werden. Je größer die Yacht, desto mehr werden Sie für den Unterhalt zu zahlen haben.
- Größere Yachten haben normalerweise längere Kiele und somit mehr Tiefgang. Dadurch wird ein Liegeplatz mit genügend Wassertiefe erforderlich. Kleinere Boote können hingegen näher am Ufer festmachen.
- Größere Yachten können mit kleiner Crew schwer zu handeln sein. Sie müssen mehr Segelfläche bedienen und einen längeren Rumpf manövrieren.
- Eine größere Yacht braucht mehr Platz zum Manövrieren im Hafen. Mit einem Bugstrahlruder hingegen ist sie möglicherweise leichter zu bewegen als ein kleines Boot mit einem Langkiel.

Viele Häfen auf der ganzen Welt bieten Liegeplätze an und machen die Auswahl schwer. Einige Reviere haben Wartelisten für größere Boote (rechts).

Sie brauchen keine riesige Yacht, um sich wohl zu fühlen und Spaß zu haben. Dies ist die Kabine auf dem nur 5,8 Meter (19 Fuß) langen Shrimper (unten).

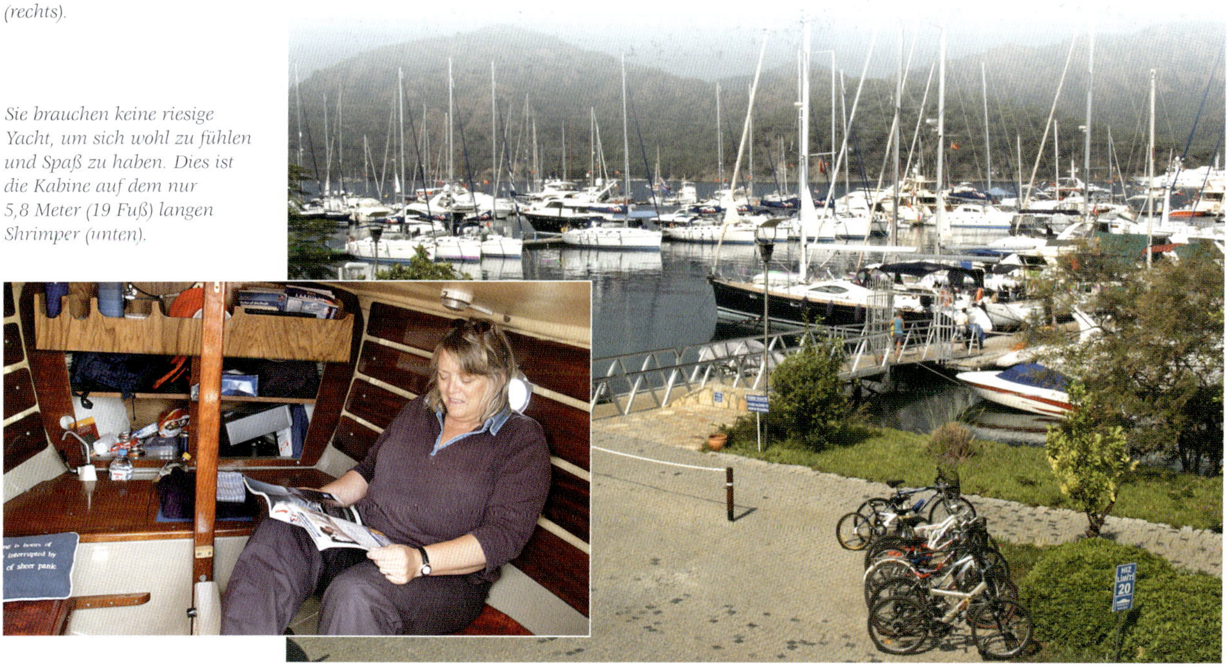

Eine Fahrtenyacht auswählen

Jede Yacht stellt einen Kompromiss dar. Einige sind vornehmlich für den Familiengebrauch entworfen und bieten Komfort sowohl im Hafen als auch beim Segeln. Andere wurden entwickelt, um viel Leistung zu bringen, wodurch Nachteile wie weniger Raum und Bequemlichkeit in Kauf genommen werden müssen.

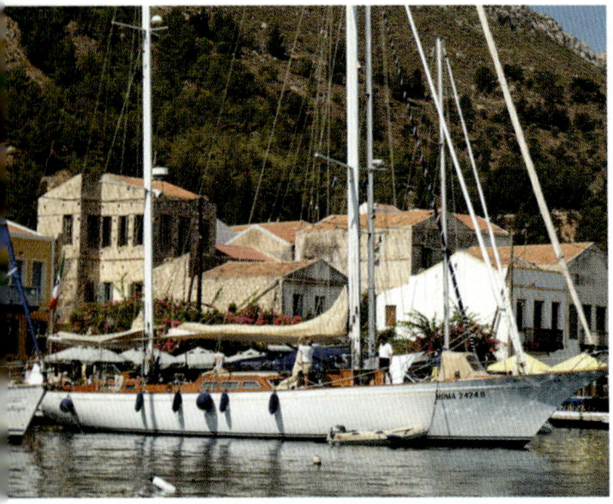

Eine klassische Holzyacht ist eine Augenweide, braucht aber viel Pflege und ist besonders kostenintensiv.

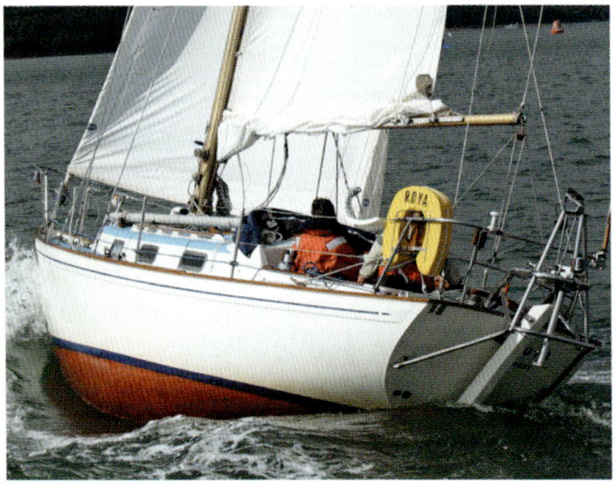

Einige ältere Yachten bieten viel fürs Geld. Diese 8,5 Meter (28 Fuß) lange Twister ist ein klassischer Langkieler, anfangs in Holz und später in GFK gebaut.

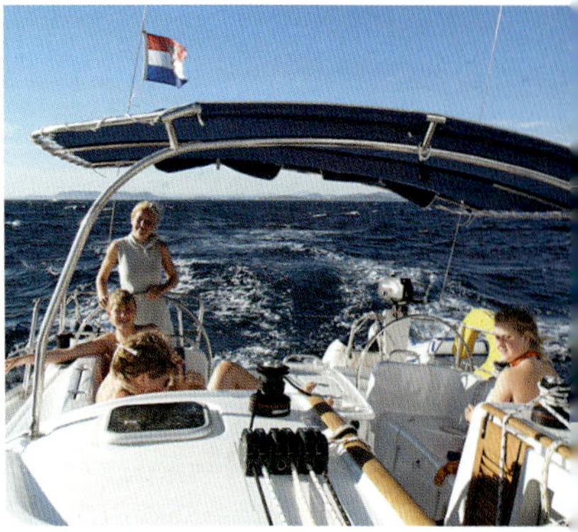

Bei gutem Wetter bringt Familiensegeln viel Spaß. Chartern bietet sich hier besonders an.

Welcher Yachttyp ist der beste?

Die traditionelle Holzyacht

Die meisten Holzyachten sind alt, obwohl auch einige moderne Yachten aus Holz gebaut werden. In der Regel sind Holzyachten in traditionellem Design mit Langkiel sowie einem schmalen Rumpf gebaut und bieten nicht viel Platz unter Deck. Ganz im Sinne der Tradition sind einige sogar mit einem Holzmast und -baum ausgestattet. Holzyachten sind oft auch als Yawl oder Ketsch getakelt und haben einen zweiten Mast am Heck des Schiffes, oder als Schoner mit einem weiteren Mast im vorderen Bereich. Auch ein Gaffelrigg mit einer zusätzlichen Spiere, die das Großsegel unterstützt, ist möglich. Holzyachten sind oft echte Schönheiten im Gegensatz zu den Wohnschiffen aus Kunststoff. Leider sind sie auch sehr zeitaufwendig und teuer im Unterhalt.

Der klassische Langkieler

Langkielyachten gelten als robust, verlässlich und seetüchtig. Sie sind nicht gerade schnell im Vergleich zu modernen Kurzkielern, neigen eher zu Schräglage und können unter Maschine schwer zu manövrieren sein. Der meist schmale Rumpf beschränkt zudem den Platz unter Deck. Aber ein klassischer Langkieler ist ein großartiges Boot für Enthusiasten. Die zumeist in den 1960er- und 1970er-Jahren robust aus Kunststoff mit Holzverkleidungen gebauten Boote haben einen hohen Gebrauchtbootwert.

Die Familienyacht

Dies ist die beliebteste Kategorie. Das Ziel ist, den besten Kompromiss zwischen Segelleistung, leichter Bedienbarkeit und Wohnkomfort zu finden. Familienyachten sind zumeist aus glasfaserverstärktem Kunststoff (GFK) mit einem tiefgehenden Flossenkiel und einem Slup-Rigg gebaut. Je breiter und tiefer der Rumpf, desto mehr Stau- und Wohnraum stehen zur Verfügung.

Der Performance-Cruiser

Hier liegt der Schwerpunkt auf den guten Segeleigenschaften, kombiniert mit Wohnkomfort unter Deck. Ein Performance-Cruiser mit tiefem Kiel und hohem Rigg bietet weniger Platz als ein Familienschiff. Dieser Schiffstyp ist anspruchsvoller zu segeln und auch für Regatten geeignet. Dafür muss allerdings etwas mehr gezahlt werden, und es wird zusätzliche Crew benötigt, um die Segel zu bedienen.

Die Blauwasseryacht

Diese Yachten sind für Weltumsegelungen gedacht. Sie müssen nicht groß sein, aber unbedingt robust und verlässlich. Traditionelle Blauwasseryachten sind Langkieler, während die modernen Varianten eher mit langen Kielfinnen ausgerüstet sind. Neben Holz oder Kunststoff sind diese Yachten oft auch aus Aluminium oder Stahl gebaut, um maximale Festigkeit zu bieten. Ferrozement erfreute sich eine kurze Zeit lang einer großen Beliebtheit als Baumaterial für Selbstbauer.

Hubkieler

Einige Yachten haben aufholbare Kiele und Ruder, die schwenkbar sind oder vertikal herauf- und heruntergelassen werden können. Damit kann in flachen Gewässern motort oder auch geankert werden, die für tiefgehende Yachten unerreichbar sind. Höhere Kosten und mehr Pflegeaufwand gehören zu den Nachteilen. Zudem nimmt der Hubkiel Platz unter Deck ein. Hubkieler können getrailert werden, wenn sie klein genug sind, um auf einer Sliprampe zu Wasser gelassen zu werden.

Mehrrumpfboote

Fahrtenkatamarane bieten sehr viel Platz in den Kabinen und einem großen Salon, der meist zwischen den Rümpfen platziert ist. Im Gegensatz zu einer Einrumpfyacht krängt ein Fahrtenkatamaran nicht und ist so konstruiert, dass keine Gefahr besteht, zu kentern. Ein Fahrtentrimaran bringt in der Regel mehr Segelleistung, vor allem am Wind, bietet dafür im bewohnbaren Mittelrumpf aber deutlich weniger Platz.

Hallberg Rassy ist eine schwedische Werft, die Yachten vornehmlich für das Fahrtensegeln baut. Sie sind solide und zuverlässig und haben eine lange Lebensdauer (unten).

Cruiser-Racer kombinieren Regattaeigenschaften mit Wohnkomfort. Die große Segelfläche bringt viel Leistung, ist aber von kleiner Crew schwer zu bedienen (rechts).

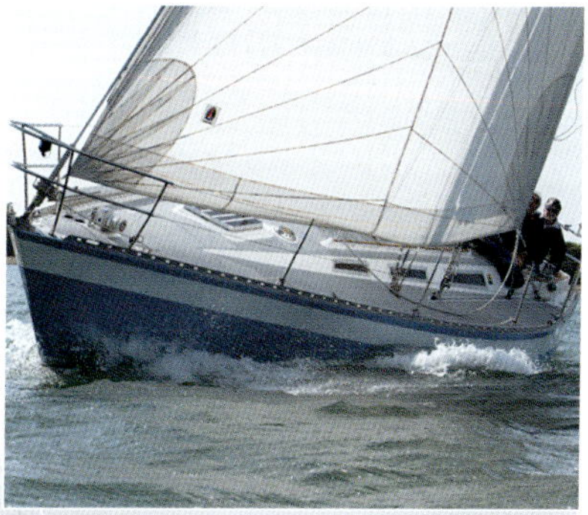

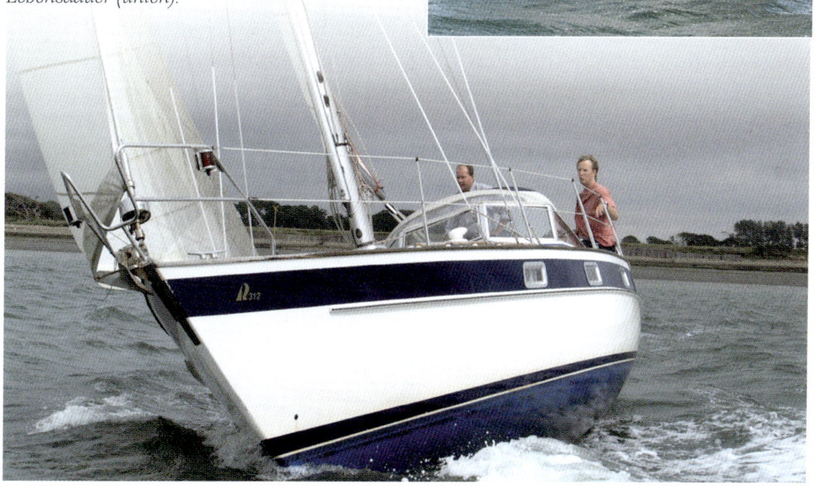

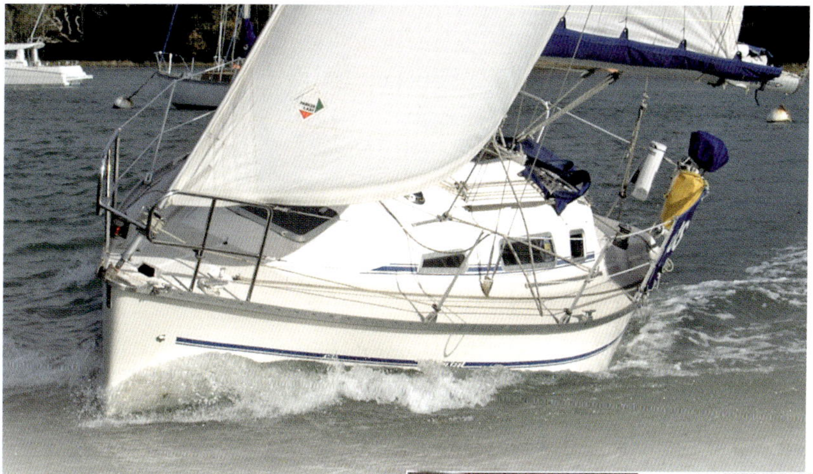

Ein Hubkiel wie hier auf der Parker 275 bietet gute Segeleigenschaften und ermöglicht es, in flachem Wasser zu ankern. Nachteilig ist der Platzverbrauch des Kiels unter Deck (oben).

Der Dragonfly 800 ist ein kleiner Fahrtentrimaran mit enormer Segelleistung, aber wenig Wohnkomfort (rechts).

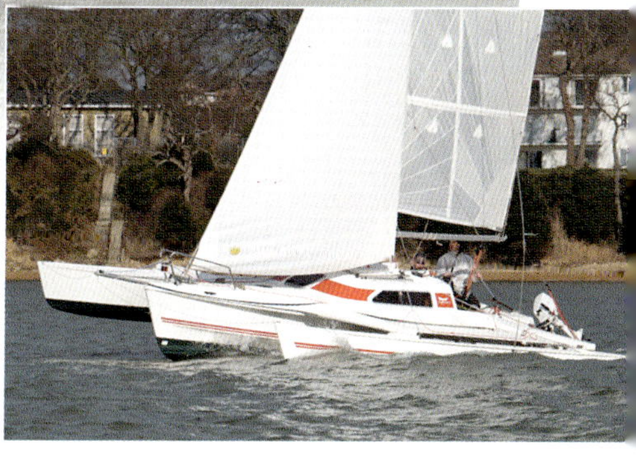

Unter Deck

Die Ausstattung moderner Fahrtenyachten ist ein Kompromiss zwischen praktischer Handhabung auf See und Komfort unter Deck. Auf dieser Seite wird eine moderne Fahrtenyacht von etwa 10 Meter Länge beschrieben.

Niedergang

Der unter Deck führende Niedergang liegt am vorderen Ende des Cockpits und besteht aus einer Treppe. Er wird durch ein Schiebeluk und Steckschotts geschlossen, die auch vor brechenden Wellen Schutz bieten. Kräftige Handläufe sollten außen und innen am Niedergang Halt bieten. Die aus einigen Stufen bestehende Treppe führt in den Salon und kann zu Motorinspektionszwecken entfernt werden.

Der Salon

Vom Niedergang aus landet man direkt im Salon, dem Hauptwohnbereich der Yacht. Hier findet sich ein zentraler Tisch mit Sitzgelegenheiten, die auch als Kojen genutzt werden können. Dieser Bereich ist in der Größe für die maximale Anzahl an Personen, die an Bord schlafen können, ausgelegt. Der Salontisch kann häufig abgesenkt und in eine große Doppelkoje verwandelt werden.

Pantry/Küche

In der Regel am Niedergang positioniert, bieten moderne Pantrys heißes und kaltes Wasser und große, gekühlte Stauräume für verderbliche Lebensmittel. Die Kühlbox benötigt viel Strom: Dafür muss im Hafen das Landstromkabel angeschlossen werden oder am Ankerplatz der Motor von Zeit zu Zeit laufen.

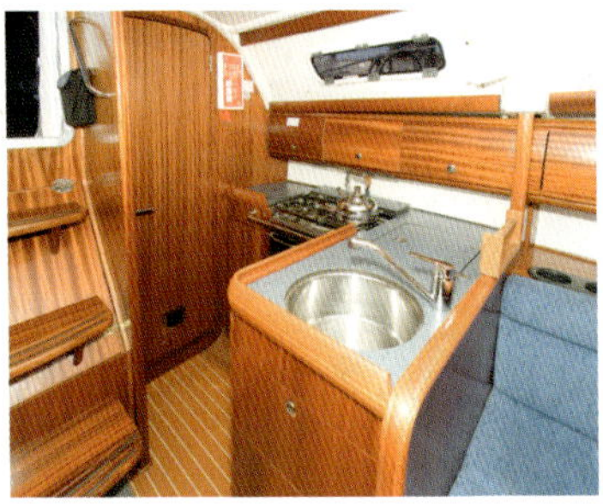

Die Küche bietet maximalen Platz für das Stauen und die Zubereitung von Lebensmitteln.

In der Nasszelle sind sehr kompakt ein WC, eine Dusche und ein Waschbecken untergebracht.

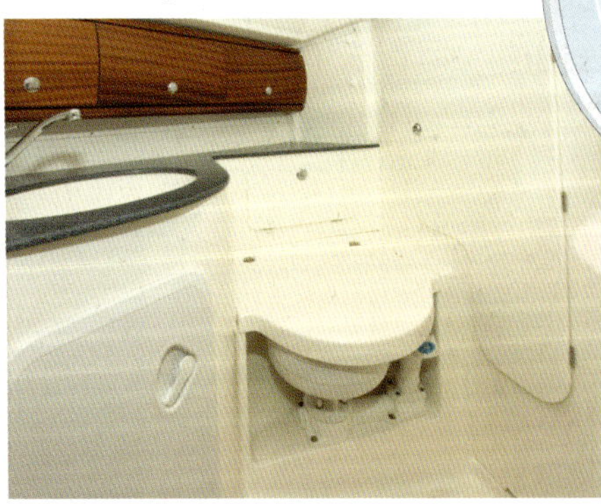

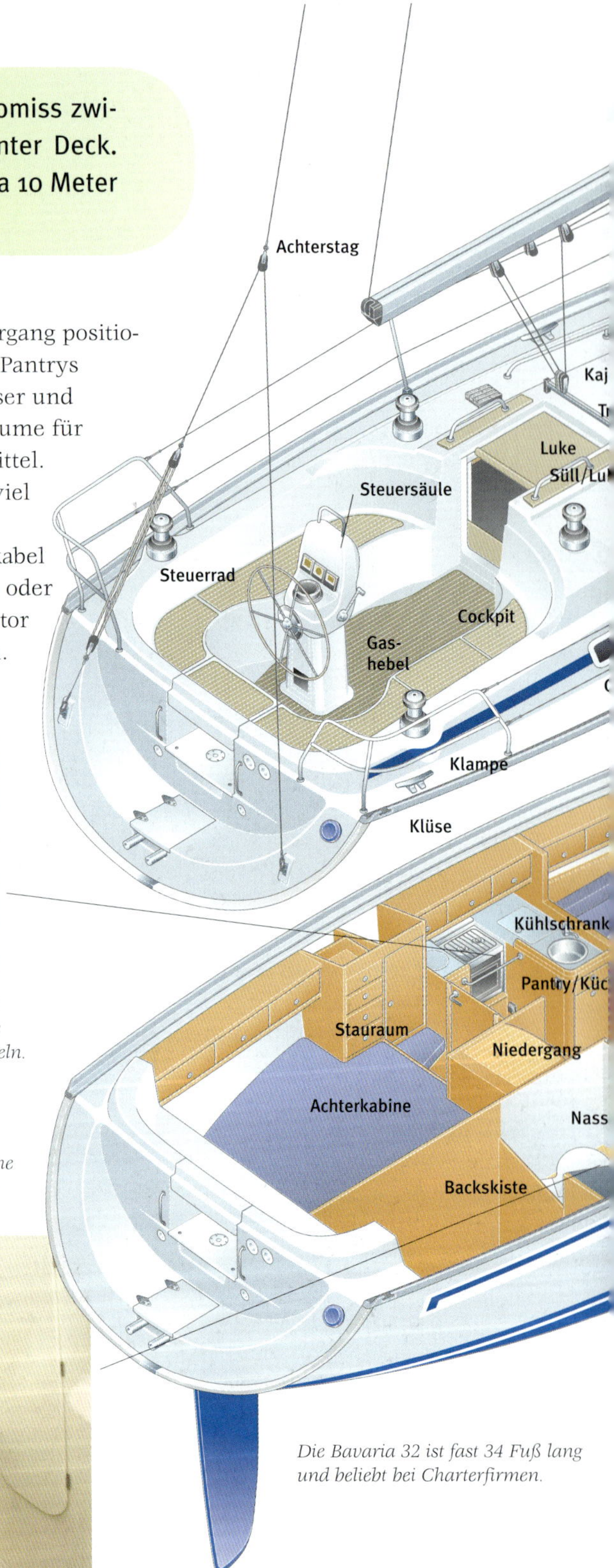

Die Bavaria 32 ist fast 34 Fuß lang und beliebt bei Charterfirmen.

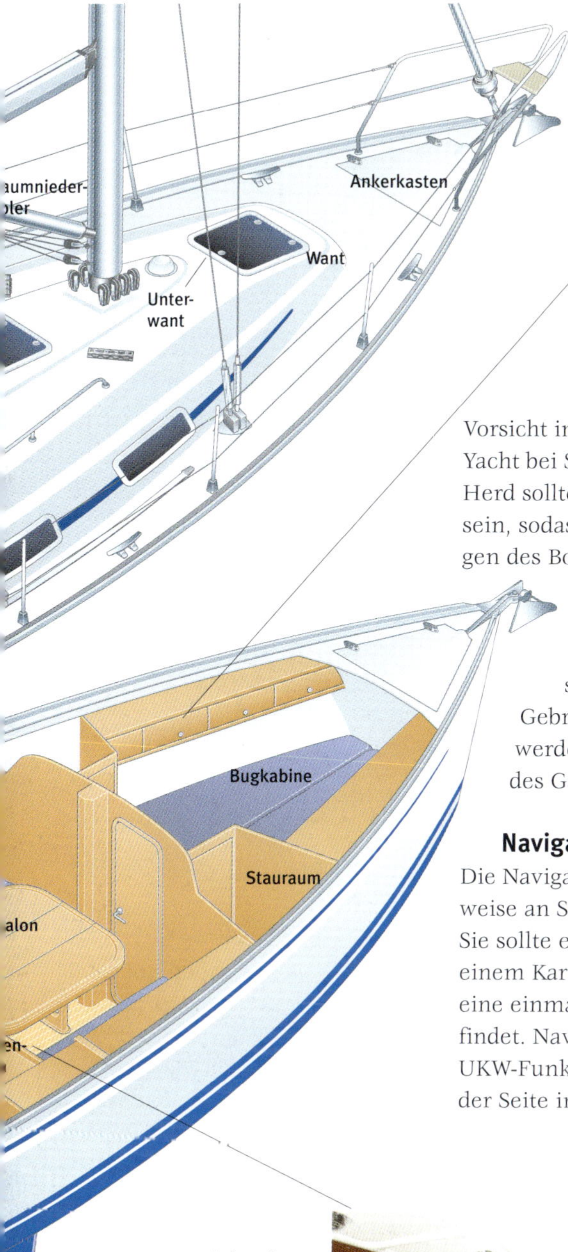

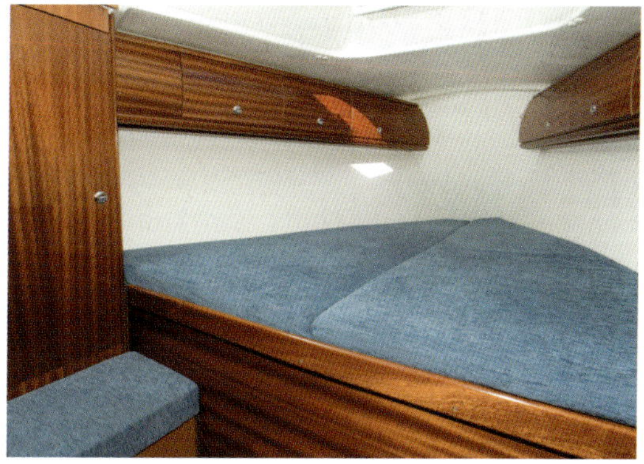

Die vordere Kabine der Bavaria 32 bietet genügend Platz und Stauraum für zwei.

Vorsicht in der Küche, wenn die Yacht bei Seegang schlingert. Der Herd sollte kardanisch aufgehängt sein, sodass er sich den Bewegungen des Bootes anpasst. Schlingerleisten sichern die Töpfe. Der Gashahn sollte leicht zugänglich sein und der Tank nach Gebrauch immer geschlossen werden, um ein Entweichen des Gases zu vermeiden.

Navigation

Die Navigationsecke ist üblicherweise an Steuerbord untergebracht. Sie sollte eine Sitzgelegenheit an einem Kartentisch bieten, auf dem eine einmal gefaltete Seekarte Platz findet. Navigationsinstrumente wie UKW-Funkgerät und GPS sind an der Seite installiert.

Achterkabine

Achtern befindet sich entweder eine Einzel- oder eine Doppelkabine mit breitem Bett. Auch der Nebenzugang zum Motor ist meist dort untergebracht.

Bugkabine

In der Regel befindet sich hier je eine Koje an Backbord und Steuerbord, die durch ein Füllpolster verbunden werden können. Die vordere Luke bringt gute Durchlüftung und Licht. Dieser Schlafplatz ist komfortabel, wenn das Boot ruhig vor Anker liegt. Sobald die Yacht unterwegs ist und in der Welle stampft, ist es hier nicht sehr gemütlich.

Nasszellen

Bordtoiletten sind durch ein Seeventil mit dem Meer verbunden, das normalerweise geöffnet bleiben kann. Die meisten funktionieren mit einem Pumpsystem. Einige haben einen Fäkalientank (auf vielen Revieren ist dies Pflicht), der erst später auf See oder an einer Abpumpstation geleert wird. Vorsicht – zu viel Papier kann die Leitungen schnell verstopfen. Zudem sind meist ein Waschbecken mit kaltem, manchmal auch warmem Wasser sowie eine Dusche mit elektrischer Abpumpmöglichkeit eingebaut.

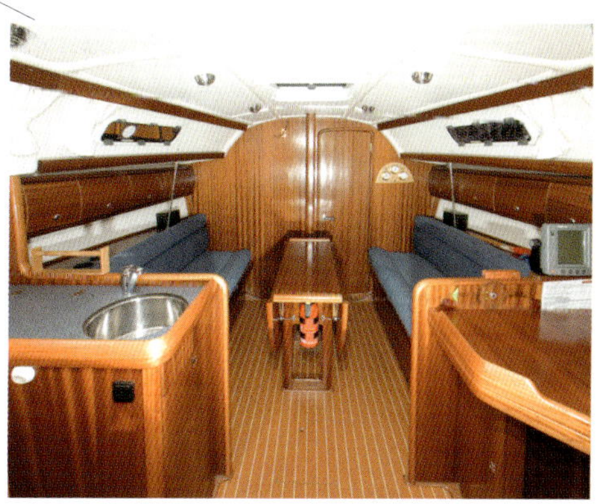

Der Salon dieser Yacht hat einen klappbaren Esstisch sowie einen Kartentisch gegenüber der Küche.

An Deck

Wenn die Crew an Deck ist, arbeitet sie im Cockpit, auf den Seitendecks, dem Vordeck und dem Kajütdach. Die meiste Zeit verbringt die Crew im Cockpit, da dieses Schutz und Komfort bietet. Auf dem Vordeck oder den Seitendecks wird in der Regel die Genua oder der Anker bedient.

Das Cockpit bietet einen komfortablen Sitzbereich und den Zugang zur Kajüte. Eine Sprayhood ist ein sinnvolles Extra.

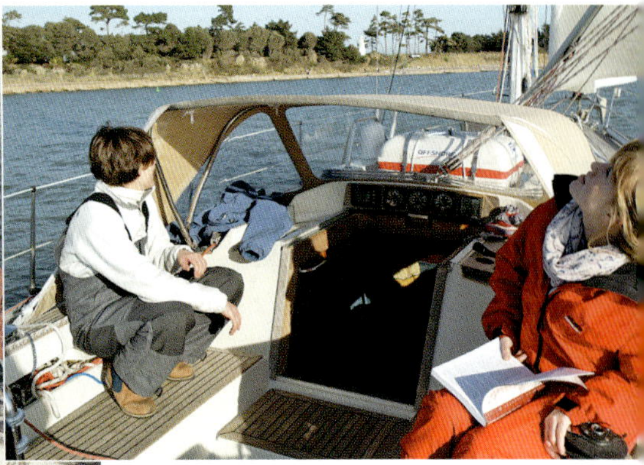

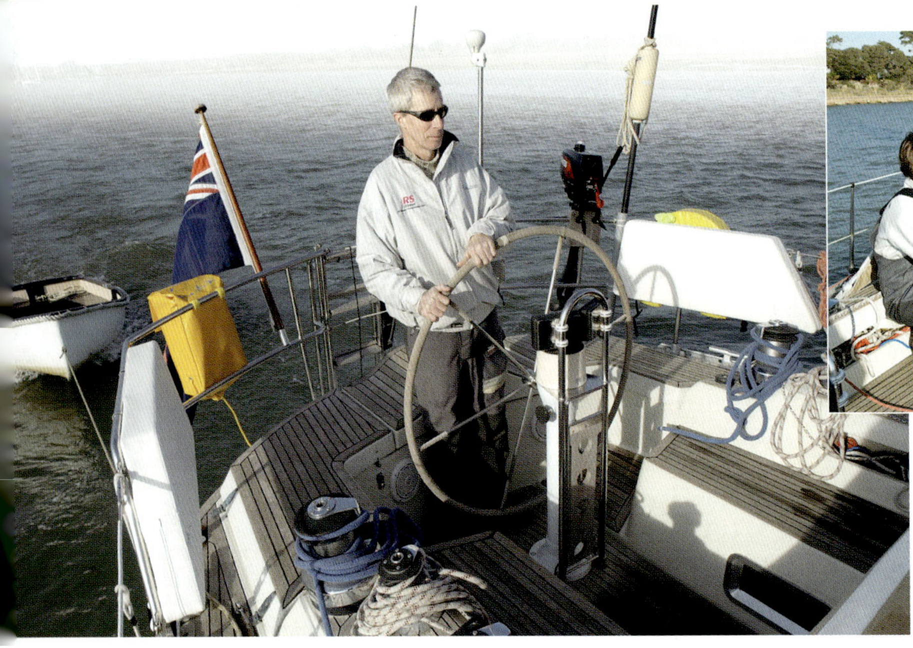

Im hinteren Cockpitbereich dieser Sweden 390 ist das Rad auf einer Steuersäule befestigt, auf der auch der Hauptkompass angebracht ist (links).

Das Cockpit

Das Cockpit ist der Mittelpunkt der Yacht, von dem aus die Crew das Boot kontrolliert. Auf modernen Yachten sind alle Kontrollleinen der Segel ins Cockpit oder in die Nähe des Niedergangs geleitet. Die Winschen für die Vorsegel oder Spinnakerschoten sind zu beiden Seiten auf dem Süll montiert. Die Leine zum Aufrollen des Vorsegels ist auf dem Seitendeck nach achtern geführt und auf einer leicht erreichbaren Klampe belegt.

Die Großschot kann entweder auf einem Traveller im Cockpit oder auf dem Kajütdach gefahren werden. Winschen und Klemmen für Fallen, Reffleinen, Unterliekstrecker und Baumniederholer sind üblicherweise auf dem Kajütdach montiert.

Der Steuermann steht im hinteren Bereich des Cockpits. Auf kleineren Yachten (bis etwa 7 Meter) wird mit einer Pinne gesteuert, die teilweise Platz sparend senkrecht aufgestellt werden kann,wenn sie nicht genutzt wird. Auf größeren Yachten ist das Steuerrad an einer Steuersäule montiert,auf der auch der Kompass sitzt.

Auf einigen Yachten sind zwei miteinander gekoppelte Steuerräder montiert, wodurch in der Mitte ein Durchgang zur Badeplattform frei bleibt. Die Bänke zu beiden Seiten des Cockpits sollten Sitzplätze für die gesamte Crew bieten.

Wenn die Yacht krängt, ist es komfortabler, auf der Luvseite zu sitzen. Stützen Sie sich mit den Füßen ab, um nicht herunterzurutschen! Das Kajütdach sollte die Crew vor Wind und Gischt schützen. Eine faltbare Sprayhood kann zusätzlichen Schutz bieten, aber die Sicht wird dadurch eingeschränkt. Der Steuermann muss zu jeder Zeit freie Sicht nach vorn haben, vor allem beim Manövrieren im Hafen.

Seitendecks

Der Weg zum Mast und Bug führt über die Seiten- oder auch Laufdecks. Zumeist sind diese aus GFK mit einem rutschsicheren Belag gefertigt.

Ein Teakdeck ist die luxuriöse Version eines Decksbelages. Es sieht gut aus und ist zudem extrem rutschsicher. Bei gutem Wetter ist es üblich, dass die Crew in Luv sitzt.

Das Kajütdach

Um am Mast zu arbeiten, beispielsweise zum Bergen des Großsegels, müssen Sie auf das Kajütdach steigen. Vorsicht: Die seitlichen GFK-Flächen können rut schig sein.

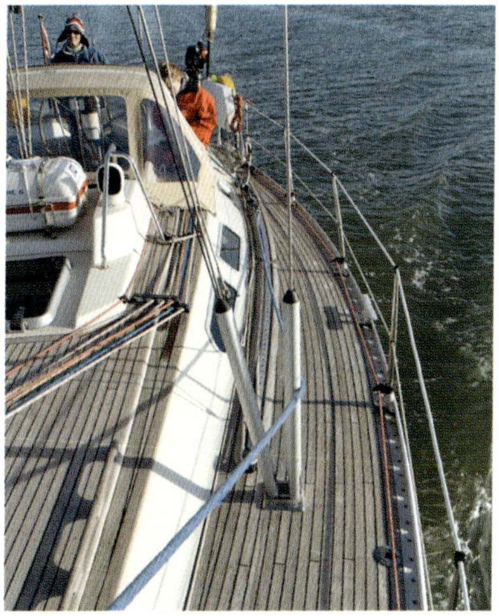

Die Decks zu beiden Seiten des Kajütdachs bieten Lauffläche und sind mit Handläufen ausgerüstet.

Vordeck

Die Crew muss zum Ankern und Festmachen auf das Vordeck. Es hat in der Regel einen Teakbelag oder eine andere rutschfeste Oberfläche. Der Bugkorb, der das Boot vorn begrenzt, bietet zusätzlichen Halt.

Stauraum

Backskisten bieten Platz für Anker, Fender, ein aufblasbares Beiboot, Bürsten, Eimer, Werkzeug und andere an Deck benötigte Dinge. Die Klappe sollte nach dem Öffnen immer gesichert werden, damit sie Ihnen nicht auf den Kopf fällt.

Viele Yachten haben eine für die Gasflasche vorgesehene Extra-Backskiste. Die Gasflasche sollte immer geschlossen werden, wenn der Herd nicht genutzt wird.

Teak ist nicht nur ein luxuriöser Decksbelag, es bietet auch ausgezeichnete Rutschsicherheit. Beachten Sie, wie auf dieser Oyster-Yacht das Kajütdach vor dem Mast fließend in das Vordeck übergeht. Dies macht es der Crew leicht, sich auf dem Vordeck zu bewegen.

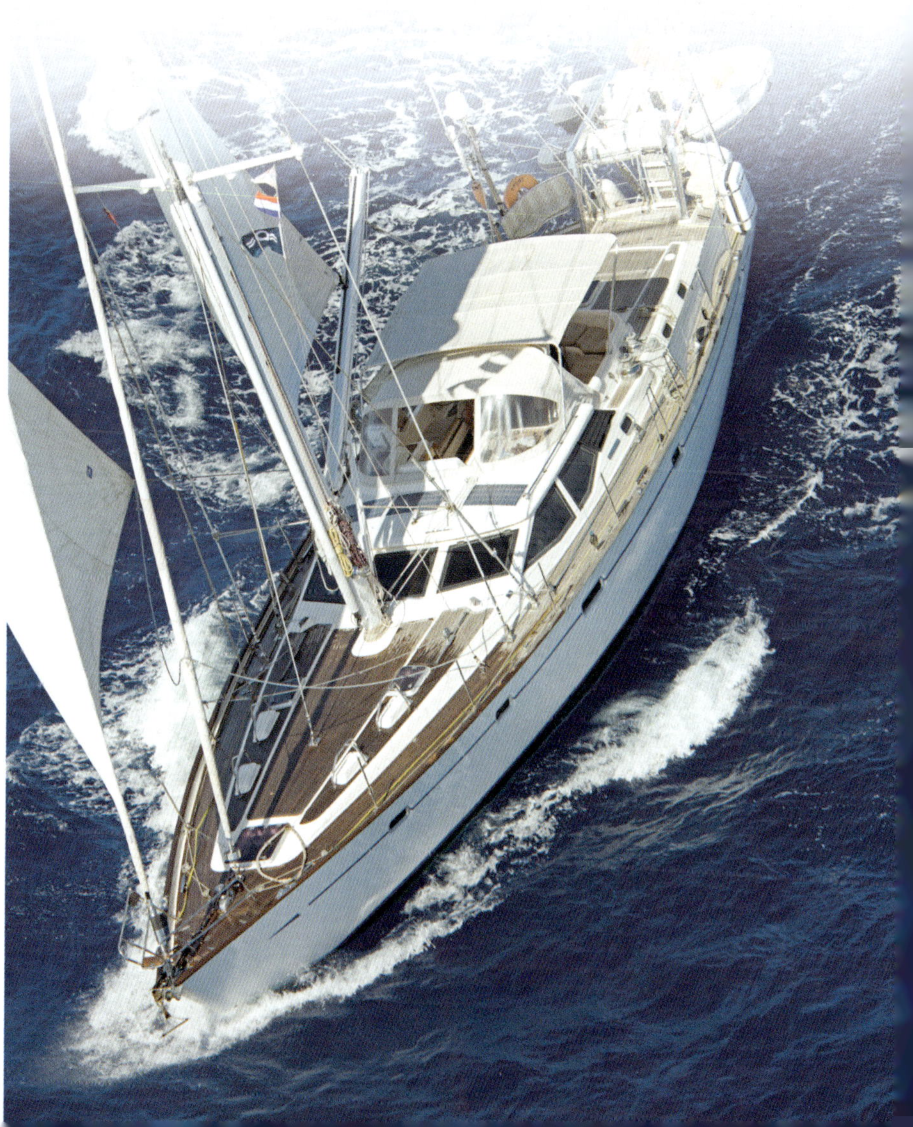

Decksausrüstung

Spezielle Ausrüstung sorgt dafür, dass Segeln in erster Linie Spaß macht und für die meisten Menschen nicht zur körperlichen Strapaze wird. Sie brauchen keine außergewöhnliche Kraft und Kondition, um die Segel zu trimmen oder am Ende des Tages den Anker zu bedienen.

Winschen

Die Segel einer Yacht können extreme Kräfte entwickeln. Auf Booten ab etwa 7 Meter (23 Fuß) Länge ist auf dem Kajütdach eine Winsch montiert, mit der die Fallen und Reffleinen bedient werden, bevor man sie anschließend in einer Klemme belegt. Größere Zwei-Gang-Winschen zu beiden Seiten des Cockpits sind zum Trimmen des Vorsegels vorgesehen. Selbstholende Winschen wurden entwickelt, um von einer einzelnen Person bedient zu werden, die kurbelt, während ein Klemmring am oberen Teil der Winsch die eingeholte Schot hält.

Kurbeln

Eine abnehmbare Kurbel passt auf jede Winsch, dabei hat eine schwerere und längere Kurbel eine bessere Hebelwirkung. Die Kurbeln werden normalerweise rechts und links des Niedergangs in kleinen Taschen gestaut. Achten Sie darauf, dass die Kurbel beim Benutzen immer eingerastet ist, sonst fliegt sie schnell über Bord.

Blöcke

- Alle Kontrollleinen, auf denen viel Spannung liegt, werden durch Blöcke geführt.
- Die Großschot hat jeweils unten und oben Blöcke, um verschiedene Einstellungen zu ermöglichen.
- Die Schoten zum Kontrollieren der Fock (die nicht weiter als bis zum Mast reicht) und der Genau (die den Mast überlappt) werden durch Blöcke auf den Seitendecks oder dem Kajütdach geführt. Diese Blöcke sind in der Regel auf einer Schiene montiert, wodurch es möglich ist, sie nach vorn (um das Achterliek zu straffen) oder nach achtern (zum Straffen des Unterlieks) zu verschieben. Dies ist notwendig, um die Leistung des Segels zu optimieren.

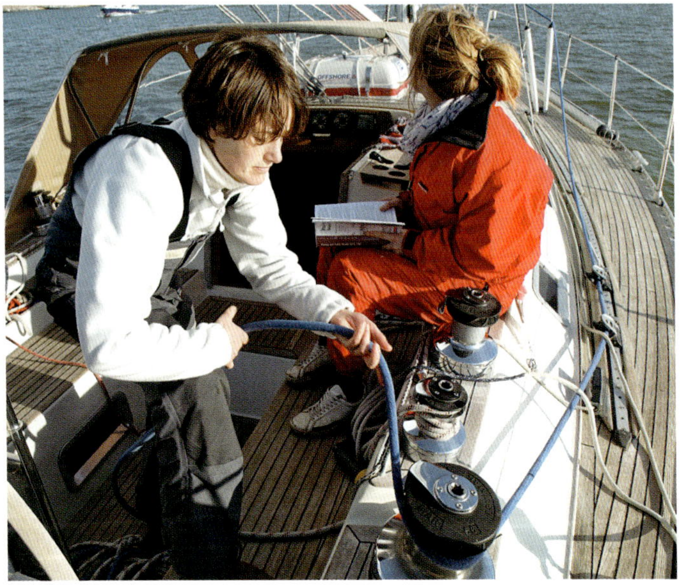

Die große Winsch im Vordergrund wird für die Vorschot auf der Steuerbordseite genutzt; auf sie wirkt die größte Kraft. Diese Art von Winsch kann zwei oder drei Gänge haben, die durch die Drehrichtung oder durch Drücken eines Knopfes aktiviert werden.

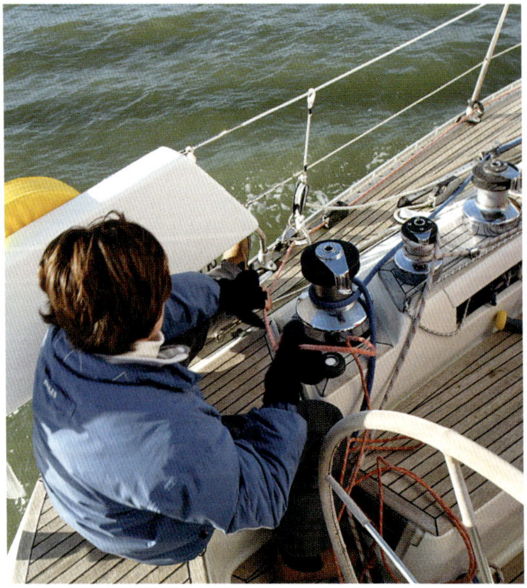

Die Vorsegel-Rollreffleine wird an der Backbordseite durch einen Umlenkblock und eine Klemme bis ins Cockpit geführt.

- Die Leine zum Aufrollen des Vorsegels wird vom Bug zum Cockpit durch mehrere kleine Blöcke an der Fußreling geleitet.
- Umlenkblöcke werden genutzt, um Leinen (Fallen, Reffleinen, Baumniederholer) vom Mastfuß über das Kajütdach bis zum Cockpit zu leiten.

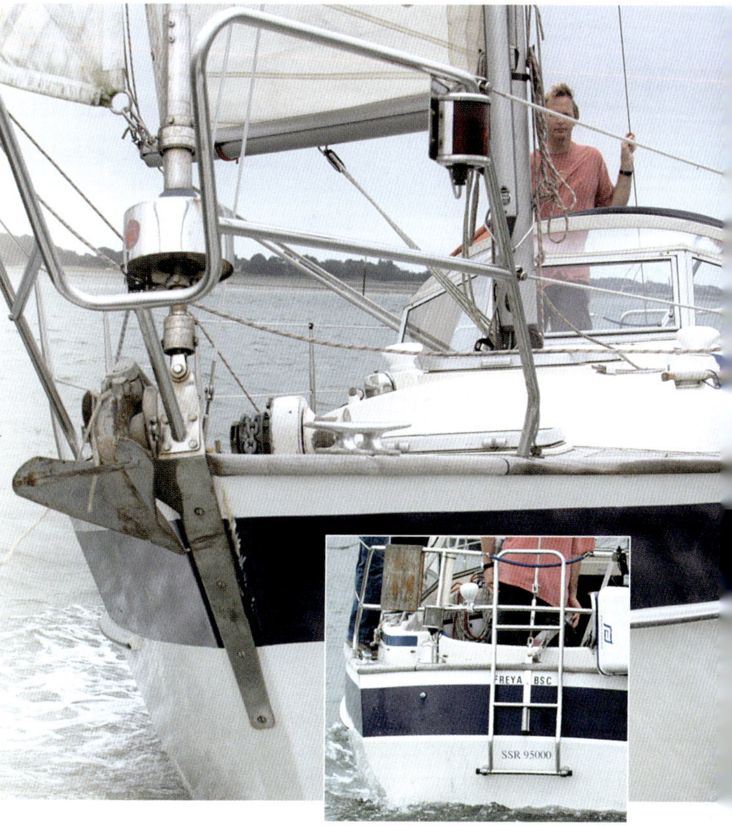

An beiden Seiten des Bugs sind Klampen angebracht. Der Anker davor ist fertig zum Gebrauch.

Mithilfe einer Badeleiter kommt man leicht zurück an Bord. Zum Segeln kann sie hochgeklappt werden (kleines Bild).

Klemmen

- Die Schoten von Groß- und Vorsegel müssen immer wieder bedient werden, aber andere Leinen (Fallen, Reffleinen, Unterliekstrecker, Rollreffleine) können für längere Zeit belegt werden.
- Eine Curryklemme hält die Leine mit zwei Backen fest: Je nach Durchmesser der Leine werden verschiedene Größen eingesetzt.
- Eine Hebelklemme ist sinnvoll, wenn die Leine unter Spannung steht. Auch in geschlossenem Zustand (Hebel unten) kann die Leine dichtgeholt werden, und die Klemme kann auch noch geöffnet werden (Hebel nach vorn), wenn viel Druck auf der Leine liegt.

Großschot-Traveller

Auf Yachten sorgt ein Traveller dafür, dass der Ansatzpunkt der Großschot von einer Seite zur anderen bewegt werden kann. Das ist wichtig, um den Zugpunkt am Baum zu Trimmzwecken zu verändern.

Klampen

An jeder Seite des Bootes jeweils an Bug und Heck sind zwei hantelförmige Klampen zum Festmachen von Leinen angebracht. Oft ist auch eine zusätzliche Klampe mittschiffs zu finden.

Steuersäule und Rad

Das Steuerrad ist auf einer Säule montiert, in welcher die Steuerseile zur Ruderanlage laufen, die ab und an kontrolliert werden sollten. Wenn die Verbindung defekt ist, wird eine Notpinne direkt auf das Ruder gesetzt. Je größer das Rad ist, umso leichter fällt das Steuern. Auch der Kontrollhebel für Vorwärts/Neutral/Rückwärts und Gas-Geben ist oft an der Steuersäule angebracht, um dem Steuermann die Handhabung zu erleichtern.

Anker

- Der Hauptanker ist entweder im Ankerkasten am Bug verstaut oder bereits am Bug auf der Ankerrolle festgemacht und mit einem Splint sowie einer Leine gesichert. Ankerkette und -seil sind angeschlagen und im Ankerkasten untergebracht.
- Auf größeren Yachten wird der Anker mit einer elektrischen Winsch betrieben. Die Ankerwinsch verbraucht eine Menge Energie, sodass der Motor während des Manövers in Neutralstellung laufen muss, um Energie zu liefern.
- Ein Zweitanker mit Kette und Seil sollte in der Backskiste untergebracht sein.

Luken

In der Regel sind ein oder zwei Luken auf dem Vorschiff und dem Kajütdach zu finden, die den Salon und die Vorschiffskabine mit Licht und Luft versorgen. Während des Segelns sollten die Luken geschlossen sein.

Badeleiter

Die meisten Yachten haben am Heck eine einklappbare Badeleiter.

Sicherheitsausrüstung

Moderne Yachten sind so sicher wie möglich konzipiert. Das Deck ist mit einer Reling gesichert, um die Gefahr des Über-Bord-Fallens zu reduzieren. Nachts und bei schlechtem Wetter sollte sich die Crew bei der Arbeit an Deck einhaken.

Die Reling

Die Relingsstützen bestehen aus starkem Aluminium oder Stahl und sind an der Fußreling montiert. Die horizontalen Relingsdrähte laufen jeweils oben und mittig durch die Stützen und bilden so einen Sicherungszaun rund um das Boot. Ein kleiner Part der Reling kann meist geöffnet werden, um den Einstieg an Bord zu erleichtern.

Fußreling

Die meisten Yachten haben eine stabile Fußreling aus Aluminium, die einmal rund um das Schiff führt. Sie dient zum Abstützen der Füße bei Schräglage, stärkt aber auch die Rumpf-Deck-Verbindung des Schiffes. Aussparungen im Bug- und Heckbereich dienen als Führung für Festmacheleinen. Eine Öffnung mittschiffs wird für Springleinen genutzt, die das Schiff davor bewahren, sich vorwärts und rückwärts zu bewegen, wenn Sie längsseits an einer Pier festgemacht haben.

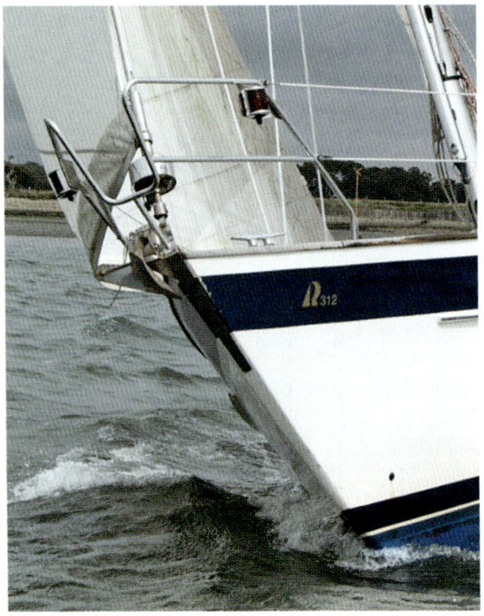

Der Bugkorb umschließt das Vorstag und lässt Platz, um am Anker zu arbeiten.

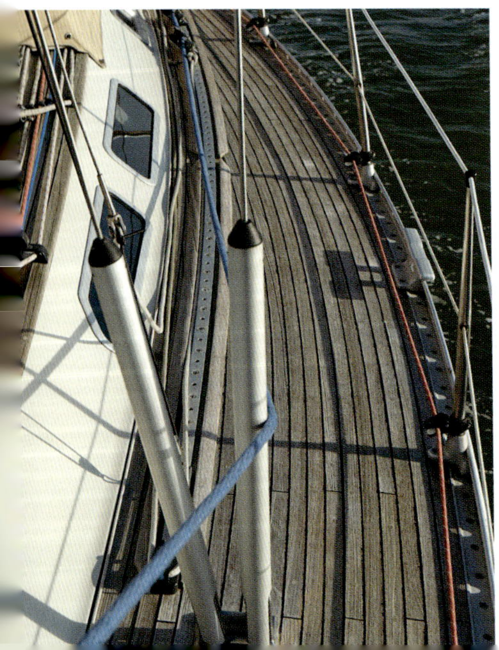

Die Fußreling aus Aluminium verläuft an der Außenkante des Bootes und verstärkt die Verbindung von Rumpf und Deck. Die Klampe, die an der breitesten Stelle des Bootes sitzt, wird für Springleinen genutzt.

Bugkorb

Der Bugkorb bietet der Vorschiffscrew vor allem beim Segelwechsel Sicherheit, wobei er genügend Platz lassen muss, um den Anker aufzunehmen. Am Bugkorb sind zudem oftmals die Navigationslichter angebracht.

Heckkorb

Der Heckkorb sorgt dafür, dass niemand versehentlich achtern über Bord geht. Zum Erreichen der Badeplattform kann in der Regel ein Draht geöffnet werden.

Handläufe

Das alte Seglersprichwort sagt: Eine Hand fürs Boot und eine für dich selbst! Eine Yacht sollte Handläufe auf dem Kajütdach montiert haben, die helfen, sich auf den Seitendecks sicher zu bewegen.

Strecktaue

An kräftigen Ösen, die zu beiden Seiten am Bug und Heck in das Deck eingelassen sind, werden Strecktaue zur Sicherung festgemacht. Hier kann sich die Crew mit dem Sicherheitsgurt einhaken und ungehindert bis zum Bug laufen, ohne sich zwischenzeitlich umhaken zu müssen.

Sicheres Segeln!

- Wenn möglich, bleiben Sie im Cockpit. Es ist der sicherste Platz an Deck.
- Wenn die Großschot im Cockpit ansetzt, halten Sie sich in einiger Entfernung, vor allem während der Wenden und Halsen.
- Vorsicht vor dem Baum! Während einer unfreiwilligen Halse unerwartet vom Baum getroffen zu

Tipp

Haken Sie die Sicherheitsleine niemals in die Relingsstützen oder die Relingsdrähte ein, sie sind nicht dafür ausgelegt und bieten keinen ausreichenden Halt.

werden, kann sehr schwere Verletzungen nach sich ziehen. Versuchen Sie mit dem Kopf immer unterhalb der Reichweite des Baumes zu bleiben.

- Halten Sie sich mit einer Hand fest und gehen Sie gebückt, wenn Sie nach vorn müssen.
- Wenn der Skipper die Crew bittet, Sicherheitsgurte anzulegen, folgen Sie seinen Anweisungen. Gehen Sie sicher, dass Sie an einem stabilen Punkt eingehakt sind.
- Halten Sie sich von Steuerrad oder Pinne fern, vor allem während der Manöver, und denken Sie daran, dass die Pinne während einer Wende oder Halse durch das Cockpit schwenkt.
- Stellen Sie sicher, dass während des Segelns und Motorens keine Leinen über Bord fallen. Schießen Sie die Enden der Fallen und Strecker einzeln auf.

Für einen erfahrenen Segler ist es in Ordnung, bei leichtem Wind auf das Kajütdach zu steigen. Aber egal, wie ruhig die Situation auch ist, Sie sollten immer darauf gefasst sein, dass das Boot anfängt zu rollen.

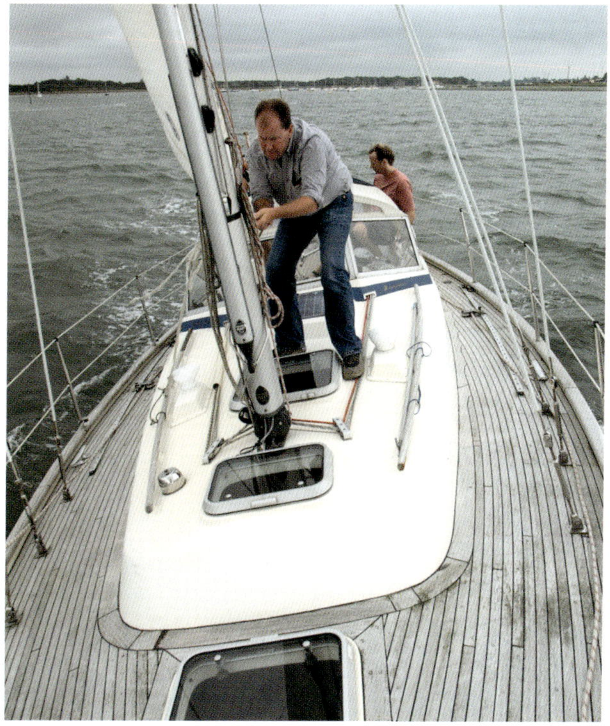

Passen Sie auf den Baum auf, wenn Sie sich an Deck bewegen. Steuermann und Crew müssen darauf achten, was der jeweils andere tut. Es ist grundsätzlich sicherer, auf der Luvseite nach vorn zu laufen.

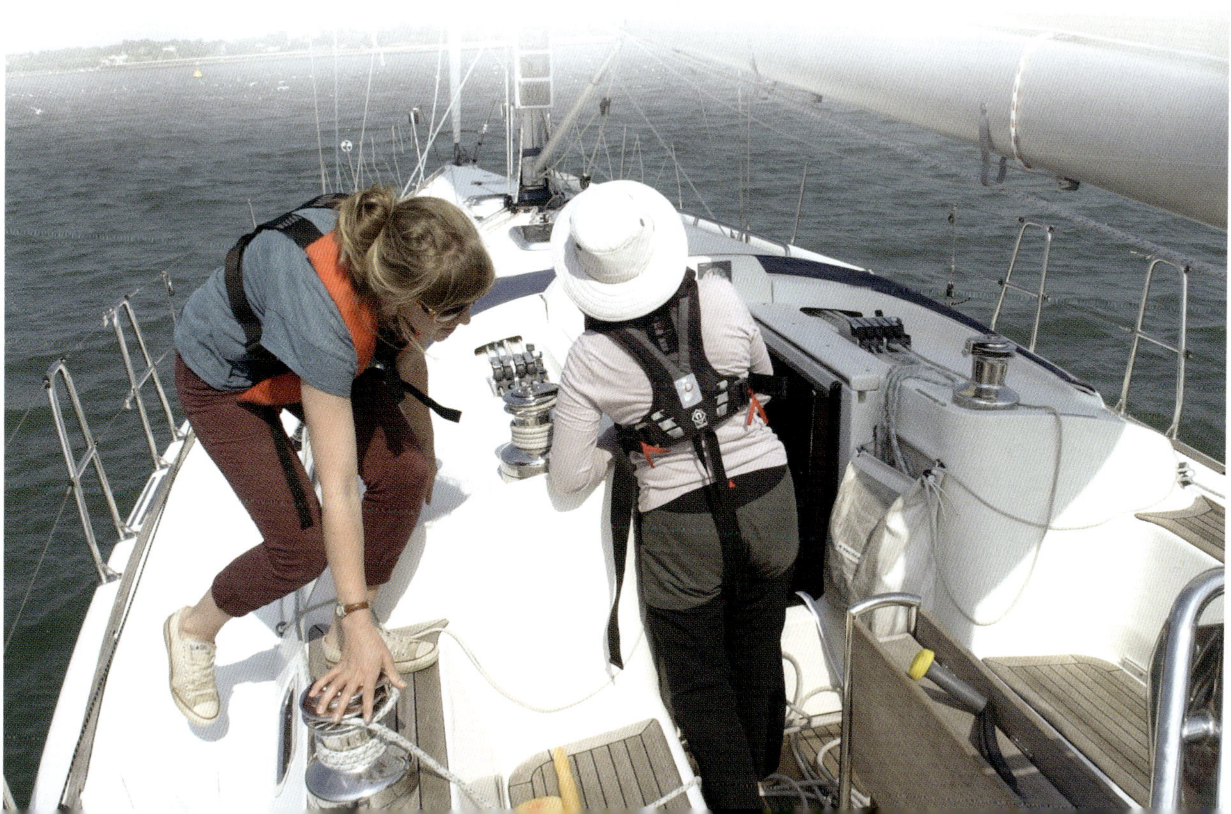

Was ziehe ich an?

Beim Segeln ist die richtige Bekleidung besonders wichtig. Speziell entwickelte Segelbekleidung hält Sie warm und trocken – von Kopf bis Fuß. Auch wenn man dafür etwas mehr ausgeben muss, lohnt sich die Investition auf längere Sicht unbedingt.

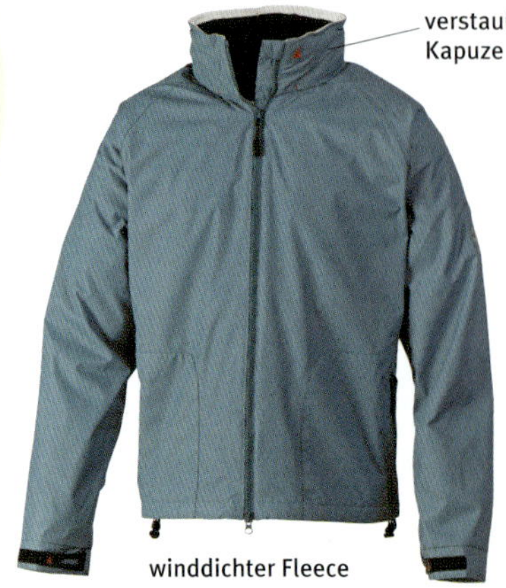

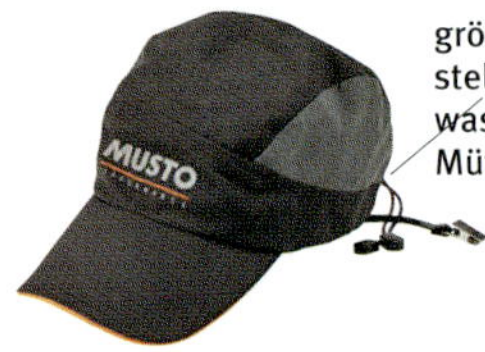

Schuhe

Segeln Sie auf einer Yacht nie barfuß. Es ist okay, wenn Sie vorsichtig sind und das Boot ein schönes Teakdeck hat, aber es gibt unendlich viele Möglichkeiten, sich an Deck zu verletzen oder auszurutschen. Segelschuhe sind extra für den Einsatz an Bord entwickelt worden und sehr zu empfehlen. Versuchen Sie an Land andere Schuhe zu tragen, sonst werden die Antirutsch-Sohlen schnell abgenutzt.

Stiefel

Wenn es kalt oder nass ist, brauchen Sie Segelstiefel. Sie sollten einfach an- und auszuziehen und vollkommen wasserdicht sein sowie guten Halt geben (Antirutsch-Sohle). Auch hier gilt: Besser nicht an Land tragen! Traditionelle Gummistiefel sind ausreichend. Lederstiefel bieten mehr Tragekomfort und sind moderner, allerdings auch teurer.

Handschuhe

Segelhandschuhe mit Lederverstärkungen sind empfehlenswert. Sie schützen die Hände bei der Arbeit mit Leinen und ermöglichen besseres Zupacken.

Sonnenbrillen

Auf dem Wasser blendet das Licht extrem. Um gut sehen zu können und die Augen zu schützen, brauchen Sie eine hochwertige Sonnenbrille mit ausreichendem UV-Schutz. Polarisierte Gläser helfen zudem, Spiegelungen einzudämmen.

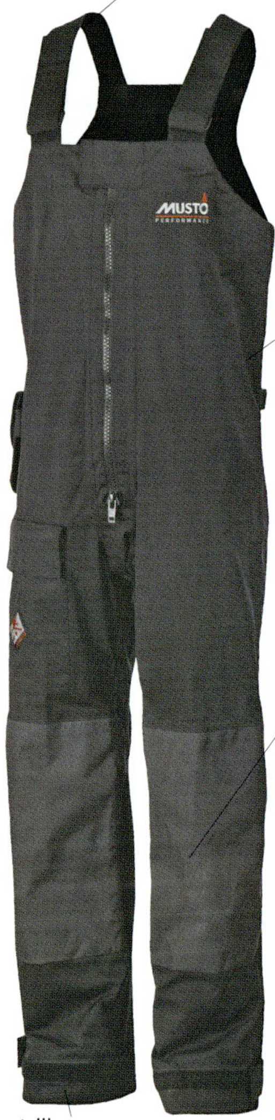

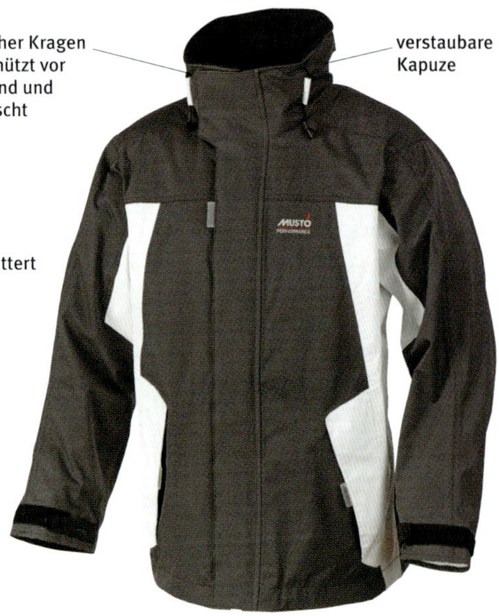

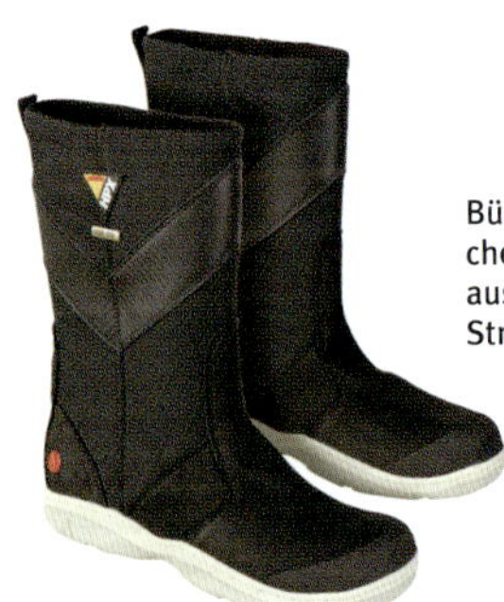

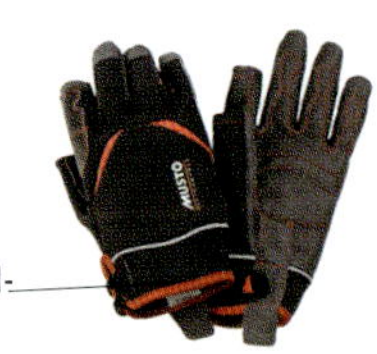

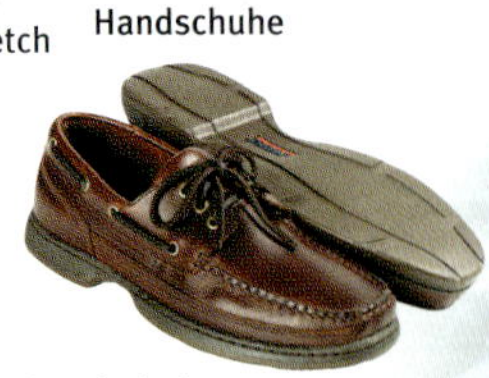

Wasserdichte Jacke

Wenn Sie bei Starkwind, in Regen, Gischt oder kaltem Wetter segeln, brauchen Sie eine speziell dafür entwickelte Jacke. Es gibt dabei große Preisunterschiede. ‚Ocean«-Jacken können deutlich teurer sein als ‚Coastal«-Jacken, wobei die letzteren eher für gelegentliches Segeln geeignet sind. Der Preis unter schied schlägt sich im verwendeten Material (atmungsaktiv), Wasserdichtigkeit und Haltbarkeit nieder. Aber auch die günstigste Jacke sollte auf jeden Fall wasserdicht und robust sein. Zusätzlichen Komfort bieten fleecegefütterte Taschen zum Wärmen der Hände, ein besonders robus ter Reißverschluss, ein sehr hoher Kragen, der den Hals komplett schützt, eine eingebaute Kapuze, die dichtzuziehen ist, doppelte, verschließbare Armbündchen und Reflektorstreifen an Schultern, Armen und Handgelenken.

Wasserdichte Hose

Wenn es kalt ist oder Spritzwasser überkommt, brauchen Sie eine wasserdichte Hose, die den Anforderungen des Segelns gerecht wird.

Sie sollten dabei auf Details achten: Atmungsaktives Material bietet die besten Ergebnisse mit weiteren Schichten; es sollte ein brusthoher Schnitt mit verstellbaren Trägern sein; Verstärkungen im Knie- und Hosenbodenbereich sowie verstellbare Bündchen sollten vorhanden sein. Wasserdichte Hosen sind oft mit einem vorderen Reißverschluss ausgestattet.

Fleece

Wählen Sie einen winddichten Fleece als Mittelschicht. Er ist in den meisten Klimazonen beim Segeln unverzichtbar.

Hosen und Shorts

Ideal sind Hosen oder Shorts aus atmungsaktivem, synthetischem Material, das schnell trocknet. Wichtig sind auch Verstärkungen an Knien und Hosenboden, verstellbare Bündchen und verschließbare Taschen.

Shirts/Hemden

Hemden aus synthetischem Material dienen als atmungsaktive untere Schicht, kombiniert mit einem Fleece oder einer Jacke.

Hut oder Kappe

Der kalte Wind kühlt den Körper schnell aus – nicht zuletzt auch durch Wärmeverlust am Kopf. Halten Sie daher immer eine Strick oder Fleecemütze in der Tasche Ihrer wasserdichten Jacke parat. Eine Kappe schützt vor Sonne.

Sonnenschutz

Wasser verstärkt die Wirkung der Sonne. Schützen Sie sich durch Sonnencreme mit hohem Lichtschutzfaktor.

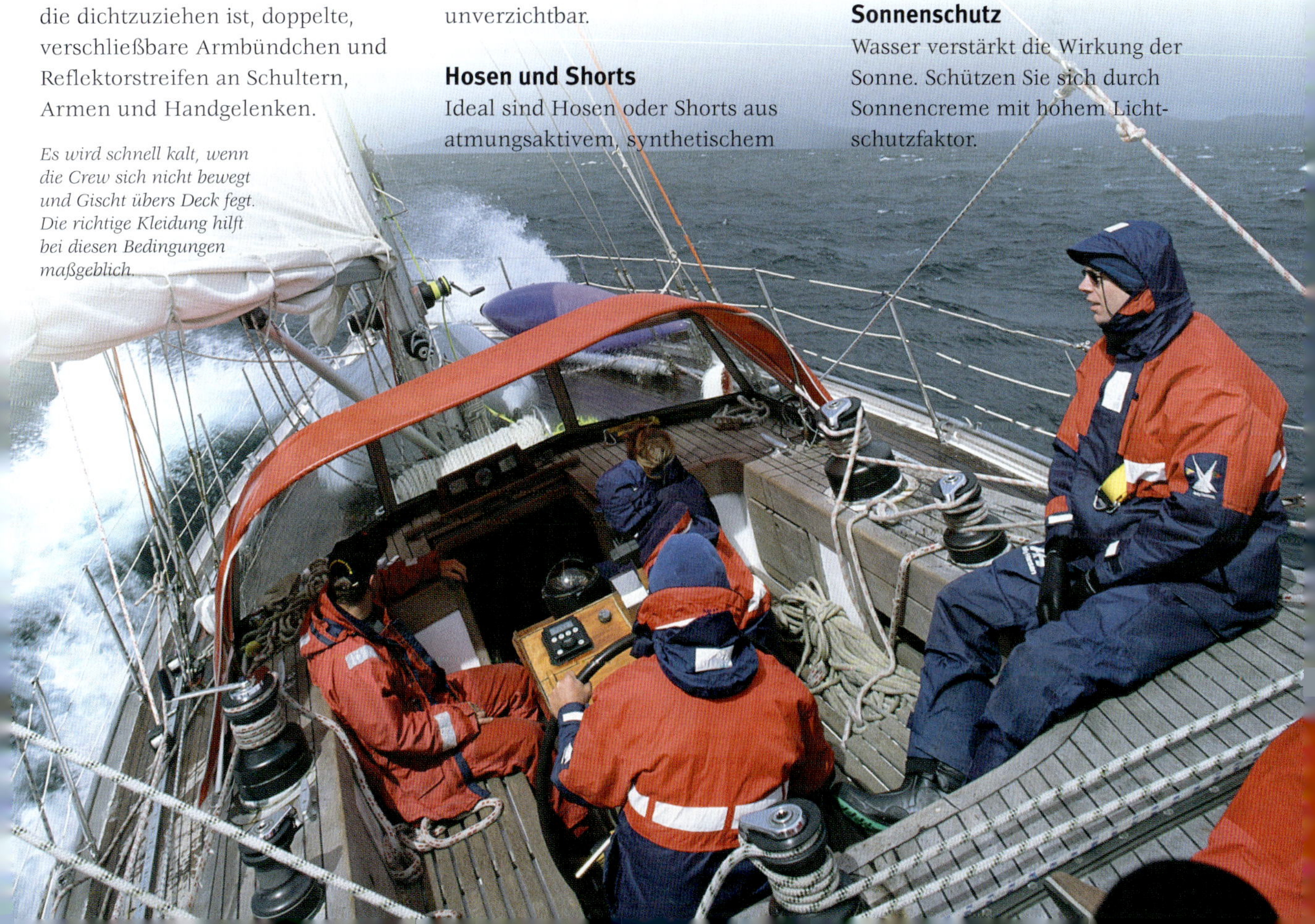

Es wird schnell kalt, wenn die Crew sich nicht bewegt und Gischt übers Deck fegt. Die richtige Kleidung hilft bei diesen Bedingungen maßgeblich.

Das Rigg

Das Rigg und die Segel liefern die Kraft, die benötigt wird, um eine Yacht mithilfe des Windes zu bewegen. Es gibt viele verschiedene Riggvarianten, aber für eine moderne Fahrtenyacht ist das Bermudarigg mit einem einfach zu bedienenden Vorsegel die gängigste Form.

Verschiedene Riggs

- Das Großsegel eines Bermudariggs ist dreieckig und für gewöhnlich auf modernen Yachten zu finden. Ein Gaffelsegel hingegen ist fast quadratisch und wird durch eine Spiere im Topp unterstützt. Das Bermudarigg zeichnet sich durch einen Mast und einen Baum aus, der das Großsegel (hinter dem Mast) unterstützt, sowie durch ein Vorsegel (vor dem Mast).
- Ein Yawlrigg besteht aus dem Hauptmast sowie einem kürzeren Besanmast, der sich hinter dem Ruder am Heck des Schiffes befindet. Bei der Ketsch steht der Besanmast vor dem Ruder. Eine Ketsch oder Yawl bietet gute Möglichkeiten des Trimms, ist aber komplexer in der Bedienung und teurer durch den Zusatzmast.
- Beim Schoner steht der zweite, etwas kürzere Mast vor dem Hauptmast. Beide Masten und Segel können zeitgleich genutzt werden. Die einzelnen Segelflächen sind nicht so groß und vereinfachen dadurch die Handhabung, aber auch das Schonerrigg ist komplex und teurer.

Riggvarianten

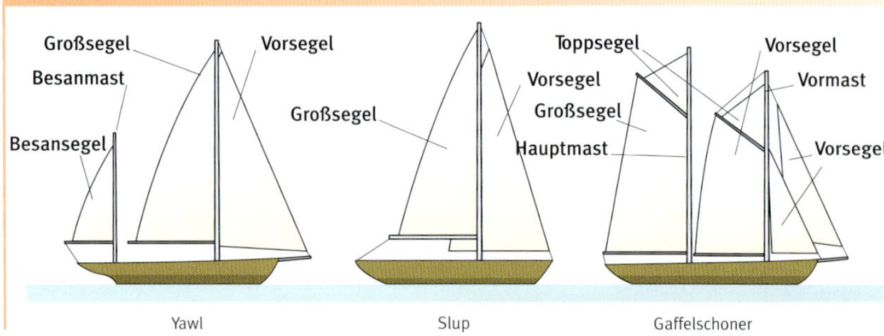

Spieren

Mast, Baum und Spinnakerbaum zählen zu den Spieren. In der Regel bestehen sie aus Aluminium. Das alternative Karbon ist leichter, aber auch teurer. Einige traditionelle Yachten haben noch Holzspieren, die aber schwer sind und mehr Pflege benötigen.

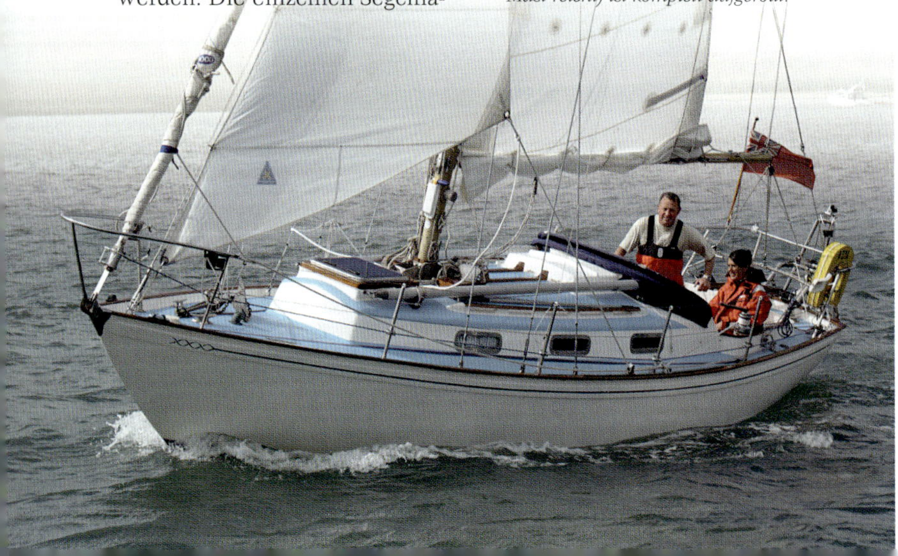

Die Yacht vom Typ Twister segelt unter gerefftem Großsegel und Fock, die an einem inneren Vorstag gesetzt ist. Die Rollgenua (Vorsegel, das bis hinter den Mast reicht) ist komplett aufgerollt.

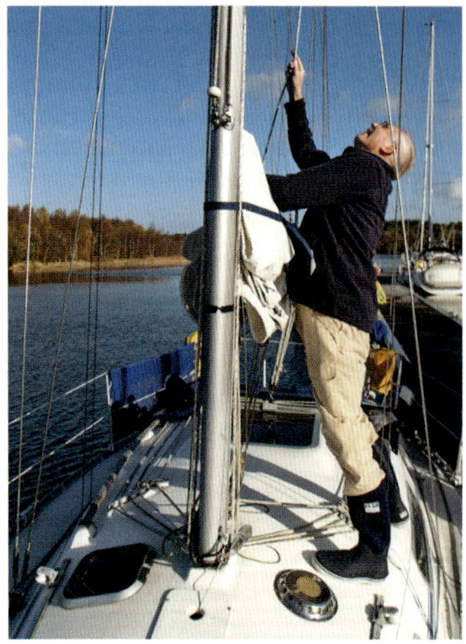

Während der Segelsaison ist das Großsegel auf dem Großbaum festgezurrt. Zum Setzen muss der Wind von vorn kommen.

Großsegel

- Das Großsegel ist sowohl am Mast als auch am Baum befestigt und liefert die Hauptantriebskraft.

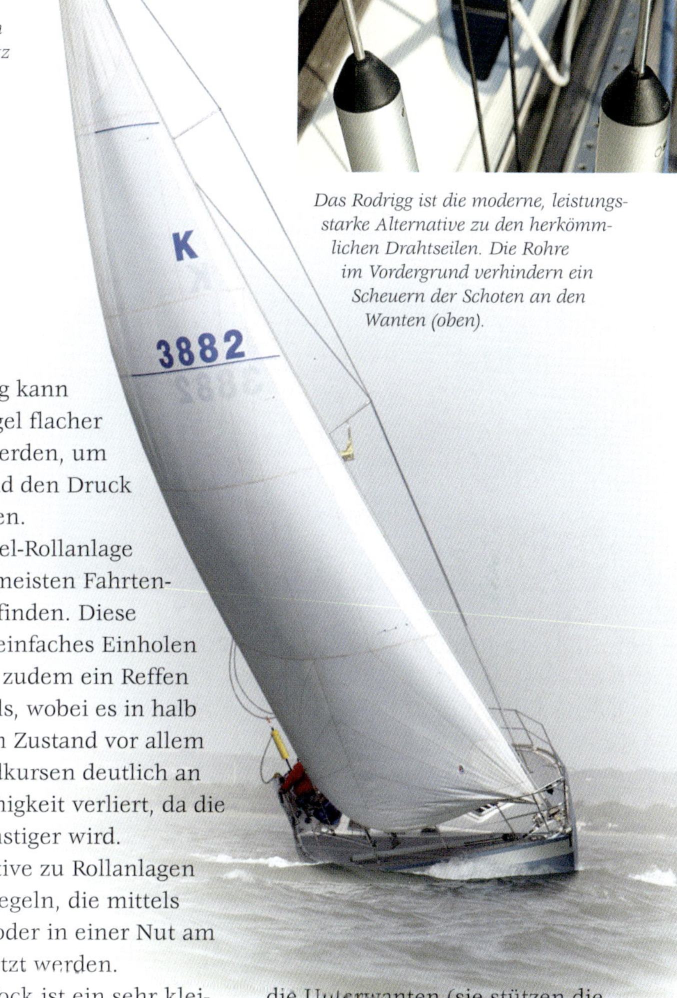

Diese Yacht ist toppgetakelt, mit einer großen überlappenden Genua, die in jeder Wende einen hohen Krafteinsatz erfordert (rechts).

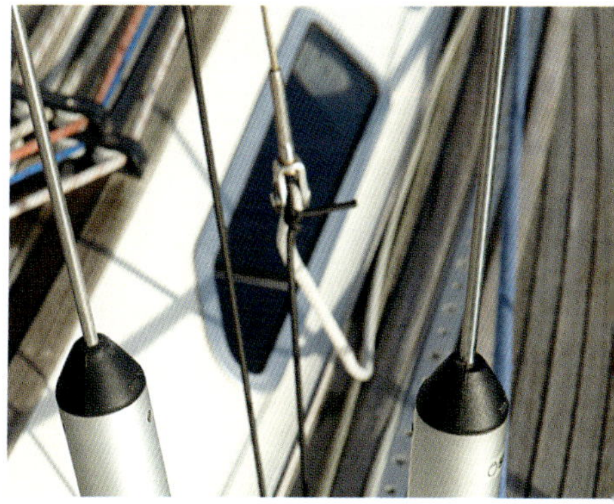

Das Rodrigg ist die moderne, leistungsstarke Alternative zu den herkömmlichen Drahtseilen. Die Rohre im Vordergrund verhindern ein Scheuern der Schoten an den Wanten (oben).

Während der Saison wird es nach dem Segeln auf dem Baum gefaltet und verstaut und durch eine Hülle (Baumkleid) geschützt. So kann es bei Bedarf leicht gesetzt werden.

- Das Großsegel kann durch Reffen verkleinert werden. In zwei oder drei Stufen wird das Segel durch Reffleinen heruntergezogen und somit reduziert.
- Auf einigen größeren Yachten wird das Großsegel zum Verstauen in den Mast oder Baum gerollt und kann so stufenlos gerefft werden. Das bietet eine saubere Lösung, ist aber komplex und auch teurer und muss gut gewartet werden. Zudem ist ein halb eingerolltes Segel durch die ungünstigere Form weniger effizient als ein normal gerefftes Segel.

Vorsegel

- Die Genua ist ein großes Vorsegel, das den Mast überlappt, wenn die Schoten dichtgeholt sind. Die Fock ist das kleinere Vorsegel, es reicht nicht bis hinter den Mast.
- Die Genua entwickelt Vortrieb durch den Düseneffekt, bei dem die Luft zwischen Großsegel und Genua beschleunigt wird. Je größer die Genua ist, desto härter wird es, sie mit der Winsch dichtzuholen. Hoch geschnittene Focks können ebenfalls eine sehr gute Leistung bringen, und sie sind einfacher dichtzuholen.
- Bei einem Topprigg setzt das Vorstag am Masttopp an. Das Vorstag eines 7/8-Riggs hingegen ist tiefer am Mast angebracht. Dabei wird ein kleineres Vorsegel mit einem großen Großsegel kombiniert, um das Handling zu erleichtern. Durch die beim 7/8-Rigg mögliche Mastbiegung kann das Großsegel flacher getrimmt werden, um bei viel Wind den Druck zu reduzieren.
- Eine Vorsegel-Rollanlage ist auf den meisten Fahrtenyachten zu finden. Diese ermöglicht einfaches Einholen und erlaubt zudem ein Reffen des Vorsegels, wobei es in halb aufgerolltem Zustand vor allem auf Amwindkursen deutlich an Leistungsfähigkeit verliert, da die Form ungünstiger wird.
- Die Alternative zu Rollanlagen liegt in Vorsegeln, die mittels Stagreitern oder in einer Nut am Vorstag gesetzt werden.
- Eine Sturmfock ist ein sehr kleines Vorsegel für extreme Bedingungen. Es wird separat gesetzt und ist normalerweise mit Stagreitern am Vorstag befestigt. Dieses Segel wird in den seltensten Fällen benutzt, aber es ist gut, es an Bord zu haben!

Das stehende Gut

Die Hauptunterstützung des Mastes leisten das Vorstag, das Achterstag und die Wanten. Wichtig sind auch die Unterwanten (sie stützen die untere Hälfte des Mastes), die Oberwanten (sie verhindern das seitliche Verbiegen des Mastes im oberen Bereich) und die Salinge (sie verteilen die Lasten auf die Außenseiten des Bootes). Das Rigg ist mit Püttings an Deck befestigt und kann durch Wantenspanner justiert werden. Wanten und Stagen aus rostfreiem Stahl sind auf Fahrtenyachten die Regel, aber auch das teurere, hochfeste Rodrigg wird eingesetzt.

Das Großsegel

Das Großsegel ist das Hauptsegel. Es ist sowohl mit dem Mast als auch mit dem Baum verbunden. Um mit den sich ändernden Windbedingungen fertig zu werden, ist es wichtig, dass die Größe des Segels schnell und effizient verändert werden kann.

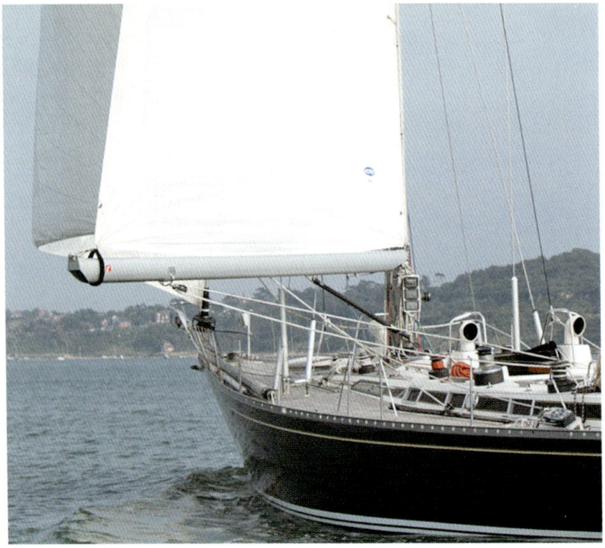

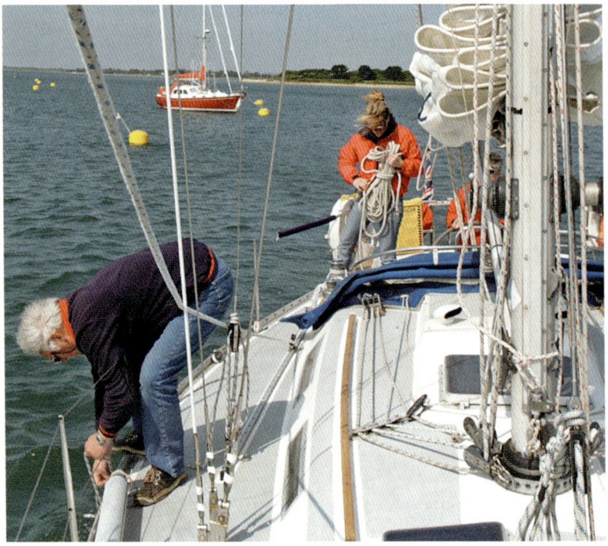

Das Großsegel ist die Hauptantriebskraft, wenn der Wind achterlich einfällt. Das Segel hier hat ein loses Unterliek und ist nur an beiden Enden des Baumes befestigt (oben links).

Das Großsegel liegt in Bahnen gefaltet und mit Zeisingen gesichert auf dem Baum, bis es wieder Zeit ist, das Segel zu setzen (oben rechts).

Befestigung am Baum

- Das Großsegel einer Yacht ist zu sperrig und zu groß, um nach jedem Segeltag abgeschlagen zu werden. Es bleibt daher während der Saison auf dem Baum montiert. Mit einer in das Segel eingenähten Leine wird es in einer Nut im Baum geführt oder aber mit losem Unterliek nur an Segelhals und Schothorn befestigt.
- Das Großsegel wird auf dem Baum verstaut, indem es in Zickzacklagen gefaltet und mit sogenannten Zeisingen (Gurtbändern) gesichert wird. Um das Segel sauber zu falten, bedarf es etwas Geduld. Mit mehreren helfenden Händen gelingt es besser. Ein »Baumkleid« genannter Segelschutz bewahrt es vor Sonne und Regen.
- Einige Fahrtenyachten sind mit sogenannten Lazyjacks ausgestattet, die das Bergen des Segels vereinfachen. Sie bestehen aus einem Netz dünner Leinen, die so zwischen Mast und Baum gespannt sind, dass sie das Großsegel auffangen, wenn es heruntergelassen wird. Die Lazyjacks können zusätzlich an einer Schutzhülle aus Tuch befestigt sein, die an beiden Seiten des Baumes verläuft und nach dem Bergen oben per Reißverschluss verschlossen wird.

Befestigung am Mast

Das Großsegel ist mit Rutschern am Mast befestigt, die auf oder in einer Schiene verlaufen. Wenn das Segel mit dem Großfall gesetzt oder geborgen wird, wandern die Rutscher reibungslos hinauf oder herunter. Beim Bergen muss ein Crewmitglied gegebenenfalls am Mast stehen und die einzelnen Rutscher mit der Hand herunterziehen.

Das Reff

Abhängig von der Größe des Großsegels sind in der Regel zwei oder drei Reffs möglich. Dabei wird das Segel heruntergelassen, um ein kleineres Dreieck zu erhalten. Das neue Unterliek verläuft dabei parallel zum Baum.

Reffleinen

- An jedem Reff ist eine andersfarbige Reffleine befestigt, immer bereit zum Einsatz.
- Am vorderen Ende des Baumes führt die Reffleine am Vorliek

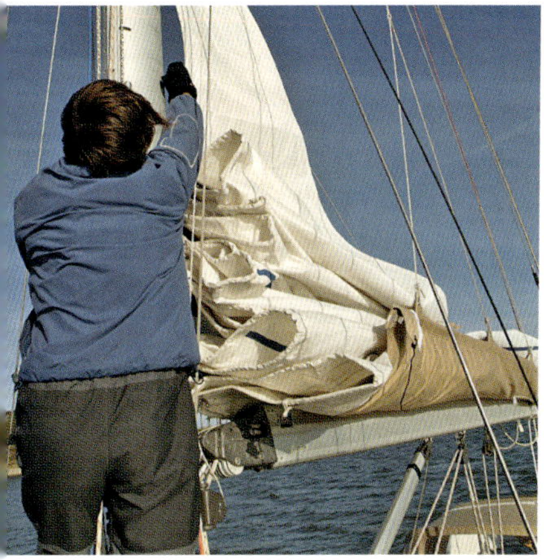

Das Vorliek des Großsegels ist mit Rutschern am Mast befestigt. Beim Bergen des Segels muss ein Crewmitglied die Rutscher am Mast nach unten ziehen.

nach oben bis zu einer Reffkausch (Metallöse) oder einem Block in Höhe des Reffs. Anschließend wird die Reffleine durch Umlenkblöcke an Deck zu einer Klemme auf dem Kajütdach geführt.

- Am hinteren Ende des Baumes führt die Reffleine ebenfalls nach oben bis zu einer Reffkausch oder einem Block in Höhe des Reffs. Die Leine wird dann zu einem Umlenkblock am Baum zurückgeführt, zum vorderen Ende des Baums, nach unten und durch einen Umlenkblock an Deck zu einer Klemme auf dem Kajütdach.
- Viele Yachten haben nur am Achterliek eine Reffleine montiert. Dann muss ein Crewmitglied beim Reffen am Mast stehen und die Refföse über den Haken am Baum ziehen.

Segellatten

Die Form des Großsegels wird durch Latten unterstutzt, die in Lattentaschen sitzen und unter Spannung stehen. Die Spannung der Latten kann justiert werden. Gegebenenfalls müssen die Lattentaschen nach einiger Zeit repariert werden.

Reffen des Großsegels

Die meisten Yachten haben ein Bindereffsystem. Manchmal wird bereits vor dem Auslaufen ein Reff eingebunden, meist aber geschieht dies, wenn das Segel bereits gesetzt ist. Vor dem Reffen sollten die Großschot und der Baumniederholer gefiert und die Dirk angesetzt werden.

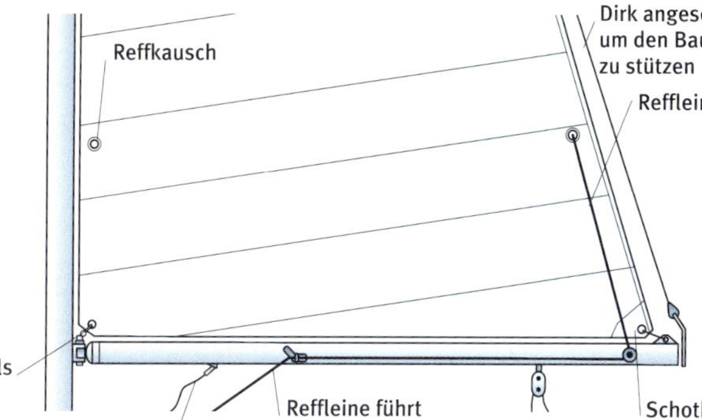

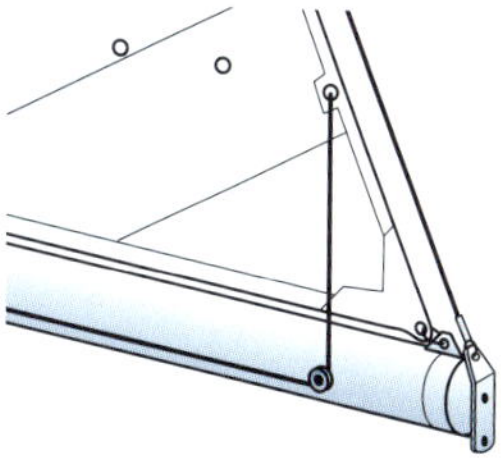

Die Reffleine wird dichtgezogen, um das Achterliek zu kürzen. Die gleiche Menge Segel wird am Vorliek eingeholt. Die Dirk ist durchgesetzt, um den Baum oben zu halten (links).

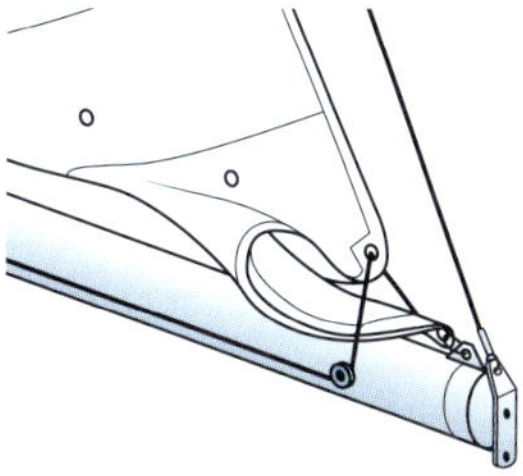

Wenn die Reffkausch bis auf den Baum heruntergezogen ist, wird die Reffleine belegt. Danach kann die Dirk gefiert und der Baumniederholer angezogen werden (links).

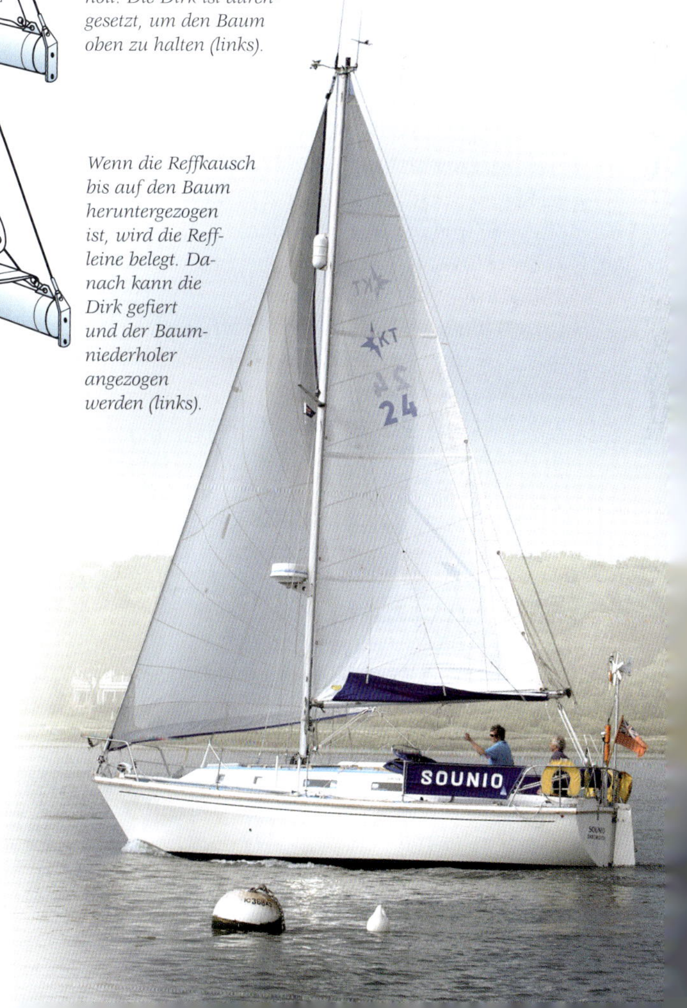

Die Westerly hat ein durchgelattetes Großsegel, wodurch die Form unterstützt und ein sauberes Bergen ermöglicht wird.

Vorbereiten des Großsegels

Das Großsegel wird in der Regel als Erstes gesetzt und zuletzt geborgen. Währenddessen muss das Schiff mit dem Bug im Wind gehalten werden.

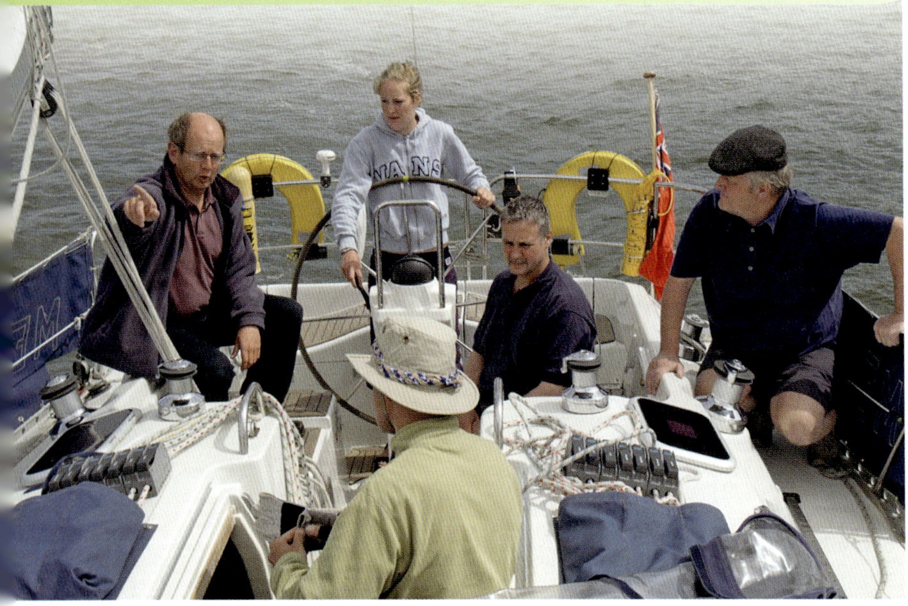

Hören Sie Ihrem Skipper zu, damit jeder genau weiß, was er zu tun hat. Der Skipper muss eine Crew gut einweisen (links).

Briefing/Einweisung

Der Skipper oder Co-Skipper erklärt der Crew, was passiert, wenn das Großsegel gesetzt oder geborgen wird. Vorsicht vor dem Baum, der hin und her schwingt, und vor dem schlagenden Segel. Die Crew muss außerdem aufpassen, dass sie dem Steuermann die Sicht nicht nimmt.

Wo wird gesetzt?

Die Yacht muss mit dem Bug in den Wind zeigen, während das Großsegel gesetzt wird. Die Aktion dauert ein paar Minuten, daher muss die Yacht währenddessen langsam vorwärtsfahren, um steuerfähig und auf Kurs zu bleiben. Wenn die Yacht nicht mehr vorwärtsfährt, wird der Bug zur Seite gedrückt. Liegt die Yacht vor Anker oder an einer Mooring, liegt sie naturgemäß im Wind, aber Böen können sie dennoch hin und her schieben und das Segelsetzen erschweren.

Die Yacht bewegt sich dabei in eine vorgegebene Richtung, der Steuermann muss dafür genügend Platz vorausplanen. Während des Segelsetzens die Richtung zu ändern, ist schwierig.

Planen Sie immer, das Großsegel in ruhigem Wasser zu setzen, und warten Sie nicht, bis Sie die Landabdeckung verlassen haben. Bei Wellengang schwingt der Baum hin und her, und das Segelsetzen wird ungemütlich und gefährlich.

Während des Setzens kann dem Steuermann bisweilen die Sicht versperrt sein – achten Sie auf andere Boote, Bojen und sonstige Hindernisse.

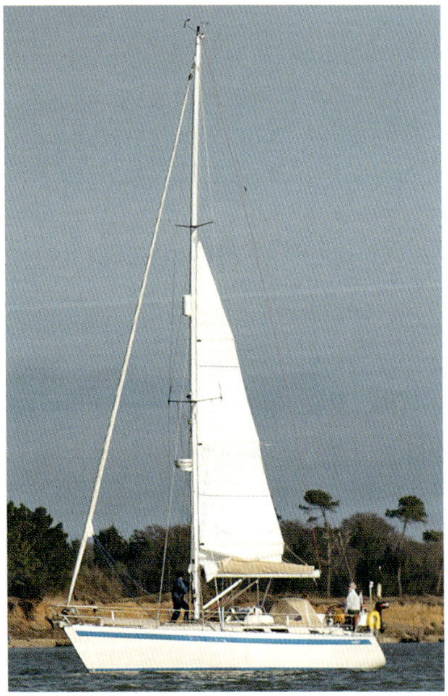

Während des Setzens fährt der Steuermann langsam vorwärts, um den Bug im Wind zu halten. Planen Sie genügend Platz nach vorn ein, um ausreichend Zeit zur Verfügung zu haben.

Vorbereitung des Segels

Nehmen Sie bereits vor dem Ablegen das Baumkleid vom Segel. Dazu wird die Schutzhülle auf dem Baum von vorn nach hinten gefaltet und dann in der Backskiste verstaut. Yachten mit Lazyjacks haben oftmals einen festen Segelschutz, der nicht abgebaut wird, sondern per Reißverschluss oben zu öffnen ist.

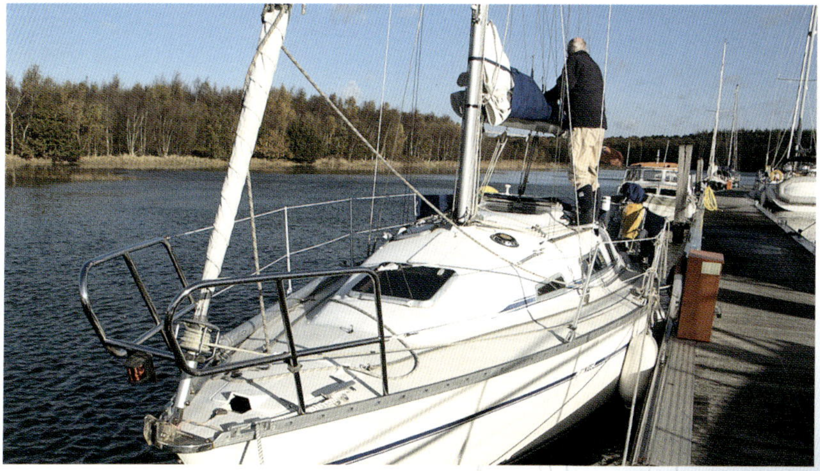

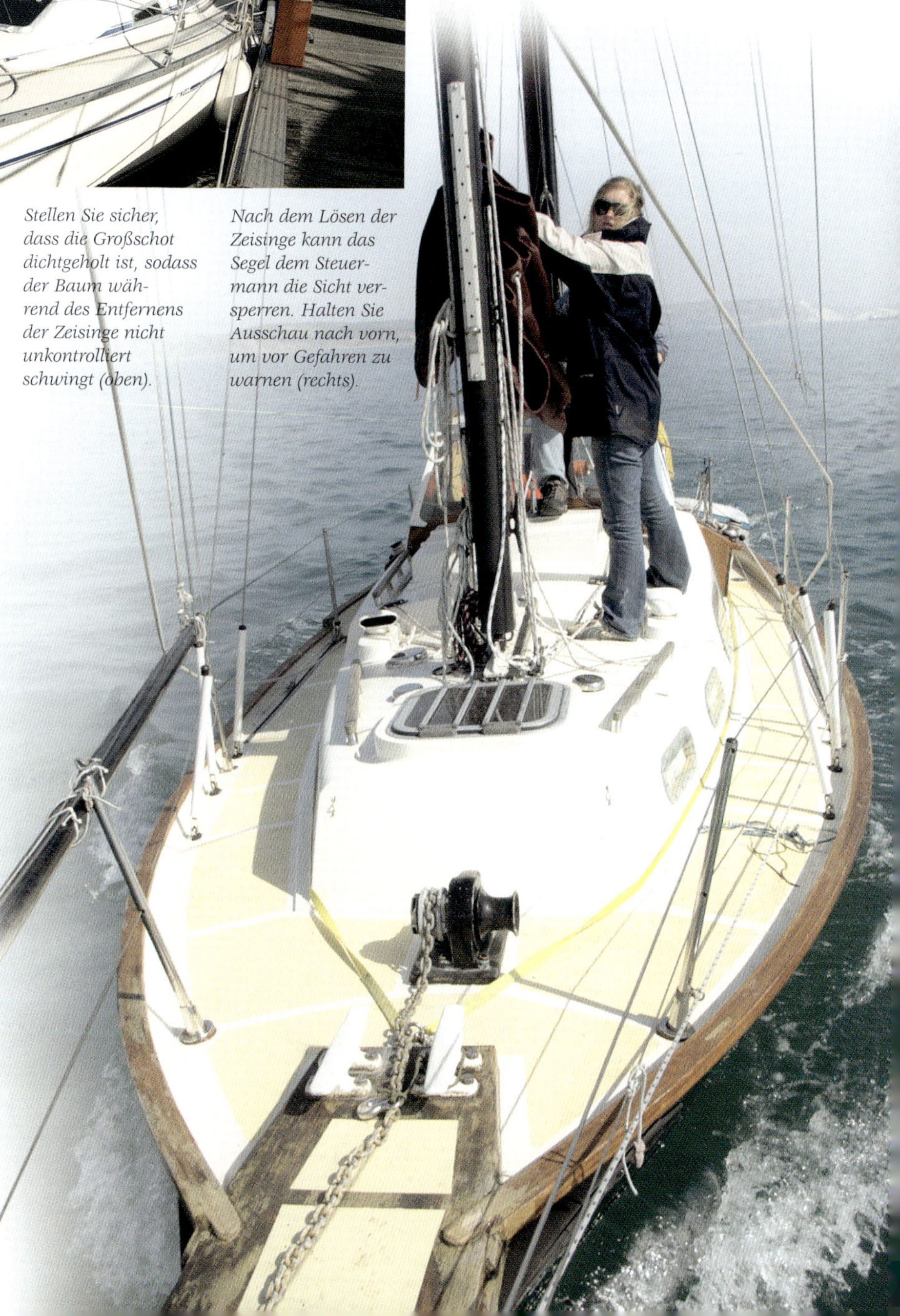

Stellen Sie sicher, dass die Großschot dichtgeholt ist, sodass der Baum während des Entfernens der Zeisinge nicht unkontrolliert schwingt (oben).

Nach dem Lösen der Zeisinge kann das Segel dem Steuermann die Sicht versperren. Halten Sie Ausschau nach vorn, um vor Gefahren zu warnen (rechts).

Das Fall befestigen

Das Fall sollte immer schon vor dem Auslaufen am Großsegel befestigt werden. Falls der Motor plötzlich ausfällt, muss das Segel schnell gesetzt werden können.

Öffnen Sie die Klemme auf dem Kajütdach, um das Fall etwas zu lösen. Ein Crewmitglied geht nun an den Mast und hakt den Schäkel am Ende des Falls im Segelkopf ein. Ziehen Sie das Fall nach unten und legen Sie es einmal um eine Klampe. Dann schließen Sie die Klemme und ziehen es dicht, damit es bis zum Segelsetzen nicht herumschwingt und sich um die Saling wickelt.

Fertig zum Setzen

Die Zeisinge, die das Segel sichern, werden entfernt (falls keine Lazyjacks mit Baumkleid vorhanden sind). Die Niedergangsluke wird zugezogen, damit keiner hineinfällt. Halten Sie gut Ausschau nach vorn, die Sicht des Steuermanns ist möglicherweise beeinträchtigt. Vergewissern Sie sich, dass der Baumniederholer gelöst ist und die Großschot gefiert werden kann. Warnen Sie die Crew vor dem schwingenden Baum.

Setzen des Großsegels

Wenn die Crew alles vorbereitet hat, ist es Zeit zum Segelsetzen. Das Fall wird am Mast entsichert (von der Klampe genommen) und das Segel hochgezogen. Bereiten Sie sich auf Zwischenstopps vor oder darauf, das Segel herunterzulassen, falls etwas hakt.

Aus dem Cockpit heraus setzen

- Wenn das Fall am Segel befestigt und zur Sicherung nach unten dichtgezogen ist, muss es vor dem Setzen kurz gelöst und dann erneut unter Spannung gesetzt werden. Lassen Sie das Fall nie lose im Wind fliegen, es kann sich sonst leicht um die Saling wickeln und ist schwer wieder zubefreien.
- Stellen Sie sicher, dass die Klemme geschlossen ist, wenn nun Hand über Hand am Fall gezogen wird. Wenn die Last schwerer wird, legen Sie das Fall zweimal um die Winsch und ziehen Sie weiter. Wenn es nun zu schwer wird, legen Sie noch einen Turn um die Winsch und das Fall in den sogenannten Selftailer.
- Stecken Sie die Kurbel auf die Winsch und drehen Sie, bis das Segel an der Mastspitze angekommen ist. Da die Klemme geschlossen ist, liegt keine Last mehr auf dem Teil des Falls, der auf der Winsch liegt. Nehmen Sie es herunter und schießen Sie es sauber auf.

Vorsicht Lazyjacks!

Während des Setzens können sich die Enden der Segellatten leicht in den Lazyjacks verfangen. Es ist daher wichtig, genau in den Wind zu steuern. Wenn sich eine Latte verhakt, muss das Segel etwas heruntergelassen werden, bis sie wieder frei ist. Beobachten Sie deshalb immer das Segel, während Sie es setzen.

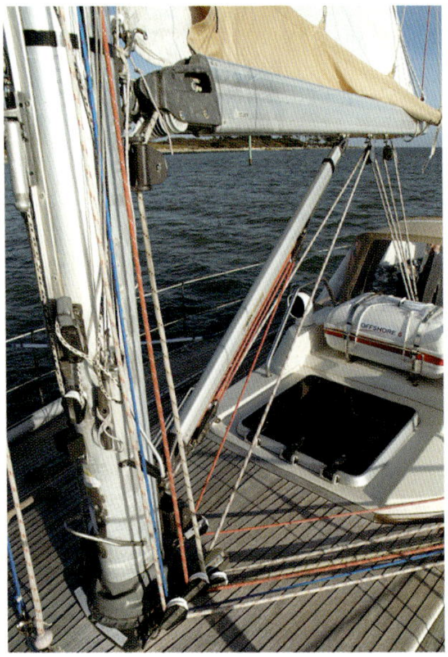

Strecker und Fallen werden am Mast nach unten geführt und über Umlenkblöcke ins Cockpit geleitet. In den Haken wird jeweils die vordere Reffkausch eingehakt (oben).

Die Dirk

Die Dirk ist eine Leine, die den Baum hält, wenn das Segel nicht gesetzt ist. Nach dem Setzen sollte die Dirk etwas gelöst werden, damit der Baum frei zu bewegen ist. Denken Sie daran, die Dirk anzusetzen, bevor das Segel geborgen wird.

Baumniederholer

Ziehen Sie den Baumniederholer etwas an, nachdem das Großsegel gesetzt ist. Der Baumniederholer verhindert auf Vorwindkursen das Steigen des Baumes.

Bergen des Großsegels

Das Bergen ist das entgegengesetzte Manöver des Setzens. Bedenken Sie, dass die Sicht des Steuermanns eingeschränkt sein kann, wenn das Segel heruntergelassen und aufgetucht (verstaut) wird.

- Der Bug muss während des Bergens in den Wind zeigen. Das ist nicht ganz so wichtig wie beim Setzen, aber es hilft, den Baum und das Segel unter Kontrolle zu halten.
- Fieren (lösen) Sie die Großschot und den Baumniederholer und

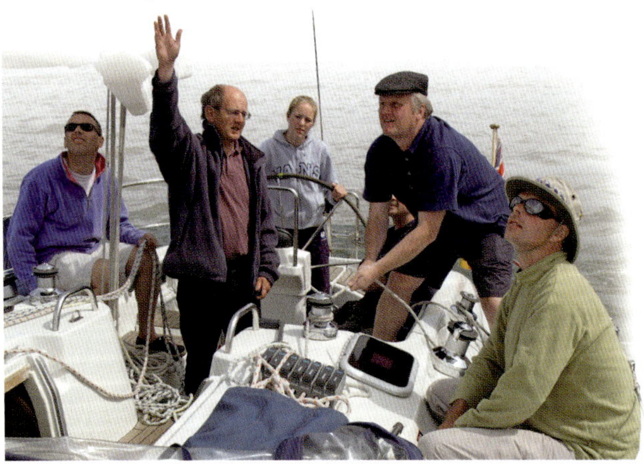

»Ganz bis nach oben bitte.« Ziehen bzw. kurbeln Sie, bis das Segel den Masttopp erreicht. Stellen Sie sicher, dass der Baumniederholer gelöst ist und die Reffleinen frei laufen (links).

ziehen Sie die Dirk dicht, damit der Baum nicht herunterfällt.

- Legen Sie das Fall zweimal um die Winsch und bereiten Sie das Öffnen der Klemme vor.
- Ein Crewmitglied sollte nach vorn gehen, um die Rutscher am Mast herunterzuziehen.
- Wenn alle gut vorbereitet sind, öffnen Sie die Klemme und lösen Sie das Fall. Niemals unkontrolliert ausrauschen lassen! Führen Sie das Fall und stimmen Sie das Timing mit der Crew am Mast ab.
- Während das Segel heruntergelassen wird, kann die Großschot dichtgeholt werden,um den Baum vor dem Schwingen zu bewahren.
- Wenn das Segel ganz unten ist, setzen Sie die Großschot dicht und heben den Baum wenn nötig mit der Dirk an.
- Wenn Lazyjacks angebaut sind, ist das Segel bereits in Falten auf den Baum gefallen, und es muss nur der Reißverschluss des Baumkleides geschlossen werden.
- Ohne Lazyjacks muss das Segel auf dem Baum gefaltet werden. Sichern Sie den Baum gut in der Mitte. Falten Sie das Segel so stramm wie möglich und sichern Sie es mit Zeisingen.
- Lösen Sie den Schäkel am Kopf des Segels, sichern Sie ihn am Ende des Baums und holen Sie das Fall dicht.
- Sichern Sie das Fall nicht am Mast, es wird Lärm machen, wenn es bei Wind an den Aluminiummast schlägt. Achtung: Lassen Sie das Fall nie los, es wird schwierig sein, es wieder einzufangen.
- Schützen Sie das Segel mit einem Baumkleid.

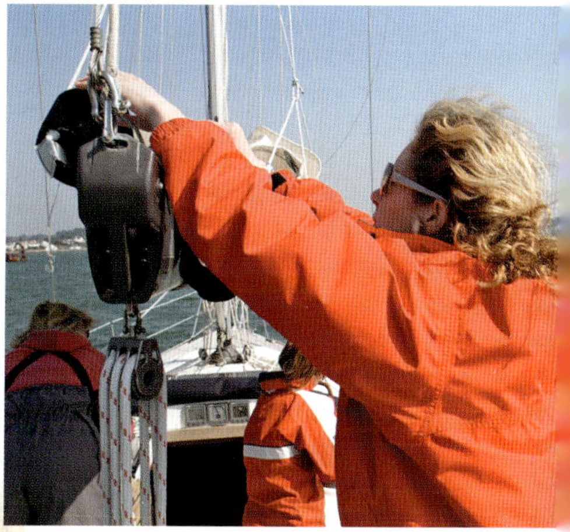

Denken Sie an die Dirk. Sie hält den Baum, wenn das Großsegel geborgen wird, muss aber gelöst werden, sobald das Segel oben ist und die Großschot dichtgeholt wird, um am Wind zu segeln (oben).

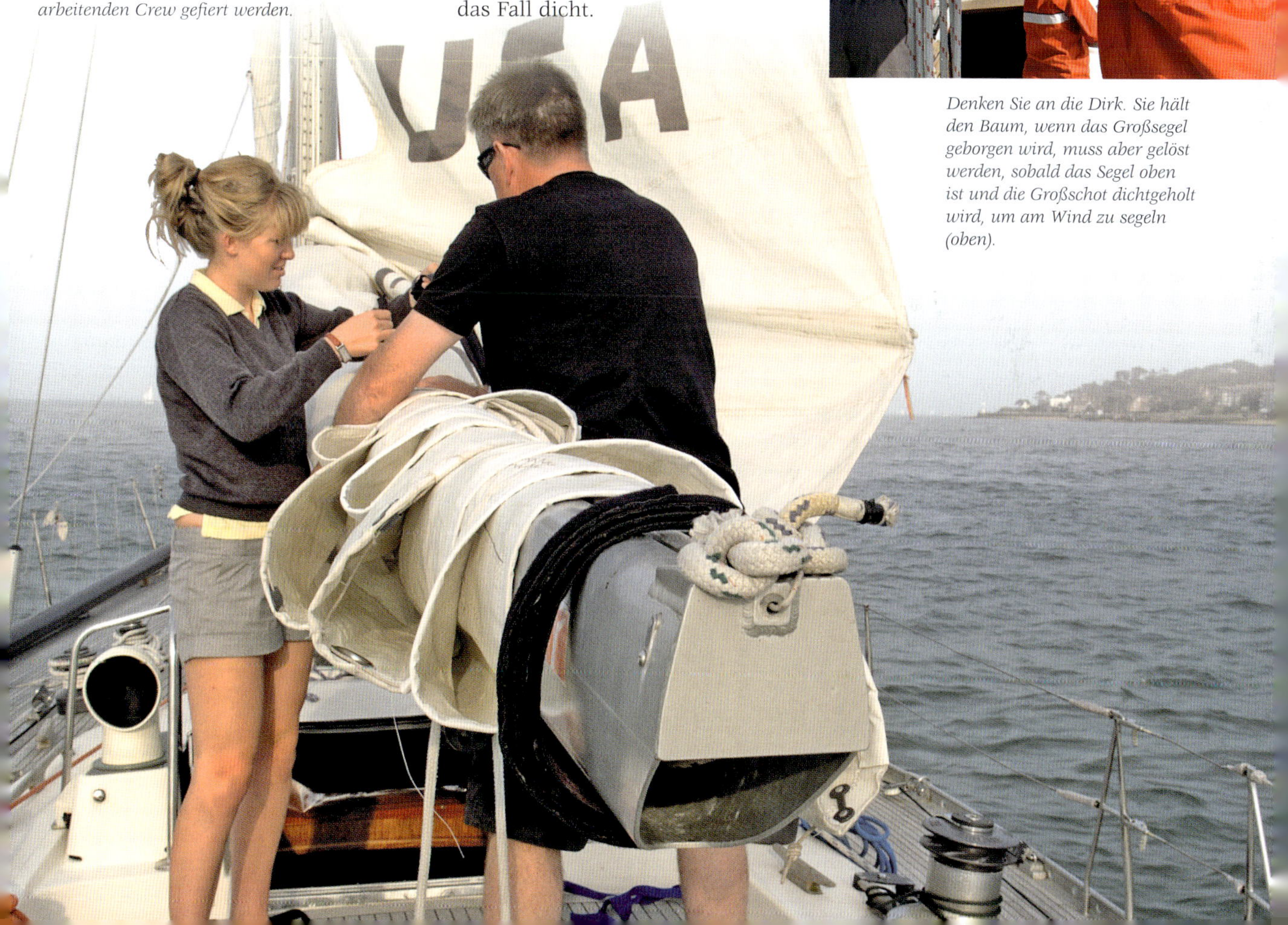

Hier wird das Segel schön auf dem Baum gefaltet. Ohne Lazyjacks ist dazu ein wenig Geduld nötig. Das Fall sollte im Einklang mit der am Baum arbeitenden Crew gefiert werden.

Das Vorsegel

Auf den meisten Fahrtenyachten findet man ein großes aufrollbares Vorsegel. Das Segel kann ganz oder nur teilweise aufgerollt werden, wenn man mit gerefftem Vorsegel fahren möchte. Das Rollsystem ist leicht zu bedienen, bringt aber Nachteile in der Leistungsfähigkeit.

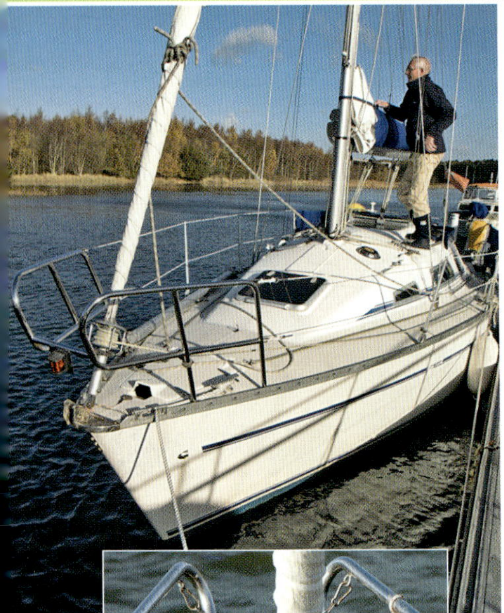

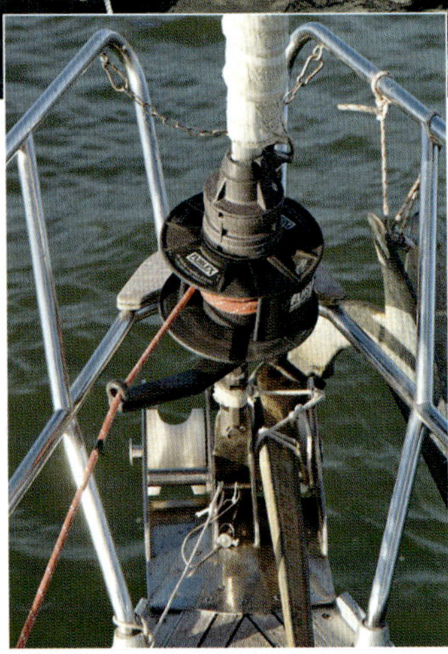

Die Trommel der Rollanlage erleichtert das Einrollen der Genua. Die Rollleine sollte dabei immer unter Kontrolle bleiben (oben).

Beim Einrollen des Vorsegels sollte darauf geachtet werden, dass es so eng wie möglich aufgerollt wird. Danach wird die Rollleine belegt, und beide Vorschoten werden dichtgeholt (ganz oben).

Wie ist das Segel befestigt?

- Eine Rollgenua läuft in einer Aluminiumnut, die um das Vorstag rotiert. Das Liektau wird in die Nut eingefädelt und am Fall nach oben gezogen, während das Segel ausgerollt ist.
- Das Segel kann dann praktischerweise die Saison über gesetzt bleiben und wird nur zum Segeln ausgerollt. Einige Eigner ziehen noch einen zusätzlichen schlauchartigen UV-Schutz über die aufgerollte Genua.
- Beide Vorschoten sind mit einem Palstek am Schothorn angeknotet. Ziehen Sie die Knoten gut dicht.

Das Segel ausrollen

- Das Vorsegel kann auf jedem Kurs ausgerollt werden, aber es ist leichter auf einem Amwind- oder Halbwindkurs, da der Wind es dann zur Seite weht.
- Die Rollleine muss frei laufen, wenn das Segel sich entfaltet. Prüfen Sie sie vorher, damit keine Knoten entstehen, die den Vorgang blockieren.
- Legen Sie die Vorschot zweimal um die leeseitige Genuawinsch. Wenn die Klemme der Rollleine geöffnet ist, kann die Genau durch Ziehen an der Schot entrollt werden. Tragen Sie Handschuhe beim Bedienen der Rollleine, die Hand über Hand gefiert wird. Wenn zu viel Druck entsteht, hilft es, die Rollleine um eine Winsch oder Klampe zu lenken, um sie zu bremsen. Versuchen Sie immer, die Leine zu kontrollieren, um das Vorsegel nicht mit einem Schlag ausrollen zu lassen.

Das in das Vorliek eingenähte Liektau wird in einem drehbaren Profilvorstag hochgezogen (unten).

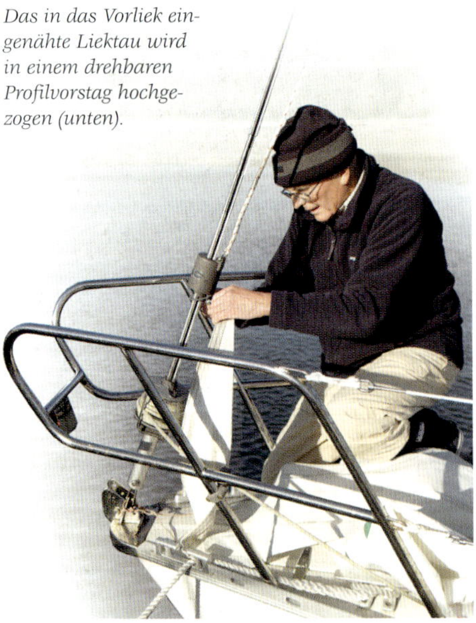

Einrollen des Segels

- Wenn der Wind nicht gerade sehr leicht ist, wird es nötig sein, die Rollleine um eine Winsch zu legen und hereinzukurbeln. Die Rollleine hat einen kleinen Durchmesser. Halten Sie die Leine unter Spannung und tragen Sie Handschuhe.
- Zwei Crewmitglieder sollten hierbei zusammenarbeiten. Einer kurbelt die Rollleine herein, der andere fiert die Genuaschot. Lassen Sie die Genuaschot nicht einfach frei fliegen, sondern halten Sie auch hier etwas Spannung, damit das Vorsegel eng eingerollt werden kann. Je mehr Segel ein-

1. Das Vorsegel wird ausgerollt, indem die Rollleine aus der Klemme genommen und die Leeschot mithilfe einer Winsch dichtgeholt wird. 2. Sobald mehr Segel ausgerollt ist, wird es anfangen zu schlagen. Die Rollleine muss frei laufen und darf sich nicht verhaken. 3. Das Segel ist ganz ausgerollt, und die Crew kurbelt die Schot dicht, um an den Wind zu gehen.

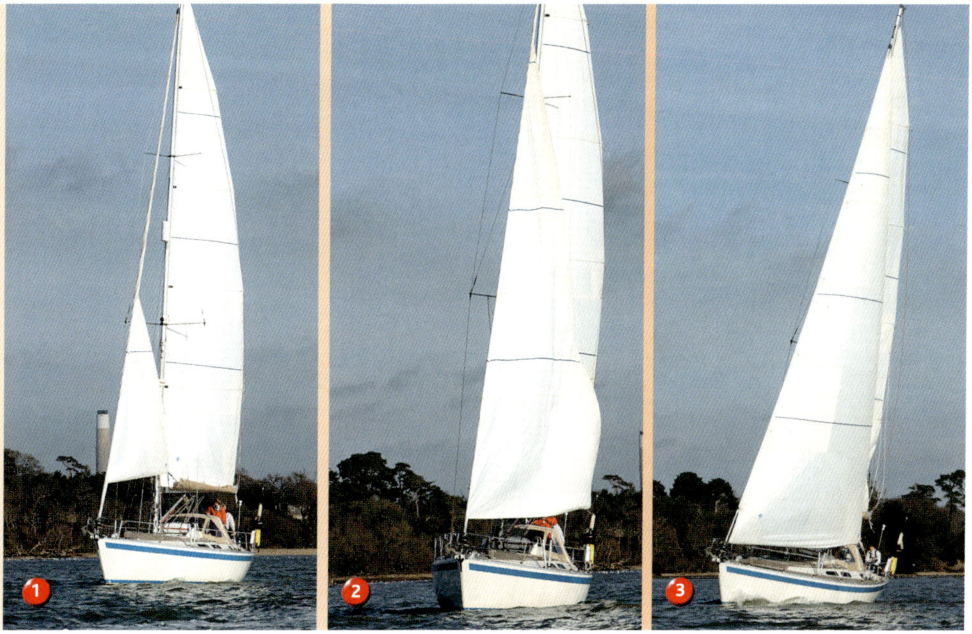

gerollt ist, umso weniger Kraft ist nötig, und die Leine kann schließlich per Hand eingeholt werden.

- Das Segel sollte sauber und fest eingerollt sein. Wenn nicht, versuchen Sie es noch einmal. Ziehen Sie so lange weiter, bis sich ein paar Drehungen der Schot um das Segel gewickelt haben. Belegen Sie die Rollleine und holen Sie beide Schoten dicht.

Reffen des Vorsegels

- Bei viel Wind möchten Sie möglicherweise nur einen Teil der Genua ausrollen. Überlegen Sie gut, wie viel, und lassen Sie dann nur so viel Rollleine heraus wie benötigt. Erst nachdem die Rollleine belegt ist, ziehen Sie die Genau mit der Schot heraus.
- Wenn Sie die Segelfläche reduzieren möchten, starten Sie mit dem Einrollen. Es wird viel Druck auf der Rollleine sein, sodass Sie eine Winsch benötigen werden.
- Wenn sich die Fläche des Vorsegels verändert, muss auch der Holepunkt der Schot angepasst werden. Wird die Fläche verkleinert, muss er auf der Schiene nach vorn wandern. Das ist nur möglich, wenn kein Druck auf der Schot ist. Um zu beurteilen, ob der Block an der richtigen Position sitzt, prüfen Sie, ob Unterliek und Achterliek ähnlich gespannt sind. Wenn das Achterliek zu weit geöffnet ist, muss der Holepunkt weiter nach vorn. Ist das Unterliek zu offen, setzen Sie den Holepunkt weiter nach achtern.

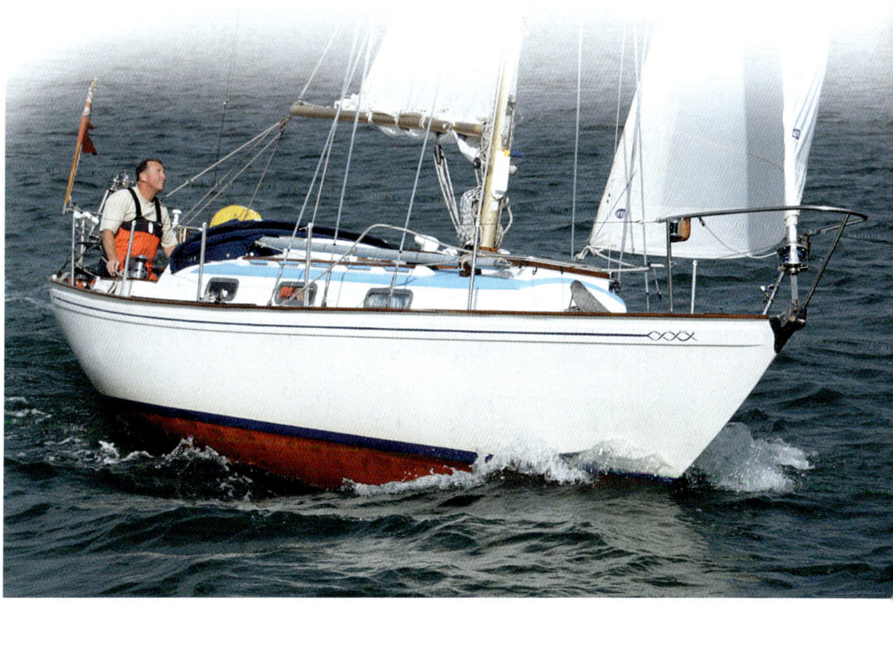

Wenn die Segelfläche reduziert wird, muss der Schotholepunkt nach vorn versetzt werden.

Reffen

Segel werden gerefft, um das Boot auszubalancieren. Wenn zu viel Druck auf dem Ruder liegt oder das Boot stark krängt, wird es Zeit, die Segelfläche zu reduzieren.

Die Balance halten

Das Großsegel ist der Hauptmotor einer Yacht. Seine Größe und Kraft muss mit dem Vorsegel abgestimmt sein, auch wenn gerefft wird. Stellen Sie sich den Segelplan wie einen Wetterhahn auf dem Dach eines Hauses vor, der sich um eine zentrale Achse dreht. Wenn Sie drei Viertel des Vorsegels wegrollen, dann entwickelt sich bei vollem Großsegel zu viel Druck hinter dem Mast, und das Boot will ständig mit dem Bug in den Wind drehen; es wird schwer zu steuern.

Wenn Sie zwei Reffs in das Großsegel einbinden, das Vorsegel aber noch voll ausgerollt ist, dann entsteht zu viel Druck vor dem Mast, und das Boot tendiert dazu, abzufallen. Es gilt, die richtige Balance zu finden.

Segelfläche reduzieren

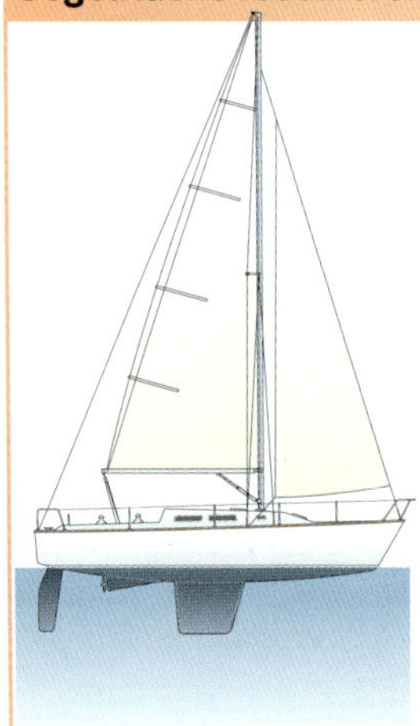

Mit voller Segelfläche sollte eine typische 7/8-geriggte Slup bis zu Windstärke 4 gut ausbalanciert sein.

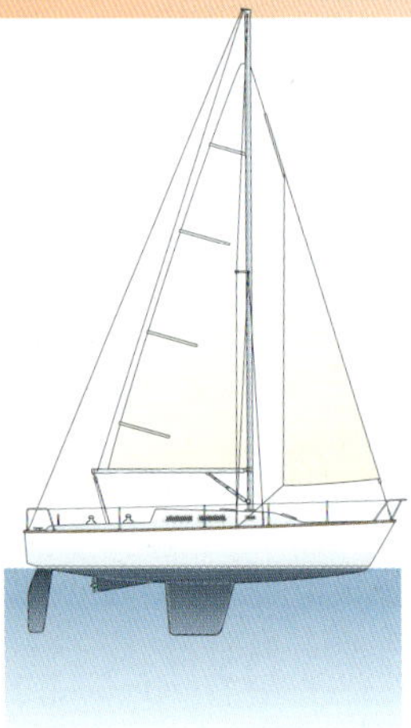

Nimmt der Wind zu, können sowohl Boot als auch Segel besser gehandelt werden, wenn ein Reff ins Großsegel gebunden wird und die Genua ein Stück eingerollt ist.

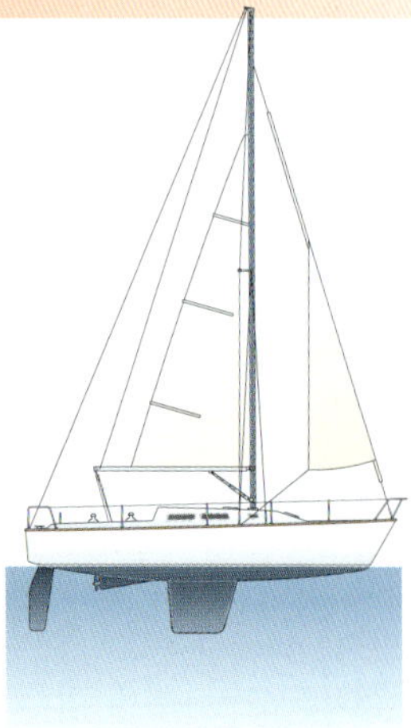

Bei Starkwind sind eventuell zwei Reffs im Großsegel und ein kleines Stück Genua die richtige Wahl, um das Boot auszubalancieren und zu viel Ruderdruck zu vermeiden.

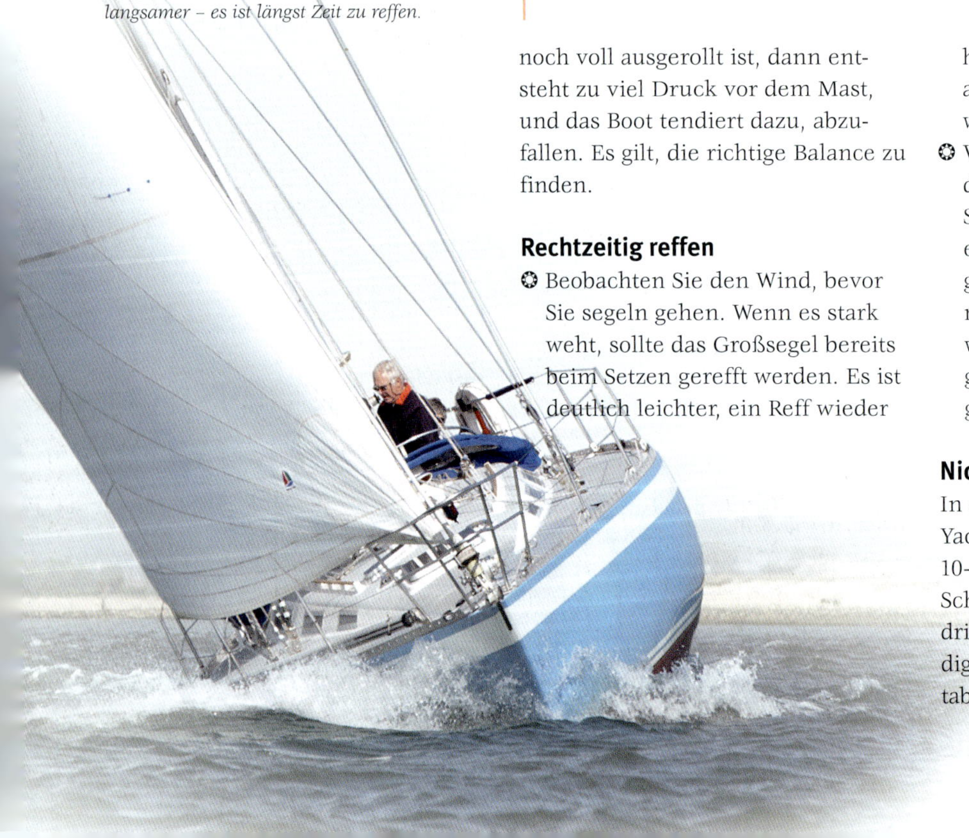

Weiter sollte keine Yacht je krängen. Wenn das Seitendeck durchs Wasser pflügt, driftet die Yacht seitwärts und wird langsamer – es ist längst Zeit zu reffen.

Rechtzeitig reffen

- Beobachten Sie den Wind, bevor Sie segeln gehen. Wenn es stark weht, sollte das Großsegel bereits beim Setzen gerefft werden. Es ist deutlich leichter, ein Reff wieder herauszunehmen, wenn der Wind abflaut, als eines einzubinden, wenn er zu stark wird.
- Vorsicht auch beim Ausrollen der Genua. Lassen Sie erst ein Stück heraus und testen Sie, wie es sich anfühlt. Wenn es nicht genug Segelfläche ist, können Sie mehr ausrollen. Leichter geht das, wenn die Rollleine um die Winsch gewickelt ist und stückweise gefiert wird.

Nicht zu viel Schräglage!

In einer guten Brise legt sich eine Yacht auf die Seite – sie krängt. 10–20 Grad sind normal. Bei mehr Schräglage fängt sie an, seitwärts zu driften, und verliert an Geschwindigkeit, zudem wird es unkomfortabel für die Crew. Beheben Sie das

Problem durch Reffen. Die meisten Yachten verlieren dadurch erstaunlich wenig Speed.

Reffen des Großsegels

- Einige Yachten sind mit einem Zweileinen-Reffsystem ausgestattet, wodurch gerefft werden kann, ohne dass ein Crewmitglied das Cockpit verlassen muss. Bei einem einfachen System muss ein Segler an den Mast, um die Reffkausch einzuhaken.
- Der Bug sollte in den Wind zeigen, während Sie reffen. Wenn Sie auf einem Vorwindkurs segeln, drehen Sie das Boot um. Achtung: Es wird dadurch plötzlich sehr viel rauer!

Klar zum Reffen

- Sortieren Sie vorab die einzelnen Reffleinen, die in der Regel verschiedenfarbig sind.
- Lösen Sie den Baumniederholer.
- Das Fall sollte zweimal um die Winsch gewickelt sein.
- Öffnen Sie die Großschot und holen Sie die Lose aus der Dirk, damit der Baum nicht ins Cockpit fällt.

Einreffen

- Die Klemme des Großfalls wird geöffnet.
- Das Fall wird nun so weit gefiert, dass die vordere Reffleine dichtgeholt bzw. die Reffkausch eingehakt werden kann.
- Nun wird die achtere Reffleine bis auf den Baum dichtgeholt.
- Schließen Sie jetzt die Klemme des Großfalls und kurbeln Sie das Fall wieder dicht, um das Vorliek durchzusetzen.
- Lösen Sie die Dirk wieder etwas und setzen Sie den Baumniederholer an.

Ausreffen

- Steuern Sie das Boot in den Wind, fieren Sie den Baumniederholer und die Großschot, die Dirk wird dichtgeholt.
- Das Fall wird dreimal um die Winsch gelegt. Öffnen Sie die Klemmen der Reffleinen und achten Sie darauf, dass alle Reffleinen frei laufen. Kurbeln Sie das Großsegel nach oben, wobei die Großschot gefiert ist und der Bug in den Wind zeigt. Achten Sie darauf, dass die Latten sich nicht in den Lazyjacks verhaken. Wenn das Großsegel vollständig gesetzt ist, werden die Klemmen der Reffleinen geschlossen und das Fall von der Winsch genommen. Leinen sauber verstauen.
- Lösen Sie die Dirk wieder etwas und ziehen Sie den Baumniederholer an.

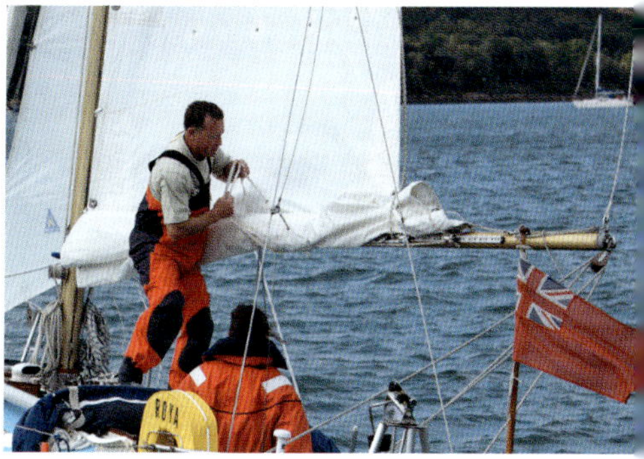

Manchmal wird das Segel noch zusätzlich mit Reffbändseln gesichert, um es sauber aufzutuchen. Dies wird allerdings nur noch selten gemacht, da die Bändsel keinen großen Effekt haben und eher störend wirken. Außerdem schadet eine allzu große Spannung durch die Reffbändsel dem Segel.

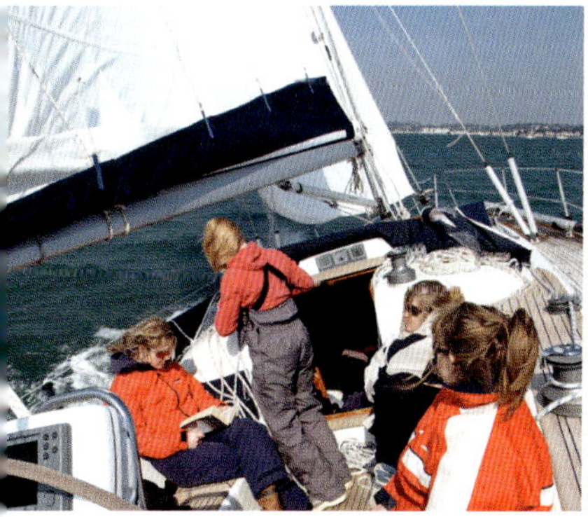

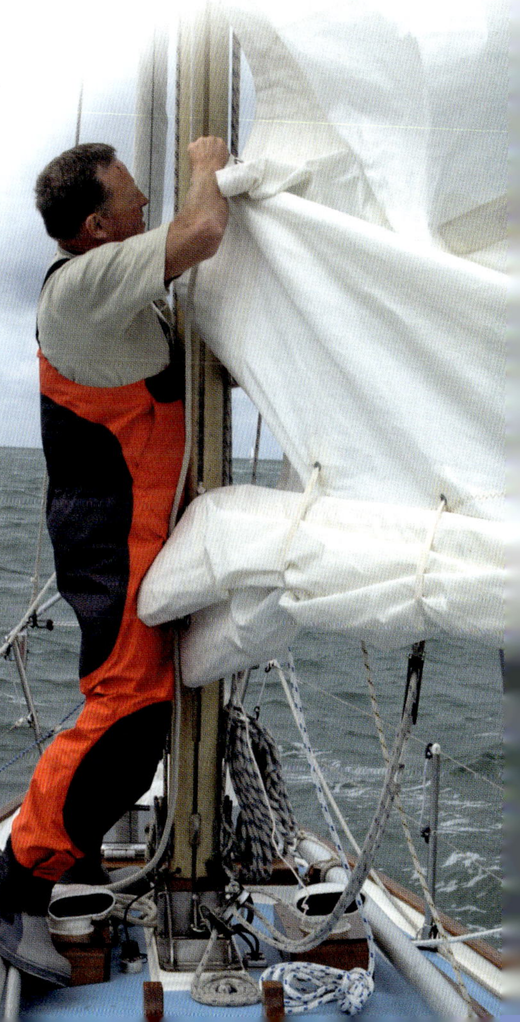

Auf einigen Yachten muss das Vorliek Hand über Hand heruntergezogen werden, um die Reffkausch einzuhaken, bevor das Fall wieder dichtgeholt wird (rechts).

Lazyjacks und der Segelschutz fangen den weggerefften Teil des Segels auf (links).

Am Wind segeln

Es ist eine Kunst, eine Yacht am Wind zu segeln. Man fühlt die Reaktion des Schiffes nicht so direkt wie in einer Jolle. Aber das Prinzip ist das gleiche: die Segel korrekt einstellen und das Boot in der Balance halten.

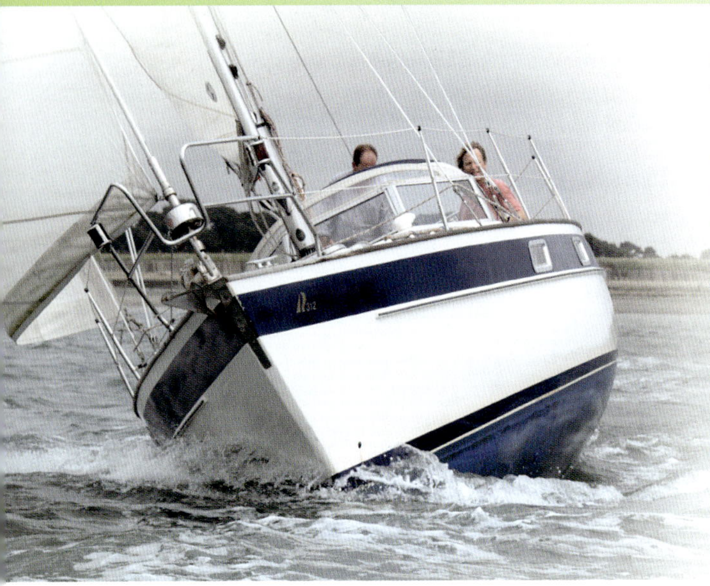

Am Wind mit einem leichten Schrick in den Schoten (etwas aufgefiert) segelt es sich schnell und angenehm (oben).

Den Wind beobachten

Die meisten Yachten haben einen Verklicker (Windanzeiger) am Masttopp, aber es ist anstrengend, ständig dort hochzugucken. Elektronische Instrumente zeigen daher im Cockpit an, aus welcher wahren und scheinbaren Richtung der Wind weht. Dadurch ergibt sich allerdings nur ein zweidimensionales Bild davon, wie hoch am Wind und wie effektiv das Boot gerade segelt.

Die beste Methode, die eigene Steuerleistung zu beurteilen, ist einfach: Beobachten Sie die Windfäden im Vorsegel. Windfäden sind aus Wolle oder leichten Tuchstreifen, kleben in der Nähe des Vorlieks und zeigen, wie der Wind am Segel entlangströmt. Wenn die Fäden auf beiden Seiten des Segels gerade nach hinten wehen, ist alles gut. Wehen die Windfäden auf der Luvseite des Segels nach oben, müssen Sie die Vorschot dichternehmen oder weiter abfallen. Flattern die Leefäden nach oben, wird die Schot etwas gefiert, oder der Steuermann fällt ein paar Grad ab.

Einstellen der Segel für Amwindkurse

Nehmen Sie die Großschot dicht, bis das Segel aufhört zu schlagen. Niemals dichter holen als nötig, das kostet Geschwindigkeit. Auch die Vorschot wird dichtgeholt, bis das Segel nicht mehr flattert und die Windfäden nach achtern wehen. Der Wind strömt durch die Düse zwischen Groß- und Vorsegel und kann dem Großsegel einen sogenannten Gegenbauch einbringen. Das macht aber nichts und es schadet, die Großschot dann dichter zu nehmen.

Die Düse zwischen Vor- und Großsegel beschleunigt den Wind. Dadurch erhält das Groß im Vorliek manchmal einen Gegenbauch und flattert dort, aber die Leistung wird dadurch nicht beeinträchtigt (unten).

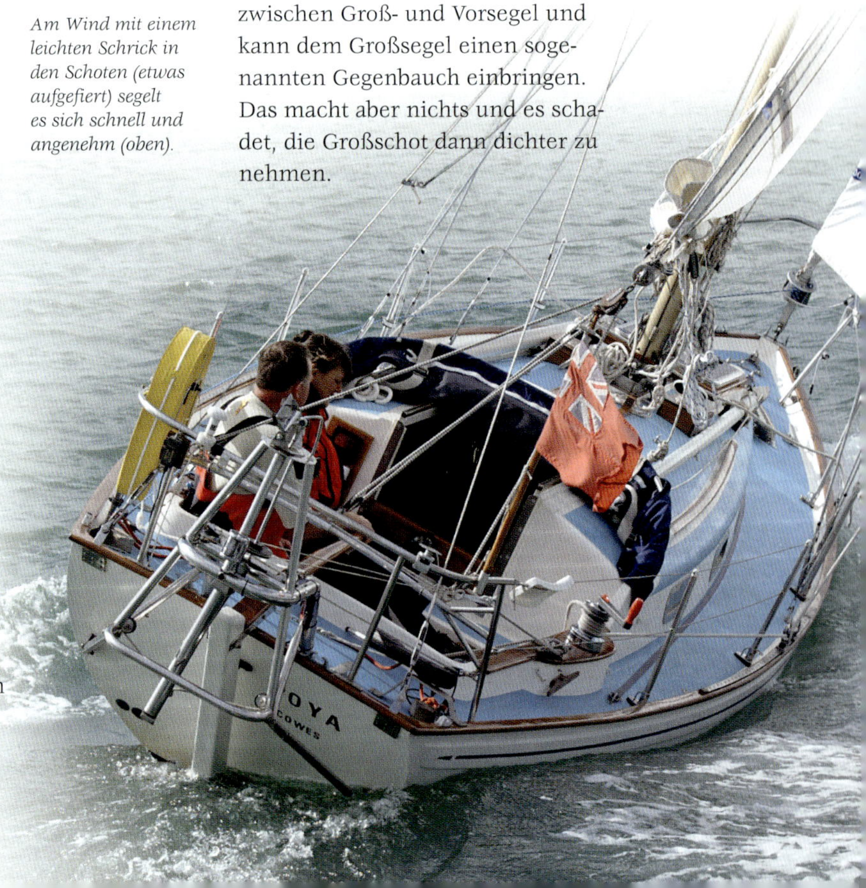

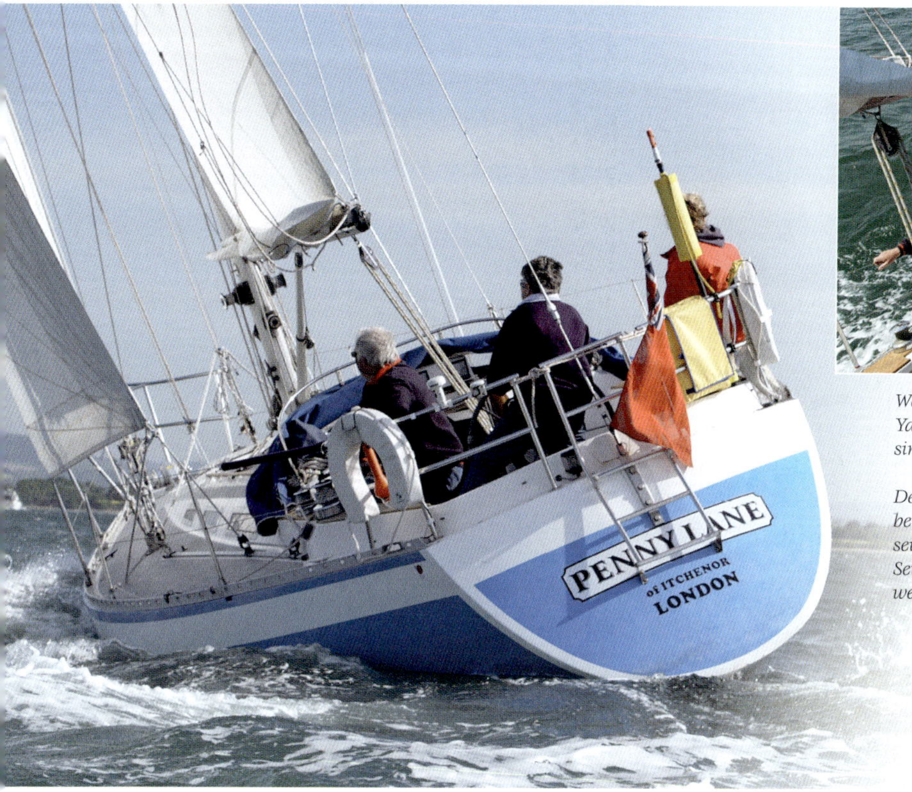

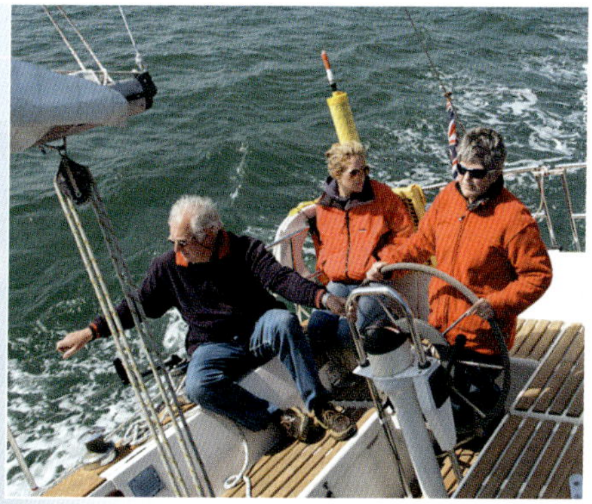

Wenn sie gut getrimmt sind, finden viele Yachten am Wind ihre Balance – dann sind sie leicht zu steuern (oben).

Der freie Blick auf die Windfäden kann beim Amwindsteuern sehr hilfreich sein. Die Windfäden sollten auf beiden Seiten des Vorsegels gerade nach achtern wehen (links).

Wie hoch am Wind kann man segeln?

Auf Amwindkurs wollen Sie so hoch wie möglich segeln, aber auch die Geschwindigkeit soll stimmen. Der höchstmögliche Winkel zum Wind ist in der Regel 30 Grad. Realistischer sind 45–50 Grad. Ein tiefer, schmaler Kiel und ein hoch geschnittenes Segel helfen dabei. Yachten mit flacherem Kiel und einem halb eingerollten Vorsegel driften hingegen eher nach Lee.

Einstellen der Segel für eine Kreuz

Wenn Sie kreuzen müssen, sollten die Segel dicht, aber nicht zu dicht eingestellt sein. Der Traveller der Großschot steht am besten in der Mitte. Das Vorsegel einzustellen ist nicht ganz leicht. Beobachten Sie die Enden der Salinge. Bei den meisten Riggs sollte das Vorsegel ganz nah an der Saling sein, sie aber nicht berühren. Wenn das Segel die Saling berührt – meist bei nachlassender Brise –, fieren Sie die Schot etwas. Wenn das Vorsegel mehr als ein paar Zentimeter entfernt ist, sollte es noch dichter geholt werden.

Wenn die Windfäden in Luv anfangen, nach oben zu wehen, sollten Sie leicht abfallen. Nutzen Sie die unteren Windfäden für eine präzisere Aussage.

Das Achterliek von Groß- und Vorsegel verläuft nicht in gerader Linie vom Topp zum Schothorn, es öffnet sich naturgemäß nach oben hin etwas. Dieses »Verdrehen« nennt man Twist. Daher wehen Windfäden im oberen Bereich des Segels oftmals anders als weiter unten.

Am Wind steuern

Bei Bedienen der Pinne oder des Rads sollte ein leichter Ruderdruck spürbar sein, mit einer kleinen Luvgierigkeit (das heißt, etwas mehr Druck ist erforderlich, um nach Lee zu steuern). Wenn es schwer wird, abzufallen, ist das Boot nicht ausbalanciert. Fieren Sie entweder die Großschot etwas oder reffen Sie das Großsegel. Wenn das Boot hingegen die Tendenz hat, selbständig abzufallen, ist zu viel Druck auf dem Vorsegel.

Das Boot am Laufen halten

Eine der Herausforderungen des Amwindsegelns liegt darin, das Boot fließend in Bewegung zu halten und den richtigen Kompromiss zwischen Richtung und Geschwindigkeit zu finden. Direkt in eine Welle zu steuern, wird das Boot aufstoppen. In hohen Wellen ist es daher notwendig, etwas weiter abzufallen, um die Geschwindigkeit beizubehalten.

Kreuzen

Um gegen den Wind zu segeln, müssen Sie Wendenfahren. Eine Wende ist ein einfaches Manöver, das auf guter Kommunikation zwischen Steuermann und Crew basiert.

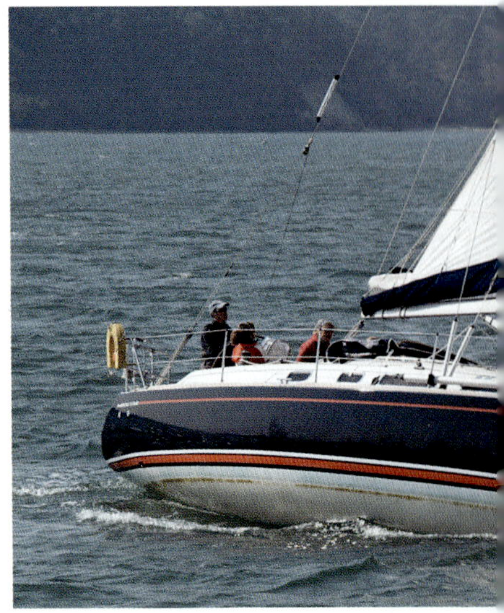

Warum muss gekreuzt werden?

Es ist unmöglich, direkt gegen die Windrichtung zu segeln. Eine Yacht kann maximal 30 Grad zum Wind segeln, aber das ist bereits sehr hoch am Wind. Wie häufig gewendet werden muss, hängt von den örtlichen Bedingungen ab. Bei wenig Welle, beständigem Wind und vernachlässigbarem Tidenstrom kann es ausreichen, eine einzige Wende zu fahren. In rauer See, bei wechselnden Winden und strömenden Gewässern führt der Weg oft nur im Zickzackkurs zum Ziel.

Der Wendewinkel

Um zu wenden, muss der Bug durch den Wind gesteuert werden. Das Boot sollte dabei in einer fließenden Bewegung gedreht werden. Zuerst wird angeluvt in Richtung des Windes, dann zeigt der Bug in den Wind, und schließlich wird das Boot auf dem anderen Bug wieder vom Wind weggedreht.

Ein Boot, das normalerweise 40 Grad zum Wind segeln kann, beschreibt in einer Wende einen Bogen von 80 Grad. Wenn Sie allerdings noch etwas weiter steuern (etwa 90 Grad), dann kann das Boot auf dem neuen Bug zunächst schneller Geschwindigkeit aufnehmen, bevor erneut so hoch wie möglich an den Wind gesteuert wird – ohne dabei zu bremsen.

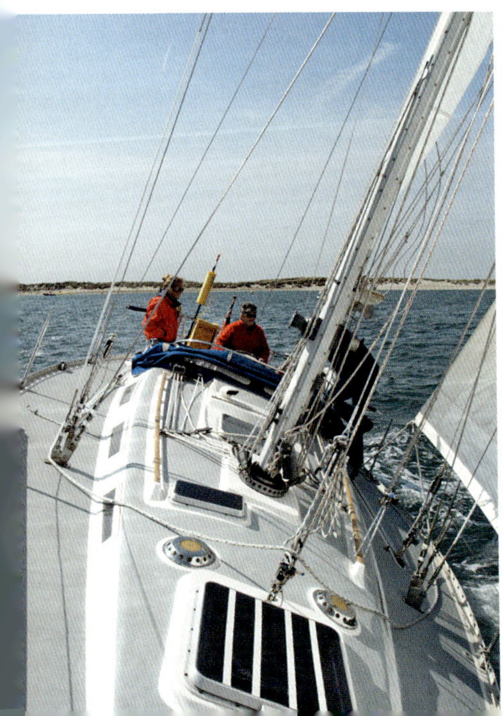

Diese Yacht segelt auf Backbordbug so hoch wie möglich. Um den Kurs nach Steuerbord zu ändern und auf dem anderen Bug weiterzusegeln, ist eine Drehung von mindestens 60 Grad notwendig.

Wer macht was?

Der Steuermann instruiert seine Crew, sagt an, wann das Manöver beginnt, und steuert die Yacht durch die Wende. Die Großschot kann dabei belegt bleiben. Normalerweise gibt es keinen Grund, sie zu bedienen. Die Schot des Vorsegels hingegen muss auf der »alten« Seite gefiert und auf der »neuen« Seite eingeholt werden. Diese Aufgabe übernehmen zwei Crewmitglieder im Cockpit, jedes auf einer Seite. Erfahrenen Seglern ist es bis zu einer bestimmten Bootsgröße möglich, beide Schoten allein zu bedienen.

Der Wendevorgang

- Der Steuermann entscheidet, wann zu wenden ist, nachdem geprüft wurde, ob in Luv genügend Platz ist. Beobachten Sie die Wellen, die das Boot aufstoppen können, wenn es im Wind steht, und suchen Sie sich lieber einen ruhigen Moment aus. Im Zweifelsfall verschieben Sie die Wende.
- Der Steuermann kündigt das Manöver an mit »Klar zur Wende?«. Ein Crewmitglied begibt sich zur Vorschotwinsch auf der Leeseite, nimmt die Schot aus dem Selftailer und hält sie fest. Das andere Crewmitglied zieht bereits die Lose aus der luvseitigen Schot, legt die Schot zweimal um die Winsch und hält sie ebenfalls fest.
- Beide Crewmitglieder bestätigen mit »Klar!«.
- Der Steuermann kündigt die Wende an mit »Ree« (traditionell) oder »Wende« (modern) und dreht das Steuerrad nach Luv bzw. drückt die Pinne nach Lee, um das Boot in den Wind zu steuern.
- Das Boot sollte in einer fließenden Bewegung gedreht und dabei nicht im Wind gestoppt werden. Noch während das Boot dreht, drückt der Wind bereits von der neuen Seite in das Vorsegel und hilft bei der Drehung.

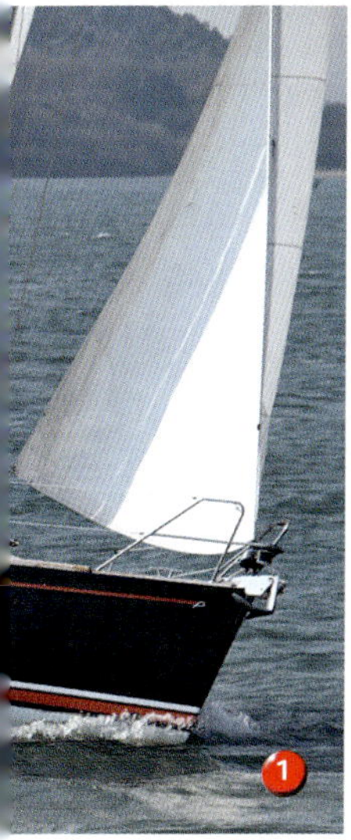

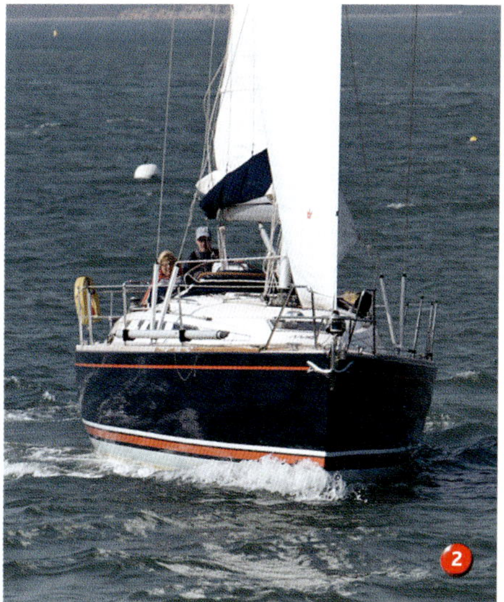

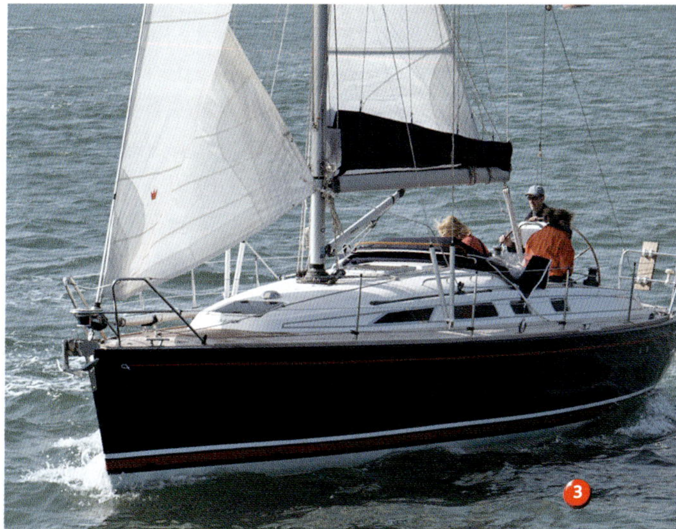

1. Wenn die Crew bereit ist, kündigen Sie den Beginn der Wende mit »Ree« an und steuern zügig, aber sanft in den Wind. 2. Die Segel sollten belegt bleiben, solange die Yacht in den Wind dreht.
3. Dadurch, dass die Schot des Vorsegels erst im letzten Moment gelöst wird, kann dieses helfen, den Bug durch den Wind zu drehen.

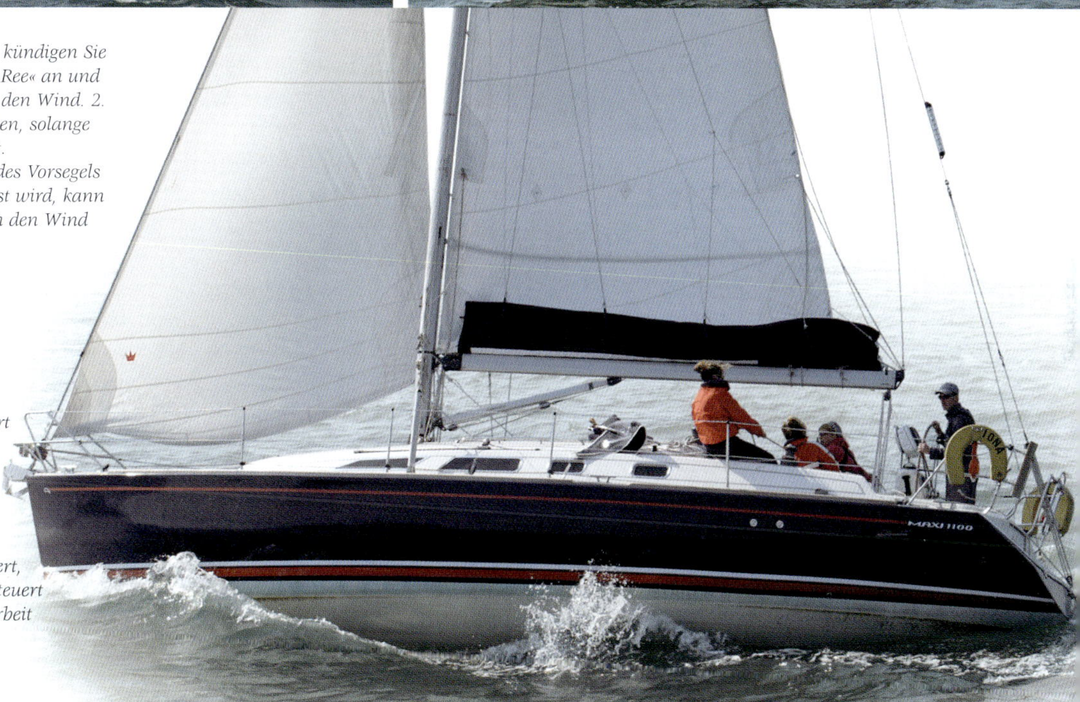

Nachdem der Kurs um mindestens 60 Grad geändert wurde, kann das Ruderblatt wieder gerade gestellt werden, während die Crew die Vorschot auf der neuen Seite einholt. Wenn zu viel Druck das Einholen erschwert, sollte leicht in den Wind gesteuert werden, um der Crew die Arbeit zu erleichtern (rechts).

- Lassen Sie die alte Schot erst dann los, wenn das Boot klar durch den Wind gedreht hat. Dabei wird die Schot gefiert und dann ganz von der Winschtrommel genommen.
- Gleichzeitig zieht das zweite Crewmitglied die neue Schot Hand über Hand herein. Die Schot des Vorsegels sollte bereits größtenteils dichtgezogen sein, bevor das Boot wieder Geschwindigkeit aufnimmt. Wenn die Last stärker wird, legen Sie noch zwei Umdrehungen auf die Winsch und fixieren Sie die Schot im Selftailer. Dann wird die Winschkurbel zur Hilfe genommen, um den Rest dichtzuholen.
- Der Steuermann sollte das Rad oder die Pinne wieder mittig stellen und das Boot nicht weiter drehen, nachdem das Vorsegel dichtgeholt wurde. Wenn es für die Crew zu schwer wird, das Segel dichtzunehmen, kann der Steuermann helfen, indem er das Boot leicht in den Wind steuert und dadurch den Druck aus dem Segel nimmt. Wenn das Manöver beendet ist, geht er wieder auf Normalkurs.

Raumschots- und Vorwindkurs

Die meisten Segler mögen einen Kurs, bei dem der Wind achterlicher als querab kommt, am liebsten. Die Yacht ist am schnellsten auf Raumschotskurs. Die Schiffsbewegungen sind sanft, und der Wind fühlt sich warm und leicht an.

Den Wind beobachten

Wenn Sie mit achterlichem Wind segeln, behalten Sie den Verklicker und die Windinstrumente im Auge, um eine unbeabsichtigte Halse zu vermeiden. Windfäden helfen bei achterlichem Wind kaum.

Sicheres Halsen

- Wenn der Wind genau von hinten kommt (Vorwindkurs), achten Sie darauf, nicht versehentlich zu halsen. Bei viel Wind kann eine unkontrollierte Halse (Patenthalse) gefährlich sein.
- Befestigen Sie einen Bullenstander. Dazu wird eine Leine mit dem Durchmesser der Vorschot am Ende des Baums angeknotet, nach vorn geführt und befestigt, sodass der Baum in seiner Position fixiert ist. Der Bullenstander kann dazu durch eine Klüse im vorderen Bereich des Schiffes (Leeseite) geführt und auf der am nächsten liegenden Klampe belegt werden. Im Fall einer unbeabsichtigten Halse hält er den Baum in Position. Der Knoten sollte unter Last zu öffnen sein.
- Achten Sie darauf, nicht »übergeigt« zu fahren – dabei kommt der Wind von der falschen, der leewärtigen Seite. Wenn das Boot anfängt zu rollen (geigen), der Kurs sich auf einer Welle ändert oder Sie ganz einfach schlecht steuern, dann riskieren Sie, dass der Baum in einer plötzlichen Halse übers Deck fegt (falls kein Bullenstander angebracht ist).
- Wenn Sie unsicher sind, steuern Sie lieber ein paar Grad höher, sodass ein Raumschotskurs anliegt. Das ist stabiler, schneller und leichter zu steuern. Selbst wenn dann nicht der richtige Kurs anliegt, kann es besser sein, mit Halsen einen Zickzackkurs zu fahren, um ans Ziel zu kommen (»vor dem Wind kreuzen«).

Segel für einen Raumschotskurs einstellen

- Auf einem Raumschots- oder Raumwindkurs sollte die Großschot weit gefiert werden, bis das Segel anfängt zu schlagen; dann sollte sie wieder ein klein wenig dichtgeholt werden. Je weiter der Kurs vom Wind entfernt ist, desto weiter sollten die Schoten geöffnet sein, aber achten Sie darauf, dass das Großsegel nicht an die Wanten oder Salinge stößt. Setzen Sie den Baumniederholer dicht, um den Baum unten zu halten.

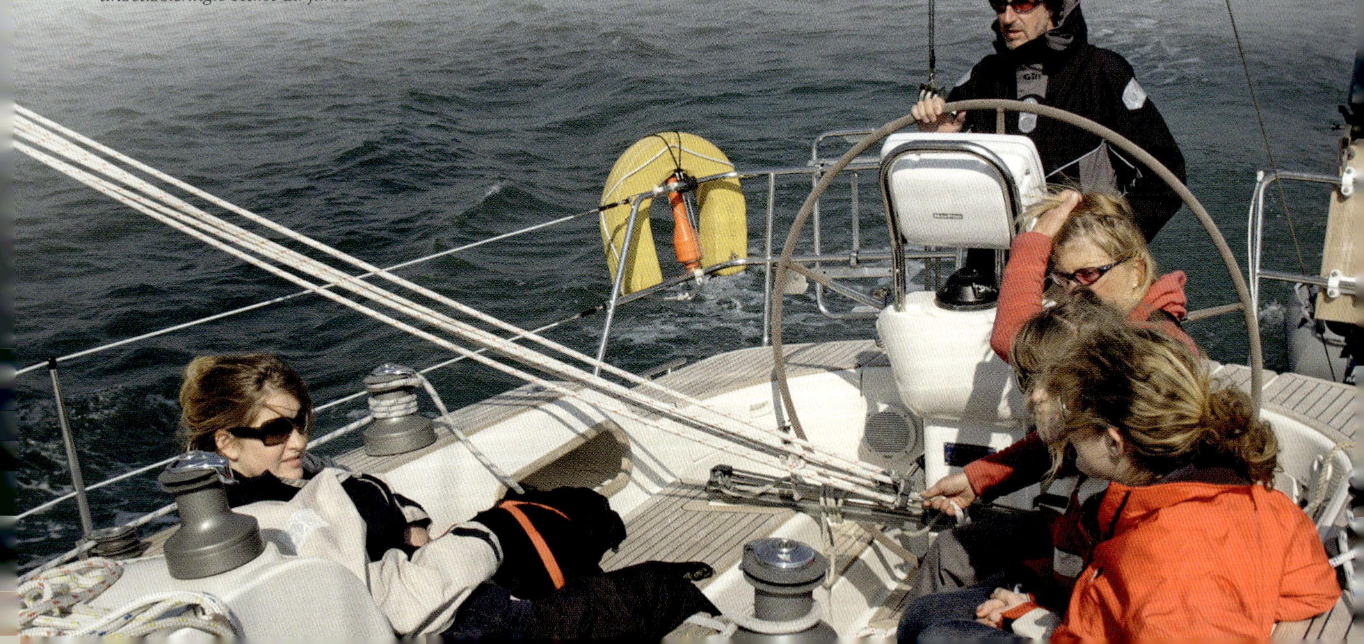

Halten Sie die Köpfe tief, und Vorsicht vor der Großschot auf Vorwindkurs! Der Steuermann muss darauf achten, keine unbeabsichtigte Halse zu fahren.

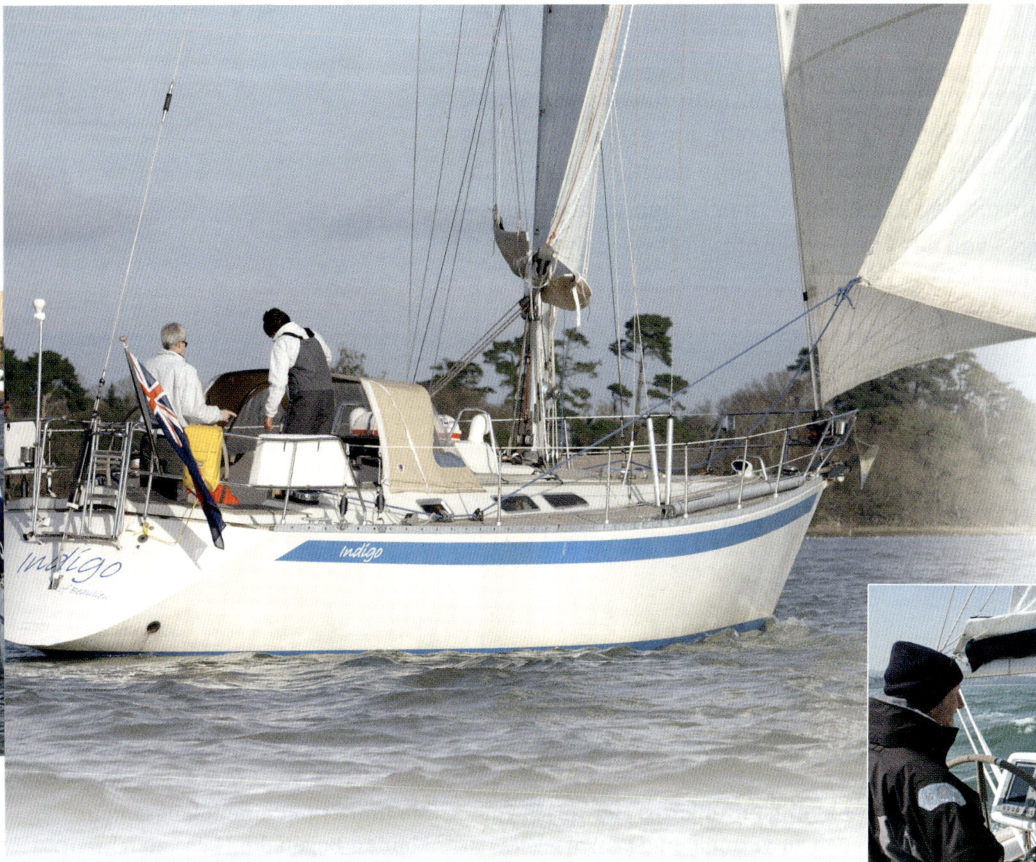

Auf Raumschotskurs sollte das Vorsegel so getrimmt sein, dass die Windfäden in Luv (innen) waagerecht nach hinten wehen. Das Großsegel sollte nur so weit dichtgeholt werden, dass ein Gegenbauch vermieden wird (links).

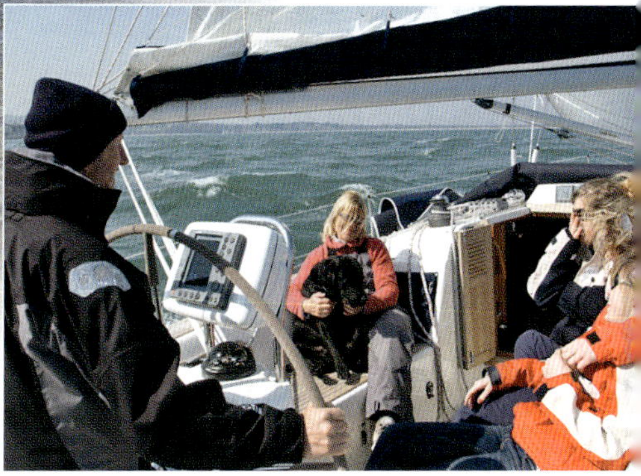

Auf Vorwindkurs reduziert sich der scheinbare Wind, und es scheint wärmer und gemütlicher. Wenn es wieder auf Amwindkurs geht, ändert sich das ganz schnell – es fühlt sich kalt und windig an.

- Trimmen Sie das Vorsegel so, dass die Windfäden auf beiden Seiten nach achtern zeigen. Wenn sie auf der Luvseite hochwehen, nehmen Sie die Schot etwas dichter. Wehen die Leefäden nach oben, fieren Sie die Schot ein Stück.
- Eine Yacht segelt auf Raumschotskurs am schnellsten; wenn sie dabei allerdings zu stark krängt, wird das Boot langsamer, weil es abdriftet. Es hilft daher, Segelfläche zu reduzieren (das Großsegel reffen und die Genua etwas einrollen), um das Boot wieder komfortabler und schneller segeln zu lassen.

Steuern auf Vorwindkurs

Im Gegensatz zum Amwind-Steuern, wo der Steuermann nur kleine Korrekturen vornimmt, muss auf Vorwindkurs manchmal etwas beherzter agiert werden. Bei kräftigem Wind schieben die von achtern anrollenden Wellen das Heck hin und her. Der Steuermann muss diese Bewegung vorhersehen und gegensteuern, um so gerade wie möglich Kurs zu halten. Das kann sehr ermüdend sein. Daher ist es wichtig, sich am Steuer häufig abzulösen.

Schmetterling

Die effektivste Art, direkt vor dem Wind zu segeln, ist das sogenannte Schmetterling-Segeln. Dabei wird die Genua auf der Luvseite gefahren. Am besten funktioniert das, wenn eine Spiere (Spinnakerbaum o. Ä.) vom Mast zum Schothorn führt und das Segel hinausdrückt. Falls dies nicht möglich ist, muss der Steuermann die Balance finden und sehr genau steuern. Das erfordert Konzentration und Können. Der Großbaum muss dabei mit einem Bullenstander fixiert sein.

Sicherheit auf Vorwindkurs

Achtung vor dem Baum: Die Crew im Cockpit sollte sich unten halten, um im Fall einer unbeabsichtigten Halse nicht gefährdet zu sein. Dies gilt umso mehr bei der Arbeit außerhalb des Cockpits. Dabei immer mit einer Hand festhalten: Das Boot kann unerwartet rollen.

Fahrtensegeln mit Spinnaker

Der traditionelle, symmetrische Spinnaker ist aus leichtem Nylontuch und sehr effektiv auf Vorwindkursen. Eine Yacht, die bei kräftigem Wind unter Spinnaker segelt, gibt ein großartiges Bild ab, benötigt aber einiges Können.

Spinnaker setzen

- Der Spinnaker wird aus einem Sack heraus gesetzt, der auf dem Vordeck liegt und an der Reling gesichert wurde. Die unteren Ecken (Schothörner) des Segels werden mit der Schot (Leeseite) und dem Achterholer (Luvseite) durch Schnappschäkel verbunden. Beide Schoten sind identisch, unterscheiden sich jedoch oft farblich (rot = Backbord und grün = Steuerbord). Sie werden außerhalb der Wanten und der Reling nach achtern geführt, dort durch Umlenkblöcke an der Fußreling nach innen ins Cockpit auf Winschen gelenkt. Der Achterholer ist die Schot auf der Luvseite und führt zusätzlich durch das Ende des Spinnakerbaums, um das Schothorn zu kontrollieren. Nach einer Halse wird der Achterholer zur Leeschot und umgekehrt.
- Ein Ende des Spinnakerbaums ist am Mast befestigt. Ein Toppnant hält ihn in der Waagerechten.
- Der Achterholer dient als Kontrollleine für den Spinnakerbaum, der die richtige Stellung des Spinnakers gewährleistet. Wenn die Yacht direkt vor dem Wind segelt, wird der Spinnakerbaum weit nach hinten – bis an die Wanten– geholt. Ist der Windeinfallswinkel spitzer, lässt man den Spibaum weiter nach vorn fallen, sodass er fast parallel zur Längsschiffsachse steht. Er sollte aber nicht am Vorstag anliegen. Wenn er in Position ist, trimmt die Crew konzentriert und permanent die Leeschot. Diese sollte dabei immer so weit gefiert werden, bis das Vorliek im oberen Bereich anfängt einzufallen. Dann wird sie dichter geholt.
- Der Spinnaker ist ein frei fliegendes Segel, das die Kontrolle über das Boot an sich reißen kann. Beide unteren Ecken (Schothorn und Hals) sollten auf gleicher Höhe sein. Das wird durch Regulieren des Spinnakerbaums erreicht.

Die Spinnakerhalse

- Es gibt verschiedene Methoden, den Spinnaker zu halsen. Dabei können zwei Spibäume genutzt oder der Baum zwischen Mast und

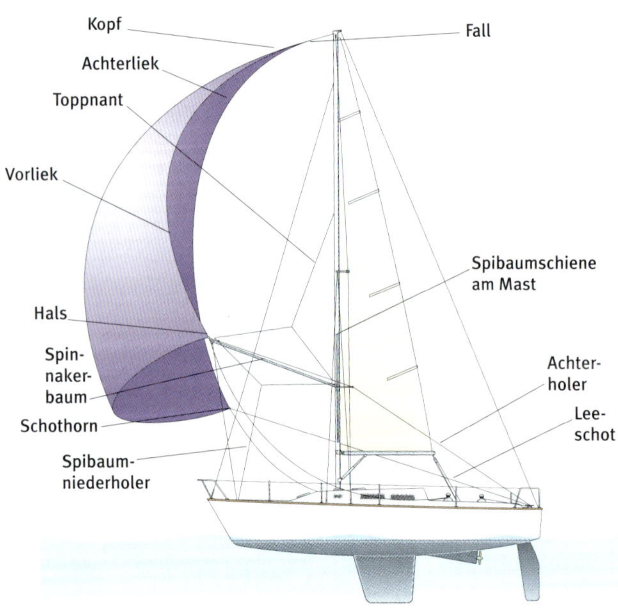

Das Spinnakergeschirr besteht aus Fall, Schoten, Spinnakerbaum, Toppnant und Spibaumniederholer. Alle Leinen bleiben angeschlagen, auch wenn das Segel nicht gesetzt ist.

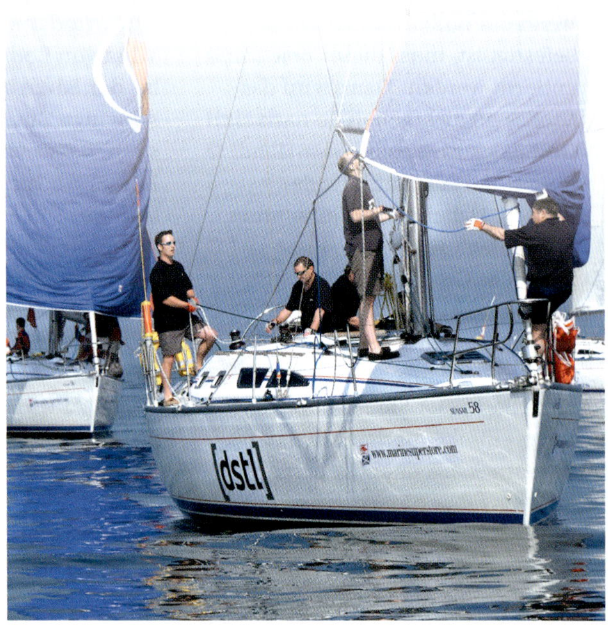

Bei sehr leichtem Wind ist es schwierig, den Spinnaker zu setzen, ohne dass er sich um das Vorstag wickelt. 5 kn Wind reichen aber aus, um das superleichte Tuch zu füllen.

Vorstag hindurchgeschwungen werden. Auf kleineren Yachten wird der Spibaum oft umgesteckt.

- Auf kleinen Yachten: Während der Steuermann in die Halse steuert, löst die Vorschiffscrew den Spibaum vom Mast, nimmt die Schot (welche der neue Achterholer wird) und hakt sie in das freie Ende des Baumes ein. Der Spibaum wird auf der neuen Luvseite hinausgedrückt, am anderen Ende wird der alte Achterholer (der zur neuen Schot wird) ausgehakt und dieses Ende des Baumes am Mast eingeklinkt.
- Die Crew im Cockpit muss währenddessen den Spinnaker so trimmen, dass er nicht einfällt, und dabei dem Mann auf dem Vordeck genügend Lose in der Schot (die zum neuen Achterholer wird) lassen, dass die Leine in den Spibaum eingehakt werden kann. Der Steuermann muss das Manöver zeitlich so abstimmen, dass das Großsegel in dem Moment herüberschwingt, in der auf dem Vorschiff der Spibaum umgesteckt wird.

Bergen des Spinnakers

- Ein Spinnaker ist ein kraftvolles Segel. Um während des Bergens nicht die Kontrolle zu verlieren, muss der Steuermann helfen, den Spinnaker in Lee des Großsegels (Windabdeckung) zu positionieren. Dabei ist die richtige Geschwindigkeit wichtig. Das Fall muss so gefiert werden, dass die Crew den Spinnaker schnell einholen kann, ohne dass er ins Wasser fällt.
- Wenn es Zeit ist, das Segel zu bergen, greift die Cockpitcrew in der Nähe des Schothorns in die Leeschot und zieht das Unterliek und schließlich den Rest des Segels unter dem Baum direkt in den Niedergang und unter Deck.
- Wenn der Spinnaker eingeholt ist, werden das Fall und die Schoten in die Reling eingehakt und die Leinen dichtgeholt.

Asymmetrischer Spinnaker

- Viele Fahrtenyachten fahren einen asymmetrischen Spinnaker, auch Gennaker genannt. Diese Segel werden eher wie ein Vorsegel, also ohne Spinnakerbaum gefahren, sind aber ebenfalls aus leichtem Nylongewebe und werden nicht am Vorstag befestigt. Diese Segel bringen auf Raumschotskursen gute Leistungen, sind aber auf reinen Vorwindkursen nicht effektiv, wenn nicht doch eine Spiere benutzt wird, um das Segel auszubaumen.
- Der Hals des Gennakers wird direkt am oder vor dem Bug an einem Gennakerbaum in Höhe des Decks angeschlagen. Am Schothorn sind Backbord- und Steuerbordschot angeschlagen, die ins Cockpit zurückgeführt werden. Die Schoten laufen dabei außerhalb des Vorstags, um in einer Halse das Segel vor dem Vorstag herumzuführen. Keine der Schoten darf zwischen Mast und Vorstag verlaufen.

Socken und Schläuche

- Der Spinnaker kann aus dem Sack vom Vordeck aus gesetzt werden. Sicherer und kontrollierter ist es, den Spinnaker innerhalb einer schlauchförmigen Socke zu setzen. Mit einer Leine wird anschließend die Socke zum Masttopp hochgezogen, und das Segel kann sich entfalten. Zum Bergen wird die Socke zuerst heruntergezogen; sie fängt das Segel ein, bevor sie durch Fieren des Falls wie eine Schlange an Deck fällt.

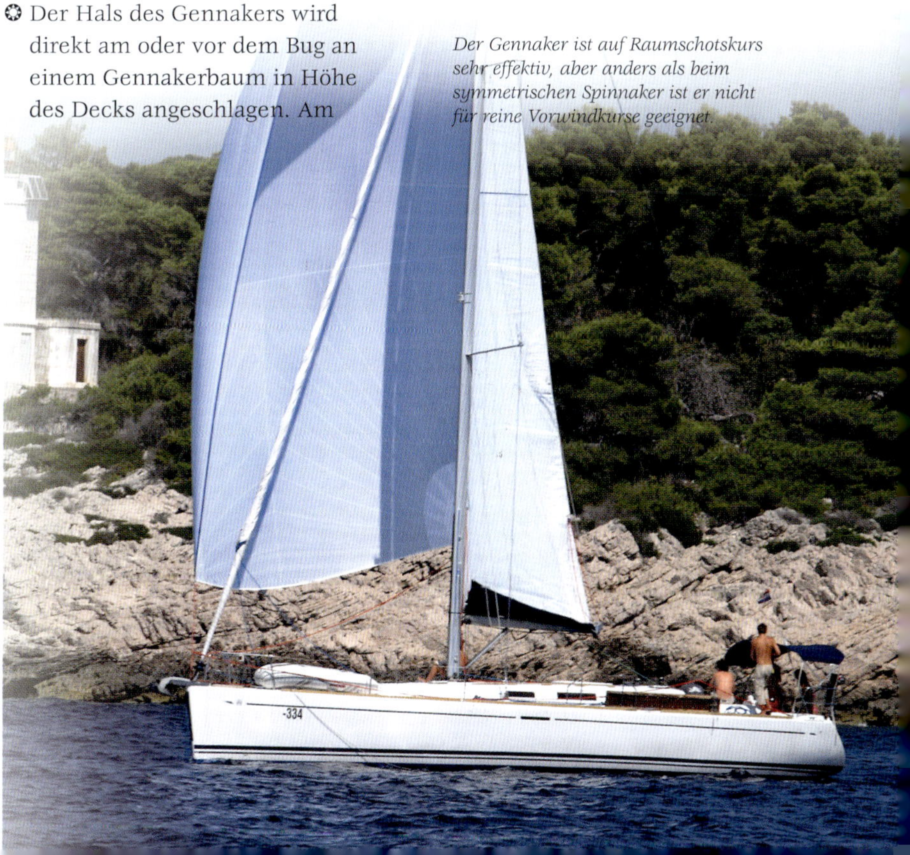

Der Gennaker ist auf Raumschotskurs sehr effektiv, aber anders als beim symmetrischen Spinnaker ist er nicht für reine Vorwindkurse geeignet.

Nutzung des Motors

In den meisten Yachten ist ein Dieselmotor eingebaut, der zuverlässige Antriebskraft bei ökonomischem Kraftstoffverbrauch liefert

1. Ein Faltpropeller reduziert den Widerstand während des Segelns. 2. Ein Festpropeller erzeugt viel Widerstand. 3. Der Drehflügelpropeller reduziert den Widerstand und ist effizient beim Rückwärtsfahren.

Zugang zum Motor

- Die Maschine sitzt meist unter dem Cockpitboden. Der Zugang zum Motor, beispielsweise für Wartungsarbeiten, liegt dann hinter der Treppe des Niedergangs. Auch eine Inspektionsluke in der Achterkabine ist üblich.
- Die Batterieschalter für den Motor befinden sich normalerweise in der Nähe des Niedergangs. Für das Starten des Motors werden separate Batterien genutzt, dadurch ist sichergestellt, dass die Starterbatterien nicht durch den Stromverbrauch an Bord geleert werden.
- Das Kontrollpanel – mit Zündung, Drehzahlmesser und Warnleuchten – befindet sich in der Regel im Cockpit in der Nähe des Steuermanns. Der mit der Gangschaltung kombinierte Gashebel sitzt meist an der Seite der Steuersäule.

Um an den Motor zu kommen, muss meist die Treppe des Niedergangs entfernt werden. Einige Yachten haben einen zweiten Zugang in der Achterkabine.

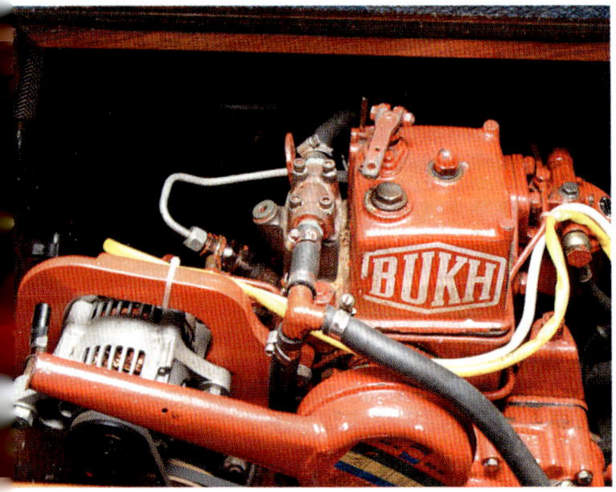

Propellerarten

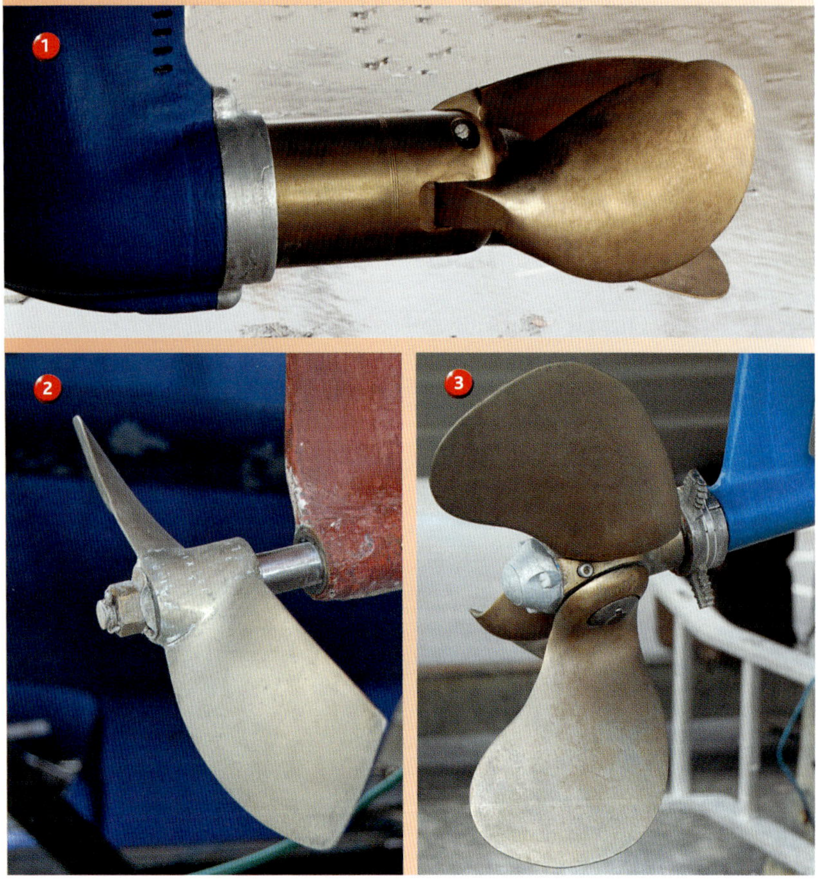

Welcher Propeller ist sinnvoll?

- Der traditionelle Propeller einer Yacht hat zwei oder drei feste Flügel, die abgesehen von gelegentlicher Reinigung kaum Wartung benötigen. Er ist effektiv bei Rückwärtsfahrt und bringt die beste Schubwirkung, wenn die Flügel den perfekten Anstellwinkel haben.
- Ein Faltpropeller hat ebenfalls zwei oder drei Flügel, kann sich aber beim Segeln flach zusammenfalten. Dadurch entsteht erheblich weniger Widerstand. Faltpropeller werden daher häufig auf Regattayachten eingesetzt. Das Rückwärtsfahren ist hingegen schwieriger, und der Propeller braucht einige Pflege.
- Ein Drehflügelpropeller hat drei Flügel. Er bringt gute Leistungen bei Rückwärtsfahrt, bietet nur geringen Widerstand und reduziert

Motorsegeln

Eine leichte Unterstützung mit dem Motor kann einen erheblichen Vorteil bringen, wenn dadurch der scheinbare Wind verstärkt wird. Das hilft vor allem, wenn die Yacht langsam ist und nur wenig Höhe läuft. Motorsegeln ist ein bisschen wie Zaubern. Plötzlich ist es möglich, mit guter Geschwindigkeit hoch am Wind zu segeln. Zudem verringert der Druck in den Segeln das unangenehme Rollen. Direkt gegen den Wind ist Motorsegeln aber nicht möglich. Dazu müssen Sie die Genua einrollen, gegebenenfalls auch das Großsegel bergen und sich auf unerfreuliche Schiffsbewegungen gefasst machen.

Motorsegeln bei ruhigem Wetter. Die Segel stabilisieren das Boot und verhindern ein zu starkes Rollen (rechts).

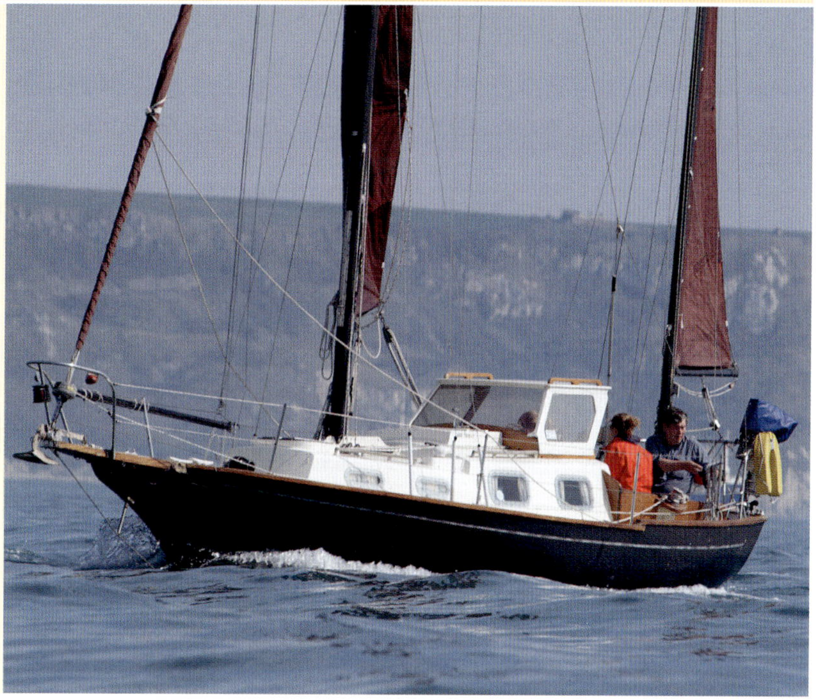

den Radeffekt (siehe Seite 209). Pflege ist allerdings notwendig.

- Die Position des Propellers im Verhältnis zum Kiel und Ruder ist ausschlaggebend für die Wirkung beim Rückwärtsfahren.

Füllen des Dieseltanks

- Die Öffnung des Dieseltanks ist meist auf dem Seitendeck in der Nähe des Cockpits zu finden. Prüfen Sie vor dem Befüllen genau, dass auf dem Deckel »Diesel« und nicht »Wasser« steht! Dreck oder Wasser darf nicht in den Tank gelangen. Achten Sie darauf, dass kein Diesel danebengeht, das Deck wird sonst rutschig und muss gewaschen werden.
- Checken Sie im Handbuch des Motors, wie viel der Motor bei Normalfahrt pro Stunde verbraucht. Notieren Sie die Motorstunden – die Tankanzeigen können ungenau sein, trauen Sie ihnen nicht. Wenn der Tank einmal leer gefahren ist, muss das ganze System aufwendig entlüftet werden. Das benötigt einige Kenntnis und kann auf einem rollenden Boot schwierig sein.

Regelmäßige Checks

- Prüfen Sie den Ölstand von Motor und Getriebe.
- Prüfen Sie, ob der Zahnriemen fest sitzt und die Schläuche in Ordnung sind.
- Prüfen Sie den Kühlwasserstand.
- Prüfen Sie den Wasser- und den Dieselfilter.
- Prüfen Sie die Stopfbuchse des Propellerschaftes.
- Prüfen Sie den Kühlwasseraustritt, sobald der Motor gestartet wurde. Der Auslass ist seitlich achtern.

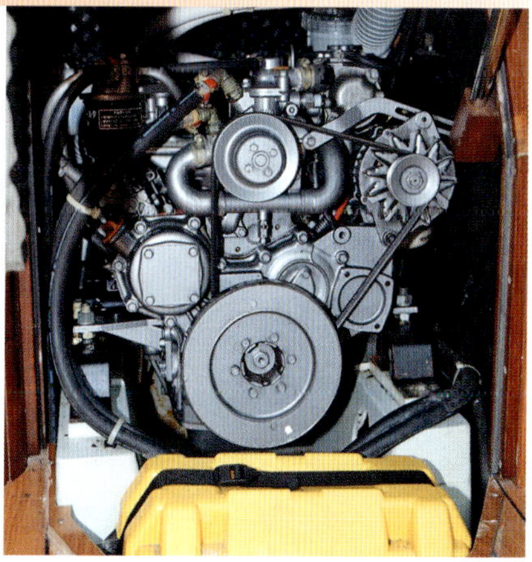

Manöver unter Motor

Jede Yacht verhält sich unterschiedlich unter Motor. Geradeausfahren ist kein Problem, aber im Hafen kann es schwieriger werden. Hier ist der Platz begrenzt, und Rückwärtsfahren wird zur Herausforderung.

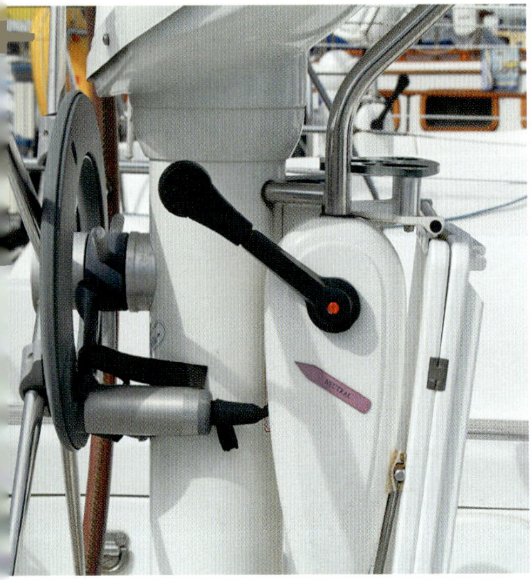

Die meisten Yachten werden mit einem einzigen Hebel bedient. Hinten ist der Rückwärtsgang, senkrecht der Leerlauf und voraus der Vorwärtsgang. Geben Sie bei gedrücktem rotem Knopf vorwärts Gas, um höhere Drehzahlen im Leerlauf zu erreichen.

- Vermeiden Sie hohe Drehzahlen und fahren Sie nie Vollgas, es sei denn, ein Notfall liegt vor.

Vorsicht bei Wind

Yachten werden beim langsamen Manövrieren stark vom Wind beeinträchtigt. Fahrt im Boot ist daher wichtig, um steuern zu können, vor allem bei viel Wind. Wenn der Propeller die Yacht nicht mehr vorwärtsschiebt, wird der Bug vom Wind erfasst und driftet nach Lee.

Kiel und Propeller

Die Position des Propellers zwischen Ruder und Kiel hat maßgeblichen Einfluss auf die Manövrierfähigkeit beim Rückwärtsfahren. Auch die Form des Kiels ist wichtig. Einige Langkieler sind rückwärts kaum zu steuern. Mit einiger Erfahrung wird das Manövrieren leichter.

Wenn das Boot zu langsam wird, schiebt der Wind es seitwärts. Weht der Wind von Steuerbord, driftet der Bug nach Backbord.

Bedienung des Motors

- Mit dem Kontrollhebel wird Gas gegeben und gleichzeitig die Gangschaltung bedient. Ein kleiner roter Knopf am Hebel dient in gedrückter Position dazu, in den Leerlauf zu schalten. Geben Sie nach dem Starten im Leerlauf etwas Gas. Wenn der Motor rund läuft, nehmen Sie das Gas zurück. Wenn der Hebel die Senkrechtstellung erreicht hat und der rote Knopf herausspringt, ist es möglich, einen Gang einzulegen. Dies ist auf den meisten Yachten so, es kann aber auch umgekehrt sein.
- Schieben Sie den Hebel nach vorn, um den Vorwärtsgang einzulegen und Gas zu geben, zurück für den Rückwärtsgang. In der Neutralstellung muss immer eine Pause eingelegt werden, wenn zwischen Vor- und Rückwärtsgang umgeschaltet wird.

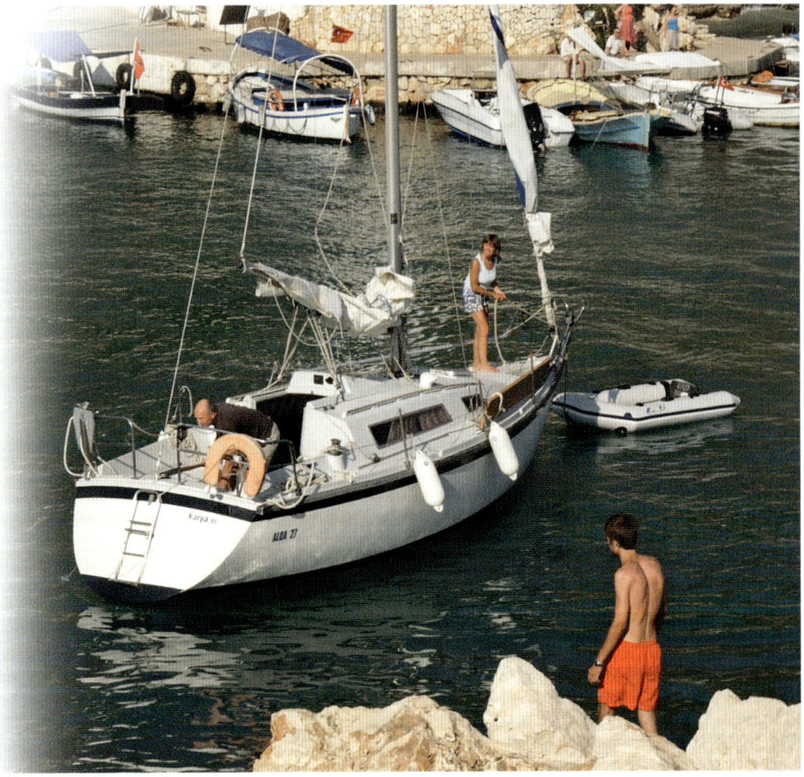

Radeffekt

- Der Radeffekt zieht das Heck in die Richtung, in die der Propeller sich dreht. Ein Propeller, der sich (von hinten betrachtet) im Uhrzeigersinn dreht, wird das Heck im Vorwärtsgang nach Steuerbord ziehen. Wenn der Rückwärtsgang eingelegt ist, dreht sich der Propeller andersherum und zieht das Heck nach Backbord.
- Der Radeffekt ist am stärksten, wenn langsam manövriert wird. Bei Vorwärtsfahrt ist es relativ einfach, den Kurs mit dem Ruder zu kontrollieren. Im Rückwärtsgang wird das Heck hingegen schnell in die falsche Richtung gezogen. Eine Kurskorrektur ist dann meist nur durch Vorausfahren möglich.

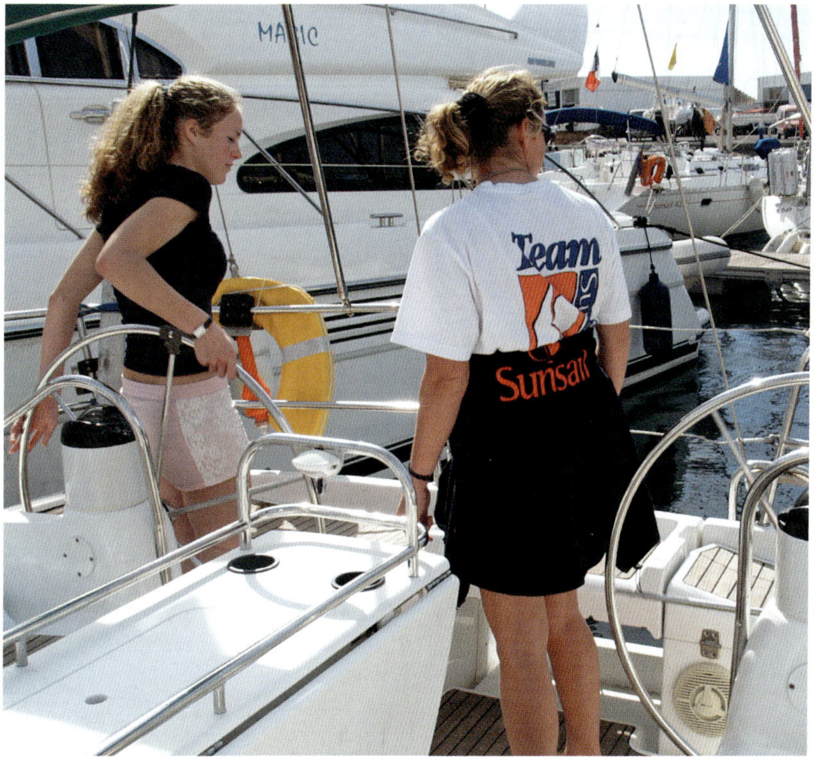

Planen Sie den Radeffekt beim Rückwärtsfahren ein, um eine gerade Ansteuerung zu erreichen. Es hilft, sich beim Steuern umzudrehen.

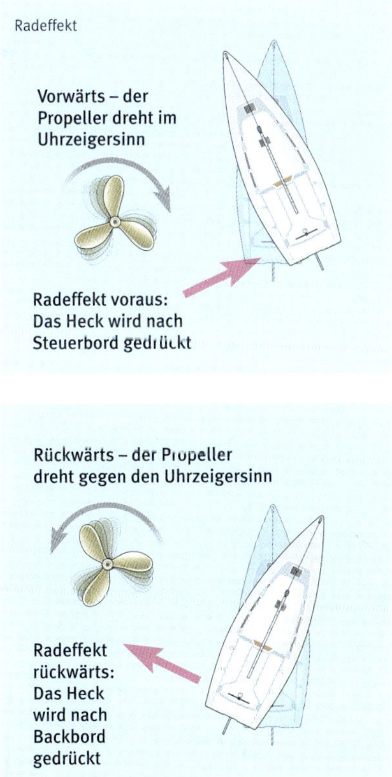

- Es hilft zu wissen, in welche Richtung der Radeffekt wirkt. Sie können die Rückwärtsfahrt simulieren, indem Sie bei festgemachtem Boot den Rückwärtsgang einlegen: Das Heck wird nun von dem gurgelnden Schraubenwasser weggedrückt.

Vorausdenken

- Denken Sie voraus und überlegen Sie: »Was passiert, wenn ...?«. Hafenmanöver sind wie eine Partie Schach.
- Überlegen Sie vorab, wie Sie in einen Liegeplatz hinein- oder aus ihm herauskommen, und weisen Sie die Crew ein. Wenn Sie unsicher sind, bitten Sie den Hafenmeister um Hilfe.
- Alle Leinen und Fender müssen angebracht sein, bevor sie benötigt werden.
- Achten Sie auf die Windrichtung und Strömung und bedenken Sie, inwieweit Ihr Manöver dadurch beeinträchtigt werden wird.
- Vermeiden Sie »Einbahnstraßen«, in denen Sie nicht wenden können und gegen den Steg oder andere Yachten getrieben werden.
- Vermeiden Sie die »Rushhour« beim Anlaufen oder Verlassen des Hafens. Versuchen Sie frühzeitig anzukommen, sodass noch genügend Platz und Zeit ist.
- Teilen Sie jemanden ein, um manövrierende Boote zu beobachten. Und prüfen Sie, ob andere Yachten gerade im Weg sind, bevor Sie die eigenen Leinen lösen.

Der Schlüssel zum erfolgreichen Rückwärtsmanövrieren ist das Verstehen des Radeffekts. Das Heck wird immer in die Richtung gezogen, in welche der Propeller dreht.

Einlaufen in den Hafen

Es ist leichter, einen Hafen zu verlassen, als ihn anzulaufen. Wenn Sie in einem neuen Revier unterwegs sind, kennen Sie den Hafen, den Sie anlaufen wollen, in der Regel nicht. Gute Vorbereitungen helfen daher, das Anlegen zu vereinfachen.

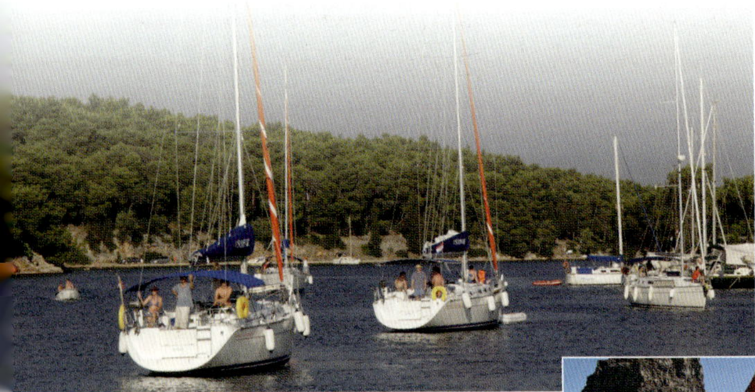

Fender und Leinen sollten bei der Annäherung an den Hafen befestigt werden. Achten Sie darauf, wie andere Boote festmachen (links).

Nehmen Sie sich ausreichend Zeit, um die Fender festzumachen. Eventuell werden auf beiden Seiten welche benötigt (unten).

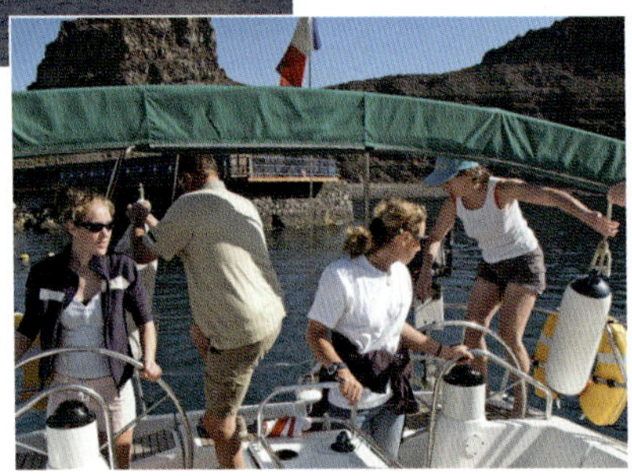

Vor dem Einlaufen

- Jede Yacht sollte ein Handbuch an Bord haben, das Informationen zu Häfen und Ankerplätzen in der Region bereithält. Lesen Sie die jeweiligen Angaben gut durch und machen Sie einen Plan für das Einlaufen. Beachten Sie besondere Hinweise oder Hindernisse.
- Rufen Sie den Hafenmeister über Funk oder Mobiltelefon. Das Hafenhandbuch hält in der Regel Kanäle oder Nummern parat. Bitten Sie um einen Liegeplatz, bevor Sie in den Hafen einlaufen.

Einweisung der Crew

Sagen Sie der Crew, wo Sie anlegen wollen und was passieren soll. Wenn noch nicht klar ist, wo Sie festmachen werden (beispielsweise längsseits oder mit dem Heck an der Pier), sollten immer Fender und Leinen für beide Seiten parat sein.

Einlaufen

Halten Sie sich beim Einlaufen in einen Hafen auf der Steuerbordseite. Wenn der Hafenmeister Sie erwartet, wird er Ihnen den Liegeplatz zuweisen. Er ruft beispielsweise: »B 27«, und beschreibt, wie Sie hinkommen. Falls Sie nicht wissen, wo Sie anlegen sollen, machen Sie vorübergehend am Gaststeg längsseits fest und fragen Sie im Hafenbüro nach.

Fender festmachen

Die Fender sollten in der richtigen Höhe für den jeweiligen Ponton befestigt sein, bevor Sie den Liegeplatz anlaufen. Sie schützen die Yacht dort, wo sie am breitesten ist. Ein Crewmitglied steht mit einem »fliegenden« Notfallfender parat. Wenn Sie mit dem Heck an die Pier gehen, sollte ein großer Fender den Heckspiegel schützen.

Leinen festmachen

- Legen Sie die aufgeschossenen Leinen an Bug und Heck an Deck. Ein Ende wird über die Reling, dann von außen durch die Klüse geführt und innen auf der Klampe belegt. So läuft die Leine unterhalb der Reling, wenn sie an Land festgemacht wird.

Wenn es im Hafen sehr voll ist, suchen Sie nach einem Liegeplatz außerhalb. Denken Sie daran, dass es nicht so leicht ist, wie mit dem Auto auf einem Parkplatz herumzufahren. Es sollte ausreichend Platz bleiben, um unter Beachtung der Abdrift zu drehen.

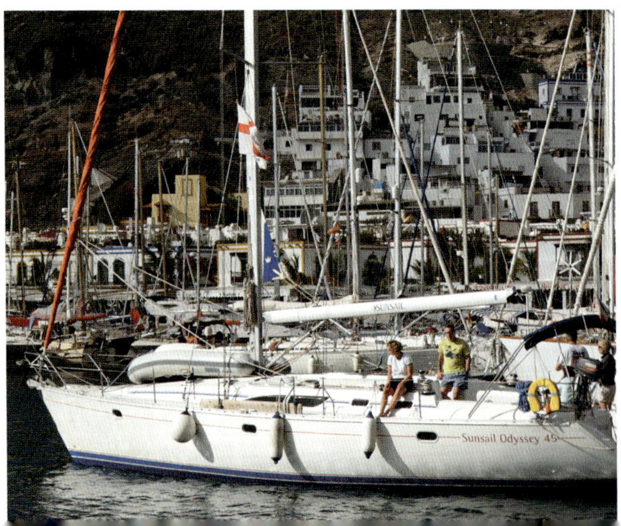

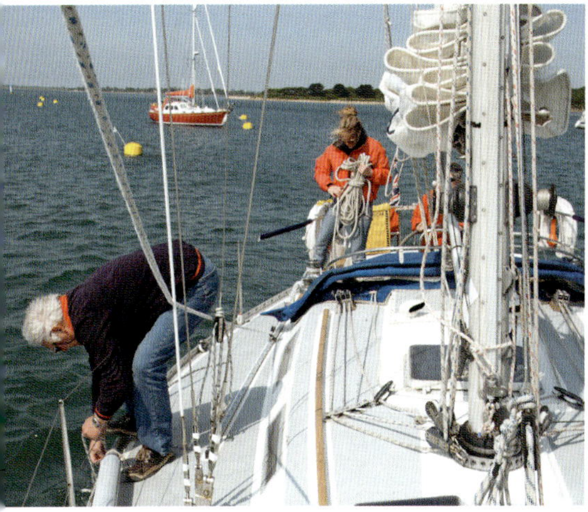

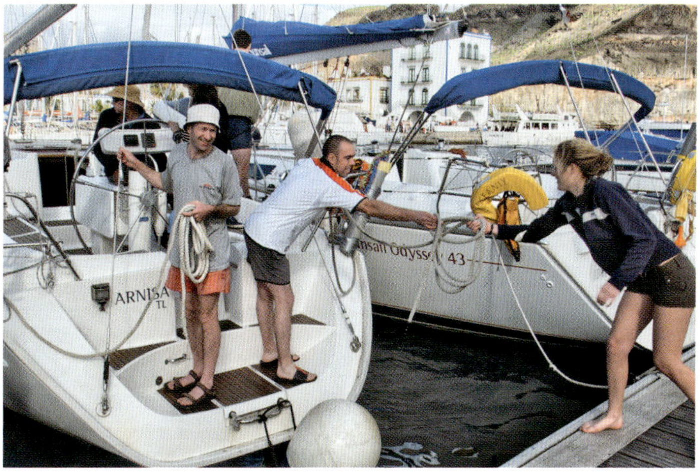

- Wenn Sie sich dem Steg nähern, hält sich ein Crewmitglied bereit, um mit einer Leine an Land zu springen. Wenn dort bereits jemand wartet, um die Leinen entgegenzunehmen, geben oder werfen Sie diese über. Das Werfen will gelernt sein. Teilen Sie das Bündel in zwei Teile und werfen Sie den leichteren Part so, dass der Rest von der anderen Hand abspulen kann.
- Vorsicht beim An-Land-Springen. Fallen Sie nicht zwischen Boot und Steg! Der Steuermann sollte ausreichend Kontrolle über das Boot haben, um die Crew sicher mit den Leinen von Bord steigen zu lassen.
- Sobald Sie auf dem Steg sind, legen Sie die Leine zum Sichern einmal um die nächste Klampe. Versuchen Sie nie, die Yacht zu halten, ohne die Leine gesichert zu haben! Wenn eine Bö das Boot packt, reißt es Sie vom Steg.
- Ziehen Sie die Leinen an Bug und Heck so weit dicht, bis das Boot am Steg liegt. Zum Festmachen müssen sie nun eventuell auf andere Klampen gelegt werden, die günstiger liegen.
- Sichern Sie die Bug- und Heckleinen und setzen Sie zusätzlich Springs. Entweder:

1. nutzen Sie den Rest der Festmacheleine als Spring (siehe Seite 214); oder
2. die Festmacheleine wird zurück an Bord geführt; oder
3. Sie machen die Festmacher mit einem Palstek an Land fest und nehmen den Rest der Leine an Bord.

Hände und Füße

Achtung beim Abfendern! Hände oder Füße nie zwischen zwei Yachten oder zwischen Yacht und Steg halten. Ein Fender kann dabei kaputtgehen, aber er wird sich nicht wehtun!

Befestigen Sie die Fender so, dass sie in der richtigen Höhe hängen und die breiteste Stelle des Bootes schützen (oben links).

Legen Sie die Leinen bereit, sodass sie an Land gebracht oder geworfen werden können (oben rechts).

Das Festmachen in Boxen ist in Deutschland, Holland und Skandinavien üblich. Diese Yacht ist mit dem Bug zum Steg und mit Heckleinen an den Pfählen festgemacht (unten).

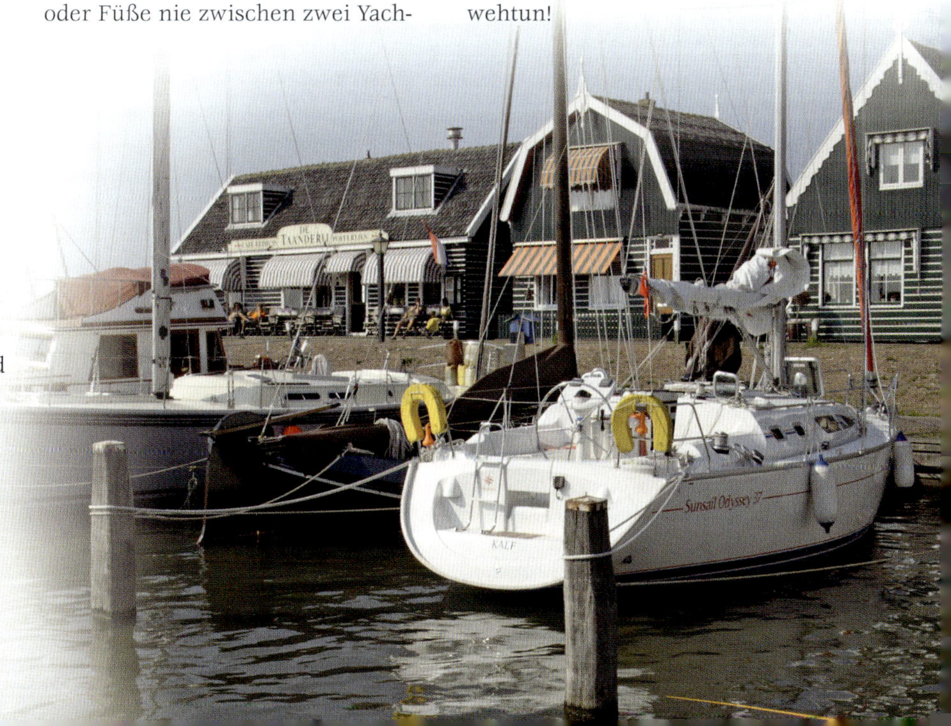

Anlegen im Hafen

Ziel ist es, das Boot in der richtigen Position zu stoppen, um der Crew die Möglichkeit zu geben, die Leinen festzumachen. Wind, Tide und ein voller Hafen können das erschweren. Im Zweifel bitten Sie den Hafenmeister um Hilfe oder suchen nach einem leichter erreichbaren Platz.

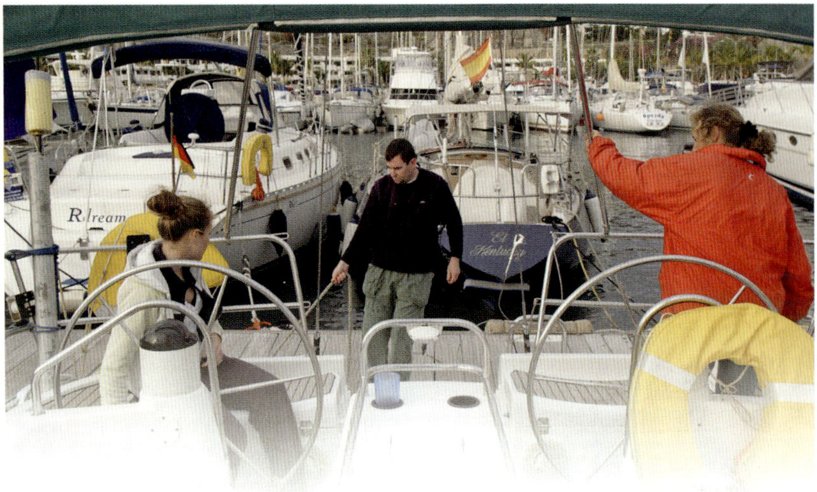

Es kann eng werden mit Booten auf beiden Seiten. Fahren Sie vorsichtig rückwärts, um nicht an den Steg zu stoßen.

Längsseits gehen

- Fahren Sie nicht zu schnell auf den Steg zu, aber mit genügend Geschwindigkeit, um steuerfähig zu bleiben. Nutzen Sie den Rückwärtsgang zum Stoppen der Yacht am Steg.
- Versuchen Sie bei Stauwasser anzukommen, um den Tideneffekt zu minimieren und das Anlegen zu vereinfachen.
- Falls im Hafen Strom setzt (beispielsweise an einem Fluss), ist es empfehlenswert, gegen den Strom anzulegen. Dadurch wird das Boot gestoppt, und das Heck bleibt kontrollierbar. Falls Sie mit dem Strom anlegen, wird die Yacht vorwärts geschoben, und es ist wichtig, die Heckleine so schnell wie möglich zu belegen.
- Wenn kein Strom steht, ist es am besten, mit dem Bug gegen den Wind anzulegen. Machen Sie die Bugleine fest, das Heck schwingt automatisch in Position.
- In einem vollen Hafen kann es notwendig sein, rückwärts an den Steg zu fahren. Fahren Sie dabei immer gegen Strom oder Wind (je nachdem, was stärker ist) und machen Sie die Heckleine als Erstes fest. Der Bug wird dann in Position driften.
- Wenn der Wind genau auf den Steg bläst, sollten Sie versuchen, die Yacht parallel dazu etwa einen

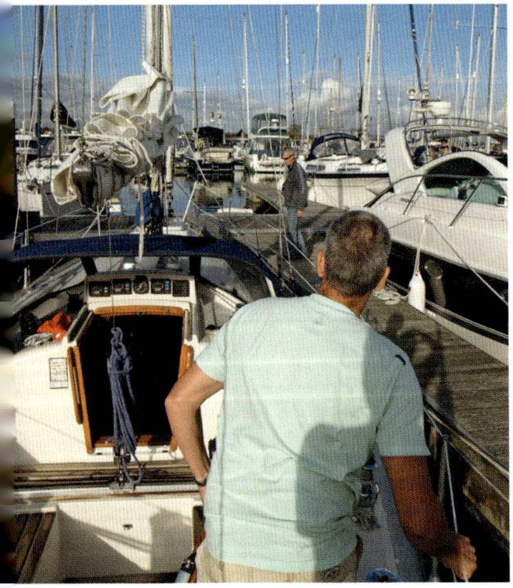

Annäherung an den Steg

1. Nähern Sie sich dem Steg mit vorbereiteten Leinen und ausgebrachten Fendern.
2. Nehmen Sie die Bugleine an Land und belegen Sie diese auf der Klampe.
3. Nun wird die Heckleine an Land festgemacht.
4. Bringen Sie eine Vor- und eine Achterspring aus (siehe Seite 214).

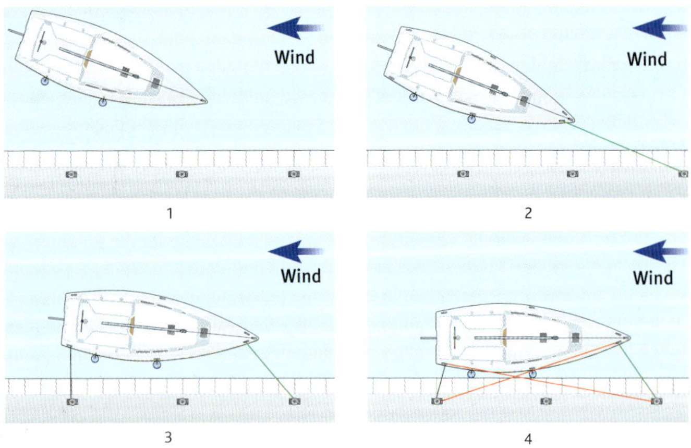

Meter entfernt aufzustoppen. Vorsicht bei Stegen, die an der Außenseite des Hafens liegen und keinen Schutz bieten, sobald der Wind auffrischt oder Schwell anrollt!

- Wenn der Wind ablandig vom Steg weht, nähern Sie sich in einem Winkel von etwa 30 Grad. Der Wind wird den Bug etwas herumdrücken, sodass die Yacht parallel kommt und mindestens ein Crewmitglied mit einer Leine an Land springen kann.

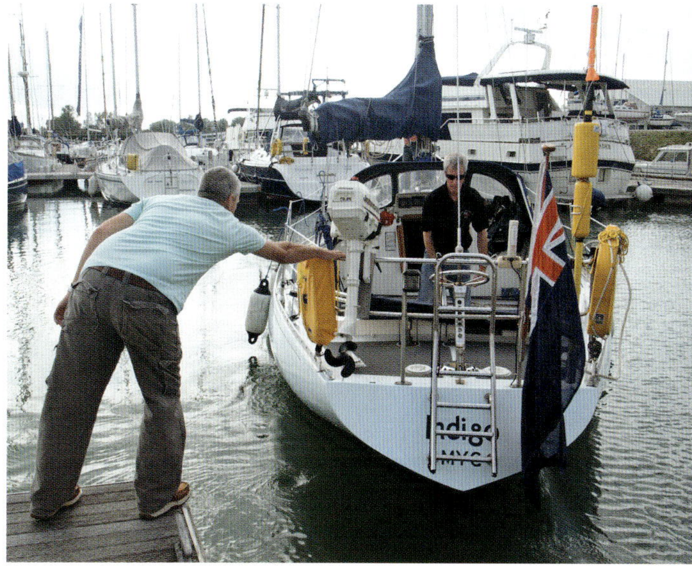

Rückwärts längsseits an den Liegeplatz fahren. Dieser Steuermann steht dabei in Fahrtrichtung, also rückwärts. Wenn Sie so nach einem Boot greifen, achten Sie darauf, dass es Sie nicht vom Steg zieht!

Mit dem Heck an die Pier

- Richten Sie die Yacht aus, bevor Sie sich rückwärts dem Liegeplatz nähern, der oft nur eine schmale Lücke zwischen zwei Yachten ist. Beachten Sie, wie der Radeffekt das Heck verschieben wird und wohin der Wind die Yacht drückt. Sie brauchen eventuell etwas mehr Gas, um die Yacht gerade zu steuern, da der Bug nach Lee schwingt, wenn die Geschwindigkeit zu gering ist.
- Wenn Sie den Anker ausbringen müssen, stellen Sie sicher, dass er weit genug entfernt liegt, damit er hält.
- Die Crew muss an beiden Seiten bereit sein abzufendern. Machen Sie die Heckleinen so schnell wie möglich fest und halten Sie die Yacht dann mit leichter Kraft voraus in Position. Dann kann die Crew die Ankerleine dichtholen bzw. die Muringleine am Bug festmachen (s. S. 215).

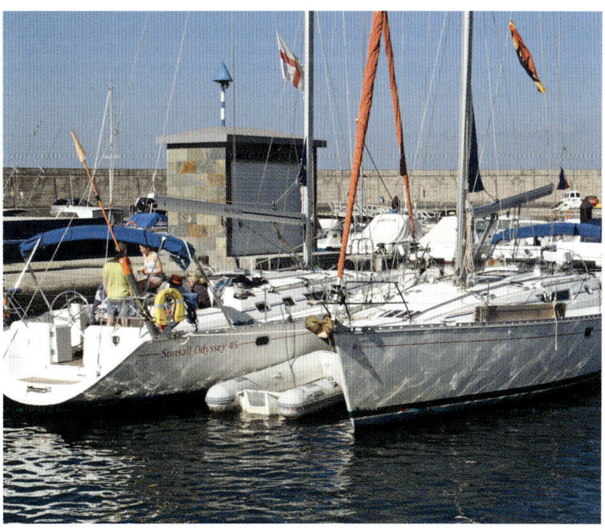

Wenn Sie längsseits an einer Yacht festmachen, nehmen Sie Rücksicht auf andere Eigner. Immer über das Vordeck statt durchs Cockpit gehen.

Längsseits an eine Yacht gehen

- Wenn die Häfen in der Hochsaison voll sind, kann es notwendig sein, an einer anderen Yacht längsseits festzumachen. Die Prozedur ist einfach. Bugleinen, Heckleinen und Springs werden an der fremden Yacht festgemacht. Wichtig ist, dass die Salinge nicht überlappen – für den Fall, dass Schwell aufkommt und die Yachten rollen und gegeneinanderstoßen. Fender müssen auf beiden Seiten ausgebracht werden. Um das Päckchen zu stabilisieren, werden zusätzliche Bug- und Heckleinen an Land ausgebracht. Kleinere Yachten sollten an der Außenseite des Päckchens liegen
- Ein bisschen Rücksicht ist wichtig, wenn man im Päckchen liegt. Wenn Sie das Nachbarboot queren, gehen Sie über das Vordeck–nie durchs Cockpit! Aber Achtung: Fallen Sie dabei nicht in eine Luke!
- Yachten, die innen liegen, möchten möglicherweise am nächsten Morgen früher ablegen. Planen Sie das Manöver gut, damit kein Chaos entsteht.

Festmachen einer Yacht

Es gibt verschiedene Möglichkeiten, eine Yacht festzumachen. Je nach den Begebenheiten kann es notwendig sein, längsseits, mit dem Heck oder mit dem Bug an Pier, Steg, Ponton oder Hafenkai festzumachen.

Längsseits festmachen

- Oft werden Yachten längsseits an Schwimmstegen festgemacht. Dort sind Klampen oder Ringe zum Festmachen der Bug-, Heck- oder Springleinen montiert.
- Fender werden so an die Reling gebunden, dass sie die Seiten des Rumpfes schützen. Stellen Sie sicher, dass die breitesten Stellen geschützt sind.
- Die Yacht wird mit einer Bug- und einer Heckleine am Steg gesichert, die vor und hinter dem Boot festgemacht werden.
- Springs sind diagonal verlaufende Leinen, die eine Vor- und Rückwärtsbewegung des Schiffes verhindern. Eine Vorspring, die am Bug ansetzt, führt nach hinten zu einer Klampe an Land und hindert die Yacht daran, nach vorn zu driften. Eine Achterspring setzt am Heck des Schiffes an, läuft voraus auf den Steg und stoppt die Bewegung nach achtern. Springs können auch von der Mitte des Schiffes nach vorn und achtern geführt werden.

Belegen einer Klampe

1. Legen Sie die Leine einmal um die Klampe.
2. Nun wird eine Acht auf die Klampe gelegt.
3. Diese Methode bietet genügend Reibung, um die Leine zu halten.
4. Mit einem anschließenden Kopfschlag wird die Leine sicher belegt.

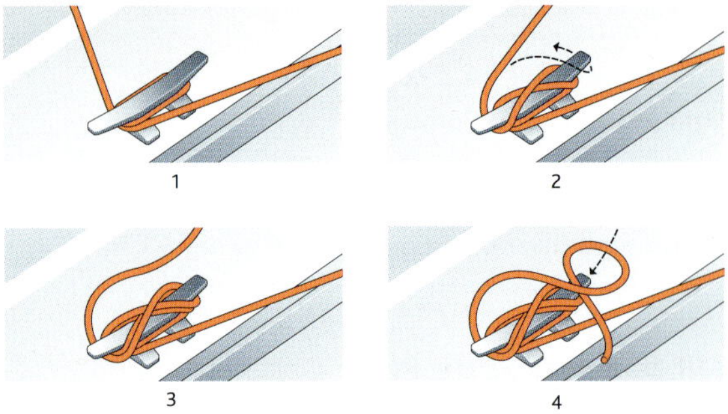

Am Steg liegen

So sieht die Anordnung der Leinen aus, wenn ein Boot längsseits am Steg liegt. Je nachdem, wo die Klampen befestigt sind, kann das Bild etwas variieren.

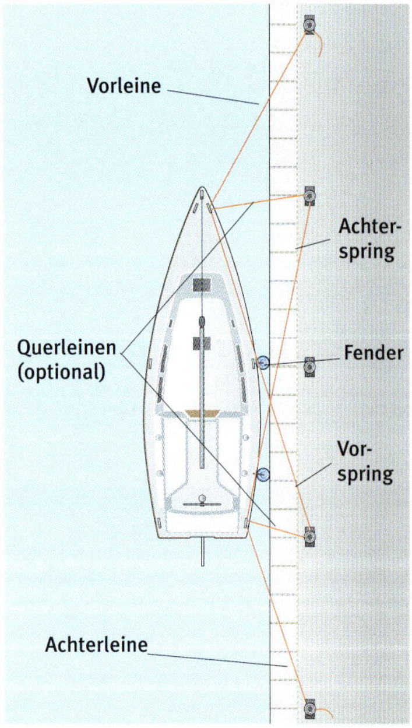

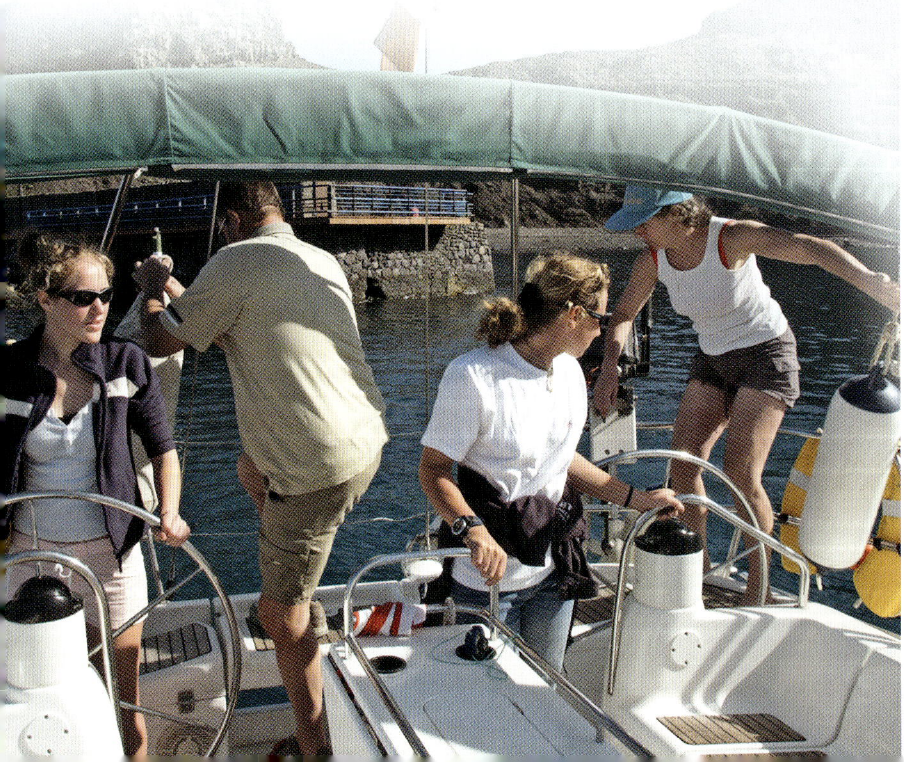

Die Fender rechtzeitig an beiden Schiffsseiten ausbringen. Wenn dann im Hafen feststeht, mit welcher Seite angelegt wird, können die Fender von der anderen Seite hinübergehängt werden. Keine Hektik!

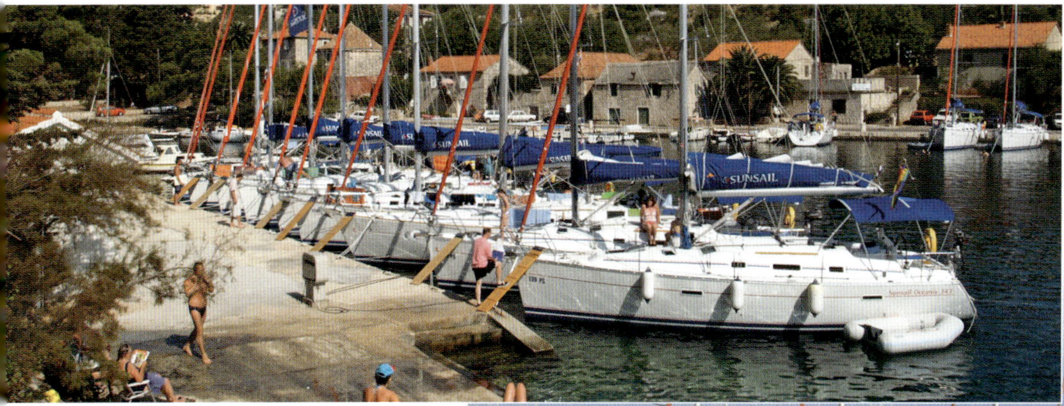

Festmachen mit dem Bug ist zu empfehlen, wenn es an der Pier flach wird (links).

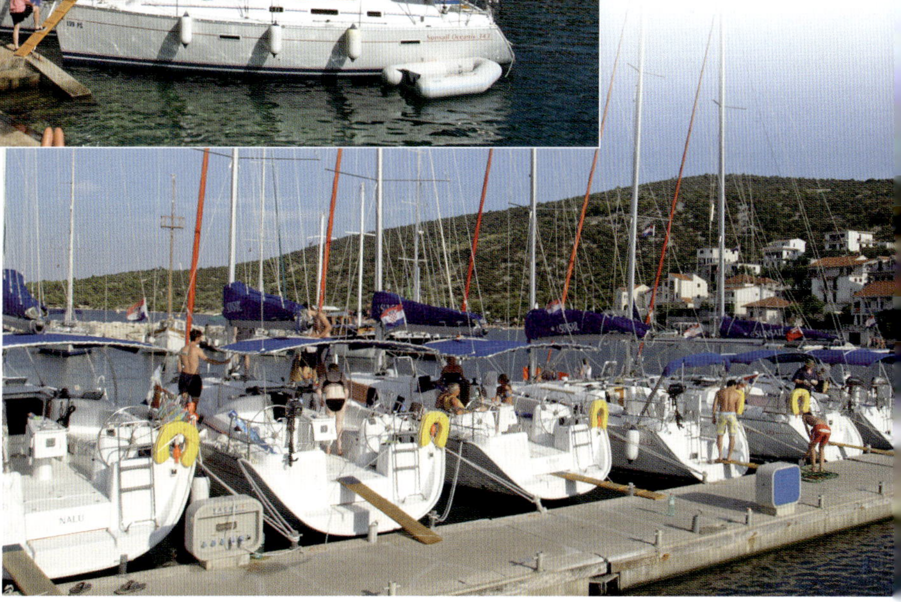

Mit dem Heck zur Pier. Das Heck ist mit zwei Leinen gesichert, der Bug wird von einem Anker oder einer Muringleine gehalten (unten).

Klampen nutzen

- Legen Sie die Leine immer einmal um eine passende, stabile Klampe, wenn Sie Bug oder Heck vorübergehend auf Position halten müssen.
- Wenn Sie auf einer Klampe festmachen, legen Sie die Leine zuerst einmal herum, bevor Sie eine Acht legen.
- Achten Sie auf ordentliche Leinen am Steg. Schießen Sie den Rest entweder sauber auf oder führen Sie ihn zurück an Bord.

Beachtung der Tide

Marinas und Häfen in fließenden Gewässern haben Schwimmstege, die sich mit Ihrer Yacht auf und ab bewegen. Hafenwände bewegen sich nicht. Alle Festmacher müssen daher der Tide entsprechend angepasst werden. Wenn der Hafen trockenfällt, muss sichergestellt werden, dass die Yacht so festgemacht ist, dass sie nicht kippt.

Mit dem Heck an den Steg

- Vor allem im Mittelmeer ist es üblich, mit dem Heck zur Pier festzumachen (»römisch-katholisch«). Dadurch kann die Crew achtern aussteigen, und die Boote liegen eng zusammen.
- Die Yacht wird mit zwei Heckleinen an Land festgemacht. Der Bug wird von einem Anker gehalten oder von einer Muringleine.
- Im Hafen wird der Anker fallen gelassen, dann rückwärts auf den Liegeplatz gefahren, die Heckleinen werden festgemacht und schließlich wird die Ankerleine dichtgeholt. Dabei ist es nicht leicht, die Entfernung richtig einzuschätzen. Wenn der Anker zu früh fällt, werden Sie nicht genügend Kette haben, um den Steg zu erreichen. Wenn Sie den Anker aber zu nah positionieren, hält er nicht.
- Oft machen Muringleinen, die über eine Sorgleine mit dem Steg verbunden sind, das Manöver einfacher. Die Sorgleine führt zur Muringleine, die an einem Block auf dem Grund des Hafens festgemacht ist. Während die Yacht rückwärts an den Steg fährt, belegt die Crew die Heckleinen an Land und greift sich die Sorgleine. Inzwischen hält der Steuermann das Boot mit leichter Kraft voraus in Position. Die Crew läuft mit der Sorgleine zum Bug, zieht daran die Muringleine hoch und macht diese auf der Bugklampe fest.

Mit dem Bug an den Steg

Der Bug wird mit zwei Vorleinen am Steg festgemacht, und die Muringleine oder ein Heckanker halten das Heck. Mit dem Bug voran festzumachen, kann die sicherste Methode sein, wenn die Wassertiefe am Steg für das Heck nicht ausreicht oder das Ruder zu nah an die Hafenmauer geraten könnte. Man liegt auch ungestörter als mit dem Heck zur Pier, aber es kann schwierig sein, von Bord zu kommen.

Den Hafen verlassen

Planen Sie voraus und weisen Sie die Crew ein, um eine entspannte Abfahrt zu ermöglichen. Falls es schwierig aussieht, den Steg zu verlassen, zögern Sie nicht, um Hilfe zu bitten. Meist findet man helfende Hände fürs Leinen-Losmachen.

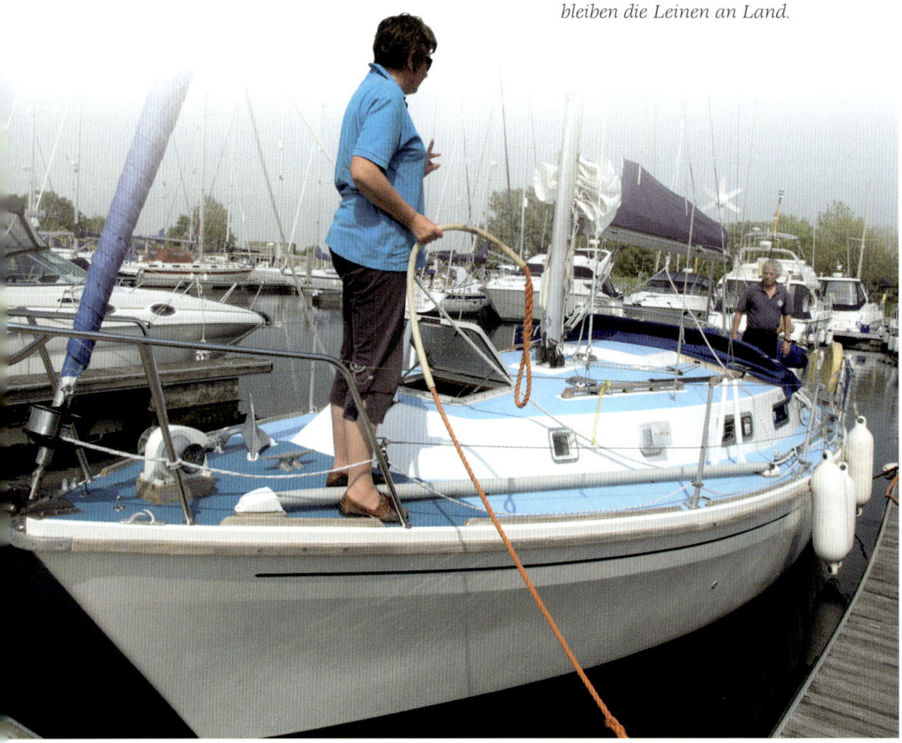

Diese Yacht hat einen Dauerliegeplatz im Hafen. Wenn sie den Steg verlässt, bleiben die Leinen an Land.

Längsseits ablegen

- Wenn Sie das Ruder einer sich bewegenden Yacht drehen,schwenkt das Heck aus. Beim Längsseits-Ablegen können Sie also nicht steuern, sonst stößt das Heck gegen den Steg.
- Wenn Sie mit dem Bug zuerst los wollen, müssen Sie vom Steg weggeschoben werden. Wind, der vom Steg weht, hilft, den Bug herauszudrücken. Strom kann ebenfalls unterstützen. Lösen Sie beide Springs. Ein Crewmitglied hält die Heckleine, die vom Steg zurück an Bord geführt ist (auf Slip liegt), fertig zum Loswerfen. Es ist ratsam, einen Fender zwischen Heck und Steg zu platzieren. Ein anderes Crewmitglied löst die Vorleine, stößt den Bug ab und klettert schnell an Bord. Die Heckleine wird gelöst, und das Boot entfernt sich vom Steg.
- Wenn Strom oder Wind gegen den Steg steht, wird der Bug an den Steg gedrückt. Die Lösung liegt darin, mit dem Heck zuerst abzulegen. Lösen Sie beide Springs. Ein Crewmitglied hält die Vorleine, die auf Slip liegt, fertig zum Loswerfen. Positionieren Sie einen Fender zwischen Steg und Bug. Ein anderes Crewmitglied löst die Heckleine, drückt das Heck vom Steg ab und springt an Bord. Nun wird die Bugleine gelöst, und das Boot fährt rückwärts vom Steg weg. Achten Sie darauf, dass die Heckleine nicht in die Schraube gerät.

Den Steg verlassen

1. Die Yacht liegt am Steg.
2. Der Vorwärtsgang ist eingekoppelt, damit das Boot nicht zurückdriftet. Die Springs werden eingeholt.
3. Die Vorleine wird gelöst, und der Bug »klappt weg«.
4. Die Heckleine wird (von Bord aus) gelöst, die Fender werden hereingeholt.

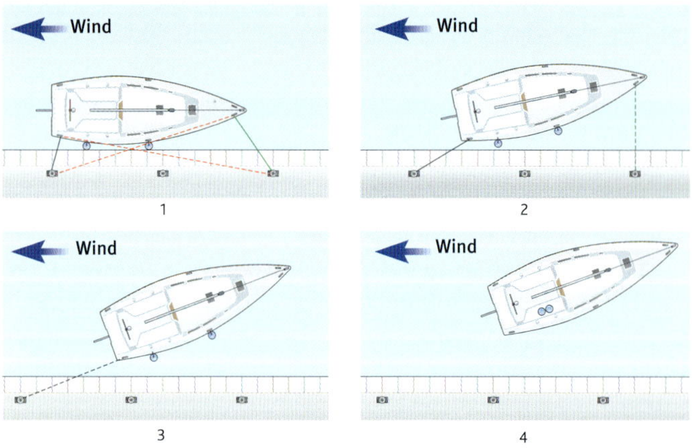

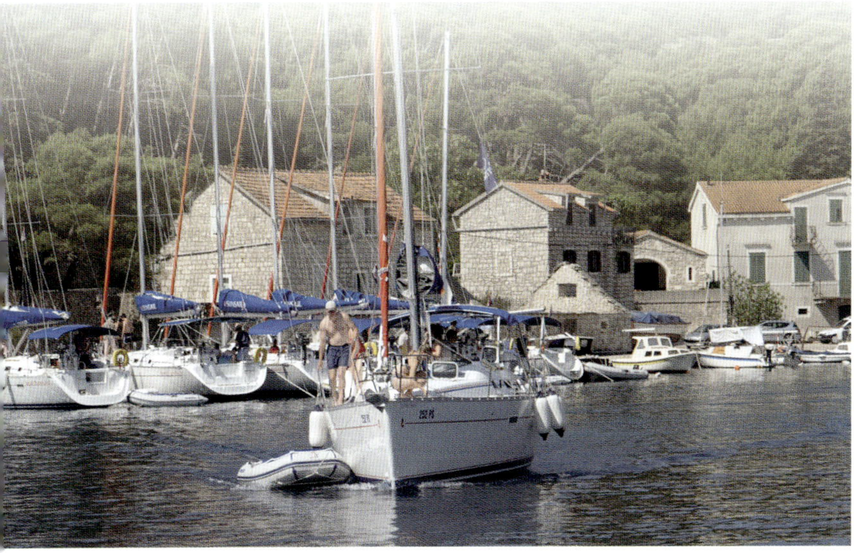

- Wenn nach vorn oder achtern nicht viel Platz ist, kann es notwendig werden, »in die Spring einzudampfen«. Lösen Sie alle Leinen bis auf die Achterspring. Positionieren Sie einen Fender zwischen Heck und Steg und motoren Sie nach achtern. Das Eindampfen in die Spring lässt den Bug vom Steg wegdrehen. Die umgekehrte Prozedur mit der Vorspring lässt das Heck auswandern.

Ablegen mit Heck oder Bug an der Pier

- Wenn der Bug (oder das Heck) mit einer Muringleine gesichert ist, werfen Sie diese los, während Sie sich langsam vom Steg entfernen. Dann werden die auf Slip gelegten Heckleinen (oder Bugleinen) ganz gelöst, und Sie fahren los.
- Wenn der Bug (oder das Heck) an einem Anker hängt, lösen Sie die Landleinen langsam und holen den Anker so schnell wie möglich ein. Das Crewmitglied vorn (oder achtern) gibt dem Steuermann ein Zeichen,wenn der Anker oben ist.

Schnelle Drehungen

- Wenn Sie in einem beengten Hafen manövrieren, kommt es vor, dass Sie Drehungen mit sehr kleinem Radius fahren müssen. Nutzen Sie dabei den Schub durch den Antrieb. Das Schraubenwasser des Propellers strömt gegen das Ruderblatt und drückt das Heck herum. Gleichzeitig wird der Bug in die Drehung geschoben, sodass sich das Boot um seine Mittschiffsachse dreht.
- Nutzen Sie den Radeffekt, um den Radius klein zu halten. Das funktioniert aber nur, wenn das Boot in die Richtung drehen soll, in die es der Propeller bei Vorausfahrt drückt.
- Wenn der Propeller im Uhrzeigersinn (bei Vorwärtsfahrt) dreht, fahren Sie nach Backbord bei voll eingeschlagenem Ruder. Geben Sie einen kurzen, kräftigen Gasschub, um den Bug nach Backbord zu drücken und das Heck damit nach Steuerbord zu ziehen. Nehmen Sie den Gang heraus und legen Sie – falls notwendig – voll Steuerbordruder, während Sie den Rückwärtsgang einlegen. Fahren Sie nur vorsichtig rückwärts, da nun der Radeffekt gegen Ihre beabsichtigte Drehrichtung wirkt und das Heck nach Backbord zieht. Nehmen Sie den Gang heraus und wiederholen Sie den Vorwärtsschub mit Backbordruder. Dieser Schub sollte die Drehung vollenden.

Aufklaren

Sobald die Yacht den Steg verlassen hat, sollte die Crew aufräumen (aufklaren). Die Leinen werden aufgeschossen und mit den Fendern in den Backskisten verstaut. Achten Sie darauf, dass keine Leine über Bord fällt und in den Propeller gerät. Segeln Sie nie mit angebrachten Leinen und Fendern.

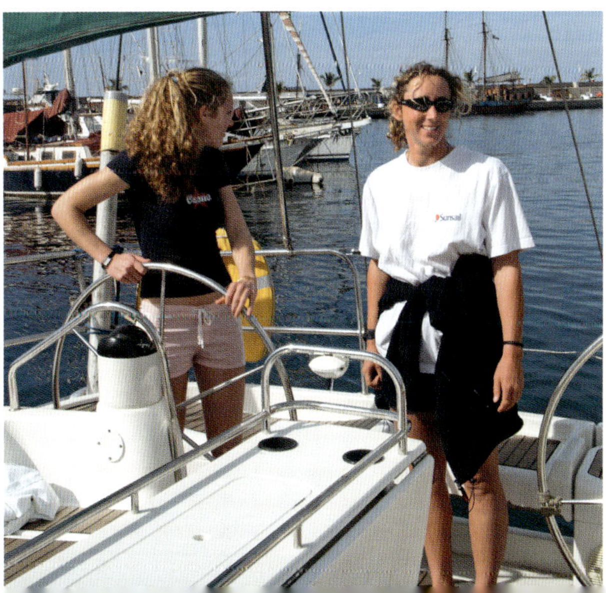

Zum Ansteuern oder Verlassen eines Hafens muss das Beiboot unter Umständen längsseits geholt werden (oben).

In Yachthäfen muss man oft in engen Gassen zwischen den Yachten durchfahren. Durch das Nutzen des Radeffekts ist es aber möglich, auch enge Drehungen zu fahren (rechts).

Ankern

In der Regel reicht ein Anker, um selbst eine große Yacht sicher am Meeresgrund festzumachen, außer bei sehr schlechtem Wetter. Anker, Kette, Vorleine und Bugrolle spielen eine wichtige Rolle, wenn das Ankern sicher und angenehm verlaufen soll.

Ankerarten

Alle Anker haben einen Hauptarm, der Schaft genannt wird, und einen Haken, Flunke genannt, der sich in den Meeresgrund eingräbt.

- Ein CQR- oder Pflugscharanker hat einen klappbaren Schaft, der für guten Halt bei vertretbarem Gewicht sorgt.
- Ein Danforth- oder auch Plattenanker hat ebenfalls einen klappbaren Schaft, bietet guten Halt und faltet sich so flach zusammen, dass er leicht auch auf dem Vordeck zu verstauen ist.
- Der Bruce-Anker ist eine Art starrer Pflugscharanker, bei dem der Schaft nicht klappbar ist. Er kann besser auf der Bugrolle als auf dem Vordeck verstaut werden.
- Der Stockanker ist ein traditioneller Anker, der in Seegras oder auf steinigem Grund gut hält. Für den Allround-Gebrauch muss er allerdings sehr schwer sein, um mit den modernen Modellen mitzuhalten. Mit seinen zwei scharfen Flunken und dem abmontierbaren Schaft ist er nur schlecht auf der Bugrolle zu platzieren, ziemlich klobig und schwer zu verstauen.

Kette und Leine

- Ein Anker ist gewöhnlich an einer Kombination aus Kette und Leine befestigt. Die schwere Kette bringt besseren Halt, aber auch mehr Gewicht, welches bei Wellengang ein Eintauchen des Bugs befördert. Eine Kette (ohne Leine) ist die beste Wahl für Fahrtenyachten. Auf kleineren Yachten oder Regattaschiffen, die nur selten ankern, ist eine ausschließliche Ankerleine adäquat.
- Um gut zu halten, muss die Kette am Boden liegen, sodass auf den Anker kein direkter Zug nach oben wirkt. Um die richtige Länge zu berechnen, wird eine Faustformel benutzt: Empfehlenswert ist die vierfache Wassertiefe bei Kette und die sechs- bis achtfache Wassertiefe bei Leine. Bedenken Sie dabei den Wasserstand in Tidengewässern. Es ist immer besser, zu viel als zu wenig auszubringen.
- Die Kette ist im Ankerkasten am Bug verstaut. Wenn Sie den Anker fallen lassen, stellen Sie vorher sicher, dass die Kette oder Leine am Boot befestigt ist. Wenn Sie die

Verschiedene Anker

Die wichtigste Eigenschaft eines Ankers ist eine gute Haltekraft. Sie ist durch Bauart, Gewicht, die Bodenbeschaffenheit, das Gewicht und die Länge der Kette bedingt.

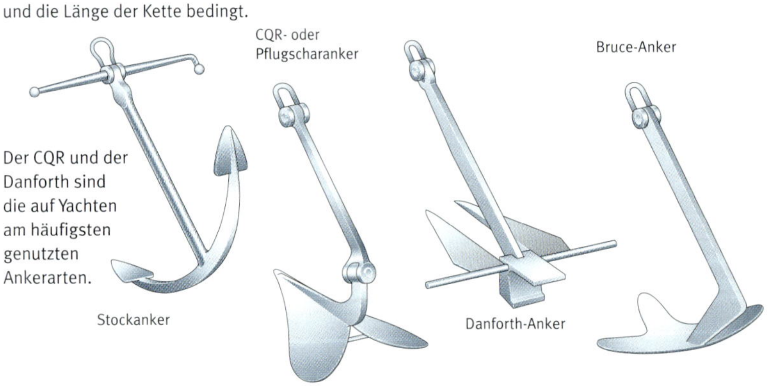

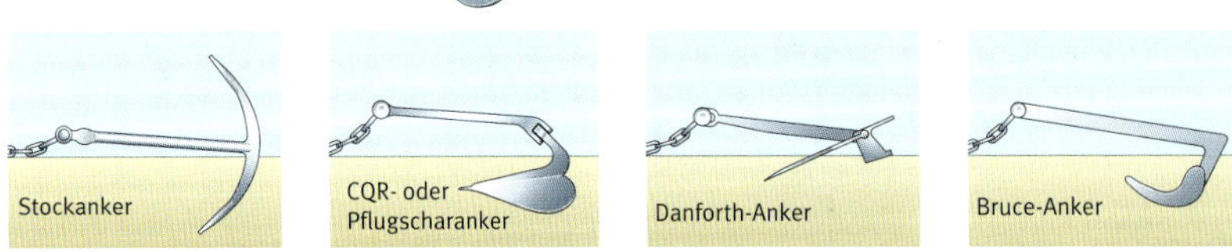

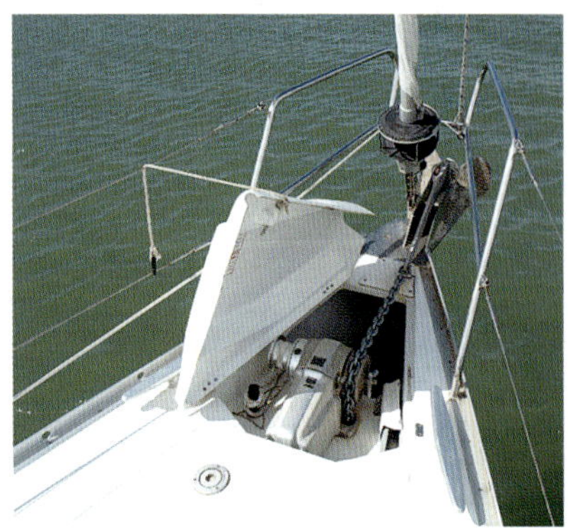

Hier ist der Anker auf der Bugrolle abgelegt, und die Kette liegt auf der elektrischen Winsch, die im Ankerkasten untergebracht ist (oben).

Ankern

Wenn die Wassertiefe mit vier multipliziert wird, erhält man einen Richtwert für die angemessene Länge der Kette zum sicheren Ankern. Wenn der Anker von einer Leine gehalten wird, sollte mindestens die sechs- bis achtfache Wassertiefe bemessen werden. Die Kette sollte den wechselnden Wasserständen angepasst werden.

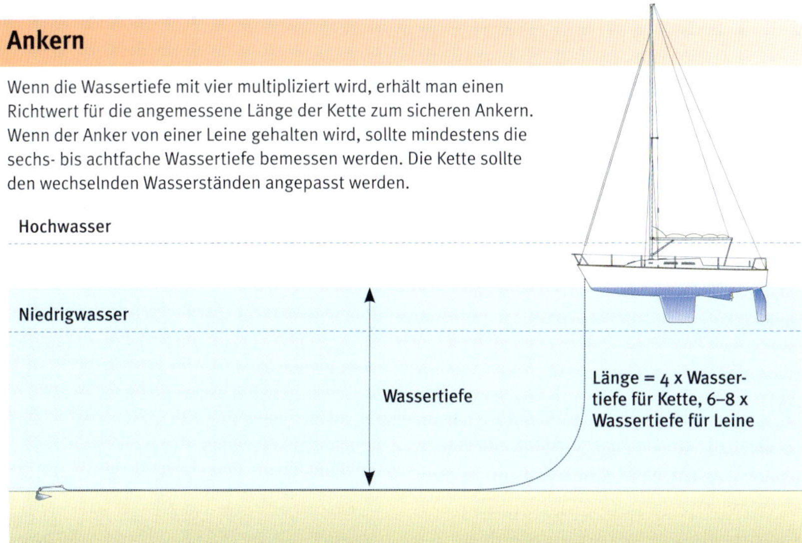

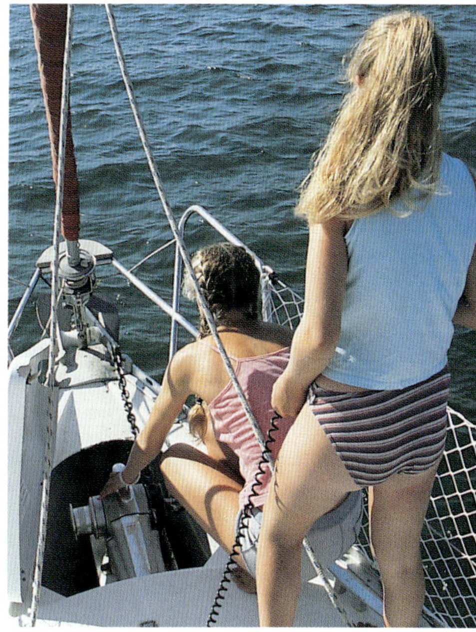

Die Crew arbeitet mit der elektrischen Ankerwinsch und einer Fernbedienung, die in der vorderen Kabine gelagert ist. Die Ankercrew stellt sicher, dass die Kette sich nicht verhakt, während sie hochgeholt wird und in den Ankerkasten fällt. Gehen Sie niemals mit den Fingern an die laufende Kette!

gesamte Kette herauslassen, muss das Ende mit einer Leine befestigt sein, die mindestens lang genug ist, um durch die Ankerklüse an Deck zu führen. Im Notfall muss die Leine gekappt werden, und dann ist keine Zeit, noch aufwendig einen rostigen Schäkel zu öffnen.

Stauen des Ankers

- Beim Fahrtensegeln ist es praktisch, wenn der Anker permanent in der Bugrolle liegt. Denken Sie aber daran, dass damit eine Menge Stahl den Bug überragt, was bei Kollisionen fatal sein kann.
- Der Ankerschaft kann durch einen Stahlbolzen an der Bugrolle gesichert werden. Die Ankerkette wird entweder auf der Winsch dichtgeholt oder mit einem Extratampen auf einer Klampe gesichert. Zudem ist es eventuell sinnvoll, den Schaft herunterzubinden.
- Auf einigen Yachten wird der Anker auf dem Vordeck oder im Ankerkasten verstaut. Es kann schwierig sein, ihn in Position zu bringen und wieder zu verstauen.
- Der Anker ist schwer und sperrig. Es ist nötig, genügend Kette zu lösen, um ihn auf die Bugrolle zu legen, und das Vorstag sowie die Genua-Rollanlage werden im Weg sein. Bringen Sie den Anker in Position und lassen Sie ihn erst unmittelbar, bevor Sie ihn benötigen, etwas ab.

Der Anker ist fertig zum Gebrauch in der Bugrolle gestaut und mit einem Stahlbolzen gesichert. Wie ein Rammbock ragt er am Bug hervor, fahren Sie damit bloß nirgendwo gegen!

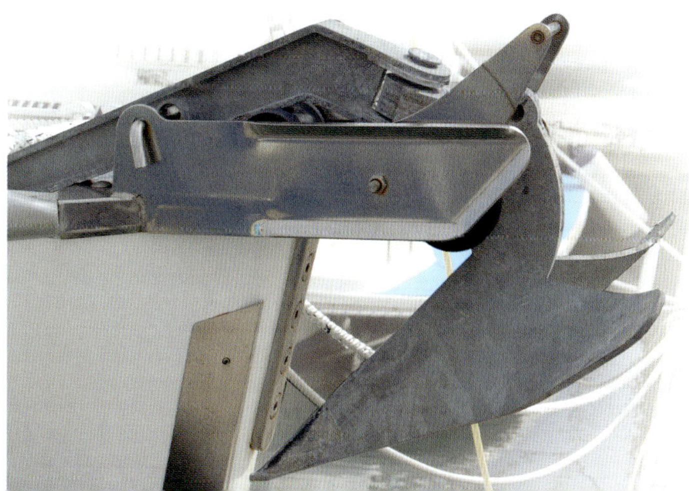

Den Anker kontrollieren

Die Ankerwinsch spielt eine tragende Rolle bei der Kontrolle des Ankers, aber auf kleineren Yachten kann das Ablassen des Ankers per Hand schneller und einfacher sein.

Ankerwinsch

- Viele mittelgroße Yachten sind mit einer Ankerwinsch ausgestattet, die durch das Bordsystem mit Energie versorgt wird. Die Ankerwinsch ermöglicht eine Bedienung ohne Kraftaufwand. Sie müssen nicht selbst mit dem Anker hantieren, sondern er wird per Knopfdruck auf- oder abgelassen. Das ist ein wichtiger Sicherheitsaspekt, aber Vorsicht ist dennoch geboten.
- Beim Herablassen kann die Kette sich im Ankerkasten verdrehen und stecken bleiben. Dann muss sie ein bisschen eingeholt werden, um den Knoten zu klarieren.
- Die Ankerwinsch braucht eine Menge Strom. Wenn der Anker hochgeholt wird, müssen Sie den Motor laufen lassen – bei mittlerer Drehzahl im Leerlauf. Wenn die Last zu groß wird, kann die Sicherung herausspringen – stellen Sie also sicher, dass Sie wissen, wo diese ist. Sie sitzt meist in der Nähe der Batterieschalter beim Niedergang. Überfordern Sie die Winsch nicht. Wenn sie stark belastet wird, warten Sie, bis die Spannung auf der Kette wieder abgenommen hat.
- Die Winsch kann auch mit der Hand bedient werden. Wenn die Arretierung geöffnet wird, ist die Winschtrommel entriegelt, und die Kette kann frei herauslaufen. Das hilft, um den Anker schneller fallen zu lassen,als der elektrische Motor es ermöglicht. Aber die Kette muss auch jederzeit gestoppt werden können, um die Kontrolle zu behalten. Die Arretierung wird auch genutzt,um den Anker mit der Hand hochzuwinschen, falls der Winschmotor streikt.

Den Anker fallen lassen

- Der Anker sollte kontrolliert heruntergelassen werden. Werfen Sie ihn nicht einfach so über Bord.
- Bereiten Sie den Anker an der Bugrolle vor. Nehmen Sie den Sicherungsbolzen heraus und lösen Sie alle Sicherungsleinen. Stellen Sie sicher, dass der Anker festgehalten wird, um ein vorzeitiges Ablassen zu vermeiden. Wenn Sie den Anker mit der Hand bedienen, nutzen Sie eine Leine, um ihn anfangs zu kontrollieren.
- Der Steuermann entscheidet, wo und wann der Anker fallen soll. Er beobachtet das Echolot und legt fest, wie viel Kette oder Leine ausgebracht werden soll. Idealerweise ist die Kette im Abstand von einem Meter mit Markierungen versehen, die von der Ankercrew gezählt werden können, während die Kette läuft. Wenn Sie eine leichtere Kette oder Leine benutzen, können Sie diese auch vorab in der richtigen Länge auf dem Vordeck auslegen und auf der richtigen Länge belegen.
- Wenn der Anker heruntergelassen wird, sollte die Yacht keine Vorwärtsfahrt mehr machen, sondern bereits anfangen, rückwärts zu fahren. Ist der Anker auf dem Grund angekommen, sollte die Kette oder Leine nicht auf einen Haufen geschüttet werden, sondern ausgestreckt liegen.

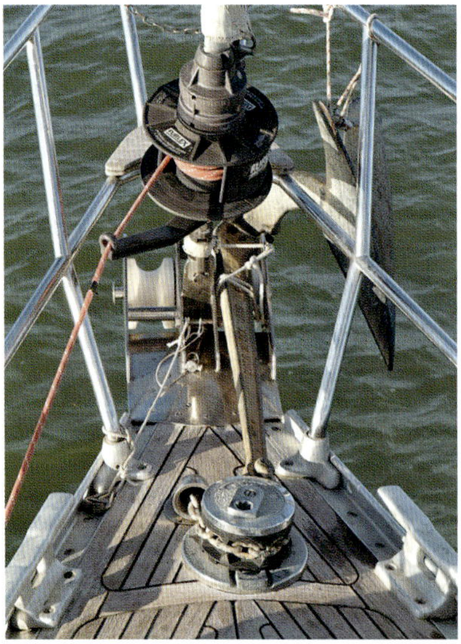

Die Ankerwinsch (zwischen den Klampen) fädelt die Kette in den Ankerkasten. Auf dieser Yacht ist der Anker dauerhaft auf der Bugrolle gelagert.

Den Anker per Hand fallen lassen

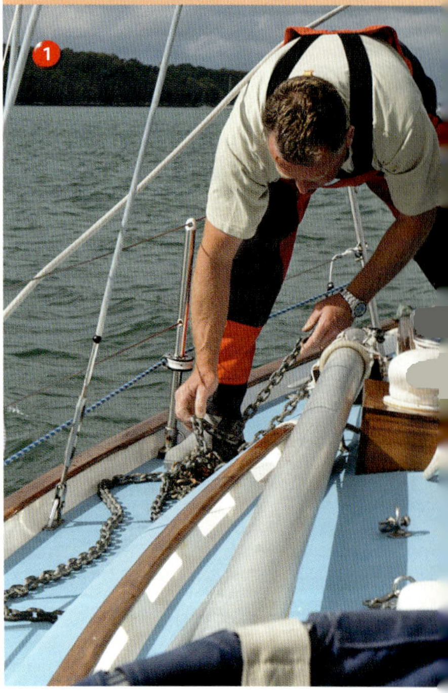

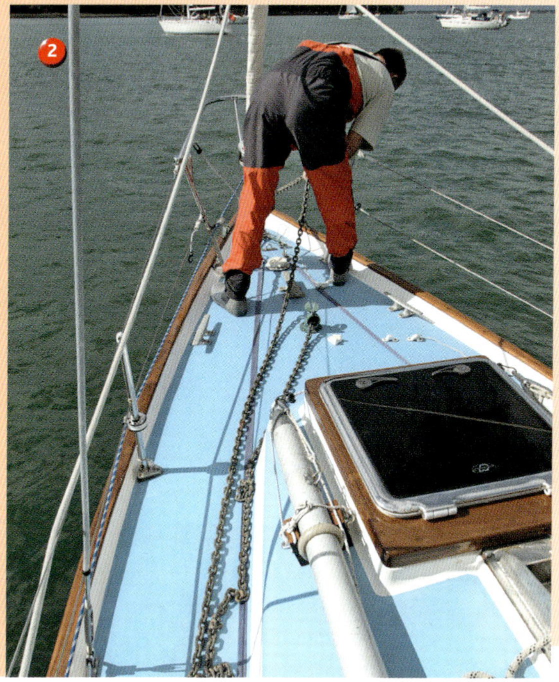

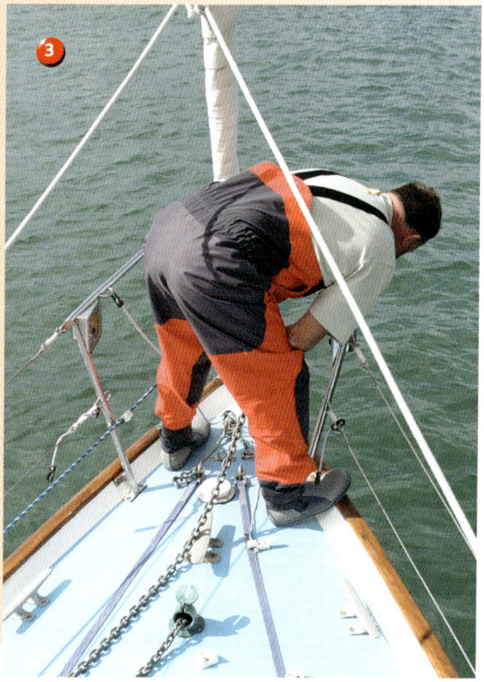

1. Auf einer älteren Yacht wird die Kette in der benötigten Länge auf dem Seitendeck ausgelegt, um sicherzustellen, dass sie frei läuft.
2. Geben Sie die Kette Hand über Hand aus. Handschuhe sind empfehlenswert. Legen Sie die Leine oder Kette zum Abbremsen einmal um eine Klampe.
3. Beobachten Sie, wie Anker und Kette am Grund liegen. Wenn genug Kette ausgebracht ist, belegen Sie auf einer Klampe und lassen die Yacht auspendeln.

- Wenn es windig ist oder starker Strom steht, wird die Yacht nach hinten getrieben, bis die Kette unter Spannung kommt. Das zeigt, dass der Anker im Grund sitzt. Nun sollten Sie langsam rückwärtsfahren, um die Kette gerade zu ziehen, und dann etwas mehr Gas geben, um zu prüfen, ob der Anker richtig hält.
- Nehmen Sie Peilungen und stellen Sie so sicher, dass der Anker nicht slippt. Peilen Sie dazu zwei Objekte an Land in Linie. Wenn es scheint, als würde der Anker rutschen, lassen Sie mehr Kette oder Leine heraus.Wenn das nicht geht, nehmen Sie den Anker hoch und starten Sie einen neuen Versuch. Auch ein GPS kann zeigen, ob die Yacht vertreibt.

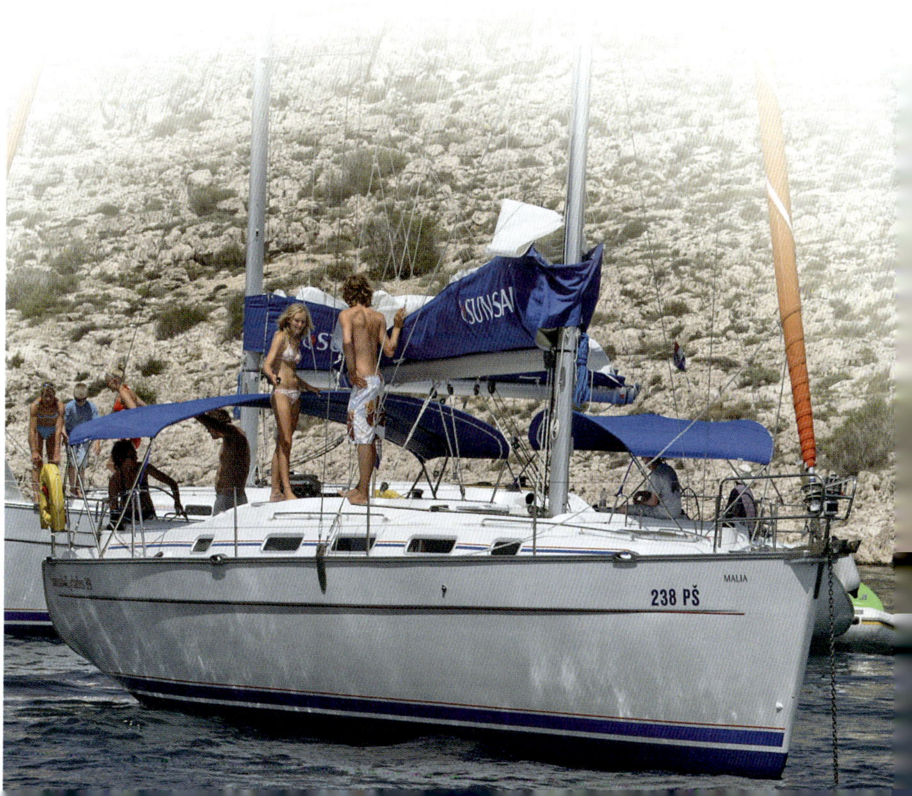

Lassen Sie genügend Raum zum Schwojen und ankern Sie nicht zu nah an anderen Booten.

Den Anker einholen

Neben dem Baum birgt der Anker und seine Kette wohl die potenziell größte Gefahr an Bord. Achten Sie darauf, dass der Anker gleichmäßig hochläuft und nicht zwischendurch stecken bleibt.

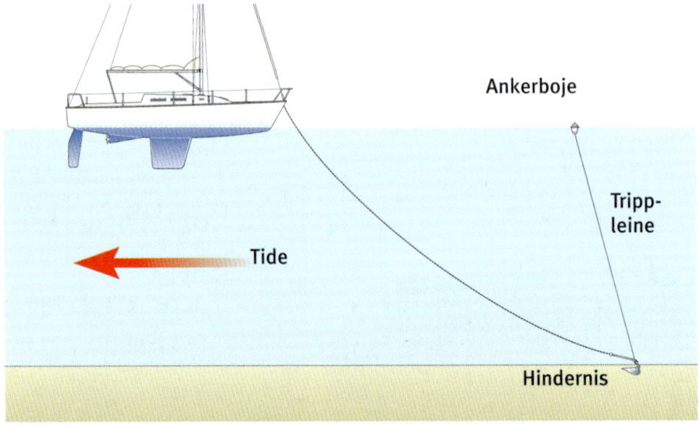

Um zu vermeiden, dass der Anker irgendwo fest hängt, ist eine Trippleine sinnvoll. Knoten Sie eine Leine an den Anker und hängen Sie einen kleinen Fender daran. Die Länge der Leine muss in Tidengewässern je nach Wasserstand justiert werden.

Den Anker hochziehen

- Die Ankerkette ist schwer. Wenn Sie die Kette einholen, wird sie irgendwann unter Spannung geraten. Warten Sie, bis das Gewicht der Kette das Boot wieder näher herangezogen hat und sie senkrecht nach unten zeigt, bevor Sie weiterziehen.
- In einigen Situationen (bei Wind oder Strom) brauchen Sie dazu Hilfe vom Steuermann, der mit etwas Vorwärtsgas die Spannung von der Kette nimmt. Rufen Sie, oder besser noch, nutzen Sie Handzeichen, um »Vorwärts«, »Stopp«, »Backbord« oder »Steuerbord« anzuzeigen.
- Während die Kette hochläuft, achten Sie darauf, dass sie sauber in den Kettenkasten einfädelt. Wenn sich unter der Klüse Berge bilden, muss hier klariert werden.
- Die Crew sollte den Steuermann informieren, sobald der Anker aus dem Grund gebrochen ist. Ab dem Zeitpunkt ist der Anker leicht einzuholen. Wenn das Boot rollt und schlingert, achten Sie darauf, dass der Anker nicht gegen den Bug schlägt. Ziehen Sie ihn schnell hoch und fixieren Sie ihn in der Bugrolle.

Was tun, wenn der Anker stecken bleibt?

- In einigen Situationen bricht der Anker nicht aus dem Meeresgrund. Nehmen Sie so viel Kette wie möglich herein und versuchen Sie dann, den Anker seitwärts oder nach vorn zu ziehen, aber achten Sie darauf, dass die Kette dabei nicht am Bug schrammt.
- Es ist selten, dass ein Anker im Grund stecken bleibt, aber es kann vorkommen, dass eine Flunke unter ein Hindernis, beispielsweise unter eine alte Muringleine gerät. Dagegen kann man sich mit einer zuvor ausgebrachten Trippleine schützen. Sie wird an der Verbindung zwischen Flunken und Schaft befestigt und

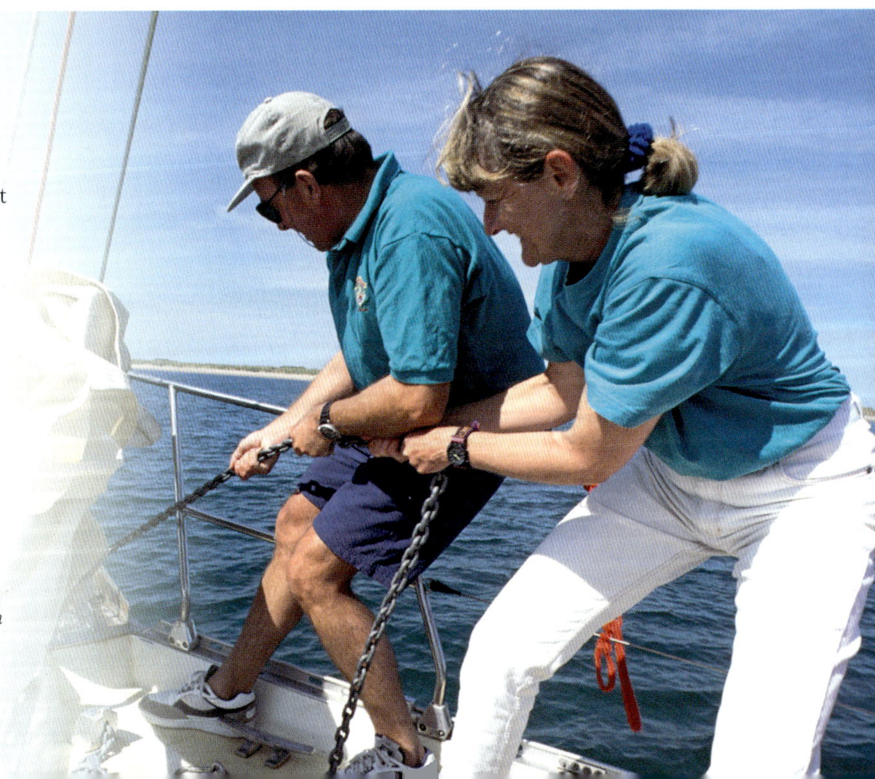

Auf einer kleineren Yacht ist es leichter, den Anker zu zweit per Hand hochzuziehen. Wenn die Kette unter Spannung gerät, sollte sie schnell auf einer Klampe gesichert werden.

zurück an Bord geholt oder an einen Fender gebunden, der dann über dem Anker schwimmt. Vertikal an dieser Leine zu ziehen, sollte helfen, den Anker zu befreien.

Zweitanker

- Der Zweitanker ist ein kleinerer Behelfsanker, der üblicherweise in der Backskiste gestaut wird. Ein Danforth-Anker, der sich flach zusammenklappen lässt, ist dafür ideal. Am Ersatzanker ist in der Regel eine Ankerleine mit einem kurzen Kettenvorläufer befestigt.
- Der Zweitanker kann beispielsweise gesetzt werden, um das Heck am Schwingen zu hindern. Wird er am Bug in einem Winkel von etwa 30 Grad zum Hauptanker gesetzt, kann er diesen unterstützen. In beiden Fällen muss der Zweitanker mit dem Beiboot ausgebracht werden.

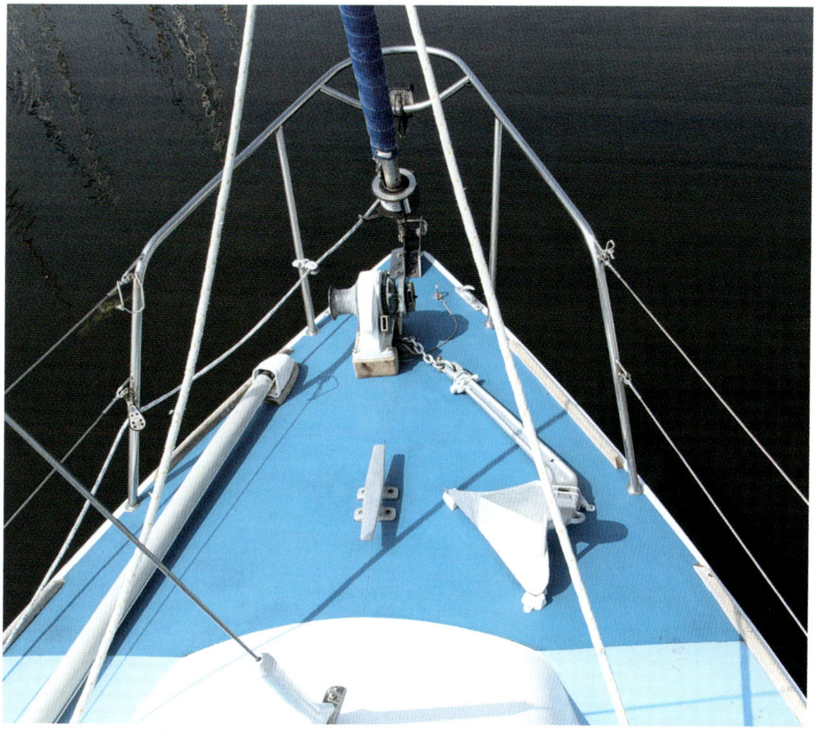

Auf dieser Westerly wird der Pflugscharanker auf dem Vordeck gestaut. Er muss zwar vor Gebrauch durch den Bugkorb gehoben werden, aber es ist von Vorteil, wenn der Anker nicht über den Bug hinausragt, vor allem beim Manövrieren in engen Häfen.

Einen Zweitanker ausbringen

Manchmal ist es sinnvoll, zwei Anker auszubringen. Sie können beide in einem einzigen Manöver auf Grund gelassen werden, aber meist ist es notwendig, den Zweitanker mit dem Beiboot auszubringen. Dabei ist die Ankerleine an Bord festgemacht, der Zweitanker liegt mit dem Kettenvorläufer im Beiboot, sodass nur Leine über das Wasser gezogen wird. Dann wird der Anker an der gewünschten Stelle ins Wasser gelassen.

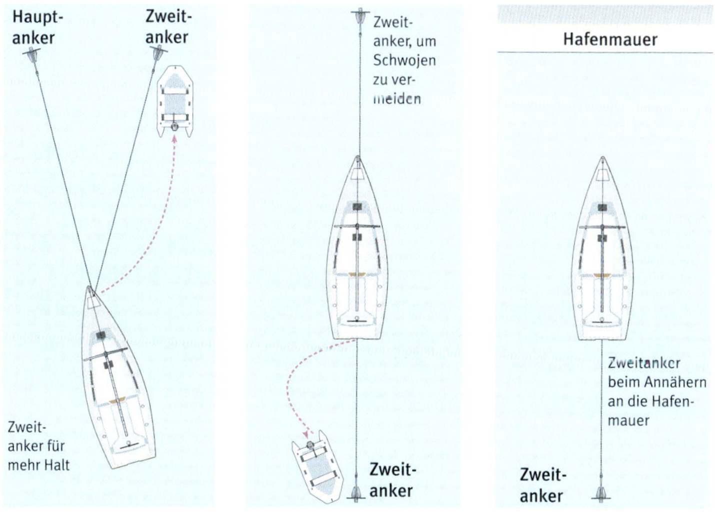

Sicherheit beim Ankern

- Tragen Sie immer Bordschuhe oder Stiefel und Handschuhe, wenn Sie am Anker arbeiten.
- Wenn die Kette ausrauscht, weg mit Händen und Füßen! Die Kette wird nicht stoppen, wenn Sie in ihren Weg geraten.
- Stellen Sie sicher, dass die Kette jederzeit gestoppt werden kann. Wenn Sie den Anker per Hand herunterlassen, führen Sie die Kette oder Leine als Bremse einmal um eine Klampe an Deck.
- Kinder sollten während des Ankermanövers nicht auf dem Vordeck sein.

Der perfekte Ankerplatz

Vor Anker zu liegen kann großartig sein – wenn die Yacht ausreichend Platz um sich hat und von idyllischer Landschaft umgeben ist, fernab der Massen im Hafen. Aber genießen können Sie das nur, wenn der Ankerplatz sicher ist. Es macht keinen Spaß, in die Koje zu kriechen und sich die ganze Zeit Sorgen zu machen, ob der Anker hält.

Es scheint, als würden diese Yachten bei auflandigem Wind sehr nah am Strand liegen. Aber der Ankergrund hält gut, der Wind ist nur leicht und das Wasser tief. Wenn jedoch der Wind zunimmt, sollten die Yachten bereit zum Aufbruch sein (rechts).

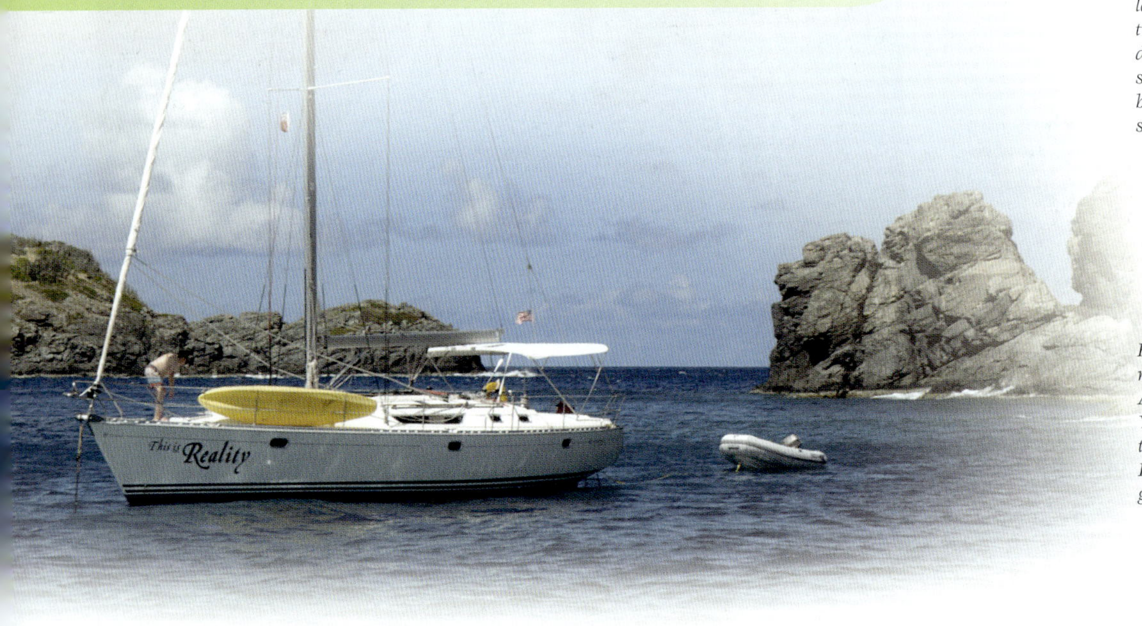

Kaum etwas ist schöner als ein einsamer Ankerplatz. Diese Yacht hat ein attraktives Plätzchen in den British Virgin Islands gefunden (links).

Schutz vor dem Wind

Ein guter Ankerplatz muss vor Wind geschützt sein. Dabei sollte der Wind generell ablandig wehen, so dass Sie nicht auf die Küste zutreiben. Bei einer leichten, auflandigen Brise ist Ankern noch denkbar, aber sobald der Wind zunimmt, wird der Ankerplatz unsicher und unhaltbar.

Prüfen des Ankerplatzes

Sehen Sie im Revierführer nach, wie es am Ankerplatz mit der Windrichtung, dem Ankergrund, Strömungen und eventuellen Besonderheiten bestellt ist. Prüfen Sie in der Karte die aktuellen Wassertiefen (und die bei Niedrigwasser), Betonnung, Steine, Wracks, Untiefen und empfohlene Ankerplätze.

Wetterbericht hören

Hören Sie weiterhin den regionalen Wetterbericht. Bedenken Sie, was es für Ihren Ankerplatz bedeutet, wenn der Wind dreht oder stärker wird. Denken Sie voraus. Es ist deutlich besser, am Tag den Ankerplatz zu wechseln als in der Nacht.

Die Tide beachten

In einem Tidenrevier wechselt der Wasserstand alle sechs Stunden von Hoch- zu Niedrigwasser und umgekehrt. Stellen Sie sicher, dass Sie immer genügend Wasser unter dem Kiel und ausreichend Kette ausgebracht haben, es sei denn, Sie haben ein Boot mit Hubkiel und wollen trockenfallen.

Guter Halt

Guter Halt ist entscheidend beim Ankern. Die Seekarte zeigt, was am Meeresgrund zu erwarten ist. Schlamm und Sand ermöglichen es dem Anker, sich tief einzugraben. Seegras, Stein und Geröll bieten weniger verlässlichen Halt. Vermeiden Sie auf jeden Fall, in Korallen zu ankern, diese werden dadurch zerstört.

Ausreichend Kette stecken

Die Reichweite und der Schwojekreis ergeben sich aus der Länge der Kette oder Leine. Denken Sie daran, dass Sie mindestens die vierfache Wassertiefe an Kette und die sechs- bis achtfache Tiefe an Leine ausbringen. Um sicherzustellen, dass

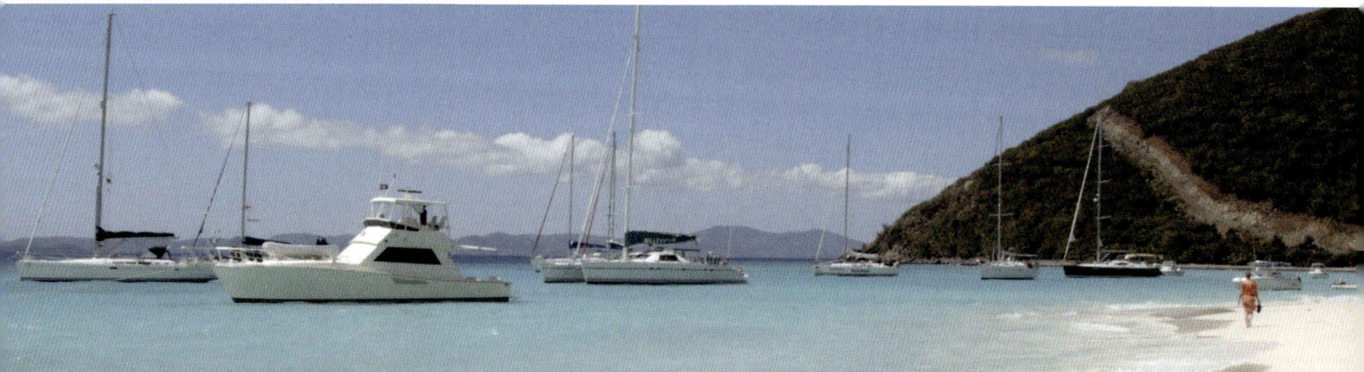

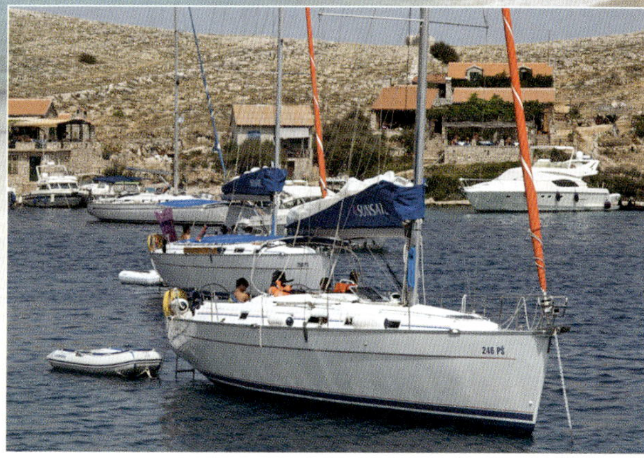

Prüfen Sie, ob Ihr Anker rutscht, bevor Sie es sich gemütlich machen. Peilen Sie Objekte an Land, um die eigene Position zu überprüfen.

sich der Anker gut eingegraben hat, fahren Sie langsam rückwärts, bis die Yacht aufstoppt. Nehmen Sie drei Kompasspeilungen an festen Objekten vor und stellen Sie sicher, dass der Anker nicht rutscht. Zudem können Sie den Ankeralarm auf dem GPS-Gerät einschalten. Prüfen Sie den Halt gut, bevor Sie an Land oder in die Koje gehen. Wenn die Ankerkette vibriert, kann es daran liegen, dass sie rutscht. Ankern Sie besser noch einmal neu.

Ausreichend Raum zum Schwojen

Eine Yacht vor Anker schwingt (schwojt) je nach Wind und Strom hin und her oder sogar rund um den Anker herum. Stellen Sie daher sicher, dass in alle Richtungen genügend Raum ist. An vielen Plätzen liegen die Schiffe tagsüber in ablandigem, thermischem Wind, der sich nachts in eine auflandige schwache Brise verwandelt. Prüfen Sie, ob genügend Platz für einen 360 Grad-Kreis vorhanden ist. Motorboote schwojen anders als Segelyachten – die Boote an einem Ankerplatz können daher in unterschiedliche Richtungen schwojen.

Rollen und schlingern

- Bei schlechtem Wetter können die Bedingungen an Bord ziemlich unbequem werden, und auch die Sorge um den Anker nimmt zu. Kurzfristig hilft es, mehr Ankerkette zu stecken.
- Schwell kann unvorhersehbar auftreten, wenn er um eine Landzunge läuft oder sich nachts plötzlich aufbaut und das Leben an Bord unerträglich macht.

Kennzeichnung

Um anderen Yachten zu zeigen, dass Sie vor Anker liegen, wird tagsüber ein schwarzer Ankerball am Vorstag befestigt und abends das Ankerlicht (ein weißes Rundumlicht im Masttopp) angeschaltet. Alternativ kann auf halber Höhe des Vorstags ein Ankerlicht befestigt werden.

Die Bäume am Strand bieten bei dem ablandigen Wind Schutz und Ruhe an diesem Ankerplatz.

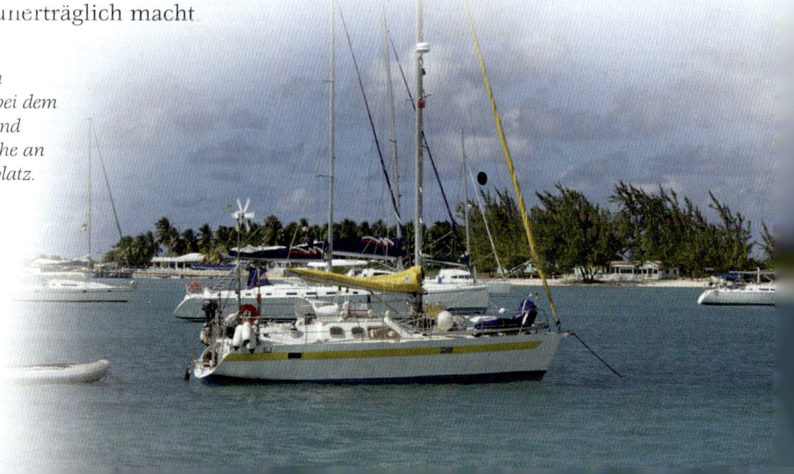

Eine Muring aufnehmen

Muringbojen bieten eine bequeme Möglichkeit, eine Yacht festzumachen. Sie können vorübergehend oder auch dauerhaft als Liegeplatz in einem Fluss, einem Hafen oder einer Bucht genutzt werden.

Eine Muring auswählen

- Prüfen Sie, ob die Muring, die Sie sich ausgesucht haben, nicht markiert und reserviert ist.
- Nicht alle Murings sind sicher: Sie können reißen, vor allem, wenn zu viel Last daran hängt.
- Wenn Sie zu Besuch sind, halten Sie Ausschau nach Gastbojen. Wenn sie vom Hafenmeister verwaltet werden, sollten die Murings sicher sein. Lesen Sie im Hafenhandbuch nach, bis zu welcher Yachtgröße die Murings empfohlen werden. Es wird eine Nutzungsgebühr fällig, die aber weit niedriger ist als die eines Hafenplatzes. Der Hafenmeister kommt entweder zu Ihnen, oder Sie müssen an Land bezahlen.
- Teilweise werden Gastmurings auch von Yachtclubs angeboten. Oftmals dürfen die Mitglieder verschiedener Clubs gegenseitig die Murings nutzen.
- Auch Restaurants und Bars halten für ihre Gäste manchmal Murings bereit. Prüfen Sie hier genau, ob das Angebot Ihren Ansprüchen genügt.
- Die meisten Murings sind an ansässige Yachteigner vermietet. Fragen Sie den Hafenmeister, ob Sie für einen kurzen Aufenthalt daran festmachen dürfen. Sie müssen aber darauf vorbereitet sein, aufzubrechen, wenn der Inhaber der Muring wiederkommt. Es ist daher ratsam, nicht an Land zu gehen und das Boot unbeaufsichtigt zu lassen.

Aufnehmen einer Muring

Murings können unterschiedlich aufgebaut sein. An dieser Muringboje ist eine kräftige Leine befestigt, die durch die Hilfe einer dünneren »Holeleine«, an deren Ende eine kleine Boje befestigt ist, aufschwimmt. Die kleine Boje wird mit dem Bootshaken aufgefischt, durch die Bugrolle oder die Klüse geführt, und das Auge der kräftigen Leine wird auf der Klampe belegt.

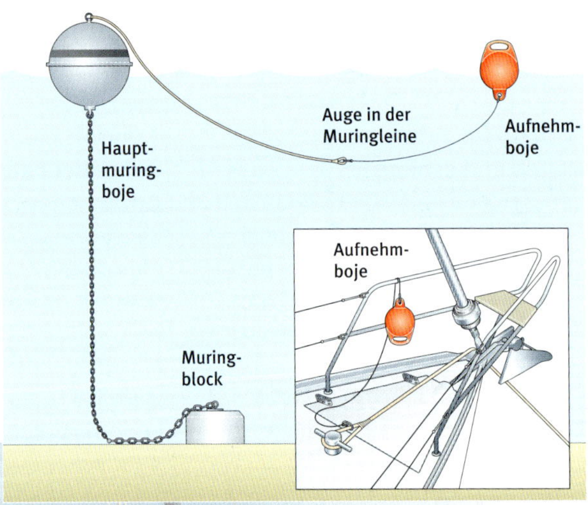

Annäherung an eine Muring

- Wählen Sie eine Muring, an der es tief genug ist und die Ihnen ausreichend Raum zum Schwojen bietet. Achten Sie darauf, ob Motorboote in der Nähe liegen, da sie anders schwingen als Ihr Kielboot.
- Rollen Sie das Vorsegel ein, bergen Sie das Großsegel und fahren Sie unter Motor auf die Muring zu.
- Nutzen Sie den Wind oder Strom, um das Boot aufzustoppen, wenn Sie an die Boje kommen. Richten Sie sich danach, welches Element stärker ist. Falls kein Strom steht, fahren Sie gegen den Wind auf die Boje zu.

Die Yacht an der Boje festmachen

- An der Muringboje ist oft eine Muringleine befestigt, die aufschwimmt und mit dem Bootshaken aufgenommen werden kann. Ziehen Sie die Leine durch die Bugrolle (neben dem Anker,

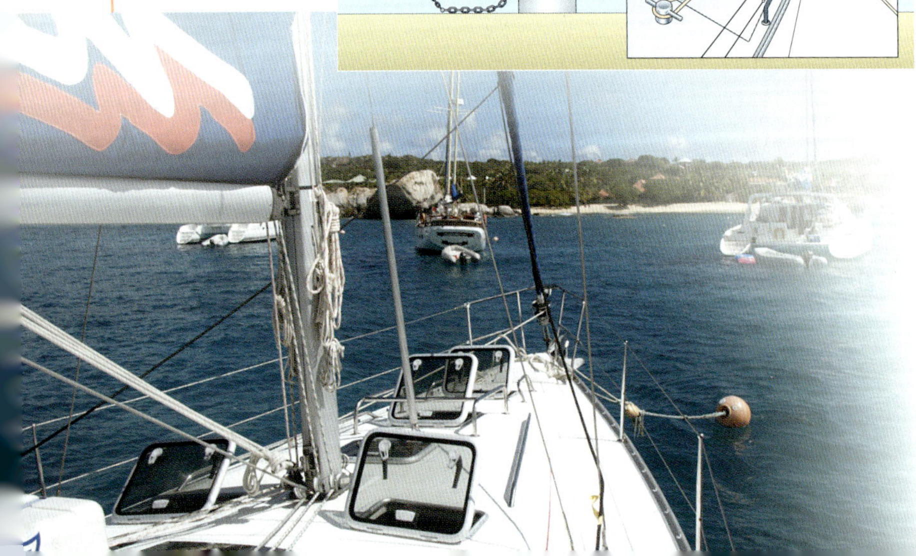

In Segelrevieren wie den British Virgin Islands empfiehlt sich das Festmachen an Murings statt Ankern, weil so die Korallen geschützt werden. Diese bekannte Bucht nennt sich »The Bath«.

Annäherung an die Boje

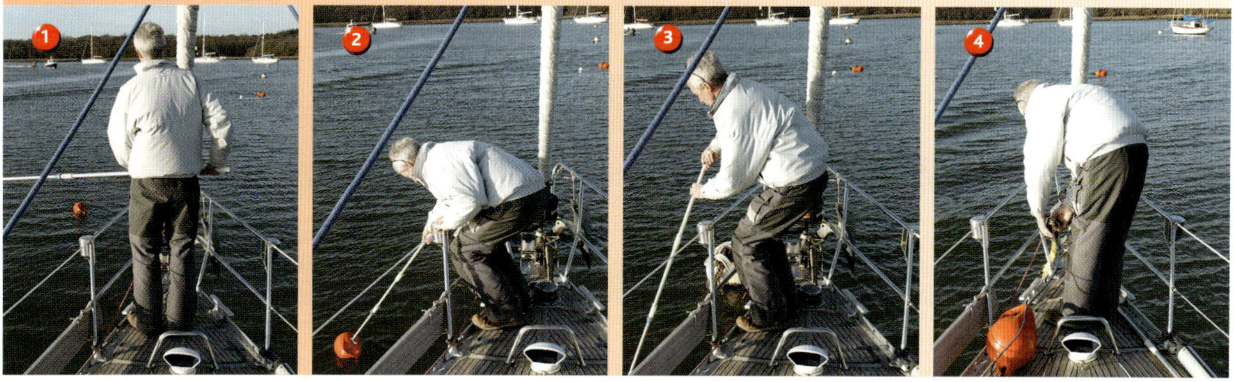

falls möglich) und belegen Sie die Leine auf der Bugklampe. Alternativ läuft sie durch die Klüse auf die Klampe. Falls die Leine dünn ist, ziehen Sie weiter, oft kommt dann ein stärkeres Ende zutage.

- Manchmal müssen Sie auch eine eigene Muringleine an einer Metallöse auf der Muringboje festmachen. Dazu wird ein Ende auf der Bugklampe belegt, die Leine durch die Bugrolle geführt und an der Muringboje mit einem Palstek befestigt oder durchgezogen und zurück an Bord geführt. Manchmal läuft die Leine reibungsloser, wenn sie auf beiden Seiten des Bugs durch die Klüsen statt durch die Bugrolle geführt wird.
- Achten Sie darauf, dass die Leine nicht an den Seiten der Bugrolle scheuert (schamfilt). Nutzen Sie gegebenenfalls ein Stück Plastikschlauch als Schutz.

Der Bootshaken

Hölzerne Bootshaken sind mittlerweile weitestgehend durch solche aus Aluminium abgelöst worden, obwohl die meisten nicht schwimmen – verlieren Sie ihn also nicht! Legen Sie den Bootshaken nicht auf das Vordeck oder das Kajütdach, ohne ihn zu sichern.

Haben Sie den Überblick?

- Je näher die Muringboje kommt, desto weniger ist der Steuermann in der Lage, sie zu sehen, da sie vom Bug verdeckt wird. Die Crew auf dem Vordeck muss ihn daher dirigieren: vorwärts, Steuerbord, Backbord, stopp!
- Achten Sie darauf, langsam zu motoren, um nicht an der Boje vorbeizufahren. Die Yacht sollte zum Stillstand kommen, wenn die Boje auf einer Seite des Bugs schwimmt. Wenn das Boot sich noch vorwärts bewegt, ist es nicht möglich, die Muring festzuhalten.
- Wenn Strom steht, muss die Crew schnell sein und die Muringleine sofort an Deck belegen oder eine eigene Leine an der Muring befestigen, sonst wird der Bug weggetrieben.

1. Die kleine Aufnehmboje schwimmt Backbord voraus. 2. Die Crew nimmt die kleine Boje mit dem Bootshaken auf. Dazu muss die Yacht still stehen. 3. Die Crew holt die kleine Boje schnell hoch. 4. Legen Sie die Muringleine über die Bugrolle, bevor sie auf der Klampe belegt wird.

Die Muring verlassen

Die Yacht zeigt mit dem Bug in den Wind, und die Crew auf dem Vordeck wirft die Muringleine los, sobald der Steuermann das Zeichen dazu gibt. Werfen Sie die Leine mitsamt der Aufnehmboje so weit wie möglich, damit sich beim Losfahren keine der Leinen in die Schraube verirrt. Meist ist es sinnvoller, sich rückwärts zu entfernen.

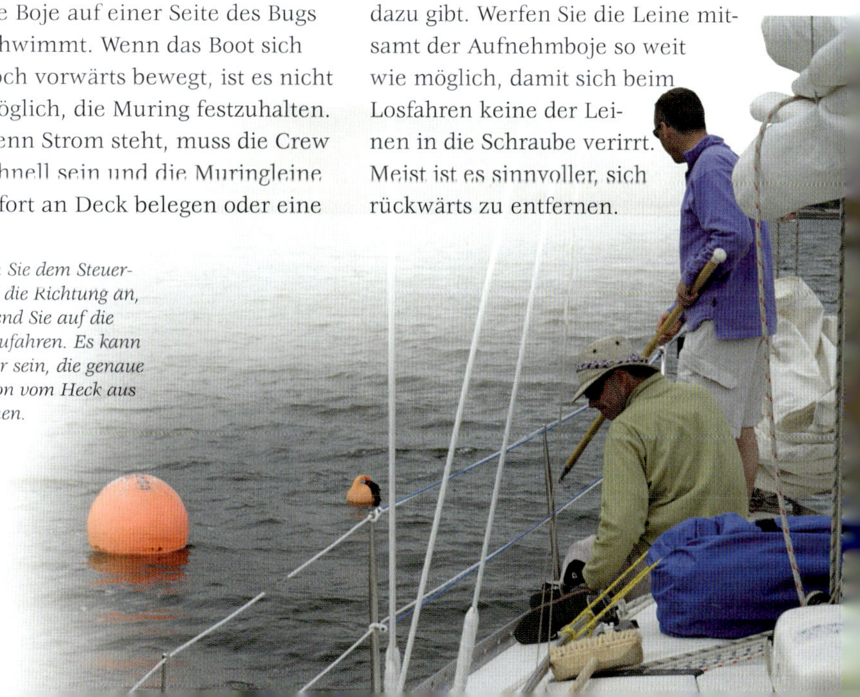

Geben Sie dem Steuermann die Richtung an, während Sie auf die Boje zufahren. Es kann schwer sein, die genaue Position vom Heck aus zu sehen.

Ein Beiboot nutzen

Die meisten Yachten sind mit einem kleinen Schlauchboot ausgestattet, das an Deck oder zusammengefaltet in der Backskiste gestaut wird. Es kann schnell aufgeblasen und zu Wasser gelassen werden und bringt die Crew sicher an Land, vorausgesetzt, es ist nicht überladen.

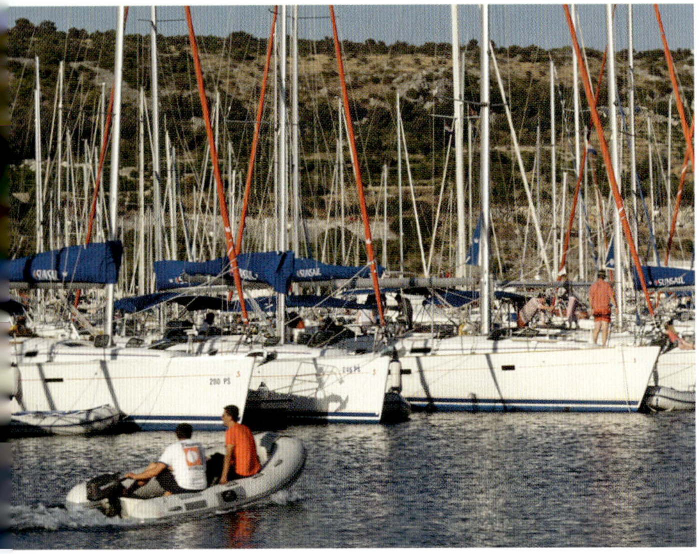

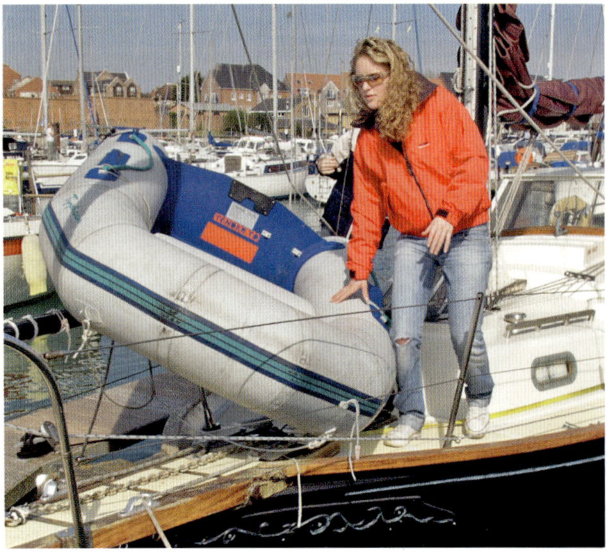

Fahren Sie langsam an den Yachten vorbei und achten Sie auf Schwimmer (oben links).

Das Beiboot kann an Deck mit Luft gefüllt und dann über die Reling zu Wasser gelassen werden. Sichern Sie zuvor die Festmacheleine (oben rechts).

Der Boden des Beibootes

Die meisten Schlauchboote haben einen weichen Boden, der nicht sehr stabil ist. Andere dagegen sind mit einem festen, steifen Kunststoffboden ausgestattet – sie bieten mehr Stabilität, sind aber schwerer und brauchen mehr Platz. Ein Kompromiss ist ein Boden, der entweder aus Platten besteht und ausgelegt wird oder der ebenfalls aufblasbar, aber speziell verstärkt ist und aufgerollt werden kann.

Aufblasen und Luft ablassen

Meist passt das zusammengefaltete Beiboot in eine Backskiste. Es sollte auf dem Vordeck oder dem Kajütdach entpackt und mit Luft gefüllt werden. Achten Sie darauf, dass jede Abteilung prall aufgeblasen und das Ventil richtig verschlossen wird. Bevor Sie das Boot vorsichtig über die Seite zu Wasser lassen, sichern Sie die Festmacheleine des Beibootes an der Yacht.

Das Beiboot rudern

- Viele kleine Schlauchboote haben leichte Aluminiumpaddel mit Ruderblättern aus Plastik, die mit Dollen am Boot befestigt und zum Rudern verwendet werden können. Das Leistungsvermögen dieser Konstruktion reicht von befriedigend bis entsetzlich. Manche Dollen sind so wenig fixiert, dass das Boot bei jedem Pullen hin- und herruckt. Einige Boote bieten immerhin eine kleine Plastikplanke als Sitz für den Ruderer.
- Aber nicht alle Schlauchboote sind so übel. Einige haben anständige hölzerne Ruder und gut stabilisierte Dollen, die funktionieren, wenn das Boot ordentlich aufgeblasen wurde. Es kann aber auch hier schwer sein, vorwärtszukommen. Kleine kurze Schläge sind am effektivsten, und falls es Strom gibt, ist es natürlich einfacher, mit ihm zu rudern.

Rettungswesten

Tragen Sie im Beiboot immer eine Rettungsweste. In einigen Ländern ist das gesetzlich vorgeschrieben. Ein Beiboot in bester Partylaune zu überladen, wenn die Crew zurück an Bord will, birgt hohes Unfallpotenzial.

Ein- und Aussteigen

- Versuchen Sie in der Mitte des Schlauchbootes ein- und auszusteigen und verteilen Sie das Crewgewicht gut auf alle Seiten. Setzen Sie sich sofort hin.
- Überladen Sie das Beiboot nicht. Zweimal zu fahren ist sicherer.

An Land fahren

- Achten Sie auf abgesperrte Gebiete und Landestege, wenn Sie sich dem Ufer nähern. Es kann verboten sein, durch Schwimmzonen zu fahren: Der Propeller des Außenbordmotors ist sehr gefährlich.
- Versuchen Sie, das Beiboot nicht den Strand heraufzuziehen. Der Boden wird dadurch in Mitleidenschaft gezogen. Tragen Sie das Schlauchboot; am Heck ist es am schwersten.
- Prüfen Sie das Beiboot, bevor Sie es verlassen. Strandspaziergänger könnten über die Festmacheleine oder den Außenbordmotor stolpern. Bringen Sie am Strand keinen Anker aus. Sichern Sie den Außenborder mit einem Schloss, während Sie unterwegs sind.
- Prüfen Sie, ob die Tide steigt oder fällt, und tragen Sie das Boot über die Hochwassermarke.
- Wenn Sie mit dem Beiboot an einem Steg oder einer Hafenmauer anlegen, stellen Sie sicher, dass es nicht an andere Boote stößt, und machen Sie es gut fest. Ein Stahlseil und ein kleines Schloss sind bei Nacht eine gute Vorsichtsmaßnahme. Achten Sie in Tidengewässern auf ausreichende Leinenlänge.

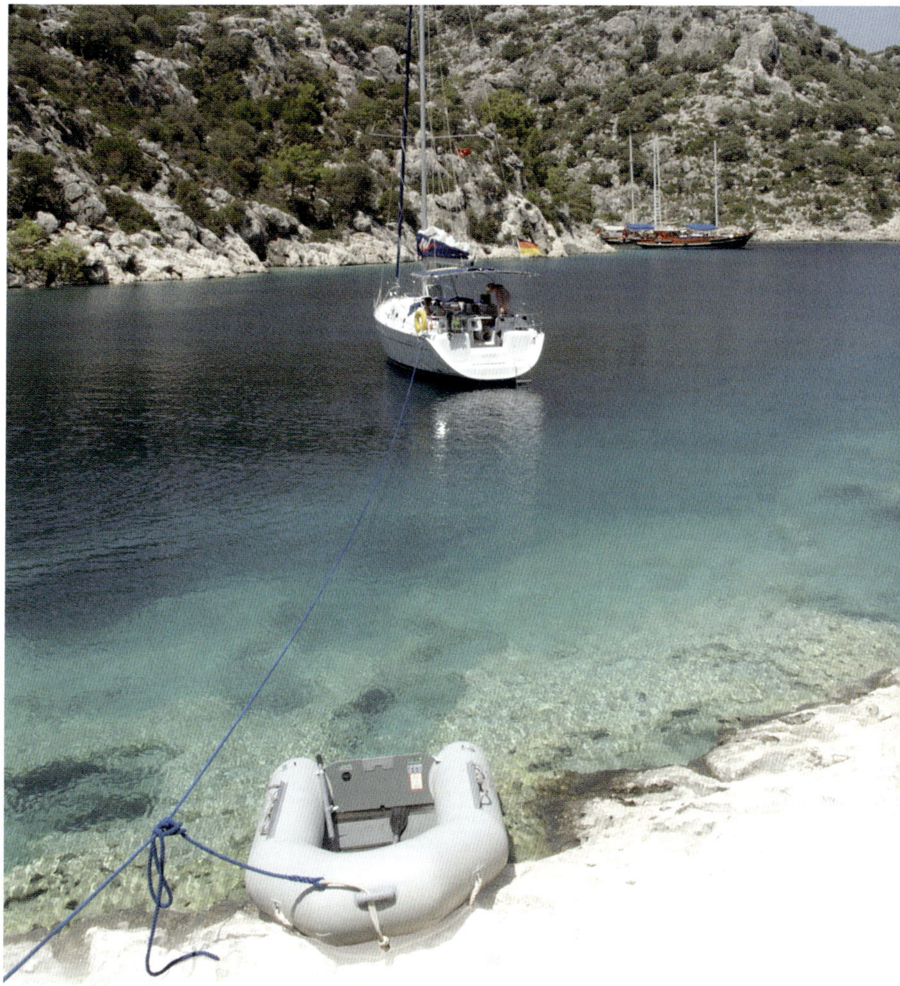

Ein perfekter Ankerplatz, bei dem das Beiboot am Festmacher an Land und zurück gezogen wird. Es kann trotzdem sinnvoll sein, Paddel dabei zu haben.

Kennzeichnung bei Nacht

- Schalten Sie nachts immer das weiße Licht im Masttopp der Yacht an. Damit wird anderen Yachten angezeigt, dass hier ein Boot ankert, und es zeigt Ihnen den Weg nach Hause an Bord.
- Aber selbst wenn das Ankerlicht brennt, kann es schwierig sein, die eigene Yacht in einer vollen Bucht zu finden. Wenn Sie an Land fahren, merken Sie sich Nachbarboote und Besonderheiten des Ankerplatzes. Es hilft auch, die Innenbeleuchtung anzulassen oder ein mobiles GPS-Gerät mitzunehmen.
- Zeigen Sie eine Taschenlampe oder ein anderes weißes Licht, wenn Sie nachts mit dem Beiboot unterwegs sind, damit andere Boote Sie sehen können.

Benutzung des Außenbordmotors

Viele Yachten haben einen kleinen Außenbordmotor für das Beiboot, der mit einem Benzingemisch angetrieben wird. Er sollte sparsam eingesetzt werden, da Zweitaktmotoren viel Lärm machen und andere stören können. Wenn möglich – rudern Sie lieber.

Sicherheit geht vor

- Überschreiten Sie nie die für das Schlauchboot vorgesehene PS-Zahl, die am Heck angezeigt wird. Ein übermotorisiertes Schlauchboot ist schwer zu kontrollieren und weniger sicher.
- Nutzen Sie den Außenbordmotor nie, ohne vorher das Kabel für den Notstopp um das Handgelenk geclipt zu haben. Falls Sie über Bord fallen, ziehen Sie so das Sicherheitskabel automatisch mit sich, die Zündung wird unterbrochen, der Motor geht aus und Sie sind außer Gefahr, von dem unbemannten Boot überfahren zu werden.

Verstauen

Der Außenborder wird in eine Backskiste gelegt oder am Heckkorb montiert, wenn er nicht genutzt wird. Versuchen Sie, den Motor aufrecht oder wenigstens horizontal zu verstauen, und schließen Sie den Gashahn und die Luftzufuhr.

Auftanken

Praktisch alle kleineren Außenborder sind Zweitakter. Stellen Sie sicher, dass Sie das richtige Gemisch einfüllen. Am einfachsten geht es, wenn der Motor am Heckkorb hängt. Beachten Sie, dass Benzin leicht entzündlich ist und selbst Qualm gefährlich sein kann. Verstauen Sie den Benzinkanister nach dem Betanken gut verschlossen und sicher in der Backskiste.

Den Außenborder am Beiboot montieren

Lassen Sie den Motor nicht über Bord fallen! Außenbordmotoren sind schwer und sperrig und mögen es gar nicht, in Salzwasser getaucht zu werden. Wenn die Yacht eine Badeplattform hat, ist es am einfachsten, das Beiboot quer ans Heck zu binden. Heben Sie dann den Außenborder vorsichtig herunter und legen Sie ihn in das Schlauchboot. Steigen Sie anschließend selber in das Boot und befestigen den Motor an der Heckplatte. Beide Schrauben werden gut festgedreht, und für zusätzliche Sicherheit knoten Sie eine Leine vom Motor an das Boot.

Den Motor anlassen

- Prüfen Sie, ob der Motor fest am Heck montiert und der Schaft arretiert ist. Es sollte klicken, wenn er einrastet.
- Befestigen Sie das Notstoppkabel an Ihrem Handgelenk und prüfen Sie, ob der Zündungsknopf herausgezogen wird.
- Öffnen Sie den Benzinhahn an der Seite des Motors und drehen Sie die Schraube für die Tankentlüftung auf.
- Stellen Sie den Gang und den Choke auf die Startposition.
- Stellen Sie sicher, dass der Ganghebel in Neutralstellung steht.
- Ziehen Sie nun kräftig an der Anlasserleine. Achtung, rammen Sie dabei den anderen nicht Ihren Ellenbogen ins Gesicht!
- Moderne Außenbordmotoren sind sehr verlässlich, es sei denn, sie wurden vernachlässigt, falsch betankt oder ins Meer getaucht. Der Motor sollte nach zwei bis drei Zügen starten. Schließen Sie

Am sichersten ist es, im Beiboot immer eine Rettungsweste zu tragen. Der Fahrer muss mit einem Notstoppkabel verbunden sein, das den Motor stoppt, wenn er über Bord fällt. Nehmen Sie das Kabel mit an Land.

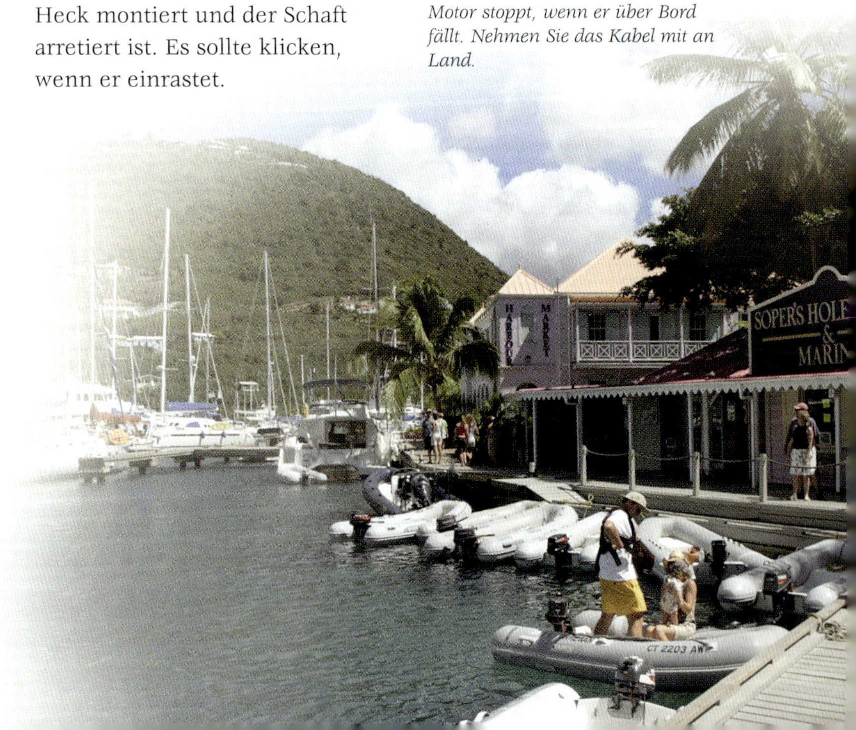

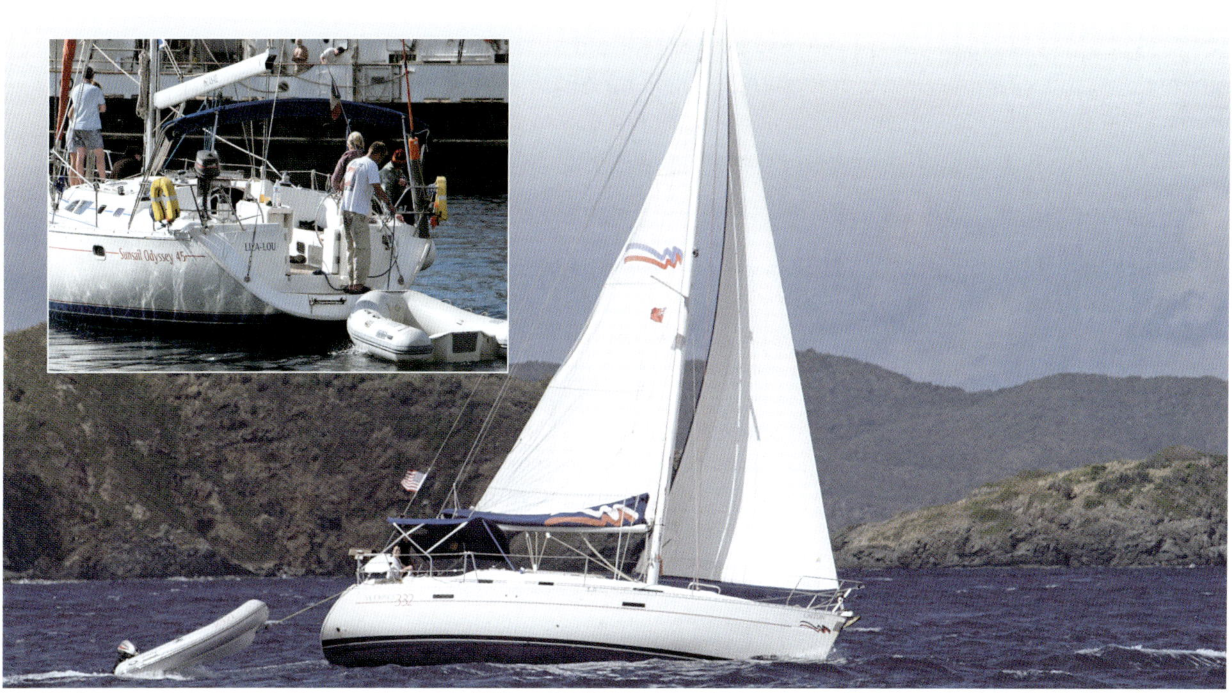

Die Länge der Leine sollte so eingestellt sein, dass das Beiboot leicht hinterhergezogen werden kann, ohne dass Wasser hineinschwappt. Vermeiden Sie es, beim Schleppen den Außenborder am Beiboot zu lassen. Das leichte Schlauchboot kann dabei schnell kentern (oben). Das Beiboot muss beim Manövrieren im engen Hafen ganz dicht geholt oder längsseits genommen werden (kleines Bild).

den Choke und prüfen Sie, ob ein Strahl Kühlwasser austritt.

- Die Gangschaltung hat einen Vorwärts- und einen Rückwärtsgang sowie einen Leerlauf. Ganz einfache, sehr kleine Motoren müssen um 180 Grad gedreht werden, um rückwärts zu fahren. Nehmen Sie das Gas weg, wenn Sie den Gang wechseln. Setzen Sie den drehbaren Gashebel vorsichtig ein, um die richtige Geschwindigkeit zu finden. Denken Sie daran, dass jemand, der im Bug sitzt, eventuell nass wird, wenn Sie zu schnell fahren. Und Achtung beim Rückwärtsfahren! Die meisten Schlauchboote sind eher für Vorwärtsfahrt konstruiert.

Das Schlauchboot schleppen

- Ein Beiboot kann bei gutem Wetter auch hinterhergezogen werden und bringt nur geringen Geschwindigkeitsverlust. Stellen Sie sicher, dass die Festmacheleine gut an einer Hecklampe befestigt ist, sonst verlieren Sie das Beiboot!
- Wenn im Heck eine Lenzschraube vorhanden ist, öffnen Sie diese, damit sich nicht zu viel Wasser im Boot ansammelt und es zu schwer wird.
- Experimentieren Sie mit der Länge der Leine, bis Sie den besten Abstand mit dem geringsten Widerstand gefunden haben. Je schneller die Yacht fährt, desto tiefer wird der Bug des Dingis nach unten gedrückt, und Wellen schwappen hinein. Ziehen Sie die Leine dichter, damit der Bug sich etwas hebt. Sie werden sich wundern, wie viel Zug selbst bei geringer Fahrt auf der Leine ist. Es kann eventuell nötig sein, die Yacht kurz zu stoppen, um die Leine einzuholen.
- Schleppen Sie das Beiboot nicht bei rauem Wetter. Es kann umschlagen und sich losreißen. Heben Sie es an Bord und binden Sie es umgedreht auf dem Vordeck oder unter dem Baum fest. Wenn das nicht geht, lassen Sie die Luft heraus und stauen Sie es in der Backskiste.
- Schleppen Sie das Beiboot nicht mit montiertem Außenborder. Es könnte leicht umkippen.
- Wenn Sie in einem Hafen mit dem Heck an die Pier gehen, muss das Beiboot am Bug festgemacht werden, damit es nicht im Weg ist.

Einen Törn planen

Die Aufgabe des Skippers ist es, die Yacht zu leiten und sicherzustellen, dass alle Crewmitglieder eine gute und sichere Zeit an Bord verbringen. Dazu sind Segelkenntnisse kombiniert mit einem guten Gefühl für die Fähigkeiten und Bedürfnisse der Crew nötig.

Die Fähigkeiten des Skippers

- *Kenntnisse in Navigation.* Der Skipper sollte wissen, wie man eine Karte liest, einen Kurs absteckt, eine Position in die Karte einträgt, eine Peilung nimmt, das GPS nutzt und mit Wegpunkten navigiert. Er oder sie sollte zudem Wettervorhersagen interpretieren können und in Tidengewässern die Gezeitenberechnung beherrschen.
- *Bedienung eines Funkgerätes, auch während eines Notfalls.* Wenn Sie ein Funkgerät an Bord haben, ist es vorgeschrieben, dass Sie auch ein entsprechendes Funkzeugnis (SRC) besitzen.
- *Bedienung des Bootes beim Anlaufen oder Verlassen des Hafens, beim Festmachen an einer Muring und beim Ankern.* Dies sollte auch die Wartung des Motors und einfache Reparaturen beinhalten.
- *Segelkenntnisse bei viel Wind.* Das beinhaltet die Fähigkeit, einzuschätzen, wann zu reffen ist, und die, auf Vorwindkurs sicher zu steuern, ohne eine Patenthalse zu fahren.
- *Wissen über alle Sicherheitsvorrichtungen an Bord, wo sie verstaut sind und wie sie funktionieren.* Das reicht vom Ausstatten der Crew mit Sicherheitsgurten und Rettungswesten bis hin zum Einschlagen eines Leckpfropfens in den Rumpf bei ausgefallenem Seeventil.

Sich um die Crew kümmern

- Der Skipper muss ein Gefühl für die Fähigkeiten, Ängste und Erwartungen seiner Crew haben. Es gibt nichts Schlimmeres als einen übereifrigen Skipper, der seine unerfahrene Crew verschreckt, indem er sie bei schwierigen Bedingungen überfordert. Das schreckt sie möglicherweise für immer ab.
- Seien Sie darauf vorbereitet, die Erwartungen herunterzuschrauben. Es ist besser, auf ruhigeres Wetter zu warten und kürzere Distanzen zu planen. Richten Sie es so ein, dass Sie täglich maximal vier bis fünf Stunden auf dem Wasser sind – was an einem guten Tag etwa einem Etmal (einer zurückgelegten Strecke) von 25 Seemeilen unter Segeln entspricht –, bis Sie die Fähigkeiten der Crew kennen.
- Über lange Strecken zu motoren, ist in der Regel eher unbefriedigend. Der Lärm und die Vibrationen des Motors im Cockpit und unter Deck machen die Fahrt für jeden unerfreulich.
- Achten Sie auf Anzeichen von Seekrankheit und Unterkühlung bei der Crew. Beides tritt oftmals zusammen auf. Wenn Sie eins von beidem feststellen, laufen Sie den nächsten Liegeplatz an.

Sprechen Sie mit Ihrer Crew

Gute Kommunikation ist entscheidend. Weisen Sie Ihre Crew sorgfältig ein:

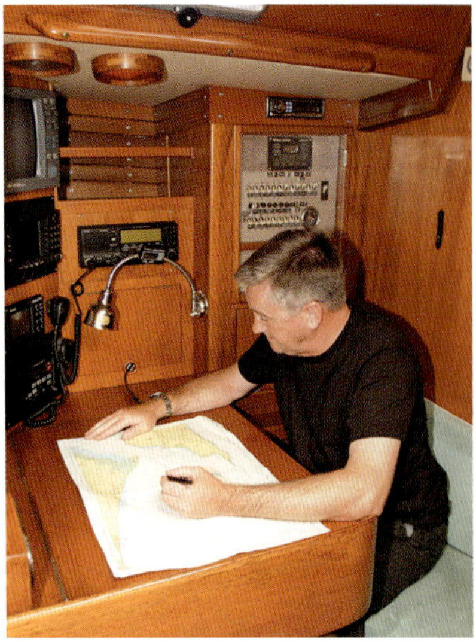

Der Skipper sollte die Navigation im Auge haben, kann aber die Reiseplanung delegieren. Es ist immer klug, in Papierkarten zu arbeiten und mit dem GPS mitzuplotten.

- *Wo welche Ausrüstung an Bord untergebracht ist, einschließlich Rettungswesten und Sicherheitsgurten (eingestellt und gebrauchsfertig für jedes Crewmitglied).* Der Skipper muss entscheiden, wann die Rettungswesten und Gurte angelegt und die Sicherungsleinen eingehakt werden. Nachts und bei rauem Wetter sollte dies generell der Fall sein.
- *Wie die wesentliche Sicherheitsausrüstung funktioniert, sodass jeder, zumindest aber der Co-Skipper im Notfall fähig ist, sie zu bedienen.* Das kann auch das Navigieren, das Bedienen des Motors, das Funken, Segelbergen und Ankern umfassen.
- *Wie der grobe Plan für jeden Tag des Törns aussieht.* Ermuntern Sie mindestens ein Crewmitglied, sich mit der Navigation und Törnplanung zu beschäftigen und an

den Entscheidungen der Törn planung teilzuhaben.

- *Was Sie von Ihrer Crew bei der Bedienung der Segel erwarten.* Gute Kommunikation ist vor allem beim Reffen und Halsen wichtig.
- *Wie an einer Muring festgemacht oder in einen Hafen eingelaufen wird.* Eine gesonderte Einweisung sollte vor jedem Erreichen einer Muring, eines Ankerplatzes oder eines Hafens erfolgen. Um Verwirrung zu vermeiden, sollte Ihre Crew genau wissen, was Sie planen und von ihr erwarten.

Lassen Sie die Crew steuern!

Geben Sie jedem in der Crew die Möglichkeit, ans Ruder oder an die Pinne zu gehen.

UKW-Funk

Im Abstand von einigen Meilen zur Küste hat man meist Handyempfang, was die Kommunikation mit einer anderen Yacht oder zum Land vereinfachen kann. Bei wichtigen Mitteilungen und insbesondere in Notsituationen sollte man jedoch auf die ausfallsichere Verbindung über UKW-Funk vertrauen. Dafür ist eine direkte Sichtlinie zum Empfänger nötig, sei es zu einer anderen Yacht oder zur Antenne einer Landstation, beispielsweise eine Marina. Die maximale Reichweite liegt im Idealfall bei ungefähr 60 Seemeilen Abstand zwischen den Antennen, in der Praxis sind es jedoch meist nur 20 Seemeilen oder weniger. Je höher die Antenne positioniert ist, umso größer ist die Reichweite. Ein Nachteil bei UKW-Funk ist, dass man nur entweder sprechen oder hören kann, nicht aber beides gleichzeitig. Zum Sprechen hält man die Transmit-Taste gedrückt, sagt dann »over« und lässt die Taste los, um den anderen Gesprächspartner zu hören.

Für die Teilnahme am UKW-Funk ist das UKW-Funkbetriebszeugnis SRC vorgeschrieben, das bei vielen Yachtschulen und Ausbildungsbetrieben in einem Kurs mit abschließender Prüfung meist innerhalb von zwei Tagen erworben werden kann. Danach kann einer Yacht eine MMSI-Nummer (Maritime Mobile Service Identity) zugeteilt werden, mit der die Yacht mit DSC-Funk (Digital Selective Calling) direkt gerufen werden kann sowie am GMDSS (Global Maritime Distress and Safety System) teilnehmen und mit nur einem Tastendruck einen vorprogrammierten Notruf absetzen kann.

Beim herkömmlichem UKW-Sprechfunk wird auf Kanal 16 mitgehört, Kontakt aufgenommen und auch ein Notruf abgesetzt. Sobald man in Kontakt zum gewünschten Gesprächspartner steht, wird auf einen anderen Kanal gewechselt. Bei einem Funkruf wird der Name der Yacht dreimal langsam und deutlich wiederholt. Zum Buchstabieren sollte das internationale Buchstabieralphabet (Alpha, Bravo, Charlie...) verwendet werden. DSC-fähige UKW-Funkgeräte nutzen dagegen Kanal 70, um Informationen zu senden und zu empfangen. So kann eine Yacht direkt gerufen werden, indem man die MMSI-Nummer der Yacht zusammen mit dem gewünschten Kanal für den Sprechfunk an der Tastatur eingibt. Daraufhin ertönt ausschließlich auf der gerufenen Yacht ein Signalton, um das Gespräch anzunehmen.

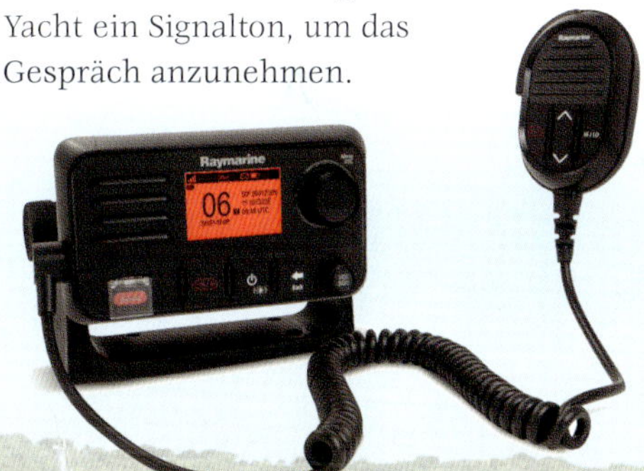

Für den UKW-Funk können Einbaugeräte am Kartentisch oder Handgeräte verwendet werden. Links unten ist die rote DSC-Notruftaste zu sehen.

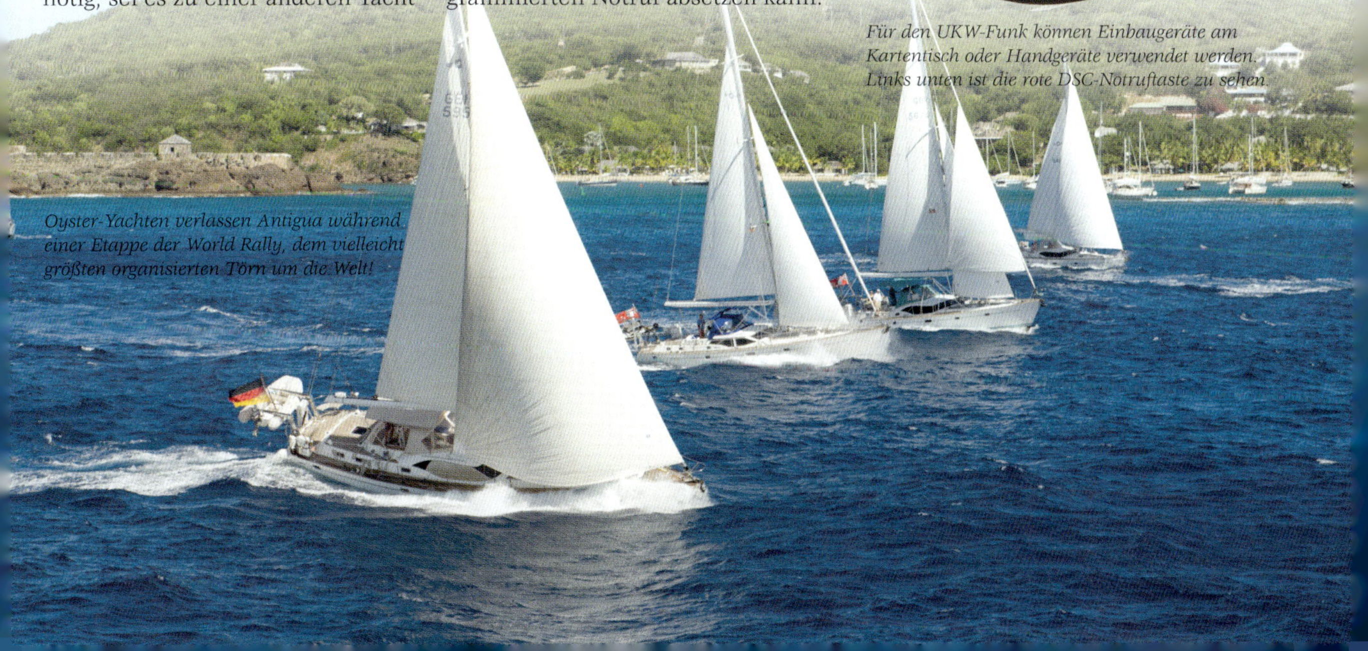

Oyster-Yachten verlassen Antigua während einer Etappe der World Rally, dem vielleicht größten organisierten Törn um die Welt!

An Bord leben

Yachten gibt es in allen Formen und Größen. Ob das Leben an Bord angenehm ist, hängt von Faktoren wie Crewgröße, Platzangebot und Wetterbedingungen ab – und natürlich davon, wofür Sie das Schiff nutzen.

Vor dem Auslaufen alles verstauen

Benutzen Sie weiche Taschen, die gut zu stauen sind. Wenn viele Leute an Bord sind, beschränken Sie die persönlichen Dinge auf ein Minimum. Jedes Crewmitglied bekommt einen eigenen Stauraum zugewiesen und hält diesen in Ordnung. Die Segelbekleidung muss gut und schnell erreichbar sein. Für das Suchen von Landkleidung ist mehr Zeit vorhanden. Wenn es aufs Wasser geht, muss alles, was lose ist, verstaut oder festgebunden werden. Überlegen Sie, was ins Rutschen geraten wird, wenn die Yacht krängt.

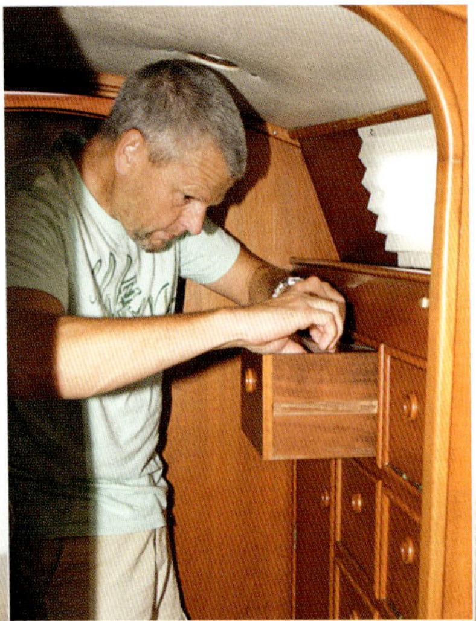

Ordnung ist wichtig an Bord. Sichern und verstauen Sie alles gut, bevor Sie segeln gehen (links).

Halten Sie den Salon frei und packen Sie alle losen Gegenstände weg. Karten rutschen und andere Dinge rollen herum, sobald die Yacht mit Schräglage segelt (unten).

Nasse Kleidung separat stauen

Viele Yachten haben einen extra Schrank für die Schlechtwetterkleidung, in dem wasserdichte Jacken und Hosen trocknen können. Alternativ können sie in der Nasszelle (Bad) aufgehängt werden. Wenn die Yacht am Liegeplatz liegt, öffnen Sie alle Luken, um durchzulüften. Bei gutem Wetter kann die Kleidung auch an Deck trocknen – dann müssen alle Teile gut gesichert werden, damit sie nicht über Bord wehen.

Halten Sie das Boot sauber

Yachten werden schnell schmutzig, wenn die Crew an Bord ist. Es ist erstaunlich, was sich im Cockpit und unter Deck alles ansammelt. Das Boot sollte daher mindestens einmal am Tag sauber gemacht

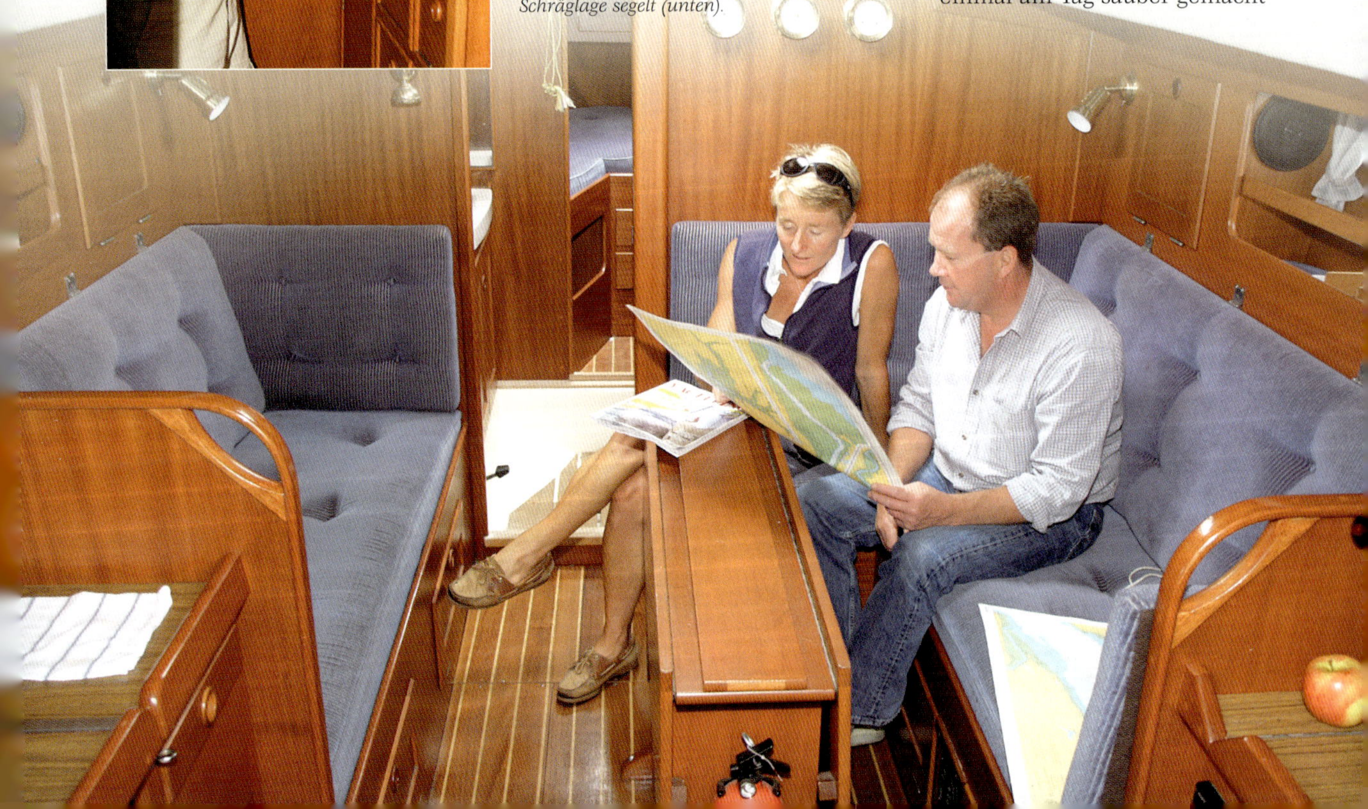

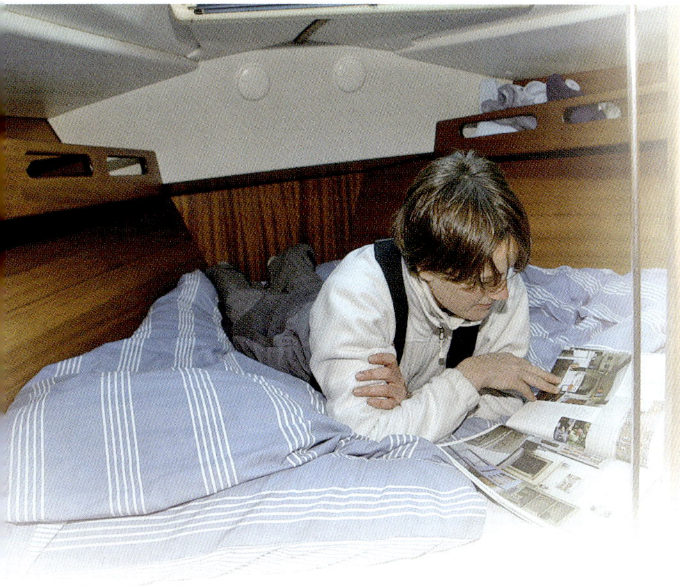

Die Kabine ist ein kleiner Raum und wird schnell unordentlich, wenn nicht aufgeräumt wird.

werden. Fegen, wischen und entstauben Sie den Salonbereich. Halten Sie die Pantry und die Nasszellen makellos und wohlriechend. Spülen Sie das Cockpit mit Süßwasser aus, aber schließen Sie vorher die Luken. Benutzen Sie eine Bürste, um die Seitendecks und das Vordeck zu schrubben. Vorsicht vor Reinigungsmitteln, die einen rutschigen Belag auf dem Deck hinterlassen oder als nicht abbaubare Rückstände im Meer landen.

Wasser sparsam verwenden

Halten Sie das Schiff sauber, aber verbrauchen Sie nicht zu viel Wasser. Auf den meisten modernen Yachten sorgen elektrische Pumpen für die Wasserversorgung – aber der Vorrat ist limitiert. Wenn Sie in einem Hafen Wasser nachbunkern, müssen Sie meist dafür zahlen. Gehen Sie lieber sparsam damit um.

Werfen Sie keinen Müll über Bord

Die meisten Häfen haben Müllcontainer. Lagern Sie Ihren Müll daher so lange an Bord, bis Sie ihn vernünftig entsorgen können. Selbst an heißen Tagen können Plastikmüllbeutel gut verschlossen in den hinteren Backskisten gestaut werden. Beachten Sie, dass altes Öl oder andere Chemikalien gesondert entsorgt werden müssen.

Toilettenbenutzung

Das Abpumpen der Bordtoiletten ist ein heikles Thema. In vielen Ländern ist es verboten, das Schmutzwasser in Küstennähe ins Wasser zu leiten. Am besten ist es, in Häfen die dortigen Toiletten zu benutzen und auch vor Anker das Abpumpen zu vermeiden. Immer mehr Yachten sind mit Fäkalientanks ausgerüstet, sodass nichts ins Meer geleitet wird, bis die Yacht auf offener See ist.

Achten Sie darauf, dass die Toiletten nicht verstopfen. Das Pumpsystem ist nur zum Abpumpen einer kleinen Menge an Toilettenpapier geeignet. Nutzen Sie wenig Papier und pumpen Sie ordentlich. Ziehen Sie mindestens 15 Pumpenschläge durch.

Verschmutzung

Achten Sie darauf, dass Sie das Meer nicht mit Diesel, Öl oder Reinigungsmitteln verschmutzen. In einigen Ländern, Griechenland beispielsweise, werden heftige Strafen gegen Skipper verhängt, die Klebriges oder Schäumendes ins Wasser leiten.

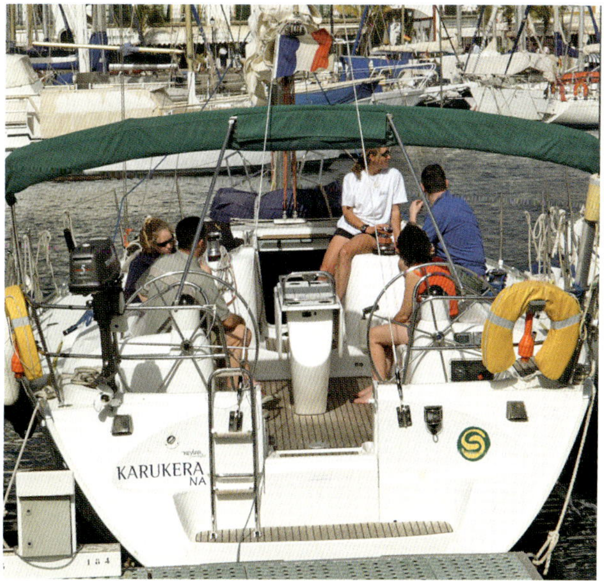

Sie sind nicht an das Abwassersystem angeschlossen. Pumpen Sie daher nichts ins Wasser, was nicht hineingehört. Nutzen Sie einen Schmutzwassertank bzw. die Toiletten im Hafen.

Kochen und verpflegen

Die Bordküche spielt eine große Rolle, wenn es darum geht, das Leben an Bord zu einem Genuss werden zu lassen – ob auf See oder im Hafen.

Der perfekte Platz

Die meisten Pantrys liegen dicht beim Niedergang, sodass der »Koch« die Getränke und Speisen leicht nach oben ins Cockpit oder an den Salontisch reichen kann. Eine L-förmige Anordnung bietet guten Zutritt und macht es dem Koch leichter, sich bei Seegang abzustützen.

Vorsicht mit dem Gas

Die Gasflasche für den Kocher ist in einer separaten Backskiste am Heck untergebracht. Gas ist eine potenzielle Gefahr, da es schwerer ist als Luft und herabsinkt. Wenn sich genug Gas in der Bilge sammelt, kann es zu einer Explosion kommen. Die Gaszufuhr sollte daher immer zugedreht werden, wenn der Herd nicht benutzt wird. Ein Gasalarm und eine automatische Bilgepumpe helfen zudem, die Gefahr einzudämmen.

Kochen auf See

Wenn Sie unterwegs sind, ist es unerlässlich, dass der Herd sicher bedient werden kann. Verstellbare Schlingerleisten können genutzt werden, um einen Topf über der Flamme zu justieren. Wenn die Yacht krängt, kann der kardanisch aufgehängte Herd entsichert werden, sodass er frei schwingt und in der Waagerechten bleibt. So bleiben auch alle Töpfe und Pfannen horizontal. Halten Sie sich daher nie am Herd fest, wenn das Boot rollt.

Vorsicht vor Verbrennungen

Verbrennungen sind die größte Gefahr, wenn man auf See am Herd arbeitet. Wenn Sie mit heißen Flüssigkeiten hantieren, nehmen Sie kleine Mengen, die sicher und leicht zu handhaben sind. Füllen Sie eine Pfanne, einen Becher oder einen Kessel nie zu voll und halten Sie das Gefäß, in welches Sie eine heiße Flüssigkeit füllen, nie in der Hand, sondern stellen Sie es in die Spüle – für den Fall, dass etwas überschwappt.

Nutzung des Kühlschranks

Auf den meisten Yachten ist ein von oben zugängliches Kühlfach eingebaut. Die Leistung der Kühleinheiten variiert allerdings gewaltig. Es ist wunderbar, gekühlte Lebensmittel an Bord zu haben, es gibt aber ein paar Einschränkungen: Der Kühlschrank verbraucht viel Strom und zieht die Batterien schnell leer.

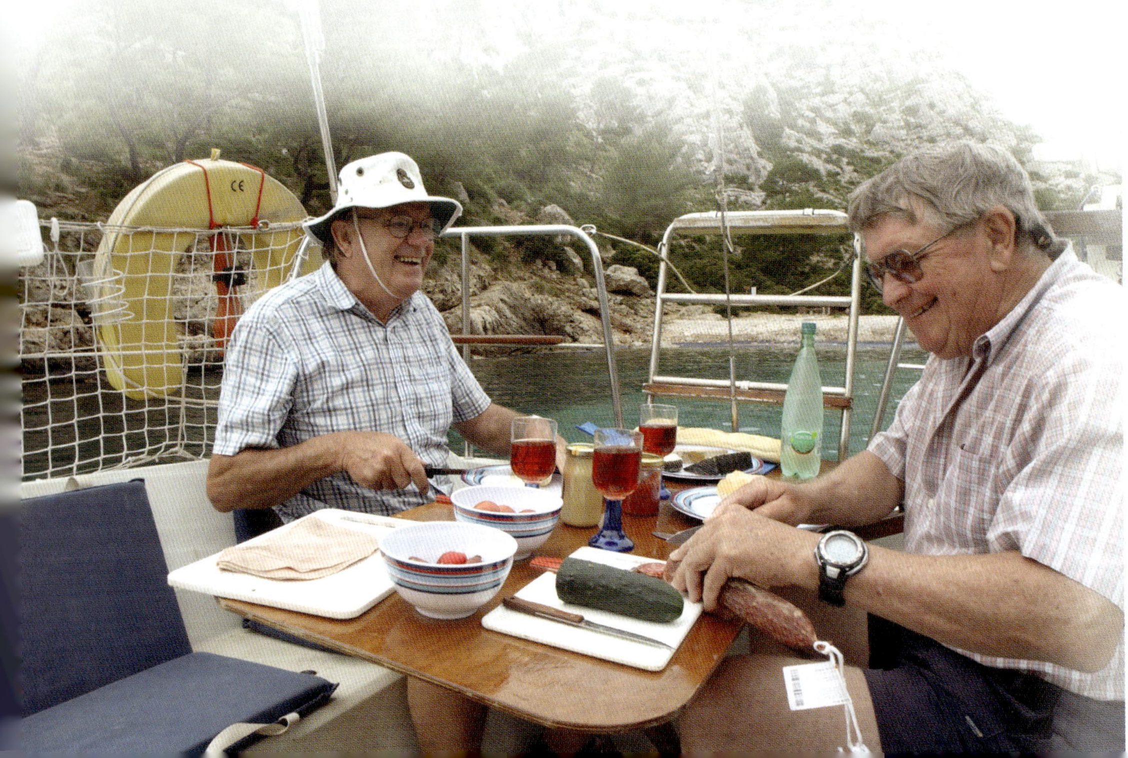

Nichts ist besser als eine Mahlzeit im Cockpit an einem sonnigen Tag. Genießen Sie es!

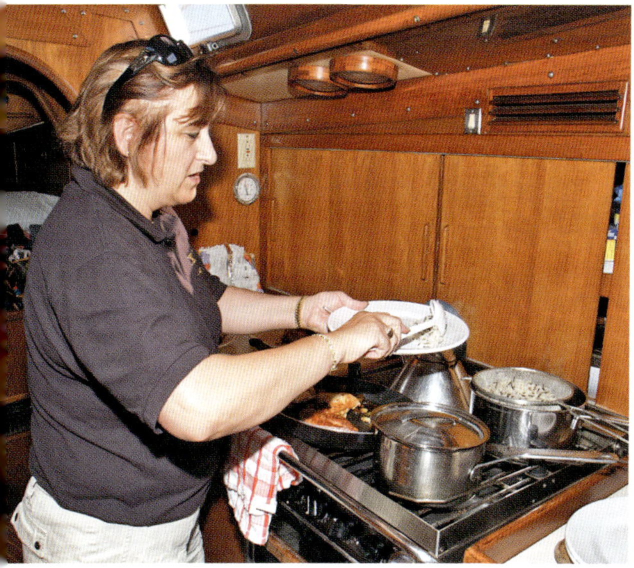

An Bord zu kochen ist die Mini-Version des Kochens zu Hause. Der größte Unterschied ist, dass Ihre Küche daheim nicht plötzlich anfängt zu schaukeln.

Daher ist es nicht möglich, die Kühlung über längere Zeit einzuschalten, ohne den Motor dazu laufen zu lassen. Zudem ist es nicht leicht, in den Tiefen der Box etwas zu finden, wenn nicht sehr ordentlich gestaut wird. Nur feste Behälter dürfen ganz unten stehen, da der Boden schnell nass wird. Nutzen Sie die Ablassschraube oder Pumpe, um angesammeltes Wasser zu entfernen, und wischen Sie die Kühlbox regelmäßig aus.

Vernunft

- Es ist am leichtesten, am Ankerplatz oder im Hafen zu essen. Versuchen Sie, Ihren Törn so einzuteilen, dass Sie zum Mittag- und Abendessen die Fahrt unterbrechen. Wenn Sie unterwegs nicht anhalten können, planen Sie voraus und bereiten Sie Mahlzeiten vor, die auch bei Schräglage serviert werden können.
- Frische Luft und Bewegung bringen es mit sich, dass einfaches Essen an Bord zum Genuss wird. Während des Segelns muss nicht die hohe Kunst der Küche zelebriert werden, aber rechnen Sie mit einem gesunden Appetit der Crew.
- Alkohol wird auf See am besten vermieden – und die Crew sollte auch nicht an den Auswirkungen des Vorabends leiden. Andere Flüssigkeiten sollten dagegen ausreichend getrunken werden, um ein Dehydrieren – vor allem in heißen Revieren – zu vermeiden.

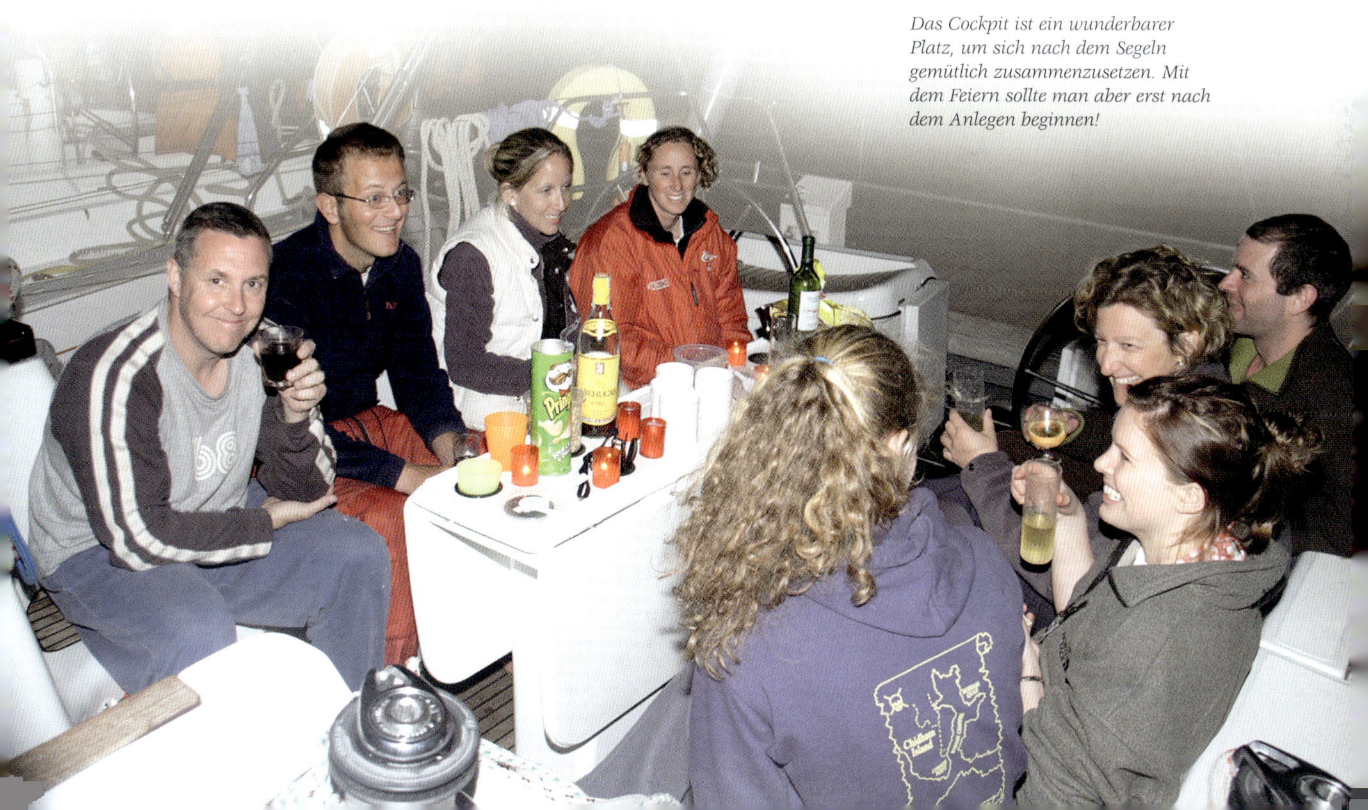

Das Cockpit ist ein wunderbarer Platz, um sich nach dem Segeln gemütlich zusammenzusetzen. Mit dem Feiern sollte man aber erst nach dem Anlegen beginnen!

Törnplanung/Törnprobleme

Liegt man im Hafen, lebt es sich an Bord wie in einem schwimmenden Appartement. Unter Segeln aber ändert sich alles. Das Boot krängt, Dinge fliegen hin und her, es ist mühselig, sich an Bord vorwärts zu bewegen, und einigen Seglern wird zudem noch übel.

Wie weit segeln Sie?

- Die Distanzmacht einen großen Unterschied. Für eine kurze Strecke von etwa 10 km (5,5 Seemeilen) wird etwa eine Stunde gebraucht. Ein längerer Schlag von 50 km (20 sm) wird mehr als vier Stunden in Anspruch nehmen – bei einer Durchschnittsgeschwindigkeit von 6 Knoten – oder mehr als sechs Stunden bei 4 Knoten.
- Je länger Sie unterwegs sind, desto mehr Chance besteht, dass sich das Wetter ändert. Einem schönen Morgen kann eine kräftige Brise folgen, die auch mehr Seegang mit sich bringt. Wenn Sie mit dem Wind segeln, wird es schnell und vergnüglich. Geht es aber gegen den Wind, kann es langsam, nass und beschwerlich werden. Zum Ende eines Tages ist das nicht sehr beliebt. Auch die Tide kann sich ändern. Wenn sie gegenan läuft, wird die wahre Bootsgeschwindigkeit unter Umständen bis auf ein Minimum reduziert. Der Törn sollte so geplant werden, dass die Tide günstig läuft.

Seekrankheit und Unterkühlung

- Seekrankheit geht oft mit einem Kältegefühl einher. Viele Leute können einen kurzen Trip gut ab, auch bei raueren Bedingungen. In der Regel dauert es ein bis zwei Stunden, bis die Kälte durchdringt und Übelkeit aufkommt.
- Ziehen Sie sich warm an, wenn Sie eine längere Strecke vor sich haben. Der Wind kühlt einen aus, und es fühlt sich kälter an, je mehr Zeit vergeht. Beugen Sie vor und ziehen Sie sich warm an, bevor das passiert. Wenn See-

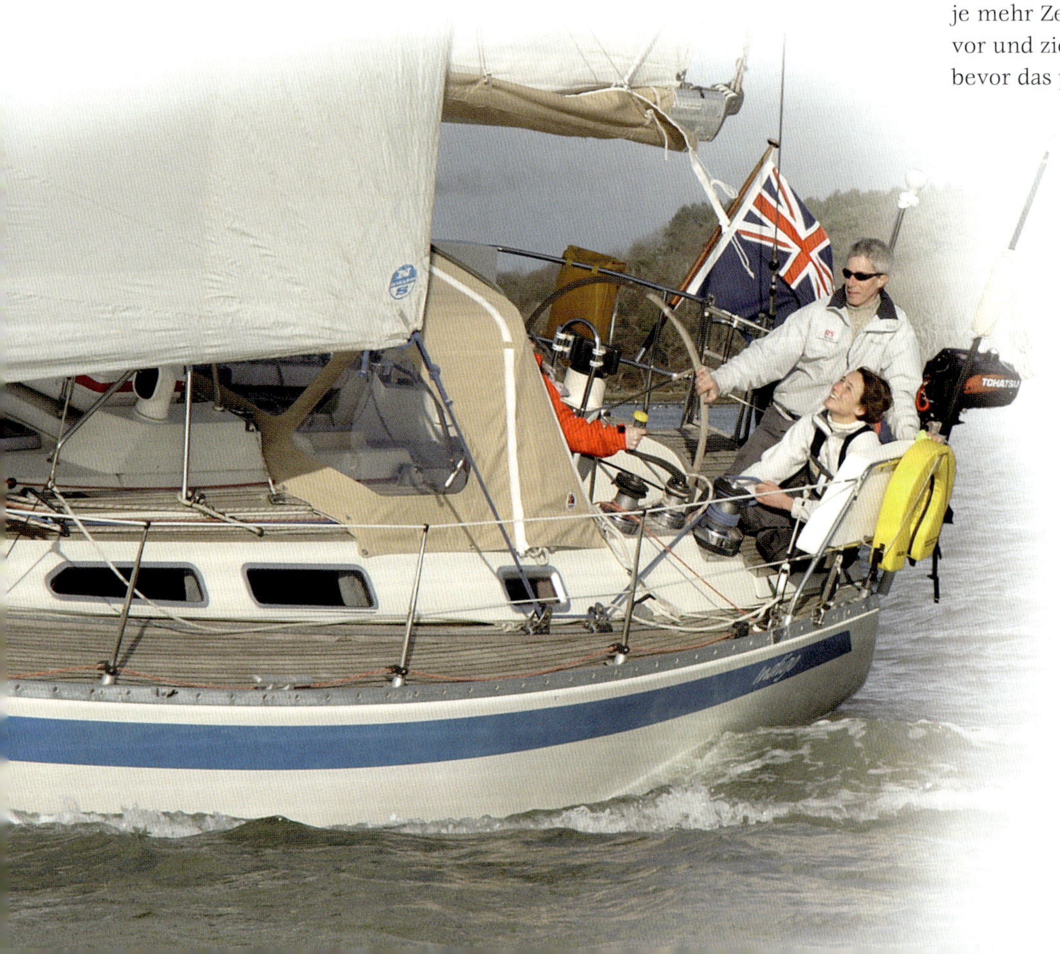

Machen Sie so viel Strecke, wie Sie können, wenn der Wind gut steht und die Sonne scheint. Planen Sie um, wenn das Wetter sich ändert (links).

Die jungen Segler auf diesem Trainingsschiff haben es mit rauem Wetter zu tun. Sie zu beschäftigen ist das beste Mittel, um Kälte und Seekrankheit zu vermeiden (rechts).

krankheit aufkommt, ist man eventuell nicht mehr in der Lage, unter Deck zu gehen und sich warme Kleidung zu holen.

- Einige Glückliche werden nie seekrank. Falls Sie nicht dazugehören, versuchen Sie es mit Mitteln gegen Seekrankheit. Diese reichen vom Armband bis hin zu Pillen.
- Wenn Sie merken, das Ihnen schlecht wird, müssen Sie etwas tun. Ein Teil des Problems auf langen Törns ist, dass die Gedanken sich auf die Schiffsbewegungen konzentrieren. Gehen Sie ans Ruder oder helfen Sie, die Segel zu trimmen. Das lenkt von dem Gedanken ab, seekrank zu werden. Lutschen Sie ein Bonbon. Es wird Ihnen gut tun und erfrischt. Sitzen Sie nicht im Cockpit und warten darauf, dass es Ihnen immer schlechter geht. Besser ist dann, die Zähne zusammenzubeißen, unter Deck zu gehen und sich in einem Schlafsack in eine Leekoje zu kuscheln.
- Jeder, der seekrank wird, fühlt sich elend. Das Beste ist, sich so schnell wie möglich zu übergeben und dabei einen Eimer im Cockpit zu benutzen. In Lee über Bord zu hängen ist ungemütlich und potenziell gefährlich. Die anderen Crewmitglieder werden eine erstaunliche Hilfsbereitschaft entwickeln. Nachdem Sie sich übergeben haben, werden Sie sich viel besser fühlen. Danach legen Sie sich am besten in eine warme Koje. Trinken Sie etwas Wasser, lutschen Sie ein Bonbon oder essen Sie einen Keks, um etwas Kraft zurückzugewinnen. Vermeiden Sie säurehaltige Früchte.
- Erstaunlich ist, wie schnell Sie sich besser fühlen, sobald Sie wieder festen Boden unter den Füßen haben.

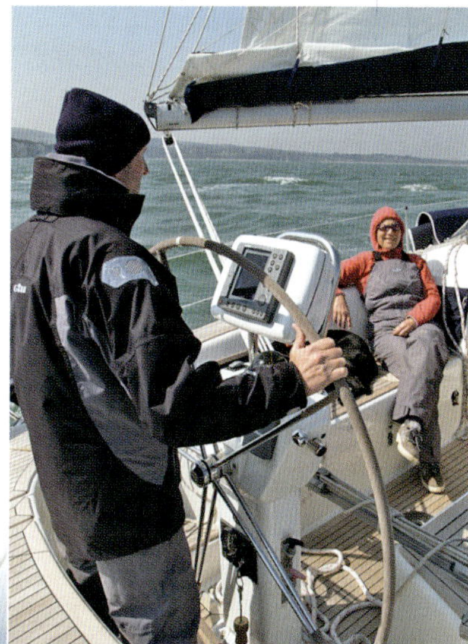

Am besten ist es, aktiv zu bleiben. Wenn Ihnen übel wird, versuchen Sie, den Horizont zu fixieren. Das Beste ist, das Ruder zu übernehmen (links).

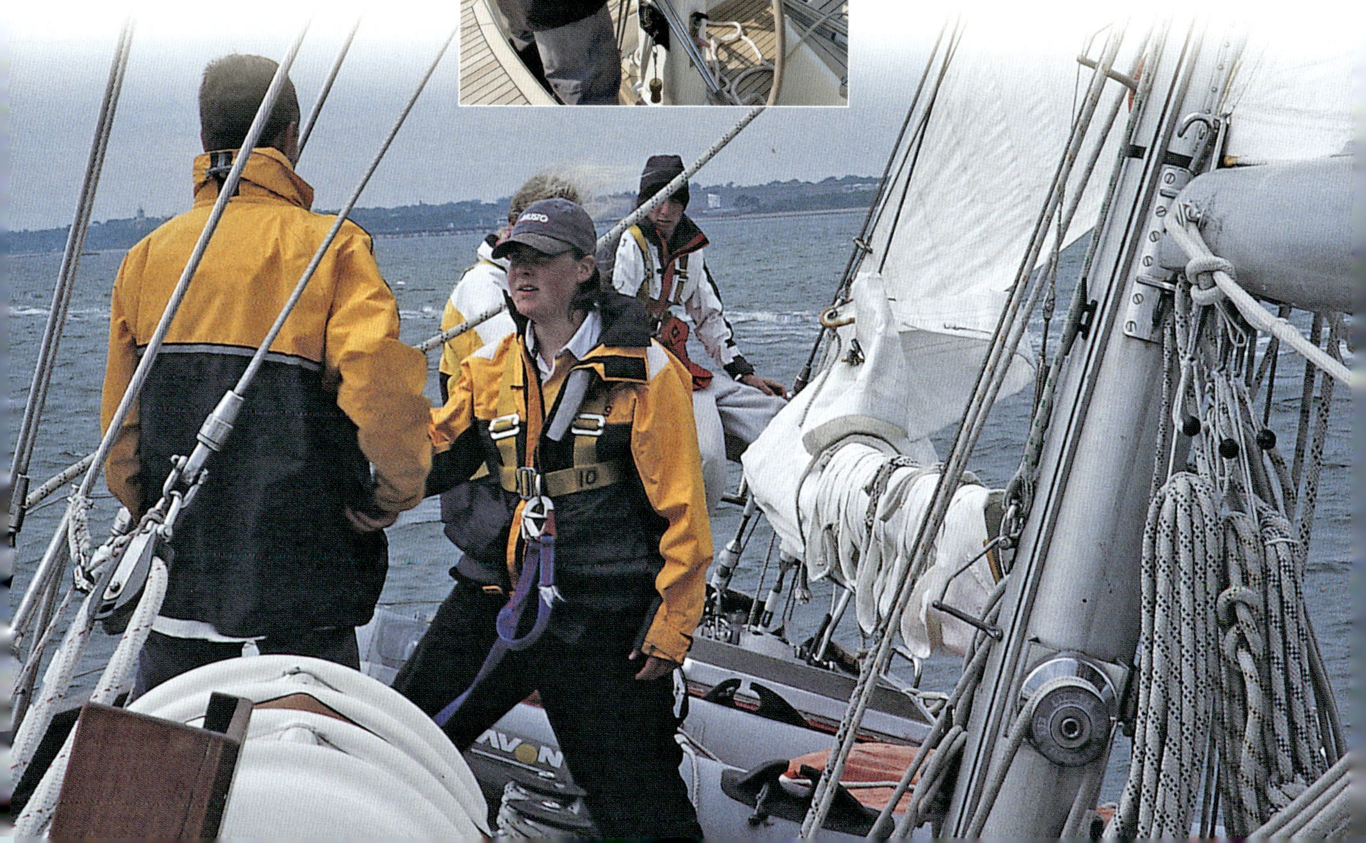

Wetterbedingungen

Am liebsten sind uns die perfekten Segeltage mit einer frischen Brise, warmer Sonne und ruhiger See. Manchmal allerdings kann schweres Wetter oder Nebel auftreten, und Segeln bei Nacht ist eine weitere Herausforderung.

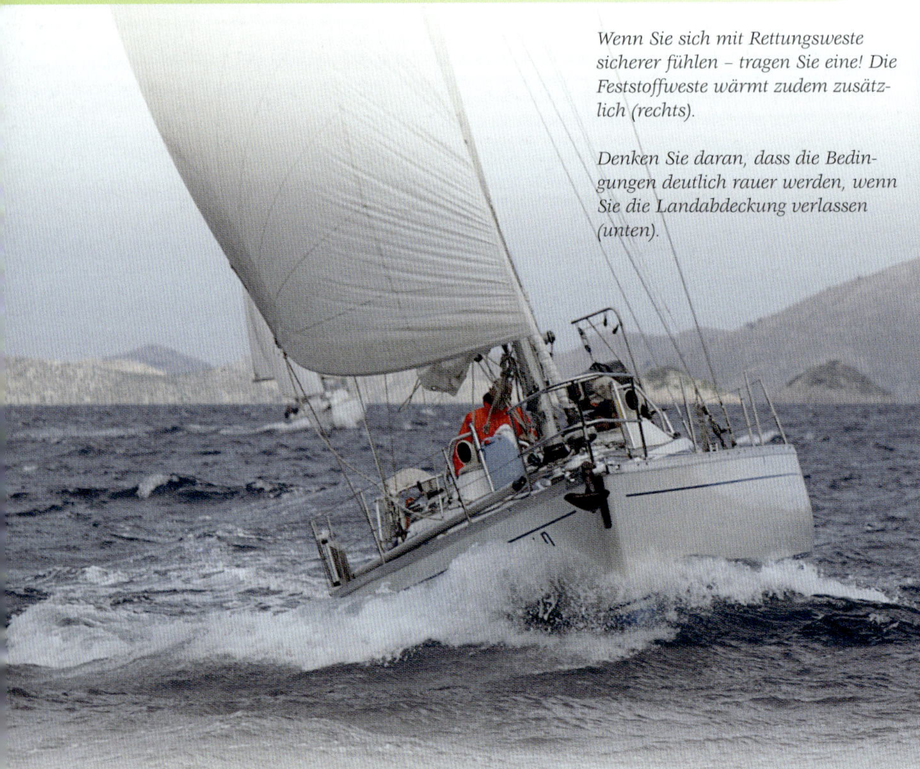

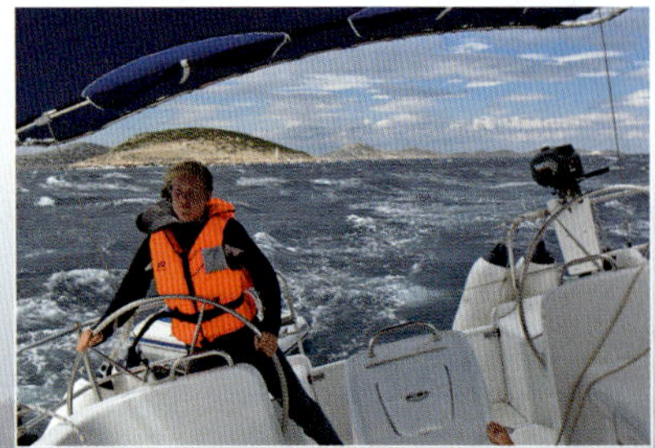

Wenn Sie sich mit Rettungsweste sicherer fühlen – tragen Sie eine! Die Feststoffweste wärmt zudem zusätzlich (rechts).

Denken Sie daran, dass die Bedingungen deutlich rauer werden, wenn Sie die Landabdeckung verlassen (unten).

Schweres Wetter

- Denken Sie nicht, dass starker Wind immer nur ungemütliches Segeln zur Folge hat. Bei Windstärke sechs kann es sehr angenehm sein, mit Sonnenschein vor dem Wind zu segeln, wenn die Yacht richtig gerefft und gut ausbalanciert ist und Sie auf kleinen, wohlproportionierten Wellen in Küstennähe surfen. Dagegen können drei Beaufort von vorn an einem grauen, kalten Tag mit Gegenstrom sehr ungemütlich sein. Es geht immer darum, zur richtigen Zeit am richtigen Ort zu sein und in die richtige Richtung zu fahren.
- Größe hilft – eine kleine Yacht wird in rauer See eher von den Wellen geschüttelt als eine große Yacht. Die größere Yacht kann zudem schneller segeln oder motoren, vor allem bei Gegenwind.
- Reffen Sie rechtzeitig. Es ist leichter, ein Stück der Genua einzurollen und ein Reff ins Großsegel zu binden, wenn der Wind noch mäßig weht. Warten Sie nicht darauf, dass die Bedingungen »besser werden«. Sie können leicht wieder etwas ausreffen, wenn Sie zu vorsichtig waren.
- Prüfen Sie, ob alle Luken gut verschlossen sind und ob unter und an Deck alles gut verstaut ist.
- Jedes Crewmitglied sollte an Deck eine Rettungsweste und einen Sicherheitsgurt tragen und sich einhaken.
- Es gilt immer: »Eine Hand für dich und eine für das Boot.« Suchen Sie sich eine sichere Position im Cockpit oder am Ruder, wo Sie sich gut einhaken und auch festhalten können.
- Wenn es so aussieht, als würden die Bedingungen schlechter werden, suchen Sie Schutz oder überlegen Sie umzudrehen.

Segeln bei Nebel

- Nebel ist schrecklich auf einer Yacht. Es ist fast nichts zu sehen,

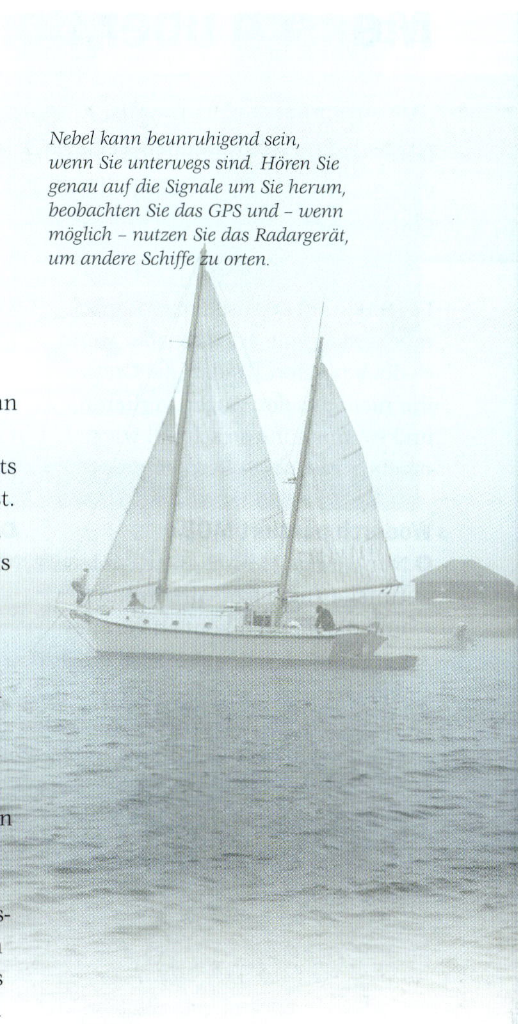

Nebel kann beunruhigend sein, wenn Sie unterwegs sind. Hören Sie genau auf die Signale um Sie herum, beobachten Sie das GPS und – wenn möglich – nutzen Sie das Radargerät, um andere Schiffe zu orten.

und meist weht auch kein Wind, sodass Sie motoren müssen und dadurch andere Fahrzeuge nicht einmal hören können.

- Warten Sie immer, bis der Nebel sich gelichtet hat, bevor Sie einen sicheren Liegeplatz verlassen.
- Wenn es unterwegs neblig wird, fahren Sie langsamer und navigieren Sie sorgfältig. Das GPS kann helfen, den richtigen Weg zu finden, aber es zeigt keine Fahrzeuge auf Kollisionskurs auf. Stellen Sie sicher, dass der Radarreflektor im Rigg befestigt ist. Die Crew sollte Rettungswesten und Gurte tragen. Wer sich als Ausguck auf dem Vordeck aufhält, muss gut gesichert sein. Schalten Sie die Navigationslichter an. Wenn größere Fahrzeuge (Berufsschifffahrt) in der Nähe sind, begeben Sie sich in flacheres Wasser, wo diese nicht fahren können. An der 10-Meter-Linie sind Sie richtig.
- Geben Sie regelmäßig Schallsignale mit dem Nebelhorn und achten Sie auf entsprechende Signale von anderen Schiffen. Geben Sie alle zwei Minuten einen langen und zwei kurze Töne, wenn Sie segeln; einen langen Ton alle zwei Minuten, wenn Sie motoren.

Segeln bei Nacht

- Die Perspektive ändert sich nachts: Es wird erstaunlich kalt, wenn das Licht verschwindet, und die Dunkelphase erscheint lang. Besonders wichtig wird nun, gut Ausschau zu halten.
- Rettungsweste und -gurt sollten an Deck jederzeit getragen werden. Bedenken Sie, dass ein Gurt nichts nützt, wenn er nicht eingehakt ist.
- Nächte können sehr kalt werden. Ziehen Sie mehr Schichten an, als Sie glauben zu benötigen.
- Prägen Sie sich ein, wo die Lichtschalter sind. Sie werden eine Taschenlampe brauchen, um den Segeltrimm zu prüfen.
- Die entsprechenden Navigationslichter müssen angeschaltet sein.
- Der Skipper und die Crew müssen die Lichter anderer Fahrzeuge identifizieren können. Wenn Sie ein großes Fahrzeug wie beispielsweise ein Fähre sehen, verwirren die vielen Lichter und machen es schwierig, seine Fahrtrichtung zu bestimmen.
- Wenn Sie nachts segeln, müssen Sie ein Wachsystem aufstellen. Einige Crewmitglieder sind an Deck, während andere schlafen. Eine klassische Einteilung: vier Stunden Wache, vier Stunden wachfrei. Allerdings kann es sehr lang werden, vier Stunden in die Dunkelheit zu starren. Kürzere Intervalle können ratsamer sein. Bereiten Sie heiße Getränke und kleine Snacks für die Crew vor, kurz bevor Sie Ihre Wache beginnen.
- Ein Leesegel wird gespannt, um bei Seegang nicht aus der Koje zu fallen.

Gewöhnen Sie sich an die Dunkelheit und halten Sie eine Taschenlampe parat, um die Segel zu überprüfen. Wenn viele Lichter an Land leuchten, kann es schwierig sein, eine Hafeneinfahrt auszumachen.

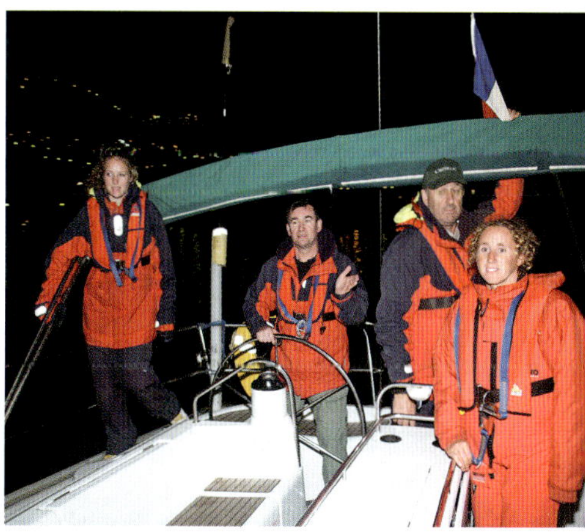

Empfohlene Segelreviere (2)

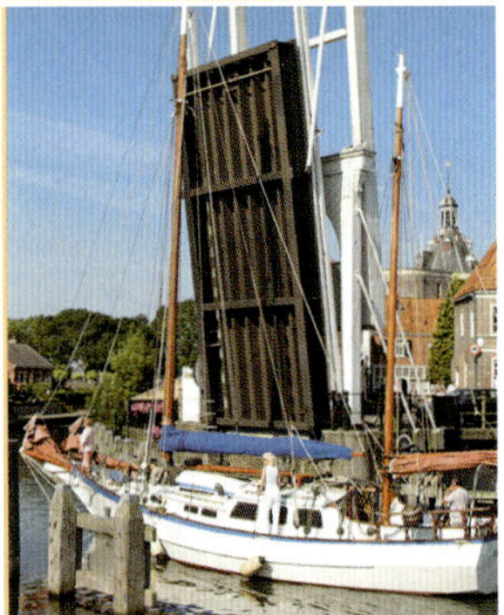

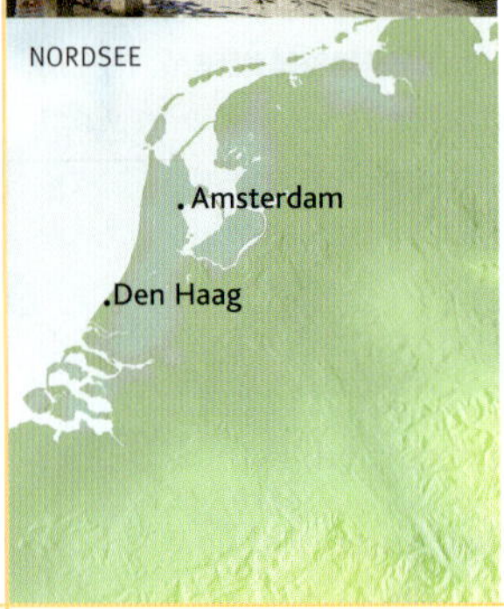

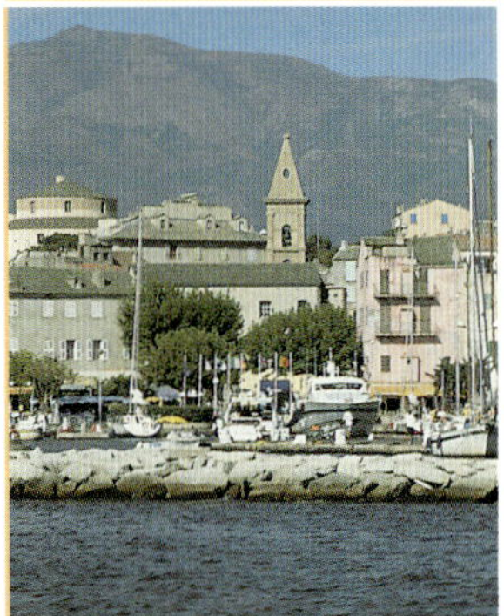

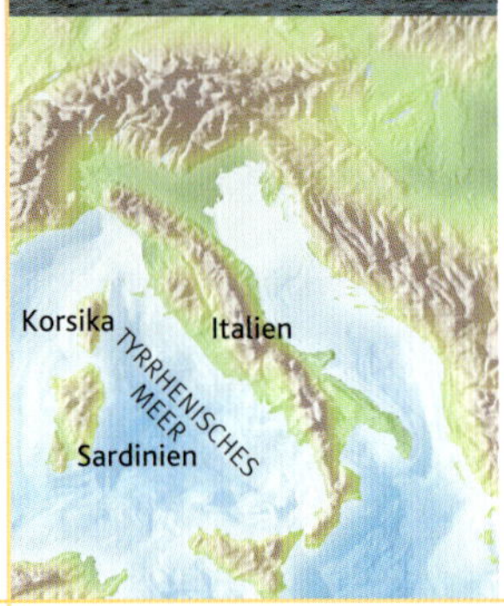

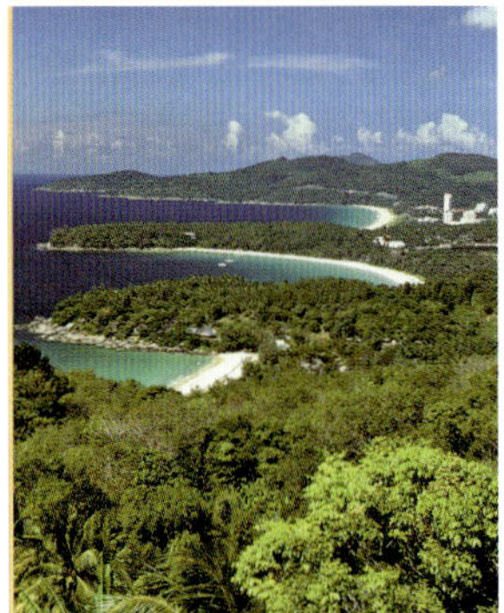

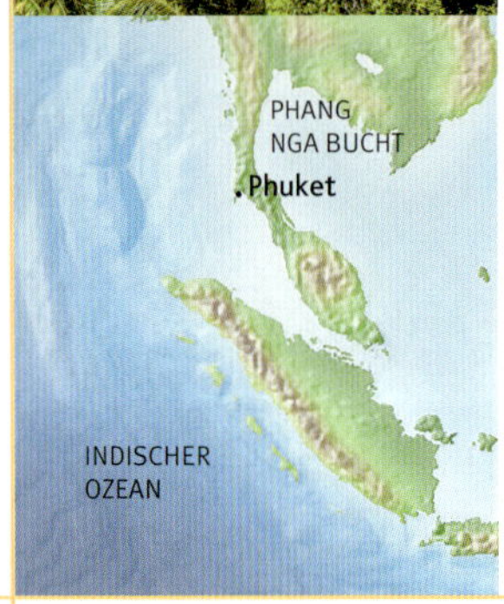

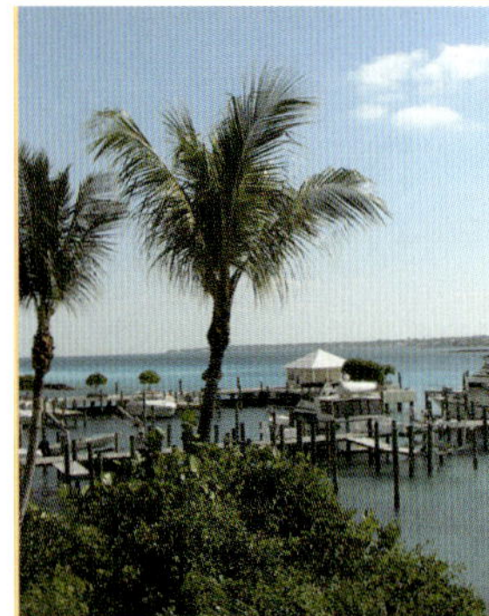

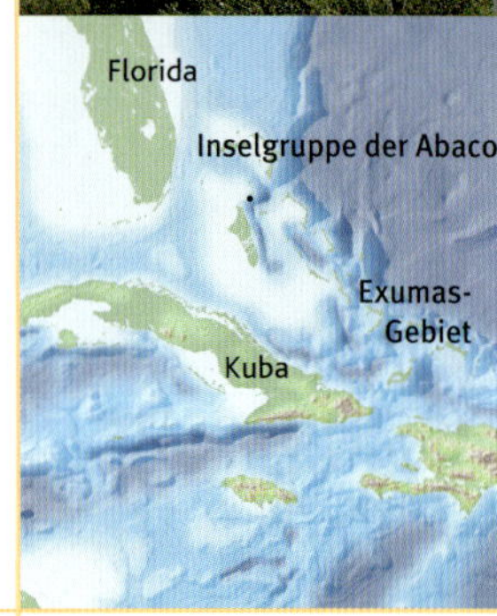

	Die Niederlande/ Holland	Das Tyrrhenische Meer	Phuket, Thailand	Bahamas, USA
Tide	stark an der Küste, zu vernachlässigen auf den Binnengewässern	zu vernachlässigen	nicht sehr ausgeprägt	Tiden vorhanden
Pluspunkte	Die Niederlande bieten zwei verschiedene Reviere. Hochseesegeln ist auf der Nordsee möglich, wo die lange holländische Küste nur teilweise von vorgelagerten Inseln, wie beispielsweise Texel, geschützt wird. Und im Binnenland stehen Seen bereit, die durch eine Vielzahl an Kanälen miteinander verbunden sind, welche von kleineren Yachten mit mäßigem Tiefgang gut zu befahren sind.	Korsika, Sardinien und die Westküste Italiens bieten ein herrliches Segelrevier mit einer Vielzahl an Häfen und Buchten, alten Städten und kleinen Dörfern. Bei der Umrundung Korsikas wird einem eine erstaunliche Kulisse geboten, vor allem bei schönem Sommerwetter.	Die größte Insel Thailands ist mit tropischem Regenwald bewachsen und umgeben von der Andamanensee. Die Insel bietet gut geschützte Buchten und Ankerplätze mit weißen Sandstränden. Durch den leichten Monsunwind wurde diese Region zum Segelzentrum Thailands. Die Phang Nga Bucht im Norden ist gut geschützt, landschaftlich eindrucksvoll und zeigt imponierende Kalksteininseln, die sich wie riesige Skulpturen aus dem grünen Wasser erheben. Auch im Osten findet man einige größere Inseln sowie eine Inselgruppe südlich von Phuket.	Die Bahamas liegen im Atlantik, knapp oberhalb von Kuba, und sind bekannt für ihr warmes Wasser, die weißen Sandstrände und einen entspannten Lebensstil. Nur 30 der etwa 700 Inseln sind bewohnt. Diese Inseln sind reich an quirligen Häfen, Anbietern von Bootstouren und attraktiven Ankerplätzen. Die Inselgruppe der Abacos wird gern »Weltzentrum des Segelns« genannt, und auch das Gebiet der Exhumas bietet sich mit seiner atemberaubenden Landschaft besonders für Fahrtensegler an.
Minuspunkte	Das Wetter ist Glückssache. Starke Strömung und flaches Wasser machen das Hochseesegeln zur Herausforderung. Wenn es stark weht, entwickelt sich auf den Binnengewässern eine kurze steile Welle.	Der Wind kann von sehr leicht bis sehr stark (Mistral) variieren. Die Nord- und die Südspitze Korsikas sind bekannt für ihre rauen Wetterbedingungen. In der Hochsaison kann es unmöglich werden, einen Platz im Hafen zu finden.	Gefahr von Taifunen in den Sommermonaten. Piraterie ist selten, aber nicht unbekannt.	Starker Bootsverkehr, viele Pendler. Oftmals starkwindig, meist 20 Knoten aus Osten.

Maine, USA

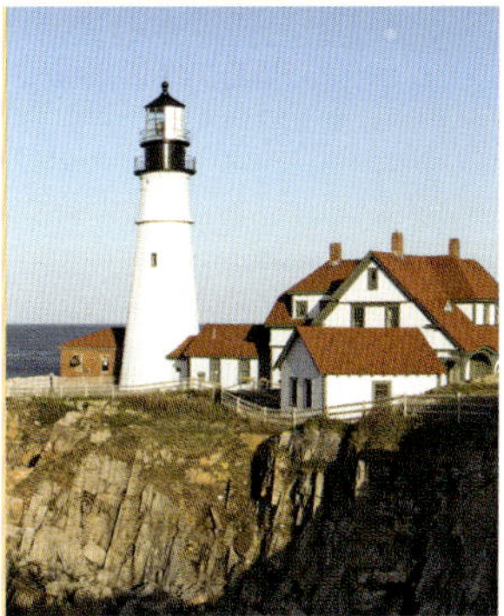

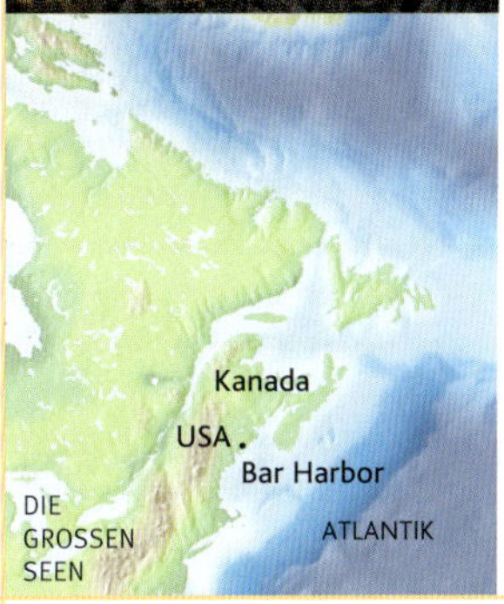

Strömungen / großer Tidenhub

Im Nordosten der Vereinigten Staaten ähnelt der Staat Maine Skandinavien, mit seinen Buchten, kleinen Häfen und Fahrwassern, die von felsigem Land umgeben sind. Leichter Sommerwind, eine spektakuläre Küstenlinie und eine reiche Artenvielfalt an Vögeln und wilden Tieren kommen hier zusammen. Camden ist die Basisstation für viele Yachten, während Mount Desert Island die größte der hier versammelten Inseln ist.

Nebel tritt vor allem im Hochsommer auf, wenn das kalte Wasser sich mit dem vorherrschenden Wind verbindet. Vorsicht vor starken Strömungen und großem Tidenhub.

Virgin Islands

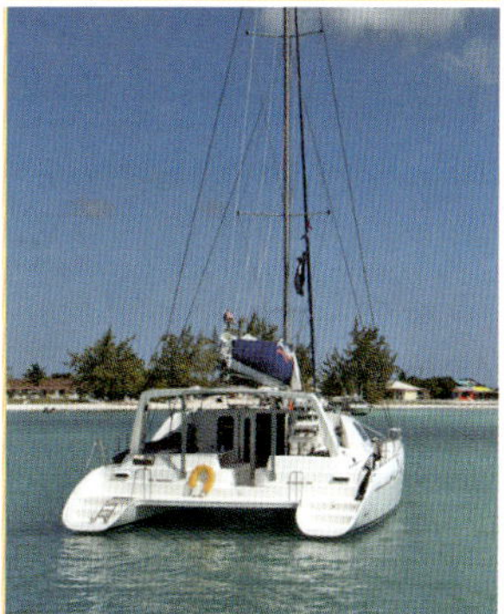

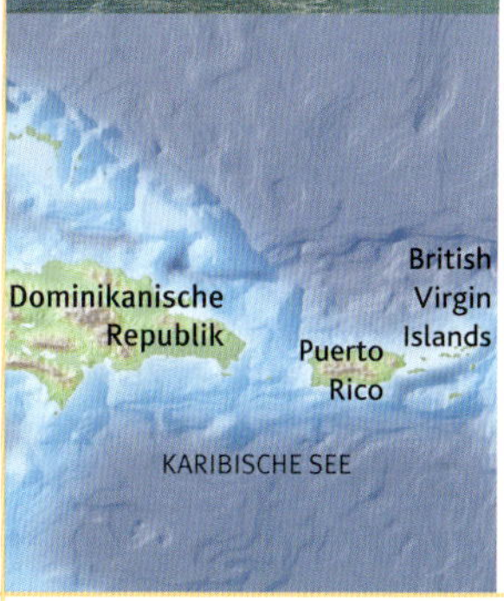

zu vernachlässigen

Für viele kommen die British Virgin Islands dem perfekten Segelrevier am nächsten. Das Wetter ist meist schön, ohne zu heiß zu sein. Passatwinde wehen beständig mit meist 4 Bft, also nicht zu schwach und nicht zu stark – einfach genau richtig! Der Großteil des Reviers ist gut vor den Atlantikwellen geschützt. Die Inseln liegen dicht beieinander mit einer Vielzahl an Ankerplätzen im Radius von wenigen Meilen. Die Navigation ist daher einfach.

Die BVIs sind ein kleines Revier, ideal für den ein- bis zweiwöchigen Urlaub. Für einen längeren Törn sollte man weitere Inseln einplanen.

Bay of Islands, Neuseeland

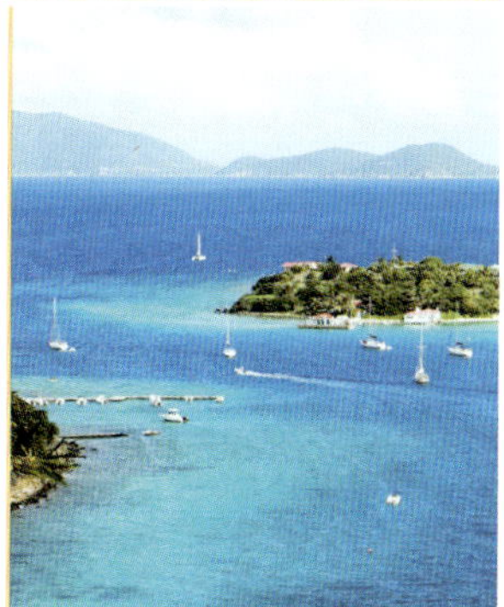

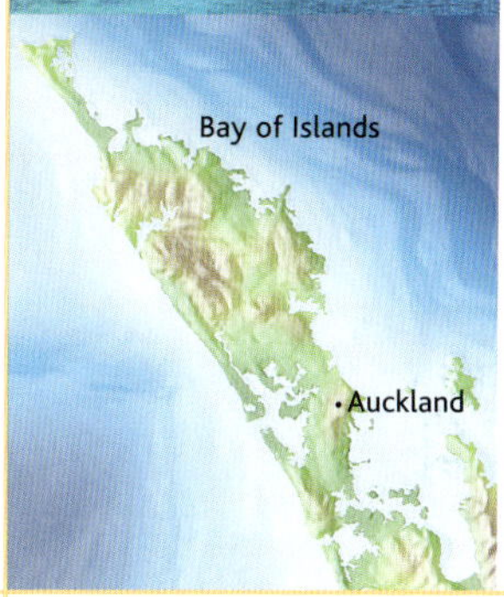

leichter Tidenhub

Nördlich von Auckland gelegen, bietet dieses Revier etwa 144 Inseln in klarem, grünem Wasser bei subtropischem Klima. Das Gebiet ist bekannt für seine Verbindung zu Captain Cook. Der Hafen in Tutukaka, 80 Seemeilen nördlich von Auckland, ist geeignet als Zwischenstopp auf dem Weg von Opua, Russel oder Paihia. Die große Bay of Islands bietet viele sichere Ankerplätze und fast einsame Sandstrände. Sehr beliebt ist die Insel Roberton Island.

Die sehr beliebten Plätze können im Sommer überfüllt sein.

Whitsunday Islands, Australien

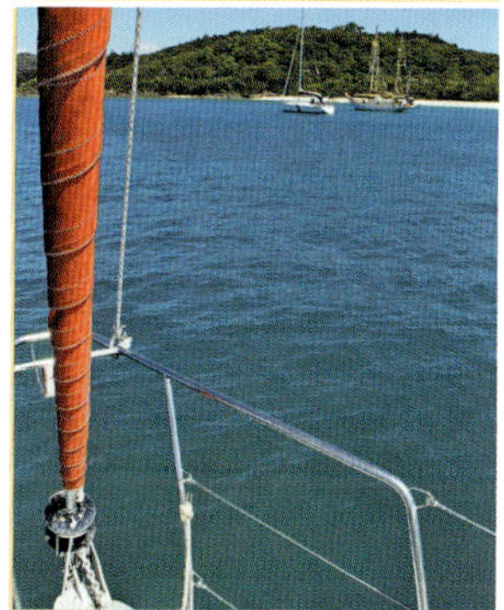

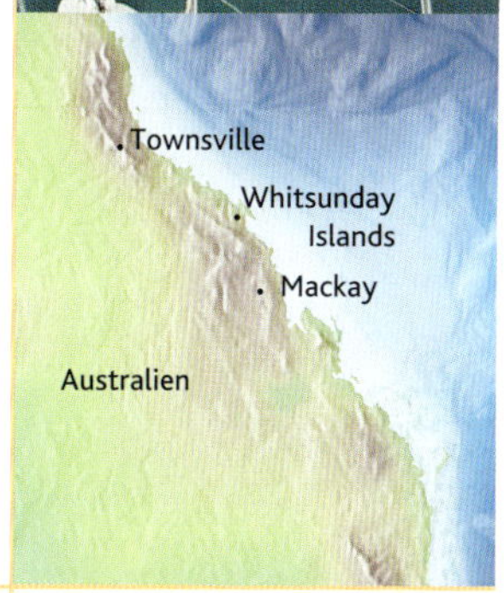

zu vernachlässigen

Die Whitsundays in Queensland an der Ostküste Australiens sind ein Teil des Great Barrier Reefs. Hier finden sich schöne Ankerplätze, um die Korallen und die Unterwasserwelt Australiens zu entdecken. Whitsunday Island ist die größte Insel der Gruppe, während Hamilton Island einen großen Hafen vorzuweisen hat. Hook Island, die nördlichste der Inseln, bietet eine besonders gute Auswahl an Ankerplätzen. Das Great Barrier Reef kann auch mit Privatyachten besucht werden.

Die Zyklonsaison sollte vermieden werden. Tropische Hitze. Im Wasser sind Feuerquallen unangenehm oder sogar gefährlich.

Navigation

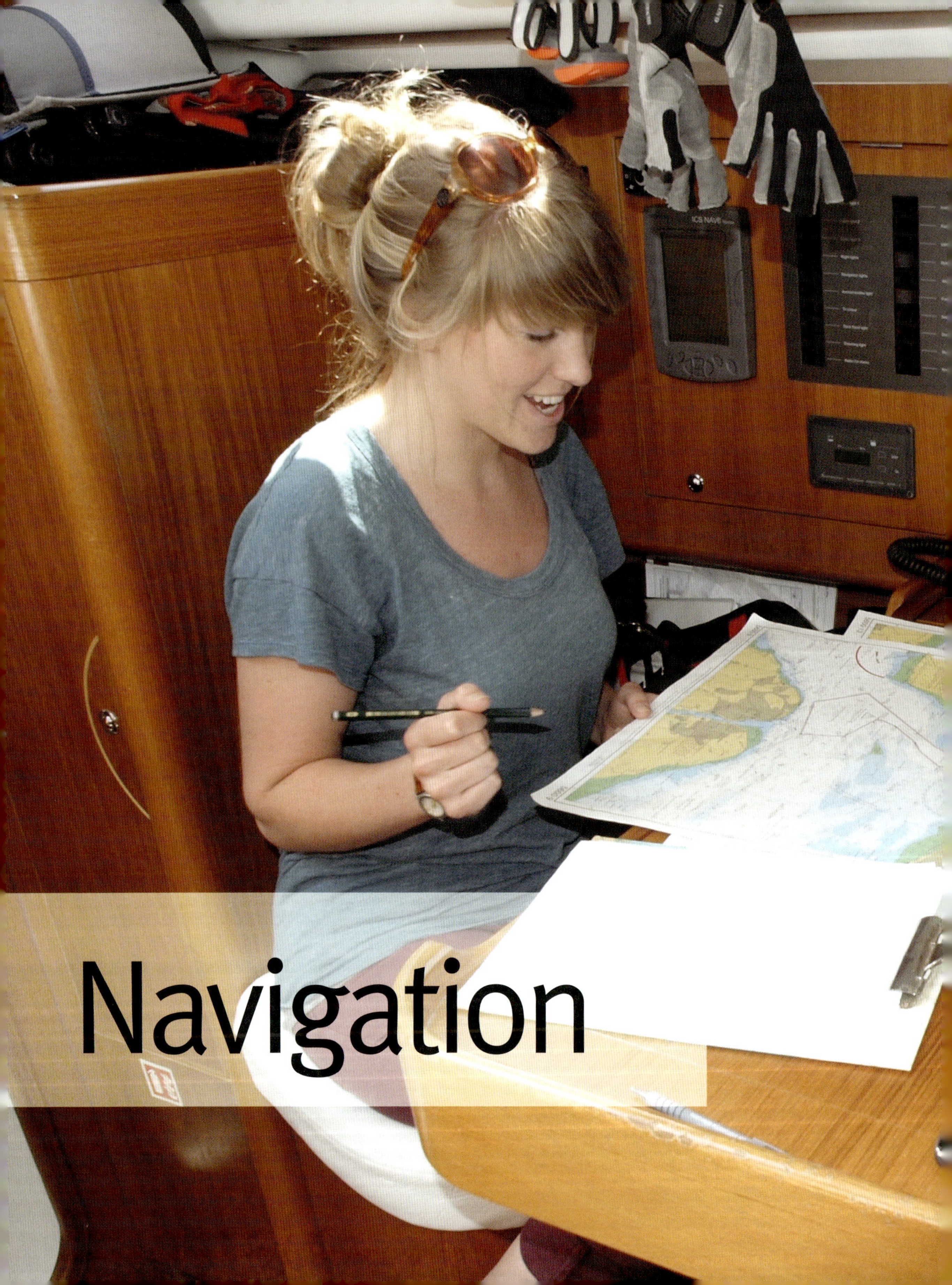

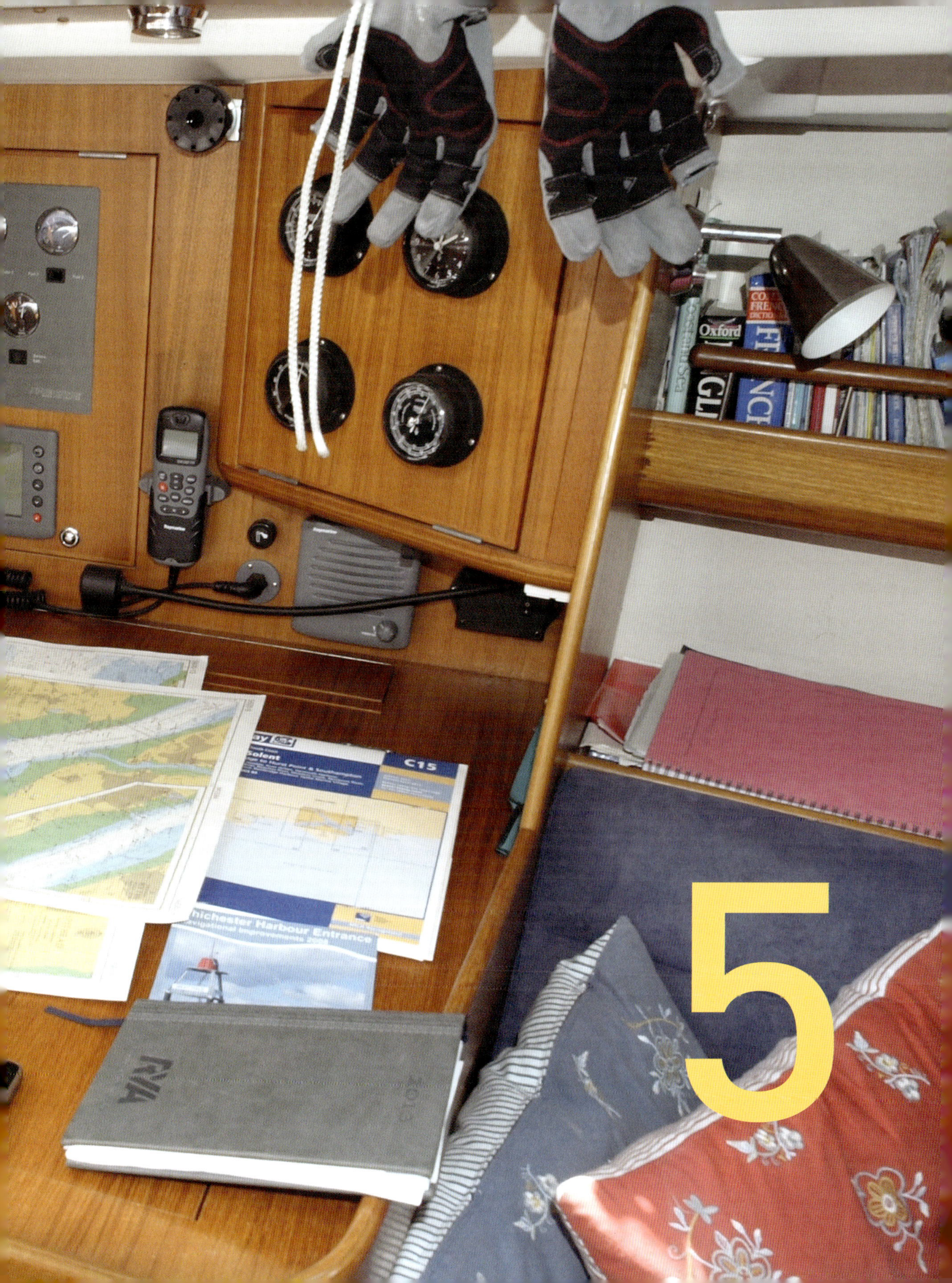

5

Was ist Navigation?

Sobald Sie sich von einem Ort zum anderen begeben, nutzen Sie Orientierungspunkte zum »Navigieren«. Ob Sie nur von einem Zimmer ins nächste wechseln, zu einem Geschäft gehen oder mit dem Auto fahren, Sie erkennen an sichtbaren Zeichen, wo Sie sich befinden und welche Route Sie einschlagen müssen. Das gilt auch auf dem Wasser.

Sie orientieren sich üblicherweise an dem, was Sie sehen können. Wenn Sie sich mitten in der Wüste oder auf dem Wasser befinden, wird es schwierig. Hier kommt die eigentliche Navigation zum Tragen.

Navigation nach Sicht

Die Navigation nach Sicht in Küstennähe wird meist als Revierfahrt bezeichnet. Wenn Sie das andere Ufer eines Sees oder Flusses erkennen, brauchen Sie nur mit dem Boot Ihr Ziel anzusteuern. Das geht gut, wenn keine Steine oder Sandbänke im Weg sind und Sie tagsüber bei guter Sicht fahren. Wenn Hindernisse im Weg liegen, bei schlechter Sicht oder nachts müssen Sie Ihre unsere Fahrt vorbereiten; Sie brauchen einen Plan und nutzen von See aus sichtbare Zeichen, die See- oder Schifffahrtszeichen, z.B. Tonnen. Außerdem brauchen Sie einen Steuerkompass.

Navigation ohne sichtbare Marken

Wenn einfache visuelle Orientierung nach Sicht nicht möglich ist, gehen Sie zur terrestrischen Navigation über. Dazu gehören Orts- und Kursbestimmung und das Arbeiten in der Seekarte, um das Boot sicher zum Ziel zu bringen. Es gibt verschiedene Möglichkeiten, den Schiffsort zu bestimmen. Den Kurs, den Sie steuern müssen, ermitteln Sie unter Berücksichtigung von Wind- und Stromeinfluss und korrigieren ihn regelmäßig im Zuge Ihrer Navigation. Auch wenn es heute üblich ist, sich auf die elektronische Navigation zu verlassen, sollten Sie das Arbeiten mit der Papier-Seekarte ebenfalls beherrschen.

Die Navigation in der Praxis

In der Praxis befinden Sie sich in der Revierfahrt am Anfang und am Ende einer Fahrt, dazwischen navigieren Sie terrestrisch, wenn die Sichtnavigation nicht ausreicht.

Für die Kartenarbeit benutzen Sie Hilfsmittel. Sie können unter verschiedenen Geräten auswählen, brauchen aber nicht alle Varianten.

Papierseekarten sind teuer. Alle alten Eintragungen müssen ausradiert werden, damit Sie die Karten wiederverwenden können. Viele bevorzugen einen Bleistift der Härte 2B; das sind weiche Stifte, deren Striche sich leicht radieren lassen.

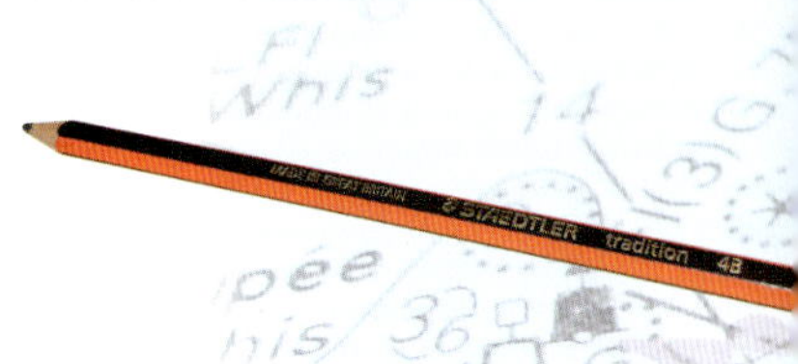

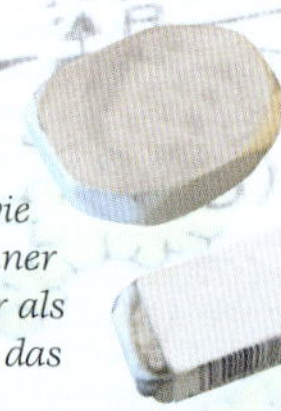

Gute Radiergummis, wie sie Künstler oder Zeichner verwenden, sind besser als billige, mit denen man das Papier zerstört.

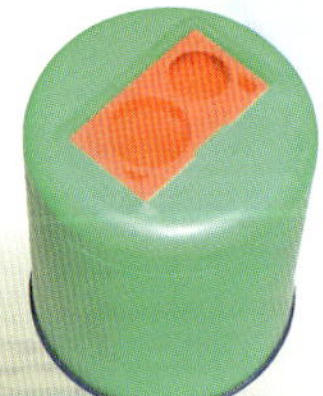

Ein Bleistiftspitzer mit eigener Spitzdose ist für den Bordgebrauch das Richtige.

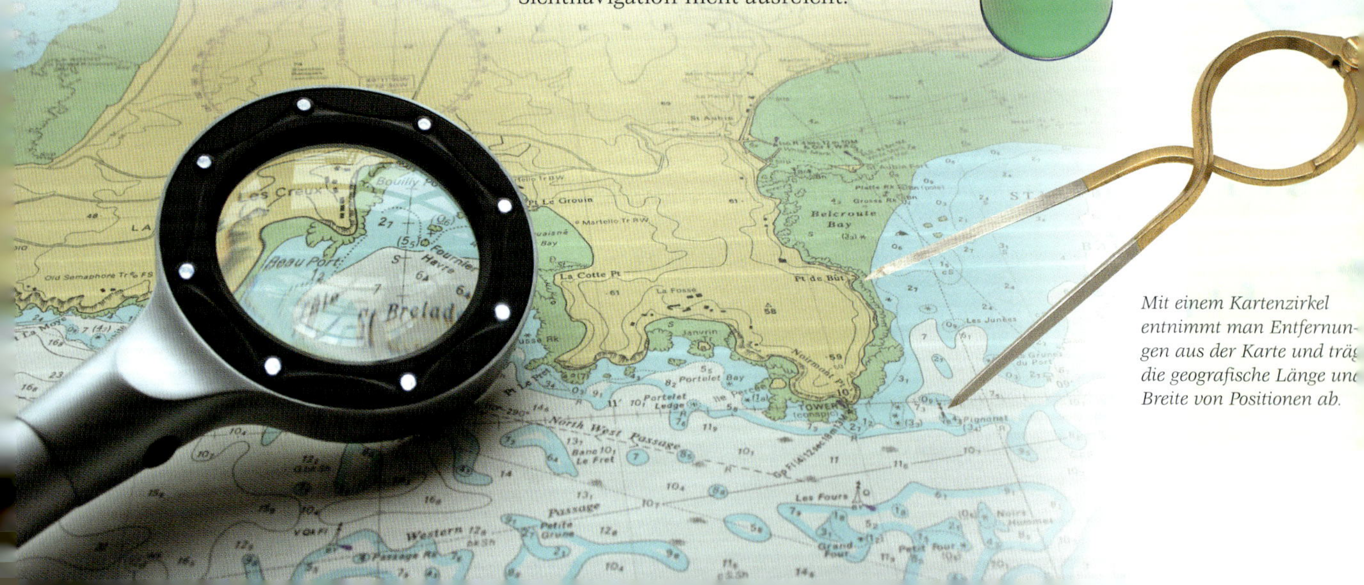

Mit einem Kartenzirkel entnimmt man Entfernungen aus der Karte und träg die geografische Länge un Breite von Positionen ab.

Welche Hilfsmittel brauchen Sie für die Kartenarbeit?

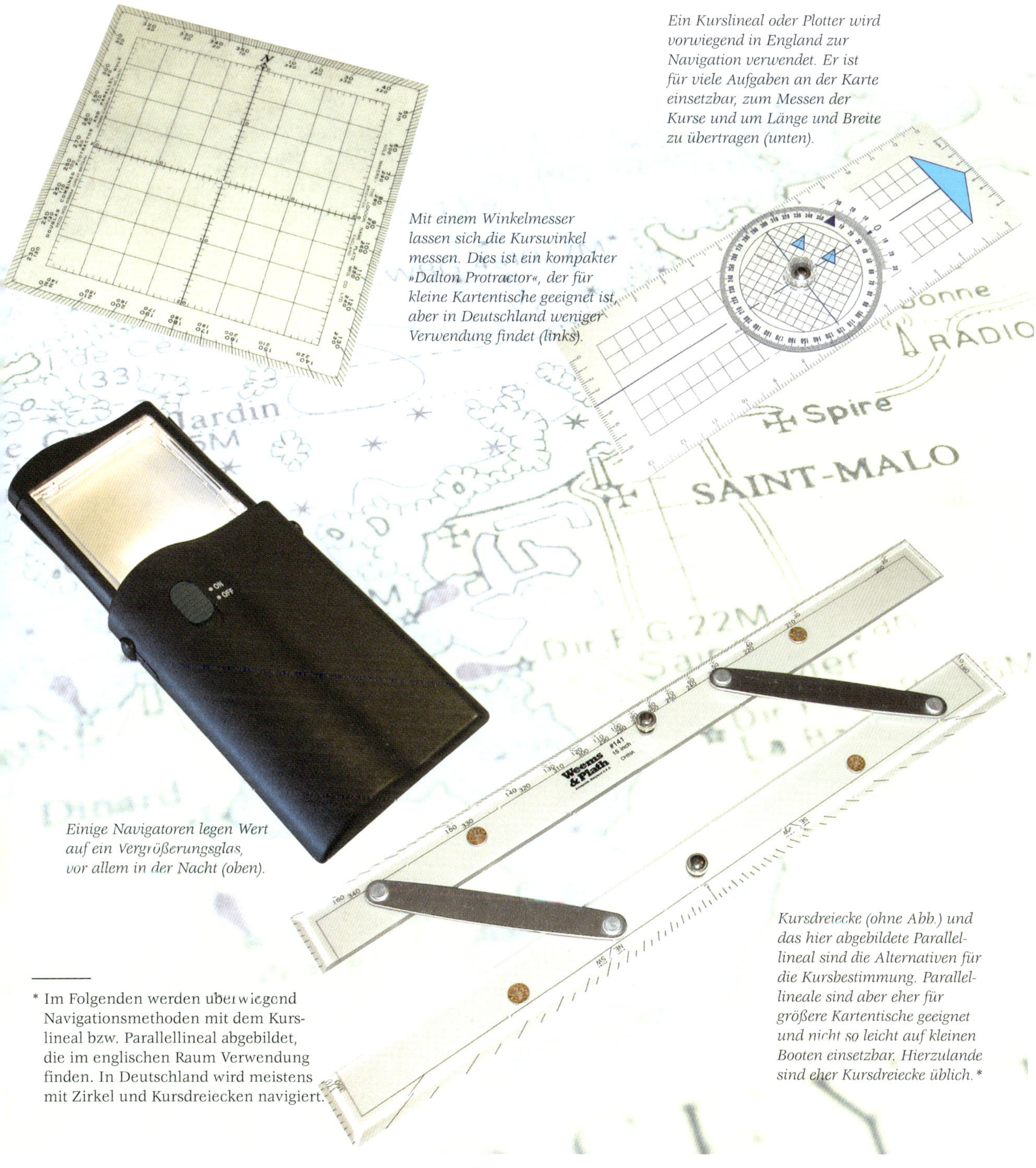

Ein Kurslineal oder Plotter wird vorwiegend in England zur Navigation verwendet. Er ist für viele Aufgaben an der Karte einsetzbar, zum Messen der Kurse und um Länge und Breite zu übertragen (unten).

Mit einem Winkelmesser lassen sich die Kurswinkel messen. Dies ist ein kompakter »Dalton Protractor«, der für kleine Kartentische geeignet ist, aber in Deutschland weniger Verwendung findet (links).

Einige Navigatoren legen Wert auf ein Vergrößerungsglas, vor allem in der Nacht (oben).

*Kursdreiecke (ohne Abb.) und das hier abgebildete Parallellineal sind die Alternativen für die Kursbestimmung. Parallellineale sind aber eher für größere Kartentische geeignet und nicht so leicht auf kleinen Booten einsetzbar. Hierzulande sind eher Kursdreiecke üblich.**

---

* Im Folgenden werden überwiegend Navigationsmethoden mit dem Kurslineal bzw. Parallellineal abgebildet, die im englischen Raum Verwendung finden. In Deutschland wird meistens mit Zirkel und Kursdreiecken navigiert.

DIE SEEKARTEN DIENEN LEDIGLICH DER VERANSCHAULICHUNG UND DÜRFEN NICHT ZUR NAVIGATION VERWENDET WERDEN.

Navigationsinstrumente

Zur Grundausstattung gehört üblicherweise ein fest eingebautes Log, um Distanz und Geschwindigkeit zu messen. Ein Windmessgerät ist oft vorhanden, ebenso ein Echolot, um die Wassertiefe anzuzeigen. Ganz wesentlich ist natürlich der Steuerkompass.

Wie wird die Fahrt gemessen?

Die meisten Geräte messen die Geschwindigkeit, die sogenannte »Fahrt durchs Wasser« mit einem im Rumpf eingebauten Geber, der ein kleines Schaufelrädchen, den Impeller, enthält. Die Umdrehungen des Impellers werden elektronisch gezählt und in Distanz und Geschwindigkeit umgerechnet. Die Informationen werden auf dem kleinen LCD-Bildschirm des Anzeigegeräts abgebildet. Der Geber ist so im Rumpf eingebaut, dass der Impeller teilweise durch die Rumpffläche ins Wasser hineinragt. Der Geber lässt sich, wenn nötig, nach innen herausnehmen, um den Impeller von »Kraut« oder Bewuchs zu befreien.

Ein Log muss kalibriert werden, wenn es zuverlässige Informationen liefern soll. Der Wasserfluss am Impeller wird nämlich durch die Reibung am Rumpf oft langsamer als die Fahrt durchs Wasser.

Modernere Geber arbeiten bewegungslos und sind weniger anfällig als Geräte mit Schaufelrädchen. Neben der Fahrt durch das Wasser kann die Geschwindigkeit über Grund sehr genau am GPS-Gerät abgelesen werden.

Wofür brauchen Sie Fahrt und Distanz?

Für die terrestrische Navigation benötigen Sie die gelaufene Distanz, um Ihre Position zu ermitteln, wenn eine genauere Ortsbestimmung nicht möglich ist.

Die Fahrt durchs Wasser hilft Ihnen, den Segeltrimm für das Boot zu optimieren und die Leistung Ihres Motors zu beurteilen, wenn Sie mit Maschine laufen.

Wie werden Windgeschwindigkeit und -richtung gemessen?

Die Windrichtung erfahren Sie durch einen Windrichtungsanzeiger im Masttopp. Die Windgeschwindigkeit misst ein Gerät mit einem Schaufelrad, das Anemometer, ebenfalls im Masttopp. Die gemessenen Daten werden dann an ein Anzeigegerät im Cockpit übertragen.

Wozu brauchen Sie die Windinformationen?

Die Windrichtung ist für das Trimmen der Segel wichtig bzw. für das Steuern im richtigen Winkel zum Wind. Sie können die Windrichtung an den Windfäden an den Wanten, am Verklicker oder an einem Stander im Masttopp erkennen. Auf größeren Yachten kann es angebracht sein, elektronische Windmessgeräte mit Anzeigeeinheit im Cockpit einzusetzen.

Näherungsweise lässt sich die Windgeschwindigkeit auch durch die Auswirkungen des Windes auf die Wasseroberfläche bestimmen.

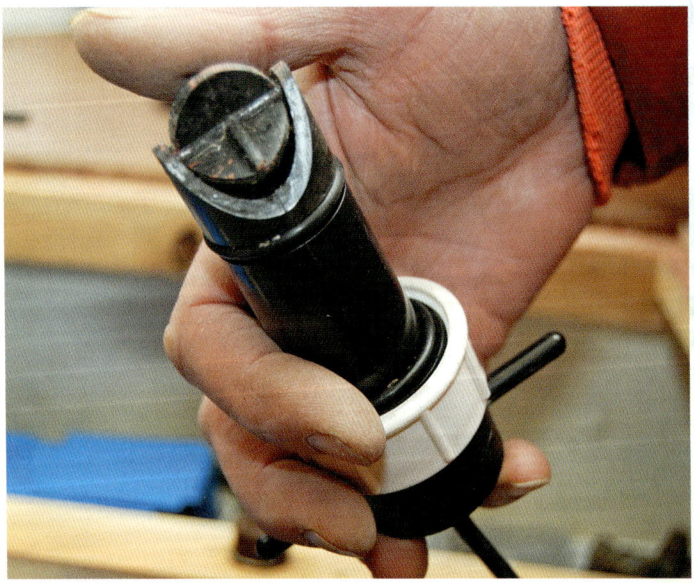

Ein Log mit Schaufelrädchen zum Einbau durch den Bootsrumpf.

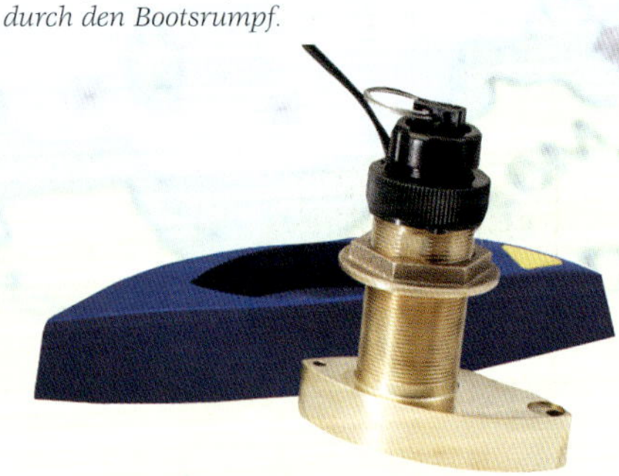

Moderner bewegungsloser Geber für Geschwindigkeit, Tiefe und Wassertemperatur.

Windanzeige

Auf dem Anzeigegerät mit 360°-Einteilung (Kompassrose) weist ein Zeiger auf die Richtung, aus der der Wind kommt, bezogen auf die Schiffslängsachse. Die Windgeschwindigkeit wird digital angegeben.

Wahrer Wind und scheinbarer Wind

Solange ein Boot sich nicht bewegt, zeigen Windfäden und Geräte die wahre Windrichtung an. Sobald das Boot Fahrt über Grund macht, ist die angezeigte Richtung die eines scheinbaren Windes, einer Kombination aus wahrem Wind und dem Fahrtwind des Bootes.

Dieser scheinbare Wind ist es, der ein Segelboot antreibt und an dem Sie Ihre Segelstellung ausrichten.

Die aufwendigeren Windmessanlagen lassen sich mit den Informationen des Logs koppeln, sodass auch der wahre Wind berechnet und angezeigt werden kann.

Wie wird die Wassertiefe gemessen?

Ein Geber sendet Ultraschallpulse Richtung Meeresgrund. Die Zeit zwischen der Aussendung eines Impulses und dessen empfangenem Echo ermöglicht das Berechnen der Wasser tiefe, die meist digital auf dem Echolot angezeigt wird. Die Geräte lassen eine Kalibrierung zu, um die Tiefe wahlweise unter dem Geber, unter dem Kiel oder von der Wasseroberfläche aus anzugeben. Letzteres ist für die Navigation am besten geeignet. Die Messung der Wassertiefe bezeichnet man auch als Lotung.

Multifunktionsdisplays können eine Vielzahl an Informationen anzeigen, wie Fahrt durch das Wasser oder über Grund, wahre und scheinbare Windrichtung und -Stärke, rechtweisender Kurs und Kurs über Grund sowie Wassertiefe unter dem Kiel. Ein Windgeber im Masttopp überträgt Daten kabellos oder mit Kabel an die Anzeigegeräte im Cockpit oder am Kartentisch. Wer das Glück hat, einen Trimaran zu segeln, kann auch durchaus eine Bootsgeschwindigkeit von 23,6 kn ablesen!

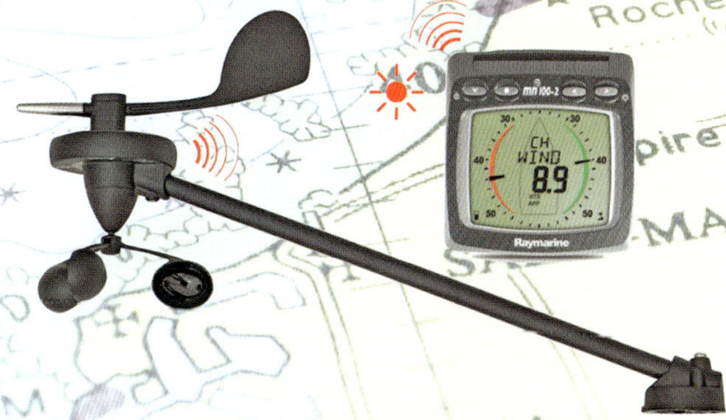

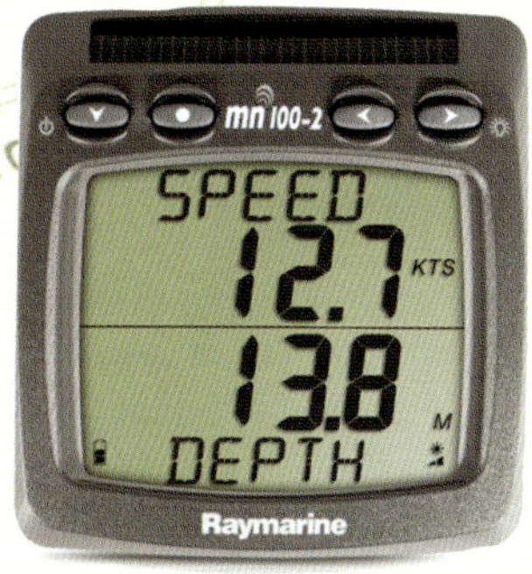

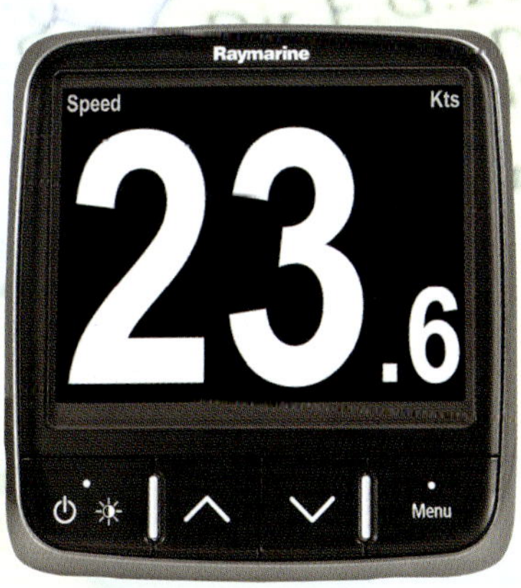

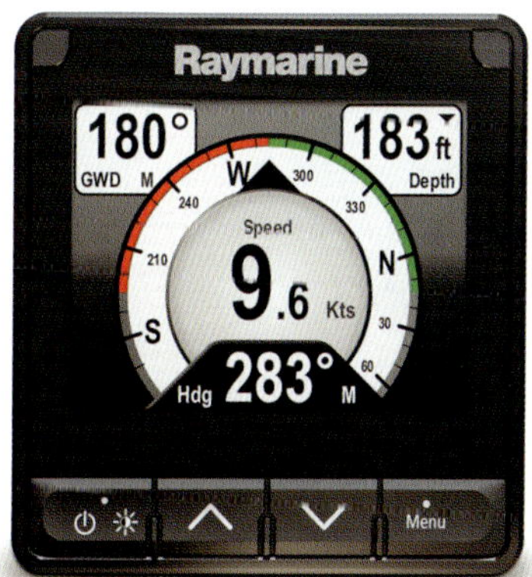

Einen Kurs halten

Wenn Sie die Küste gut erkennen können und tagsüber bei guter Sicht unterwegs sind, kommen Sie ohne Kompass aus. Aber was ist, wenn plötzlich Nebel aufzieht und keine Landmarken mehr zu sehen sind?

Was ist ein Steuerkompass?

Jeder Kompass ist auch als Steuerkompass verwendbar, aber an Bord einer Yacht sollte der Steuerkompass eingebaut sein, fest mit der Deckskonstruktion verbunden und für den Rudergänger gut sichtbar.

In dem Kompass befinden sich eine drehbare kreisförmige Kompassrose und ein Kompassmagnet, der sich nach dem Magnetfeld der Erde ausrichtet. Die Kompassrose ist bei einem Schiffskompass kardanisch gelagert, damit sie sich auf einem rollenden und stampfenden Boot horizontal ausrichten kann.

Was ist eine Ablenkung (Deviation)?

Der Kompass ist an Bord einer Yacht zusätzlich zum Erdmagnetfeld auch dem Magnetfeld des Bootskörpers und dem der Ausrüstung ausgesetzt. Dadurch kann ein fehlerhafter Kurs angezeigt werden.

Da der Schiffsmagnetismus an die Yacht gebunden ist, ändert sich mit dem Kurs einer Yacht auch das Zusammenspiel von Schiffs- und Erdmagnetismus. Dieser kursabhängige Fehler der Kompassablesung heißt Ablenkung oder Deviation. Magnetische Geräte, wie Lautsprecher, sollten in ausreichender Entfernung zum Kompass angebracht werden. Magnetische Gegenstände sollten nicht dauerhaft in der Nähe aufbewahrt werden.

Der Deviationsfehler lässt sich durch das Kompensieren

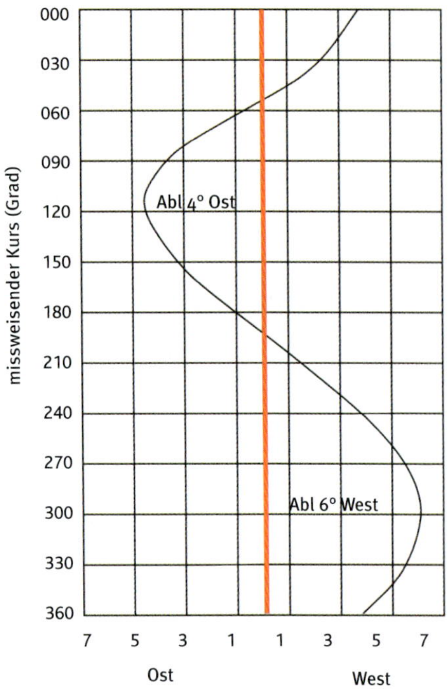

Ablenkungsdiagramm

Wenn der Kompass eine Deviation aufweist, muss er in 30°-Intervallen über den gesamten Kreisbogen abgelesen werden, um eine Ablenkungstabelle aufzustellen (rechts).

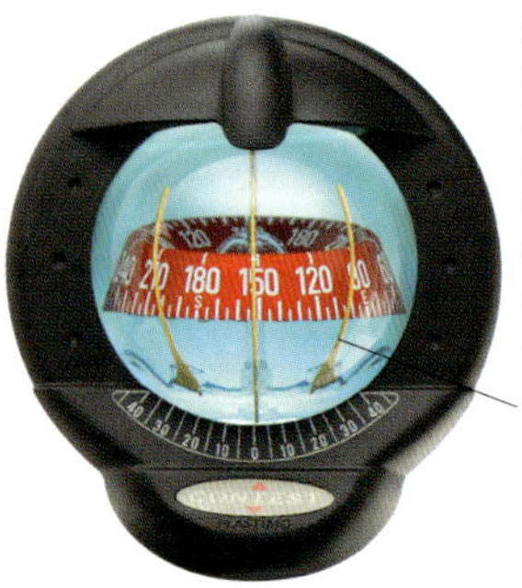

Ein Yachtkompass zur Montage am Kajütschott. Die gelben Markierungsstriche ermöglichen bei sogenannter Parallaxe das Ablesen von der Seite (45°) (links).

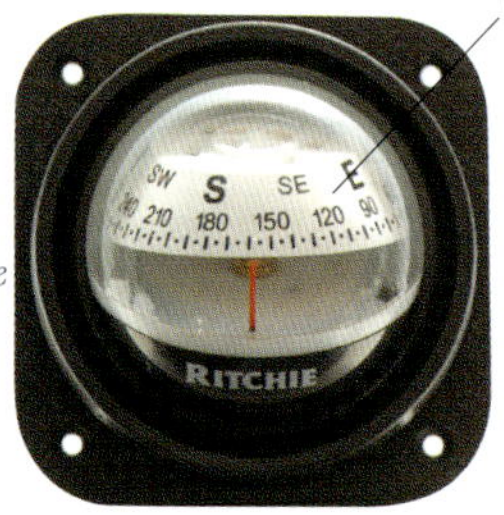

Ein Kompass zur Montage am Kajütschott, mit einer Kompassrose, die auch von der Kajüte aus ablesbar ist (oben).

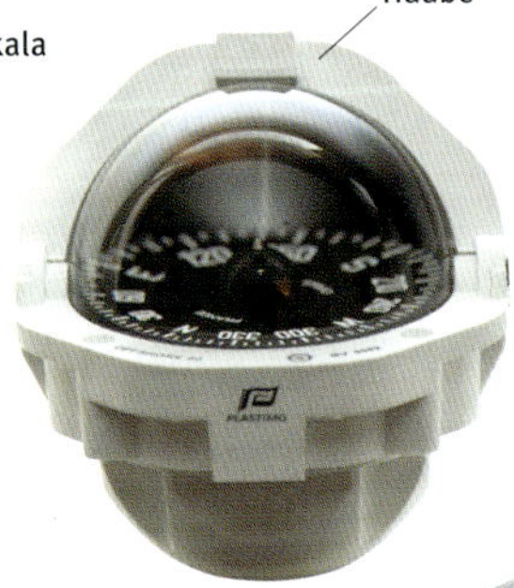

Ein hochseetauglicher Kompass mit eingebauter, klappbarer Haube für Segelyachten und Motorboote (links).

Ein Handpeilkompass mit Halsbändsel zur Ablesung dicht vor den Augen (rechts).

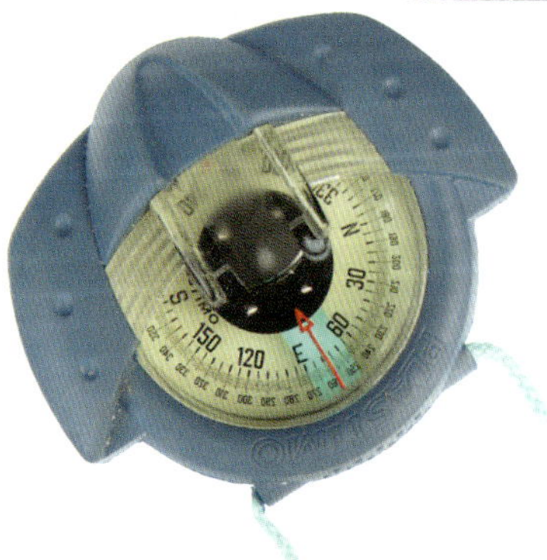

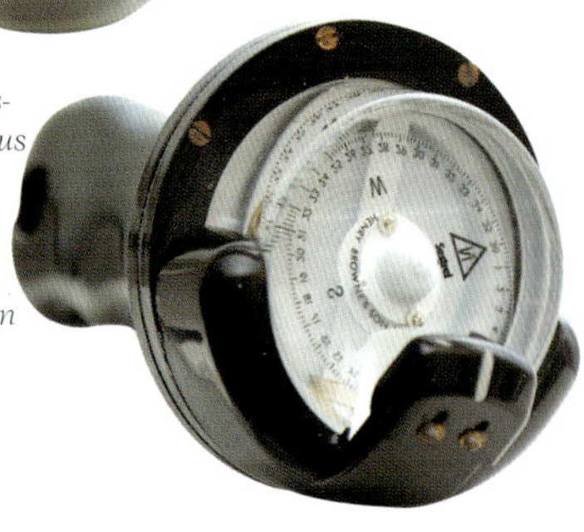

Ein Handpeilkompass, den man zum Peilen am ausgestreckten Arm hält, nicht dicht vor den Augen (rechts).

minimieren. Das sollte durch eine fachkundige Person einmal im Jahr durchgeführt werden.

Eine Ablenkungstafel oder Ablenkungskurve wird benötigt, um den passenden Kompasskurs zu steuern: Der Navigator berücksichtigt die Deviation bei der Bestimmung des Kompasskurses, den der Rudergänger steuern soll. In der Praxis ist ein kleiner Fehler unter drei Grad vernachlässigbar. Es wird selten vorkommen, dass man einen Kurs mit einer solchen Genauigkeit hält.

Mit einem Handpeilkompass werden Landmarken und Schifffahrtszeichen gepeilt. Alle Peilungen können als Standlinien zu den entsprechenden Peilobjekten in die Karte eingezeichnet werden; aus ihnen wird der Standort bestimmt. Peilkompasse sind klein und handlich und werden, je nach Modell, in kurzem Abstand vor dem Gesicht oder am ausgestreckten Arm gehalten.

Da sie nicht mit dem Boot fest verbunden sind, variiert die Ablenkung der Handpeilkompasse mit ihrer Lage an Bord.

Sie sollten an einem Ort eingesetzt werden, der geringen Bordmagnetismus aufweist, also z.B. weit entfernt von Kiel und Maschine.

Ferngläser

Mit einem Fernglas werden weit entfernte Objekte identifiziert. Da eine Yacht sich meist im Seegang bewegt, ist es schwierig, das Fernglas ruhig auf das Objekt zu richten. Die Wirkung jeder Bewegung ist durch die Vergrößerung des Bildausschnitts im Fernglas verstärkt. Üblicherweise liegt der Vergrößerungsfaktor für seetaugliche Ferngläser bei 7 und darunter. Stärkere Vergrößerungen machen es unmöglich, ein Fernglas auf ein Beobachtungsziel zu halten.

Ferngläser sind durch zwei Zahlen gekennzeichnet, z.B. 7 × 50. Die erste Zahl bezeichnet die Vergrößerung, die zweite den Durchmesser für die Eingangslinse. Je größer der Durchmesser, desto mehr Licht wird eingefangen, eine wichtige Qualität für den Einsatz im Dunkeln.

Einige Ferngläser haben einen eingebauten Peilkompass. Manche besitzen die teurere Ausstattung einer optischen Bildstabilisierung. Das erlaubt eine stärkere Vergrößerung auf schwankenden Booten, aber die Garantieperiode ist wesentlich kürzer als bei den traditionellen Ferngläsern.

Die Uhrzeit

Für die Navigation und Dokumentation brauchen Sie die Uhrzeit, die anhand des GPS-Empfängers überprüft werden kann. Wenn die Uhrzeit des GPS-Empfängers nicht auf eine andere Zeitzone gestellt ist, gilt immer die Universal Time Coordinated (UTC), was der Mittleren Greenwich-Zeit entspricht (MGZ = GMT).

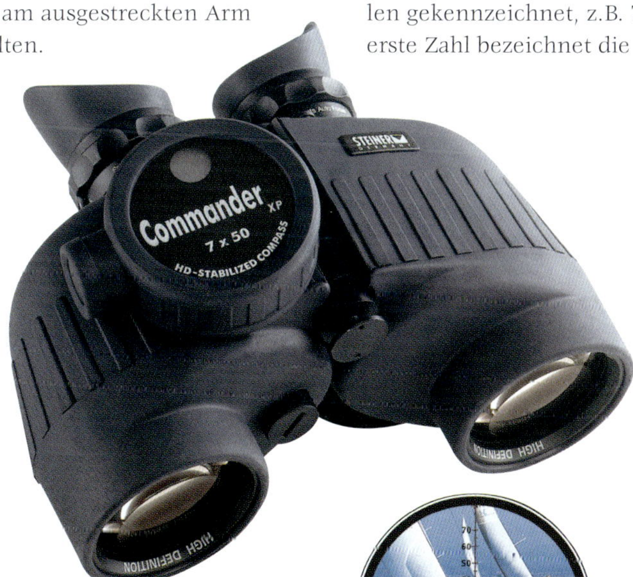

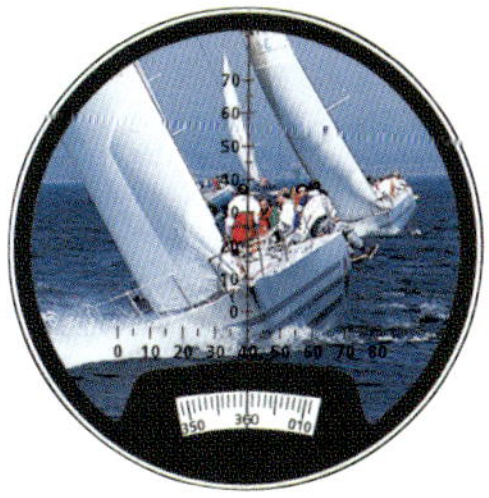

Einige Ferngläser haben einen eingebauten Peilkompass und eine Skala zur Entfernungsmessung. Das ermöglicht das Peilen kleiner entfernter Objekte und eine Abschätzung der Entfernung (oben und rechts).

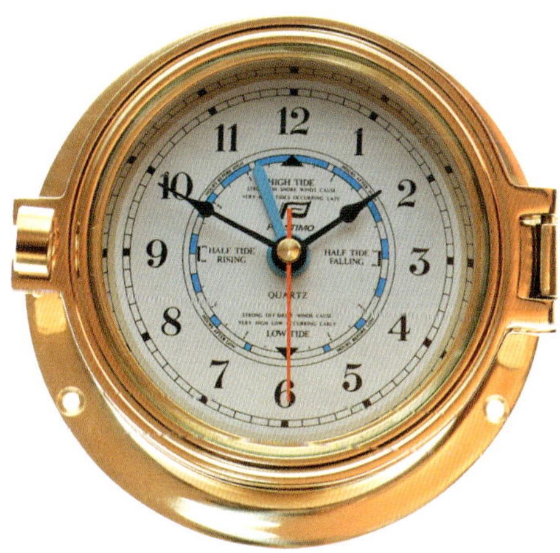

Eine traditionelle Schiffsuhr, die auch noch den mittleren Tidenstand anzeigt. Auch wenn sie gut aussieht und leicht zu lesen ist, kann die digitale Uhr der GPS-Anzeige sich in der Praxis als zuverlässiger erweisen (oben).

Breite und Länge

Beim Navigieren müssen Sie Ihren Standort kennen und wissen, wie Sie ans Ziel kommen. Auf dem offenen Meer können Sie keinem Pfad folgen. Stattdessen gibt es Seekarten mit einem Gradnetz, auf dem sich Positionen bestimmen lassen.

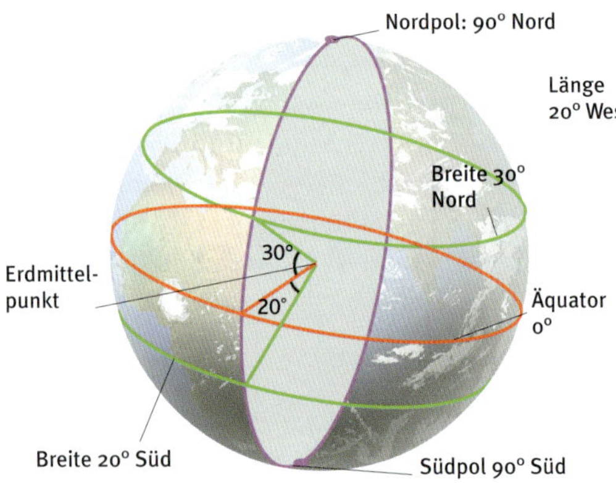

Die Breite ist der Winkel zwischen der Verbindungslinie von der eigenen Position zum Erdmittelpunkt und der Ebene, in der der Äquator liegt (Äquatorebene).

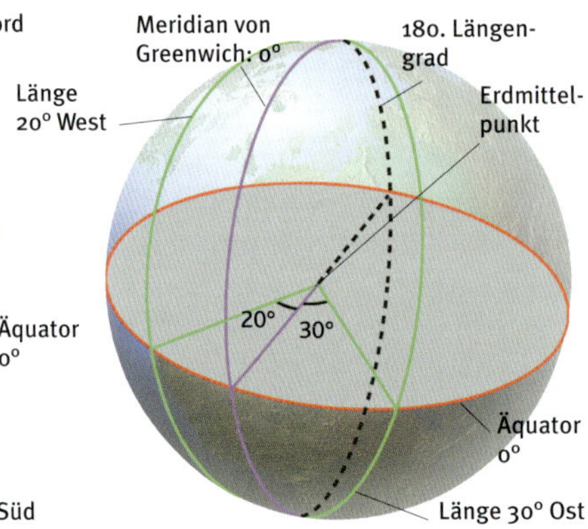

Die Länge ist der Winkel, den die Ebene des Meridians von Greenwich mit der Ebene des Meridians der eigenen Position an der Erdachse bildet (hier als Schnittlinien auf der Äquatorebene).

Breite und Länge

Die Breite wird im Gradnetz durch eine Reihe von Kreisen repräsentiert, die parallel zum Äquator verlaufen. Die Benennung eines Breitenkreises zeigt, um wie viel Grad er sich nördlich oder südlich des Äquators befindet.

Auch die Längengrade sind durch Kreise, eigentlich Halbkreise, repräsentiert. Sie schneiden beide Pole und verlaufen im rechten Winkel zum Äquator. Der nullte Längengrad, der Nullmeridian, ist der Halbkreis, der auch Meridian von Greenwich genannt wird. Die anderen Längengrade werden, vom Nullmeridian ausgehend, als östliche (°E) oder westliche (°W) Längengrade bezeichnet, bis 180° (E oder W), dem Meridian, der dem von Greenwich gegenüberliegt. Positionen werden als Schnittpunkte von Breiten- und Längengraden angegeben.

Auf Seekarten sind an den seitlichen Rändern Skalen für die Breite, am oberen und unteren Rand Skalen für die Länge eingezeichnet. Einzelne Breiten- und Längengradlinien sind auf dem Kartenbild selbst abgebildet.

Breite und Länge einer Position auf der Erdoberfläche.

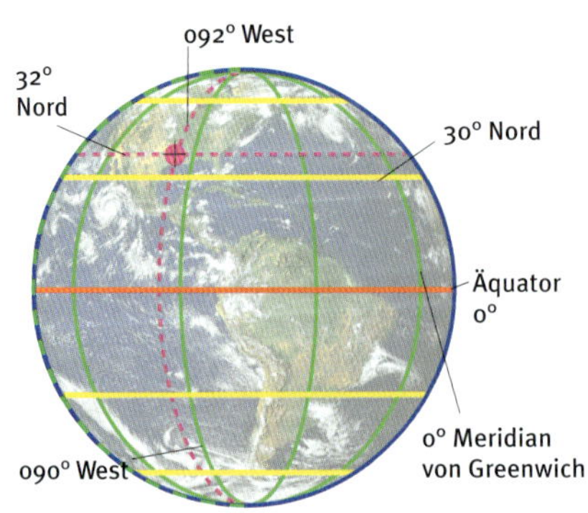

Mit Kurslineal

Um eine bestimmte Position auf der Seekarte zu finden, orientieren Sie sich an der Beschriftung für die Breitengrade (links und rechts) und Längengrade (oben und unten).

Richten Sie das Kurslineal parallel zu den waagerechten Breitengradlinien aus und verschieben Sie es nach oben oder unten, bis die obere Kante auf der Breite der Position liegt. Tragen Sie die Breitenlinie am Lineal entlang in die Karte ein. Das Gleiche machen Sie mit der Länge, indem Sie das Kurslineal seitlich verschieben und es senkrecht, parallel zum Längengrad der Position ausrichten. Wenn die seitliche Kante des Lineals durch die Position läuft, zeichnen Sie die Länge ein. Der Schnittpunkt der beiden Linien zeigt Ihre Position in der Karte.

Die Breite und Länge eines bestimmten Objektes in der Karte, z.B. einer Tonne, finden Sie, indem Sie die Kante des Kurslineals durch das Objekt auf der Karte anlegen; zunächst beginnen Sie parallel zum Breitengrad und anschließend parallel zum Längengrad. Am Kartenrahmen, seitlich bzw. oben oder unten, können Sie Breite und Länge ablesen.

Mit Kartenzirkel

Wenn Sie einen Kartenzirkel benutzen, markieren Sie zunächst mit dem Bleistift Breite und Länge der Position am Kartenrahmen. Dann greifen Sie mit dem Kartenzirkel den Abstand zwischen der Breitenmarkierung und dem nächstgelegenen eingezeichneten Breitengrad ab. Versetzen Sie den Zirkel so, dass die eine Spitze auf dem Breitengrad, die andere Spitze senkrecht dazu über oder unter der Längengradmarkierung liegt.

Hersteller der amtlichen Karten verwenden unterschiedliche Formeln zur Berechnung des Gradnetzes, und diese zugrunde liegende Berechnung wird Kartendatum genannt. Unterschiede im Kartendatum können zu Abweichungen von mehreren Hundert Metern führen.

Mit dem Erscheinen von GPS wurde ein gemeinsames weltweites Kartendatum etabliert, das für alle neuen Seekarten benutzt wird, WGS 84 genannt. Alle GPS-Positionen werden in der Standardeinstellung im WGS 84 angezeigt. Wenn eine GPS-Position auf einer Karte anderen Kartendatums eingetragen wird, ist sie nicht korrekt.

Karten mit abweichendem Kartendatum enthalten Hinweise, wie Kartenpositionen in das WGS-84-Datum umgewandelt werden können. Falls Sie nicht mit großmaßstäbigen Karten arbeiten und nicht nahe an Gefahrenstellen entlanglaufen, kann der Unterschied meist vernachlässigt werden.

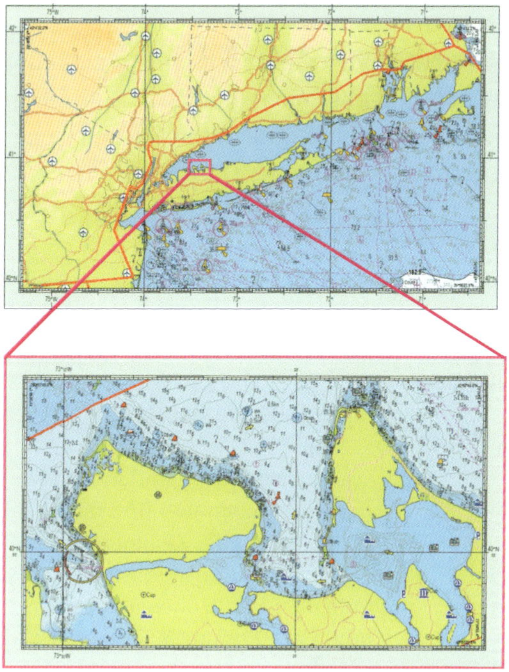

Eine kleinmaßstäbige Karte kann zur Planung und zum Koppeln verwendet werden (links).

Eine großmaßstäbige Karte kann benutzt werden, um einen Hafen anzusteuern (unten links).

Was ist der Kartenmaßstab?

Der Maßstab einer Karte ist das Verhältnis einer Strecke in der Natur zu der entsprechenden Strecke auf der Karte. Ein Maßstab von 1:25 000 bedeutet, dass 1 cm auf der Karte 25 000 cm in der Natur entsprechen. Eine Karte mit einem großen Maßstab hat eine kleine Maßstabszahl (z.B. 1: 5000) und wird für Ansteuerungskarten benutzt. Ein kleiner Maßstab (z.B. 1:1 000 000) wird für Übersichtskarten verwendet.

Elektronische Seekarten

Viele Segler bevorzugen elektronische Seekarten, da sie praktischer und kostengünstiger als Papier-Seekarten sind. Sie können an einem Kartenplotter oder einem Multifunktionsdisplay, aber auch auf Handys, Tablets und PCs, angezeigt und mit GPS-Daten (siehe Seite 280) kombiniert werden, sodass die eigene Position in der Karte erscheint. Die Navigation wird dadurch stark vereinfacht, um aber auch bei einem Ausfall der Elektronik zurechtzukommen, ist ein gutes Verständnis von Törnplanung und klassischer Arbeit mit der Papier-Seekarte unerlässlich.

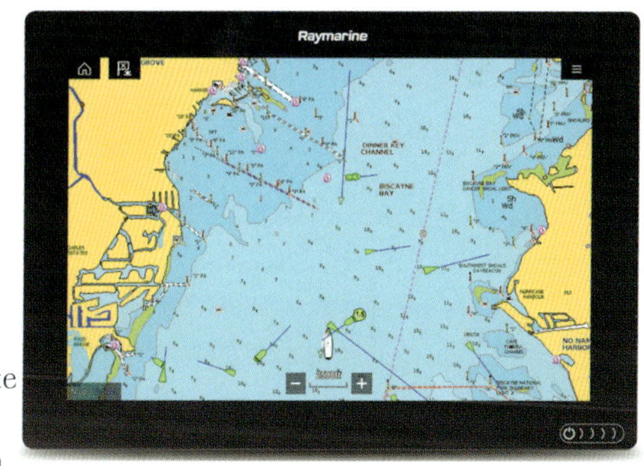

Elektronische Seekarten können auf Handys, Tablets oder Computern dargestellt werden. Ein Kartenplotter ist jedoch speziell für den dauerhaften Einsatz an Bord ausgelegt.

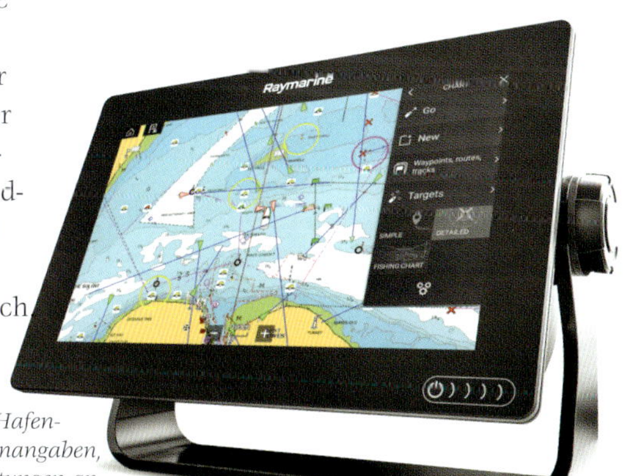

Elektronische Seekarten beinhalten oft weitreichendere Informationen als Papier-Seekarten, wie Hafenpläne, mehr Tiefenlinien, Gezeitenangaben, Strömungen sowie Serviceeinrichtungen an Land. Sie können durch regelmäßige Updates aus dem Internet aktualisiert werden.

Kartentiefen und -höhen

Standardseekarten für den internationalen Gebrauch ähneln einander in Farbgebung und Symbolen, sie sind aber nicht identisch. Sie sollten sich eine Signatur- und Abkürzungserklärung für Ihren Kartentyp anschaffen.

In Sportbootkarten weicht die Farbgebung oft von derjenigen in amtlichen Karten ab, die Symbole gleichen einander aber. Auf manchen Sportbootkarten ist die Legende auf der Rückseite angegeben.

Tiefen

Auf allen Karten sind Konturen des Seebodens durch Tiefenlinien angenähert wiedergegeben. Die Tiefenangaben sind durch Zahlen und die Zehntel durch tiefgestellte Zahlen gekennzeichnet, entweder metrisch oder in Fuß. Gebiete, die sich ständig unter Wasser befinden, sind blau oder weiß gefärbt, wobei für relativ flaches Wasser hellere Blautöne verwendet werden.

Wenn Tiefenangaben in Klammern stehen, wurden sie nicht genau an der Stelle eingezeichnet, deren Tiefe sie bezeichnen, sondern dicht daneben, um nicht ein wichtiges Detail zu verdecken.

Trockenfallende Gebiete

Die Tiefen in Gebieten, die zeitweise trockenfallen, sind in Kursivschrift angegeben und unterstrichen. Das entsprechende Gebiet ist grün gefärbt. Die Landfläche ist gelb gezeichnet, und Höhenangaben können mit Kommastellen dargestellt sein.

Untiefen

Felsen, Wracks und andere Hindernisse, die sich unter Wasser befinden, sind auf bestimmte Weise gekennzeichnet. Die häufigsten dieser Zeichen muss man kennen.

Tonnen und andere Schifffahrtszeichen

Die Betonnungen sind in der Seekarte eingetragen, wobei die Farben der Backbord- und Steuerbordtonnen für Fahrwasser davon abhängen, ob das Gebiet nach dem System IALA A oder IALA B betonnt ist. Unter beleuchteten Tonnen befinden sich ein kleiner »Tropfen« und die Kennung für die Befeuerung. Oft sind die Symbole auf einer Karte viel größer dargestellt, als es den wirklichen Objekten entspräche, sie sind nicht maßstabsgetreu. Der genaue Ort der Objekte ist in der Karte durch einen kleinen Kreis an deren unterer Seite zu erkennen.

Bezeichnungen

1 Tiefen
2 trockenfallende Gebiete
3 Land
4 Untiefen

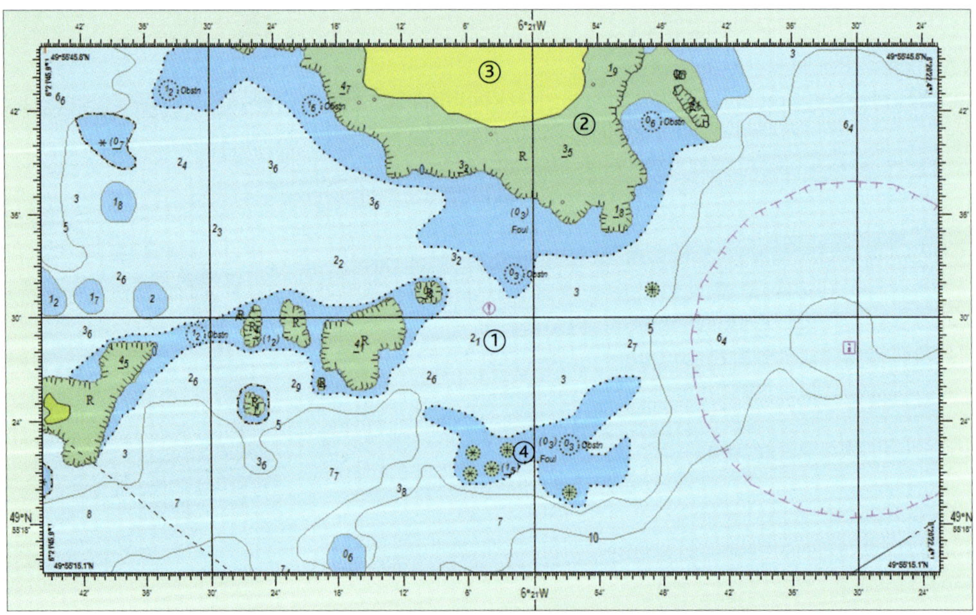

Sektorenfeuer

Das Licht eines fest stehenden Leuchtfeuers ist nicht immer aus allen Richtungen zu sehen. Häufig gibt es Hindernisse und abgeschattete Sektoren, die dann auf der Karte gekennzeichnet sind.

Leuchtfeuer zeigen oft bestimmte Bereiche an, die für Schiffe bevorzugt zu nutzen sind. Ein Leuchtturm ist dann in Sektoren befeuert. Unterschiedlich gefärbte Sektoren grenzen aneinander und beschreiben Winkelbereiche von Richtungen (= Peilungen) zum Leuchtturm. In der Karte sind die Sektoren entweder in den entsprechend farbigen Kreisbögen oder schwarz auf weiß mit den Abkürzungen für die Farben beschrieben.

Die Seekarteverstehen

In Gezeitenrevieren ändert sich der Wasserstand ständig durch die Gezeiten. Die Kartentiefen richten sich nach dem Kartennull, oft bezogen auf den niedrigstmöglichen Gezeitenwasserstand (Lowest Astronomical Tide, LAT).

Das ist der niedrigste Wasserstand, der aufgrund astronomischer Bedingungen erwartet werden kann.

Kartennull

Kartennull (oder Seekartennull) ist die Höhe, auf die sich die Tiefenangaben beziehen und ebenso alle Gezeitenhöhen und Höhen in trockenfallenden Gebieten. Das Kartennull kann innerhalb des Gebietes einer Seekarte überraschenderweise auf einem unterschiedlichen Niveau liegen. Der niedrigste Wasserstand ist nämlich beispielsweise flussaufwärts in einer anderen Höhe als in der Nähe der Mündung.

Auf den folgenden beiden Seiten sind die Begriffe erklärt, die für die Kartenarbeit wichtig sind.

Gefahrenstellen und Hindernisse

Einige Symbole sollten Sie auswendig kennen, weil Sie sich nicht immer die Zeit nehmen können, in den Erklärungen nachzusehen:

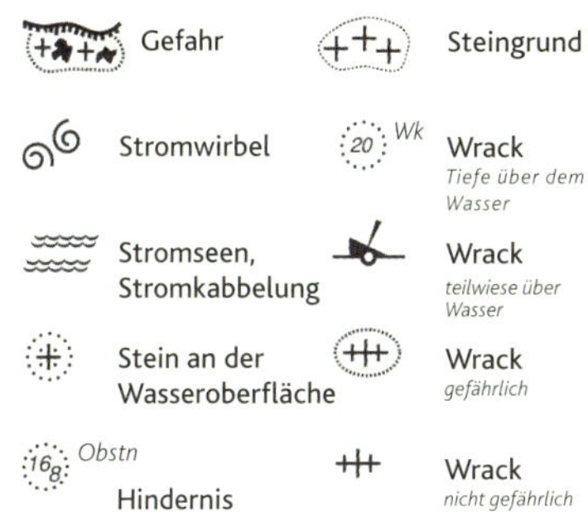

Wenn Sie sich einer Stelle nähern, die in der Karte mit einem unbekannten Symbol bezeichnet ist, sehen Sie in den Symbolerklärungen nach, bevor Sie der Stelle zu nahe kommen.

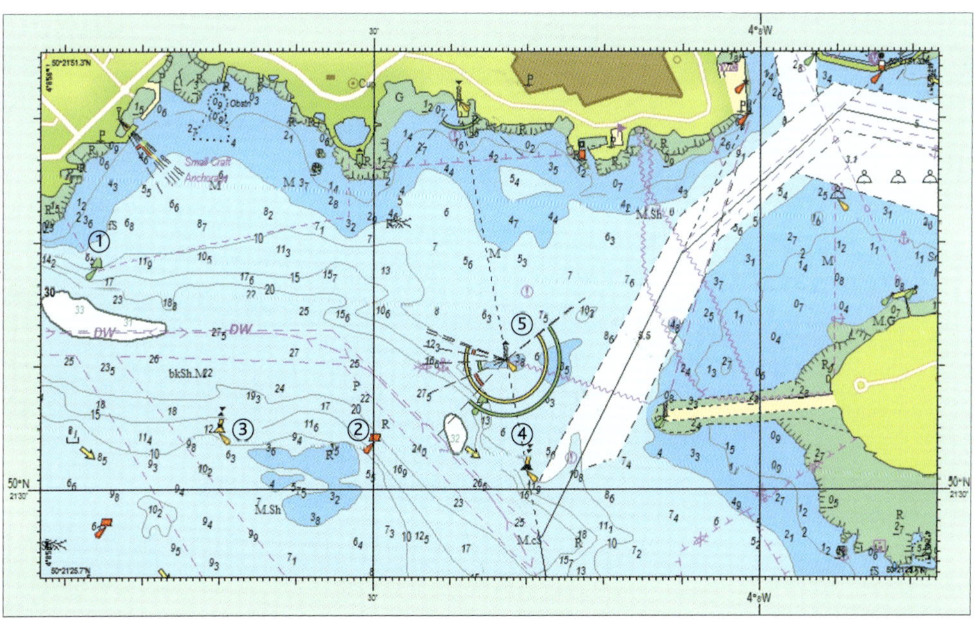

Bezeichnungen

1. Steuerbordtonne, Betonnungssystem A
2. Backbordtonne, Betonnungssystem A
3. West-Kardinaltonne
4. Süd-Kardinaltonne
5. Sektorenfeuer

Kartentiefen und -höhen (2)

Begriffe zu den Gezeiten

Kartennull (KN) oder Seekartennull (SKN): Der Wasserstand verändert sich in Tidengewässern ständig. Die Kartentiefen beziehen sich daher auf den niedrigstmöglichen Gezeitenwasserstand (LAT). Es ist der niedrigste Wasserstand, der bei normalen meteorologischen Bedingungen aufgrund astronomischer Konstellationen möglich ist.

Querschnitt einer Seekarte

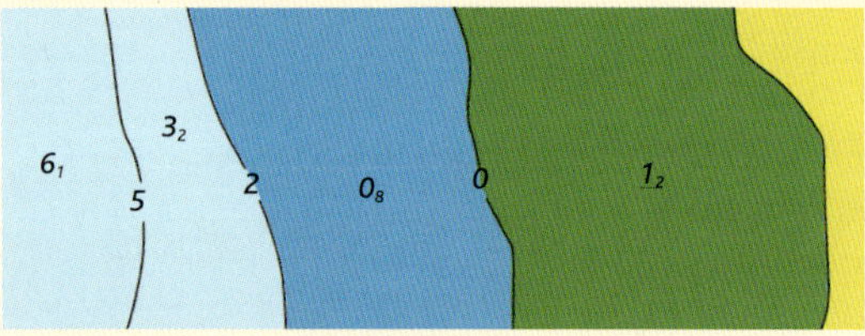

Die Tiefen sind in Metern und Dezimetern angegeben und beziehen sich auf das Kartennull. Unterstrichene Angaben zeigen, wie hoch die Stelle über dem Kartennull trockenfällt (oben).

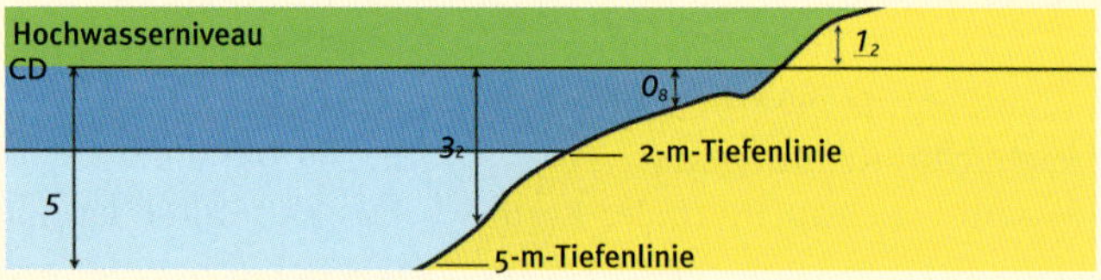

In deutschen und britischen Karten sind Tiefen und trockenfallende Höhen auf Kartennull bezogen, während die Höhen von Objekten an Land sich auf das Niveau des mittleren Springhochwassers (MSpHW) beziehen. In einigen europäischen Ländern wird ihre Höhe auf den mittleren Wasserstand bezogen, er liegt zwischen mittlerem Hoch- und Niedrigwasser (unten).

Höhenbegriffe und Kartennull

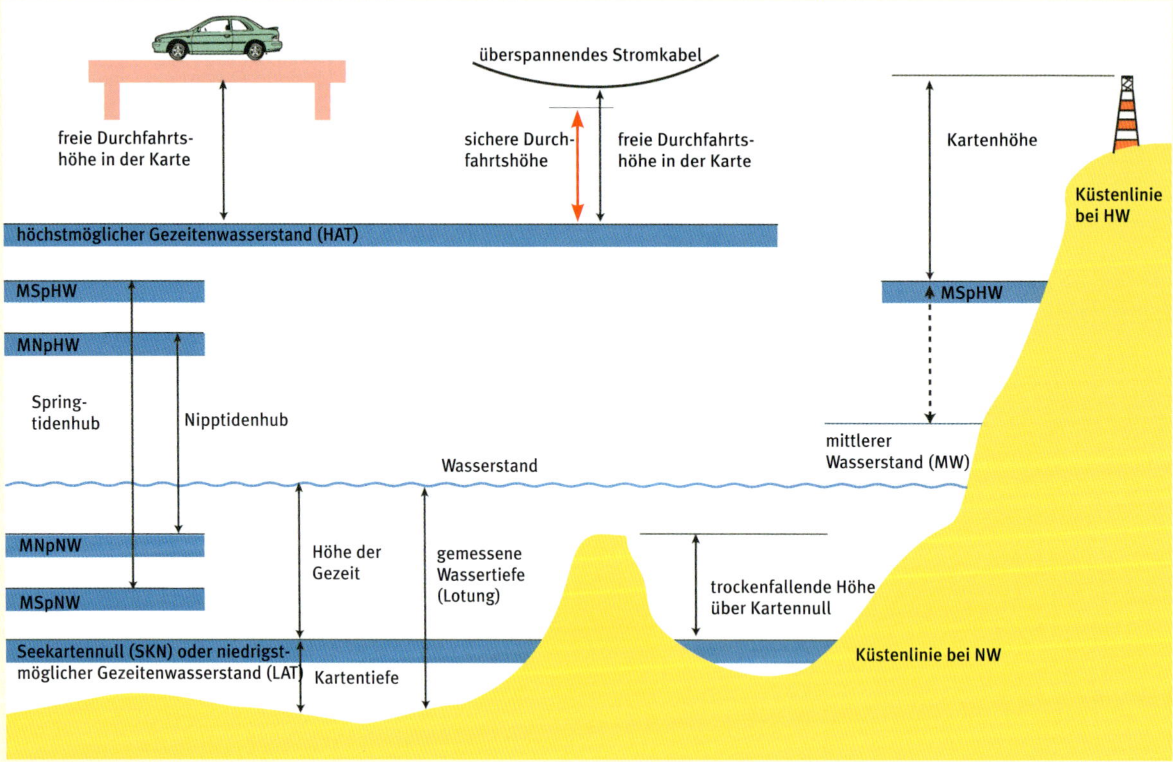

Prüfen Sie die Abkürzungen und Begriffe, die in Ihrer Seekarte verwendet werden.

Begriffe

Mittleres Springhochwasser (MSpHW): Die mittlere Wasserstandshöhe bei Springhochwasser.

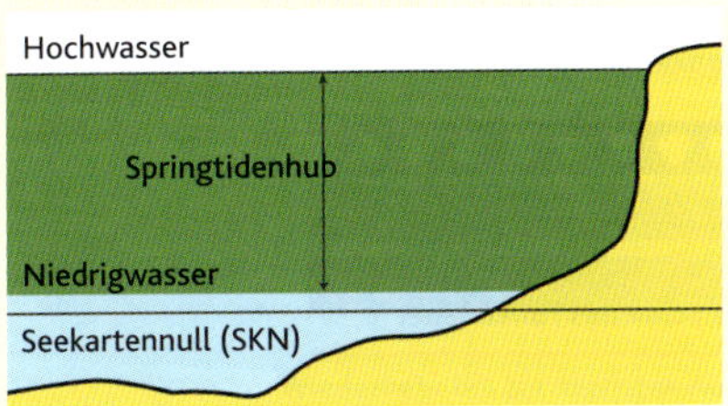

Mittleres Springniedrigwasser (MSpNW): Die mittlere Wasserstandshöhe bei Springniedrigwasser.
Mittleres Nipphochwasser (MNpHW): Die mittlere Wasserstandshöhe bei Nipphochwasser.

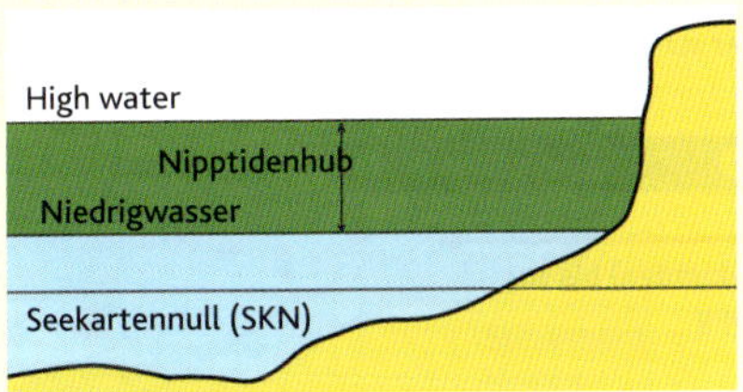

Mittleres Nippniedrigwasser (MNpNW): Die mittlere Wasserstandshöhe bei Nippniedrigwasser.
Höchstmöglicher Gezeitenwasserstand (HAT):
Der höchste Wasserstand, der aufgrund astronomischer Konstellationen möglich ist.
Trockenfallende Höhe: Der Bereich über Seekartennull (SKN), der aufgrund von Gezeiten zeitweise über der Wasseroberfläche liegt.
Höhe der Gezeit: Der Höhe (senkrechte Distanz) zwischen Wasseroberfläche und Seekartennull.
Kartentiefe: Der senkrechte Abstand zwischen der Wasseroberfläche und dem Meeresgrund.

Seekartennull und Höhe der Gezeit

Ein Blick auf die Karte verrät, ob Sie einen Stein beim niedrigsten Wasserstand über der Wasseroberfläche (Seekartennull) sehen könnten.

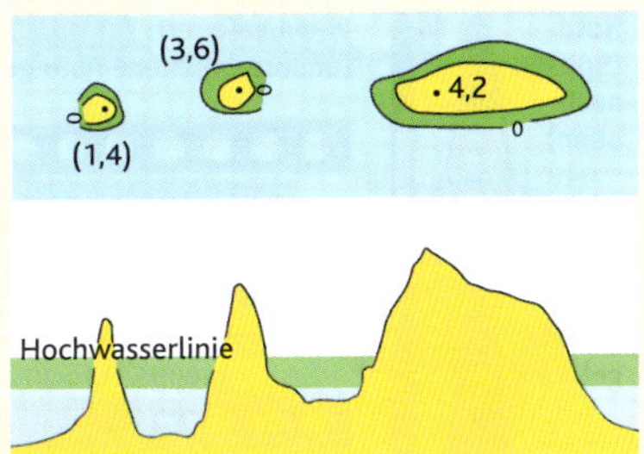

Steine (Land), die nicht überspült werden; die Höhenangaben beziehen sich auf das mittlere Springhochwasser (MSpHW).

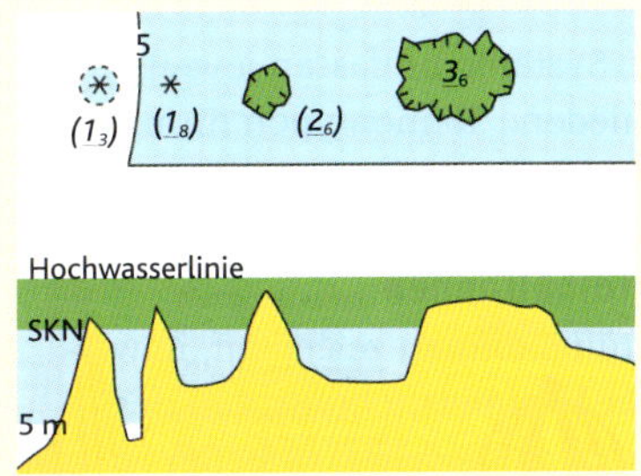

Steine, die zeitweise überspült werden; die Höhenangaben beziehen sich auf das Seekartennull (SKN). Die führende Ziffer ist unterstrichen.

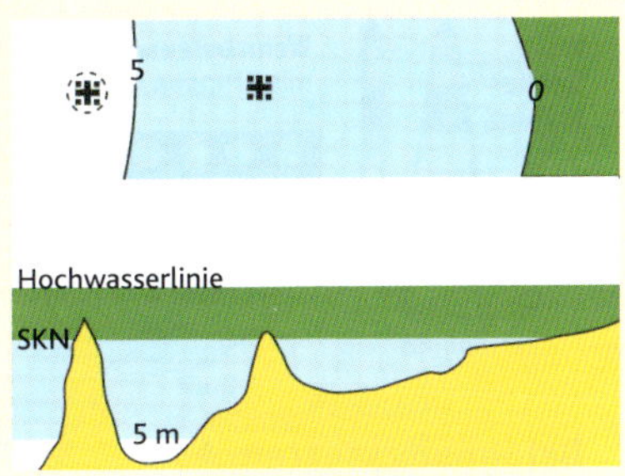

Stein, der sich bei niedrigem Springniedrigwasser nahe an der Wasseroberfläche befindet. Die Höhe bezieht sich auf das SKN.

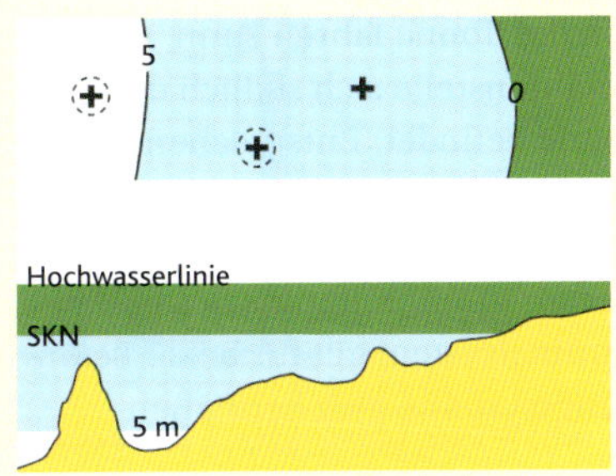

Die Tiefe über einem dauerhaft überspülten Stein ist unbekannt, er wird jedoch als gefährlich für die Schifffahrt angesehen.

Gezeitentafeln

Gezeitentafeln geben die Höhe einer Gezeit über der Kartentiefe an. Die Wassertiefe ergibt sich aus der Summe der Kartentiefe und der aktuellen Höhe der Gezeit.

Die aktuelle Tiefe eines trockenfallenden Gebietes unter Wasser erfahren Sie, indem Sie die trockenfallende Höhe von der aktuellen Höhe der Gezeit subtrahieren. Das wird auf den Seiten 274/275 ausführlicher behandelt.

Gezeitenstrom

Wasser neigt dazu, »bergab« zu fließen, vom höheren Niveau der Gezeitenhebung zum tieferen Niveau.

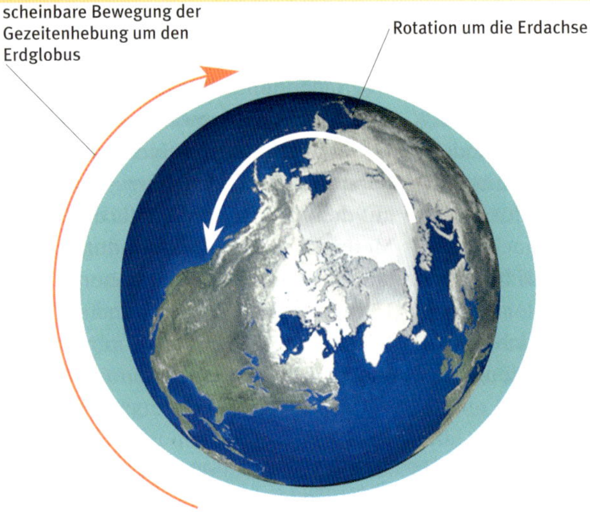

Rotation der »Gezeitenbeule« um die Erde

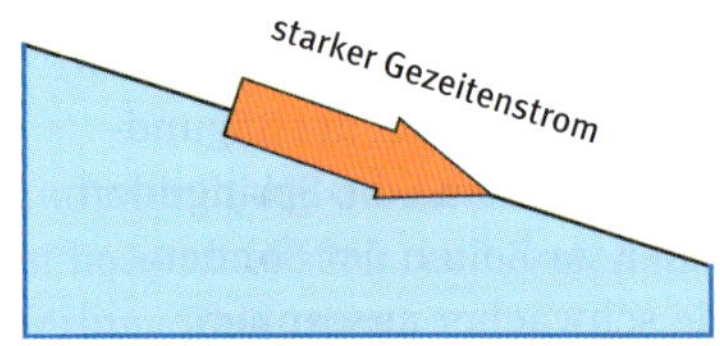

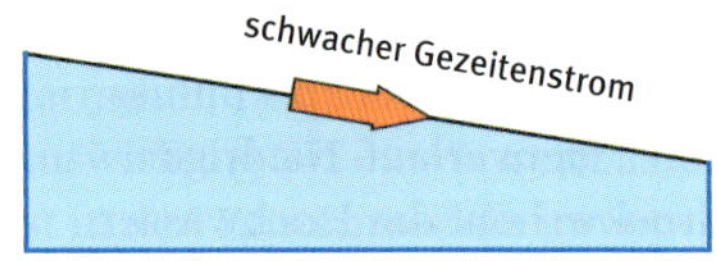

Gezeitenströme fließen vom hohen zum niedrigen Niveau. Das Gefälle bestimmt die Fließgeschwindigkeit (rechts).

Der Gezeitenstrom ist in weiten Teilen der Erde vernachlässigbar, wie auf den Ozeanen, wo der Abstand zwischen der Gezeitenhebung und der Senke 9650 km betragen kann und der Höhenunterschied weniger als einen Meter. Wo der Abstand aber nur wenige Hundert Seemeilen beträgt, kann der Höhenunterschied auf 15 m anwachsen und der Strom Geschwindigkeiten von 10 kn erreichen.

Wie verhält sich der Gezeitenstrom?

Der Gezeitenstrom ändert im Laufe einer Tide Richtung und Geschwindigkeit. Da der Strom »bergab« fließt, ist er am schwächsten während der Hoch- und Niedrigwasserzeiten (der Strom kentert bzw. es ist Stillwasser) und am stärksten bei halber Tide. Die Richtung des Stroms hängt davon ab, wo »bergab« ist.

Da das Wasserstandsgefälle zu Springzeiten am größten ist, sind dann auch die Gezeitenströme am stärksten. Zur Nippzeit sind das Gefälle und der Strom kleiner.

Informationen über Gezeitenstrom

Zwei Möglichkeiten gibt es, Richtung und Geschwindigkeit des Gezeitenstroms zu erfahren:

- Stromtabellen in den Seekarten, wie sie oft in den amtlichen britischen Karten, den »Admiralty Charts«, zu finden sind.
- Stromatlanten, die als Ergänzung zu den Seekarten benutzt werden, so z.B. Seekarten und Stromatlanten des BSH.

Stromhinweise in der Seekarte

Seekarten enthalten häufig Hinweise für Gezeitenstrom. Da der Strom sich im Laufe der Tide ändert, können nicht alle Werte in das Kartenfeld eingetragen werden. Stattdessen weisen (in britischen Seekarten) rautenförmige Symbole mit Buchstaben auf verschiedene Stromtabellen hin, die an der Seite der Karte aufgeführt sind.

Die Stromtabellen geben für jede der sechs Stunden vor und für jede der sechs Stunden nach dem Hochwasser Richtung und Geschwindigkeit des Gezeitenstroms an dem Ort des Rautensymbols an.

Die Richtung ist rechtweisend in Grad angegeben. Die Angabe »270°« bedeutet, dass der Strom in Richtung 270 Grad, also nach West setzt. Diese Stromhinweise sind nützlich, um den Strom an einer bestimmten Stelle zu kennen, aber Stromatlanten geben noch genauere Informationen.

Gezeitenstromatlanten

In Stromatlanten zeigen Pfeile in Stromkarten die Richtung des Stroms an. Neben den Pfeilen sind zwei Zahlen zu finden, die die Stromgeschwindigkeit zur Spring- und zur Nippzeit angeben. Die Karten zeigen den Gezeitenstrom zur Hochwasserzeit und zu jeder der sechs vorangehenden und nachfolgenden Stunden. In der Planung und der Navigation sind Gezeitenstromatlanten leichter zu benutzen als die Stromhinweise in den Seekarten.

Einige elektronische Seekarten-

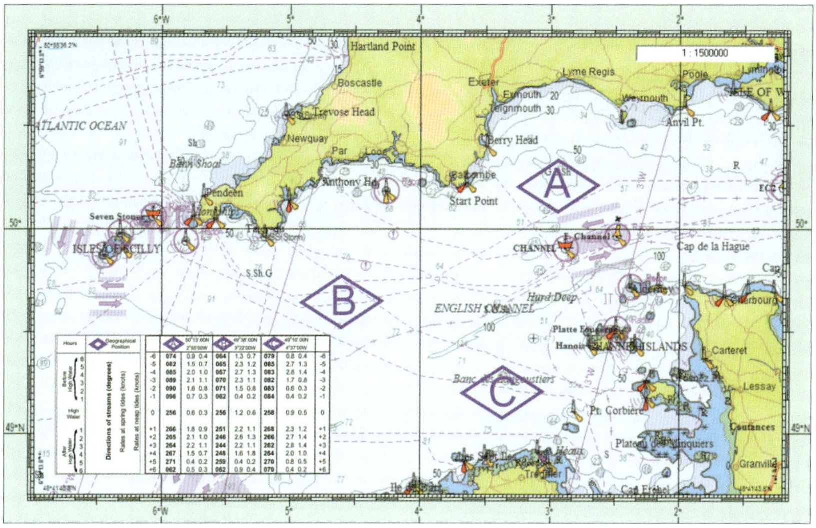

Viele Seekarten sind mit Tidenstromsymbolen und zugehörigen Tabellen versehen, die den Strom an der betreffenden Stelle angeben, jeweils für alle sechs Stunden vor und nach Hochwasser.

Manche Plotter bzw. elektronischen Seekartenprogramme zeigen den aktuellen Gezeitenstrom an.

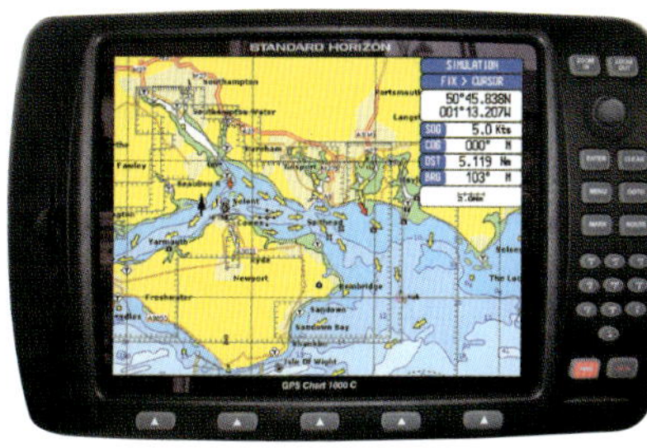

programme und Kartenplotter haben eine Gezeitenfunktion mit Stromdaten. Damit lässt sich sowohl der aktuelle Strom betrachten als auch in Zeitschritten vor- und zurückblättern.

Welches ist meine Hochwasserzeit?

Stromtabellen in Seekarten und Strom karten in Gezeitenstromatlanten richten sich nach Bezugsorten. Das muss nicht immer der nächstgelegene Hafen sein, nicht einmal Orte, die sich auf der Karte befinden.

Es sind Häfen, die die Gezeitenver hältnisse für das Gebiet am besten repräsentieren. Falls Sie nicht gerade die Höhe einer Gezeit ausrechnen, müssen Sie keine Zeiten oder Daten interpolieren, die von Ihrer Position abhängen.

Auch starker Wind beeinflusst den Oberflächenstrom, das Gleiche gilt für hohen oder niedrigen Luftdruck.

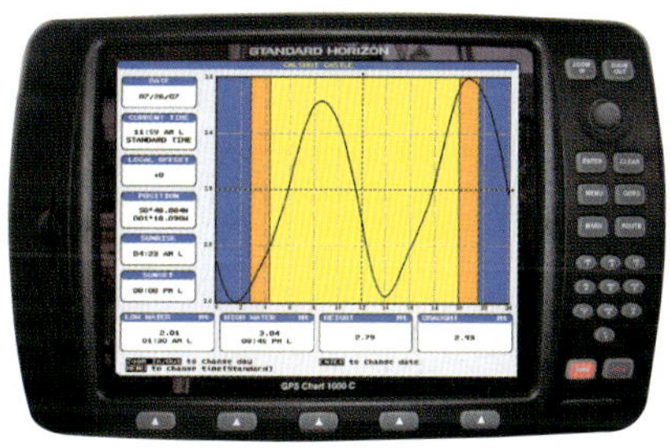

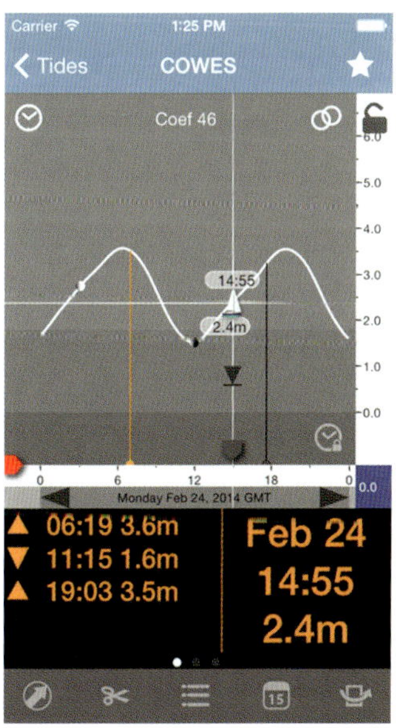

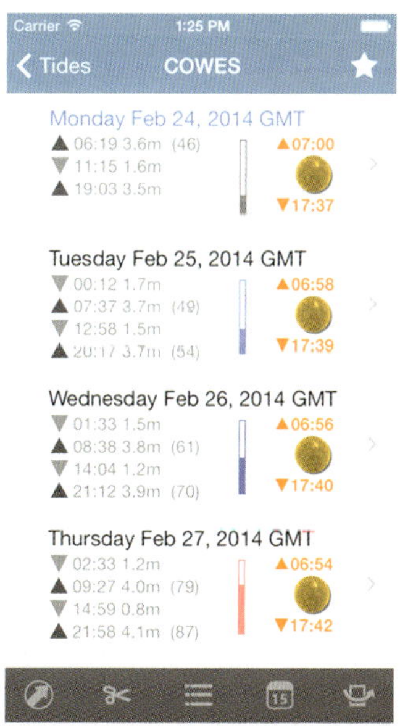

Die Tide-PlannerApp für Smartphones und Tablets zeigt weltweit über 8000 Orte an, inklusive Tiden kurven, Gezeitentafeln für die nächsten sieben Tage, minimaler und maximaler Wassertiefe, Kartennull und tat sächlicher Tiefe, Hafeninformationen, Sonnenauf- und -Unter gangszeiten, Dämmerung, Mondphasen und Spring- sowie Nipptiden.

Tidenkurven, Höhen- und Zeitdaten sind in einigen Plottern und Seekartenprogrammen integriert.

Höhen für Gezeiten berechnen

Freizeitskipper, die auf Gezeitengewässern unterwegs sind, müssen immer in der Lage sein, den Wasserstand, d.h. die Höhe einer Gezeit, zu bestimmen, damit sie wissen, wann genug Wasser unter dem Kiel ist oder ob die Durchfahrtshöhe unter einer Brücke reicht.

Die Höhe der Gezeit bestimmen

Dazu brauchen Sie die Zeiten und Höhen von Hoch- und Niedrigwasser, die Sie den Gezeitentafeln entnehmen. Gegebenenfalls müssen Sie die Sommerzeit berücksichtigen.

Normalerweise können Sie die Zwölferregel anwenden: Sie teilen den Tidenstieg und den Tidenfall in 12 Teile. 1/12 der Höhenänderung ist eine Stunde nach dem Hochwasser erreicht. 2/12 nach der zweiten und 3/12 nach der dritten Stunde, der Hälfte des Tidenfalls. In der vierten Stunde fällt das Wasser wieder um 3/12, in der fünften Stunde um 2/12 und in der sechsten Stunde um das letzte 1/12. In Gebieten, wo die Tiden durch den Küstenverlauf asymmetrisch verlaufen, müssen Sie sich nach der Tidenkurve richten.

Tidenkurven

Mithilfe von Tidenkurven können Sie den Zeitpunkt finden, an dem eine bestimmte Mindesttiefe erreicht ist, oder Sie finden die Wassertiefe zu einem bestimmten Zeitpunkt. Die Tidenkurve beschreibt den Verlauf einer gesamten Tide, wobei sich Spring- und Nipptidenkurven voneinander unterscheiden. Üblicherweise sind die Tidenkurven auf das Hochwasser bezogen, aber wenn das Niedrigwasser besser vorhergesagt werden kann, kann auch dieses verwendet werden.

Die Zwölferregel geht von einem symmetrischen Verlauf der Gezeitenkurve aus, mit einer Steig- und Falldauer von jeweils 6 Stunden. Sie ist mit Vorsicht anzuwenden, wenn hohe Genauigkeit gefordert ist.

Zwölferregel

Multiplizieren Sie den Tidenfall mit der passenden Anzahl der Zwölftel, um die Differenz zum Hochwasser zu erhalten.

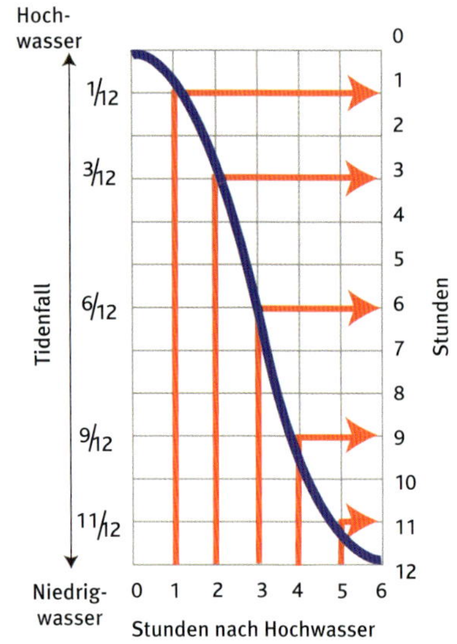

Anwendung der Tidenkurve

1. Geben Sie die Daten für die nächste Flut in die HW-Box ein und notieren Sie die Zeiten für die Stunden vor und nach HW.
2. Markieren Sie die Höhe des HW auf der Skala am oberen Rand des Diagramms, die Höhe des NW an der unteren Skala und verbinden Sie die Punkte mit einer Linie.
3. Um die Höhe der Gezeit zu bestimmen, ziehen Sie von dem entsprechenden Zeitpunkt der unteren Zeitskala aus eine Linie senkrecht zur Tidenkurve – zur Springtidenkurve oder Nipptidenkurve, je nachdem, welche Kurve den aktuellen Bedingungen entspricht.
4. Vom Schnittpunkt der senkrechten Linie mit der Tidenkurve zeichnen Sie eine waagerechte Linie zur vorher gezeichneten Verbindungslinie.
5. Von dem neuen Schnittpunkt aus gehen Sie senkrecht nach oben zur Höhenskala und lesen die Höhe der Gezeit über der Kartentiefe zu dem betreffenden Zeitpunkt ab. Die Summe aus der so erhaltenen Höhe und der Kartentiefe (nach Seekartennull) ergibt die aktuelle Wassertiefe.

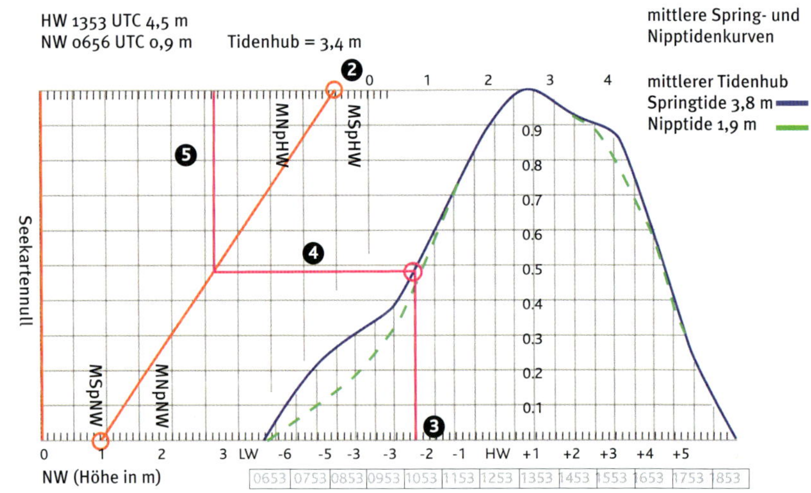

Höhe der Gezeit 3 Stunden vor Hochwasser = 2,6 m

Achten Sie darauf, die Zeitangaben in UTC, wenn erforderlich, bei Sommerzeit zu korrigieren.

Berechnung

Untiefen überqueren

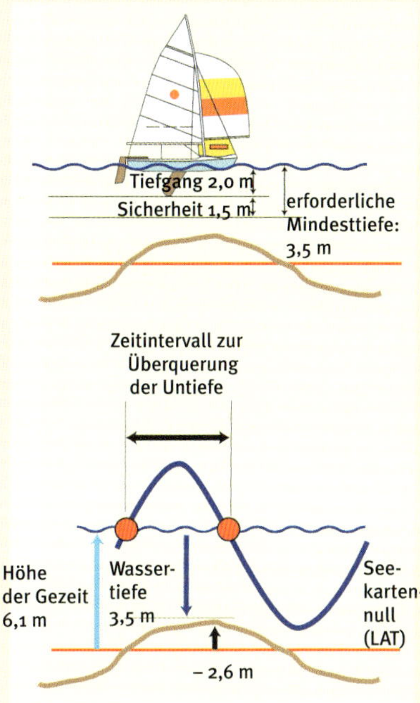

erforderliche Mindesttiefe	3,5
Wassertiefe = Höhe der Gezeit	3,1
minus trockenfallende Höhe	6,1 – 2,6
	= 3,5

Überprüfen der Mindesttiefe über einer Untiefe.

Ankern

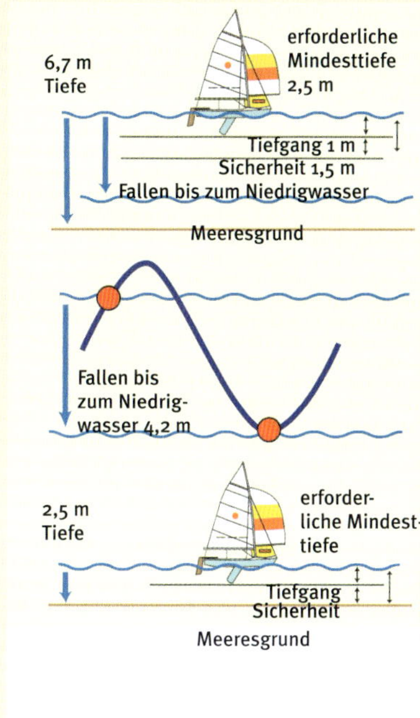

Fallen	= 4,2
bis zur Mindesttiefe	4,2 + 2,5
Tiefe beim Ankern	= 6,7

Wenn Sie über mehrere Tiden am selben Ankerplatz bleiben, rechnen Sie mit dem niedrigsten Niedrigwasser für diesen Zeitraum.

Durchfahrtshöhe

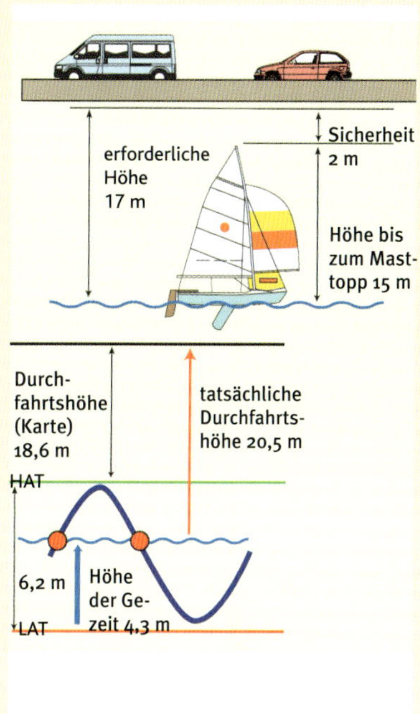

HAT – LAT	= 6,2 m
Höhe der Gezeit	= 4,3 m
Durchfahrtshöhe	= 18,6 + 6,2 – 4,3
	= 20,5

Die auf der Seekarte vermerkte Durchfahrtshöhe zuzüglich der Differenz zwischen dem höchstmöglichen Gezeitenwasserstand (HAT) und der Höhe der Gezeit ergibt die tatsächliche Durchfahrtshöhe zum Zeitpunkt der Berechnung.

Die Wassertiefe berechnen

Sie ermitteln die Wassertiefe zu einer bestimmten Zeit aus der Summe der Kartentiefe und der Höhe der Gezeit. Das Echolot sollten Sie so einstellen, dass die Tiefe von der Wasseroberfläche aus angezeigt wird, das ist für die Navigation und zum Rechnen am einfachsten.

Ankern

Beim Ankern kommen Sie auch ohne Kenntnis der Kartentiefe aus. Sie müssen wissen, wie weit das Wasser bis zum nächsten Niedrigwasser fällt, und den Betrag von der aktuellen Wassertiefe abziehen, dann kennen Sie die Wassertiefe beim nächsten Niedrigwasser.

Durchfahrtshöhe unter Kabeln

Auf neueren britischen Seekarten, auf denen die Durchfahrtshöhen immer auf den höchstmöglichen Gezeitenwasserstand bezogen sind, wird die Durchfahrtshöhe nie geringer sein als angegeben. In manchen Ländern kann sie aber wegen niedrigerer Bezugstiefen bei Springhochwasser niedriger sein.

Die Standlinie

Eine Standlinie ist eine Linie, die Sie in die Seekarte eingezeichnet haben und auf der sich Ihre Position befindet. Wenn Sie ein Objekt an Land peilen und die Peillinie eintragen, befinden Sie sich darauf. Wenn Sie eine zweite Standlinie durch Peilung eines zweiten Objektes in die Karte zeichnen, erhalten Sie am Schnittpunkt Ihre Position.

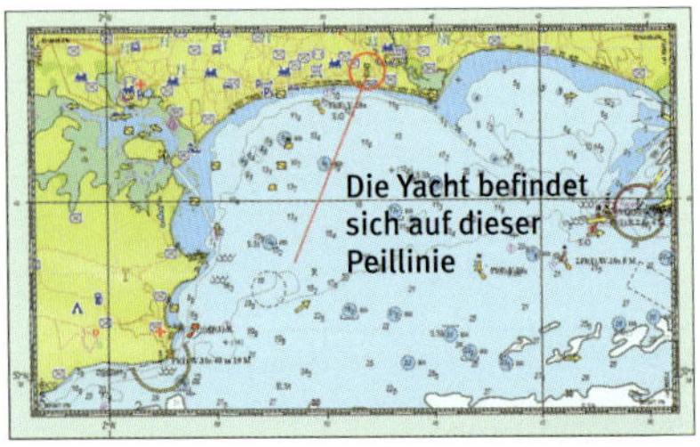

Ein leicht identifizierbares Objekt an Land liefert eine gute Standlinie.

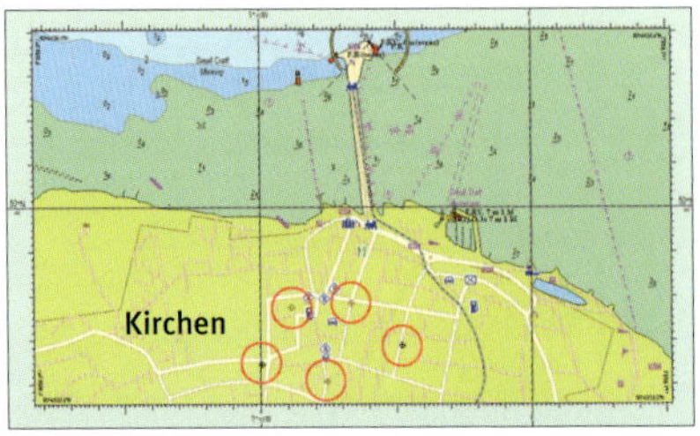

Es könnte schwierig sein, herauszufinden, welche der fünf Kirchen Sie gerade gepeilt haben. Es ergäbe keine sichere Standlinie.

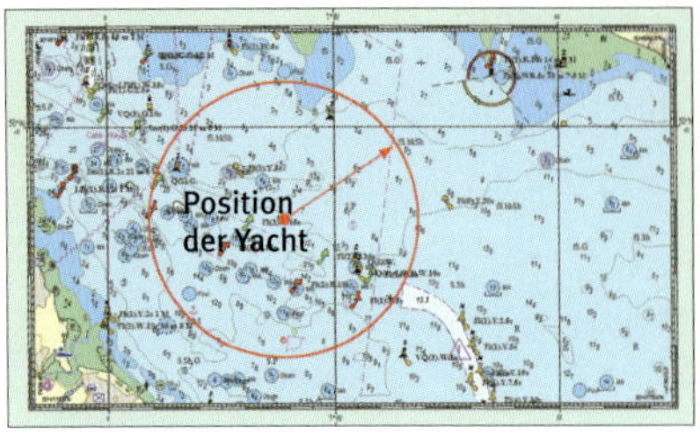

Es sind viele Tonnen in der Seekarte eingetragen, aber nur wenige sind von der Position der Yacht aus zu sehen. Nur Tonnen, die innerhalb des 2-sm-Abstandskreises liegen, sind tagsüber erkennbar, nachts können es wegen der Befeuerung mehr sein.

Eine terrestrische Standlinie

Optische Standlinien in der terrestrischen Navigation erhalten Sie meist durch Peilen mit einem Handpeilkompass. Die Peilung müssen Sie durch Anbringen (Einberechnung) der Missweisung und der Ablenkung in eine rechtweisende Peilung umwandeln (siehe S. 261). Auf einem bewegten Boot müssen Sie sich stabil positionieren, damit Ihnen eine genaue Peilung gelingt. Im Allgemeinen ist die Genauigkeit aber selten besser als 5 Grad.

Peilobjekte auswählen

An erster Stelle steht die Wahl eines Objektes, das leicht erkennbar und schnell in der Seekarte wiederzufinden ist. Verzichten Sie auf Kirchturmspitzen, wenn es davon mehrere nebeneinander gibt.

Tonnen können vertreiben oder ihre Lage im Tidenstrom ändern. Sie peilen sie vorzugsweise aus größerer Entfernung. Feste Seezeichen sind als Peilobjekte gut geeignet.

Wie weit ist ein Schifffahrtszeichen zu sehen?

Zwei Faktoren spielen für die Sichtbarkeit von Schifffahrtszeichen eine Rolle: Der eine ist die Höhe des Objektes: Die meisten Tonnen sind aufgrund ihrer Größe etwa 2 sm weit sichtbar. Die Erdkrümmung ist der zweite Faktor: Bei einer Augeshöhe von 2 m liegt der Horizont etwa 3 sm entfernt.

Deckpeilungen

Eine Deckpeilung ist die genaueste Standlinie, die Sie erhalten können. Wenn Sie zwei Objekte genau hintereinander (in Deckung) sehen, finden Sie Ihre Standlinie als Verlängerung der Verbindungslinie beider Objekte in der Seekarte. Falls Sie die Deckpeilung (Gradzahl) nicht kennen, nehmen Sie eine zusätzliche Kompasspeilung, um die Peillinie zu prüfen.

Standlinien aus Lotungen

Wenn der Meeresboden klare Konturen zeigt, können Sie Lotungen zur Standortbestimmung nutzen. In Gezeitenrevieren müssen Sie allerdings die Höhe der Gezeit kennen, um verlässliche Ergebnisse zu bekommen.

Abstandsmessung mit dem Radar

Das Radargerät ist sehr gut für Abstandsbestimmungen geeignet, z.B. zu einem markanten Küstenabschnitt. Allerdings müssen Sie bei langsam ansteigenden Küsten vorsichtig sein, da dann die Identifizierung von Küstenabschnitten schwerfallen kann.

Seezeichen sind oft ungeeignete Objekte für das Radar, weil sie schwer auf dem Schirm zu erkennen sind.

Die Entfernung – die »Sichtweite« – eines Radars bis zum Horizont beträgt bei einer Antennenhöhe von 4 m etwa 5 sm. Wenn die Küste weiter entfernt ist, sehen Sie auf dem Schirm Hügel, nicht die Küstenlinie.

Standlinien aus Radarpeilungen

Radarpeilungen sind nicht so genau wie mit Radar gemessene Distanzen. Sie sind bei nötigen Kompassablesungen von Ablenkung und Missweisung betroffen, von einer eventuell falsch eingestellten Vorausmarke und von der Fokussierungsbreite des Radarstrahls (Radarkeule).

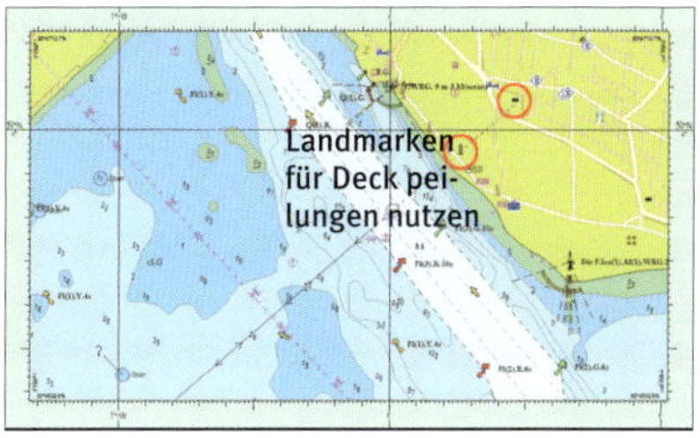

Sie müssen nicht immer eingetragene Deckpeilun gen nehmen. Alle Landmarken, die sich in geeigneter Weise in Deckung bringen lassen, sind nutzbar. Machen Sie zusätzlich eine Kompasspeilung, damit Sie wissen, ob Sie tatsächlich die vorgesehenen Landmarken gepeilt haben.

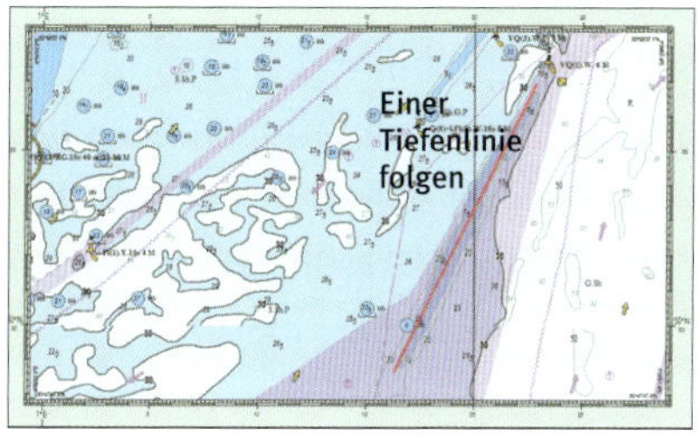

Klar identifizierbare Tiefenverhältnisse ermöglichen gute Standlinien durch Lotung. Eine bestimmte Tiefenlinie ist auch geeignet, vorausgesetzt, das Gebiet ist nicht generell flach oder sehr langsam ansteigend.

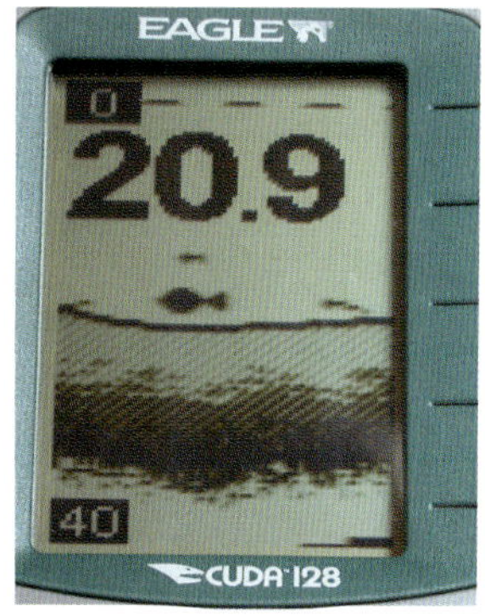

Aus Tiefenangaben können sich gute Standlinien ergeben.

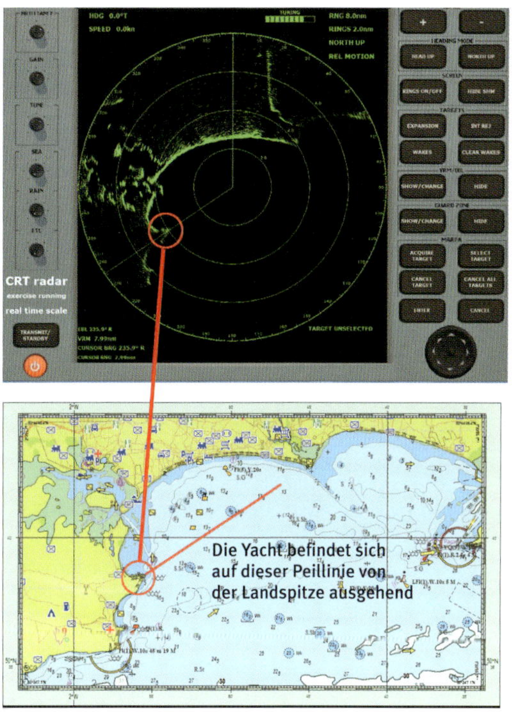

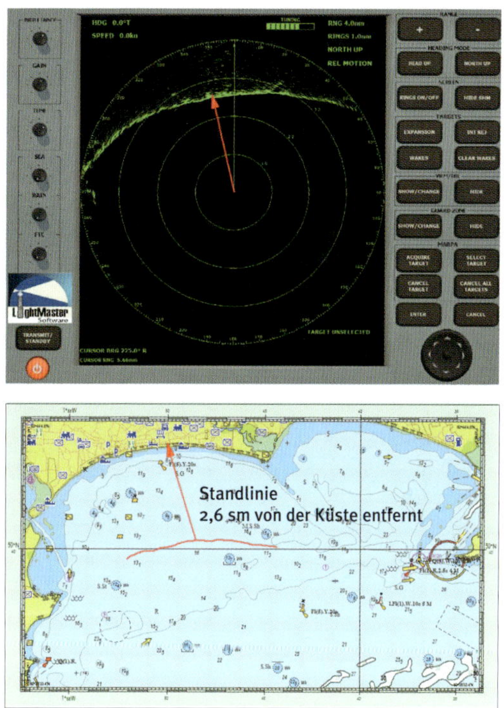

Eine Radarpeilung liefert eine Standlinie, allerdings ist die nicht so genau wie die, die man durch Abstandsmessung gewinnt (links).

Die Abstandsmessung mit dem Radar kann sehr gute Standlinien ergeben. Hier können wir keine Einzelheiten an der Küste erkennen, was in diesem Fall kein Problem bedeutet. Unsere Standline befindet sich 2,6 sm von der Küste entfernt und ist nicht gerade, sondern genau wie diese gekrümmt (rechts).

Wie Radar funktioniert

Auf einer kleineren Yacht kann die Radaranzeige über ein Multifunktionsdisplay erfolgen, wahlweise auch mit Bildschirmteilung, sodass gleichzeitig die Seekarte angezeigt wird. In erster Linie dient Radar zur Vermeidung von Kollisionen bei eingeschränkter Sicht. Die vom Radar ausgesendeten Mikrowellen werden von Schiffen und Yachten reflektiert und als Radarecho angezeigt. Auf gleiche Weise können aber auch Landmassen oder hohe Gebäude an Land erkannt werden, sodass Radar auch zur Absicherung von GPS-Positionen und klassischer Kartenarbeit dienen kann.

Den Standort bestimmen

Auch wenn die meisten Freizeitskipper GPS nutzen, kann es Situationen geben, in denen die klassische terrestrische Navigation gefragt ist. Bei Fahrten über die offene See müssen Sie Ihre Position regelmäßig in die Karte eintragen. Terrestrische Ortsbestimmung beruht auf visuellen Beobachtungen, optischen Standlinien und deren Kombination.

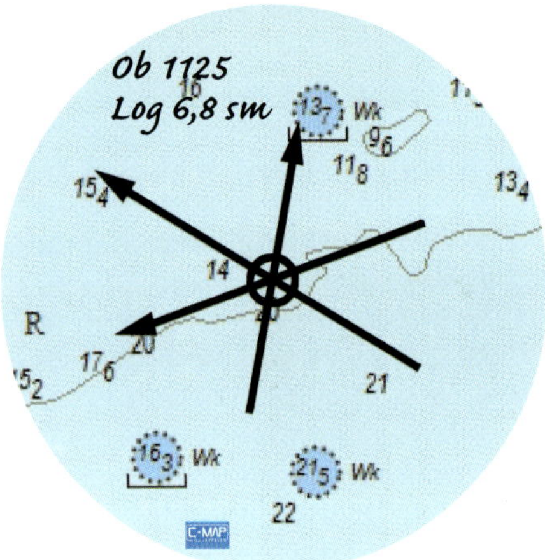

Die Verwendung von Standardabkürzungen in der Seekarte erlaubt es anderen, die Navigation sofort nachzuvollziehen, und erhöht die Sicherheit des Verfahrens. Die beobachtete Position wird mit einem kleinen Kreuz in einem Kreis gekennzeichnet und mit Uhrzeit und ggf. mit Logstand (Ihrer zurückgelegten Distanz am Anzeigegerät Ihres Logs) versehen.

Optische Standorte

Die einfachste Art, einen Standort zu erhalten, ist, dicht an einem Schifffahrtszeichen vorbeizulaufen, es zu identifizieren und die Position in die Karte einzutragen. Falls es sich um eine Tonne handelt, kennzeichnen Sie das entsprechende Tonnensymbol in der Seekarte. Damit können Sie Ihren Weg verfolgen, auch wenn die Tonnen keinen Namen tragen.

Verwendung von Standlinien

Theoretisch zeigt Ihnen der Schnittpunkt zweier Standlinien die Position an. Es ist aber viel besser, wenn Sie drei Linien haben, weil Sie damit gleich einen Hinweis auf eventuelle Fehler bekommen. Im Idealfall schneiden sich die drei Standlinien in gleich großen Winkeln von 60°. Das lässt sich in der Praxis meist nicht erreichen, aber Sie sollten versuchen, dem so nahe wie möglich zu kommen.

Das Fehlerdreieck

Es kommt selten vor, dass drei Standlinien einen perfekten Ort ergeben. Meist entsteht ein Fehlerdreieck. Es ist üblich, die tatsächliche Position in der Mitte des Fehlerdreiecks zu vermuten. Peilungen können Sie mit anderen Standlinien kombinieren, wenn Sie keine drei

Es ist wichtig, dass Sie sich an standardisierte Schreibweisen halten, wenn Sie Positionen in die Seekarte eintragen (oben links).

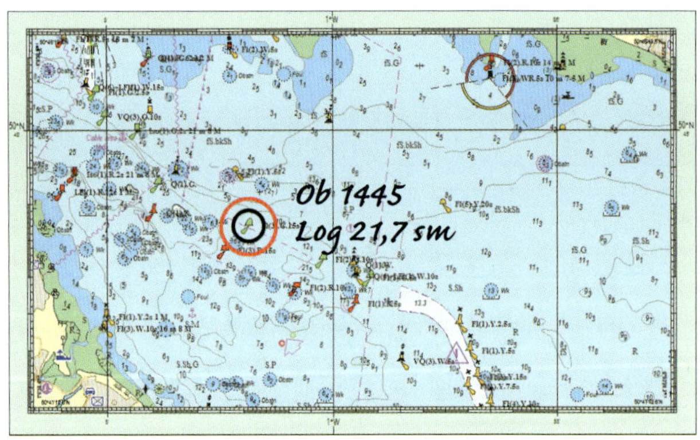

Wenn Sie eine Tonne passieren, markieren Sie dies auf der Karte. Das ist besonders in betonntem Fahrwasser nachts und bei schlechter Sicht wichtig. Diese Eintragung zeigt, dass Sie die Tonne um 1445 (14.45 Uhr) bei einem Logstand von 21,7 sm passiert haben (rechts).

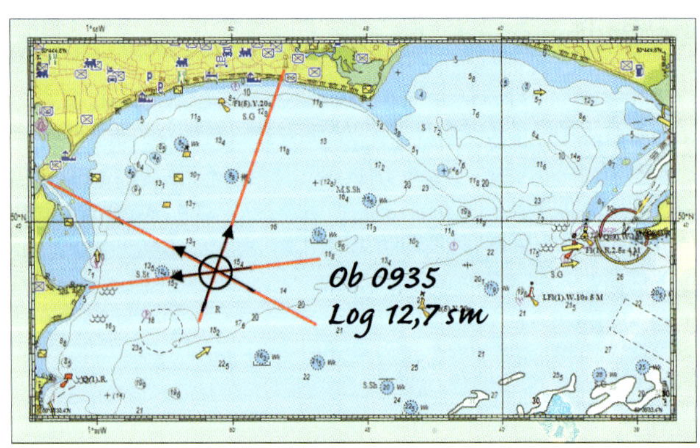

Sie müssen die Standlinien nicht bis zu den Peilobjekten auszeichnen, wie es die roten Linien andeuten. Es reicht, den Standort zu markieren, wie hier in Schwarz zu sehen. Die Position wurde zum Zeitpunkt 0935 bei einem Logstand von 12,7 sm bestimmt (rechts).

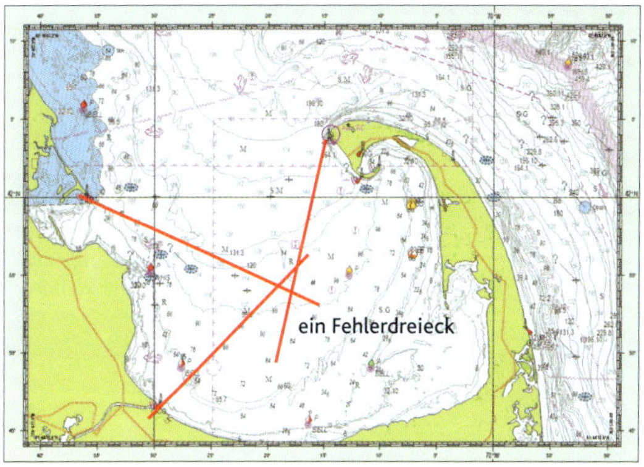

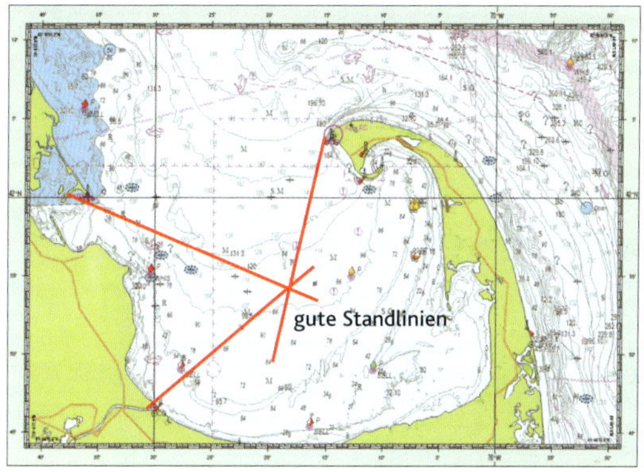

Wenn Ihr Fehlerdreieck groß ist, überprüfen Sie Ihre Peilungen, aber erzwingen Sie keinen perfekten Schnittpunkt. Es ist wahrscheinlich, dass Sie sich in dem Dreieck befinden (oben).

passenden Peilobjekte haben, z.B. mit Radardistanzen und Lotungen.

Die Reihenfolge, in der Sie Peilungen nehmen, ist wichtig, besonders bei hoher Geschwindigkeit. Angenommen, Sie benötigen zwei Minuten für drei Peilungen aus Ihrem Cockpit, bei einer Fahrt von 5 kn. Während dieser zwei Minuten legt Ihre Yacht 300 m zurück, wodurch mindestens eine Peillinie einen Fehler von 300 m erhält. Notieren Sie den Zeitpunkt Ihrer Ortsbestimmung zur Zeit der letzten Peilung und peilen Sie zuerst das Objekt, dessen Peilung sich am wenigsten ändert – also ein Objekt, das voraus oder achteraus liegt. Peilen Sie das Objekt, dessen Peilung schnell auswandert, zuletzt.

Was ist, wenn es keinen Kartentisch gibt?

Sie können Ihre Seekarte an eine passende Holzplatte klemmen und mit einer Plastikhülle versehen, auf der Sie mit einem Wachsstift zeichnen. Das ist eine gute Lösung für kleine Boote, denn Sie können damit auch im Cockpit arbeiten, ohne dass Ihnen die Karte über Bord weht oder nass wird. Selbst auf einer Jolle lässt sich auf diese Weise navigieren.

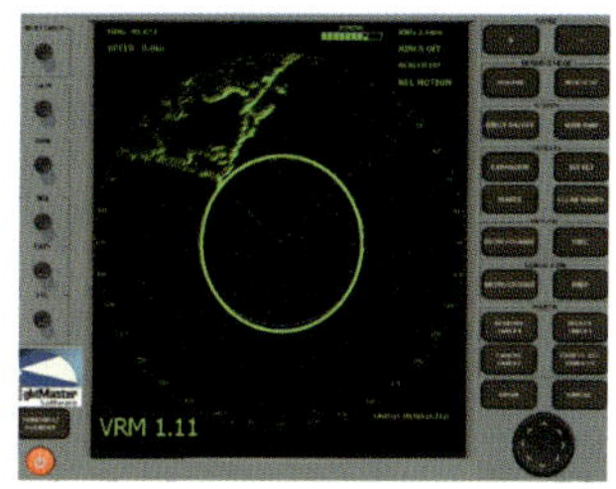

(B) Radarabstand zur Landspitze 1,1 sm

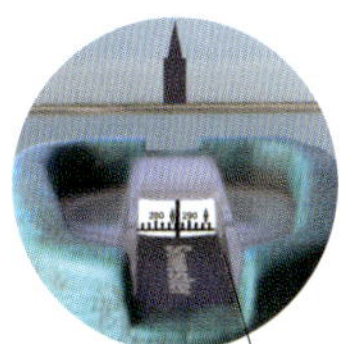

(C) Peilung der Kirche in 286°

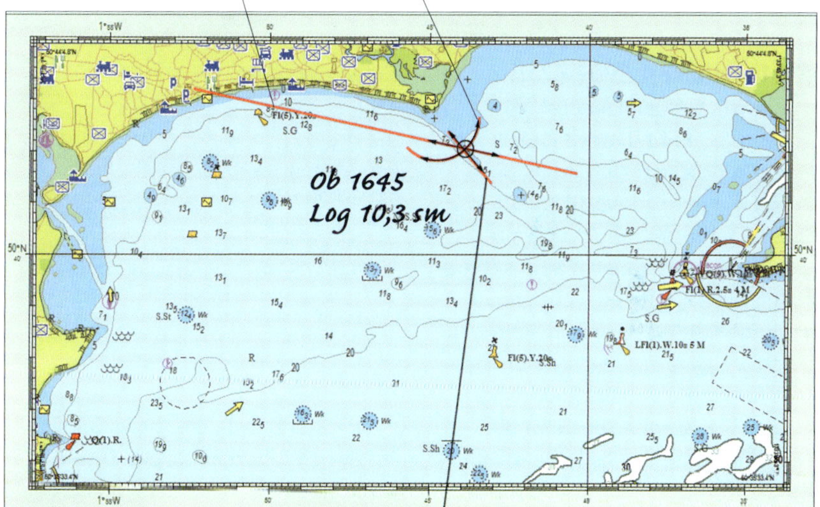

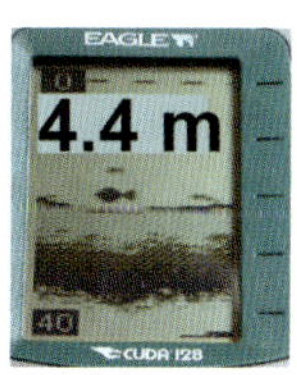

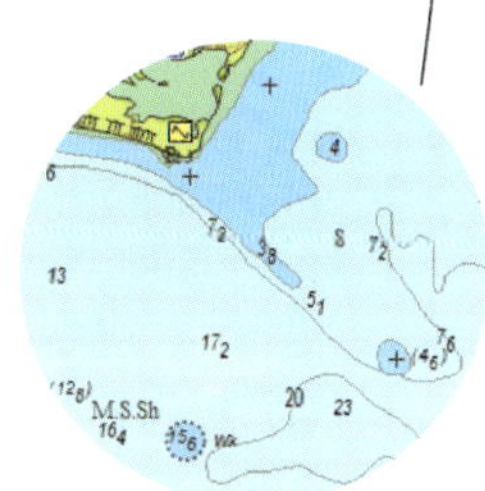

(A) Die Tiefenangaben verdeutlichen die Existenz eines ausgeprägten Unterwasserriffs.

Nutzen Sie, was immer Ihnen eine Standortbestimmung ermöglicht. Dieser Ort entstand aus (A) einer Lotung, (B) einer Radardistanz und (C) einer Peilung mit dem Handpeilkompass.

Was ist GPS?

GPS steht für Global Positioning System. Es ist ein satellitengestütztes Navigationssystem, das vom US-amerikanischen Militär betrieben wird.

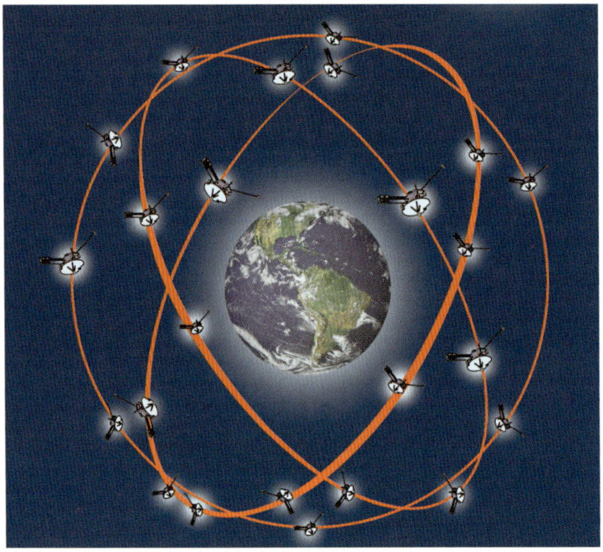

Ein weltumspannendes Netz von GPS-Satelliten, die die Erde umkreisen. Jeder kann die frei zugänglichen Aussendungen empfangen und nutzen (oben).

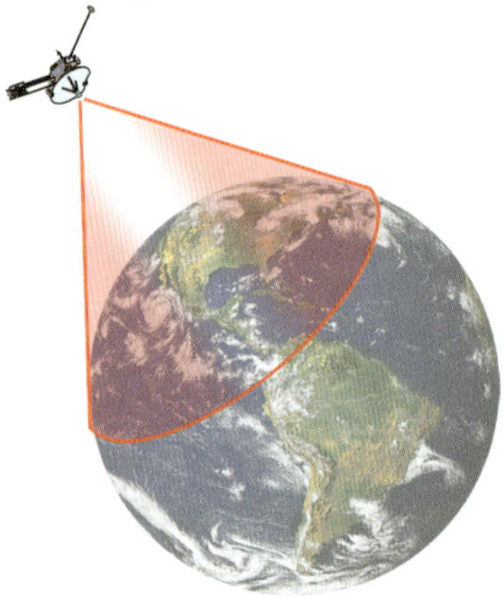

Der GPS-Empfängerberechnet seine Entfernung zum Satelliten. Die Position ist irgendwo auf dem Abstandskreis (links).

Aus den Signalen von drei in geeigneter Weise angeordneten Satelliten ergeben sich die drei Standkreise. Der Empfänger muss sich an deren Schnittpunkt befinden (unten).

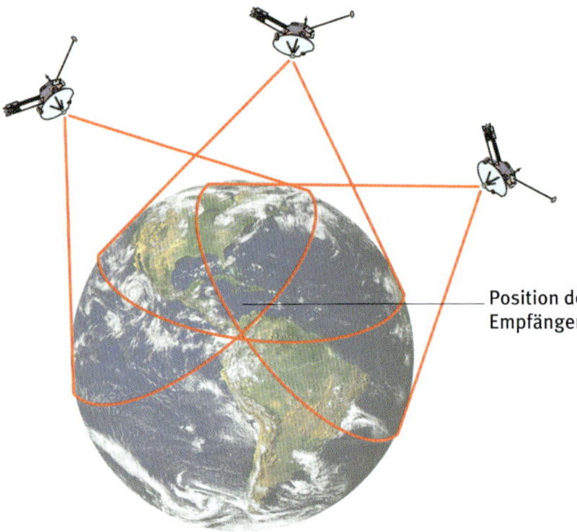

Wie funktioniert GPS?

Über zwei Dutzend Satelliten umkreisen die Erde in etwa 20 200 km Höhe, sodass jederzeit an jedem Punkt auf der Erdoberfläche die Signale von fünf bis acht Satelliten gleichzeitig empfangbar sein sollten. Jeder Satellit hat eine sehr genau gehende Uhr an Bord und sendet die Uhrzeit zusammen mit seiner Position in kurzen Zeitabständen aus.

Der GPS-Empfänger misst die Dauer aus, die ein Signal vom Satelliten zum Empfänger braucht. Da die Ausbreitung mit Lichtgeschwindigkeit geschieht, kann der GPS-Empfänger die Entfernung zum Satelliten berechnen. Die Uhr des GPS-Empfängers ist wesentlich ungenauer als die des Satelliten, sodass der GPS-Empfänger eine Synchronisierung vornimmt und den Zeitfehler herausrechnet.

Der GPS-Empfänger befindet sich auf der Erdoberfläche, auf einem Kreis gleichen Abstands vom Satelliten. Wenn die Signale zweier weiterer Satelliten empfangen werden, ergeben sich drei Standkreise mit einem Schnittpunkt. Durch Schwankungen des Zustands der Atmosphäre entstehen Fehler in der Laufzeitmessung der GPS-Signale, sodass zusätzliche Standlinien wünschenswert sind.

Wo stehen die Satelliten?

Wenn Sie den GPS-Empfänger gerade eingeschaltet haben, dauert es eine Weile, bis die erste Position errechnet ist. Der Empfänger zeigt an, wie viele Satelliten er empfangen müsste, wie viele er aktuell empfängt und wie gut die Empfangsqualität der Signale ist. Daraus können Sie auf die Qualität der errechneten Position schließen.

Zeigen alle Empfänger die gleiche Position an?

Die Hersteller der Geräte wenden etwas unterschiedliche Berechnungsverfahren an, um die Position zu bestimmen und Fehler zu minimieren. Es gibt daher keine Garantie dafür, dass verschiedene Geräte die gleiche Position anzeigen; es ist aber unwahrscheinlich, dass die Unterschiede wesentlich sind.

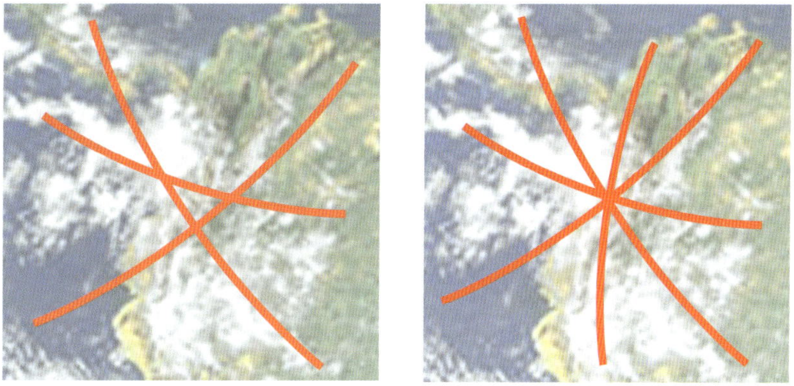

Zu Beginn werden die Berechnungen zu einem Fehlerdreieck führen. Der GPS-Empfänger wird eine Reihe von Korrekturrechnungen durchführen und schließlich eine genaue Position anzeigen.

Welche Fehler führen zu einer falschen Anzeige?

Die Genauigkeit einer GPS-Position liegt bei etwa 10 m (33 ft) für 95 % der Zeit. Für die verbleibenden 5 % sind deutlich größere Abweichungen möglich; kurzzeitig sind auch Abweichungen von über 100 m nicht ungewöhnlich. Gelegentliche Fehler von über 1 sm sind möglich.

Falls der Satellit fehlerhafte Daten sendet, werden diese auch vom Empfänger verwertet, es gibt dann keine Hinweise, die den Nutzer vor einer falschen Position warnen. Es dauert gewöhnlich einige Stunden, bis das US-amerikanische Militär den Fehler beheben kann.

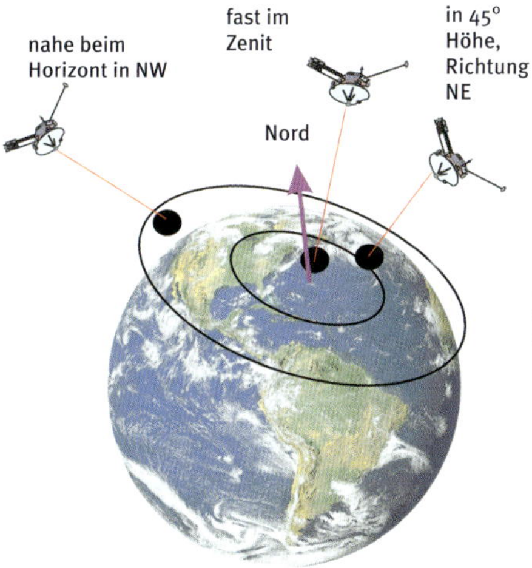

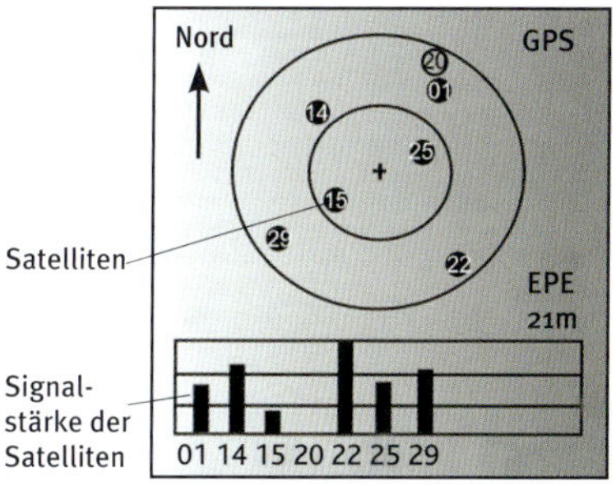

Nach dem Einschalten zeigt der GPS-Empfänger die Positionen der Satelliten und die Stärke der Empfangssignale. Das Zentrum der Kreise liegt genau über dem Empfänger. Der innere Kreis bedeutet eine Höhe von 45°, der äußere repräsentiert den Horizont (oben und rechts).

Was bedeutet »Selective Availability«?

Das Militär der USA ist in der Lage, die Signale zu verändern, sodass sie sehr ungenau werden. Das kann im Notfall ohne Vorwarnung geschehen. Die Genauigkeit mit diesem »künstlichen« Fehler, also bei eingeschalteter »Selective Availability«, liegt bei 100 m für 95 % der Zeit.

Kann das GPS-System ausfallen?

GPS-Signale sind sehr schwach. Sonneneruptionen können die Signale unbrauchbar machen, ebenso können die Signale absichtlich gestört werden, was das US Militär gelegentlich zu Versuchszwecken macht. An manchen Stellen kann lokale Mikrowellenstrahlung die GPS-Signale so stören, dass keine brauchbaren Positionen berechnet werden.

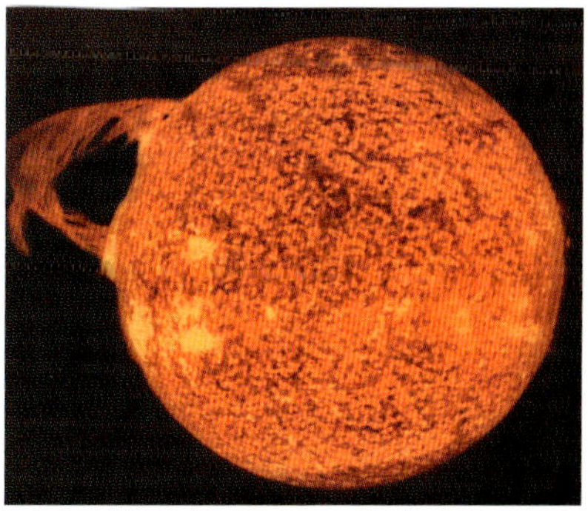

Sonneneruptionen können wesentliche Fehler in der Positionsberechnung verursachen.

Was ist GPS? (2)

Ein stationärer GPS-Empfänger, der seine eigene, bekannte Position mit der berechneten GPS-Position vergleicht, sendet die Positionsdifferenz an mobile GPS-Empfänger. Dieses Verfahren wird als Differential GPS (DGPS) bezeichnet. Klassisches DGPS setzt an Bord einen zusätzlichen Empfänger voraus und ist auf einen Radius von etwa 200 sm begrenzt. Inzwischen werden hauptsächlich satellitengestützte DGPS-Verfahren verwendet.

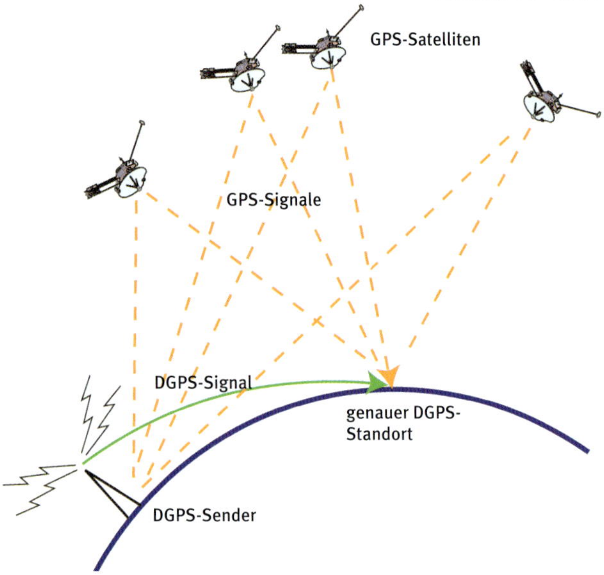

Terrestrisches DGPS: Die Bodenstation (DGPS-Sender) sendet Korrektursignale an die DGPS-Empfänger innerhalb der Reichweite des Systems.

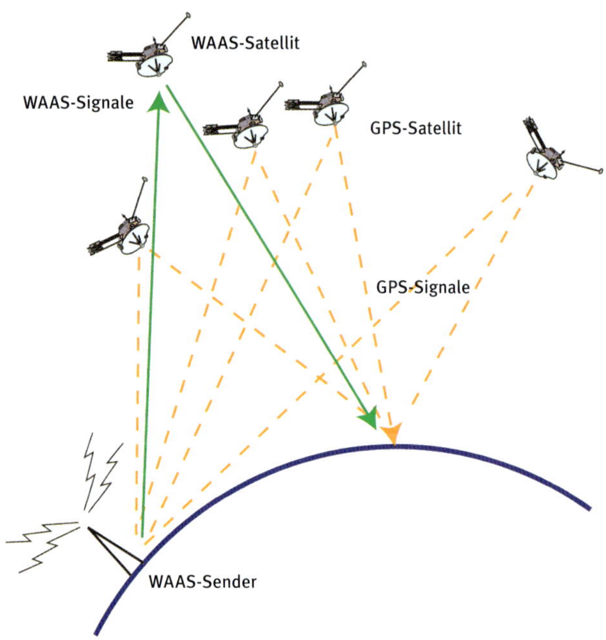

DGPS vom Satelliten (WAAS): Die Bodenstation sendet die Korrekturdaten zu Satelliten, die sie an Empfänger innerhalb des Korrekturgebietes weitersenden.

Was ist Satelliten-DGPS?

Satelliten-DGPS ist ein Korrekturverfahren, das über Satellit verbreitet wird. Über den USA wird das System WAAS (Wide Area Augmentation System) genannt. Das entsprechende europäische System heißt EGNOS. Jedes Gerät, das WAAS-Daten verarbeiten kann, ist auch für EGNOS nutzbar. Fehlerhafte Satellitendaten werden angezeigt und aus der Berechnung ausgesondert.

Die Genauigkeit liegt bei 1,5 m (5 ft). Größere Fehler von mehr als 15 m sind unwahrscheinlich, weshalb mit DGPS-Empfängern ausgerüstete Geräte sehr genau sind, solange sie sich innerhalb des Bereiches befinden, der von DGPS-Satelliten abgedeckt wird. Ihr GPS-Empfänger wird Ihnen verraten, ob die WAAS-Daten nutzbar sind. Leider reicht die Genauigkeit meist nicht,um sich in enger Revierfahrt allein auf das GPS zu verlassen, es werden zusätzliche Methoden zur Positionsbestimmung verlangt.

Wie misst GPS die Fahrt über Grund?

Die Fahrt über Grund (FüG oder SOG, speed over ground) liefert ein GPS-Gerät nicht unmittelbar, sie wird ermittelt aus den fortschreitenden Positionen des Empfängers. Da die Position des Empfängers in kurzen Zeitabständen bestimmt wird, die Form der Erdoberfläche bekannt ist und ebenso die Zeit zwischen den Positionen, ist die Geschwindigkeit berechenbar.

Jedoch reicht auch die Genauigkeit von DGPS nicht aus, um sich in enger Revierfahrt allein auf das GPS zu verlassen, zusätzliche Methoden zur Positionsbestimmung und seemännische

Vorausplanung sind zur Absicherung nötig.

Die Genauigkeit der Angabe FüG (SOG) hängt von der Genauigkeit der nacheinander gemessenen GPS-Positionen ab. Das übliche Intervall zwischen aufeinanderfolgenden GPS-Positionen beträgt etwa vier Sekunden. Diese Zeitspanne kann durch den Nutzer verlängert oder verkürzt werden (falls zufällige Fehler auftreten, kann eine Verlängerung des Intervalls die Genauigkeit der SOG-Angabe erhöhen).

Kurs über Grund (KüG, COG)

In gleicher Weise, wie das GPS-Gerät die Fahrt über Grund berechnet, berechnet es auch die Richtung, in die sich der Empfänger zwischen den Positionen bewegt hat, den Kurs über Grund, KüG (course over ground, COG).

Auch der KüG hängt von Winddrift und Strom ab. Er zeigt die Richtung an, in die sich eine Yacht bewegt, nicht, in welche Richtung der Bug zeigt. Da die Berechnung zusammen mit der Fahrt über Grund (SOG) erfolgt, ist das gleiche Maß an Genauigkeit zu erwarten, abhängig wiederum von den gemessenen GPS-Positionen. Die Berechnungsintervalle können vom Nutzer verändert werden. Kurze Intervalle bedeuten eine schnellere Reaktion auf Kursänderungen, aber damit auch instabilere Kurswerte.

Kann das GPS als Kompass dienen?

Solange ein GPS-Empfänger an einem festen Ort bleibt, kennt er keine Himmelsrichtungen. Sobald er sich in Bewegung setzt und einen COG errechnet, kennt er auch rechtweisend Nord.

FüG (SOG)und KüG (COG)

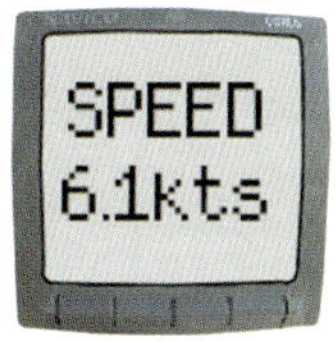

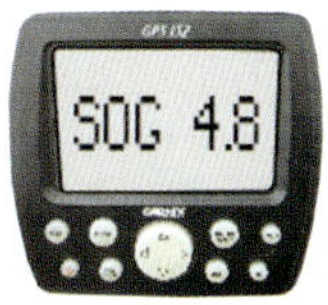

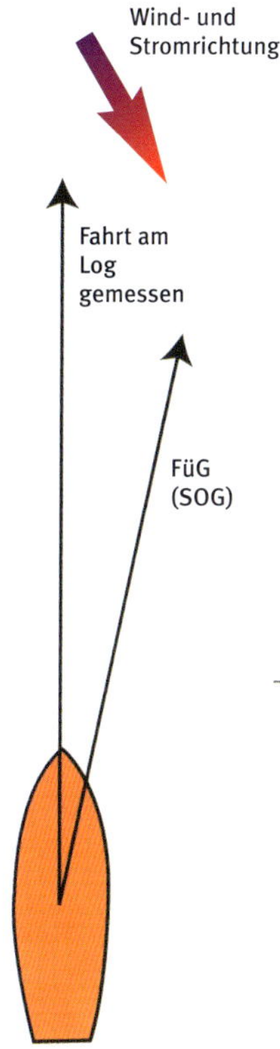

Die Fahrt durchs Wasser wird am Log gemessen. Die FüG wird vom GPS-Gerät berechnet und zeigt, wie sehr die Yacht von Wind und Strom beeinflusst wird (oben und rechts).

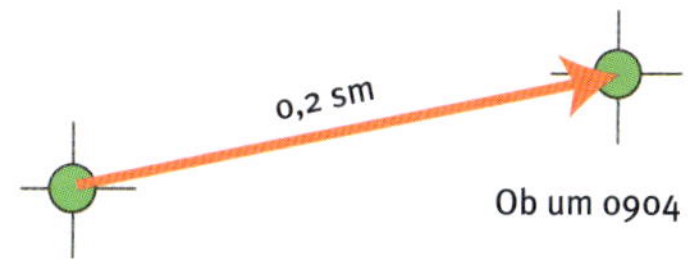

So ermittelt der GPS-Empfänger die FüG (SOG): Die während einer Minute gelaufene Distanz = 0,2 sm ergibt FüG = 12 kn (oben).

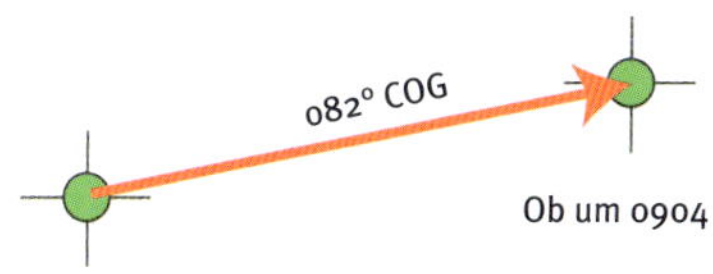

So ermittelt der GPS-Empfänger den Kurs über Grund (COG): Die Form der Erde ist im Gerät gespeichert, und aus zwei Positionen lässt sich die Peilung des ersten Ortes zum zweiten bestimmen (oben).

Der Bug weist in die Richtung, in die gesteuert wird. Der COG ist der Kurs über Grund, die Richtung, in die sich die Yacht unter Berücksichtigung von Winddrift und Strom tatsächlich bewegt (unten).

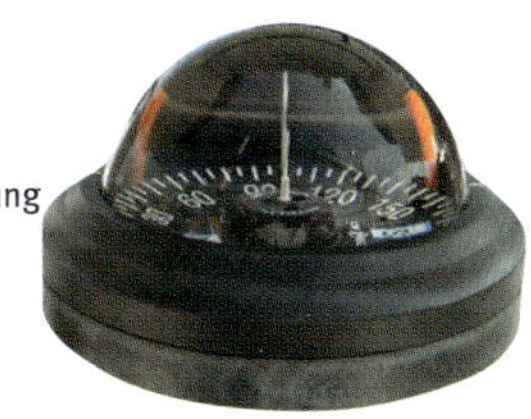

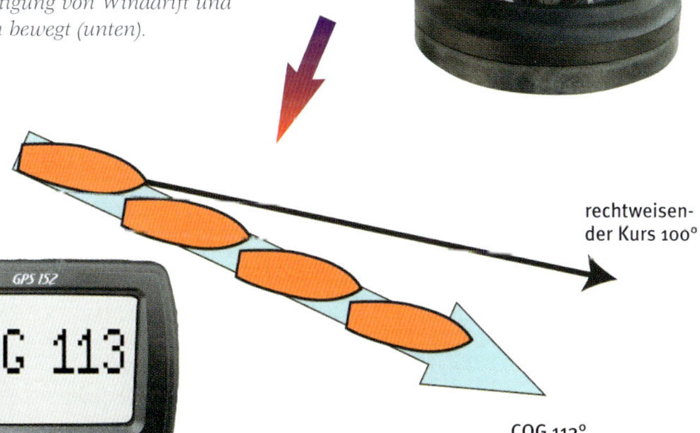

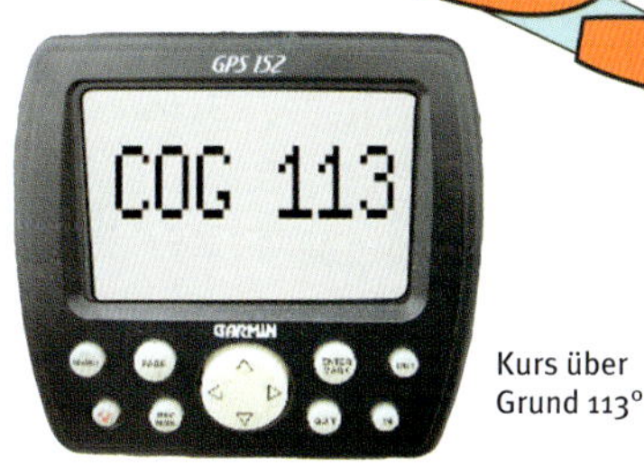

Ortsbestimmung mit GPS

Ihr GPS-Gerät zeigt Ihnen Breite und Länge Ihrer Position. Aber um die Angaben für die Navigation nutzen zu können, müssen Sie in der Seekarte arbeiten.

Breite und Länge in die Karte eintragen

Sie können Ihre Position nach Breite und Länge in die Karte eintragen – mit Kurslineal, Kartenzirkel, Parallellineal oder mit Kursdreiecken. Achten Sie darauf, die Skalen für Breite und Länge richtig zu lesen, damit die eingetragene Position stimmt.

Die Position mit einem XTE-Netz bestimmen

Eine Route, die Sie in Ihr GPS eingegeben haben, zeigt Ihnen den Abstand zum nächsten Zwischenziel.

Auf dem GPS-Gerät heißt das Zwischenziel Wegpunkt. Das GPS-Gerät zeigt Ihnen auch den Cross Track Error (XTE), den seitlichen Abstand Ihrer aktuellen Position zu der ursprünglichen Kurslinie zum Wegpunkt. Unterwegs können Sie diese Angabe leicht nutzen, wenn Sie ein passendes Netz auf die Karte zeichnen.

Tragen Sie eine Reihe von Linien mit 1-sm-Abstand zueinander parallel zum direkten Kurs ein. Fünf Linien zu jeder Seite sollten genügen. Dann zeichnen Sie eine Reihe von Linien quer dazu, im Abstand von 5 sm oder 10 sm, vom Wegpunkt ausgehend. Jetzt haben Sie ein Netz aus XTE und Abstand zum Wegpunkt (distance to way point). Unterwegs können Sie schnell Ihre Position bestimmen. Sie haben die Genauigkeit, die Sie brauchen, auch in schlechtem Wetter.

Die Position aus Abstand und Peilung zum Wegpunkt bestimmen

Sie können die GPS-Daten für den nächsten Wegpunkt benutzen, um Ihre Position zu bestimmen. Dazu zeichnen Sie einen Fächer, vom Wegpunkt ausgehend, mit Peilungen in 10°-Abständen und Abstandsringen in Abständen von 5 sm oder 10 sm. Unterwegs können Sie mit einem Blick Ihre Angaben vom GPS in eine Position umsetzen.

Die Missweisungsrose zur Ortsbestimmung nutzen

Sie müssen nicht immer einen Wegpunkt ansteuern. Wenn Sie Breite und Länge der Missweisungsrose Ihrer Karte als Wegpunkt in Ihr GPS-

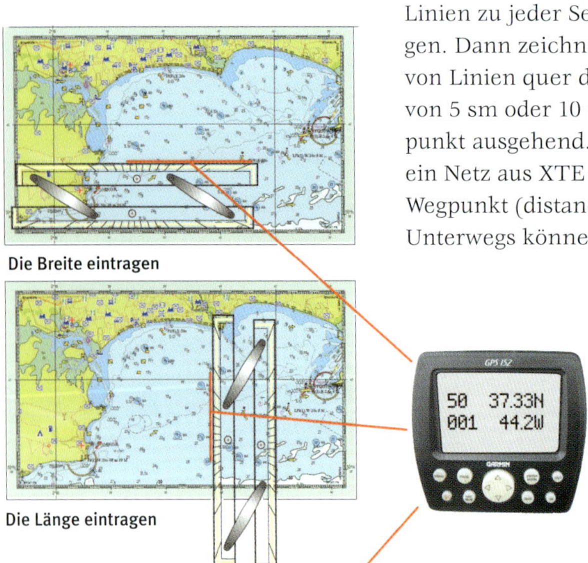

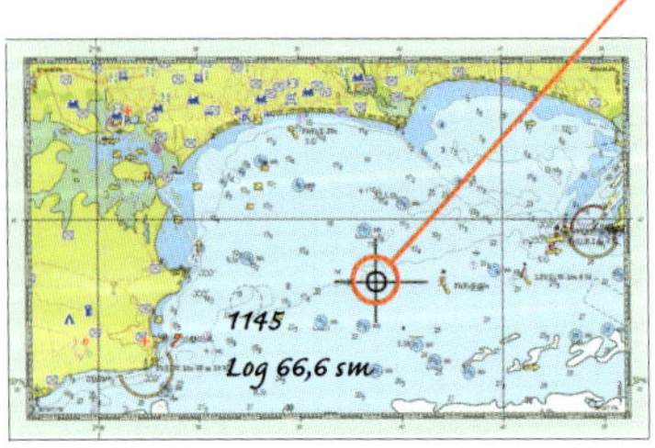

Tragen Sie die Position in Ihre Karte nach Breite und Länge der GPS-Anzeige ein. Bezeichnen Sie die Position mit Uhrzeit und Logstand (oben und links).

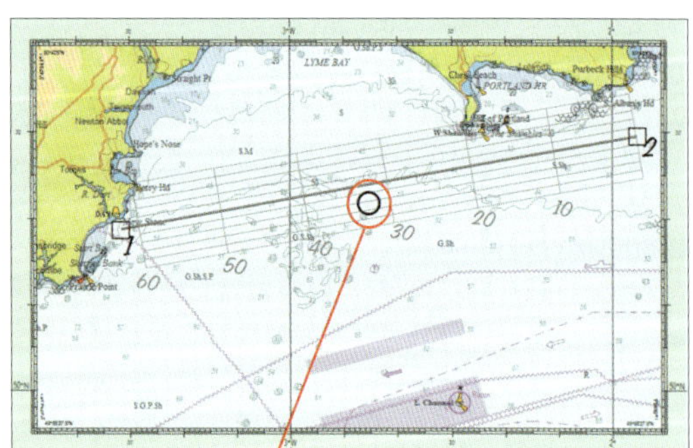

Ein XTE-Netz

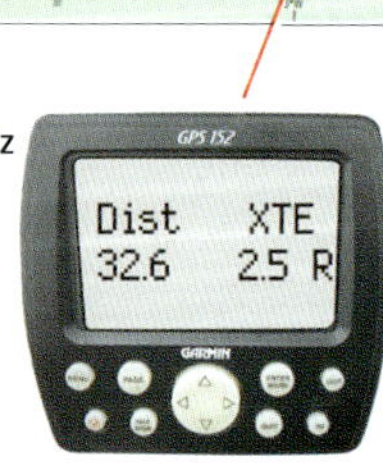

Eine schnelle Standortbestimmung ermöglicht ein vorgezeichnetes Netz, das Linien für den Cross Track Error (seitlicher Abstand zur Kurslinie, XTE) und den Abstand zum Wegpunkt enthält.

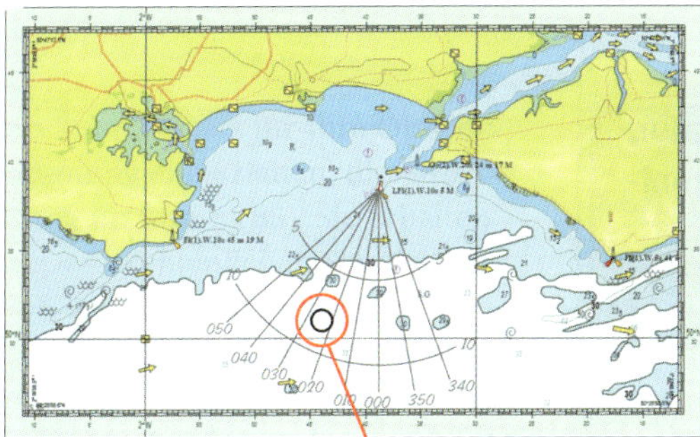

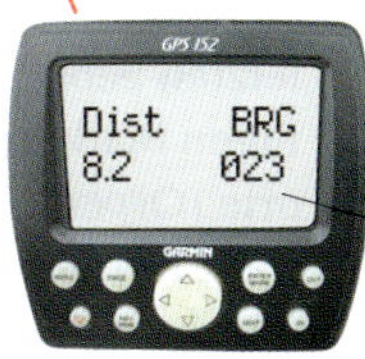

Eine weitere Methode zur schnellen Ortsbestimmung auf einen Blick: ein fächerartiges Netz aus Peillinien und Abstandskreisbögen (oben und rechts).

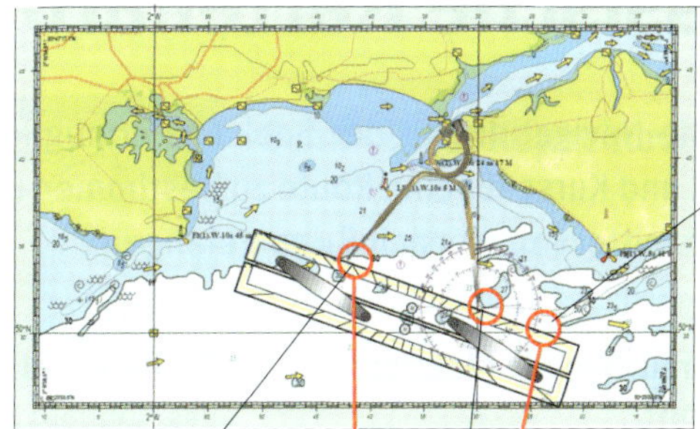

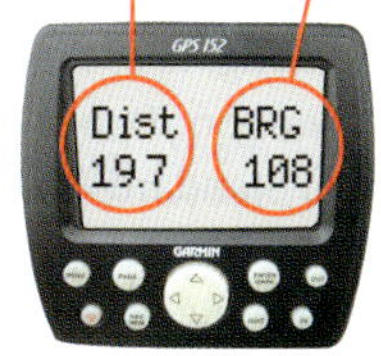

Ohne vorherige Streckenplanung lässt sich eine Missweisungsrose als Wegpunkt nutzen. Die Richtung (missweisend und rechtweisend) ist bereits in die Karte gedruckt (oben und unten).

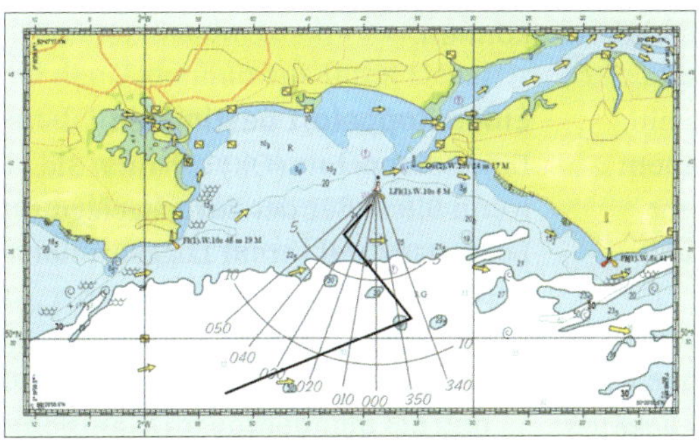

Ein Netz aus Peillinienund Abstand ist auch sehr nützlich, wenn Sie zu einem Wegpunkt kreuzen.

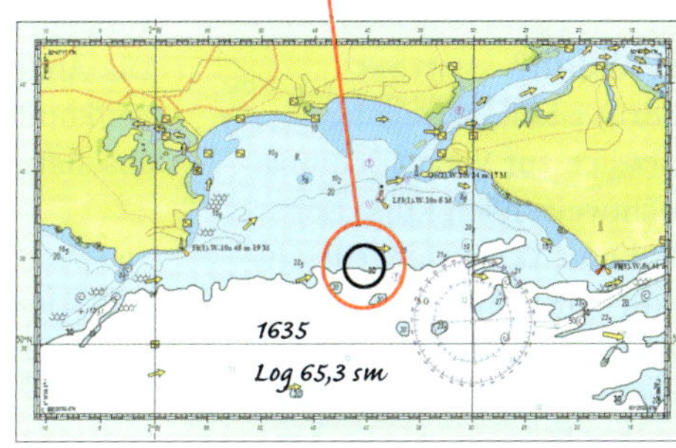

Gerät eingeben, werden Abstand und Peilung zu ihr auf dem Display angezeigt.

Das ist die einzige Vorbereitung, die Sie vornehmen müssen. Sobald Sie unterwegs sind, reicht es, die Werte von Peilung und Abstand der GPS-Anzeige mit einem Lineal und Kartenzirkel von der Missweisungsrose aus in die Karte einzutragen. Dann nutzen Sie zum Zeichnen zwar die gleichen Geräte wie gewohnt, aber Sie sind schneller und haben ein geringeres Fehlerrisiko als beim Einzeichnen von Breite und Länge.

Gefahrenstellen als Wegpunkt

Sie müssen hierfür nicht zwingend in der Seekarte zeichnen. Wenn Sie die Position der Gefahrenstelle als Wegpunkt in das GPS-Gerät eingeben, haben Sie immer Peilung und Abstand zu der Stelle, von der Sie klar bleiben wollen.

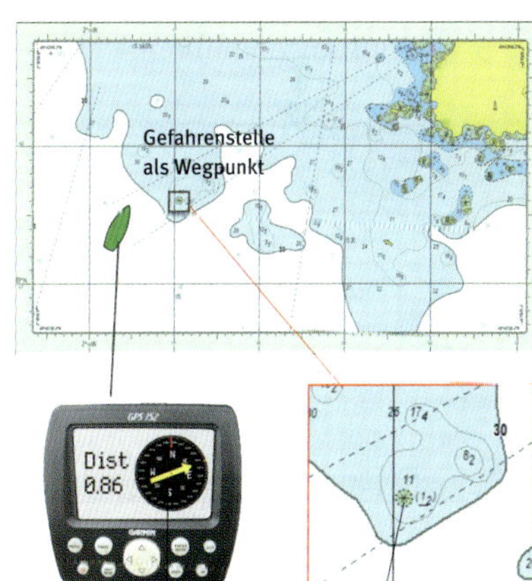

Indem Sie eine unmarkierte Gefahrenstelle als Wegpunkt wählen und die GPS-Anzeige auf Peilanzeige stellen, kennen Sie immer Ihre Lage zum Gefahrenbereich.

Die Route planen

In Tidengewässern können Sie nicht einfach auf Ihr Ziel zusteuern. Sie müssen den richtigen Kurs durchs Wasser bestimmen, der den Gezeitenstrom berücksichtigt. Das verlangt eine vorbereitende Arbeit in der Seekarte.

Den rechtweisenden Kurs ermitteln

Zeichnen Sie eine Linie von Ihrer Position über das Ziel hinaus und markieren Sie die Linie mit zwei Pfeilen. Dies ist Ihr vorgesehener Kurs über Grund.

Messen Sie die Distanz von Ihrer Position bis zum Ziel-Wegpunkt und berechnen Sie, wie lange Sie brauchen werden. Dann sehen Sie nach, wie lange der Stromauf der Strecke wirkt. Wenn Sie 5 kn Fahrt laufen und die Distanz 4,5 sm beträgt,

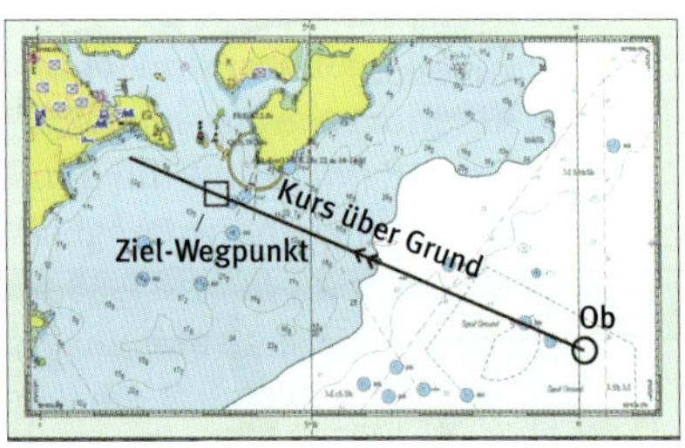

Der vorgesehene Kurs durchs Wasser.

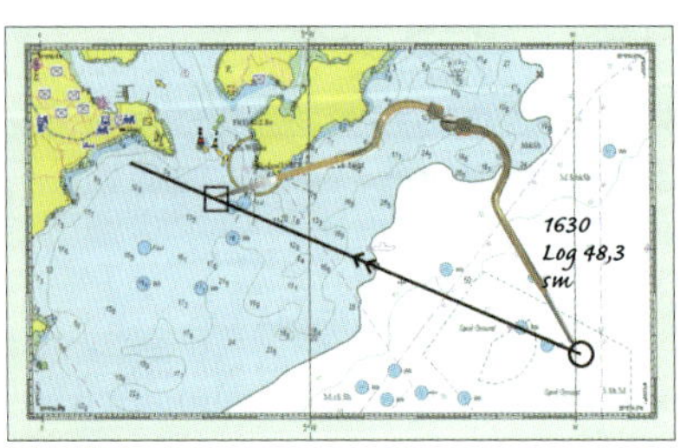

Messen Sie die Entfernung zum Ziel.

brauchen Sie etwas weniger als eine Stunde für die Strecke.

Tragen Sie die Stromrichtung von dem Ob aus in die Karte ein (Richtung, in die der Strom setzt).

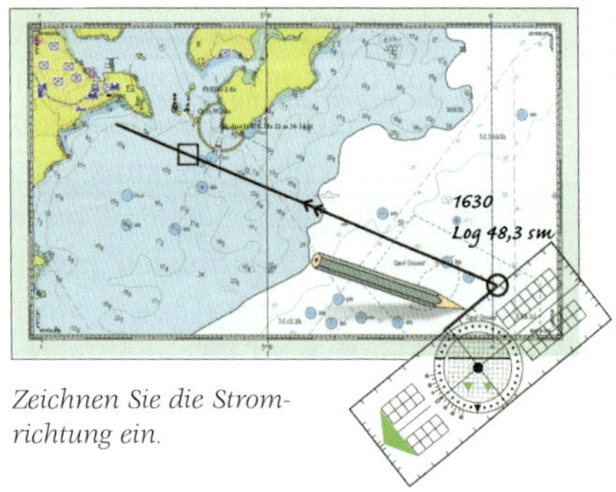

Zeichnen Sie die Stromrichtung ein.

Markieren Sie die Distanz, die der Strom die Yacht versetzt. In diesem Fall sind es 0,8 sm in einer Stunde.

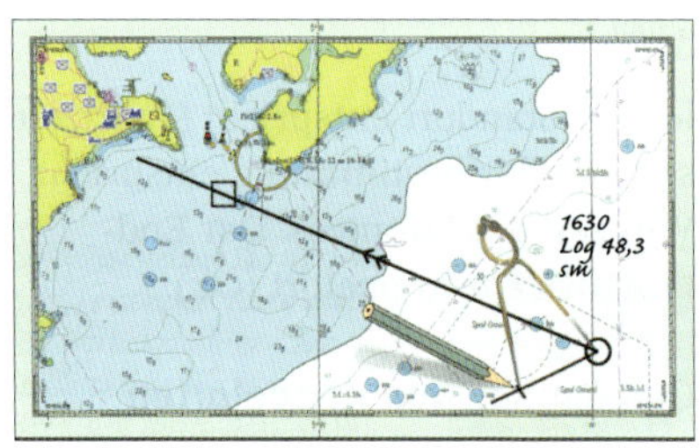

Markieren Sie die Stromgeschwindigkeit.

Falls das Stromdreieck für eine halbe Stunde gezeichnet wird, nehmen Sie die halbe Distanz (0,4 sm).

Jetzt haben Sie den Kurs über Grund und den Strom eingetragen.

Greifen Sie am seitlichen Kartenrand mit dem Kartenzirkel die Fahrt durchs Wasser ab (also Distanz in einer Stunde). Setzen Sie

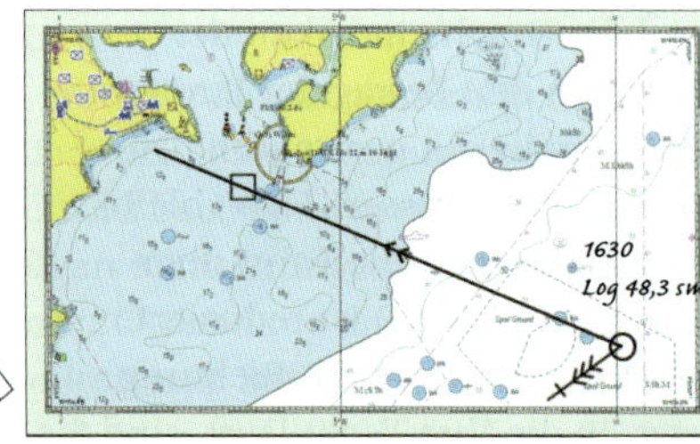

Der Kurs über Grund und der Stromvektor sind nun richtig eingetragen.

eine Spitze auf das Ende des Stromvektors und machen Sie eine Markierung an der Stelle, wo die andere Spitze die KüG-Linie (oder deren Verlängerung) erreicht.

Sie sollten nicht eine Linie vom Ende des Stromvektors zum Ziel-Wegpunkt zeichnen, weil Sie dann ein Dreieck erhielten, dessen Seiten

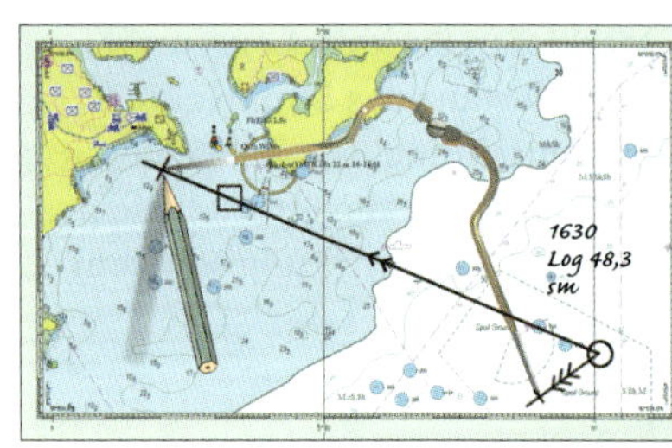

Markieren Sie die Fahrt durchs Wasser auf der verlängerten Linie des Kurses über Grund, ausgehend vom Endpunkt des Stromvektors.

unterschiedliche Zeitintervalle repräsentieren.

In unserem Fall führt uns die Fahrt durchs Wasser im Laufe einer Stunde über den Ziel-Wegpunkt hinaus. Das bedeutet, dass wir in weniger als einer Stunde dort ankommen.

Legen Sie den Plotter entlang des KdW (Kurs durchs Wasser) an, richten Sie die innere Scheibe nach Norden aus und lesen Sie dann den Kurs durchs Wasser am Nullpunkt ab. Falls Sie keine Abdrift haben (KdW = rwK), lesen Sie den Magnetkompasskurs (MgK) an der Nebenskala für Missweisungen ab, hier sind es 5° westliche Missweisung und 3° (östliche) Ablenkung, entsprechend –2° (westliche) Fehlweisung.

Mit der Fehlweisung korrigieren Sie den rechtweisenden Kurs (rwK) von 300° und erhalten den Kompasskurs = 302°.

Die Yacht läuft vom letzten beobachteten Ort seit 1630 auf ihrem rechtweisenden Kurs, während sie

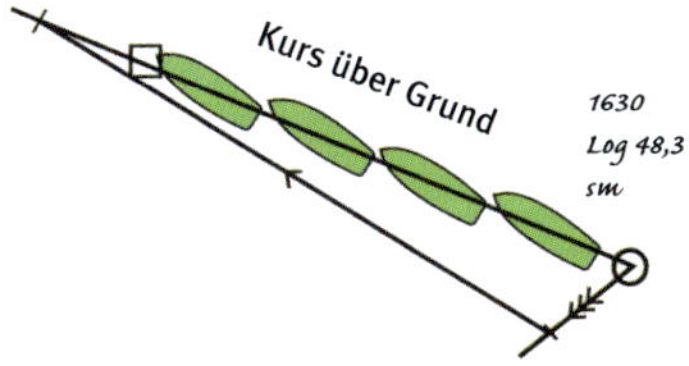

Die Yacht hat einen ständigen seitlichen Versatz entlang des Kurses durchs Wasser (oben).

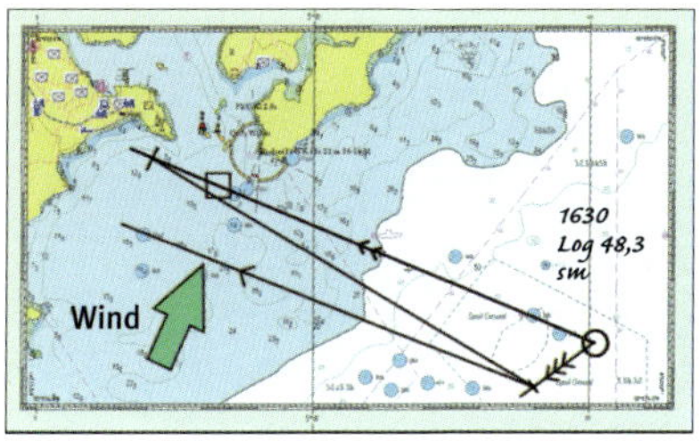

Berücksichtigen Sie die Abdrift (BW), bevor Sie den Kompasskurs bestimmen.

Geschwindigeit über den 5 kn FdW liegt.

Zu Anfang hatten Sie die Entfernung zu Ihrem Ziel mit 4,5 sm gemessen. Mit einer FüG von 5,3 kn liegen Sie mit einer Schätzung von 50 Minuten Dauer gut.

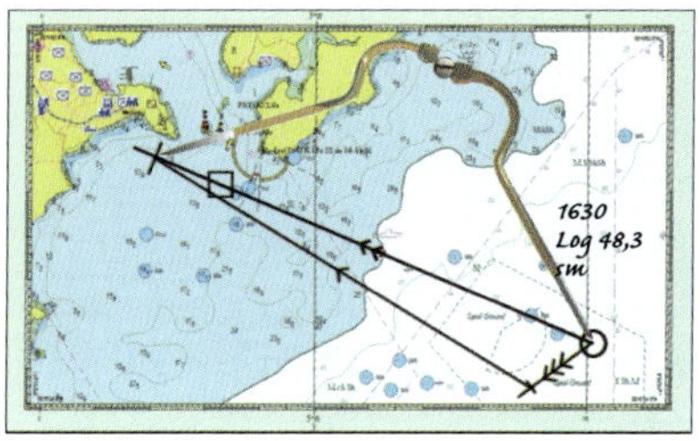

Die Fahrt über Grund abmessen.

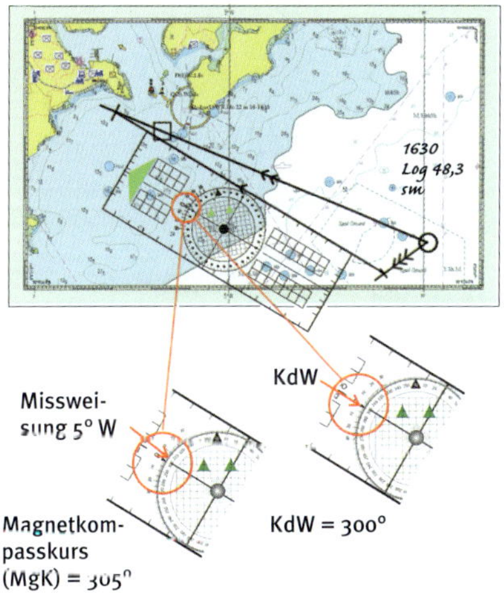

Kurs durchs Wasser und Kompasskurs.

dabei mit seitlichem Versatz ihren Kurs über Grund läuft.

Wenn Sie mit Abdrift rechnen müssen, denken Sie daran, den Kurs so einzurichten, als müssten Sie etwas gegen den Wind vorhalten. Wenn der alte rechtweisende Kurs 300° ist, der Wind aus SW kommt und die Beschickung für den Wind 10° beträgt, dann müssten Sie den rwK auf 290° ändern, und die Kursumwandlungen würden sich entsprechend verschieben.

Wann werden Sie den Wegpunkt erreichen?

Messen Sie die Länge des Vektors für den Kurs über Grund, das entspricht hier 5,3 kn. Der Tidenstrom hilft etwas mit, sodass Ihre tatsächliche

Wie genau ist das Verfahren?

Das hängt davon ab, ob der Gezeitenstrom sich wie erwartet verhält und ob die Fahrt durchs Wasser konstant bleibt. Beim Segeln ist die Fahrt abhängig von Windrichtung und -geschwindigkeit, und es ist viel besser, nach dieser Methode zu navigieren, als den Strom unberücksichtigt zu lassen. Sie werden sich wundern, wie zuverlässig das läuft. Sie müssen nur unterwegs die Position bestimmen und den Kurs, wenn nötig, korrigieren.

Eine Route für Ihr GPS-Gerät

Das GPS-Gerät zeigt Ihnen zwar immer Ihre Position an, aber nicht den Weg zu Ihrem Ziel. Sie müssen erst Breiten und Längen der geplanten Positionen Ihrer Route, die Wegpunkte (WPT), in das GPS-Gerät eingeben. Der erste Arbeitsschritt ist aber, die Route in die Seekarte einzuzeichnen und daraus die Positionen Ihrer Wegpunkte zu entnehmen.

Was ist ein Wegpunkt?

Ein Wegpunkt ist eine geografische Position nach Breite und Länge, die Sie zur Ansteuerung auswählen. Es gibt kein festgelegtes Symbol für Wegpunkte, aber viele zeichnen ein Quadrat mit einem Kreuz in der Mitte. Eine Route besteht aus einer Reihe von Wegpunkten, die Sie planen, in einer bestimmten Reihenfolge anzusteuern.

Die Route in die Karte zeichnen

Wenn es möglich ist, nutzen Sie eine Seekarte, die Ihre gesamte Route abdeckt. Den ersten Wegpunkt setzen Sie nahe am Abfahrtsort. Alle nachfolgenden Wegpunkte zeichnen Sie an Stellen, an denen Sie den Kurs ändern müssen, sodass Sie eine Folge von geraden Strecken bis zu Ihrem Bestimmungsort bekommen.

Bei guten Wetterbedingungen können Sie Ihre Route nahe an der Küste wählen. Aber bei schlechten Verhältnissen und starkem Tidenstrom sollten Sie genug Abstand halten von Gefahrenstellen, Stromkabbelungen und -wirbeln, die Sie in der Karte finden. Vor einer langen Fahrt müssen Sie die Route in Karten großen Maßstabs ansehen, um eventuellen Gefahren aus dem Weg zu gehen.

Bestimmen Sie Breite und Länge der Wegpunkte und messen Sie Distanzen und Kurse dazwischen.

Die Wegpunkte eingeben

Die meisten GPS-Geräte haben keine alphanumerische Tastatur, auf der Sie Ihre Wegpunkte eingeben können. Sie müssen die Zahlen mit Scrolltasten auswählen, und das ergibt viele Möglichkeiten, Fehler zu machen. Prüfen Sie deshalb alle Eingaben erneut.

Wenn Sie die Wegpunkte im GPS-Gerät als Route abgespeichert haben, wechseln Sie zu der Seite, auf der Sie die Liste der Wegpunkte mit den Distanzen dazwischen sehen. Vergleichen Sie die Werte mit denen, die Sie in der Seekarte gemessen hatten. Achten Sie darauf, dass Sie das GPS auf missweisenden oder rechtweisenden Kurs eingestellt haben.

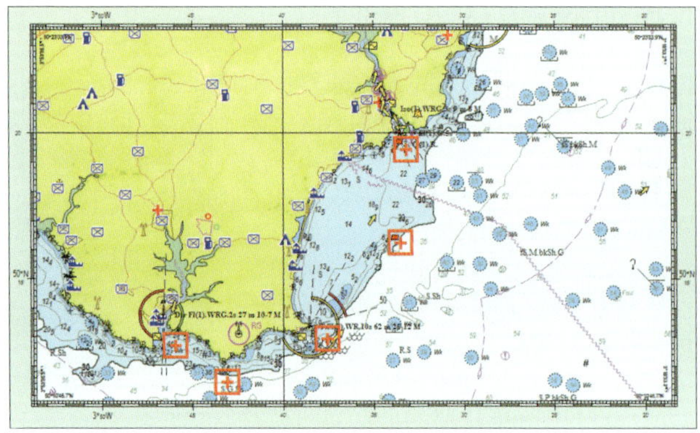

Prüfen Sie die Wegpunkte auf einer Karte größeren Maßstabs, um sicherzustellen, dass alle Wegpunkte an Orten liegen, die Sie sicher passieren können. Notieren Sie Breite und Länge der Wegpunkte und prüfen Sie jede Teilstrecke bis zum letzten Wegpunkt. Wenn es nötig sein sollte, korrigieren Sie die Positionen von einzelnen Weg punkten in der kleinmaßstäbigen Karte (rechts).

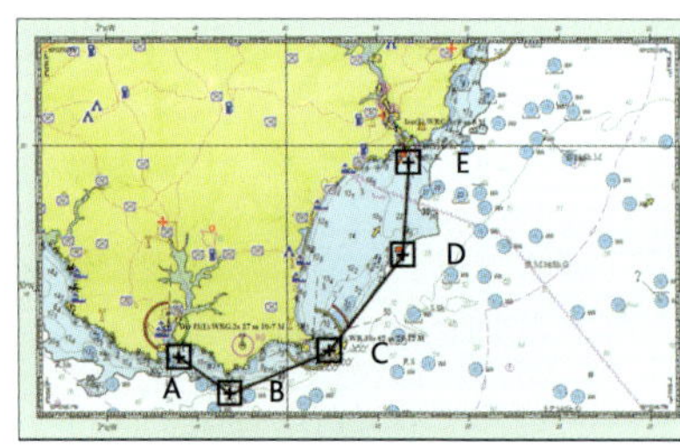

Verbinden Sie die Wegpunkte, einen nach dem anderen, mit geraden Linien (rechts).

Tablet-Navigation

Es gibt zahlreiche Apps, mit denen ein iPad oder anderes Tablet wie ein Kartenplotter genutzt werden kann, sodass Papier-Seekarten überflüssig erscheinen. Gewöhnlich funktioniert

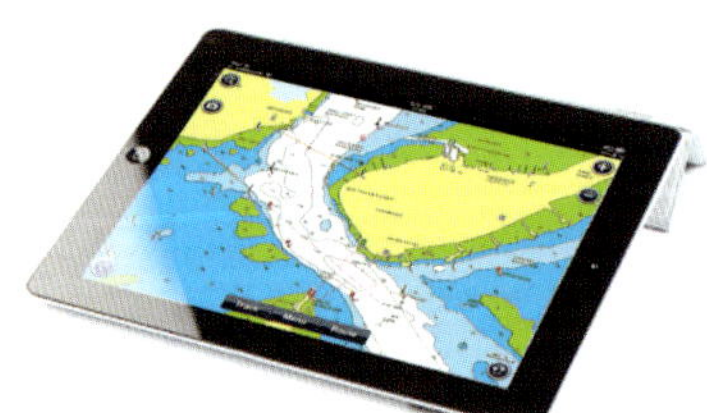

Tablet-Navigation gut, dennoch sollte der geplante Kurs zur Absicherung auch in der Papier-Seekarte eingezeichnet werden. Geeignete Apps sind: Navionics, iNavX, SeaNav UK & Ireland, Garmin Blue Chart Mobile, Memory Map und Imray iPad. Ein wasserdichtes Gehäuse ist für den Einsatz an Deck unbedingt zu empfehlen. Die Apps können auch mit einem Smartphone verwendet werden, aber das kleine Display beeinträchtigt das Navigieren.

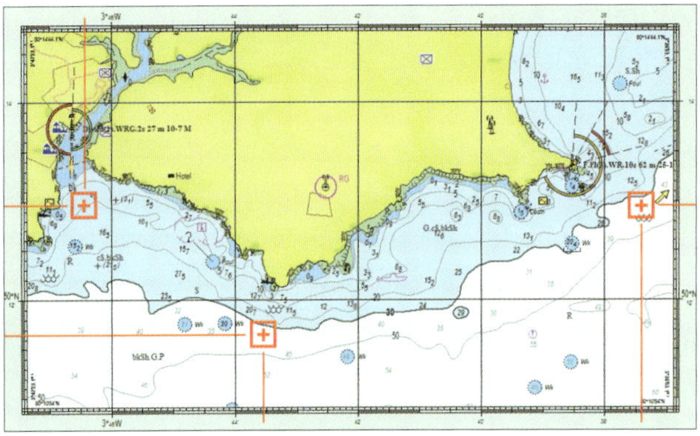

Prüfen Sie, ob die Wegpunkte an sicheren Orten eingetragen sind, und bestimmen Sie deren Breiten und Längen.

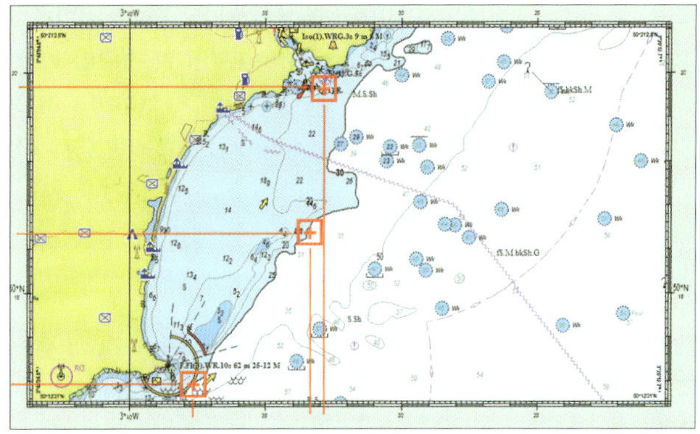

Setzen Sie die Wegpunktkontrolle bis zum Ende fort.

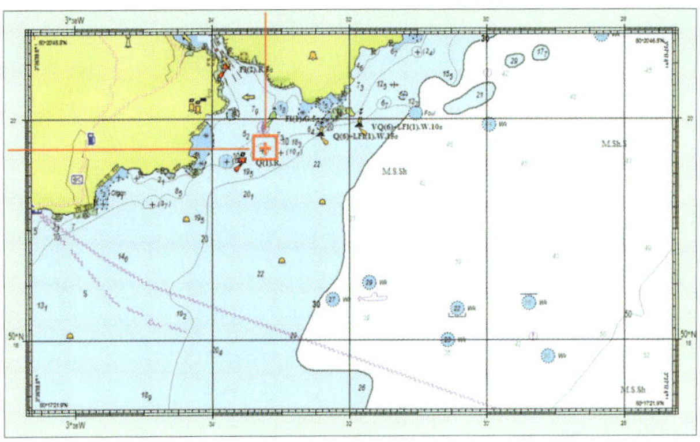

Prüfen Sie die Position des letzten Wegpunktes.

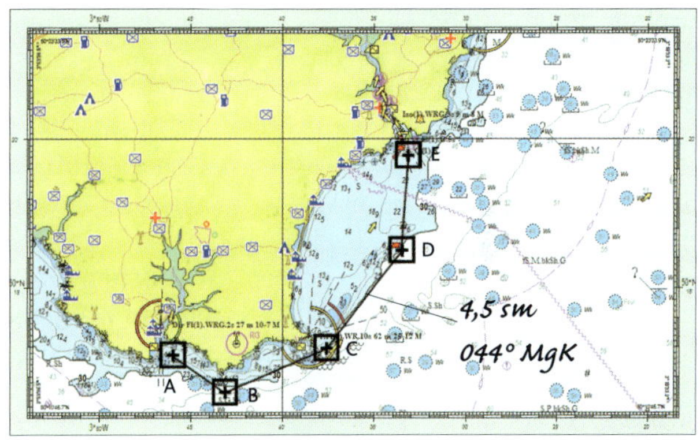

Messen Sie die Kurse und Distanzen.

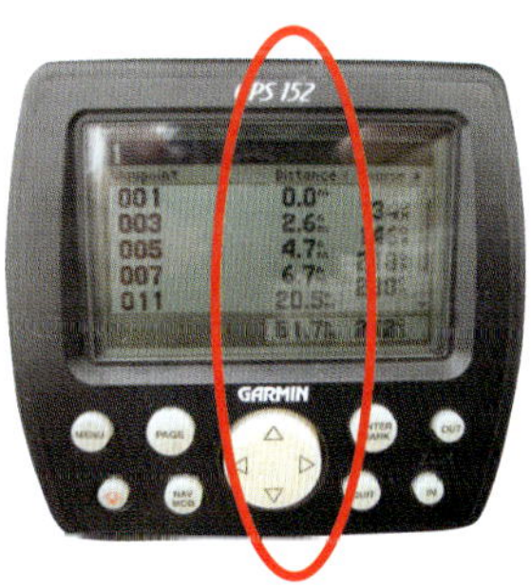

Notieren Sie Breite und Länge für jeden Wegpunkt. Messen Sie die Kurse und Distanzen jeder Teilstrecke der Route. Berücksichtigen Sie die Fehlweisung für jeden Kurs, damit Sie den Magnetkompasskurs kennen (rechts).

Wegpunkt			Distanz	KüG	Missweisung	MgK
A	50° 12,96	003° 45,8		126		
			2,2		+4	130
B	50° 13,62	003° 43,48		069		
			3,9		+4	73
C	50° 13,00	003° 36,54		040		
			4,5		+4	44
D	50° 15,67	003° 34,45		004		
			3,3		+4	008
E	50° 19,72	003° 33,22				

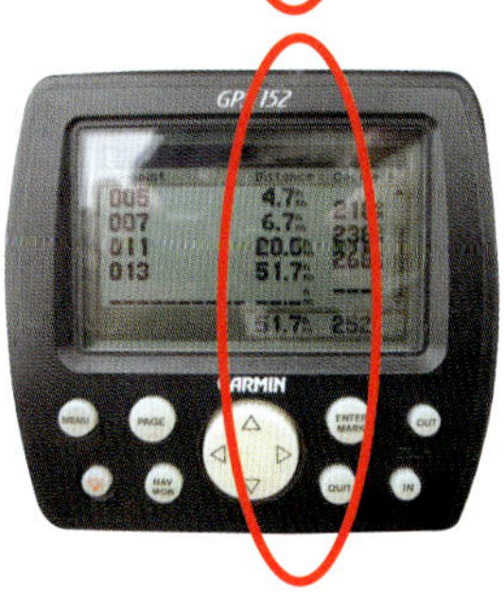

Wenn die Wegpunkte im GPS-Gerät eingegeben und zu einer Route zusammengefügt sind, prüfen Sie die Kurse und Distanzen der Route. Checken Sie, ob Sie Fehler gemacht haben. Achten Sie darauf, dass bei Geräten der Firma Garmin die Distanzen der Teilstrecken entlang der Route (kumulativ) aufaddiert werden. Das beschert Ihnen möglicherweise extra Arbeit und zusätzliche Fehlerquellen (links).

Tipp

Geben Sie nicht einfach Wegpunktkoordinaten in Ihr GPS-Gerät ein, ohne sie in der Karte zu kontrollieren. Es könnten Gefahren im Weg liegen.

Die GPS-Anzeige verstehen

Der Bildschirm Ihres GPS-Empfängers kann eine Reihe unterschiedlicher Seiten anzeigen. Sie können frei wählen, wie die Informationen dargestellt werden sollen. Da es keine standardisierte Menüführung gibt, müssen Sie für die umfassende Nutzung das Handbuch lesen.

Wenn Sie das GPS-Gerät einschalten, ist das Erste, was Sie sehen, wahrscheinlich ein Warnhinweis, dass Sie Ihre Navigation nicht allein auf GPS gründen sollten. Dann erscheint als Nächstes eine Seite mit dem Empfangsstatus der Satelliten, während die erste Position berechnet wird. Sobald die Berechnung fertig ist, wird die Position in Breite und Länge angezeigt.

Das GPS-Gerät kann darüber hinaus den Kurs über Grund und Fahrt über Grund anzeigen, was allerdings, solange die Yacht sich nicht bewegt, keine Bedeutung hat. Je nach Funktionsumfang können Gezeitendaten und Mondphasen angezeigt werden.

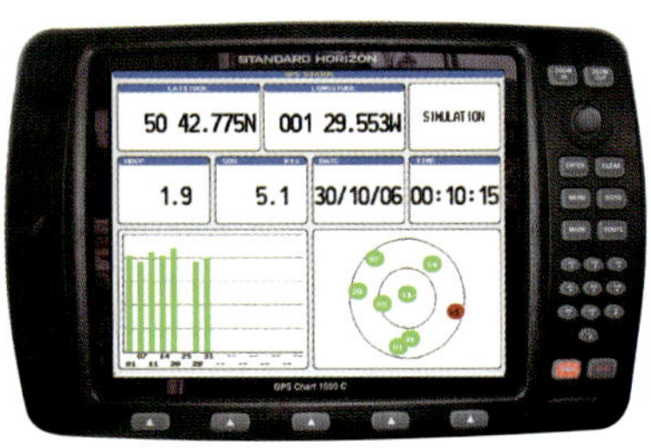

Die Positionsseite mit dem Satellitenempfangsstatus nach dem Einschalten (oben).

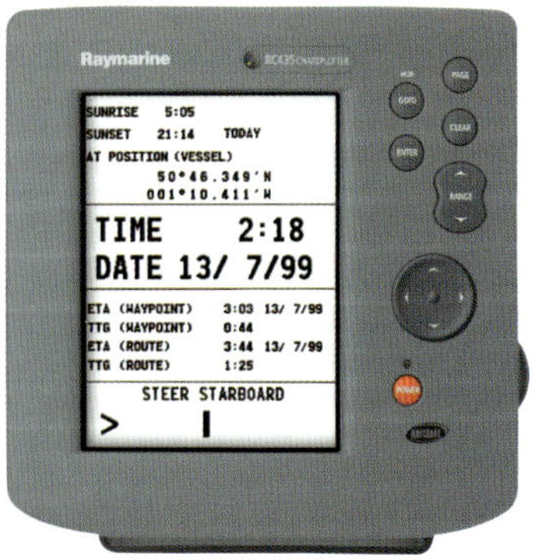

Routen oder Wegpunkte aktivieren

Sie aktivieren Routen und Wegpunkt auf verschiedene Weise:

- Sie drücken GO TO, wählen einen Wegpunkt und drücken Enter.
- Sie wählen einen Wegpunkt aus einer Liste und drücken dann Enter.
- Sie suchen sich eine Route aus der Liste aus und drücken Enter.

Jeder dieser Bedienungsabläufe »aktiviert« den ersten Wegpunkt.

Was sehen Sie, sobald Sie einen aktiven Wegpunkt haben?

Mit einem aktiven Wegpunkt liefert der GPS-Empfänger folgende Informationen:

- Distanz und Peilung zum Wegpunkt;
- den seitlichen Versatz (Cross Track Error) der Yacht zu der ursprünglichen Kurslinie von der Position der Aktivierung bis zum Wegpunkt;
- die Zeit, die die Yacht mit der aktuellen Geschwindigkeit (FüG) bis zum Wegpunkt braucht.

Einige Geräte geben auch die erwartete Ankunftszeit für die Gesamtstrecke an, die Estimated Time of Arrival = ETA. Es handelt sich aber nur um einen erwarteten Wert, der keine möglichen Änderungen von Strom- oder Bootsgeschwindigkeit einbezieht.

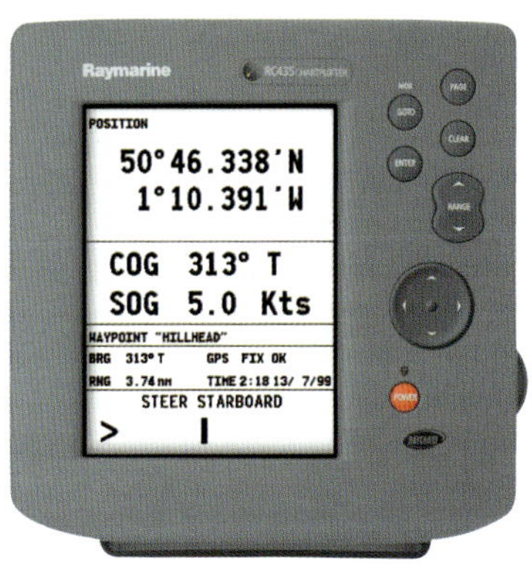

Sobald das Gerät die Position gefunden hat, zeigt es Breite und Länge an (oben).

Viele Geräte können auch astronomische Daten anzeigen wie Sonnenaufgang und -untergang.

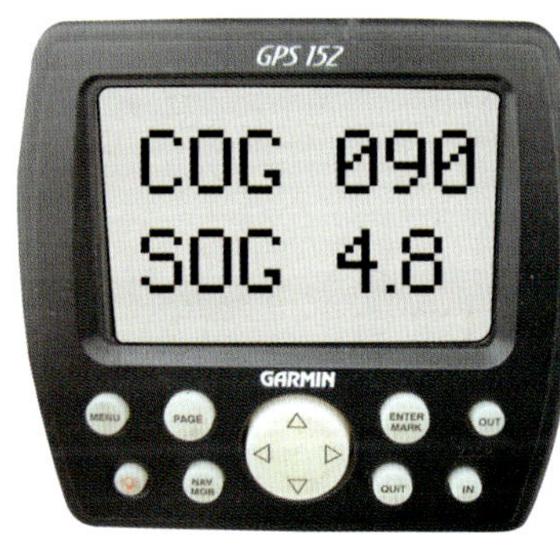

Bis der erste Wegpunkt aktiviert wird, ist die einzige dynamische Information der KüG und die FüG (COG und SOG).

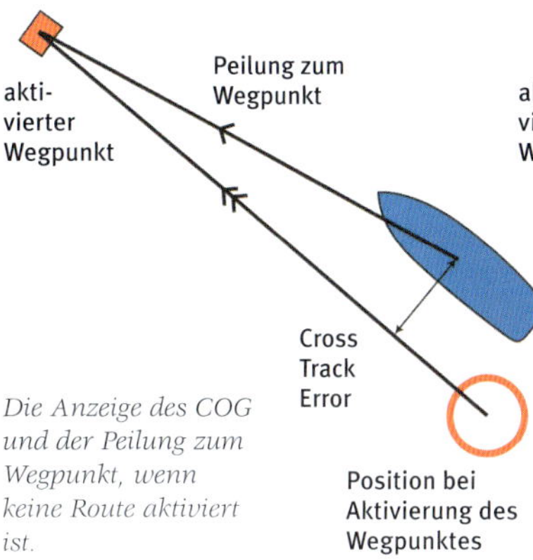

Die Anzeige des COG und der Peilung zum Wegpunkt, wenn keine Route aktiviert ist.

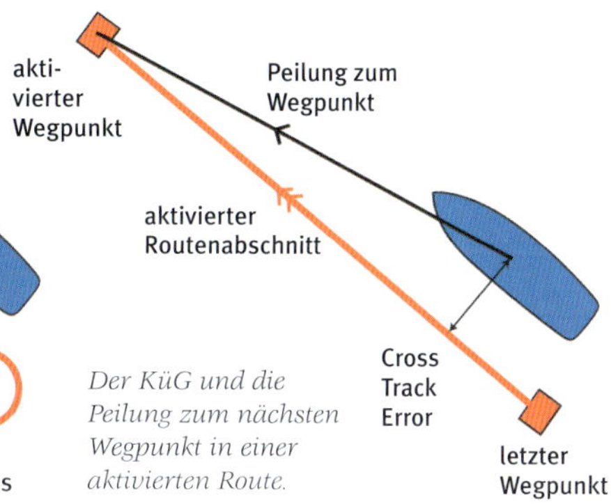

Der KüG und die Peilung zum nächsten Wegpunkt in einer aktivierten Route.

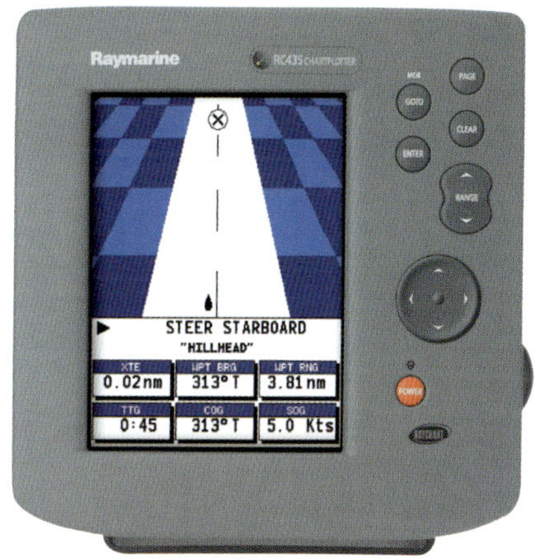

Für die übliche Wegpunktnavigation gut geeignet: die Highway- oder Autobahndarstellung.

Die Kompassdarstellung

Der Zeiger weist in Richtung Wegpunkt. Wenn Sie den Kurs ändern, zeigt der Pfeil weiter auf den Wegpunkt und erleichtert die Orientierung. Eine Markierung am Kompassrand und eine zweite auf der Kompassrose zeigen den KüG an. Wenn Sie diese in Linie halten, ist der Strom in Ihrem Kurs berücksichtigt.

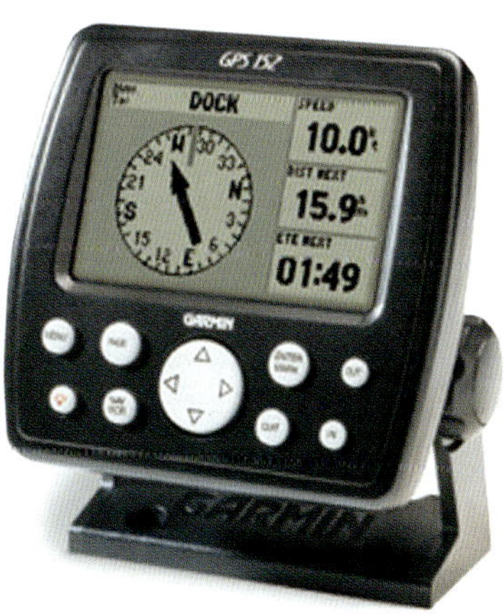

Eine typische Anzeige der Kompassseite.

Die Highway-Seite

Diese Seite zeigt Ihnen, ob Sie richtig auf Ihrer »Bahn« liegen. Sie bietet vielleicht die einfachste Orientierung, um einen Wegpunkt anzusteuern.

Zu einer alten Position zurückgelangen (»Mensch über Bord«-Funktion)

Als Erstes müssen Sie die Mensch-über-Bord-Taste (MOB-Taste) drücken. Damit wird diese Position augenblicklich als Wegpunkt gespeichert, und Sie können wählen, mit welcher Anzeige Sie zu dem Wegpunkt zurücklaufen wollen. In dieser Situation ist die Kompassanzeige am besten geeignet, indem der Zeiger immer in die MOB-Position weist und die dazugehörige Distanz ebenfalls angezeigt wird.

Denken Sie daran, dass Wind und Strom einen über Bord gefallenen Menschen von der MOB-Position wegtreiben.

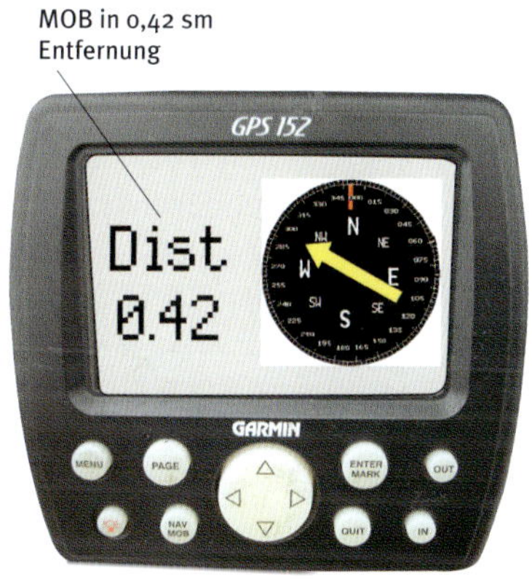

Die Kompassdarstellung eignet sich gut für eine Mensch-über-Bord-Situation.

Elektronische Kartenplotter

Ein elektronischer Kartenplotter ist ein GPS-Empfänger, der gleichzeitig ein elektronisches Navigationsprogramm enthält und die aktuelle Position auf einem Schirm anzeigt. Die Versuchung könnte groß sein, sich ganz auf solch ein Gerät zu verlassen, aber Sie sollten sich über die möglichen Fallen im Klaren sein.

Sie erhalten die Geräte mit verschiedenen Bildschirmgrößen. Generell sind größere Bildschirme von Vorteil, aber Sie müssen den geeigneten Platz dafür finden. Üblicherweise werden die Geräte beim Kartentisch montiert, für den praktischen Gebrauch ist es jedoch besser, sie im Cockpit zu haben.

Es gibt weltweit eine Reihe von Herstellern für elektronische Seekarten. Viele Geräte können nur eine Sorte Karten lesen, manche zwei Sorten. Diese elektronischen Seekarten sind meist Vektorkarten und werden in Datenkarten geliefert, die das Gerät einlesen kann.

Vektorkarten bestehen aus einer Reihe verschiedener Informationsschichten, den Layern. Beim Hineinzoomen werden Layer mit zusätzlichen Informationen sichtbar, beim Herauszoomen werden weniger Details gezeigt.

Viele Vektorkarten enthalten zusätzliche Daten wie Hafenpläne oder Luftbilder.

Eine Route eingeben

Das Eingeben von Routen ist leichter als bei den einfachen GPS-Geräten und weniger fehleranfällig. Da aber der Schirm viel kleiner ist als eine normale Papierseekarte, müssen Sie oft den Kartenausschnitt vergrößern, verkleinern und verschieben, deshalb ist ein großes Display vorteilhaft.

- Vom Hauptmenü ausgehend, »blättern« Sie zur Routenseite und legen eine neue Route an, der Sie einen Namen geben. Da die Bedienung modellabhängig ist, müssen Sie die Anleitung lesen.
- Stellen Sie den Bildausschnitt auf die Abfahrtsposition ein und bewegen Sie den Cursor auf die Position des ersten Wegpunktes. Geben Sie den Wegpunkt der Anleitung entsprechend ein.
- Zoomen Sie auf einen größeren Bildausschnitt, wenn nötig. Setzen Sie den Cursor auf die Position des nächsten Wegpunktes und geben Sie die Position ein (Enter).
- Verfahren Sie entsprechend bis zum Ende der Route.
- Verfolgen Sie die Route noch mal mit dem Cursor zurück. Vergrößern Sie die jeweiligen Bildausschnitte, um alle Teilstrecken und Wegpunkte genau zu kontrollieren und nicht zu dicht an Gefahrenstellen zu geraten. Dieser Schritt ist unverzichtbar.
- Speichern Sie die Route wie im Handbuch beschrieben.

Wenn Sie an dieser Stelle aufhören und Ihnen unterwegs der Seekartenplotter ausfällt, wissen Sie nicht, wo Sie sind und wie Sie an Ihr Ziel kommen. Sie sollten deshalb die Positionen aller Wegpunkte, die Kurse und die Peilungen aufschreiben bzw. in der Papierseekarte mitplotten. Tragen Sie die Informationen in Ihr Logbuch oder in einer

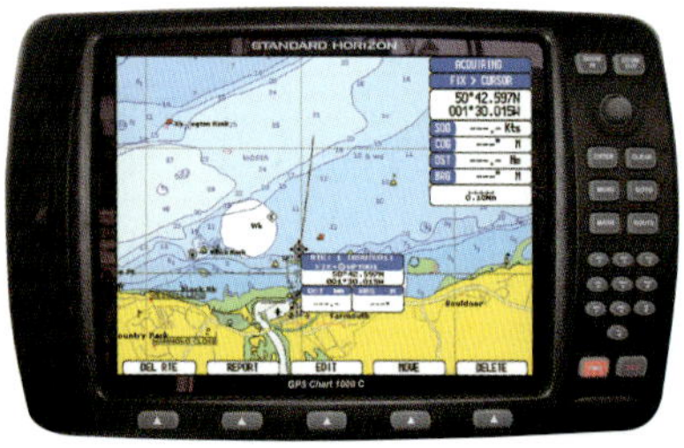

1. Bewegen Sie den Cursor auf die Position Ihres ersten Wegpunktes und drücken Sie Enter.

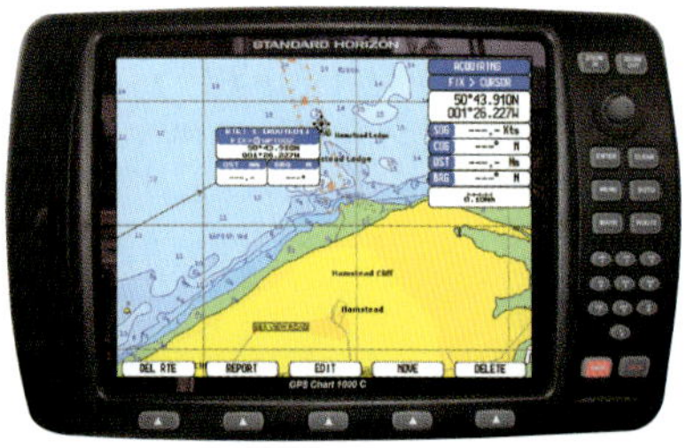

2. Fahren Sie mit dem zweiten Wegpunkt fort, geben Sie wieder Enter ein.

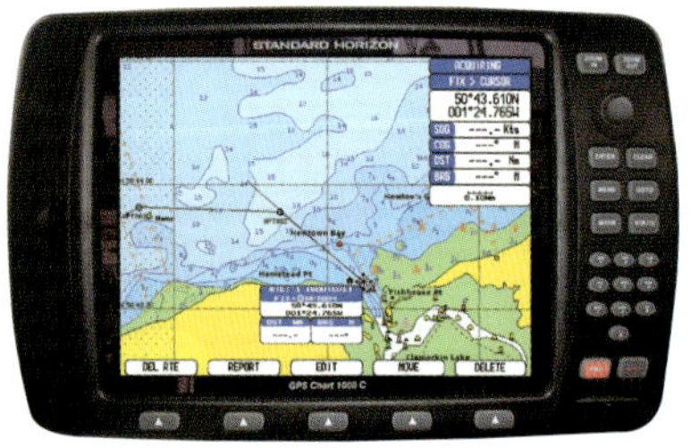

3. Fahren Sie mit der Eingabe der Wegpunkte bis zum Ende der Route fort.

Papierseekarte ein, damit Sie jederzeit auf der sicheren Seite sind.

Wie aktivieren Sie eine Route?

Über das Menü oder über GO TO gehen Sie mit dem Cursor auf den ersten Wegpunkt und aktivieren

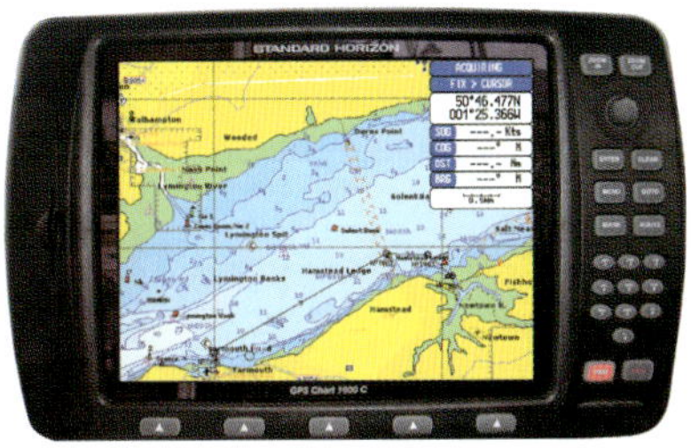

4. *Überprüfen Sie die gesamte Route zur Sicherheit noch einmal, vergrößern und verkleinern Sie den Bildausschnitt dabei, wenn nötig.*

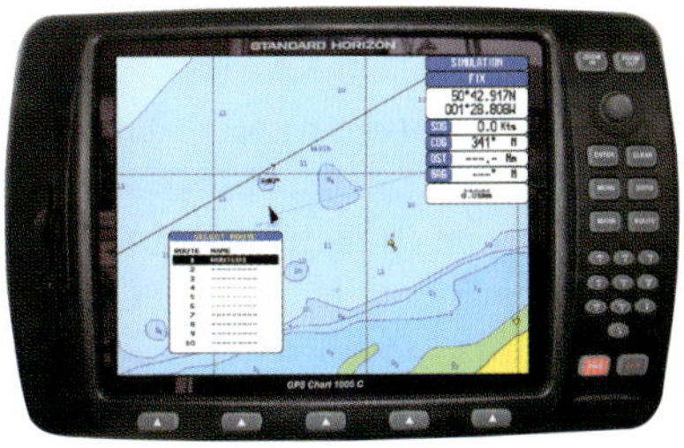

5. *Geben Sie der Route einen Namen.*

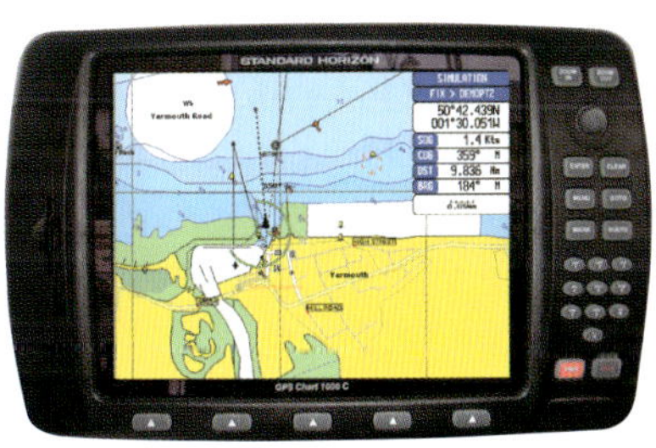

6. *Wenn Sie fertig sind, aktivieren Sie Ihre Route, häufig wählen Sie dafür GO TO. Ihr Bildschirm zeigt dann den aktuellen Kurs, Peilung und Abstand zum Wegpunkt und die verbleibende Zeit bis zum Erreichen des ersten Wegpunkts. Sie folgen der Route, während das Symbol für das eigene Boot zum nächsten Wegpunkt wandert.*

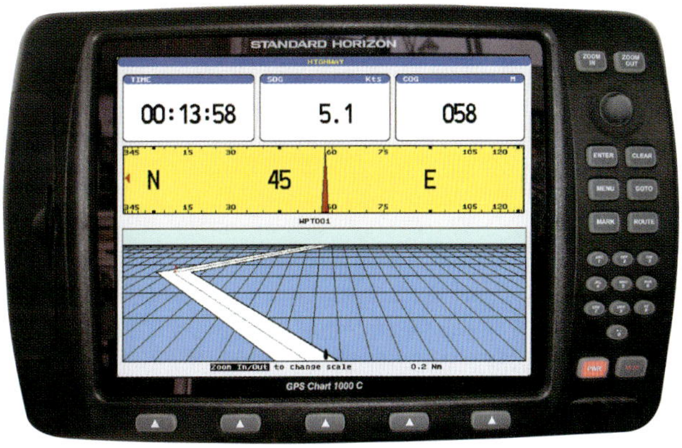

diesen. Das wird normalerweise gleich die ganze Route aktivieren, aber checken Sie dies zur Sicherheit im Handbuch für Ihr Gerät.

Wie folgen Sie der Route?

Sobald Sie unterwegs sind, folgt das Symbol der Yacht der aktuellen Position und bewegt sich über die Karte. Der Bildschirm gibt Ihnen außerdem COG (KüG) und SOG (FüG), die Distanz und Peilung zum nächsten Wegpunkt und oft auch die Zeit bis zum Erreichen des Wegpunktes an.

Eine Linie vor Ihrem Bootssymbol zeigt Ihnen den KüG an. Steuern Sie die Yacht so, dass das Bootssymbol in die richtige Richtung weist. Halten Sie die COG-Linie direkt auf den nächsten Wegpunkt zu. Ihnen stehen außerdem die Kompassseite und die Highway-Seite zur Auswahl, falls Sie eine davon bevorzugen.

Rasterkarten

Im Gegensatz zu Vektorkarten zeigen Rasterkarten das genaue Abbild einer Papier-Seekarte, sodass man auf dem kleinen Bildschirm des Kartenplotters, Tablets oder Smartphones einen Ausschnitt sieht, den man direkt mit der Papier-Seekarte vergleichen kann. Da der Maßstab und die Schriftgrößen fixiert sind, eignen sich Rasterkarten weniger gut zum starken Hinein- oder Heraus zoomen. Zudem benötigen sie mehr Speicherplatz. ARCS (Admiralty Raster Chart Service) ist ein bekannter Anbieter.

Sie können die Highway-Seite aufrufen und der »Autobahn« folgen.

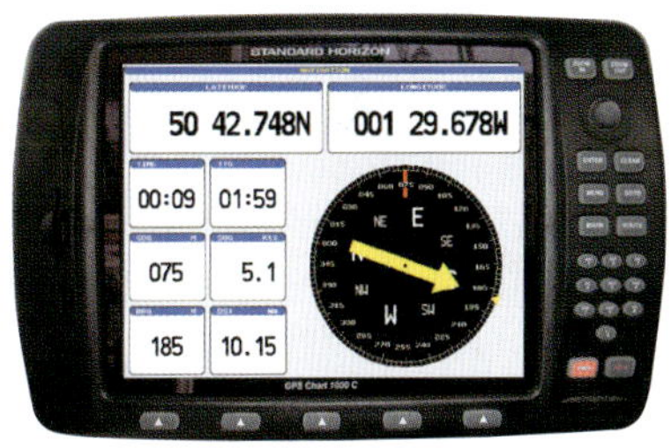

Sie können auch der Route folgen, indem Sie nach der Kompassseite steuern.

Genauigkeit elektronischer Seekarten

Elektronische Seekarten basieren auf den Papierseekarten der nationalen hydrografischen Ämter. Da sie meist keine direkten Abbildungen sind, sondern in Vektorkarten umgewandelt wurden, können sie Übertragungsfehler enthalten. Zudem können die Vermessungen alt sein. Somit können elektronische Karten erhebliche Fehler aufweisen.

Wie alt sind elektronische Seekarten?

Über das Menü des Seekartenplotters können Sie Karteninformationen abrufen. Daraus können Sie ersehen, welche Papierseekarte zugrunde lag und wie der Berichtigungsstand ist. Sie können aber nicht sehen, wann die Vermessungen durchgeführt wurden.

Gibt es eine Quellenskizze?

Einige hydrografische Dienste geben Quellenskizzen mit Datum und Art der Vermessung für verschiedene Bereiche ihrer Papierseekarten an. Vorsicht: Einige scheinbar aktuelle Karten enthalten Vermessungsdaten aus dem 19. Jahrhundert (siehe S. 262).

Stimmt das Kartendatum mit dem der Papierseekarten überein?

Alle elektronischen Seekarten basieren auf dem Kartendatum WGS 84. Das entspricht der Voreinstellung Ihres Seekartenplotters, falls Sie nicht in den Einstellungen etwas geändert gaben. Die zugrunde liegende Papierseekarte kann durchaus in einem anderen Kartendatum gezeichnet sein, z.B. USGB 36. Während der Digitalisierung wird das Datum auf WGS 84 umgewandelt. Die Umwandlung ist aber für verschiedene Bereiche der Karte nicht einheitlich, wodurch Fehler entstehen können.

Reicht die Genauigkeit?

Moderne elektronische Seekartenplotter sind ein hervorragendes Hilfsmittel für die Navigation, aber eben nur ein Hilfsmittel. Es verführt leicht dazu, sich nur noch darauf zu verlassen und die anderen Mittel zu vergessen, die Ihnen zur Verfügung stehen.

Die Genauigkeit können Sie prüfen:

- Prüfen Sie die Position, wenn Sie Tonnen und andere Seezeichen passieren;
- vergleichen Sie Radarbild und Seekartenplotter;
- betrachten Sie das Land und stellen Sie sich die Frage: »Sieht das richtig aus?«.

Aktualisieren von elektronischen Seekarten

In Papierseekarten werden Berichtigungen bei Bedarf eingefügt. Für elektronische Seekarten gibt es auch Berichtigungen (Updates), aber nur für ganze Kartensätze und weitaus seltener. Anwender können elektronische Seekarten nicht selbst korrigieren, sondern müssen warten, bis die Berichtigungen verfügbar sind. Das Verfahren zum Erwerb der Aktualisierungen ist vom Hersteller

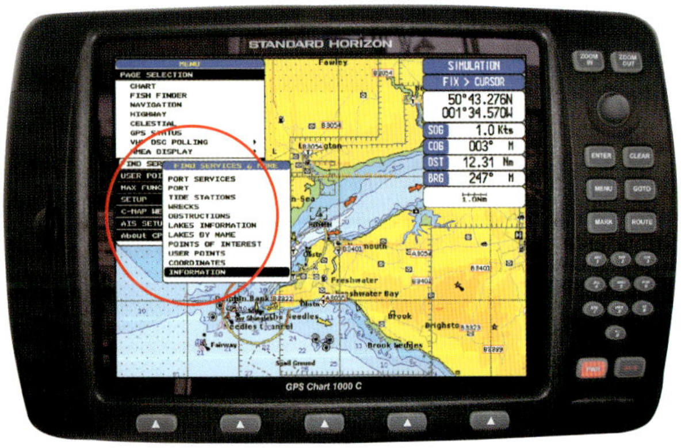

Über das Menü finden Sie die Informationen über die Seekarte.

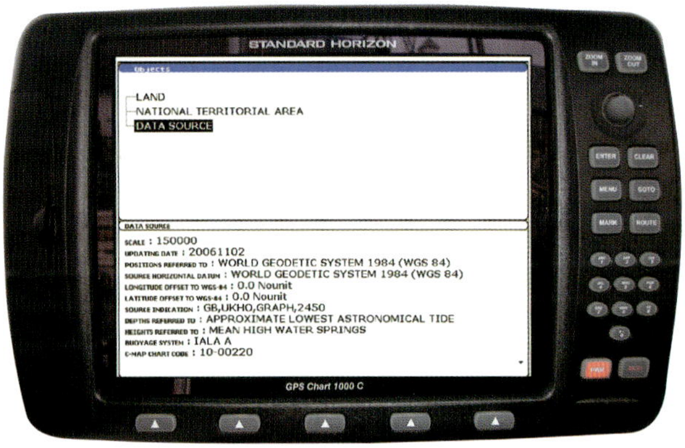

Hier erfahren Sie, dass die Daten auf der britischen UKHO-Karte BA 2450 beruhen und dass die elektronische Karte bis zum 2. November 2006 berichtigt ist.

Fehler in der elektronischen Seekarte

Hier wurde eine Route eingegeben, um die Insel vor der Bucht auf den Balearen zu umfahren. Das Gradnetz ist in allen drei Beispielen gleich.

A ist eine ältere elektronische Seekarte, die den Weg einer Yacht zur Ankerbucht zeigt.

B Eine moderne elektronische Seekarte. Die Yacht liegt vor Anker, während der Weg, den die Yacht gelaufen ist, über die Insel verläuft.

C Eine weitere elektronische Seekarte mit der Position der Yacht.

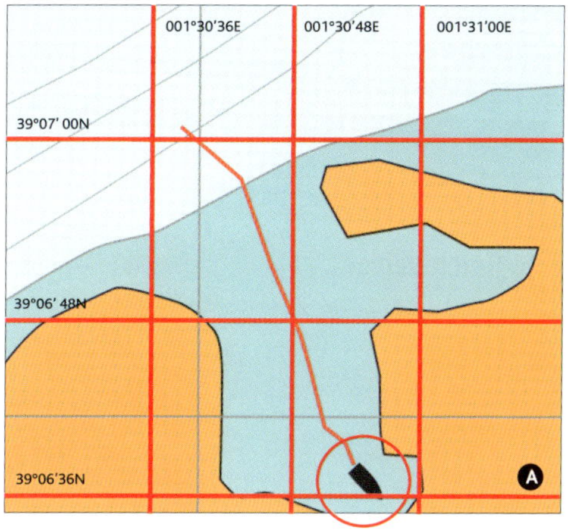

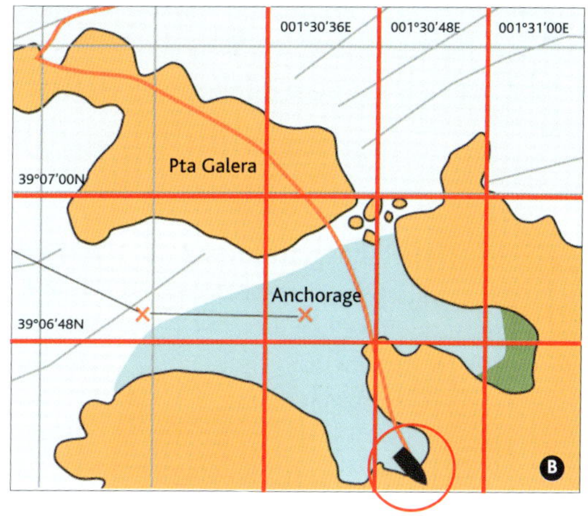

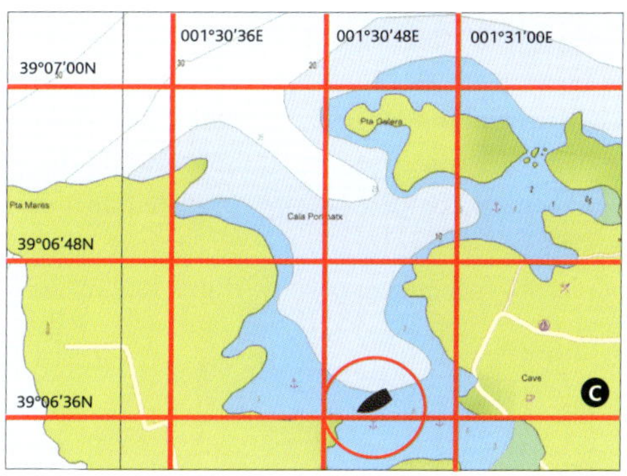

Es wird klar, dass die Genauigkeit elektronischer Seekarten unterschiedlich ist und dass es völlig verfehlt wäre, sich ganz auf sie zu verlassen.

Die grünen Flächen sind Daten des Radars, die der Seekarte überlagert sind. Die Radarabbildung sollte mit den Küstenlinien der Seekarte übereinstimmen, was hier nicht der Fall ist. Entweder ist das Radarbild oder das Kartenbild falsch.

Wenn Ihr Kartenplotter ein sogenanntes Radar-Overlay bietet, zeigen die Radarechos die tatsächliche Lage der Küste an. In diesem Fall war der Fehler aber nicht durch die Karte verursacht, sondern durch das Radar, das nicht richtig eingestellt war, und eine unberücksichtigte Ablenkung des Magnetkompasses.

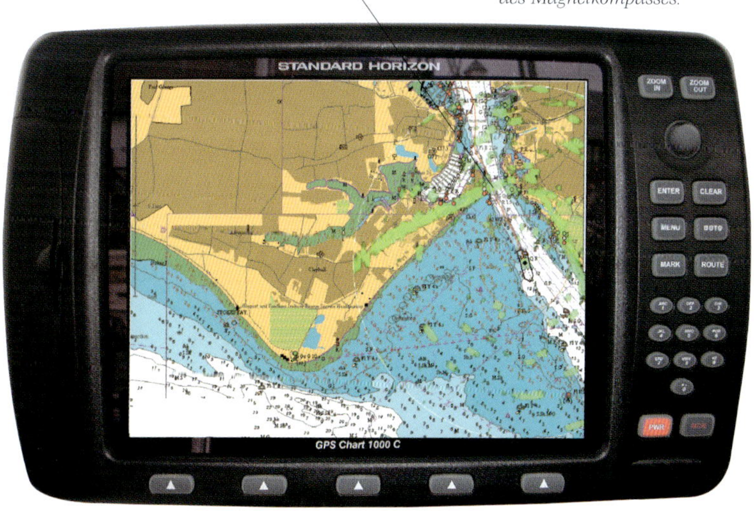

abhängig, üblicherweise wird ein Preisnachlass für eine aktualisierte Speicherkarte gewährt.

Berichtigungen umfassen häufig nur Gebiete, die sehr viel von der Handelsschifffahrt befahren werden, wie z.B. Hafen und Ansteuerungen.

Der Meeresboden einiger Flüsse und Hafenansteuerungen ist kurzzeitigen Änderungen ausgesetzt, die von der Hafenbehörde durch Verlegen der Tonnen berücksichtigt werden. Diese Änderungen fließen selten in die Berichtigungen ein, stattdessen gibt es oft Hinweise in der Seekarte, im Seehandbuch oder im Revierführer für Gebiete mit sich schnell ändernden Bedingungen.

Radar

Ein Radargerätsendet und empfängt elektronische Mikrowellenpulse über eine rotierende Antenne. Falls ausgesendete Pulse auf ein festes Objekt treffen, werden sie zurückgeworfen. Die Echos machen auf dem Bildschirm die Position der Objekte sichtbar.

Wie misst das Radar Entfernung und Peilung?

Die ausgesendeten Pulse bewegen sich mit Lichtgeschwindigkeit. Die Zeit, die von der Aussendung über die Reflexion am Objekt und bis zum Empfang des Echos vergeht, wird in Entfernung umgerechnet.

Die Radarantenne (der Scanner) »weiß«, in welche Richtung die Antenne zeigt, wenn das reflektierte Echo empfangen wird, so ergibt sich die Seitenpeilung. Falls das Radargerät mit Kursinformationen von weiteren Geräten versorgt ist, können diese auf dem Bildschirm mit angezeigt werden.

Wie groß ist die Reichweite?

Radar kann weder um Ecken noch hinter den Horizont »sehen«. Der Radarhorizont für eine Antenne, die in 4 m (18 ft) Höhe montiert ist, reicht bis zu 5 sm. Das bedeutet, dass ein kleines Objekt an der Wasseroberfläche nicht weiter als bis 4,5 sm sichtbar ist, während andere, große Objekte viel weiter sichtbar sind, wie große Schiffe oder Berge.

Die Energie der wiederkehrenden Echos hängt von der Größe des Radarziels, von dessen Reflexionsver mögen und von der Entfernung ab.

Ein leistungsfähigeres Radar kann kleinere Ziele erfassen und reicht über größere Entfernungen. Eine Steilküste gibt generell ein besseres Echo als eine langsam ansteigende Küste.

Die Wirksamkeit des Radars ist auch von der Krängung abhängig. Die Radarstrahlen werden bei mehr als 12 Grad Krängung von der Wasseroberfläche abheben. Eine Segelyacht, die hoch am Wind läuft, müsste dann von Zeit zu Zeit aufgerichtet werden, damit ein vollständiges Radarbild empfangen wird.

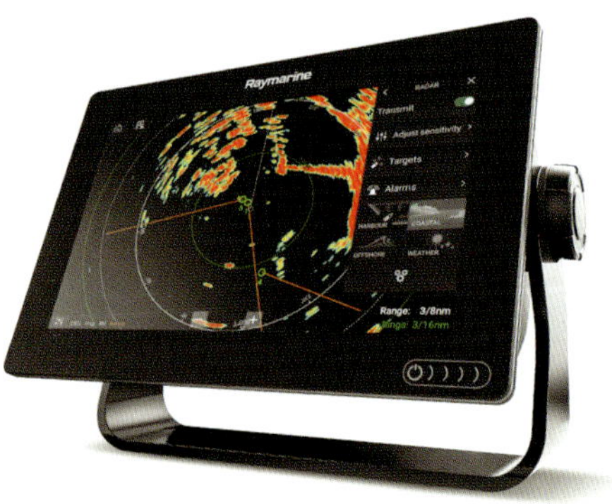

Radarbild auf einem Multifunktionsdisplay. Die Anzeige kann auch so geteilt werden, dass auf einer Seite das Radarbild und auf der anderen Seite die Seekarte angezeigt wird. Das Radarbild zeigt andere Schiffe sowie die Küstenlinie an, muss aber dennoch korrekt interpretiert werden, um Kollisionen zu vermeiden.

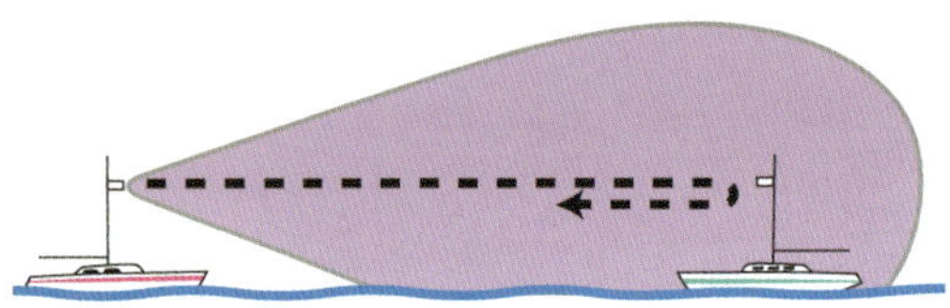

Die Entfernung wird mit dem Radar durch die Laufzeit von Impuls und Echo bestimmt. Das Gerät rechnet die Informationen in Distanzen um (links).

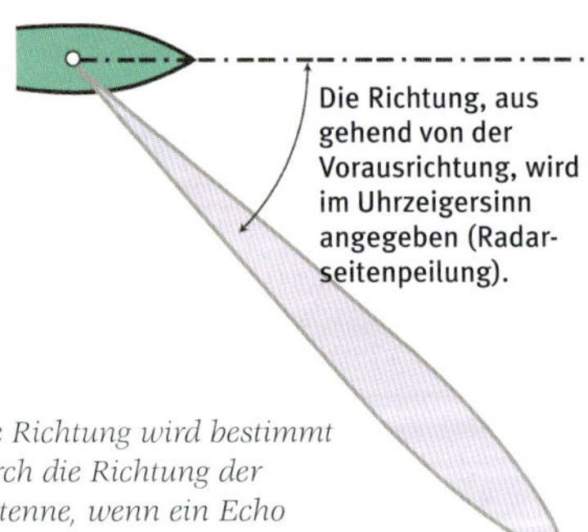

Die Richtung wird bestimmt durch die Richtung der Antenne, wenn ein Echo empfangen wird (oben).

Der Radarstrahl biegt sich leicht hinter den Horizont, sodass der Radarhorizont etwas hinter dem sichtbaren liegt. Objekte, die hinter dem Horizont in den Strahlenkegel des Radars hineinragen, können bis zu einer Entfernung von 24 sm oder 36 sm erkennbar sein, abhängig von der Leistung des Radars und der Antennenhöhe über dem Wasser (unten).

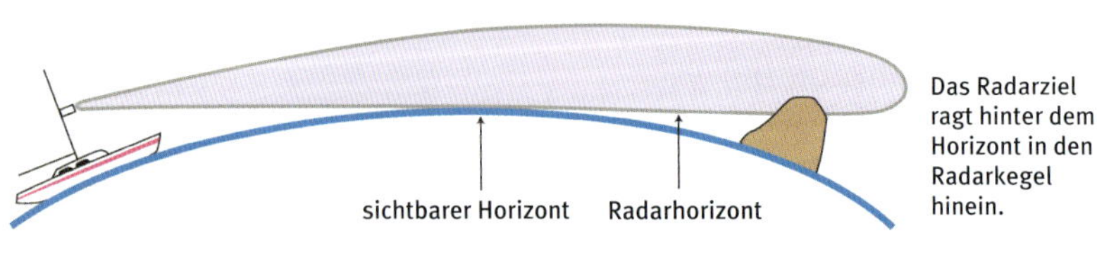

Das Radargerät bedienen

Der Umgang mit dem Radargerät verlangt einige Übung. Es ist Vorschrift, dass ein vorhandenes, funktionsfähiges Radargerät fachgerecht genutzt wird, um Kollisionen zu verhindern. Es wird deshalb dringend empfohlen, die Bedienung des Radars in einem Lehrgang an einer geeigneten Ausbildungsstelle zu erlernen.

Radar zur Kollisionsverhütung

Wenn die Peilung zu einem Radarziel auf dem Radarschirm gleich bleibt und die Distanz abnimmt, gilt es, eine Kollision zu verhindern. Um die Lage auf dem Radarbild richtig einschätzen zu können und die Gefährlichkeit der Situation zu prüfen, müssen Sie auf einem Radar Plotting Sheet mitkoppeln. Das erfordert etwas Übung.

Die teureren Radargeräte haben eine Radarkoppel-Einrichtung, Mini Automatic Radar Plotting Aid (MARPA).MARPA zeigt auf dem Schirm die Geschwindigkeit des Radarziels, den Kurs, den Punkt der größten Annäherung (closest point of approach, CPA) an, und es warnt vor eventuellen Kollisionsgefahren. Auch diese Funktion verlangt Sachverstand und Übung, um die Verkehrslage richtig zu interpretieren.

Radar im Nebel

Wenn ein anderes Fahrzeug nur als Radarziel beobachtet wird, gilt vor allem Regel 19 der Kollisionsverhütungsregeln (KVR), wonach es keine Kurshalter gibt, die Kurs und Geschwindigkeit beibehalten, sondern alle Fahrzeuge bereit sein müssen auszuweichen.

Navigation und Ansteuerung mit dem Radar

Das Radar »sieht« das Land genau da, wo es auch ist, anstatt von der Karte auszugehen, die zeigt, wo das Land liegen sollte. Deshalb ist das Radargerät ein hervorragendes Hilfsmittel für die Navigation in der Revierfahrt, vor allem bei schlechter Sicht und nachts, wenn es unsicher wäre, nur GPS zu benutzen.

Sie werden von einem steilen Ufer ein besseres Radarbild erhalten als von einer flachen Küste (unten).

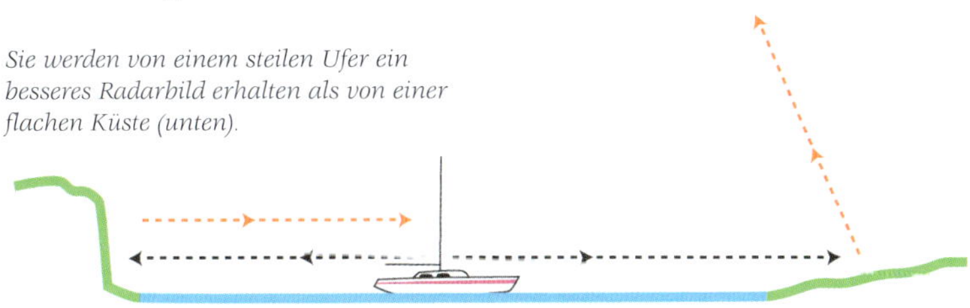

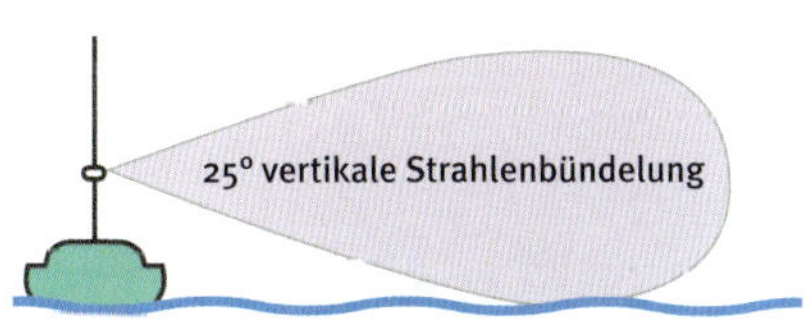

Yacht läuft aufrecht durchs Wasser

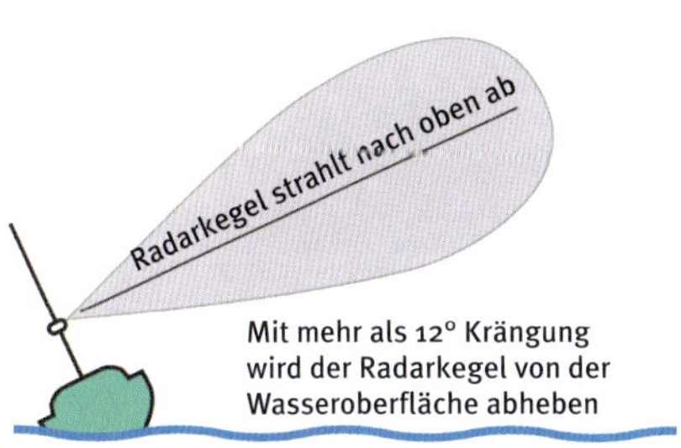

Mit mehr als 12° Krängung wird der Radarkegel von der Wasseroberfläche abheben

Die Wirkung der Krängung auf die Ausbreitung der Radarstrahlung ist, dass die Radarkeule von der Wasseroberfläche abhebt. Eine Segelyacht muss also die Kraft in den Segeln reduzieren, wenn sie hoch am Wind läuft (links).

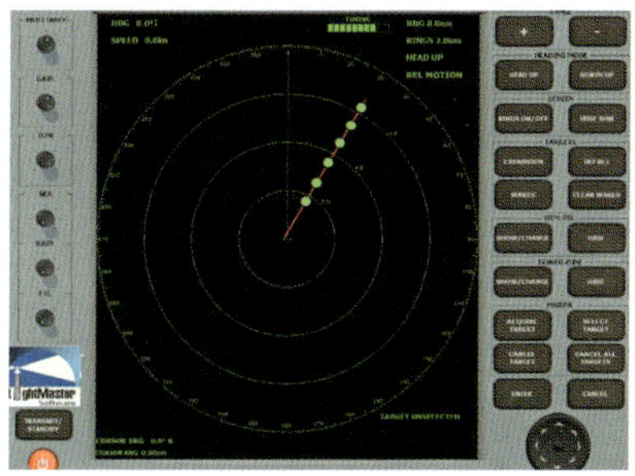

Das Radarziel bleibt in konstanter Peilung

Ein Radarziel, das sich nähert und dessen Peilung sich nicht ändert, ist auf Kollisionskurs.

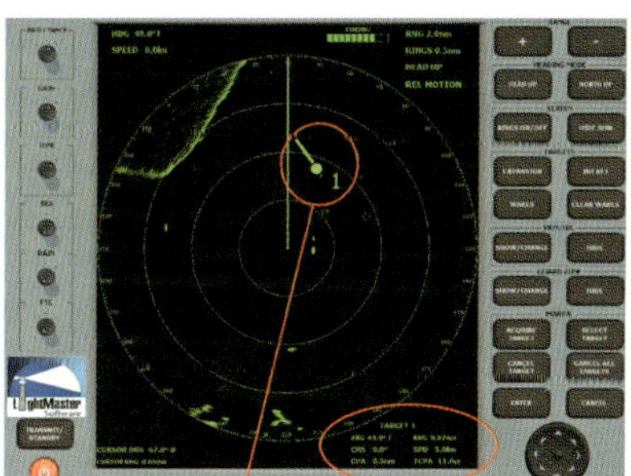

MARPA Das Radarziel 1 peilt rwP: 061° in 0,87 sm Abstand. Der Kurs ist 000°, die Fahrt 5,0 kn, CPA (closest point of approach) ist 0,5 sm und die Zeit zum CPA beträgt 11,0 Minuten.

Einige Radargeräte sind mit MARPA ausgestattet. MARPA berechnet Informationen zu einzelnen Radarzielen, wie Kurs, Fahrt und den CPA (Punkt der größten Annäherung). Die berechneten Daten können aufgrund mangelnder Berechenbarkeit fehlerhaft sein.
Es ist also auch gesunder Menschenverstand gefordert.

Revierfahrt

Revierfahrt ist Navigation nach Sicht, nach Landmarken und Schifffahrtszeichen. Üblicherweise ist die Revierfahrt mit der Ansteuerung von Häfen verbunden, aber jede Fahrt, die mit Sichtnavigation ohne Koppeln und Kursumwandlung durchgeführt wird, ist Revierfahrt.

Im betonnten Fahrwasser fahren

Die wahrscheinlich einfachste Revierfahrt ist die Fahrt im durchgehend betonnten Fahrwasser. Sie müssen sich auf der rechten Seite des Fahrwassers halten. Die Steuerbordtonnen bleiben dicht an der Steuerbordseite, wenn Sie in die vorgegebene Betonnungsrichtung laufen. In einem stark gebogenen Fahrwasser sollten Sie diesem in ausreichend großem Bogen folgen, um beim Abkürzen nicht möglicherweise auf Grund zu laufen. Manche Fahrwasserbezeichnungen befinden sich sehr nahe an der Kante zum flachen Wasser. Sie sollten bei Niedrigwasser nicht zu dicht daran vorbeilaufen – es könnte zu flach sein.

Im unbetonnten Fahrwasser

Solange Sie in einem bezeichneten Fahrwasser laufen, können Sie davon ausgehen, von gefährlichen Stellen frei zu bleiben, vorausgesetzt, Sie haben genügend Wasser unter dem Kiel. Wenn Ihnen das Fahrwasser unbekannt ist, kontrollieren Sie die Peilungen zu den Seezeichen, damit Sie sicher sind, die richtigen anzusteuern.

Prüfen Sie im Seehandbuch, Revierführer oder in der Karte, ob das Fahrwasser noch genutzt wird.

Oft werden Sie in der Karte Objekte finden, die Sie als Deckpeilung nehmen und zur sicheren Durchsteuerung nutzen können.

Eine Tonne ansteuern

In Gewässern mit (Gezeiten-)Strom müssen Sie vorsichtig sein, wenn Sie auf Tonnen oder andere Schifffahrtszeichen zuhalten. Sie könnten leicht seitlich gegen sie gedrückt werden oder stromabwärts auf eine Untiefe laufen. Steuern Sie aus diesem Grund bei Strom in sicherem Abstand an der Tonne vorbei, indem Sie entweder den Kurs abschätzen oder sich an Objekten im Hintergrund der Tonne orientieren. Wenn der Hintergrund der Tonne nicht seitlich auswandert, halten Sie direkt auf die Tonne zu.

Grenzpeilungen

Wenn Ihnen kein Schifffahrtszeichen zeigt, wie Sie sich von einer Untiefe freihalten können, finden Sie eine Grenzpeilung, die Sie nicht überschreiten dürfen, um von der Untiefe frei zu bleiben. Markieren Sie sie in der Karte und kontrollieren Sie sie häufig mit dem Handpeilkompass. So stellen Sie sicher, im sicheren Bereich zu bleiben, und es ist einfacher, als einen Kurs genau einzuhalten.

Lotungen

Unter Berücksichtigung der Höhe der Gezeit sind Lotungen mit einem kalibrierten Echolot in der Revierfahrt oft eine brauchbare Hilfe zur Ortsbestimmung. Sie können beispielsweise einen Kurs steuern, bis eine geforderte Wassertiefe erreicht ist, um den Kurs zu ändern.

Betonnungssystem A

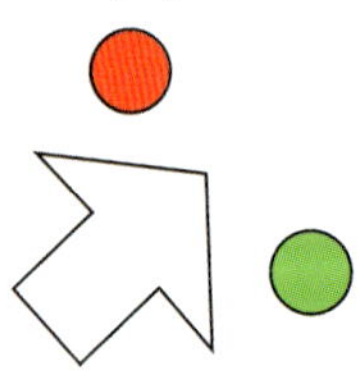

Betonnungssystem B

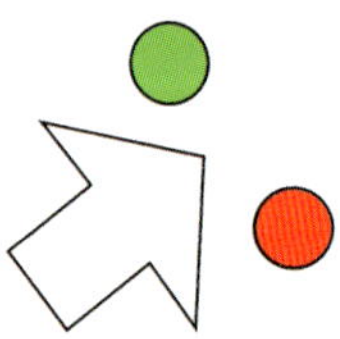

Stellen Sie die Betonnungsrichtungan dem entsprechenden Hinweissymbol in der Seekarte fest. Generell wird die Richtung einlaufend, Richtung Hafen bzw. flussaufwärts, bezeichnet. Im Betonnungssystem A haben Sie einlaufend die grünen Tonnen an Steuerbord, auslaufend die roten Tonnen an Steuerbord. Das Umgekehrte gilt für das Betonnungssystem B (links).

Obwohl das eigentliche Fahrwasser etwa 9 bis 10 Fuß (3 m) tief ist, sind einige Seezeichen auf der 5-Fuß-Linie (1,5 m) aufgestellt.

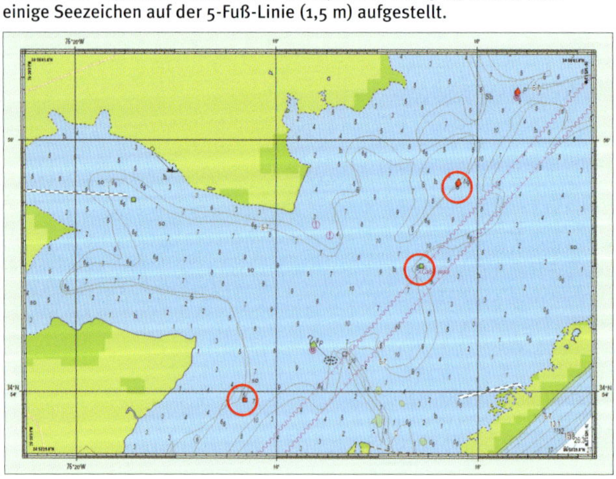

Beachten Sie, dass Fahrwassermarkierungen oft in flachem Wasser stehen, dass nicht beide Fahrwasserseiten gleich viele Markierungen haben und dass rote und grüne Fahrwassermarkierungen einander nicht gegenüberstehen müssen (links).

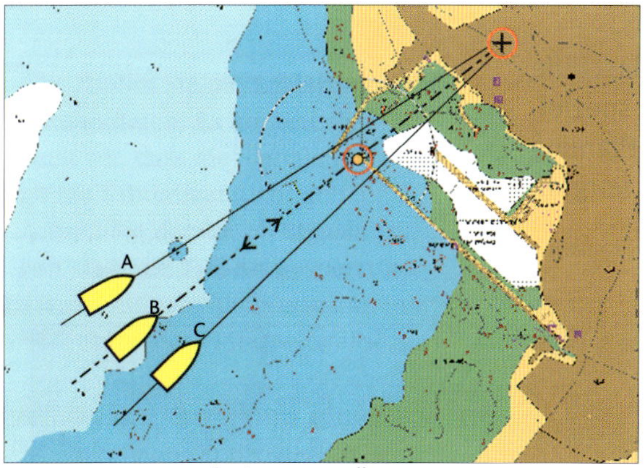

Ansteuerungspeilung

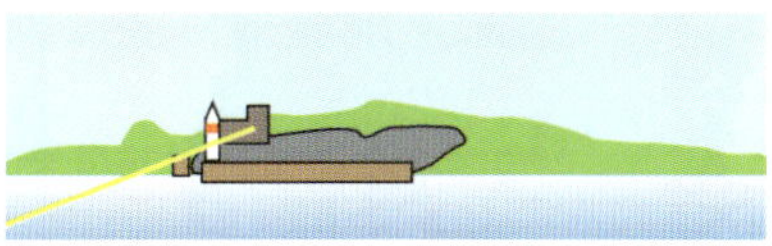
A Rechts von der Deckpeilung; Kurs nach Backbord ändern

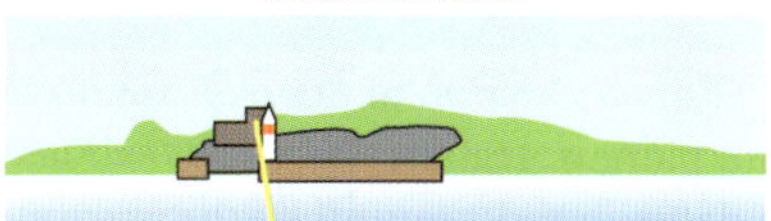
B Genau in Deckpeilung

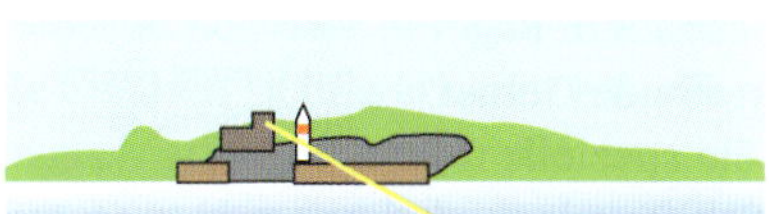
C Links von der Deckpeilung; Kurs nach Steuerbord ändern

Peillinien sind in der Seekarte eingetragen. Falls nicht, können Sie oft Ihre eigenen Peillinien zur Ansteuerung finden. Das Prinzip ist in beiden Fällen das gleiche: Halten Sie die Peilmarken übereinander (in Deckpeilung), dann sind Sie im sicheren Fahrwasser (oben und links).

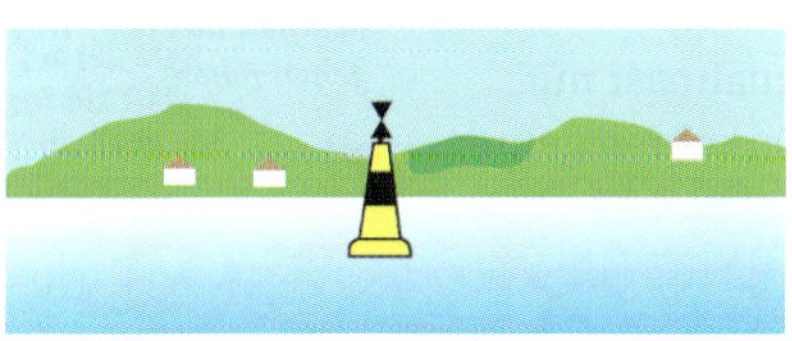
Deckpeilung zu Beginn der Ansteuerung

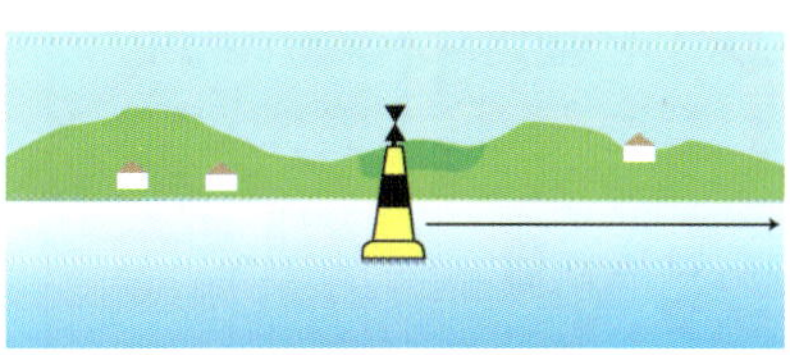
Die Tonne ist nach Steuerbord ausgewandert; drehen Sie nach Steuerbord

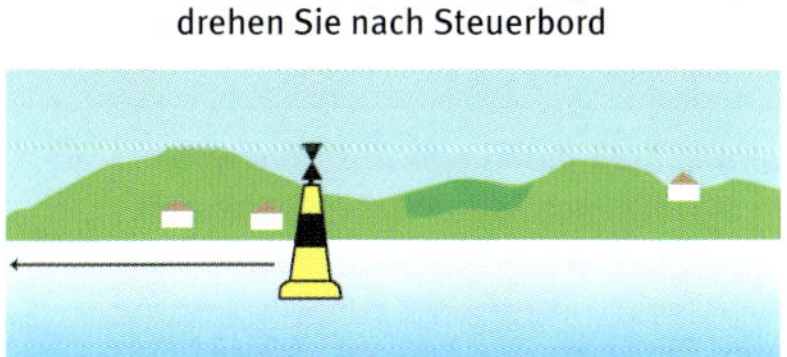
Die Tonne ist nach Backbord ausgewandert; drehen Sie nach Backbord

Merken Sie sich ein Objekt oder Muster im Hintergrund, das Sie mit der Tonne in Deckung halten. Damit sorgen Sie dafür, dass Sie nicht stromabwärts getrieben werden. Ändern Sie den Kurs, wenn Sie der Tonne nahekommen, sonst laufen Sie dagegen (links und unten).

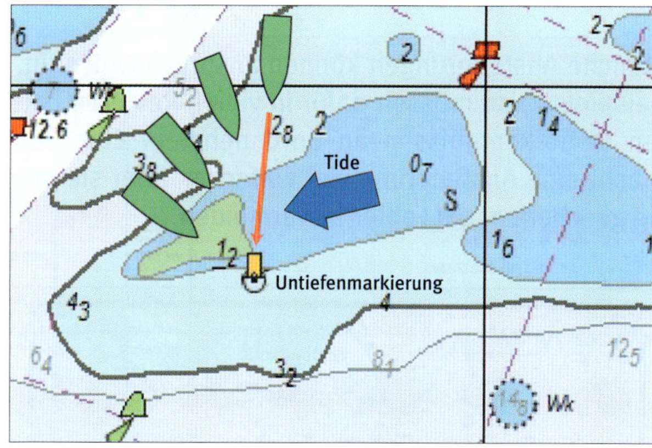

Wenn Sie direkt auf eine Untiefenmarkierung zuhalten, während der Strom von der Seite kommt, laufen Sie Gefahr, auf die Untiefe zu fahren. Während der Strom Sie zur Seite schiebt, bleibt Ihr Bug auf die Tonne gerichtet, bis Sie gegen den Strom auf die Tonne zufahren. Auf diese Weise laufen Sie auf Grund!

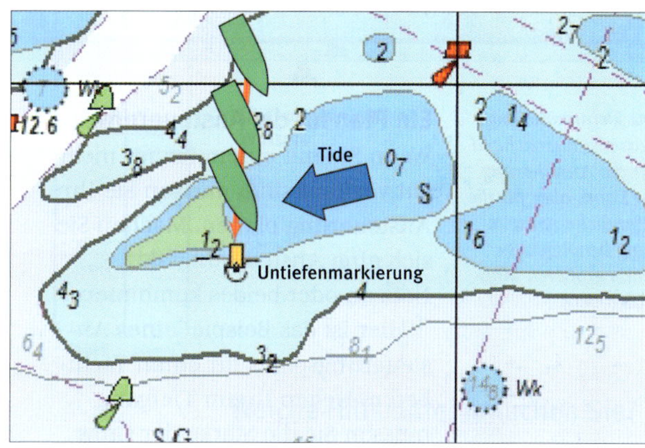

Halten Sie gegen den Strom vor. Damit sorgen Sie dafür, dass Sie die Tonne auf dem vorgesehenen Kurs ansteuern. Sie können Ihren Kurs ausrechnen, abschätzen oder den richtigen KüG = COG auf Ihrem GPS-Gerät beibehalten.

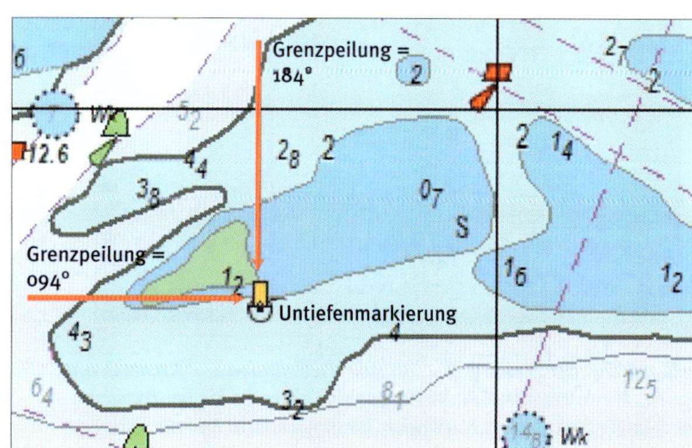

Um nicht auf die Sandbank zu laufen, richten Sie sich nach Grenzpeilungen.

Die Reiseplanung

Einen längeren Törn zu planen heißt, verschiedene Entscheidungen über Zeitpunkt und Art einer Fahrt zu treffen. Das schließt die Beurteilung von Wetter und Crew sowie die Planung des Proviants und des Treibstoffs mit ein.

Die Route

Beginnen Sie die Planung mit einer kleinmaßstäbigen Karte, und zeichnen Sie die geplante Route ein (siehe S. 290).

Beachten Sie folgende Fragen:

- Gibt es Einschränkungen aufgrund von Gezeiten am Abfahrtsort, Ankunftsort oder im Verlauf der Route?
- Auf welchen Routen kann man am besten von den Strömungsverhältnissen und vorhandenen Seezeichen profitieren?
- Gibt es Schifffahrtsrouten oder Verkehrstrennungsgebiete, die Sie queren müssen?
- Wann ist Sonnenauf- und Sonnenuntergang? (Das könnte sich in schwierigen Revieren und bei tageszeitlich abhängigen Sichtverhältnissen auf Ihren Abfahrts- oder Ankunftstermin auswirken.)
- Welche Lotungensind zu einer Routenkontrolle geeignet?

Schreiben Sie Distanz und voraussichtliche Fahrtdauer auf. Sie haben jetzt die notwendigen Informationen, um Ihre Überfahrt zu planen.

Gezeiten und Gezeitenstrom

Wenn Sie in Gezeitengewässern unterwegs sind, notieren Sie die Hoch- und Niedrigwasserzeiten an Abfahrts- und Bestimmungsort und suchen Sie die entsprechenden Daten zu den Bezugsorten der Gezeitentafeln und aus dem Stromatlas heraus.

Ergänzen Sie Ihren Plan, wenn nötig, indem Sie die Seekarte auf Untiefen und enge Passagen mit starkem Gezeitenstrom überprüfen. Finden Sie die für Sie nützlichen Befeuerungen und Schifffahrtszeichen. Es kann sich lohnen, einen Umweg zu machen, wenn dadurch die Route besser gekennzeichnet ist.

Ihr Plan im Detail

Mit den Informationen können Sie die Fahrt ausführlich planen. Berechnen Sie die günstigsten Zeiten für die kritischen Stellen der Passage hinsichtlich Wassertiefe und Tidenstrom. Berücksichtigen Sie die Sichtverhältnisse der jeweiligen Tageszeit und eventuelles Mondlicht. Mit der durchschnittlichen Fahrt über Grund rechnen Sie die

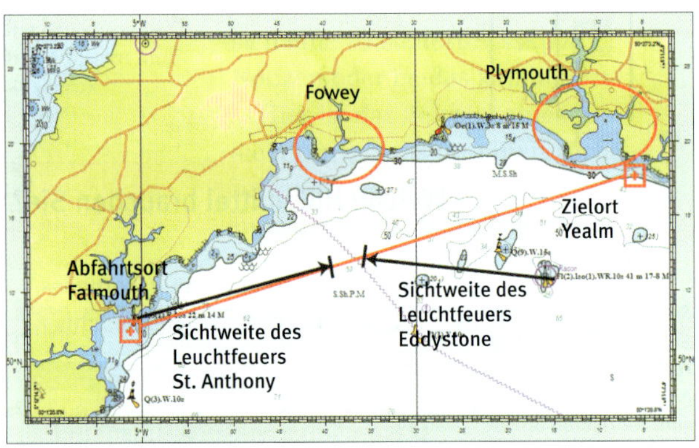

Notieren Sie wichtige Details und Ausweichhäfen auf Ihrer Route (links).

Suchen Sie aus dem Gezeitenstromatlas nach Zeiten mit mitlaufendem Strom (unten).

Abfahrtszeit 21. Juni							
Plymouth			Einfahrt Yealm			Dover	
HW	0815	4,9 m	HW	0804	4,7 m	HW	0116
LW	1415	1,4 m	LW	1420	1,3 m	HW	1344
HW	2023	5,1 m	HW	2029	5,0 m	HW	0204
Tidenhub		3,6 m					
Springtidenhub		4,7 m					
Nipptidenhub		2,2 m					
Zwischen Spring- und Nippzeit: Mittverhältnisse							

Oststrom setzt ab HW Dover	+3 1/2
Weststrom setzt ab HW Dover	−2 1/2

Am 21. Juni ist HW Dover 0116, 1344 und 0204 (22.6.) Oststrom 0445 bis 1115 und 1645 bis 2230

Einfahrt in Yealm nicht zwischen 1310 und 1530	
	(0,5 m Sicherheitstiefe)
oder	1200 und 1610
	(1,0 m Sicherheit)

Strom setzt im Durchschnitt 0,6 kn mit oder 0,6 kn gegenan.
Fahrtdauer 6:30 mit Strom oder 7:40 gegen Strom

Zwei Möglichkeiten:
Auslaufen Falmouth 0445, Einlaufen Yealm 1115 mit dem Flutstrom
oder
Auslaufen Falmouth 0830, Einlaufen Yealm 1610 gegen den Ebbstrom

Suchen Sie aus den Gezeitentafeln alle betreffenden HW- und NW-Zeiten und -höhen für den Tag Ihrer Überfahrt heraus (links).

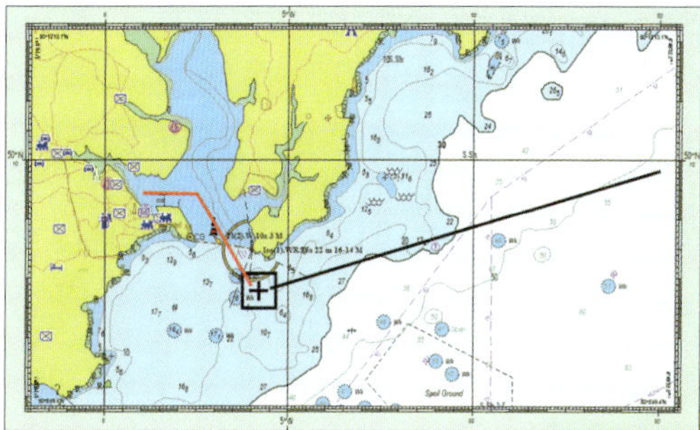

1. *Geben Sie die Wegpunkte auf einer Karte geeigneten Maßstabs ein. Berücksichtigen Sie den Abschnitt nach dem Auslaufen (oben).*

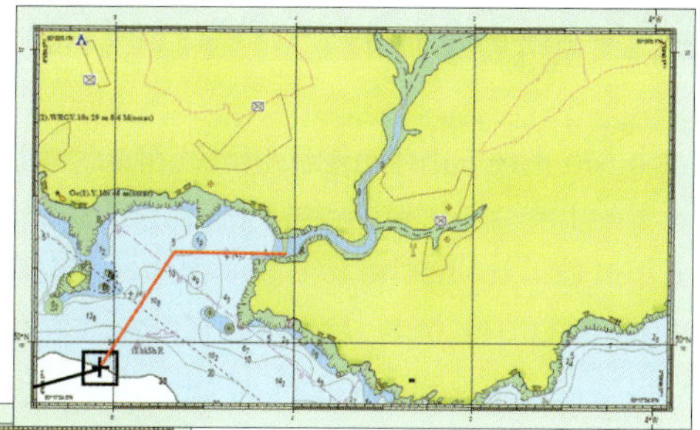

2. *Gehen Sie genauso am Zielhafen vor (oben).*

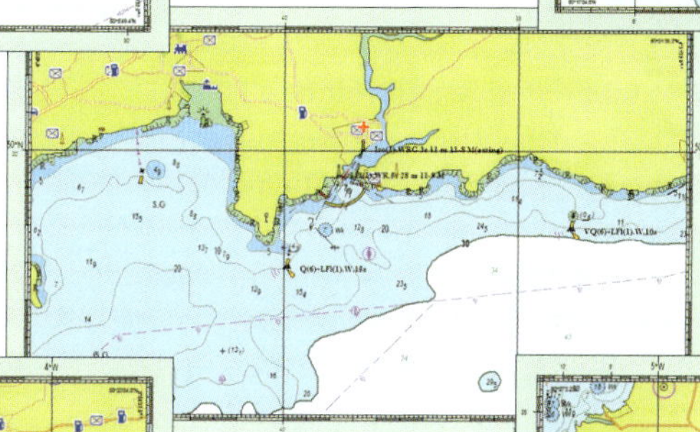

3. *Planen Sie einen möglichen Ausweichhafen ein (unten).*

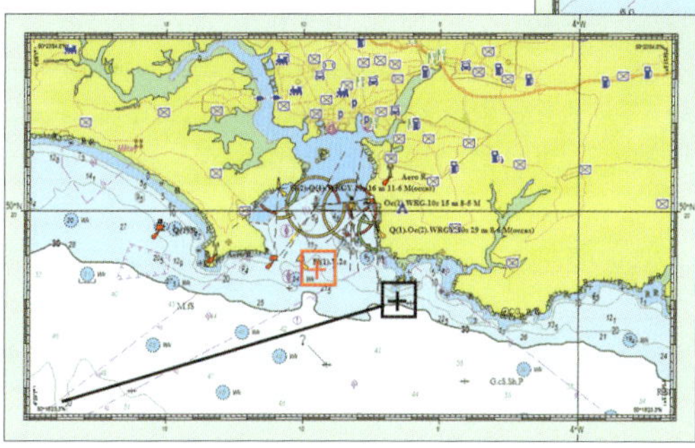

4. *Geben Sie einen Ansteuerungswegpunkt vor jedem Ausweichhafen ein (oben).*

5. *Schließen Sie das Zeichnen der Route ab, indem Sie Distanzen und Kurse eintragen (unten).*

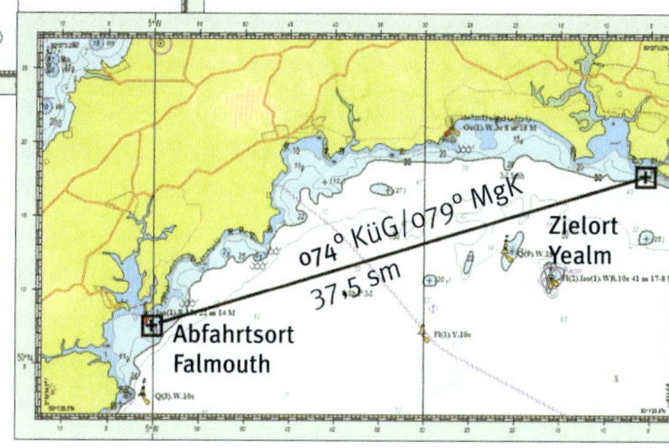

Routenplan Falmouth–Yealm							
Wegpunkt	Breite	Länge	Kurs	Kurs	Distanz	Geschw.	Zeit
			KüG	MgK		Knoten	(o. Strom)
WP1	50° 01,20W	005° 01,20W					
			74	79	37,5	6	0615
WP2	004° 06,3W	004° 6,3W					

6. *Bereiten Sie eine Tabelle mit Wegpunkten, Kursen und Distanzen vor, die Sie in das GPS-Gerät eingeben (links).*

voraussichtliche Fahrtdauer, die Ankunftszeit ETA (estimated time of arrival) und die Zeitpunkte für kritische Routenabschnitte aus. Möglicher weise müssen Sie dann Ihre geplante Abfahrtszeit noch einmal ändern oder vorübergehend vor kritischen Stellen ankern, damit Ihr Plan gelingt.

Welche Rolle spielt das Wetter?

Sie müssen die Wirkung von Wind- und Wetterverhältnissen in die Planung einbeziehen. Starker Wind verändert den Seegang bei Strom erheblich, und Sie müssen überlegen, unter welchen Bedingungen Sie die Fahrt sicherheitshalber nicht antreten. Sie müssen auch die Ausweichhäfen in Betracht ziehen, falls sie sich unterwegs verschlechtern.

Markieren Sie auf Ihrer Karte den Abdeckungs- und Einsatzbereich der Küstenwache bzw. Rettungsleitstelle und notieren Sie die wichtigen UKW-Frequenzen für Ihren Bereich. Machen Sie eine Liste Ihrer Wegpunkte mit Kursen und Distanzen, sodass Sie die Daten in das GPS-Gerät eingeben können.

Planen Sie Ihre Revierfahrt

Machen Sie Pläne für die Streckenabschnitte nach dem Auslaufen, für die Ansteuerung und alle Häfen, die Sie unterwegs anlaufen (siehe S. 300). Sie sollten sich auch Gedanken über das Essen machen: wie viel Sie benötigen, wann es zubereitet werden soll (besonders wichtig, wenn raue Verhältnisse vorhergesagt wurden) und wann gegessen wird.

Navigationsroutine unterwegs

Wenn Sie Ihre Fahrt angetreten haben, müssen Sie die Yacht navigieren. Das heißt, Sie müssen Positionen und Kurse bestimmen und überwachen und taktische Entscheidungen darüber treffen, wie Sie Ihr Ziel am besten erreichen. Der Skipper muss immer ein Auge auf das Wetter haben und auf das Befinden seiner Crew achten.

Wenn der Zeitpunkt des Auslaufens bekannt ist, planen Sie die ersten Schritte Ihres Törns voraus, bevor Sie den ersten Wegpunkt erreichen.

Wenn Sie in Gezeitenrevieren unterwegs sind, entnehmen Sie den Gezeitentafeln die Hochwasserzeiten für den Bezugsort Ihres Gebietes. Im Stromatlas finden Sie den Gezeitenstrom und versehen die entsprechen den Seiten mit den Uhrzeiten des Reisetages. Verfolgen Sie Ihren gefahrenen Kurs in der Seekarte.

Bereiten Sie die Streckenabschnitte vor, indem Sie den Stromvektor in die Karte eintragen und den rechtweisenden Kurs bestimmen (siehe S. 288/289). Zeichnen Sie mit den stündlichen Stromversetzungen den erwarteten KüG ein. Wenn Sie genau wissen, wann Sie den ersten Wegpunkt passieren, können Sie diese Arbeit vorher machen. Jetzt ist die Seekarte für das Koppeln der Route vorbereitet.

Kartenarbeit

Genauso wie Sie Ihre Route überprüft haben, sollten Sie Ihre aktuelle Position in regelmäßigen Abständen bestimmen. Koppelorte sind zum Abgleich mit dem beobachteten Ort geeignet und wenn die Geräte versagen. In Tidengewässern werden Sie den rechtweisenden Kurs in der Karte ermitteln müssen.

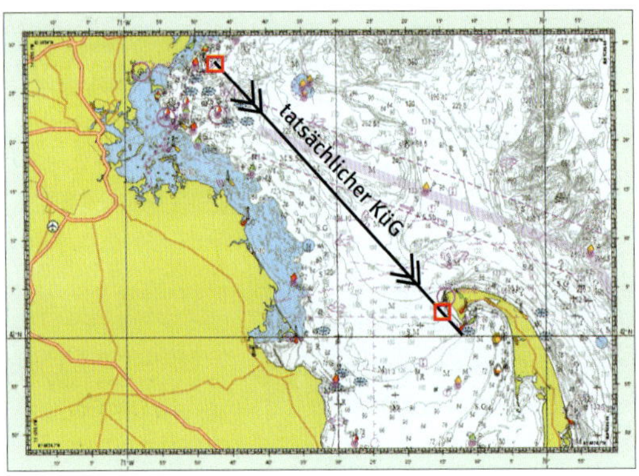

Direkte Kurslinie ohne Beschickung.

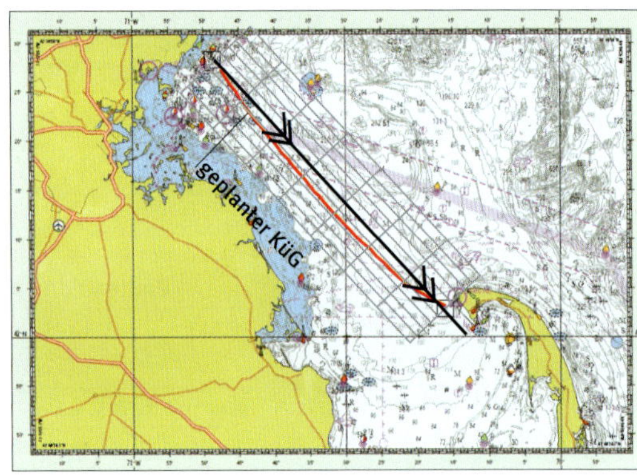

Mit der Summe der stündlichen Stromversetzungen zeichnen Sie den erwarteten Kurs über Grund ein. Wenn Sie genau wissen, wann Sie am ersten Wegpunkt sein werden, können Sie das schon vor dem Auslaufen tun.

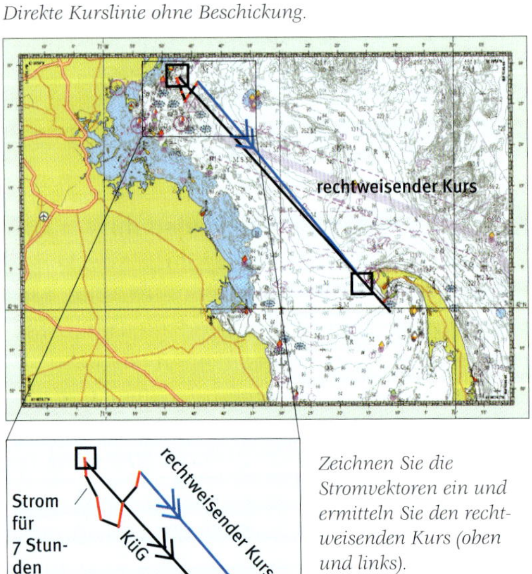

Zeichnen Sie die Stromvektoren ein und ermitteln Sie den rechtweisenden Kurs (oben und links).

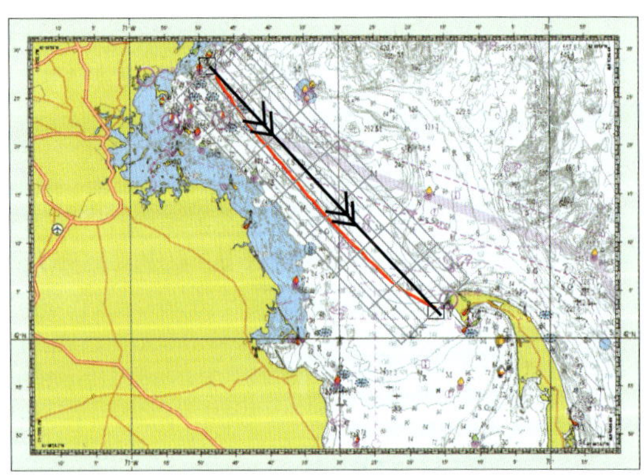

Die Seekarte ist jetzt für die Ortsbestimmung vorbereitet.

Wie oft sollten Sie den Standort bestimmen?

Lassen Sie zwischen zwei beobachteten Positionen nicht zu viel Zeit vergehen. Bei regelmäßiger Standortbestimmung sind Sie nie weit von der letzten Position entfernt, falls Ihre Geräte mal ausfallen sollten. Auf einer Segelyacht ist es nützlich, stündlich die Position zu bestimmen.

Viele Segler tragen ihre Positionen genau zur vollen Stunde ein. Das ist nicht immer das beste Verfahren. Wenn das Hochwasser z.B. um 10:35 Uhr eintritt, sollten Sie besser die Standorte jeweils 35 Minuten nach der vollen Stunde nehmen. Dann können Sie immer mit dem Stromvektor für die folgende volle Stunde rechnen.

Welchen Kurs steuern Sie in Querstrom?

Wenn Sie Querstrom haben, wird es besser sein, wenn Sie Ihren Kurs nach dem durchschnittlichen Strom für die gesamte Strecke einrichten. Wenn Sie zu jeder Zeit auf der direkten Kurslinie zum Wegpunkt bleiben, kämpfen Sie ständig etwas gegen den Strom, was am Ende einer 60 sm langen Strecke etwa eine Stunde Zeitverlust bedeuten kann.

Wenn Sie kreuzen, notieren Sie Uhrzeit und Logstand bei jeder Wende. Bestimmen Sie jede Stunde Ihre Position. Falls Sie koppeln müssen, notieren Sie den Koppelkurs nach jeder Wende, ein Stromdreieck müssen Sie aber nur jede Stunde zeichnen.

Wenn Sie vom geplanten Kurs abgewichen sind und den Kurs ändern wollen (ohne dass sich große Fehler ergeben hätten), laufen Sie zunächst weiter bis zur Hälfte der Teilstrecke. Dann halten Sie den neuen Kurs auf den Wegpunkt zu, bis Sie wieder die Hälfte der verbleibenden Strecke gelaufen sind (drei Viertel der Strecke), und ändern dann erneut den Kurs auf das Ziel zu.

Ermitteln Sie für lange Strecken mit Querstrom den zu erwartenden KüG und behalten Sie Ihren Kurs bei, solange die Abweichung nicht zu groß wird.

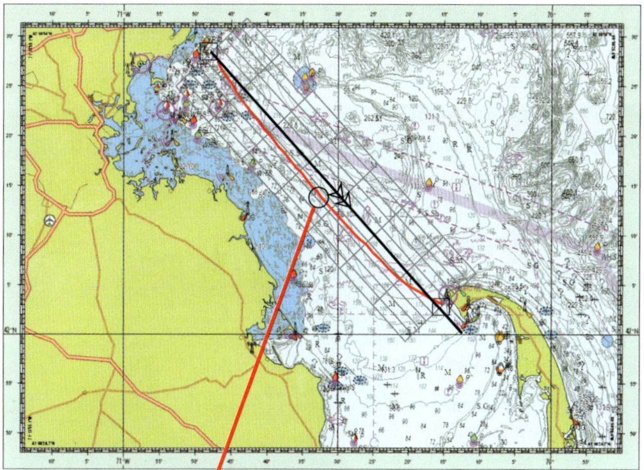

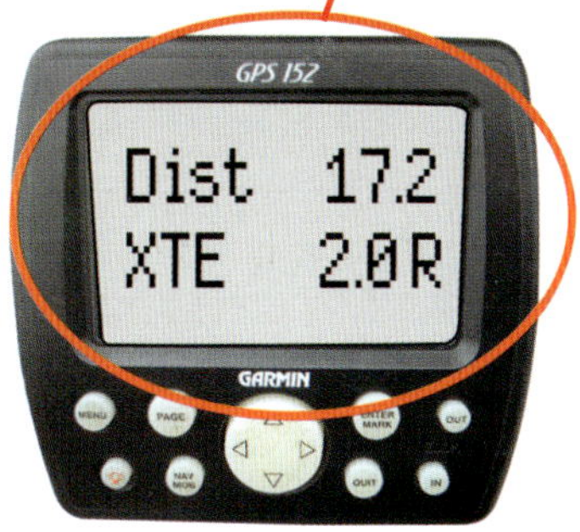

Standortbestimmung mit GPS und einer vorbereiteten »Positionsleiter«, einem Netz aus Distanzen und XTE-Angaben (oben).

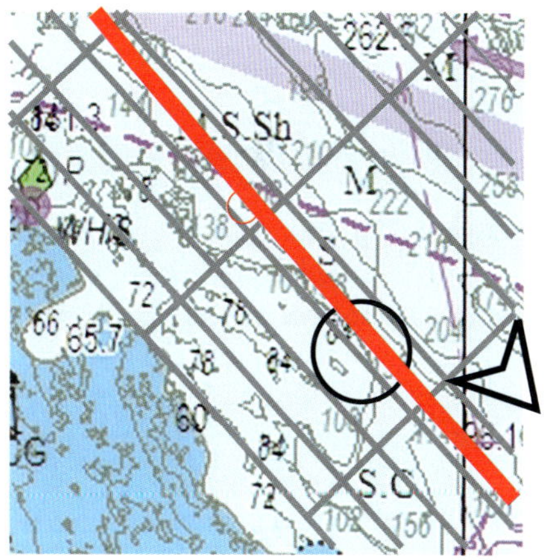

In diesem Fall gibt es eine Abweichung zwischen GPS-Position und Koppelstandort, allerdings noch innerhalb des Toleranzbereichs. Es könnte sich lohnen, zu prüfen, ob vom Rudergänger der richtige Kurs gehalten wurde. Die Kontrolle kann mit dem Handpeilkompass geschehen, solange Sie noch auf demselben Kurs sind. Stellen Sie auch sicher, dass keine magnetischen Gegenstände in Kompassnähe untergebracht sind (rechts).

Das Logbuch

Das Logbuch ist ein Dokument, in das Sie die geplante Route, die Wettervorhersagen und -beobachtungen, Informationen zur Navigation und die Positionen eintragen. Es sollte möglich sein, anhand der Informationen des Logbuchs Reisedetails zu rckonstruieren.

Für größere Schiffe ist eine genaue Logbuchführung ohnehin vorgeschrieben.

Tipp

Wenn Sie Ihre Positionen koppeln, achten Sie darauf, vom Strom nicht zu weit versetzt zu werden. Halten Sie gegen den Strom vor, und Sie werden es leichter haben, Ihr Ziel zu erreichen. Zeichnen Sie den tatsächlichen Kursverlauf in die Seekarte ein.

Navigation in der Nacht

Die Befeuerungen der Leuchttürme und Tonnen unterscheiden sich durch unterschiedliche regelmäßige Kennungen. Die müssen Sie in die Planung nächtlicher Fahrten einbeziehen.

Revierfahrt in der Nacht

Sie brauchen zunächst einen Plan, den Sie gut bei schwacher Beleuchtung lesen können. Der Plan muss die einzelnen Kurse und Distanzen enthalten sowie die Kennungen der Leuchtfeuer.

- Orientieren Sie sich an der GPS-Peilung zum nächsten Wegpunkt und vor allem am KüG (COG), den Sie mit Ihrem geplanten KüG vergleichen können.
- Nutzen Sie Ihre Selbststeueranlage, falls Sie eine haben, das hilft den Kurs genau zu halten.
- Identifizieren Sie die Leuchtfeuer mithilfe Ihres Handpeilkompasses, sobald sie in Sichtweite sind.
- Wenn der Rudergänger auf ein Leuchtfeuer zuhalten soll, stellen Sie sicher, dass er dasselbe Feuer meint wie Sie. Zeigen Sie über die Schulter des Rudergängers die Richtung und die Kennung an, nachdem Sie selbst das Feuer erkannt haben.
- Sobald Sie auf einer Teilstrecke laufen, beginnen Sie, nach dem nächsten Feuer zu suchen. Wenn es sich um eine Tonne handelt, wird sie nur auf etwa 2 sm Entfernung zu sehen sein (etwa 20 Minuten vor Erreichen, bei 6 kn Fahrt).
- Markieren Sie die Seezeichen auf Ihrem Plan, wenn Sie sie passieren. Starten Sie Ihre Stoppuhr neu.

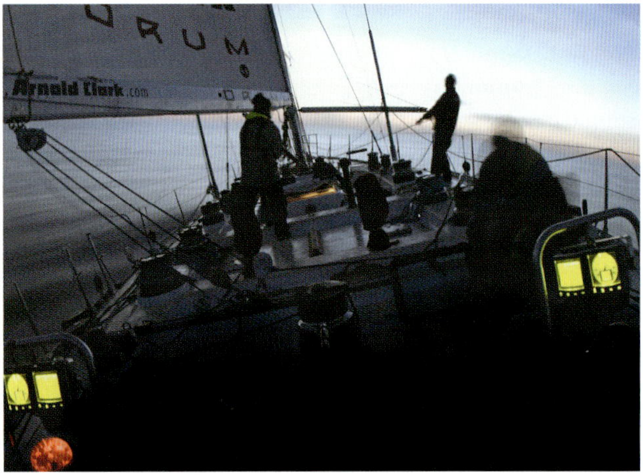

Sobald es dunkel wird, können Leuchtfeuer das Einzige sein, was Sie sehen können. Ihr Plan muss bei schwacher Beleuchtung leicht lesbar sein und die Kennungen aller Leuchtfeuer enthalten, die Sie nutzen wollen.

Hier ein Beispiel eines Navigationsplans, der die Route in verschiedene Teilstrecken mit den wesentlichen Angaben unterteilt. Die Befeuerung gibt die wichtigsten Informationen, notieren Sie deshalb die Kennungen der Feuer. Markieren Sie die Seezeichen, die Sie auf Ihrem Kurs passieren (rechts).

Der KüG (COG) der GPS-Anzeige ist nachts ein wichtiges Hilfsmittel (unten).

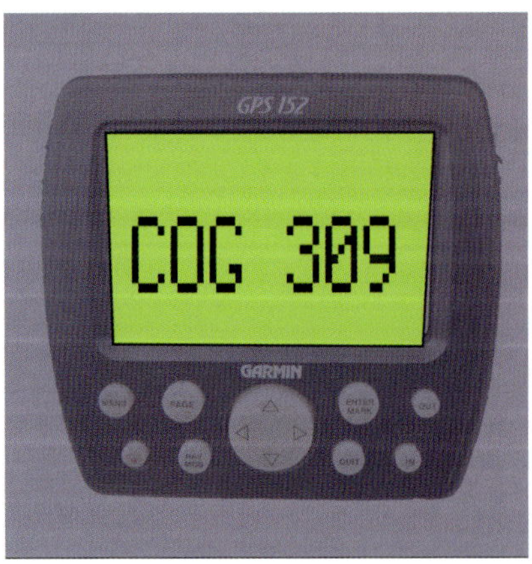

Navigationsplan für die Nacht

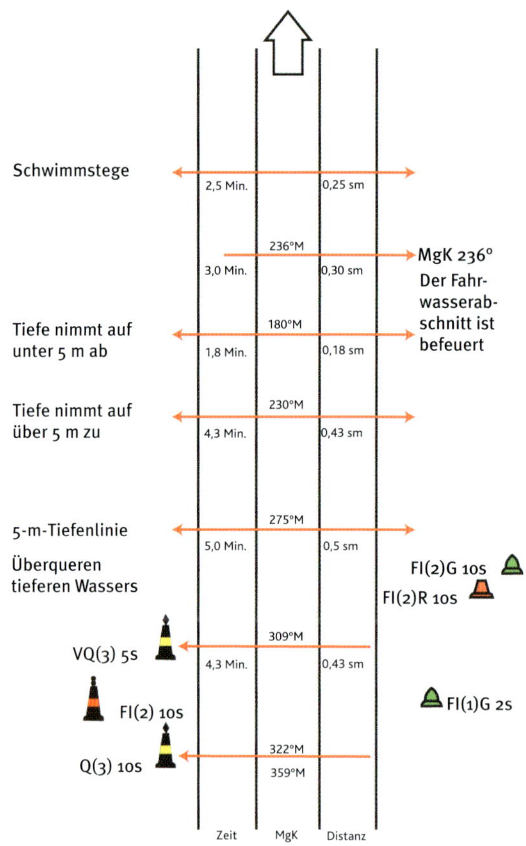

Auf eine reichlich beleuchtete Küste zulaufend, kann es schwierig sein, das gesuchte Feuer zu finden. Bereiten Sie sich vor, indem Sie eine Peillinie für das gesuchte Feuer bestimmen, bevor Sie Ihren Wegpunkt zur Kursänderung erreicht haben.

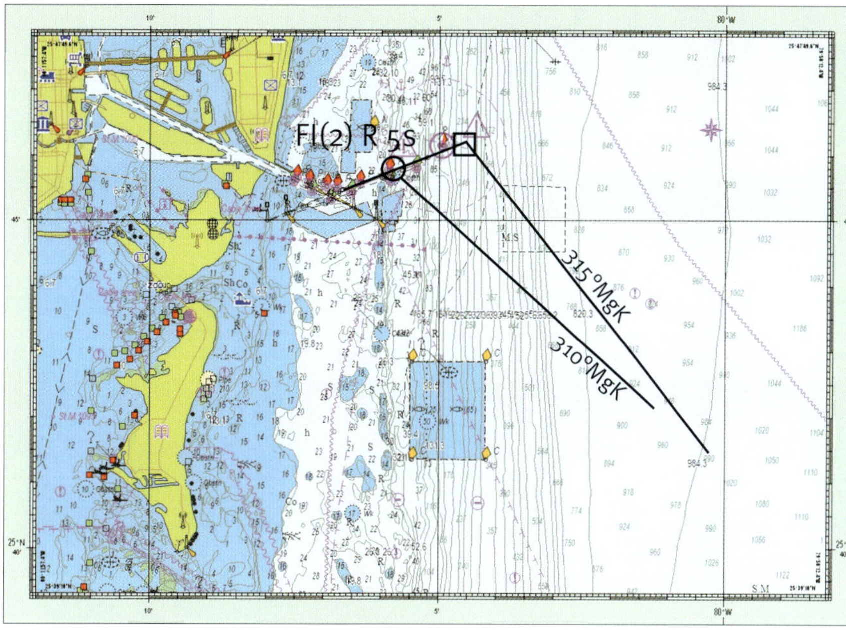

- Wenn Sie ein Feuer nicht zum erwarteten Zeitpunkt erkennen, suchen Sie beiderseits der Yacht. Nach einer Dauer von 20 Minuten wären Sie für jeden Grad Kursabweichung um 60 m neben der geplanten Kurslinie gelandet. Bleiben Sie mit Ihrem Blick nicht auf die Vorausrichtung fixiert.

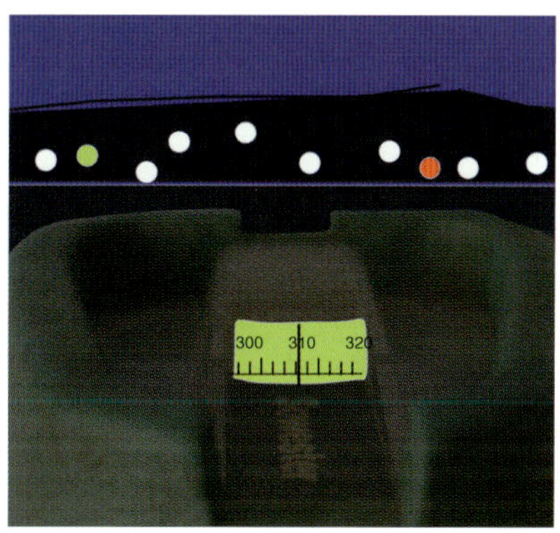

Peilen Sie das gesuchte Feuer, das hilft Ihnen bei der Identifizierung (links).

Wie finden Sie ein Feuer vor der beleuchteten Küstenlinie?

Wo der Hintergrund eines befeuerten Seezeichens aus einer reichlich beleuchteten Küste besteht, kann es sehr schwierig sein, Seezeichen ausfindig zu machen, die vielleicht nur alle 15 Sekunden einen Blitz abgeben. Zeichnen Sie in Ihrer Karte eine Position ein, von der Sie annehmen, dass Sie von dort das Zeichen sehen und identifizieren können. Von dieser Position aus nehmen Sie mit Ihrem Handpeilkompass die entsprechende Peilung. Merken Sie sich markante Objekte im Hintergrund, dann wissen Sie, wo Sie hinsehen müssen, sobald Sie den Wegpunkt erreichen.

Halten Sie Ausguck

Wenn Sie sich ganz und gar auf Navigation und Ansteuerung konzentrieren, kann es Ihnen leicht passieren, dass Sie den Blick für den Verkehr in Ihrer Umgebung verlieren. Halten Sie Ausguck über 360 Grad, gerade auch um kleine Boote mit schwacher Lichterführung zu erkennen.

Tipp

Das Sehvermögen stellt sich bei Dunkelheit erst nach etwa 30 Minuten richtig ein. Nach 10 Minuten ist die Anpassung aber schon brauchbar. Diese Anpassung Ihrer Augen wird jedoch durch helles Licht sofort gestört. Reduzieren Sie deshalb Ihre Kabinenbeleuchtung auf ein Minimum. Üblicherweise wird rote Beleuchtung benutzt, um die Dunkelanpassung der Augen weitgehend zu erhalten, grüne ist jedoch noch besser geeignet.

Wetter

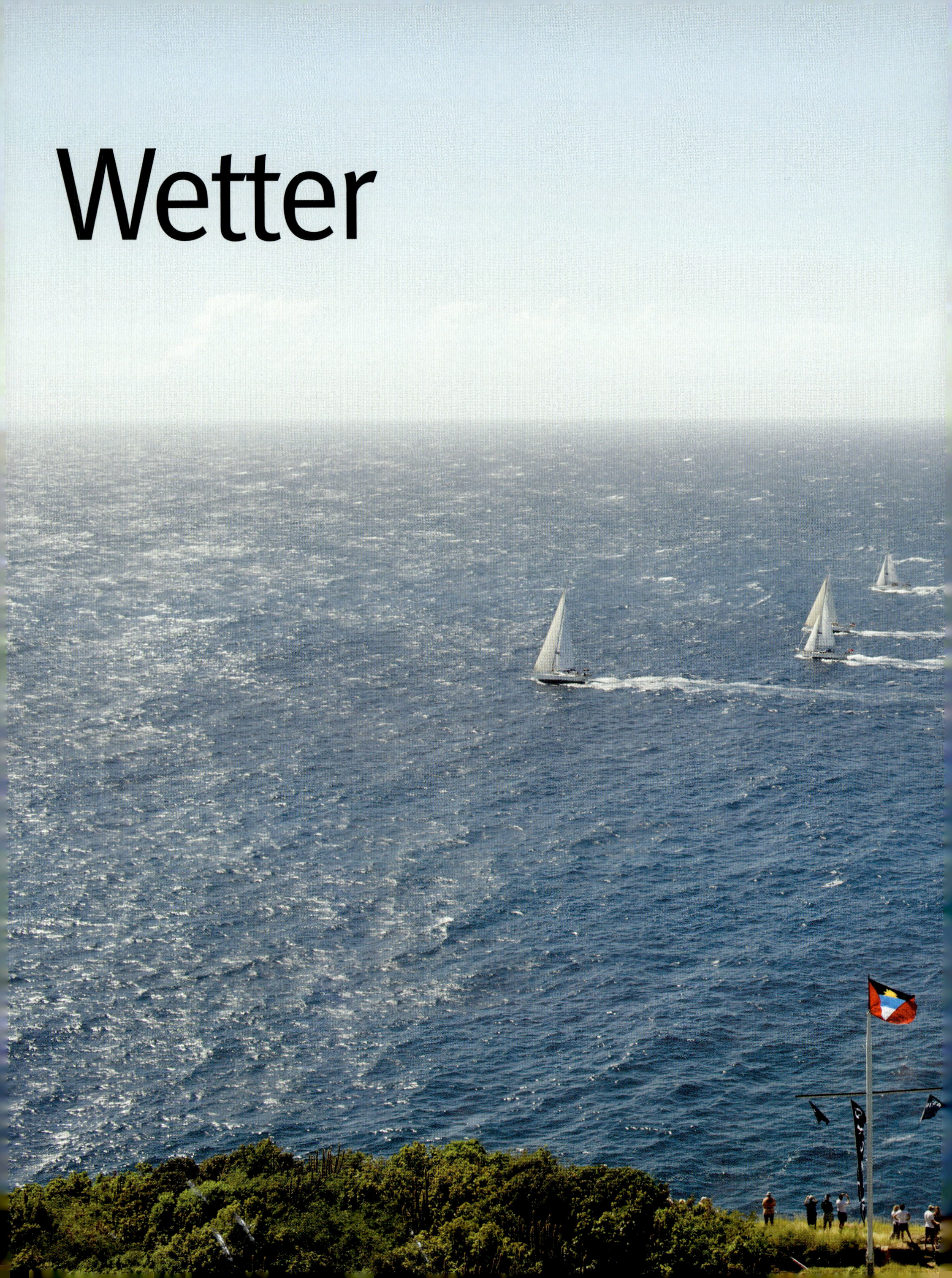

6

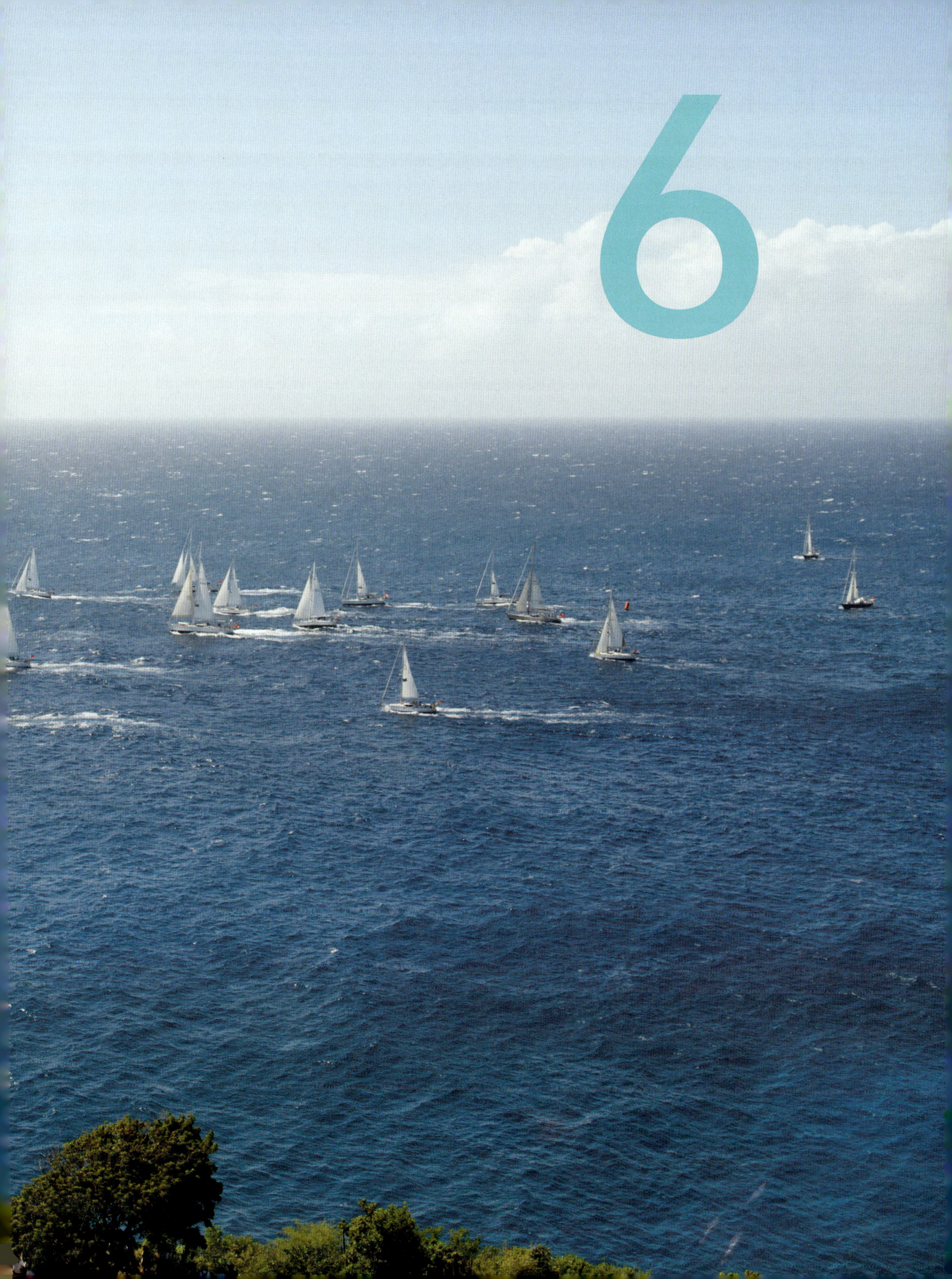

Die Wirkung des Wetters

Eine Vielzahl von Wetterfaktoren wirkt auf den Segler ein, die bedeutendsten sind sicher Wind und Sichtweite. Unser Wohlbefinden wird von der Temperatur beeinflusst, in gleicher Weise wie ein ausbleibender Regen.

Wie entsteht Wetter?

Grundlage allen Wettergeschehens ist die Erwärmung der Erdoberfläche durch die Sonne. Weil die Erde eine Kugel ist, verändert sich die empfangene Sonnenenergie auf ihrer Oberfläche auf dem Weg von den Polen (gering) bis zum Äquator (groß). Konkret heißt das, dass die äquatorialen Regionen viel wärmer sind als die polaren. Durch den Kontakt mit dem erhitzten Boden erwärmt sich auch die Luft, wodurch die Luftdichte abnimmt, was der Luft Auftrieb verleiht. Als Folge sinkt der Luftdruck in Bodennähe. Umgekehrt tendiert die schwere Kaltluft an den Polen zum Absinken, wodurch der Bodenluftdruck ansteigt.

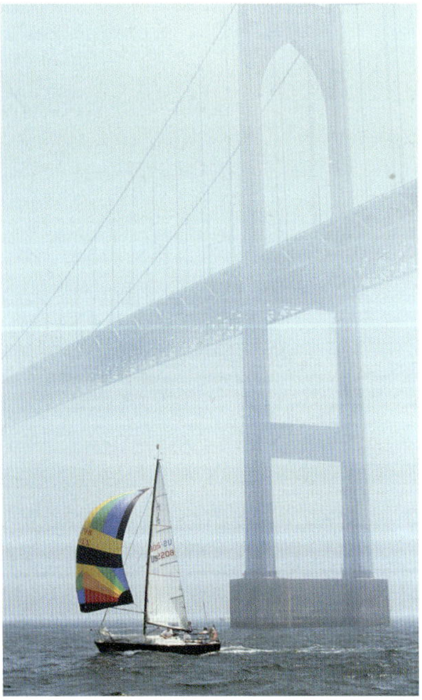

An der Küste kann wärmere Landluft mit kühlerer Seeluft in Kontakt kommen. Dadurch kühlt sich die wärmere Luft bis auf den Taupunkt ab und kondensiert – so kann Nebel entstehen.

Wie entstehen Wolken?

Wenn Luft aufsteigt, kühlt sie sich ab. Mit der Abkühlung nimmt ihr Speichervermögen für Feuchtigkeit (gasförmiger Wasserdampf) ab, sodass ihre sogenannte relative Feuchte steigt. Erreicht diese 100 % und die Luft kann keinen weiteren unsichtbaren Wasserdampf mehr aufnehmen, bilden sich Wolken. Luft kann durch Erwärmung, aber auch durch erzwungene Hebung über Hügeln, Bergen oder im Bereich von Wetterfronten aufsteigen.

Warum haben wir Jahreszeiten?

Das globale Wettersystem sieht in Wirklichkeit etwas komplexer aus, weil die Achse der rotierenden Erde gegenüber ihrer Bahn um die Sonne geneigt ist. Dadurch wandert die Zone maximaler Erwärmung im Jahresverlauf vom nördlichen zum südlichen Wendekreis. Ihr folgt auch die tropische Tiefdruckzone, und so entstehen letztendlich Sommer und Winter.

Wie entsteht Wind?

Wind wird durch die Luftbewegung vom Hoch zum Tief bewirkt. Dabei muss die im Tief aufsteigende Luft ersetzt werden. Dies geschieht durch den Zustrom der im Hoch abgesunkenen Luft. Die Kraft des Luftdruckgefälles, die sogenannte Gradientkraft, ist der Antrieb für den Wind, und die Erdrotation zwingt der Luftbewegung spiralförmige Bahnen auf. Ohne die Rotationsablenkung würde

Zellen mit absinkender und mit aufsteigender Luft bewirken die Luftbewegung vom Hochdruck- zum Tiefdruckgebiet. Die Erddrehung lenkt den Luftstrom (Wind) nach rechts (Nordhemisphäre) bzw. nach links (Südhemisphäre) ab.

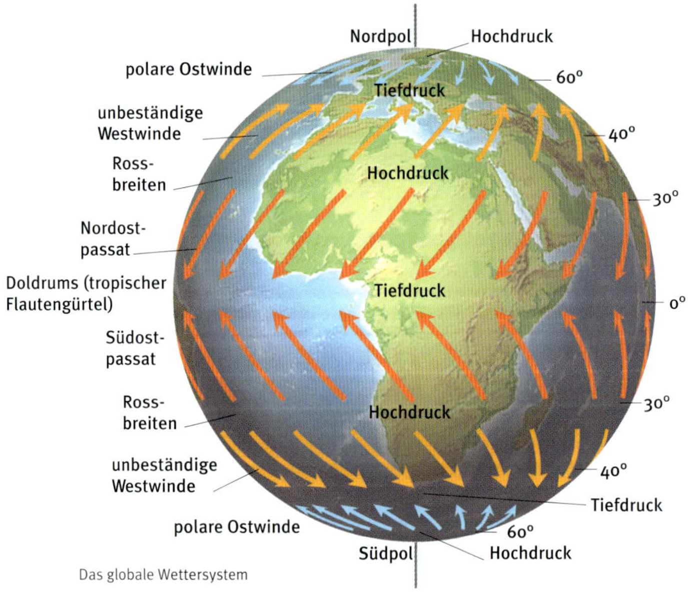

Das globale Wettersystem

die Luft direkt von den Polen zum Äquator strömen, die Druckunterschiede ausgleichen und damit die Luftbewegung beenden. Die ablenkende Kraft der Erdrotation biegt die Luftströmung auf ihrem Weg von Hoch zu Tief nach rechts (Nordhalbkugel) bzw. nach links (Südhalbkugel) ab.

Die globale atmosphärische Zirkulation

Das globale Muster der Luftströme ist komplizierter als das einfache tropische und polare System, da zwischen beiden eine weitere Zirkulation existiert. Daraus ergibt sich eine Zone hohen Luftdrucks auf etwa 40 Grad nördlicher und südlicher Breite und eine Zone tiefen Luftdrucks auf etwa 60 Grad nördlicher und südlicher Breite. Wenn die Sonne mit ihrem Höchststand von der südlichen zur nördlichen Halbkugel wandert, werden die nördlichen Luftdruckzonen quasi zusammengedrückt und die südlichen gedehnt. Das Umgekehrte geschieht, wenn die Sonne wieder südwärts wandert. So kommt es zu den jahreszeitlichen Variationen im Luftdrucksystem und bei den vorherrschenden Winden.

Der Unterschied der Oberflächentemperatur führt zu Gebieten mit aufsteigender Luft in der äquatorialen Zone und absinkender Luft an den Polen. Zwischen beiden Gebieten existiert eine weitere Zirkulationszelle (rechts).

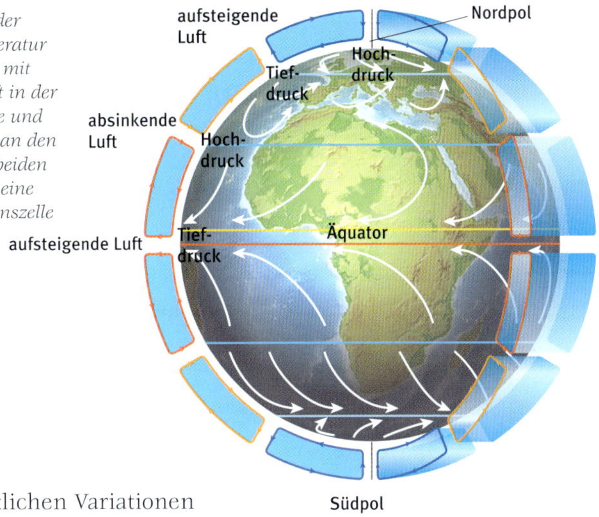

Die Neigung der Erdachse auf ihrer Umlaufbahn um die Sonne bewirkt jahreszeitliche Änderungen: Im Nordsommer wandern die Zirkulationszellen in Richtung Pole, im Nordwinter (Südsommer) ist es umgekehrt (rechts).

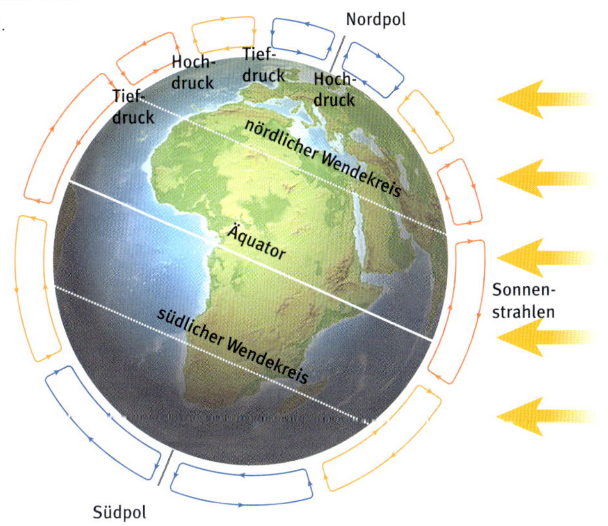

Bei genügender Luftfeuchtigkeit vermag aufsteigende Luft Wolken zu bilden (links).

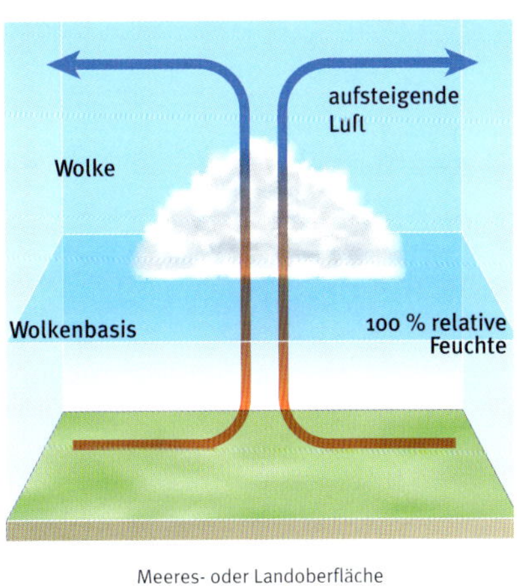

Weitaus mehr Wärme nimmt der Quadratmeter Oberfläche in den äquatorialen Gebieten ein als in den Polarregionen – so erklärt sich der Temperaturunterschied (rechts).

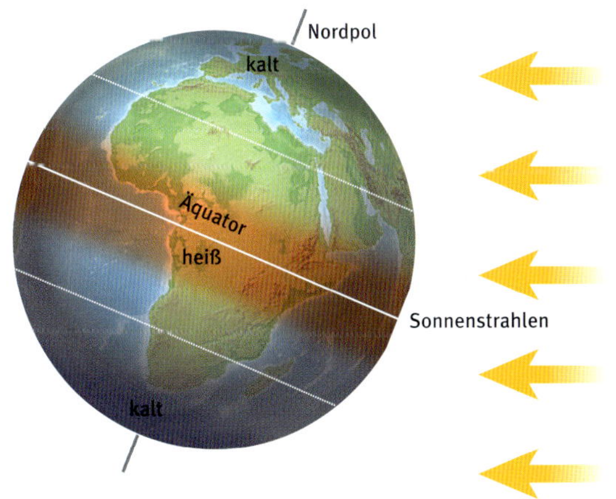

Woraus entsteht Wetter?

Ein Luftkörper, der über einem Kontinent oder Ozean lagert, übernimmt dessen Eigenschaften – sei es Trockenheit oder Feuchtigkeit, Hitze oder Kälte – und wird als Luftmasse bezeichnet. Auf seinem Weg zu uns konserviert er wesentliche Eigenschaften und trägt bei uns durch den Wechsel mit anderen Luftmassen zum unbeständigen Wetter bei.

Erwärmung der Luft

Eine erwärmte Oberfläche erwärmt die darüberliegenden Luftschichten, und diese Wärme steigt in größere Höhen. Je länger die Luft in Kontakt mit der warmen Oberfläche ist, desto stärker ist die Erwärmung. In gleicher Weise kühlt sich Luft über kalten Oberflächen ab.

Die Wirkung der Luftfeuchtigkeit

In großem Umfang verdunstet Wasser aus dem See in die Luft. Mit steigender Temperatur nimmt auch die Verdunstungsrate zu. Solange die Luft nicht mit Wasserdampf gesättigt ist (relative Feuchte unter 100 %), solange bleibt er unsichtbar. Wenn die Luftmasse länger über warmem Wasser verweilt, vermag sie eine große Menge an Wasserdampf aufzunehmen. Umgekehrt wird sie über einer sehr trockenen Oberfläche auch selbst sehr trocken sein.

Die Folge strömender Luft

Wenn eine Luftmasse in Bewegung gerät, verändern sich ihre Eigenschaften mit der sich ändernden Oberfläche. Sie kühlt sich ab, wenn die Oberfläche kühler wird; sie wird trockener, wenn die Oberfläche trockener wird.

Welche unterschiedlichen Luftmassen gibt es?

Schauen wir uns als Beispiel den Nordwesten Europas an, wo alle Luftmassentypen vorkommen.
Subtropisch-maritim: Warme Gewässer erwärmen die Luft und reichern sie mit Feuchtigkeit an.
Subpolar-maritim: Kühle Gewässer kühlen die Luft; nur wenig Wasser verdunstet, aber die kühle Luft vermag auch weniger Wasserdampf aufzunehmen. So ist die Luftmasse kühl und diesig.
Arktisch-maritim: Die Luft ist besonders kalt und kann auch nur sehr wenig Wasserdampf aufnehmen.
Subpolar-kontinental: Die Luft ist durch den Kontakt mit dem (im Winter) stark abgekühlten Land sehr kalt und auch sehr trocken.
Subtropisch-kontinental: Die Luft ist durch den Kontakt mit dem (im Sommer) stark erwärmten Land sehr warm und auch sehr trocken.

Jahreszeitliche Änderungen

Für uns ist die osteuropäisch-russische Landmasse das Hauptursprungsgebiet subpolar-kontinentaler Luft (Winter) bzw. subtropisch-kontinentaler Luft (Sommer). Mit dem nordwärts wandernden Sonnenhöchststand wandert auch die Zone maximaler Erwärmung nordwärts, auf See wie auf Land. Dabei hinkt die Erwärmung dem Gang der Sonne hinterher – über Land nur um wenige Wochen, auf See aber viel länger. So ist das Meer außerhalb der Tropen auch im Frühsommer noch ziemlich kühl und erreicht seinen

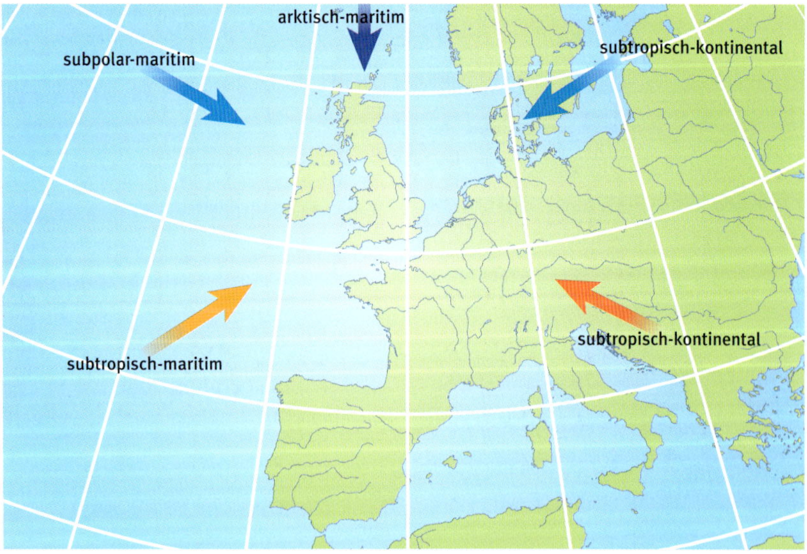

Im Entstehungsgebiet erhalten die Luftmassen ihre Prägung hinsichtlich Temperatur und Feuchtigkeit.

Wärmescheitel nicht vor dem Ende des Sommers. Erwärmung und Abkühlung des Landes vollziehen sich dagegen viel rascher. Das thermische Gefälle zwischen Land und Meer ist ein bedeutender Wetterfaktor. Der Charakter benachbarter Luftmassentypen ist beiderseits der Luftmassengrenze sehr verschieden. Abrupte Luftmassenwechsel prägen das Wetter in unseren Breiten.

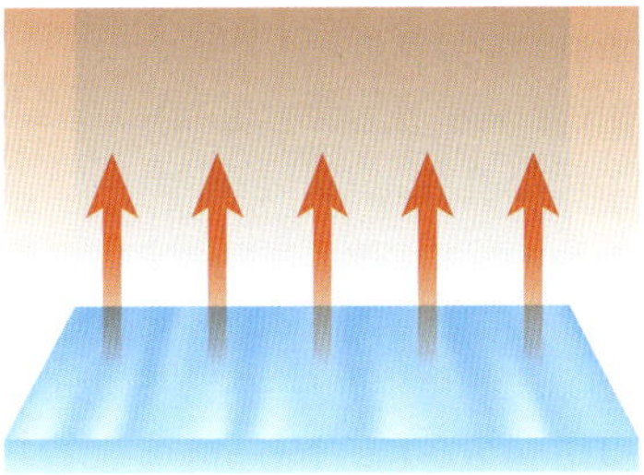

Verdunstung eines warmen Meeres in eine warme Luft führt zu einem hohen Wasserdampfgehalt der Luftmasse.

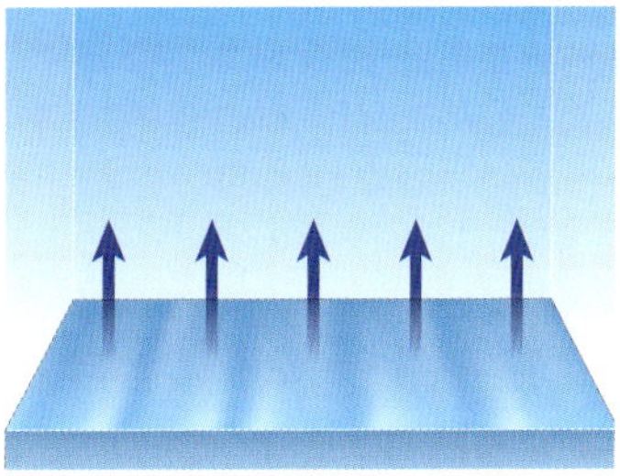

Viel weniger Feuchtigkeit verdunstet aus einer kühlen See in eine kühle Luft hinein, folglich ist der Wasserdampfgehalt dieser Luftmasse gering.

Küstensegler erleben die thermischen Kontraste zwischen Land und See. Driftet Kaltluft über wärmeren Untergrund (Land oder Meer), nimmt sie Wärme auf und produziert Quellwolken und böige Winde. Umgekehrt neigt eine über kühlerem Untergrund abgekühlte Luftmasse zu Schichtwolken und Windberuhigung (unten).

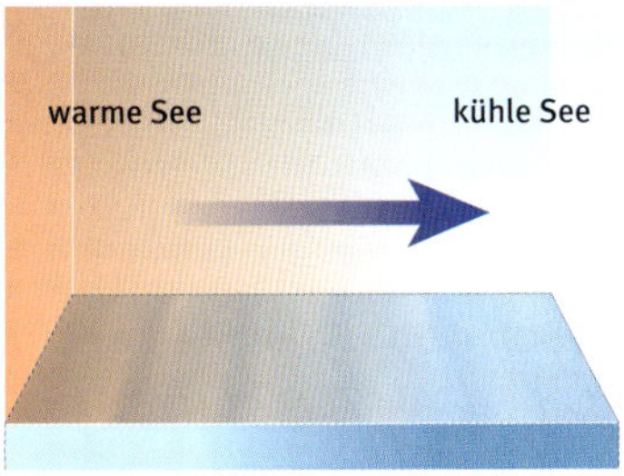

Eine Luftmasse kann sich ändern. Wenn sie in kühlere Gebiete strömt, wird sie kühler, ihre Feuchtekapazität sinkt, und so steigt ihre relative Feuchte.

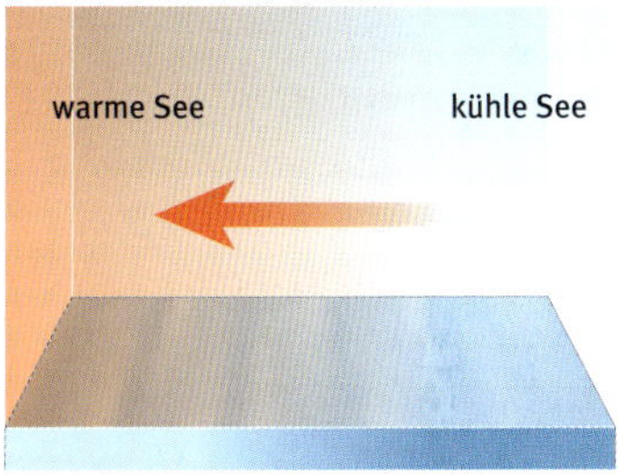

Wenn die Luftmasse in wärmere Gebiete strömt, wird sie wärmer. Sofern dort nicht mehr Feuchtigkeit verdunstet, wird ihre relative Feuchte sinken.

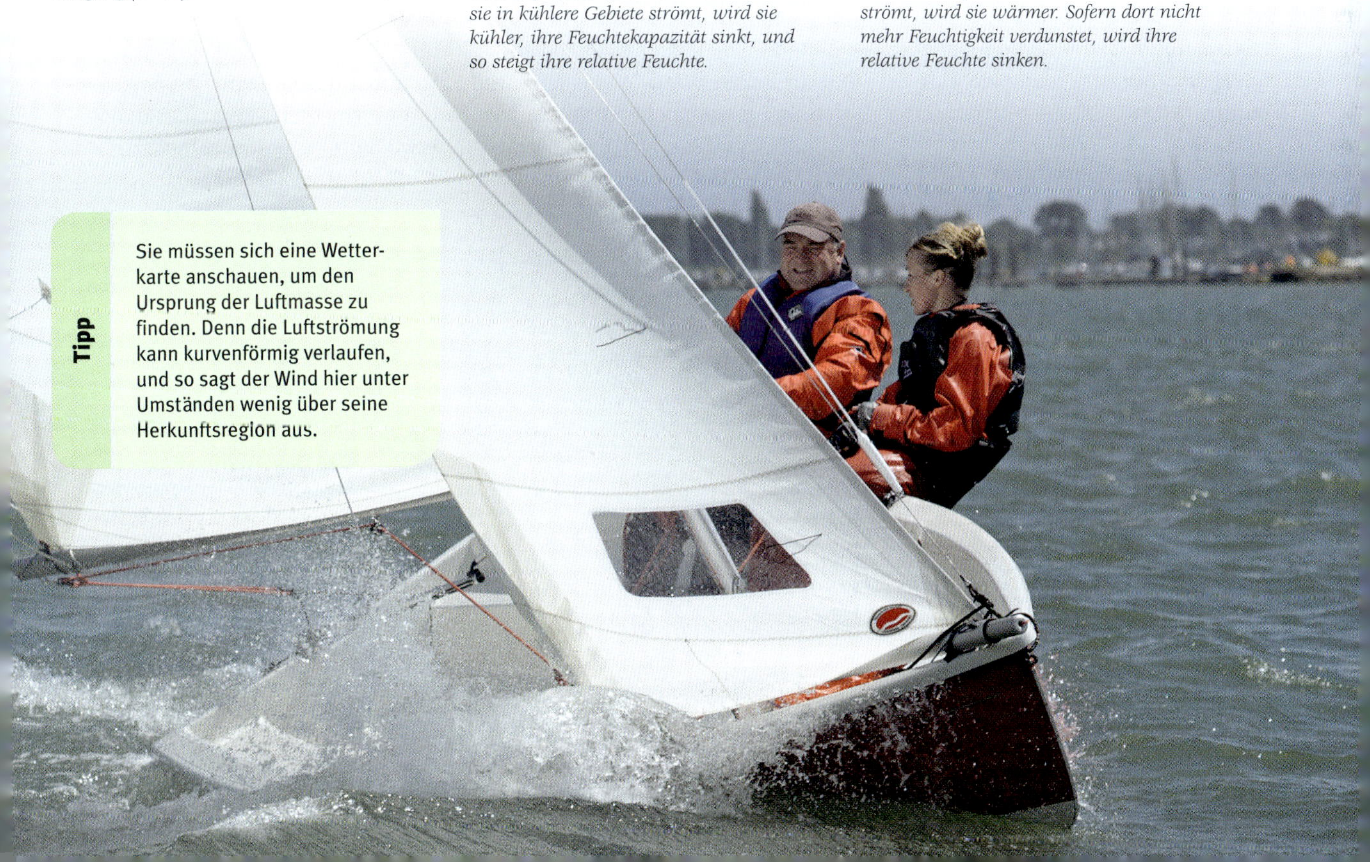

Tipp

Sie müssen sich eine Wetterkarte anschauen, um den Ursprung der Luftmasse zu finden. Denn die Luftströmung kann kurvenförmig verlaufen, und so sagt der Wind hier unter Umständen wenig über seine Herkunftsregion aus.

Wettersysteme

Wettersysteme entstehen durch die Wechselwirkung zwischen Hoch- und Tiefdruck. Wind ist die resultierende (horizontale) Luftströmung zwischen den Druckgebieten, das Wetter ergibt sich aus ihren vertikalen Luftbewegungen.

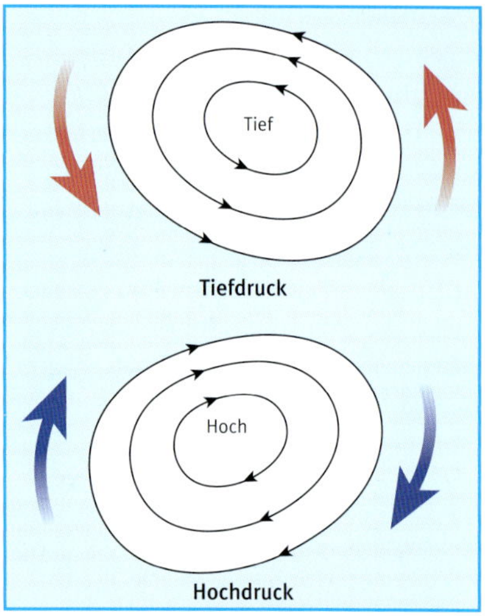

In der Nordhemisphäre zirkuliert die Luft um ein Tief gegen den Uhrzeigersinn, um ein Hoch im Uhrzeigersinn.

Was ist eine Isobare?

Linien gleichen Luftdrucks werden Isobaren genannt. Sie gleichen Höhenlinien in einer Wanderkarte und veranschaulichen das »Relief« der großräumigen Luftdruckverteilung. So entspricht ein Tief einem Tal, ein Hoch einem Berg.

Was ist tiefer Luftdruck?

Der mittlere Luftdruck im Meeresniveau beträgt 1013,2 Hektopascal (hPa). Doch nicht jeder Druck unter diesem Wert gehört zu einem »Tief«. Stattdessen spricht man dann von einem Tiefdruckgebiet, wenn es von höherem Druck umgeben ist. Also kann eine 1015er-Isobare in einem Fall zu einem Tief, in einem anderen (wenn die Umgebung viel tiefere Luftdrucke hat) zu einem Hoch gehören.

Jede Linie ist eine Isobare. Die äußere verbindet alle Orte mit einem Luftdruck von 1000 hPa, die innere alle mit 1012 hPa (unten).

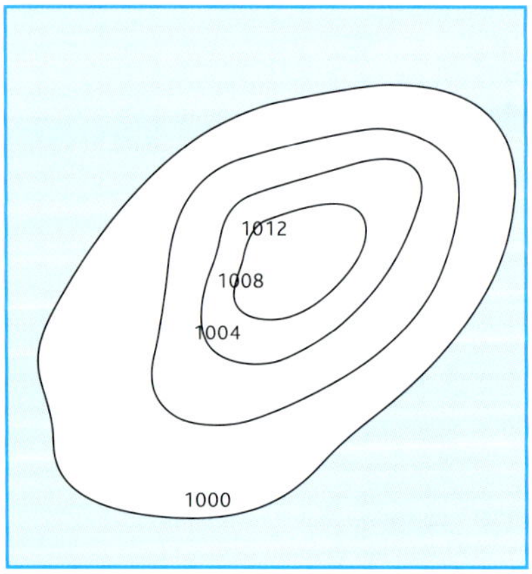

Wie strömt die Luft um ein Luftdruckgebiet?

Luft strömt allseitig aus dem Hochzentrum heraus. Auf dem Weg in Richtung Tiefdruck sorgt die Erdrotation für eine Ablenkung der Strömung nach rechts (Nordhemisphäre) bzw. links (Südhemisphäre). So zirkuliert die Luft um die Druckgebilde annähernd parallel zu den Isobaren, und zwar im oder gegen den Uhrzeigersinn.

Was bestimmt die Windstärke?

Wie uns die Scharung der Höhenlinien die Steilheit der Bergflanke zeigt, weist der Abstand zwischen den Isobaren auf das Luftdruckgefälle hin: Je steiler es ist, desto stärker ist der Wind. Windstärke und -richtung lassen sich direkt aus den Isobaren einer Wetterkarte berechnen. Das ist der geostrophische oder Gradientwind.

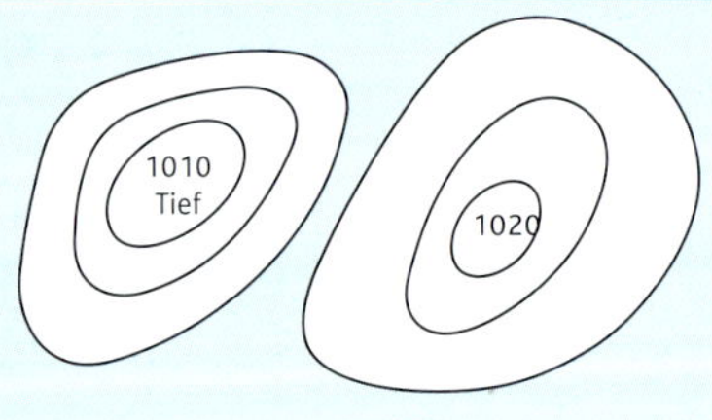

In diesem Fall ist 1010 das Tief (relativ zu 1020 hPa).

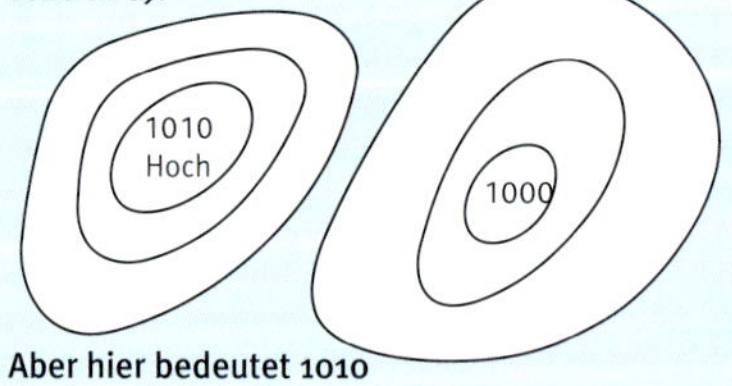

Aber hier bedeutet 1010 Hochdruck (relativ zu 1000 hPa).

Was ist eine Depression?

Eine Depression ist eine (etwas veraltete) Bezeichnung für ein Tiefdruckgebiet (Zyklone). Weil die Luft in der unteren Atmosphäre allseitig auf das Tief zuströmt, steigt die Luft in ihm auf. Abhängig von bestimmten Luftmasseneigenschaften wie etwa dem Feuchtegehalt bilden sich Wolken, oft mit Regen.

Ob ein bestimmter Luftdruck als tief oder hoch gilt, hängt vom Umgebungsdruck ab (links).

Tipp

Das Buys-Ballot-Gesetz
Dem Wind den Rücken zugewandt, befindet sich der tiefe Luftdruck in Richtung der ausgestreckten linken Hand (Südhemisphäre: rechte Hand).

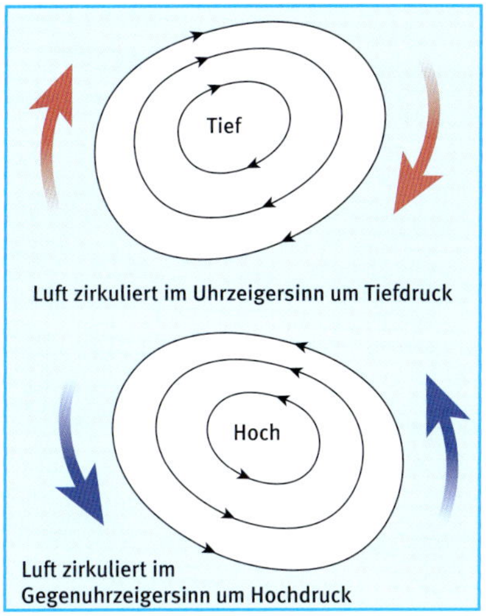

Auf der Südhemisphäre ist die Zirkulation umgekehrt.

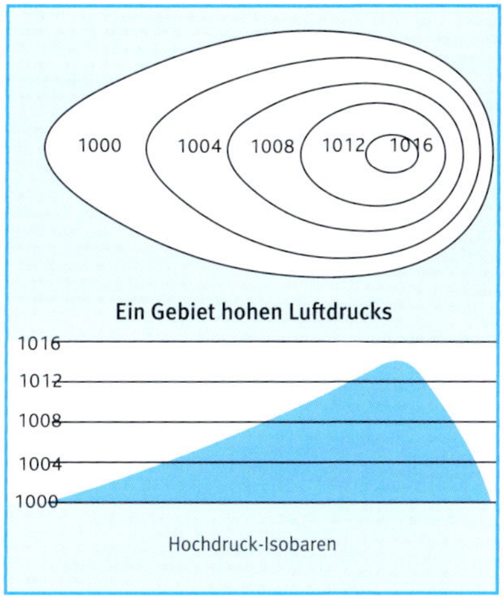

Das Luftdruckmuster ähnelt Höhenlinien auf einer Wanderkarte. Dicht beieinander verlaufende Linien entsprechen einem steilen Hang, kreisförmig geschlossene Isobaren zeigen einen »Gipfel« im Falle eines Hochs.

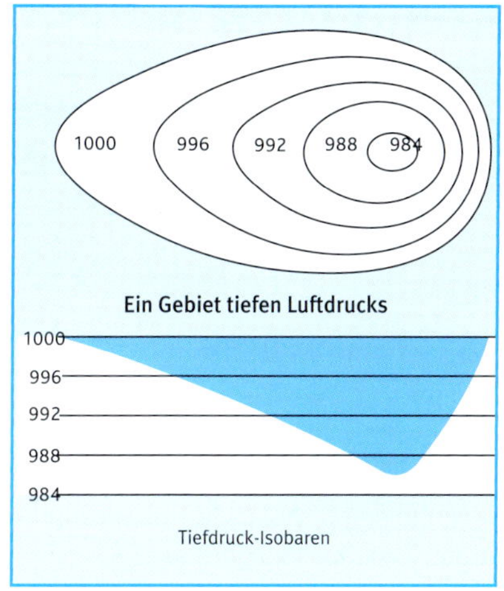

Um tiefen Druck herum verlaufende Isolinien deuten auf ein Tal hin, mit eng benachbarten Linien im »Steilhang«-Bereich.

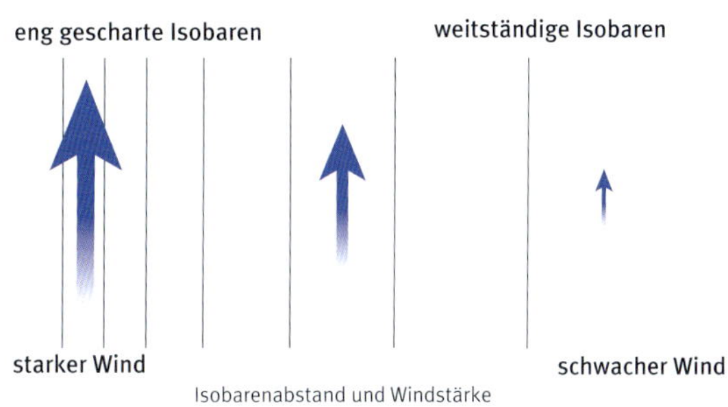

Eng gescharte Isobaren entsprechen einem »Steilhang« und damit starken Winden. Weitständige Isobaren weisen auf wenig Wind hin, das schwache Gefälle besitzt wenig Antriebskraft.

Stabilität der Luft

Die aufsteigende Luft kühlt sich alle 300 Höhenmeter um 2 Grad ab. Die umgebende Atmosphäre weist das gleiche Temperaturgefälle auf. Die Schichtung (der Atmosphäre) ist »indifferent«.

- Wenn sich aufsteigende Luft stark abkühlt und so kälter ist als die umgebende Atmosphäre, ist ihr Auftrieb schon bald beendet, die Atmosphäre ist »stabil« geschichtet.
- Wenn sich aufsteigende Luft relativ wenig abkühlt und so stets wärmer ist als die umgebende Atmosphäre, behält sie ihre Auftriebsenergie, ja sie steigt durch freien Auftrieb noch rascher auf. Die Atmosphäre ist »labil« geschichtet. Die Wolkenuntergrenze (Basis) befindet sich in der Höhe, wo die relative Feuchte 100 % erreicht. Die Wolke reicht so weit in die Höhe, wie es die atmosphärische Schichtung zulässt.

Die Schichtung der Atmosphäre bestimmt das vertikale Wolkenwachstum.

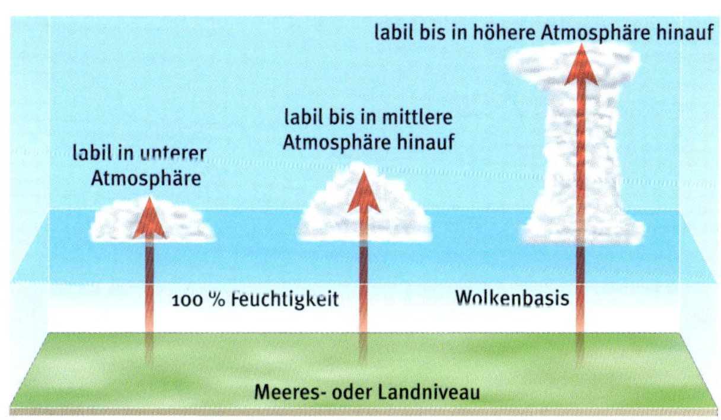

Wird es regnen?

Erreicht die relative Feuchte 100 %, bilden sich Wassertröpfchen – eine Wolke entsteht. Sie können so groß werden, dass sie für die Wolke zu schwer werden. Sie fallen nach unten, gegebenenfalls erreichen sie als Regen den Boden.

Die Luftmassengrenze

Benachbarte Luftmassen unterscheiden sich im Feuchtegehalt, in der Temperatur und der atmosphärischen Schichtung. Auch bei geringen Unterschieden entsteht an der Luftmassengrenze ein besonderes Wetter.

Was ist eine Wetterfront?

Die Grenze zwischen unterschiedlichen Luftmassen wird als Wetterfront bezeichnet, die Luftmassen bewegen sich meist mit unterschiedlicher Geschwindigkeit und Richtung. Die kältere Luftmasse weist eine höhere Dichte auf als die wärmere. Die wärmere gleitet über die kältere Luftmasse auf – so entsteht das charakteristische Frontwetter.

Die Warmfront

Wenn die schnellere der beiden Luftmassen die wärmere ist, entsteht im Grenzbereich eine Warmfront. Hier schiebt sich die wärmere über die kältere Luft. Die resultierende Aufgleitfläche ist nur sehr flach geneigt, der Aufstieg vom Boden bis etwa 9000 m Höhe erstreckt sich über eine Distanz von etwa 950 km. Die Hebung führt zur Abkühlung und, je nach Feuchtegehalt und thermischer Schichtung, auch zur Wolkenbildung.

Weil sich die nähernde Front zuerst durch dünne hohe Wolkenfasern ankündigt, gibt es genügend Warnzeichen. Die Wolkenbasis sinkt mehr und mehr ab, und die Wolkenschicht wird dicker. Bei ausreichender Feuchtigkeit setzt Sprühregen ein, der sich später zu anhaltendem, teils kräftigem Regen steigert. Dabei sinkt die Sichtweite. Schließlich geht die Front durch, begleitet von einem Windsprung nach rechts (Gegenuhrzeigersinn).

Die Kaltfront

Wenn die schnellere der beiden Luftmassen die kältere ist, schiebt sie sich keilförmig unter die wärmere und hebt sie dadurch an.

Wegen der relativ stabilen Schichtung der aufgleitenden Warmluft erfolgt die Wolkenbildung ruhig und schichtförmig. Meist fallen kleine Regentropfen, beginnend mit Sprühregen. Später wird der Regen stärker und anhaltend. Nahe der bodennahen Frontlinie kann Nebel entstehen.

Dieser Hebungsprozess ist ein viel heftigerer als bei der Warmfront, er erstreckt sich auch nur über eine Distanz von etwa 320 km. Bei labiler Schichtung wachsen entlang der Front rasch Quellwolken in große Höhen und produzieren heftige Schauer. Im Unterschied zur Warmfront setzt das Kaltfrontwetter rasch und oft ohne Vorwarnung ein.

Nach der Passage der Kaltfront klart der Himmel für einige Stunden auf, mitunter wird es sogar wolkenlos. Rechnen Sie aber später mit stark böigen Winden und heftigen

Verglichen mit der Warmfront ist die Kaltfront wesentlich aktiver. Entlang der steilen Frontfläche strudelt die Luft heftig auf, Cumulonimbuswolken entstehen mit kräftigen Schauern, teils gewittrig und mit Graupel oder Hagel. Kalte Fallwinde breiten sich mit hohen Windgeschwindigkeiten aus.

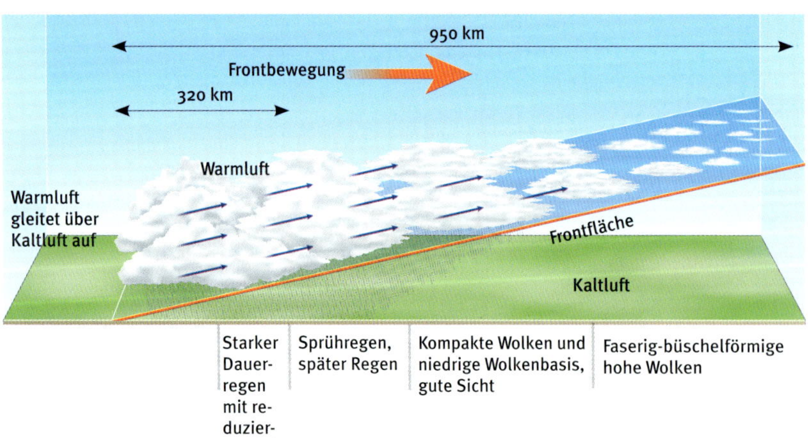

Eine Warmfront

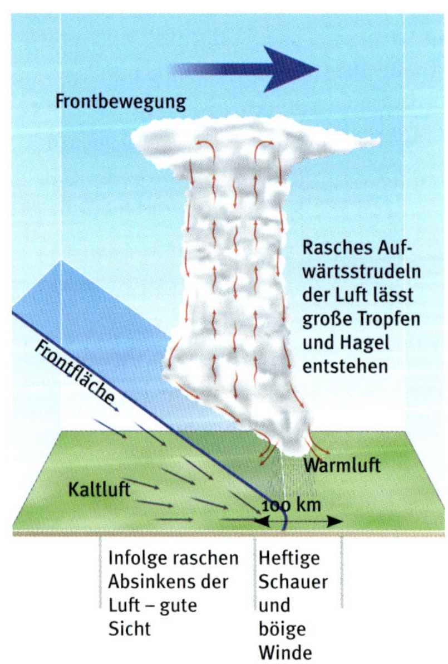

Eine Kaltfront

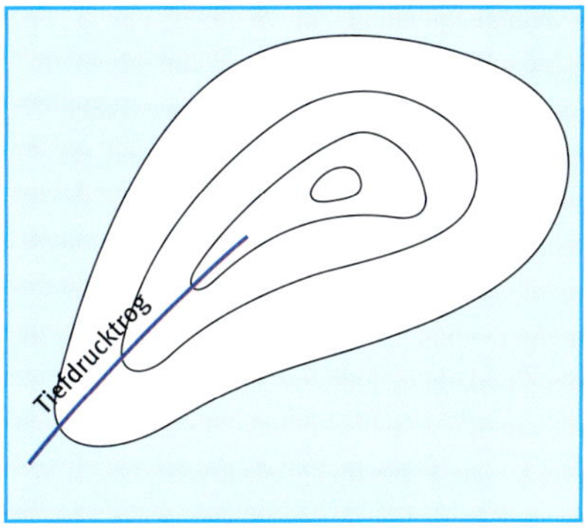

Wo Tiefdruckisobaren ähnlich einer Trogform länglich verlaufen mit einer scharfen Biegung, kann an diesem »Trog« Wetter wie an einer Kaltfront entstehen.

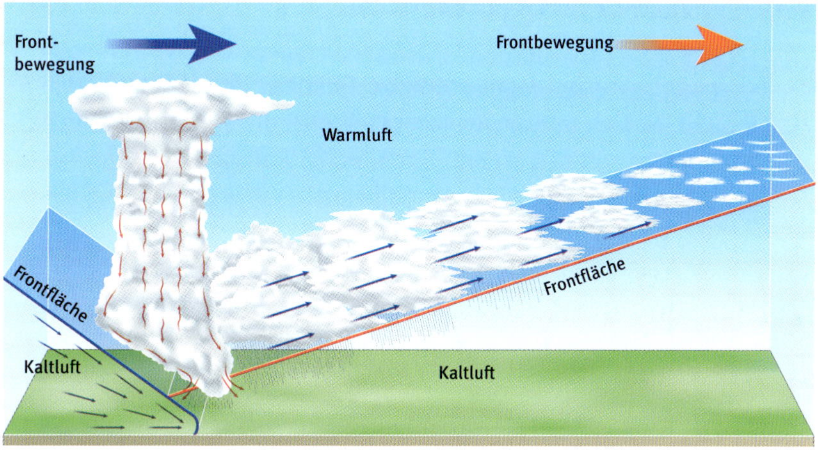

Eine Kaltfrontokklusion

Wo die eintreffende Kaltluft kälter ist als die unter der Warmfront liegende, schiebt sie sich unter die Warmfront. Dabei ist das Wetter erst wie an einer Warmfront, später geht es in kaltfrontähnliches Schauerwetter über mit böigen Winden und nachfolgendem Aufklaren.

Schauern. So empfiehlt sich frühzeitiges Reffen, besonders bei einer unerfahrenen oder kleinen Crew. In der Kombüse wird es dann ungemütlich, wenn möglich sollten Mahlzeiten vorher zubereitet werden.

Was ist eine Okklusion?

Wenn eine Kaltfront die Warmfront einholt, verschmelzen die Fronten zu einer »Okklusion«. Ist die eintreffende Kaltluft wärmer als die Kaltluft vor (östlich) der ehemaligen Warmfront, spricht man von einer Warmfrontokklusion – das Wetter ähnelt in dem Fall dem einer Warmfront, allerdings gibt es eingebettete Schauerwolken, teils mit Starkregen und Graupel.

Ist die eintreffende Kaltluft kälter als die vor der ehemaligen Warmfront, ähnelt das Wetter dieser »Kaltluftokklusion« eher einer Kaltfront mit kräftigen Schauern und Gewittern. Allerdings geht diesen warmfrontähnliches, regnerisches Wetter mit sinkender Wolkenbasis voraus.

Bei beiden Okklusionsformen hat der Segler das Problem, dass es im Unterschied zur Kaltfront für die heftigen Schauer und Gewitter mit ihren starken Böen kaum Warnzeichen am Himmel gibt.

Was ist ein Trog?

Isobaren können in einem Tief eine starke Biegung aufweisen, ohne dass es sich hierbei um eine Luftmassengrenze (Front) handelt. Wegen der Richtungsänderung strömt die Luft dort zusammen und steigt auf, was zu kaltfrontähnlichem Wetter führt.

Wo die eintreffende Kaltluft wärmer ist als die unter der Warmfront liegende, schiebt sich die Kaltfront über die Warmfront. Das Wetter ähnelt dem einer Warmfront.

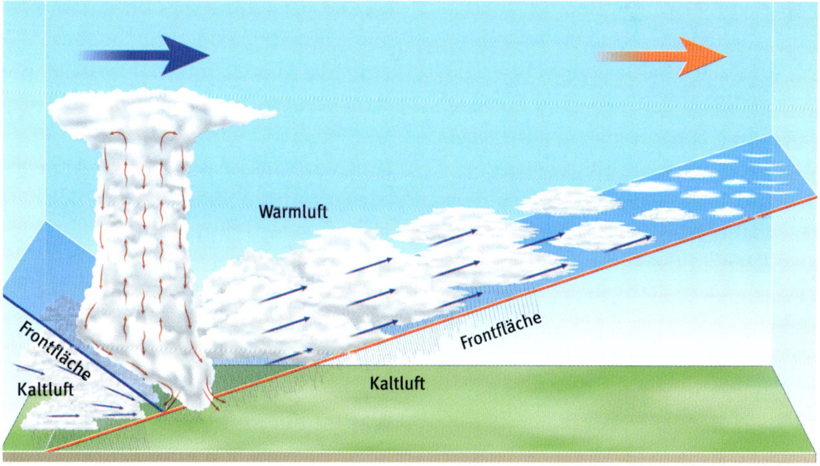

Eine Warmfrontokklusion

Hochdruckgebiete

Hochdruckgebiete sind recht friedliche Gebilde, da die Luft in ihnen absinkt und dies oft mit langen ruhigen Wetterphasen verbunden ist. Luftströmungen unterliegen in Bodennähe Reibungseffekten, was Stärke und Richtung des Windes modifiziert.

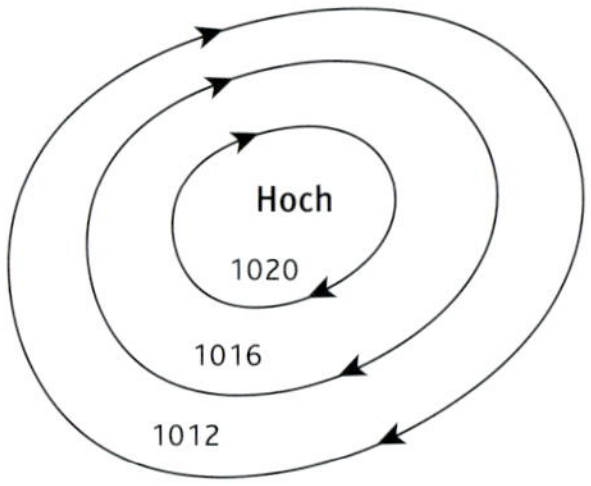

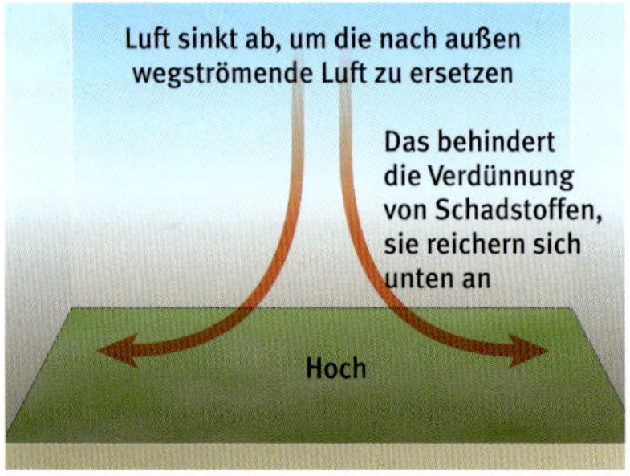

Trübe Luft durch Hochdruck

Je länger eine Hochdruckphase anhält, desto schlechter wird die Sicht.

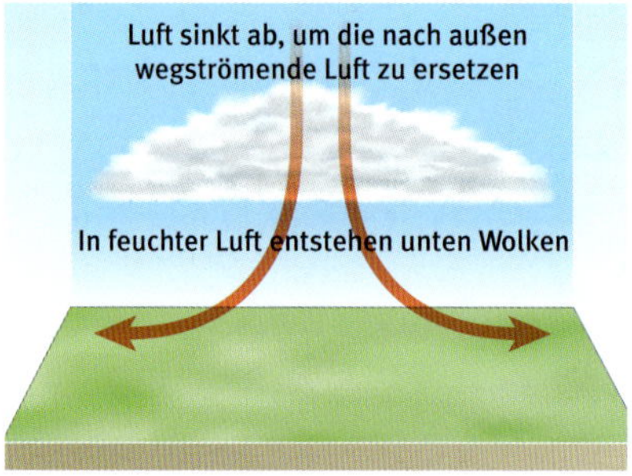

Schichtwolken in einem Hoch

Im Falle feuchter Luft können sich in Hochdruckgebieten Wolken bilden, wegen der darüber absinkenden Luft sind sie schichtförmig (stratiform). Bei sehr feuchter Luft ist auch etwas Regen möglich.

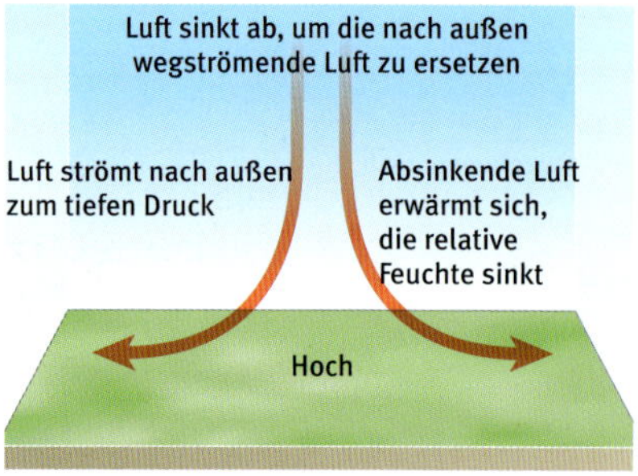

Hochdruckgebiet (Antizyklone)

Das Hoch ist ein Gebiet mit absinkender Luft, die die wegströmende Luft ersetzt. Dabei erwärmt sich die Luft im Hoch, die relative Feuchte sinkt, und so wird die Luft auch trockener.

Was ist ein Hoch?

Ein Hoch (Antizyklone) ist ein Gebiet hohen Luftdrucks. Das Wetter ist beständig, besonders bei einem Luftdruck über 1030 hPa. In der unteren Atmosphäre strömt die Luft aus dem Hoch heraus, als Ersatz sinkt Höhenluft im Hoch ab. Das Absinken erwärmt die Luft, sodass sich die meisten Wolken auflösen und schönes Wetter herrscht.

Bei hoher Luftfeuchtigkeit können sich tiefe Schichtwolken bilden, aus denen mitunter Sprühregen oder leichter Regen fällt. Da Hochs nur langsam ziehen und sich auch nur langsam auflösen, vermögen sie das Wetter über viele Tage hinweg zu bestimmen. Für gewöhnlich assoziiert man Hochdruck mit ruhigen Wetterbedingungen. Segler sollten wissen, dass auch bei hohem Druck ein starkes Druckgefälle und damit starke Winde herrschen können. Schauen Sie sich dazu auf den Wetterkarten das Isobarenbild an.

Atmosphärische Trübung bei Hochdruck

Bei verschmutzter Luft, etwa in der Nähe von Industrie, wirkt die absinkende Luft im Hoch wie ein Deckel, der die verschmutzte Luft daran hindert, aufzusteigen und sich mit sauberer Luft zu mischen. Als flache Schicht oder lang gezogene Schmutzfahnen sehen wir diese Luft am Himmel, und sie wird mit der Länge der Hochdruckphase immer dicker. In stark verschmutzten Gebieten endet diese Smog-Wetterlage erst, wenn eine nahende Front mit auffrischenden Winden neue Luftmassen heranführt.

Was ist der Reibungseffekt?

Reibung zwischen einer strömenden Luftmasse und dem Untergrund verlangsamt die Luftbewegung und lenkt den Wind zugleich ein wenig ab, sodass er in Richtung Tiefdruckzentrum weht. Über See beträgt die Reibungsablenkung rund 15 Grad, die Dämpfung der Windstärke etwa 20 %, je nach Zustand von Atmosphäre und Untergrund. Über Land sind es rund 30 Grad bzw. 40 %. Der reibungsbeeinflusste Wind heißt »Bodenwind«.

Wie hoch reicht die Reibungsschicht?

Der Reibungseffekt ist ganz unten am größten und schwindet mit wachsender Höhe. Bei stabiler Schichtung reicht er etwa 600 m hoch. Die Isobaren zeigen den Wind in 600 m Höhe, bei der Abschätzung des Segelwindes muss deshalb der Reibungseffekt berücksichtigt werden!

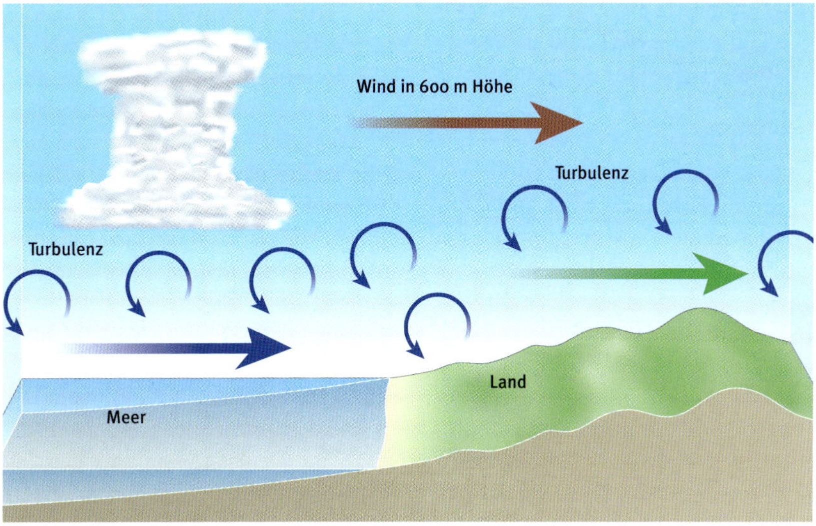

Der Turbulenzeffekt

Bei turbulenter Luftströmung in der unteren Atmosphäre setzt sich der 600-m-Höhenwind bis zum Wasser durch und führt hier zu böigen Winden.

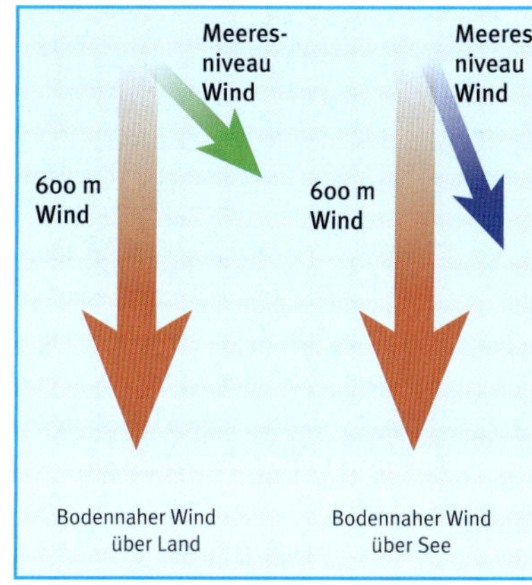

Die Reibung schwächt den Wind und lenkt ihn in Richtung des tiefen Drucks ab. Der Effekt ist über Land stärker als über See.

Der Turbulenzeffekt

Wehen lebhafte Winde über hügeliges Land, kann sich der »600-mHöhenwind« durch die reibungsbedingte Turbulenz in Gestalt von Böen und Richtungsänderungen bis ins Meeresniveau durchsetzen.

Nachts mindert dieser Effekt die Abkühlung über Land. Und die Reibung vermag den Wind erheblich zu schwächen, bis hin zur Flaute, bevor die vormittägliche Erwärmung den Wind wieder zurückbringt.

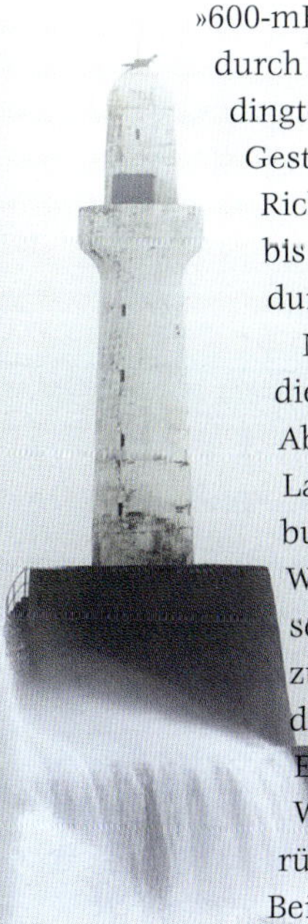

Bei labiler Schichtung und Cumuluswolken vermag die Turbulenz den Höhenwind in 600 m Höhe bis zum Wasser herabzubringen, wodurch der Segelwind außerordentlich böig und richtungsvariabel wird.

Bilden sich nachts Cumuluswolken über See, bleibt die nächtliche Windberuhigung aus, und der Wind weht weiterhin böig.

Was ist rückdrehend und rechtdrehend?

Änderungen der Windrichtung sollten aufmerksam beobachtet werden.

- Rückdrehend nennt man die Änderung im Gegenuhrzeigersinn.
- Rechtdrehend nennt man die Änderung im Uhrzeigersinn.

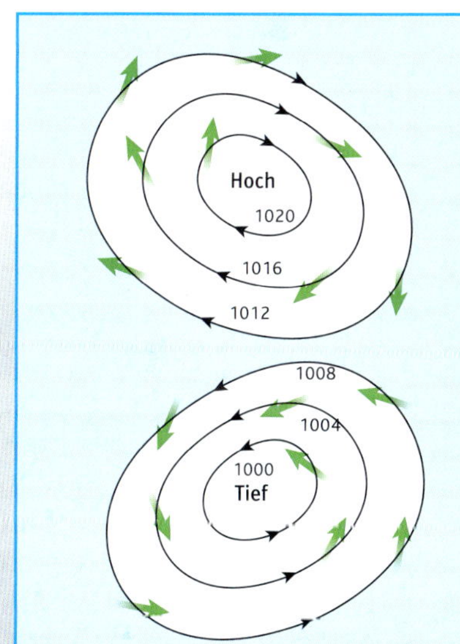

Die Isobaren einer Wetterkarte zeigen den Wind in etwa 600 m Höhe, der bodennahe Segelwind jedoch weht leicht über die Linien hinweg zum tiefen Druck hin.

Die Verlagerung von Hochs und Tiefs

Ausführliche Wetterberichte gehen auch auf die Verlagerung von Wettersystemen (Hochs und Tiefs) ein. Wenn man aber nur Wetterkarten zur Verfügung hat, sind eigene Wetterbeobachtungen eine weitere wertvolle Informationsquelle.

Kurzfristige Eintagesprognosen sind heutzutage recht genau, aber je weiter der Blick in die Zukunft geht, desto unpräziser wird die Vorhersage. Zumindest für kurzfristige Ausblicke können Segler mithilfe eigener Erfahrungen brauchbare Prognosen erstellen. Dafür benötigen sie ein Grundwissen über die Bewegung von Wettersystemen und ihre typische Witterung.

Das Tief mit Fronten

Das Vorstadium einer Tiefdruckentwicklung ist eine langgezogene Luftmassengrenze. An ihr beginnt der Luftdruck zu fallen – in einer Region besonders stark: Das ist das Zentrum des sich nun entwickelnden Tiefs. Dabei wandelt sich das neue Tief rasch in ein Zwei-Fronten-Gebilde um: eine Warmfront gefolgt von einer Kaltfront. Die Kaltfront holt im Laufe der Tiefdruckentwicklung die Warmfront mehr und mehr ein und verschmilzt mit ihr zu einer einzigen Front, der Okklusion.

In welche Richtung zieht ein Tief?

Die Orientierung der Isobaren im Warmsektor ist ein Anhaltspunkt für die Verlagerungsrichtung. Man sollte sich auch die Region östlich des Tiefs anschauen, größere Hochs dort wirken wie ein Bollwerk und zwingen das Tief auf einen Umweg:

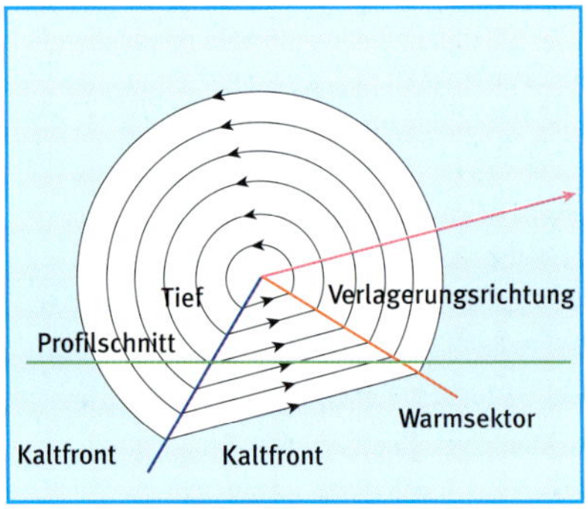

Aufbau eines Tiefs mit Fronten

Das Tief weicht nach links von seiner bisherigen Bahn ab und pflegt das Hoch dann an seiner Nordflanke zu umrunden. Die Verlagerungsgeschwindigkeit lässt sich mithilfe des Windes im Warmsektor abschätzen.

Das geostrophische Windlineal

Diese Skala ermöglicht die Abschätzung der Windstärke anhand des Isobarenabstandes. Die Wetterkarten des Britischen Wetterdienstes enthalten sie, auch Bordwetterkarten des Deutschen Wetterdienstes. Sie ist normiert für eine bestimmte geografische Breite und einen definierten Isobarenabstand. Denn der Abstand zwischen den Isobaren ist nicht der einzige Faktor der Windstärke. Auch die geografische Breite hat einen wichtigen Einfluss: Bei gleichem Isobarenabstand ist der Wind in niedrigeren Breiten stärker

Ein Querschnitt durch eine Warm- und eine Kaltfront (links und unten).

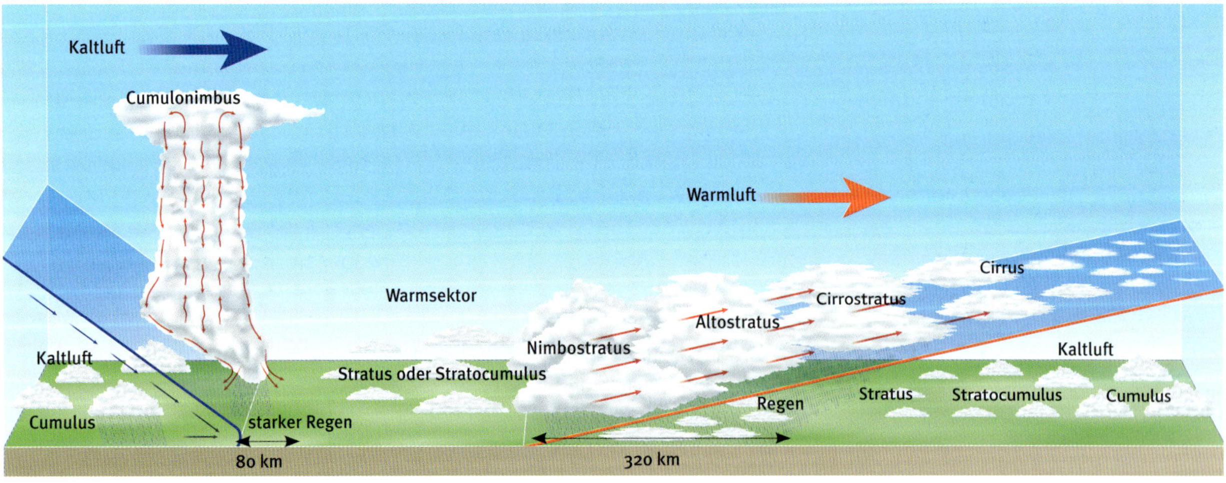

Starke Schauer mit Böen

Anhaltender kräftiger Regen

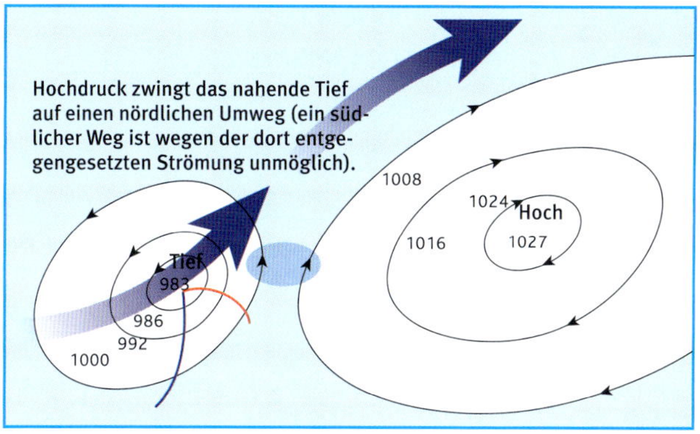

Ein Hoch blockiert die ostwärtige Verlagerung eines Tiefs, auf der Südhemisphäre verläuft der Umweg südlich des Hochs.

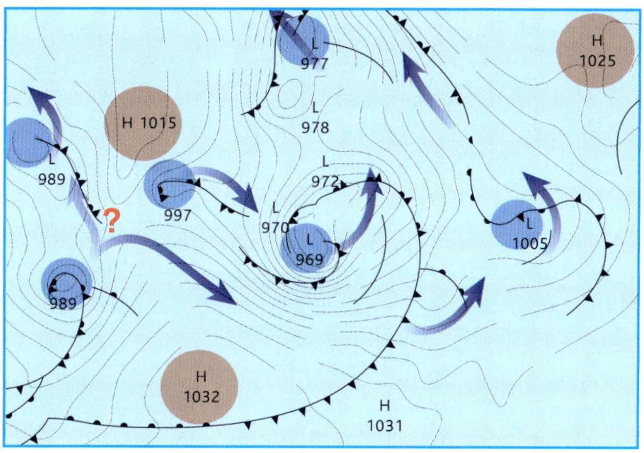

Bei der Abschätzung der Verlagerung von Tiefs und Fronten achten Sie auf die Hochs: Sie neigen dazu, die Tiefdruckbewegung zu hemmen oder auf Umwege zu zwingen. Dabei ziehen die Tiefs gerne parallel zu den Isobaren am Hochdruckrand.

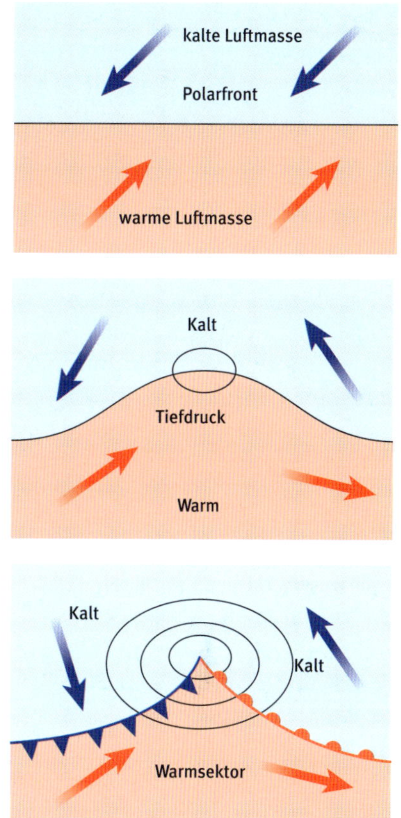

Ein Tief mit Fronten entsteht, wenn entlang der Polarfront ein Vorstoß von Warmluft in das benachbarte Kaltluftgebiet stattfindet.

als in höheren Breiten. Dieser Effekt wird oft auch von erfahrenen Seglern zu wenig berücksichtigt. Besonders mitteleuropäische Segler, die zum ersten Mal in mediterranen Revieren unterwegs sind, neigen dazu, den Wind angesichts der dortigen Luftdruckverhältnisse zu unterschätzen.

Wie schnell bewegen sich Fronten?

Die Bewegung von Warmfronten verläuft etwa im 90-Grad-Winkel zum Frontverlauf auf der Wetterkarte, mit einer Geschwindigkeit von rund 90 % der Windgeschwindigkeit. Bei Kaltfronten und Okklusionen sind es ebenfalls 90 Grad, aber sie ziehen rascher (130 %). Mit zunehmender Alterung des Tiefs ist der Frontverlauf immer stärker bogenförmig. Auf Bordwetterkarten findet man oft sogenannte geostrophische Windlineale: Nomogramme, anhand derer sich Windstärke und Frontengeschwindigkeiten aufgrund von Isobarenabstand und geografischer Breite ablesen lassen.

Wie verlagern sich Hochs?

Große Hochdruckgebiete sind recht träge in ihrer Bewegung, insgesamt verlagern sie sich langsam ostwärts. Über Land können sie mitunter zu einer permanenten Erscheinung werden. Das gilt auch für bestimmte Seegebiete wie zum Beispiel das Gebiet der Azoren, wo sich oft für längere Zeit ein quasistationäres Hoch hält. Besonders solche stabilen Hochs bilden ein wirksames Bollwerk gegen den Ansturm von Tiefs und lenken sie auf eine polwärtigere Bahn um.

Lokale Winde

Isobaren und der allgemeine Gradientwind geben kaum Hinweise auf Richtung und Stärke lokaler Winde. Sie wehen nur vorübergehend und werden erzeugt durch topografische oder thermische Faktoren. In manchen Regionen sind sie so häufig und ausgeprägt, dass sie besondere Namen tragen wie etwa Mistral oder Bora im Mittelmeerraum.

Was ist ein topografischer Wind?

Wind vermeidet für gewöhnlich Widerstände. Eher umströmt er Hügel, anstatt sie zu überströmen. Durch die Verengung des Strömungsquerschnitts beschleunigt sich der Wind. Zwischen manchen Inseln sorgt der Düseneffekt bei bestimmter Windrichtung für eine Verdopplung der Windgeschwindigkeit, so etwa im Gebiet der Kanaren. Tief eingeschnittene Täler vermögen ebenfalls den Wind stark zu beschleunigen, der Mistral Südfrankreichs ist ein gutes Beispiel dafür.

Lokale Erwärmung des Landes

Bei sommerlichem Schönwetter kann sich das Land stark aufheizen. Die Landluft erwärmt sich und steigt zum Teil stark turbulent auf, was zu fallendem Luftdruck und einer Zone tiefen Luftdrucks führt. Endet die Erwärmung, etwa am Abend, verschwindet auch das thermische Tief.

Was ist ein Seewind?

Das Aufsteigen von Luft über der erwärmten Küste saugt kühlere Seeluft an. Das ist der (küstennahe) Seewind. Je nach Stärke und Höhe des nach oben gerichteten Warmluftstroms kann der Sogeffekt recht kräftig sein. So folgt einem sonnigen Morgen mit Flaute mitunter ein frischer Seewind mit Stärke 4 und mehr am Nachmittag. Dabei kann dieser lebhafte Wind bis zu 8 km weit auf See reichen. Etwa gegen 16 Uhr beginnt der Seewind allmählich wieder schwächer zu werden. Planen Sie entsprechend Ihren Tagestörn.

Lokale Abkühlung des Landes

In klaren Nächten kühlt sich das Land ab, und damit auch die Luft über dem Boden. In der abgekühlten Luftmasse bildet sich ein lokales (thermisches) Hoch, das mit der morgendlichen Erwärmung wieder verschwindet. Dies ist, verglichen mit den thermischen Vorgängen tagsüber, ein recht sanfter Prozess.

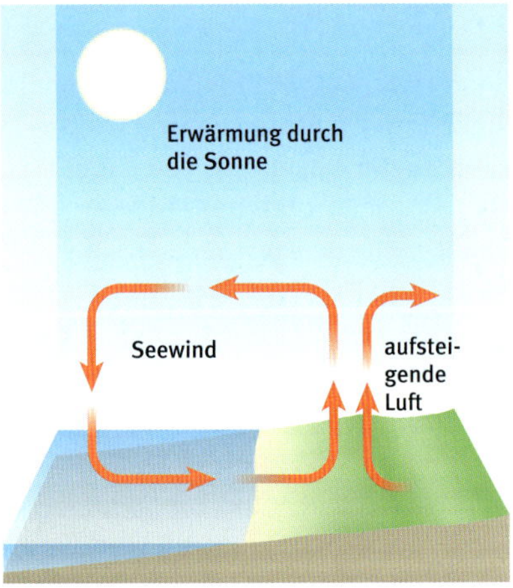

Wo die Sonne das küstennahe Land erwärmt, können Seewinde entstehen.

Was ist ein Landwind?

Die nächtliche Abkühlung der Küste führt dazu, dass die absinkende Landluft der See zustrebt. Im Unterschied zum Seewind beeinflussen Landwinde nur das unmittelbare Küstenvorfeld und sind auch relativ schwach.

Was ist ein katabatischer Wind?

Ein katabatischer Wind bildet sich als Sonderform des Landwindes aus, wo Bergflanken oder Hänge ans Meer grenzen. Die über Land abgekühlte Luft ist schwerer und neigt

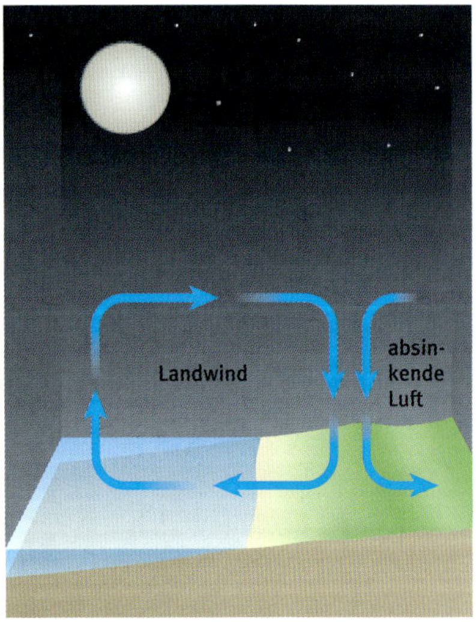

Ein Landwind ist normalerweise schwach, es sei denn, er weht Hänge hinunter (katabatischer Wind).

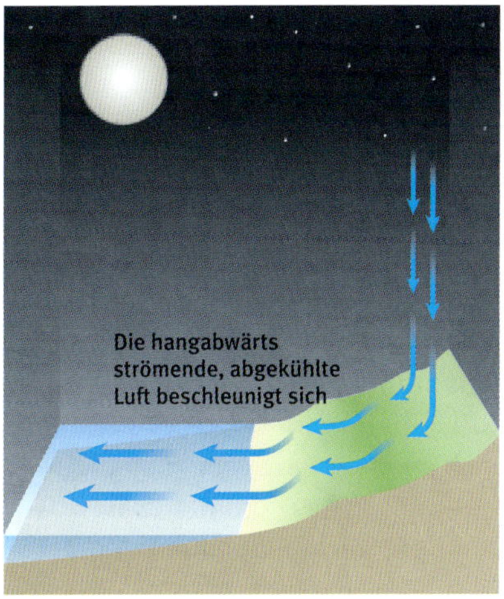

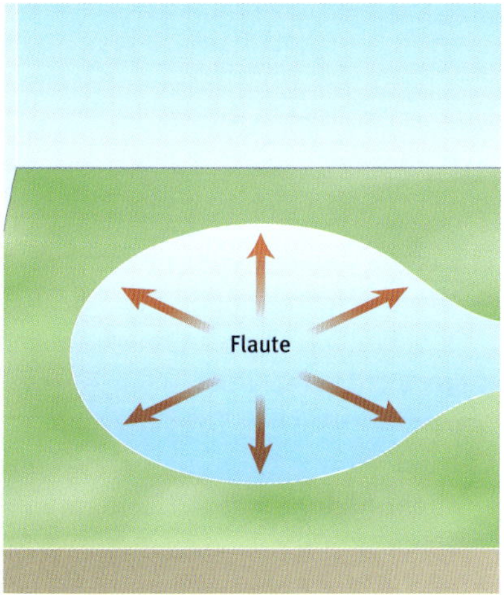

Katabatische Winde können eine starke Strömung in Gang setzen, mit entsprechend kräftigen und böigen Winden im küstennahen Seegebiet (ganz links).

Auch in einer tiefen Bucht kann sich eine Seewindzirkulation entwickeln (links).

dazu, abzusinken. Hier kann der Wind der Hangneigung folgen und gewinnt so an Energie. Je steiler der Hang, desto stärker der Wind. An der Küste angekommen, vermag er mit hoher Geschwindigkeit weit auf See hinauszuwehen, vor gebirgigen Küsten zuweilen mit Sturmstärke.

Ein katabatischer Wind ist nicht nur kräftig, sondern kann auch sehr böig sein. An küstennahen Steilhängen vermag er eine Yacht flach zu legen, da die Krängung hier nicht wie sonst die Angriffsfläche des Windes auf das Segel verkleinert.

Lokale Winde auf Seen

Ein Seewind auf einem See oder in einer engen Bucht weht stets direkt auf die Küstenlinie zu, weiter draußen herrscht nicht selten Flaute.

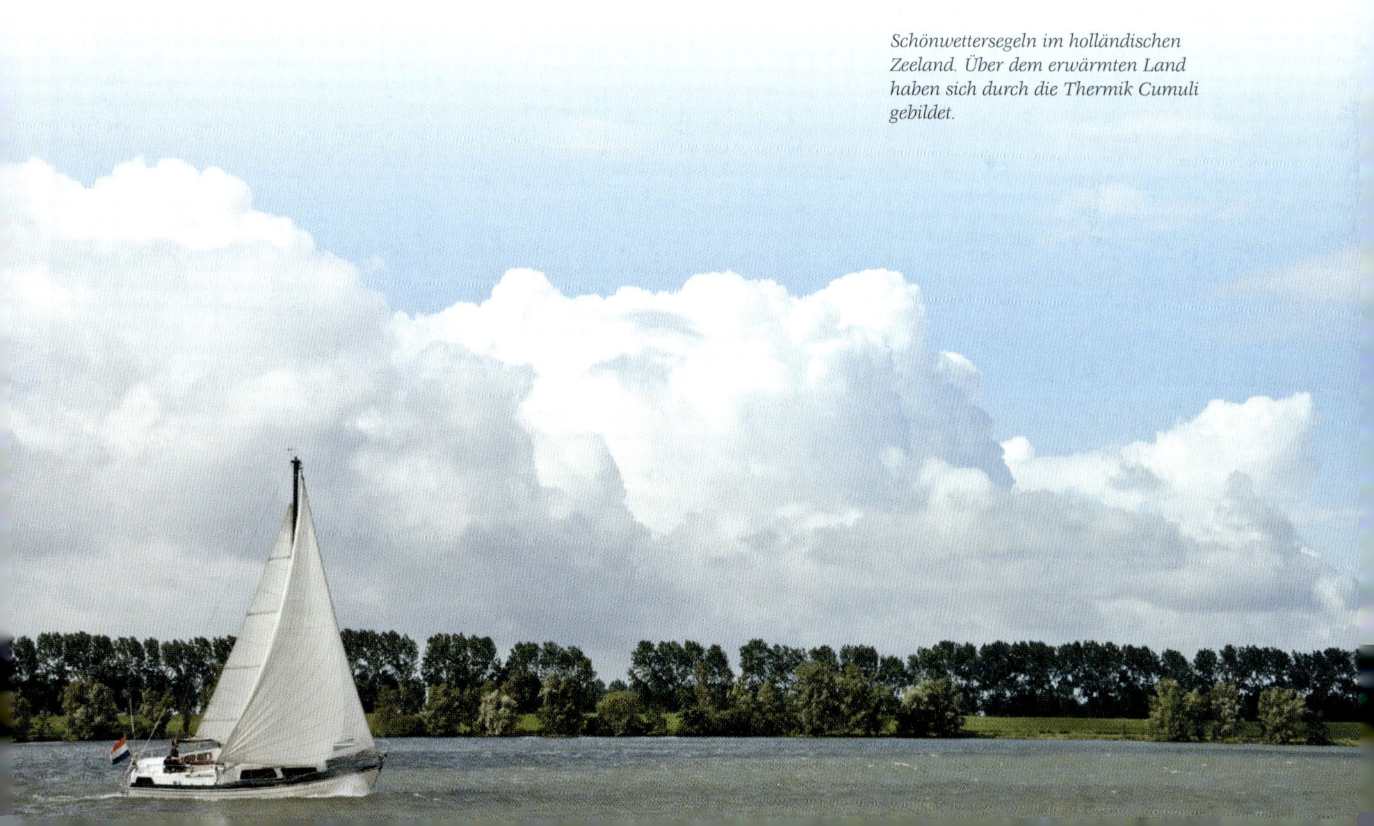

Schönwettersegeln im holländischen Zeeland. Über dem erwärmten Land haben sich durch die Thermik Cumuli gebildet.

Schwerwetterlagen

Schweres Wetter ist meist nur von kurzer Dauer, wird aber oft von starken, veränderlichen Winden und schlechter Sicht begleitet. Nicht selten tritt es während sonst ruhiger Wetterlagen mit gutem Segelwind auf, und manchmal überrumpelt es uns förmlich, weil es sich sehr rasch entwickelt hat.

Gewitter

Sie entstehen, wenn bei labiler Schichtung feuchte Luft in große Höhen aufsteigen kann. Dabei bedarf es eines auslösenden Effekts.

- Winde wehen gegen steil aufragendes Gelände, wie es der Segler an einer gebirgigen Küste erleben kann.
- Thermische Aufwinde durch starke Sonnenerwärmung sind eine häufige Ursache. Morgens ist der Himmel oft noch klar, im Tagesverlauf bilden sich Wärmegewitter, die sich abends wieder auflösen.
- Entlang der in den Warmsektor vordringenden Kaltfront wird die warme Luft gehoben, dort entstehen Gewitterlinien.
- Die auf ein Tief oder einen Trog allseitig zuströmende Luft wird gehoben. Gewitter entwickeln sich im Tiefdruckbereich (Gewittertief) bzw. entlang der Trogsachse.
- Die in einem Cumulonimbus aufstrudelnde Luft enthält große Wassertropfen. Die teils von Hagel oder Graupel begleiteten starken Schauer können heftige Ausbrüche kalter Luft produzieren (Downbursts), die sich mit Böen vom Gewitterkern her allseitig ausbreiten.
- Wo diese Böen gegen die vorherrschende Luftströmung gerichtet sind, heben sich beide Impulse teilweise auf und der Wind wird schwächer. Ziehen dagegen beide Winde »an einem Strang«, sind Sturmböen möglich. Dabei werden in den Wolken große elektrostatische Spannungen aufgebaut, Blitze zucken herab.

Böenlinien

Schauer- oder Gewitterzellen können sich zu einer lang gestreckten Linie aus heftigem Regen und Böen vereinigen. Solche Böenlinien treten oft im Vorfeld einer sich nähernden Kaltfront auf. Der Segler erkennt sie an dem dunklen Wolkenband, hinter dem starker Regen fällt. Heftige Böen können schon vor der Linie einfallen, dort verstärken sie den allgemeinen Wind, während hinter der Böenfront der Wind vorübergehend einschlafen kann. Reffen Sie rechtzeitig, wenn sich eine solche Linie am Horizont abzeichnet!

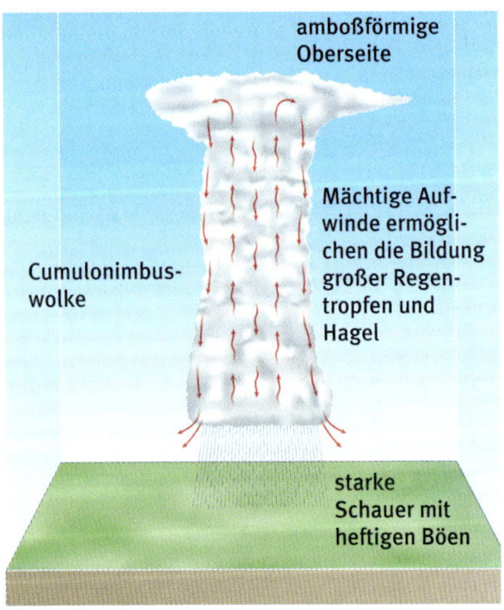

Ein Gewitter

Die starken Auf- und Abwinde in einer Cumulonimbuswolke produzieren starken Regen sowie heftige Böen, die sich von der Wolkenbasis her in alle Richtungen ausbreiten können.

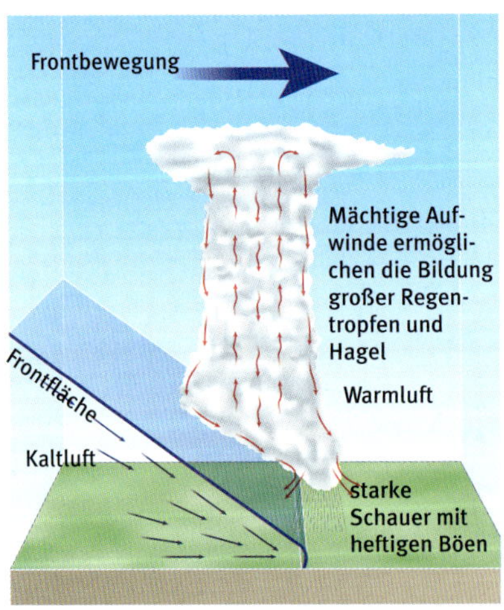

Ein Gewitter an einer Kaltfront

Gewitter können durch starke Aufwinde in labiler Luft entlang einer Kaltfront ausgelöst werden.

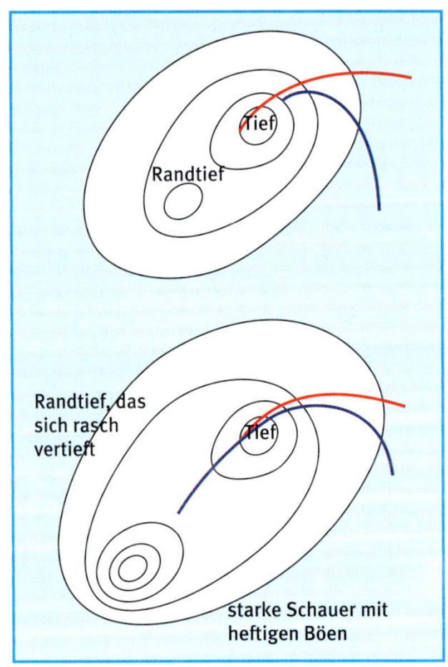

Entwicklung eines Randtiefs

Randtiefs sind in der Lage, sich rasch und unerwartet zu verstärken.

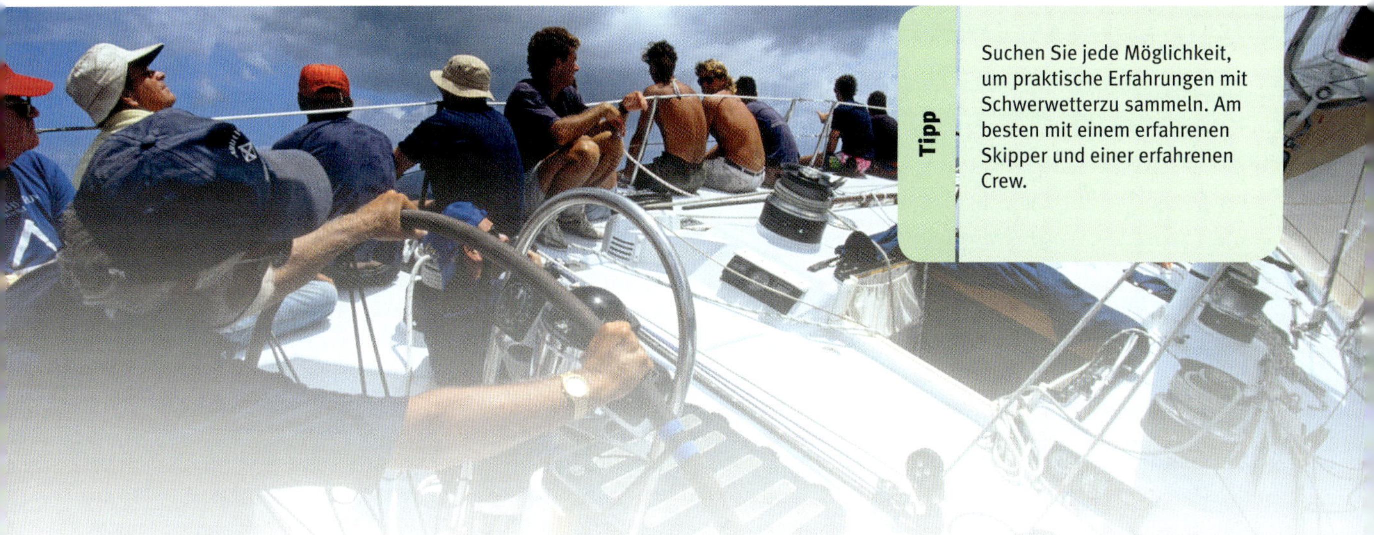

Tipp

Suchen Sie jede Möglichkeit, um praktische Erfahrungen mit Schwerwetterzu sammeln. Am besten mit einem erfahrenen Skipper und einer erfahrenen Crew.

Eine kräftige Brise kaschiert die Kraft der Sonne und dürfte einigen Crewmitgliedern Sonnenbrand bescheren.

Ein Randtief

Im Bereich eines Tiefdruckgebiets kann sich ein sekundäres Tief ausbilden (Randtief). Für gewöhnlich bringt dieses keine markanten Wettererscheinungen, doch gelegentlich verstärkt es sich erheblich und produziert in dem Fall sehr starke Winde.

Solch rapide sich vertiefende Randtiefs sind schwer zu prognostizieren, werden oft erst in letzter Minute erkannt. Nicht selten läuft man mit Prognosen gut gewappnet aus, um dann draußen doch von einem solchen Randtief erwischt zu werden. Versorgen Sie sich deshalb so oft wie möglich mit aktuellen Wetterprognosen, um Überraschungen vorzubeugen!

Schwere Stürme

Weht der Wind mit 48 Knoten oder mehr, spricht man von schwerem Sturm. In der Wetterkarte ist er an den besonders eng gescharten Isobaren zu erkennen. Normalerweise dauern solche extremen Winde nicht länger als 12 Stunden.

Tropische Wirbelstürme

Tropische Stürme (im Atlantik »Hurrikans«) sind ein Phänomen tropischer Meere mit hohen Wassertemperaturen und entsprechend hohem Wasserdampfgehalt der Luft. Sie pflegen zu bestimmten Zeiten im Jahr in bestimmten Seegebieten des Atlantiks, Indiks und Pazifiks aufzutreten. Man sollte ihnen unter allen Umständen ausweichen.

Fallen die Böenaus einer ähnlichen Richtung ein wie der großräumige Wind, verstärken sie sich. Rückseitig der Böenfront können beide Kräfte eine Schwachwindzone erzeugen, da sie sich hier teilweise aufheben.

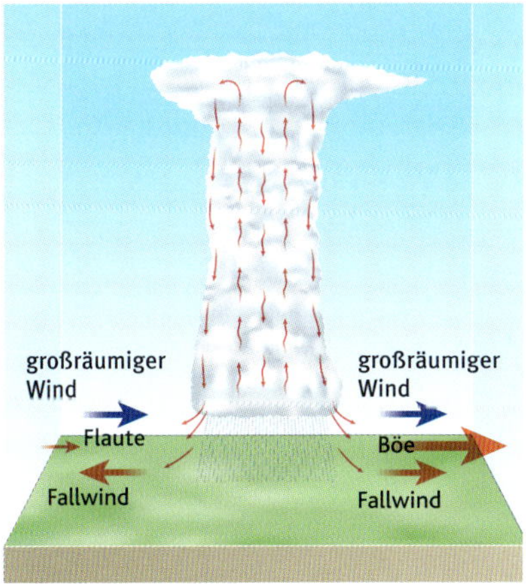

Das Zusammenwirken von Fallwinden und Luftströmung

Böenlinien entstehen oft an einer Kaltfront, wo sich Cumulonimbuswolken zu einer Linie verbinden.

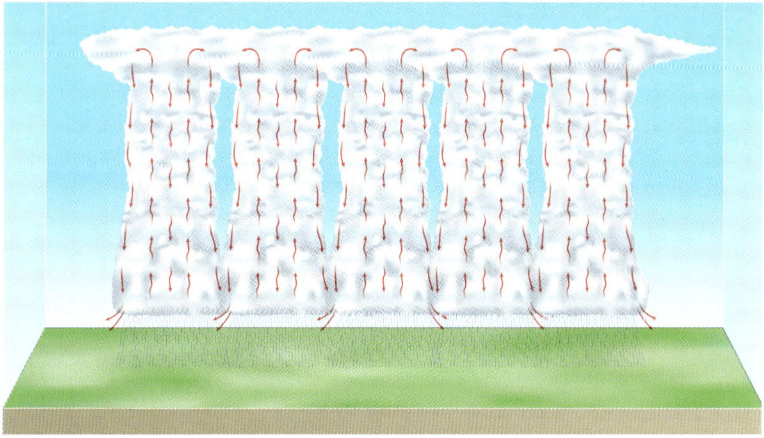

Eine Böenlinie

Was ist Nebel?

Nebel ist praktisch eine bis zur Erdoberfläche reichende Wolke. Er reduziert die Sichtweite durch seine winzigen schwebenden Tröpfchen – je höher die Tropfenkonzentration, desto schlechter die Sicht. Laut genauer Definition liegt die horizontale Sicht bei Nebel unter 1 km. Bei Sichten zwischen 1 und 3,7 km spricht man von diesigem Wetter.

Sichtminderung im Regen

Regen vermag die Sicht in gleicher Weise zu reduzieren wie der Nebel. Entsprechend starke Regenfälle kann es bei Annäherung einer Warmfront, in Gewittern oder an starken Schauerlinien geben.

Frontnebel

Kurz vor der Passage einer Warmfront herrscht oft Dauerregen mit tief hängenden Stratuswolken. Diese Wolken können so weit herunterreichen, dass es neblig wird. Wegen der flachen Neigung der Frontfläche können ausgedehnte Seegebiete von Frontnebel betroffen sein, und bei nur langsamer Frontbewegung kann der Nebel länger andauern – bis die Front durch ist.

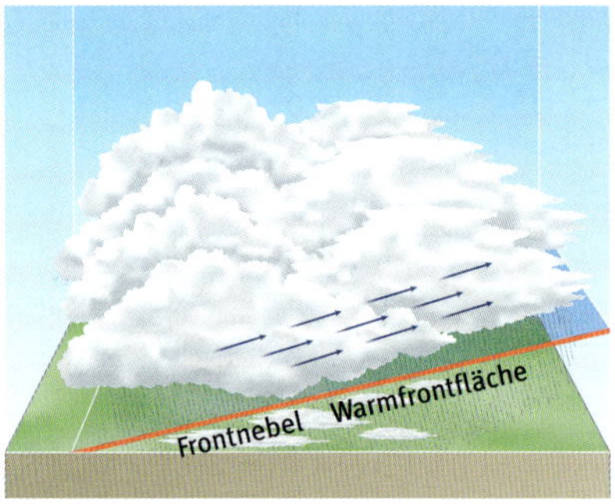

Die hochnebelartige Bewölkung im Warmfrontbereich kann kurz vor der Frontpassage bis aufs Wasser herabreichen und kann zusammen mit dem Regen zu erheblicher Sichteinschränkung führen.

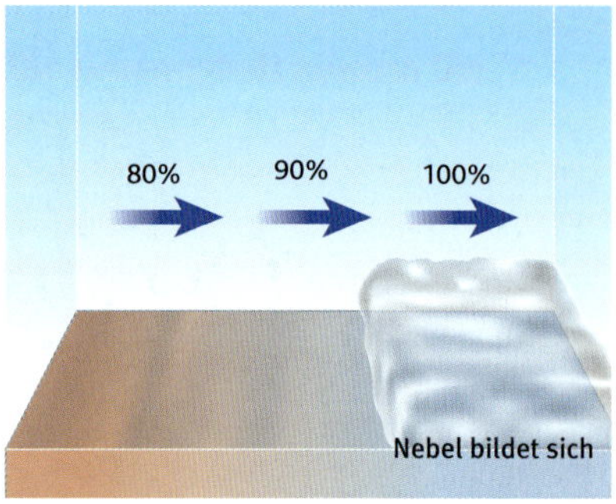

Feucht-milde Luftmassen, die durch kaltes Wasser abgekühlt werden, können Nebel produzieren, sobald in ihnen die relative Feuchte 100 % erreicht.

Was ist Seenebel?

Seenebel (Advektionsnebel) tritt zu bestimmten Jahreszeiten auf, wenn feucht-milde Luft über zunehmend kühles Wasser strömt. Dabei steigt die relative Luftfeuchte nahe der Wasseroberfläche an, bis sie 100 % erreicht, in der Folge bilden sich Nebeltröpfchen. Seenebel werden in westeuropäischen Gewässern oft im Frühjahr und Frühsommer beobachtet, wenn subtropisch-maritime Luftmassen über die kühlen Gewässer des Atlantiks und der Nordsee strömen.

Auch wo Warmluft über Zonen kalten Auftriebswassers driftet, bilden sich Nebelfelder. Sehr ausgedehnte Seenebel kennt man aus dem Gebiet der Grand Banks vor Neuschottland im Nordosten der USA.

Vor manchen Küsten entstehen Seenebel, wenn sehr kalte Luft über wärmeres Wasser strömt. Die starke Verdunstung in die Kaltluft hinein reichert die Luft mit Feuchtigkeit an und führt später zur Nebelbildung; zuweilen liegt die Nebelschicht einige Meter abgehoben über der Wasseroberfläche.

Oft lichten sich Seenebel erst, wenn die Passage einer Front für einen Luftmassenwechsel sorgt.

Was ist Strahlungsnebel (Bodennebel)?

Strahlungsnebel bildet sich, wenn feuchte Luft in klaren ruhigen Nächten über Land durch nächtliche Ausstrahlung stark abgekühlt wird. Das geschieht besonders in Herbst und Winter.

Begünstigend für die Nebelbildung sind leichte Winde von 2 bis 5 Knoten. Bei größerer Luftbewegung lässt die Turbulenz den Nebel aufsteigen, und es entsteht Stratus (Hochnebel).

Bodennaher Nebel bildet sich besonders bei Windgeschwindigkeiten von 2 bis 5 Knoten. Strahlungsnebel wird im Tagesverlauf von der Sonne aufgelöst. Erleben wir morgens in einer Flussmündung Nebel, herrscht draußen auf See meist klares Wetter.

Tipp

Sind »Nebelfelder« vorhergesagt, muss der Segler damit rechnen, dass er bei vermeintlich beständigem Schönwetter plötzlich in dichten Nebel gerät. Ohne Radar sollte bei solchen Wetterlagen kein Törn unternommen werden.

Nächtliche Wärmeausstrahlung des Bodens vermag die Luft so weit abzukühlen, dass Nebel entsteht, der dann in Täler, Flussmündungen und Buchten herabfließt. Oft ist das Wetter draußen auf See klar, und auch der Nebel wird sich mit steigender Sonne im Tagesverlauf auflösen.

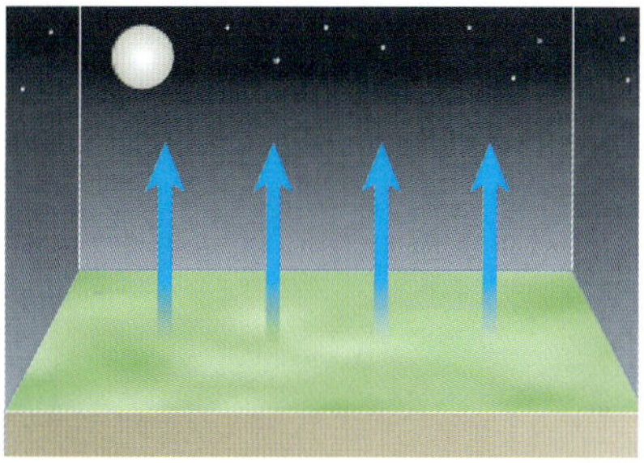

Nächtliche Ausstrahlung des Bodens unter klarem Himmel.

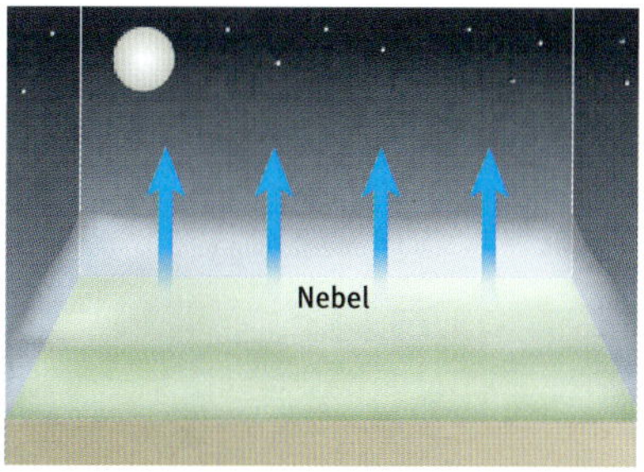

Nebel bildet sich im Falle einer leichten Brise.

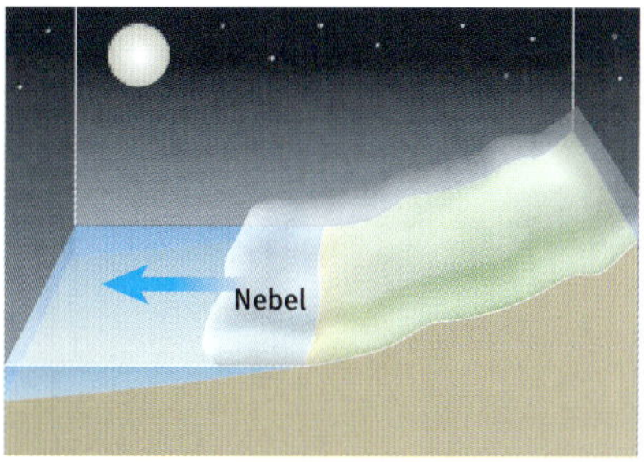

Schwere Nebelkaltluft strömt hangabwärts.

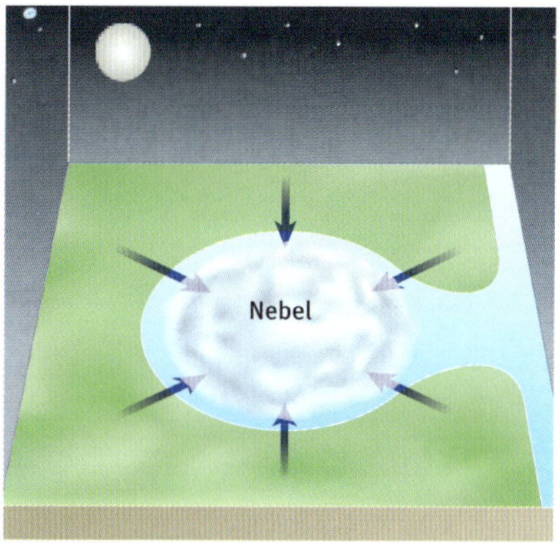

Landnebel driftet in Buchten hinein, er wird sich später durch die Sonneneinstrahlung erwärmen und auflösen.

Wie entsteht diesiges Wetter?

Die Sichtweite wird durch Wassertröpfchen oder durch Staub in der Atmosphäre verringert. Wenn die Luftfeuchte100 % beträgt, etwa wenn die Luft durch die Nähe zur Wasseroberfläche stark abgekühlt wurde, herrscht Nebel (quasi eine zur Oberfläche herabreichende Wolke). Oder es regnet. Zu einer erheblichen Sichtreduktion kommt es, wenn der Wind Staub aufwirbelt, wie etwa in Wüstengebieten.

Schlechte Sicht kann sich rasch zu Nebel weiterentwickeln, wo sich kaltes Auftriebswasser befindet. Seenebel kann der Wind nicht einfach »wegblasen«.

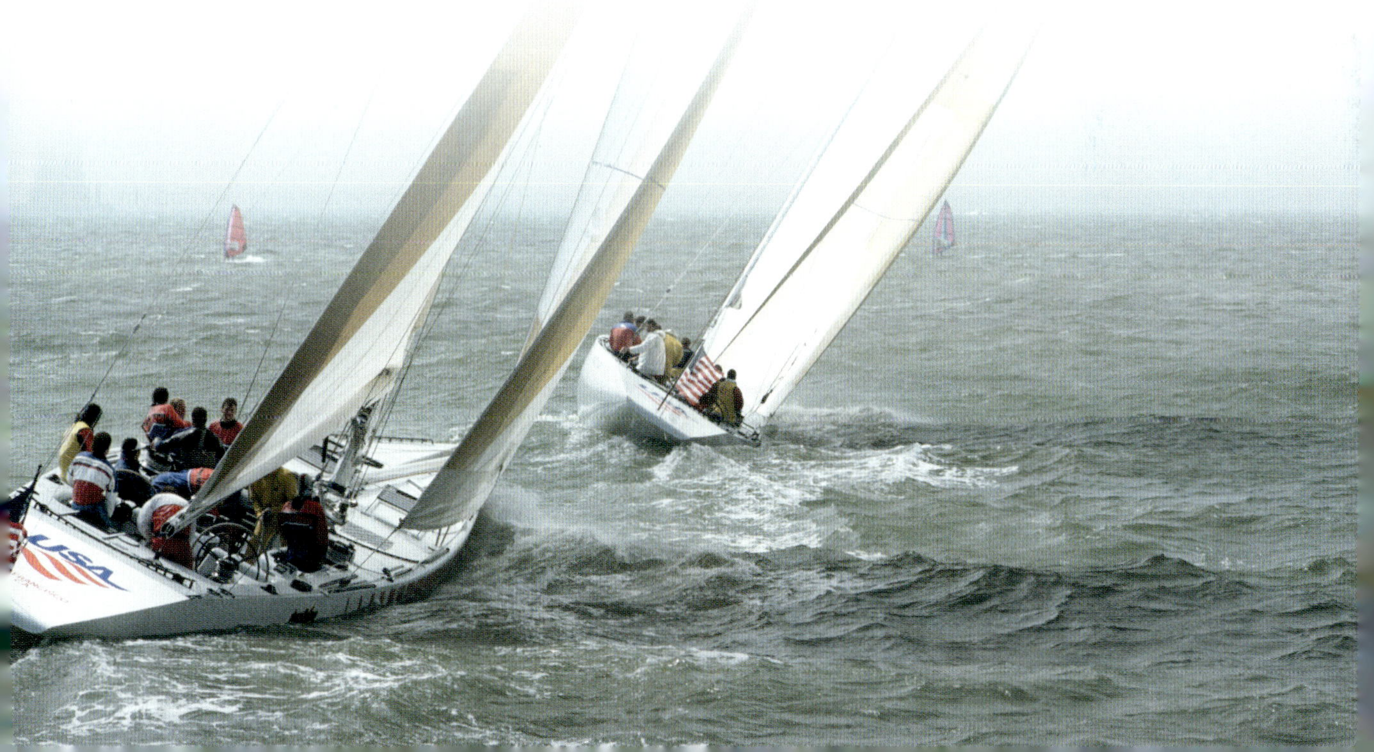

Lufttemperatur

Der Kontakt mit dem Untergrund führt zur Erwärmung wie auch zur Abkühlung von Luft. Vertikale und horizontale Strömungen wirken weltweit als Transportmittel für die verschieden temperierten Luftmassen.

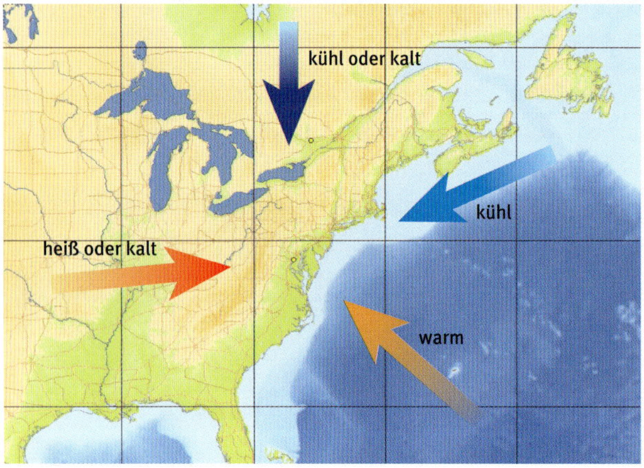

Die Herkunft der Luftmasse erlaubt eine gute Einschätzung ihrer Temperaturen, aber auch die Jahreszeit ist zu berücksichtigen.

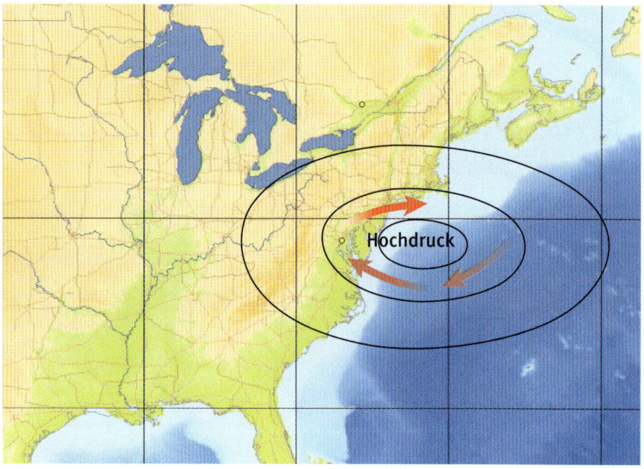

Die Windrichtung allein sagt noch nicht viel über ihre Herkunft aus. Hier sieht man, dass die vermeintlich maritime Luftmasse dieses Südwestwindes in Wirklichkeit kontinentalen Ursprungs und so im Sommer für den Segler vor der Küste unerwartet trocken und sehr warm sein wird.

Im regionalen Maßstab ergibt sich die Lufttemperatur aus Herkunftsregion und Weg der Luftmasse sowie aus lokalen Faktoren.

Was ist der Wind-Chill-Faktor?

Unser Körper verliert mehr Wärme, wenn er dem Wind ausgesetzt ist. Der Wind-Chill-Faktor beschreibt diesen Wärmeverlust. Als Faustregel gilt: Der Wert entspricht dem halben Wind in Knoten. So kommt uns die Luft bei einem 16-kn-Wind 8 Grad kühler vor als bei Windstille. Der Wind wird somit besonders bei tiefen Temperaturen zum Problem. Leider bieten weder Wetterkarten noch die Seewetterberichte Temperaturprognosen, wohl aber die üblichen Wetterberichte der lokalen Radiosender.

Die Temperatur einer Luftmasse

Streicht eine Luftmasse genügend lange über ein Seegebiet, so nimmt sie seine Temperatur an. Strömt sie dann in Seegebiete mit wärmerem oder kälterem Wasser, passt sie sich nach einiger Zeit den dortigen thermischen Bedingungen an. Ebenso spiegeln sich jahreszeitliche Variationen in der Luftmassentemperatur wider.

Woher kommt die Luftmasse?

Einen ersten Hinweis auf die Herkunftsregion der Luftmasse liefert die Windrichtung. Besser ist es aber, die Wetterkarte zurate zu ziehen, denn der Weg der Luftmasse zu uns muss nicht geradlinig verlaufen sein.

Das Herkunftsgebiet und auch die Jahreszeit geben uns eine Vorstellung von der zu erwartenden Luftmassentemperatur.

Die Passage einer Warmfront

Definitionsgemäß ist die Luft jenseits der nahenden Frontlinie wärmer als diesseits. Deutlich wird dieser Unterschied, wenn zuvor trübes und regnerisches Wetter herrscht. Bei Frontdurchgang sorgen dann abklingender Regen und aufreißende Bewölkung für spürbar angenehmere Bedingungen.

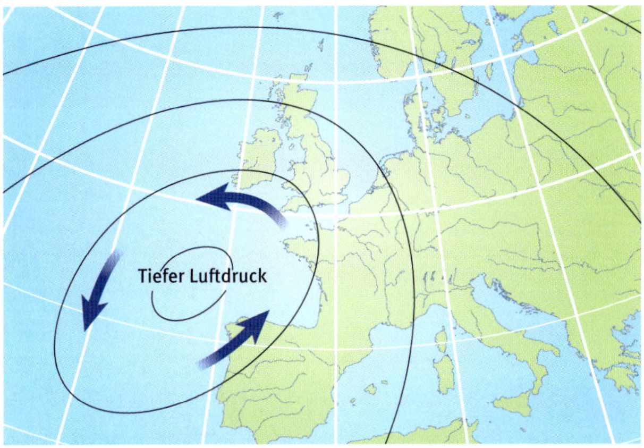

In diesem Fall erreicht Atlantikluft die Küste über einen südöstlichen Umweg, und so ist der Südostwind im Sommer für den Küstensegler von der Bretagne bis zur holländischen Küste statt feucht und mild eher trocken-heiß.

Tipp

Kühle Luft kann leicht über die Gefahr des Sonnenbrands hinwegtäuschen. Besonders wenn wir den Wind im Gesicht haben, lässt uns der Wind-Chill-Effekt die Kraft der Sonne vergessen. Die Sonnenbrandgefahr ist groß, deshalb geizen Sie in dieser Situation nicht mit Sonnencreme.

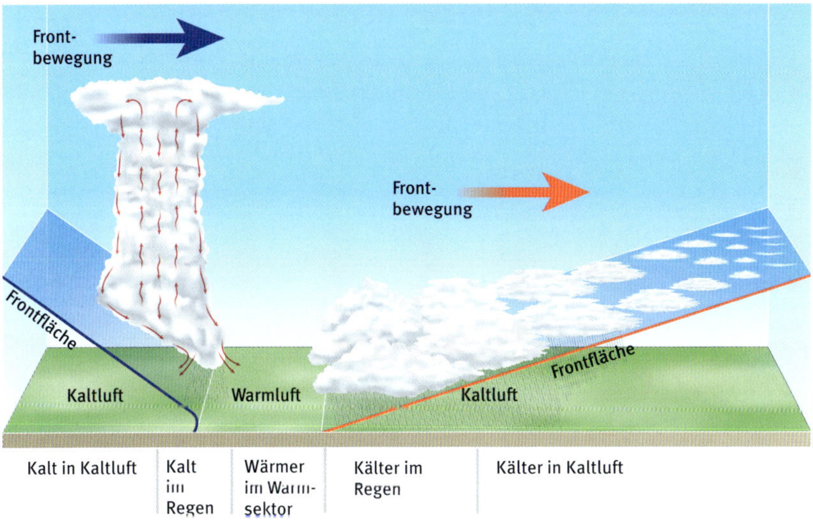

Mögliche Temperaturänderungen aufgrund der Passage mehrerer Fronten. Der genaue Temperaturverlauf hängt vom Seegebiet und auch der Jahreszeit ab.

Die Passage einer Kaltfront

Weitaus dramatischer kann die Temperaturanderung bei einem Kaltfrontdurchgang sein. Der Temperatursturz zwingt gegebenenfalls dazu, die Kleidung zu wechseln. Zur plötzlichen Abkühlung trägt auch der auffrischende Wind und die kräftigen Schauer im Frontbereich bei.

Die Temperatur im Nebel

Im Nebel beträgt die relative Feuchte 100 %. Unter diesen Bedingungen vermag die Luft dem menschlichen Körper mehr Wärme zu entziehen, als wenn sie trocken ist. Eine deutliche Abkühlung im Nebel wird sogar dann empfunden, wenn die Temperaturen außerhalb und im Nebel gleich sind.

Was sagen uns die Wolken?

Mit einigem Wissen rund um die verschiedenen Wolkentypen lässt sich das Wetter besser vorhersagen.

Die Art, wie sich die Temperatur mit der Höhe ändert, die sogenannte Schichtung, steuert das Aufsteigen von Luft. Die Temperatur sinkt mit zunehmender Höhe, über die genaue Abkühlungsrate entscheiden viele Faktoren. Die Temperatur aufsteigender Luft sinkt normalerweise alle 300 m Höhenmeter um rund 2 Grad. Ist die vertikale Temperaturabnahme der Umgebungsluft geringer, endet der Aufstieg, die Schichtung ist stabil. Ist sie größer, behält die aufstrebende Luft ihre Auftriebsenergie und steigt weiter auf, solange sie wärmer ist als die Umgebungsluft – es herrscht labile Schichtung. Die Schichtung entscheidet über die vertikale Erstreckung der Wolken.

Stratus und Quellwolken

Stratiforme Wolken sind schichtartig aufgebaut. Sie bilden sich in einer stabilen Atmosphäre und brauchen für den Aufstieg geneigte Oberflächen – sei es das Gelände oder eine Frontfläche –, oder sie entstehen oberhalb einer sehr flachen labilen Luftschicht. Quellwolken dagegen sind von größerer vertikaler Erstreckung und bilden sich in einer labilen Atmosphäre.

Die Wolkenhöhe

Die Vorsilbe weist auf die Wolkenhöhe hin.

- Oberes Stockwerk: Cirrostratus und Cirrocumulus
- Mittleres Stockwerk: Altostratus und Altocumulus
- Unteres Stockwerk: Nimbostratus und Stratocumulus

Wolkentypen

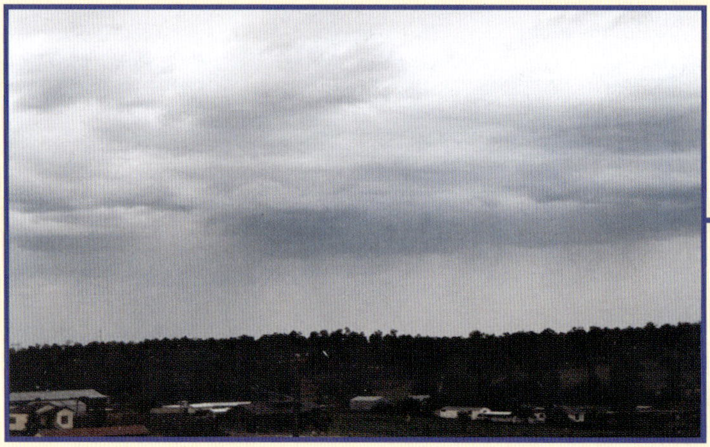

Regen aus Nimbostratus. Der Regen lässt ganz unten Stratus entstehen. Da sich dieser Warmfrontabschnitt über 240–320 km erstreckt, regnet es meist stundenlang.

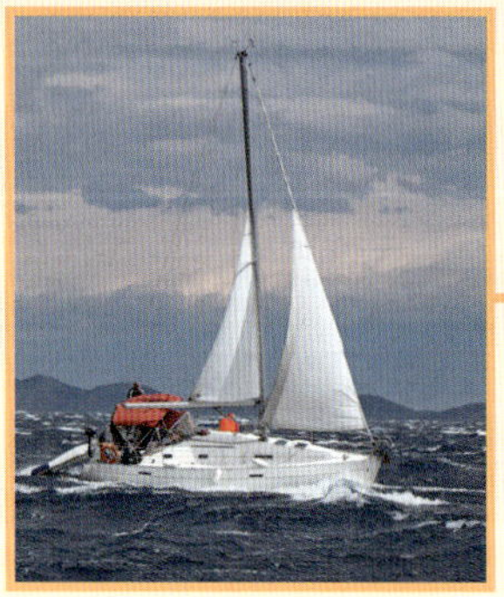

Stratus und Stratocumulus. Rechnen Sie wegen der Gebirgsnähe auch mit eingelagerten Gewittern mit starkem Regen und heftigen Böen.

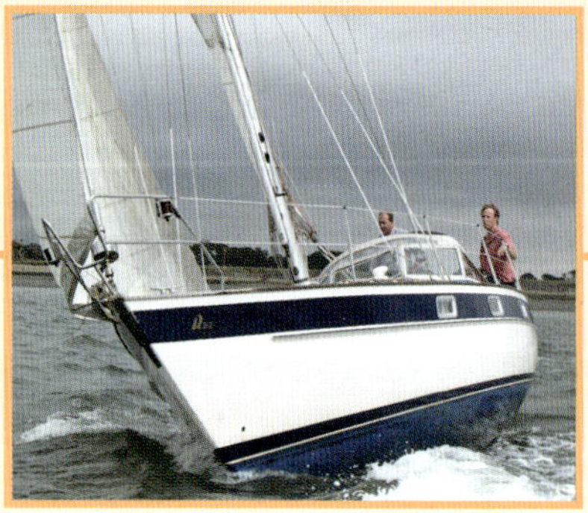

Stratus mit einer frischen Brise (im Warmsektor). Gelegentlich fällt Sprühregen. Der Wind weht ausgesprochen gleichmäßig.

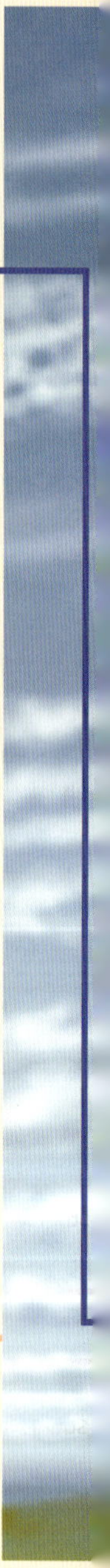

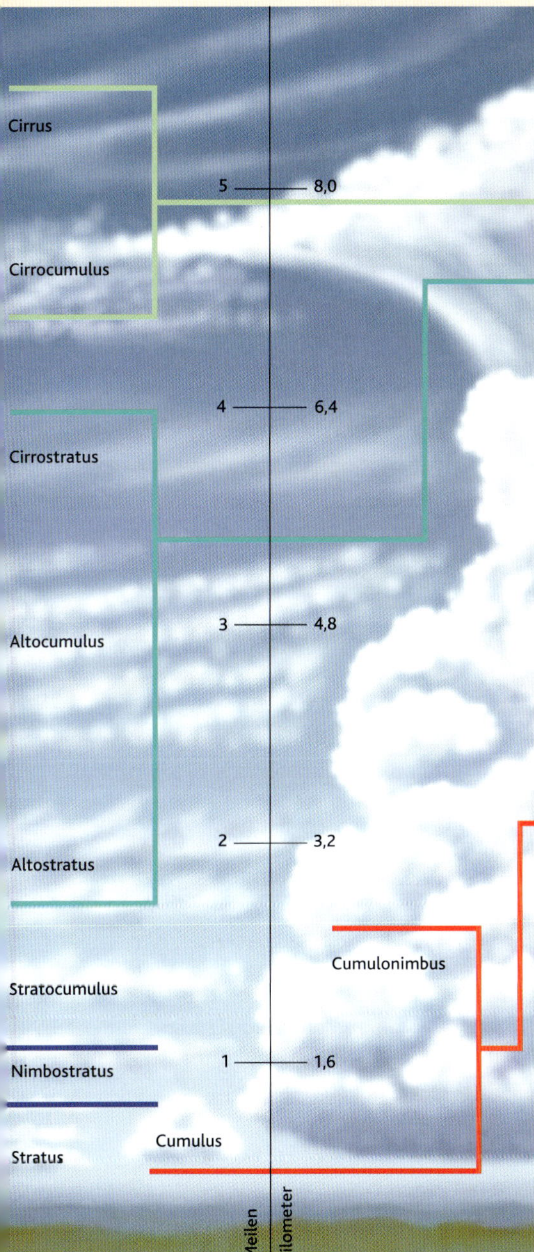

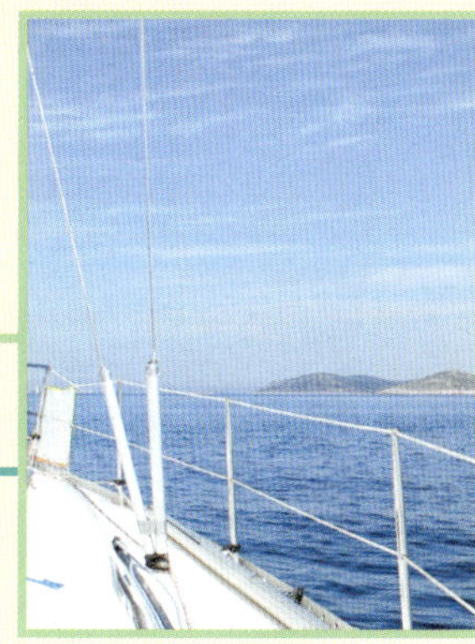

Dünne Fäden/Büschel aus hohem Cirrus sind normalerweise das erste Anzeichen eines nahenden Tiefs. Bald frischt der Wind auf, später ist Regen möglich.

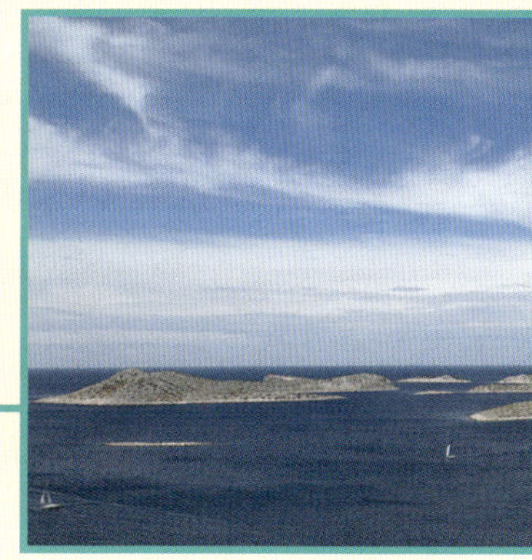

Eine Mischung aus Cirrostratus und Altostratus. Sie kann Vorbote einer sich nähernden Warmfront sein.

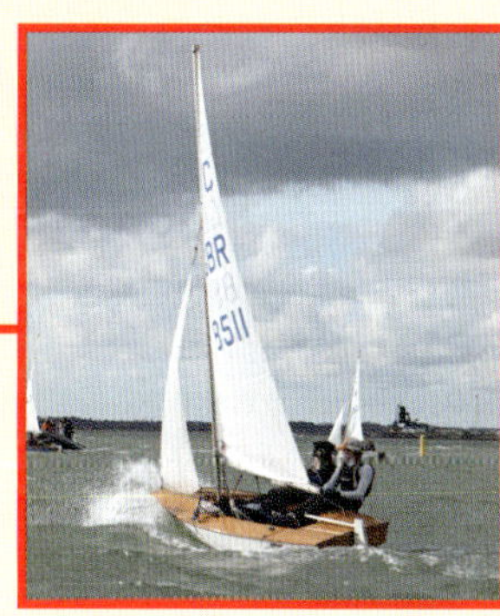

Cumulus/Cumulonimbus mit größerer vertikaler Ausdehnung bringen heftige und böige Abwinde und sind typisch für maritime Polarluft. Segler sollten mit einem sehr launischen Wind und starken Böen rechnen.

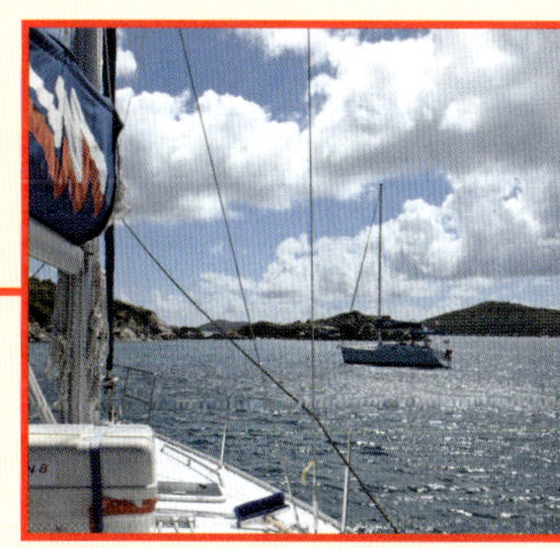

Schönwettercumuli entstehen oft nach einem sonnig-klaren Morgen und wachsen vormittags in die Höhe. Typische Windstärken sind 2–6 Bft. Erwarten Sie Böen unter jeder Wolkenlinie und abflauende Winde unter klarem Himmel.

Wettervorhersagen

Es gibt eine Vielzahl von Wettervorhersagen, doch oft sind sie wenig geeignet für Segler, da in ihnen der Wind zu wenig berücksichtigt wird. Zu manchen hat man nur an der Küste Zugang, andere lassen sich im Cockpit empfangen.

Tipp

Hören Sie auf die Meinung von Fischern oder Seeleuten. Ihre Erfahrun gen mit den lokalen Wetterbedingungen sind wertvoll – schließlich hängt ihr Lebensunterhalt davon ab.

Besorgen Sie sich Ihre Prognosen vor dem Ablegen, überlegen Sie sich aber auch Aktualisierungsmöglichkeiten, falls Sie länger draußen sein werden. Je wettererfahrener Sie sind, desto leichter lässt sich die Prognosequalität einschätzen.

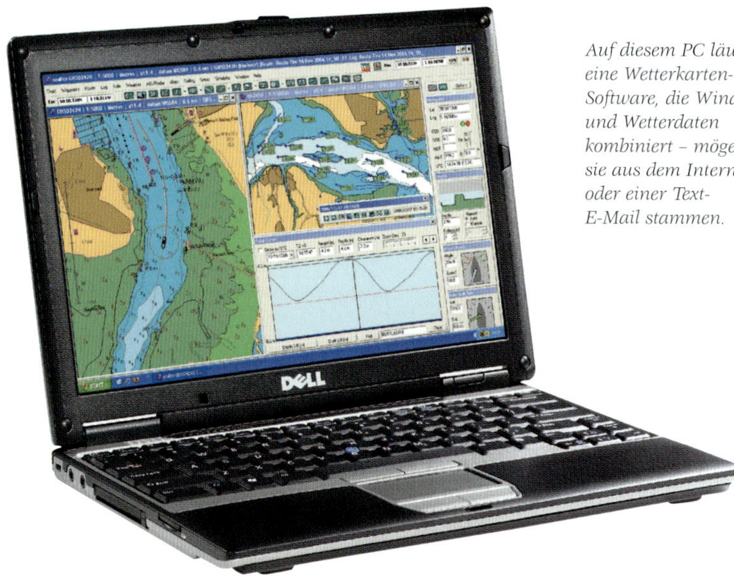

Auf diesem PC läuft eine Wetterkarten-Software, die Wind- und Wetterdaten kombiniert – mögen sie aus dem Internet oder einer Text-E-Mail stammen.

Überregionale und lokale Radiosender

Seewetterberichte gibt es auf überregionalen wie auch lokalen Sendern, je nach Standort. Sie werden zu bestimmten Zeiten verbreitet; doch Achtung: Die können sich ändern!

Andere Medien

Das Fernsehen ist für einen allgemeinen Überblick erste Wahl, doch ansonsten wird hier nur wenig auf den Segler eingegangen. Zuweilen bieten lokale Sender Seewetterberichte. Zeitungen haben oft auch Wetterkarten, die man sich vor dem Auslaufen anschauen kann. Verfolgen Sie am besten schon Tage vor dem Törn die Wetterlage, um das richtige Gefühl für die Wetterentwicklung zu bekommen.

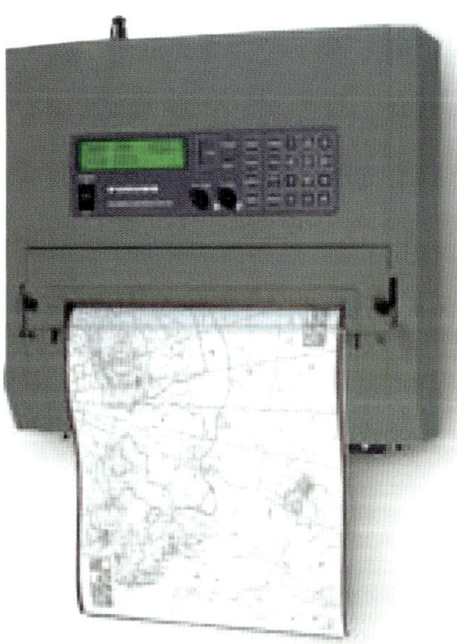

Ein Wetterfax-Empfänger, der Wetterkarten aus verschiedenen Quellen plottet.

Marina oder Hafenmeister

Über eine Marina oder das Büro des Hafenmeisters kommt man oft an aktuelle Wetterinformationen und Wetterkarten heran. Achtung: Manche hängen nur über die Wochenenden ihre Wetterberichte aus, prüfen Sie also die Ausgabezeit!

Internet

Das Internet ist eine exzellente Informationsquelle. Mithilfe der Suchmaschinen entdeckt man eine Vielzahl von Wind- und Wettervorhersagen.

UKW-Seefunk

Seefunkstellen oder andere amtliche Institutionen verbreiten nach einem festen Sendeschema maritime Wetterberichte. Auf ihren Internetseiten und in vielen Revierführern finden sich die genauen Programme und Kanäle. Manche Länder wie die USA oder Kanada bieten unterbrechungslose Ausstrahlungen, sodass man das Wetter jederzeit abhören kann.

NAVTEX

NAVTEX ist ein internationaler Funk dienst zur Verbreitung von Wetter- und Sicherheitsinformationen nach einem festen Sendeschema. Dafür wird ein spezieller Empfänger

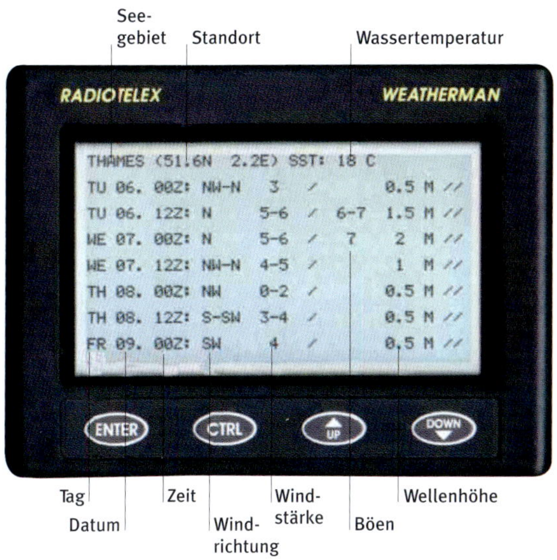

Ein Wetterfunk-Decoder, der die Wetterdaten in einer leicht lesbaren Form darstellt.

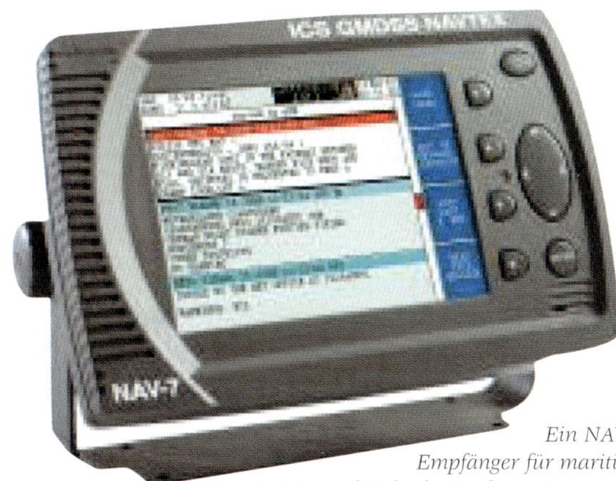

Ein NAVTEX-Empfänger für maritime Wetter- und Sicherheitsinformationen (unten).

PredictWind ist als Webseite oder App verfügbar. Angezeigt werden Windstärken in Echtzeit, Vorhersage-Alarme, Wetterrouting und Planung der besten Abfahrtszeit sowie Wellenbild, Niederschlag, Bewölkung, Isobaren, Luft- und Wassertemperatur sowie animierte Windkarten.

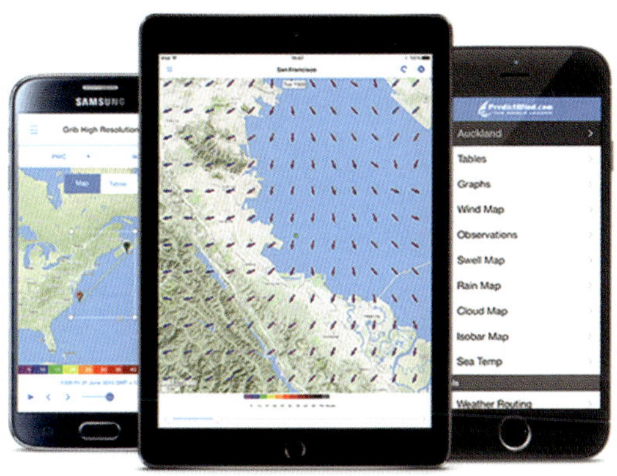

benötigt, der auf Standby-Empfang geschaltet ist. So ist man jederzeit auf dem neuesten Stand. Die Reichweiten der Sendestationen liegen bei 320–480 km, sie sind aber nicht global verfügbar. Die Sprache ist in der Regel Englisch, doch es gibt vom Deutschen Wetterdienst auch Sendungen in deutscher Sprache für die Seegebiete der Nord- und Ostsee (Sender Pinneberg).

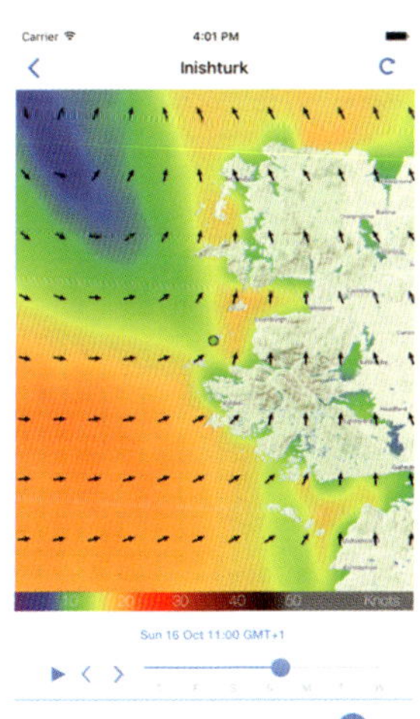

Segel-Webseiten und Apps

Das Internet bietet hervorragende Wetterinformationen, die in Küstennähe über WLAN oder Mobilfunk abgerufen werden können. Zahlreiche Webseiten und Apps liefern Wettervorhersagen speziell für Segler mit Windgeschwindigkeit, Böen, Windrichtung, Luft- und Wassertemperatur, Wellenhöhe und -Richtung sowie Luftdruck in Vorhersageintervallen von sechs Stunden oder kürzer. Zu den bekanntesten zählen PassageWeather, PredictWind, Windfinder, Windguru und XCWeather. Die Grunddaten sind in der Regel kostenlos, bei kostenpflichtigen Abonnements erhält man genauere Daten bis hin zur personalisierten Törnplanung. Viele Länder publizieren zudem offizielle Wettervorhersagen im Internet.

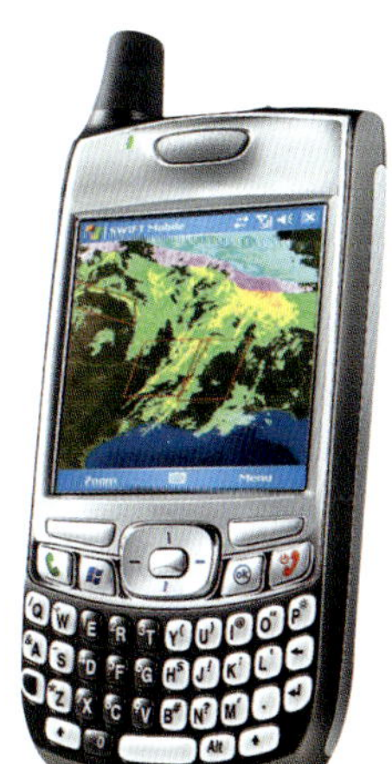

Moderne Smartphones zeigen Wetterkarten wie auch Prognosen (links).

Die Beaufortskala

Diese Skala erlaubt eine genaue Einschätzung der Windstärke. Sie wurde im Jahre 1805 von dem britischen Admiral Sir Francis Beaufort veröffentlicht.

Beaufortskala				
Stärke in Beaufort	**Beschreibung**	**Windgeschw. in Knoten**	**Auswirkungen an Land**	**Seegang**
0	Still	Weniger als 1	Rauch steigt gerade empor	Spiegelglatte See
1	Leiser Zug	1–3	Rauch bildet Fahnen	Wellenhöhe 0,1 m; kleine schuppenförmige Kräuselwellen
2	Leichte Brise	4–6	Blätter säuseln	Wellenhöhe 0,2–0,3 m; kleine, kurze Wellen, glasige Kämee
3	Schwache Brise	7–10	Windfahnen bewegt	Wellenhöhe 0,6–1 m; kleine, länger werdende Wellen, Kämme beginnen zu brechen, vereinzelte Schaumköpfe
4	Mäßige Brise	11–16	Leichte Windfahnen gestreckt	Wellenhöhe 1–1,5 m; Wellen werden länger, zahlreiche Schaumköpfe
5	Frische Brise	17–21	Windfahnen gestreckt Äste werden bewegt	Wellenhöhe 2–2,5 m; größere Wellen, viele Schaumköpfe, etwas Gischt
6	Starker Wind	22–27	Kleine Bäume schwanken	Wellenhöhe 3–4 m; große Wellen mit Schaumköpfen, mehr Gischt
7	Steifer Wind	28–33	Gehen gegen den Wind erschwert	Wellenhöhe 4–5,5 m; See türmt sich, weißer Schaum legt sich in Streifen parallel zum Wind
8	Stürmischer Wind	34–40	Zweige brechen von Bäume	Wellenhöhe 5,5–7,5 m; mäßig hohe Wellenberge mit langen Kämmen, Gischt weht von den Kämmen ab, ausgeprägte Schaumstreifen
9	Sturm	41–47	Kleinere Schäden an Häusern	Wellenhöhe 7–10 m; hohe Wellenberge, See beginnt zu rollen, vielerorts Schaumstreifen, Gischt beginnt die Sicht zu beeinträchtigen
10	Schwerer Sturm	48–55	Bäume werden entwurzelt Beträchtliche Sachschäden	Wellenhöhe 9–12,5 m; hohe Wellenberge mit langen, überbrechenden Kämmen, See weiß durch Schaumd; schweres, stoßartiges Rollen der See, Sicht durch Gischt reduziert
11	Orkanartiger Sturm	56–63	Verbreitet schwere Sturmschäden	Wellenhöhe 11,5–16 m; außergewöhnlich hohe Wellenberge, weiße See, Sicht durch Gischt extrem reduziert
12 und mehr	Orkan	64 und mehr	Schwerste Verwüstungen	See völlig weiß, keine Sicht mehr

Luftdrucktendenz

In Wetterberichten beziehen sich Angaben zur »Tendenz« auf die Luftdruckänderung, sie wird in der Regel auf 3 Stunden bezogen.

Unverändert	weniger als 0,1 hPa
Langsam	
steigend/fallend	0,1–1,5 hPa
steigend/fallend	1,6–3,5 hPa
Rasch	
steigend/fallend	3,6–6,0 hPa

- Wenn Sie am Barometer einen Druckanstieg oder -fall von 1hPa/Stunde beobachten, muss mit Windstärke 6 gerechnet werden.
- Wenn Sie einen Druckanstieg oder -fall von 2 hPa/Stunde beobachten, muss mit Windstärke 7 bis 8 gerechnet werden.
- Wenn Sie einen Druckanstieg oder -fall von rund 3 hPa/Stunde beobachten, muss mit Windstärke 8 oder mehr gerechnet werden.

Wann geschieht es?

Sofort (engl. imminent)	In den nächsten 6 Stunden
Bald (soon)	In 6 bis 12 Stunden
Später (later)	In 12 bis 24 Stunden

Wellenlänge

Die Wellenlänge als Distanz zwischen zwei Wellenkämmen ist ebenso bedeutend wie die Wellenhöhe. Ein 2 m hoher Seegang im Ozean ist kein Problem für den Segler. In einer schmalen Fahrrinne jedoch, wo die Wellen steiler sind, kann das Revier unter diesen Bedingungen zum rauen Pflaster werden – besonders in Flachwassergebieten.
Siehe auch S. 34/35.

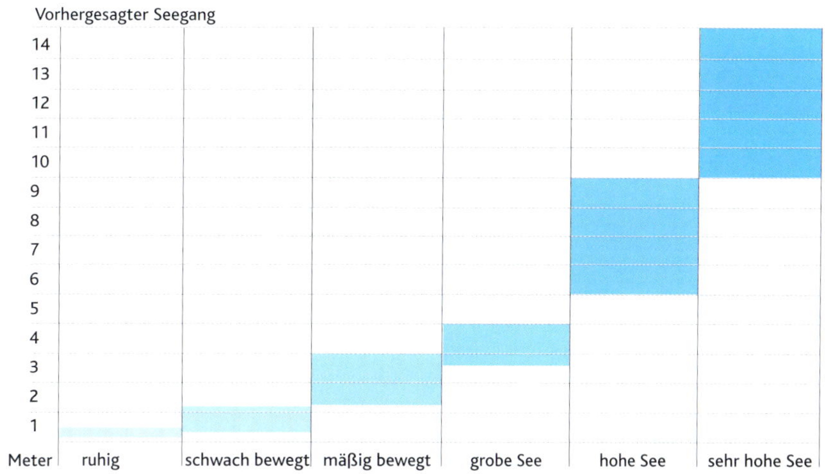

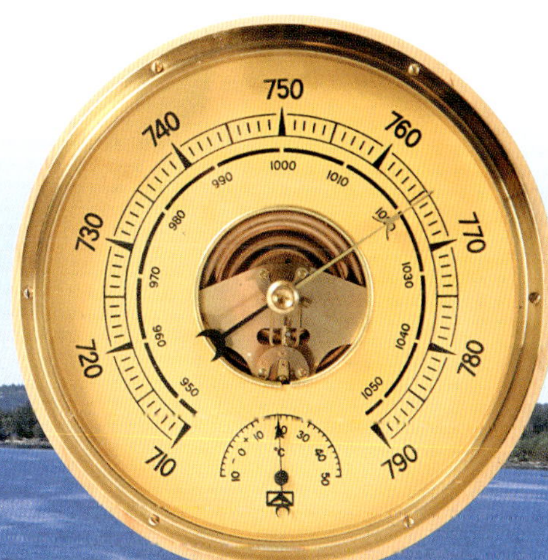

Ein Barometer an Bord lässt uns den Luftdruckverlauf verfolgen, und so können wir die künftige Änderung der Windstärke abschätzen (links).

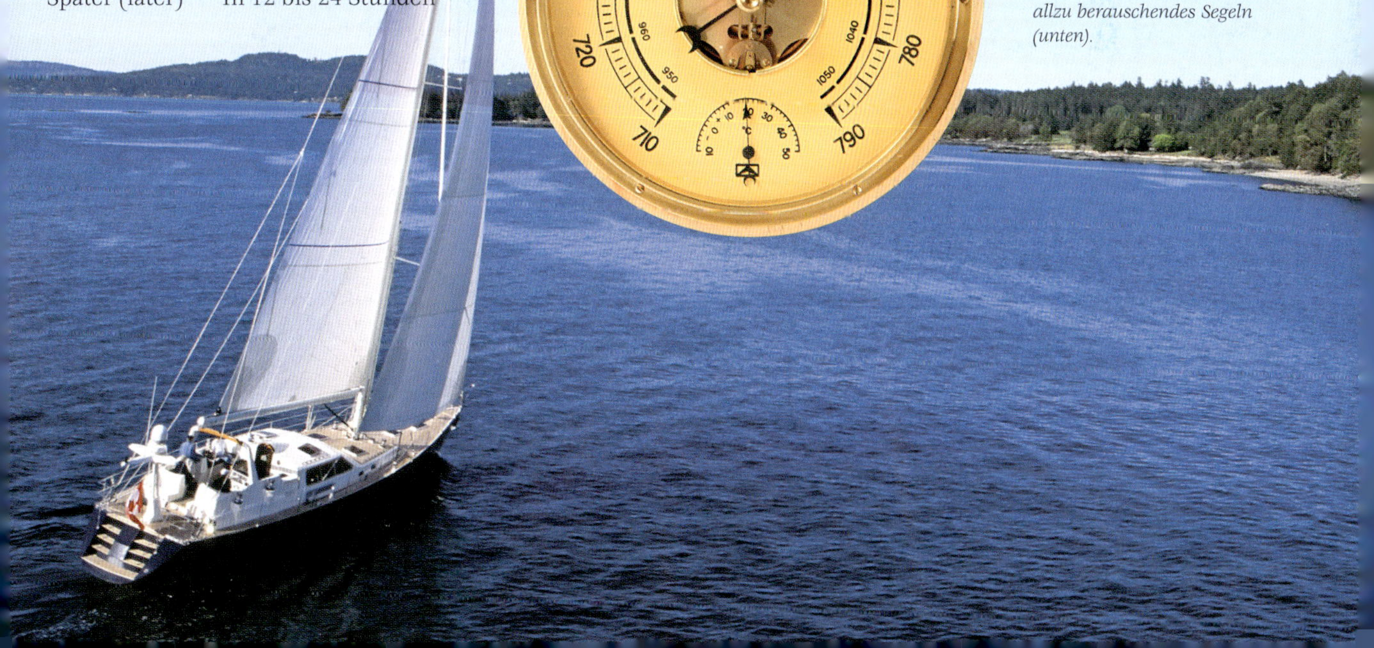

Eine leichte Brise garantiert bequemes, wenn auch nicht allzu berauschendes Segeln (unten).

7 Wartung an Land

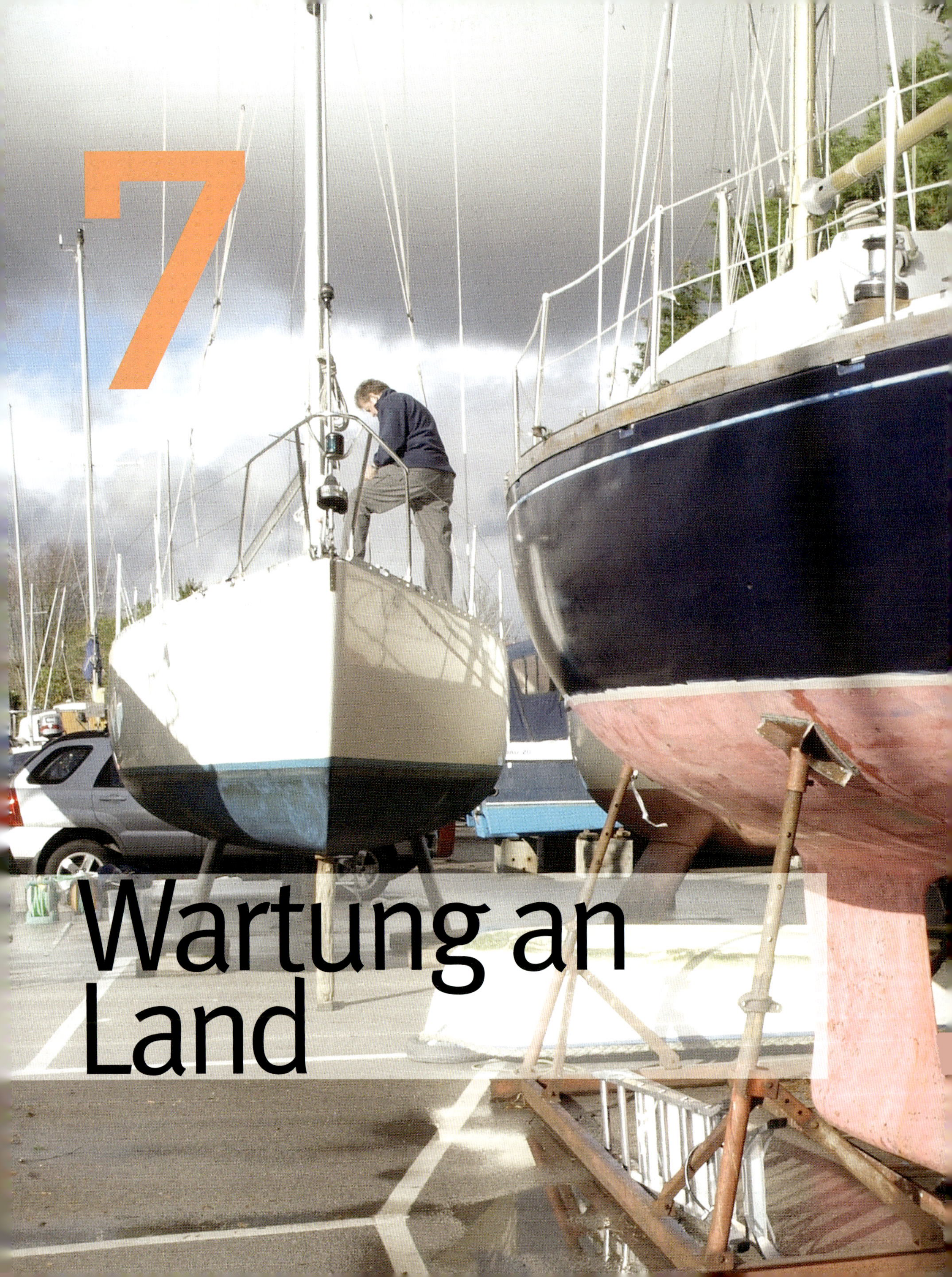

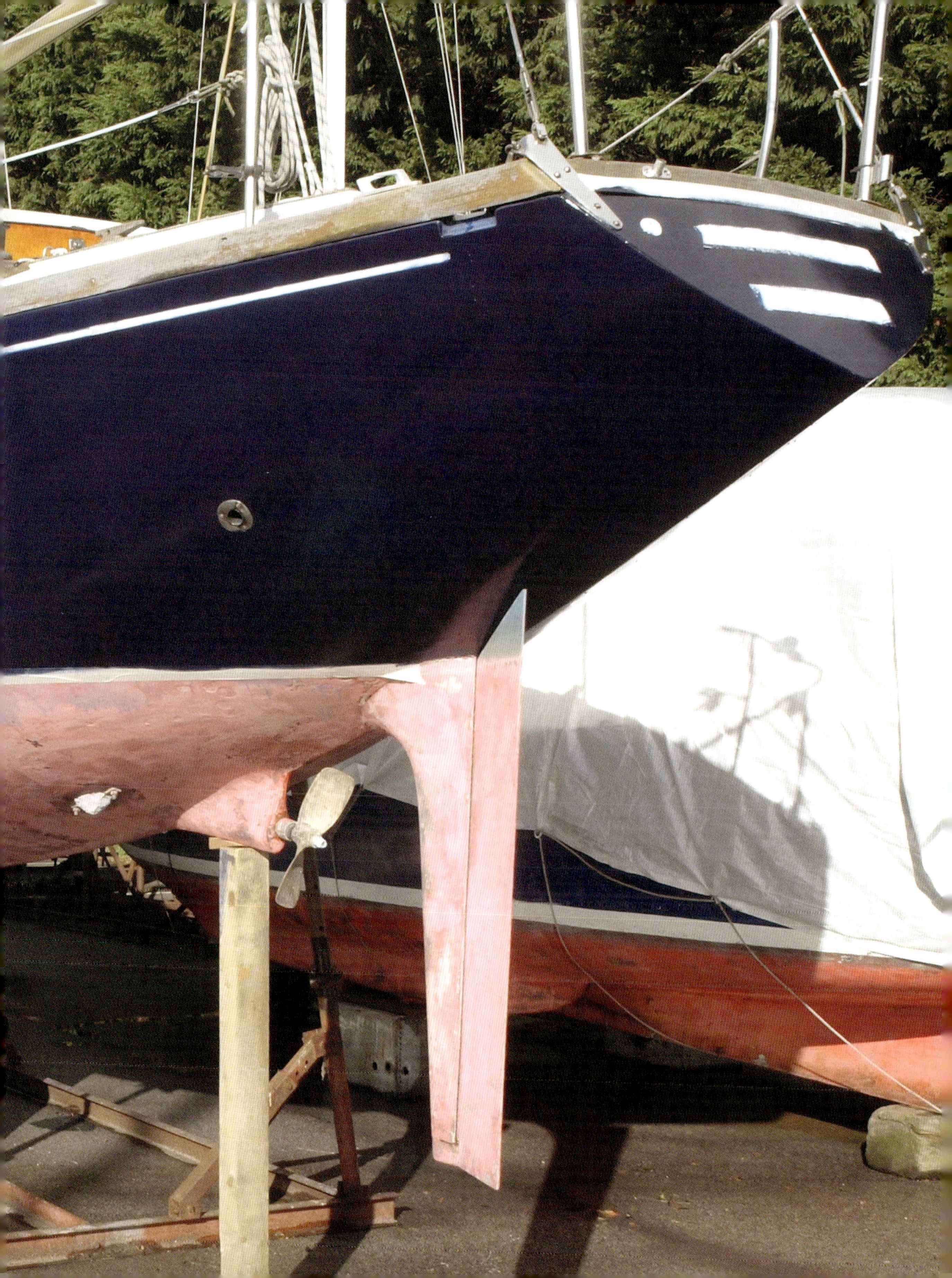

Wartung an Land

Am häufigsten wird die jährliche Bootswartung in der Winterpause von etwa fünf Monaten an Land durchgeführt. Nach einer sorgfältigen Wartung hat man ein ruhiges Gefühl der Sicherheit. Durch eine regelmäßige Pflegelassen sich leicht teure Reparaturen vermeiden.

Am Ende der Segelsaison ist es Zeit, das Boot für das jährliche Wartungsprogramm aus dem Wasser zu nehmen. Einige Boote bleiben für das Instandsetzungsprogramm im Wasser. Für bestimmte Inspektionen und zur Erneuerung des Antifoulinganstrichs muss es jedoch an Land gestellt werden.

Gesundheit und Sicherheit

Der eigene Schutz

Während der Instandsetzung:

- Schützen Sie sich durch einen ausreichend weiten Overall vor Dreck, Schmutz und Farbspritzer.
- Wenn Sie raues Material wie Bauholz anfassen oder Antifouling auftragen, sollten Sie stabile Handschuhe anziehen. Leichte Gummihandschuhe sind für Feinarbeiten wie Toilettenreinigung oder Arbeiten am Motor geeignet.
- Zum Schutz Ihrer Augen sollten Sie eine Brille mit Sicherheitsglas tragen. Sie ist beim Schleifen von Metallteilen, beim Sandstrahlen von Holz, beim Streichen und dem Umgang mit ätzenden Flüssigkeiten unverzichtbar.
- Wenn Sie längere Zeit auf einer Leiter stehen, sollten Sie Schuhe mit einer dicken Sohle tragen.
- Eine warme Kopfbedeckung schützt gleichzeitig vor Staub und Farbspritzern.
- Eine Feinstaubmaske schützt die Atemwege vor Staub und Farbgeruch. Beim Schneiden von Holzfaserplatten entsteht viel Staub. Atmen Sie nicht den Dunst von starken Klebemitteln ein; diese sollten nur in gut belüfteten Räumen verarbeitet werden.
- Halten Sie einen Erste-Hilfe-Kasten für Schrammen und Abschürfungen an Bord bereit.
- Vergewissern Sie sich, ob Sie auf der Werft eine Haftpflichtversicherung benötigen.

Zu einer guten Schutzkleidung gehören ein Overall, eine Mütze, Handschuhe und eine Schutzmaske. Zum Schleifen des Rumpfes für den Antifoulinganstrich eignet sich ein Bandschleifer mit einem Staubfangsack.

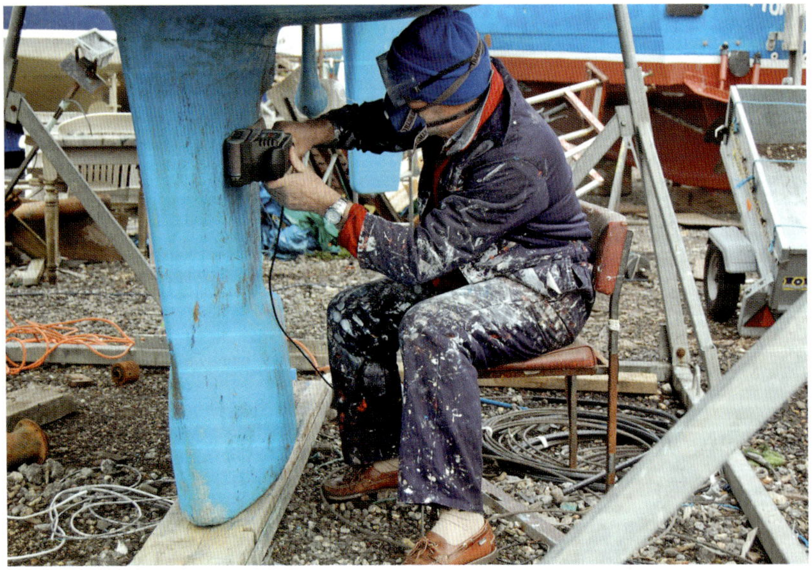

Schutz Dritter

- Stellen Sie sicher, dass Wasserschläuche und Verlängerungskabel für andere keine Stolperfallen darstellen.
- Bevor Sie den Trennschleifer, den Bandschleifer oder die Farbpistole einsetzen, sollten Sie zum Schutz der anderen eine Trennwand oder eine Abdeckung installieren. Teilen Sie Ihren Arbeitsablauf so ein, dass frischer Farbanstrich an Ihrem Boot oder der der Nachbarn nicht beschädigt wird.
- Verzichten Sie grundsätzlich auf gefährliche Substanzen, die Sie und andere gefährden.
- Halten Sie Ihren Arbeitsbereich sauber und räumen Sie ihn am Ende des Tages auf.

Einsatz elektrischer Geräte

- Alle elektrischen Geräte dürfen nur über einen Stromkreis mit Leistungs- oder Erdungsschutzschalter funktionieren. Jedes Verlängerungskabel muss vollständig abgewickelt werden, damit sich der Bunsch nicht wie eine Magnetspule aufheizt.

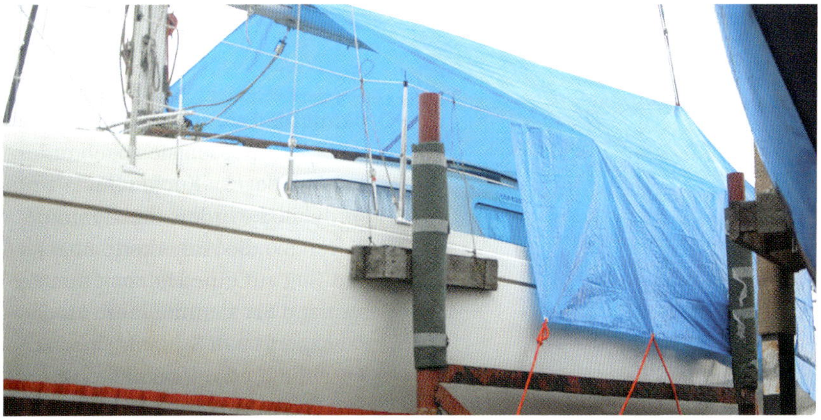

Die verstärkte blaue Plastikplane schützt den Cockpitbereich vor der Witterung und schafft einen Arbeitsbereich.

Die ausreichend lange und im richtigen Winkel aufgestellte Leiter ist mit einem Tau an den Relingsfüßen gesichert (unten).

- Es ist nicht ratsam, mit Elektrogeräten im Regen bzw. über dem Wasser zu arbeiten.
- Nach Möglichkeit sollten Sie über Akkus angetriebene Geräte einsetzen. Sie haben eine geringe Spannung und keine hinderlichen Kabel. Ein zweiter Akku verkürzt lästige Wartezeiten.
- Arbeiten Sie nach Möglichkeit am eigenen Boot oder dem des Nachbarn im Team, um sich gegenseitig zu helfen.
- Liegt das Boot im Wasser, sollten Sie für Wartungsarbeiten am Rumpf das Beiboot längsseits holen und die Bootsleiter über die Seite hängen.
- Sichern Sie das Werkzeug mit einer Sorgleine am Boot, damit es nicht verloren geht, wenn es über Bord fällt.
- Alle elektrischen Werkzeuge sollten in gutem Zustand und mit den passenden Sicherungen versehen sein.

Arbeitsgeräte

- Viele Missgeschicke entstehen, weil man darüber stolpert oder weil Hilfsmittel wegrutschen.
- Alle Leitern sollten über die Seereling hinausragen. Der richtige Anstellwinkel ist 1:3. Man sichert sie mit einem Tau an den Relingsfüßen oder einem ebenso stabilen Teil. Steht die Leiter auf einem glitschigen Grund, trocknen Sie ihn mit einer guten Schicht Sägespäne und spannen Sie eine Sicherungsleine von dem Fuß der Leiter zum Boot. Markieren Sie die niedrig hängende Leine mit Fendern, damit niemand dagegenläuft.
- Alle Arbeitsbühnen sollten auf ebenem Untergrund stehen und mindestens 46 cm breit sein. Die Laufflächen sollten sich nur gering durchbiegen. Die Bretter müssen mit Leinen an der Arbeitsbühne gesichert werden und dürfen nicht überstehen. Bei Yachten mit langem und tiefem Kiel braucht man ein Gerüst oder eine Stufenleiter.
- Zum Abbrennen von Farbe eignet sich eine Heißluftpistole besser als eine Lötlampe. Mit der letzteren sollte nur ein geübter Fachmann hantieren.
- Beim Einsatz einer offenen Flamme wie bei einer Lötlampe sollte immer ein Feuerlöscher bereitstehen.

Pflege der Ausrüstung

Bevor man am Ende des Tages das Boot verlässt, nimmt man alle Leitern ab und schließt das Werkzeug ein. Verführen Sie nicht ungebetene Gäste zum Besuch Ihres Bootes.

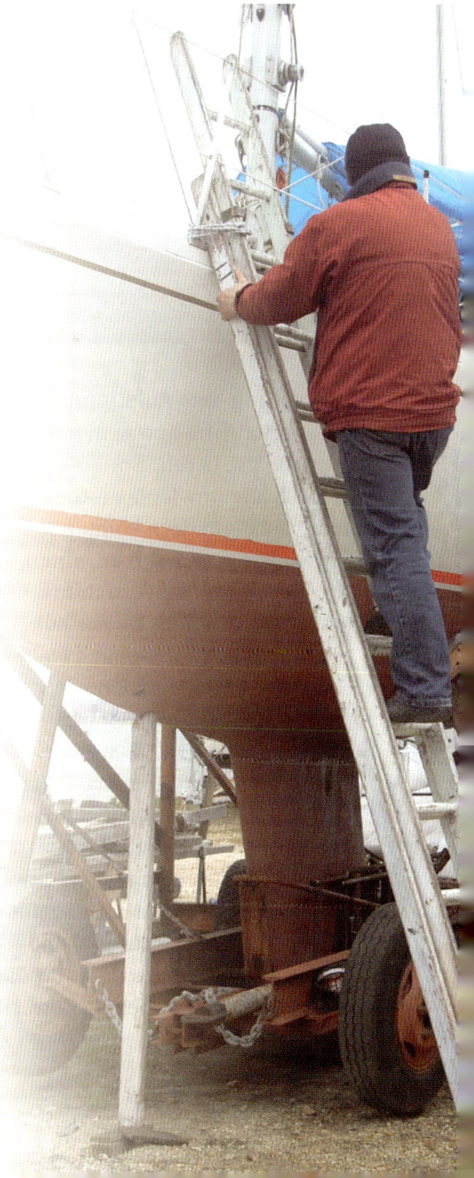

Rumpf und Deck

Egal, aus welchem Material der Rumpf ist: Das Boot muss, wenn es aus dem Wasser kommt, gereinigt und – wenn nötig – repariert werden. Inspizieren Sie Rumpf und Deck auf Schäden, kontrollieren Sie die Sicherheit des Kiels und den Zustand des Ruders und des Ruderlagers.

Die Silikon- oder Wachspolitur wird mit Hand aufgetragen und mit einer Maschine poliert (unten).

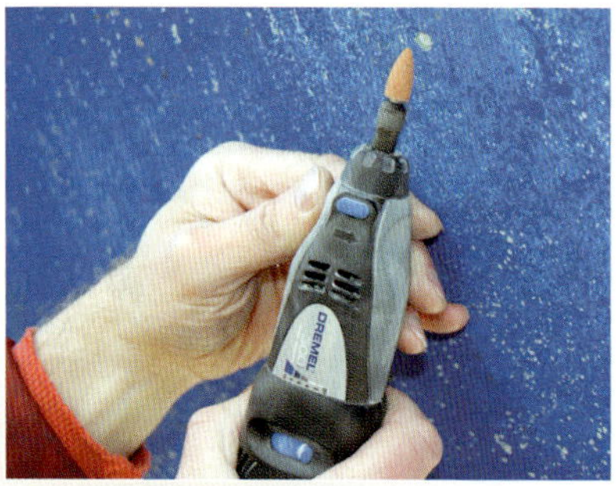

Mit einem spitzen Schleifkegel werden die Osmoseblasen für die Reparatur ausgebohrt (oben).

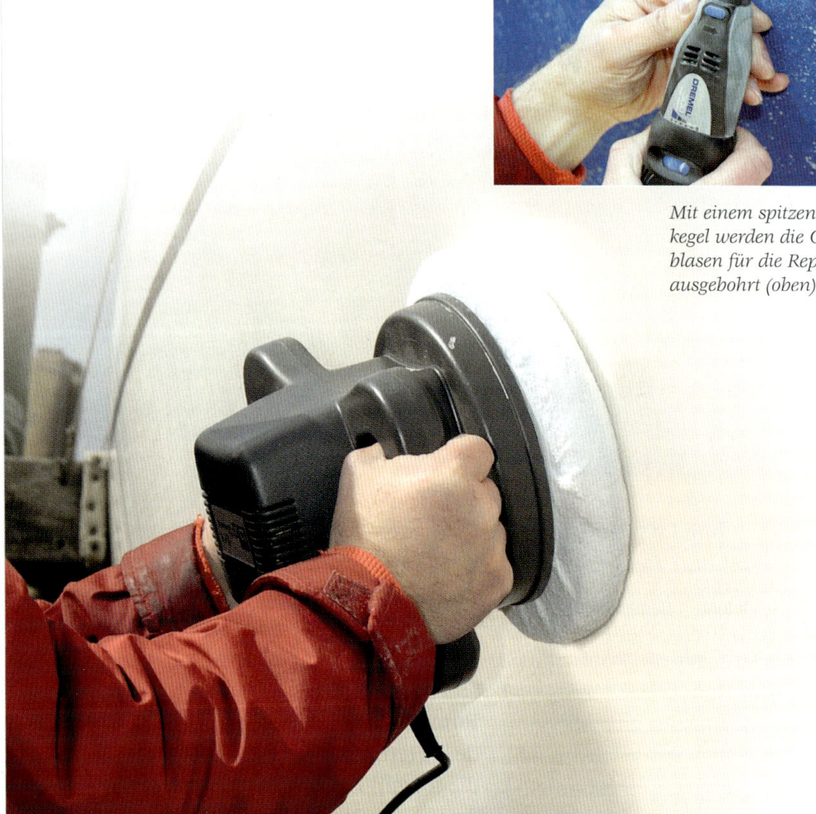

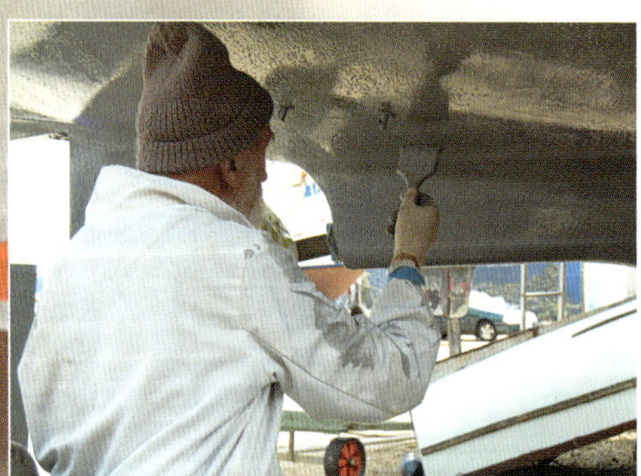

Rumpfpflege

GFK

Sind grobe Schmutzteile von Rumpf und Deck aus GFK abgewaschen, kann man die äußere Gelcoatschicht mit einem hochwirksamen Reinigungsmittel behandeln, das Wachs, Schmutz, Öl und Fett entfernt. Es wird mit der Hand aufgetragen und mit dem Lammfellaufsatz auf einer langsam drehenden Polierscheibe poliert. Benutzt man ein Pflegeprodukt mit einem Scheuermittel, wird die Gelcoatschicht mit der Zeit immer dünner, sodass irgendwann der Zeitpunkt kommt, an dem der Rumpf neu gestrichen werden muss. Bei einem neuen Boot ist die Behandlung mit einem Poliermittel ausreichend.

Untersuchen Sie den Rumpf auf Osmose. Sie entsteht, wenn Feuchtigkeit zwischen der Gelcoat- und den tieferen Laminatschichten eingedrungen ist. Häufig sind ältere Boote von Osmose betroffen.

Um betroffene Stellen zu reparieren, schleift man mit einer Schleifspitze auf einer Bohrmaschine die Blasen aus, lässt sie vollständig austrocknen und füllt sie mit Epoxid-Spachtelmasse, die nach der Härtung angeschliffen wird. Nach der Grundierung wird das Antifouling aufgetragen. Bei großen Flächen sollte man Fachleute heranholen.

Kontrollieren Sie die Unterseite des Kiels auf Beschädigungen, insbe-

Vor dem Auftragen des Harzes und der Gelcoatschicht werden die Blasen mit einer Epoxid-Spachtelmasse gefüllt (links).

sondere wenn er eine Grundberührung hatte.

Zum Schluss werden der Rumpf über dem Wasserpass und die Decksaufbauten mit zwei Schichten Wachspolitur und einer Poliermaschine auf Hochglanz gebracht.

Holz, Ferrozement, Stahl und Aluminium

Boote aus den oben genannten Materialien bekommen zum Schutz in der Regel nur Farb- oder Lackanstriche. Auf Rümpfe und Decksaufbauten aus Holz muss alle zwei Jahre eine Lage Einkomponenten-Farb- oder Klarlack aufgetragen werden.

Kleine schadhafte Stellen eines Holzbootes schleift man bis auf das gesunde Holz ab und trägt eine geeignete Grundierung auf. Nach dem Anschleifen werden mehrere Lagen Lack aufgetragen. Ist der Schaden, der lackiert werden muss, größer, trennt man die Stelle heraus und klebt ein neues, in Form und Farbe passendes Stück ein.

Boote aus Ferrozement oder Stahl müssen etwa alle fünf Jahre mit Zweikomponenten-Polyurethanlack gestrichen werden. Aluminiumrümpfe überlässt man den Elementen, damit sie eine Oxydschicht bekommen, die den Rumpf schützt. Will man jedoch Aluminium streichen, sollte man Zweikomponenten-Polyurethanlack nehmen.

Folgen Sie den Empfehlungen und Hinweisen der Produkthersteller zum Streichen und Lackieren.

In der Regel trägt man zwei Schichten Politur auf die lackierten Oberflächen auf – entweder mit Hand oder einer Poliermaschine. Dann hält die Politur bis zum neuen Farbanstrich.

Tipp

Schätzen Sie Ihre Fähigkeiten ehrlich ein. Bevor Ihre Versuche fehlschlagen, sollten Sie bei leisester Unsicherheit fachliche Hilfe zurate ziehen.

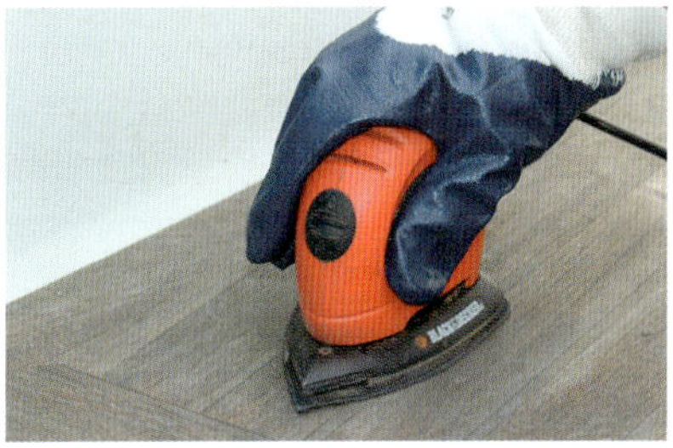

Für kleine Flächen, Ecken und Winkel reicht ein kleiner elektrischer Dreieckschleifer (links).

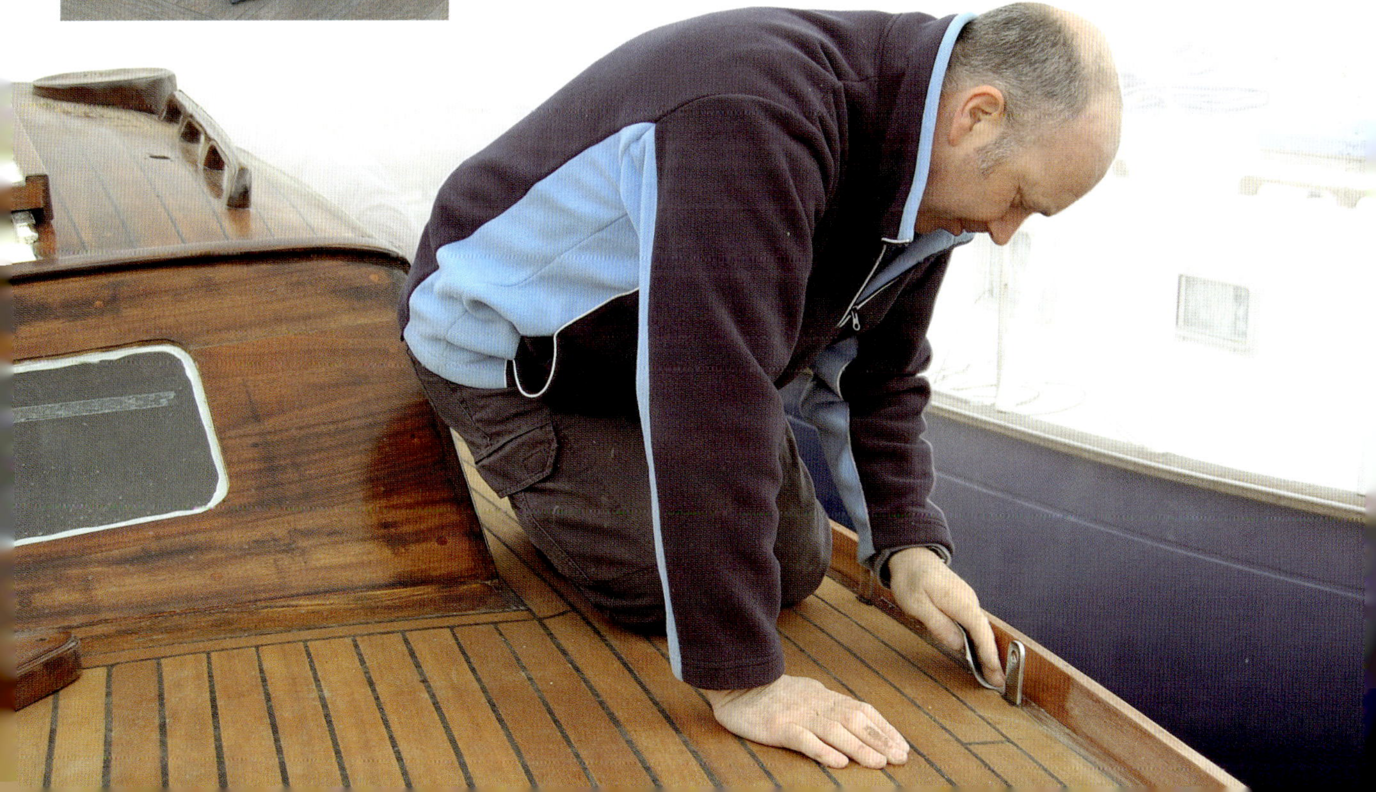

Schleifen des Schandecks (des äußeren Decksrandes) eines aufwendig renovierten Holzbootes mit Schleifpapier, um es fürs Lackieren vorzubereiten.

Rumpf und Deck (2)

Deck

Alle Decks können durch Teakleisten, Segeltuch oder Antirutschbeläge geschützt werden. Von Zeit zu Zeit muss überprüft werden, ob diese Dinge noch ihre ursprüngliche Aufgabe erfüllen und so fest sind, dass sie nicht zu Stolperfallen werden. Ist der Deckschutz dünn und abgelaufen, ist es Zeit, ihn zu ersetzen.

Bei größeren Schäden an Rumpf oder Deck – egal aus welchem Material – sollte man nach Hilfe durch eine professionelle Bootswerft Ausschau halten.

Decksbeschläge

Inspizieren Sie die Sicherheit und Funktion der Decksbeschläge. Dazu zählen auch: Relingsstützen, Relingsdrähte, Püttings, Klampen, Lippklampen, Winschen, Gleitschienen, Luken, Fenster usw.

Da Decksbeschläge häufig Ursache für Leckagen sind, muss kontrolliert werden, ob die Bolzen oder Schrauben festsitzen. Sind sie lose, müssen sie herausgenommen, gereinigt und vor dem Anziehen mit Dichtungssilikon neu versiegelt werden. Marine-Silikon härtet mit der Zeit aus, bricht und wird undicht. Ist der Beschlag trotz fest angezogener Bolzen immer noch undicht, muss er abgeschraubt, versiegelt und wieder stramm angezogen werden.

Bei Stahl- und Aluminiumbooten sind die Beschläge grundsätzlich auf Deck angeschweißt. Deshalb sollte man die Schweißnähte auf Spannungsbrüche und Risse untersuchen.

Luken und Fenster

Kontrollieren Sie die Scharniere, Hebel und Gummidichtungen an den Luken und Fenstern bezüglich

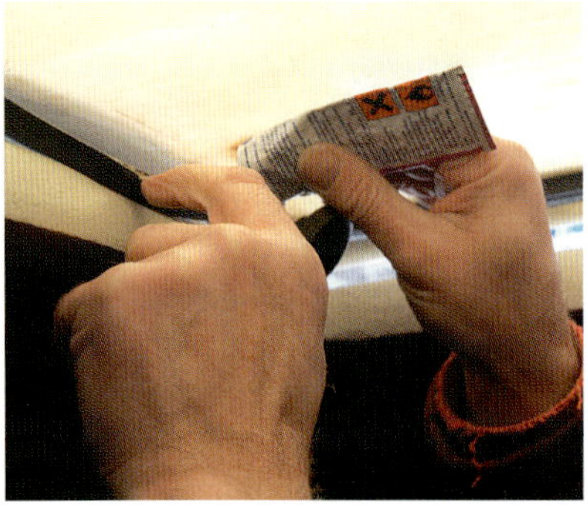

Befestigen einer Lukendichtung mit einem Allzweckkleber.

Verschleiß und Dichtigkeit. Eine gute Möglichkeit bietet sich bei der Bootswäsche.

Bei Aluminium-, Stahl- oder GFK-Booten werden die feststehenden Fenster mit einem Neopren-Dichtungsring eingesetzt. Neopren verliert langsam seine Wirkung, es wird hart und muss ersetzt werden.

Einige Fensterscheiben sind aus Sicherheitsglas, die meisten bestehen jedoch aus Polycarbonat, das mit der Zeit blind und brüchig wird. Dann sollten sie ebenfalls ersetzt werden.

Beschläge durch den Rumpf

Die meisten Boote haben eine Reihe von Beschlägen, die durch den Rumpf führen. Dazu gehören, um nur einige zu nennen: Motorventil, Auspuff, Toiletten-, Spül- und Waschbeckenventile, selbstlenzende Cockpitrohre usw. Alle sind auf Dichtigkeit, Korrosion, festen Sitz und Bedienbarkeit zu kontrollieren. Seeventile aus Metall sollten ausgeschraubt, gefettet und – wenn sie nicht leicht gehen – auseinandergenommen werden.

Ist das Seeventil aus Nylon und funktioniert es nicht so, wie es sein sollte, muss es abgenommen, gereinigt, in Bezug auf die Dichtungen kontrolliert, eventuell erneuert und wieder eingesetzt werden. Ein Nylonventil darf nicht geölt oder gefettet werden, weil das Material sich dadurch ausdehnt.

Seeventile aus Metall unterliegen der Gefahr, durch galvanische Korrosion zerstört zu werden. Das Problem lässt sich durch sogenannte Opferanoden aus Zink lösen, die in der Regel jedes Jahr erneuert werden. Auch auf Propellerwellen aus Nirostahl und an Bronzepropellern sollten Anoden nicht fehlen.

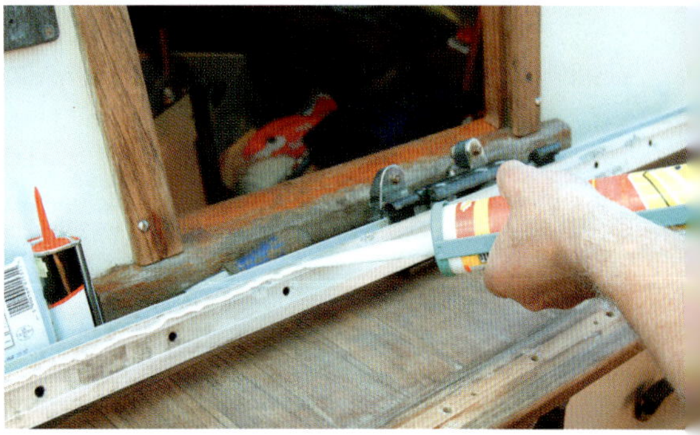

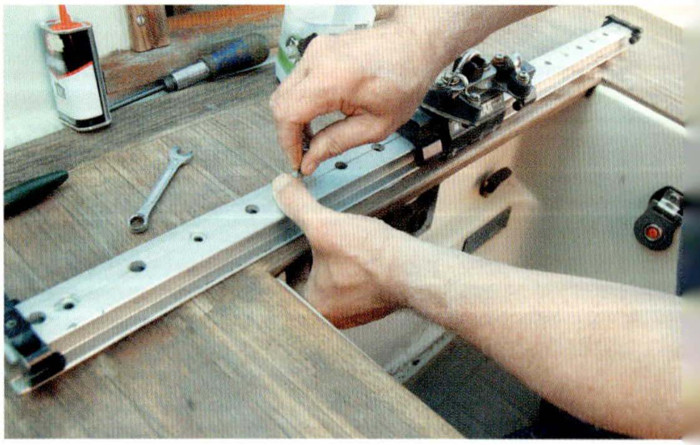

Die Großschot-Travellerschiene kann abgeschraubt, mit neuem Silikon abgedichtet (oben) und dann wieder aufgeschraubt werden (unten).

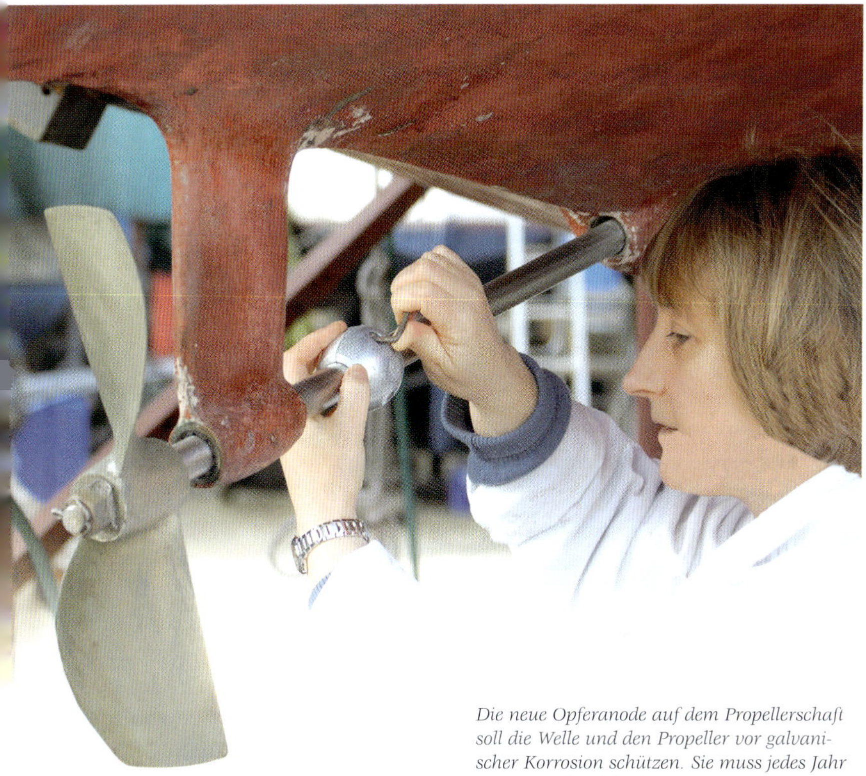

Die neue Opferanode auf dem Propellerschaft soll die Welle und den Propeller vor galvanischer Korrosion schützen. Sie muss jedes Jahr ersetzt werden (oben).

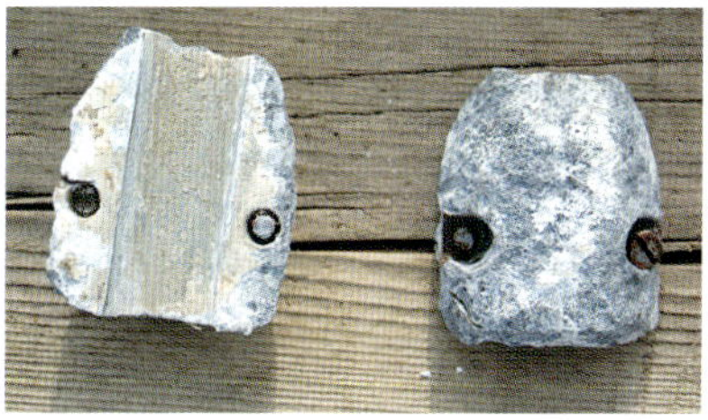

Nach einer Saison ist die Anode durch galvanische Korrosion bereits stark abgenutzt. Vermutlich übersteht sie die nächste Saison nicht mehr (oben).

Ganz wichtig sind die Zinkanoden bei Holz- und Stahlbooten: Bevor der Stahlrumpf oder die Außenbefestigungen bei einem Holzboot korrodieren, sollte die Anode erodieren. Zinkanoden und deren Befestigungsbolzen am Rumpf dürfen nicht übermalt werden. Treten Anzeichen von Korrosion an der Oberfläche einer Befestigung auf, nehmen Sie sie ab und tauschen Sie sie aus.

Alle Seeventile müssen leichtgängig sein, weil es sein kann, dass sie schnell geschlossen werden müssen.

Kielbolzen

Kielbolzen gehören auch zu den Teilen, die durch den Rumpf gesteckt und deshalb regelmäßig daraufhin kontrolliert werden müssen, ob sie dicht und fest sind. Schauen Sie nach Rostflecken und ob zwischen Kiel und Rumpf Bewegung ist. Vermuten Sie ein Problem, sollten Sie einen Gutachter zu Hilfe holen.

Ruder- und Propellerwellenlager

Kontrollieren Sie das Ruder durch Ziehen und Schieben in alle Richtungen. Stellen Sie einen spürbaren Verschleiß fest, müssen die Lager ausgetauscht werden. Das bedeutet, dass das Ruder ausgebaut werden muss.

Während das Boot an Land steht, können Sie den Propellerschaft durch Schieben und Drücken in alle Richtungen kontrollieren. Hat der Propellerschaft zu viel Spielraum, muss das Wellenlager ersetzt werden.

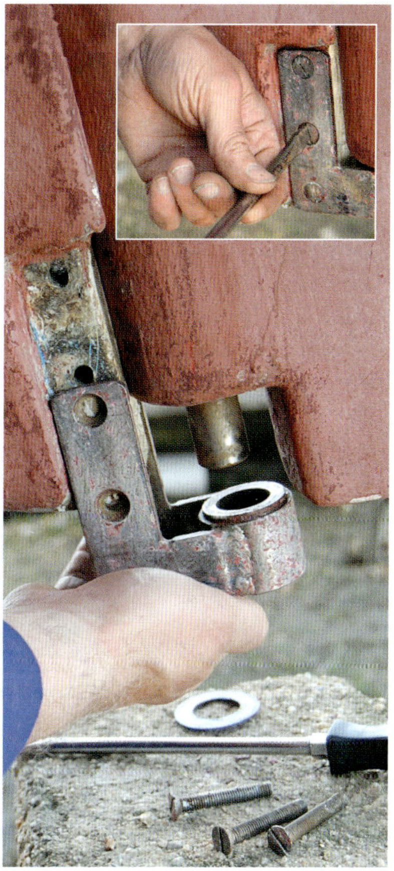

Der Austausch der Unterleg- und Distanzscheibe unten am Ruderlager ist einfach, wenn man das Lager löst und von dem Führungsdorn abzieht. Kleines Bild: Anziehen der Lagerschrauben.

Masten, Bäume, Rigg und Segel

Am Ende der Segelsaison ist es Zeit, den Mast, die Bäume und das Rigg zu inspizieren. Dazu muss man entweder den Mast entern, einen Kran zu Hilfe nehmen oder den Mast legen. Die Segel sollten zum Waschen und Reparieren zu einem Segelmacher gebracht werden.

Masten und Bäume

Das am häufigsten verwendete Material für Masten und Bäume ist Aluminium. Sie können aber auch aus Holz oder Carbon (kohlefaserverstärkter Kunststoff) bestehen. In jedem Fall sollten Sie nach ersten Anzeichen von Schäden suchen. Waschen Sie vor der Inspektion Masten, Bäume und das gesamte Rigg, um es von Salz zu befreien.

Ist das Rigg sauber, sollte man jedes Teil auf Spannungsrisse und Verschleiß untersuchen, ebenso auf Korrosion, die besonders da auftritt, wo zwei unterschiedliche Materialien zusammenkommen – wie z.B. Aluminium und Nirostahl.

Untersuchen Sie ganz besonders intensiv die Salinge, Wanten und deren Befestigungspunkte, ebenso die Maststufen – dies sind besonders kritische Punkte. Dazu zählt auch der Lümmelbeschlag. Entdecken Sie Korrosion, sollten Sie professionelle Hilfe heranziehen und mit ihr die Sanierung besprechen.

Am Ende sollten alle Aluminiumteile mit einer geeigneten Politur behandelt werden. Auf Holzmasten und -bäume sollten mindestens zwei Schichten Lack, Öl oder Farbe aufgetragen werden. Nirostateile sollten poliert werden, damit sie eine glatte Oberfläche bekommen.

Carbonmasten und -bäume können mit einer Zweikomponenten-Polyurethanfarbe entsprechend den Verarbeitungshinweisen der Hersteller gestrichen werden.

Stehendes Gut

Zum stehenden Gut gehören Wanten sowie Vor- und Achterstagen, die in der Regel aus verzinktem Draht oder Nirodraht bestehen und nur wenig Pflege brauchen. Dennoch sollte man regelmäßig kontrollieren, ob Kardeelen gebrochen oder Fittinge Risse haben, die dann ausgetauscht werden müssen. Die Risse können manchmal sehr unauffällig sein und dennoch auf größere innere Schäden hinweisen.

Das eine Ende des stehenden Gutes ist mit dem Pütting, dem Toggle und dem Wantenspanner am Rumpf oder Deck befestigt. Das andere Ende führt zu dem entsprechenden Mastbeschlag. Das Gewinde der Wantenspanner sollte eingefettet sein. Damit sich die Wantenspanner beim Segeln nicht lösen, werden sie mit einem Draht, Splinten oder Ringsplinten gesichert.

Alle Splinte, Splintringe, -bolzen, Kontermuttern und Klemmstifte müssen kontrolliert, gegebenenfalls ersetzt oder ausgetauscht werden. Bei Problemen sollte man einen professionellen Takler kommen lassen. Lesen Sie das Kleingedruckte in Ihrer Yachtversicherung. Es kann sein, dass Sie verpflichtet sind, alle 10 Jahre das stehende Gut auszutauschen.

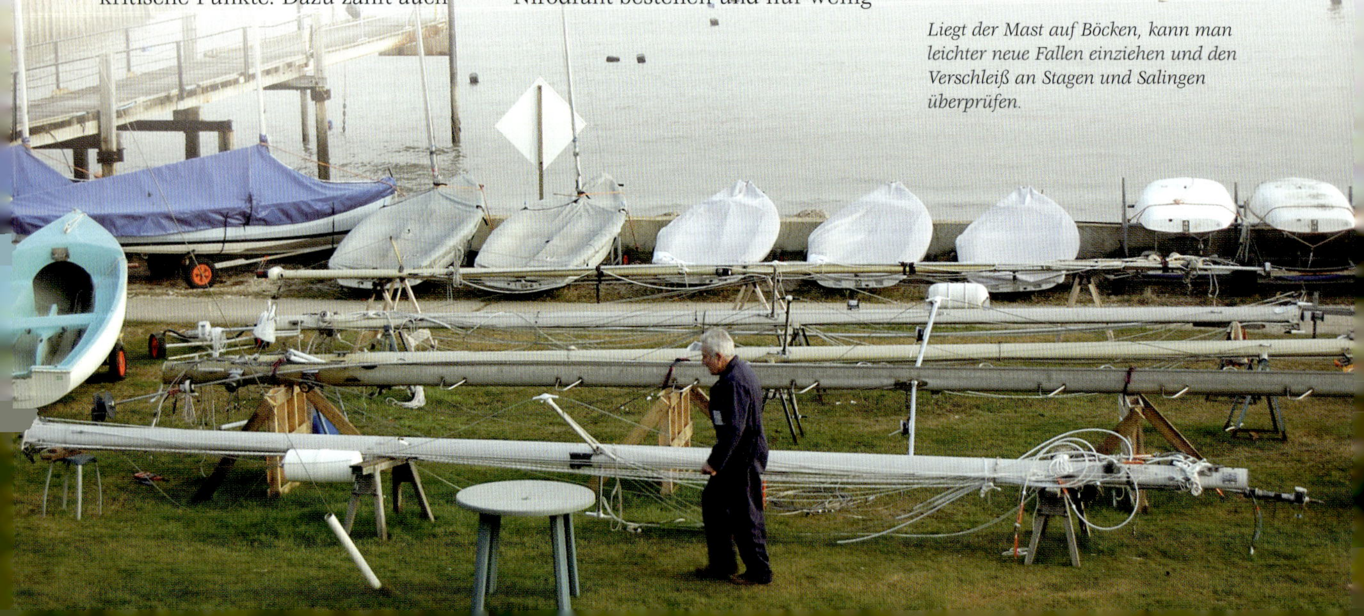

Liegt der Mast auf Böcken, kann man leichter neue Fallen einziehen und den Verschleiß an Stagen und Salingen überprüfen.

Zerlegen einer Winsch

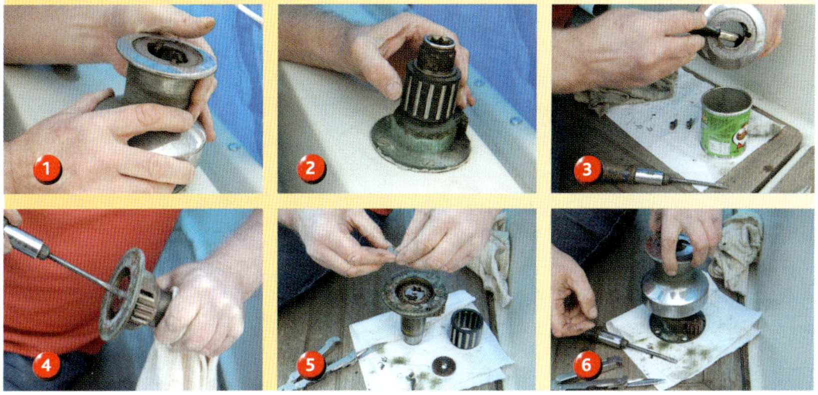

1. *Entfernen Sie den Sprengring und die Winschtrommel.*
2. *Ziehen Sie das Rollenlager ab.*
3. *Waschen Sie das alte Fett mit Petroleum ab.*
4. *Lösen Sie die Klemmschraube für die Zahnräder.*
5. *Reinigen Sie die Federn und Sperrklinken und fetten Sie sie ein.*
6. *Setzen Sie die Teile provisorisch zusammen und prüfen Sie, ob alles leicht läuft.*

Zum Durchstechen der Nadel durch das Segeltuch braucht man einen Segelmacher-Handschuh (unten).

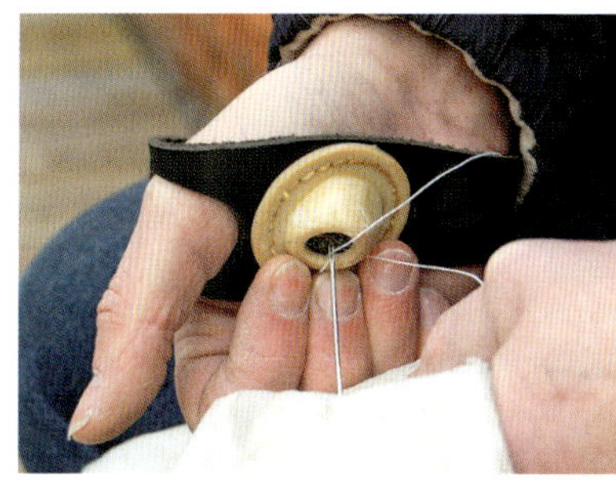

Laufendes Gut

Das laufende Gut umfasst Fallen, Schoten, Reffleinen sowie Auf- und Niederholer. Alle Leinen sind auf Scheuerstellen hin zu untersuchen und gegebenenfalls auszutauschen. Liegt die Scheuerstelle am Ende einer Leine, kann das beschädigte Stück abgeschnitten und ein neues Takling aufgesetzt werden.

Wenn ein Fall, das durch den Mast läuft, ausgetauscht werden muss, knotet man an das alte Fall eine Reihleine (Ersatzleine) an, mit der man das neue Fall wieder einzieht. Drehen Sie nach ein paar Jahren die Schoten, Reffleinen etc. um, damit die eventuell entstandenen Scheuerstellen an anderer Position sind.

Fittings

Kontrollieren Sie, ob alle Taljen und Blöcke frei und gut laufen und keine Beschädigungen haben – insbesondere die Blöcke an der Mastspitze. Eine klemmende Talje oder ein defekter Block können das Setzen des Großsegels erschweren und das Fall beschädigen. »Ölen« Sie die Taljen und Blöcke mit Silikonspray.

Fallenstopper benötigen kaum Wartung – nur gelegentlich etwas Silikonspray auf die Klemmfeder, wenn die leichte Bedienung nachlässt.

Winschen sind robuste Ausrüstungsteile, die aber in regelmäßigen Abständen gewartet werden müssen. Zu Beginn der Wartung sollte man die Explosionszeichnung studieren. Dann geht man entsprechend den Hinweisen vor. Dabei ist besonders darauf zu achten, dass die Federn und Klinken nicht herausspringen und verloren gehen. Alle Teile werden in der Reihenfolge, in der sie abgenommen wurden, deponiert, dann gereinigt, geölt oder gefettet und wieder zusammengebaut.

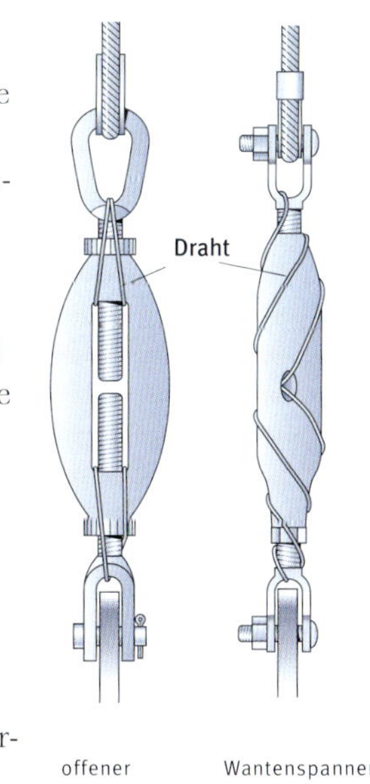

Sichern zweier unterschiedlicher Spannschrauben mit einem Draht, der verhindert, dass sie sich beim Segeln lösen.

Segel

Es empfiehlt sich, die Segel am Ende der Saison zur Reinigung und Reparatur zum Segelmacher zu bringen. Er wird sie waschen, durchchecken und alle Schäden reparieren.

Um Verschleiß an den Segeln zu minimieren, sollte man sie in der Saison regelmäßig inspizieren. Löcher, Risse und offene Nähte– letztere sind die häufigsten Schäden – entdeckt man gut beim Setzen und beim Zusammenlegen der Segel. Für provisorische Reparaturen eignen sich Klebeflicken, die man dann zusätzlich annäht, oder ein Stück Reparatursegeltuch. Achten Sie beim Segeln darauf, dass die Segel nicht schlagen. Das Tuch wird so unnötig gedehnt und verliert die Form.

Der Motor

Wenngleich Ihr Boot die Segel als erste Antriebsquelle hat, besitzt es in der Regel auch einen eingebauten Motor oder einen Außenborder.

Heute braucht man einen Motor, um in modernen Marinas an einem Liegeplatz an- oder abzulegen. Man braucht ihn auch bei Windstille oder zum Laden der Versorgungsbatterien für die Navigationslichter und Instrumente. Aus diesem Grund ist es ebenso wichtig, nach dem Motor zu schauen wie nach den Segeln.

Pflege des Innenbordmotors

Im Folgenden gehen wir von einem Dieselmotor aus, wobei die Wartung eines Benzinmotors nahezu gleich ist.

Mindestens einmal im Jahr oder alle 100 Betriebsstunden sollte man eine Motorwartung anhand des Motorhandbuches vornehmen. Die komplette Motorwartung wird in der Regel in der Winterpause vorgenommen.

Wartung eines Dieselmotors:

- Motoröl wechseln
- Ölfilter wechseln
- Getriebeöl auffüllen oder wechseln
- Feinfilter auswechseln
- Filter im Wasserabscheider austauschen
- Keilriemen kontrollieren und einstellen
- Einspritzdüsenziehen, reinigen und das Sprühmuster kontrollieren. Man spritzt etwas Öl in die Zylinder, um die Kolbenringe und die Zylinderbohrungen zu schmieren. Ein leichter Fettfilm auf dem Gewinde der Düsen hilft im nächsten Jahr, sie wieder leicht zu ziehen.

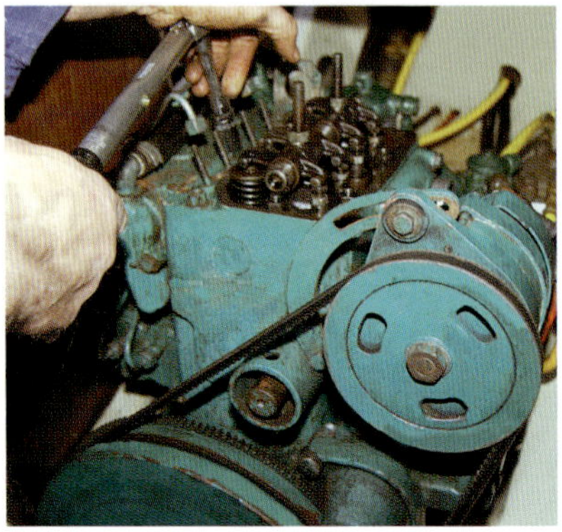

Vor dem Einstellen des Ventilspiels werden alle Zylinderkopfschrauben den Hinweisen der Motorhersteller entsprechend mit einem Drehmomentschlüssel angezogen.

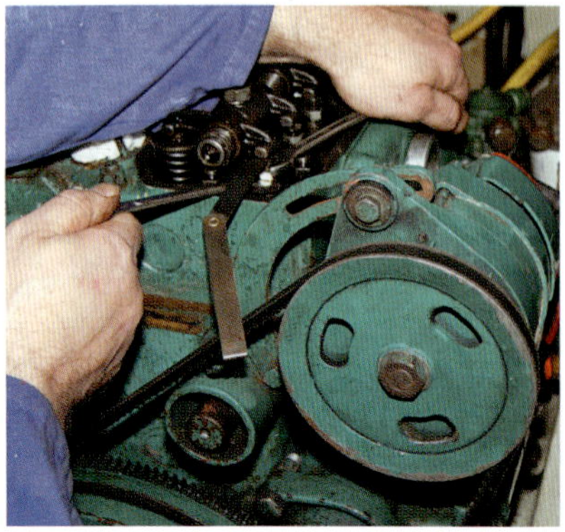

Zum Einstellen des Ventilspiels braucht man einen Schraubenschlüssel für die Kontermutter und einen für die Schraube am Kipphebel sowie eine Fühlerlehre.

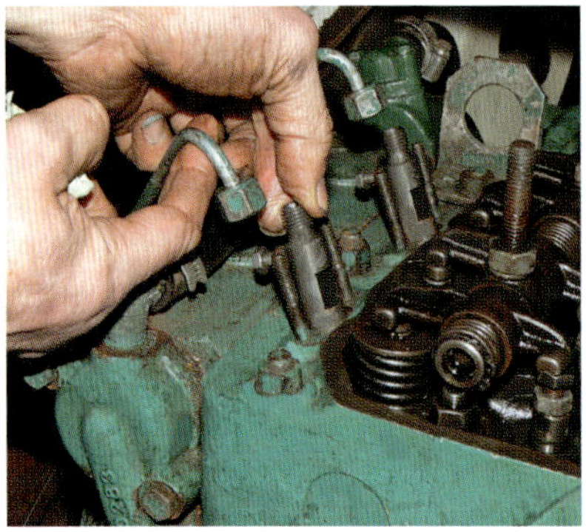

Ziehen Sie die alten Einspritzdüsen, damit sie in einem Fachbetrieb renoviert und kalibriert werden können. Setzen Sie die Düsen mit etwas Fett ein, damit sie sich wieder leicht ziehen lassen.

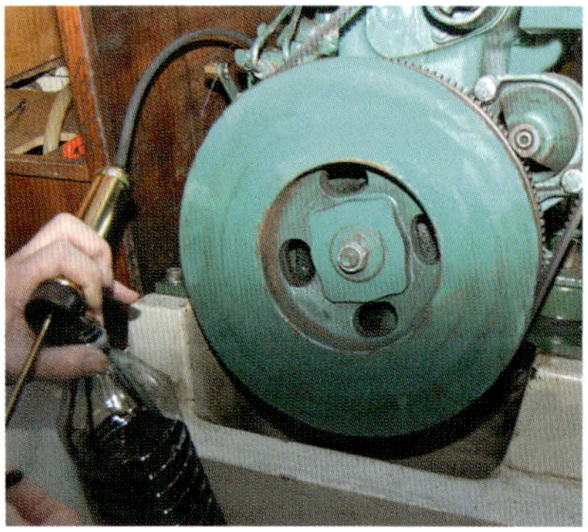

Saugen Sie das alte Motoröl mit einer Pumpe durch das Messstabrohr ab und entsorgen Sie es an einer Altölsammelstelle.

- Kontrollieren, ob die Zylinderkopfschrauben fest sitzen. Dann das Ventilspiel einstellen.
- Den Seewasser-Impeller kontrollieren und gegebenenfalls austauschen. In der Winterpause sollte man ihn ausbauen, damit er seine ursprüngliche Form wieder annimmt.

Der wesentliche Unterschied zwischen einem Diesel- und einem Ottomotor – egal ob Zwei- oder Viertakter – ist die Methode, wie der Kraftstoff entzündet wird. Benzin-

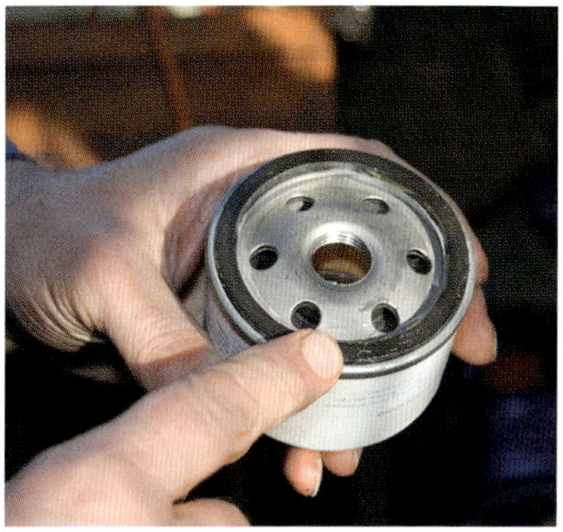

Streichen Sie vor dem Anschrauben des neuen Ölfilters etwas Fett auf die Dichtung. Ölfilter müssen jedes Jahr oder alle 100 Betriebsstunden gewechselt werden.

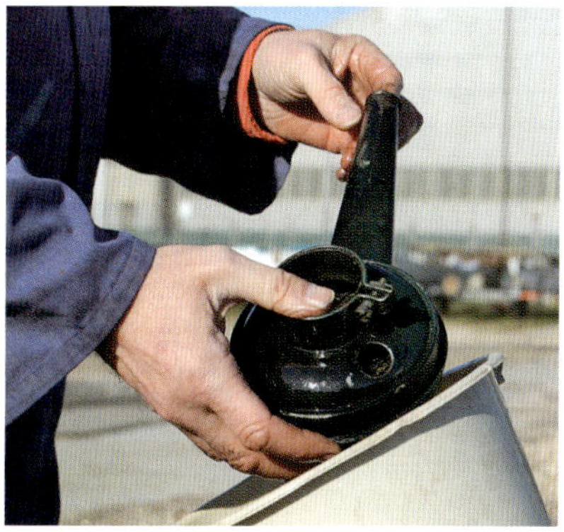

Reinigen Sie den Luftfilter mit Petroleum. Bewegen Sie den Filter hin und her, damit sich Staub und Schmutz gründlich lösen.

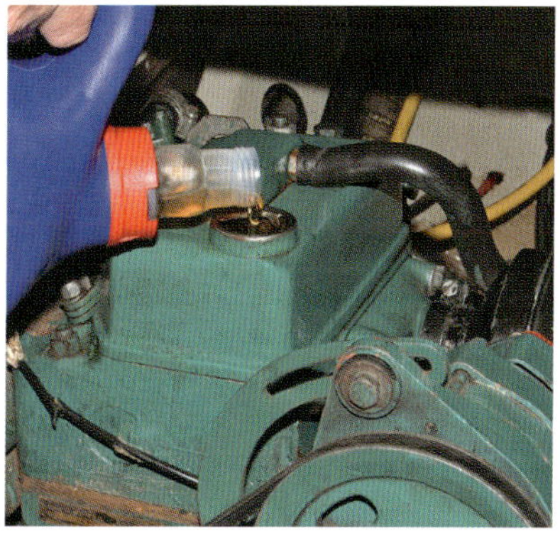

Gießen Sie neues Motoröl durch den Öleinfüllstutzen in den Motor. Warten Sie eine Weile, bis das Öl unten im Sumpf angekommen ist. Erst dann können Sie den Ölstand kontrollieren.

motoren brauchen dafür Zündkerzen, die einmal im Jahr ausgetauscht werden sollten.

Bei Ottomotoren muss die Benzinzufuhr bei der Winterüberholung geschlossen werden, damit nicht irgendwo Treibstoff aussickert. Falls ein Ventilator mit einer Ansaugleitung unter dem Motor vorhanden ist, sollte er regelmaßig laufen, um vielleicht angesammelte Benzindämpfe außenbords zu pusten. Vor Ende der Saison sollte man den Tank so weit wie möglich leer fahren und den Rest auspumpen. Benzin verdirbt mit der Zeit und kann Startprobleme verursachen.

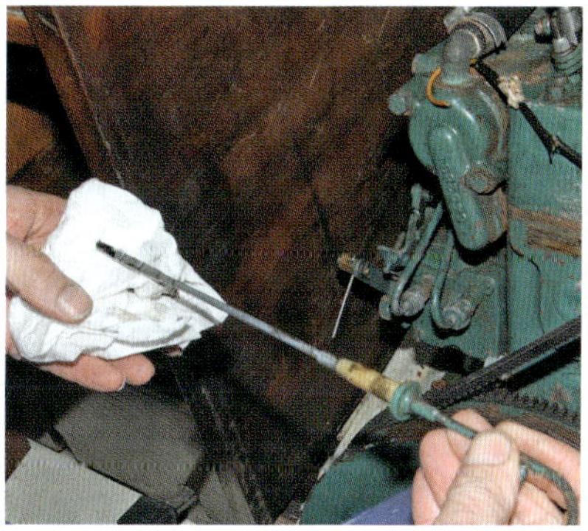

Der Ölstand im Sumpf wird mit dem Messstab kontrolliert. Auf dem Stab ist eine Markierung für Maximum und Minimum.

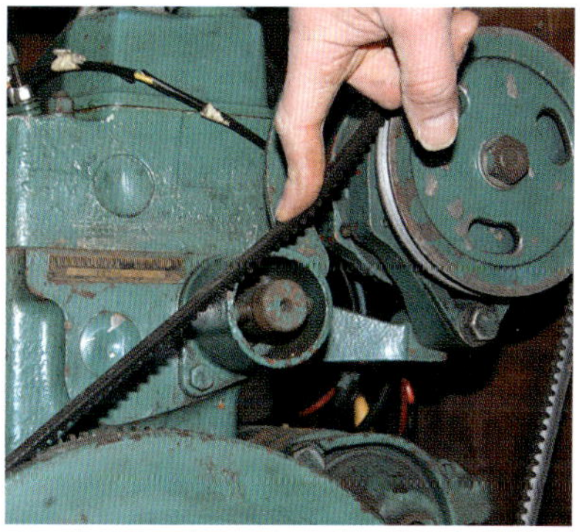

Kontrollieren Sie die Keilriemenspannung. Die Toleranz finden Sie im Handbuch.

Tipp

Die Plastikflasche, mit der Sie den Sumpf leeren, sollte größer sein als die Menge Altöl in dem Motorsumpf. Dann kann man es in einem Arbeitsgang absaugen und mögliches Verschütten beim Flaschenwechsel vermeiden.

Der Motor (2)

Die Wartung

- Machen Sie den Dieseltank randvoll, damit kein Kondenswasser entsteht und sich kein Bakterienschlamm bildet.
- Hat der Motor eine Zweikreiskühlung, muss das Kühlwasser aus dem Süßwasserkreislauf abgelassen werden und entsprechend den Hinweisen der Motorhersteller mit einem Frostschutzmittel aufgefüllt werden.
- Spülen Sie den Seewasserkreislauf, indem Sie einen Schlauch von einem Kanister, der vom Heck herunterhängt und mit Süßwasser gefüllt ist, in den Seewassereintritt stecken. Der Wasserspiegel im Kanister sollte so hoch sein, wie wenn das Boot im Wasser ist, damit die Wasserstände in Kanister und Motor gleich bleiben. Ziehen Sie einen weiteren Schlauch von dem Auspuff zu dem Kanister. Starten Sie den Motor und lassen Sie ihn eine Weile laufen, damit Salzablagerungen ausgespült werden. Zum Schluss wird der Kanister mit einer 1:1-Mischung aus Frischwasser und Frostschutzmittel gefüllt und die Mischung bei laufendem Motor durch das System gepumpt. Schließen Sie zum Schluss das Seeventil.
- Roststellen am Motor werden mit einer Drahtbürste behandelt und mit einer Motorfarbe gestrichen.
- Reinigen Sie den Motorsumpf gründlich. Am besten eignen sich dafür Ölbinde- oder Fusseltücher.
- Drehen Sie alle zwei Wochen einmal den Motor mit der Hand. Dadurch bleibt das Öl im Motor verteilt.

Heckantrieb

Die Wellendichtung oder Stevenrohrstopfbuchse braucht kaum Wartung, lediglich die Niro-Schlauchschellen um die Dichtung und die Dichtung selbst müssen regelmäßig kontrolliert werden. Einige Dichtungen brauchen nach einer gewissen Zeit eine neue Packung. Die Stopfbuchse muss in Abständen mit Fett versorgt werden.

Das Wellenlager sollte von Zeit zu Zeit bezüglich Verschleiß kontrolliert werden. Dazu muss die Welle auf und ab sowie hin und her bewegt werden. Ist das Spiel zu groß, muss das Lager ausgewechselt werden.

Die Wellenanode sollte, selbst wenn sie noch nicht ganz aufgebraucht ist, ausgetauscht werden. Lässt man sie dran, kann sie auf der Welle vibrieren und gegebenenfalls abfallen. Kontrollieren Sie, ob der

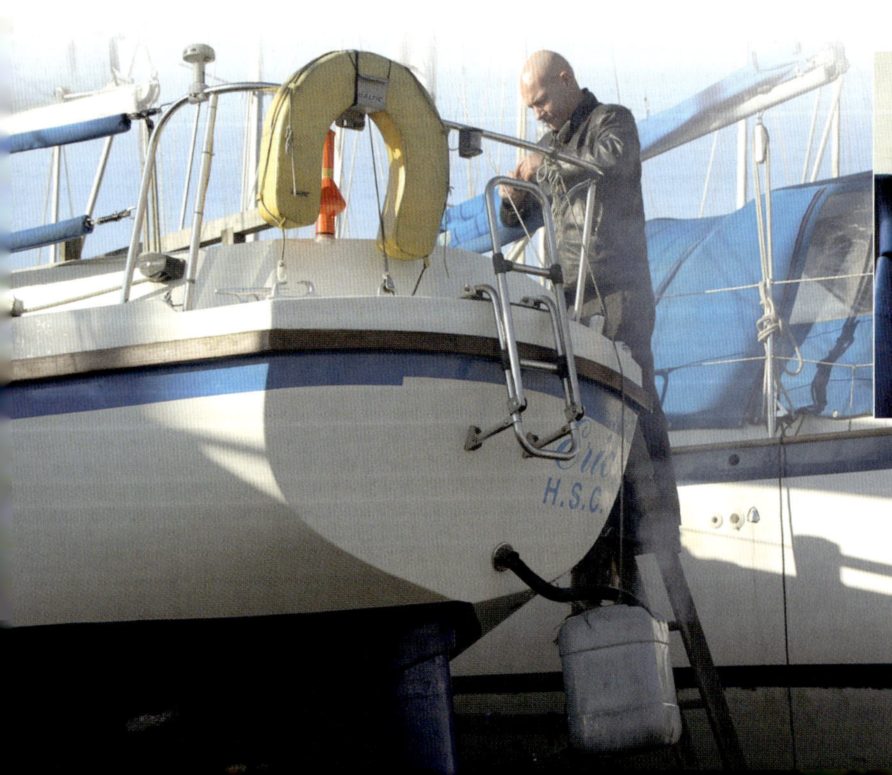

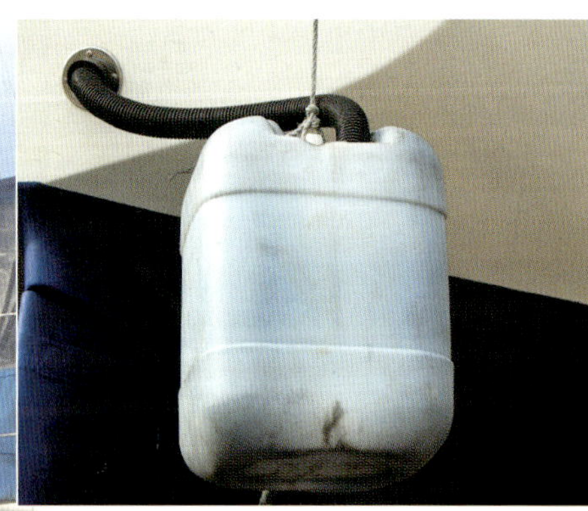

Zum Warmlaufen des Motors wird das Seewasserventil mit einem Wasserkanister verbunden. Der Motor pumpt das Wasser über den Auspuff zurück in den Kanister. In einigen Marinas darf der Motor bei an Land gestellten Yachten nicht laufen (links).
Der Wasserkanister am Auspuff (kleines Bild).

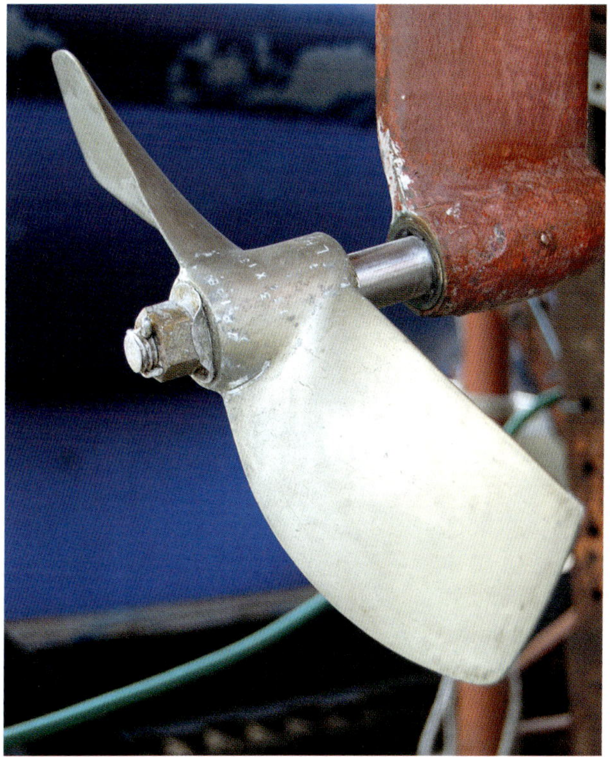

Der Propeller ist auf der Welle mit einer Mutter, einem Splint und einem Sicherungsblech gesichert. Dieser Propeller ist in einem guten Zustand und zeigt keine Anzeichen von galvanischen Schäden (links).

Spülen Sie das Kühlwassersystem bei laufendem Motor in einem Frischwassertank. Ein Kontrollstrahl zeigt den Durchfluss an (rechts).

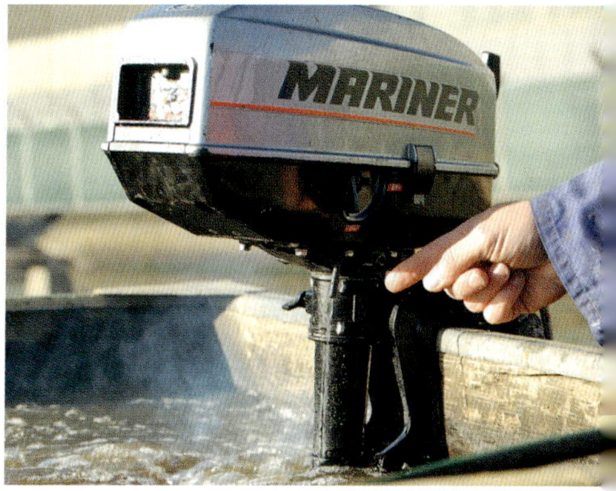

Propeller fest auf der Welle sitzt und ob Mutter und Splint fest am Platz sind. Polieren oder streichen Sie den Propeller mit Antifouling. Die Zinkanode sollte den Propeller vor Entzinkung (Kupferflecken auf der Bronzeoberfläche) schützen. Bei einem derartigen Schaden sollten Sie einen Fachmann oder einen Gutachter zurate ziehen.

Wartung des Außenborders

Mindestens einmal im Jahr sollte man den Außenborder anhand der Betriebsanleitung warten. Die meisten Außenborder sind entweder Zwei- oder Viertakter.

Zum Service eines Außenborders gehört:

- Ablassen des Benzins
- Motorölwechsel
- Motoröl- und Filterwechsel bei einem Viertakter
- Reinigung des Vergasers und Kraftstofffilters
- Zündkerzenwechsel und Austausch des Drehfingers im Zündverteiler (sofern vorhanden)
- Spülung des Kühlwassersystems bei laufendem Motor in einem Frischwassertank

Verbrauchen Sie zum Ende der Saison hin den Benzinvorrat im Tank. Bewahren Sie in einem Zusatztank eher reines Benzin als ein Benzin-Öl-Gemisch auf, da reines Benzin zur Reinigung und für andere Dinge benutzt werden kann. Stellen Sie die erforderliche Mischung erst her, wenn Sie den Außenbordertank auffüllen.

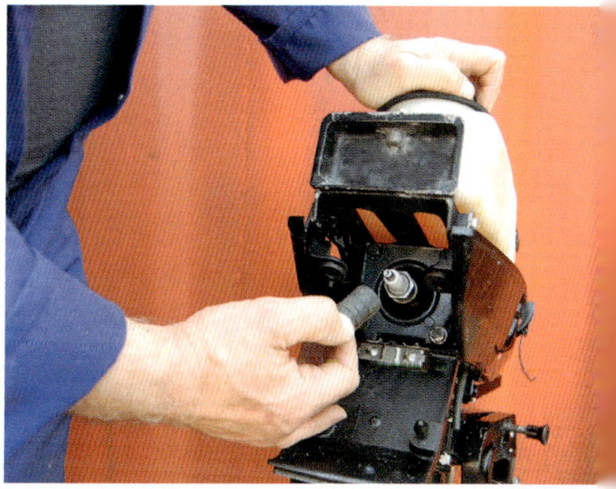

Wechseln Sie zu jeder Saison die Zündkerzen mit einem Steckschlüssel. Stauen Sie die alten als Ersatz.

Elektrik

Die am ehesten verwundbare Stelle im Boot ist die Elektrik. Feuchtigkeit, Grünspan an Kupferleitungen, Salz oder falsche Kabeldurchmesser können Widerstände im Stromkreis auslösen. Fehler in der Elektrik können Instrumente dazu bringen, merkwürdige Informationen auszugeben, und Glühfäden zum Schwächeln bringen.

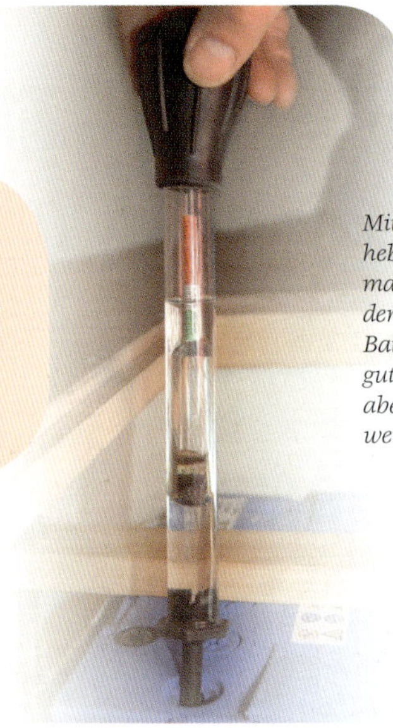

Mit einem Säureheber kontrolliert man den Ladezustand der Batterien. Diese Batterie ist in einem guten Zustand, muss aber nachgeladen werden.

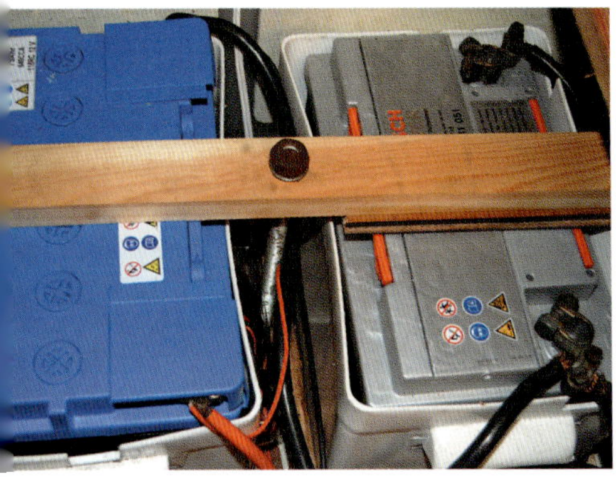

Dieses Batteriefach mit zwei Batterien ist mit einem Querholz gesichert. Jede Batterie steht in einer Wanne, um eventuell auslaufende Säure aufzufangen (links).

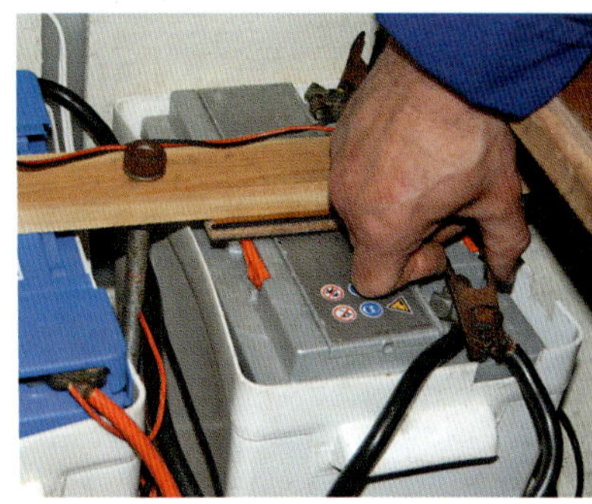

Batterien können mit einem am Landstrom angeschlossenen Ladegerät nachgeladen werden (rechts).

Schaltplan. Die Batterie 1 ist die Starter-, die Batterie 2 die Versorgungsbatterie für das Licht an Bord (unten).

Die Wartungsperiode ist eine gute Zeit, alle elektrischen Kontakte und den Zustand der Verdrahtung zu überprüfen.

Batterien

In der Regel sind zwei oder drei Batterien an Bord: eine für den Motorstart und zwei zur Versorgung der Instrumente, Lampen etc. Sie sollten am Ende der Saison voll aufgeladen, dann regelmäßig kontrolliert und nachgeladen werden.

Das macht man am besten zu Hause. Kontrollieren Sie den Säurestand mit einem Säureheber. Füllen Sie gegebenenfalls destilliertes Wasser nach.

Wenn eine Zelle ausfällt, sollten Sie die Batterie für einen Test zu einem Händler bringen. Müssen ein oder zwei Batterien ausgetauscht werden, sollten Sie sogenannte »Tiefentlader« kaufen, die eine häufigere Entladung auf 50 % besser vertragen.

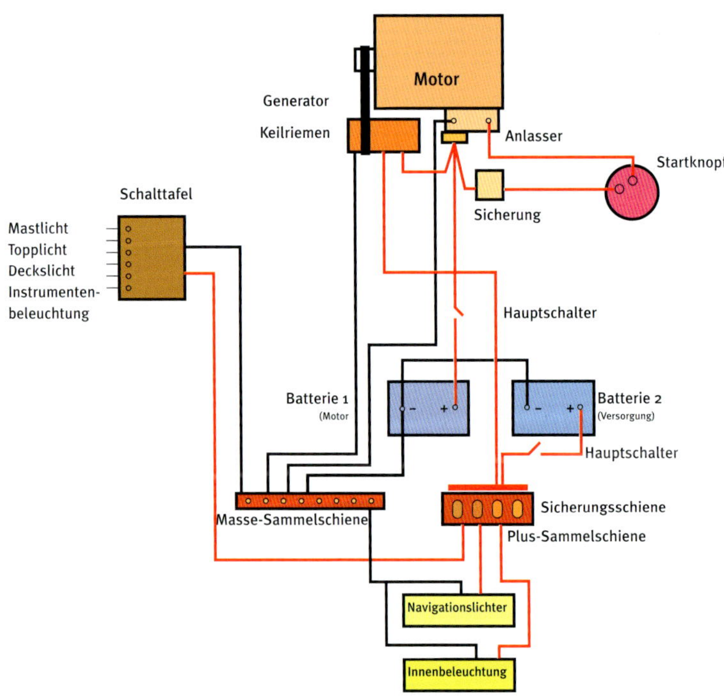

Bei der Motorwartung sollten Sie unbedingt auf die Spannung des Keilriemens achten. Rutscht er, kann der Generator die Batterien nicht ausreichend laden. Ist er zu stramm, beschädigt er das Lager des Generators.

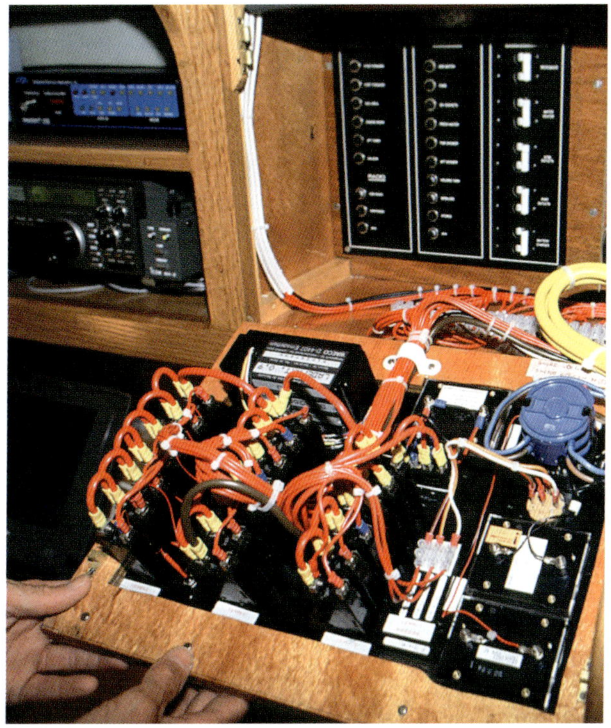

Verkabelung hinter der Schalttafel. Bei solch sauberer Verkabelung kann schnell ein Fehler gefunden werden.

Stromkreise

Sie sollten einen Schaltplan für Ihr Boot haben, damit Sie jeden Stromkreis nachverfolgen können. Sind Änderungen vorgenommen worden, müssen sie im Schaltplan eingetragen werden.

- Kontrollieren Sie jede Leitung für die Navigationslichter, die Lampen unter Deck, die Pumpen und Instrumente.
- Kontrollieren und reinigen Sie die Kontakte der Sicherungen. Überlegen Sie, Schmelzsicherungen durch thermische Schutzschalter zu ersetzen.

Neuverdrahtung

Wenn vorhandene Stromkreise neu verdrahtet oder neue Kreise eingezogen werden, sollte man Kabel mit PVC-isolierten Adern mit Zinnanteil verwenden. In der äußeren Plastikummantelung bilden Adern ohne Zinnanteil Grünspan, der die Drähte in den Adern voneinander isoliert. Dadurch wächst der Widerstand des Kabels. Um die Kosten der zinnhaltigen Kabel zu senken, kann man rote (positiv) und schwarze bzw. blaue (negativ) Einfachlitzen nehmen und auf die Enden Flachsteckhülsen pressen, deren Farben mit denen im Schaltplan korrespondieren.

- Die Enden der Kabel (insbesondere die ohne Zinnanteil) sollten vor dem Einsetzen verlötet werden. Dadurch werden die einzelnen Drähte auf Dauer miteinander verbunden.
- Sprühen Sie die Kontakte mit Anti-Feuchtigkeitsspray ein.

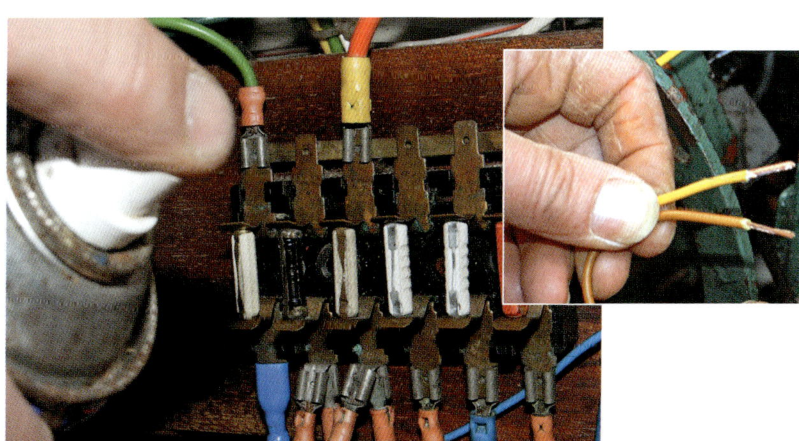

Einsprühen der Kontakte mit Anti-Feuchtigkeitsspray (rechts). Vergleich eines alten gelben Kabels mit einem neuen. Das alte ist hart, rissig, spröde. Die einzelnen Kupferdrähte sind nicht mehr miteinander in Kontakt (kleines Bild).

Rohrleitungen

Es ist sehr wichtig, dass das Rohrsystem gründlich gereinigt und gewartet wird. Die Pumpen sind für das Frischwasser, das Lenzen der Bilge und der Toiletten zuständig. Dafür müssen sie exakt funktionieren. Das Frisch- und Abwassersystem muss sauber sein, damit keine Bakterien entstehen können.

Rumpfdurchlässe

Die Borddurchlässe wie z.B. für die Belüftung des Abwassertanks sind entweder aus seewassertauglichem Metall oder Plastik und brauchen kaum gewartet zu werden. Sie müssen lediglich von Zeit zu Zeit auf Risse und Korrosion überprüft werden. Die Schläuche sollten zur Sicherheit mit zwei Niroschlauchschellen befestigt sein, falls eine versagt – auch dies checken.

Vergewissern Sie sich auch, ob bei jedem Rumpfdurchlass für den Notfall ein Holzpflock angebunden ist. Das gilt auch für das Log, das zur Reinigung herausgezogen und mit etwas Pflanzenöl oder Wasserpumpenfett wieder eingesetzt wird.

Bei der Kontrolle des Rumpfdurchlasses und des Seeventils für die Motorkühlung muss das Niro-Sieb in dem Seewasserfilter gereinigt werden.

Seeventile aus Plastik

Moderne Seeventile bestehen generell aus glasfaserverstärktem Kunststoff und werden mit einem Hebel bedient. Sie korrodieren nicht und brauchen kaum Wartung. Die Funktion und Leichtgängigkeit sollte jedoch regelmäßig überprüft werden. Die Dichtungen können mit Pflanzenöl oder Wasserpumpenfett geschmiert werden.

Seeventile aus Metall

Die meisten Seeventile aus Metall haben einen Hebel und sind aus Bronze, besser noch aus DZR-Bronze. Der konische Stopfen sitzt stramm, aber drehbar wie der Stöpsel in einer Karaffe, in dem Ventilgehäuse. Durch dieses führt ein Schmiernippel hindurch, um den Stopfen zu schmieren, wenn das Boot im Wasser ist.

Ist das Boot an Land, sollte man das Ventil ausbauen und alle Teile reinigen und neu einfetten sowie die Reibung einstellen. Dabei müssen alle Teile auf Verschleiß, Risse und Korrosion überprüft und gegebenenfalls instand gesetzt werden.

Alte Seeventile sind häufig Drehschieber, ähnlich dem Absperrventil bei einer Wasserleitung im Haus. Da man nicht sehen kann, ob sie offen oder geschlossen sind, sollten sie an Bord ausgetauscht werden. Gut eignen sich moderne Kugelventile, die

Ziehen Sie das Log zur Reinigung aus dem Borddurchlass (unten).

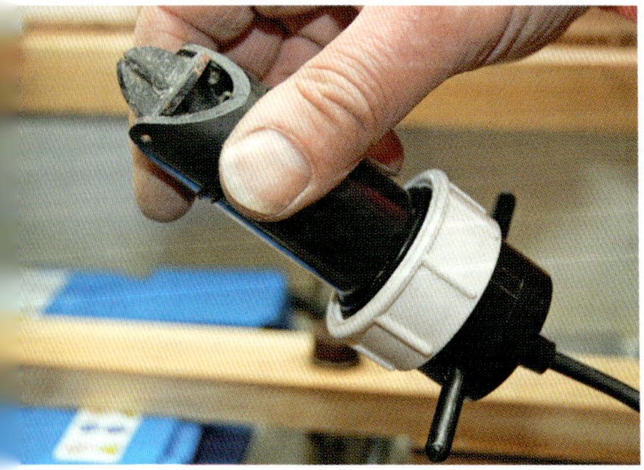

Die Abbildung zeigt den Aufbau und die Teile des Rohrsystems in einem Boot (rechts).

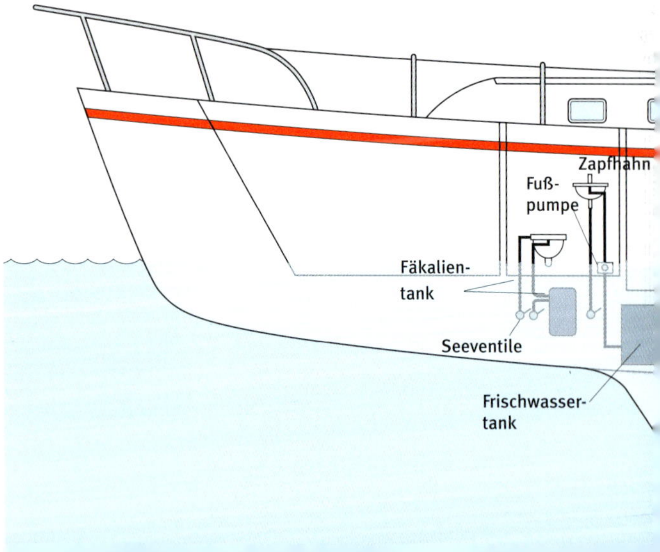

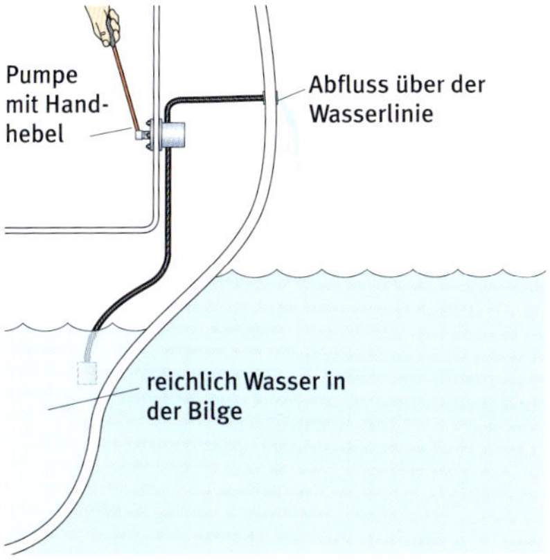

Der Abfluss für die Handbilgepumpe liegt über der Wasserlinie (links).

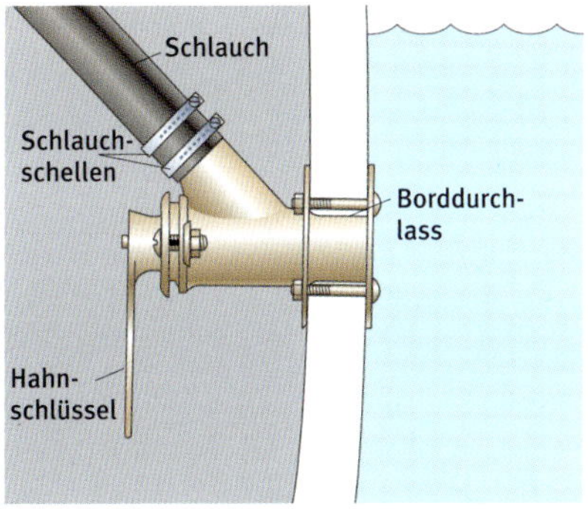

Seeventil aus Metall. Zwei Schlauchschellen bei einem Seeventil unter Wasser (oben).

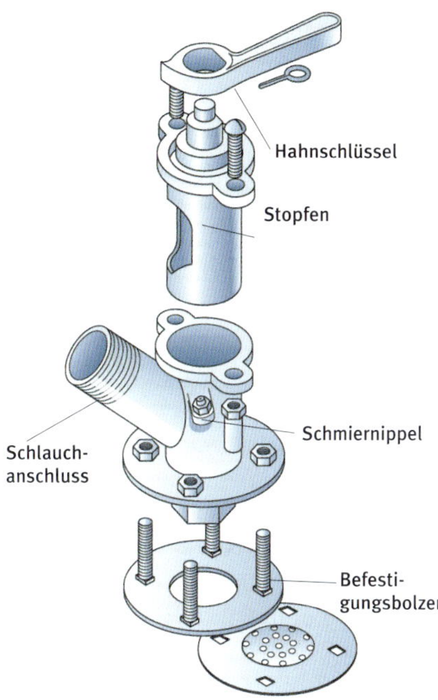

Einzelteile eines Blake-Seeventils. Es kann im Wasser über den Nippel gefettet werden (oben).

am besten durch häufige Bedienung gepflegt werden.

Pumpen

Überprüfen Sie die Funktion aller elektrischen, Hand- oder Fußpumpen. Arbeitet eine Pumpe nicht effektiv, kann es lediglich daran liegen, dass über ein loses Rohr Luft angesaugt wird. Ansonsten muss sie gründlich gewartet werden. Hersteller bieten vielfach ein Service-Kit mit Einbauhinweisen an.

Eine Handbilgepumpe sollte am Ende der Saugleitung einen Lenzkorb haben. Nehmen Sie ihn ab und reinigen Sie das Sieb von allem Unrat, der das Sieb verstopft hat. Danach können Sie die Pumpe erneut testen.

Eine elektrische Bilgepumpe hat einen feinen Filter im Gehäuse, um den Impeller zu schützen. Der Deckel der Pumpe kann für die Reinigung und Inspektion des Filters leicht entfernt werden, ohne das Pumpengehäuse zu öffnen (Snap-Off-Verriegelung).

Kontrollieren Sie,ob alle Schlauchschellen an der Pumpe und dem Borddurchlass fest sitzen.

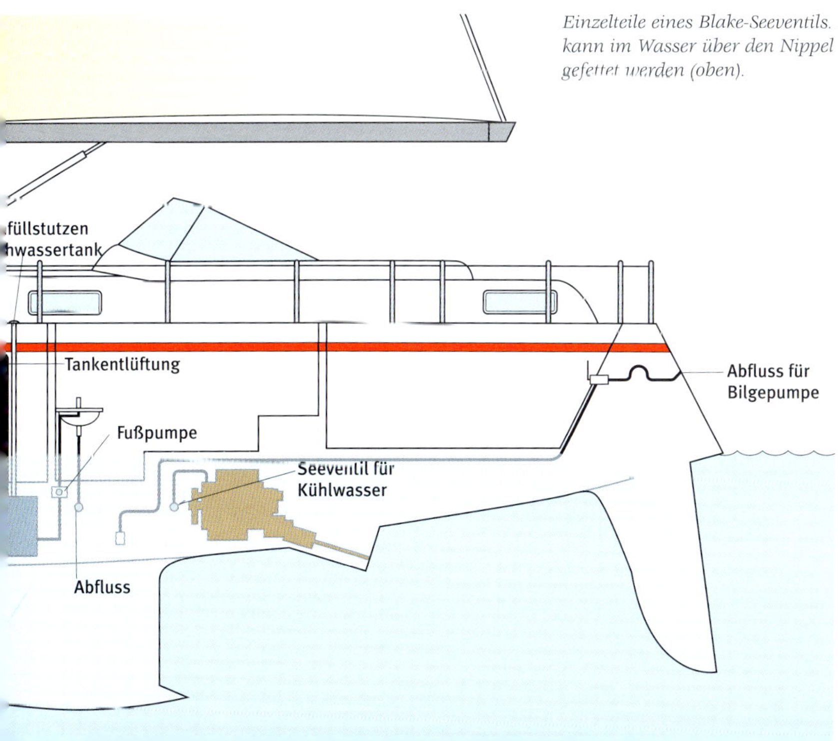

Tipp

Ein dünner Fettfilm an dem Gummiring hilft, die Logge zu ziehen und wieder einzusetzen.

Rohrleitungen (2)

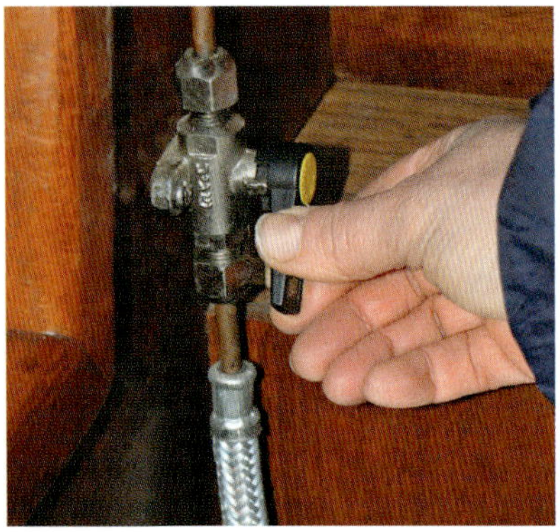

Kontrolle des Absperrhahns für den Kocher nach dem Austausch der Herdleitung.

Die Effektivität und Sicherheit der Gasanlage sollte alle zwei Jahre von einem autorisierten Kontrolleur abgenommen und bescheinigt werden.

Gasflaschen

Ist kein Gasstandsanzeiger installiert, muss man, um festzustellen, ob die Flasche nachgefüllt werden muss, ihr Gewicht mit einer vollen vergleichen. Kontrollieren Sie die Sicherungsschelle für die Flasche in dem Gaskasten.

Schläuche und Rohrnetz

Die Gummidruckleitungen, die Kupferrohre und Druckminderer müssen auf Korrosion und Sicherheit sowie die Schneidring-Verschraubungen der flexiblen Hochdruckleitungen auf Dichtigkeit überprüft werden. Dort, wo das Kupferrohr durch ein Schott geführt wird, darf es nicht scheuern und sollte mit einer Plastikmuffe geschützt werden. Zum Schutz vor möglichen Spannungen in starren Leitungen sind Dehnungsbögen einzubauen.

Gasflaschenkasten

Die Gaskastenentlüftung am Boden darf nicht verstopft sein und muss frei in die Atmosphäre führen. Ein autorisierter Installateur muss überprüfen, ob der Leckdetektor funktioniert, wenn er absichtlich die Abflussseite des Detektors ein wenig löst und eine kleine Gasmenge in den Gaskasten strömen lässt, die dann durch das Abflussrohr am Boden des Kastens außenbords entkommen kann. Funktioniert der Detektor, wird die gelöste Mutter wieder festgezogen und das weitere System auf Undichtigkeit untersucht. Überprüfen Sie das Gasfernschaltventil im Gaskasten. Viele bevorzugen ein mechanisches.

Kocher

Die Zündsicherung am Kocher muss korrekt funktionieren, wenn die Flamme ausgeht. Nach kurzer Zeit hört man, wie das Ventil mit einem Klick schließt. Das Schnellschlussventil vor dem Herd kontrolliert man, indem man von dort die Flamme abstellt. Von Zeit zu Zeit muss auch die flexible, mit Gewebeeinlage verstärkte Zuleitung hinter dem Herd überprüft werden.

Gasalarm und Gasdetektor

Ein Sachverständiger testet die Funktion des elektronischen Gasdetektors in der Bilge. Einige Detektoren schalten, wenn sie Gas »riechen«, automatisch die Gaszufuhr ab. Haben Sie einen tragbaren Gasdetektor für toxische Gase, sollten Sie die Batterien überprüfen.

Seetoilette

Die Pflege der Toilette ist nicht so schlimm, wie es klingt. Viele Hersteller geben an, wie sie eingebaut und gepflegt werden muss. Um abgelagerten Kalk aus der Schüssel und den Schläuchen zu entfernen, benutzt man ein Entkalkungsmittel. Beim Zusammenbau kontrolliert man, ob die Schläuche dicht sind und festsitzen und ob die Schwanenhälse für das Seewasser und den Abfluss nicht verstopft sind. Gießen Sie ein wenig Öl in die Toilette, um die Gummiventile etwas zu schmieren. Da Öl in einem Fäkalientank

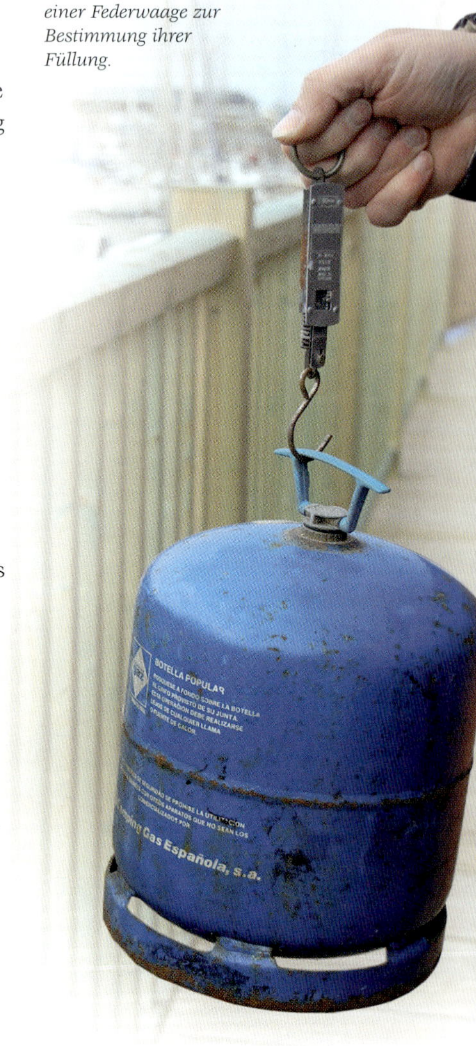

Messen des Gewichts der Gasflasche mit einer Federwaage zur Bestimmung ihrer Füllung.

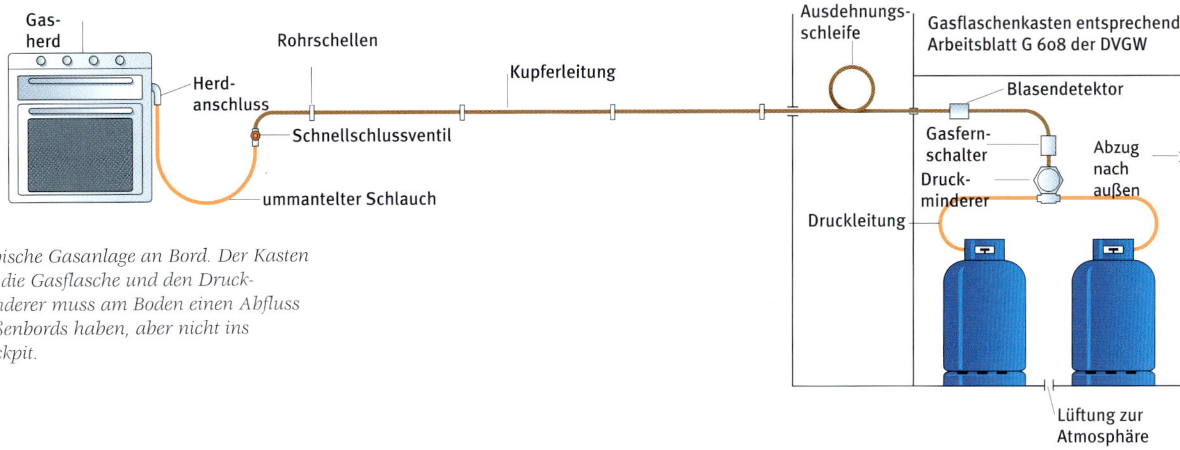

Typische Gasanlage an Bord. Der Kasten für die Gasflasche und den Druckminderer muss am Boden einen Abfluss außenbords haben, aber nicht ins Cockpit.

jedoch leicht verklumpt, muss dieser danach leergepumpt werden. Verwenden Sie niemals ein Bleichmittel für die Toilette. Es löst die Gummiventile in der Pumpe auf.

Fäkalientank

Lassen Sie, je nach den Vorschriften des entsprechenden Landes, die Fäkalien mindestens 3 sm vor der Küste ab oder entsorgen Sie sie an einer Entsorgungsstation im Hafen. Spülen Sie den Tank gründlich mit Seewasser und einem geeigneten Reinigungsmittel.

Heizung

Über Leitungen versorgte Heizgeräte in den Kabinen werden entweder mit Diesel oder Gas betrieben. In beiden Fällen sollte sie ein qualifizierter Fachmann inspizieren.

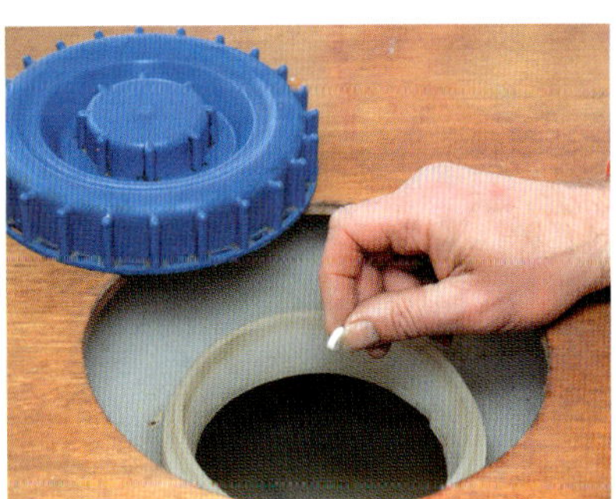

Geben Sie Chlortabletten in einen vollen Tank und reinigen Sie das System einmal im Jahr.

Frischwasser

Spülen Sie den Frischwassertank, die Leitungen und Pumpen mit Frischwasser und der empfohlenen Menge Chlortabletten gründlich durch. Wiederholen Sie das ohne Chlor und so lange, bis Sie sicher sind, dass das Wasser sauber ist. Wenn sich in der Leitung zur Spüle ein Filter befindet, sollten Sie kontrollieren, ob der Einsatz gewechselt werden muss.

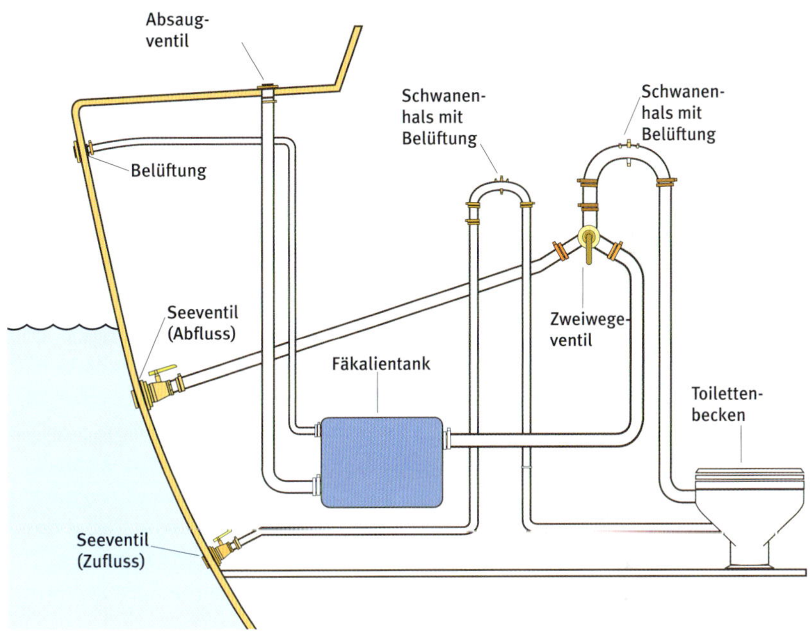

Die Toilettenpumpe zieht zum Spülen Seewasser und pumpt es entweder in den Fäkalientank oder außenbords.

Sicherheit für Crew und Boot

Sie können fast alle Teile zum Schutz der Personen an Bord selbst warten. Einige Teile zum Schutz des Bootes müssen jedoch zur Inspektion und Wartung zu einem Fachbetrieb geschickt werden.

Inspizieren Sie die Nähte an den Sicherheitsleinen und ölen Sie die Federn der Sperrklinken.

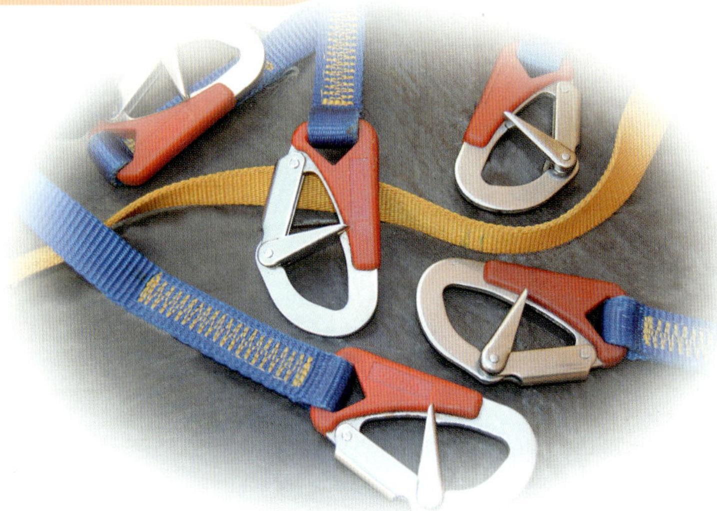

Sicherheitsausrüstung

Rettungswesten

Das wichtigste Rettungsmittel an Bord sind die Rettungswesten, denen ein besonderes Augenmerk gilt. Am Ende der Saison sollten Salzreste abgewaschen und möglicher Verschleiß inspiziert werden. Im trockenen Zustand sollten sie einmal für einen 24-Stunden-Test mit dem Mund aufgeblasen werden. Es ist akzeptabel, wenn sie in diesem Zeitraum etwas Luft verlieren – ist die Weste jedoch platt, muss untersucht werden, wo das Leck ist. Dazu wird sie – wieder aufgeblasen – unter Wasser gedrückt. Entweicht die Luft durch das Ventil im Mundstück, kann man von dem Hersteller ein neues beziehen. In allen anderen Fällen muss man eine neue Weste kaufen. Ein Menschenleben sollte es wert sein!

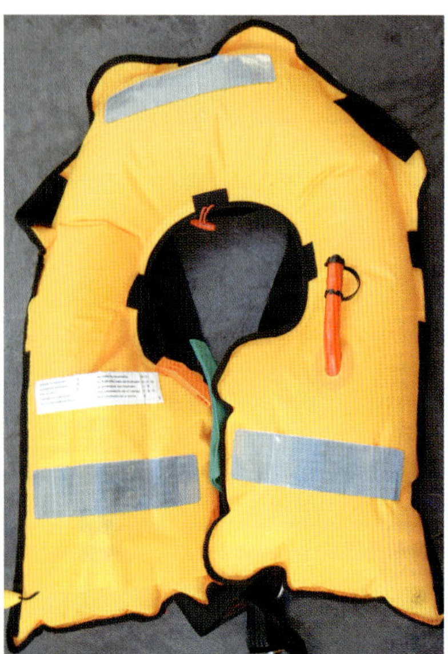

Blasen Sie die Rettungsweste auf und schauen Sie, ob sie nach 24 Stunden Luft verloren hat. Überprüfen Sie die Seenotleuchte, den Auslöseautomaten und beachten Sie den nächsten Wartungstermin.

Haben Sie sich vergewissert, dass die Weste ihren Dienst tut, kann man über das Ventil im Mundstück die Luft ablassen. Danach muss die automatische oder per Hand auszulösende Befüllung mit Gas überprüft werden. Dazu schraubt man die CO^{2}-Patrone aus dem Auslöseautomaten und prüft, ob das Gewinde korrodiert ist. Korrodierte Patronen müssen ausgetauscht werden. Benutzte Patronen erkennt man daran, dass innen in dem Gewindeanschluss der Patrone ein Loch ist. Wichtig ist, die Auslösetablette zu kontrollieren und einmal im Jahr auszuwechseln.

Rettungsringe und Sicherheitsleinen

Inspizieren Sie alle Rettungsringe und Sicherheitsleinen (3-Punkt-Lifelines) auf Verschleiß. Bei modernen Rettungswesten ist ein Sicherheitsgurt (Lifebelt)mit Schrittgurt integriert. Ist die Sicherheitsleine keine Drei-Punkt-Leine, kann man sie separat anschaffen. Überprüfen Sie bei den Leinen insbesondere die Nähte und geben Sie einige Tropfen Öl auf die Federn der Sperrklinke am Spezialkarabiner. Teile, die nicht funktionieren, sollten Sie austauschen.

Seenotleuchte, Signalpfeife, Signalgeber und Sprayschutz

Seenotleuchten, die an der Schwimmweste oder am Arm befestigt sind, können per Hand oder durch Wasserkontakt automatisch aktiviert werden. Man kann sie über einen Testschalter überprüfen. Bei einigen lassen sich die Batterien tauschen, andere sind versiegelt.

An der Schwimmweste sollte eine Plastikpfeife mit einem Bändsel

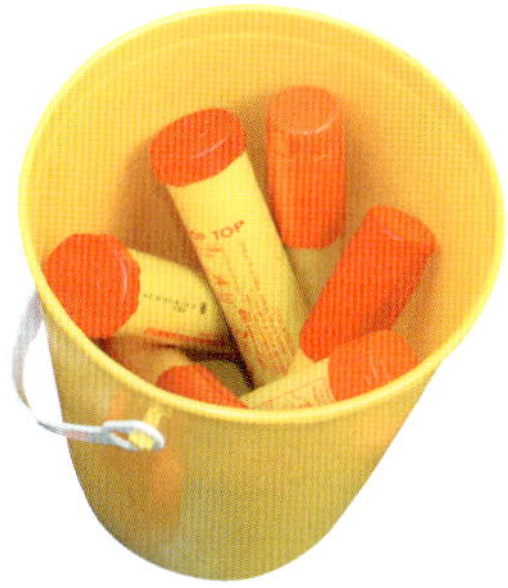

Überprüfen Sie das Ablaufdatum der Handfackeln. Alte Fackeln können beim Händler entsorgt werden.

befestigt sein. Überprüfen Sie die Pfeife und das Bändsel.

Von den Rettungsgesellschaften werden Sprayschutzhauben und kleine Notsignalgeber, die sich in den Rettungswesten stauen lassen, empfohlen. Man sollte überlegen, sie anzuschaffen.

Seenotsender

Die EPIRB-Seenotfunkbake und der am Körper tragbare Notsender sollten gereinigt, inspiziert und mittels des Testschalters überprüft werden. Befolgen Sie sorgfältig die Hinweise der Hersteller.

Sicherheitsausrüstung am Boot

Rettungsinsel

Das größte Teil der Sicherheitsausrüstung ist die Rettungsinsel, die entweder in einem Behälter oder einer Tasche gestaut wird. Waschen Sie das Salz ab und überprüfen Sie die Befestigungsleine. Bringen Sie alle drei Jahre die Rettungsinsel zu einem autorisierten Wartungsbetrieb.

Signalmittelbehälter, Fackeln und Nebelhorn

Überprüfen Sie den Inhalt des Signalmittelbehälters. Vergewissern Sie sich, dass das Haltbarkeitsdatum in der kommenden Saison nicht abläuft. Testen Sie das mit dem Mund zu blasende Nebelhorn oder das Signalhorn mit Kartusche und laden Sie das UKW-Handsprechfunkgerät.

MOB-Rettungssystem, Rettungswesten und Bergeleine

Zum MOB-Rettungssystem gehört ein Hufeisen-Rettungsring, eine Rettungsboje, ein Treibanker, eine Signalpfeife und ein automatischer Rettungsblitz. Auf dem Rettungsring sollten Reflexionsstreifen sein und der Name des Bootes stehen. Auf der Rettungsboje befindet sich in der Regel ein Blitzlicht, das sich aktiviert, wenn die Boje ins Wasser geworfen wird. Kontrollieren Sie den Ladezustand der Batterien und die Kontakte in der Boje.

Das Rettungssystem in der am Heck angebrachten Tasche besteht aus einer am Boot befestigten schwimmfähigen Bergeleine und einem Rettungsgurt. Packen Sie die Bergeleine in der Tasche so, dass sie frei ausrauschen kann, wenn Sie den Rettungsgurt über Bord werfen.

Alle weiteren Sicherheitsgurte und Rettungswesten sollten mit dem Bootsnamen, Reflexionsstreifen, einem automatischen Blitz, einer Signalpfeife, einem Treibanker und einem kleinen Notsignalgeber ausgestattet sein.

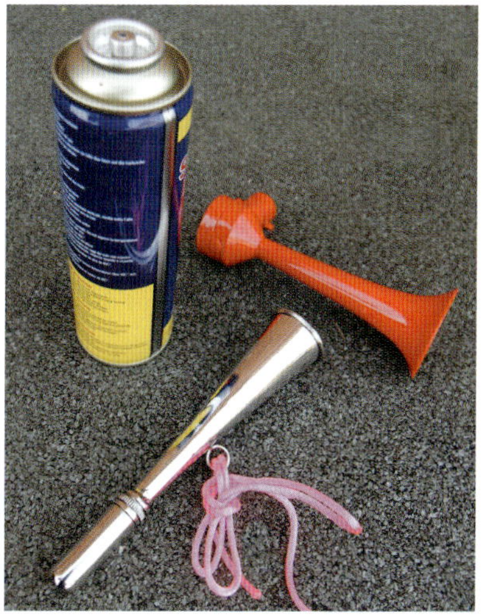

Prüfen Sie zu Beginn der Saison das Nebelhorn.

Relingsdrähte, Strecktaue und U-Bolzen für die Sicherheitsleinen

Überprüfen Sie die Relingsdrähte und -stützen auf Korrosion und Sicherheit, die Strecktaue auf Verschleiß und die U-Bolzen im Cockpit, in die die Sicherheitsleinen eingehakt werden, auf festen Sitz.

Feuerlöscher und Löschtücher

Ist der Feuerlöscher nicht wartungsfrei, muss das Datum für die nächste Wartung überprüft werden. Ist er wartungsfrei, hat er bestimmt ein Ablaufdatum. Dementsprechend muss der Feuerlöscher gewartet oder ausgetauscht werden.

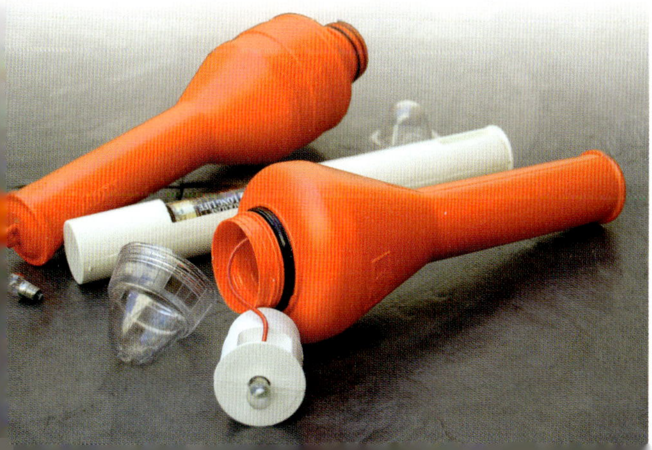

Tauschen Sie die Batterien des Rettungsblitzes aus und überprüfen Sie die Glühbirnen.

Auftakeln zum Saisonstart

Der letzte Akt ist das Auftakeln zum Saisonstart. Bringen Sie alle an Land gestauten Ausrüstungsteile an Bord und werfen Sie auf alle einen letzten Kontrollblick. Dazu zählen auch die Seekarten, die Handbücher, der neue Revierführer, die Schiffspapiere und die Betriebsanleitungen.

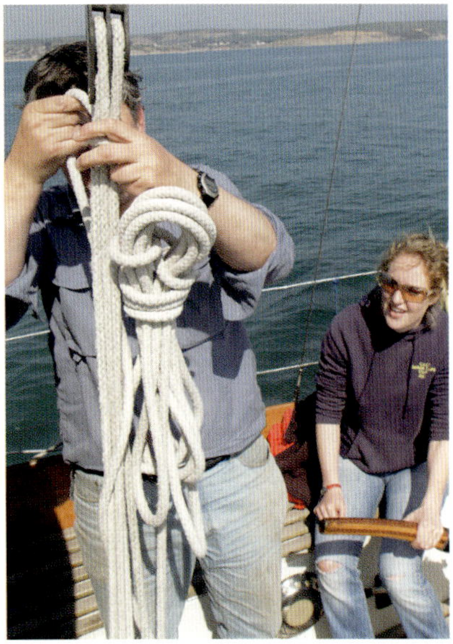

Ein kurzer Probeschlag zu Beginn der Saison ist eine gute Gelegenheit, um festzustellen, ob alles funktioniert.

Vor dem Zuwasserlassen

- Den Motor zum Probelauf starten und kontrollieren, ob alle Systeme einschließlich Kühlsystem funktionieren. Dazu sollte der Ganghebel auf Neutral stehen, damit der Propeller nicht dreht. Füllen Sie den Dieseltank und alle Ersatzkanister auf.
- Schlagen Sie Groß- und Vorsegel an und reffen bzw. rollen Sie beide bis zur Hälfte ein, wenn kein Wind ist.
- Füllen Sie den Außenbordertank auf.
- Kontrollieren Sie die Empfangs- und Sendeleistung des UKW-Gerätes.
- Tragen Sie zum Abschluss der Instandsetzung das Antifouling auf.

Nach dem Zuwasserlassen

Kontrollieren Sie, ob an den Seeventilen, der Stevenrohrstopfbuchse und dem Ruderschaft Wasser einsickert. Überprüfen Sie, ob die Wantenspanner gleichmäßig gespannt, die Konterschrauben angezogen und die Hülsen mit Splinten oder Drähten gesichert sind.

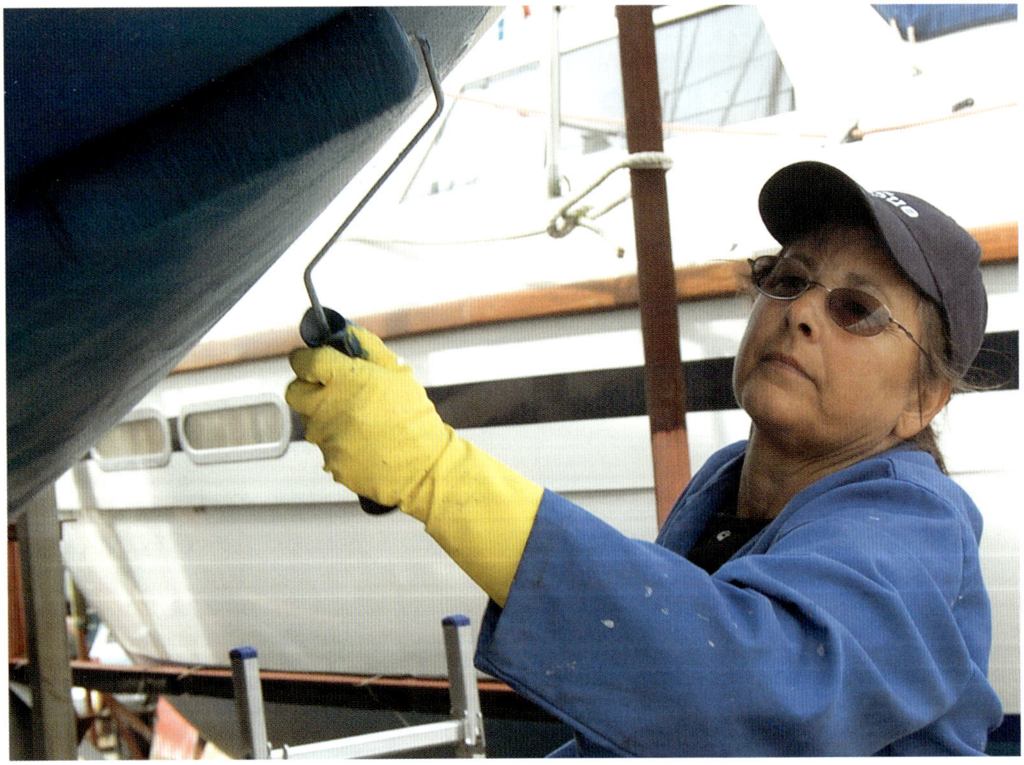

Tragen Sie das Antifouling mit Pinsel oder Roller auf. Das beste Resultat erreicht man, wenn man die Farbe kurz vor dem Zuwasserlassen aufträgt.

Machen Sie einen Probeschlag, um zu überprüfen, ob Windanzeiger, Logge, Tiefenmesser etc. richtig funktionieren, der Motor rund läuft und die Reffleinen für das Groß nicht verdreht sind.

Auffüllen der Ersatzteile

Füllen Sie alle Ersatzteile wieder auf, die bei der Instandsetzung und in der Saison verbraucht wurden.

- Erste-Hilfe-Kasten und Medikamenten-Kiste: Pflaster, Aspirin, Tabletten gegen Seekrankheit etc.
- Motor: Motor-, Getriebeöl, Kraftstofffilter, Keilriemen, Impeller, Winschenfett, Ersatzteile für den Außenborder, Bilgereiniger etc.
- Elektrik: Glühbirnen/LEDs für Navigationslichter und Kabinenbeleuchtung, Sicherungen, Batterien für Handlampen, destilliertes Wasser
- Pumpen: Ersatzteile für Bilge-, Trinkwasser- und Toilettenpumpe
- Allgemein: Schrauben, Muttern, Bolzen, Schäkel, Splinte, Klebeband

Tipp

Denken Sie daran: Wartung ist besser als eine teure Reparatur – oder Ausfälle, die sich zur Gefahr ausweiten.

Inhalt der Werkzeugkiste

Diese Werkzeuge braucht man für Arbeiten unterwegs.

Motorwerkzeuge

- Ring-, Schrauben- und Steckschlüssel
- Schlitz- und Kreuzschraubendreher
- Drehmomentschlüssel
- Bandschlüssel zum Lösen der Filter
- Fühlerlehre zum Einstellen des Ventilspiels
- Schlosserhammer
- Gummihammer
- Parallelzange

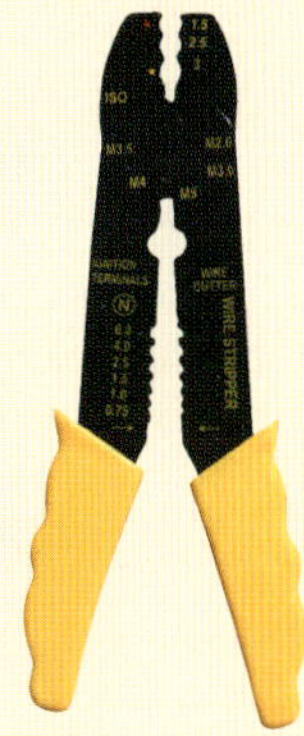

Aderendhülsenzange mit Abisolierung

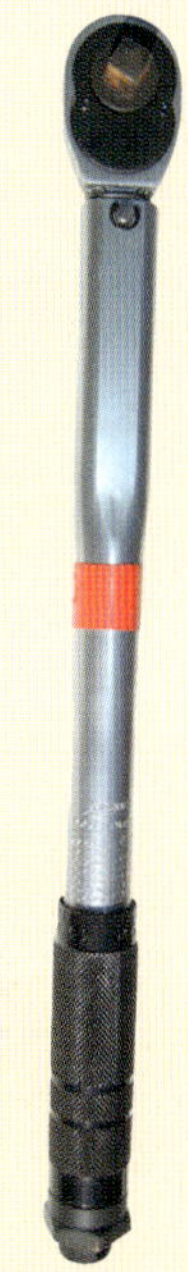

Drehmomentschlüssel

Elektrowerkzeug

- Handbohrmaschine und Bohrer
- Telefon- und Abisolierzange
- Aderendhülsen-Sortiment mit Zange
- Lötkolben für 12 V oder mit Gas und Lötzinn
- Ersatzkabel
- Quetschverbinder mit Zange
- Multimeter
- Kabelbinder
- Taschenlampe

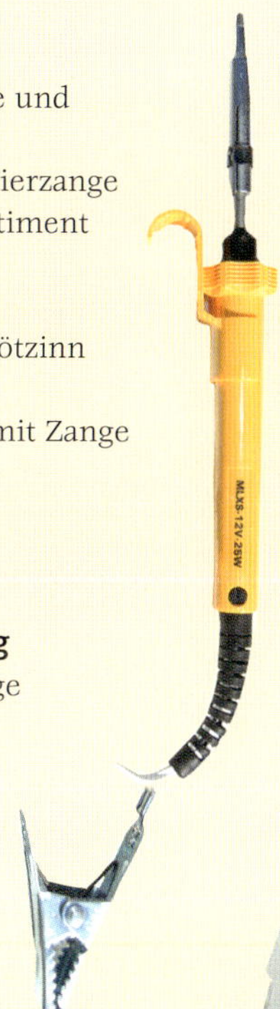

12-V-Lötkolben

Allgemeines Werkzeug

- Holz- und Metallsäge
- Schraubstock
- Bolzenschneider
- Multi-Funktionsmesser
- Handbohrer
- Kombi- und Wasserpumpenzange
- Federzwingen

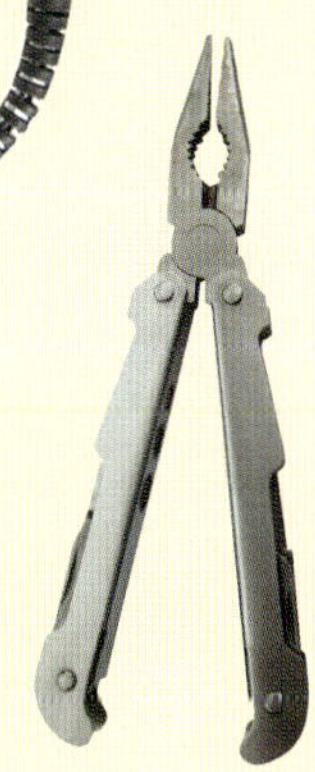

Multi-Funktionsmesser

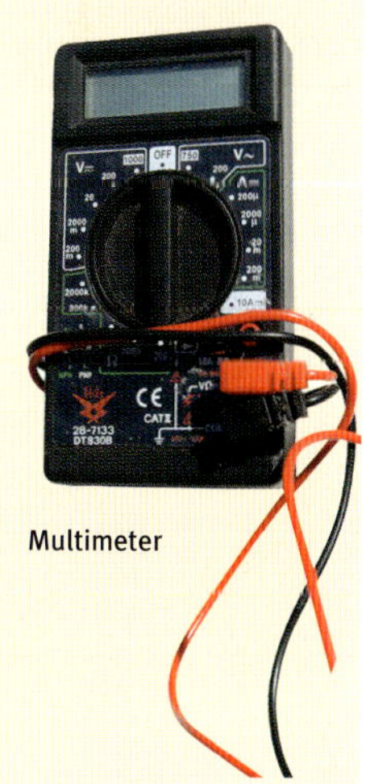

Multimeter

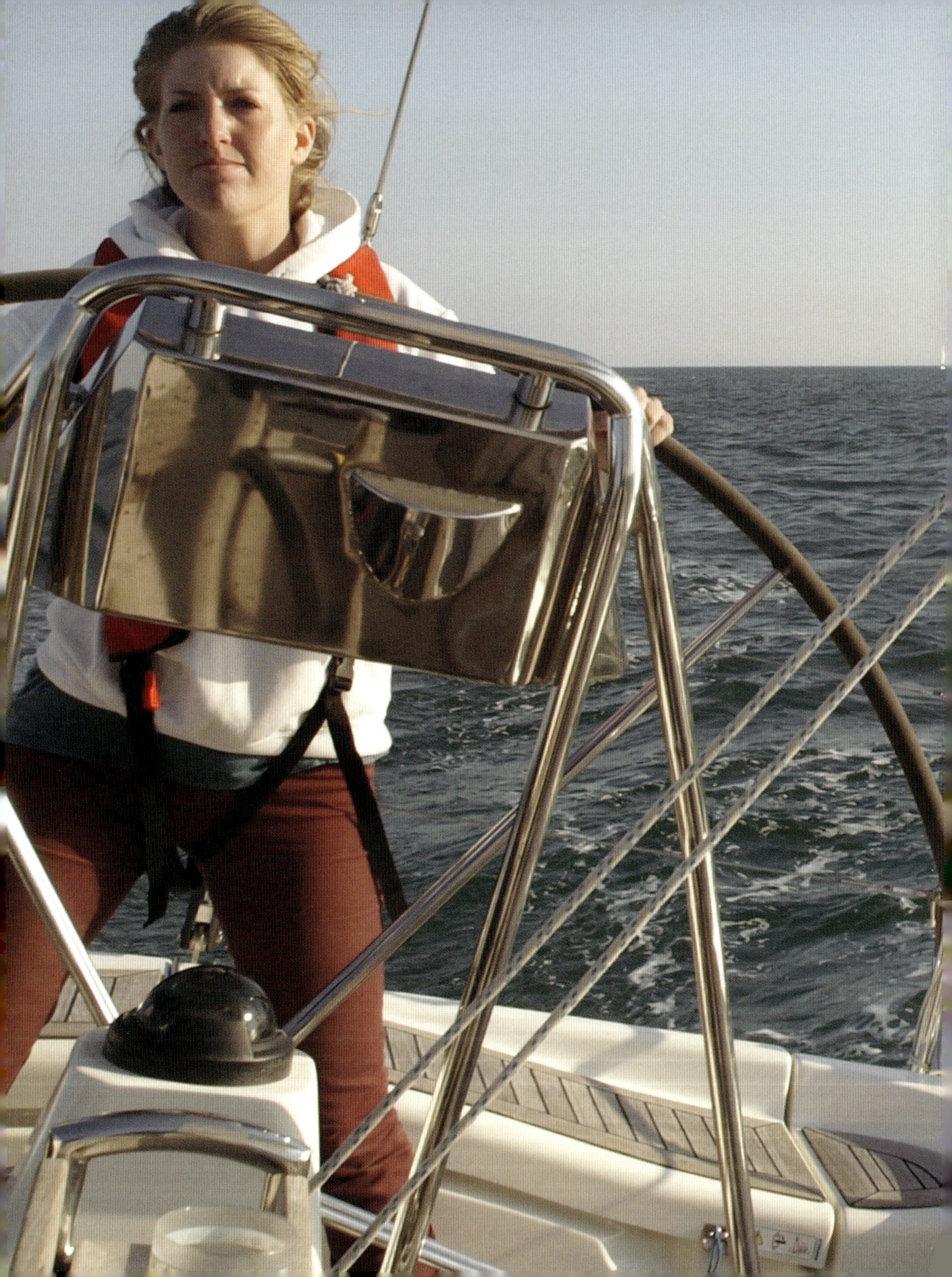

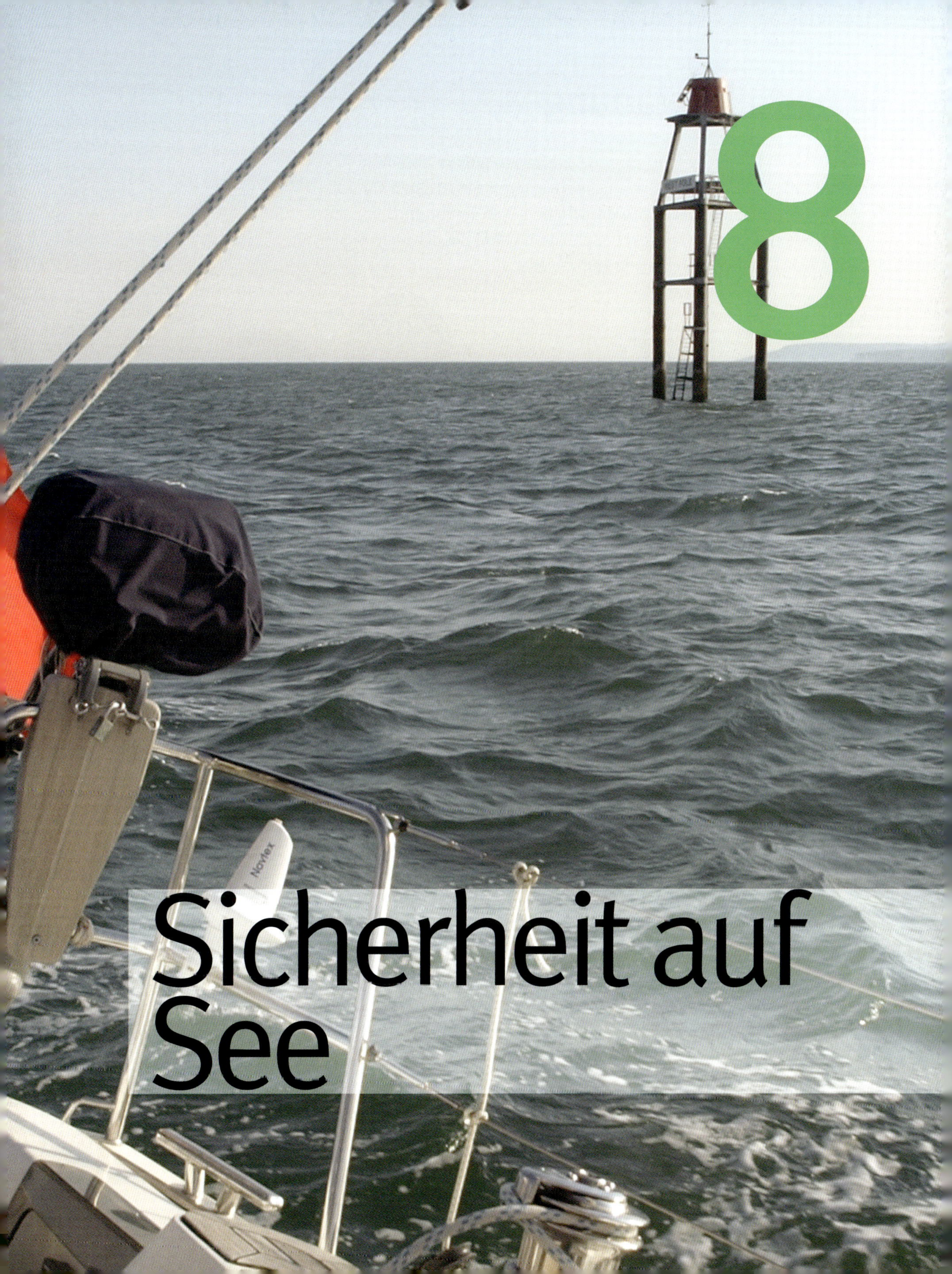

8 Sicherheit auf See

Sicherheitsplanung

Obgleich die meisten Seefahrten ohne große Ereignisse ablaufen, muss die Crew vorbereitet sein, mit unerwarteten Situationen fertig zu werden. Der Skipper sollte dafür einen Plan haben und ihn vor Antritt der Reise mit der Crew besprechen, damit sie die Sicherheitsausrüstung und deren Einsatz kennenlernt.

Sicherheit auf See basiert auf Kenntnis und Übung. Für jeden Seenotfall muss es einen Notplan geben. Richtlinie für eine Notfallübung ist, Kenntnis zu erwerben, wie die Ausrüstung einzusetzen ist, zu erkennen, was gerade abläuft, und dementsprechend zu handeln.

Praktische Übungen sind die beste Chance, im Notfall instinktiv das Richtige zu tun. Vor jeder Segeltour sollte man ein MOB-Manöver durchführen. Segeln ohne Ruder und kontrolliertes Manövrieren ohne Motor erhöhen die Fähigkeit und das Vertrauen, in realer Situation damit fertig zu werden.

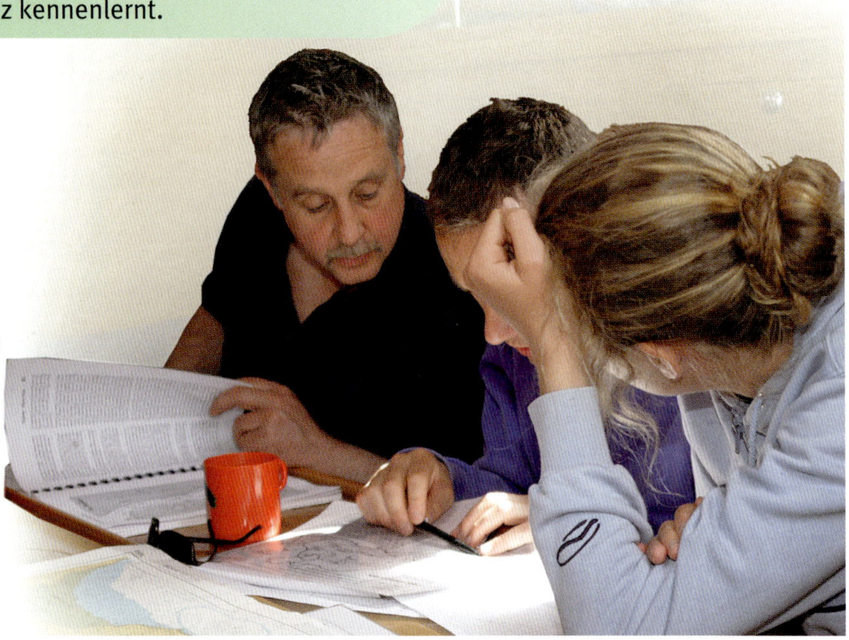

Lesen Sie alle Informationen über den Zielhafen. Die Ankunft ist abhängig von der Tide, dem Wetter und der voraussichtlichen Länge des Törns.

Skipperbesprechung

Als Skipper muss man sich vergewissern, dass die Crew für den Törn vorbereitet ist. Man macht alle miteinander bekannt und fragt jedes einzelne Mitglied nach seinen Erfahrungen und Qualifikationen sowie ob spezielle Diäten berücksichtigt werden müssen. Man sollte die Belastbarkeit und Wachsamkeit der Crew einschätzen und eventuell spezielle Lebensmittel stauen. Der Skipper sollte sich nach körperlichen Behinderungen erkundigen (die eventuell Einfluss auf den vorgesehenen Törn haben) und sich vergewissern, dass die notwendigen Medikamente mitgebracht wurden.

Erinnern Sie sich, dass man als Skipper für die Sicherheit des Bootes und der Crew verantwortlich ist. Anhand der Informationen, die man

Die Planung beginnt man auf einem Übersegler mit Start- und Zielhafen. So sieht man leichter die Entfernung und den geeigneten Kurs.

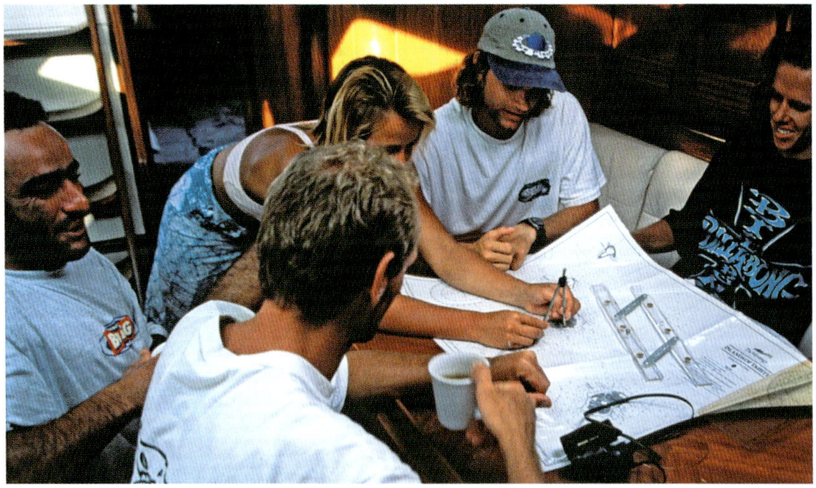

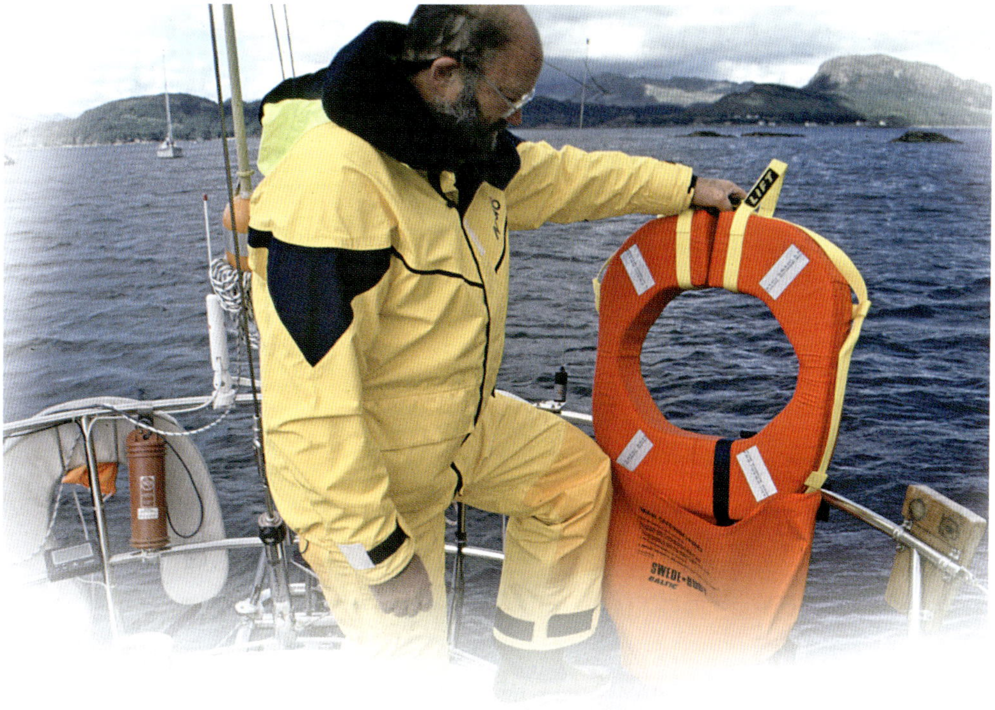

Die Skipperbesprechung sollte alle Aspekte der Sicherheit umfassen: MOB, Feuer, Wassereinbruch, Seenotsignale, Notruder, Nebel und Erste Hilfe.

von der Crew bekommen hat, entscheidet man, ob man auf See geht oder nicht.

Führt der Törn ins Ausland, müssen alle Crewmitglieder einen Pass oder Personalausweis bei sich haben. Am besten werden diese vor Reiseantritt eingesammelt.

Sicherheitsbesprechung

Machen Sie die Crew mit dem Boot, den Segeln und dem Motor vertraut. Teilen Sie die Entfernung zum nächsten Ziel, die Durchschnittsgeschwindigkeit unter Segeln oder Motor, die Dauer der Fahrt, die Wetteraussichten und den zu erwartenden Seegang mit. Erklären Sie, wo die Ausrüstungsteile und Sicherheitsgegenstände gestaut sind.

Zählen Sie alle Sicherheitsausrüstungen an Bord auf und sagen Sie, wo die Schwimm-, Rettungswesten, -leinen, das Nebelhorn, die Feuerlöscher, die Signalfackeln, Notruder usw. verstaut sind. Zeigen Sie der Crew, wie man mit dem UKW-Gerät einen Notruf an die Küstenwache absetzt. Hilfreich ist ein Aushang mit dem Sendeschema neben dem Gerät.

Vergewissern Sie sich, ob alle Crewmitglieder – je nach Wetter – einen Sonnenhut, Sonnenbrillen, Sonnencreme, Shorts, Ölzeug, Stiefel, wärmende Kleidung usw. mitgebracht haben.

Zeigen Sie der Crew, wann und wie die Sicherheitswesten anzulegen sind. Erklären Sie den Ablauf der Rettungsaktion. Üben Sie das Anlegen der Rettungswesten und helfen und kontrollieren Sie sich dabei gegenseitig.

Törnplan

Der Skipper sollte mit der versammelten Crew den Törnplan diskutieren. Der notierte Plan sollte sowohl den Ziel- als auch mögliche Zwischenhäfen, die Wettervorhersage, den Seegang, die Reisedauer, Aufgaben in der Nacht, die Navigationsstrategie, Ausweichpläne, Tiden und GPS-Wegpunkte umfassen.

Teilen Sie die Crew in Wachen auf und bestimmen Sie einen Wachführer. Die Wache ist über einen bestimmten Zeitraum für die Führung des Bootes zuständig. Ein Wachsystem gibt dem Skipper die Möglichkeit, Verantwortung zu delegieren, und den Crewmitgliedern das Gefühl, gebraucht und anerkannt zu werden. Bei Langfahrt kann man auf Wacheinteilung nicht verzichten, denn sowohl Skipper als auch Crew brauchen Zeit für Erholung und Schlaf.

Bei Seekrankheit sollte der Betroffene in die Koje gehen, sich warm zudecken und sich an die Schiffsbewegungen gewöhnen. Jeder, der sich an Deck aufhalten will, muss die Rettungsweste anziehen, sich warm einpacken und aktiv bleiben, damit er nicht friert.

Sicherheitsausrüstung

Es ist wichtig zu wissen, wie die Sicherheitsausrüstung zu benutzen ist. Organisationen, Hersteller und Segelclubs veranstalten häufig Sicherheitskurse, in denen das nötige Wissen vermittelt wird.

Persönliche Sicherheit auf See

Die Euro-Normen unterscheiden Schwimmhilfen und Rettungswesten. Eine Schwimmhilfe dient nur dazu, dass man über Wasser bleibt, wohingegen eine Rettungsweste so konstruiert ist, dass sie die Person über Wasser hält und den Körper in eine stabile Rückenlage dreht, damit das Gesicht – also Mund und

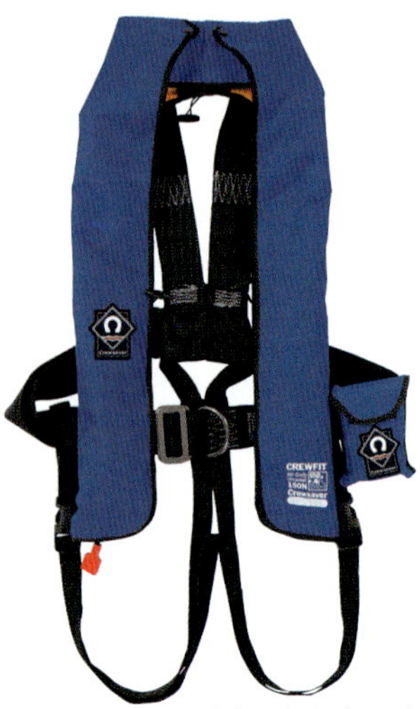

Diese Rettungsweste wird auf Hochseetörns und in extremen Situationen getragen.

Nase – aus dem Wasser ragt. Beim Kauf einer Rettungsweste sollte man die umfangreichen Informationen zu Vorschriften und Normen auf der Verpackung und der Weste genau lesen, um zu erfahren, für welches Körpergewicht und Einsatzgebiete die Weste geeignet ist.

Unter der Richtlinie »Persönliche Schutzausrüstungen (PSA)« ist 1988/89 in Europa ein Regelwerk neuer Normen entstanden, darunter auch die Normen zum Schutz gegen Ertrinken. Die Euro-Normen unterteilen Schwimmhilfen und Rettungswesten in die vier Klassen 50, 100, 150 und 275 N (Tragkraft in Newton).

- *Kategorie 50N* bezeichnet eine Schwimmhilfe für gute Schwimmer in geschützten Gewässern, wo schnell Hilfe zur Stelle ist. Für Kinder bis 30 kg ungeeignet.

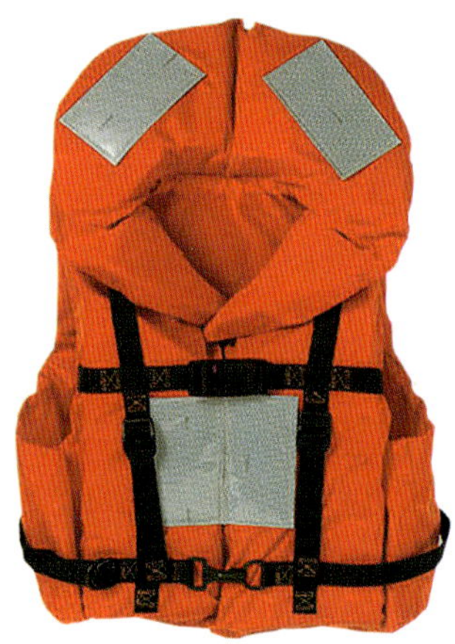

Diese 150N-Rettungsweste eignet sich für den Einsatz in rauen und offenen Gewässern und dreht einen Ohnmächtigen in die Rückenlage.

- *Kategorie100N* bezeichnet eine nur eingeschränkt ohnmachtsichere Rettungsweste für geschützte Reviere und Binnengewässer.
- *Kategorie 150N* bezeichnet eine Rettungsweste für alle Gewässer. Sie ist ohnmachtsicher, jedoch nur bei leichter Kleidung, also nicht mit schwerer, wetterfester Kleidung.
- *Kategorie 275N* bezeichnet eine Rettungsweste für Hochsee und extrem schwierige Bedingungen. Sie ist ohnmachtsicher – auch bei schwerer Kleidung.

Ohnmachtsicher bedeutet, dass die Rettungsweste eine erschöpft oder bewusstlos im Wasser liegende Person innerhalb von 10 Sekunden so dreht, dass Nase und Mund zum Atmen aus dem Wasser ragen. Der Kopf muss dann in eine rückwärtige, ohnmachtsichere Wasserlage gebracht und dort stabil gehalten werden.

Das bedeutet, dass die aufblasbare Rettungsweste für die Sportschifffahrt

- eine Druckgas-Aufblasvorrichtung hat, die bei der Berührung mit Wasser automatisch ausgelöst

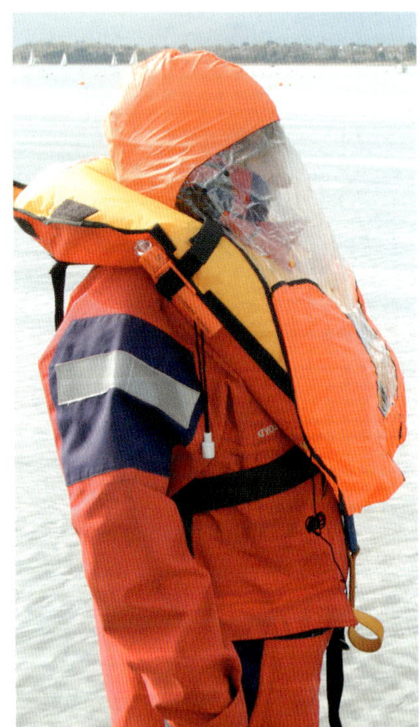

Eine aufgeblasene 125N-Rettungsweste mit Spraycap, das gefaltet in der Weste gestaut werden kann.

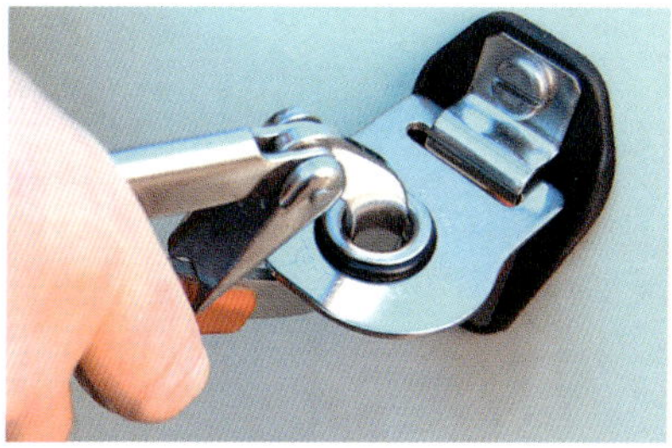

Sicherer Befestigungspunkt im Cockpit zum Einhaken der Sicherheitsleine.

wird und zusätzlich von Hand aus gelöst werden kann

- eine Vorrichtung mit Rückschlagventil hat, die der Person ermöglicht, die Weste auch mit dem Mund aufzublasen
- die Möglichkeit bietet, die Einsatzbereitschaft der Aufblasvorrichtung und des Schwimmkörpers zu kontrollieren
- mit einem ungiftigen und unbrennbaren Druckgas gefüllt wird
- aus zwei Kammern besteht und trotz Ausfall einer Kammer eine ohnmachtsichere Wasserlage garantiert
- Herstellerhinweise bezüglich der Wartungsintervalle enthält
- eine CE-Kennzeichnung (Steuerrad-Symbol mit einer sechsstelligen Prüfzahl) hat. Dadurch wird deutlich, dass die Rettungsweste einer EU-Baumusterprüfung unterzogen wurde.

Die Rettungswesten müssen so konstruiert sein,

- dass sie nicht falsch angelegt werden können
- dass sie keine Einschnürungen am Hals verursachen
- dass sie trotz Seewasser fäulnis-, verrottungsfest und alterungsbeständig sind
- dass ihre leuchtorangene Farbe nach dem Entfalten gut sichtbar ist und
- dass ihr Gewebe reißfest ist.

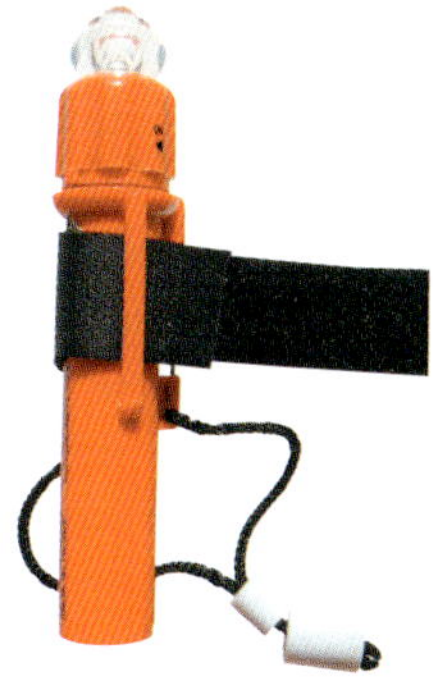

Solch ein Blitzlicht kann einfach an der Rettungsweste befestigt werden. Es ist eine große Hilfe bei der Suche in der Nacht.

Zusatzteile

Rüsten Sie nach Möglichkeit Ihre Rettungsweste mit folgenden Zusatzteilen aus:

- *Sicherheitsgurt (Lifebelt):* Er besteht aus einem Geschirr mit kräftigem Niro-Verschluss und einer D-Öse zum Einhaken der Sicherheitsleine. Bei den teuren Rettungswesten ist er integriert. Ansonsten sollte man einen separaten Lifebelt anschaffen.
- *Sicherheitsleine (Lifeline):* Sie ist etwa 2 m lang und wird mit einem Karabiner in die D-Öse am Lifebelt eingehakt. Da sie zwei Enden hat, kann man sie je nach Bedarf kurz oder lang verwenden.
- *Spraycap:* Die Schutzhaube wird über den Kopf und die aufgeblasene Rettungsweste gezogen, hält den Kopf warm, schützt den Schiffbrüchigen vor Gischt und verhindert so das Ertrinken in »fliegendem« Wasser. Das Material ermöglicht das Atmen ohne zusätzliche Luftöffnungen.
- *Schrittgurt:* Er verhindert, dass die Rettungsweste über den Kopf rutscht.
- *Seenotleuchte:* Die Rettungsweste kann mit solch einer Lampe ausgerüstet werden,die mit der Hand oder automatisch ausgelöst wird.
- *Signalpfeife:* Sie sollte mit einem Bändsel an der Rettungsweste befestigt sein.
- *Reflexstreifen:* Es ist sinnvoll, mehrere oder zusätzliche Reflexstreifen auf die Rettungswesten zu kleben.
- *Seewasserfärber:* Mit einem Seewasserfärber kann man am Tage eine gute Suchspur legen.
- *Mini-Seenotsender (Personal Locator Beacon, PLB):* Er sendet auf der Frequenz 406 MHz und 121,5 MHz ein Seenotsignal aus. Er ist wasserdicht und in der Rettungsweste zu stauen.
- Es gibt auch *Rettungswesten*, die für kleine Personen und Tiere entwickelt wurden. Für Kinder unter drei Jahren, die noch nicht schwimmen können, sollte man automatische Rettungswesten an Bord haben.

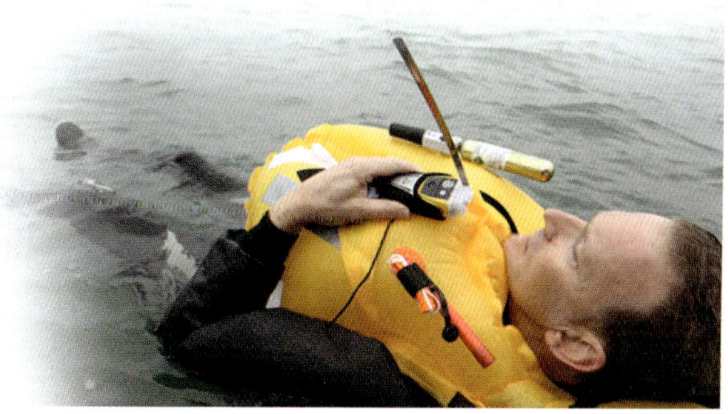

Der Seenotsender McMurdo Fast Find 220 EPIRB wird am Körper getragen. Im Notfall sendet er ein einmaliges Identifikationssignal inklusive GPS-Position über das weltweite COSPAS-SAR SAT Such- und Rettungssystem.

Sicherheitsausrüstung (2)

Die Ausrüstungsempfehlungen für Seetörns findet man in den »Sicherheitsrichtlinien für die Ausrüstung und Sicherheit von Segelyachten« der Kreuzer-Abteilung. Durch Erlass des Bundesverkehrsministeriums überprüfen die Wasser- und Schifffahrtsämter bei der Zulassung deutscher Charteryachten die Ausrüstung nach diesen Sicherheitsrichtlinien.

Benutzung der Rettungsweste

- Eine Rettungsweste ist nur dann sinnvoll, wenn alle Gurte, Reißverschlüsse und Schnallen dichtgezogen sind.
- Vergewissern Sie sich, dass die Rettungsweste voll einsatzfähig ist und schnell gefunden werden kann.
- Verlängern Sie die Lebensdauer der Rettungsweste durch sorgfältige Wartung und verwenden Sie sie nie für andere Zwecke.
- Sie sollten die Rettungsweste vor dem Wegstauen trocknen, damit sie nicht schimmelt. Das Staufach sollte gut belüftet und bei längerer Nichtbenutzung des Bootes offen stehen.

Schiffsausrüstung

- *An Deck:* An beiden Seiten des Decks werden bei schwerem Wetter zwischen Bug und Heck Strecktaue gespannt. Picken Sie Ihren Sicherheitsgurt in das Strecktau. So können Sie sich über das ganze Boot bewegen, ohne den Kontakt zum Boot zu verlieren. Die Relingsdrähte, die ebenfalls von vorn nach achtern laufen, sollen verhindern, dass man über Bord fällt. Sie sind jedoch nicht stabil genug zum Einhaken der Sicherheitsleinen. Beim Aufenthalt im Cockpit sind die dort angebrachten U-Bolzen besser geeignet.

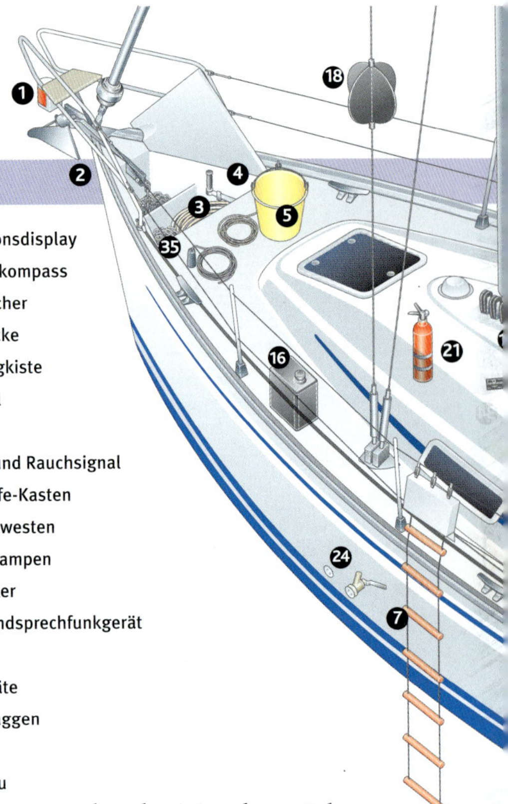

Sicherheitsgrundausstattung

1. Navigationslichter
2. Anker mit Kette
3. Warpankerleine
4. Kurbel für Ankerwinsch
5. Schlagpütz mit Tau
6. Hufeisen-Rettungsring
7. Bordleiter
8. Dieseltank
9. Gasflasche
10. Schlauchboot mit Paddel und Reparaturkasten
11. Radarreflektor
12. Handbilgepumpe
13. Rettungsinsel
14. Fallen
15. Nebelhorn
16. Wassertank
17. Gasdetektor
18. Ankerball
19. Navigationsdisplay
20. Handpeilkompass
21. Feuerlöscher
22. Löschdecke
23. Werkzeugkiste
24. Seeventil
25. Notruder
26. Fackeln und Rauchsignal
27. Erste-Hilfe-Kasten
28. Rettungswesten
29. Taschenlampen
30. Warpanker
31. UKW-Handsprechfunkgerät
32. Notsack
33. Funkgeräte
34. Signalflaggen
35. Handlot
36. Strecktau
37. Wurfleine
38. Winschkurbel

- *Pumpen:* An Bord sollte es eine automatische, im Cockpit eine Hand-Bilgepumpe und unter Deck eine transportable Ersatzpumpe geben.
- *Kommunikations-Ausrüstung:* Die meisten Boote besitzen für die Kontaktaufnahme mit anderen Funkstellen ein UKW-Gerät mit einer Seenottaste, ein Handsprechfunkgerät, ein Mobiltelefon, nach Möglichkeit einen EPIRB-Seenotsender, einen SAR-Radartransponder, ein Nebelhorn, einen Radarreflektor, Fackeln, eine starke Lampe und einen Satz Signalflaggen. Zum Ankern braucht man tagsüber einen Ankerball und nachts ein weißes Rundum-Ankerlicht. Der Motorkegel zeigt anderen Fahrzeugen, dass man trotz gesetzter Segel mit Motor läuft.
- *Alarmsignalgeber:* Geräte zum Messen von Gas und Kohlenmonoxid sollten unter Deck installiert sein.
- *Instrumente:* Echolot, Logge, Radar, GPS und andere Instrumente helfen, die Position und die Wassertiefe zu bestimmen.
- *MOB-Rettungsmittel:* Zu den MOB-Rettungsmitteln gehören eine Markierungsboje mit Flagge, Blinkleuchte und Treibanker oder ein Hufeisen-Rettungsring mit den gleichen Zusatzteilen. Der Rettungsring sollte mit dem Bootsnamen beschriftet sein und Reflexionsstreifen haben. Es gibt viele verschiedene Methoden, eine Person aus dem Wasser an Bord zu holen, wenn ein Kontakt über eine Leine besteht bzw. wenn sie längsseits schwimmt. Vielleicht reicht die Bordleiter,

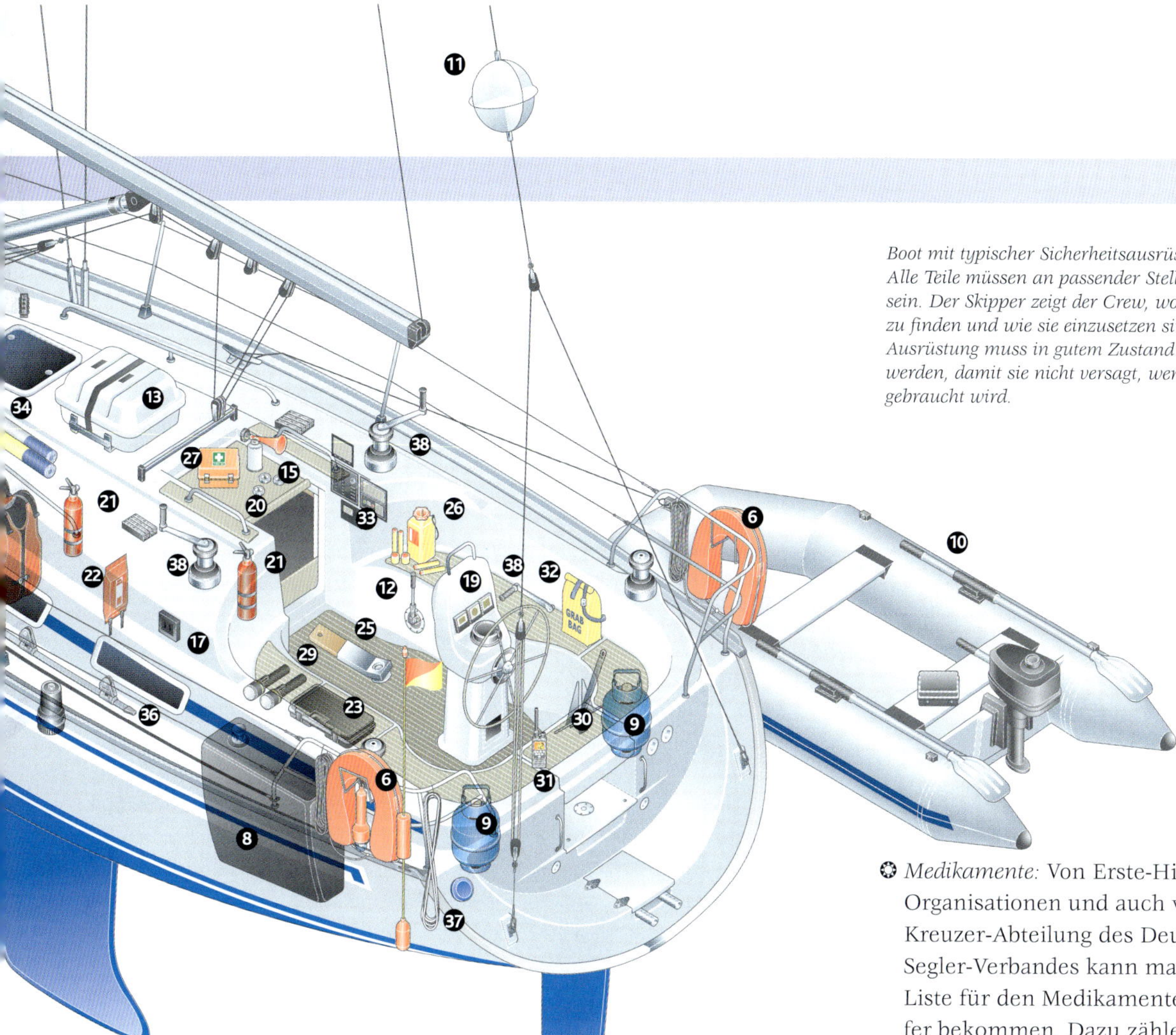

Boot mit typischer Sicherheitsausrüstung. Alle Teile müssen an passender Stelle gestaut sein. Der Skipper zeigt der Crew, wo die Teile zu finden und wie sie einzusetzen sind. Die Ausrüstung muss in gutem Zustand gehalten werden, damit sie nicht versagt, wenn sie gebraucht wird.

ansonsten braucht man zum Bergen der Person eine Rettungsschlinge, ein Segel oder Netz oder ein anderes geeignetes Mittel. Zur Herstellung des Kontaktes zu der Person im Wasser bietet sich eine ca. 30 m lange, am Heck gestaute Bergeleine an, die schnell ausgeworfen werden kann (Lifesling). Fährt man einen Bogen um die Person, treibt die Schlinge im Wasser zur Person hin.

- *Rettungsinsel:* Die Größe der Rettungsinsel ist von der Anzahl der Personen an Bord und dem Einsatzgebiet (Binnengewässer oder offene See) abhängig. Nehmen Sie in die Rettungsinsel den Notbeutel mit u.a. folgenden Dingen mit: Radartransponder, Wärmeschutzfolien, UKW-Handsprechfunkgerät, Fackeln, EPIRB.
- *Feuerlöscher:* Anzahl und Größe der Feuerlöscher sind abhängig von der Größe des Bootes. Es sollte möglich sein, sie über die Vordecksluke, den Niedergang und alle anderen Luken zu greifen. Installieren Sie im Motorraum eine automatische Löschanlage. Deponieren Sie eine Löschdecke in der Nähe des Herdes.
- *Medikamente:* Von Erste-Hilfe-Organisationen und auch von der Kreuzer-Abteilung des Deutschen Segler-Verbandes kann man eine Liste für den Medikamentenkoffer bekommen. Dazu zählen Tabletten gegen Kopfschmerzen, Seekrankheit, Magenverstimmung, Zahnschmerzen etc.
- Weitere Sicherheitsausrüstungen: Sie sollten Werkzeuge für Notsituationen an Bord haben. Dazu zählen: Wantenschneider und Metallbügelsäge, Sturmsegel wie Sturmfock (bei Rollfockanlage am Kutterstag zu setzen) und Trysegel, Hauptanker mit Kette, ein Warpanker mit Tau, ein Treibanker, ein Handlot mit Leine sowie ein Schlauchboot mit Außenborder und Ruderblättern, um die Yacht bei Motorausfall und Windstille zu manövrieren (siehe S. 378).

Kollisionsverhütung

Kollisionsverhütung erfordert Vorsicht und gesunden Menschenverstand. Halten Sie ständig Ausguck und seien Sie immer bereit, Fahrt aus dem Boot zu nehmen, den Kurs zu ändern oder ganz aufzustoppen. Sichern Sie sich ab, bevor Sie eine große Kursänderung vornehmen. Gehen Sie nie davon aus, dass der Skipper auf dem anderen Boot die Ausweichregeln kennt oder gut Ausschau hält.

Regeln bei Fahrt unter Segeln

- »Motorboot weicht Segelboot.« *Das Segelboot muss jedoch dem Motorboot Vorfahrt geben, wenn es nicht ausweichen kann oder wegen Tiefgang eingeschränkt ist.*
- »Überholer muss sich freihalten.« *Das gilt auch, wenn ein Segelboot ein Motorboot überholt.*
- »Steuerbordbug weicht Backbordbug.« *Das auf Backbordbug segelnde Boot muss trotzdem manchmal ausweichen, z.B. wenn das andere Boot auf eine Untiefe zuläuft.*
- »Das luvwärtige Boot muss weichen.« *Haben zwei Boote den Wind von derselben Seite, muss das luvwärtige dem leewärtigen ausweichen. Das bedeutet: Segelt ein Boot auf Backbordbug mit dichtgesetztem Groß, hat es Vorfahrt vor einem ebenfalls auf Backbordbug segelnden Boot mit raumem Kurs.*

Ausweichregeln

A: Das Motorboot weicht dem Segler aus.
B: Der Überholer hält sich von dem vorausfahrenden Fahrzeug gut frei.
C: Der Segler auf Steuerbordbug weicht dem Segler auf Backbordbug aus.
D: Das luvwärtige Fahrzeug muss ausweichen.

Yachten unter Motor
E: Das Fahrzeug, das das andere an Steuerbord hat, darf nicht den Kurs des anderen vor dessen Bug kreuzen (»rechts vor links«).
F: Zwei Fahrzeuge auf Gegenkurs müssen ihren Kurs nach Steuerbord ändern und den anderen an Backbord passieren.

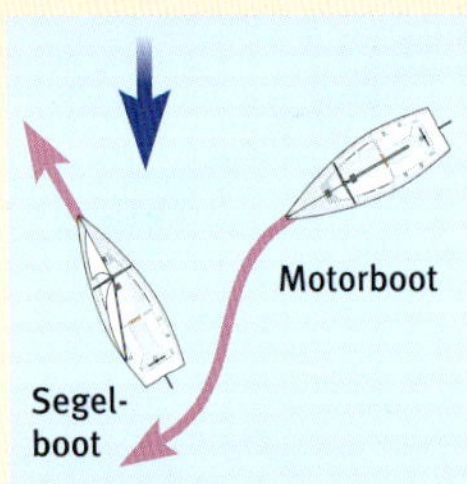

A. Motorboot weicht Segelboot aus

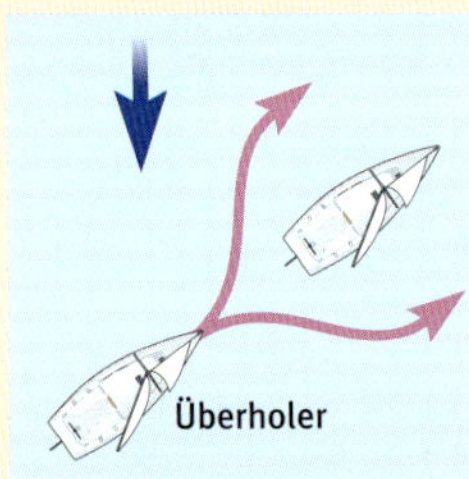

B. Überholer hält sich frei

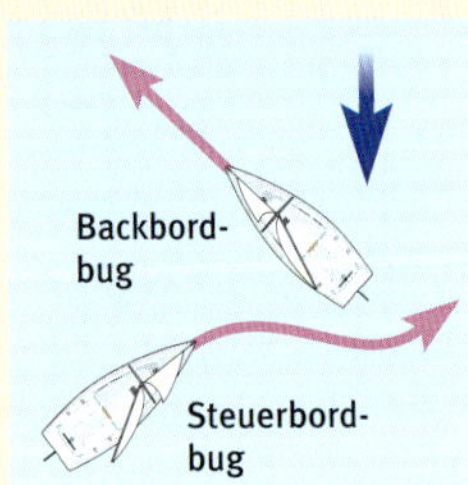

C. Steuerbordbug weicht aus

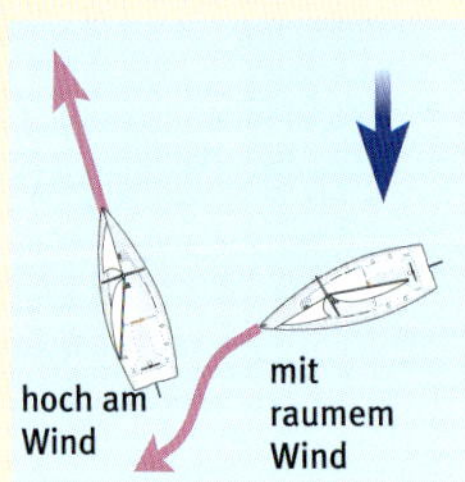

D. Luvwärtiges Boot weicht aus

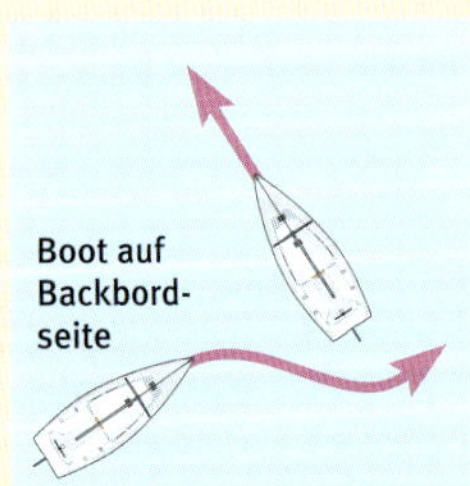

E. Boot auf Backbordseite weicht aus

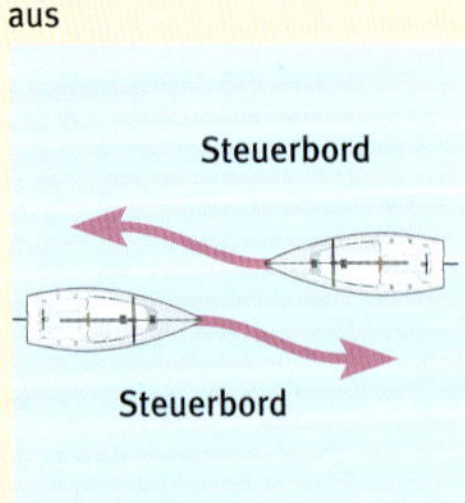

F. Beide weichen nach Steuerbord aus

Regeln bei Fahrt mit Motor

- Fahren Sie in einem engen Fahrwasser möglichst nahe am äußeren Rand. *Es gilt für das Ein- und Auslaufen das Rechtsfahrgebot.*
- Fahren zwei Boote mit Kollisionskurs aufeinander zu, muss jedes nach Steuerbord ausweichen. *Leiten Sie rechtzeitig und deutlich Ihre Kursänderung nach Steuerbord ein, damit der andere Ihre Absicht erkennt.*
- Nähern sich zwei Boote auf Kollisionskurs, muss dasjenige ausweichen, welches das andere an Steuerbord hat. *Das heißt: Sehen Sie die Backbordseite des anderen Bootes bzw. bei Nacht die rote Backbordlaterne, sind Sie ausweichpflichtig. Einfach gesagt: Bei Rot ausweichen, bei Grün Kurs halten.*

AIS

Mit AIS (Automatic Identification System) werden Daten wie Position, Kurs, und Geschwindigkeit zwischen Schiffen gesendet und empfangen.

Das Raymarine AIS650 ist ein Class-B-Tranceiver, der die eigenen AIS-Daten aussendet und AIS-Daten anderer Schiffe empfängt, die auf dem Kartenplotter angezeigt werden können.

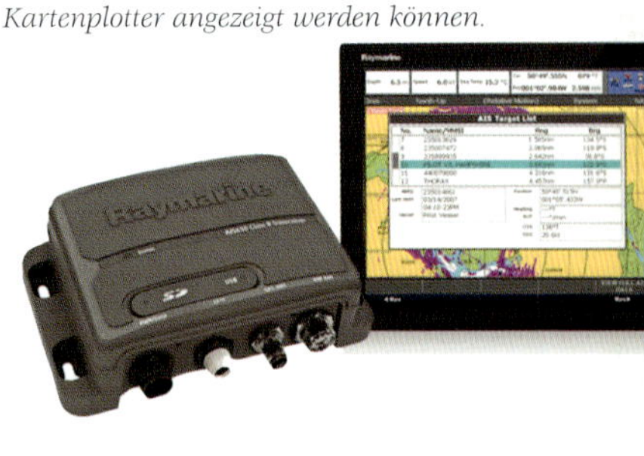

AIS ist auf Schiffen über 300 Tonnen (Bruttoraumzahl) vorgeschrieben. Auf Yachten ist es ein wirksames Mittel zur Kollisionsverhütung. Man unterscheidet reine AIS-Empfänger und Class-B-Geräte, die neben dem Empfang auch eigene Daten aussenden.

Regeln des gesunden Menschenverstandes

- Es liegt einzig in Ihrer Verantwortung,eine Kollision zu vermeiden. Halten Sie ständig Ausschau und beachten Sie immer die Ausweich- und Fahrregeln.
- Fahren Sie mit der Geschwindigkeit, die die Umstände erlauben. Fahren Sie beispielsweise langsam durch ein Gebiet mit ankernden Yachten.
- Wenn Sie ausweichpflichtig sind, sollten Sie die entsprechenden Manöver rechtzeitig und deutlich einleiten.
- Sind Sie Kurshalter, müssen Kurs und Geschwindigkeit eingehalten werden. Sie sollten aber auf entsprechende Manöver vorbereitet sein, wenn das andere Boot falsch reagiert.
- Nähern sich zwei Boote bei stehen der Peilung einander an, ist die Wahrscheinlichkeit groß, dass sie kollidieren. Kontrollieren Sie die Peilung mit einem Handpeilkompass und ändern Sie notfalls Ihren Kurs.

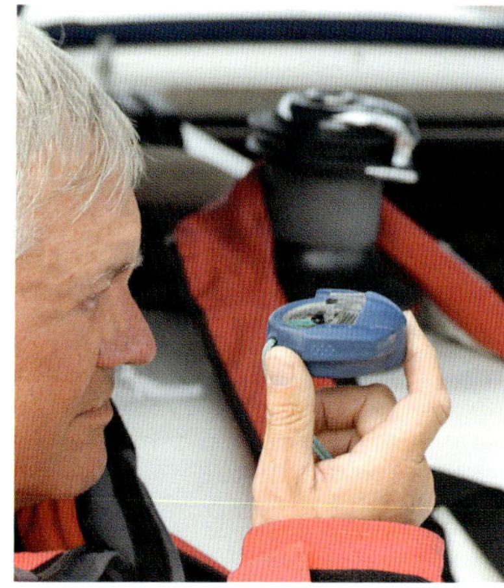

Die Gefahr einer Kollision besteht, wenn die Peilung zu dem Schiff sich nicht ändert bzw. wenn die Peilung zwischen dem Schiff und einem Objekt an Land nicht auswandert und die Distanz abnimmt.

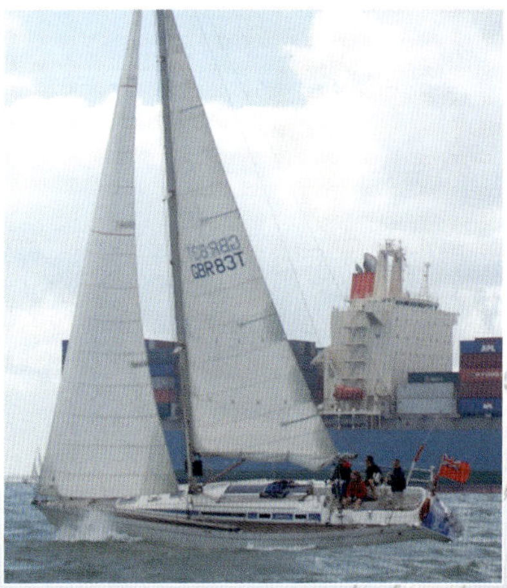

Halten Sie nach Schiffen Ausschau. In einer Seeschifffahrtsstraße kann sich ein Schiff viel schneller nähern, als man denkt (links).

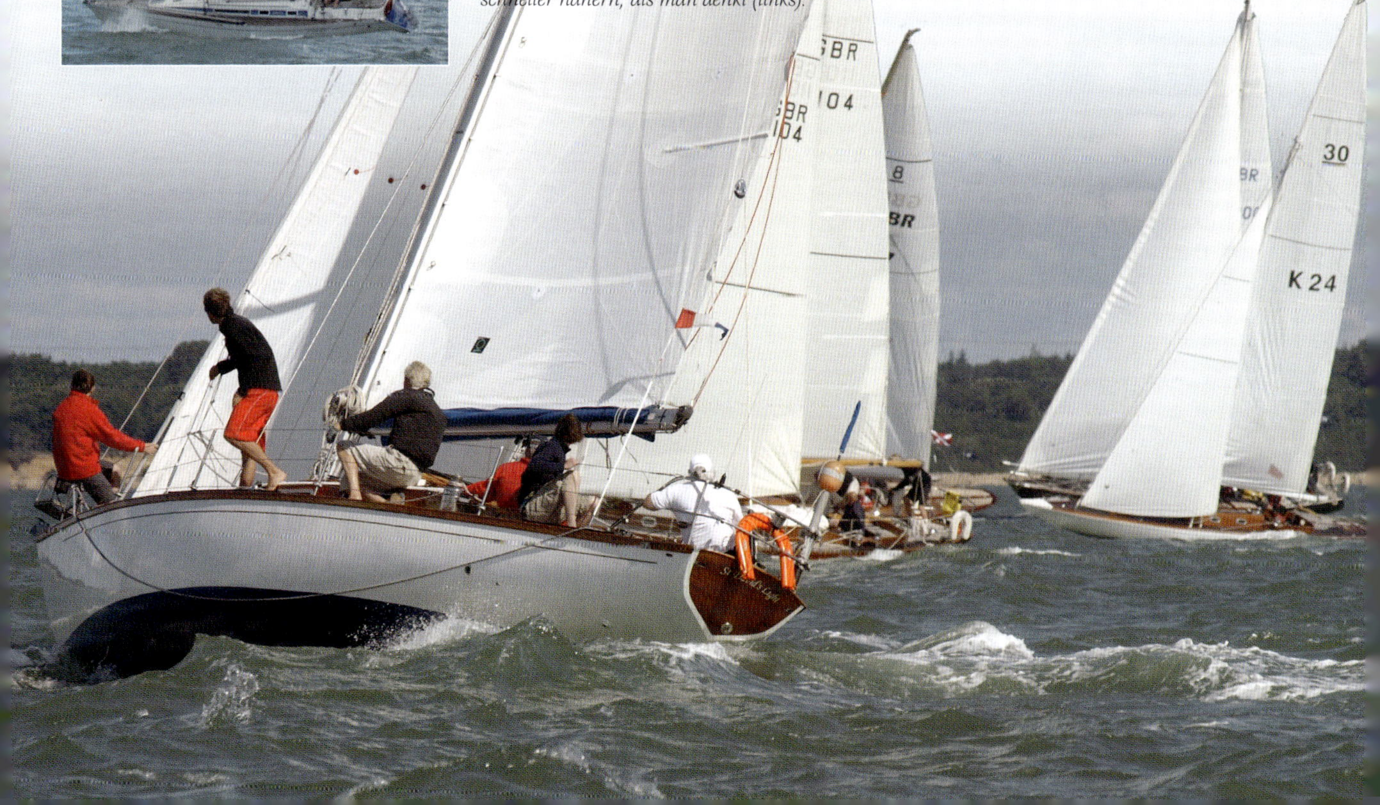

In stark befahrenen Seegebieten oder beliebten Segelrevieren wie dem Solent, wo regelmäßig Wettfahrten stattfinden, muss man gut Ausguck halten.

Kollisionsverhütung (2)

Tagsignalkörper

Schwarze Signalkörper sind Tagsignale, die spezielle Informationen über das Fahrzeug vermitteln.

- Ein mit Motor und Segel fahrendes Segelfahrzeug setzt vor dem Mast einen Kegel mit der Spitze nach unten.

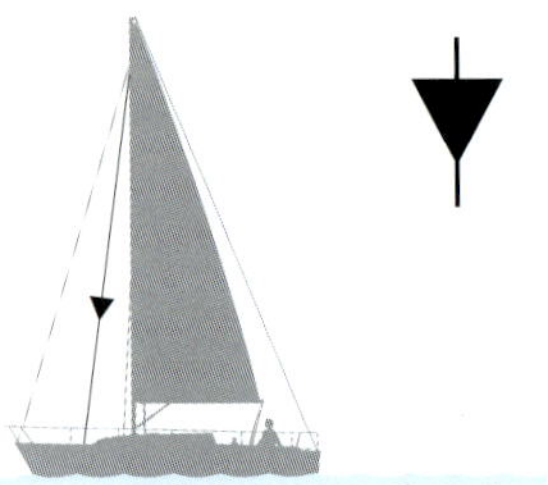

- Ein vor dem Mast gesetzter Ball signalisiert, dass das Fahrzeug ankert.

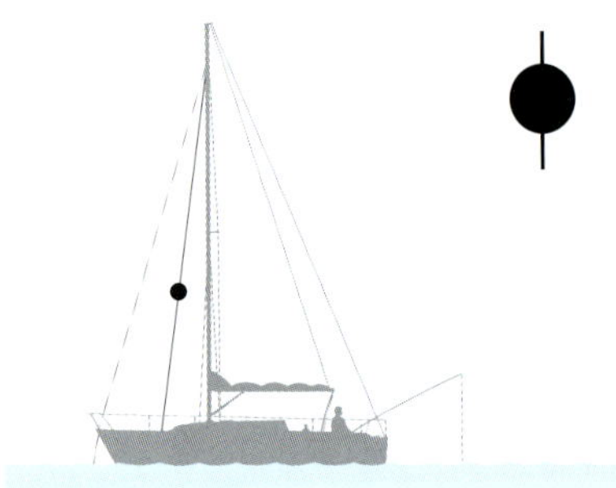

- Ein Trawler mit Schleppnetz setzt zwei Kegel übereinander mit den Spitzen zueinander. Ein zusätzlicher Kegel mit Spitze nach oben wird gesetzt, wenn das ausgebrachte Fanggerät mehr als 150 m ins Wasser reicht.

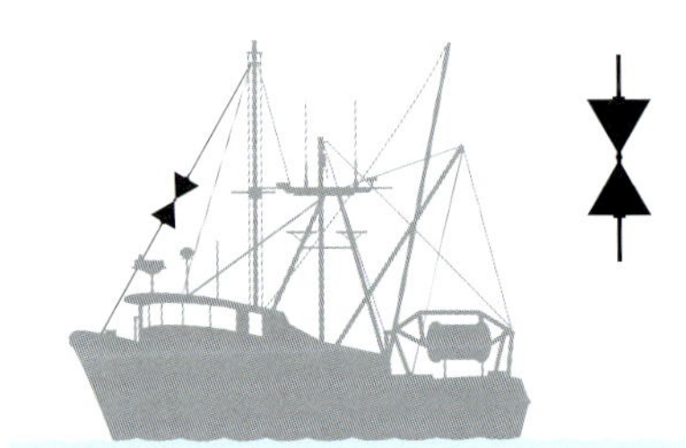

- Ein Schiff mit Zylinder ist ein tiefgangbehindertes Fahrzeug.

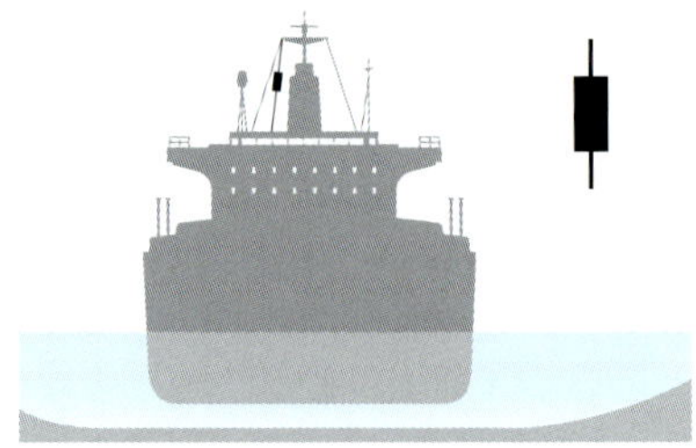

- Ball-Rhombus-Ball signalisiert, dass das Fahrzeug manövrierbehindert, aber in Fahrt ist.

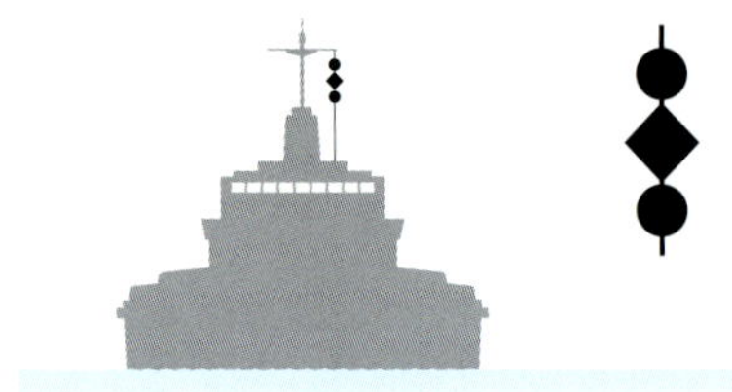

- Zwei Bälle sagen, dass das Fahrzeug manövrierunfähig ist und keine Fahrt macht.

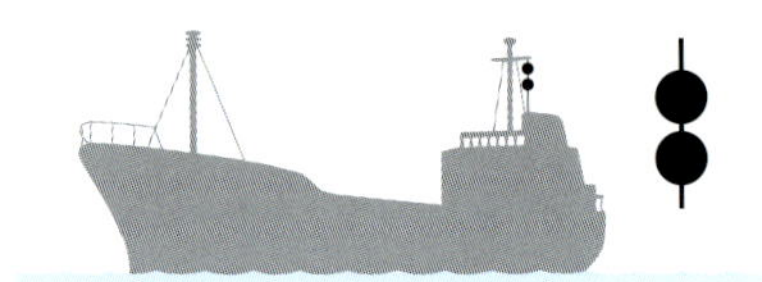

- Drei Bälle werden gesetzt, wenn das Schiff auf Grund sitzt. Drei in Form eines Dreiecks gesetzte Bälle setzt ein Minensucher im Einsatz.

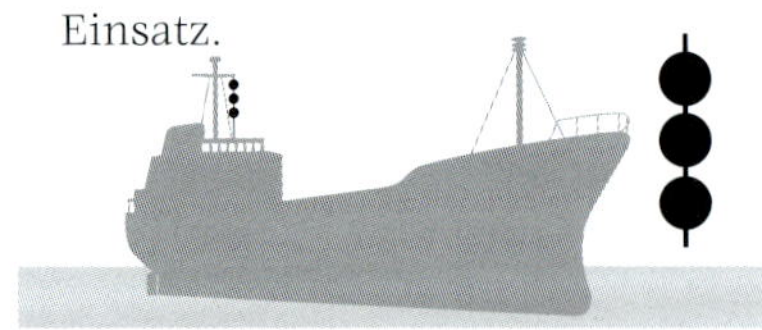

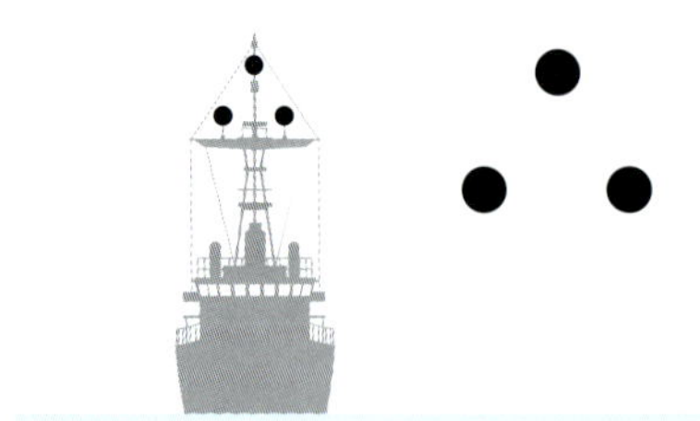

- Ein Rhombus auf dem Vorschiff eines Schleppers zeigt, dass der Schleppverband kürzer als 200 m ist. Beträgt seine Länge 200 m oder mehr, sind weitere Rhomben auf den Anhängen.

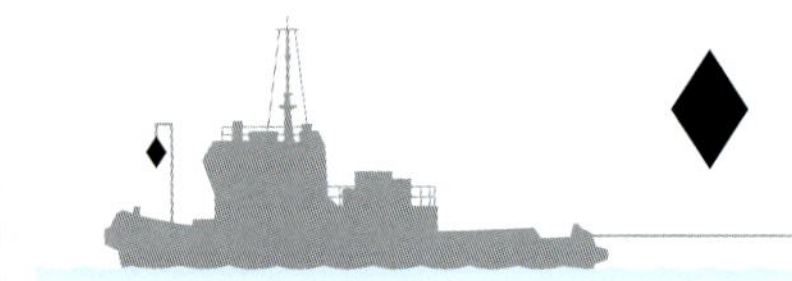

Vorsicht, Taucher!

- Der blau-weiße Wimpel (Signalflagge »A«) signalisiert, dass Taucher im Einsatz sind.

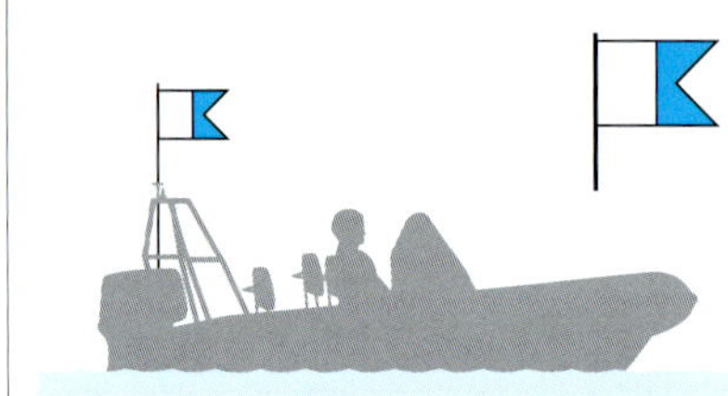

Schallsignale

Schallsignale können mit einem Nebelhorn, einer Glocke oder einem Gong erzeugt werden. Sie sind bei schlechter Sicht unverzichtbar.

■■■■ ■ ■ Signal eines Segelbootes mit über 12 m Länge in Fahrt, mind. alle 2 Min. Auch das Signal von manövrierunfähigen, -behinderten, fischenden und schleppenden Fahrzeugen.

■■■■ Boote unter 12 m Länge geben mind. alle 2 Min. irgendein Schallsignal.

Jede Min. ein rasches Läuten von 5 s signalisiert, dass das Fahrzeug vor Anker liegt (< 100 m).

Jede Min. 3 Glockenschläge, anschließendes rasches Läuten und wiederum 3 Glockenschläge bedeuten, dass das Fahrzeug auf Grund sitzt. Das Signal wird jede Minute wiederholt.

■■ Alle 2 Min. ein langer Ton bedeutet, dass ein mit Motor angetriebenes Fahrzeug Fahrt durchs Wasser macht.
Schallsignale werden auch bei guter Sicht zur Ankündigung von Vorhaben eingesetzt. Große Schiffe, die nicht schnell aufstoppen oder den Kurs ändern können, nutzen diese Möglichkeit, um das kleineren Fahrzeugen mitzuteilen.

»Kurzer Ton« ■ ist ein Ton von etwa 1 Sekunde Dauer.
»Langer Ton« ■■ ist ein Ton von etwa 4 Sekunden Dauer.
■ Ich ändere Kurs nach Steuerbord.
■ ■ Ich ändere Kurs nach Backbord.
■ ■ ■ Meine Maschine dreht rückwärts.
■■ ■■ ■ Ich will an Ihrer Stb-Seite überholen.
■■ ■■ ■ ■ Ich will an Ihrer Bb-Seite überholen.
■■ ■■ ■■ ■■ ■ »Weckruf«, um einen Zusammenstoß zu vermeiden
■■■■ Achtungssignal (an unübersichtlicher Stelle)
■ ■■ Bleib-weg-Signal
■■ ■ ■ ■ ■ Allgemeines Gefahr- und Warnsignal

Internationales Flaggenalphabet

A: Habe Taucher unten
ALPHA
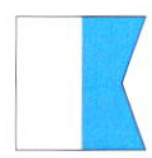

B: Gefährliche Güter geladen
BRAVO
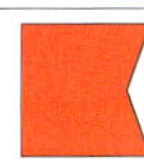

C: Ja (für vorangegangene Signale)
CHARLIE
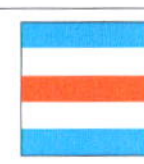

D: Schwieriges Manöver, Abstand halten
DELTA
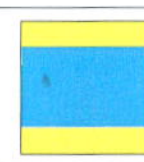

E: Kursänderung nach Steuerbord
ECHO
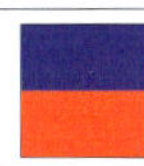

F: Bin manövrierunfähig
FOXTROT

G: Benötige Lotsen/Hole Netze ein
GOLF
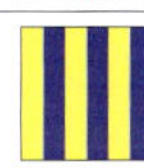

H: Habe Lotsen an Bord
HOTEL
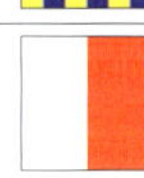

I: Kursänderung nach Backbord
INDIA
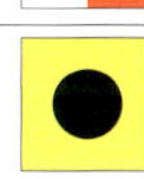

J: Feuer an Bord u. gefährliche Ladung
JULIET
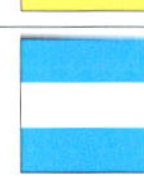

K: Möchte in Verbindung treten
KILO
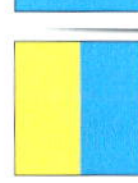

L: Sofort stoppen
LIMA

M: Habe Maschine gestoppt
MIKE
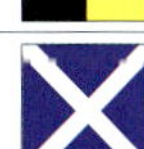

N: Nein (für vorangegangene Signale)
NOVEMBER
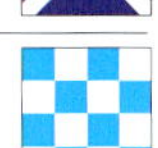

O: Mann über Bord
OSCAR
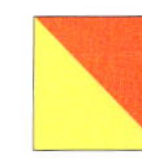

P: Schiff läuft aus/Netze haken
PAPA
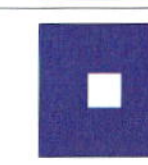

Q: Alles gesund, bitte um freie Verkehrserlaubnis
QUEBEC
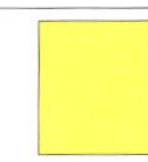

R: Kurs ist klar
ROMEO
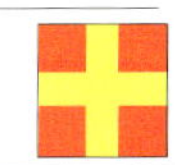

S: Meine Maschine geht rückwärts
SIERRA
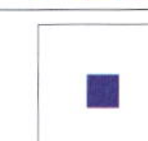

T: Abstand halten, beim Gespannfischen
TANGO
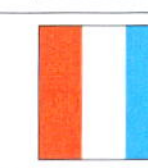

U: Sie begeben sich in Gefahr
UNIFORM
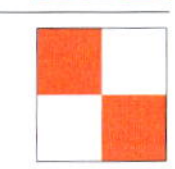

V: Ich benötige Hilfe
VICTOR
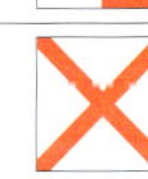

W: Ich benötige ärztliche Hilfe
WHISKEY
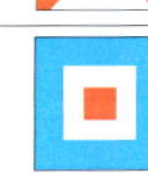

X: Manöver stoppen, Signale abwarten
X-RAY
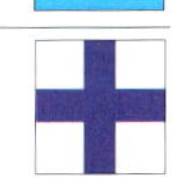

Y: Treibe vor Anker
YANKEE
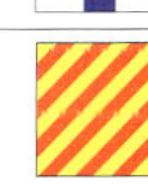

Z: Benötige Schlepper/Setze gerade Netze
ZULU
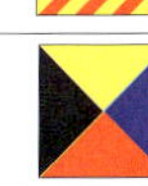

N/C: Bin in Seenot, benötige sofortige Hilfe
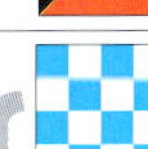
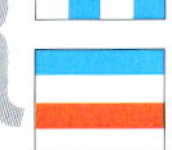

Kollisionsverhütung (3)

Freihalten von Schiffen

- Besteht die Absicht, den Kurs zu ändern, sollte man das ankündigen – insbesondere, wenn eine Kursänderung nicht notwendig erscheint.
- Fahren Sie möglichst nahe am Rand eines stark befahrenen Fahrwassers oder am Rande des Tiefwasserbereichs.
- Wenn Sie ein Verkehrstrennungsgebiet (VTG) queren, muss dies möglichst mit der Kielrichtung im rechten Winkel zur allgemeinen Verkehrsrichtung erfolgen. Achten Sie darauf, dass die Großschifffahrt Vorfahrt hat.
- Besteht in dem VTG Kollisionsgefahr mit einem Berufsschiff, muss das Sportfahrzeug einen Parallelkurs zum Schiff steuern. Halten Sie Kurs, wenn es bereits eine Kursänderung vorgenommen hat, umIhrBootamHeckzupassieren.
- Da Großschiffe darauf angewiesen sind, kleine Boote per Radar zu orten, sollten Sie einen geeigneten Radarreflektor haben, der fest oberhalb der Salinge montiert ist.
- Navigationslichter auf kleinen Segelbooten sind in der Nacht nicht gut auszumachen. Leuchten Sie die Segel mit einem starken Handscheinwerfer an.

Sichtzeichen bei Nacht

Für die unterschiedlichen Fahrzeuge gibt es unterschiedliche Sichtzeichen. Die Navigationslichter zeigen, welche Seite dem Betrachter zugewandt ist. Andere Lichter signalisieren, was das Fahrzeug macht und in welche Richtung es läuft. Die meisten Darstellungen zeigen die Backbordseite der Fahrzeuge.

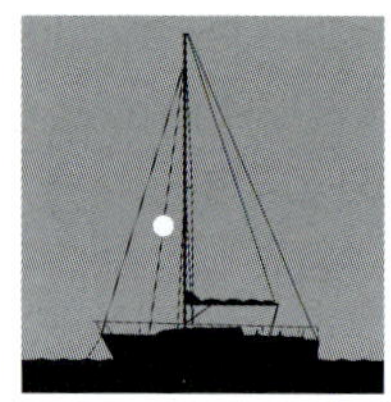

Vor Anker

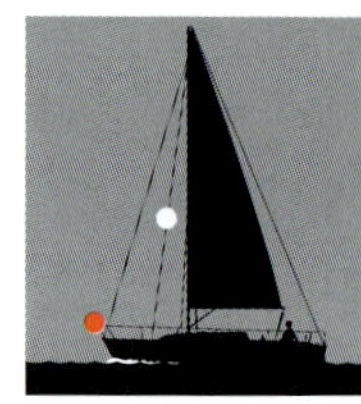

Mit Maschine

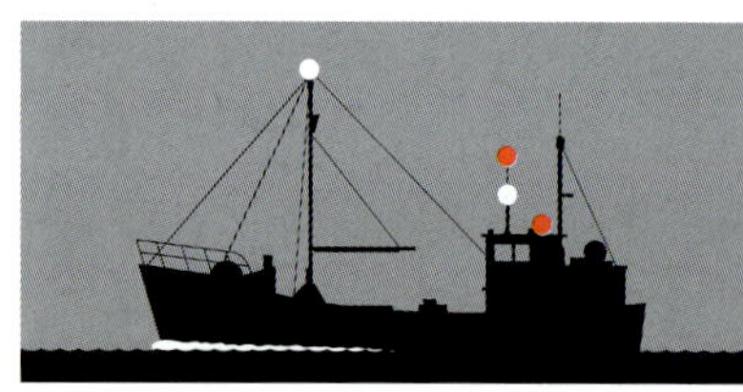

Fischerboot

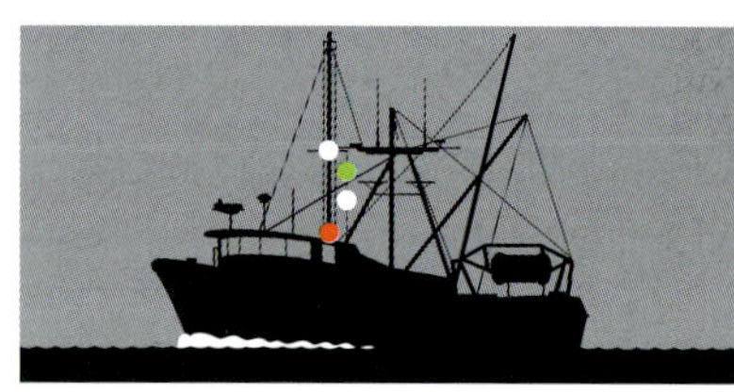

Trawler

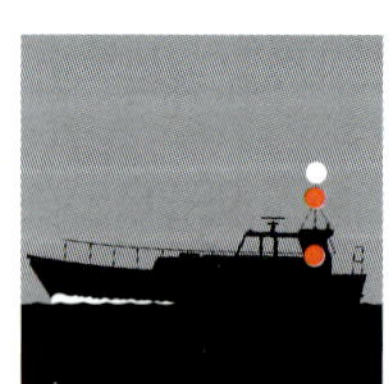

Lotse

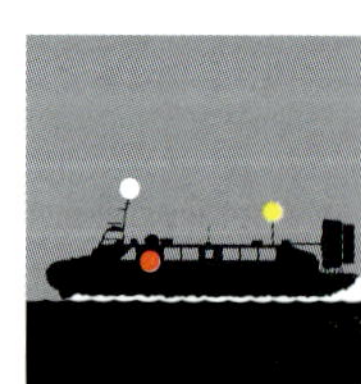

Hovercraft

Navigationslichter

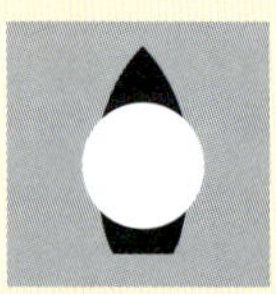

- Ein kleines Fahrzeug bis 7 m Länge zeigt in der Nacht ein weißes Rundumlicht. Ist es schneller als 7 kn, braucht es zusätzlich Seitenlichter.

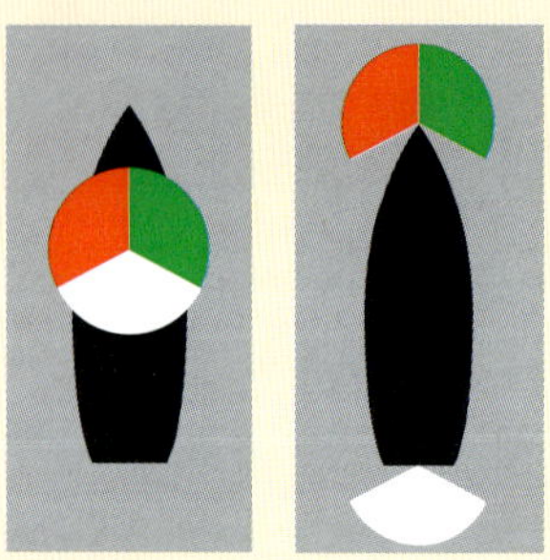

- Eine Yacht von 7–20 m Länge braucht ein rotes Backbord-, ein grünes Steuerbord- und ein weißes Hecklicht. Sie können in einer Dreifarbenlaterne in der Mastspitze zusammengefasst werden. Wird mit Motor gefahren, muss zusätzlich ein weißes Rundumlicht eingeschaltet werden, das in der Regel auf Zweidrittel der Masthöhe angebracht ist.

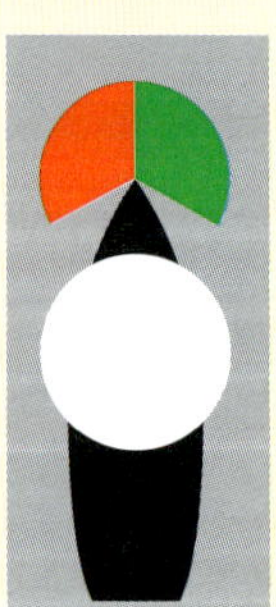

- Ein Motorboot unter 7 m Länge hat ein Backbord-, ein Steuerbord- und ein weißes, höher angebrachtes Rundumlicht, das gleichzeitig als Hecklicht dient.

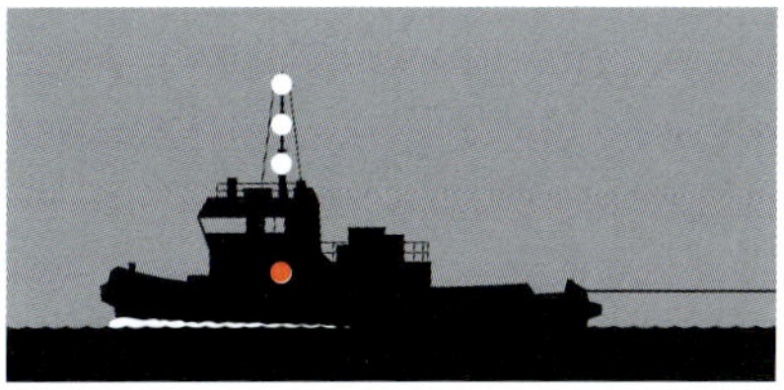

Schlepper

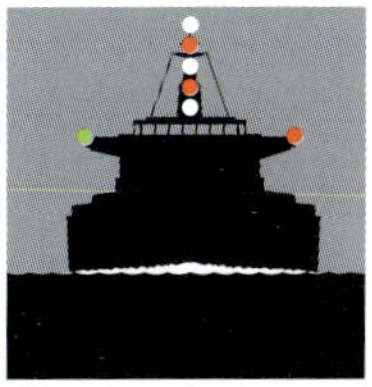

Manövrierbehindertes Fahrzeug

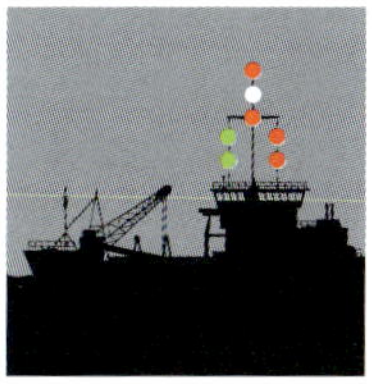

Bagger

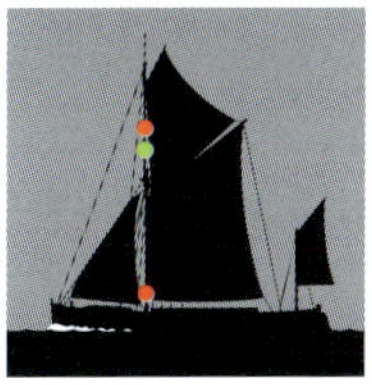

Großes Segelboot

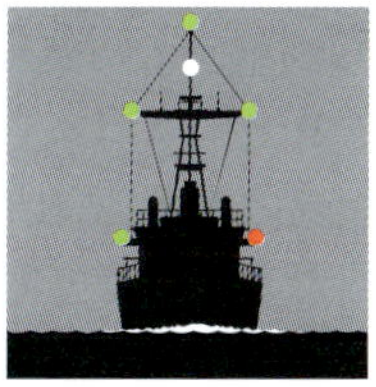

Minensucher

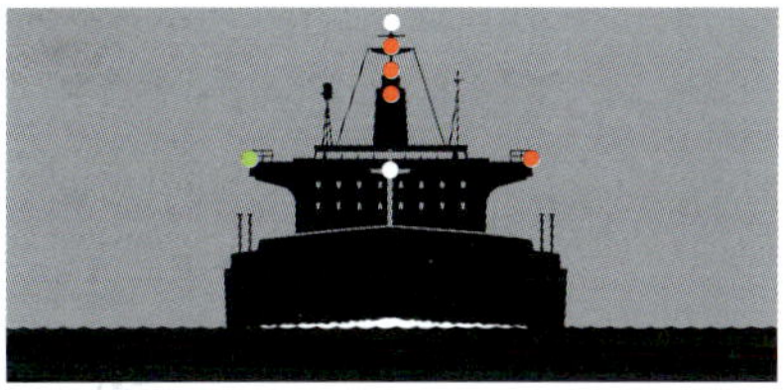

Tiefgangbehindertes Fahrzeug

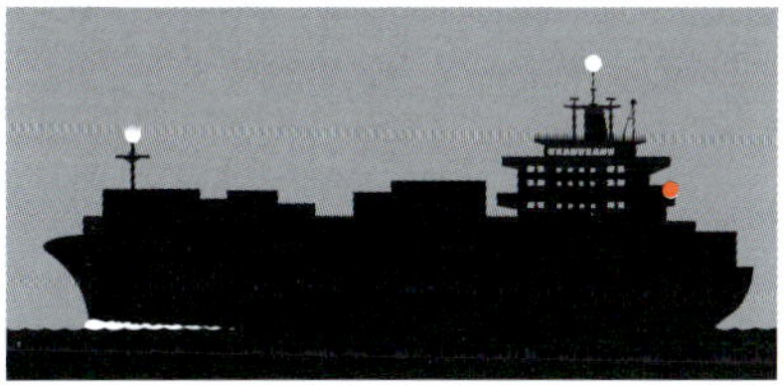

Schiff über 50 m Länge

Sektorenfeuer

Das Feuer dieses Leuchtturms ist in drei Sektoren aufgeteilt. Weiß leuchtet den sicheren Annäherungsbereich aus. Rot zeigt, dass der Kurs zu weit an Backbord, Grün, dass er zu weit an Steuerbord liegt.

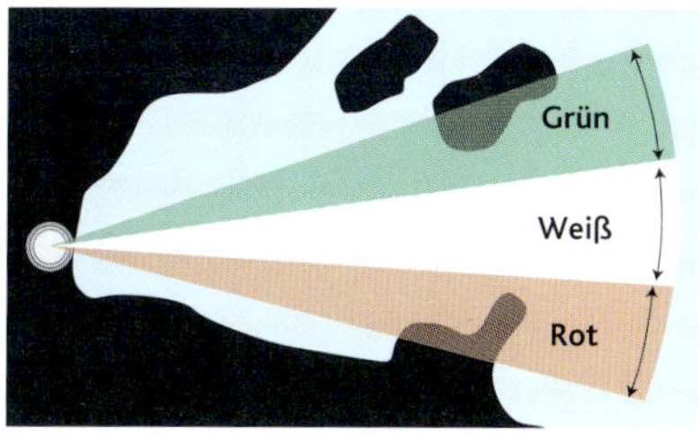

Kardinaltonnen

Nordquadrant: Mit zwei schwarzen Kegeln – Spitzen nach oben – weißes schnelles Funkelfeuer (SFkl.) oder Funkelfeuer (Fkl.).
Ostquadrant: Mit zwei schwarzen Kegeln – Spitzen voneinander weg – weißes SFkl.(3) oder Fkl.(3) (d.h. mit Gruppen von 3 Blitzen).
Südquadrant: Mit zwei schwarzen Kegeln – Spitzen nach unten – weißes SFkl.(6) + LFl. oder Fkl.(6) + LFl. (d.h. mit zusätzlich einem Blink).
Westquadrant: Mit zwei schwarzen Kegeln – Spitzen zueinander – weißes SFkl.(9) oder Fkl.(9).

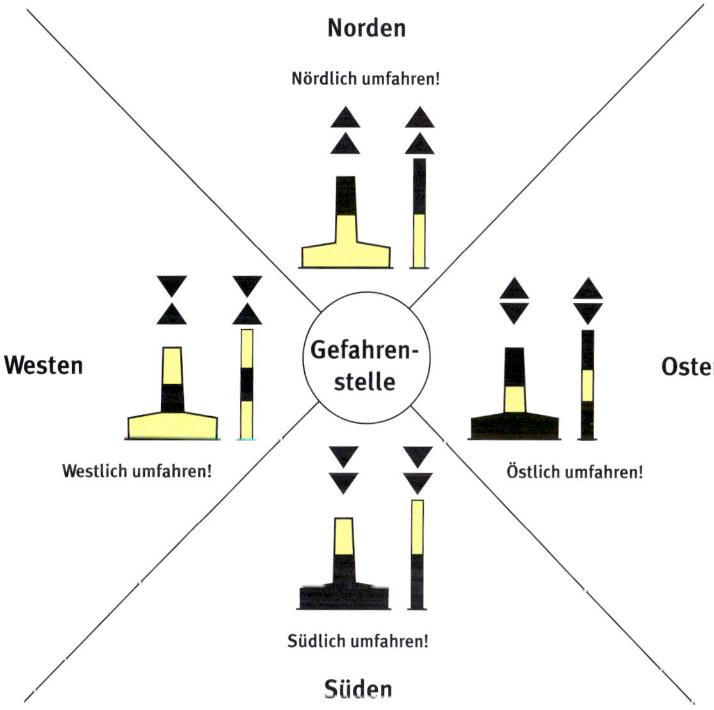

Weitere Tonnen

1. Einzelgefahr-Zeichen
2. Mitte-Fahrwasser-Zeichen (auch Ansteuerungstonne)
3. Sonderzeichen, siehe auch S. 268/269.

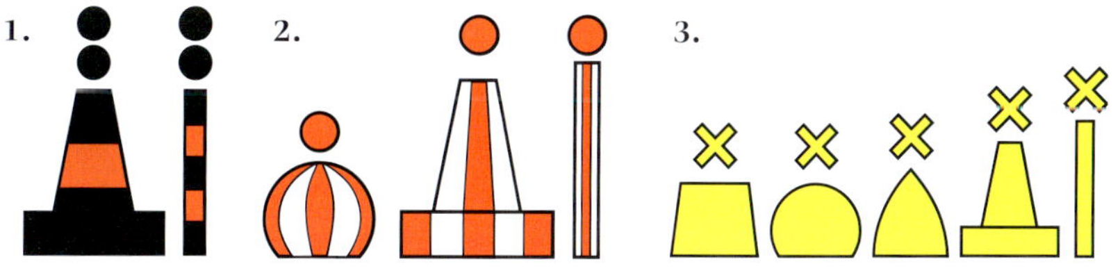

Notsituationen

Üben Sie so häufig wie möglich den Ablauf einer Notsituation, insbesondere das MOB-Manöver. Trainieren Sie ebenso, ohne Ruder zu segeln und auf engstem Raum ohne Motor zu manövrieren. Weisen Sie jedes Crewmitglied in jeden Aspekt der Rettungsaktion ein, damit es sich in realer Situation mitverantwortlich fühlt.

Tipp

Fällt die Steuerung aus oder ist der Propeller blockiert, versuchen Sie, die Yacht mithilfe des Beiboots in den Hafen zurückzubringen. Binden Sie es längsseits und schieben Sie mit dem Außenborder.

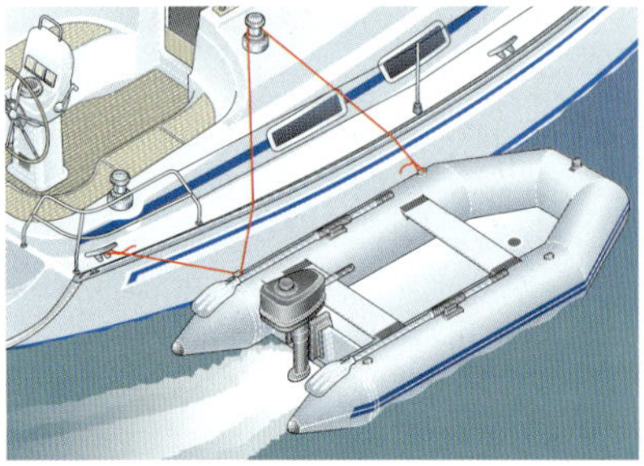

Ist der Motor ausgefallen, kann man mit Beiboot und Außenborder das Boot bewegen.

Mensch über Bord

Das Wichtigste ist, sofort den Bug in den Wind zu drehen, um das Boot zu stoppen, und beizudrehen. Das Ziel muss sein, die Person so schnell wie möglich aus dem Wasser zu bergen. Jedes Crewmitglied sollte den Motor anlassen, die Segel bergen und mit dem Motor zu der Person im Wasser zurückfahren können. Üben Sie den Ablauf bei allen Wetterlagen und Seegangsbedingungen mit einem Fender, der an eine Pütz (Eimer) geknotet wird.

Auf Grund gelaufen

Sitzt das Boot auf dem Grund fest, sollte die Crew das Boot so weit krängen, dass man mit dem Motor ausreichend rückwärtsfahren kann, um freizukommen. Legen Sie mit dem Beiboot einen Warpanker aus und versuchen Sie, sich mit einer Winsch aus der Situation herauszuziehen. Rührt sich nichts, muss man – in Gezeitengewässern – auf die nächste Tide warten oder sich um eine Schlepphilfe kümmern. Bringen Sie den Hauptanker aus, damit das Boot nicht noch weiter auf die Untiefe treibt. Fällt die Tide, müssen Sie dafür sorgen, dass sich der Rumpf an einem Hang unter Wasser anlehnt oder im Notfall mit Kissen und Segelsäcken abgestützt wird. Ansonsten kann das Boot bei steigen der Tide volllaufen.

Sitzt man am Grund fest, kann man bei leichtem Wind versuchen, das Boot wie gezeigt zu krängen und rückwärtszumotoren.

Leine im Propeller

Lassen Sie nie bei drehendem Propeller eine Leine über die Seite hinunter. In solch einem Fall oder wenn unglücklicherweise alte Fischernetze oder -leinen in den Propeller geraten, wird der Motor abgewürgt. Kann man diese Teile nicht von Deck aus abschneiden, muss man ins Wasser und tauchen. Das geht aber nur bei ruhiger See

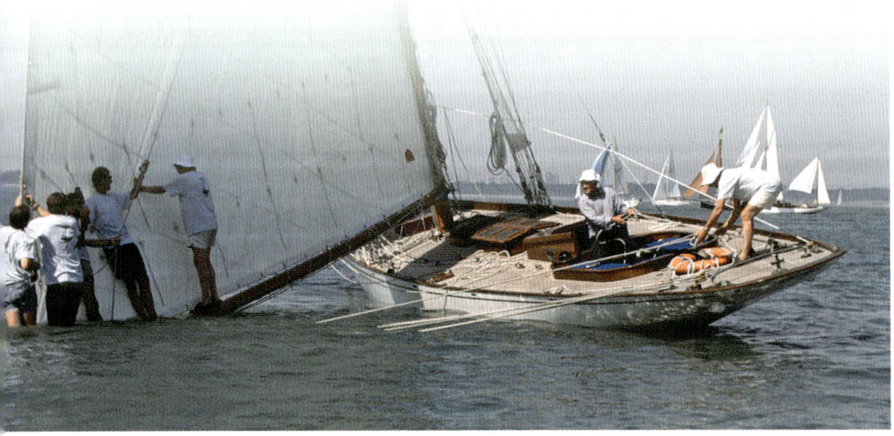

Hat man das Boot so zu der Person im Wasser manövriert, dass sie sich längsseits befindet, kann man ihr helfen, wieder an Deck zu kommen.

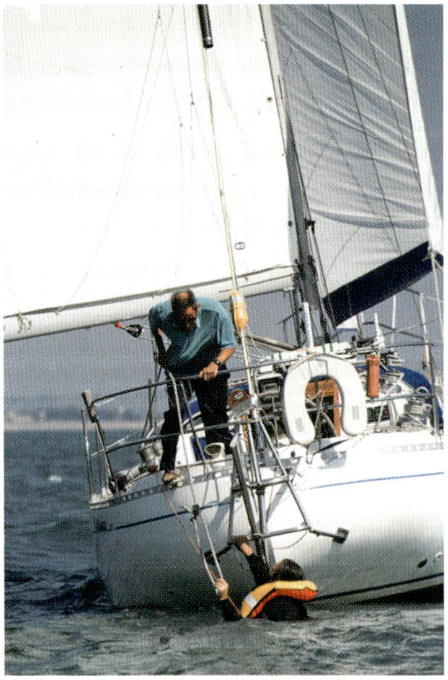

und abgezogenem Zündschlüssel. Ziehen Sie nach Möglichkeit einen Taucheranzug über und nutzen Sie eine Taucherbrille mit Schnorchel. Schneiden Sie mit einem scharfen Messer die Leine vom Propeller ab.

Verlust der Steuerfähigkeit

Zur Sicherheitsausrüstung gehört – egal, ob die Steuerseile gerissen sind oder die Pinne gebrochen ist – eine Ersatzpinne. Ist das Ruder abgefallen, muss man ein Ersatzruder erfinden. Dafür schraubt man ein Brett – beispielsweise von einer Backskiste – an den Spinnakerbaum. Mit den Leinen zwischen den Fockwinschen und der Spinnakernock kann man das Boot steuern. Eine andere Möglichkeit ist, den Spibaum quer am Heck zu befestigen und durch die Enden Leinen zu stecken, mit denen man die Position der nachgeschleppten Pütz nach Backbord oder Steuerbord verschiebt und so steuert.

Man kann auch mit den Segeln steuern. Verringert man den Druck aufs Vorsegel, luvt das Boot an. Macht man das Gleiche beim Groß, fällt das Boot ab.

Loch im Rumpf oder Deck

Stellen Sie sich vor, Wasser kommt durch ein vom Rumpf abgebrochenes Teil, durch ein Loch oder einen gebrochenen oder abgefallenen Schlauch ins Boot.Ist es nur ein kleines Loch, kann man es mit einem konischen Holzpfropfen abdichten.

Ist das Loch größer und unter der Wasserlinie, muss das schnell gehen. Legen Sie ein Kissen und ein Bodenbrett über das Loch und keilen Sie die Teile mit Holzlatten fest. Lenzen Sie das Boot mit allen verfügbaren Pumpen. So sollten Sie einen sicheren Hafen anlaufen können. Läuft das Boot aber schneller voll, als Sie es lenzen können, müssen Sie es aufgeben. Eine letzte Möglichkeit wäre, ein Segel außen fest um den Rumpf zu legen, um den Wasserdruck zu minimieren.

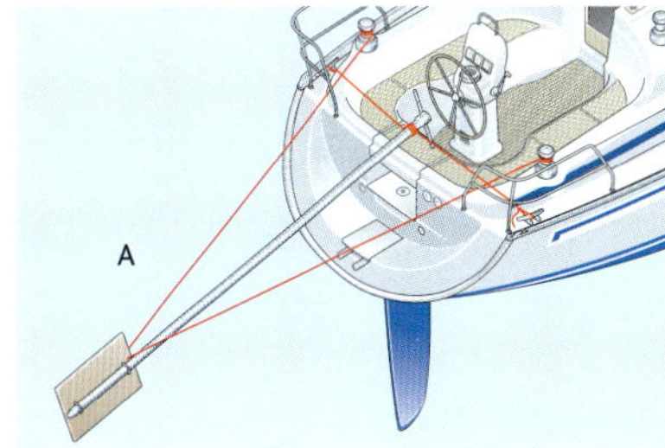

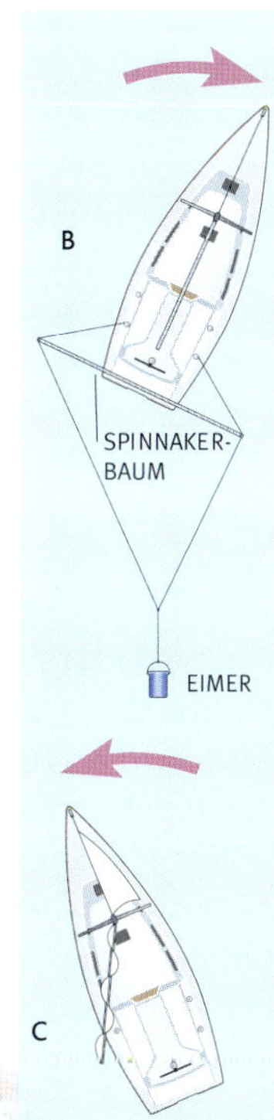

(A) Bodenbrett als Ruder.

(B) Spinnakerbaum quer am Heck. Man kann durch Verschieben der nachgeschleppten Pütz steuern.

(C) Steuern durch Einstellen der Segel (oben und rechts).

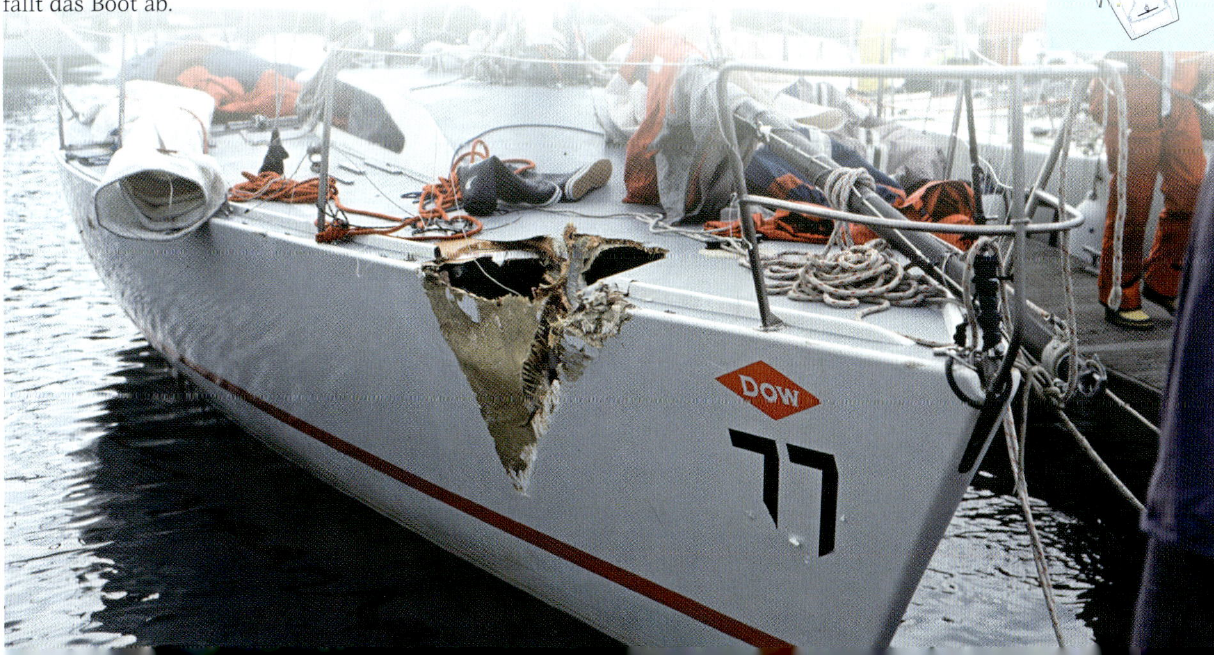

Kommt Wasser durch ein Loch in den Rumpf, muss man versuchen, es dichtzustopfen oder mit Pumpen und Eimern zu lenzen. Ansonsten muss man sich auf das Verlassen des Bootes vorbereiten (unten).

Notsituationen (2)

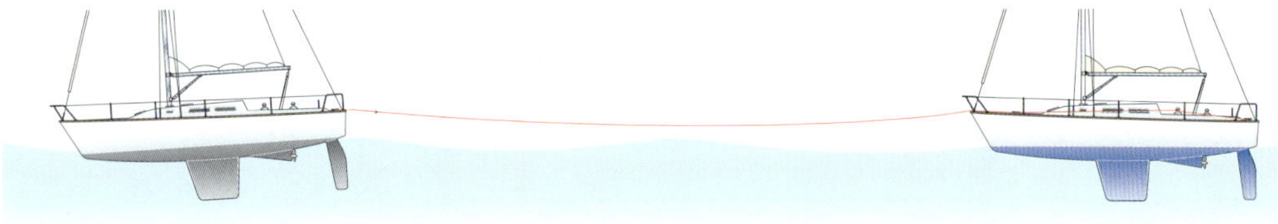

Eine Schleppleine sollte möglichst lang und elastisch sein – und gehen Sie behutsam vor.

Entmastung

Trifft Sie das Schicksal, dass Ihr Schiff auf See entmastet wird, ist es das Wichtigste, Segel und Rigg so schnell wie möglich zu bergen, das Zerren und Reißen zu reduzieren und weitere Schäden zu vermeiden. Lösen Sie die Wantenspanner durch Lösen der Splinte oder kappen Sie die Wanten mit einem Wantenschneider oder einer Bügelsäge. Retten Sie möglichst viele Teile des Riggs und der Segel für ein Ersatzrigg. Starten Sie den Motor erst, wenn alle Leinen an Deck sind.

Schleppen

Wenn Sie eine Schleppleine von einem anderen Boot annehmen, sind Sie ein Bergungsfall. Da das teuer werden kann, sollten Sie sich gründlich überlegen, ob Sie die Hilfe wirklich in Anspruch nehmen wollen.

Schleppen kann enorme Zugkräfte verursachen – sowohl bei dem Schlepper als auch beim Geschleppten. Belegen Sie die Schleppleine auf den stabilsten Punkten – eventuell sogar über eine Hahnepot auf den Winschen am Cockpit. Sorgen Sie dafür, dass die Leine sehr schnell gelöst werden kann, wenn beispielsweise zu schnell geschleppt wird und die Gefahr besteht, querzuschlagen.

Feuer an Bord

Geraten Sie bei Feuer an Bord nicht in Panik. Drehen Sie die Gasflasche zu und greifen Sie zu den Feuerlöschern. Steht der Gasherd unter Flammen, ersticken Sie sie mit dem Feuerlöschtuch. Können Sie das Feuer nicht löschen, müssen Sie sich auf das Verlassen des Bootes vorbereiten und über UKW um Hilfe bitten.

Nebel oder Schwerwetter

Instruieren Sie alle Crewmitglieder, dass die Rettungswesten bei Nebel, schlechter Sicht, Schwerwetter, in der Nacht und bei ähnlich kritischen Situationen zu tragen sind. Crewmitglieder, die bei Schwerwetter oder gefährlichen Situationen auf dem Deck sind, müssen sich im Strecktau einhaken. Wer im Cockpit sitzt, kann sich mit den U-Bolzen sichern.

Seeschifffahrtsstraße

Geraten Sie mitten in einer Seeschifffahrtsstraße in eine Flaute, sind Sie trotzdem verpflichtet, sie so schnell wie möglich zu verlassen. Springt der Yachtmotor nicht an, sollten Sie den Außenborder des längsseits gebundenen Beibootes benutzen und das Fahrwasser verlassen – so schnell wie möglich.

Sind Sie nicht in der Lage, sich aus der Situation zu befreien, müssen Sie die Küstenwache informieren. Man wird Ihnen sagen, was zu tun ist, und alle Schiffe in der Nähe informieren, dass Sie manövrierunfähig sind. Machen Sie die Rettungsinsel klar und ziehen Sie die Rettungsweste an. Nähert sich ein Frachter, rufen Sie ihn über UKW-Kanal 13 (Schiff zu Schiff) oder 16 (Anruf- und Notkanal).

Notsignale

- *Fackeln, Leuchtraketen:* Ziehen Sie bei brennenden Fackeln Handschuhe an. Skipper oder Wachführer ordnen den Einsatz der Fackeln bzw. Leuchtraketen an – es sei denn, sie stehen nicht zur Verfügung. Auf jedem Notsignal steht, wie es zu benutzen ist.

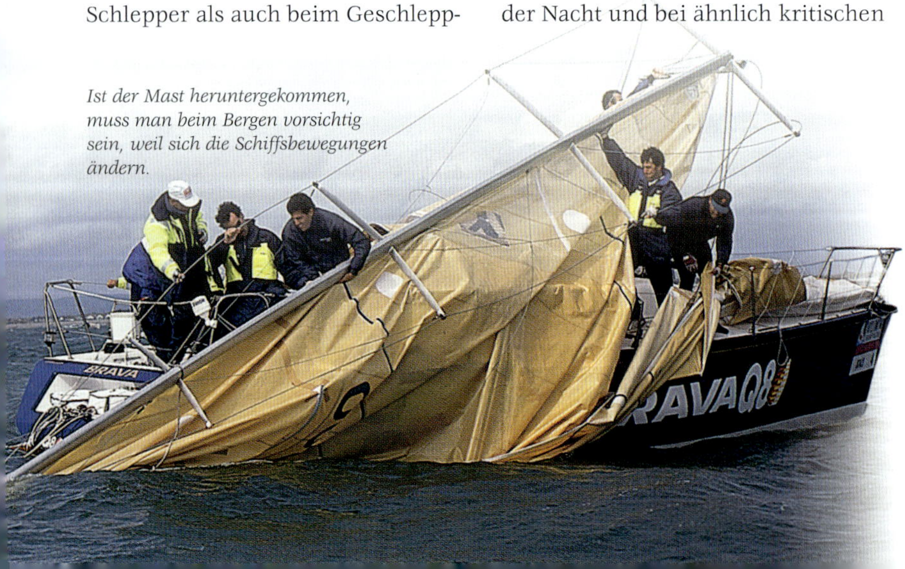

Ist der Mast heruntergekommen, muss man beim Bergen vorsichtig sein, weil sich die Schiffsbewegungen ändern.

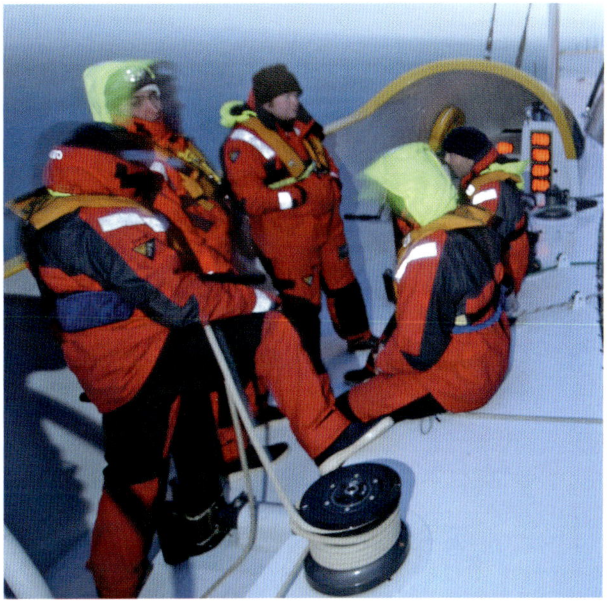

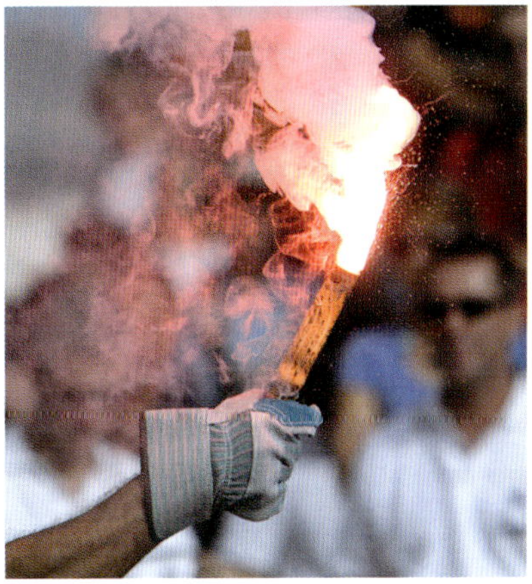

Warme Kleidung, Sicherheitsgurte und Rettungswesten sind optimale Sicherheitsvorkehrungen.

Brennende Fackeln nur mit Handschuhen benutzen. Kontrollieren Sie den Vorrat an Fackeln und Leuchtraketen.

UKW-Funk und DSC bei Notfällen

- Verlassen Sie sich bei einem Notruf nicht auf ihr Handy. Es könnte keinen Empfang haben und Sie können im Gegensatz zum UKW-Funkruf, den jede Funkstation in Reichweite hören kann, nur eine einzige Nummer wählen. Zudem können Rettungsboote oder Hubschrauber das Handysignal nicht wie bei einem DSC-Funkgerät anpeilen.
- Mit Druck auf die DSC-Notruftaste wird ihre MMSI-Nummer und ihre Position an alle in Reichweite befindlichen DSC-Funkgeräte gesendet und Alarm ausgelöst.
- Nach Aktivierung des DSC-Notrufs können Sie über Sprechfunk einen MAYDAY-Ruf absetzen. MAYDAY darf nur gefunkt werden, wenn ein Boot oder eine Person unmittelbar in Not ist und sofortige Hilfe benötigt, wie bei drohendem Untergang oder schweren Verletzungen. Ist lediglich die Sicherheit eines Schiffes oder einer Person gefährdet, sollten Sie einen Dringlichkeitsruf mit dem Zeichen PAN PAN senden. Bei einem Notruf sollten Sie langsam und deutlich nach folgendem Ablauf sprechen:

»MAYDAY, MAYDAY, MAYDAY«
»This is (hier ist) yacht Jolly, Jolly, Jolly«
Rufzeichen und MMSI
»MAYDAY yacht Jolly«
Rufzeichen und MMSI
Position nach Länge und Breite
Kurze Beschreibung des Notfalls
»We require immediate assistance«
Anzahl der Crew
»Over«

Wiederholen Sie die Meldung, bis Kontakt hergestellt ist.

- *Sichtzeichen:* Arme auf und nieder bewegen; Flaggen N über C; Ball über oder unter einer viereckigen Flagge setzen oder nachts SOS mit Scheinwerfer morsen.
- *Schallsignale:* Dauerton mit dem Nebelhorn oder SOS morsen.
- *Sprechfunk:* Über UKW Gerät Notruf senden – entweder MAYDAY oder PAN PAN mit Positionsangabe, Angabe der Art des Notfalls, der Anzahl der Menschen an Bord und Bitte um Assistenz.

Rettungsinsel besteigen

Befestigen Sie die Rettungsinsel mit einer Leine am Schiff, bevor Sie die Insel über Bord werfen. Wenn das Boot sinkt, schicken Sie zuerst das stärkste Crewmitglied hinüber, damit es den anderen helfen kann. Nehmen Sie die Sicherheitsausrüstung und den Sack mit den wichtigsten Dingen mit. Schneiden Sie die Verbindungsleine mit dem in der Insel gestauten Messer durch. Aktivieren Sie die EPIRB und den SAR-Transponder. Versorgen Sie die Crewmitglieder mit Tabletten gegen Seekrankheit.

Erste Hilfe

Die meisten Krankheiten und Verletzungen an Bord sind kaum schlimmer als eine leichte Seekrankheit, kleine Kratzer oder blaue Flecken. Dennoch sollte man Erste Hilfe leisten und medizinische Beratung über eine Küstenfunkstelle nutzen können.

Inhalt des Erste-Hilfe-Koffers

Auf jeder Yacht sollte sich ein Erste-Hilfe-Koffer befinden. Verbrauchte Medikamente müssen ersetzt werden. Geeignete Koffer kann man beim Schiffsausrüster kaufen.

Typischer Inhalt eines Koffers:

- 4 Dreieckstücher
- 8 Standardbinden (mittel- und sehr breit)
- 2 sterile Binden
- 6 mittelgroße Sicherheitsnadeln
- 20 Klebepflaster (unterschiedlich groß)
- 2 sterile Kompressen
- 2 Packungen steriler Baumwolle
- 5 Paar Einweghandschuhe
- 50 Kopfschmerztabletten
- 50 Tabletten gegen Seekrankheit
- 20 wasserabweisende Fingerkuppenverbände
- diverse Scheren
- diverse Zangen
- Thermometer
- antiseptische Wischtücher
- Eis- und Wärme-Gel-Packung
- Erste-Hilfe-Handbuch

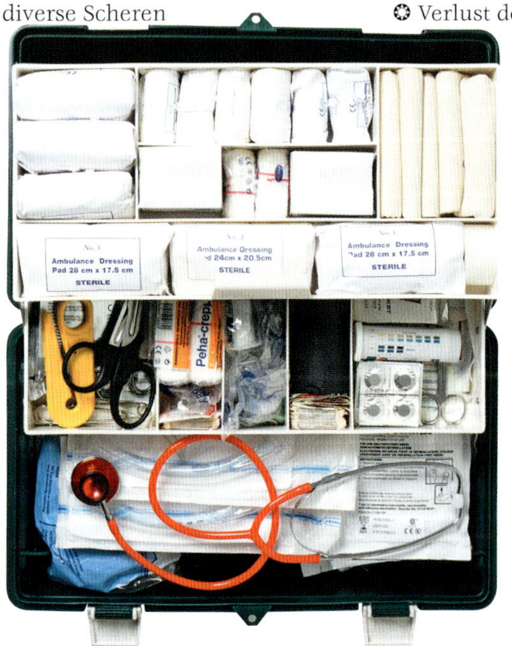

Ein gut sortierter Erste-Hilfe-Koffer für eine Yacht.

Medico-Gespräch

Zögern Sie nicht, Hilfe zu rufen. Es gibt die Möglichkeit, kostenlos eine funkärztliche Beratung zu erhalten. Wenden Sie sich an die deutschen Küstenfunkstellen, die Sie weiterleiten, oder über UKW oder Handy direkt ans Stadtkrankenhaus Cuxhaven, Telefon +49(0)4721-780 (Medico-Gespräch). Halten Sie dann folgende Informationen bereit:

Bei einer Verletzung

- Alter, Geschlecht des Patienten
- Zeitpunkt und Art der Verletzung
- Verlust des Bewusstseins
- Vorherige Krankheiten und Verletzungen
- Einnahme von Medikamenten
- Letzte Einnahme von Alkohol
- Derzeitiger Zustand des Patienten
- Puls und Atmung
- Blutverlust
- Beschreibung der Verletzung
- Erste Hilfe bereits durchgeführt?
- Art der benötigten Hilfe

Bei einer Erkrankung

- Alter, Geschlecht des Patienten
- Dauer der Erkrankung
- Plötzliches/langsames Auftreten der Krankheit
- Beschwerden oder Symptome
- Frühere Erkrankungen oder Operationen
- Einnahme von Medikamenten
- Letzte Einnahme von Alkohol
- Verlust des Bewusstseins?
- Derzeitiger Zustand des Patienten
- Puls und Atmung
- Deutliche Symptome wie Schwellungen
- Erste Hilfe bereits durchgeführt?
- Art der benötigten Hilfe

Teilnahme an einem Erste-Hilfe-Kurs

Die Teilnahme ist sehr empfehlenswert. Viele Organisationen führen kurze Kurse durch, in denen eine Menge an Wissen vermittelt wird, das ausreicht, um im Ernstfall ein Leben zu retten.

Seekrankheit

- An Bord wird am häufigsten über Seekrankheit geklagt. Der Betroffene fühlt sich auf See elend, erholt sich aber sofort, wenn er wieder an Land ist.

- Medikamente können Seekrankheit verhindern, müssen aber etliche Zeit, bevor man an Bord geht, eingenommen werden. Da vielfach Schläfrigkeit als Nebenwirkung auftritt, sollte man sie vorher einmal testen.
- Kommt zum stillen Sitzen im Cockpit und der langsam unter die Haut kriechenden Kälte die Auf- und Abbewegung des Horizontes hinzu, kann sich leicht Seekrankheit einstellen. An einem kühlen Tag sollte der Skipper die Crew in Bewegung und somit warm halten. Wichtig ist, dass vor dem Start die richtige Kleidung angezogen wird und jeder eine Zeit lang das Boot steuert.
- Die beste Maßnahme, aufkommender Seekrankheit gegenzusteuern, ist, sich in die Koje zu legen und sich warm zuzudecken.
- Wenn einer erbrechen muss, sollte er einen Eimer benutzen und ihn über die Kante leeren. Er selbst sollte sich nicht über Bord lehnen. Viele fühlen sich nach dem Erbrechen erleichtert. Salzstangen und Coca-Cola sind danach gute Mittel.

Eine gute Methode zur Vermeidung von Seekrankheit ist das Übernehmen einer Aufgabe, wie die des Rudergängers.

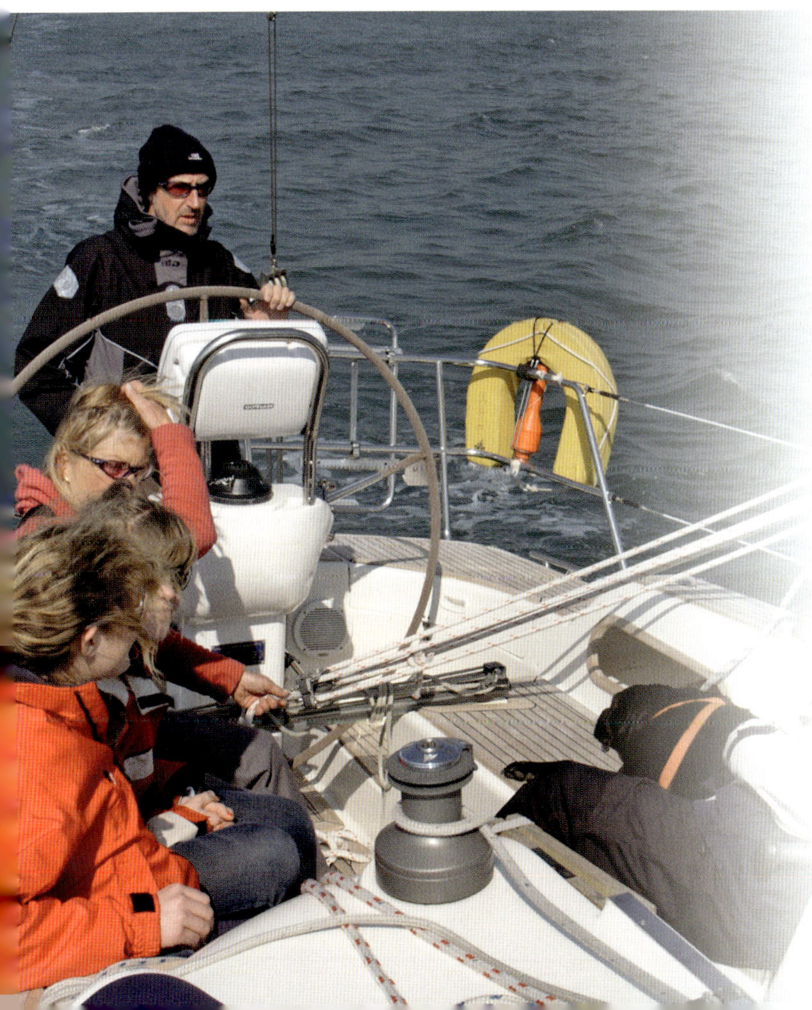

Unterkühlung

Kälte kann langsam unter die Haut schleichen – insbesondere bei Nässe. Im schlimmsten Fall kommt es zur Unterkühlung. Das bedeutet, dass die Körpertemperatur unter 35 °C sinkt. Der Patient zittert und hat Probleme, sich zu artikulieren. Bei der kontinuierlich abnehmenden Körperwärme wird der Betroffene zunehmend unfähig, physisch und mental zurechtzukommen, fällt in Ohnmacht und kann am Ende sterben. Wichtig ist, ihn vor dem Wind zu schützen, ihn warm einzupacken und ihn langsam mit warmen Getränken aufzuwärmen.

Umgang mit Hitze

- Segeln bei strahlendem Sonnenschein kann zu Sonnenbrand und Dehydrierung führen. Das ist nicht nur unangenehm, sondern gefährlich. Man muss die Haut mit Sonnencreme und sich selbst mit Hut und Kleidung vor der Sonne schützen. Über dem Cockpit sollte ein Bimini angebracht sein. Man muss an einem heißen Tag mehrere Liter Wasser trinken.
- Erlauben Sie niemandem, sich an Deck zu verbrennen. Entweder muss sich der Betreffende vor der Sonne schützen oder unter Deck gehen. Wenn Crewmitglieder überhitzen, weil sie nicht genügend trinken, können sich am Abend Symptome wie Hitzschlag, Krämpfe, feuchte Haut und rasender Puls einstellen. In einem solchen Fall im Schatten bleiben, mit nassen Tüchern abkühlen, viel Wasser trinken und verlorenes Salz mit Salzstangen ersetzen.

Erste Hilfe (2)

- Ein ausgewachsener Hitzschlag kann zu einem gefährlichen Anstieg der Körpertemperatur führen. Dann ist es überlebenswichtig, dass der Betroffene mit nassen Handtüchern oder Laken abgekühlt wird.

Verbrennungen

- In der Pantry kann man sich an heißem Wasser verbrennen, wenn die Yacht rollt.
- Eine Verbrennung muss umgehend 15 Minuten lang mit kaltem Wasser gekühlt werden. Eine starke Verbrennung sollte mit einer nicht klebenden Kompresse, die leicht mit einem Verband gehalten wird, geschützt werden. Versuchen Sie, sich Hilfe beim Funkarzt zu holen, um einen möglichen Schock zu behandeln.

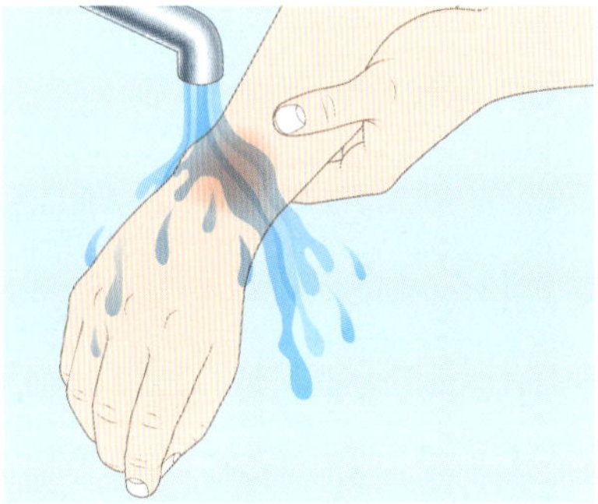

Mindestens 15 Minuten langes Abkühlen der Verbrennung mit kaltem Wasser (oben).

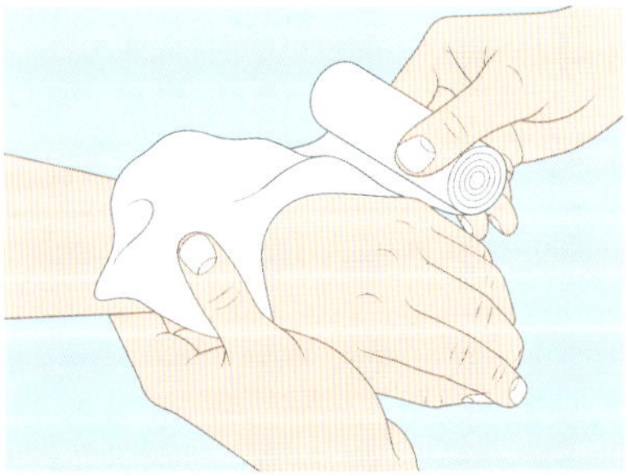

Schützen der Verbrennung mit einem sterilen, fusselfreien Tuch und Paraffingaze (oben).

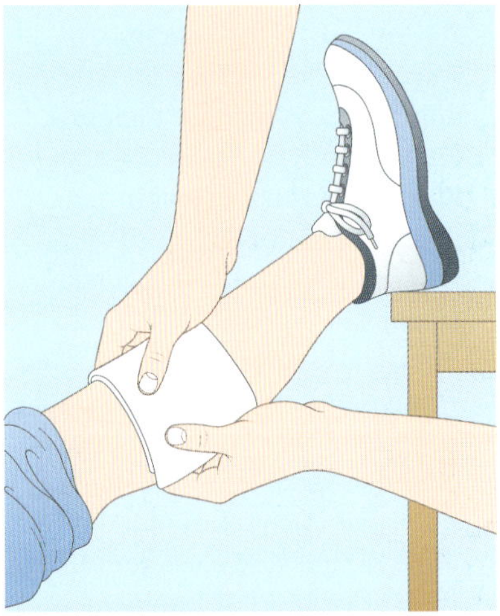

- Ziehen Sie keine Kleidung ab, die an der Haut klebt, entfernen Sie keine lose Haut, stechen Sie keine Blasen auf und tragen Sie keine Salbe oder Creme auf.

Schnittwunden

Schützen Sie Schnittwunden vor Infektionen durch Reinigen der Umgebung mit frischem Wasser, bevor Sie Pflaster aufkleben oder einen sterilen Verband machen. Bei schweren Schnitten, die oberhalb des Herzens liegen, kann ein Druckverband den Blutverlust stoppen.

Schock

Schock entsteht durch plötzlichen Abfall des Blutdrucks. Er ist die normale Folge einer Blutung, Verbrennung oder eines Knochenbruchs. Eine innere Blutung kann die Folge eines Schadens an einem inneren Organ sein und sich durch eine Schwellung und Anzeichen von Schock zeigen. Bei Schock wird der Patient aschfahl, die Haut kalt und feucht. Er kann einen Schwäche- oder Schwindelanfall, einen schwachen und schnellen Puls, eine flache und schnelle Atmung bekommen, zeigt Ruhelosigkeit, empfindet Unwohlsein und kann ohnmächtig werden. Der Patient muss hingelegt, die Beine höher gelagert und die Kleidung gelöst werden; vor extremer Kälte und Hitze schützen. Er darf nicht trinken; man sollte aber die Lippen anfeuchten. Wird das Atmen schwer, muss der Betroffene in die Seitenlage gedreht werden. Eine Person unter Schock sollte beruhigt werden, und man sollte ihr positiv und ruhig zusprechen. Decken Sie sie warm zu.

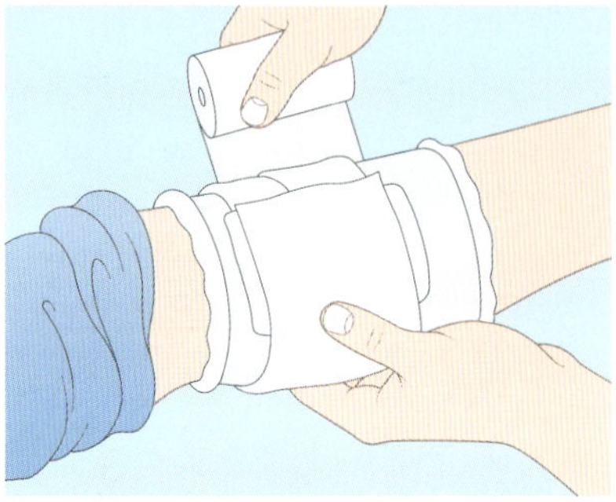

Nach dem Anlegen der Bandage wird das Bein höher gelagert (oben).

Bei tiefen, blutenden Schnittwunden wird ein Druckverband mit einer Bandage angelegt (links).

Kopfverletzung

Jeder Schlag gegen den Kopf kann eine Gehirnerschütterung verursachen. Selbst wenn die Zeitspanne bis zur Wiedererlangung des Bewusstseins kurz ist, kann der Patient benommen und durcheinander sein und sich eventuell an den Vorfall nicht erinnern. Es ist unbedingt dafür zu sorgen, dass der Patient sich vollständig erholen kann und keine Folgeschäden zurückbleiben. Ist der Patient ohnmächtig geworden, muss er in die Seitenlage gebracht, die

Atmung kontrolliert und schnell ärztliche Hilfe herangezogen werden.

Mund-zu-Mund-Beatmung

- Für Jollensegler besteht die Gefahr, dass sie Wasser in die Lungen bekommen, wenn sie nach einer Kenterung unter das sich aufrichtende Boot geraten.
- Ist der Patient bewusstlos, muss der Luftweg frei gemacht werden, damit er atmen kann – vielleicht ist der Luftweg durch die Zunge verstopft. Sobald er atmet, dreht man ihn in die stabile Seitenlage.
- Hat der Patient aufgehört zu atmen, beginnt man mit der Mund-zu-Mund-Beatmung. Dabei bläst man den eigenen Atem in den Mund des Bewusstlosen und hält die Nasenlöcher zu, damit der Atem in die Lungen des Patienten gelangt. Nach jeder Beatmung müssen die Lungen des Patienten ausatmen können. Nach einer Pause von 1 Sekunde wiederholt man die Beatmung.
- Erbricht der Patient, muss er auf die Seite gedreht und der Luftweg gereinigt werden, bevor man die Wiederbelebung fortsetzt.

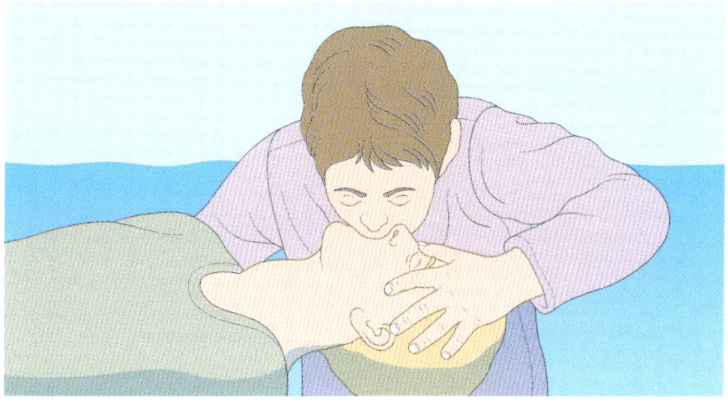

Liegt ein Bewusstloser im Wasser, sollte man keine Zeit für einen Transport vergeuden, sondern an Ort und Stelle mit der Mund-zu-Mund-Beatmung beginnen.

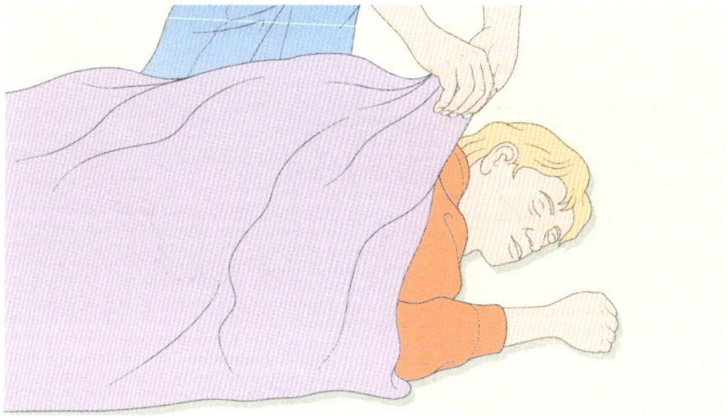

Atmet der bewusstlose unterkühlte Patient, dreht man ihn in die stabile Seitenlage, wechselt die nasse Kleidung (wenig bewegen, Kleidung aufschneiden) und deckt ihn warm zu (rechts).

Bei Unterkühlung mit Bewusstseinstrübung muss der Patient in der stabilen Seitenlagerung gebettet werden (unten).

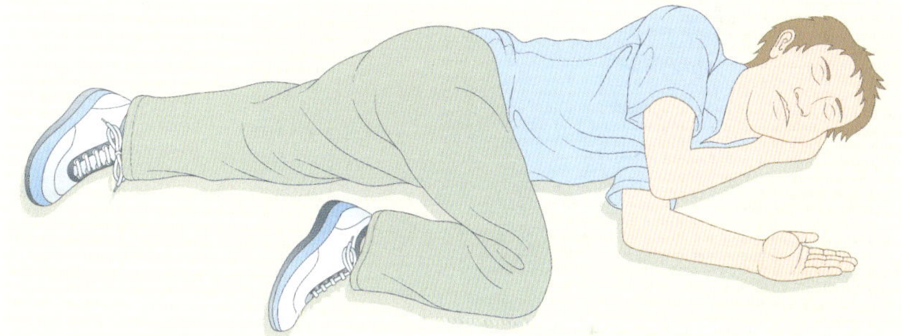

Kontrollliste für einen Patienten

- **Atmung** – Atemzüge pro Minute, Atemtiefe, Atembeschwerden
- **Herzschlag** – schnell oder langsam
- **Mund** – blasse Lippen, flüssige Sprache?, Durstgefühl
- **Stirn** – heiße oder feuchte Stirn
- **Augen** – Größe der Pupille, gestörte Sehfähigkeit?, blutunterlaufen
- **Brust** – Schmerzen, Empfindlichkeit, Schwellung, blaue Flecken
- **Bewusstseinsstatus** – Gedächtnis, Reaktionsvermögen, Schwindelgefühl
- **Wunden** – Blutung, Durchfall, Verstopfung, Erbrechen, Harn
- **Gliedmaßen** – Schmerzen, Schwellung, Empfindlichkeit, blaue Flecken, Verformung, Verlust der Beweglichkeit, Verlust des Gefühls
- **Unterleib** – Schmerzen, Empfindlichkeit, blaue Flecken, Schwellung, Übelkeitsgefühl
- **Fingernägel** – Farbe

Tipp

Ergänzen Sie Ihre Bootsausrüstung um ein paar Wärmflaschen. Sie können an Bord sehr nützlich sein, um Jemandem, der an Deck kalt geworden ist, Wärme zuzuführen. Denken Sie daran, dass das Aufwärmen einer stark ausgekühlten Person nicht zu schnell erfolgen sollte. Verbrennungen vermeiden!

Glossar

A

Abdeckung Position im Windschatten eines anderen Segelbootes
Abdrift seitlicher Versatz des Bootes in Windrichtung
abfallen Kursänderung nach Lee bei Fieren der Schoten
ablandiger Wind von Land auf See wehender Wind
Ablenkung durch den Eigenmagnetismus eines Bootes verursachte Ablenkung eines Magnetkompasses von der erdmagnetischen Nordrichtung
achteraus Richtung, in die sich das Boot bei der Rückwärtsfahrt bewegt bzw. Richtung eines Objektes, das sich dem Boot von hinten nähert
Achterliek hintere Kante eines Segels
Achterliecksrundung Rundung, die über die gerade Verbindungslinie zwischen Kopf und Schothorn eines Segels hinausgeht
achtern hinten und hinter dem Schiff
Achterstag festes Stag zwischen Masttopp und Pütting am Heck
Achtknoten Stopperknoten, der das Ausrauschen von Schoten und Fallen verhindert
Amwindkurs Kurs, bei dem der Wind vorlicher als querab einfällt
Anker Ausrüstungsgegenstand, um das Boot in offenem Wasser oder im Hafen auf einer Position zu halten
Ankergeschirr Kombination von Ankerwinde, Schäkel, Ankerkette bzw. Ankerleine und Ankerboje
Ankerkette Verbindung zwischen Anker und Boot, die dafür sorgt, dass sich die Flunken des Ankers im Meeresgrund eingraben
Ankerlicht weißes Rundumlicht, das ein Boot vor Anker bei Nacht zeigen muss
Ankerplatz in der Regel eine in der Seekarte eingezeichnete, flache und geschützte Stelle zum Ankern
Ankerspill eine mechanisch, elektrisch oder hydraulisch betriebene Vorrichtung, um Ankerkette und Anker einzuholen
anliegender Kurs Richtung, in der momentan gefahren oder gesegelt wird, abzulesen am Steuerkompass
anluven Kursänderung nach Luv bei Dichtholen der Schoten
Anode Zinkblöcke zur Vorbeugung elektrolytischer Korrosion unterhalb der Wasserlinie
anschlagen seemännisch richtige Verbindung einer Leine mit einem anderen Ende oder einem Gegenstand
Antifouling spezieller Unterwasseranstrich in unterschiedlichen Farben zum Schutz vor Bewuchs des Bootsrumpfs mit Muscheln und Algen
auf den anderen Bug wechseln Änderung der Windeinfallsseite durch Wenden oder Halsen
auf Grund laufen Berührung des Meeresgrundes mit Rumpf, Kiel oder Schwert
aufheißen Hochziehen eines Gegenstandes bis zu seinem Endpunkt, z. B. den Segelkopf zum Masttopp
Auftrieb Kraft, die das verdrängte Wasser auf den Bootsrumpf ausübt und ihn an der Oberfläche hält

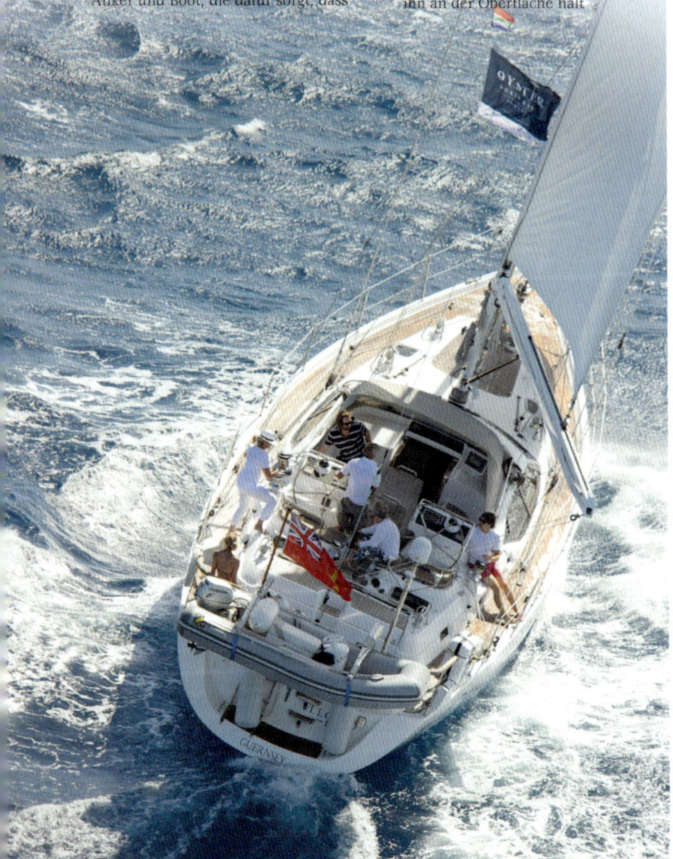

ausbalanciertes Boot Boot ohne Ruderdruck
ausbooten ein Beiboot von Deck aus zu Wasser lassen
Ausholer Talje oder Leine zum Strecken des Großsegel-Unterlieks
Ausleger Vorrichtung, die über die Bordwand hinausreicht, aber fest mit ihr verbunden ist;auf Skiff-Jollen dient sie zum Ausreiten
ausreffen Loslösung eines eingedrehten oder eingebundenen Reffs
ausreiten Hinauslehnen des Körpers über den Bootsrand nach Luv, um die Krängung des Bootes auszugleichen
Ausreitgurt breiter, längsschiffs angebrachter Fußgurt in der Plicht einer Jolle zum Unterhaken der Füße und als Erleichterung beim Ausreiten
Außenborder transportabler Motor, der am Spiegel befestigt bei Yachten und Jollen als kippbarer Hilfsmotor dient
außenbords alles, was sich außerhalb der Bordwand des Bootes befindet
Ausweichpflichtiger Bootsführer, der bei der Begegnung zweier Fahrzeuge ausweichen muss

B

Backbord von achtern nach vorn gesehen die linke Seite des Bootes
Backbordbug Man segelt auf Backbordbug, wenn der Wind von Steuerbord kommt und das Hauptsegel auf der Backbordseite steht
Backstag losnehmbares Stag, das in Höhe der oberen Saling angreift und mit dessen Hilfe der Mast gehalten und die Mastbiegung verändert werden kann
Bake feststehendes, weithin sichtbares Seezeichen zur Navigationshilfe
Baum einseitig am Mast angeschlagene, bewegliche Spiere aus Holz oder Aluminium, an der das Unterliek des Großsegels angeschlagen wird
Baumniederholer Talje oder Hydraulikstempel zum Verändern des Anstellwinkels des Baums und damit der Form des Großsegels
Barometer Instrument zur Messung des atmosphärischen Luftdrucks in Hektopascal
Beaufortskala nach dem britischen Admiral Sir Francis Beaufort benannte Tabelle, die die Windstärke in verschiedene Stärkegrade (1–12) einteilt
Beiboot kleines Boot einer größeren Yacht zum Transport von Personen und Proviant
beidrehen Manöver zum kurzzeitigen Stoppen eines Bootes, bei dem das Vorsegel back gestellt wird
Besanmast der kürzere, hintere Mast bei einer Ketsch oder Yawl
Bilge tiefste Stelle im Inneren des Bootes über dem Rumpf und unter den Bodenbrettern
Bilgepumpe Lenzpumpe, deren Saugkorb an der tiefsten Stelle der Bilge liegt
Bimini windsicheres Sonnensegel über dem Cockpit
binnenbords alles, was sich innerhalb der Bordwand des Bootes befindet
Block Gehäuse unterschiedlicher Form und Größe mit Rollen oder Scheiben zum Umlenken von Tauwerk oder zur Minderung der Zugkraft
Bö plötzlicher Windstoß mit größerer Windgeschwindigkeit, der gewöhnlich bei einem Gewitter oder beim Durchzug einer Warm- bzw. Kaltfront auftritt
Boje Schwimmkörper aus Kunststoff, Gummi oder Stahlblech zum Festmachen, zur Rettung und Regattabahnmarkierung etc.
Bootshaken Stange mit einem hakenförmigen Beschlag an der Spitze, die u.a. zum Einholen von Leinen, zum Absetzen vom Steg oder Bergen von Gegenständen dient
Bootskörper bloße Bootsform ohne Kabine, Deck und andere Ausstattung
Breite geografische Koordinate, die in Graden und Minuten angegeben, vom Äquator als Bogenstück des Ortsmeridians gerechnet wird und zur Bestimmung des Schiffsortes dient
Breitengrad parallel zum Äquator verlaufender Kleinkreis auf der Erdkugel
Bug vorderes Ende eines Bootes
Bugkorb fest auf dem Bug montierte Kanzel aus Metallrohr, an der die Seereling endet
Bugleine Leine zur Befestigung des Bugs beim Anlegen
Bugrolle kleine Rolle am Bug für die Ankerkette
Bugschott wasserdichte Abtrennung im Vorschiff, um bei einer Kollision das Boot schwimmfähig zu halten
Bugspriet kräftige, längsschiffs eingebaute Spiere am Bug zum Befestigen eines Vorsegels
Bullenstander eine von der Großbaumnock zum Bug geschorene, kräftige Leine, die das unbeabsichtigte Umschlagen des Baums verhindern soll

C

Clubstander dreieckige Flagge mit den Farben und Zeichen des Yachtclubs, in dem der Eigner Mitglied ist
Cockpit (oder Plicht) zumeist im hinteren Bereich des Decks liegender, vertiefter Arbeits- und Sitzraum für die Besatzung
Cunningham Leine im unteren Teil des Großsegels, mit der man das Vorliek straffen kann, um die vertikale Segelwölbung abzuflachen

D

Dacron Polyesterfaser amerikanischer Produktion zur Herstellung von Fasertauwerk und Segeltuch
Dalben Pfahlgruppe im Wasser, an dem ein Boot festgemacht werden kann
Deck obere Abschlussfläche des Bootsrumpfes
Deckpeilung Peilung, die aus zwei in gleicher Linie liegenden Objekten besteht, die für die Kursorientierung zur Ansteuerung oder Durchsteuerung in Fahrwassern dienen
Deviation Ablenkung des Magnetkompasses durch magnetische Einflüsse des Bootes
Dingi kleines Beiboot
Dollbord verstärkte Oberkante bei einem offenen Boot

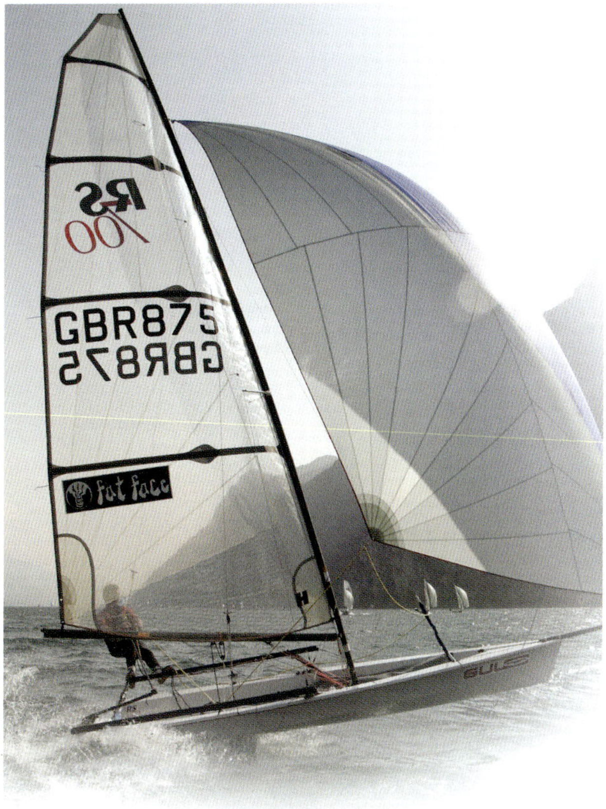

Drehkreis kleinste Strecke, die ein Boot braucht, um einen Vollkreis zu fahren
Ducht quer laufende Sitzbank in einem offenen Boot

E

Echolot elektro-akustisches Instrument zur Ermittlung der Wassertiefe und der Tiefenlage von Hindernissen
EPIRB (Emergency Position Indicating Radio Beacon) elektronische Seenotfunkbake zur Übertragung der Position über Satelliten an ein MRCC

F

Fahrt durchs Wasser geschätzte oder gemessene Geschwindigkeit eines Bootes, bezogen auf das Wasser
Fahrwasser durch Seezeichen gekennzeichnete Teile der Wasserfläche einer Seeschifffahrtsstraße
Fahrwassermarkierung seitliche Kennzeichnung eines Fahrwassers durch entsprechende Betonnung und Befeuerung
Fäkalientank Tank zum Bunkern von Abwasser, das an einer Absaugstation im Hafen entsorgt werden kann, um so die Gewässer zu schützen
Fall Leine zum Setzen eines Segels, einer Spiere, einer Flagge etc.
Faltpropeller Propeller, dessen Flügel sich unter Segeln durch den Fahrtstrom zusammenklappen und damit den Widerstand reduzieren
Fender meistens aus elastischen Materialien gefertigtes und scheuerfestes Schutzpolster, das zum Schutz des Bootes zwischen Bordwand und andere Objekte gehängt wird
festmachen ein Boot mithilfe von Leinen an einem Liegeplatz vertäuen
Fix wahrer Schiffsstandort, der z.B. anhand einer Doppelpeilung ermittelt wurde und in der Seekarte mit Kreisbogen und Uhrzeitangabe eingezeichnet wird
Flybridge erhöhter, offener Steuerstand auf dem Salondach eines Motorbootes
Fock dreieckiges Vorsegel am Vorstag, dessen Achterliek den Mast nicht überragt
Fockschoten auf jeder Bootsseite und damit doppelt geführte Leine zum Einstellen der Fock

G

gegisste Position gekoppelte Position unter Einbeziehung von Strömung und Abdrift als wahrscheinlichsten Standort für eine bestimmte Zeit
Gelcoat äußerste Harzschicht eines GFK-Rumpfes
Genua größeres Vorsegel, das den Mast überlappt
Gezeit astronomisch bedingtes periodisches Steigen und Fallen des Meeresspiegels
Gezeitenstrom periodisch mit Ebbe und Flut seine Richtung wechselnder Strom in Tidengewässern
Gezeitenstromatlas Sammlung von Gezeitenstromkarten, die Richtung und Stärke des Tidenstroms für bestimmte Bezugsorte und die entsprechenden Stunden vor und nach der Hochwasserzeit enthalten
Gezeitentafeln vorausberechnetes Tabellenwerk mit Hoch- und Niedrigwasserzeiten und den zugehörigen Wasserständen
GFK glasfaserverstärkter Kunststoff
gleiten Fahrtzustand mit (teilweise) dynamischem Auftrieb, bei dem sich der Bug über die Bugwelle aus dem Wasser hebt und das vom Bootsrumpf erzeugte Wellensystem verlässt
Global Positioning System (GPS) Satellitengestütztes Navigationssystem des US-Militärs für genaue Standortbestimmung mit elektronischen Empfängern
GMDSS Global Maritime Distress and Safety System
Großfall Leine am Großmast zum Setzen des Großsegels
Großschot Leine zum Fieren und Dichtholen des Großsegels
Großsegel am Großmast gesetztes Schratsegel

H

halber Schlag einfachster Knoten, der aus einem Rundtörn des Tampens um die eigene feste Part besteht und meist in Verbindung mit anderen Knoten oder einem weiteren halben Schlag gebraucht wird
halber Wind Wind, bei dem die Schoten halb gefiert sind und rechtwinklig zur Kielrichtung einfällt
halsen Wechseln der Windseite bei achterlichem Wind durch Drehen des Hecks durch den Wind
Handlot markierte Leine mit einem Gewicht zur unmittelbaren Messung der Wassertiefe
Heck hinterer Teil eines Bootes
Heckleine eine am Heck belegte Festmacheleine
Hecklicht weißes Licht am Spiegel des Bootes, das über 135 Grad und mindestens 2 sm weit sichtbar sein muss
Heckspiegel achterliche Abschlussplatte des Bootsrumpfes
Hilfsmotor Motor geringer Leistung, der eine befriedigende Manövrierfähigkeit ohne Segel gewährleistet
Hochwasser höchster Wasserstand einer Tide beim Übergang vom Steigen zum Fallen
Höhe laufen mit dichtgeholten Schoten hart am Wind segeln, ohne dabei an Fahrt einzubüßen

I

Impeller schraubenartiges Flügelrad, das keine Kraft abgibt, sondern von den äußeren Strömungskräften angetrieben wird und häufig für die mit Seewasser funktionierende Kühlwasserpumpe verwendet wird
im Wind Kursrichtung, bei der der Bug genau in Windrichtung zeigt
in Fahrt ein sich bewegendes, auch treibendes Boot
Isobaren Linien gleichen Luftdrucks auf einer Wetterkarte

J

Jakobsleine dünne Trimmleine, die durch den Achterliekssaum eines Segels läuft
Jetski kleines Wasserfahrzeug mit Lenker, Motorradsitz und Wasserstrahlantrieb
Jungfernfahrt allererste Fahrt eines Bootes nach Übernahme durch den Eigner

K

Kabine frühere Bezeichnung für den Wohnraum eines Fahrgastes an Bord eines Schiffes
Kaltfront Grenze einer vordringenden Kaltluftmasse an der Rückseite eines wandernden Tiefs, die sich mit ihrer schweren unter die wärmere und leichtere Luft schiebt, wobei es in der Regel zu mit Gewitter verbundenem Regen und starken Böen kommt
Kamm höchste Erhebung einer Welle
Kanal meist künstliche, schiffbare Wasserstraße, die mit Seezeichen versehen ist
Kardangelenk Kreuzgelenk-Verbindung für Teile einer Welle, die nicht geradlinig verlaufen kann, sondern winklig geführt werden muss
Kartendatum Bezugssystem, auf dem die Navigation mit der Seekarte beruht; in Deutschland üblich ist das WGS 84 (World Geodetic System 1984)
Katamaran Doppelrumpfboot
Kausch aus Metall bestehende Öse mit rillenförmigem Querschnitt, die z.B. ein Auge in einem Tampen gegen Ausscheuern sichern soll
kentern Umschlagen des Bootes, indem es sich querschiffs um mindestens 90 Grad neigt
Kiel unterster Mittellängsverband des Bootsrumpfes, der die Verbindung von Bug und Heck herstellt und der seitlichen Abdrift nach Lee entgegenwirkt sowie durch sein Gewicht für ein aufrichtendes Moment sorgt
Kielschwert Kombination aus Ballastkiel und Schwert
Kielwasser deutlich sichtbare Spur verwirbelten Wassers, die ein durchs Wasser fahrendes Boot an seinem Heck hinterlässt
Killen des Segels »Flattern« des Segels, weil es aufgrund des Segeltrimms nicht mehr voll steht
Klampe Decksbeschlag mit zwei gegenüberliegenden Hörnern zum Belegen von Leinen
kneifen mit dichtgeholten Segeln so hart wie möglich am Wind segeln, wobei der Höhe der Vorzug gegenüber der Fahrt gegeben wird
Knoten Maßeinheit der Bootsgeschwindigkeit für zurückgelegte Seemeilen pro Stunde: (1 kn = 1 sm/h = 1,852 km/h)
Koje Schlafplatz an Bord
Kombüse Bordküche auf größeren Schiffen

Kompassgehäuse auf Yachten oft auf der Steuersäule befindliche Halterung für den Kompass
Kompassrose Kreisscheibe mit 360-Grad-Einteilung, die als Richtungsrose verwendet wird
kompensieren Ausgleich der Deviation durch künstliche kleine Magnete im Kompassgehäuse
Koppelnavigation Navigation ohne Hilfe von Sichtpeilungen allein mit den Faktoren Kurs, Fahrt und Zeit
Korrosion Veränderung an der Oberfläche von Metall als Folge von chemischen oder elektrochemischen Einflüssen
Krängung durch Winddruck in den Segeln erzeugte Neigung des Bootes um seine Längsachse
kreuzen auf wechselndem Bug in Windrichtung segeln
Kurs Richtung der Schiffsbewegung
Kurshalter Fahrzeug, das im Gegensatz zum ausweichpflichtigen Kurs und Geschwindigkeit beibehalten muss
Kurs zum Wind sich nach dem Einfallswinkel des scheinbaren Windes in Bezug auf die Längsachse eines Segelschiffs richtende Bezeichnung eines Kurses
KVR Kollisionsverhütungsregeln

L

Landwind durch Temperaturunterschiede hervorgerufener, ablandiger Wind, der in der Regel nur nachts auftritt
Längengrad Position östlich oder westlich des Nullmeridians von Greenwich, angegeben in Grad und Minuten
längsseits Lage parallel neben einem anderen Boot oder dem Steg
Lazyjacks beidseitig vom Topp zum Großbaum geführte Auffangleinen zum sicheren Reffen und Bergen des Großsegels
Lee vom Wind abgewandte Seite
leegierig Tendenz eines Segelbootes, mit dem Bug vom Wind abzufallen
Leeküste Küste in der Richtung, in die der Wind weht und von der man sich freihalten sollte
leewärts in Richtung Lee
Leinen einholen Festmacheleinen vor dem Ablegen vom Steg an Deck holen
Leinen los! Ruf zum Ablegen und Einholen aller Festmacheleinen
Leuchtturm mit einem Leuchtfeuer ausgestattetes, landfestes Seezeichen für die Navigation
Liegeplatz sichere Stelle zum Festmachen eines Bootes
linksdrehender Wind Richtungsänderung des Windes gegen den Uhrzeigersinn
Lippklampe Beschlag mit von jeder Seite zur Mitte verlaufenden Zapfen zur Führung einer Leine, um so deren Schamfilen zu verhindern
Log Gerät zum Messen der Fahrt eines Bootes
Logbuch Schiffstagebuch für Zeit-, Positions-, Kurs-, Geschwindigkeits- und Wettereintragungen
Loggeort Bestimmung des geschätzten Standortes anhand von Kurs durchs Wasser und Distanz, wobei im Gegensatz zum Koppelort der Strom nicht berücksichtigt ist
Lotung Bestimmung der Wassertiefe
Luv dem Wind zugewandte Seite
Luvgierigkeit Neigung des Bootes, in den Wind zu segeln
luvwärts in Richtung Luv

M

Magnetkompasskurs Winkel zwischen Magnetkompass-Nord und der Rechtvorausrichtung des Fahrzeugs
Marina moderner Yachthafen mit allen notwendigen Serviceeinrichtungen und Versorgungsmöglichkeiten
Markierungsboje schwimmfähiger Flaggenstock mit Flagge zur Kennzeichnung der Position, an der ein Mitsegler über Bord gefallen ist
Masttopp oberster Teil des Mastes mit Verklicker, Windmesser, UKW-Antenne und Navigationslichtern
MAYDAY internationales Notruf-Kennwort im Sprechfunkverkehr und Seefunkdienst
Minute als Winkel- oder Bogenmaß der 60. Teil eines Grades, wobei 1 Minute auf einem Längengrad 1 Seemeile entspricht
missweisender Kurs Kurs, der sich aus dem Magnetkompasskurs nach Anbringung der Deviation oder aus dem rechtweisenden Kurs nach Berücksichtigung der Missweisung errechnet
Missweisung Differenz zwischen rechtweisend Nord und magnetischer Nordrichtung
mittschiffs Mitte des Bootes in Längs- und Querrichtung
Monohull Einrumpfboot
MRCC (Maritime Rescue Coordination Centre) Seenotleitstelle an der Küste, der Seenotrufe zugeleitet und von der Rettungsmaßnahmen koordiniert werden
Multihull Mehrrumpfboot, Katamaran oder Trimaran

N

Nasszelle häufig mit einer Dusche kombiniertes WC an Bord
nautische Meile oder Seemeile Distanzmaß für die Navigation, das 1,852 km bzw. einer Bogenminute entspricht
Navigation Planung und Ausführung eines Kurses, um ein festgelegtes Ziel zu erreichen
Navigationshilfen feste Objekte wie Leuchttürme oder Leuchtbojen, die zur Positionsbestimmung verwendet werden können

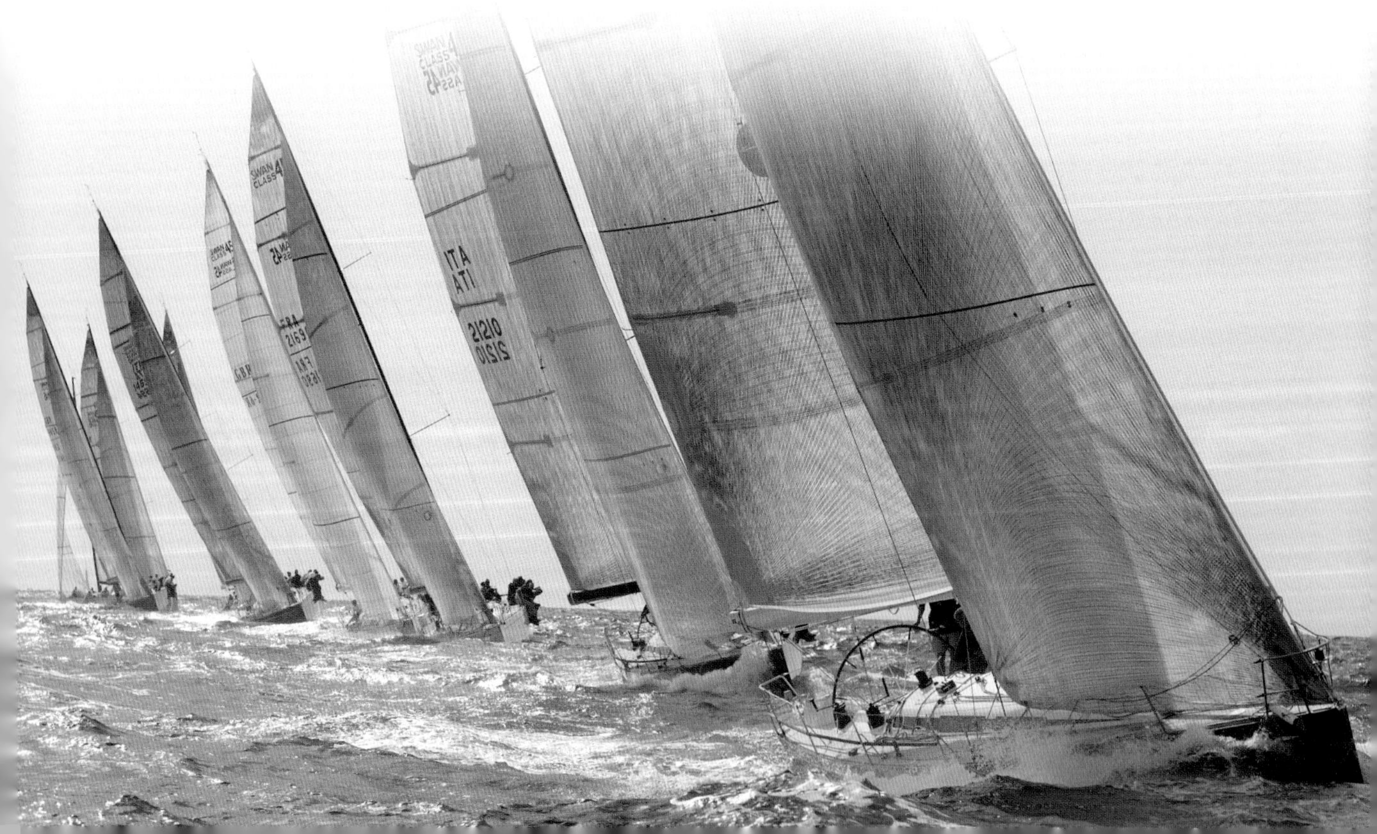

Navigationslichter farbige Lichter an Bord, die die Lage und die Art eines Fahrzeugs erkennbar machen
NAVTEX (NAVigational TEXt messages) internationaler, terrestrischer Wetter- und Warnfunkdienst für seegehende Schiffe
Niedergang steile, schmale Treppe vom Deck in die Kajüte
Niederholer Leine zum Herunterziehen eines Segel oder einer Spiere
Niedrigwasser niedrigster Wasserstand einer Tide beim Übergang vom Fallen zum Steigen
Nipptide Tide mit dem geringsten Unterschied zwischen Hoch- und Niedrigwasser
Nippzeit Zeit, in der das höchste Niedrigwasser und das niedrigste Hochwasser auftritt
Notruder mit Bordmitteln angefertigte, behelfsmäßige Steuervorrichtung eines Bootes
Notsignale optische und akustische Signale zum Anzeigen einer Gefahrensituation und zum Hilfe-Erbitten
Nottakelung Ersatzrigg oder -besegelung aus allen verwendbaren Materialien nach einem Mastbruch oder -verlust bzw. Beschädigung oder Verlust der Segel

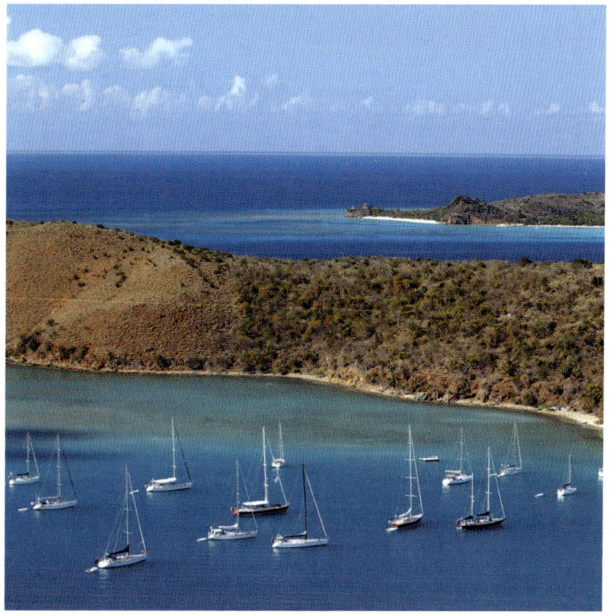

O

Osmose Blasenbildung auf einer GFK-Außenhaut aufgrund von in kleine Hohlräume eingedrungener Feuchtigkeit

P

Palstek Knoten mit einem Auge, das sich bei Zug auf der Leine nicht zusammenzieht
Pantry Bordküche auf kleineren Schiffen
Passage längere Überfahrt
Patenthalse unbeabsichtigtes Übergehen des Großbaums auf einem Vorwindkurs
Peilung Richtungsbestimmung eines Objektes mit einem Peilkompass (in Grad) bzw. Messen der Wassertiefe (in Meter)
Pinne mit dem Ruderkopf verbundener, einarmiger Hebel, der der Steuerung dient
Pinnenausleger horizontal schwenkbare Verlängerung der Pinne aus Holz oder Metall, mit der der Steuermann auch aus seitlichen Positionen oder dem Trapez heraus steuern kann
plotten zeichnerische Festlegung und Auswertung des Bewegungsvorganges des eigenen oder eines fremden Bootes
Position Ort des Bootes, der durch Breiten- und Längengrade angegeben wird
Propeller vom Motor angetriebene Flügelschraube zur Fortbewegung eines Bootes als Maschinenfahrzeug
Pütting Beschlag für die Wanten, der an Außenhaut, Spant oder Kiel befestigt ist

Q

querab im rechten Winkel zur Längsschiffachse stehende Seitenpeilung
Querleine zusätzlicher Festmacher, der neben den diagonal geschorenen Leinen querab zum Steg führt
querschlagen bei achterlichem Wind verursachtes Anluven, sodass ein Boot parallel zu den Wellen gerät und die Gefahr einer Kenterung droht

R

Radar elektronisches Gerät zur Entfernungsmessung und Peilung anderer Objekte mittels elektromagnetischer Wellen
Radarbake Sende- und Empfangsanlage mit einer bestimmten Kennung, die ausgestrahlt wird, wenn sie ein Radarsignal empfängt
Radarreflektor rechtwinklig zusammengesetzte Metallflächen, die das Reflexionsvermögen von Radarstrahlen erhöhen und auf dem Radarschirm des Senders ein auffälliges Zielzeichen erzeugen
Rahsegler mehrmastiges Segelschiff mit rechteckigen, quer vor dem Mast an kräftigen Spieren gesetzten Segeln
raumer Kurs Kurs, bei dem der Bordwind bei aufgefierten Schoten achterlicher als querab kommt
rechtdrehender Wind Richtungsänderung des Windes im Uhrzeigersinn
rechtweisender Kurs Kurs zwischen Schiffslängsachse und rechtweisend Nord, wobei Deviation und Missweisung berücksichtigt sind
reffen zeitweiliges Verkleinern der Segelfläche durch Zusammenraffen der unteren Segelfläche (Großsegel) oder durch Aufrollen (Vorsegel)
Reffleinen durch Reffkauschen an einem Segel geführte Leinen, mit denen man ein Reff in das Segel bindet
Relingsstütze aufrechte Stäbe am Decksrand zur Aufnahme des Relingsdrahts
Rettungsinsel kleines, automatisch aufblasbares Floß als letzte Zuflucht, wenn das Boot sinkt oder brennt
Rettungsweste persönliche Schutzausrüstung, die eine Person im Wasser selbständig in die Rückenlage dreht und, falls sie ohnmachtsicher ist, den Kopf über Wasser hält, um die Atemwege freizuhalten
Rigg Bezeichnung der Takelage mit allen Teilen des laufenden und stehenden Gutes einschließlich Mast und Spieren
Rollreffanlage mechanische Vorrichtung zum Setzen, Bergen und stufenlosen Reffen eines Segels
Rückdrehen des Windes Richtungsänderung des Windes gegen den Uhrzeigersinn, d.h. linksdrehend
Ruder drehbare, blattartige Fläche aus Holz, GFK oder Metall, die unter dem Heck oder am Spiegel montiert ist und mit der man ein Boot steuert
Rudergänger Besatzungsmitglied, das die Pinne oder das Steuerrad bedient
Ruderpinne mit dem Ruderkopf verbundener, einarmiger Hebel, der der Steuerung dient
Ruderschaft Schaft, der das Ruderblatt mit dem Boot verbindet
Ruderzapfen dünner Bolzen am unteren Ruderbeschlag, auf den das am Heck befestigte Ruder gesteckt wird
Rumpf Bootskörper ohne Takelage, Ruder und Segel
Rumpfdurchlass Öffnung im Rumpf für ein Seeventil, einen Echogeber etc.

S

Salinge paarweise, kurze Spieren auf beiden Seiten des Mastes, die die Wanten spreizen und damit zur Stabilisierung des Mastes beitragen
SAR-Transponder (Search and Rescue Transponder), auch **SART** eine Radarantwortbake zur Erleichterung der Radarsuche
Satellitennavigation fortlaufende Positions- und Geschwindigkeitsbestimmung mithilfe von Navigationssatelliten
Schäkel als Verbindungselement dienender Bügel aus Metall, der unterschiedlich verschließbar ist
schamfilen anhaltendes Scheuern eines Segels oder einer Leine, das zur Beschädigung führt
scheinbarer Wind an Bord eines fahrenden Bootes wahrgenommener Wind, der sich aus wahrem Wind und Fahrtwind zusammensetzt
Schlagpütz stabiler Schöpfeimer mit einer am Bügel angesteckten Fangleine, der aufgrund des Stahlringes unter dem Eimerrand auf der Wasseroberfläche umkippt
Schmetterlingssegeln Segeln mit Wind von achtern unter Benutzung eines Vorsegels, das auf der dem Großsegel gegenüberliegenden Seite ausgestellt ist
Schot meistens durch Blöcke geführte und am Schothorn angreifende Leine zur seitlichen Veränderung der Segelstellung zum Wind
Schothorn achtere, untere Ecke eines dreieckigen Segel, an der die Schoten angeschlagen werden
Schotklemme Haltevorrichtung für die Schot mit zwei drehbaren gezahnten Backen, zwischen die die belastete Leine geklemmt wird
Schott meistens querschiffs, aber auch längsschiffs eingebaute Trennwand an Bord
Schwert absenkbare Platte unter dem Rumpf, der der seitlichen Abdrift entgegenwirkt
Schwimmweste nicht ohnmachtsichere Schwimmhilfe
Seekarte kartografische Darstellung eines begrenzten See- oder Küstengebiets zur Navigation auf dem Wasser
Seekartennull die sich nach dem astronomisch bedingt niedrigstmöglichen Niedrigwasser richtende Bezugshöhe für die Tiefenangaben in einer Seekarte
Seemeile nautisches Längenmaß, das einer Bogenminute auf dem Großkreis der Erdoberfläche entspricht (1 sm = 1,852 km)
Seeventil Absperrhahn in der Außenhaut der Bordwand zur Verhinderung von Wassereindringung in den Rumpf bzw. um Wasser über angeschlossene Schläuche zu Geräten zu leiten
Seewind durch Temperaturunterschiede hervorgerufener, auflandiger

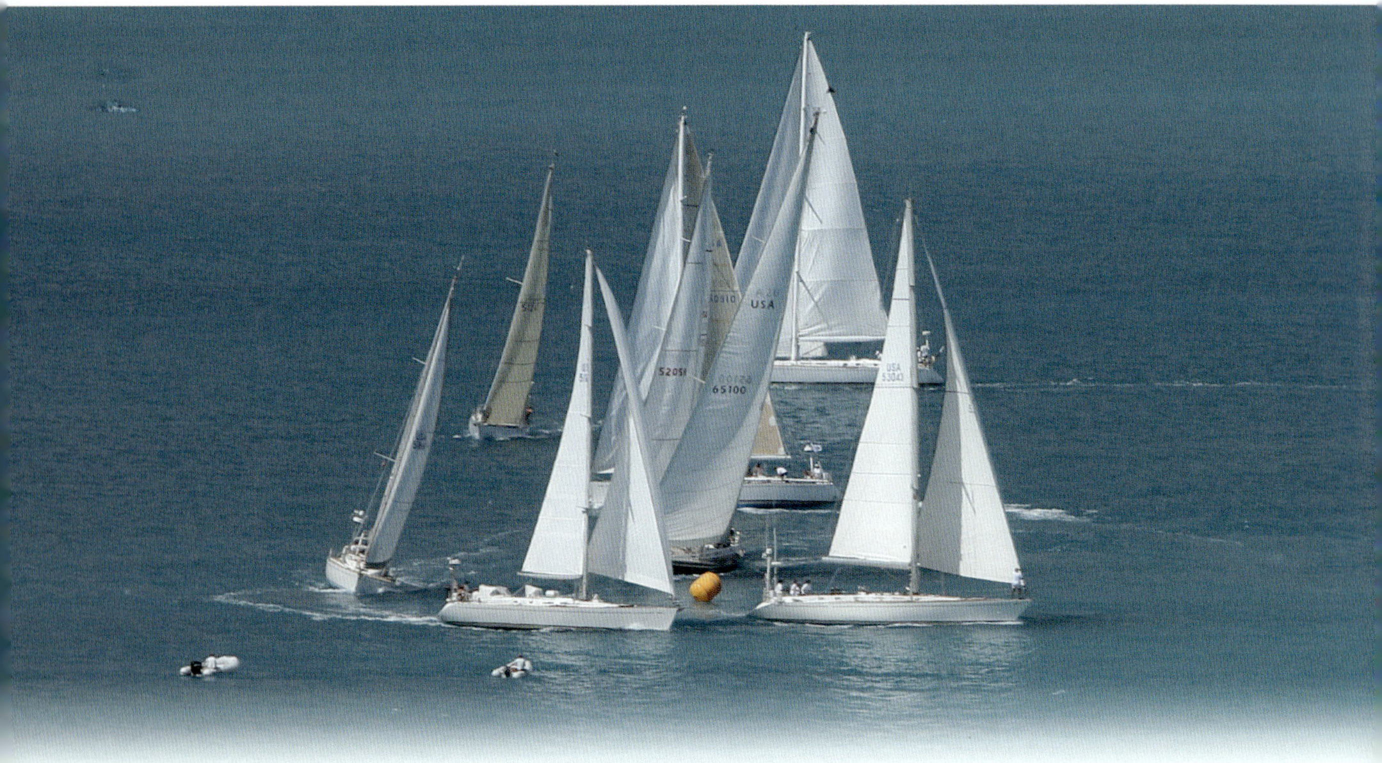

Wind, der in der Regel nur tagsüber auftritt und seine größte Stärke am frühen Nachmittag erreicht
Seezeichen Sammelbezeichnung für die Verkehrszeichen und Signalanlagen, die der Navigator für die Ortsbestimmung nutzt
Segelhals die vordere, untere Ecke eines Segels, wo Unter- und Vorliek zusammenlaufen
Segelkopf die obere Ecke bei einem Hochsegel, wo Vor- und Achterliek zusammenlaufen
Segellatten dünne, elastische Latten, die in Segeltaschen am Achterliek eingesteckt werden, um die Form eines Segels zu verbessern
Segelmacherhandschuh um die Hand gelegter Lederriemen mit Daumenöffnung und geriffelter Metallplatte zum Schieben der Nadel durch schweres Segeltuch
Segeltrimm Einstellung der Segel zum scheinbaren Wind entsprechend des vorgesehenen Kurses
Seitenpeilung Peilung eines Objektes in Relation zur Kielrichtung mit einer Peilscheibe bzw. einem Handpeilkompass von Deck aus
Sektorenfeuer Leuchtfeuer mit sektorenweise unterschiedlichen Kennungen (oft auch unterschiedlichen Farben)
Sicherheitsgurt kombiniertes Brust-Hüft-Schritt-Geschirr mit einer Sicherheitsleine zum Schutz vor einem Fall über Bord, oft integriert in die Rettungsweste
Sicherheitsleine Leine eines Sicherheitsgurtes, die mit einem Karabinerhaken an einem festen Punkt an Deck eingehakt wird
Sichtnavigation Navigation durch Beobachtung bekannter Landmarken
Sichtpeilung visuelle Peilung eines identifizierten Objektes
Skiff flache, offene Gleitjolle
Slip(anlage) schiefe Ebene, auf der Boote zu Wasser gelassen oder an Land gezogen werden können
slippen Boot zu Wasser lassen oder an Land ziehen
Slup einmastiges Segelboot mit Großsegel und nur einem Vorsegel
Sog durch örtliche Geschwindigkeits- bzw. Druckunterschiede bei der Umströmung von Flächen entstehende Saugkräfte
Sonnenschuss heftiges Anluven aufgrund zunehmenden Windes beim Rollen des Bootes auf einem Vorwindkurs unter Spinnaker
Spiegel achtere Abschlussplatte eines Bootsrumpfes
Spiere allgemeine Bezeichnung für ein Rundholz zum Setzen eines Segels mit Ausnahme des Mastes
Spinnaker großflächiges, ballonartiges, symmetrisches Vorwindsegel aus leichtem Tuch, das mit einem Spinnakerbaum gesetzt wird
Spinnakerbaum Spiere zum Ausbaumen des Spinnakers an der Luvseite
Spleiß bruchfeste, dauerhafte Verbindung von zwei Leinen durch Verflechten
Spring diagonal vom Bug (Vorspring) oder Heck (Achterspring) zum Steg verlaufende Festmacheleine, die verhindert, dass sich ein Boot hin und her bewegt
Springtide Tide mit dem größten Unterschied zwischen Hoch- und Niedrigwasser
Stag zum stehenden Gut gehörendes Drahttauwerk, das den Mast längsschiffs nach vorn (Vorstag) bzw. nach achtern (Achterstag) hält
Stagreiter hakenförmiger Verschluss zur Befestigung des Vorlieks eines nicht rollbaren Segels am Vorstag
Standort Position eines Schiffes oder einer Yacht
Stauwasser (auch: Stillwasser) Zeitpunkt zwischen Ebbe und Flut, bei dem keine nennenswerte Wasserströmung herrscht
Steg niedrige, ins Wasser ragende Konstruktion zum Festmachen von Sportbooten
Stek Bezeichnung für seemännische Knoten, bei denen Tampen durch Augen oder Buchten gesteckt werden
Steuerbord von achtern nach vorn gesehen die rechte Seite des Bootes
Steuerbordbug Man segelt auf Steuerbordbug, wenn der Wind von Backbord kommt und das Hauptsegel auf der Steuerbordseite steht
Steuermann Person, die das Boot steuert
Stillwasser (auch: Stauwasser) Zeitpunkt zwischen Ebbe und Flut, bei dem keine nennenswerte Wasserströmung herrscht
Streckbug der längere Schlag einer Kreuz, mit dem man unmittelbar Distanz in Richtung auf das Ziel gutmachen kann
Strecktau vom Bug zum Heck gespanntes, stabiles Tau zum Festhalten und Einpicken von Sicherheitsleinen
Strömung horizontale Wasserbewegung bezogen auf den Meeresgrund
Strömungsfäden beidseitig kurz hinter dem Segelvorliek in unterschiedlicher Höhe angebrachte, kurze Fäden aus Wolle oder Spinnakertuch, die die am Segel herrschende Luftströmung anzeigen und dadurch als Trimmhilfe dienen
Stropp kurzes Ende aus Faser- oder Drahttauwerk, das zum Anheben schwerer Teile dient

T

Takelage alle Teile des laufenden und stehenden Gutes über Deck
Talje Flaschenzug aus Blöcken und Tauwerk zum Bewegen schwerer Lasten
Tampen (kurzes) Stück Tauwerk bzw. das Ende einer Leine
terrestrischer Schiffsort durch zwei oder mehr optische Peilungen gefundener wahrer Ort
Tide eine Gezeit, die sich aus einer Flut und der nachfolgenden Ebbe zusammensetzt
Tidenhochwasser Übergangspunkt von Flut zur Ebbe
Tidenhub mittlerer Höhenunterschied zwischen einem Hochwasser und den beiden benachbarten Niedrigwassern einer Tide
Tidenkalender tabellenförmiger Auszug aus den Gezeitentafeln, der für verschiedene Orte die Hoch- und Niedrigwasserzeiten sowie die jeweilige Steig- und Fallhöhe und die Zeiten für Sonnen- und Mondaufgang enthält
Tidenstrom durch das Steigen und Fallen des Wassers ausgelöste Strömung

Tiefgang senkrechter Abstand zwischen Wasserlinie und Unterkante des Kiels
Tonne schwimmendes, auf dem Grund verankertes Seezeichen aus Eisen, Holz oder Kunststoff, das manchmal mit einem Schall- und/oder einem Lichtsignalgeber ausgestattet ist
Topplicht weißes Licht auf der Mastspitze, das von vorn unbehindert über einen Horizontbogen bis 112,5 Grad nach jeder Seite scheint
Toppnant Haltetau zwischen Masttopp und Spiere, das die Spiere in waagrechter Position hält
Track üblicher Seeweg eines Schiffes vom Ausgangs- zum Zielhafen
Traveller Trimmeinrichtung, die aus einer an Deck quer laufenden Schiene und einem Wagen besteht, an dem der Großschotblock befestigt ist
treiben Fortbewegung eines Bootes ohne Antrieb und Steuerkontrolle
Trimaran Dreirumpfboot mit einem breiteren Mittelrumpf und zwei schmaleren Seitenrümpfen
trimmen ein Boot in die richtige, gleichlastige Schwimmlage in Längsschiffrichtung bringen bzw. Verstellen der Segel für optimale Leistung durch Veränderung des Holepunktes, der Fallspannung, der Zugstärke an der Schot etc.
Trippleine Sorgleine zwischen einem ausgelegten Anker und einer Schwimmboje

U

Überfahrt üblicher Seeweg eines Schiffes vom Ausgangs- zum Zielhafen
über Kopf gehen halber Überschlag eines Bootes bei achterlicher See, weil der hohe Seegang das Heck angehoben und den Bug unter Wasser gedrückt hat
über Stag gehen ältere Bezeichnung für eine Änderung der Segelrichtung, indem man mit dem Bug durch den Wind geht (wenden)
unterbrochenes Feuer Leuchtfeuer, das weiße oder farbige Lichterscheinungen mit relativ kurzen, regelmäßig wiederkehrenden Verdunkelungen zeigt
Unterliek untere Kante eines Segel zwischen Hals und Schothorn

V

Vektor durch Pfeile dargestellte mathematisch-physikalische Größe, die Richtung und Stärke einer Kraft wie Wind, Strom oder Fahrt angibt
Verdrängung Masse der vom Boot verdrängten Wassermenge und damit das Gewicht des Bootes
VHF/UKW (Ultrakurzwelle) bestimmter Bereich von Funkwellen in der Meterwelle, auf dem die meisten Sprechfunkgeräte an Bord basieren
VMG (velocity made good), Zielgeschwindigkeit gutgemachte Bootsgeschwindigkeit zum Ziel unter Berücksichtigung von Strömung und Abdrift
voraus auf ein Objekt bezogen vor dem Boot liegend oder laufend
Vorausrichtung Bewegung in Längsschiffrichtung nach vorn
Vordeck vor dem Mast oder den Aufbauten liegender Bereich des Bootsdecks
vorherrschende Winde typische Winde für ein bestimmtes Revier in einer bestimmten Jahreszeit
Vorleine vom Bug zum Steg geführte Festmacheleine
Vorliek vordere Kante eines Segels
Vorschoten Leinen, mit denen das Vorsegel getrimmt wird
Vorsegel vor dem Mast gefahrenes Stagsegel, z.B. Fock oder Genua
Vorstag Drahttauwerk zwischen Masttopp und Bugbeschlag zum Stützen des Mastes und Anschlagen der Vorsegel
Vorwindkurs Kurs mit aufgefierten Schoten genau in Richtung der Windachse, auf dem die Segel weitgehend nur als Windfang arbeiten

W

Wache Einteilung der Crew für die routinemäßigen Bordarbeiten
wahrer Kurs Kurs unter Berücksichtigung der Deviation, der Missweisung, der Abdrift und des Stromversatzes
wahrer Wind Windrichtung und -geschwindigkeit des meteorologischen Windes an einem festen Ort (ohne Fahrtwind)
Want Drahttauwerk oder massive Stangen vom Masttopp bis zu den Spannern auf beiden Decksseiten als Teil des stehenden Gutes zur seitlichen Verspannung des Mastes
Wasserabscheider trennt Kondenswasser aus dem Dieselkraftstoff
Wasserfahrzeug alle Fahrzeuge auf und im Wasser
Webeleinstek Knoten aus zwei Rundtörns, der der Befestigung von Leinen an waagrechten oder senkrechten Leinen bzw. Rundhölzern dient
Widerstand die sich der Bewegung des Bootes entgegensetzende Kraft in der Luft und im Wasser
Windfäden beidseitig kurz hinter dem Segelvorliek in unterschiedlicher Höhe angebrachte, kurze Fäden aus Wolle oder Spinnakertuch, die die am Segel herrschende Luftströmung anzeigen und dadurch als Trimmhilfe dienen
Windfläche Fläche eines Bootes, eines Segels oder anderer Teile, an der der Wind angreift, um das Boot voranzutreiben
Windseite dem Wind zugewandte Seite (Luv)
Windstau von Windstärke, Windrichtung und Dauer der Windeinwirkung abhängige Erhöhung des Wasserstandes
Winsch Winde, um deren mit einer Handkurbel betätigte oder elektrische Seiltrommel Schoten oder Fallen gelegt werden, um diese mithilfe der Übersetzung leichter dichtholen zu können

Z

Z-Antrieb Antriebsanlage, bei der der Schaft mit dem Propeller außen am Spiegel, der Motor aber im Bootsinneren angebracht ist
Zielgeschwindigkeit (VMG) gutgemachte Bootsgeschwindigkeit zum Ziel unter Berücksichtigung von Strömung und Abdrift

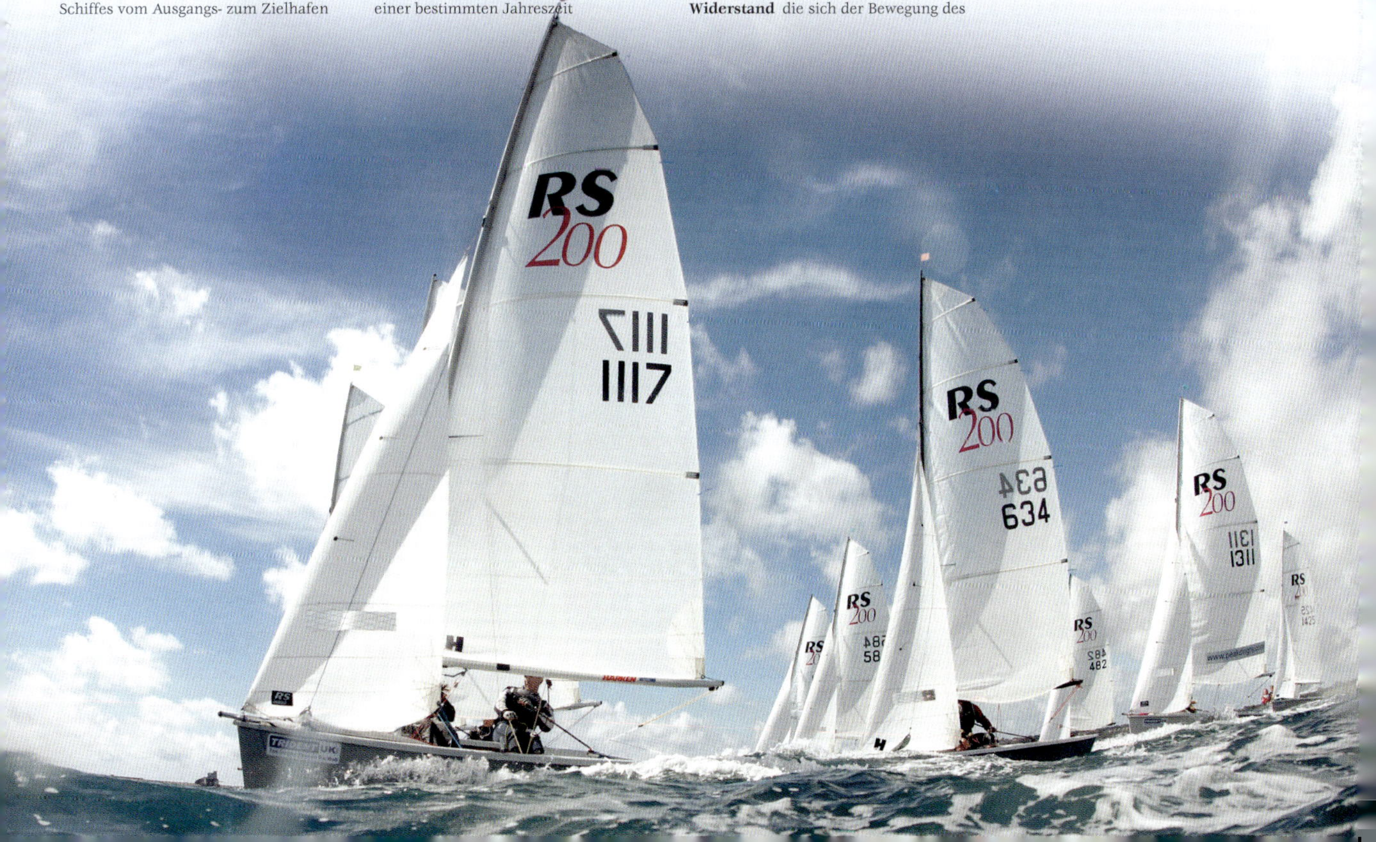

Register

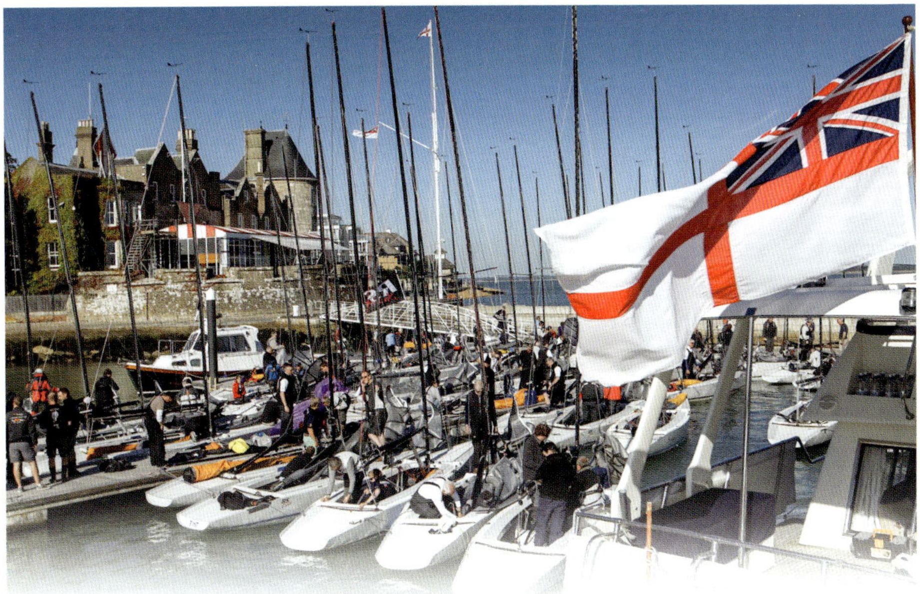

E

F

G

H

I

J

K

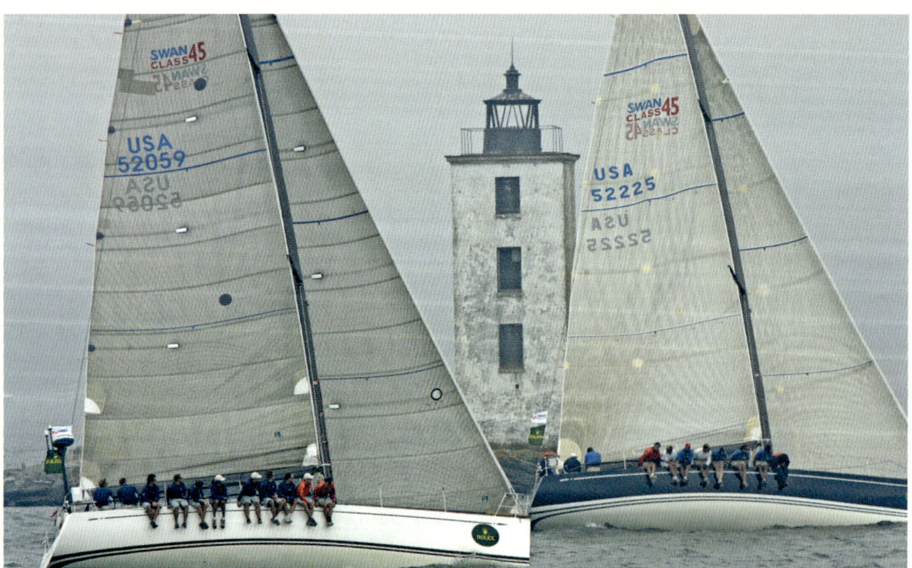

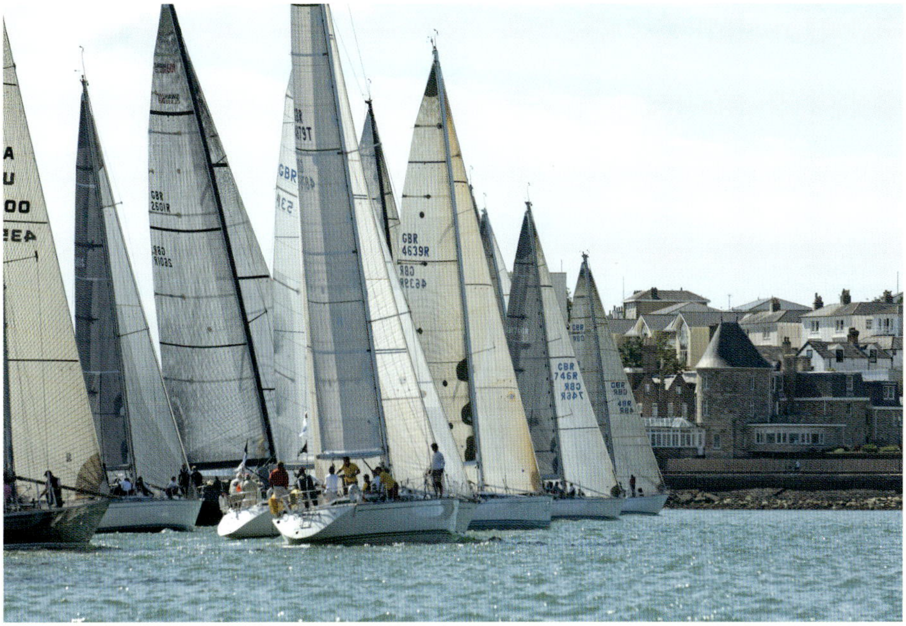

T

U

V

W

X

Y

Z

Bildnachweis/Danksagung

Der Verlag dankt folgenden Privatpersonen und Bildagenturen für die freundliche Erlaubnis, ihre Fotos in diesem Buch zu verwenden (Abkürzungen: o = oben, u = unten, m = Mitte, r = rechts, l = links):

Australian Severe Weather 332 (o). **Corbis** 6-7, 44 (l), 183, 245, 312 (l), 327 (o), 329. **Sarah Doughty** 16, 44, 45, 47 (o), 135 (2., or), 206 (alle außer ul), 208 (ol), 219 (ur), 254 (ul), 256, 257 (r), 273 (u), 340-354, 355 (u, ur), 356 (ul), 358-361, 362 (u), 363, 368 (r), 368 (l), 369 (r), 373 (or, ml). **Jeremy Evans** 8, 9 (o), 10-11, 12, 13 (o), 15, 17 (o), 18, 21, 23 (r), 24, 26-27, 29, 31, 32, 34, 35, 36, 37 (o), 38 (u), 39 (u), 40, 41, 42, 43, 48, 51(u),52-53, 54, 56, 57, 58, 60, 61, 62, 63, 64, 67 (l), 68, 69, 70, 71 (o, ul), 72-88 (o), 89-133, 134, 135 (ur), 136, 137, 138, 139, 140-167, 168-169, 170, 171, 172, 173, 176 (l), 178-205, 206 (ul), 207, 208 (ur), 209, 210, 211-218, 219 (or), 220, 221, 223-232, 234-240, 241 (u), 246 (o, or), 247 (2., 3. und 4., or), 248 (1. und 2., ol), 249 (2., or), 250-252, 315, 332 (ul, ur), 333 (or, ul, ur), 338-339, 362 (o), 364-365, 366, 373 (u), 383. **Getty Images** 242, 382. **IDEC Sport** 20 **istock** 46, 47 (u), 246 (ul), 247 (ol), 248 (3. und 4., o), 249 (1., 3. und 4., o), 321, 325, 333 (ol), 337. **Jupiter Images** 50 (ur). **Steve Knowlden** 47 (ur), 252 (l) and 253 (Hintergrund). **Kos Picture Source** 222, 243, 244, 308 (o). **Pat Manley** 252, 253, 273 (r), 277, 279, 281 (u), 283, 284, 285,291, 292, 293 (or, r), 282, 283, 294, 295, 296, 297, 299, 307, 308 (u), 309, 334 (or). **Patrick Roach Picture Agency** 355 (o), 367, 378, 379, 381 (um, or). **RS Racing** 4-5, 14, 19, 33, 55, 59, 66, 88 (u), 387, 391, 393, 397. **Rick Tomlinson** 380,381(o). **Topfoto** 241(o).

Folgende Firmen und Organisationen haben freundlicherweise Fotos bzw. Illustrationen zur Verfügung gestellt: **Furuno** 298, 334 (l). **Garmin** 293 (ul). **Jepphesen Marine Inc.** für C-Maps in Kapitel ‚Navigation«. **Mailspeed Marine** 51 (o), 368 (l), 369 (m). **Musto Performance** 48 (r), 49, 50 (alle außer ur), 65 (alle), 135 (o), 182. **McMurdo** 335 (u), **Nasamarine** 355 (o). **Nautor's Swan** 9 (u), 13 (u), 23 (l), 28, 37 (u), 388-390, 394, **Mike Jones, Waterline Media, Oyster Yachts** 2-3, 177 (r), 233 (u), 310-311, 386. **Raymarine** 67 (3. or), 233 (ur), 254 (r), 255 (or). **Simrad Yachting** 255 (ul, ur). **Standard Horizon** 294 (ol), **Steiner Binoculars** 257 (l, ul). **Suunto** 67 (2. or). **Swift Mobile** 335 (u). **Tick Tack** 255 (ol, om). **UKHO** 262. **Yachtsnet Ltd.** 174, 175.

Tauwerk wurde von www.ropelocker.co.uk zur Verfügung gestellt, Brighton Marina, GB (www.smrmarine.co.uk). Alle Zeichnungen von John Woodstock, Peter Bull, Ivan Hissay und John Fowler mit zusätzlichen Grafiken von John Mitchell, Les Hunt und Allan Robinson.

Für die Kapitel »Wetter« und »Navigation« stellte Pat Manley seine Originalunterlagen zur Verfügung.

Dank geht auch an Jeremy Evans für die Bereitstellung seiner Fotos, eingeschlossen der speziell für dieses Buch angefertigten Fotos. Folgen den Organisationen bzw. Institutionen sei für ihre Hilfe bei der Fotoproduktion gedankt: **Minorca Sailing Holidays** (www.minorca sailing.co.uk) für die Bereitstellung der Einrichtungen ihres schönen Segelzentrums an der Cala Fornells für das Kapitel übers Jollensegeln. **Cobnor Activities Centre** (www.cobnor.com) für die Bereitstellung weiterer Einrichtungen für Jollenfotos. **Sunsail** (www.sunsail.com) für ihre Hilfe bei der Produktion von Yachtfotos an schönen Orten.
Der Verlag möchte zudem folgenden Zeitschriften danken:
Yachts and Yachting (www.yachtsandyachting.com), die bei der Darstellung vieler Jollen im Kapitel »Jollensegeln« geholfen hat.
Yachting Monthly (www.yachtingmonthly.com), die bei der Darstellung vieler Yachten im Kapitel »Fahrtensegeln« geholfen hat.

Dank geht auch an Anne Hammick, die bei der Texterstellung und Bildauswahl beratend zur Seite stand, an Richard Gogarty, Cindy McCollum, Robin Pridy und Claire Saunders für ihre redaktionelle Hilfe sowie Caroline Marlew und Ginny Zeal für die Gestaltung.